Lições de Direito da Insolvência

Lições de Direito da Insolvência

Lições de Direito da Insolvência

2019 · Reimpressão

Catarina Serra
Professora Associada com Agregação da Escola de Direito
da Universidade do Minho

LIÇÕES DE DIREITO DA INSOLVÊNCIA
AUTORA
Catarina Serra
EDITOR
EDIÇÕES ALMEDINA, S.A.
Rua Fernandes Tomás, nºs 76-80
3000-167 Coimbra
Tel.: 239 851 904 • Fax: 239 851 901
www.almedina.net • editora@almedina.net
DESIGN DE CAPA
FBA.
PRÉ-IMPRESSÃO
EDIÇÕES ALMEDINA, S.A.
IMPRESSÃO E ACABAMENTO
Pentaedro, Lda.
Setembro, 2019
DEPÓSITO LEGAL
439417/18

Os dados e as opiniões inseridos na presente publicação são da exclusiva responsabilidade do(s) seu(s) autor(es).
Toda a reprodução desta obra, por fotocópia ou outro qualquer processo, sem prévia autorização escrita do Editor, é ilícita e passível de procedimento judicial contra o infrator.

BIBLIOTECA NACIONAL DE PORTUGAL – CATALOGAÇÃO NA PUBLICAÇÃO
SERRA, Catarina
LIÇÕES DE DIREITO DA INSOLVÊNCIA – (Manuais universitários)
ISBN 978-972-40-7445-0
CDU 347

"It takes an ocean not to break"

THE NATIONAL

Ao Nuno

Aos meus Pais
À minha Tia

À Guida
Ao Rui Pinto Duarte

APRESENTAÇÃO

Estas *Lições de Direito da Insolvência* têm como causa próxima os conteúdos da disciplina de Direito da Insolvência, constantes do relatório sobre o programa, os conteúdos e os métodos do ensino teórico e prático da unidade curricular homónima, apresentado para efeitos da obtenção do título académico de agregada.

Tal como aquele relatório, estas *Lições* são o resultado de uma reflexão eminentemente pessoal, com todas as vantagens e desvantagens que isso comporta.

Sustenta-se nas *Lições* uma visão muito particular do Direito da Insolvência, distinta das veiculadas nos restantes manuais portugueses em, pelo menos, três aspectos.

Em primeiro lugar, submete-se o Direito da Insolvência a uma nova sistematização, em que a recuperação de empresas está no mesmo plano da liquidação patrimonial e é objecto de um tratamento igualmente extenso.

Em segundo lugar, faz-se uma abordagem comparada do Direito da Insolvência. Sob este ponto de vista, as *Lições* têm características quase únicas: a maior parte dos institutos são conhecidos desde a sua génese. A evolução deles foi acompanhada em tempo real, o que torna possível ver coisas que não são visíveis ou não são imediatamente visíveis a quem só agora empreende o estudo intensivo do Direito da Insolvência.

Em terceiro lugar, privilegia-se o diálogo interdisciplinar, na convicção de que o Direito da Insolvência não é autosuficiente e, por isso, não pode ser estudado à margem dos outros ramos (Direito Civil, Direito Processual Civil, Direito Comercial, Direito das Sociedades Comerciais, Direito do Trabalho, Direito Fiscal).

Noutro plano, é de destacar a previsão, ao longo das *Lições* (antes de cada secção, subsecção, capítulo ou ponto, consoante seja mais oportuno), de entradas autónomas para a bibliografia específica e para a jurisprudência relevante. Na primeira reúnem-se as obras portuguesas que têm especial interesse para cada tema, com o intuito de convidar o leitor ao seu estudo mais aprofundado. Na segunda apresenta-se a jurisprudência mais relevante – os acórdãos do Supremo Tribunal de Justiça (designadamente de uniformização de jurisprudência) e ainda aos acórdãos dos tribunais da relação (quando se justifique ilustrar ou exemplificar os movimentos ou as posições adoptadas por eles).

Salienta-se, por último, a lista bibliográfica. Indicam-se, no tocante ao Direito português, de forma tendencialmente exaustiva, os manuais e os comentários à legislação e depois as restantes obras (monografias e estudos vários). Indicam-se ainda as principais obras de Direito estrangeiro (alemão, austríaco, brasileiro, espanhol, francês, inglês, italiano, norte-americano) e as principais obras de Direito comparado e de Direito da União Europeia. A bibliografia reflecte as preocupações pedagógicas que eivaram toda a elaboração dos conteúdos para o relatório de agregação.

E todavia, muito mais do que o trabalho desenvolvido para o relatório de agregação (e a investigação científica que todo o relatório do tipo pressupõe), estas *Lições* reflectem a minha experiência pedagógica – a minha actividade como professora universitária ao longo de mais de vinte e seis anos.

Raras foram as vezes em que não enriqueci os meus conhecimentos através o ensino do Direito. Quase sempre encontrei uma ideia nova, uma forma mais clara de expressar uma ideia, formulei questões novas, associei institutos esquecidos, encontrei o exemplo perfeito ou obtive a visão de conjunto que faltava. Nas aulas (raras) em que nada disso aconteceu, consegui, pelo menos, através do ensino do Direito, distanciar-me do que estava excessivamente próximo e voltar atrás (reflectir).

Dito isto, a minha última palavra/o meu último pensamento na apresentação deste livro é para os meus alunos – para todos os alunos de todos estes anos. Independentemente da dedicatória (que sempre teria de ser para quem, por privilégio ou encargo da intimidade ou da amizade, sofreu regularmente os escolhos derivados da preparação daquelas provas de agregação e deste livro), as *Lições de Direito da Insolvência* são *para* os meus alunos – são *dos* meus alunos.

2 de Março de 2018

PRINCIPAIS ABREVIATURAS

AA. VV.	Autores vários
AAFDL	Associação Académica da Faculdade de Direito de Lisboa
ACE	Agrupamentos Complementares de Empresas
AEIE	Agrupamentos Europeus de Interesse Económico
AktG	*Aktiengesetz*
al./als.	alínea/alíneas
art./arts.	artigo/artigos
BC	*Bankruptcy Code*
BCE	Banco Central Europeu
BGB	*Bürgerliches Gesetzbuch*
BGH	*Bundesgerichtshof*
CA	*Companies Act*
CC	Código Civil
CCom	Código Comercial
CE	Comissão Europeia
CEDH	Convenção Europeia dos Direitos do Homem
cfr.	confrontar
CIP	Centro dos Principais Interesses
CIRC	Código do Imposto sobre o Rendimento das Pessoas Colectivas
CIRE	Código da Insolvência e da Recuperação de Empresas
cit.	citado
CIVA	Código do Imposto sobre o Valor Acrescentado
CNUDCI	Comissão das Nações Unidas para o Direito do Comércio Internacional
COMI	*Centre of Main Interests*
coord.	coordenador(a)
CP	Código Penal
CPC	Código de Processo Civil

LIÇÕES DE DIREITO DA INSOLVÊNCIA

CPEREF	Código dos Processos Especiais de Recuperação da Empresa e de Falência
CPP	Código de Processo Penal
CPPT	Código de Procedimento e Processo Tributário
CPT	Código de Processo do Trabalho
CRCiv	Código do Registo Civil
CRCom	Código do Registo Comercial
CRP	Constituição da República Portuguesa
CRPr	Código do Registo Predial
CSC	Código das Sociedades Comerciais
CT	Código do Trabalho
CVM	Código dos Valores Mobiliários
DIP	*Debtor-in-possession*
DL	Decreto-lei
DR	*Diário da República*
DUDH	Declaração Universal dos Direitos do Homem
EAJ	Estatuto do Administrador Judicial
ed.	edição
EIRL	Estabelecimento Individual de Responsabilidade Limitada
EMP	Estatuto do Ministério Público
EMRE	Estatuto do Mediador de Recuperação de Empresas
esp.	especialmente
et al.	*et alii*
etc.	*et cetera*
FGS	Fundo de Garantia Salarial
FMI	Fundo Monetário Internacional
GmbHG	*Gesetz betreffend die Gesellschaften mit beschränkter Haftung*
Hrsg.	Herausgeber
i.e.	*id est*
IA 1986	*Insolvency Act 1986*
IAMPEI	Instituto de Apoio às Pequenas e Médias Empresas
IMT	Imposto Municipal sobre Transmissões onerosas de imóveis
InsO	*Insolvenzordnung*
IRC	Imposto sobre o Rendimento das Pessoas Colectivas
IRS	Imposto sobre o Rendimento das Pessoas Singulares
IVA	Imposto sobre o Valor Acrescentado
JOUE	Jornal Oficial da União Europeia
KO	*Konkursordnung*

PRINCIPAIS ABREVIATURAS

LC	*Ley Concursal*
LF	*Legge Fallimentare*
LGT	Lei Geral Tributária
loc. ult. cit.	local citado por último
LOSJ	Lei da Organização do Sistema Judiciário
LULL	Lei Uniforme relativa a Letras e Livranças
n.º/n.ºs	número/números
NRFGS	Novo Regime do Fundo de Garantia Salarial
ob. cit.	obra citada
OE	Orçamento de Estado
org.	organizador(a)
p./pp.	página/páginas
p. ex.	por exemplo
PEAP	Processo Especial para Acordo de Pagamento
PER	Processo Especial de Revitalização
Proc.	Processo
RERE	Regime Extrajudicial de Recuperação de Empresas
RGIT	Regime Geral das Infracções Tributárias
RJCCC	Regime Jurídico da Conversão de Créditos em Capital
RJSAI	Regime Jurídico das Sociedades de Administradores da Insolvência
ROC	Revisor Oficial de Contas
s.	seguinte(s)
SIREVE	Sistema de Recuperação Extrajudicial de Empresas
STA	Supremo Tribunal Administrativo
STJ	Supremo Tribunal de Justiça
TC	Tribunal Constitucional
TCAN	Tribunal Central Administrativo – Norte
TFUE	Tratado sobre o Funcionamento da União Europeia
TJUE	Tribunal de Justiça da União Europeia
TRC	Tribunal da Relação de Coimbra
TRE	Tribunal da Relação de Évora
TRG	Tribunal da Relação de Guimarães
TRL	Tribunal da Relação de Lisboa
TRP	Tribunal da Relação do Porto
UC	Unidades de Conta
UE	União Europeia
v.	ver
vol./vols.	volume/volumes

Introdução ao Direito da Insolvência

Bibliografia específica: ANTÓNIO MENEZES CORDEIRO, "Introdução ao Direito da Insolvência", in: *O Direito*, 2005, III, pp. 465 e s., ANTÓNIO MENEZES CORDEIRO, "Perspectivas evolutivas do Direito da Insolvência", in: *Revista de Direito das Sociedades*, 2012, n.º 3, pp. 551 e s., CATARINA SERRA, *A falência no quadro da tutela jurisdicional dos direitos de crédito – O problema da natureza do processo de liquidação aplicável à insolvência no Direito português*, Coimbra, Coimbra Editora, 2009, CATARINA SERRA, "The autonomy of insolvency law and pedagogical issues", in: REBECCA PARRY (Ed.), *Designing Insolvency Systems: Papers from the INSOL Europe Tenth Anniversary Academic Forum Conference, 8-9 October 2014, Hilton Hotel, Istanbul, Turkey*, 2016, pp. 135 e s., CATARINA SERRA, "Is insolvency law autonomous (and does it matter?)", in: *PoLaR – Portuguese Law Review*, 2016, vol. 0, pp. 1 e s. (disponível em http://www.portugueselawreview.pt/uploads/4/2/1/2/4212615/volume_1___september_2016__no_0.pdf), CATARINA SERRA, "Direito da Insolvência e tutela efectiva do crédito – O imperativo regresso às origens (aos fins) do Direito da Insolvência", in: CATARINA SERRA (coord.), *III Congresso de Direito da Insolvência*, Coimbra, Almedina, 2015, pp. 11 e s., LUÍS CARVALHO FERNANDES, "O Código da Insolvência e da Recuperação de Empresas na evolução do regime da falência no Direito português", in: AA. VV., *Estudos em memória do Professor Doutor António Marques dos Santos*, Coimbra, Almedina, 2005, pp. 1183 e s., e in: LUÍS CARVALHO FERNANDES/JOÃO LABAREDA, *Colectânea de estudos sobre a insolvência*, Lisboa, Quid Juris, 2009, pp. 41 e s., PEDRO LEITÃO PAIS DE VASCONCELOS, *A miragem das piastras – Napoleão, Ouvrard, Récamier e o Code de Commerce de 1807* (edição de autor), 2015.

1. O Direito da Insolvência como disciplina autónoma

Etimologicamente, o termo "insolvência" tem a sua origem em "solvere" (pagar) e designa, portanto, a acção ou situação de não pagamento (*in*, prefixo de negação + *solvência*)"[1].

---

[1] Como vem explicando ANTÓNIO MENEZES CORDEIRO ["Introdução ao Direito da Insolvência", in: *O Direito*, 2005, III, p. 467, *Litigância de má fé, abuso do direito de acção e culpa "in agendo"*,

Em conformidade com isto, o Direito da Insolvência era geralmente definido como "o complexo de normas jurídicas que tutelam a situação do devedor insolvente e a satisfação dos direitos dos seus credores"[2].

Esta definição tornou-se, todavia, insuficiente para abarcar todas as matérias hoje cobertas pelo Direito da Insolvência. Como se verá ao longo destas lições, cada vez mais as normas que compõem o Direito da Insolvência se orientam para a prevenção (e não só para a resolução) da insolvência, aplicando-se a hipóteses como a insolvência iminente ou a situação económica difícil, que, não sendo embora de fácil qualificação, não há dúvida que se distinguem da situação de insolvência[3].

O Direito da Insolvência será, assim, susceptível de ser definido, mais adequadamente, como a disciplina jurídica tendente a evitar e a resolver a insolvência, com especial consideração pelos (ou concedendo especial tutela aos) interesses do devedor e dos credores.

Pode perguntar-se se o Direito da Insolvência é uma disciplina dotada de autonomia científica, ou seja, se é possível concebê-lo como um ramo do Direito, mais precisamente como um ramo especial do Direito Privado, a par do Direito Comercial ou do Direito do Trabalho[4]-[5].

Coimbra, Almedina, 2014 (3.ª edição), p. 232, e *Direito Comercial* (com a colaboração de A. Barreto Menezes Cordeiro), Coimbra, Almedina, 2016 (4.ª edição), p. 465], "insolvência é a negação de solvência, de solvo (solvi, solutum): desatar, explicar, pagar. Traduzirá, assim, a situação daquele que não paga".

[2] Cfr., por todos, Luís Manuel Teles de Menezes Leitão, *Direito da Insolvência*, Coimbra, Almedina, 2015 (6.ª edição), p. 16. Note-se, no entanto, a adaptação que sofre a definição na edição seguinte da obra, em que, afirmando o autor que "[a]ctualmente, o Direito da Insolvência assume, no entanto, ainda outra vertente que corresponde à disciplina das situações de pré-insolvência, como a crise económica, a situação económica difícil e a pré-insolvência", define o Direito da Insolvência como "o complexo de normas jurídicas que tutelam a situação do devedor insolvente ou pré-insolvente e a satisfação dos direitos dos seus credores" [cfr. Luís Manuel Teles de Menezes Leitão, *Direito da Insolvência*, Coimbra, Almedina, 2017 (7.ª edição), p. 14].

[3] Atendendo à insuficiência da palavra "insolvência" para designar todas as situações que a lei tipificou paralelamente à situação de insolvência, já se tentou reuni-las sob a fórmula de "crise económica". Cfr. Catarina Serra, *A falência no quadro da tutela jurisdicional dos direitos de crédito – O problema da natureza do processo de liquidação aplicável à insolvência no Direito português*, Coimbra, Coimbra Editora, 2009, p. 241.

[4] Em Portugal, de entre os poucos autores que se pronunciaram sobre o problema da autonomia científica do Direito da Insolvência, destaca-se Pedro de Sousa Macedo. Segundo ele, a independência legislativa era artificial, resultando da conveniência prática de reunir num só

INTRODUÇÃO AO DIREITO DA INSOLVÊNCIA

Não é despiciendo, para estes efeitos, que o legislador português tenha tentado conferir unidade e independência à disciplina, fazendo-lhe corresponder um código autónomo (hoje o Código da Insolvência e da Recuperação de Empresas). Atendendo a isto, é possível dizer que o Direito da Insolvência granjeia, em Portugal, de autonomia legislativa ou sistemática[6]. Mas a verdade é que a autonomia legislativa ou sistemática não é garantia de autonomia científica.

Para que exista uma disciplina jurídica autónoma não basta um conjunto de normas dimanando de uma fonte legislativa autónoma. É preciso, como sugere João Baptista Machado[7], que o conjunto de normas se organize em torno de tais princípios comuns e de tais técnicas regulamentadoras que adquira uma relativa especificidade e – acrescenta-se – independência face aos outros conjuntos de normas.

É um facto que, com a extensão do âmbito de aplicabilidade do processo de insolvência aos não comerciantes, o regime da insolvência deixou de responder – de responder exclusivamente – às necessidades especiais de tutela

diploma a diversidade de preceitos reguladores de uma mesma situação concreta típica e do anormal desgaste legislativo a que tais disposições estão sujeitas, devendo, portanto, recusar--se a autonomia científica. A autonomia do Direito das Falências – dizia ele – carece de fundamento científico. Cfr. Pedro de Sousa Macedo, *Manual de Direito das Falências*, volume I, Coimbra, Almedina, 1964, p. 16.

[5] A questão da autonomia científica do Direito da Insolvência foi abordada em três momentos diferentes, manifestando-se, invariavelmente, reservas à tese da plena autonomia. Cfr. Catarina Serra, *Falências derivadas e âmbito subjectivo da falência*, Coimbra, Coimbra Editora, 1999, pp. 32-34, *A falência no quadro da tutela jurisdicional dos direitos de crédito – O problema da natureza do processo de liquidação aplicável à insolvência no Direito português*, cit., pp. 454-467, "The autonomy of insolvency law and pedagogical issues", in: Rebecca Parry (Ed.), *Designing Insolvency Systems: Papers from the INSOL Europe Tenth Anniversary Academic Forum Conference, 8-9 October 2014, Hilton Hotel, Istanbul, Turkey*, 2016, pp. 135 e s., e "Is insolvency law autonomous (and does it matter?)", in: *PoLaR – Portuguese Law Review*, 2016, vol. 0, pp. 1 e s. (disponível em http://www.portugueselawreview.pt/uploads/4/2/1/2/4212615/volume_1___september_2016__no_0.pdf).

[6] Esta autonomia não é perfeita. Basta pensar, só para um exemplo, que os efeitos penais da insolvência estão regulados no Código Penal. O facto foi sublinhado também, há tempo, por exemplo, por Luís Morais ("O novo Código dos Processos Especiais de Recuperação da Empresa e de Falência. O conceito de falência saneamento. Aspectos comerciais e processuais", in: *Fisco*, 1993, n.ºs 55/56, p. 23).

[7] Cfr. João Baptista Machado, *Introdução ao Direito e ao discurso legitimador*, Coimbra, Almedina, 2000 (12.ª reimpressão), p. 65.

dos interesses do crédito comercial e com isto se demarcou da disciplina em que costumava ser integrado – o Direito Comercial. Mas a autonomia relativamente ao Direito Comercial, primeiro, não é um fenómeno isolado[8]. Depois, não significa autonomia absoluta ou relativamente a qualquer ramo jurídico – não significa, em particular, autonomia relativamente ao Direito Privado geral ou comum, isto é, ao Direito Civil.

Para que a disciplina da insolvência configurasse um ramo especial do Direito Privado seria necessário, em suma, que ela que se alicerçasse na necessidade de tutela de interesses que, por dizerem respeito a uma actividade particular ou a uma classe particular de sujeitos, fossem insusceptíveis de assimilação pelo Direito Civil.

Ora, não é seguro que tal tenha acontecido. Todos os sinais apontam para que, não obstante a presença de um conjunto de interesses especiais (do crédito e, acessoriamente, da economia), o Direito da Insolvência continua a apoiar-se decisivamente no Direito Civil, tendo este como seu permanente domínio de referência[9].

---

[8] Existem outros institutos tradicionalmente imputados ao Direito Comercial (como, por exemplo, a letra de câmbio ou os tipos sociais) que, paulatinamente, se autonomizaram ou se estão autonomizando dele, conduzindo à unificação do Direito Privado ou à "progressiva homogeneização da ordem sócio-económica". Cfr., neste sentido, ORLANDO DE CARVALHO, *Critério e estrutura do estabelecimento comercial, I – O problema da empresa como objecto de negócios*, Coimbra, Atlândida, 1967, p. 127 (nota 64)]. Tal pode ser visto como um movimento de retorno às origens. Segundo JOSÉ DE BENITO MAMPEL ("Por qué Roma ignoró la separación del Derecho civil y el mercantil", in: AA. VV., *Estudios de derecho mercantil en homenaje a Rodrigo Uría*, Madrid, Civitas, 1978, pp. 31 e s.), o certo é que, não obstante o desenvolvimento das instituições e das normas de Direito Comercial, o Direito Romano nunca o separou do Direito Civil.

[9] A integração da disciplina da insolvência no Direito Civil é perfeitamente compatível com o reconhecimento destes interesses especiais. Neste plano, a insolvência nem é, aliás, caso isolado. Como dizia, já há tempo, MANUEL GOMES DA SILVA, "a intensificação das relações sociais, a necessidade de conseguir a colaboração de tôdas as actividades para o bem comum e a preocupação de defender o interêsse colectivo levam naturalmente a considerar prejudicialíssima a falta de cumprimento [...]. Estas manifestações crescentes do interêsse social no direito das obrigações são outra característica das providências de garantia"; os institutos da insolvência e da falência, em particular, visam exactamente "evitar os perigos e inconvenientes que, para o interêsse geral, poderiam resultar da continuação da actividade económica do insolvente ou falido". Cfr. MANUEL GOMES DA SILVA, *Conceito e estrutura da obrigação*, Lisboa, 1943, p. 74 e p. 53 (interpolação nossa).

INTRODUÇÃO AO DIREITO DA INSOLVÊNCIA

É certo que nenhum ramo jurídico tem uma autonomia plena ou dispensa a dinâmica ou o diálogo intra-sistemático. Há – haverá sempre – um certo grau de continuidade entre as disciplinas e, em particular no quadro do Direito Privado, entre o Direito Civil e todos os restantes ramos. Cumpre, por isso, relativizar a questão.

Para efeitos práticos (de aplicação ou criação da norma adequada ao caso concreto)[10], aquilo que importa, aliás, não é tanto saber se um complexo normativo é ou não absolutamente auto-suficiente ou auto-sustentado (em rigor, não há nenhum que o seja) mas se ele é coerente e unitário, ou seja, se existe um grupo de situações unificado por um padrão ou uma série de padrões que sejam comuns e distintivos de uma disciplina[11].

Advirta-se, por fim, que qualquer que seja a resposta à questão da autonomia científica, não fica prejudicada a necessidade de se reconhecer que o Direito da Insolvência é autónomo no plano doutrinal. A insolvência é um objecto que se presta a/é merecedor de um tratamento unitário e autónomo pela ciência do Direito[12]. A profusão de estudos e trabalhos fundamentais sobre o tema reforça este entendimento.

---

[10] É possível dizer que o debate sobre a autonomia do Direito da Insolvência é irrelevante para efeitos práticos. Cfr., neste sentido, por exemplo, GUIDO UBERTO TEDESCHI, *Manuale di Diritto Fallimentare*, Padova, CEDAM, 2001, p. 3, e FAUSTINO CORDÓN MORENO, *Proceso Concursal*, Navarra, Aranzadi, 2005, pp. 24-25. Segundo ambos os autores, a discussão é inútil pois começa por ser impossível reduzir o Direito da Insolvência a uma disciplina unitária.

[11] Cfr., neste sentido, TODD S. AAGAARD, "Environmental law as a legal field: an inquiry in legal taxonomy", *Cornell Law Review*, 2010, 95, p. 225.

[12] Não se perfilha, assim, o entendimento de LUÍS CARVALHO FERNANDES, que, apreciando a posição do Direito do Trabalho, faz depender a autonomia substancial de cada ramo do Direito da circunstância de existir uma especialidade da correspondente matéria, exigindo um tratamento doutrinal independente e separado e sendo manifestação desta autonomia o tratamento como matéria específica no ensino jurídico, ou seja, a autonomia didáctica. Cfr. LUÍS CARVALHO FERNANDES, *Teoria geral do Direito Civil*, I – *Introdução. Pressupostos da relação jurídica*, Lisboa, Universidade Católica Editora, 2012 (6.ª edição), p. 33 (e nota 4). Entende-se, diversamente, que o tratamento doutrinal independente e separado de uma disciplina não deixa de ser independente ou separado por ter de se conciliar com a necessidade de enquadramento da disciplina em determinado tronco jurídico ou de, porventura, até ter por objecto o estudo das suas especificidades face a esse tronco comum. Pôr a autonomia didáctica, por outro lado, a funcionar como manifestação da autonomia das disciplinas jurídicas não conduz a resultados fiáveis. Basta pensar que, quando é objecto de ensino nas faculdades de Direito portuguesas, a matéria da insolvência quase sempre aparece ainda integrada ainda no Direito Comercial. De acordo com tal critério, ela não seria, de facto, uma disciplina autónoma, mas

Por maioria de razão, justificar-se-á o seu tratamento autónomo no plano pedadógico ou didáctico, isto é, o ensino do Direito da Insolvência numa disciplina com o mesmo nome e por separado das restantes disciplinas do plano de estudos[13].

2. O regime da insolvência. Génese e evolução geral

Embora o instituto da falência/insolvência[14] não fosse completamente desconhecido no período anterior[15], só no século XIV se fixou aquele que, em rigor, pode considerar-se o núcleo da disciplina jurídica homónima. Segundo os especialistas, ele terá resultado da conjugação da *datio in solutum per judicem* geral (adjudicação judicial de bens aos credores) e da *missio in possessionem* (apreensão de bens do devedor e investidura dos credores na sua posse) com um terceiro instituto: a apreensão geral de bens[16].

integrar-se-ia num ramo jurídico do qual manifestamente já se dissociou. Leia-se, a propósito, a conclusão (contrária) de ANTÓNIO MENEZES CORDEIRO (*Direito Comercial*, cit., p. 466 e p. 468). Defende o autor que, não obstante o Direito da Insolvência ser uma disciplina jurídica autónoma, se insere, quer pela tradição, quer pelo relevo jurídico, na "grande província" do Direito Comercial.

[13] Sobre o ensino do Direito da Insolvência como disciplina autónoma cfr. ADELAIDE MENEZES LEITÃO, *Direito da Insolvência*, Lisboa, AAFDL, 2017, pp. 35 e s.

[14] A alternativa terminológica visa dar conta dos dois termos que foram sendo sucessivamente utilizados. A substituição do termo "falência" pelo de "insolvência" não teve lugar em todos os ordenamentos jurídicos, pelo menos não de forma absoluta, mas verificou-se, sem dúvida, no Direito português, em resultado da entrada em vigor, em 2004, do Código da Insolvência e da Recuperação de Empresas. A intenção do legislador foi a de evitar as conotações negativas do termo tradicional, não tendo havido uma alteração substancial do seu significado. É de notar, contudo, que, durante certo período, a expressão "processo de insolvência" designou, em Portugal, o processo concursal aplicável aos não comerciantes. Isto sucedeu entre 1933, data em que foi instituído o processo de insolvência dos não comerciantes através do Decreto n.º 21.758, de 22 de Outubro, e 1993, data da entrada em vigor do Código dos Processos Especiais de Recuperação a Empresa e de Falência. Este último tornou o processo de falência aplicável a todos os sujeitos, comerciantes e não comerciantes. Durante a vigência dele, a palavra "insolvência" esteve reservada para designar o estado ou a situação de facto que constituía o pressuposto objectivo do processo de falência.

[15] A falência aparecia tratada com alguma precisão nos estatutos de algumas cidades italianas do século XIII, como, por exemplo, o *Statuti di Vercelli*, de 1226, e o *Costituto di Siena*, de 1262.

[16] Cfr., por todos, ALFREDO ROCCO, *Il fallimento – teoria generale e origine storica*, Milano, Giuffrè, 1962, pp. 184 e s. Sobre as origens e a evolução histórica da falência/insolvência cfr., entre outros, ALFREDO ROCCO, *Il fallimento – teoria generale e origine storica*, cit., pp. 121 e s., UMBERTO SANTARELLI, *Per la storia del fallimento nelle legislazioni italiane dell'età intermedia*,

INTRODUÇÃO AO DIREITO DA INSOLVÊNCIA

Sendo uma medida de tipo conservatório e não dependendo da prova do crédito, esta última apresentava grande utilidade no caso de insolvência do devedor. Daí que, embora inicialmente aplicável a bens singulares, tenha sido estendida a patrimónios e convertida em fase preparatória da execução geral e colectiva. Significa isto que, ao contrário do que se poderia pensar, embora com raízes na sociedade mercantil, a falência começou por ser, em rigor, um instituto de Direito comum, composto, não de normas especiais derivadas dos costumes mercantis, mas de normas derivadas de institutos de Direito comum que os estatutos dos comerciantes consagraram como aplicação especial de normas gerais[17].

Nos séculos XIV e XV, a falência já era regulada nos estatutos das principais cidades comerciais italianas (Veneza, Génova, Florença, Milão). De acordo com a generalidade dos estatutos, a falência podia presumir-se da cessação de pagamentos e da confissão espontânea do devedor, mas o sintoma mais característico era a fuga ou o simples desconhecimento do paradeiro do devedor. Bastava, em regra, que este facto fosse do conhecimento público para que a falência fosse declarada, admitindo-se, para afastar tal declaração, a prova de que a fuga se devia a doença ou a outra justa causa.

Padova, CEDAM, 1964, C. PECORELLA/U. GUALAZZINI, "Fallimento (storia)", in: *Enciclopedia del Diritto*, XVI, Milano, Giuffrè, 1967, pp. 220 e s., FRANCESCO GALGANO, *História do Direito Comercial* (tradução de João Espírito Santo e supervisão e notas de José J. Barros), Lisboa, Signo Editores, 1980, pp. 51-52, e JOSÉ A. RAMÍREZ, *La quiebra – Derecho Concursal español*, tomo I, Barcelona, Bosch, 1998, pp. 83 e s. Para a evolução histórica do instituto em Portugal cfr. PEDRO DE SOUSA MACEDO, *Manual de Direito das Falências*, volume I, cit., pp. 33 e s.

[17] Existe alguma controvérsia quanto à questão de saber se a falência nasce como um instituto exclusivamente aplicável aos comerciantes. Disso dão conta C. PECORELLA e U. GUALAZZINI ["Fallimento (storia)", cit., p. 222], que, apesar de reconhecerem que o estatuto da cidade de Milão não era, quanto a esse ponto, suficientemente claro e que no estatuto da cidade de Veneza a falência aparecia, excepcionalmente, como um instituto aplicável a qualquer espécie de devedor, defendem uma resposta positiva. A questão não compromete, de qualquer modo, a afirmação em texto, relativa ao nascimento da falência como um instituto de Direito comum. Aproveitando as palavras de ALFREDO ROCCO (*Il fallimento – teoria generale e origine storica*, cit., p. 187), o que pretende dizer-se é que não se trata de normas fixadas no seio da jurisdição comercial e depois codificadas nos estatutos do comércio, mas sim de normas derivadas de um instituto de Direito comum (a *datio in solutum per iudicem*), formado por elementos de institutos de Direito comum (como a *missio in possessionem* e a apreensão de bens) e que os estatutos dos comerciantes acolheram como aplicação especial de normas gerais (e não como normas especiais derivadas dos costumes mercantis).

Entre as numerosas sanções sobre o falido previstas nos estatutos contavam-se algumas gravíssimas, como o exílio, a pena de morte, a tortura, e outras consideradas menores, como a perda da cidadania, a impossibilidade de exercício do comércio, o tratamento como pessoa infame e a exposição ao desprezo público.

A publicidade era um elemento essencial da função repressiva (e preventiva) das medidas penais. O falido era obrigado a usar publicamente uma carapuça de certa cor (branca, verde ou azul celeste, conforme os estatutos), com uma raposa pintada em cima, como sinal sua infâmia. E, segundo se conta, em algumas cidades, como Veneza e Génova, era usual destruir-se a banca (*rompere il banco*), instrumento de trabalho típico do comerciante, para representar, de modo a que ficasse na memória de todos os presentes, o fim definitivo da sua actividade profissional. É, aliás, neste *banco rotto* que a palavra "*bancarrotta*" parece ter tido origem[18]. Nos países da Europa continental esta viria, depois, a designar apenas os crimes falimentares ou insolvenciais[19] e nos países anglo-saxónicos, traduzida para *bankruptcy*, conservaria o significado de "falência" ou "insolvência".

---

[18] E, sucessivamente, o qualificativo "*rotti*" para designar os devedores nessa situação (cfr. Lucio Ghia, "Lo status del fallito negli altri paesi della comunità europea", in: *Il Diritto Fallimentare e delle Società Commerciali*, 2003, n.º 4, p. 1251). Segundo Joseph Pomykala ("Bankruptcy reform – Principles and guidelines", in: *Regulation*, 1997, p. 41), a palavra francesa homóloga "*banqueroute*" tinha uma origem etimológica diversa (de *route*: estrada) e aludia ao devedor em fuga. É uma opinião menos condividida, que inspira alguma reserva. Para Sandor E. Schick ("Globalization, bankruptcy and the myth of the broken bench", in: *American Bankrutpcy Law Journal*, 2006, 4, pp. 219 e s.), o "*broken bench*" é, com toda a probabilidade, um mito e, a ter ocorrido, foi, no máximo, uma prática marginal e esporádica. O autor desenvolve um estudo detalhado das referências ao "*broken bench*" na literatura jurídica [das referências mais recentes (2004) à mais antigas (1669)], nota as incoerências e a multiplicidade de opiniões quanto à data, à localização, à razão de ser e ao objecto da prática e, sobretudo, à raíz etimológica – *bancarotta* (italiano), *bancarrota* (espanhol), *banca rupta* (latim), *banque route* (francês) – e conclui que se trata de uma caricatura que, visando acentuar o carácter punitivo da falência, obnubila o facto de, muito antes da emergência da *discharge* (exoneração do devedor) nas leis inglesa e norte-americana, já existir a oportunidade de alívio para o devedor e estarem assentes os alicerces dos regimes modernos da falência (igualdade entre os credores, possibilidade de acordos entre devedor e credores, protecção do devedor honesto contra os ataques dos credores).

[19] Em Portugal era, no entanto, mais frequente o uso do termo "quebra" para designar a falência com fraude ou culpa.

INTRODUÇÃO AO DIREITO DA INSOLVÊNCIA

A configuração do processo era já, nas suas linhas fundamentais, aquela que caracteriza o processo moderno. O processo era aberto a pedido dos credores e, nalguns estatutos, também oficiosamente. Era marcante o papel da autoridade pública, cuja iniciativa se manifestava, além disso, na identificação dos credores e na verificação dos créditos. O efeito principal da declaração de insolvência era a apreensão judicial dos bens do devedor, com fins conservatórios, mas também executivos. Os credores reclamavam os seus créditos e eram admitidos ao concurso, que, desviando-se do princípio tradicional do *prior in tempore potior in iure*, se pautava pelo princípio da satisfação proporcional (*per soldum et libram*).

Como acontecia com outros institutos de direito estatutário, a disciplina da falência assentava, simultaneamente, em regras jurídicas e em cânones éticos. Isto explica dois dos seus traços fundamentais: a preordenação à tutela dos credores (*favor creditorum*) e o carácter marcadamente penal. A primeira era um imperativo da política legislativa geral. O segundo era um legado do Direito anterior, mas, se subsistiu, foi porque se manteve a convicção de que a insolvência comportava um grau elevado de antijuridicidade[20] e de que a repressão podia constranger o devedor a cumprir. Em maior ou menor quantidade, ainda hoje existem vestígios deste carácter penal da falência em diversos ordenamentos europeus.

A disciplina italiana da falência difundiu-se rapidamente em toda a Europa, por obra dos comerciantes italianos, que acorriam, em grande número, às feiras e aos mercados internacionais. Porém, a partir do século XVI, com os descobrimentos, as cidades comerciais italianas entraram em crise e a iniciativa legislativa no campo comercial e da falência transferiu-se para França. De início, a regulamentação era muito dispersa, existindo, em regra, uma ordenança para cada estado ou província mas na segunda metade do século XVII dá-se o primeiro passo no processo de unificação. Sob a égide de Luís XIV, em 1673, é elaborada uma lei geral, aplicável a todo o reino, onde, com inspiração no Direito italiano mas também nos usos mercantis de Lyon e de outras cidades francesas, a falência aparece regulada de forma sistemática e completa. A *Ordonnance du Commerce*, como foi intitulada, referia-se ao comerciante em particular e era a ele que a falência prevalentemente

---

[20] Entendia-se que a insolvência comportava uma grave perturbação nas relações económicas e sociais. Era merecedora de censura e objecto de repressão penal qualquer insolvência, independentemente das suas causas, e não apenas a que fosse imputável ao devedor, como veio, mais tarde, a acontecer.

se aplicava, mas, segundo parece, não deixava de ser também aplicável ao devedor comum.

Só com o *Code de Commerce* napoleónico, de 1807, é que se fixa, de uma vez por todas e de forma inequívoca, aquele que foi, durante muito tempo, um dos aspectos mais salientes da tradição da Europa continental em matéria de falência: a restrição da aplicabilidade do processo de falência aos comerciantes e, portanto, a natureza comercial da falência. Por isto se diz que a história da falência está indissoluvelmente ligada à história do Direito Comercial e da sua autonomia (para a qual foi decisiva esta separação formal entre a legislação civil e a legislação comercial).

A primeira concepção da falência foi a "falência-liquidação". Assentava na ideia (simplista) de que a falência opunha dois sujeitos ou dois grupos de sujeitos: os credores, a quem se devia pagar, e o falido, que se devia punir. A realização de ambos os fins era assegurada pelo processo de falência, que consistia, quase exclusivamente, na liquidação do património do falido.

Tempo mais tarde, mais precisamente depois da Primeira e Segunda Guerras Mundiais e sobretudo durante a segunda metade do século XX (no período da crise do petróleo iniciada em 1973), torna-se evidente a desadequação deste modelo. Diante da conjuntura económica desfavorável, o instituto da falência não podia permanecer concentrado na tutela dos interesses dos credores e da classe mercantil. Havia uma multiplicidade de interesses de que eram titulares outros sujeitos/grupos de sujeitos (trabalhadores, investidores, instituições de crédito, Estado e entes públicos, consumidores, outros agentes económicos, membros da colectividade) e – toma-se consciência mais tarde – também certos interesses públicos (o desenvolvimento económico, a estabilidade no emprego, a ordem, a justiça e a paz sociais). Tais interesses estavam em risco e reclamavam atenção. Estava aberto o caminho para aquilo que se pode chamar uma "concepção funcional" do regime jurídico da falência. Reconhecendo-se o impacto económico-social da eliminação de certas empresas, foram empenhados todos os esforços na disposição de meios alternativos à liquidação.

É claro que houve excessos. Em países como a França, a Itália e, não obstante em menor medida, a Espanha, a regra passou a ser recuperar, recuperar antes de qualquer coisa, na dúvida e, por vezes, mesmo quando o diagnóstico da crise da empresa desaconselhava a solução. Hiperbolizou-se de tal forma o propósito de recuperação da empresa que se perderam de vista os seus critérios e os seus limites de aplicabilidade. Ora, a recuperação tem custos elevados. Os credores são obrigados a aguardar o pagamento dos seus créditos e exortados, muitas vezes, a financiar a execução do plano de recuperação. Quando a recuperação fracassa são muito reduzidas as probabilidades de eles virem a recuperar integralmente os fundos antecipados ou a obter uma satisfação cabal dos seus créditos. Como quase sempre estão em causa créditos do Estado e de outras entidades públicas, a recuperação, por mais que, de certa forma, realize interesses públicos, não deixa, por outro lado, de comportar encargos para a colectividade.

Atendendo a isto, numa segunda fase, tentou-se corrigir os exageros. Assentou-se em que o risco da empresa deve ser distribuído por todos os sujeitos com interesses na empresa (*stakeholders*), ou seja, os empresários, os trabalhadores, os investidores, as instituições de crédito, os consumidores e outros agentes da economia, os contribuintes e os membros da colectividade, e que a solução para a crise da empresa implica uma ponderação lúcida e equilibrada dos interesses públicos, colectivos e privados que nela confluem.

O regime da falência passa, então, a ser o de falência-saneamento e a ter como missão principal o saneamento da economia, devendo identificar e dar tratamento adequado à situação dos vários agentes económicos: os capazes e viáveis merecem ser apoiados; os incapazes ou desonestos devem ser eliminados.

Hoje em dia, a tendência dominante em quase todos os ordenamentos é para a centralização do Direito da Insolvência nas situações de pré-insolvência e na sua resolução através de instrumentos de base negocial.

A tendência deve-se sobretudo à tomada de consciência da inaptidão do processo de insolvência para realizar satisfatoriamente os direitos de crédito. Deve-se, numa palavra, ao insucesso relativo do Direito da Insolvência tradicional. Formou-se a convicção de que é mais eficaz regular a insolvência em momento anterior à insolvência, ou seja, quando ainda não existe insolvência mas tão-só o perigo de ela se concretizar, e de que as melhores soluções são as que resultam das negociações entre o devedor e os credores.

A convicção não é destituída de fundamento e baseia-se nos dados da experiência. A recuperação da empresa ou a superação do problema por parte da pessoa singular parece, de facto, ser mais viável numa fase precoce, dada a menor gravidade e a presumível reversibilidade da situação-base. As soluções negociadas apresentam, por outro lado, maiores garantias quanto ao sucesso da sua aplicação.

A obediência exclusiva a considerações de eficácia encerra, porém, alguns perigos. O embrenhamento em preocupações deste tipo pode fazer com que

LIÇÕES DE DIREITO DA INSOLVÊNCIA

se perca de vista o ponto de partida ou se dilua o objectivo original (a necessidade de satisfação dos credores). Acresce que a eficácia nada significa se não estiver referida a fins. Ela pressupõe, pois, invariavelmente, a definição dos fins de política legislativa. E esses – pode perguntar-se – quais são/quais devem ser: recuperar a todo o custo, pagar aos credores, os dois sucessivamente ou outro(s)?

Em face dos desenvolvimentos referidos, confirma-se aquilo que se disse a abrir estas lições: o Direito da Insolvência não se esgota hoje no complexo de normas aplicável à situação de insolvência; ele é também, e cada vez mais, a disciplina que se dirige a prevenir ou a evitar tal situação.

3. O regime da insolvência (cont.). Evolução em Portugal

Como será de calcular, o percurso trilhado pelo Direito português da Insolvência não é fundamentalmente distinto daquele que se acaba de descrever, antes reflecte a evolução geral.

Ao longo dos tempos, o regime português da falência/insolvência esteve contido em diversos complexos normativos.

Embora a primeira referência à "quebra" surja, em rigor, nas Ordenações Manuelinas, só com o Alvará de 13 de Novembro de 1756 se institui o "processo concursual" de "falência"[21]. A partir daí os diplomas sucederam-se: Código Comercial de 1833, Código Comercial de 1888, Código de Falências de 1899, Código de Processo Comercial de 1905, Código de Falências de 1935, Código de Processo Civil de 1939, Código de Processo Civil de 1961, Código dos Processos Especiais Recuperação da Empresa e de Falência e, por fim, Código da Insolvência e da Recuperação de Empresas.

Até ao Código de Processo Comercial de 1939, a concepção dominante foi a de falência-liquidação. Só com a entrada em vigor do Código de Processo Civil, regulando aquilo que se chamou "meios preventivos da falência" (a concordata e o acordo de credores, que, além de meios preventivos, eram também meios suspensivos da falência) e, depois, com o DL n.º 177/86, de 2 de Julho (que cria o processo especial de recuperação da empresa e da protecção de credores) e o DL n.º 10/90, de 5 de Janeiro (diploma intercalar que apura o regime estabelecido no DL n.º 177/86), começa a haver sinais do acolhimento da concepção de falência-saneamento.

---

[21] Entre as Ordenações Manuelinas e o Alvará estão as Ordenações Filipinas, por força das quais se passou a distinguir entre falência fraudulenta, falência culposa e falência casual.

INTRODUÇÃO AO DIREITO DA INSOLVÊNCIA

A falência-saneamento encontra a sua máxima expressão no Código dos Processos Especiais de Recuperação da Empresa e de Falência. O regime compunha-se de dois processos especiais aplicáveis aos sujeitos insolventes: o processo de falência e o processo de recuperação de empresas. Consagrava--se, na altura, a prioridade da recuperação sobre a falência. As providências de recuperação já existentes no âmbito do anterior regime foram apuradas e o número de providências foi aumentado com a introdução da medida de "reestruturação financeira". Reconhecia-se, contudo, que a prioridade da recuperação não podia ser objecto de aplicação cega ou irreflectida. Como se afirmava no próprio Relatório do Diploma Preambular que aprovou o Código dos Processos Especiais de Recuperação da Empresa e de Falência (DL n.º 132/93, de 23 de Abril), a recuperação "só tem justificação plena, ao nível da própria economia nacional globalmente considerada, quando e enquanto o comerciante ou a sociedade comercial devedora se possam realmente considerar como unidades económicas viáveis". Determinava-se, assim, que a recuperação dependia sempre da viabilidade económica e da recuperabilidade financeira da empresa.

No Código da Insolvência e da Recuperação de Empresas, aprovado pelo DL n.º 53/2004, de 18 de Março, foi-se mais longe. Numa fase inicial, eliminou-se o primado da recuperação. Além disso, eliminou-se o próprio processo de recuperação. Conforme resulta, ainda hoje, depois de todas as alterações legislativas, de forma clara, do n.º 1 do art. 1.º[22], a recuperação de empresas insolventes é apenas uma das finalidades do processo de insolvên-cia, em alternativa à liquidação. Daí que, como se disse aquando da apresen-tação pública do Projecto, devesse ter sido retirada do título do Código da Insolvência e da Recuperação de Empresas a referência à recuperação, para afastar qualquer sugestão de paralelismo entre recuperação e insolvência (em reminiscência do anterior paralelismo entre recuperação e falência)[23].

---

[22] Salvo quando se disponha diversamente, os artigos referidos ao longo do texto sem indica-ção do diploma a que pertencem são do Código da Insolvência e da Recuperação de Empresas.
[23] Evoca-se aqui a intervenção oral no Colóquio "O Código da Insolvência e Recuperação de Empresas", organizado pelo Gabinete de Política Legislativa e Planeamento do Ministério da Justiça e realizado na Universidade Nova de Lisboa, no dia 16 de Julho de 2003, depois redu-zida a escrito e publicada. Cfr. CATARINA SERRA, "As novas tendências do Direito português da Insolvência – Comentário ao regime dos efeitos da insolvência sobre o devedor no Projecto de Código da Insolvência", in: ANTÓNIO CÂNDIDO OLIVEIRA (coord.), *Estudos em comemora-ção do décimo aniversário da licenciatura em Direito da Universidade do Minho*, Coimbra, Almedina, 2004, pp. 203 e s., e in: AA. VV., *Código da Insolvência e da Recuperação de Empresas – Comuni-*

LIÇÕES DE DIREITO DA INSOLVÊNCIA

A sua subsistência até hoje dever-se-á, com certeza, às virtudes da palavra (ao efeito animador que produz).

Reduzida à condição de finalidade possível do processo de insolvência, a recuperação está, ainda para mais, muito dificultada. Com efeito, o único instrumento que pode ser utilizado para fins de recuperação de empresas insolventes – o plano de insolvência [cfr. art. 1.º, n.º 1, e art. 195.º, n.º 2, al. *b*)] – só pode ser aprovado depois de transitada em julgado a sentença de declaração de insolvência, de esgotado o prazo para a impugnação da lista de credores reconhecidos e de realizada a assembleia de apreciação do relatório ou, caso não seja designado dia para a sua realização, nos termos da al. *n)* do n.º 1 do art. 36.º, depois de decorridos quarenta e cinco dias sobre a prolação da sentença de declaração de insolvência (cfr. arts. 209.º, n.º 2, e 36.º, n.º 4). Isto significa que entre a declaração de insolvência e a decisão de recuperação pode decorrer um período de tempo tão longo que, na prática, é muito difícil que, no momento de aplicar as medidas de recuperação, as empresas estejam ainda em condições de ser recuperadas[24].

Tudo considerado, talvez o fim do primado da recuperação não seja a medida mais controversa. Como se viu, na sua origem, durante séculos e até há relativamente pouco tempo, a falência era entendida quase exclusivamente como uma liquidação em benefício de credores, uma execução colectiva e universal (colectiva por correr em benefício de todos os credores, uni-

---

cações sobre o Anteprojecto de Código, Ministério da Justiça, Gabinete de Política Legislativa e Planeamento, Coimbra, Coimbra Editora, 2004, pp. 21 e s. Evoca-se ainda a participação no Curso de Formação Permanente "O novo processo especial da insolvência e da recuperação de empresas", organizado pelo Centro de Estudos Judiciários e realizado no Auditório do Gabinete de Política Legislativa e Planeamento do Ministério da Justiça, em Lisboa, no dia 19 de Março de 2004.

[24] O n.º 2 do art. 209.º foi uma das poucas normas que sofreram alteração substancial com o DL n.º 200/2004, de 18 de Agosto. Na sua versão original, a norma impedia que a assembleia de credores reunisse para aprovação de plano de insolvência antes de proferida sentença de verificação e graduação de créditos e de esgotado o prazo para a interposição de recursos desta sentença. Em reacção a numerosas críticas, tentou-se, como se diz no preâmbulo do DL n.º 200/2004, de 18 de Agosto, favorecer as perspectivas de recuperação das empresas e modificou-se a norma, podendo agora a assembleia realizar-se após o termo do prazo para a impugnação da lista de credores reconhecidos. Ainda assim, continua a ser uma longa moratória até à decisão da recuperação, dado que a assembleia permanece na dependência do trânsito em julgado da sentença de declaração de insolvência e que esta pode ser impugnada, através de embargos e/ou recurso. Mantém-se, portanto, válido o prognóstico da pouca utilidade da recuperação.

INTRODUÇÃO AO DIREITO DA INSOLVÊNCIA

versal por implicar a apreensão e a liquidação de todos os bens penhoráveis do devedor). E, por mais que não seja de retroceder às origens, é consensual que a recuperação não pode ser imposta a qualquer custo.

O que merece, porventura, maiores reservas é o desaparecimento da viabilidade económica como condição objectiva para a recuperação e a (consequente) impossibilidade de controlar a razoabilidade da decisão de recuperar. Na prática, o desaparecimento daquele requisito significa que é possível optar pela recuperação mesmo que não se verifique a sua condição natural de aplicabilidade (a viabilidade da empresa) e, inversamente, deixar o processo (supletivo) de insolvência seguir o seu curso, preordenado à liquidação, não obstante ela se verificar.

Como se assume no Relatório do Diploma Preambular que o aprovou (o DL n.º 53/2004, de 18 de Março), o Código da Insolvência e da Recuperação de Empresas tem um pendor claramente liberal: por força da insolvência, os credores convertem-se em proprietários económicos da empresa e devem prevalecer os mecanismos próprios de regulação do mercado (cfr. ponto 3.)[25]. Daí que se desjudicialize a recuperação da empresa e se dê ampla margem de manobra aos credores. Mas, não havendo um critério objectivo nem um (mínimo) controlo judicial da decisão sobre o destino da empresa, estabelece-se o império absoluto dos interesses privados. O que suscita, inevitavelmente, algumas interrogações. Os credores movem-se sempre por interesses de ordem económica? Podem os seus interesses funcionar como instrumentos fiáveis de regulação do mercado?

Por trás da opção do legislador português esteve a lei da insolvência alemã, a *Insolvenzordnung* (*InsO*), de 5 de Outubro de 1994, que o Código da Insolvência e da Recuperação de Empresas se limitou, em muitos pontos, a reproduzir quase integralmente.

O Código da Insolvência e da Recuperação de Empreaas sofreu, entretanto – é certo –, muitas alterações, designadamente por via do DL n.º 200/

---

[25] Esta e outras afirmações são típicas de uma abordagem económica do Direito da Insolvência e denunciam a influência da corrente de análise económica do Direito (*"economic analysis of Law"*) sobre o legislador português. Paradigmática da abordagem económica do Direito da Insolvência é a obra de THOMAS H. JACKSON: *The logic and limits of Bankruptcy Law*, publicada originariamente pela Harvard University Press, em Cambridge (Massachussets), em 1986. Para compreender o impacto da corrente da análise económica no Direito da Insolvência cfr. MÁRIO JOÃO COUTINHO DOS SANTOS, "Algumas notas sobre os aspectos económicos da insolvência da empresa", in: *Direito e Justiça*, 2005, volume XIX, tomo 2, p. 181 e s.

/2004, de 18 de Agosto, do DL n.º 76-A/2006, de 29 de Março, do DL n.º 282/2007, de 7 de Agosto, do DL n.º 116/2008, de 4 de Julho, do DL n.º 185/2009, de 12 de Agosto, da Lei n.º 16/2012, de 20 de Abril, da Lei n.º 66-B/2012, de 31 de Dezembro, do DL n.º 26/2015, de 6 de Fevereiro, do DL n.º 79/2017, de 30 de Junho, e da Lei n.º 114/2017, de 29 de Dezembro. E outras decerto virão. As reformas sucedem-se porque a instabilidade é inerente ao Direito da Insolvência. Como com notável clarividência afirmava o Ministro da Justiça José de Alpoim, no relatório que precedeu o Código de Falências de 1899 (o primeiro diploma a regular a matéria de forma autónoma no Direito português), "em matéria de falências não há previsões legislativas que bastem, nem reformas que muito durem".

De entre as alterações mencionadas duas merecem já destaque nesta abordagem geral.

A primeira teve lugar no quadro do programa de auxílio financeiro à República Portuguesa assegurado pelo Banco Central Europeu (BCE), a Comissão Europeia (CE) e o Fundo Monetário Internacional (FMI) – a chamada "Troika" – e na sequência da aprovação, em Conselho de Ministros, do "Programa Revitalizar" (cfr. Resolução de Conselho de Ministros n.º 11/2012, de 3 de Fevereiro).

No conjunto das medidas que alegadamente compunham este programa salienta-se, pela sua importância, a Lei n.º 16/2012, de 20 de Abril, que procedeu à sexta alteração do Código da Insolvência e da Recuperação de Empresas, simplificando formalidades e procedimentos e instituindo o Processo Especial de Revitalização (PER)[26].

Á parte do PER, as novidades trazidas pela a Lei n.º 16/2012, de 20 de Abril, não foram, no entanto, muito numerosas nem de grande monta. No que toca, em particular, à função de recuperação, permanecem válidas as considerações feitas antes: a recuperação de empresas insolventes continua a não ser muito mais do que uma referência contida no título do Código da Insolvência e da Recuperação de Empresas. A intervenção legislativa modificou, com efeito, duas normas em que o plano de insolvência é mencionado mas as alterações são ou meramente formais ou, por si só, insusceptíveis de

---

[26] Destacar-se-ia ainda o DL n.º 178/2012, de 3 de Agosto, que criou o Sistema de Recuperação de Empresas por Via Extrajudicial (SIREVE), não fosse ele ter sido revogado pela Lei n.º 8/2018, de 2 de Março, que criou o Regime Extrajudicial de Recuperação de Empresas (RERE).

INTRODUÇÃO AO DIREITO DA INSOLVÊNCIA

elevar a recuperação de empresas insolventes ao estatuto de finalidade prioritária do sistema.

A primeira norma alterada foi a do art. 1.º, que passou a conter um n.º 1 em que se diz que "[o] processo de insolvência é um processo de execução universal que tem como finalidade a satisfação dos credores pela forma prevista num plano de insolvência, baseado, nomeadamente, na recuperação da empresa compreendida na massa insolvente, ou, quando tal não se afigure possível, na liquidação do património do devedor insolvente e [n]a repartição do produto obtido pelos credores".

A segunda norma alterada foi a do art. 192.º, que passou a conter um n.º 3 onde se determina que "[o] plano de insolvência que se destine a prover à recuperação do devedor designa-se plano de recuperação, devendo tal menção constar [de] todos os documentos e publicações ao mesmo respeitantes".

A alteração à primeira norma sugere que a recuperação da empresa deve (voltar a) ser prioritária[27]. Mas a alteração não é acompanhada de nenhuma modificação substancial da disciplina, que, designadamente, transforme o plano de insolvência na solução mais imediata, mais fácil ou mais apetecível para os credores, que continuam a ter o poder de tomar todas as decisões fundamentais. Assim sendo, não se vê em que assenta o primado da recuperação[28].

A alteração à segunda norma tão-pouco tem grande impacto. Quando o plano de insolvência se destina à recuperação chama-se plano de recuperação. Será, então, possível distinguir entre os devedores titulares de empresas

---

[27] Resulta ainda, numa leitura atenta da norma, a impressão a de que todo o processo de insolvência implica um plano de insolvência. Mas esta impressão está errada. Em grande parte dos casos aplicam-se as regras (supletivas) contidas do Código da Insolvência e da Recuperação de Empresas e não há – não há necessidade de – qualquer plano de insolvência. O texto do art. 1.º deveria ser alterado para passar a dizer: "[O] processo de insolvência é um processo [...] que tem como finalidade a satisfação dos credores através da recuperação da empresa nos termos previstos num plano de insolvência ou, quando tal não se afigure possível, a liquidação da massa insolvente e a repartição do produto obtido pelos credores nos termos previstos nas normas do presente código ou num plano de insolvência". Sugere uma redação ligeiramente diferente com uma intenção próxima NUNO MANUEL PINTO OLIVEIRA ["O Direito da Insolvência e a tendencial universalidade do Direito Privado", in: CATARINA SERRA (coord.), *IV Congresso de Direito da Insolvência*, Coimbra, Almedina, 2017, p. 84].

[28] Cfr., globalmente no mesmo sentido, JOÃO BALDAIA/MIGUEL ALMEIDA LOUREIRO, "A capitalização de empresas pela via da insolvência", in: MARIA DE DEUS BOTELHO (coord.), *Capitalização de empresas*, Coimbra, Almedina, 2017, pp. 54-56.

em curso de recuperação e os outros casos. O legislador não teve seguramente a intenção de reduzir o estigma associado à insolvência, caso contrário não poderia ter-se ficado por aqui. É que por vezes – muitas vezes – as empresas não são recuperadas, não exactamente porque não sejam recuperáveis, mas porque os credores, simplesmente, não o permitiram.

Em abono das (boas) intenções do legislador, poderá, de facto, dizer-se que se criou um novo processo – o PER. Mas as empresas insolventes não podem ser recuperadas por esta via, não se aplicando o PER aos casos de insolvência actual. Pode, quando muito, falar-se em "recuperação preventiva"[29].

Em 2017 procedeu-se a nova intervenção legislativa, através do DL n.º 79/2017, de 30 de Junho. O número de normas alteradas e aditadas no Código da Insolvência e da Recuperação de Empresas pode impressionar. Olhando melhor, porém, verifica-se que muitas das alterações se devem a questões formais ou para-formais.

Assim, no domínio do processo de insolvência, algumas das alterações devem-se exclusivamente a necessidades de actualização. Em primeiro lugar, tratou-se de actualizar remissões e introduzir outras adaptações à disciplina actual do Código de Processo Civil[30] e do Regulamento (UE) 2015/848 do Parlamento Europeu e do Conselho, de 20 de Maio de 2015, relativo aos processos de insolvência (reformulação)[31], em vigor, na generalidade, desde o dia 26 de Junho de 2017[32]. Em segundo lugar, tratou-se de substituir um conjunto de referências indevidas, seja pela sua obsolescência (como a referência ao extinto "cofre geral dos tribunais" pela expressão, mais perene, "organismo responsável pela gestão financeira e patrimonial do Ministério da Justiça")[33] [34], seja pela sua desadequação (como a referência a "marido

---

[29] Usa a expressão NUNO MANUEL PINTO OLIVEIRA ["O Direito da Insolvência e a tendencial universalidade do Direito Privado", cit., p. 89].

[30] Assim nos arts. 9.º, n.º 2, 14.º, n.º 1, 25.º, n.º 2, 136.º, n.º 3, 150.º, n.ºs 1 e 5, 164.º, n.ºs 4 e 6, e 294.º, n.º 2.

[31] O Regulamento está publicado no Jornal Oficial da União Europeia (JOUE) L 141 de 5 de Junho de 2015, pp. 19-72, e disponível, em português, em http://eur-lex.europa.eu/legal-content/PT/TXT/PDF/?uri=CELEX:32015R0848&from=PT. Do Regulamento se falará pormenorizadamente adiante.

[32] Assim nos arts. 7.º, n.º 4, 37.º, n.º 4, 38.º, n.ºs 9, 10 e 11, 128.º, n.º 4, 129.º, n.º 4, 275.º, 288.º, n.º 1, 291.º e 294.º, n.º 3.

[33] Assim nos arts. 32.º, n.º 3, 182.º, n.º 2, 241.º, n.º 1, al. b), e 248.º, n.º 1.

[34] Anteciparam-se ainda referências só necessárias mais tarde, como as que decorrem, por exemplo, da tramitação electrónica dos processos, abrangendo os actos a cargo do adminis-

INTRODUÇÃO AO DIREITO DA INSOLVÊNCIA

e mulher" pela expressão mais adequada "cônjuges")[35]. Por seu turno, na disciplina do PER, parte das alterações deriva da necessidade de substituição do termo "devedor" pelo de "empresa"[36], em coerência com o novo âmbito de aplicabilidade do processo.

Resulta, assim, por exclusão de partes, que as alterações de tipo substancial são escassas. Em contrapartida, muitas alterações importantes ficaram por realizar, sendo patente a falta de interesse do legislador em abordar algumas das deficiências laboriosamente coligidas e apontadas pela doutrina[37].

As alterações mais vistosas são, apesar de tudo, as efectuadas no regime do PER, transformando-o naquilo que pode chamar-se um "PER *remoçado*", e a introdução do processo especial para acordo de pagamento (PEAP), uma espécie de "PER de segunda linha" ou "residual", reservado a não empresários.

No que toca ao PER, tentou-se moralizar (ou "credibilizar", como se diz no preâmbulo do diploma) o processo enquanto via para a recuperação, estreitando as condições para o acesso ao processo e clarificando as consequências para o incumprimento do plano de recuperação. Quanto ao PEAP, ele não era, em rigor, indispensável, pelas razões que se verá.

A finalizar, diga-se que o legislador tomou ainda outras iniciativas que, não obstante não passarem pela alteração directa ao Código da Insolvência e da Recuperação de Empresas, contribuíram significativamente para conformar o Direito português da Insolvência. Sobressai a Lei n.º 7/2018, de 2 de Março, que criou o Regime Jurídico da Conversão de Créditos em Capital (RJCCC), um regime através do qual os credores podem impor aos sócios a conversão dos seus créditos em capital social, e a Lei n.º 8/2018, de 2 de Março, que criou o Regime Extrajudicial de Recuperação de Empresas

---

trador judicial ou dos que sejam perante si praticados, e da criação de um novo portal, em substituição do portal Citius [cfr. arts. 17.º, n.º 2, 128.º, n.ºs 2, 3 e 4, e 152.º, n.ºs 1, 2 e 3], e da criação do RERE, em substituição do SIREVE (cfr. arts. 16.º, n.º 1, e 120.º, n.º 6).

[35] Assim nos arts. 249.º, n.º 2, 264.º, n.º 1 e 4, e 265.º, n.º 1.

[36] O termo "empresa" aparece de novo nos arts. 1.º, n.º 2, 17.º-A, n.ºs 1 e 2, 17.º-B, 17.º-C, n.ºs 1, 3, 5, 6 e 7, 17.º-D, n.ºs 1, 5, 6, 7, 8 e 11, 17.º-E, n.ºs 1, 2, 3, 4, 5, 6, 7 e 9, 17.º-F, epígrafe, n.ºs 1, 2, 4, 6, 9, 10, 11 e 13, 17.º-G, n.ºs 1, 2, 3, 4, 5 e 6, 17.º-H, n.ºs 1 e 2, e 17.º-I, epígrafe e n.ºs 1, 2 e 7.

[37] Por exemplo, a norma do art. 17.º-G necessitava de várias correcções, tanto no plano formal como substancial, como tem sido apontado. Cfr. CATARINA SERRA, *O Processo Especial de Revitalização na Jurisprudência – Questões Jurisprudenciais com Relevo Dogmático*, Coimbra, Almedina, 2017 (2.ª edição), pp. 94 e s.

(RERE), um regime exclusivo das empresas, desenhado para o enquadramento jurídico da reestruturação extrajudicial.

Tudo isto será visto detalhadamente. Antes, porém, descreva-se, em traços gerais, a disciplina disposta no Código da Insolvência e da Recuperação de Empresas, dando particular ênfase aos pontos de ruptura com a disciplina anterior e destacando as alterações a que foi sendo sujeita ao longo do tempo e os motivos que as justificaram.

PARTE I

O Processo de Insolvência

PARTE 1

O Processo de insolvência

Título I
Introdução ao Processo de Insolvência

CAPÍTULO ÚNICO – O processo de insolvência
no Código da Insolvência e da Recuperação de Empresas

Bibliografia específica: António Menezes Cordeiro, *Litigância de má fé, abuso do direito de acção e culpa "in agendo"*, Coimbra, Almedina, 2014 (3.ª edição), António Peixoto Araújo/Maria João Pimentel Felgueiras Machado, "A responsabilidade tributária do administrador judicial", in: *Atas do VI Congresso Internacional de Ciências Jurídico-Empresariais – A insolvência e as Empresas*, Instituto Politécnico de Leiria, Escola Superior de Tecnologia e Gestão, 2015, pp. 55 e s. (disponível em http://cicje.ipleiria. pt/files/2014/09/atas_VI_CICJE.pdf /), Bruno Ferreira Bom, "Insolvências: central ou local – eis a questão...", in: *Julgar online*, Outubro de 2015, pp. 1 e s., Catarina Serra, *A falência no quadro da tutela jurisdicional dos direitos de crédito – O problema da natureza do processo de liquidação aplicável à insolvência no Direito português*, Coimbra, Coimbra Editora, 2009, Catarina Serra, "Insolvência e registo predial (a propósito das alterações do DL n.º 116/2008, de 4/7)", in: *Scientia Ivridica*, 2009, n.º 317, pp. 81 e s., Catarina Serra, "¿El concurso sin concurso? El proceso de insolvencia con un único acreedor", in: *Anuario de Derecho Concursal*, 2009, n.º 17, pp. 329 e s., Catarina Serra, "Concurso sem concurso (a falência com um único credor)", in: AA. VV., *Estudos em homenagem ao Prof. Doutor Carlos Ferreira de Almeida*, volume III, Coimbra, Almedina, 2011, pp. 727 e s., Catarina Serra, "Créditos tributários e princípio da igualdade entre os credores – Dois problemas no contexto da insolvência de sociedades", in: *Direito das Sociedades em Revista*, 2012, vol. 8, pp. 75 e s., Catarina Serra, "A evidência como critério da verdade – estão as cooperativas sujeitas ao regime da insolvência? – Anotação ao Acórdão do Tribunal da Relação do Porto de 16 de Janeiro de 2006", in: *Jurisprudência Cooperativa Comentada – Obra Colectiva de Comentários a Acórdãos da Jurisprudência Portuguesa, Brasileira e Espanhola*, Lisboa, Imprensa Nacional Casa da Moeda, 2012, pp. 405 e s., Catarina Serra, "Por que estão as associações sujeitas à insolvência (e por que não estariam)? – Anotação ao Acórdão do Tribunal da Relação de Guimarães de 22 de Janeiro de 2013", in: *Cooperativismo e Economía Social*, 2014, n.º 36, pp. 231 e s., Fátima Reis Silva, "Processo de insolvência: os órgãos de insolvência e o plano de insolvência", in: *Revista do Centro de Estudos Judiciários*, 2010, n.º 14, pp. 121 e s., FÁTIMA REIS SILVA, "Fase instrutória do processo declarativo de insolvência", in: *Julgar*, 2017, 31, pp. 63 e s., FILIPE CASSIANO DOS SANTOS/ HUGO DUARTE FONSECA, "Pressupostos para a declaração de insolvência no Código da Insolvência e da Recuperação de Empresas", in: *Cadernos de Direito Privado*, 2010, n.º 29, pp. 13 e s., JOÃO NUNO CALVÃO DA SILVA, "Regulação Profissional dos Administradores Judiciais", in: AA. VV., *Estudos em Homenagem a Mário Esteves de Oliveira*, Coimbra, Almedina, 2017, pp. 1029 e s., JOÃO LABAREDA, "O novo Código da Insolvência e da Recuperação de Empresas – Alguns aspectos mais controversos", in: *Miscelâneas*, n.º 2, Instituto de Direito das Empresas e do Trabalho, Coimbra, Almedina, 2004, pp. 7 e s., e in: Luís CARVALHO FERNANDES/JOÃO LABAREDA, *Colectânea de estudos sobre a insolvência*, Lisboa, Quid Juris, 2009, pp. 7 e s., JOÃO LABAREDA, "Pressupostos subjectivos da insolvência: regime particular das instituições de crédito e sociedades financeiras", in: Luís CARVALHO FERNANDES/JOÃO LABAREDA, *Colectânea de estudos sobre a insolvência*, Lisboa, Quid Juris, 2009, pp. 103 e s., JOSÉ GONÇALVES FERREIRA, "As dívidas da massa insolvente e os negócios ainda não cumpridos: breves notas a propósito do regime legal", in: CATARINA SERRA (coord.), *I Colóquio do Direito da Insolvência de Santo Tirso*, Coimbra, Almedina, 2014, pp. 141 e s., JOSÉ LEBRE DE FREITAS, "Pressupostos objectivos e subjectivos da insolvência", in: AA. VV., *Themis*, Edição Especial – *Novo Direito da Insolvência*, 2005, pp. 11 e s., Luís CARVALHO FERNANDES, "Profili generali del nuovo regime dell' insolvenza nel Diritto portoghese", in: *Il Diritto Fallimentare e delle Società Commerciali*, 2004, n.º 6, pp. 1418 e s., Luís CARVALHO FERNANDES, "Sentido geral do novo regime da insolvência no Direito português", in: Luís CARVALHO FERNANDES/JOÃO LABAREDA, *Colectânea de estudos sobre a insolvência*, Lisboa, Quid Juris, 2009, pp. 83 e s., Luís CARVALHO FERNANDES, "Órgãos da insolvência", in: Luís CARVALHO FERNANDES/JOÃO LABAREDA, *Colectânea de estudos sobre a insolvência*, Lisboa, Quid Juris, 2009, pp. 143 e s., Luís MANUEL TELES DE MENEZES LEITÃO, "Pressupostos da declaração de insolvência", in: CATARINA SERRA (coord.), *I Congresso de Direito da Insolvência*, Coimbra, Almedina, 2013, pp. 175 e s., Luís MANUEL TELES DE MENEZES LEITÃO, "As dívidas da massa insolvente", in: CATARINA SERRA (coord.), *IV Congresso de Direito da Insolvência*, Coimbra, Almedina, 2017, pp. 25 e s., LURDES DIAS ALVES, "Pedido de declaração de insolvência por outro legitimado: exercício do direito de acção ou abuso do direito de acção", in: *Atas do VI Congresso Internacional de Ciências Jurídico-Empresariais – A insolvência e as Empresas*, Instituto Politécnico de Leiria, Escola Superior de Tecnologia e Gestão, 2015, pp. 116 e s. (disponível em http://cicje.ipleiria.pt/pt/atas/), MADALENA PERESTRELO DE OLIVEIRA, "Resposta à consulta pública relativa ao projeto de decreto-lei que altera o Código das Sociedades Comerciais e o Código da Insolvência e da Recuperação de Empresas – Outras sugestões de alteração – Conceito de 'pessoa especialmente relacionada com o devedor' para efeitos de subordinação de créditos", in: AA. VV., "Consulta Pública Programa Capitalizar – Resposta do Centro de Investigação em Direito Privado", in: *Revista de Direito das Sociedades*, 2017, n.º 1, pp. 129 e s., MANUEL A. CARNEIRO DA FRADA, "A

INTRODUÇÃO AO PROCESSO DE INSOLVÊNCIA

responsabilidade dos administradores na insolvência", in: *Revista da Ordem de Advogados*, 2006, II, pp. 653 e s., Manuel Requicha Ferreira, "Estado de insolvência", in: Rui Pinto (coord.), *Direito da Insolvência – Estudos*, Coimbra, Coimbra Editora, 2011, pp. 131 e s., Maria de Fátima Ribeiro, "Riscos dos negócios das sociedades com pessoas especialmente relacionadas com elas, no quadro da insolvência (da resolução em benefício da massa insolvente e da subordinação de créditos", in: *IV Congresso – Direito das Sociedades em Revista*, Coimbra, Almedina, 2016, pp. 292 e s., Maria do Rosário Epifânio, "El nuevo Derecho Concursal portugués", in: *Revista de Derecho Concursal y Paraconcursal*, 2005, 2, pp. 385 e s., Maria do Rosário Epifânio, "Os credores e o processo de insolvência", in: AA. VV., *Estudos em homenagem ao Professor Doutor Heinrich Ewald Hörster*, Coimbra, Almedina, 2012, pp. 693 e s., Mário João Coutinho dos Santos, "Algumas notas sobre os aspectos económicos da insolvência da empresa", in: *Direito e Justiça*, 2005, volume XIX, tomo 2, pp. 181 e s., Miguel Pereira Coutinho, "Dos créditos emergentes do dano ecológico, sua classificação na insolvência: questões basilares para ponderação futura", in: *Ab Instantia – Revista do Instituto do Conhecimento AB*, 2016, n.º 6, pp. 173 e s., Miguel Teixeira de Sousa, "Resolução em benefício da massa insolvente por contrato celebrado com pessoa especialmente relacionada com o devedor – Anotação ao Ac. de Uniformização de Jurisprudência n.º 15/2014, de 13.11.2014, Proc. 1936/10", in: *Cadernos de Direito Privado*, 2015, n.º 50, pp. 46 e s., Nuno Araújo, *A equidade na nomeação do administrador judicial*, Associação Portuguesa dos Administradores Judiciais, 2015, Nuno Maria Pinheiro Torres, "O pressuposto objectivo do processo de insolvência", in: *Direito e Justiça*, 2005, volume XIX, tomo 2, pp. 165 e s., Paula Costa e Silva, "O abuso do direito de acção e o art. 22.º do CIRE", in: AA. VV. *Estudos dedicados ao Professor Doutor Luís Alberto Carvalho Fernandes* – volume III, Universidade Católica, 2011, pp. 157 e s., Paulo Cardoso/Carlos Valentim, "A responsabilização dos administradores de insolvência pelas dívidas tributárias de sociedades insolventes", in: *Cadernos de Justiça Tributária*, 2014, n.º 5, pp. 54 e s., Paulo Vasconcelos, "A declaração de insolvência por atraso nas contas das sociedades comerciais", in: *Atas do VI Congresso Internacional de Ciências Jurídico-Empresariais – A insolvência e as Empresas*, Instituto Politécnico de Leiria, Escola Superior de Tecnologia e Gestão, 2015, pp. 8 e s. (disponível em http://cicje.ipleiria.pt/pt/atas/), Pedro de Albuquerque, *Responsabilidade processual por litigância de má fé, abuso de direito e responsabilidade civil em virtude de actos praticados no processo – A responsabilidade por pedido infundado de declaração da situação de insolvência ou indevida apresentação por parte do devedor*, Coimbra, Almedina, 2006, Pedro Pais de Vasconcelos, "Responsabilidade civil do administrador de insolvência", in: Catarina Serra (coord.), *II Congresso de Direito da Insolvência*, Coimbra, Almedina, 2014, pp. 189 e s., Rita Fabiana da Mota Soares, "Sobre o pedido infundado de declaração de insolvência – Anotação ao Ac. do TRP de 22.04.2008, Proc. 7065/07", in: *Cadernos de Direito Privado*, 2010, n.º 32, pp. 71 e s., Rui Pinto, "Resposta à consulta pública relativa ao projeto de decreto-lei que altera o Código das Sociedades Comerciais e o Código da Insolvência e da Recuperação de Empresas – Considerações gerais sobre a reforma", in:

AA. VV., "Consulta Pública Programa Capitalizar – Resposta do Centro de Investigação em Direito Privado", in: *Revista de Direito das Sociedades*, 2017, n.º 1, pp. 13 e s., RUI PINTO DUARTE, "Classificação dos créditos sobre a massa insolvente no Projecto de Código da Insolvência e Recuperação de Empresas", in: AA. VV., *Código da Insolvência e da Recuperação de Empresas – Comunicações sobre o Anteprojecto de Código*, Ministério da Justiça, Gabinete de Política Legislativa e Planeamento, Coimbra, Coimbra Editora, 2004, pp. 51 e s., RUI PINTO DUARTE, "Reflexões de política legislativa sobre a recuperação de empresas", in: CATARINA SERRA (coord.), *II Congresso de Direito da Insolvência*, Coimbra, Almedina, 2014, pp. 313 e s., e in: RUI PINTO DUARTE, *Estudos Jurídicos Vários*, Coimbra, Almedina, 2015, pp. 653 e s., TERESA NOGUEIRA DA COSTA, "A responsabilidade pelo pedido infundado ou apresentação indevida ao processo de insolvência prevista no artigo 22.º do CIRE", in: MARIA DO ROSÁRIO EPIFÂNIO (coord.), *Estudos de Direito da Insolvência*, Coimbra, Almedina, 2015, pp. 7 e s., TIAGO AZEVEDO RAMALHO, "A responsabilidade do administrador da insolvência", in: LUÍS MIGUEL PESTANA DE VASCONCELOS (coord.), *Falência, insolvência e recuperação de empresas – 1.º congresso de Direito Comercial das Faculdades de Direito da Universidade do Porto, de S. Paulo e de Macau*, Porto, Faculdade de Direito da Universidade do Porto, 2017, pp. 199 e s. (disponível em https://www.cije.up.pt/download-file/1547).

4. Qualificação do processo

Depois de um sistema dualista, que admitia, em alternativa ao processo de falência, o processo de recuperação de empresas, o Código da Insolvência e da Recuperação de Empresas veio restabelecer a unidade processual. O processo de insolvência é agora o único processo aplicável à insolvência.

Aparentemente, no lugar do processo de recuperação está o plano de insolvência [cfr. art. 1.º, n.º 1, e art. 195.º, n.º 2, al. *b*)], que, como se verá, se integra no processo de insolvência (e, portanto, pressupõe a declaração de insolvência) e não é rigorosamente um processo mas um instrumento de cariz contratual.

A noção de processo de insolvência e as outras noções fundamentais são apresentadas na norma do art. 1.º, n.º 1. Diz-se aí, mais precisamente, que o processo de insolvência é um processo de execução universal que tem a finalidade de satisfação dos credores pela forma prevista num plano de insolvência, baseado, nomeadamente, na recuperação da empresa compreendida na massa insolvente ou, quando tal não se afigure possível, na liquidação do património do devedor insolvente e na repartição do produto obtido pelos credores. A interpretação da norma implica grandes cautelas, devendo absolutamente evitar-se uma leitura demasiado literal.

4.1. O processo de insolvência como execução universal?

A norma do art. 1.º, n.º 1, apresenta o processo de insolvência como uma execução universal, inculcando a ideia de que o processo de insolvência se distingue do processo executivo exclusivamente por ser universal, ou seja, por implicar a apreensão de todos os bens do devedor. Não deve, contudo, sobrevalorizar-se esta definição.

A concepção legal (e doutrinal) do processo de insolvência como uma execução não é nova e ganha sentido à luz da sua evolução histórica. Como se viu, nas suas origens, a insolvência veio, fundamentalmente, responder à necessidade de adequar o processo de execução aos interesses particulares do comércio, tornando-se o meio próprio de execução das obrigações do comerciante. Narrar a história da insolvência é, de certo modo, narrar a história da execução e obriga a remontar aos primitivos esquemas da responsabilidade do devedor.

Nada disto autoriza, contudo, a identificar o processo de insolvência com o processo executivo ou a reconduzir o processo de insolvência à categoria do processo executivo. Entre um e outro existem diferenças assinaláveis, tanto ao nível dos pressupostos como ao nível dos efeitos.

Desde logo, ao contrário do processo executivo, o processo de insolvência pressupõe a insolvência e não o incumprimento de qualquer obrigação.

Porque pressupõe a insolvência e não o incumprimento de uma obrigação, o requerimento da declaração de insolvência não configura o exercício de um poder de execução e, consequentemente, o requerente está dispensado de exibir título executivo. Pela mesma razão, os sujeitos legitimados para requerer a declaração de insolvência não são apenas os credores, mas outros sujeitos, entre os quais o próprio devedor. Este está, aliás, em alguns casos, sujeito a um dever de acção, o que é mais um aspecto estranho ao processo executivo.

A sentença de declaração de insolvência é uma sentença de tipo declarativo, que produz efeitos que não se fazem sentir no processo executivo, constituindo o devedor num novo *status iuridicus* – o *status iuridicus* ou estado civil de insolvente. Por força dela, o devedor fica privado dos poderes de administração e de disposição dos bens integrantes da massa insolvente e sujeito ao dever de apresentação ao tribunal e de colaboração com os órgãos da insolvência, ao dever de respeitar a residência fixada na sentença de declaração de insolvência, ao dever de entrega imediata de documentos relevantes para o processo e, eventualmente, aos efeitos decorrentes da qualificação da insolvência como culposa, como a inibição para a administração de bens alheios, a inibição para o exercício do comércio, a perda de certos créditos e a obrigação de restituição de certos montantes e a obrigação de indemnização de certos danos.

Constituindo só alguns exemplos, os aspectos referidos são suficientes para demonstrar os inconvenientes de uma confusão entre o processo de insolvência e o processo executivo ou de uma sua redução à ideia de execução. No plano da estrutura processual, se é certo que o processo de insolvência compreende uma execução, salta à vista que ele compreende, antes e acima de tudo, uma fase essencialmente declarativa, sem a qual nenhuma das providências ditas "executivas" (apreensão, liquidação e pagamento) poderia ter lugar.

Diga-se, por último, que, como se verá, o processo de insolvência nem sequer pressupõe a apreensão de todos os bens do devedor.

4.2. O processo de insolvência como execução colectiva e concursual? A insolvência com um único credor

Uma ideia que, não decorrendo explicitamente do art. 1.º, n.º 1, se associa à do processo de insolvência como execução universal é a de que ele é uma execução colectiva e concursual, ou seja, pressupõe a participação e o concurso dos credores[38]. Não deveria, assim, aceitar-se a hipótese de (um processo de) insolvência com um único credor.

---

[38] Aparentemente, a qualificação do processo de insolvência como um processo concursual começou na Alemanha, em resultado da sinonímia entre a palavra "concurso" ("*Konkurs*") e a palavra "falência", aí estabelecida por influência de uma obra do século XVII (alegadamente de 1651) intitulada *Labyrinthus creditorum concurrentium ad litem per debitorem communem inter illos causatam*, do autor espanhol Francisco Salgado de Somoza. Na descrição deste autor, todo o processo gira à volta do *debitor communis* – o devedor comum (*gemeinsamer Schuldner*), o insolvente (*Gemeinschuldner*) do Direito actual. A expressão alemã "*Konkurs der Gläubiger*" ("concurso de credores") caiu, por isso, em desuso, passando a falar-se, em vez disso, em "*Konkurs des Schuldners*" ("falência do devedor"). Como advertem, porém, Hans Heilmann e Stefan Smid (*Grundzüge des Insolvenzrechts. Eine Einführung in die Grundfragen des Insolvenzrechts und die Probleme seiner Reform*, München, Verlag C.H. Beck, 1994, p. 16), se se quiser permanecer fiel à origem do conceito é de "concurso dos credores" ("*Konkurs der Gläubiger*") que deve falar-se. Esta expressão corresponde à expressão latina "*concursus creditorum*", que significa concorrência ou convergência dos credores (*Zusammenlauf der Gläubiger*), como salienta, por outro lado, Herbert Wagner (*Insolvenzordnung*, Baden-Baden, Nomos, 1998, p. 14). Hoje, porém – repete-se –, a palavra "*Konkurs*" perdeu definitivamente o seu sentido etimológico e significa, tanto na linguagem comum como na linguagem jurídica, "falência" (subentendido: do devedor). Confrontando a palavra "*Konkurs*" com o termo que se lhe sobrepôs mais tarde

INTRODUÇÃO AO PROCESSO DE INSOLVÊNCIA

É verdade que o processo foi concebido para a participação de mais do que um credor e que esta hipótese, sendo a normal, foi aquela que marcou a sua configuração jurídica (*quod raro evenit praetereunt legislatores*)[39].

E todavia, a pluralidade de credores não é nem um requisito do processo de insolvência nem uma condição para a sua procedência. Por outras palavras, nem a pluralidade está entre os pressupostos do processo – por isso não pode haver revogação da declaração de falência por falta de pluralidade –[40], nem a ausência de pluralidade está entre os motivos de encerramento do processo – por isso ele deve prosseguir mesmo que não exista pluralidade[41]-[42].

("*Insolvenz*"), diz CHRISTOPH BECKER (*Insolvenzrecht*, Köln, Berlin, München, Carl Heymanns Verlag, 2005, p. 11) que "*Konkurs*" era o nome que se dava no Direito da Insolvência ao processo de concentração de todos credores (*das alle Gläubiger zusammenfassende Verfahren*); ora, enquanto "insolvência" ("*Insolvenz*") apenas consegue descrever a circunstância (*der Anlaß*), a insolubilidade (*die Unlöslichkeit*), o "não poder mais fazer face aos compromissos assumidos" (*das Sich-nicht-mehr-aus-Verbindlichkeiten-lösen-Können*), "*Konkurs*" designa o processo sucessivo (*der Vorgang*), ou seja, que os credores concorrem (*laufen zusammen*).

[39] Cfr., neste sentido, EDUARDO D'ALMEIDA SALDANHA, *Das falências*, I, Porto, Imprensa Portuguesa, 1897, p. 28.

[40] A revogação funda-se necessariamente na insubsistência dos pressupostos da declaração de falência. Na lei portuguesa vigente, o único pressuposto do processo de insolvência é a situação de insolvência (cfr. arts. 1.º e 3.º).

[41] Na lei portuguesa, do elenco típico de motivos de encerramento do processo (cfr. art. 230.º, n.º 1) nem sequer consta a ausência absoluta de reclamações de créditos. A omissão legal parece revestir-se de maior sentido quando se tem presente que créditos não reclamados podem acabar por ser reconhecidos (cfr. art. 129.º, n.º 1, *in fine*). Este aspecto merecerá, adiante, maior atenção.

[42] Embora negando também que a ausência de pluralidade dê origem à revogação ou à improcedência do processo de falência, UMBERTO AZZOLINA (*Il fallimento e le altre procedure concorsuali*, I, Torino, UTET, 1953, pp. 510 e s.) adopta uma posição particular. Segundo ele, o processo de falência exigiria sempre, por definição, pluralidade de credores concursuais. Ao requisito subjectivo da falência (a qualidade de comerciante do devedor), expressamente imposto na lei italiana (a *Legge Fallimentare*), associar-se-ia uma presunção *iuris et de iure* de pluralidade e seria por isso que o processo se iniciaria sem necessidade de se verificar, em concreto, se ela existia. Uma norma prevendo a revogação com fundamento em falta de pluralidade de credores concursuais seria, de todo o modo, virtualmente impossível, pois o que poderia, *a posteriori*, verificar-se seria, sempre, tão-só a falta de pluralidade de credores concorrentes. Esta última, por sua vez, seria irrelevante para efeitos de encerramento, em virtude do art. 118.º da *LF*. Relembre-se que os credores concursuais são os credores com legitimidade para reclamar os seus créditos e os credores concorrentes são os credores que, tendo os seus créditos judicialmente reconhecidos, são admitidos ao rateio e ao pagamento

Mesmo que não fosse insustentável por estas razões, a tese da pluralidade sempre depararia com obstáculos de ordem prática. O número de credores no processo de insolvência só é, em definitivo, apurado depois de verificados os créditos, logo, a revogação da declaração de insolvência ou o encerramento do processo só poderiam ter lugar após esta fase. Como se justificaria que o credor único fosse obrigado a recomeçar tudo, a repetir todos os esforços dispendidos para fazer valer o seu direito, desta feita no processo executivo comum[43]? Não admitir o processo de insolvência quando participa apenas um credor equivaleria, ademais, a premiar o devedor que tivesse concentrado as suas dívidas num só credor e constituiria um estímulo para que outros devedores passassem, premeditadamente, a fazê-lo[44].

Mas não é preciso ir tão longe. Uma vez assente, por força do Direito positivo, que a pluralidade de credores não é um requisito para a abertura do processo, não vale a pena perguntar se ela constitui condição para o seu prosseguimento, pois já nada afecta o facto de que a insolvência é declarada e o processo se inicia mesmo quando só participa um credor. Fica eliminada qualquer possibilidade de definir o processo de insolvência por recurso à pluralidade de credores e cai por terra a oportunidade de o qualificar, tecnicamente, como um processo colectivo e concursual[45]. A pluralidade de credores é, assim, não uma circunstância *certa* ou uma característica *essencial*, mas simplesmente uma circunstância *habitual* ou uma característica *natural* da insolvência[46].

Poderia dizer-se que o caso da insolvência com um único credor não contraria, apesar de tudo, a ideia de que o processo de falência é sempre universal, que a falta de pluralidade não deixa de coincidir com a universalidade, que aquilo que, por vezes, sucede é que a totalidade dos credores se resume

---

finais. Sobre a distinção cfr., em particular, UMBERTO AZZOLINA, *Il fallimento e le altre procedure concorsuali*, cit., p. 415.

[43] Cfr. SALVATORE SATTA, *Diritto fallimentare*, Padova, CEDAM, 1996, pp. 69-70 (nota 40).

[44] Cfr., com esta argumentação, *grosso modo*, EDUARDO D'ALMEIDA SALDANHA, *Das falências*, I, cit., p. 28, ADELINO DA PALMA CARLOS, *Declaração da falência por apresentação do comerciante*, Lisboa, Livraria Moraes, 1935, pp. 106-107, e PEDRO DE SOUSA MACEDO, *Manual de Direito das Falências*, volume I, cit., p. 263.

[45] Como afirma ANGELO BONSIGNORI (*Diritto fallimentare*, Torino, UTET, 1992, p. 23), não pode constituir elemento caracterizador da falência aquele cuja carência é sancionada com a impossibilidade, não de abertura do processo, mas apenas do seu prosseguimento.

[46] Cfr., neste sentido, PIERO PAJARDI, *Manuale di Diritto Fallimentare* (a cura di Manuela Bocchiola e Alida Paluchowski), Milano, Giuffrè, 2002, pp. 17-18.

INTRODUÇÃO AO PROCESSO DE INSOLVÊNCIA

a um só[47]. Mas nem isto é sempre verdade (a maior parte das vezes só participa um mas existe, de facto, uma pluralidade de credores[48]), nem impede que se veja que, mesmo quando só participa um credor por só existir um credor, o processo pode até ser universal mas continua a não ser colectivo[49] nem concursual em sentido próprio uma vez que, na ausência de pluralidade, a satisfação do credor único não corre o risco de ser limitada por força da intervenção de nenhum outro, ou seja, não se cria o conflito de facto que é elemento indispensável do concurso de credores[50].

[47] A hipótese é considerada por PIERO PAJARDI [*Manuale di Diritto Fallimentare* (a cura di Manuela Bocchiola e Alida Paluchowski), cit., p. 17].

[48] Como afirma NICOLA JAEGER ("Osservazioni in tema di struttura e funzione del fallimento e degli altri processi occasionati da crisi di imprese", in: *Rivista di Diritto Processuale*, 1962, volume XVII, p. 541), a hipótese mais comum de falência com um único credor quer dizer que só um credor foi activo e diligente (seja porque foi ele que requereu a abertura do processo de falência, seja, quando o processo tenha sido aberto por iniciativa de outro sujeito, porque foi o único credor a reclamar o crédito); é impensável um devedor em situação de crise só ter um credor, sobretudo quando o devedor é comerciante.

[49] Usando a terminologia de RENZO PROVINCIALI (*Manuale di Diritto Fallimentare*, I, Milano, Giuffrè, 1962, p. 16, *Lezioni di Diritto Fallimentare*, Padova, CEDAM, 1973, p. 6, e *Trattato di Diritto Fallimentare*, I, Milano, Giuffrè, 1974, p. 102), dir-se-ia que o processo é universal mas não colectivo. O autor distingue os dois conceitos, definindo como universal o processo que implica o envolvimento de todos os bens e de todos os credores e como colectivo aquele em que existe pluralidade de credores.

[50] Se se atender à sua origem etimológica (latina), o termo "concurso" significa a afluência simultânea de mais do que um sujeito a um mesmo objectivo. Logo, quando se fala em concurso de credores no contexto da acção executiva o que se quer designar é a participação na mesma execução de uma pluralidade de credores do executado, determinados a obter a realização dos seus direitos de crédito insatisfeitos. Mas esta, como advertem alguns, é uma visão meramente exterior do fenómeno (cfr. EDOARDO GARBAGNATI, *Il concorso di creditori nell'espropriazione singolare*, Milano, Giuffrè, 1938, p. 25). Intrinsecamente, o concurso de credores é um conflito potencial de interesses, dos interesses dos credores que exercem o seu poder de execução e na medida em que o processo possa revelar-se, em concreto, instrumento insuficiente para a realização integral dos direitos de crédito de todos eles. Assim sendo, o processo só será concursual quando, havendo a participação de mais do que um credor, exista a possibilidade de a satisfação do interesse de um sofrer limitações por causa da necessidade de satisfação simultânea do interesse do outro. É este o sentido técnico do termo. Deve esclarecer-se que o conflito potencial ou eventual que caracteriza o concurso de credores é um conflito de facto, de carácter económico, e não um conflito jurídico. No processo com concurso de credores não está em causa nenhum direito de cada credor contra os demais, pois o concurso não pressupõe nem cria relações substanciais entre eles. Está em causa, da mesma forma que em qualquer processo singular, simplesmente, o direito de

LIÇÕES DE DIREITO DA INSOLVÊNCIA

A admissibilidade da insolvência com um só credor só se compreende plenamente quando se reconhece que o processo não visa apenas a tutela de interesses privados – dos credores e do devedor – e tem um (adicional) fundamento público. Só assim é possível perceber as suas especialidades e por que a sua utilidade prevalece independentemente do número de credores.

O interesse público que está (também) na base do processo de insolvência dirige-se à defesa da economia contra um fenómeno singular: a insolvência[51]. Esta representa um perigo potencial para os interesses de todos os agentes económicos e é a razão que justifica a concepção e a aplicação de instrumentos jurídicos especiais. Em todos os ordenamentos jurídicos, ela é, quando não requisito único, o requisito por excelência do processo de insolvência. Para nada releva o número de credores afectados *in casu*, pois, desde que se reconhece a insolvência, o objecto a salvaguardar deixa de ser exclusivamente os interesses dos credores que o devedor tenha efectivamente lesado (sejam eles um, dois, dez ou quinhentos), como acontece na execução singular, e passa a ser também o imperativo público de evitar outras e mais graves lesões[52-53].

---

crédito de cada credor contra o devedor, a relação substancial existente entre cada credor e o devedor, que não se alteram por força do concurso. O que pode alterar-se, sim, é o resultado prático do exercício do poder de execução: por certo, o credor tem o direito de obter a realização possível do seu direito, mas, por causa do concurso, esta pode bem acabar por não conduzir a uma satisfação integral e sofrer limitações em consequência da existência, da quantidade e do valor dos direitos dos restantes credores.

[51] Essa, aliás, é também a opinião, recorrentemente afirmada, do próprio RENZO PROVINCIALI (*Manuale di Diritto Fallimentare*, I, cit., pp. 12 e s., *Lezioni di Diritto Fallimentare*, cit., p. 5, e *Trattato di Diritto Fallimentare*, I, cit., pp. 97 e s.), que apresenta os processos concursuais "como remédios contra a insolvência" (*Manuale di Diritto Fallimentare*, I, cit., p. 17, e *Trattato di Diritto Fallimentare*, cit., p. 104).

[52] Diga-se ainda que não é válido o argumento de que a ponderação das vantagens que o processo de insolvência representa, em especial, para o credor único equivale a dar-lhe a faculdade de escolher o instrumento que mais lhe convém para a defesa dos seus interesses particulares, não atendendo aos instrumentos que a ordem jurídica reservou para ele. Cfr., neste sentido, RENZO PROVINCIALI, *Manuale di Diritto Fallimentare*, I, cit., p. 271, e *Trattato di Diritto Fallimentare*, I, cit., p. 358. O que se trata é, justamente, de observar o que a ordem jurídica reservou para ele. É natural que, entre outras coisas, se antecipem as consequências práticas de uma e outra soluções e se procure "a coerência prática das opções teleológicas [...] assimiladas pelo sistema jurídico". Cfr. ANTÓNIO CASTANHEIRA NEVES, *Interpretação Jurídica*, Coimbra, s.d., pp. 60-61.

[53] Admite também a hipótese de processo de insolvência com um único credor, no quadro

INTRODUÇÃO AO PROCESSO DE INSOLVÊNCIA

4.3. O processo de insolvência como processo especial

Tudo considerado, não deverá oferecer dúvidas a classificação do processo de insolvência como um processo especial. Esta é, de resto, a classificação tradicional. Se não, veja-se o título do Código dos Processos Especiais de Recuperação da Empresa e de Falência e a inserção sistemática dos capítulos que continham o regime da falência nas duas leis processuais que imediatamente o antecederam (o Código de Processo Civil de 1939 e o Código de Processo Civil de 1961).

Os processos especiais são formas de processo especialmente concebidas e vocacionadas para a declaração ou realização de alguns direitos em particular[54]. É por isso que os processos especiais são tantos quantos os direitos que os reclamam[55].

O processo de insolvência é um processo especial ou *sui generis* porque é um processo especialmente concebido para a tutela dos direitos do devedor, dos credores e de outros sujeitos na situação de insolvência do primeiro. A singularidade desta situação reside no perigo de não realização – ou não realização plena – dos direitos destes sujeitos[56].

---

do Direito alemão, embora distinguindo a situação das empresas e dos consumidores PETER ANTONI ("Insolvenzverfahren mit nur einem Gläubiger?", in: *Deutsches Zeitschrift für Wirtschftsrecht*, 2009, 9, pp. 362 e s.).

[54] "De um modo geral podemos definir processos especiaes aquelles que a lei estabelece com determinadas fórmas e regras para servirem particular e excepcionalmente a assumptos juridicos determinados em consideração das suas qualidades individuaes ou das pessoas nelles interessadas" [cfr. MANUEL DIAS DA SILVA, *Processos civis especiaes*, Coimbra, F. França Amado Editor, 1919, p. 15 (sublinhados do autor)].

[55] Convoque-se, a propósito da inevitável multiplicidade dos processos especiais, a síntese feliz de JOSÉ ALBERTO DOS REIS (*Processos especiais*, volume I, Coimbra, Coimbra Editora, 1982, p. 2), "[...] a criação de processos especiais obedece ao pensamento de ajustar a forma ao objecto da acção, de estabelecer correspondência harmónica entre os trâmites do processo e a configuração do direito que se pretende fazer reconhecer ou efectivar. É a fisionomia especial do direito que postula a forma especial do processo. Portanto, onde quer que se descubra um direito substancial com caracteres específicos que não se coadunem com os trâmites do processo comum, há-de organizar-se um processo especial adequado a tais caracteres. Daí tantos processos especiais quantos os direitos materiais de fisionomia específica" (sublinhados do autor).

[56] Parafraseando GIUSEPPE TERRANOVA, a insolvência identificaria a "patologia" para a qual o processo de insolvência constitui a "terapia" (ou o remédio). Cfr. GIUSEPPE TERRANOVA, "Lo stato di insolvenza", in: GIUSEPPE RAGUSA MAGGIORE/CONCETTO COSTA (Trattato diretto da), *Le procedure concorsuali – Il fallimento*, Torino, UTET, 1997, p. 221, e "Lo stato di insolvenza.

LIÇÕES DE DIREITO DA INSOLVÊNCIA

Por causa deste perigo, o processo de insolvência é composto de providências que são estranhas às formas ordinárias de tutela jurisdicional. Incluem-se aqui instrumentos que serão analisados adiante, como os que têm em vista garantir os interesses dos credores e, em particular, o seu tratamento igualitário (por exemplo, os efeitos executivos, os efeitos sobre os créditos, os efeitos sobre os negócios em curso ou a resolução em benefício da massa) bem como outros, preordenados à salvaguarda dos interesses do devedor (por exemplo, a exoneração do passivo restante).

Indo mais longe, dir-se-ia que, não obstante contenha um ou outro aspecto de jurisdição voluntária, atendendo àquilo que é dominante, o processo de insolvência se reconduz aos processos de jurisdição contenciosa[57]. Existe nele, invariavelmente, "um conflito de interesses a compor [e não] um só interesse a regular"[58].

5. Finalidades. A recuperação como fim prioritário do processo de insolvência?

Aparentemente, a norma do art. 1.º, n.º 1, estabelece o primado da recuperação e relega o fim liquidatório do processo de insolvência para a posição residual. Também neste passo a norma deve ser lida com cuidado.

Como se disse, o processo de recuperação que existia no Código dos Processos Especiais de Recuperação da Empresa e de Falência desapareceu

---

Per una concezione formale del presupposto oggettivo del fallimento", in: *Giurisprudenza Commerciale*, 1996, 1, p. 82.

[57] O processo de insolvência está eivado de sinais próprios dos processos de jurisdição voluntária. Com efeito, seja a obrigação de acção imposta ao devedor, sejam os efeitos colectivos atribuídos à acção dos credores, seja o poder de acção concedido aos responsáveis legais pelas dívidas do insolvente, seja a posição híbrida que ocupa o Ministério Público, todos são aspectos que não se compreendem exclusivamente no âmbito do litígio – ou do conflito de interesses (privados) que o litígio potencialmente contém. Mas os indícios da jurisdição contenciosa são dominantes. Só para enumerar alguns: não pode dizer-se que no processo de insolvência não existam partes e litígio; são, nomeadamente, as partes quem dispõe sobre a abertura do processo e a sua prossecução (não há "abertura oficiosa" e o juiz pouco poder tem ao longo do processo); apesar do art. 11.º e da consagração, nesta norma, do princípio do inquisitório, é dominante, o princípio do dispositivo; o critério de julgamento é prevalentemente o critério da legalidade e não o da equidade. Cfr., sobre isto, CATARINA SERRA, *A falência no quadro da tutela jurisdicional dos direitos de crédito – O problema da natureza do processo de liquidação aplicável à insolvência no Direito português*, cit., pp. 420 e s.

[58] Cfr. MANUEL A. DOMINGUES DE ANDRADE, *Noções elementares de processo civil*, Coimbra, Coimbra Editora, 1979, p. 72.

INTRODUÇÃO AO PROCESSO DE INSOLVÊNCIA

com o Código da Insolvência e da Recuperação de Empresas, tornando-se o plano de insolvência o único meio disponível para a recuperação em caso de insolvência. Ora, a configuração do plano de insolvência não é a que mais favorece a realização desta finalidade. Atendendo ao advérbio "nomeadamente", o plano de insolvência não se esgota, aliás, nela, podendo simplesmente destinar-se a regular a liquidação dos bens do devedor em moldes distintos dos dispostos na lei.

Embora o processo de insolvência se inicie com a declaração de insolvência do devedor, o momento decisivo para a recuperação da empresa é o da reunião da assembleia de credores para apreciação do relatório do administrador da insolvência, pois é aí que se escolhe entre a continuidade da empresa ou o seu encerramento e a eventual atribuição ao administrador da insolvência do encargo de elaborar um plano de insolvência [cfr. art. 36.º, n.º 1, al. *n)*, e art. 156.º, n.ºs 2 e 3].

Mas, primeiro, esta assembleia é eventual: só chega a realizar-se se o juiz não prescindir dela ou, prescindindo, algum interessado a requerer [cfr. art. 36.º, n.ºs 1, al. *n)*, 2 e 3]. Depois, quando é convocada, só pode ter lugar quarenta e cinco a sessenta dias após a declaração de insolvência. Tendo em consideração que esta declaração paralisa o crédito e, logo, a actividade da empresa, fácil é ver que o decurso deste tempo pode ser fatal para a almejada recuperação.

Como se verá de seguida, estão sujeitos ao processo de insolvência as pessoas singulares, as pessoas jurídicas[59] e os patrimónios autónomos (cfr. art. 2.º). No entanto, as pessoas singulares que não sejam titulares de uma empresa ou sejam titulares de uma pequena empresa não podem fazer uso do plano de insolvência. Para estes sujeitos, existe, em alternativa, a possibilidade de aprovação de um plano de pagamentos aos credores (cfr. art. 249.º, n.º 1, e arts. 251.º e s.).

6. Âmbito de aplicação

A norma do art. 2.º delimita o âmbito subjectivo da declaração de insolvência, em primeiro lugar, pela positiva, dispondo-se, no seu n.º 1, que

---

[59] O recurso à contraposição clássica "pessoas singulares/pessoas colectivas" é susceptível de crítica, designadamente por deixar sem cobertura as sociedades comerciais unipessoais. Em virtude disto, julga-se preferível, em vez de "pessoas colectivas", a expressão "pessoas jurídicas", sendo esta, daqui em diante, a adoptada.

LIÇÕES DE DIREITO DA INSOLVÊNCIA

podem ser objecto de processo de insolvência, além das pessoas singulares ou jurídicas, a herança jacente, as associações sem personalidade jurídicas e as comissões especiais, as sociedades civis, as sociedades comerciais e as sociedades civis sob forma comercial até à data do registo definitivo do contrato pelo qual se constituem, as cooperativas, antes do registo da sua constituição, o estabelecimento individual de responsabilidade limitada (EIRL) e quaisquer outros patrimónios autónomos. O critério é, como se vê, o da autonomia patrimonial, não obstante não se utilizar a técnica da cláusula geral e sim a da enumeração exemplificativa com uma remissão final para as outras situações subsumíveis à categoria. Na prática, os resultados são idênticos.

Expressamente excluídos da declaração de insolvência ficam, em resultado do disposto no n.º 2 do art. 2.º, por um lado, as pessoas jurídicas públicas e as entidades públicas empresariais e, por outro lado, as empresas de seguros, as instituições de crédito, as sociedades financeiras, as empresas de investimento que prestem serviços que impliquem a detenção de fundos ou de valores mobiliários de terceiros e os organismos de investimento colectivo na medida em que aquela sujeição seja incompatível com os regimes especiais que lhes são aplicáveis.

As primeiras abrangem o Estado e as autarquias locais mas também as associações e os institutos públicos. A exclusão delas do âmbito de aplicabilidade do processo de insolvência é irrestrita e o seu fundamento é óbvio. O carácter público destas entidades torna absolutamente desaconselhável a sujeição ao regime comum. Quanto às segundas, a exclusão é pontual. A explicação genérica para tal exclusão é a circunstância de estas entidades estarem sujeitas a supervisão e de o legislador lhes ter reservado regimes especiais, mais adequados às suas particularidades. Isto não significa que o regime comum não possa aplicar-se-lhes quando seja necessário mas apenas na condição de não haver incompatibilidade com aqueles regimes.

As recorrentes referências à empresa ao longo do Código da Insolvência e da Recuperação de Empresas, não só no seu título mas em diversas normas, podem causar alguma desorientação, levando a supor que, se a empresa é susceptível de recuperação, é igualmente susceptível de declaração de insolvência. É ou não, afinal, a empresa susceptível de ser declarada insolvente?

A empresa aparece definida no art. 5.º como uma organização de capital e de trabalho destinada ao exercício de qualquer actividade económica. É uma noção de pendor económico, minimalista, o que lhe garante um grande alcance[60]: não se exige qualidade comercial e por isso admitem-se as empresas agrícolas e de artesanato; apesar de se exigir (alguma) organização, não se exige sistematicidade no exercício da actividade e por isso admitem--se as empresas ocasionais (sem actividade certa ou periódica); não se exige fim lucrativo e por isso admitem-se as unidades dirigidas ao auto-consumo e as organizações com fins altruísticos[61].

Convém acentuar que a noção adoptada no art. 5.º reflecte uma concepção objectivista, em que a empresa aparece como um objecto que se integra no património dos sujeitos (empresa em sentido objectivo). É esta a concepção adoptada em grande parte do articulado. É esta a concepção adoptada, precisamente, na disciplina do processo e do plano de insolvência, como é manifesto no uso recorrentes das expressões "devedor(es) titular(es)/não titular(es) de empresa", "empresa compreendida na massa insolvente" e equivalentes [cfr., entre outros, arts. 1.º, n.º 1, 3.º, n.º 3, al. *b*), 18.º, n.ºs 2 e 3, 53.º, n.º 2, 161.º, n.º 3, al. *a*), 195.º, n.º 2, al. *c*), e 249.º, n.º 1, al. *a*)], embora já não na disciplina do PER (e, consequentemente, no PEAP), onde, por razões que se tentará compreender no momento devido, a empresa é, de repente, subjectivada e aparece, não como um objecto, mas como um sujeito.

Como adiante se verá, a noção de empresa é útil para certos efeitos como a delimitação do âmbito de aplicabilidade de instrumentos como o plano de insolvência (e, pela negativa, o plano de pagamento aos credores) e a administração da massa pelo devedor – isto já para não falar no PER (e, pela negativa, no PEAP). No que toca ao âmbito subjectivo da declaração de insolvência, ela é, porém, irrelevante, sendo a pergunta acima enunciada

---

[60] Cfr., neste sentido também, JORGE MANUEL COUTINHO DE ABREU, *Curso de Direito Comercial*, volume I (*Introdução, Actos de Comércio, Comerciantes, Empresas, Sinais Distintivos*), Coimbra, Almedina, 2016 (10.ª edição), p. 339.

[61] Afirma, em comentário a esta posição, JORGE MANUEL COUTINHO DE ABREU [*Curso de Direito Comercial*, volume I (*Introdução, Actos de Comércio, Comerciantes, Empresas, Sinais Distintivos*), cit., pp. 341-342 (nota 842)] que o lucro e o fim lucrativo não são elementos necessários para a definição de diversas espécies empresariais. Justamente por isso é possível dizer que a noção do art. 5.º é abrangente: não circunscreve a empresa à espécie lucrativa. A circunstância de a actividade da empresa dever ser económica, por outro lado, pressupõe, de facto, a prática de actos de troca de bens e/ou serviços, mas não impede que sejam consideradas empresas, para estes efeitos, certas unidades de auto-consumo, desde que algum intercâmbio deste tipo exista, e ainda aquelas organizações em que, não obstante não haver objectivo de realização do lucro, existe uma actividade económica naquele sentido. Caem nestas categorias as empresas levadas a cabo por certas associações e cooperativas.

LIÇÕES DE DIREITO DA INSOLVÊNCIA

facilmente respondida através da aplicação do critério geral. Dito de outro modo, quando exista uma empresa, o sujeito da declaração de insolvência é sempre a pessoa ou o património autónomo que é identificado como seu titular[62].

Em síntese, por força do art. 2.º, n.º 1, estão sujeitos à declaração de insolvência, no grupo das pessoas singulares e das pessoas jurídicas, os particulares, os comerciantes ou os empresários em nome individual, as sociedades comerciais e civis sob forma comercial, as sociedades de profissionais, que, não obstante serem civis, têm personalidade jurídica (as sociedades de advogados e de revisores oficiais de contas, por exemplo)[63], as cooperativas, os agrupamentos complementares de empresas (ACE) e os agrupamentos europeus de interesse económico (AEIE), as associações e as fundações.

Estão ainda sujeitos à declaração de insolvência, no grupo dos patrimónios autónomos, as sociedades comerciais sem personalidade jurídica, as sociedades civis, as associações sem personalidade jurídica e as comissões especiais, a herança jacente, o EIRL e os patrimónios autónomos no sentido que de seguida se explicitará.

6.1. Os patrimónios autónomos em particular

O conceito de património autónomo acolhido no art. 2.º é um conceito amplo, sendo irrelevante a existência ou o número de titulares. Mais explicitamente não se distingue entre património sem titular determinado ou património

---

[62] Deve resistir-se à tentação de reconduzir indiscriminadamente o critério da autonomia patrimonial ao critério da personalidade judiciária a que se referem os arts. 11.º e 12.º do CPC. A norma do art. 12.º do CPC, regulando a extensão da personalidade judiciária, mantém, de facto, alguma proximidade com a norma do art. 2.º, n.º 1, do CIRE, ao estender a personalidade judiciária, por exemplo, na al. *a)*, à "herança jacente e [a]os patrimónios autónomos semelhantes cujo titular não estiver determinado". Mas, se o critério da sujeição à insolvência fosse o da personalidade judiciária, não haveria forma de explicar a sujeição expressa do EIRL, que, ao contrário da herança jacente, tem um titular identificado (o comerciante) e ao qual, por isso, a personalidade judiciária não se estende. Tudo se compreende melhor quando se tem conta que a extensão da personalidade judiciária tem a função de evitar acções com um número elevado de litigantes (nos casos dos patrimónios colectivos) ou acções contra incertos (nos casos dos patrimónios autónomos). No caso de patrimónios separados não há nenhum destes riscos, logo não há necessidade de lhes estender a personalidade judiciária, sendo, no caso do EIRL, o comerciante o titular de personalidade judiciária.

[63] Conforme se estabelece expressamente no art. 5.º n.º 1, da Lei n.º 53/2015, de 11 de Junho, todas as sociedades de profissionais que estejam sujeitas a associações públicas profissionais (por exemplo, as sociedades de advogados) têm personalidade jurídica.

autónomo *stricto sensu* (como a herança jacente), património com titular determinado ou património separado[64] (como o EIRL)[65] e património com pluralidade de titulares ou património colectivo[66], em regime de "comunhão de mão comum" ou comunhão de tipo germânico (*Gesamthandgemeinschaft*)[67] (como as associações sem personalidade jurídica, as comissões especiais, as sociedades civis e as sociedades comerciais e civis sob forma comercial e as cooperativas até ao registo definitivo da sua constituição[68]).

Aquilo que parece ser decisivo para a configuração de um património como autónomo no sentido da lei é, sim, a afectação dos bens ao pagamento de determinadas dívidas, isto é, a sujeição do património a um regime de especial responsabilidade por dívidas.

Veja-se com mais atenção o grupo dos patrimónios autónomos elencado no art. 2.º, n.º 1, sobretudo o caso paradigmático da herança jacente.

---

[64] Recorre-se aqui à classificação de ORLANDO DE CARVALHO (*Teoria Geral do Direito Civil*, policopiado, Coimbra, Centelha, 1981, pp. 125 e s.), que identifica, sob o ponto de vista da afectação, o património de afectação geral (o que está afectado à generalidade das obrigações do sujeito) e o património de afectação especial (o que está adstrito exclusiva ou preferencialmente a certos encargos). Dentro do quadro da afectação especial, distingue o autor entre património separado e património autónomo; o primeiro pressupõe a titularidade por um sujeito determinado e o segundo não se refere a qualquer sujeito (seja porque este não existe seja porque ainda não está determinado).

[65] Os patrimónios separados constituem derrogações ao princípio da unidade ou indivisibilidade do património, que estão previstas na norma que o consagra (cfr. art. 601.º do CC).

[66] Pode dizer-se que o património colectivo (também designado "propriedade colectiva") é o simétrico do património separado: no primeiro caso uma pessoa é titular de dois conjuntos patrimoniais; naquele uma única massa patrimonial pertence a mais do que uma pessoa.

[67] A comunhão de tipo germânico contrapõe-se à comunhão de tipo romano e implica que o património não se reparta, como na comunhão de tipo romano (compropriedade), por quotas ideais entre as pessoas, mas que pertença em bloco à colectividade por elas formada. As pessoas só têm direito a uma quota de liquidação quando venha a ocorrer a partilha; enquanto subsistir o património só a colectividade pode exercer direitos sobre ele. A nota essencial da comunhão de tipo germânico é a afectação do património a um fim; este fim justifica o regime especial de responsabilidade por dívidas do património colectivo (que o aproxima do património autónomo).

[68] Não se incluem aqui as chamadas "fundações de facto". A razão para esta exclusão não andará muito longe daquela que justifica a ausência da figura no Capítulo III do Título II da Parte Geral do Código Civil: as fundações de facto não parecem ser patrimónios colectivos e nem sequer patrimónios separados ou autónomos, confundindo-se com o património do fundador.

LIÇÕES DE DIREITO DA INSOLVÊNCIA

A herança jacente é definida no art. 2046.º do CC como "a herança aberta mas ainda não aceita nem declarada vaga para o Estado". Não há dúvidas de que ela está sujeita à declaração de insolvência pois tal resulta expressamente da norma. Mas o que sucede havendo aceitação da herança?

Atendendo ao regime fixado no Código Civil, segundo o qual, em princípio, a herança aceite é preferencialmente responsável perante os credores do *de cujus* e os legatários (cfr. art. 2070.º, n.ºs 1, 2 e 3, do CC) e apenas a herança aceite é responsável perante os credores do *de cujus* e os legatários (cfr. art. 2071.º, n.ºs 1 e 2, do CC), não há uma substancial diferença entre ela e a herança jacente. Existe um regime de especial responsabilidade por dívidas e isso é quanto basta para poder qualificar-se a herança aceite como um património autónomo no sentido legal.

Aplicando o mesmo critério, será também de incluir na categoria da al. *h)* o condomínio resultante da propriedade horizontal e quaisquer outros patrimónios que cumpram o requisito explicitado, ou seja, que estejam especialmente afectados ao pagamento de certas dívidas[69].

7. Pressupostos. A insolvência como pressuposto (objectivo) único

A insolvência é o pressuposto ou fundamento objectivo do processo de insolvência.

Não obstante existirem, como se verá, pressupostos especiais nos casos em que a iniciativa processual pertence a sujeitos diferentes do devedor (cfr. art. 20.º, n.º 1), a insolvência é o pressuposto ou fundamento único do processo desde a entrada em vigor do Código dos Processos Especiais de Recuperação a Empresa e de Falência. Este aboliu o pressuposto subjectivo (a qualidade de comerciante) e tornou o processo aplicável a todos os devedo-

---

[69] Por não existir rigorosa autonomia patrimonial a comunhão conjugal, geralmente qualificada como um património colectivo, não é susceptível de subsunção à categoria da al. *h)* do n.º 1 do art. 2.º. Por um lado, sendo devedores ambos os cônjuges (cfr. art. 1691.º do CC) responde o património colectivo e, subsidiariamente, os bens próprios de cada um (em regime de solidariedade excepto no caso de separação de bens) (cfr. art. 1695.º do CC). Sendo devedor apenas um dos cônjuges (cfr. art. 1692.º do CC) respondem os seus bens próprios e, subsidiariamente, a sua meação no património colectivo (cfr. art. 1696.º do CC). Por outras palavras, para fazer face a dívidas comuns podem ser agredidos outros patrimónios e para fazer face a dívidas próprias de um dos cônjuges pode ser agredido o património colectivo. Nos casos de comunhão conjugal são os cônjuges quem pode ser declarado insolvente, estando a insolvência dos cônjuges regulada em especial nos arts. 264.º a 266.º do CIRE.

res[70], no que constituiu um contributo decisivo para a autonomia do Direito da Insolvência face ao Direito Comercial. A exigência daqueles pressupostos deve ser compreendida à luz desta ideia – ela justifica-se porque os pressupostos respeitam a factos indiciadores ou reveladores da insolvência.

Para efeitos do Código da Insolvência e da Recuperação de Empresas, a insolvência pode surgir sob duas formas: a impossibilidade de cumprir (cfr. art. 3.º, n.º 1) e a situação patrimonial líquida negativa (cfr. art. 3.º, n.º 2).

A lei faz referência ainda a uma terceira situação – a insolvência iminente – que, sendo distinta da insolvência (actual) (a insolvência sob qualquer daquelas duas formas), é equiparada, no entanto, à insolvência no caso de apresentação do devedor (cfr. art. 3.º, n.º 4).

7.1. A insolvência como impossibilidade de cumprir

A insolvência é definida na lei como a impossibilidade de o devedor cumprir as suas obrigações vencidas (cfr. art. 3.º, n.º 1). A definição não se afasta fundamentalmente da que correspondia, antes, ao estado de falência do art. 1135.º do CPC ou à situação de insolvência consagrada no art. 3.º do CPEREF[71]. Corresponde, além disso, à definição consagrada na *Insolvenzordnung* para o pressuposto homólogo do processo de insolvência alemão (*Zahlungs-unfähigkeit*) (cfr. § 17 da *InsO*).

A noção de insolvência é a noção-base do Direito da Insolvência. A sua importância decorre, fundamentalmente, de ser ela que permite identificar a "patologia" para a qual o Direito da Insolvência constitui a "terapia" ou o remédio. Não se esgotando o Direito da Insolvência, actualmente, na finalidade de curar ou resolver a insolvência nem compreendendo apenas o

---

[70] Com uma reserva: não obstante não serem comerciantes, os sócios de responsabilidade ilimitada eram susceptíveis de declaração de falência quando fosse declarada falida a respectiva sociedade. A disciplina foi introduzida pelo Código Comercial de 1888 e vigorou até Código dos Processos Especiais de Recuperação da Empresa e de Falência, sob a designação "falências derivadas", só tendo definitivamente desaparecido com o Código da Insolvência e da Recuperação de Empresas.

[71] Etimologicamente, insolvência significa, como se viu no início, o acto ou a situação de não pagamento. Insolvabilidade é que designa a impossibilidade de pagar. Mas os usos terminológicos prevalecem sobre os rigores etimológicos. Confrontando as noções de "insolvência" e de "insolvabilidade", conclui também PEDRO DE SOUSA MACEDO (*Manual de Direito das Falências*, volume I, cit., pp. 213 e s.) que, por mais que, etimologicamente, a insolvência seja o resultado da acção de não pagar (omissão) e a insolvabilidade seja o estado de impossibilidade de pagar, a primeira recebeu, pelo uso, um significado corrente que não se pode ignorar.

processo de insolvência, continua, no entanto, a insolvência a ser uma noção central, que funciona como referência para definir as finalidades dos instrumentos restantes (evitar ou prevenir a insolvência).

A importância da noção não se reduz, porém, ao Direito da Insolvência. Entre outras coisas, ela releva como fundamento da excepção de não cumprimento do contrato (cfr. art. 429.º do CC) e como causa da perda do benefício do prazo (cfr. art. 780.º, n.º 1, do CC). Torna-se, pois, necessário defini-la claramente e distingui-la de noções afins, principalmente da noção de incumprimento[72].

O que deve compreender-se, desde logo, é que o incumprimento é um facto enquanto a insolvência é um estado ou uma situação.

Deve compreender-se, depois, que, a insolvência não se identifica nem depende do incumprimento. Embora ela possa manifestar-se, e geralmente se manifeste, através de uma multiplicidade de incumprimentos, pode haver insolvência quando há apenas um incumprimento e até quando não há incumprimento algum.

Por outras palavras, existem casos de impossibilidade de cumprimento sem incumprimento assim como existem casos de incumprimento sem impossibilidade de cumprimento (o devedor não cumpre porque não quer[73]

---

[72] Afirmando – bem – que "[o]s conceitos de incumprimento contratual e de impossibilidade de cumprir o contrato não se confundem com o estado de insolvência" veja-se o Acórdão do STJ de 4 de Abril de 2017, Proc. 2160/15.7T8STR.E1.S1 (Relator: Júlio Gomes). Já a afirmação seguinte, de que "[o] incumprimento de obrigações vencidas só releva se provier de uma situação de insuficiência do activo para fazer face ao passivo", não é possível subscrevê-la, embora se compreenda por que a não verificação daquela insuficiência tenha adquirido relevância no circunstancialismo concreto.

[73] Como se disse há tempo, não deve ser declarado insolvente aquele que deixou de cumprir "mas não está impossibilitado de cumprir pontualmente as suas obrigações (e.g., o devedor que só falta ao cumprimento de uma ou mais obrigações porque lhe apeteceu)". Cfr. Catarina Serra, *Falências derivadas e âmbito subjectivo da falência*, cit., p. 45. Note-se, no entanto, a opinião diversa de Francisco Fernandes (*Declaração da falência e seus efeitos*, Coimbra, França Amado Editor, 1897, 13): "Tão falido é quem não paga, porque não pode, como quem não paga, porque não quer". Cfr., no sentido aqui propugnado, na jurisprudência, o Acórdão do TRC de 6 de Fevereiro de 2007, onde se diz que "é evidente não se poder inferir a situação de impossibilidade de cumprir as obrigações por parte dos requeridos, pelo facto de estes não procederem de forma voluntária ao respectivo pagamento, visto que é facto notório que muitas vezes as pessoas não pagam as suas dívidas não porque não possam, mas sim porque não querem". A situação em que o devedor podia cumprir mas não quis corresponde a uma mera recusa de pagamento, que é insuficiente para que se conclua pela sua insolvência. A propósito da "não vontade de pagar"

INTRODUÇÃO AO PROCESSO DE INSOLVÊNCIA

ou porque discorda da exigibilidade da dívida[74]). PEDRO DE SOUSA MACEDO ilustra esta ideia, dizendo que "a insolvência é a tempestade; os não-cumprimentos são os relâmpagos que assinalam a tempestade e permitem que, de longe, seja perceptível. Mas há relâmpagos sem tempestade e tempestade sem relâmpagos"[75].

Com efeito, a única exigência legal para que se verifique a insolvência é que haja uma ou mais obrigações vencidas. Pode, portanto, tal impossibilidade revelar-se quando o devedor está meramente constituído em mora e não havendo incumprimento em sentido próprio (incumprimento definitivo).

O requisito do vencimento de (uma ou mais) obrigações já foi considerado inútil, uma vez que, por força do art. 780.º do CC, a insolvência acarreta a perda do benefício do prazo[76].

Deve discordar-se deste entendimento por duas ordens de razões. Em primeiro lugar, não é o art. 780.º do CC que, ao produzir o vencimento das obrigações, desencadeia a insolvência. É a insolvência, referida no art. 780.º do CC como situação de facto, ainda que não judicialmente declarada, que justifica que as obrigações (as obrigações ainda não vencidas) se vençam, isto é, a insolvência é o pressuposto do efeito previsto na norma do art. 780.º do CC. Em segundo lugar, o art. 780.º do CC determina, não exactamente o vencimento, mas a exigibilidade das obrigações. Ora, como é sabido, a exigibilidade e o vencimento das obrigações são coisas diversas. A exigibilidade é a situação em que o credor pode exigir o cumprimento e o vencimento é a situação em que o devedor está constituído na necessidade de cumprir. Formulando a questão sob a perspectiva do tempo do cumprimento, é possível dizer que, numa situação normal (fora do contexto da insolvência), os dois momentos nem sempre coincidem (nalguns casos a obrigação é exigível mas só se vence quando há interpelação do credor). A confusão entre os dois conceitos conduziria, aliás, a outros resultados incorrectos como, por exemplo, o de considerar (também) inútil o art. 91.º, n.º 1, que dispõe que a

---

(*Zahlungsunwilligkeit*) cfr. REINHARD BORK, *Einführung in das Insolvenzrecht*, Tübingen, Mohr Siebeck, 2017 (6. Auflage), pp. 53-54, e também THOMAS KIND, in: EBERHARD BRAUN (Hrsg.), *Insolvenzordnung (InsO) Kommentar*, München, Verlag C.H. Beck, 2004, p. 130.

[74] É outro exemplo, apresentado por NORBERTO SEVERINO e LIMA GUERREIRO (*Código dos Processos Especiais de Recuperação da Empresa e de Falência*, Lisboa, Heptágono, 1993, p. 50).

[75] Cfr. PEDRO DE SOUSA MACEDO, *Manual de Direito das Falências*, volume I, cit., p. 218.

[76] Cfr. LUÍS MANUEL TELES DE MENEZES LEITÃO, *Código da Insolvência e da Recuperação de Empresas Anotado*, Coimbra, Almedina, 2017 (9.ª edição), p. 64.

LIÇÕES DE DIREITO DA INSOLVÊNCIA

declaração judicial de insolvência produz o vencimento das obrigações do devedor (as obrigações do devedor já estariam vencidas por força da situação de insolvência e antes da respectiva declaração judicial).

Diga-se, por fim, que para a insolvência não releva nem o número nem o valor pecuniário das obrigações vencidas. Depois do que se disse, a ideia não necessita de grandes explicações. Como bem se compreende, tanto está insolvente quem está impossibilitado de cumprir uma ou mais obrigações de montante elevado (o montante em causa é demasiado elevado para que o devedor consiga cumprir) como quem está impossibilitado de cumprir uma ou mais obrigações de pequeno montante ou de montante insignificante (o montante em causa é insignificante e ainda assim ele não consegue cumprir).

7.2. A insolvência como situação patrimonial líquida manifestamente negativa

A insolvência no sentido acima referido (impossibilidade de cumprir) não coincide necessariamente com – e por isso não significa – uma situação patrimonial líquida negativa (superioridade do passivo face ao activo).

Com efeito, pode muito bem verificar-se a primeira sem se verificar a segunda: não obstante ser titular de um património sólido e abundante, o devedor vê-se impossibilitado de cumprir por lhe faltar liquidez. E pode verificar-se a segunda sem se verificar a primeira: não obstante não ter património suficiente para cumprir as obrigações, o devedor mantém a capacidade de cumprir por via do crédito que lhe é disponibilizado.

A lei reserva, contudo, para certas entidades, uma disciplina especial. De acordo com a norma do art. 3.º, n.º 2, as pessoas jurídicas e os patrimónios autónomos por cujas dívidas nenhuma pessoa singular responde pessoal e ilimitadamente devem também ser considerados insolventes sempre que estejam numa situação de superioridade manifesta do passivo sobre o activo, avaliados estes segundo as normas contabilísticas aplicáveis.

Existe, portanto, uma noção adicional de insolvência, de aplicação exclusiva às pessoas jurídicas e aos patrimónios autónomos por cujas dívidas nenhuma pessoa singular responde pessoal e ilimitadamente.

A noção de situação patrimonial líquida manifestamente negativa equivale à de *Uberschüldung*, regulada no § 19 da *InsO*[77], mas não deixa de ter

---

[77] O termo alemão *"Uberschüldung"* significa, em rigor, "sobreendividamento". Porém, uma vez que lhe corresponde um conceito que, na Alemanha, a lei define como a situação em que o valor do passivo excede o do activo [cfr. § 19 (2) da *InsO*], deverá ser traduzido por

INTRODUÇÃO AO PROCESSO DE INSOLVÊNCIA

as suas raízes no Direito português. De facto, a norma do n.º 2 do art. 3.º reproduz, *grosso modo*, o disposto no n.º 2 do art. 1174.º do CPC, aplicável às chamadas "sociedades de responsabilidade limitada", que, por seu turno, reproduzia o art. 2.º § 1 do Código de Falências de 1935 (DL n.º 25 981, de 26 de Outubro de 1935)[78].

O legislador teve em mente, sobretudo, a situação das sociedades (por quotas e as sociedades anónimas) e de todas as outras entidades por cujas obrigações só responde, em princípio, o respectivo património. E o seu raciocínio terá sido o seguinte: não existindo, nestes casos, possibilidade de recurso ao "crédito pessoal", a superioridade manifesta do passivo sobre o activo coincide com – ou conduz inevitavelmente – à impossibilidade de cumprir as obrigações.

Será este raciocínio (ainda) válido? Vendo bem, tanto no âmbito das sociedades por quotas quanto no âmbito das sociedades anónimas existem e são usados desde há algum tempo mecanismos (legais e contratuais) que

"situação patrimonial líquida negativa" ou por uma fórmula afim desta. Nesses termos vem sendo entendido tradicionalmente pela doutrina alemã [cfr., antes da publicação da *Insolvenzordnung*, HANS HEILMANN/STEFAN SMID, *Grundzüge des Insolvenzrechts. Eine Einführung in die Grundfragen des Insolvenzrechts und die Probleme seiner Reform*, cit., pp. 52-52, e, depois dela, REINHARD BORK, *Einführung in das Insolvenzrecht*, cit., p. 58, CHRISTOPH BECKER, *Insolvenzrecht*, cit. p. 142, e LUDWIG HÄSEMEYER, *Insolvenzrecht*, Köln, Berlin, Bonn, München, Carl Heymanns Verlag, 2003, p. 141], tendo já sido equiparado a *"Insuffizienz"* (cfr. HERBERT WAGNER, *Insolvenzordnung*, cit., p. 45). Pode ainda dizer-se, em reforço do argumento, que a lei alemã atribui à *Überschüldung* uma função semelhante àquela que a lei portuguesa atribui à situação patrimonial líquida negativa: a de constituir (também) fundamento do processo de insolvência das pessoas jurídicas e dos patrimónios autónomos por cujas dívidas nenhuma pessoa singular responda pessoal e ilimitadamente [cfr. art. 3.º, n.º 2, do CIRE e § 19 (1) e (3) da InsO] [cfr., sobre a posição da *Überschüldung* relativamente aos outros dois pressupostos do processo de insolvência alemão, THOMAS KIND, in: EBERHARD BRAUN (Hrsg.), *Insolvenzordnung (InsO) Kommentar*, cit., pp. 145-146].

[78] Evoque-se o que foi dito por MANUEL RODRIGUES, no relatório do DL n.º 25 981, de 26 de Outubro de 1935, que aprovou o Código de Falências de 1935 (e pode ser consultado em ANTONIO MOTA SALGADO, *Falência e insolvência – Guia prático*, Lisboa, Editorial Notícias, 1987, pp. 363 e s.): "[...] o movimento normal da actividade económico-comercial exige a regularidade das transacções, o ajustamento completo de cada um dos seus pontos de contacto de todos os elementos que a compõem, um jogo combinado, enfim; mas o que perturba este mecanismo é a impotência de um ou de alguns dos seus membros para cumprir, pois, sendo as actividades interdependentes, a omissão de uma implica ou pode implicar uma omissão mais ou menos grave, mais ou menos generalizada. A insuficiência do activo em face do passivo não constitui, de per si, uma perturbação do mecanismo económico".

fazem funcionar o "crédito pessoal". O contrato da sociedade por quotas pode, por exemplo, prever a responsabilidade directa de todos ou alguns dos sócios pelas dívidas sociais (cfr. art. 198.º do CSC). Pode ainda acontecer, e acontece frequentemente, que os sócios quotistas ou accionistas assumam obrigações de garantia (fianças ou avales), tornando-se pessoalmente responsáveis pelas obrigações da sociedade. Posto que esta responsabilidade seja extensível à generalidade das dívidas, não existe uma diferença fundamental entre a situação destes sócios e a situação dos sócios das sociedades em nome colectivo ou dos sócios comanditados da sociedade em comandita. Sobre todos impende responsabilidade pessoal e ilimitada pelas dívidas sociais, sendo que a única diferença é a de que a responsabilidade dos últimos resulta *ex lege* da mera qualidade de sócios.

Nem sempre é verdade, então, que o crédito pessoal está absolutamente vedado às pessoas jurídicas e aos patrimónios autónomos por cujas dívidas nenhuma pessoa singular responde pessoal e ilimitadamente. Sempre que existam outros patrimónios responsáveis por estas vias alternativas (responsabilidade directa dos sócios quotistas, fianças ou avales de sócios ou terceiros), estas entidades não terão dificuldade em obter crédito. Conseguirão, assim, evitar a impossibilidade de cumprimento, não obstante a sua situação patrimonial deficitária.

Feitas estas reservas, a verdade é que o texto do art. 3.º, n.º 2, não deixa margem para distinções ou ressalvas. Em qualquer caso, para que as pessoas jurídicas e os patrimónios autónomos por cujas dívidas nenhuma pessoa singular responde pessoal e ilimitadamente sejam considerados insolventes é suficiente a situação patrimonial líquida manifestamente negativa.

Advirta-se, porém, que não é qualquer discrepância (ou seja, uma discrepância ligeira) entre o activo e o passivo que releva para estes efeitos, devendo o advérbio "manifestamente" ser interpretado como sinónimo de "significativamente" e não de "ostensivamente". Com efeito, não é qualquer situação de superioridade (porventura passageira) do passivo face ao activo mas apenas as situações graves (e tendencialmente irreversíveis) que justificam a tutela do Direito da Insolvência.

7.2.1. Situação patrimonial líquida manifestamente negativa e descapitalização da sociedade (ou perda de metade do capital social)
Como é possível concluir, algumas disposições do Código da Insolvência e da Recuperação de Empresas só se compreendem plenamente se se tiver em consideração a disciplina do Código das Sociedades Comerciais. Existe,

INTRODUÇÃO AO PROCESSO DE INSOLVÊNCIA

de facto, uma relação próxima entre o Direito da Insolvência e o Direito das Sociedades, que se explica simplesmente dizendo que os sujeitos insolventes são, frequentemente, sociedades. Nem sempre, porém, o legislador teve presente este facto, nem sempre tendo procedido à articulação devida dos dois regimes. Um bom exemplo disso surge no confronto da disciplina resultante do art. 3.º, n.º 2, com o disposto no art. 35.º do CSC.

Como é sabido, a norma do art. 35.º do CSC regula a situação de descapitalização da sociedade ou, nos termos legais, a situação de perda de metade do capital social. Esta é definida, no art. 35.º, n.º 2, do CSC como a situação em que o património líquido da sociedade ou, nos termos legais, o capital próprio da sociedade é igual ou inferior a metade do capital social[79].

Ocorrendo tal situação – diz o art. 35.º, n.º 1, do CSC – devem os gerentes ou administradores da sociedade diligenciar para que se realize uma assembleia geral destinada a informar os sócios da situação e a dar-lhes oportunidade de deliberar sobre as medidas a adoptar.

A verdade é que a insolvência no sentido do art. 3.º, n.º 2, implica sempre a perda de metade do capital social, pois quando o valor do património social líquido (diferença entre o activo e o passivo) é negativo, o património social líquido é necessariamente menor do que o capital social (já que este é sempre um valor positivo)[80]. Ora, havendo insolvência da sociedade, os gerentes ou administradores podem requerer a sua declaração de insolvência – e podem requerê-la sem necessidade de assembleia geral ou sequer de informação prévia aos sócios (cfr. arts. 18.º e 19.º). Há, assim, um aparente concurso (positivo) de normas, não regulado pelo legislador. Como resolvê-lo?

Diga-se, antes de mais, que, não obstante o concurso de normas, nem sempre existe um verdadeiro conflito de deveres, sendo, por vezes, o dever de convocar ou requerer a convocação da assembleia geral o único dever que existe. Atentando bem no texto da norma do art. 18.º, n.º 1, os gerentes ou administradores só ficam constituídos na obrigação de requerer a declaração de insolvência da sociedade quando existe insolvência tal como descrita no n.º 1 do art. 3.º, ou seja, quando existe (além da situação patrimonial líquida

---

[79] Em rigor, a perda não se regista no capital social mas no património social ou, como diz a lei, no capital próprio da sociedade, correspondendo a uma desvalorização ou perda de valor deste último.

[80] Já o oposto não é verdadeiro, ou seja, a perda de mais de metade do capital social não significa necessariamente insolvência, pois, apesar da perda, o valor do património social ou, como diz a lei, do capital próprio, pode ainda ser positivo.

manifestamente negativa) uma rigorosa impossibilidade de cumprir. Nesta hipótese – e só nesta hipótese – existe, de facto, um conflito de deveres, sendo que, nas restantes, o dever de convocar ou requerer a convocatória da assembleia geral coexistirá com a mera *faculdade* de requerer a declaração de insolvência.

Em qualquer caso, os gerentes ou administradores deverão observar o prescrito no art. 35.º, n.º 1, do CSC[81]. Tendo em conta a gravidade e a irreversibilidade das consequências que a abertura de um processo de insolvência envolve para a sociedade e para todos os sujeitos com ela relacionados, justifica-se que, antes de proceder ao respectivo pedido, os gerentes ou administradores dêem conhecimento aos sócios da situação e obtenham a opinião destes quanto à acção adequada. Quem sabe se os sócios não aventarão outras hipóteses, menos drásticas, para resolver a situação? Convém não esquecer, por outro lado, que os sócios têm o poder de agir, por via de acções de indemnização, contra os gerentes e administradores, pelos danos causados à sociedade (cfr. arts. 72.º e 77.º do CSC) e até por danos causados aos próprios sócios (cfr. art. 79.º do CSC). Se os sócios tiverem tido a possibilidade de conhecer e de se pronunciar sobre a situação da sociedade e não tiverem manifestado oposição à hipótese de processo de insolvência, será menos provável e, em qualquer caso, menos eficaz, alegar ter havido precipitação, imprudência ou uma má avaliação por parte dos gerentes ou administradores.

É verdade que, quando coexistem os dois deveres, não é fácil conciliar o seu cumprimento no tempo. Os gerentes ou administradores estarão, aliás, sob grande pressão, dada a exiguidade do prazo para requerer a declaração de insolvência, que é de uns meros trinta dias a contar da data em que tomam (ou deveriam ter tomado) conhecimento da insolvência da sociedade (cfr. art. 18.º, n.º 1). Se o dever de requerer a declaração de insolvência não for cumprido dentro deste prazo, os gerentes e administradores correm o risco de ficar sujeitos aos efeitos da insolvência culposa [cfr. art. 186.º, n.º 3,

---

[81] Chamando a atenção para a necessidade de coordenação da disciplina do Código das Sociedades Comerciais e do Código da Insolvência e da Recuperação de Empresas neste ponto e ocupando-se da situação em que não há verdadeiro conflito de deveres, sustenta um entendimento idêntico, JORGE MANUEL COUTINHO DE ABREU [*Curso de Direito Comercial*, volume I (*Introdução, Actos de Comércio, Comerciantes, Empresas, Sinais Distintivos*), cit., pp. 144 e s., e "Direito das Sociedades e Direito da Insolvência: interações", in: CATARINA SERRA (coord.), *IV Congresso de Direito da Insolvência*, Coimbra, Almedina, 2017, p. 181].

INTRODUÇÃO AO PROCESSO DE INSOLVÊNCIA

al. *a)*, e art. 189.º, n.º 2]. O que constitui, e compreensivelmente, forte motivação para omitirem o cumprimento do dever consagrado no art. 35.º do CSC. A omissão deverá considerar-se justificada apenas nos casos em que o cumprimento seja absolutamente inexigível.

7.3. A insolvência iminente

Como se disse, além da insolvência entendida como impossibilidade de cumprir e como situação patrimonial líquida manifestamente negativa, prevê a lei uma terceira situação – a insolvência iminente.

A insolvência iminente não está definida na lei portuguesa. Isto agrava as dificuldades em que se encontra o intérprete do Direito, que já tem de se confrontar com a natureza, por si só, indefinida da situação e o seu reconhecimento na prática[82]. Apesar de tudo, foi-se generalizando, na doutrina e na jurisprudência, a noção de que a insolvência iminente é a situação em que é possível prever/antever que o devedor estará impossibilitado de cumprir as suas obrigações num futuro próximo, designadamente quando se vencerem estas obrigações[83].

A insolvência iminente corresponde à *drohende Zahlungsunfähigkeit* da lei alemã [cfr. § 18 da *InsO*], onde é definida, de forma próxima, como a situação em que o devedor não irá estar previsivelmente na posição de cumprir no

---

[82] Em 1964, PEDRO DE SOUSA MACEDO (*Manual de Direito das Falências*, volume I, cit., p. 230-231), referindo-se à distinção, corrente na doutrina, entre "insolvência actual" e "insolvência potencial", alertava para o risco de erros e de subjectivismos que todo o juízo de prognose sobre as possibilidades da empresa é susceptível de conter e, consequentemente, para a imprudência que seria se tal classificação adquirisse relevância legal.

[83] Segundo Luís CARVALHO FERNANDES e JOÃO LABAREDA [*Código da Insolvência e da Recuperação de Empresas Anotado. Sistema de Recuperação de Empresas por Via Extrajudicial (SIREVE) Anotado. Legislação Complementar*, Lisboa, Quid Juris, 2015 (3.ª edição), p. 87], "[a] iminência da insolvência caracteriza-se pela ocorrência de circunstâncias que, não tendo ainda conduzido ao incumprimento em condições de poder considerar-se a situação de insolvência já actual, com toda a probabilidade a vão determinar a curto prazo, exactamente pela insuficiência do activo líquido e disponível para satisfazer o passivo exigível". Sobre a situação de insolvência iminente se pronuncia também JORGE MANUEL COUTINHO DE ABREU [*Curso de Direito Comercial*, volume I (*Introdução, Actos de Comércio, Comerciantes, Empresas, Sinais Distintivos*), cit., p. 139]: "existe essa situação quando se antevê como provável que o devedor não terá meios para cumprir a generalidade das suas obrigações (já existentes) no momento em que se vençam".

LIÇÕES DE DIREITO DA INSOLVÊNCIA

momento do vencimento das obrigações de pagamento existentes [cfr. § 18 (2) da *InsO*][84]-[85].

A intenção do legislador português com a introdução deste pressuposto é, seguramente, a de promover o uso de meios antecipados para evitar o "dano da insolvência"[86]-[87].

A lei determina a equiparação da insolvência iminente à insolvência (actual) mas só na hipótese de apresentação à insolvência (cfr. art. 3.º, n.º 4). A inoperatividade desta equiparação nos casos de requerimento da declaração de insolvência por outros sujeitos é compreensível. A solução contrária significaria dar a outros sujeitos o poder de iniciar o processo de insolvência em face de uma situação que só é perceptível, com segurança, pelo devedor. E as consequências de uma eventual iniciativa injustificada não são de pouca monta, sobretudo quando se tem presente que, ainda hoje, a mera abertura do processo pode ser fonte de graves prejuízos para o bom nome, para a honra e para a credibilidade do devedor, o que, por seu turno, pode acabar por transformar o que não passava de uma mera crise passageira numa situação de verdadeira insolvência.

A relevância da noção de insolvência iminente não se restringe hoje ao processo de insolvência. Estende-se ainda, como se verá, ao quadro dos instrumentos pré-insolvenciais.

---

[84] O conceito de *drohende Zahlungsunfähigkeit* é originário do Direito Penal da Insolvência. Cfr. THOMAS KIND, in: EBERHARD BRAUN (Hrsg.), *Insolvenzordnung (InsO) Kommentar*, cit., pp. 135-136.

[85] A fórmula usada na lei espanhola é idêntica: diz-se aí que se encontra em insolvência iminente o devedor que preveja que não poderá cumprir regular e pontualmente as suas obrigações [cfr. art. 2.3 (2.º) da *Ley Concursal*]

[86] Sobre a (idêntica) intenção do legislador alemão cfr. THOMAS KIND, in: EBERHARD BRAUN (Hrsg.), *Insolvenzordnung (InsO) Kommentar*, cit., p. 135.

[87] No Direito português, a insolvência iminente veio, de algum modo, suceder à "situação económica difícil" prevista nos arts. 1.º, n.º 1, e 3.º, n.º 2, do CPEREF, existindo entre os dois conceitos uma indisfarçável proximidade. Cfr., neste sentido, CATARINA SERRA, "Alguns aspectos da revisão do regime da falência pelo DL n.º 315/98, de 20 de Outubro", in: *Scientia Ivridica*, 1998, n.ºs 274/276, pp. 187 e s., *A falência no quadro da tutela jurisdicional dos direitos de crédito – O problema da natureza do processo de liquidação aplicável à insolvência no Direito português*, cit., p. 239 (nota 633), e *O regime português da insolvência*, Coimbra, Almedina, 2012 (5.ª edição), p. 38, e ainda NUNO MARIA PINHEIRO TORRES, "O pressuposto objectivo do processo de insolvência", in: *Direito e Justiça*, 2005, volume XIX, tomo 2, p. 167.

8. Iniciativa processual

Os sujeitos com legitimidade processual activa são o devedor ou, no caso de ele não ser uma pessoa singular capaz, o órgão social incumbido da sua administração ou qualquer um dos seus administradores (cfr. arts. 18.º e 19.º), os responsáveis legais pelas dívidas do devedor, qualquer credor[88] e o Ministério Público (cfr. art. 20.º, n.º 1).

Existe, visivelmente, uma legitimidade processual alargada, uma vez que têm o poder de requerer a declaração de insolvência sujeitos que não são titulares de direitos de crédito e, inclusivamente, o devedor. Isto representa um aspecto dissonante relativamente ao processo executivo, que é um paradigmático "processo de partes". Confirma-se, assim, a ideia, enunciada atrás, de que, contrariando a sugestão do art. 1.º, n.º 1, o processo de insolvência não é uma (pura) execução.

A situação de cada um dos sujeitos legitimados será analisada em pormenor adiante, no capítulo reservado ao processo de insolvência, a propósito do pedido de declaração de insolvência.

9. Classificação dos créditos e dos credores

9.1. Créditos sobre a massa (ou dívidas da massa) e créditos sobre a insolvência (ou dívidas da insolvência)

Com a apreensão geral dos bens do devedor (cfr. arts. 149.º e s.), que é uma das providências ordenadas na sentença de declaração de insolvência, forma-se a chamada "massa insolvente".

A massa insolvente destina-se a uma finalidade determinada e esta é a satisfação dos credores (cfr. art. 46.º, n.º 1). Sob o ponto de vista da sua natureza jurídica, ela é, portanto, aquilo que, seguindo a terminologia de ORLANDO DE CARVALHO, se poderia qualificar como um património de afectação especial (aquele que está adstrito exclusiva ou preferencialmente a certos encargos) e, dentro desta categoria, um património separado (o deve-

---

[88] A norma do art. 20.º, n.º 1, refere-se a "qualquer credor", mas a verdade é que, como se verá, nem todos os credores têm legitimidade processual activa. Ficam, desde logo, excluídos os credores cessionários, no âmbito da cessão de bens aos credores (cfr. arts. 831.º a 836.º do CC). Admitir que estes credores pudessem requerer a declaração de insolvência seria consentir num *venire contra factum proprium*. Ficam, por outro lado, excluídos, em certos termos, os credores por suprimentos – que, como resulta da lei comercial, não podem requerer, por esses créditos, a declaração de insolvência da sociedade (cfr. art. 245.º, n.º 2, do CSC).

LIÇÕES DE DIREITO DA INSOLVÊNCIA

dor não deixa de ser o seu titular embora tenha os seus poderes fortemente limitados)[89].

Diz-se, mais precisamente, no art. 46.º, n.º 1, que a massa insolvente se destina à satisfação dos credores da insolvência, depois de pagas as suas próprias dívidas. Resulta da norma que, apesar do princípio *par conditio creditorum* (igualdade entre os credores), os credores não são todos iguais, ocupando posições diversas consoante a classificação atribuída aos créditos que detenham.

A classificação dos créditos é relevante para vários efeitos, funcionando como critério para delimitar a intervenção dos credores no processo e, sobretudo, para determinar o modo de repartição do produto da liquidação da massa na fase de pagamento aos credores.

A primeira grande divisão, patente na norma do art. 46.º, n.º 1, é entre os créditos sobre a massa insolvente (ou dívidas da massa insolvente) e os créditos sobre a insolvência (ou dívidas da insolvência) e, em conformidade com isso, entre os credores da massa insolvente e os credores da insolvência (cfr., respectivamente, arts. 47.º, n.º 1, e 51.º, n.º 2)[90].

Os créditos sobre a insolvência são definidos no art. 47.º, n.º 1, como os créditos de natureza patrimonial sobre o insolvente ou garantidos por bens integrantes da massa insolvente cujo fundamento seja anterior à data da declaração de insolvência, qualquer que seja a nacionalidade ou o domicílio dos seus titulares. Quanto aos créditos sobre a massa não existe propriamente uma definição. E por mais que seja tentador, ela não deve ser retirada, *a contrario*, da definição de créditos sobre a insolvência que é dada pela lei, sob pena de se incorrer em erros.

De facto, não é possível dizer que os créditos sobre a massa são os créditos restantes, isto é, que eles são aqueles cujo fundamento é posterior à

---

[89] Cfr. ORLANDO DE CARVALHO, *Teoria Geral do Direito Civil*, cit., pp. 125 e s. Recorde-se que o autor identifica, sob o ponto de vista da afectação, o património de afectação geral (o que está afectado à generalidade das obrigações do sujeito) e o património de afectação especial (o que está adstrito exclusiva ou preferencialmente a certos encargos) e, dentro do quadro da afectação especial, distingue entre património separado (o que pressupõe a titularidade por um sujeito determinado) e património autónomo (o que não se refere a qualquer sujeito, seja porque este não existe seja porque este ainda não está determinado).

[90] Afirma ADELAIDE MENEZES LEITÃO (*Direito da Insolvência*, cit., p. 143) que "a divisão é sinónimo [sintoma?] do carácter dual da insolvência: as dívidas da massa são reconduzidas à dinâmica processual, enquanto os créditos da insolvência são reflexos das situações jurídicas materiais".

data de declaração de insolvência. Como se compreenderá melhor adiante, se é verdade que todos os créditos com fundamento anterior à declaração de insolvência são créditos sobre a insolvência, não é verdade que todos os créditos sobre a insolvência sejam créditos com fundamento anterior à declaração de insolvência; existem créditos sobre a insolvência cujo fundamento é posterior a esta data.

Para adquirir uma noção de créditos sobre a massa resta, então, atender ao disposto no art. 51.º, n.º 1, preceito que apresenta uma enumeração não taxativa de dívidas da massa ("além de outras como tal qualificadas neste Código") e ter em atenção os casos dispersos regulados na lei.

São dívidas da massa, salvo preceito expresso em contrário: as custas do processo de insolvência [cfr. art. 51.º, n.º 1, al. *a)*]; as remunerações do administrador da insolvência e as despesas deste e da comissão de credores [cfr. art. 51.º, n.º 1, al. *b)*]; as dívidas emergentes dos actos de administração, liquidação e partilha da massa insolvente [cfr. art. 51.º, n.º 1, al. *c)*]; as dívidas resultantes da actuação do administrador da insolvência no exercício das suas funções [cfr. art. 51.º, n.º 1, al. *d)*]; qualquer dívida resultante de contrato bilateral cujo cumprimento não possa ser recusado pelo administrador da insolvência, salvo na medida em que se reporte a período anterior à declaração de insolvência [cfr. art. 51.º, n.º 1, al. *e)*]; qualquer dívida resultante de contrato bilateral cujo cumprimento não seja recusado pelo administrador da insolvência, salvo na medida correspondente à contraprestação já realizada pela outra parte anteriormente à declaração de insolvência ou em que se reporte a período anterior a essa declaração [cfr. art. 51.º, n.º 1, al. *f)*]; qualquer dívida resultante de contrato que tenha por objecto uma prestação duradoura, na medida correspondente à contraprestação já realizada pela outra parte e cujo cumprimento tenha sido exigido pelo administrador judicial provisório [cfr. art. 51.º, n.º 1, al. *g)*]; as dívidas constituídas por actos praticados pelo administrador judicial provisório no exercício dos seus poderes [cfr. art. 51.º, n.º 1, al. *h)*]; as dívidas que tenham por fonte o enriquecimento sem causa da massa insolvente [cfr. art. 51.º, n.º 1, al. *i)*]; e a obrigação de prestar alimentos relativa a período posterior à data da declaração de insolvência, nas condições do artigo 93.º [cfr. art. 51.º, n.º 1, al. *j)*].

Não há dúvidas de que esta é a norma central para compreender que tipo de dívidas mereceram, ao legislador, a qualificação de dívidas da insolvência. Mas para a noção ficar completa é conveniente passar em vista também os casos dispersos. Entre estes destacam-se o direito da contraparte do insolvente à contraprestação (só) no que exceda o valor do que seria apurado

LIÇÕES DE DIREITO DA INSOLVÊNCIA

no caso de o administrador da insolvência ter recusado o cumprimento do contrato (cfr. art. 103.º, n.º 3), o direito da contraparte do insolvente à contraprestação em dívida (só) no caso de o cumprimento da prestação ser imposto ao insolvente por contrato e não recusando o administrador esse cumprimento (cfr. art. 103.º, n.º 5), a remuneração e o reembolso das despesas do mandatário (só) quando estas resultem da realização, por este, de actos necessários para evitar prejuízos previsíveis para a massa insolvente e até que o administrador da insolvência tome as devidas precauções (cfr. art. 110.º, n.º 3), a obrigação de restituição pela massa do valor correspondente ao objecto prestado por terceiro (só) na medida do respectivo enriquecimento à data da declaração de insolvência (cfr. art. 126.º, n.º 5).

Agrupando os casos atendendo ao seu denominador comum, é possível concluir, em primeiro lugar, que a classificação como dívidas da massa assenta na existência de uma espécie de nexo causal (ou nexo de derivação) entre as dívidas e o processo de insolvência. Sendo previsíveis e naturais ao processo de insolvência, tendo por finalidade assegurar a abertura e o curso de um processo de insolvência (como as resultantes das custas), ou sendo meramente eventuais (como as que derivam da actividade dos órgãos e, em particular, do exercício, pelo administrador da insolvência, das suas funções), a verdade é que todas são consequência do processo de insolvência.

Olhando para as restrições inerentes à classificação como dívidas da massa (em particular para os casos dispersos), é possível concluir, em segundo lugar, que a classificação como dívidas da massa assume um carácter marcadamente excepcional.

Bem se compreende que assim seja, uma vez que as dívidas da massa desfrutam de um tratamento especial (privilegiado). Nos termos do art. 46.º, n.º 1, o pagamento destas dívidas tem prioridade sobre o pagamento das dívidas da insolvência. Como se verá, antes do pagamento dos créditos sobre a insolvência, deduz-se da massa insolvente os bens ou direitos necessários, efectiva ou previsivelmente, ao pagamento dos créditos sobre a massa (cfr. art. 172.º, n.º 1). Estes são imputados aos rendimentos da massa e, quanto ao excedente, na devida proporção, ao produto de cada bem, móvel ou imóvel, mas a imputação não pode exceder dez por cento do produto de bens objecto de garantias reais, salvo na medida do indispensável à satisfação integral dos créditos sobre a massa ou do que não prejudique a satisfação integral dos créditos garantidos (cfr. art. 172.º, n.º 2). O pagamento tem lugar nas datas dos respectivos vencimentos, independentemente do estado do processo (cfr. art. 172.º, n.º 3).

INTRODUÇÃO AO PROCESSO DE INSOLVÊNCIA

Por seu turno, dentro dos créditos sobre a insolvência, distingue-se entre créditos garantidos, créditos privilegiados, créditos subordinados e créditos comuns (cfr. art. 47.º, n.º 4).

9.2. Classes de créditos sobre a insolvência

9.2.1. Créditos garantidos e créditos privilegiados

Os créditos garantidos e os créditos privilegiados são, respectivamente, os créditos que beneficiam de garantias reais (incluídos os privilégios creditórios especiais) e os créditos que beneficiam de privilégios creditórios gerais sobre os bens integrantes da massa insolvente [cfr. art. 47.º, n.º 4, al. *a*)].

Ambos são pagos exclusivamente quando estiverem verificados por sentença transitada em julgado (cfr. art. 173.º).

Quanto aos créditos garantidos, é manifesta a intenção de compensar os respectivos titulares pelo atraso na venda dos bens onerados [que só pode ter lugar após a realização da assembleia de apreciação do relatório ou, caso não seja designado dia para a sua realização, nos termos da al. *n*) do n.º 1 do art. 36.º, depois de decorridos quarenta e cinco dias sobre a prolação da sentença de declaração de insolvência (cfr. art. 36.º, n.º 4)] e pela eventual desvalorização dos bens onerados decorrente desse atraso ou da sua utilização em proveito da massa insolvente. Eles são pagos logo que é liquidado o bem onerado com a garantia real, pelo valor da liquidação, abatidas as respectivas despesas e as imputações devidas pelos créditos sobre a massa (cfr. art. 174.º, n.º 1), que, como se disse, em regra, podem, no máximo, ascender a dez por cento do produto do bem (cfr. art. 172.º, n.ºs 1 e 2). Não ficando integralmente pagos, são os respectivos saldos incluídos entre os créditos comuns, em substituição dos saldos estimados, ou seja, o credor garantido concorre nos rateios sucessivos (parciais e final) em igualdade com os credores comuns (cfr. art. 174.º, n.º 1). Nos rateios parciais que se realizarem antes da venda do bem onerado com a garantia, os créditos garantidos não são pagos, mas o seu saldo estimado é atendido, ficando em depósito o valor que lhe corresponde em cada rateio até à confirmação do saldo efectivo (cfr. art. 174.º, n.º 2).

Os créditos privilegiados são pagos à custa dos bens não afectos a garantias reais prevalecentes (cfr. art. 175.º, n.º 1). Não ficando integralmente pagos, são os respectivos saldos incluídos entre os créditos comuns, em substituição dos saldos estimados, ou seja, o credor privilegiado concorre nos rateios sucessivos (parciais e final) em igualdade com os credores comuns (cfr. art. 175.º, n.º 2, e art. 174.º, n.º 1). Nos rateios parciais que se realizarem antes da venda dos bens onerados com a garantia, os créditos privilegiados não são pagos, mas o seu saldo estimado é atendido, ficando em depósito o valor que lhe corresponde em cada rateio até à confirmação do saldo efectivo (cfr. art. 175.º, n.º 2, e art. 174.º, n.º 2).

9.2.2. Créditos subordinados

Os créditos subordinados consubstanciam uma figura nova, já existente no *Bankruptcy Code*, na *Insolvenzordnung* e na *Ley Concursal*. Com esta classificação o legislador teve a intenção de qualificar negativamente certos créditos, graduando-os em último lugar para efeitos de pagamento.

O pagamento destes créditos só tem lugar, efectivamente, depois de integralmente pagos os créditos comuns. O pagamento é efectuado pela ordem estabelecida na lei e na proporção dos respectivos montantes quanto aos créditos que estejam em posição igual, se a massa for insuficiente para a satisfação integral (cfr. proémio do art. 48.º e art. 177.º).

A subordinação de créditos comporta ainda significativas restrições ao nível da participação dos respectivos titulares no processo [cfr. arts. 66.º, n.º 1, 72.º, n.º 2, 73.º, n.º 3, 75.º, n.º 1, 161.º, n.º 5, 193.º, n.º 1, 212.º, n.ºs 1 e 2, al, *b*)]. Além disso, os créditos são enfraquecidos por mero efeito da declaração de insolvência [cfr. arts. 97.º, n.º 1, al. *e*), 98.º, n.º 1, e 99.º, n.º 4, al. *d*)], em especial, no âmbito do plano de insolvência [cfr. arts. 197.º, *b*), 202.º, n.º 3, 203.º, n.º 1]. No seu conjunto, as medidas consubstanciam a instituição de um regime muito gravoso para os credores subordinados.

Não existe uma definição legal de créditos subordinados, limitando-se o art. 47.º, n.º 4, al. *b*), a remeter para a enumeração apresentada no art. 48.º. Atendendo ao rigor da disciplina aplicável aos créditos subordinados, deve entender-se que a enumeração é taxativa, não se admitindo outros créditos subordinados para lá dos referidos na norma.

Incluem-se, então, na classe dos créditos subordinados: os créditos detidos por pessoas especialmente relacionadas com o devedor, desde que a relação especial existisse já aquando da respectiva aquisição, e por aqueles a quem tenham sido transmitidos, contanto que nos dois anos anteriores ao início do processo de insolvência [cfr. art. 48.º, al. *a*), e art. 49.º][91]; os juros

---

[91] RUI PINTO DUARTE ("Classificação dos créditos sobre a massa insolvente no Projecto de Código da Insolvência e Recuperação de Empresas", in: AA. VV., *Código da Insolvência e da Recuperação de Empresas – Comunicações sobre o Anteprojecto de Código*, Ministério da Justiça,

INTRODUÇÃO AO PROCESSO DE INSOLVÊNCIA

supervenientes à declaração de insolvência de créditos não subordinados, com excepção dos abrangidos por garantia real e por privilégios creditórios gerais, até ao valor dos bens onerados, e de créditos subordinados [cfr. art. 48.º, als. *b*) e *f*)]; os créditos convencionalmente subordinados [cfr. art. 48.º, al. *c*)]; os créditos aos quais correspondam prestações do devedor a título gratuito [cfr. art. 48.º, al. *d*)]; os créditos sobre a insolvência que, em consequência da resolução em benefício da massa, resultem para terceiro de má fé [cfr. art. 48.º, al. *e*)]; e os créditos por suprimentos [cfr. art. 48.º, al. *g*)[92]].

Da enumeração retira-se a ideia de que aquilo que está na base da classificação como créditos subordinados não é apenas um critério mas uma diversidade de critérios (a qualidade dos titulares dos créditos, as características objectivas dos créditos ou as circunstâncias em que são constituídos ou adquiridos os créditos). Em todos os casos resulta, no entanto, em princípio, justificado o desvalor ou menor valor dos créditos em comparação com os demais.

O legislador deu especial atenção à categoria das pessoas especialmente relacionadas com o devedor, dedicando a norma do art. 49.º à sua identificação e distinguindo a hipótese de o devedor ser uma pessoa singular (n.º 1), a hipótese de o devedor ser uma pessoa colectiva (n.º 2) e a hipótese de o devedor ser um património autónomo (n.º 3).

9.2.2.1. O conceito de pessoa especialmente relacionada com o devedor

Jurisprudência relevante: Acórdão do STJ (Uniformização de Jurisprudência) n.º 15/ /2014, de 13 de Novembro de 2014, Proc. 1936/10.6TBVCT-N.G1.S1 (Relator: SALAZAR CASANOVA) e Acórdão do STJ de 1 de Julho de 2014, Proc. 529/10.2TBRMR-C.C1.S1 (Relatora: ANA PAULA BOULAROT).

A qualificação como pessoa especialmente relacionada com o devedor e, consequentemente, o disposto no art. 49.º, não releva só para efeitos da qualificação do respectivo crédito como subordinado, releva ainda para efeitos

---

Gabinete de Política Legislativa e Planeamento, Coimbra, Coimbra Editora, 2004, p. 58) manifesta reservas à ausência de distinção entre os casos em que o crédito é adquirido por alguém que tem a consciência de que está a adquirir um crédito "suspeito" e aqueles em que tal consciência não existe. Assim, "se o alienante for uma sociedade e o momento relevante para a determinação da 'relação especial' não coincidir com o momento da aquisição do crédito, pode até acontecer o efeito perverso de reentrarem na previsão casos em que o terceiro não só não sabia como não podia adivinhar que o crédito viria a ser 'suspeito'".

[92] Note-se que os créditos por suprimentos já eram créditos desfavorecidos por força do regime consagrado no Código das Sociedades Comerciais (cfr. art. 245.º, n.º 3).

LIÇÕES DE DIREITO DA INSOLVÊNCIA

de resolução em benefício da massa, facilitando, como se verá, a resolução dos actos em que participe pessoa especialmente relacionada com o devedor nestes termos (cfr. art. 120.º, n.º 4).

A propósito desta qualificação – da norma que a consagra – têm-se a doutrina e a jurisprudência portuguesas defrontado com duas grandes questões. A primeira diz respeito ao carácter do elenco das pessoas especialmente relacionadas com o devedor e a segunda tem a ver a função da norma.

No que toca à primeira questão, se para uns o elenco é taxativo, em resultado do carácter excepcional da norma e da sua insusceptibilidade de aplicação analógica[93], para outros, o elenco é meramente exemplificativo, correspondendo à concretização de um conceito vago e indeterminado[94].

Neste contexto, deve dar-se relevância ao Acórdão (Uniformização de Jurisprudência) n.º 15/2014, de 13 de Novembro de 2014, em que, não obstante em *obiter dictum*, o Supremo Tribunal de Justiça veio tomar posição sobre a matéria. Manifestou-se, então, a despeito do entendimento adop-

---

[93] Cfr. Luís CARVALHO FERNANDES/JOÃO LABAREDA, *Código da Insolvência e da Recuperação de Empresas Anotado. Sistema de Recuperação de Empresas por Via Extrajudicial (SIREVE) Anotado. Legislação Complementar*, cit., pp. 301-302. Cfr., na jurisprudência, por todos, o Acórdão do TRP de 19 de Novembro de 2013, Proc. 1445/12.9TBPFR-A.P1 (Relator: VIEIRA E CUNHA).

[94] Cfr. Luís MANUEL TELES DE MENEZES LEITÃO, *Direito da Insolvência*, cit., p. 110. O autor ilustra dizendo que "se o insolvente, pessoa singular, tiver uma relação especial com um sobrinho", o facto de ele não constar das alíneas do referido art. 49º, n.º 1, não impedirá a aplicação do art. 48º, al. *a*)". Cfr., na jurisprudência, por exemplo, o Acórdão do TRC, de 25 de Janeiro de 2011, Proc. 7266/07.3TBLRA-H.C1 (Relator: PEDRO MARTINS). Diz-se neste último que não se encontram razões para interpretar a expressão "relação especial" de modo taxativo, admitindo-se outras situações para além das previstas no art. 49.º, desde que justificadas pela proximidade que exercem sobre o devedor, que coloque os respectivos credores numa "situação de superioridade face aos demais credores no que toca à definição ou condicionamento de factualidade de que o seu crédito emirja". Não obstante entender-se que a enumeração prevista no art. 49.º é de carater taxativo, também no Acórdão do TRG, de 11 de Janeiro de 2011, Proc. 881/07.7TBVCT-M.G1 (Relatora: TERESA PARDAL) se conclui pela admissibilidade de extensão do elenco. Segundo este Acórdão, a norma não deve ser interpretada "de modo excessivamente formal, mas sim à luz do critério de saber se o credor em causa está ou não em situação de ter na sua posse informação sobre o devedor que o coloque em posição de superioridade sobre os demais credores relativamente à definição do seu direito".

INTRODUÇÃO AO PROCESSO DE INSOLVÊNCIA

tado em momentos anteriores[95], no sentido da taxatividade[96]. Diz-se, entre outras coisas, no Acórdão, que "quando se reconhece que uma pessoa é uma daquelas especialmente relacionadas com o devedor, atribui-se-lhe um estatuto jurídico que releva [...] para a consideração como subordinado do crédito que essa pessoa detenha sobre o insolvente (artigos 47.º e 48.º)" e que "[a] taxatividade ou *numerus clausus* evita a incerteza, essa a sua vantagem; deixa de fora situações que porventura mereceriam ser incluídas no elenco taxativo, essa a sua desvantagem".

Quanto à segunda questão, o que se discute, mais exactamente, é se os factos elencados na norma constituem presunções relativas ou *iuris tantum* ou presunções absolutas ou *iuris et de iure*. A doutrina parece ter-se pacificado em torno da segunda qualificação, entendendo que a verificação de qualquer dos factos descritos dá origem a uma presunção inilidível de que existe um relacionamento especial entre a pessoa afectada e o devedor, expondo-a inelutavelmente aos efeitos que de tal relacionamento decorrem[97].

Para alcançar a melhor interpretação da norma do art. 49.º (e responder às duas questões), o caminho mais correcto é identificar e manter presentes os fins que presidiram à concepção da disciplina das pessoas especialmente relacionadas como o devedor. Em caso algum deve perder-se de vista os fins da norma à força de tanto se tentar permanecer fiel ao seu texto. Como se concluirá, só evitando uma leitura rígida ou demasiado literal da norma do

---

[95] Cfr., por exemplo, o Acórdão do STJ de 1 de Julho de 2014, Proc. 529/10.2TBRMR-C.Cl.Sl (Relatora: ANA PAULA BOULAROT), onde se diz que, embora uma dada situação familiar (primos) "não quadre nenhuma das consignadas especificamente no artigo 49.º, n.º 1 do CIRE, nele poderá ser abrangida, por interpretação extensiva, sendo a enunciação aí feita, meramente exemplificativa".

[96] O Acórdão foi objecto de comentário por MIGUEL TEIXEIRA DE SOUSA ("Resolução em benefício da massa insolvente por contrato celebrado com pessoa especialmente relacionada com o devedor – Anotação ao Ac. de Uniformização de Jurisprudência n.º 15/2014, de 13.11.2014, Proc. 1936/10", in: *Cadernos de Direito Privado*, 2015, n.º 50, pp. 46 e s.).

[97] Cfr., neste sentido, Luís CARVALHO FERNANDES/JOÃO LABAREDA, *Código da Insolvência e da Recuperação de Empresas Anotado. Sistema de Recuperação de Empresas por Via Extrajudicial (SIREVE) Anotado. Legislação Complementar*, cit., p. 302, Luís MANUEL TELES DE MENEZES LEITÃO, *Direito da Insolvência*, cit., p. 110, e MARIA DO ROSÁRIO EPIFÂNIO, *Manual de Direito da Insolvência*, Coimbra, Almedina, 2014 (6.ª edição), p. 245. Também a jurisprudência tem dados sinais neste sentido. Cfr., por exemplo, o Acórdão do TRP de 3 de Maio de 2016, Proc. 1223/13.8TBPFR-C.P1 (Relator: Luís CRAVO), e o Acórdão do TRP de 19 de Novembro de 2013, Proc. 1445/12.9TBPFR-A.P1 (Relator: VIEIRA E CUNHA).

LIÇÕES DE DIREITO DA INSOLVÊNCIA

art. 49.º é possível assegurar a realização plena dos fins visados pelo legislador e a exclusão de todos os resultados irrelevantes ou indesejáveis.

Diz-se na norma que "[s]ão havidos como especialmente relacionados com o devedor", no caso de devedor pessoa singular, o seu cônjuge e as pessoas de quem se tenha divorciado nos dois anos anteriores ao início do processo de insolvência [cfr. art. 49.º, n.º 1, al. *a)*], os ascendentes, descendentes ou irmãos do devedor, bem como do seu cônjuge ou das pessoas de quem se tenha divorciado nos últimos dois anos [cfr. art. 49.º, n.º 1, al. *b)*], os cônjuges dos ascendentes, descendentes ou irmãos do devedor [cfr. art. 49.º, n.º 1, al. *c)*] e as pessoas que tenham vivido habitualmente com o devedor em economia comum em período situado dentro dos dois anos anteriores ao início do processo de insolvência [cfr. art. 49.º, n.º 1, al. *d)*]; tratando-se de devedor pessoa colectiva, os sócios, associados ou membros que respondam legalmente pelas suas dívidas, e as pessoas que tenham tido esse estatuto nos dois anos anteriores ao início do processo de insolvência [cfr. art. 49.º, n.º 2, al. *a)*], as pessoas que, se for o caso, tenham estado com a sociedade insolvente em relação de domínio ou de grupo, nos termos do art. 21º do Código dos Valores Mobiliários, em período situado dentro dos dois anos anteriores ao início do processo de insolvência [cfr. art. 49.º, n.º 2, al. *b)*], os administradores, de direito ou de facto, do devedor e aqueles que o tenham sido em algum momento nos dois anos anteriores ao início do processo de insolvência [cfr. art. 49.º, n.º 2, al. *c)*] e as pessoas relacionadas com algumas das mencionadas nas alíneas anteriores por qualquer das formas previstas em relação ao devedor pessoa singular [cfr. art. 49.º, n.º 2, al. *d)*]. Já nos casos em que a insolvência diga respeito a património autónomo (cfr. art. 49.º, n.º 3), consideram-se pessoas especialmente relacionadas com o devedor os respectivos titulares e administradores, bem como as que estejam ligadas a estes por quaisquer relações especiais relativas às anteriormente indicadas, e ainda, tratando-se de herança jacente, aquelas pessoas que estão ligadas ao autor da sucessão por alguma das formas previstas para as pessoas singulares na data da abertura da sucessão ou nos dois anos anteriores.

Aparentemente, a fórmula usada no proémio corresponde à técnica habitualmente usada para estabelecer presunções absolutas. Da mera existência de certos tipos de vínculo (de parentesco e outros) deverá retirar-se a existência de uma proximidade e, portanto, de um especial relacionamento entre os sujeitos e o devedor.

Repare-se agora na (notável) extensão dos sujeitos enumerados pela norma. É visível que nem todos eles têm um grau de parentesco estreito com

INTRODUÇÃO AO PROCESSO DE INSOLVÊNCIA

o devedor. Será, de facto, legítimo concluir-se que os ascendentes, descendentes ou irmãos do cônjuge do insolvente ou de pessoa de quem este se tenha divorciado nos dois anos anteriores ao início do processo de insolvência [cfr. art. 49.º, n.º 1, als. *a)* e *b)*] ou os cônjuges dos ascendentes, descendentes ou irmãos do devedor [cfr. art. 49.º, n.º 1, al. *c)*], pelo simples facto de o serem, têm uma relação (de facto) próxima com o devedor?

A extensão a estes sujeitos (mais distantes ou menos próximos) revela o objectivo do legislador: abranger, à partida, o máximo número de sujeitos que tenham presumivelmente uma "superioridade informativa"[98], ou seja, que estejam em condições de conhecer a situação em que se encontrava o devedor e possam ter participado em actos conjuntos ou influenciado de alguma forma o comportamento deste. Compreende-se bem o objectivo. Mediatamente, visa-se evitar ou minimizar a prática de actos em prejuízo dos credores.

Face a isto, não faz sentido, em primeiro lugar, eximir aos efeitos da norma pessoas que comprovadamente sejam especialmente relacionadas com o devedor, não obstante não se integrarem em nenhuma das categorias indicadas. Vendo bem, com mais facilidade se encontrarão, na prática, pessoas especialmente relacionadas entre os amigos do devedor do que nalguns dos seus parentes por afinidade[99].

É verdade que a norma não contém uma definição nem enuncia uma cláusula geral. Além disso, é uma norma excepcional e, por isso, insusceptível de aplicação analógica (cfr. art. 11.º do CC). Mas a verdade é que, como ensina MANUEL DE ANDRADE, quando tudo indica "que o legislador não previu os casos para os quais se torna urgente aquela extensão, pois de contrário também os teria exceptuado", é possível fazer-se uma redução teleológica da norma geral[100].

À luz dos fins da norma, tão-pouco faz sentido, em segundo lugar, expor, inapelavelmente, aos seus efeitos pessoas que comprovadamente não sejam

---

[98] Cfr. ponto 25 do preâmbulo do DL n.º 53/2004, de 16 de Março, que aprovou o Código da Insolvência e da Recuperação de Empresas.

[99] Cfr., neste sentido, além de Luís MANUEL TELES DE MENEZES LEITÃO, *Direito da Insolvência*, cit., p. 110, invocando razões de igualdade e justiça material, JÚLIO VIEIRA GOMES, "Nótula sobre a resolução em benefício da massa", in: CATARINA SERRA (coord.), *IV Congresso de Direito da Insolvência*, Coimbra, Almedina, 2017, p. 116.

[100] Cfr., neste sentido, MANUEL A. DOMINGUES DE ANDRADE, *Teoria Geral da Relação Jurídica*, volume II – *Facto jurídico, em especial negócio jurídico*, Coimbra, Almedina, 1983, p. 323 (nota 2).

especialmente relacionadas com o devedor, não obstante se integrarem formalmente numa das categorias indicadas. Aqueles fins não justificam – e, já agora, não reclamam – que se produzam estes resultados.

Pressupondo que estes resultados, porque graves e injustos, não são desejáveis e nem desejados pelo legislador, deve concluir-se que a letra da lei foi para lá do pensamento legislativo, criando uma lacuna oculta, ou seja, a omissão de uma regra aplicável a casos que, sendo embora formalmente abrangidos por uma regra, não são regulados de forma adequada – a ausência de uma restrição. A solução do problema consiste no aditamento, por via da redução teleológica da norma, da restrição omitida[101].

9.2.3. Créditos comuns

Por fim, aparece a classe residual dos créditos comuns.

Estes são os créditos que não se reconduzem a nenhuma das outras classes [cfr. art. 47.º, n.º 4, al. *c*)]. São, assim, créditos comuns os créditos que não possam ser qualificados nem positivamente (garantidos ou privilegiados) nem negativamente (subordinados).

Os créditos comuns são pagos na proporção dos respectivos montantes, se a massa for insuficiente para a satisfação integral (cfr. art. 176.º).

---

[101] O problema das lacunas ocultas e da sua resolução, é explicado por KARL LARENZ. Diz ele que entre as lacunas da lei se deve distinguir entre lacunas "patentes" e "ocultas", assim como lacunas iniciais e subsequentes. Existe uma lacuna "patente" quando a lei não contém regra alguma para um determinado grupo de casos, que lhes seja aplicável – se bem que, segundo a sua própria teleologia, devesse conter tal regra. Deve falar-se de uma lacuna "oculta" quando a lei contém precisamente uma regra aplicável a casos desta espécie, mas que, segundo o seu sentido e fim, não se ajusta a este determinado grupo de casos, porque não atende à sua especificidade, relevante para a valoração. A lacuna consiste aqui na ausência de uma restrição. Por isso, a lacuna está "oculta", porque, ao menos à primeira vista, não falta aqui uma regra aplicável. O preenchimento de tal lacuna leva-se a cabo acrescentando, pela via de uma "redução teleológica" da norma, a restrição omitida. Cfr. KARL LARENZ, *Metodologia da ciência do Direito* (tradução de José Lamego), Lisboa, Fundação Calouste Gulbenkian, 1997, p. 535. Note-se que no art. 9.º do anteprojecto de Código Civil de autoria de MANUEL DE ANDRADE a redução teleológica das disposições legais era expressamente admitida, dizendo-se que "[é] consentido restringir o preceito da lei quando, para casos especiais, ele levaria a consequências graves e imprevistas, que certamente o legislador não teria querido sancionar". Cfr. MANUEL A. DOMINGUES DE ANDRADE, "Fontes de direito. Vigência, interpretação e aplicação da lei", in: *Boletim do Ministério da Justiça*, 1961, n.º 102, p. 145.

INTRODUÇÃO AO PROCESSO DE INSOLVÊNCIA

9.3. Créditos condicionais

À margem das classificações acima descritas, é digna da referência a categoria dos créditos condicionais, regulada no art. 50.º. Sem surpresas, distingue a lei, neste contexto, entre créditos sob condição suspensiva e créditos sob condição resolutiva, que são, respectivamente, aqueles cuja constituição ou subsistência esteja sujeita à verificação ou não verificação de um acontecimento futuro e incerto, por força da lei, de decisão judicial ou de negócio jurídico (cfr. art. 50.º, n.º 1).

São havidos na lei como condicionais os créditos resultantes da recusa de execução ou denúncia antecipada, por parte do administrador da insolvência, de contratos bilaterais em curso à data da declaração da insolvência, ou da resolução de actos em benefício da massa insolvente, enquanto não se verificar essa denúncia, recusa ou resolução, os créditos que não possam ser exercidos contra o insolvente sem prévia excussão do património de outrem, enquanto não se verificar tal excussão, e os créditos sobre a insolvência pelos quais o insolvente não responda pessoalmente, enquanto a dívida não for exigível (cfr. art. 50.º, n.º 2). O elenco é manifestamente exemplificativo.

No que respeita aos termos do seu pagamento, determina-se que eles são atendidos pelo seu valor nominal nos rateios que se efectuarem, ou seja, não são pagos até à verificação da sua condição, mas ficam depositadas as quantias que lhe correspondem (cfr. art. 181.º, n.º 1).

10. Órgãos processuais

10.1. O tribunal

10.1.1. Competência

Um dos traços mais marcantes do modelo de insolvência acolhido no Código da Insolvência e da Recuperação de Empresas foi, inicialmente, o da especialização dos tribunais.

Na data da entrada em vigor do Código da Insolvência e da Recuperação de Empresas a competência em razão da matéria repartia-se entre os tribunais de comércio e os tribunais comuns. Os primeiros tinham uma competência circunscrita aos processos de insolvência em que o devedor era uma sociedade comercial ou a massa insolvente integrava uma empresa e os tribunais comuns ou de competência genérica tinham a competência residual, ou seja, para os restantes processos de insolvência.

Desde essa altura muito se alterou. Hoje, na vigência da Lei da Organização do Sistema Judiciário (LOSJ) (Lei n.º 62/2013, de 26 de Agosto, alterada pela Lei n.º 40-A/ 2016, de 22 de Dezembro, pela Lei n.º 94/2017, de 23 de Agosto, e pela Lei Orgânica n.º 4/2017, de 25 de Agosto, e regulamentada pelo DL n.º 49/2014, de 27 de Março, alterado pelo DL n.º 86/2016, de 27 de Dezembro), não existem tribunais de comércio. Não obstante isto, ainda é possível dizer que o processo de insolvência corre em tribunais especializados.

No quadro judiciário actual, os tribunais de comarca desdobram-se em juízos de competência especializada, entre os quais se contam, em regra, juízos de comércio (cfr. art. 81.º, n.º 1 e n.º 3, al. *i*), da LOSJ). A par de outras matérias, estes têm competência para preparar e julgar os processos de insolvência e, em consonância com o art. 17.º-C, n.º 4, do CIRE, os processos especiais de revitalização [cfr. art. 128.º, n.º 1, al. *a*) da LOSJ]. Nas comarcas onde, por falta de volume processual, não tenham sido criados juízos de comércio, põe-se o problema de saber quais são os juízos competentes para julgar aqueles processos (se os juízos centrais cíveis, se os juízos locais cíveis). Ao que tudo indica, esta competência cabe aos juízos centrais cíveis, uma vez que parece ter sido a eles que o legislador atribuiu a competência residual, independentemente da forma e do valor da acção [cfr. art. 117, n.º 1, al. *d*), e n.º 2, da LOSJ][102].

No que respeita à determinação do tribunal territorialmente competente, o critério é o lugar da sede ou do domicílio do devedor ou do autor da herança à data da morte, quando seja esse o caso (cfr. art. 7.º, n.º 1), ou o lugar do centro dos principais interesses do devedor, entendido como o local onde o devedor administra os interesses de forma habitual e cognoscível por terceiros (cfr. art. 7.º, n.º 2).

Para a instrução e a decisão dos termos do processo de insolvência, seus incidentes e apensos é sempre suficiente o juiz singular (cfr. art. 7.º, n.º 3), dando origem a uma identificação do tribunal com o juiz.

10.1.2. O papel do juiz
Quanto ao juiz e às funções que desempenha, o Código da Insolvência e da Recuperação de Empresas adoptou um novo entendimento. Deu, numa palavra, início ao processo de desjudicialização. O juiz limita-se a intervir nas fases verdadeiramente jurisdicionais, ou seja, nas fases da declaração de

---

[102] Cfr., neste sentido, invocando o espírito da reforma, João Miguel Barros, *Sistema Judiciário Anotado 2015*, Lisboa, Associação Académica da Faculdade de Direito de Lisboa, 2015, p. 404 e p. 324.

INTRODUÇÃO AO PROCESSO DE INSOLVÊNCIA

insolvência, da homologação do plano de insolvência e da verificação e da graduação de créditos. O que quer dizer que ele não tem uma participação significativa no processo substancial de decisão quanto ao destino do devedor e, designadamente, à alternativa recuperação/liquidação da empresa.

Em contrapartida, a lei consagrou expressamente o princípio do inquisitório, permitindo que o juiz funde a sua decisão em factos não alegados pelas partes (cfr. art. 11.º). É evidente que o princípio do inquisitório só tem efeito útil no âmbito das matérias em que o juiz é autorizado a intervir, o que, dada a referida desjudicialização do processo, limita consideravelmente o seu alcance. Refira-se, ainda assim, para dois exemplos explicitados na lei, o poder atribuído ao juiz de apreciar livremente a conduta do devedor que se recusa a prestar informações ou a colaborar com os órgãos da insolvência para efeito de qualificação da insolvência (cfr. art. 83.º, n.º 3) ou o poder de qualificar a insolvência como culposa apesar dos pareceres do administrador da insolvência e do Ministério Público em sentido contrário (cfr. art. 188.º, n.º 5)[103].

10.2. O administrador da insolvência

10.2.1. Generalidades

Uma vez desvalorizado o papel do juiz no processo de insolvência, quem tem o poder decisivo são os credores. Não obstante isto, o administrador da insolvência é, também ele, um órgão determinante para o curso do processo.

As funções do administrador da insolvência são essencialmente executivas. Deve, no entanto, advertir-se que ele não é o único órgão de carácter executivo susceptível de intervir no processo de insolvência. Podem anteceder-lhe ou coexistir com ele outros órgãos deste tipo: o administrador judicial provisório (no caso de aplicação de medidas cautelares)[104] e o fiduciário (no caso de abertura do procedimento de exoneração do passivo restante). Integram-se todos, de qualquer forma, na categoria do administrador judicial, que é regulada no Estatuto do Administrador Judicial (EAJ), estabele-

---

[103] Afirmando os poderes inquisitórios do juiz no âmbito da qualificação da insolvência cfr. o Acórdão do TRP de 28 de Setembro de 2015, Proc. 1826/12.8TBOAZ-C.P1 (Relatora: Ana Paula Amorim).

[104] É de notar que, segundo o art. 52.º, n.º 1, *in fine*, na nomeação do administrador da insolvência, cabe a preferência, na primeira designação, ao administrador judicial provisório em exercício de funções à data da declaração de insolvência.

LIÇÕES DE DIREITO DA INSOLVÊNCIA

cido pela Lei n.º 22/2013, de 26 de Fevereiro, alterado pela Lei n.º 17/2017, de 16 de Maio[105].

O administrador da insolvência tem a seu cargo as duas operações nucleares do processo de insolvência: a verificação do passivo e a apreensão e a liquidação do activo. Eventualmente, ele pode ser ainda incumbido de elaborar um plano de recuperação ou um plano de insolvência com finalidade diversa e/ou em termos diversos dos regulados na lei.

Acima de tudo, no exercício da sua actividade, o administrador da insolvência tem uma difícil missão, que é a de defender e tentar conciliar dois grupos de interesses que estão em natural contraposição: por um lado, os interesses do insolvente, sujeito que ele representa para todos os efeitos de carácter patrimonial (cfr. art. 81.º, n.º 4), e, por outro, os interesses comuns dos credores, sendo – como é – o fim último do processo a satisfação o mais completa possível do máximo número de credores.

Excepcionalmente, o seu papel pode ficar reduzido ao de órgão fiscalizador – quando ao devedor seja concedido o poder de se manter à frente da empresa, isto é, quando haja administração da massa pelo devedor (cfr. arts. 223.º e s.). Nesta hipótese, ele limita-se a efectuar o controlo sobre os actos mais importantes praticados pelo devedor (cfr. art. 226.º).

Como se confirmará, das regras sobre o administrador da insolvência, dispostas tanto no Código da Insolvência e da Recuperação de Empresas como fora dele, perpassa a vontade do legislador em assegurar uma maior profissionalização do administrador da insolvência e o combate àquilo que se pode designar "oportunistas profissionais da insolvência".

10.2.2. Nomeação
A nomeação do administrador da insolvência é, em princípio, da competência do juiz (cfr. art. 52.º, n.º 1).

Em regra, a escolha do administrador da insolvência deve recair sobre administrador inscrito nas listas oficiais de administradores judiciais e ser

---

[105] A novidade mais ostensiva do Estatuto do Administrador Judicial é a adopção da designação "administrador judicial", em substituição da anteriormente usada "administrador da insolvência". A primeira é uma designação genérica mais rigorosa, atendendo a que, consoante os casos, estes sujeitos podem ser administradores da insolvência (no processo de insolvência), administradores judiciais provisórios (na fase cautelar do processo de insolvência e no PER) e ainda fiduciários (no procedimento de exoneração do passivo restante) (cfr. art. 2.º, n.º 2, do EAJ).

INTRODUÇÃO AO PROCESSO DE INSOLVÊNCIA

efectuada por processo informático, de modo a assegurar a aleatoriedade e a igualdade na distribuição dos processos (cfr. art. 13.º, n.º 2 do EAJ)[106].

Não sendo possível o recurso ao sistema informático, o juiz deve pugnar por nomear o administrador judicial de acordo com aquelas finalidades, socorrendo-se para o efeito das listas oficiais (cfr. art. 13.º, n.º 3, do EAJ)[107].

Segundo o art. 52.º, n.º 2, admite-se a aplicação do disposto no art. 32.º, n.º 1, o que significa que o juiz pode ter em conta a proposta eventualmente feita na petição inicial no caso de processos em que seja previsível a existência de actos de gestão que requeiram especiais conhecimentos ou quando o devedor seja uma sociedade comercial em relação de domínio ou de grupo com outras sociedades cuja declaração de insolvência haja sido requerida e se pretenda a nomeação do mesmo administrador nos diversos processos. Segundo a mesma norma, admite-se igualmente que juiz tenha em conta as indicações que sejam feitas pelo próprio devedor ou pela comissão de credores, se existir, no caso de a massa insolvente compreender uma empresa com estabelecimento(s) em actividade ou quando o processo de insolvência assuma grande complexidade, cabendo a preferência, na primeira designação, ao administrador judicial provisório em exercício de funções à data da declaração de insolvência.

É ainda possível a nomeação, oficiosamente ou a requerimento de qualquer interessado, de mais do que um administrador de insolvência quando o processo de insolvência assuma grande complexidade ou sejam exigíveis especiais conhecimentos ao administrador da insolvência, cabendo, nesta hipótese, ao requerente propor, fundadamente, o administrador da insolvência a nomear bem como remunerar o administrador proposto caso este seja efectivamente nomeado e a massa insolvente não seja suficiente para

[106] O procedimento apoia-se no programa informático de nomeação aleatória e equitativa dos administradores judiciais, que entrou em vigor no dia 1 de Dezembro de 2015. Depois de quase um ano de aplicação, um estudo levado a cabo mostra que, com excepção do PER, há uma adesão crescente, por parte dos tribunais, ao procedimento de nomeação aleatória. Com interesse ainda para este ponto cfr. a Portaria 246/2012, de 7 de Setembro, que, nos seus arts. 1.º, n.º 1, al. *d*), e 4.º prevê que a nomeação e a substituição do administrador judicial se processe por meio do sistema informático de suporte à actividade dos tribunais.

[107] Note-se que a cada comarca corresponde uma lista, contendo o nome, o domicílio profissional, o endereço de correio electrónico, o telefone profissional das pessoas habilitadas a exercer tal actividade na respectiva comarca (cfr. art. 6.º, n.º 1, do EAJ) e, no caso de o administrador judicial ser sócio de uma sociedade de administradores judiciais, ainda a referência àquela qualidade e a identificação da respectiva sociedade (cfr. art. 6.º, n.º 2, do EAJ).

LIÇÕES DE DIREITO DA INSOLVÊNCIA

prover à sua remuneração (cfr. art. 52.º, n.º 4). Existindo divergência entre o administrador da insolvência nomeado pelo juiz e os administradores da insolvência nomeados a requerimento de qualquer interessado, prevalece, em caso de empate, a vontade daquele (cfr. art. 52.º, n.º 5).

Por fim, sendo o devedor uma sociedade comercial em relação de domínio ou de grupo com outras sociedades cuja declaração de insolvência haja sido requerida, existe a possibilidade de o juiz nomear, oficiosamente ou por indicação do devedor ou dos credores, um mesmo administrador da insolvência para todas as sociedades, devendo, nesse caso, proceder à nomeação de um outro administrador com funções restritas à apreciação dos créditos reclamados entre devedores do mesmo grupo, quando se verifique a existência destes (cfr. art. 56.º, n.º 6).

Apesar destas regras, os credores têm, a final, um poder considerável na escolha do administrador da insolvência. Ao abrigo do art. 53.º, n.º 1, é possível os credores, reunidos em assembleia, elegerem uma pessoa diferente, inclusivamente uma pessoa que nem conste da lista oficial de administradores judiciais. Esta última hipótese só pode, porém, ocorrer em casos devidamente justificados, atendendo à especial dimensão da empresa compreendida na massa insolvente, à especificidade do seu ramo de actividade ou à complexidade do processo (cfr. art. 53.º, n.º 2).

Configurando-se uma escolha de pessoa diferente pelos credores para o exercício das funções de administrador de insolvência, os poderes do juiz ficam consideravelmente limitados. Ele só pode recusar-se a nomear a pessoa eleita pelos credores em certas condições, designadamente quando considere que ela não tem idoneidade ou aptidão para o exercício do cargo (cfr. art. 53.º, n.º 3).

A faculdade conferida aos credores de, reunidos em assembleia, alterarem uma decisão judicial pode levantar dúvidas quanto à constitucionalidade do art. 53.º, n.º 1. Alguns desdramatizam a questão dizendo que o que se trata é simplesmente de atribuir à assembleia de credores um poder idêntico ao da assembleia geral de accionistas quanto à eleição dos respectivos administradores[108]. A restrição, na norma do art. 53.º, n.º 3, da liberdade do juiz para a não nomeação do administrador da insolvência eleito pelos credores é

---

[108] Foi este o entendimento manifestado pelo autor do Anteprojecto, Carlos Osório de Castro, em intervenção no Colóquio sobre o Código da Insolvência e da Recuperação de Empresas, realizado pelo Instituto de Direito das Empresas e do Trabalho, na Faculdade de Direito de Coimbra, em 30 de Abril de 2004.

INTRODUÇÃO AO PROCESSO DE INSOLVÊNCIA

também criticada com fundamento na existência de uma manifesta violação do conteúdo essencial da função jurisdicional. A norma foi apreciada pelo Tribunal Constitucional, não tendo sido, porém, julgada inconstitucional[109].

10.2.3. Funções

O administrador da insolvência assume o seu cargo e começa a exercer as suas funções logo que é notificado da sua nomeação (cfr. art. 54.º).

As funções do administrador são elencadas no art. 55.º mas o elenco é manifestamente incompleto[110].

Pode dizer-se, sinteticamente, que, além da actividade executiva, já referida, que lhe compete realizar (a verificação do passivo e a apreensão e a liquidação do activo), o administrador está no centro de dois dos momentos mais decisivos do processo de insolvência, sobretudo quando é visada a recuperação: a assembleia de apreciação do relatório (cfr. art. 156.º) e a assembleia de apreciação e votação do plano de insolvência (cfr. art. 209.º). Não obstante nenhuma das assembleias ser hoje de realização necessária ou obrigatória, a verdade é que elas são essenciais quando o propósito é recuperar ou evitar a estrita liquidação[111].

Mas mesmo num processo de insolvência com o curso típico (ou seja, com finalidade liquidatória), o administrador da insolvência é um órgão de importância crucial. Enquanto órgão executivo, tem a seu cargo a apreensão de bens para a massa insolvente (cfr. arts. 149.º e s.), a verificação dos créditos (ou seja, a apreciação das reclamações de créditos e a elaboração das listas de créditos reconhecidos e não reconhecidos) (cfr. arts. 128.º e s.), a elaboração de um relatório sobre a situação económica, financeira e contabilística do

---

[109] Cfr. o Acórdão do TC n.º 576/2006, de 18 de Outubro (Relator: MÁRIO TORRES).

[110] Como dizem LUÍS CARVALHO FERNANDES e JOÃO LABAREDA (*Colectânea de estudos sobre a insolvência*, Lisboa, Quid Juris, 2009, p. 149), o art. 55.º não dá senão uma "pálida imagem" dos numerosos poderes e deveres do administrador de insolvência.

[111] O juiz pode dispensar a realização da assembleia de apreciação do relatório desde que declare fundadamente que prescinde dela, excepto nos casos em que for previsível a apresentação de um plano de insolvência ou em que se determine que a administração da massa seja efectuada pelo devedor [cfr. art. 36.º, n.º 1, al. *n)*, e n.º 2]. Se o juiz dispensar a assembleia, qualquer interessado pode, no prazo para a reclamação de créditos, requerer ao tribunal a sua convocação (cfr. art. 36.º, n.º 3). Quanto à assembleia de apreciação e votação do plano de insolvência. ela realiza-se, naturalmente, apenas na hipótese de se considerar a aplicação de um plano de insolvência.

LIÇÕES DE DIREITO DA INSOLVÊNCIA

devedor[112] (com base no qual os credores decidem entre a continuidade da empresa ou o seu encerramento e a eventual atribuição ao administrador da insolvência do encargo de elaborar um plano de insolvência) (cfr. art. 155.º), a administração e a liquidação da massa (cfr. arts. 156.º e s.) e o pagamento aos credores (cfr. arts. 172.º e s.).

Tem, além disso, uma série de outras atribuições, mais ou menos dispersas, de natureza diversa, em outros momentos e fases do processo, como, por exemplo, a decisão sobre o destino dos negócios em curso (cfr. arts. 102.º e s.) e o "controlo" dos actos praticados pelo devedor posteriormente à declaração de insolvência (cfr. art. 81.º, n.º 6) e anteriormente à declaração de insolvência (cfr. arts. 120.º e s.).

O administrador da insolvência exerce a sua actividade sob a fiscalização do juiz (cfr. art. 58.º) e ainda, se existir, da comissão de credores. Esta tem também o dever de cooperar com o administrador (cfr. proémio do art. 55.º, n.º 1).

10.2.4. Formas de exercício das funções

Jurisprudência relevante: Acórdão do STJ (Uniformização de Jurisprudência) n.º 14//2016, de 5 de Julho de 2016, Proc. 752-F/1992.E1-A.S1 -A (Relator: LOPES DO REGO).

Nos processos de insolvência para os quais seja nomeado, o administrador da insolvência pode, em primeiro lugar, exercer as suas funções em nome individual ou na qualidade de sócio de uma sociedade de administradores judiciais. Neste contexto merece referência o Regime Jurídico das Sociedades de Administradores da Insolvência (RJSAI) (cfr. DL n.º 54/2004, de 18 de Março). Estabelece-se aí o regime da constituição e do exercício da actividade de administração judicial sob forma societária[113].

Em segundo lugar, o administrador da insolvência pode exercer as suas funções pessoalmente ou através de outro administrador da insolvência. A lei dá ao administrador, com efeito, o poder de subestabelecer, por escrito, a prática de actos concretos em administrador da insolvência com inscrição

---

[112] Sobre a distinção entre a situação económica e a situação financeira é geralmente entendido que a primeira respeita aos elementos estruturais (a estratégia da empresa) e a segunda aos elementos conjunturais (as contas da empresa).

[113] De notar que ainda se usa aqui a designação antiga "administrador da insolvência" em vez da designação actual "administrador judicial".

em vigor nas listas oficiais (cfr. art. 55.º, n.º 2). Se se verificar este subestabelecimento, o administrador que subestabeleceu deve remunerar o administrador em que subestabeleceu e assumir a responsabilidade por todos os actos praticados por este ao abrigo do subestabelecimento (cfr. art. 55.º, n.º 7).

Em qualquer caso, o administrador da insolvência pode ser coadjuvado, sob a sua responsabilidade, por técnicos ou outros auxiliares, remunerados ou não, incluindo o próprio devedor, mediante prévia concordância da comissão de credores ou do juiz, na falta dessa comissão (cfr. art. 55.º, n.º 3), bem como contratar, a termo certo ou incerto, os trabalhadores necessários à liquidação da massa insolvente ou à continuação da exploração da empresa (cfr. art. 55.º, n.º 4).

No recurso a auxiliares, o administrador da insolvência não pode deixar de observar certos cuidados, uma vez que podem estar envolvidos os direitos de terceiros. Um caso deste tipo foi objecto de uma decisão do Supremo Tribunal de Justiça, concretizada no Acórdão de Uniformização de Jurisprudência n.º 14/2016, de 5 de Julho de 2016. Estava em causa um contrato de compra e venda em que participara um auxiliar do administrador da insolvência. Como a massa insolvente nunca chegara a receber o preço alegadamente pago pelo terceiro adquirente, o administrador arguiu a ineficácia do acto com fundamento em falta de poderes de representação. Considerando que fora o administrador a consentir em que vários negócios de venda fossem realizados pelo referido auxiliar e que, portanto, lhe era imputável a criação de uma situação de representação tolerada e aparente, o Supremo Tribunal de Justiça considerou que o administrador da insolvência havia agido com abuso do direito, na vertente da tutela da confiança.

10.2.5. Remuneração

No quadro das medidas tendentes a estimular o bom desempenho do administrador judicial, tenta-se imprimir um maior rigor na sua remuneração.

De acordo com o Estatuto do Administrador Judicial, para o qual a norma do art. 60.º remete, o administrador judicial tem direito a ser remunerado e a ser reembolsado pelo exercício das funções que lhe são cometidas, bem como ao reembolso das despesas necessárias ao cumprimento das mesmas (cfr. art. 22.º).

No caso mais frequente, ou seja, de nomeação do administrador da insolvência por iniciativa do juiz, a sua remuneração deve ser determinada com base num regime misto, constituído de uma parte fixa (cfr. art. 23.º, n.º 1, do

EAJ) e de uma parte variável, calculada em função do resultado do resultado da recuperação do devedor ou da liquidação da massa insolvente (cfr. art. 23.º, n.ºs 2, 3, 4 e 6, do EAJ). A parte fixa permite maior certeza na remuneração e a parte variável constitui como que uma motivação para o bom exercício da actividade.

De acordo com o Estatuto do Administrador Judicial, tanto o montante fixo como a tabela relativa ao montante variável devem ser estabelecidos em portaria conjunta dos Ministros das Finanças e da Justiça (cfr. art. 23.º, n.ºs 1 e 2, do EAJ).

Como é do conhecimento geral, todas as remissões deste tipo comportam um risco: o de as fontes para as quais se remete não serem, afinal, criadas ou, mesmo que o sejam, ficarem rapidamente desactualizadas. O risco concretizou-se no caso presente: não foi adoptada/revista qualquer portaria depois do Estatuto do Administrador Judicial. A portaria em vigor é, assim, (ainda) a Portaria n.º 51/2005, de 20 de Janeiro, publicada no quadro do "Estatuto do Administrador da Insolvência" (Lei n.º 32/2004, de 22 de Julho). De entre as deficiências ou lacunas mais graves desta Portaria avulta a falta de previsão da remuneração do administrador judicial nos regimes que lhe sobrevieram, nomeadamente a falta de previsão da remuneração do administrador judicial provisório no PER. Face a esta situação, não resta aos tribunais se não tentar aplicar a portaria em vigor, procedendo às adaptações e actualizações que considerem necessárias ou convenientes. Disto advém, naturalmente, riscos sérios para a uniformidade de critério.

Nos casos em que o administrador da insolvência é nomeado pela assembleia de credores é a esta última que cabe fixar o montante da remuneração, o que deve ser feito na mesma deliberação que procede à nomeação (cfr. art. 24.º, n.º 1, do EAJ).

A lei não fixa exactamente um montante máximo para a remuneração do administrador em cada processo, mas, se a remuneração exceder o montante de cinquenta mil euros, admite que o juiz possa determinar que a remuneração devida para além desse montante seja inferior à resultante da aplicação dos critérios legais, tendo em conta, designadamente, os serviços prestados, os resultados obtidos, a complexidade do processo e a diligência empregue no exercício das funções (cfr. art. 23.º, n.º 6, do EAJ). Na prática, o que se tem verificado é que, por aplicação dos critérios legalmente prescritos, a remuneração raramente atinge aquele valor.

A remuneração do administrador e o reembolso das despesas são, em regra, suportados pela massa insolvente (cfr. art. 29.º, n.º 1, do EAJ). Excep-

INTRODUÇÃO AO PROCESSO DE INSOLVÊNCIA

cionalmente, nas situações previstas nas normas dos arts. 39.º e 232.º, ou seja, sempre que o património do devedor é presumível ou comprovadamente insuficiente para a satisfação das custas do processo e das restantes dívidas da massa insolvente, a remuneração fica a cargo do organismo responsável pela gestão financeira e patrimonial do Ministério da Justiça (cfr. art. 30.º, n.º 1, do EAJ).

Na hipótese prevista no art. 39.º (presumível insuficiência da massa para o pagamento das custas do processo e dívidas previsíveis da massa insolvente), a remuneração do administrador da insolvência é, além disso, reduzida a um quarto do valor fixado na referida Portaria (cfr. art. 30.º, n.º 4, do EAJ). Tal é, aparentemente, justificado, uma vez que, nesta hipótese, o processo tem uma conclusão antecipada, não prosseguindo após a declaração de insolvência e estando a actividade do administrador da insolvência reduzida à elaboração do parecer sobre a qualificação da insolvência [cfr. art. 39.º, n.º 7, al. *c*)].

Como se disse atrás, nos termos do n.º 4 do art. 52.º, quando algum interessado requeira a nomeação de mais algum administrador da insolvência, cabe ao requerente remunerar o administrador que haja proposto, caso este venha a ser nomeado, sempre que a massa insolvente não seja suficiente para prover à sua remuneração.

10.2.6. Responsabilidade civil
Ainda com o intuito de uma maior profissionalização, estabelece-se no Código da Insolvência e da Recuperação de Empresas um conjunto de disposições que regulam, de forma rigorosa, a responsabilidade do administrador da insolvência.

Prevê-se a responsabilidade do administrador da insolvência pelos danos causados ao devedor, aos credores da insolvência e aos credores da massa insolvente pela inobservância culposa dos deveres que lhe incumbem, sendo a culpa apreciada pela diligência de um administrador da insolvência criterioso e ordenado (cfr. art. 59.º, n.º 1).

No que toca aos credores da massa insolvente, prevê-se ainda a responsabilidade se a massa for insuficiente para satisfazer integralmente os respectivos direitos e estes resultarem de acto do administrador, salvo o caso de imprevisibilidade da insuficiência da massa, tendo em conta as circunstâncias conhecidas do administrador e aquelas que ele não devia ignorar (cfr. art. 59.º, n.º 2).

Regula-se a hipótese em que o administrador da insolvência é coadjuvado por auxiliares. Neste caso, o administrador responde solidariamente

LIÇÕES DE DIREITO DA INSOLVÊNCIA

com eles pelos danos causados pelos actos e omissões destes, salvo se provar que não houve culpa da sua parte ou que, mesmo com a diligência devida, se não teriam evitado os danos (cfr. art. 59.º, n.º 3).

A disciplina fica completa com duas disposições fixando os limites temporais da responsabilidade do administrador da insolvência. Estabelece-se que a responsabilidade se reporta apenas às condutas ou omissões danosas ocorridas após a nomeação do administrador (cfr. art. 59.º, n.º 4) e prescreve no prazo de dois anos a contar da data em que o lesado teve conhecimento do direito que lhe compete, mas nunca depois de decorrido igual período sobre a data da cessação de funções (cfr. art. 59.º, n.º 5).

10.2.7. Seguro de responsabilidade civil

De acordo com o art. 12.º, n.º 8, do EAJ, os administradores judiciais devem contratar um seguro de responsabilidade civil de forma a cobrir o risco inerente ao exercício das suas funções.

As cópias dos contratos celebrados, bem como os comprovativos da sua renovação, sempre que tal se justifique devem ser remetidos, de imediato, preferencialmente por meios eletrónicos, à Comissão de Acompanhamento dos Auxiliares da Justiça (CAAJ), que é a entidade responsável pelo acompanhamento, pela fiscalização e pela disciplina dos administradores judiciais.

A lei determina que a extensão da cobertura seja determinada numa portaria ministerial. Como esta não foi adoptada até ao momento, os seguros têm, na prática, a cobertura que os administradores entendem.

Sempre que o administrador judicial seja sócio de uma sociedade de administradores judiciais, ao abrigo do RJSAI, será conveniente, para conseguir cobertura plena, contratar um seguro adicional, a favor da sociedade. Este último seguro não é, porém, legalmente exigível.

10.2.8. Responsabilidade tributária

A matéria da responsabilidade tributária do administrador da insolvência é uma matéria especialmente controversa em virtude de um entendimento particular que a Autoridade Tributária vem defendendo nesta matéria e que tem gerado a mais viva oposição por parte da colectividade dos administradores judiciais.

Segundo a Circular n.º 1/2010, da Direcção dos Serviços do Imposto sobre o Rendimento das Pessoas Colectivas (IRC) e da Direcção dos Serviços do Imposto sobre o Valor Acrescentado (IVA), de 2 de Fevereiro de 2010, relativa às obrigações fiscais em caso de insolvência para efeitos de IRC e

IVA, o administrador da insolvência estaria sujeito a um conjunto de deveres impostos pela Autoridade Tributária, relacionados, sobretudo, com o cumprimento de certas obrigações de índole tributária no tocante à administração da massa insolvente.

Na sequência da entrada em vigor da Circular, muitos serviços de Finanças começaram a imputar responsabilidade subsidiária tributária aos administradores de insolvência pelas dívidas fiscais da massa insolvente, baseando-se no art. 24.º da LGT e no art. 8.º do RGIT.

Os administradores judiciais contestaram – com razão – a conformidade ao Direito das orientações contidas na Circular, rebatendo, sobretudo, as suas consequências, designadamente a equiparação do administrador da insolvência ao gerente ou administrador de sociedades comerciais e a sua responsabilidade pessoal pelas dívidas tributárias quando não haja incumprimento das obrigações que lhe são imputadas.

A verdade é que a Circular assenta em pressupostos que não são correctos. Há que corrigi-los a bem da compreensão do regime da insolvência.

Em primeiro lugar, a sentença de declaração de insolvência não produz a extinção imediata das sociedades comerciais nem, por isso mesmo, extingue a sua personalidade tributária[114]. Sendo submetida a um processo de insolvência, a extinção da sociedade comercial apenas se produz com o registo do encerramento do processo após o rateio final, como resulta claramente da lei da insolvência (cfr. art. 234.º, n.º 3). E isto na hipótese de processo de insolvência típico (com fins de liquidação), pois, como se sabe, sendo adoptado um plano de insolvência com fins de recuperação, a sociedade subsiste mesmo para lá do encerramento do processo. É a própria norma do art. 234.º que faz referência expressa a esta possibilidade, ao dispor, no n.º 1, que "[b]aseando-se o encerramento do processo na homologação de um plano de insolvência que preveja a continuidade da sociedade comercial, esta retoma

---

[114] Não obstante, continua, nos tribunais, a ser sustentada a tese contrária. Cfr., entre outros, o Acórdão do STA de 27 de Janeiro de 2016, Proc. 0870/15 (Relatora: Ana Paula Lobo), o Acórdão do STA de 21 de Outubro de 2015, Proc. 0610/15 (Relator: Pedro Delgado), e o Acórdão do STA de 2 de Julho de 2014, Proc. 0638/14 (Relator: Casimiro Gonçalves), em que se sustenta que a declaração de insolvência produz a dissolução de sociedade comercial e esta equivale à morte do infractor para efeitos de perseguição contra-ordenacional fiscal e de execução tributária [cfr. arts. 61.º e 62.º do RGIT e art. 176.º, n.º 2, al. a), do CPPT]. Diga-se que a Circular n.º 10/2015 da Autoridade Tributária e Aduaneira, de 9 de Setembro de 2015, tentou já rectificar o erro.

a sua actividade independentemente de deliberação dos sócios" e, no n.º 2, que "[o]s sócios podem deliberar a retoma da actividade se o encerramento se fundar na alínea c) do n.º 1 do artigo 230.º".

Em segundo lugar, a massa insolvente é uma entidade distinta da sociedade (um património de afectação especial). Não está, consequentemente, sujeita às obrigações tributárias a que normalmente estaria sujeita uma sociedade.

Finalmente, dada a diversidade quanto à natureza de cada órgão e às respectivas funções, não é admissível equiparar o administrador da insolvência ao gerente ou administrador da sociedade. O administrador da insolvência é um órgão processual (e não contratual) e, sobretudo, um órgão funcional da insolvência. As suas funções não são iguais à de um gerente ou administrador ou sequer de um liquidatário, estando, entre outras coisas, subordinado ao *princípio par conditio creditorum*, que o impede de disponibilizar um tratamento de favor aos credores tributários. Qualquer iniciativa neste sentido configuraria, aliás, uma inobservância culposa dos deveres que lhe incumbem, o que não poderia deixar de ter consequências extraordinariamente gravosas para o administrador, designadamente de o fazer incorrer em justa causa de destituição e em responsabilidade pelos danos assim causados aos demais credores (cfr. art. 59.º, n.º 1). A aplicação do disposto nos arts. 24.º da LGT e 8.º do RGIT é, em conclusão, insustentável.

Depois das alterações do Código da Insolvência e da Recuperação de Empresas resultantes da Lei n.º 16/2012, de 20 de Abril, o regime parece, felizmente, ter-se tornado mais claro.

Com o aditamento de novas normas ao art. 65.º, ficou, por exemplo, esclarecido que os representantes legais do insolvente se mantêm obrigados ao cumprimento das obrigações fiscais do insolvente e respondem pelo seu incumprimento (cfr. art. 65.º, n.º 2).

A deliberação, na chamada "assembleia de credores de apreciação do relatório", de encerramento do(s) estabelecimento(s) compreendido(s) na massa insolvente produz a extinção automática de todas as obrigações fiscais (cfr. art. 65.º, n.º 3). Regula-se aqui a hipótese do processo de insolvência típico (que prossegue para a liquidação patrimonial e a consequente extinção da sociedade). O administrador da insolvência só será responsável se, eventualmente, se constituírem obrigações no período entre a declaração de insolvência e a deliberação de encerramento (cfr. art. 65.º, n.º 4) ou se não vier a ser tomada, na assembleia de apreciação do relatório, aquela deliberação de encerramento (cfr. art. 65.º, n.º 5).

Na última parte da norma considera-se a hipótese de subsistência da empresa baseada em plano de insolvência com fins de recuperação. Por ser o administrador a pessoa a quem a administração da insolvência é normalmente cometida, ele é responsável por todas as obrigações fiscais que se constituam a partir da declaração de insolvência e até que cesse a sua actividade de administração da insolvência (cfr. art. 65.º, n.º 4).

Em qualquer dos casos, quando a administração seja atribuída ao devedor (cfr. arts. 223.º e s.), é a este ou aos seus representantes legais, e não ao administrador da insolvência, que incumbe o cumprimento destas obrigações, podendo dizer-se que ao administrador da insolvência caberá somente uma espécie de "responsabilidade residual".

Foi, pois, bem-vinda a revogação da Circular n.º 1/2010 pela Circular n.º 10/2015, da Autoridade Tributária e Aduaneira, de 9 de Setembro de 2015. Esta última visou a adaptação das orientações tributárias às novas regras estabelecidas na lei da insolvência.

A Autoridade Tributária continua, no entanto, a preconizar alguns entendimentos controversos. Entre outras coisas, vem estabelecer limites à extinção *automática* das obrigações fiscais determinada no art. 65.º, n.º 3, afirmando que ela *depende* (afinal) de duas condições: de estarem esgotados os activos da sociedade insolvente e de a liquidação e a partilha da massa não envolverem actos com relevância em termos de incidência tributária.

Cabe referir, por último, que, por força da Lei n.º 8/2018, de 2 de Março (a mesma que criou o RERE), os administradores judiciais que sejam investidos nessas funções na sequência de plano de recuperação aprovado – e homologado[115] – em processo de insolvência são subsidiariamente responsáveis em relação à pessoa colectiva e solidariamente entre si, pelas dívidas cujo facto constitutivo se tenha verificado no período de exercício do seu cargo ou cujo prazo legal de pagamento ou entrega tenha terminado no período do exercício do seu cargo ou depois deste, quando, em qualquer dos casos, tiver sido por culpa sua que o património da pessoa colectiva se tornou insuficiente para a sua satisfação (cfr. art. 33.º da Lei n.º 8/2018, de 2 de Março)[116].

---

[115] Embora a lei não o diga, outra coisa não faria sentido.

[116] A epígrafe da norma ("Responsabilidade dos administradores judiciais") é excessivamente restritiva, uma vez que há outros sujeitos afectados para lá dos administradores judiciais, e excessivamente vaga quanto ao tipo de responsabilidade em causa. Estranha-se igualmente que uma norma sobre responsabilidade tributária não esteja contida na Lei Geral Tributária.

LIÇÕES DE DIREITO DA INSOLVÊNCIA

A norma corresponde a uma espécie de síntese, com adaptações, do disposto nas als. *a)* e *b)* do n.º 1 do art. 24.º da LGT, que determina a responsabilidade subsidiária dos titulares dos órgãos de administração de sociedades comerciais e entes equiparados pelas obrigações tributárias destes. O seu propósito parece ser o de tornar claro que ficam sujeitas à mesma responsabilidade também as pessoas que estejam temporariamente à frente da empresa, como ocorrerá no caso de serem investidos nas funções de executar o acordo de reestruturação pessoas diferentes dos anteriores ou habituais administradores da empresa (administradores judiciais ou outros). Pelo facto de estas funções serem exercidas a título especial ter-se-á omitido a presunção de culpa consagrada no art. 24.º, n.º 1, al. *b)*, da LGT, no quadro da responsabilidade por dívidas tributárias cujo prazo legal de pagamento ou entrega tenha terminado no período do exercício do seu cargo[117].

10.2.9. Fiscalização e responsabilidade disciplinar
Além de sujeito à fiscalização do juiz e da comissão de credores, nos processos para os quais seja nomeado, o administrador da insolvência está sujeito, como se disse, à fiscalização geral da Comissão de Acompanhamento dos Auxiliares da Justiça.

A Comissão de Acompanhamento dos Auxiliares da Justiça foi criada pela Lei n.º 77/2013, de 21 de Novembro, e configura uma entidade administrativa independente, dotada de personalidade jurídica, de autonomia administrativa e financeira e de património próprio, que tem a seu cargo o acompanhamento, a fiscalização e a disciplina de todos os auxiliares de justiça (cfr. art 1.º da Lei n.º 77/2013).

Nos termos do Estatuto do Administrador Judicial, compete à Comissão de Acompanhamento dos Auxiliares da Justiça, designadamente, instruir

---

[117] Recorde-se que, nas als. *a)* e *b)* do n.º 1 do art. 24.º da LGT, se estabelece, mais precisamente, que "[o]s administradores, directores e gerentes e outras pessoas que exerçam, ainda que somente de facto, funções de administração ou gestão em pessoas colectivas e entes fiscalmente equiparados são subsidiariamente responsáveis em relação a estas e solidariamente entre si: pelas dívidas tributárias cujo facto constitutivo se tenha verificado no período de exercício do seu cargo ou cujo prazo legal de pagamento ou entrega tenha terminado depois deste, quando, em qualquer dos casos, tiver sido por culpa sua que o património da pessoa colectiva ou ente fiscalmente equiparado se tornou insuficiente para a sua satisfação; pelas dívidas tributárias cujo prazo legal de pagamento ou entrega tenha terminado no período do exercício do seu cargo, quando não provem que não lhes foi imputável a falta de pagamento".

INTRODUÇÃO AO PROCESSO DE INSOLVÊNCIA

processos disciplinares e de contraordenações e aplicar sanções aos administradores judiciais sempre que se justifique (cfr. art. 18.º, n.º 1, do EAJ).

10.2.10. Destituição e outras causas de cessação das funções

Prevê-se que juiz possa, a todo o tempo, destituir o administrador da insolvência e substitui-lo por outro, se, uma vez ouvidos a comissão de credores, quando exista, o devedor e o próprio administrador da insolvência, considerar fundamentemente existir justa causa (cfr. art. 56.º, n.º 1).

A noção de justa causa é, como se sabe, uma noção comum a diversos ramos do Direito, designadamente o Direito Civil e o Direito do Trabalho, sendo em todos controversa devido à sua indeterminação. É possível dizer que existem, fundamentalmente, duas concepções de justa causa: uma dita "civilista", que equipara a justa causa a qualquer motivo justificado, e outra dita "juslaboralista", que põe a justa causa na dependência da violação grave, pelo sujeito, dos seus deveres. A concepção civilista concentra-se na ideia de "causa" e faz, de certo modo, tábua rasa do qualificativo "justa", deixando os sujeitos visados um pouco desamparados.

No contexto da destituição do administrador da insolvência, o conceito de justa causa terá que ser preenchido por referência às suas funções, com recurso às normas do Código da Insolvência e da Recuperação de Empresas e, se necessário, a outras normas aplicáveis. Se, por exemplo, o administrador da insolvência tiver a incumbência da gestão da empresa compreendida na massa insolvente, ele assume os deveres de um administrador diligente, devendo, pois, integrar-se as lacunas com recurso ao art. 64.º do CSC, ainda que com as adaptações devidas.

Contribuindo para a densificação do conceito de justa causa, o Código da Insolvência e da Recuperação de Empresas disponibilizou dois casos expressos de destituição com justa causa. Prevê, primeiro, a destituição com justa causa do administrador quando ele adquira, directamente ou por interposta pessoa, bens ou direitos compreendidos na massa insolvente, qualquer que seja a modalidade da venda (cfr. art. 168.º, n.ºs 1 e 2) e, depois, quando decorra o prazo de um ano contado da data da assembleia de apreciação do relatório ou no final de cada período de seis meses subsequente, salvo havendo razões que justifiquem o prolongamento (cfr. art. 169.º). No caso de não ser designado dia para a sua realização, nos termos da al. *n)* do n.º 1 do art. 36.º, este prazo é contado por referência ao quadragésimo quinto dia subsequente à data da prolação da sentença de declaração de insolvência (cfr. art. 36.º, n.º 4).

LIÇÕES DE DIREITO DA INSOLVÊNCIA

Os exemplos legais reconduzem-se, no fundo, a casos de uso indevido ou de uso abusivo dos poderes funcionais do administrador, isto é, de instrumentalização, por parte do administrador, dos poderes para fins diversos daqueles que a lei concebeu. Em face destes exemplos, e ainda da jurisprudência que se pronunciou directamente sobre a matéria[118], propende-se para concluir que só uma violação grave dos deveres do administrador da insolvência, que torne infundada a expectativa ou a pretensão da sua continuidade em funções, pode dar origem à sua destituição. Haverá, assim, justa causa de destituição quando o administrador adopte um comportamento geral ou pratique algum acto em particular que o torne desmerecedor da confiança dos restantes órgãos processuais ou das partes. A situação pode ser imputável à inaptidão ou incompetência do administrador ou ainda à sua incapacidade para abstrair dos próprios interesses e manter-se equidistante em relação aos intervenientes no processo. Já não haverá justa causa para destituição quando se verifique o incumprimento de deveres que possam ser considerados menos significativos sob o ponto de vista da relação de confiança existente, como, em princípio, o reconhecimento indevido ou incorrecto de algum crédito ou a falta de apresentação do plano de insolvência no prazo de sessenta dias a partir da assembleia de apreciação do relatório [cfr. art. 156.º, n.º 4, al. *a*)] quando fique demonstrado que a tarefa se revestia de especial complexidade ou exigência.

A competência para a destituição cabe ao juiz, podendo, contudo, a iniciativa do incidente não lhe pertencer. Com efeito, nem sempre é o juiz quem está nas melhores condições para se aperceber dos factos relevantes.

Na prática, existe o perigo de os pedidos de destituição do administrador serem usados como medidas dilatórias, com o objectivo de paralisar o processo e, em particular, evitar a liquidação dos bens. Nesta hipótese, mais não resta ao juiz se não julgar tais pedidos improcedentes. Verificando-se, porém, existir justa causa, o juiz tem um verdadeiro dever (poder vinculado) de destituir o administrador. A violação dos deveres por parte do adminis-

---

[118] Cfr., entre outros, o Acórdão do TRL de 2 de Fevereiro de 2010, Proc. 1173/05.1TBCLD-Q.L1-7 (Relator: Luís Espírito Santo), o Acórdão do TRL de 15 de Dezembro de 2011, Proc. 557/09.0TBLNH.L1-7 (Relator: Roque Nogueira), o Acórdão do TRL de 17 de Abril de 2012, Proc. 664/10.07TYLSB-O.L1-1 (Relator: Eurico Reis), o Acórdão do TRG de 16 de Abril de 2009, Proc. 2796/08-2 (Relator: Amílcar Andrade), o Acórdão do TRG de 11 de Setembro de 2012, Proc. 1109/10.8TBGMR-F.G1 (Relator: Eduardo Azevedo), e o Acórdão do TRE de 14 de Abril de 2010, Proc. 2332/08.0TBLLE-G.E1 (Relator: Ribeiro Cardoso).

INTRODUÇÃO AO PROCESSO DE INSOLVÊNCIA

trador não é apenas susceptível de dar origem à sua destituição mas ainda, como se viu, de constitui-lo em responsabilidade civil.

Além da destituição, existem duas causas gerais de cessação de funções do administrador da insolvência: a renúncia ao exercício do cargo (cfr. art. 63.º, n.º 3) e o encerramento do processo de insolvência [cfr. art. 233.º, n.º 1, al. *b*)], exceptuadas, neste último caso, as funções respeitantes à apresentação de contas e das conferidas, se for o caso, pelo plano de insolvência.

Uma das causas possíveis de renúncia é o desacordo do administrador judicial quanto à adequação da remuneração pela actividade de elaboração de um plano de insolvência, de gestão da empresa após a assembleia de apreciação do relatório ou de fiscalização do plano de insolvência aprovado que lhe seja fixada pela assembleia de credores (cfr. art. 60.º, n.º 3, do CIRE, e art. 26.º do EAJ).

10.3. A comissão de credores

10.3.1. Generalidades

A comissão de credores é um órgão relativamente secundário do processo de insolvência. Ela tem mesmo um carácter eventual ou facultativo, podendo o juiz não nomear qualquer comissão quando o considere justificado. Tal é susceptível de suceder nos processos de menor dimensão, isto é, em que a dimensão da massa insolvente seja exígua, a liquidação se caracterize pela manifesta simplicidade ou o número de credores da insolvência seja reduzido (cfr. art. 66.º, n.º 2).

10.3.2. Nomeação e composição

Como se compreende, o poder maior na constituição da comissão de credores e na escolha dos seus membros cabe aos próprios credores, reunidos em assembleia.

A comissão é, normalmente, composta de três ou cinco membros efectivos e dois suplentes, sendo o presidente, preferencialmente, o maior credor e devendo a escolha dos restantes assegurar a adequada representação das várias classes de credores, com excepção dos credores subordinados (cfr. art. 66.º, n.º 1). Deve ainda integrar um representante dos trabalhadores que sejam titulares de créditos. Este será, em princípio, designado pelos trabalhadores ou pela comissão de trabalhadores, quando esta exista (cfr. art. 66.º, n.º 3).

Não obstante ser o juiz quem nomeia a comissão (cfr. art. 66.º, n.º 1), a assembleia de credores pode, de facto, prescindir da comissão nomeada pelo juiz, substituir os membros efectivos ou suplentes, eleger dois membros adicionais e, se o juiz não tiver nomeado comissão, constituir ela mesma uma comissão, composta de três, cinco ou sete membros efectivos e dois suplentes, designar o presidente e alterar, a todo o momento, a respectiva composição, independentemente da existência de justa causa (cfr. art. 67.º, n.º 1). Note-se que, na hipótese de eleição dos membros pela assembleia de credores, estes não têm de ser credores e nem a assembleia tem de observar os requisitos gerais quanto à composição da comissão mas apenas o disposto quanto à representação dos trabalhadores (cfr. art. 67.º, n.º 2).

10.3.3. Funções
Quando seja constituída, à comissão de credores compete, nos termos do art. 68.º, n.º 1, fiscalizar a actividade do administrador da insolvência e prestar-lhe colaboração.

Como também resulta da norma, a intervenção da comissão não se esgota, todavia, nestas funções. A lei dispõe, por exemplo, que a comissão de credores tem o poder de dar indicações ao juiz sobre o administrador da insolvência a nomear (cfr. art. 52.º, n.º 2), o dever de participar na assembleia de credores (cfr. art. 72.º, n.º 5), o poder de solicitar informações ao devedor insolvente [cfr. art. 83.º, n.º 1, al. *a*)], o dever de dar parecer sobre a atribuição de alimentos ao devedor insolvente (cfr. art. 84.º, n.º 1), o poder de examinar as reclamações de créditos e os documentos da escrituração do insolvente (cfr. art. 133.º) e o dever de dar parecer sobre as impugnações de créditos (cfr. art. 135.º).

10.3.4. Funcionamento
A comissão de credores reúne sempre que for convocada pelo presidente ou por outros dois membros mas não pode deliberar sem a presença da maioria dos seus membros (cfr. art. 69.º, n.ºs 1 e 2), existindo, portanto, um "quórum constitutivo".

As deliberações são tomadas por maioria de votos dos membros presentes, cabendo ao presidente, em caso de empate, voto de qualidade (cfr. art. 69.º, n.º 2, *in fine*).

Nas deliberações é admitido o voto escrito se, previamente, todos os membros tiverem acordado nesta forma de deliberação (cfr. art. 69.º, n.º 3).

As deliberações da comissão de credores são comunicadas ao juiz pelo respectivo presidente (cfr. art. 69.º, n.º 4).

INTRODUÇÃO AO PROCESSO DE INSOLVÊNCIA

Das deliberações da comissão de credores não cabe reclamação para o tribunal (cfr. art. 69.º, n.º 5). As deliberações da comissão podem, contudo, ser revogadas pela assembleia de credores, o que demonstra a prevalência do último órgão sobre o primeiro e o carácter manifestamente secundário deste (cfr. art. 80.º).

10.3.5. Gratuitidade das funções e reembolso de despesas
Os membros da comissão de credores não são remunerados pelo exercício das suas funções. Têm apenas direito ao reembolso de certas despesas – as despesas que sejam consideradas estritamente necessárias ao desempenho daquelas funções (cfr. art. 71.º). Estas são, no entanto, qualificadas como dívidas da massa insolvente [cfr. art. 51.º, n.º 1, al. b)].

10.3.6. Responsabilidade civil
Os membros da comissão são responsáveis perante os credores pelos danos decorrentes da inobservância culposa dos seus deveres, sendo aplicável o disposto n.º 4 do art. 59.º (cfr. art. 70.º), isto é, encontrando-se a sua responsabilidade limitada às condutas ou omissões ocorridas após a sua nomeação.

10.3.7. Cessação de funções
Tal como acontece com o administrador da insolvência, a comissão de credores cessa as suas funções aquando e por força do encerramento do processo de insolvência, com excepção das respeitantes à apresentação de contas e das conferidas, se for o caso, pelo plano de insolvência [cfr. art. 233.º, n.º 1, al. b)].

A cessação de funções pode resultar, além disso, do exercício, pela assembleia de credores, dos poderes atribuídos no art. 67.º, n.º 1. Esta, como se viu, pode prescindir da comissão nomeada pelo juiz, substituir os membros efectivos ou suplentes e, se tiver sido ela a constituir a comissão, alterar, a todo o momento, a respectiva composição, independentemente da existência de justa causa (cfr. art. 67.º, n.º 1).

10.4. A assembleia de credores

10.4.1. Generalidades
Como se disse, todas as disposições do Código da Insolvência e da Recuperação de Empresas confluem no propósito de atribuir o papel central aos credores [cfr., sobretudo, pontos 3. e 6. do Relatório do Diploma Preambular

que aprovou o Código da Insolvência e da Recuperação de Empresas (DL n.º 53/2004, de 18 de Março)].

10.4.2. Competências

Um dos poderes fundamentais da assembleia de credores é o de decidir o destino da empresa, deliberando, seja sobre o seu encerramento ou a sua manutenção em actividade e a eventual atribuição ao administrador da insolvência do encargo de elaborar um plano de insolvência (assembleia de credores para apreciação do relatório) (cfr. art. 156.º, n.ºs 2 e 3), seja sobre a liquidação integral do seu património ou a sua recuperação (assembleia de credores para discutir e votar a proposta de plano de insolvência) (cfr. art. 209.º). Actualmente – repita-se –, nem uma nem outra assembleias são, porém, obrigatórias.

Além do já apontado acréscimo de poderes da assembleia de credores em matéria de eleição dos outros órgãos da insolvência (cfr. art. 53.º e art. 67.º), destaca-se, entre várias competências noutras fases do processo, a necessidade de consentimento da assembleia, na falta da comissão de credores, para a prática de actos de especial relevo pelo administrador da insolvência, na fase da liquidação (cfr. art. 161.º).

10.4.3. Composição

No que toca à composição da assembleia, os seus membros são, essencialmente, os credores da insolvência, reconhecendo, em princípio, a lei a todos o direito de participação (cfr. art. 72.º, n.º 1).

Se for necessário ao conveniente andamento dos trabalhos, ou seja, se o número de membros for impeditivo do conveniente andamento dos trabalhos, o juiz pode limitar a participação dos credores, fixando o montante mínimo do crédito que habilita os credores a participar na assembleia (que não pode ultrapassar dez mil euros). Nesta hipótese, os credores excluídos podem fazer-se representar por outro credor que seja admitido a participar ou agrupar-se de forma a perfazer, em conjunto, o montante exigido e fazer-se representar por um representante comum (cfr. art. 72.º, n.º 4).

Note-se que o administrador da insolvência, os membros da comissão de credores e o devedor e seus administradores têm o direito e o dever de participar (cfr. art. 72.º, n.º 5). A lei admite ainda a participação de representantes, até a um máximo de três, da comissão de trabalhadores ou, na falta desta, dos representantes, também até a um máximo de três, que os trabalhadores entendam designar (cfr. art. 72.º, n.º 6).

10.4.4. Funcionamento

A presidência da assembleia cabe, naturalmente, ao juiz (cfr. art. 74.º), tendo este o poder de a convocar, por iniciativa própria ou a pedido do administrador da insolvência, da comissão de credores ou de um credor ou grupo de credores cujos créditos representem, na estimativa do juiz, pelo menos um quinto do total dos créditos não subordinados (cfr. art. 75.º, n.º 1).

As deliberações da assembleia são, em regra, tomadas por maioria dos votos emitidos, não se considerando como tal as abstenções, seja qual for o número de credores presentes ou representados ou a percentagem dos créditos de que sejam titulares (cfr. art. 77.º). Não se exige, portanto, quórum constitutivo.

Há, no entanto, deliberações em que a lei não se basta com o preenchimento destes requisitos. O caso mais flagrante é o da deliberação sobre o plano de insolvência. De acordo com o art. 212.º, n.º 1, a proposta de plano de insolvência só se considera aprovada se, estando presentes ou representados na reunião credores cujos créditos constituam, pelo menos, um terço do total dos créditos com direito de voto, recolher mais de dois terços da totalidade dos votos emitidos e mais de metade dos votos emitidos correspondentes a créditos não subordinados, não se considerando como tal as abstenções. Por um lado, a deliberação só é tomada se for aprovada por uma maioria qualificada de credores (credores representativos de mais de dois terços da totalidade dos votos emitidos). Por outro lado, exige-se quórum constitutivo (a presença ou representação na assembleia de credores titulares de, pelo menos, um terço do total dos créditos com direito de voto).

Esclareça-se, a propósito, que os créditos conferem um voto por cada euro ou fracção, desde que reconhecidos por decisão definitiva de verificação e graduação de créditos preferida no apenso de verificação e graduação de créditos ou em acção de verificação ulterior e, excepcionalmente, mesmo que não o tenham sido (cfr. art. 73.º, n.º 1). Para caberem nesta última hipótese é preciso que se verifiquem, cumulativamente, duas condições: o credor já os ter reclamado no processo, ou, se não estiver já esgotado o prazo fixado na sentença para as reclamações de créditos, os reclamar na própria assembleia, para efeito apenas da participação na reunião; não terem sido objecto de impugnação na assembleia por parte do administrador da insolvência ou de algum credor com direito de voto [cfr. art. 73.º, n.º 1, als. *a)* e *b)*].

Note-se que os créditos subordinados não conferem direito de voto a não ser quando a deliberação incida sobre a aprovação do plano de insolvência (cfr. art. 73.º, n.º 3).

Quanto aos créditos sob condição suspensiva e aos créditos impugnados fixam-se duas regras, dirigidas ambas a evitar a sua desconsideração liminar no que respeita à atribuição de votos.

No que toca aos créditos sob condição suspensiva determina-se que cabe sempre ao juiz fixar o número de votos que lhes corresponde atendendo à probabilidade de verificação da condição (cfr. art. 73.º, n.º 2).

Por fim, relativamente aos créditos impugnados, admite-se que, a pedido do interessado, o juiz lhes confira votos, fixando a quantidade respectiva, com ponderação de todas as circunstâncias relevantes, nomeadamente a probabilidade da existência, do montante e da natureza subordinada do crédito, e ainda, tratando-se de créditos sob condição suspensiva, a probabilidade da verificação da condição (cfr. art. 73.º, n.º 5).

10.4.5. Impugnação das deliberações

Das deliberações da assembleia de credores cabe reclamação para o juiz e da decisão sobre a reclamação cabe recurso.

Admite-se, mais precisamente, que as deliberações que forem contrárias ao interesse comum dos credores sejam objecto de reclamação para o juiz por iniciativa do administrador da insolvência ou de qualquer credor com direito de voto, podendo a reclamação ser feita oralmente ou por escrito mas, em qualquer caso, na própria assembleia (cfr. art. 78.º, n.º 1).

Da decisão que dê provimento à reclamação pode qualquer credor que tenha votado no sentido que fez vencimento interpor recurso e da decisão de indeferimento apenas o reclamante (cfr. art. 78.º, n.º 2).

10.4.6. Suspensão dos trabalhos

Cumpre dizer, por fim, que o juiz pode decidir a suspensão dos trabalhos da assembleia e determinar que eles sejam retomados num dos quinze dias úteis seguintes (cfr. art. 76.º). A extensão do período de suspensão e a aparente ausência de um número-limite de suspensões permitem ao juiz tomar uma decisão mais flexível, adaptada às circunstâncias de cada caso concreto.

10.4.7. Cessação de funções

A lei nada dispõe quanto à cessação de funções da assembleia de credores.

Apesar deste silêncio da lei, é compreensível que se aplique a esta a disciplina geral disposta para o administrador da insolvência e a comissão de credores [cfr. art. 233.º, n.º 1, al. b)], ou seja, que as funções cessem em consequência do encerramento do processo de insolvência. O que já não parece

INTRODUÇÃO AO PROCESSO DE INSOLVÊNCIA

justificado é que se aplique a ressalva prevista na norma quanto às funções respeitantes à apresentação de contas e às conferidas pelo plano de insolvência, dado que a assembleia não tem, em princípio, contas para apresentar e nem atribuições no âmbito da execução de plano de insolvência.

Título II
Tramitação do Processo de Insolvência

CAPÍTULO I – O pedido de declaração de insolvência e a sua apreciação

Bibliografia específica: ALEXANDRE DE SOVERAL MARTINS, "Apontamentos sobre os trâmites do processo de insolvência antes da sentença de declaração de insolvência ou de indeferimento do pedido de declaração de insolvência", in: AA.VV., *Para Jorge Leite – Escritos Jurídicos*, volume II, Coimbra, Coimbra Editora, 2014, pp. 319 e s., CATARINA SERRA, "O fundamento público do processo de insolvência e a legitimidade do titular de crédito litigioso para requerer a insolvência do devedor", in: *Revista do Ministério Público*, 2013, 133, pp. 107 e s., CATARINA SERRA, "Cláusula de '*non-recourse*' e legitimidade do credor para requerer a insolvência", in: ANTÓNIO PINTO MONTEIRO (coord.), *Estudos Seleccionados do Instituto Jurídico Portucalense*, vol. II – *Temas do Direito dos Contratos*, Carcavelos, Rei dos Livros, 2016, pp. 272 e s., EDUARDO DE SOUSA CAMPOS, *A Legitimidade do detentor de um crédito litigioso como requerente na insolvência*, Porto, Nuno Cerejeira Namora, Pedro Marinho Falcão & Associados, 2012, ISABEL ALEXANDRE, "O processo de insolvência: pressupostos processuais, tramitação, medidas cautelares e impugnação da sentença", in: AA. VV., *Themis*, Edição Especial – *Novo Direito da Insolvência*, 2005, pp. 43 e s., José LEBRE DE FREITAS, "Pedido de declaração de insolvência", in: AA. VV., *Código da Insolvência e da Recuperação de Empresas – Comunicações sobre o Anteprojecto de Código*, Ministério da Justiça, Gabinete de Política Legislativa e Planeamento, Coimbra, Coimbra Editora, 2004, pp. 11 e s., MARIA JOSÉ CAPELO, "A fase prévia à declaração de insolvência: algumas questões processuais", in: CATARINA SERRA (coord.), *I Congresso de Direito da Insolvência*, Coimbra, Almedina, 2013, pp.187 e s., MARIA OLÍMPIA COSTA, *Dever de apresentação à insolvência*, Coimbra, Almedina, 2016.

11. O pedido de declaração de insolvência como exercício do poder de acção declarativa

Como se disse, no que toca ao pedido de declaração de insolvência, existe uma genuína legitimidade processual alargada: têm legitimidade processual o devedor, os responsáveis legais pelas dívidas do devedor, os credores e o Ministério Público. Este facto só se compreende plenamente à luz da ideia de que o pedido de declaração de insolvência não é um requerimento executivo. A divergência é manifesta ao nível dos sujeitos legitimados, mas também da função desempenhada por cada um.

No pedido de declaração de insolvência, não se evoca um direito de crédito para o efeito de conseguir a satisfação através do património do devedor (não *de todo*, na hipótese de ser o próprio devedor ou os responsáveis legais pelas dívidas do devedor e, pelo menos, não *ainda*, na hipótese de ser um credor a exercer o poder de acção).

Aquilo que o autor, seja ele quem for, pretende é, invariavelmente, a obtenção de uma sentença judicial que declare a situação de insolvência e desencadeie o funcionamento dos mecanismos jurídicos adequados às necessidades especiais de tutela criadas pela situação. Está, portanto, sempre em causa o exercício de um direito de acção judicial-declarativa e não o exercício de um poder de execução.

É certo que por trás do exercício do poder de iniciativa por parte de cada sujeito está uma intenção diversa: por parte do devedor ou dos responsáveis legais pelas dívidas do devedor está o desejo de auto-defesa antecipada perante os credores[119]; por parte dos credores está a expectativa de realização dos direitos de crédito. Ainda assim, tal como a propósito dos primeiros não é possível dizer-se que pratiquem, naquele momento, um acto executivo, tão-pouco quanto aos últimos é possível dizer que estejam a fazer outra coisa que não pedir uma declaração judicial. Quanto ao Ministério Público, ele não actua, como se verá, exclusivamente na qualidade de representante das entidades públicas credoras. Para além dos direitos de crédito ou dos interesses patrimoniais destas, há outros interesses (públicos) que lhe cabe defender e que podem constituir fundamento da sua acção. Aqui reside, aliás, outro argumento a favor da irredutibilidade do poder de requerer a declaração de insolvência ao poder de execução.

---

[119] Como dizem Luís CARVALHO FERNANDES e João LABAREDA [*Código da Insolvência e da Recuperação de Empresas Anotado. Sistema de Recuperação de Empresas por Via Extrajudicial (SIREVE) Anotado. Legislação Complementar*, cit., p. 197], referindo-se aos responsáveis legais pelas dívidas do insolvente, "[t]rata-se, como facilmente se compreende, de um mecanismo de tutela destas pessoas, cuja posição tende a agravar-se à medida que o devedor for subsistindo e contraindo mais dívidas. Neste contexto, a instauração da acção e a correspondente declaração de insolvência farão estancar a responsabilidade do requerente".

TRAMITAÇÃO DO PROCESSO DE INSOLVÊNCIA

Porque o pedido de declaração de insolvência não é um requerimento executivo, o credor pode requerer o início do processo independentemente do incumprimento, da mora ou mesmo do vencimento do respectivo crédito[120]. Não há qualquer desvio ao disposto no art. 817.º do CC pois não há (ainda) exercício de poder executivo.

É verdade que, quando o requerente é um credor, ele deve proceder à justificação do crédito, através da menção da origem, da natureza e do montante do seu crédito (cfr. art. 25.º, n.º 1). É verdade que este acto representa já uma espécie de insinuação do crédito no processo e que, de certa forma, introduz já a sua pretensão. Mas seria incorrecto reconduzi-lo ao poder executivo. O que se trata, simplesmente, é de o requerente justificar a sua legitimidade processual, de demonstrar a qualidade de credor, que é requisito do seu direito de acção judicial (cfr. art. 20.º, n.º 1).

Com efeito, o credor requerente não fica exactamente dispensado daquele que é o ónus geral dos credores concursuais: só vem a obter pagamento pelas forças da massa insolvente se o seu crédito puder considerar-se reclamado[121]. A única diferença entre ele e os restantes credores é que, por razões de economia processual, a justificação do seu crédito, efectuada aquando do pedido de declaração de insolvência, passa, no momento e por força da declaração de insolvência, a valer como reclamação[122].

---

[120] Cfr., exactamente no mesmo sentido, o Acórdão do TRC, de 2 de Março de 2011, Proc. 35/10.4TBPCV.C1 (Relator: HÉLDER ALMEIDA).

[121] No contexto do Direito português vigente, a justificação do crédito nos termos do art. 25.º (aplicável ao credor requerente) não satisfaz, em rigor, os requisitos do art. 128.º, n.º 1, que disciplina a reclamação de créditos por parte dos credores. É possível que o credor transcenda, por iniciativa sua, aquilo que a lei lhe impõe (no acto de justificação do seu crédito ou durante o prazo para as reclamações) e que o seu crédito possa logo considerar-se devidamente reclamado. Se não for assim (se os elementos apresentados aquando do requerimento da declaração de insolvência não forem suficientes para o reconhecimento imediato do crédito), ele deve vir ao processo, no prazo da reclamação, juntar os elementos em falta, sob pena de o seu crédito não poder ser dado como reconhecido [cfr., neste sentido, LUÍS CARVALHO FERNANDES/JOÃO LABAREDA, *Código da Insolvência e da Recuperação de Empresas Anotado. Sistema de Recuperação de Empresas por Via Extrajudicial (SIREVE) Anotado. Legislação Complementar*, cit., p. 521). Neste caso, pode pôr-se um problema mais grave: o da legitimidade do sujeito para requerer a declaração de insolvência.

[122] É verdade que o Código dos Processos Especiais de Recuperação da Empresa e de Falência era mais contundente do que o Código da Insolvência e da Recuperação de Empresas, permitindo concluir, nos termos dos arts. 17.º, n.º 1, e 188.º, n.º 4, do CPEREF, que a apresentação dos elementos relativos à origem, à natureza e ao montante do seu crédito vinha a ser

LIÇÕES DE DIREITO DA INSOLVÊNCIA

12. Sujeitos legitimados

Como se viu atrás, os sujeitos com legitimidade processual activa são o devedor ou, no caso de ele não ser uma pessoa singular capaz, o órgão social incumbido da sua administração ou qualquer um dos seus administradores (cfr. arts. 18.º e 19.º), os responsáveis legais pelas dívidas do devedor, qualquer credor e o Ministério Público (cfr. art. 20.º, n.º 1).

Existe, pois, uma genuína legitimidade processual alargada. A insolvência pode ser requerida por quem não é credor e, inclusivamente, pelo devedor, o que estabelece uma ruptura entre o processo de insolvência e o processo executivo.

equiparada, por força da declaração de falência, à reclamação do crédito. Cfr., neste sentido, Luís Carvalho Fernandes/João Labareda, *Código dos Processos Especiais de Recuperação da Empresa e de Falência Anotado*, cit., p. 468. Segundo estes últimos [*Código da Insolvência e da Recuperação de Empresas Anotado. Sistema de Recuperação de Empresas por Via Extrajudicial (SIREVE) Anotado. Legislação Complementar*, cit., pp. 520-521], em virtude de o administrador da insolvência poder agora, isto é, no âmbito do Código da Insolvência e da Recuperação de Empresas, dar como reconhecidos créditos não reclamados de que tenha conhecimento, o credor requerente está simplesmente dispensado de reclamar o seu crédito. Na prática, esta interpretação não conduz a um resultado muito diverso de considerar o crédito reclamado por equiparação. Dada a natureza categórica da regra que se consagra no art. 128.º, n.º 1, do CIRE, todavia, a melhor posição parece ser aquela que reduz ao mínimo os casos excepcionais de dispensa de reclamação. Deve sublinhar-se que, ao contrário do que afirmavam tais autores (*Código dos Processos Especiais de Recuperação da Empresa e de Falência Anotado*, loc. cit.), o que devia – e deve ainda hoje – considerar-se equiparado à reclamação é, não o "simples requerimento da falência", mas o acto, materialmente distinto, pese embora simultâneo e contido no mesmo documento (a petição), de justificação do crédito (menção da origem, da natureza e do montante). É, por fim, de notar que, na vigência do Código dos Processos Especiais de Recuperação da Empresa e de Falência, beneficiavam da equiparação (ou da dispensa da reclamação formal de créditos), não só o credor requerente, como também os titulares de créditos exigidos nos processos em que já tivesse havido apreensão de bens do insolvente ou nos quais se debatessem interesses relativos à massa, desde que estes processos tivessem sido mandados apensar aos autos do processo dentro do prazo fixado para a reclamação e ainda os titulares de créditos reclamados no processo de recuperação que tivesse antecedido o processo de falência (cfr. art. 188.º, n.º 4, do CPEREF). No Código da Insolvência e da Recuperação de Empresas não existe norma homóloga. Para alguns, a intenção foi "tão-somente eliminar as apensações ao apenso de verificação do passivo" (cfr. Mariana França Gouveia, "Verificação do passivo", in: AA. VV., *Themis*, Edição Especial – *Novo Direito da Insolvência*, 2005, p. 153), para outros, impedir que a apensação valha como reclamação (assim Salvador da Costa, em sessão de estudo realizada na Associação Jurídica de Braga, em 15 de Janeiro de 2007).

12.1. O devedor

No que respeita à insolvência por apresentação, não é imediatamente claro a quem compete o poder de agir no caso de o devedor não ser uma pessoa singular capaz. É fácil imaginar que quando o devedor é uma sociedade comercial os sujeitos legitimados são, consoante o tipo de sociedade, os seus gerentes ou os seus administradores. Mas a verdade é que existem outras situações, tornando-se necessária uma noção legal de administradores.

Tal noção é disponibilizada no art. 6.º, n.º 1, als. *a)* e *b)*. Diz-se aí que, não sendo o devedor uma pessoa singular, devem ser considerados administradores os sujeitos a quem incumba a administração ou liquidação da entidade ou património em causa, designadamente os titulares do órgão social que para o efeito for competente; sendo o devedor uma pessoa singular, devem ser considerados administradores os seus representantes legais e mandatários com poderes gerais de administração.

O legislador esforçou-se para assegurar a diligência processual do devedor. Sendo certo que o insucesso dos processos de insolvência se deve, em grande parte, ao arrastamento da crise, há que promover o início atempado do processo de insolvência, prevendo-se estímulos (positivos ou negativos) à acção imediata. Constitui-se, assim, o devedor, excepto quando é pessoa singular não titular de empresa à data da situação de insolvência, no dever de apresentação à insolvência.

Não é irrelevante que a pessoa singular que não é titular de empresa à data da situação de insolvência fique excluída do dever de acção (cfr. art. 18.º, n.º 2), ou seja, que a obrigação só exista quando está em causa uma empresa. Bem pelo contrário, talvez ponha a descoberto a razão de ser da obrigação. O que está em causa não pode ser o interesse do devedor nem o interesse dos credores enquanto tais[123]. O interesse destes sujeitos no início atempado do processo é tão intenso quando existe uma empresa como em qualquer outro caso: o que tanto uns como outros desejam é que a situação de insolvência os lese o mínimo possível. Aquilo que justifica a consagração da obrigação deve, então, procurar-se no universo empresarial, nos interesses relacionados com o exercício do comércio e das outras actividades

---

[123] O que se quer dizer, mais incisivamente, é que não são os interesses de quaisquer sujeitos ou grupos de sujeitos individualizados, mas sim, como se concluirá, um interesse público ou geral.

LIÇÕES DE DIREITO DA INSOLVÊNCIA

económicas ou, numa palavra, no interesse público de protecção do crédito comercial e empresarial[124].

Além de o risco da insolvência ser maior quando o sujeito é comerciante ou empresário (*"mercatores sunt semper in proximo periculo decoquendi"*), a insolvência origina, na realidade, perturbações mais graves do que a insolvência de um sujeito comum. Por força da sua inserção numa cadeia de relações de crédito, o comerciante ou empresário, sempre que deixa de receber pontualmente dos seus devedores, deixa de poder pagar pontualmente aos seus credores. A crise de um repercute-se na situação dos outros e pode muito bem desencadear uma crise colectiva ou geral[125]. É essencialmente isso que o legislador se propõe evitar quando constitui o devedor titular de empresa na obrigação de reagir em prazo útil à sua crise individual.

Não repugna, por outro lado, que ao devedor titular de empresa seja assacada uma maior responsabilidade jurídica do que aos devedores comuns. Em virtude da função económica e social que desempenham, eles devem estar preparados para o exercício da actividade e observar especiais cuidados[126],

---

[124] Para todos os efeitos (de aplicabilidade do regime da falência e quaisquer outros), já não é adequado distinguir, actualmente, entre empresas comerciais e não comerciais (cfr., neste sentido, CATARINA SERRA, *Falências derivadas e âmbito subjectivo da falência*, cit., pp. 48 e s.). Os bens ou valores envolvidos são os mesmos em todas as actividades económicas; é o mesmo o interesse em salvaguardá-los. Isto, apesar da supervivência do Código Comercial – das normas delimitadoras do seu âmbito de aplicação: sobretudo, os arts. 230.º e 463.º do CCom. Alguns autores continuam, todavia, a integrar o dever de apresentação à insolvência nas obrigações especiais, distintivas, dos comerciantes (cfr., por exemplo, FILIPE CASSIANO DOS SANTOS, *Direito Comercial português*, volume I – *Dos actos de comércio às empresas: o regime dos contratos e mecanismos comerciais no Direito português*, Coimbra, Coimbra Editora, 2007, pp. 212 e s.). Nos ordenamentos como o italiano, em que ainda subsiste o requisito subjectivo (a qualidade de comerciante), costuma salientar-se que a tutela do crédito não comercial, quando existe – é o caso da falência do sócio por extensão da falência da sociedade –, fica subordinada à tutela do crédito comercial (cfr., por todos, MAURO PIZZIGATI, *Fallimento del socio e tutela dei creditori*, Padova, CEDAM, 1996, esp. pp. 163 e s.).

[125] Cfr., entre outros, MANUEL GOMES DA SILVA, *Conceito e estrutura da obrigação*, cit., pp. 76-77.

[126] NICOLA JAEGER [*Il fallimento e le altre forme di tutela giurisdizionale* – *Trattato di Diritto Civile* (*diretto da Giuseppe Grosso e Francesco Santoro-Passarelli*), Milano, Vallardi, 1964, pp. 74-75] relaciona, neste contexto, os conceitos de "risco económico" e "responsabilidade jurídica": o comerciante não é livre de perseguir o seu interesse pessoal ou de agir conforme lhe parece; ele deve ter em conta os interesses dos outros sujeitos e, em particular, o interesse geral; este é um dever de ordem ética mas tem também carácter jurídico, pois a sua observância é garantida por sanções jurídicas.

TRAMITAÇÃO DO PROCESSO DE INSOLVÊNCIA

como o dever de proceder à avaliação da situação económica da empresa e o dever de se conduzir de forma a evitar a produção de danos para os interesses particulares e geral[127].

Note-se que a norma do art. 18.º, n.º 1, se refere expressamente à "situação de insolvência, tal como descrita no n.º 1 do artigo 3.º". O sujeito fica constituído no dever de se apresentar apenas quando esteja impossibilitado de cumprir e já não quando a sua insolvência revista a forma de situação patrimonial líquida negativa nem, por maioria de razão, quando esteja em insolvência meramente iminente. Ao que tudo indica, o legislador continua a valorizar a impossibilidade de cumprimento e a considerá-la a ameaça que cumpre realmente eliminar. Só a impossibilidade de cumprir é perturbadora da cadeia de sucessivos créditos em que se insere o devedor, não representando as outras, *per se*, uma perturbação relevante[128].

Como se disse, o dever de apresentação à insolvência tem de ser cumprido dentro dos trinta dias seguintes à data em que o sujeito tenha conhecimento ou em que devesse ter conhecimento da insolvência (cfr. art. 18.º, n.ºs 1 e 2), sob pena de severas sanções penais e civis.

Cumpre lembrar que o prazo era, na versão original do Código da Insolvência e da Recuperação de Empresas, de sessenta dias. A Lei n.º 16/2012, de 20 de Abril, veio proceder à sua redução, no que pode ser considerado uma medida porventura menos benéfica do que poderia parecer à primeira vista. Com efeito, não é fácil diagnosticar uma situação de insolvência. O diagnóstico envolve, na prática, quase sempre um juízo de prognose, através do qual o devedor afere a gravidade da sua situação. E, por mais que a definição legal obrigue o devedor a considerar-se insolvente sempre se encontre em situação de impossibilidade (actual) de cumprir as suas obrigações vencidas, a maior parte das vezes o devedor só admite a insolvência quando tem a certeza de que não conseguirá superar aquela impossibilidade

---

[127] Cfr. NICOLA JAEGER, *Il fallimento e le altre forme di tutela giurisdizionale – Trattato di Diritto Civile (diretto da Giuseppe Grosso e Francesco Santoro-Passarelli)*, cit., p. 78. A expressão "responsabilidade jurídica", já referida noutra ocasião, é deste autor (ob. cit., pp. 74-75).

[128] Não por acaso a falência/insolvência foi sempre definida como impossibilidade de cumprir, relevando a situação patrimonial líquida manifestamente negativa apenas quando é possível presumir que ela envolve(rá) a impossibilidade de cumprir. A valorização da impossibilidade de cumprir é, pois, uma reminiscência do instituto da falência como privativo dos comerciantes e da sua integração no quadro de valores e da ética comerciais. Considerava-se, então, que a situação patrimonial do comerciante pouco significava, havendo que somar ao activo o crédito pessoal do sujeito. Se, apesar de tudo, ele tivesse crédito, não havia razão para intervir.

no futuro próximo. Tudo isto para dizer que um diagnóstico sério sobre a insolvência requer algum tempo e que melhor seria que a lei assegurasse um "prazo razoável" (*in casu*, menos exíguo). Na pressa de acelerar a intervenção processual, existe o perigo de se submeterem ao processo de insolvência devedores cuja empresa mereceria ainda uma tentativa de aplicação de soluções mais criativas. O que, aliás, está em contradição com o espírito geral da Lei n.º 16/2012, de 20 de Abril, ou seja, com o aparente investimento do legislador na recuperação. É mais ou menos inevitável, por outro lado, que o encurtamento do prazo tenha um *risk-chilling effect*, ou seja, que o devedor ou os seus administradores, perante um prazo tão exíguo e na iminência de sujeição a sanções gravosas, sintam algum receio e sejam os primeiros a demitir-se do esforço de procurar medidas tendentes à superação das dificuldades, preferindo transferir, o mais rapidamente possível, a responsabilidade da empresa para terceiros.

Para reduzir as possibilidades de fuga ao dever, com base no desconhecimento da insolvência, estabelece-se uma presunção (inilidível) de conhecimento da insolvência quando o devedor é titular de uma empresa e são decorridos três meses sobre o incumprimento generalizado de obrigações tributárias, de contribuições e quotizações para a Segurança Social, de créditos laborais ou de rendas de qualquer tipo de locação (cfr. art. 18.º, n.º 3).

O incumprimento do dever de apresentação à insolvência determina a sujeição do devedor que venha a ser declarado insolvente a uma pena de prisão até um ano ou uma pena de multa até cento e vinte dias, que pode ser agravada em um terço, nos seus limites mínimo e máximo, se em consequência dos factos resultarem frustrados créditos de natureza laboral (cfr. art. 228.º, n.º 1, e art. 229.º-A do CP).

O incumprimento tem ainda consequências particulares no quadro da qualificação da insolvência (cfr. arts. 185.º e s.). A insolvência é qualificada como culposa quando tiver sido criada ou agravada em consequência da actuação culposa (dolosa ou com culpa grave) de certos sujeitos (cfr. art. 186.º, n.º 1). Existindo uma presunção (ilidível) de insolvência culposa quando há incumprimento do dever de apresentação à insolvência [cfr. art. 186.º, n.º 3, al. *a*), e n.º 4][129], o incumprimento pode dar origem à qualificação da insolvência como culposa e determinar a aplicação de um conjunto

---

[129] Como se explicará oportunamente, acolhe-se a tese segundo a qual, apesar de a lei falar, no n.º 3 do art. 186.º, apenas em "culpa grave", se deve entender que a presunção é de culpa na insolvência, isto é, que a presunção abrange também o nexo de causalidade, que é o outro

TRAMITAÇÃO DO PROCESSO DE INSOLVÊNCIA

de sanções civis para determinados sujeitos: a inibição para a administração de patrimónios de terceiros e a inibição para o exercício do comércio e para a ocupação de certos cargos (ambas por um período de dois a dez anos), a perda dos créditos sobre a insolvência ou sobre a massa insolvente e a obrigação de restituir os bens ou direitos recebidos em pagamento desses créditos e, por fim, a obrigação de indemnizar os credores do insolvente no montante dos créditos não satisfeitos [cfr. art. 189.º, n.º 2, als. *b)*, *c)*, *d)* e *e)*].

12.2. Outros sujeitos legitimados

Nos termos do art. 20.º, n.º 1, os sujeitos legitimados para lá do devedor são os responsáveis legais pelas dívidas do devedor, os credores e o Ministério Público.

Como sucede quanto ao devedor, e pelas mesmas razões, o legislador tentou facilitar e estimular a iniciativa processual destes sujeitos.

Em primeiro lugar, qualquer destes sujeitos pode intervir logo no momento dos primeiros incumprimentos: quando nos últimos seis meses houver incumprimento de obrigações tributárias, de contribuições e quotizações para a Segurança Social, de dívidas laborais ou de rendas de qualquer tipo de locação [cfr. art. 20.º, n.º 1, al. *g)*] e também, se o devedor for uma pessoa jurídica ou um património autónomo por cujas dívidas nenhuma pessoa singular responda pessoal e ilimitadamente, quando existir superioridade manifesta do passivo sobre o activo segundo o último balanço aprovado ou um atraso superior a nove meses na aprovação e no depósito das contas, se a tal o devedor estiver obrigado [cfr. art. 20.º, n.º 1, al. *h)*].

Em segundo lugar, determina-se que com a declaração de insolvência se extinguem os privilégios creditórios gerais e os privilégios creditórios especiais relativos aos créditos do Estado e de outras entidades públicas que tenham sido, respectivamente, constituídos ou vencidos mais de doze meses antes da data do início do processo de insolvência [cfr. art. 97.º, n.º 1, als. *a)* e *b)*][130]. Pode dizer-se, de forma simplificada, que se mantêm os privilégios

---

requisito fundamental da insolvência culposa, tal como decorre do n.º 1 do art. 186.º. Não se admitindo esta interpretação, a norma perde grande parte da sua utilidade.

[130] Note-se, no entanto, a desconformidade entre o disposto na al. *a)* do n.º 1 do art. 97.º e o que, a propósito da mesma norma, se afirma no ponto 24. do Relatório do Diploma Preambular que aprovou o Código da Insolvência e da Recuperação de Empresas (DL n.º 53/2004, de 18 de Março): na norma determina-se a extinção dos privilégios creditórios gerais mais antigos (acessórios de créditos do Estado, instituições de Segurança Social e autarquias locais

LIÇÕES DE DIREITO DA INSOLVÊNCIA

relativos aos créditos mais recentes do Estado e das outras entidades públicas e se extinguem os privilégios relativos aos seus créditos mais antigos. Por isso, quanto mais cedo reagirem e quanto mais diligentes forem estes credores (designadamente, requerendo a insolvência do devedor logo que ocorram os primeiros incumprimentos), maior será a probabilidade de conservarem os privilégios dos seus créditos. A norma do art. 97.º tem, assim, uma função claramente pedagógica.

Em terceiro lugar, e por último, prevê-se o ressarcimento do credor requerente das despesas inerentes à promoção do processo através da concessão de um privilégio creditório mobiliário geral (graduado em último lugar, relativamente a um quarto do montante do seu crédito, num máximo correspondente a 500 UC) (cfr. art. 98.º, n.º 1). A intenção é boa, mas a verdade é que a medida pode fazer precipitar os credores em requerimentos de declaração de insolvência extemporâneos e sem fundamento. Isto, não obstante a norma do art. 22.º, que determina a responsabilidade civil dos sujeitos que deduzam pedido infundado de declaração de insolvência pelos prejuízos causados ao devedor ou aos credores (cfr. art. 22.º). Aplicando-se, como se verá, em termos apertados, a norma serve, fundamentalmente, para dissuadir os credores mal-intencionados.

Cumpre saber quem são exactamente os sujeitos legitimados para lá do devedor e em que termos lhes foi dada a possibilidade de requerer a declaração de insolvência deste último.

12.2.1. Os responsáveis legais pelas dívidas do devedor

Os responsáveis legais pelas dívidas do devedor são definidos no art. 6.º, n.º 2, como as pessoas que, nos termos da lei, respondem pessoal e ilimitadamente pela generalidade das dívidas do insolvente, ainda que a título subsidiário.

---

constituídos mais de doze meses antes do início do processo), mas, segundo o Relatório, a norma determina a extinção dos privilégios creditórios gerais mais recentes (acessórios de créditos constituídos nos doze meses anteriores ao início do processo). Se fosse válido o que se diz no Relatório, ficaria comprometido aquele que, de acordo com o mesmo Relatório, é o objectivo da norma. O lapso parece dever-se a uma confusão entre a al. *a)* e a al. *c)* do n.º 1 do art. 97.º, que regula os efeitos da declaração de insolvência sobre as hipotecas legais acessórias de créditos detidos pelas mesmas entidades, essas sim extinguindo-se quando o registo tenha sido requerido mais recentemente (dentro dos dois meses anteriores à data do início do processo).

Para identificar os responsáveis legais, há que atender às características da responsabilidade assumida pelos sujeitos sem usar classificações demasiado rígidas. Por um lado, será preciso que a responsabilidade seja ilimitada ou incondicional, isto é, não esteja condicionada a um determinado montante, a uma determinada natureza ou a uma determinada fonte das obrigações, mas não se exige uma absoluta coincidência entre as esferas de responsabilidade do devedor e dos responsáveis legais. Por outro lado, considerando a expressão "nos termos da lei", será preciso que a responsabilidade seja de origem legal, isto é, que os sujeitos não tenham possibilidade de controlar, de acordo com a sua vontade, o objecto e a extensão da responsabilidade.

Em conformidade com isto, serão responsáveis legais para efeitos do Código da Insolvência e da Recuperação de Empresas os chamados "sócios de responsabilidade ilimitada" (os sócios de sociedades em nome colectivo e os sócios comanditados de sociedades em comandita e também os sócios de sociedades comerciais sem personalidade jurídica e os sócios de sociedades civis) bem como os membros de responsabilidade ilimitada de entidades não societárias (os cooperadores de responsabilidade ilimitada e os membros de responsabilidade ilimitada dos ACE e dos AEIE e também os membros directamente responsáveis de associações sem personalidade jurídica e os membros de comissões especiais).

Poderá perguntar-se por que atribuiu o legislador legitimidade processual a estes sujeitos. Na realidade, a medida compreende-se bem. Uma vez verificada a impossibilidade de cumprir do sujeito por cujas obrigações eles são pessoal e ilimitadamente responsáveis, o processo de insolvência é, com efeito, o instrumento mais adequado para impedir a extensão da responsabilidade destes sujeitos. Através da declaração de insolvência, eles evitam que a sua responsabilidade continue a aumentar (em virtude da constituição de novas obrigações pelo devedor) e que os credores se concentrem alternativamente nos seus patrimónios (por força da impossibilidade crescente do devedor para cumprir as obrigações já constituídas)[131].

12.2.2. Os credores
Na enumeração do art. 20.º, n.º 1, e depois dos responsáveis legais, refere-se o legislador aos credores. Os credores são os titulares "naturais" da legiti-

---

[131] Sobre a posição dos responsáveis legais pelas dívidas do devedor cfr. CATARINA SERRA, *A falência no quadro da tutela jurisdicional dos direitos de crédito – O problema da natureza do processo de liquidação aplicável à insolvência no Direito português*, cit., pp. 403 e s.

midade processual activa no processo de insolvência. Na norma usa-se, de facto, a expressão "qualquer credor", com o efeito de inculcar a ideia de que todos os credores têm legitimidade processual activa. A verdade, porém, é que nem todos a têm ou não a têm incondicionalmente.

Ficam, por um lado, excluídos, os credores cessionários no contrato de cessão de bens aos credores (cfr. arts. 831.º e s. do CC). O que sucede é que os credores cessionários estão, *ex vi legis*, impedidos de executar os bens cedidos (cfr. art. 833.º do CC). E estão impedidos de executar os bens cedidos porque a cessão de bens se apresenta, ela própria, como uma solução para a situação de impossibilidade de cumprimento, escolhida por estes credores e acordada entre eles e o devedor. Ela tem a função de produzir o mesmo resultado (ou um resultado próximo daquele) que resultaria da aplicação das normas gerais de garantia das obrigações, designadamente do recurso ao processo executivo. Trata-se, pois, de instrumentos de aplicação alternativa. Uma vez celebrado o contrato de cessão de bens, os credores têm um meio de garantia dos seus créditos que lhes permite liquidar os bens do devedor e não têm possibilidade – porque não têm necessidade – de recorrer a outros meios de tutela dos créditos. Se fosse admitida, a possibilidade de os credores cessionários executarem o património do devedor ou de recorrerem a meios que, como o processo de insolvência, comportam aquela execução corresponderia a um indesejável *venire contra factum proprium*.

Ficam igualmente excluídos os credores por suprimentos. A exclusão está expressamente consagrada no art. 245.º, n.º 2, do CSC, onde se se diz que os sócios não podem requerer, por suprimentos, a declaração de insolvência da sociedade. A medida está em coerência com outras disposições do Código das Sociedades Comerciais e do Código da Insolvência e da Recuperação de Empresas, tendo todas o objectivo geral de enfraquecimento dos créditos por suprimentos face aos restantes créditos.

12.2.2.1. Os titulares de créditos litigiosos

Jurisprudência relevante: Acórdão do STJ de 17 de Novembro de 2015, Proc. 910//13.5TBVVD-G.G1.S1 (Relator: FONSECA RAMOS).

Na jurisprudência portuguesa são recorrentes as manifestações de dúvida sobre a interpretação a dar à norma do art. 20.º, n.º 1, e, em particular, sobre a legitimidade do titular de um crédito contestado pelo devedor para requerer a declaração de insolvência deste último (crédito litigioso).

TRAMITAÇÃO DO PROCESSO DE INSOLVÊNCIA

As dúvidas resultam, essencialmente, da excessiva aproximação do processo de insolvência ao processo executivo e, consequentemente, da excessiva aproximação do poder de requerer a declaração de insolvência ao poder executivo.

A tentação é grande mas não deve ceder-se-lhe. Como se disse atrás, de modo algum propor a abertura do processo de insolvência/requerer a declaração de insolvência equivale a propor a abertura do processo de execução/requerer a execução.

O desconhecimento desta realidade tem sido causa de grandes erros. É ele que explica por que razão, em alguns sectores da doutrina e da jurisprudência, subsiste a ideia de que o poder de requerer a declaração de insolvência está condicionado aos pressupostos típicos do poder de execução e, designadamente, existe alguma resistência ao reconhecimento da legitimidade dos titulares de créditos litigiosos.

No que toca à legitimidade dos credores para requerer a declaração de insolvência, o art. 20.º, n.º 1, não estabelece restrições.

Qualquer credor, comercial ou civil, comum ou preferente, pode exercer o poder de propor a abertura do processo de insolvência/requerer a declaração de insolvência do devedor e, embora a norma não o refira expressamente, são irrelevantes o objecto (prestação de coisa ou prestação de facto) e o montante do crédito[132].

Como se viu atrás, nem os chamados "créditos desprezíveis" ou de montante insignificante constituem uma ressalva geral à legitimidade dos credores[133]. Não fixando limites mínimos para o montante do credor requerente,

---

[132] Dizia, por outras palavras, PEDRO DE SOUSA MACEDO, a propósito da norma homóloga do art. 1176.º, n.º 1, do CPC, "todos os credores têm legitimidade para pedir a declaração de falência [...] os créditos podem constar de qualquer título, ser líquidos ou ilíquidos, quirografários ou privilegiados, condicionais ou a termo [...]. O credor a prazo ou condicional tem direito a requerer a falência [...]". E explicava: "Compreende-se que assim seja, pois, de outro modo, o credor estaria sujeito a não encontrar valores no património do devedor quando o prazo se vencesse ou a condição se cumprisse [...]". Cfr. PEDRO DE SOUSA MACEDO, *Manual de Direito das Falências*, volume I, cit., p. 384.

[133] Em alguns ordenamentos, exige-se que o crédito do credor requerente da declaração de insolvência preencha determinados requisitos. Na lei inglesa, por exemplo, o credor requerente (*petitioning creditor*) do processo de *bankruptcy* tem de ser um credor devidamente qualificado (*duly qualified creditor*), mais precisamente um credor cujo crédito não garantido (*unsecured*), vencido ou vincendo (*payable either immediately or at some certain future time*), seja relativo a uma quantia certa (*is for a liquidated sum*) igual ou superior a determinado valor (*is equal to*

LIÇÕES DE DIREITO DA INSOLVÊNCIA

a lei portuguesa está simplesmente em coerência absoluta com a ideia de que no processo de insolvência o requerente não convoca um meio processual destinado (destinado apenas) ao pagamento do seu crédito mas sim um meio processual destinado à tutela de todos aqueles que sejam susceptíveis de ser afectados pela insolvência do devedor. Daí que não seja relevante (ou tão relevante) o montante do crédito desse credor[134].

Em face disto, parece razoável entender que *só a título verdadeiramente excepcional* é admissível que um credor não tenha legitimidade para o efeito.

Estes casos são, em primeiro lugar, aqueles que resultem expressamente da lei. Não têm, então, legitimidade, como se disse, os sócios quando a sua qualidade de credores derive exclusivamente da titularidade de créditos de suprimentos (cfr. art. 245.º, n.º 2, do CSC).

São ainda, naturalmente, os casos em que se torne evidente que o uso da legitimidade atribuída, em abstracto, pela lei é, em concreto, incompatível com o disposto noutras normas jurídicas – em que existe, claramente, abuso de direito. Destaca-se, neste contexto, a situação, também já referida, dos credores cessionários, que estão, *ex vi legis*, proibidos de executar os bens cedidos (cfr. art. 833.º do CC)[135].

Em contrapartida, os titulares de créditos litigiosos não fazem parte dos casos excepcionais, não devendo considerar-se que a litigiosidade do crédito contende com a sua legitimidade processual.

Para compreender bem a questão, é indispensável distinguir dois conceitos: o de legitimidade processual e o de legitimidade material. A legitimidade processual ou formal é um pressuposto processual geral da acção.

---

or exceeds the bankrutcy level) – fixado, no texto original da lei em £ 750 (cfr. *section* 267 (4), do *Insolvency Act 1986*).

[134] Dizem, em conformidade, Fritz Baur e Rolf Stürner (*Insolvenzrecht*, Heidelberg, C.F. Müller Juristischer Verlag, 1991, p. 74) que só em casos extremamente raros é de valorizar motivos isolados para excluir a legitimidade do credor, não devendo, designadamente, o montante baixo de um crédito, por si só, conduzir à exclusão da legitmidade.

[135] Como se vê pelos seus efeitos legais (*maxime*, o compromisso previamente assumido pelos credores cessionários de não executar os bens cedidos), o contrato de cessão de bens aos credores é, pela sua natureza, inconciliável com a possibilidade de algum dos credores cessionários requerer a declaração de insolvência do devedor, não devendo esta, por isso, ser admitida. Cfr., sobre a (i)legitimidade dos credores cessionários, Catarina Serra, "Efeitos da declaração de falência sobre o falido (após a alteração do DL n.º 315/98, de 20 de Outubro, ao Código dos Processos Especiais de Recuperação da Empresa e de Falência)", in: *Scientia Ivridica*, 1998, n.ºs 274/276, pp. 281-282.

Diferentemente, a legitimidade material é uma condição da acção. Existe legitimidade processual sempre que as partes na relação processual sejam as partes na relação material controvertida *tal como ela é configurada pelo autor*[136].

Ora, o que está em causa no art. 20.º, n.º 1, é a legitimidade processual e não a legitimidade substantiva. Sempre que se trate de um credor, por exemplo, a lei não exige que ele produza prova da qualidade que alega (por exemplo, através da apresentação de um título executivo), mas tão-só que ele proceda à justificação do crédito, através da menção da origem, da natureza e do montante do seu crédito (cfr. art. 25.º, n.º 1)[137].

---

[136] Até à revisão operada pelo DL n.º 329-A/95, de 12 de Dezembro, e pelo DL n.º 180/96, de 25 de Setembro, ao Código de Processo Civil, que veio dar nova redacção ao art. 26.º, a doutrina e a jurisprudência portuguesas estavam profundamente divididas sobre a relevância da relação jurídica material para definir as partes (legítimas) da relação jurídica processual. A polémica surgiu a propósito de um caso judicial ocorrido em 1918 ["a polémica Barbosa de Magalhães – Alberto dos Reis", como a designou um dos principais intervenientes (cfr. JOSÉ ALBERTO DOS REIS, *Código de Processo Civil Anotado*, volume I, Coimbra, Coimbra Editora, 1982, p. 77)]. Discutia-se, mais especificamente, se o critério para aferir da legitimidade das partes (o interesse directo em accionar ou em contradizer) consistia em as partes serem os sujeitos da relação jurídica controvertida ou em as partes serem os sujeitos da pretensa relação jurídica controvertida, ou seja, tal como o autor a apresenta e configura na petição inicial [cfr. JOSÉ ALBERTO DOS REIS, *Código de Processo Civil Anotado*, volume I, Coimbra, Coimbra Editora, 1982, pp. 72 e s., ou (mais brevemente) *Comentário ao Código de Processo Civil*, volume 1.º, Coimbra, Coimbra Editora, 1960, pp. 40 e s.]. Como decorre hoje do n.º 3 do art. 30.º do CPC, a questão ficou resolvida com a adopção da segunda teoria: o critério subsidiário da legitimidade das partes é a relação controvertida, tal como é configurada pelo autor. A norma determina que "[n]a falta de indicação da lei em contrário, são considerados titulares do interesse relevante para o efeito da legitimidade os sujeitos da relação controvertida, tal como é configurada pelo autor".

[137] Explicava o facto PEDRO DE SOUSA MACEDO, dizendo que "não se exige título executivo por o crédito ser posteriormente verificado, bastando um juízo sumário para se determinar a legitimidade do credor". Cfr. PEDRO DE SOUSA MACEDO, *Manual de Direito das Falências*, volume I, cit., p. 383. A ideia é reiterada na jurisprudência, tanto no âmbito do Código dos Processos Especiais de Recuperação da Empresa e de Falência [cfr., por exemplo, o Acórdão do TRL de 8 de Fevereiro de 1996 (Relator: SILVA PAIXÃO)], como no âmbito do Código da Insolvência e da Recuperação de Empresas [cfr., por exemplo, o Acórdão do TRC de 2 de Março de 2011, Proc. 35/10.4TBPCV.C1 (Relator: HÉLDER ALMEIDA), o Acórdão do TRG de 18 de Maio de 2005 (Relator: ESPINHEIRA BALTAR), e o Acórdão do TRG de 18 de Dezembro de 2006 (Relatora: CONCEIÇÃO BUCHO)].

Não há, assim, nenhum impedimento a que o titular de um crédito litigioso ou, para usar a definição do art. 579.º, n.º 3, do CC, de um crédito que é "contestado em juízo contencioso" possa requerer a declaração de insolvência[138].

A solução é a única coerente com a concepção correcta do processo de insolvência – com a convicção de que ele não é um puro processo de execução, de que a situação material subjacente é a situação de insolvência e não a relação jurídica obrigacional entre os sujeitos e, principalmente, de que existem outros interesses a tutelar para lá dos interesses do requerente.

Uma vez declarada judicialmente a insolvência, a descoberta de que o requerente não é, afinal, credor deve considerar-se irrelevante para efeitos do curso do processo. Havendo, presumivelmente, uma situação de insolvência (pois deve acreditar-se que não há reconhecimento judicial de situações que não se verificam), o processo deve prosseguir, com o fito de satisfazer os múltiplos interesses (restantes) que a insolvência convoca[139].

Naturalmente, provando-se a inexistência do direito alegado pelo requerente, o processo de insolvência deve deixar de correr no interesse deste sujeito, o que implica apenas que o credor não seja pago pelo crédito alegado. A apreciação desta factualidade ocorre, de qualquer forma, em momento posterior (na fase de verificação de créditos) e não pode confundir-se com o momento de apreciação da legitimidade do credor para o exercício do poder de acção declarativa em que se consubstancia o pedido de declaração de insolvência. Por outras palavras: a questão da titularidade do crédito é apreciada; não tem, contudo, relevância para definir as partes da relação jurídico-processual, o que bem se compreende dada a autonomia do direito de acção.

---

[138] Não pode, assim, aceitar-se que se afirme, a propósito da declaração de insolvência, que "[a] qualidade de credor e o crédito respectivo têm de estar já assentes à data da entrada do requerimento em tribunal, pois, só assim, é possível fazer-se o juízo sobre a situação económica do requerente e concluir-se que as circunstâncias do incumprimento e o montante da obrigação revelam a insolvência do devedor. Por conseguinte, quando o crédito invocado é litigioso, não pode, com base no mesmo, ser pedida e declarada a insolvência". Cfr. Maria José Costeira, "O Código da Insolvência e da Recuperação de Empresas revisitado", in: *Miscelâneas*, n.º 6, Instituto de Direito das Empresas e do Trabalho, Coimbra, Almedina, 2010, p. 63.

[139] Cfr., neste sentido, Gustavo Bonelli, *Commentario al Codice di Commercio*, volume VIII *(Del fallimento)*, Parte I, Milano, Vallardi, s.d., p. 178, e Antonio Brunetti, *Diritto Fallimentare italiano*, Roma, SEFI, 1932, p. 122.

TRAMITAÇÃO DO PROCESSO DE INSOLVÊNCIA

Considerando o exposto, não se vê razão para duvidar da legitimidade do credor litigioso para requerer a declaração de insolvência. É a mesma a conclusão da jurisprudência portuguesa, designadamente do Supremo Tribunal de Justiça[140].

12.2.3. O Ministério Público

O art. 20.º, n.º 1, atribui, por fim, legitimidade processual activa ao Ministério Público "em representação das entidades cujos interesses lhe estão legalmente confiados".

Tem-se entendido que este poder de acção é atribuído ao Ministério Público para defesa dos direitos de crédito das entidades públicas que ele normalmente representa (Estado, autarquias locais, institutos públicos sem a natureza de empresas públicas e instituições de Segurança Social).

A verdade é que, se assim fosse, não haveria necessidade de uma disposição conferindo expressamente ao Ministério Público legitimidade para agir. Invariavelmente, a iniciativa seria das entidades públicas e o Ministério Público seria o seu representante, nos termos gerais (cfr. art. 219.º, n.º 1, da CRP, art. 1.º do Estatuto do Ministério Público e art. 24.º, n.º 1, do CPC) e ainda nos termos do art. 13.º, n.º 1, do CIRE, que confere ao Ministério Público a qualidade de representante geral das entidades públicas titulares de créditos.

Considerando isto, é de entender que, além do poder de acção que lhe é atribuído para defesa dos interesses de carácter patrimonial do Estado e de outros credores públicos e deve ser exercido em representação destes últimos, o Ministério Público é titular de um poder de acção próprio, orientado para a defesa de interesses públicos de tipo diverso, associados, designadamente, aos valores do crédito e da economia. Mais do que isso: atendendo a que, para efeitos de defesa dos interesses patrimoniais das entidades públicas, é ao abrigo do art. 13.º, n.º 1, que ele é admitido a agir, a referência expressa ao Ministério Público na norma do art. 20.º, n.º 1, deve ser inter-

---

[140] Cfr., entre outros, o Acórdão do STJ de 17 de Novembro de 2015, Proc. 910/13.5TBVVD-G. G1.S1 (Relator: FONSECA RAMOS), onde se diz: "[m]ais incerto que o crédito litigioso é o crédito 'condicional', sobretudo, se a condição for suspensiva – art. 270º do Código Civil – mas, tendo o credor cujo crédito está sujeito a tal condição, legitimidade para requerer a insolvência, por maioria de razão o credor de crédito litigioso dispõe de igual legitimidade *ad causam*".

LIÇÕES DE DIREITO DA INSOLVÊNCIA

pretada como uma possibilidade de acção para a defesa exclusiva daqueles interesses de tipo diverso[141].

13. Requisitos e prazo para a apresentação do pedido

Como se viu atrás, excepto no caso de apresentação à insolvência, em que basta a insolvência iminente (cfr. art. 3.º, n.º 4), o pedido de declaração de insolvência tem como fundamento único a insolvência.

A insolvência pode revestir a forma de impossibilidade de cumprimento de obrigações vencidas (cfr. art. 3.º, n.º 1) ou de situação patrimonial líquida manifestamente negativa mas, nesta última hipótese, devem estar em causa pessoas ou patrimónios autónomos por cujas dívidas nenhuma pessoa singular responda (cfr. art. 3.º, n.º 2).

No caso de apresentação à insolvência é suficiente a mera alegação da insolvência ou da insolvência iminente por parte do devedor (cfr. art. 28.º), mas quando a insolvência é requerida por outro sujeito existem requisitos especiais a observar na petição inicial, tendo o requerente da declaração de insolvência de alegar e provar a verificação de um ou de alguns dos factos enunciados, taxativamente, na norma do n.º 1 do art. 20.º.

Tais factos são indícios ou sintomas da situação de insolvência (factos--índice). É através deles que, normalmente, a situação de insolvência se manifesta ou se exterioriza. Por isso, a verificação de qualquer um deles permite presumir a situação de insolvência do devedor e é condição necessária para a iniciativa processual dos responsáveis legais pelas dívidas do devedor, dos credores e do Ministério Público.

A enumeração é taxativa, o que significa que a verificação de, pelo menos, um deles é condição necessária para acção dos credores, dos responsáveis legais pelas dívidas do devedor ou do Ministério Público.

A ocorrência do facto dá origem, porém, tão-só a uma presunção relativa: o devedor pode sempre impedir a declaração de insolvência mostrando que, apesar da ocorrência do facto, a insolvência não existe (cfr. art. 30.º, n.º 3). O fundamento único da declaração de insolvência não deixa, portanto, de

---

[141] Cfr. sobre a posição do Ministério Público no processo de insolvência e a sua importância para a confirmação da presença do interesse público da defesa do crédito e da economia, desenvolvidamente, CATARINA SERRA, *A falência no quadro da tutela jurisdicional dos direitos de crédito – O problema da natureza do processo de liquidação aplicável à insolvência no Direito português*, cit., pp. 295 e s.

ser a situação de insolvência (cfr. art. 3.º), sendo os factos-índice condições necessárias mas não suficientes do pedido de declaração de insolvência. Veja-se, a título de exemplo, o facto indicado no art. 20.º, n.º 1, al. *a*): "a suspensão generalizada do pagamento das obrigações vencidas". Para os efeitos da norma não é qualquer suspensão que releva – não releva, em princípio, uma suspensão que seja temporária e limitada, mas apenas a que seja tendencialmente duradoura e alargarda à maior parte das obrigações do devedor, pois não dever haver dúvidas que a causa desta suspensão é a insolvência "instalada" do devedor[142].

Relativamente ao prazo para a apresentação do pedido de declaração de insolvência, recorde-se que o devedor está, em certos casos, constituído na obrigação de apresentação à insolvência dentro dos trinta dias seguintes à data do conhecimento ou à data em que devesse conhecer a insolvência (cfr. art. 18.º, n.ºs 1 e 2).

Mas nos restantes casos (em que o devedor não é pessoa singular titular de uma empresa) a apresentação é voluntária. O devedor não está condicionado por qualquer prazo, o mesmo acontecendo em todas as hipóteses em que a iniciativa processual seja de um dos outros sujeitos legitimados. O pedido de declaração de insolvência pode, consequentemente, ser apresentado enquanto se mantiver o seu fundamento, ou seja, enquanto se mantiver a insolvência do devedor.

14. A hipótese de pedido infundado

Jurisprudência relevante: Acórdão do TRL de 20 de Abril de 2010, Proc. 336/09. 5TYLSB.L1-7 (Relator: Roque Nogueira), Acórdão do TRL de 11 de Março de 2010, Proc. 700/09.0TYLSB.L1-8 (Relator: António Valente), e Acórdão do TRP de 22 de Abril de 2008, Proc. 0727065 (Relator: Rodrigues Pires).

O art. 22.º determina que "[a] dedução de pedido infundado de declaração de insolvência, ou a indevida apresentação por parte do devedor, gera res-

---

[142] Cfr., neste sentido, e distinguindo este facto-índice daquele que é indicado na al. *b*) da mesma norma ("falta de cumprimento de uma ou mais obrigações [...]"), o Acórdão do TRC de 8 de Maio de 2012, Proc. 716/11.6TBVIS.C1 (Relator: Artur Dias). Cfr., expondo raciocínio idêntico a propósito do facto-índice indicado na al. *b*), o Acórdão do TRP de 24 de Fevereiro de 2015, Proc. 2061/14.6TBSTS.P1 (Relator: Rodrigues Pires).

ponsabilidade pelos prejuízos causados ao devedor ou aos credores, mas apenas em caso de dolo".

Claramente estão cobertas pela norma as hipóteses em que, por exemplo, o credor apenas quer causar danos à imagem e à reputação do devedor ou em que o administrador de uma sociedade recorre ao processo de insolvência com o exclusivo propósito de obter a dissolução da sociedade. Mas o que dizer dos casos em que credor ou devedor não agem deliberadamente para causar danos, causando-os apenas porque o pedido de declaração de insolvência que apresentam decorre de um erro grosseiro quanto a ele ser adequado em concreto?

A necessidade de alargamento da responsabilidade do requerente aos casos de negligência grosseira ou culpa grave não é, em absoluto, uma novidade, tendo sido já defendida em face dos dados legislativos anteriores.

A doutrina portuguesa maioritária propende – pese embora com contornos e fundamentos variados – para a tese da não restrição da responsabilidade civil do requerente da insolvência aos casos de dolo e, mais precisamente, para a extensão desta responsabilidade aos casos de culpa grave[143]. Um dos argumentos centrais é o que assenta no confronto com o regime geral de responsabilidade civil (cfr. arts. 483.º, n.º 1, do CC), no âmbito do qual a diferença entre a responsabilidade por dolo ou por mera culpa se projecta essencialmente no cálculo da obrigação de indemnização (cfr. art. 494.º do CC).

Uma interpretação diferente é avançada por CARNEIRO DA FRADA[144]. O autor distingue a situação em que, em resultado de um pedido infundado, o credor causa prejuízo aos demais credores da situação em que os prejuízos se fazem sentir na esfera jurídica do devedor. Na primeira hipótese, não existindo nenhuma relação especial entre os sujeitos, não se justificaria a responsabilização com base em culpa, ainda que grave, não havendo fundamento para uma leitura do art. 22.º que não seja a declarativa. A segunda hipótese deveria pôr-se num plano diverso: já não o da responsabilidade aquiliana ou

---

[143] Cfr., por todos, recorrendo ao brocardo *culpa lata dolo æquiparatur*, LUÍS MANUEL TELES DE MENEZES LEITÃO, *Direito da Insolvência*, cit., pp. 148-149.

[144] Cfr. MANUEL A. CARNEIRO DA FRADA, "A responsabilidade dos administradores na insolvência", in: *Revista da Ordem de Advogados*, 2006, II, pp. 653 e s. A interpretação foi perfilhada por RITA FABIANA DA MOTA SOARES ("Sobre o pedido infundado de declaração de insolvência – Anotação ao Ac. do TRP de 22.04.2008, Proc. 7065/07", in: *Cadernos de Direito Privado*, 2010, n.º 32, pp. 71 e s.).

TRAMITAÇÃO DO PROCESSO DE INSOLVÊNCIA

delitual mas o da "terceira pista" da responsabilidade civil[145], uma vez que os sujeitos envolvidos são partes numa relação de crédito, vinculados, portanto, a deveres especiais de protecção (de cuidado e diligência). Aqui, sim, faria sentido a responsabilização do sujeito por (mera) culpa, independentemente do seu grau – por culposa violação dos deveres de protecção. Mas esta hipótese está fora já do campo de aplicação do art. 22.º, assentando num fundamento distinto – a violação do dever geral de boa fé do art. 762.º, n.º 2, do CC (ou de deveres específicos que nele radicam).

Como se vê, a questão é complexa e a doutrina portuguesa está dividida. A posição de CARNEIRO DA FRADA tem, no entanto, o mérito de conduzir a uma solução equilibrada sem "forçar" o texto da lei.

15. Apreciação liminar
A apreciação da petição inicial deve realizar-se no próprio dia da distribuição ou, pelo menos, até ao terceiro dia útil subsequente (cfr. art. 27.º, n.º 1).

No caso de apresentação do devedor à insolvência, considera-se reconhecida pelo devedor a situação de insolvência e é imediatamente declarada a insolvência, em regra, até ao terceiro dia útil seguinte ao da distribuição da petição inicial (cfr. art. 28.º).

O juiz parece não ter aqui, até pela escassez do prazo, qualquer poder de evitar a declaração de insolvência quando essa seja a vontade do apresentante. No limite, isso pode conduzir a que seja judicialmente declarada uma insolvência que, na prática, não se verifica.

---

[145] Cfr., sobre a "terceira pista" da responsabilidade civil, JOÃO BAPTISTA MACHADO, "A cláusula do razoável", in: *Obra dispersa*, vol. I, Braga, pp. 579-589 e 615-621, JORGE SINDE MONTEIRO, *Responsabilidade por conselhos, recomendações ou informações*, Coimbra, Almedina 1989, pp. 507 e s., MANUEL A. CARNEIRO DA FRADA, *Contrato e deveres de protecção*, Coimbra, Boletim da Faculdade de Direito, 1994, pp. 92 e 259 e s., MANUEL A. CARNEIRO DA FRADA, *Uma "terceira via" no direito da responsabilidade civil. O problema da imputação a terceiros dos danos causados a terceiros por auditores de sociedades*, Coimbra, Almedina, 1997, pp. 27 e s., MANUEL A. CARNEIRO DA FRADA, *Teoria da confiança e responsabilidade civil*, Coimbra, Almedina, 2004, pp. 757-766, NUNO MANUEL PINTO OLIVEIRA, "Deveres de protecção em relações obrigacionais", in: *Scientia Ivridica*, 2003, pp. 495-523, NUNO MANUEL PINTO OLIVEIRA, *Direito das Obrigações*, vol. I – *Conceito, estrutura e função das relações obrigacionais. Elementos das relações obrigacionais. Direitos de crédito e direitos reais*, Coimbra, Almedina, 2005, pp. 48-55, e LUÍS MANUEL TELES DE MENEZES LEITÃO, *Direito das Obrigações*, vol. I – *Introdução. Da constituição das obrigações*, Coimbra, Almedina, 2017 (14.ª edição), pp. 348 e s.

LIÇÕES DE DIREITO DA INSOLVÊNCIA

No caso de requerimento da insolvência por outro sujeito que não o devedor tem lugar, normalmente, a citação pessoal do devedor (cfr. art. 29.º, n.º 1), para que este possa deduzir oposição à declaração de insolvência (cfr. art. 30.º).

Na sequência da citação podem acontecer duas situações: ou o devedor não deduz oposição, caso em que se consideram confessados os factos e é declarada a insolvência (cfr. art. 30.º, n.º 5), ou o devedor deduz oposição, caso em que deve alegar, seja a inexistência do facto-índice, seja a inexistência da situação de insolvência (cfr. art. 30.º, n.º 3) e, em qualquer caso, provar a sua solvência, baseando-se na escrituração legalmente obrigatória (cfr. art. 30.º, n.º 4).

Diga-se que no caso do art. 30.º, n.º 5, os factos-índice do n.º 1 do art. 20.º parecem funcionar como condições suficientes e conduzir directamente à declaração de insolvência: a inércia do devedor perante o facto alegado dispensaria a apreciação da insolvência pelo juiz. Não pode aceitar-se esta conclusão. Como se viu atrás, o facto alegado indicia apenas a insolvência, não devendo esta ser declarada sem que o juiz esteja convencido de que ela existe[146].

Deduzindo o devedor oposição, realiza-se a audiência de discussão e julgamento, notificando-se o devedor e o requerente para comparecerem (cfr. art. 35.º, n.º 1).

Note-se que a norma do n.º 2 do art. 30.º exige que o devedor junte com a oposição, sob pena de não recebimento, uma lista dos seus cinco maiores credores, com exclusão do requerente, com indicação do respectivo domicílio, sendo que, de acordo com a jurisprudência, mesmo a inexistência

---

[146] Cfr., neste sentido, entre outros, o Acórdão do TRL de 23 de Fevereiro de 2006 (Relator: ILÍDIO SACARRÃO MARTINS), o Acórdão do TRC de 19 de Setembro de 2006 (Relator: GARCIA CALEJO) e o Acórdão do TRP de 28 de Junho de 2007 (Relator: DEOLINDA VARÃO). Neste contexto, é oportuno convocar a norma do art. 11.º, que consagra o princípio do inquisitório e permite fundamentar a decisão do juiz sobre o pedido de declaração da insolvência em factos não alegados pelas partes. Esta é uma das normas que aproxima o processo de insolvência dos processos de jurisdição voluntária e que constitui argumento para que o respectivo regime seja subsidiariamente aplicável, nos termos do art. 17.º, n.º 1, ao processo de insolvência. Sobre a qualificação do processo de insolvência como um processo contencioso especial (ou seja, com traços de jurisdição voluntária) e a possibilidade de integrar lacunas à luz deste último regime cfr. CATARINA SERRA, *A falência no quadro da tutela jurisdicional dos direitos de crédito – O problema da natureza do processo de liquidação aplicável à insolvência no Direito português*, cit., pp. 317 e s. (esp. pp. 431 e s.).

TRAMITAÇÃO DO PROCESSO DE INSOLVÊNCIA

de credores (ou de outros credores para lá do requerente) não dispensa o devedor de apresentação de uma declaração nesse sentido[147]. A previsão deste ónus tem sido consensualmente entendida como uma medida de (mera) facilitação dos actos subsequentes à declaração de insolvência, como o acto de citação pessoal dos cinco maiores credores determinado no art. 37.º, n.º 3[148]. Atenta esta função, tem vindo a ser considerado que o ónus impossibilita ou dificulta, de modo excessivo ou intolerável, a actuação procedimental facultada ao devedor, sendo a consequência da sua inobservância (o não recebimento da oposição) manifestamente desproporcionada à gravidade e à relevância, para os fins do processo, da falta imputada ao devedor. Foi por isso arguida a inconstitucionalidade da norma por violação dos princípios constitucionais do acesso ao direito e da tutela jurisdicional efectiva – em particular do princípio do contraditório e da igualdade de armas – (cfr. art. 20.º da CRP) e da proporcionalidade (cfr. art. 18.º da CRP). Não obstante algum insucesso inicial[149], esta argumentação teve acolhimento, em certa medida, no Tribunal Constitucional[150] e no Supremo Tribunal de Justiça[151].

---

[147] Cfr. o Acórdão do TRP de 23 de Outubro de 2007 (Relator: Henrique Araújo) e o Acórdão do TRC de 29 de Dezembro de 2008 (Relator: Távora Vítor)].

[148] Cfr., entre outros, o Acórdão do TRL de 9 de Julho de 2009 (Relator: Ezagüy Martins).

[149] Cfr., por excelência, o Acórdão do TRP de 28 de Junho de 2007 (Relator: Deolinda Varão).

[150] Cfr. o Acórdão do TC n.º 639/2014, de 7 de Outubro (Relator: José Cunha Barbosa), o Acórdão do TC n.º 350/2012, de 5 de Julho (Relator: Carlos Fernandes Cadilha), e o Acórdão do TC n.º 556/2008, de 19 de Novembro (Relator: João Cura Mariano). Nos termos deste último, o Tribunal Constitucional decidiu "[j]ulgar inconstitucional, por violação do direito a um processo equitativo, consagrado no n.º 4, do artigo 20.º, da Constituição da República Portuguesa, a norma do artigo 30.º, n.º 2, do Código da Insolvência e da Recuperação de Empresas, na interpretação segundo a qual deve ser desentranhada a oposição que não se mostra acompanhada de informação sobre a identidade dos cinco maiores credores do requerido, sem que a este seja facultada a oportunidade de suprir tal deficiência". Cfr., todavia, o Acórdão do TC n.º 606/2013, de 24 de Setembro de 2013 (Relatora: Maria Lúcia Amaral).

[151] Cfr., por todos, o Acórdão do STJ de 17 de Junho de 2014, Proc. 4051/13.7TBVNG-A.P1.S1 (Relator: Azevedo Ramos). Aí se decidiu que "[a] norma do citado art. 30.º, n.º 2, do CIRE, é materialmente inconstitucional, por violação do direito a um processo equitativo, consagrado no art. 20.º, n.º 4, da CRP, quando interpretada no sentido de não dever ser admitido o articulado da oposição, se este não for acompanhado da lista contendo a indicação dos cinco maiores credores da requerida e sem que esta tenha sido previamente concedida a oportunidade de suprir essa deficiência".

Voltando à tramitação processual, na sequência da notificação do devedor e do requerente para comparecerem na audiência de discussão e julgamento, podem, por sua vez, ocorrer três hipóteses.

A primeira é a de nem o devedor nem um seu representante comparecerem. Se isto ocorrer, consideram-se confessados os factos alegados na petição inicial (cfr. art. 35.º, n.º 2) e, se estes forem subsumíveis no n.º 1 do art. 20.º, é proferida a sentença de declaração de insolvência (cfr. art. 35.º, n.º 4).

Mais uma vez nesta hipótese deve contrariar-se a aparência de que os factos-índice do n.º 1 do art. 20.º são condições suficientes e concluir-se que o juiz não fica dispensado de apreciar a insolvência.

A segunda hipótese é a de comparecer o devedor ou um seu representante mas não o requerente nem um seu representante. Nesta segunda hipótese considera-se que há desistência do pedido (cfr. art. 35.º, n.º 3) e é proferida a sentença homologatória de desistência do pedido (cfr. art. 35.º, n.º 4).

A última hipótese é a de comparecem ambas as partes. Neste caso, o juiz profere despacho destinado a identificar o objecto do litígio e a enunciar os temas da prova e, concluídas a produção da prova e as subsequentes alegações orais, profere a sentença de declaração de insolvência ou de indeferimento do pedido de declaração de insolvência (cfr. art. 35.º, n.ºs 5, 6, 7 e 8).

Excepcionalmente, pode vir a ser dispensada a citação ou a audiência do devedor. Isto acontecerá sempre que a citação ou a audiência acarrete demora excessiva pelo facto de o devedor, sendo pessoa singular, residir no estrangeiro, ou por ser desconhecido o seu paradeiro (cfr. art. 12.º, n.º 1). Também nesta hipótese, tem lugar a audiência de discussão e julgamento (cfr. art. 35.º, n.º 1), que se processa nos termos descritos, excepto se comparecer apenas o requerente ou um seu representante, caso em que o juiz profere despacho destinado a identificar o objecto do litígio e a enunciar os temas da prova e, concluídas a produção da prova e as subsequentes alegações orais, profere a sentença de declaração de insolvência ou de indeferimento do pedido de declaração de insolvência (cfr. art. 35.º, n.ºs 5, 6, 7 e 8).

Como ficou dito atrás, no caso de requerimento da insolvência por outro sujeito que não o devedor tem lugar, normalmente, a citação pessoal do devedor (cfr. art. 29.º, n.º 1), para que este possa deduzir oposição à declaração de insolvência (cfr. art. 30.º).

Esta citação é efectuada sem prejuízo da adopção das medidas cautelares que o juiz considere convenientes (cfr. art. 29.º, n.º 1).

16. Medidas cautelares

Resulta do art. 31.º, n.ºs 1 e 3, que o juiz pode decidir ordenar medidas cautelares, oficiosamente ou a pedido do requerente da declaração de insolvência, antes da declaração de insolvência e mesmo antes da citação do devedor.

As medidas cautelares destinam-se, como se sabe, a evitar o *periculum in mora*. Em particular no processo de insolvência, elas visam evitar o risco da prática de actos de má gestão ("havendo justificado receio da prática de actos de má gestão"), que podem ocorrer durante o período entre o pedido de declaração de insolvência e a sentença que a declara ou indefere o pedido.

Outro dos pressupostos gerais das medidas cautelares é, como também se sabe, o *fumus boni iuris*, ou seja, a aparência do bom direito, o que, no caso significa, a plausibilidade da insolvência do devedor. A apreciação deste requisito pelo juiz não é exauriente, correspondendo a um acto de cognição sumária.

As medidas cautelares são "as que se mostrem necessárias ou convenientes para impedir o agravamento da situação patrimonial do devedor" (cfr. art. 31.º, n.º 1), o que significa que existe ampla liberdade quanto às medidas que podem, em concreto, ser ordenadas.

Uma delas é a nomeação de um administrador judicial provisório, conforme previsto no art. 31.º, n.º 2, mas existem várias outras medidas possíveis como a mera sujeição do devedor à proibição da prática de certos actos.

Se for nomeado um administrador judicial provisório podem ser atribuídos a este poderes exclusivos para a administração do património do devedor (com a consequente privação do devedor dos poderes de administração e de disposição dos seus bens) ou meros poderes de assistência ao devedor nessa administração.

No contexto desta medida são relevantes as normas dos arts. 32.º a 34.º, que contêm regras quanto à escolha e à remuneração do administrador judicial provisório, às suas competências e ainda, por remissão para o regime do administrador da insolvência, quanto a matérias tão diversas como a publicidade e o registo da nomeação e dos poderes que são atribuídos ao administrador judicial provisório, à sua fiscalização, à sua responsabilidade e à eficácia dos actos jurídicos celebrados sem a sua intervenção.

É de destacar, no que respeita à nomeação do administrador judicial provisório, a possibilidade de o juiz ter em conta a proposta eventualmente feita na petição inicial no caso de processos em que seja previsível a existência de actos de gestão que requeiram especiais conhecimentos ou quando o devedor seja uma sociedade comercial em relação de domínio ou de grupo

LIÇÕES DE DIREITO DA INSOLVÊNCIA

com outras sociedades cuja insolvência haja sido requerida e se pretenda a nomeação do mesmo administrador nos diversos processos (cfr. art. 32.º, n.º 1).

Como se disse, as medidas cautelares podem ser ordenadas antes da citação do devedor. Nos termos do art. 31.º, n.º 3, tal pode acontecer se for indispensável para não fazer perigar o seu efeito útil. A citação não pode, contudo, ser retardada mais de dez dias relativamente ao prazo que interviria se tais medidas não fossem ordenadas.

CAPÍTULO II – A sentença de declaração de insolvência

SECÇÃO I – Sobre a sentença de declaração de insolvência e a sua impugnação

Bibliografia específica: ISABEL ALEXANDRE, "O processo de insolvência: pressupostos processuais, tramitação, medidas cautelares e impugnação da sentença", in: AA. VV., *Themis*, Edição Especial – *Novo Direito da Insolvência*, 2005, pp. 43 e s., PEDRO DE ALBUQUERQUE, "Declaração da situação de insolvência", in: *O Direito*, 2005, III, pp. 507 e s., PEDRO DE ALBUQUERQUE, "A declaração da situação de insolvência (alguns aspectos do seu processo)", in: AA. VV., *Estudos em memória do Professor Doutor José Dias Marques*, Coimbra, Almedina, 2007, pp. 773 e s.

17. Conceito e natureza

A sentença declaratória de insolvência e, em particular a questão da sua natureza, foi um tema vivamente discutido na doutrina[152]. Estará ela para o processo de insolvência como o título executivo está para o processo de execução? Poderá ela desempenhar a função que neste último desempenha, por exemplo, uma sentença de condenação exibida pelo exequente?

À primeira vista, dir-se-ia que sim. À imagem do processo executivo, em que o título serve de base à penhora e à venda dos bens, no processo de insolvência, a tutela dos credores parece começar logo após a declaração de insolvência, com a apreensão e a liquidação dos bens do devedor.

Hoje, é razoavelmente pacífico que ela é uma sentença declarativa em sentido próprio. Comporta uma declaração ou um *accertamento*, que reside

---

[152] Cfr., sobre a discussão, CATARINA SERRA, *A falência no quadro da tutela jurisdicional dos direitos de crédito – O problema da natureza do processo de liquidação aplicável à insolvência no Direito português*, cit., pp. 278 e s.

TRAMITAÇÃO DO PROCESSO DE INSOLVÊNCIA

no facto de o juiz reconhecer judicialmente a situação de facto que é a condição fundamental da declaração de insolvência.

A sentença declaratória de insolvência tem, no entanto, um carácter singular. Constitui o devedor numa situação jurídica nova: o estado de "insolvente", que se projecta, depois, em inúmeras consequências, que afectam profundamente o devedor e as pessoas que com ele se relacionam. Algumas delas são, como se verá, expressamente referidas na sentença, outras estão previstas na lei da insolvência, na parte reservada aos efeitos da declaração de insolvência, outras ainda estão dispostas no Código Civil e em leis avulsas. Elas são de tal modo numerosas e significativas que é possível dizer-se que a sentença produz uma modificação geral da situação jurídica do devedor.

Apesar de tudo, não pode dizer-se que a sentença tem as características de uma providência executiva pois não deve confundir-se um dos efeitos da sentença (a constituição do devedor em insolvente) com as consequências legais que de tal efeito decorrem. O reconhecimento judicial (da situação de insolvência) cria, de facto um estado jurídico novo (o estado de insolvente), que, por sua vez, dá origem à adopção de várias providências. Mas estas só impropriamente podem imputar-se à sentença. Em rigor, a sentença limita-se a criar a condição de que depende a aplicação das normas legais que prevêem aquelas providências.

Em particular, os chamados "efeitos executivos", representados pela apreensão dos bens do devedor, são simplesmente as consequências resultantes *ope legis* do novo *status iuridicus* em que a sentença coloca o devedor. Ou seja, além de verificar/declarar a insolvência, a sentença (só) tem um outro efeito (constitutivo)[153]: modifica o estado jurídico do devedor, devendo, por isso, ser enquadrada na categoria das sentenças declarativas de tipo constitutivo[154].

---

[153] "Ao passo que a acção *declarativa* (de simples apreciação ou de condenação) reconhece e aprecia uma situação preexistente, a acção *constitutiva* cria uma situação nova. Daí que os efeitos da sentença proferida na acção declarativa se produzem *ex tunc*, enquanto os da sentença proferida em acção constitutiva se produzem *ex nunc*" [cfr. JOSÉ ALBERTO DOS REIS, *Comentário ao Código de Processo Civil*, volume 1.º, cit., p. 21 (sublinhados do autor)]. Para uma visão sobre as origens da categoria das sentenças constitutivas (as primeiras referências a ela nas doutrinas alemã e italiana) cfr. ainda JOSÉ ALBERTO DOS REIS, *Processo ordinário e sumário*, volume 1.º, Coimbra, Coimbra Editora, 1928, pp. 209 e s.

[154] Cfr. PEDRO DE SOUSA MACEDO, *Manual de Direito das Falências*, volume I, cit., p. 299: "A sentença [de declaração de falência] não é de simples apreciação mas constitutiva. Não há um facto jurídico que se declare apenas para evitar uma situação de incerteza. Temos antes uma

LIÇÕES DE DIREITO DA INSOLVÊNCIA

18. Função

Problema diferente do da natureza jurídica da sentença de declaração de insolvência é o de saber qual a sua função ou, mais precisamente, se ela desempenha a função de um título executivo. Aparentemente, dir-se-ia que sim, uma vez que é a partir da declaração de insolvência que se desencadeia a aplicação das providências executivas.

Não pode, entretanto, esquecer-se que, na fase imediatamente sucessiva à declaração de insolvência, a generalidade dos créditos ainda não foi reclamada, ou seja, nem sequer existe o equivalente a um requerimento executivo.

Poder-se-á, então, dizer que a primeira fase do processo de insolvência consubstancia uma espécie de tutela antecipada dos interesses dos credores. Mas isso não permite atribuir à sentença de declaração de insolvência o carácter de título executivo. As posições subjectivas do lado activo só ficam plenamente identificadas com a sentença de verificação e graduação de créditos. Até lá os bens do insolvente são apreendidos e vendidos no interesse presumível dos credores, que são, à data, um grupo de sujeitos ainda por determinar – uma "série".

Por outras palavras, à sentença de declaração de insolvência falta aquilo que é característico dos títulos executivos: a função de certificação de direitos individuais. A sentença de declaração de insolvência apenas verifica uma situação e constitui o devedor em insolvente. Para que os credores venham a final a ser pagos, é, no entanto, necessário que uma outra sentença venha complementá-la, desempenhando aquela função de certificação – a sentença de verificação de créditos[155].

---

acção tendente a conseguir, pela decisão, um novo efeito jurídico material, uma alteração no estado da pessoa. O 'simile' deve procurar-se nas acções de interdição". Veja-se ainda PEDRO DE SOUSA MACEDO, *Manual de Direito das Falências*, volume II, Coimbra, Almedina, 1968, p. 27: "[...] a falência apresenta-se como uma acção constitutiva, isto é, tendente a produzir um efeito jurídico material novo – destinada a estabelecer o estado de falido. Não é de simples apreciação uma vez que a chamada falência de facto não é relevante [...]. Não se define apenas uma situação de falido, que há que tornar certa; antes se cria o estado legal de falido, convertendo um estado económico ou de facto em estado jurídico".

[155] Pronunciou-se, pois, bem o Tribunal da Relação do Porto, no Acórdão de 7 de Novembro de 2005: "A sentença que declara a falência é título universal para, com base nele, todos os credores do falido reclamarem os seus créditos". Um argumento pode ainda ser encontrado no Direito português para reforçar a ideia: o art. 233.º, n.º 1, al. *c*), que determina que, após o encerramento do processo, os credores podem exercer os seus direitos contra o devedor, constituindo para o efeito título executivo a sentença de verificação de créditos.

TRAMITAÇÃO DO PROCESSO DE INSOLVÊNCIA

19. Conteúdo, notificação e publicidade

A sentença de declaração de insolvência designa, entre outras coisas, o administrador da insolvência [cfr. art. 36.º, n.º 1, al. *d)*], o prazo (até trinta dias) para reclamação de créditos [cfr. art. 36.º, n.º 1, al. *j)*] e a data (entre os quarenta e cinco e os sessenta dias subsequentes) para a assembleia de credores de apreciação do relatório [cfr. art. 36.º, n.º 1, al. *n)*]. Como já se disse, o juiz pode prescindir da realização da assembleia de apreciação do relatório, excepto nos casos em que for previsível a apresentação de um plano de insolvência ou em que se determine que a administração da massa seja efectuada pelo devedor (cfr. art. 36.º, n.º 2). Se o juiz dispensar a assembleia, qualquer interessado pode, no prazo para a reclamação de créditos, requerer ao tribunal a sua convocação (cfr. art. 36.º, n.º 3).

Na sentença fixam-se também algumas das principais providências instrumentais do processo, como a apreensão, para entrega ao administrador da insolvência, de todos os bens do devedor [cfr. art. 36.º, n.º 1, al. *g)*], o dever de respeitar a residência fixada na sentença [cfr. art. 36.º, n.º 1, al. *c)*] e o dever de entrega imediata de documentos relevantes para o curso do processo [cfr. art. 36.º, n.º 1, al. *f)*].

Os administradores do devedor a quem tenha sido fixada a residência são notificados pessoalmente da sentença, nos termos e pelas formas prescritos na lei processual para a citação, sendo-lhes igualmente enviadas cópias da petição inicial (cfr. art. 37.º, n.º 1).

Sem prejuízo das notificações eventualmente exigidas pela lei laboral (nomeadamente ao Fundo de Garantia Salarial), a sentença é também notificada ao Ministério Público, ao Instituto de Segurança Social, ao requerente da declaração de insolvência, ao devedor, nos termos previstos para a citação, caso não tenha ainda sido citado pessoalmente para os termos do processo, e, se o devedor for titular de uma empresa, à comissão de trabalhadores (cfr. art. 37.º, n.º 2).

Os cinco maiores credores conhecidos, com exclusão do requerente, são citados pessoalmente ou, se não tiverem residência habitual, domicílio ou sede em Portugal, por carta registada (cfr. art. 37.º, n.º 3). Os credores conhecidos com residência habitual, domicílio ou sede estatutária num Estado-membro da União Europeia diferente daquele em que foi aberto o processo são citados por carta registada, em conformidade com o art. 54.º do Regulamento (UE) 2015/848, do Parlamento Europeu e do Conselho, de 20 de Maio de 2015 (cfr. art. 37.º, n.º 4). Havendo créditos do Estado e de outras entidades públicas, a respectiva citação é feita por carta registada (cfr. art. 37.º, n.º 5).

LIÇÕES DE DIREITO DA INSOLVÊNCIA

A notificação e a citação podem ainda ser efectuadas por via electrónica, nos termos previstos em portaria do Ministro da Justiça (cfr. art. 37.º, n.º 6).

Os demais credores e restantes interessados são citados por edital, afixado na sede, nos estabelecimentos da empresa e no próprio tribunal e por anúncio publicado no portal Citius[156] (cfr. art. 37.º, n.ºs 7 e 8).

Também por força do DL n.º 282/2007, de 7 de Agosto, deixou de se exigir a publicação de anúncio da declaração de insolvência num jornal diário de grande circulação.

Saliente-se que os credores são citados após a prolação da sentença de declaração de insolvência, o que significa que, até aí, o processo se mantém no domínio quase exclusivo das partes (do devedor e do requerente da declaração de insolvência ou, no caso de apresentação à insolvência, só do devedor) e que só depois da sentença chega ao conhecimento dos outros interessados e se torna objecto de publicidade geral. A limitação da publicidade nesta fase – em que ainda não se sabe se existe, de facto, a situação de insolvência – evita que o devedor fique exposto aos efeitos imediatos da abertura do processo, que podem afectar injustamente, de forma irreversível, o seu bom nome, a sua honra e a sua credibilidade.

A declaração de insolvência é, além disso, objecto de registo oficioso na conservatória do registo civil (quando o devedor é uma pessoa singular) e na conservatória do registo comercial (quando houver factos relativos ao devedor insolvente que estejam sujeitos a isso) [cfr. art. 38.º, n.º 2, als. *a)* e *b)*]. A medida de publicidade corresponde a um alargamento do âmbito dos factos sujeitos a registo: estão, actualmente, sujeitos a registo (civil) os factos relativos à insolvência de todas as pessoas singulares – quando antes só os factos relativos à insolvência dos comerciantes estavam sujeitos a registo (comercial). O mérito do alargamento tem sido discutido: sendo o registo efectuado por averbamento ao assento de nascimento, são numerosos os actos da vida civil do sujeito realizados sob a sombra do processo de insolvência, produ-

---

[156] Note-se que o art. 5.º, n.º 1, do DL n.º 79/2017, de 30 de Junho, determina que "para todos os efeitos previstos no Código da Insolvência e da Recuperação de Empresas no que respeita à publicidade inerente aos processos nele regulados, todas as referências ao Portal Citius passam a entender-se como referentes ao portal a definir por portaria do membro do Governo responsável pela área da justiça". Como se adverte no n.º 2 do mesmo preceito, esta regra só produzirá efeitos a partir da data de disponibilização ao público do referido portal, que deve ser declarada por despacho do membro do Governo responsável pela área da justiça e publicado no *Diário da República*.

TRAMITAÇÃO DO PROCESSO DE INSOLVÊNCIA

zindo-se, na realidade, um efeito estigmatizante de alcance superior ao do próprio registo criminal[157] [158]. A medida é contraditória, tendo em conta os sinais que indiciam a vontade em atenuar os efeitos pessoais sobre o devedor e reduzir o estigma que anda associado à insolvência (por exemplo, a substituição, no código, do termo "falência" pelo de "insolvência" e das referências ao "falido" ou "insolvente" pela referência, mais neutra, ao "devedor").

Durante algum tempo, a declaração de insolvência dava origem ao averbamento perpétuo, no assento de nascimento do sujeito, dos factos respeitantes ao processo de insolvência. Actualmente, prevê-se a eliminação do averbamento em determinadas condições, nomeadamente decorridos cinco anos após o registo da decisão de encerramento do processo de insolvência, mediante a elaboração oficiosa de um novo assento de nascimento (cfr. art. 81.º-A do CRCiv, introduzido pelo art. 2.º do DL n.º 324/2007, de 28 de Setembro. A possibilidade de eliminação é bem-vinda mas teria sido mais adequada (mais conforme à ideia de proporcionalidade) a criação de um cadastro autónomo, de tipo económico, destinado à inscrição deste tipo de factos – factos e actos de natureza patrimonial[159].

Depois da alteração do DL n.º 116/2008, de 4 de Julho (e ainda do DL n.º 185/2009, de 12 de Agosto), a declaração de insolvência passa também a ser inscrita no serviço de registo predial relativamente aos bens que integrem a massa insolvente (cfr. art. 38.º, n.º 3). Existindo no registo predial, sobre estes bens, qualquer inscrição de aquisição ou reconhecimento do direito de propriedade ou de mera posse a favor de pessoa diversa do insolvente, deve o administrador da insolvência juntar ao processo certidão das respectivas inscrições (cfr. art. 38.º, n.º 5).

---

[157] Cfr. CATARINA SERRA, "O Código da Insolvência e da Recuperação de Empresas e o Direito Registal", in: AA. VV., *Nos 20 Anos do Código das Sociedades Comerciais – Homenagem aos Profs. Doutores A. Ferrer Correia, Orlando de Carvalho e Vasco Lobo Xavier*, volume II – *Vária*, Coimbra, Coimbra Editora, 2007, pp. 506-507.

[158] Como tem sido apontado, "no domínio da condição civil, a insolvência judicialmente declarada surge ao lado de factos como o nascimento, a filiação, a adopção, o casamento e o óbito. Uma certidão de nascimento será suficiente para saber se a pessoa em apreço foi ou não declarada insolvente e que restrições implica a declaração" (cfr. JORGE DUARTE PINHEIRO, "Efeitos pessoais da declaração de insolvência", in: AA. VV., *Estudos em memória do Professor Doutor José Dias Marques*, Coimbra, Almedina, 2007, p. 209).

[159] Cfr. CATARINA SERRA, "O Código da Insolvência e da Recuperação de Empresas e o Direito Registal", cit., p. 507.

LIÇÕES DE DIREITO DA INSOLVÊNCIA

A secretaria deve, por fim, registar oficiosamente a declaração de insolvência no registo informático de execuções, promover a sua divulgação na página informática do tribunal [cfr. art. 38.º, n.º 6, als. *a)* e *b)*] e comunicá-la ao Banco de Portugal para inscrição na central de riscos de crédito [cfr. art. 38.º, n.º 6, al. *c)*].

20. Impugnação

A sentença declaratória de insolvência pode ser impugnada, alternativa ou cumulativamente, através de embargos (cfr. art. 40.º) e de recurso (cfr. art. 42.º). O regime representa um desvio ao regime do Código dos Processos Especiais de Recuperação da Empresa e de Falência, que apenas admitia a impugnação da sentença através de embargos (cfr. arts. 129.º e 130.º), e um regresso ao sistema duplo que vigorou no Código de Processo Civil (cfr. revogados arts. 1182.º e 1183.º e s.).

Os embargos servem para alegar factos novos ou para requerer novos meios de prova (cfr. art. 40.º, n.º 2) e o recurso destina-se à discussão de razões de direito (cfr. art. 42.º, n.º 1). Apesar da delimitação das matérias a tratar nuns e noutro, a solução deixa margem a que ocorram indesejáveis casos de contradição de julgados[160].

Note-se que o devedor que se apresenta à insolvência está impedido de contestar a sentença, o que bem se compreende uma vez que se trata de uma sentença que acolhe um pedido seu. O mesmo acontece sempre que a insolvência é requerida por outro legitimado e o devedor, apesar de devidamente citado, não apresentou contestação[161].

Tanto a oposição de embargos à sentença declaratória de insolvência como o recurso da sentença que, decidindo os embargos, mantenha a declaração têm efeito suspensivo sobre a liquidação e a partilha do activo (cfr. art. 40.º, n.º 3), sem prejuízo da venda imediata de certos bens (cfr. art. 158.º, n.º 2). O mesmo se diga a propósito da interposição de recurso da sentença de declaração de insolvência (cfr. art. 42.º, n.º 3).

---

[160] Cfr., neste sentido, FÁTIMA REIS SILVA, "Algumas questões processuais no Código da Insolvência e da Recuperação de Empresas – Uma primeira abordagem", in: *Miscelâneas*, n.º 2, Instituto de Direito das Empresas e do Trabalho, Coimbra, Almedina, 2004, p. 70.
[161] Cfr., neste sentido, LUÍS CARVALHO FERNANDES/JOÃO LABAREDA, *Código da Insolvência e da Recuperação de Empresas Anotado. Sistema de Recuperação de Empresas por Via Extrajudicial (SIREVE) Anotado. Legislação Complementar*, cit., p. 279.

No processo de insolvência, e nos embargos opostos à sentença de declaração de insolvência, não é admitido recurso dos acórdãos proferidos por tribunal da relação, salvo se o recorrente demonstrar que o acórdão de que pretende recorrer está em oposição com outro, proferido por alguma das relações, ou pelo Supremo Tribunal de Justiça, no domínio da mesma legislação e que haja decidido de forma divergente a mesma questão fundamental de direito e não houver sido fixada pelo Supremo Tribunal de Justiça, nos termos dos artigos 686.º e 687.º do CPC, jurisprudência com ele conforme (cfr. art. 14.º, n.º 1).

21. A hipótese de insuficiência da massa insolvente
Após o trânsito em julgado da sentença de declaração de insolvência pode haver lugar ao encerramento do processo, por insuficiência da massa insolvente – quando o juiz conclua que o património do devedor não é presumivelmente suficiente e ainda quando o administrador da insolvência constate ou o juiz tenha conhecimento oficioso de que o património do devedor não é (comprovadamente) suficiente para a satisfação das custas do processo e das restantes dívidas da massa insolvente [cfr. art. 39.º, n.º 1, art. 230.º, n.º 1, al. d), e art. 232.º, n.ºs 1 e 2][162]-[163].

O processo é, em ambos os casos, declarado findo ou encerrado, sem prejuízo da tramitação, até final, do "incidente limitado de qualificação de insol-

---

[162] Apesar da semelhança quanto ao seu desenlace provável (o fim ou o encerramento do processo), as situações previstas nos arts. 39.º e 232.º são, na realidade, distintas: na primeira, o juiz apercebe-se, antes de declarar a insolvência, de certos factos que lhe permitem presumir que o património do devedor é insuficiente para a satisfação das custas do processo e das restantes dívidas da massa insolvente; na segunda, o juiz, de nada se tendo apercebido inicialmente, declarou a insolvência, só mais tarde vindo a ser alertado pelo administrador da insolvência ou a ter conhecimento oficioso da (comprovada) insuficiência da massa insolvente para a satisfação das custas do processo e das restantes dívidas da massa. Diga-se que a versão inicial da norma do n.º 1 do art. 232.º não contemplava a possibilidade de o juiz ter conhecimento oficioso da situação mas a Lei n.º 16/2012, de 20 de Abril, veio acrescentar essa hipótese.

[163] Por força da alteração da Lei n.º 114/2017, de 29 de Dezembro (Lei do Orçamento de Estado para 2018), ao art. 41.º, n.º 1, al. b), do CIRC e ao art. 78.º-A, n.º 4, al. b), do CIVA, quando a insolvência é decretada de carácter limitado ou quando é determinado o encerramento do processo por insuficiência de bens, ao abrigo da al. d) do n.º 1 do art. 230.º e do art. 232.º, os créditos são considerados incobráveis, podendo os credores, respectivamente, conseguir que estes créditos sejam directamente considerados gastos ou perdas do período de tributação ou deduzir o IVA relativo a estes créditos.

LIÇÕES DE DIREITO DA INSOLVÊNCIA

vência", na hipótese, evidentemente, de este ser/ter sido aberto [cfr. art. 39.º, n.º 7, al. *b*), *in fine*, art. 191.º, n.º 1, e art. 232.º, n.º 5]. O incidente da qualificação de insolvência só não se abrirá/prosseguirá como limitado quando seja depositado, por algum interessado, o montante que o juiz determinar para garantir o pagamento das custas do processo e restantes dívidas da massa insolvente, nos termos, consoante os casos, do art. 39.º, n.ºs 2, 3, 4 e 5, e do art. 232.º, n.º 2.

Em particular no caso regulado no art. 39.º, uma vez que a sentença compreende apenas as menções das als. *a)* a *d)* e *h)* do n.º 1 do art. 36.º, é preciso que o interessado peça o complemento da sentença, para que se dê cumprimento integral ao disposto no art. 36.º e a sentença seja complementada com as restantes menções [cfr. art. 39.º, n.º 2, al. *a)*]. Ainda neste caso, o requerente tem a possibilidade de, em alternativa ao depósito, caucionar o pagamento mediante garantia bancária (cfr. art. 39.º, n.º 3).

É de salientar que a norma do art. 39.º, n.º 3, foi julgada inconstitucional, por violação do n.º 1 do art. 20.º e da al. *a)* do n.º 1 do art. 59.º da CRP, quando interpretada no sentido de que o requerente do complemento da sentença, quando careça de meios económicos e, designadamente, beneficiar do apoio judiciário na modalidade de isenção da taxa de justiça e demais encargos com o processo, se não depositar a quantia que o juiz especificar nem prestar a garantia bancária alternativa, não pode requerer aquele complemento de sentença[164-165].

22. A hipótese de indeferimento do pedido de declaração de insolvência
Como resulta do acima exposto, nem sempre o pedido de declaração de insolvência dá lugar à declaração de insolvência.

---

[164] Cfr. o Acórdão do TC n.º 83/2010, de 3 de Março (Relator: PAMPLONA DE OLIVEIRA), e o Acórdão do TC n.º 372/2016, de 8 de Junho de 2016 (Relator: LINO RODRIGUES RIBEIRO).
[165] Já antes a norma da al. *d)* do n.º 7 do art. 39.º havia sido julgada inconstitucional pelo Acórdão do TC n.º 602/2006, de 14 de Novembro (Relator: BRAVO SERRA), por violação do n.º 1 do art. 20.º e da al. *a)* do n.º 1 do art. 59.º, quando interpretada no sentido de impor, nos casos em que foi proferida sentença nos termos do n.º 1 da norma, ao trabalhador que não desfrute de condições económicas suficientes (e que pretenda instaurar novo processo de insolvência para efeitos de nele ser reconhecida a reclamação do seu crédito por salários não pagos pela entidade insolvente) o depósito de um montante que o juiz razoavelmente entenda necessário para garantir o pagamento das dívidas previsíveis da massa insolvente, não contemplando o benefício de apoio judiciário a possibilidade de isenção desse depósito.

TRAMITAÇÃO DO PROCESSO DE INSOLVÊNCIA

Quando assim seja, é proferida uma sentença de indeferimento do pedido de declaração de insolvência, que é notificada apenas ao requerente da declaração de insolvência e ao devedor (cfr. art. 44.º, n.º 1) e é exclusivamente susceptível de recurso por iniciativa do requerente (cfr. art. 45.º).

A sentença está sujeita a publicação e registo no caso de ter sido nomeado um administrador judicial provisório, nos termos previstos nos arts. 37.º e 38.º, com as necessárias adaptações (cfr. art. 44.º, n.º 2)[166]. É de aplaudir a solução de subordinação da publicação e do registo à condição de ter sido nomeado administrador judicial provisório. Na realidade, só quando haja nomeação do administrador, sendo esta objecto de publicação e registo (cfr. art. 34.º), se torna o requerimento da insolvência conhecido do público e, portanto, é exigível que o seja o respectivo indeferimento.

SECÇÃO II – Os efeitos da declaração de insolvência

Bibliografia específica: Mafalda Miranda Barbosa, "Da igualdade ou do tratamento igualitário entre credores – breves considerações", in: *Boletim da Faculdade de Direito*, 2016, 92, pp. 367 e s.

23. O princípio *par conditio creditorum* ou da igualdade entre os credores

Os efeitos da declaração de insolvência têm como princípio fundamentante o princípio *par conditio creditorum* ou da igualdade dos credores. A este princípio corresponde, no círculo jurídico germânico, o *Grundsatz der gleichmäßigen Behandlung* ou *Prinzip der Gleichbehandlung* e no círculo jurídico anglo-saxónico, o *pari passu principle*.

É o princípio *par conditio creditorum* que norteia, pois, a aplicação das normas que consagram os efeitos da declaração de insolvência, sobretudo daquelas que deixam, aparentemente, ao juiz e ao administrador da insolvência, alguma liberdade de actuação[167].

O princípio *par conditio creditorum* acarreta uma limitação generalizada dos direitos "naturais" dos credores. Por força da declaração de insolvência,

---

[166] Cfr. Catarina Serra, "O Código da Insolvência e da Recuperação de Empresas e o Direito Registal", cit., p. 511.

[167] Sobre o princípio *par conditio creditorum* cfr. Catarina Serra, *A falência no quadro da tutela jurisdicional dos direitos de crédito – O problema da natureza do processo de liquidação aplicável à insolvência no Direito português*, cit., pp. 152 e s.

os credores ficam limitados, por exemplo, no quadro do Direito português, no exercício do seu poder de acção executiva – por força da impossibilidade de instaurar e de obter o prosseguimento de acções executivas contra o devedor (cfr. art. 88.º, n.º 1) –; na titularidade de certos direitos reais de garantia dos seus créditos – devido à susceptibilidade de extinção dos privilégios creditórios e garantias reais (cfr. art. 97.º) –; no recurso a certos meios de extinção das obrigações – pelos condicionamentos impostos ao exercício do direito de compensação (cfr. art. 99.º) –; no recurso a certas providências de conservação do património do devedor – pelos condicionamentos apertados impostos ao direito de instauração de acções de impugnação pauliana (cfr. art. 127.º) –; no gozo de certas posições processuais de vantagem – por força da regra da inatendibilidade, na graduação de créditos, da preferência resultante da hipoteca judicial ou proveniente da penhora (cfr. art. 140.º, n.º 3) –; ficam, por fim, sujeitos a um conjunto de efeitos particulares no caso de estarem ainda em curso negócios jurídicos em que participaram com o insolvente (cfr. art. 102.º e s.)[168].

Pode parecer contraditório ou paradoxal que a fonte destes condicionamentos seja justamente o mecanismo concebido para a consecução de uma tutela mais eficaz dos direitos de crédito – o processo de insolvência. Contrariando as aparências, é lógico que assim seja.

Na sua génese, a *par conditio creditorum* corresponde a uma exigência de "justiça distributiva" – de distribuição do sacrifício, de comunhão no risco (*Risikogemeinschaft*) ou de comunhão de perdas (*Verlustgemeinschaft*). O processo de insolvência – ou, mais exactamente, a sentença de declaração de insolvência – não faz mais do que reconhecer uma situação de facto – a impossibilidade de o devedor cumprir as suas obrigações – e desencadear a aplicação das providências adequadas.

É nesta situação de facto que se encontra a razão de ser de todas as especialidades de regime; nela se reconstitui a "solidariedade económica natural" entre os credores. Em regra (ou durante algum tempo), esta solidariedade é um elo meramente de facto, potencial, pese embora imputável a vicissitudes jurídicas, ou seja, a cada um dos vínculos jurídicos autonomamente constituídos pelo devedor. E assim permanece, reservada, a não ser que (e até que) ocorra uma situação que concretize os riscos associados ao crédito e

---

[168] Além das normas referidas, há mais algumas normas que homenageiam claramente o princípio *par conditio creditorum*, não impondo propriamente limitações aos credores; destaca-se, por exemplo, a norma do art. 91.º, n.º 1 (vencimento imediato de dívidas).

TRAMITAÇÃO DO PROCESSO DE INSOLVÊNCIA

perturbe a confiança dos credores na capacidade de cumprimento do devedor: a insolvência. A partir daí, os credores, que antes partilharam os riscos económicos da empresa ou dos actos patrimoniais do devedor, são chamados a assumir no plano jurídico as consequências dessa sua posição, reunindo-se como que numa consciência e numa preocupação comuns: uma vez verificada a condição que desencadeia o concurso de credores (cfr. art. 604.º, n.º 1, do CC)[169], está definitivamente limitado o alcance da responsabilidade patrimonial do devedor (cfr. art. 601.º do CC)[170].

24. Os efeitos da declaração de insolvência segundo o Código da Insolvência e da Recuperação de Empresa

Aos efeitos da declaração de insolvência corresponde uma disciplina jurídica própria[171].

Distinguem-se os "efeitos sobre o devedor e outras pessoas" – que correspondem aos "efeitos em relação ao falido" do Código dos Processos Especiais de Recuperação da Empresa e de Falência –, os "efeitos processuais", os "efeitos sobre os créditos", os "efeitos sobre os negócios em curso" e a "resolução em benefício da massa insolvente" – que eram antes regulados numa única secção do Código dos Processos Especiais de Recuperação da

---

[169] Recorde-se que o conflito potencial ou eventual que caracteriza o concurso de credores é um conflito de facto, de carácter económico, e não um conflito jurídico. No concurso de credores não está, em rigor, em causa nenhum direito de cada credor contra os demais, pois o concurso não pressupõe nem cria relações substanciais entre eles. Está em causa, da mesma forma que em qualquer processo singular, o direito de crédito de cada credor contra o devedor, a relação substancial existente entre cada credor e o devedor, que não se alteram por força do concurso. O que pode alterar-se, sim, é o resultado prático do exercício do poder de execução: por causa do concurso, a satisfação integral do credor pode não ser viável, estando sujeita às limitações em consequência da existência, da quantidade e do valor dos direitos dos restantes credores. Cfr., sobre o concurso no processo de insolvência, SÉRGIO MOURÃO CORRÊA LIMA, "Os concursos formal (processual) e material (obrigacional) nos processos de insolvência", in: AA. VV., *Estudos em Homenagem ao Professor Doutor Paulo de Pitta e Cunha, Volume III – Direito Privado, Direito Público e Vária*, Coimbra, Almedina, 2010, pp. 379 e s.

[170] Cfr., neste sentido, CATARINA SERRA, *A falência no quadro da tutela jurisdicional dos direitos de crédito – O problema da natureza do processo de liquidação aplicável à insolvência no Direito português*, cit., pp. 391 e s.

[171] A sistematização dos efeitos da declaração de insolvência no CIRE é objecto de crítica. Cfr., por exemplo, LUÍS MANUEL TELES DE MENEZES LEITÃO, *Código da Insolvência e da Recuperação de Empresas Anotado*, cit., p. 157.

LIÇÕES DE DIREITO DA INSOLVÊNCIA

Empresa e de Falência, sob o título "efeitos em relação aos negócios jurídicos do falido".

A maioria dos efeitos da declaração de insolvência é instrumental ao processo de insolvência, devendo servir o seu fim. O que equivale a dizer que eles se destinam a tornar mais fácil a satisfação paritária dos interesses dos credores ou, pela negativa, a impedir que, após a declaração de insolvência, algum credor obtenha uma satisfação mais eficaz (mais rápida ou mais completa) do que (e em prejuízo de) os restantes credores.

25. Os efeitos sobre o devedor e os efeitos sobre pessoas distintas do devedor em particular

A declaração de insolvência produz, em primeira linha, efeitos sobre o devedor. Mas afecta habitualmente outras categorias de sujeitos. Pense-se no caso, frequente, em que o devedor insolvente é uma sociedade comercial. Inevitavelmente, a declaração de insolvência da sociedade acarreta consequências para os seus administradores, de direito ou de facto[172], para os sócios e para os seus trabalhadores. Tais consequências não se confundem com aquelas que os atingem enquanto eventuais credores da sociedade.

A divisão que se segue identifica quatro grupos de efeitos consoante os principais círculos de sujeitos afectados: o devedor e, atendendo a que a maioria dos casos de insolvência respeita a empresas sob a forma de sociedade, os administradores, os sócios e os trabalhadores de sociedades.

Tenha-se, não obstante, consciência de que a categoria dos administradores não se esgota rigorosamente nos gerentes e administradores de sociedades. Da leitura das als. *a)* e *b)* do n.º 1 do art. 6.º resulta que, para efeitos do Código da Insolvência e da Recuperação de Empresas, são considerados administradores também aqueles a quem incumbe a liquidação do património em causa (os liquidatários) e ainda, no caso de pessoa singular, os representantes legais e mandatários com poderes gerais de administração. Mas, sobretudo, aquilo que importa precisar é que, mesmo quando entendidos na acepção do art. 6.º, n.º 1, os administradores não são os únicos sujeitos susceptíveis de ser afectados. Além dos já identificados sócios e trabalhadores,

---

[172] Tem sido sustentado, desde há tempo, que as normas que compõem a disciplina dos gerentes e administradores de sociedades são, em geral, extensíveis aos gerentes e administradores de facto. Cfr., para um exemplo, RICARDO COSTA, "Responsabilidade civil e societária dos administradores de facto", in: AA. VV., *Temas societários*, Instituto de Direito das Empresas e do Trabalho – Colóquios n.º 2, Coimbra, Almedina, 2006, pp. 27 e s.

há referências pontuais a sujeitos diversos. Veja-se, por exemplo, a norma do art. 83.º, n.º 4 e n.º 5, que se refere a certos efeitos sobre os membros do órgão de fiscalização e os prestadores de serviços e as pessoas que o tenham sido dentro dos dois anos anteriores ao início do processo de insolvência, ou a norma do art. 189.º, n.º 2, al. *a)*, que se refere a certos outros efeitos sobre os revisores oficiais de contas (ROC) e os técnicos oficiais de contas.

Tornando-se inviável uma classificação mais detalhada ou exaustiva, optou-se, como se disse, por destacar o devedor, os administradores, os sócios e os trabalhadores, dada a importância dos efeitos sobre estes sujeitos.

Deve também saber-se que alguns dos efeitos aqui classificados como efeitos sobre o devedor se produzem, por vezes, não (ou não só) sobre ele mas sobre (ou também sobre) outras pessoas. Adquirem, neste contexto, especial relevância os efeitos da insolvência culposa, que são susceptíveis de afectar outras pessoas em vez do devedor (não sendo o devedor uma pessoa singular) (cfr. art. 186.º, n.º 1) ou simultaneamente o devedor e outras pessoas (sendo o devedor uma pessoa singular) (cfr. art. 186.º, n.º 4). Far-se-á uma referência mais desenvolvida a este facto sempre que se justifique.

SUBSECÇÃO I – Efeitos sobre o devedor

Bibliografia específica: CATARINA SERRA, "As novas tendências do Direito português da Insolvência – Comentário ao regime dos efeitos da insolvência sobre o devedor no Projecto de Código da Insolvência", in: ANTÓNIO CÂNDIDO OLIVEIRA (coord.), *Estudos em comemoração do décimo aniversário da licenciatura em Direito da Universidade do Minho*, Coimbra, Almedina, 2004, pp. 203 e s., e in: AA. VV., *Código da Insolvência e da Recuperação de Empresas – Comunicações sobre o Anteprojecto de Código*, Ministério da Justiça, Gabinete de Política Legislativa e Planeamento, Coimbra, Coimbra Editora, 2004, pp. 21 e s., CATARINA SERRA, "A inelegibilidade do insolvente para os órgãos das autarquias locais: faz sentido mantê-la?", in: *Revista de Administração Local*, 2012, n.º 247, pp. 53 e s., JORGE DUARTE PINHEIRO, "Efeitos pessoais da declaração de insolvência", in: AA. VV., *Estudos em memória do Professor Doutor José Dias Marques*, Coimbra, Almedina, 2007, pp. 207 e s., LUÍS CARVALHO FERNANDES, "Efeitos substantivos privados da declaração de insolvência", in: LUÍS CARVALHO FERNANDES/JOÃO LABAREDA, *Colectânea de estudos sobre a insolvência*, Lisboa, Quid Juris, 2009, pp. 179 e s., MARIA JOSÉ COSTEIRA, "A insolvência de pessoas colectivas: efeitos no insolvente e na pessoa dos administradores", in: *Julgar*, 2012, 18, pp. 161 e s., MARIA DO ROSÁRIO EPIFÂNIO, "Efeitos da declaração de insolvência sobre o insolvente no novo Código da Insolvência e da Recuperação de Empresas", in: *Direito e Justiça*, 2005, volume XIX, tomo 2, pp. 191 e s., MARIA DO ROSÁRIO EPIFÂNIO, "Efeitos

LIÇÕES DE DIREITO DA INSOLVÊNCIA

da declaração de insolvência sobre o insolvente e outras pessoas", in: AA. VV., *Estudos em homenagem ao Prof. Doutor Henrique Mesquita*, vol. I, Coimbra, Coimbra Editora, 2010, pp. 797 e s., PAULA MARTINS CUNHA, "O processo de insolvência enquanto realidade fiscal", in: *Atas do VI Congresso Internacional de Ciências Jurídico-Empresariais – A insolvência e as Empresas*, Instituto Politécnico de Leiria, Escola Superior de Tecnologia e Gestão, 2015, pp. 29 e s. (disponível em http://cicje.ipleiria.pt/pt/atas/), PEDRO PAIS DE VASCONCELOS, "Segunda oportunidade para empresários? (o regresso do falido), in: CATARINA SERRA (coord.), *IV Congresso de Direito da Insolvência*, Coimbra, Almedina, 2017, pp. 363 e s., RUI PINTO DUARTE, "Efeitos da declaração de insolvência quanto à pessoa do devedor", in: AA. VV., *Themis*, Edição Especial – *Novo Direito da Insolvência*, 2005, pp. 131 e s., e in: RUI PINTO DUARTE, *Estudos Jurídicos Vários*, Coimbra, Almedina, 2015, pp. 219 e s.

26. Noções introdutórias

Os efeitos da declaração de insolvência sobre o devedor previstos no Código da Insolvência e da Recuperação de Empresas são, na sua maior parte, decalcados do Código dos Processos Especiais de Recuperação da Empresa e de Falência. Registam-se, evidentemente, algumas alterações, mas em muitos casos elas constituem meros apuramentos.

Efeitos realmente novos são apenas a inibição para a administração de patrimónios de terceiros, a perda dos créditos sobre a insolvência ou sobre a massa insolvente e a obrigação de restituir os bens ou direitos recebidos em pagamento desses créditos. A única outra novidade é a possibilidade de administração da massa pelo devedor, que constitui a grande excepção à privação dos poderes de administração e de disposição dos bens da massa insolvente.

Deve salientar-se, no entanto, o esforço de moralização do sistema. Uma parte significativa dos efeitos está fora da parte geral e integrada no quadro especial da qualificação da insolvência como culposa, o que comporta a isenção automática dos sujeitos que não contribuíram com culpa para a criação ou o agravamento da situação de insolvência e permite uma aplicação mais rigorosa dos efeitos sobre os culpados.

Uma classificação possível, não obstante imperfeita, dos efeitos da declaração de insolvência sobre o devedor é aquela que foi preconizada em 2004, logo que o Anteprojeto do Código foi conhecido[173], e a que aderiram grande

---

[173] Cfr. CATARINA SERRA, "As novas tendências do Direito português da Insolvência – Comentário ao regime dos efeitos da insolvência sobre o devedor no Projecto de Código da Insolvência", in: AA. VV., *Código da Insolvência e da Recuperação de Empresas – Comunicações sobre o*

TRAMITAÇÃO DO PROCESSO DE INSOLVÊNCIA

parte dos autores: a divisão dos efeitos entre efeitos necessários ou automáticos e efeitos eventuais[174].

De acordo com ela, os efeitos necessários são aqueles cuja produção é automática e não depende senão da prolação da sentença que declara a insolvência do devedor e os efeitos eventuais são aqueles cuja produção depende, para além da declaração judicial de insolvência do devedor, da verificação, em concreto, de outras condições.

Integrar-se-iam no primeiro grupo a privação dos poderes de administração e de disposição dos bens integrantes da massa insolvente (cfr. art. 81.º), os deveres de apresentação no tribunal e de colaboração com os órgãos da insolvência (cfr. art. 83.º), o dever de respeitar a residência fixada na sentença [cfr. art. 36.º, n.º 1, al. c)] e o dever de entrega imediata de documentos relevantes para o processo [cfr. art. 36.º, n.º 1, al. f)]. Integrar-se-iam no segundo grupo o direito a alimentos à custa dos rendimentos da massa insolvente (cfr. art. 84.º), a inibição para a administração de patrimónios de terceiros [cfr. art. 189.º, n.º 2, al. b)], a inibição para o exercício do comércio e para a ocupação de certos cargos [cfr. art. 189.º, n.º 2, al. c)], a perda dos créditos sobre a insolvência ou sobre a massa insolvente e a obrigação de restituir os bens ou direitos já recebidos em pagamento desses créditos [cfr. art. 189.º, n.º 2, al. d)] e a obrigação de indemnizar os credores no montante dos créditos não satisfeitos [cfr. art. 189.º, n.º 2, al. e)]. O primeiro efeito depende da carência absoluta de meios de subsistência do sujeito; os outros quatro dependem da qualificação da insolvência como culposa.

Os desenvolvimentos sucessivos, entre os quais se destaca a crescente importância da administração da massa pelo devedor, impedem que a classificação mantenha o seu rigor pleno. Como se verá já de seguida, a privação dos poderes de administração e de disposição dos bens integrantes da massa insolvente (cfr. art. 81.º) deixou de poder ser considerada um efeito necessário da declaração de insolvência.

Anteprojecto de Código, Ministério da Justiça, Gabinete de Política Legislativa e Planeamento, Coimbra, Coimbra Editora, 2004, p. 27.

[174] Cfr., por exemplo, RUI PINTO DUARTE, "Efeitos da declaração de insolvência quanto à pessoa do devedor", in: *Themis*, Edição Especial – *Novo Direito da Insolvência*, 2005, pp. 132 e s., e MARIA DO ROSÁRIO EPIFÂNIO, *Manual de Direito da Insolvência*, Coimbra, Almedina, 2009 (1.ª edição), p. 72 (e nota 152)/2014 (6.ª edição), p. 82 (e nota 224). O primeiro autor chama (bem) a atenção para o facto de a classificação não ser perfeita, uma vez que alguns dos efeitos enunciados como necessários não o são.

LIÇÕES DE DIREITO DA INSOLVÊNCIA

Apesar de tudo, porque aquela classificação é dotada de grande utilidade prática, não se vê razão para não a utilizar, posto que com as reservas descritas.

27. Efeitos (tendencialmente) necessários

27.1. Privação dos poderes sobre os bens da massa insolvente

O primeiro efeito da declaração de insolvência é a privação dos poderes de administração e disposição dos bens integrantes da massa insolvente, enunciado no art. 81.º, n.º 1. Afecta, consoante os casos, o devedor ou os seus administradores. Assim, se o devedor for uma sociedade, quem fica sujeito ao efeito são os administradores sociais pois são eles os titulares dos poderes de administração e disposição dos bens da empresa.

Antes de mais, diga-se que a privação (total ou parcial) dos poderes de administração e de disposição dos bens não é um efeito exclusivo da declaração de insolvência, uma vez que pode ter lugar antes da declaração de insolvência e mesmo antes da citação do devedor[175]. Associada à possibilidade de nomeação de um administrador judicial provisório, ela constitui uma das medidas cautelares expressamente previstas para o caso de justificado receio da prática de actos de má gestão (cfr. art. 31.º, n.ºs 1, 2 e 3)[176].

Depois, não é um efeito absoluto, uma vez que há um conjunto de bens que permanecem obrigatoriamente na disponibilidade do devedor. Estes são

---

[175] Da perda de poderes sobre os bens integrantes da massa insolvente, imposta pelo n.º 1 do art. 81.º, tem sido (bem) autonomizada a proibição de alienação de bens futuros, consagrada no n.º 2 da norma (cfr. RUI PINTO DUARTE, "Efeitos da declaração de insolvência quanto à pessoa do devedor", cit., pp. 141-142). Esta atinge, não apenas os bens que ainda não integram a massa insolvente, mas inclusivamente os bens que o devedor adquira após o encerramento do processo de insolvência, ou seja, aqueles que nunca virão a integrá-la. Não é fácil descortinar o fim visado com a afectação destes bens. Aparentemente, quer-se esclarecer que o devedor não pode, durante o período em que decorre o processo, dispor dos bens que adquira futuramente (nem mesmo daqueles que, por serem adquiridos após o encerramento do processo, jamais chegam a integrar a massa insolvente), arrecadando para si a (eventual) contraprestação – que a opção de dispor, durante o período em que decorre o processo, daqueles bens futuros cabe ao administrador da insolvência, que é a única pessoa considerada em condições de o fazer com respeito pelos interesses dos credores.

[176] A Lei n.º 16/2012, de 20 de Abril, revogou a norma do n.º 4 do art. 31.º, que permitia que a privação dos poderes de administração e disposição dos bens se produzisse ainda antes da distribuição da petição inicial.

TRAMITAÇÃO DO PROCESSO DE INSOLVÊNCIA

os bens insusceptíveis de apreensão para a massa insolvente – que correspondem, genericamente, aos bens insusceptíveis de penhora (cfr. arts. 736.º e s. do CPC) e o eventual subsídio de alimentos (cfr. art. 84, n.º 1, do CIRE).

Por fim, e mais importante, não é – já não é – um efeito necessário da declaração de insolvência. O Código da Insolvência e da Recuperação de Empresas admite agora que o efeito não se produza em certas situações, destacando-se entre elas a administração da massa pelo devedor[177]-[178].

O art. 81.º, n.º 1, ressalva, de facto, "o disposto no Título X", que tem, justamente, o título "administração pelo devedor" e o art. 36.º, n.º 1, al. *e*), dispõe que na sentença de declaração de insolvência o juiz determina a "administração da massa insolvente pelo devedor", quando se verifiquem a condição do art. 223.º (a massa insolvente compreender uma empresa) e os pressupostos do art. 224.º, n.º 2.

A administração pelo devedor corresponde à *Eigenverwaltung* da lei alemã (cfr. §§ 270 a 285 da *InsO*). Na lei norte-americana (*BC*), quando o fim é a recuperação da empresa (*reorganization*), a regra é mesmo a da manutenção do devedor à frente da empresa (*debtor-in-possession*) e a nomeação do administrador (*trustee*) a excepção (cfr. Sec. 1104 do *Chapter 11 – Reorganization*)[179].

---

[177] As outras excepções ocorrem nas hipóteses de insuficiência da massa (cfr. art. 39.º, n.º 1) e de homologação de plano de pagamentos aos credores (cfr. art. 259.º, n.º 1). Tanto num caso como noutro, a sentença de declaração de insolvência tem, justificadamente, um conteúdo muito mais reduzido do que é habitual, estando, entre outras, excluída a decretação da apreensão, para imediata entrega ao administrador da insolvência, de todos os bens do devedor, referida no art. 36.º, n.º 1, al. *g*).

[178] As novidades introduzidas na disciplina acusam a grande influência da lei alemã (cfr. §§ 21 e 22 e §§ 80 e 81 da *InsO*).

[179] Cfr., neste sentido, LUCA PICONE, *La* reorganization *nel Diritto Fallimentare statunitense*, Milano, Giuffrè, 1993, p. 21 e pp. 32 e s. (esp. pp. 34-35), e CORRADO FERRI, "La 'grande riforma' del Diritto Fallimentare nella Repubblica Federale Tedesca", in: *Rivista di Diritto Processuale*, 1995, n.º 1, p. 201. Sobre a *reorganization* cfr. ainda CORRADO FERRI, "L'esperienza del Chapter 11. Procedura di riorganizzazione dell'impresa in prospettiva di novità legislative", in: *Giurisprudenza Commerciale*, 2002, 1, pp. 65 e s., e FABIO MARELLI, "Aspetti della liquidazione nella procedura di 'riorganizzazione' prevista dal Chapter 11 del Bankruptcy Code degli Stati Uniti", in: *Rivista di Diritto Processuale*, 1995, n.º 3, pp. 809 e s., IDEM, "La procedura di 'riorganizzazione' prevista dal capitolo 11 del 'Bankruptcy code' degli Stati Uniti", in: *Rivista Trimestrale di Diritto e Procedura Civile*, 1992, pp. 565 e s., e IDEM, "Esperienza applicativa e riforme nella procedura di 'riorganizzazione' del Diritto Fallimentare statunitense", in: *Rivista di Diritto Processuale*, 1998, n.º 1, pp. 157 e s.

Como se verá adiante, a administração pelo devedor é uma novidade bem-vinda no Direito português. Pode vir a revelar-se especialmente útil para efeitos de conservação da empresa, ao aproveitar a familiaridade do devedor com a empresa e o seu conhecimento dos motivos da crise. Por esta razão e pelo facto de a remuneração atribuída ao devedor ser limitada aos "fundos necessários para uma vida modesta dele próprio e do seu agregado familiar, tendo em conta a sua condição anterior e as possibilidades da massa" (cfr. art. 227.º), permite ainda, previsivelmente, diminuir os custos do processo.

Não sendo atribuída a administração ao devedor, os actos que ele pratique sobre os bens da massa, portanto, em violação do disposto no art. 81.º, n.º 1, são, em princípio, ineficazes (cfr. art. 81.º, n.º 6)[180], respondendo a massa por tudo quanto lhe tenha sido prestado apenas segundo as regras do enriquecimento sem causa.

Sendo certo que a contraparte do insolvente deve restituir o objecto da prestação à massa, por força da ineficácia do acto, esclarece-se agora que esta fica, por seu lado, constituída na obrigação de restituir-lhe o objecto prestado (a contraprestação). Isto, naturalmente, sempre que a massa a tenha recebido, pois pode acontecer que a contraprestação seja efectuada ao insolvente e não ao administrador. Nesse caso, o direito à restituição só poderá ser feito valer contra o insolvente depois de concluído o processo de insolvência[181].

A referência ao enriquecimento sem causa, precedida do advérbio "apenas", tem, então, a função de excluir qualquer expectativa da contraparte quanto a uma indemnização pelos prejuízos sofridos[182]. Está afastada também a hipótese de a massa conservar a contraprestação e de a contraparte do insolvente ficar titular de um direito exercitável contra o insolvente após a conclusão do processo de insolvência (direito a exigir a entrega do objecto da prestação ou direito a ser indemnizado por incumprimento do contrato),

---

[180] Regressando-se à fórmula do art. 1190.º, n.º 1, do CPC. Diga-se que a sanção prevista no Código dos Processos Especiais de Recuperação da Empresa e de Falência era a "inoponibilidade" (cfr. art. 155.º, n.º 1, do CPEREF), o que gerava grande discussão quanto à qualificação da situação jurídica do falido. Cfr., para elementos adicionais, CATARINA SERRA, "Efeitos da declaração de falência sobre o falido (após a alteração do DL n.º 315/98, de 20 de Outubro, ao Código dos Processos Especiais de Recuperação da Empresa e de Falência)", cit., pp. 269 e s.

[181] Cfr. LINO GUGLIELMUCCI (a cura di), *La legge tedesca sull' insolvenza (*Insolvenzordnung*) del 5 ottobre 1994*, Milano, Giuffrè, 2000, p. 73 (nota 54).

[182] A fórmula é igual a outra, contida no art. 468.º, n.º 2, do CC, no âmbito da gestão de negócios.

TRAMITAÇÃO DO PROCESSO DE INSOLVÊNCIA

como parecia ser, antes do Código da Insolvência e da Recuperação de Empresas, o entendimento de alguma doutrina[183].

Pode perguntar-se se a obrigação de restituição deve calcular-se com base numa concepção real da restituição. Em se tratando de enriquecimento por prestação de coisa, parece que a restituição deve ser preferencialmente orientada para o objecto prestado (restituição em espécie). No caso de esta ser impossível, é lógico que o dever de restituição se fixe no respectivo valor, determinado através do seu preço comum no mercado[184].

Da ineficácia são ressalvados certos actos: os actos onerosos praticados antes do registo da sentença da declaração da insolvência (efectuado nos termos dos n.ºs 2 ou 3 do art. 38.º, consoante os casos) e quando a contraparte

---

[183] Cfr., entre outros, A. Ferrer Correia, *Lições de Direito Comercial*, volume I, Coimbra, 1973, p. 174, Manuel A. Domingues de Andrade, *Teoria Geral da Relação Jurídica*, volume II – *Facto jurídico, em especial negócio jurídico*, cit., p. 114, e Carlos Alberto da Mota Pinto/António Pinto Monteiro/Paulo Mota Pinto, *Teoria Geral do Direito Civil*, Coimbra, Coimbra Editora, 2005 (4.ª edição), p. 250, e Jorge Manuel Coutinho de Abreu, *Curso de Direito Comercial*, volume I (*Introdução, actos de comércio, comerciantes, empresas, sinais distintivos*), Coimbra, Almedina, 1998 (4.ª edição), pp. 111-112. Perante tal entendimento, José de Oliveira Ascensão (*Direito Civil – Teoria Geral* – volume I, *Introdução, as pessoas, os bens*, Coimbra, Coimbra Editora, 2000, pp. 207-208) veio defender a aproximação entre o regime destes actos e o regime da venda de bens alheios: a venda de bens alheios que as partes consideraram como futuros fica sujeita à disciplina da venda de bens futuros (cfr. art. 893.º do CC), mas se as partes não consideraram os bens como futuros mantém-se a aplicação da disciplina da venda de bens alheios. Assim, se a contraparte do insolvente desconhece a situação deste em relação aos seus bens, para melhor tutela dos seus interesses, o acto deve considerar-se inválido, pois só essa solução evita que ele fique vinculado a actos sobre bens de disponibilidade duvidosa ou eventual. A ineficácia de que a lei fala deve, então, ser entendida em sentido amplo, (só ela) permitindo e compreendendo a alternativa acto ineficaz em sentido estrito (e válido)/ acto inválido, consoante a contraparte do insolvente saiba/não saiba da situação de insolvência. É claro que – pode acrescentar-se – o problema da tutela do terceiro de boa fé só se põe quando, não sendo de algum dos tipos sujeitos a "resolução incondicional", o acto é praticado depois do registo da sentença que declara a insolvência, visto que nos restantes casos estão verificadas as duas condições (positivas) cumulativas de eficácia plena dos actos onerosos: a boa fé do terceiro e a anterioridade do acto relativamente à data ao registo da sentença.

[184] Cfr. Luís Manuel Teles de Menezes Leitão, *Direito das Obrigações*, volume I – *Introdução. Da constituição das obrigações*, cit., pp. 456 e s. (esp. p. 461 e pp. 464 e s.). Sobre o enriquecimento sem causa cfr. Luís Manuel Teles de Menezes Leitão, *O enriquecimento sem causa no Direito Civil*, Lisboa, Centro de Estudos Fiscais, 1993, e Júlio Vieira Gomes, *O conceito de enriquecimento, o enriquecimento forçado e os vários paradigmas do enriquecimento sem causa*, Porto, Universidade Católica Portuguesa, 1998.

LIÇÕES DE DIREITO DA INSOLVÊNCIA

do insolvente estiver de boa fé [cfr. art. 81.º, n.º 6, al. *a*)], contanto que não sejam actos de algum dos tipos referidos no art. 121.º, n.º 1 [cfr. art. 81.º, n.º 6, al. *b*)]. Estes últimos são os actos sujeitos a "resolução incondicional", ou seja, actos para cuja resolução em benefício da massa é dispensada a verificação das duas condições de que, em regra, e como se verá adiante, ela depende: a prejudicialidade à massa e a má fé da contraparte do insolvente (cfr. art. 120.º, n.ºs 1 e 4)[185].

Não há referência à possibilidade de "sanação", pelo administrador da insolvência, dos actos praticados pelo insolvente – à possibilidade de "confirmação" que o art. 155.º, n.º 2, do CPEREF atribuía ao liquidatário judicial. Mas, se a ideia é o favorecimento dos interesses da massa, assim como se justifica repelir os actos com efeitos prejudiciais à massa, justificar-se-á aproveitar os actos com efeitos benéficos[186]. Em vista destes interesses, não obstante a ausência de previsão expressa, deve poder continuar-se a usar o expediente, uma vez que, por outro lado, nada parece impedi-lo[187].

---

[185] Eles correspondem, de uma forma geral, aos actos expressamente sujeitos a resolução e a impugnação pauliana do art. 156.º e do art. 158.º do CPEREF. Note-se que, no Código dos Processos Especiais de Recuperação da Empresa e de Falência, a resolução era incondicional para os actos a ela sujeitos (cfr. art. 156.º do CPEREF) e a impugnação pauliana dependia dos requisitos gerais da lei civil (cfr. art. 157.º do CPEREF), sendo que alguns actos se presumiam celebrados de má fé (cfr. art. 158.º do CPEREF). Cfr., sobre esta matéria, CATARINA SERRA, "Efeitos da declaração de falência sobre o falido (após a alteração do DL n.º 315/98, de 20 de Outubro, ao Código dos Processos Especiais de Recuperação da Empresa e de Falência)", cit., pp. 296 e s.

[186] Cfr., entre outros, A. FERRER CORREIA, *Lições de Direito Comercial*, volume I, cit., pp. 171 e s., MANUEL A. DOMINGUES DE ANDRADE, *Teoria Geral da Relação Jurídica*, volume II – *Facto jurídico, em especial negócio jurídico*, cit., p. 113, CARLOS ALBERTO DA MOTA PINTO/ANTÓNIO PINTO MONTEIRO/PAULO MOTA PINTO, *Teoria Geral do Direito Civil*, cit., pp. 249-250, HEINRICH EWALD HÖRSTER, *A parte geral do Código Civil português – Teoria Geral do Direito Civil*, Coimbra, Almedina, 1992, pp. 499, e CATARINA SERRA, "Efeitos da declaração de falência sobre o falido (após a alteração do DL n.º 315/98, de 20 de Outubro, ao Código dos Processos Especiais de Recuperação da Empresa e de Falência)", cit., p. 273.

[187] A prever-se alguma vez o expediente, será preferível adoptar o termo "ratificação", regressando ao revogado art. 1190.º, n.º 2, do CPC, do que o termo "confirmação", que se adequa melhor aos actos inválidos do que ineficazes. Cfr. JOSÉ DE OLIVEIRA ASCENSÃO, "Efeitos da falência sobre a pessoa e negócios do falido", in: *Revista da Ordem dos Advogados*, 1995, III, p. 683, IDEM, *Direito Civil – Teoria Geral* – volume I, *Introdução, as pessoas, os bens*, cit., p. 208, e LUÍS CARVALHO FERNANDES/JOÃO LABAREDA, *Código dos Processos Especiais de Recuperação da Empresa e de Falência Anotado*, cit., p. 410.

TRAMITAÇÃO DO PROCESSO DE INSOLVÊNCIA

A norma do art. 81.º passou a conter o regime aplicável aos actos praticados pelo insolvente que não contrariem a limitação dos poderes que o afecta, por força da declaração de insolvência (cfr. art. 81.º, n.º 8). Consiste tal regime, fundamentalmente, na não produção das consequências que atingem os restantes actos (a ineficácia dos actos, em geral, e a ineficácia liberatória dos actos de cumprimento, em especial). Esclarece-se, de qualquer modo, que pelas dívidas resultantes daqueles actos respondem apenas os bens do insolvente não integrantes da massa, que a obrigação feita ao insolvente extingue a obrigação da contraparte e que esta pode opor à massa todos os meios de defesa que lhe seja lícito invocar contra o insolvente.

27.2. Deveres de conduta processual

Neste grupo, genericamente designado como deveres de conduta processual, incluem-se os deveres de apresentação no tribunal e de colaboração com os órgãos da insolvência (cfr. art. 83.º), o dever de respeitar a residência fixada na sentença [cfr. art. 36.º, n.º 1, al. *c*)] e o dever de entrega imediata de documentos relevantes para o processo [cfr. art. 36.º, n.º 1, al. *f*)].

A razão de ser deste agrupamento reside, evidentemente, na complementaridade entre os três efeitos. Genericamente, é possível dizer que a fixação de residência está prevista para tornar possível ou auxiliar o cumprimento dos deveres de apresentação e de colaboração e o dever de entrega de documentos é, na realidade, um mero desenvolvimento do dever de colaboração.

A previsão destes efeitos não é uma surpresa. Correspondem aos deveres habitualmente impostos às partes em qualquer processo, destinados a induzir as partes ao comportamento processual devido. E nem são uma novidade do Código da Insolvência e da Recuperação de Empresas. A sua concepção é idêntica à do Código dos Processos Especiais de Recuperação da Empresa e de Falência [cfr. art. 149.º, art. 128.º, n.º 1, als. *a*) e *c*), e art. 135.º do CPEREF]. O que há é uma incontestável melhor "arrumação".

Saliente-se, sobretudo, quanto aos deveres de apresentação e de colaboração, o maior alcance da norma, que resulta da maior definição do conteúdo de cada um e das sanções respectivas bem como da extensão do âmbito subjectivo de aplicabilidade. Do lado passivo, os dois deveres têm como sujeitos o devedor (cfr. art. 83.º, n.º 1) e os administradores do devedor e membros do seu órgão de fiscalização bem como as pessoas que tenham desempenhado esses cargos dentro dos dois anos anteriores ao início do processo de insolvência (cfr. art. 83.º, n.º 4) e ainda, em certos termos, os empregados e prestadores de serviços do devedor, bem como as pessoas que o tenham sido

LIÇÕES DE DIREITO DA INSOLVÊNCIA

dentro dos dois anos anteriores ao início do processo de insolvência (cfr. art. 83.º, n.º 5). Do lado activo, têm como sujeitos o tribunal e o administrador da insolvência e ainda, como acontece no tocante ao dever de colaboração na sua modalidade de dever de informação, a assembleia de credores e a comissão de credores [cfr. art. 83.º, n.º 1, al. *a*)].

A interpretação do art. 83.º, n.º 3, requer uma atenção especial. De acordo com a norma, a recusa de prestação de informações e de colaboração com os órgãos da insolvência é livremente apreciada pelo juiz, designadamente para efeitos de qualificação da insolvência. Adiante, contudo, o 186.º, n.º 2, al. *i*), faz funcionar uma presunção absoluta de insolvência culposa sempre que tenha havido incumprimento dos deveres de apresentação e de colaboração. Afinal – pode questionar-se –, o juiz é livre de apreciar o circunstancialismo – como, aparentemente, decorre da primeira norma – ou fica vinculado à qualificação da insolvência como culposa – como parece resultar da segunda? A chave para a harmonização dos dois preceitos deverá estar na expressão "de forma reiterada", contida no último. Ela transforma o incumprimento que está na base da presunção absoluta num incumprimento qualificado, portanto, diferente daquele que é descrito na norma do art. 83.º, n.º 3. Assim, já se compreende: a hipóteses distintas correspondem – devem corresponder – distintas consequências[188].

Quanto ao dever de respeitar a residência fixada nos termos do art. 36.º, n.º 1, al. *c*), deve entender-se que consiste na proibição de mudar de residência e de se ausentar dela sem autorização do (ou comunicação ao) tribunal (cfr. o revogado art. 1192.º do CPC e, ainda, art. 196.º, n.º 3, al. *b*), do CPP). Além da função ao nível da eficácia e da celeridade dos sucessivos contactos com o insolvente ou com os seus administradores, a fixação de residência visa garantir a segurança do processo, designadamente evitando o risco de fuga do insolvente ou dos seus administradores[189].

---

[188] Cfr., em sentido idêntico, Luís Manuel Teles de Menezes Leitão, *Código da Insolvência e da Recuperação de Empresas Anotado*, cit., pp. 159-160, e Luís Carvalho Fernandes/João Labareda, *Código da Insolvência e da Recuperação de Empresas Anotado. Sistema de Recuperação de Empresas por Via Extrajudicial (SIREVE) Anotado. Legislação Complementar*, cit., p. 421. Adverte também para a (aparente) contradição entre as normas Rui Pinto Duarte ("Efeitos da declaração de insolvência quanto à pessoa do devedor", cit., pp. 137-138), sugerindo, todavia, uma interpretação diversa.

[189] Cfr. Luís Carvalho Fernandes, "Efeitos substantivos da declaração de falência", in: *Direito e Justiça*, 1995, volume IX, p. 24.

TRAMITAÇÃO DO PROCESSO DE INSOLVÊNCIA

É de aplaudir a menção expressa aos "administradores, de direito e de facto, do devedor". Com isto põe-se termo à discussão que existia antes, por força do silêncio da norma do art. 128.º, n.º 1, al. *a)*, do CPEREF, quanto à abrangência destes sujeitos[190].

Não está prevista uma sanção específica para a violação do dever de respeitar a residência, entendendo-se que a norma comporta uma remissão implícita para os princípios gerais do Direito Penal, designadamente para o crime de desobediência (cfr. art. 348.º do CP).

Quanto ao dever de entrega de documentos, pouco há a dizer. Aparece no Código da Insolvência e da Recuperação de Empresas, nestes termos, pela primeira vez[191], mas reconduz-se ao dever, mais lato, de colaboração do insolvente com os órgãos da insolvência [cfr. art. 83.º, n.º 1, al. *c)*]. Deve, por isso, entender-se, que ele vincula as mesmas pessoas.

Os documentos objecto do dever de entrega são os referidos no art. 24.º, n.º 1, ou seja, todos os que, por respeitarem à situação patrimonial do insolvente, são indispensáveis ao bom curso do processo e por isso devem estar na posse do administrador da insolvência.

Também no que toca ao incumprimento do dever de entrega de documentos deve entender-se que ele permite presumir, de forma inilidível, a insolvência culposa. Apesar de a (já mencionada) norma do art. 186.º, n.º 2, al. *i)*, se referir apenas ao incumprimento dos deveres de apresentação e de colaboração, nada obsta a que, perante a afinidade das situações, se considere também abrangido aquele incumprimento[192].

---

[190] Contra a sujeição dos administradores a este efeito cfr. José de Oliveira Ascensão, "Efeitos da falência sobre a pessoa e negócios do falido", cit., p. 645. A favor da sua sujeição cfr. Luís Carvalho Fernandes, "Efeitos substantivos da declaração de falência", cit., p. 24, Luís Carvalho Fernandes/João Labareda, *Código dos Processos Especiais de Recuperação da Empresa e de Falência Anotado*, cit., p. 358, Catarina Serra, "Efeitos da declaração de falência sobre o falido (após a alteração do DL n.º 315/98, de 20 de Outubro, ao Código dos Processos Especiais de Recuperação da Empresa e de Falência)", cit., p. 280, e Maria do Rosário Epifânio, *Os efeitos substantivos da falência*, Porto, Universidade Católica Portuguesa, 2000, p. 64.

[191] Cfr. art. 135.º do CPEREF.

[192] Quanto à recusa de prestação de informações, a solução dever ser a mesma, por maioria de razão, uma vez que se entende que o dever de prestação de informações não adquire autonomia face ao dever de apresentação e de colaboração com os órgãos da insolvência. Distinta é a posição de Rui Pinto Duarte ("Efeitos da declaração de insolvência quanto à pessoa do devedor", cit., pp. 137-139), que, seguindo a enumeração feita no texto do art. 83.º, n.º 1, desdobra os deveres de apresentação no tribunal e de colaboração com os órgãos da insolvência

LIÇÕES DE DIREITO DA INSOLVÊNCIA

28. Efeitos eventuais

28.1. Direito a alimentos à custa dos rendimentos da massa insolvente

De toda a gama de efeitos sobre a pessoa do insolvente a previsão, no art. 84.º, de um subsídio de alimentos à custa dos rendimentos da massa é dos poucos que lhe é inequivocamente favorável[193].

Os poderes de concessão do direito a alimentos (cfr. art. 84.º, n.º 1) e da respectiva revogação (cfr. art. 84.º, n.º 2) estão hoje concentrados no administrador da insolvência. A partilha dos poderes entre o liquidatário judicial e o juiz nesta matéria (cfr. art. 150.º, n.ºs 1 e 2, do CPEREF) era, de facto, criticável[194]. Mas a verdade é que, tratando-se de poderes de natureza jurisdicional, o mais correcto talvez fosse a lei tê-los atribuído ao órgão judicial.

Uma questão relevante é a de saber se o efeito se produz sempre que se verificam as condições de que ele depende ou, mais claramente, se a atribuição do subsídio de alimentos ao devedor é um verdadeiro direito. Propende-se para uma resposta afirmativa[195]. O carácter primário dos interesses envolvidos na hipótese da norma (carência absoluta de meios de subsistência e impossibilidade de os angariar pelo trabalho) confere aos dois pressupostos a natureza de autênticas condições da exigibilidade (e não de mera possibi-

---

em três efeitos: obrigação de prestação de informações [al. *a*)], obrigação de apresentação [al. *b*)] e obrigação de colaboração com o administrador da insolvência [al. *c*)]. Sobre a obrigação de apresentação e a obrigação de colaboração diz o autor (ob. cit., p. 138) que elas não são efeitos necessários mas sim meramente eventuais: a norma que prevê a primeira põe-na na dependência da determinação pelo juiz ou pelo administrador da insolvência; a norma que prevê a segunda põe-na na dependência da iniciativa do administrador da insolvência. O argumento não é definitivo: dadas a duração e a complexidade habituais do processo de insolvência, é difícil imaginar um caso em que o devedor não seja convocado e incitado a colaborar, pelo menos uma vez.

[193] Cfr. José de Oliveira Ascensão, *Direito Civil – Teoria Geral – volume I, Introdução, as pessoas, os bens*, cit., p. 202. Há outros efeitos indirectamente favoráveis, como, por exemplo, o dever de apresentação no tribunal e de colaboração com os órgãos da insolvência [cfr. Catarina Serra, "Efeitos da declaração de falência sobre o falido (após a alteração do DL n.º 315/98, de 20 de Outubro, ao Código dos Processos Especiais de Recuperação da Empresa e de Falência)", cit., p. 279].

[194] Cfr. Luís Carvalho Fernandes/João Labareda, *Código dos Processos Especiais de Recuperação da Empresa e de Falência Anotado*, cit., pp. 398-399.

[195] Expõe a dúvida e responde também afirmativamente Rui Pinto Duarte ("Efeitos da declaração de insolvência quanto à pessoa do devedor", cit., p. 148).

TRAMITAÇÃO DO PROCESSO DE INSOLVÊNCIA

lidade) da prestação. A sua verificação cumulativa em dada situação reclama – mais do que permite ou aconselha –, a prestação, devendo o administrador da insolvência prover obrigatoriamente às necessidades do devedor. Quanto à necessidade de o administrador obter o acordo da comissão de credores ou, subsidiariamente, da assembleia de credores, deverá entender-se que ela releva somente para a determinação do montante do subsídio.

Outra dúvida que pode surgir prende-se com os meios à disposição do requerente para reagir a uma decisão desfavorável. Encarando-se, como se encara, o subsídio de alimentos como um genuíno direito, admite-se que, perante uma eventual recusa do administrador da insolvência, os sujeitos reclamem a prestação de alimentos directamente à massa insolvente[196].

Quanto ao âmbito subjectivo, deve assinalar-se, desde logo, a exclusão dos administradores do devedor. A sua inclusão na lei anterior (cfr. art. 150.º, n.º 1, do CPEREF) era objecto de dura crítica[197], o que bem se compreende. A possibilidade funciona como contrapartida às limitações a que o devedor fica sujeito após a sua declaração de insolvência, designadamente a privação dos poderes de administração e de disposição e a correspectiva apreensão dos seus bens penhoráveis, que o podem atirar para uma situação de indigência. Ora, os administradores conservam, em princípio, os poderes sobre os bens próprios[198]. Não parece, assim, verificar-se a igualdade de razões que justificaria a extensão do benefício[199].

A norma deixa bem claro que os beneficiários do subsídio de alimentos além do devedor são exclusivamente os trabalhadores que sejam titulares de créditos emergentes do contrato de trabalho ou da violação ou cessação deste contrato (cfr. art. 84.º, n.º 3). Ficam com isto excluídos os trabalhadores quando sejam apenas titulares de créditos de outra natureza, privilegiados ou comuns[200]. A atribuição do subsídio aos trabalhadores só se justifica,

[196] Cfr., em sentido idêntico, Luís Manuel Teles de Menezes Leitão, *Direito da Insolvência*, cit., pp. 174-175.
[197] Cfr. José de Oliveira Ascensão, "Efeitos da falência sobre a pessoa e negócios do falido", cit., p. 646.
[198] Cfr. Maria do Rosário Epifânio, *Os efeitos substantivos da falência*, cit., p. 94.
[199] Cfr., em sentido contrário, Luís Manuel Teles de Menezes Leitão, *Direito da Insolvência*, cit., p. 175.
[200] Apesar da ausência desta qualificação na norma homóloga do art. 150.º, n.º 3, do CPEREF, a exclusão dos trabalhadores titulares de créditos comuns já era evidente, pois era a única interpretação consentânea com o princípio de igualdade entre os credores. Cfr. Luís Carva-

LIÇÕES DE DIREITO DA INSOLVÊNCIA

de facto, quando eles são titulares de créditos laborais, dado que só estes créditos (sobretudo, os salariais[201]) têm uma "função alimentar".

O pagamento dos créditos de trabalhador emergentes de contrato de trabalho, ou da sua violação ou cessação, que não possam ser pagos pelo empregador por motivo de insolvência ou de situação económica difícil é assegurado pelo Fundo de Garantia Salarial. O art. 336.º do CT prevê o pagamento de créditos decorrentes da execução, violação ou cessação do contrato de trabalho por parte do Fundo de Garantia Salarial, quando o mesmo não possa ser concretizado pelo empregador por motivo de insolvência ou situação económica difícil. O Fundo de Garantia Salarial representa, assim, uma garantia adicional ou extraordinária do cumprimento das obrigações laborais, tornando possível a realização de uma prestação que incumbiria, em circunstâncias normais, ao empregador realizar.

O certo é que o Fundo de Garantia Social não paga todos os créditos devidos ao trabalhador, mas apenas os créditos vencidos nos seis meses anteriores à propositura da acção de insolvência ou à apresentação de requerimento de abertura de PER [cfr. art. 2.º, n.º 4, do Novo Regime do Fundo de Garantia Salarial (NRFGS), aprovado pelo DL n.º 59/2015, de 21 de Abril]. Por outro lado, existe um limite máximo global de seis meses de retribuição e um limite máximo mensal de três salários mínimos (cfr. art. 3.º, n.º 1, do NRFGS)[202].

LHO FERNANDES/JOÃO LABAREDA, *Código dos Processos Especiais de Recuperação da Empresa e de Falência Anotado*, cit., p. 400.

[201] Já chegou, inclusivamente, a ser proposto um "salário de substituição". Cfr. ANTÓNIO NUNES DE CARVALHO, "Reflexos laborais do Código dos Processos Especiais de Recuperação da Empresa e de Falência", in: *Revista de Direito e de Estudos Sociais*, 1995, n.ºs 1-2-3, p. 83.

[202] Estas limitações deram origem ao problema de saber como se graduam os créditos do Fundo de Garantia Salarial quando este apenas satisfaz parcialmente os créditos do trabalhador. Tendo em conta que o Fundo fica sub-rogado nos direitos e nos privilégios creditórios do trabalhador, na medida dos pagamentos efectuados (cfr. art. 4.º, n.º 1, do NRFGS), os créditos dele concorrem directamente com os créditos remanescentes do trabalhador. A questão parece pacificada em face do art. 4.º, n.º 2, do NRFGS, que determina que, se os bens da massa insolvente forem insuficientes para garantir o pagamento da totalidade dos créditos laborais, são graduados os créditos em que o Fundo fica sub-rogado a par com o valor remanescente dos créditos laborais, de forma a que sejam pagos rateadamente. Sobre esta questão cfr. JOANA COSTEIRA, *Os efeitos da declaração de insolvência no contrato de trabalho: a tutela dos créditos laborais*, Coimbra, Almedina, 2017 (2.ª edição), pp. 145 e s.

Em vista disto, talvez tivesse sido oportuna a previsão de um "Plano Social", como o *Sozialplan* da lei alemã (cfr. §§ 123 a 124 da *InsO*), visando a compensação ou a atenuação dos prejuízos económicos decorrentes da reestruturação da empresa e compreendendo a atribuição de um montante, à custa da massa insolvente, a favor dos trabalhadores despedidos[203]. Evitar-se-iam, sem dúvida, alguns efeitos perniciosos do sistema, que, ao pôr nas mãos dos credores a decisão sobre o destino da empresa, lhes confere um "poder de vida ou morte" sobre os respectivos trabalhadores.

É de notar que o n.º 4 ao art. 84.º esclarece que, nos casos em que o insolvente esteja obrigado a prestar alimentos a terceiros nos termos do art. 93.º, o administrador da insolvência deverá atender a esse facto aquando da fixação do subsídio de alimentos[204].

28.2. Exoneração do passivo restante (remissão)

A exoneração do passivo restante, cujo procedimento é regulado nos arts. 235.º e s., é outro dos efeitos da declaração de insolvência que são indiscutivelmente benéficos para o devedor.

Sinteticamente, pode dizer-se que a exoneração importa a extinção de todos os créditos sobre a insolvência que ainda subsistam à data em que é concedida, ou seja, cinco anos após o encerramento do processo de insolvência (cfr. art. 245.º, n.º 1, e art. 239.º, n.º 2). O procedimento conducente à exoneração depende da iniciativa do devedor (cfr. art. 236.º, n.º 1) e do preenchimento de certos requisitos (cfr. arts. 238.º, 243.º e 244.º e 246.º). É, assim, uma mera possibilidade que o processo de insolvência proporciona ao devedor, devendo, por isso, ser qualificada como um efeito eventual da declaração de insolvência.

A aplicabilidade do instituto restringe-se aos devedores que sejam pessoas singulares (cfr. art. 235.º), razão pela qual se justifica o seu estudo no capítulo respectivo.

---

[203] Cfr., neste sentido, CATARINA SERRA, "A crise da empresa, os trabalhadores e a falência", in: *Revista de Direito e de Estudos Sociais*, 2001, n.ºs 3-4, p. 443. Segundo a lei alemã, as dívidas resultantes do *Sozialplan* são dívidas da massa e, logo que exista suficiente liquidez, o administrador da insolvência deve, com autorização do juiz, proceder ao pagamento delas [cfr. § 123 (2) e (3) da *InsO*].

[204] Tendo o art. 93.º sido simultaneamente alterado, no sentido de eliminar as restrições ao direito de exigir alimentos contra a massa: depois da Lei n.º 16/2012, de 20 de Abril, o direito já não depende da autorização do juiz, não cabendo a este senão fixar o respectivo montante.

LIÇÕES DE DIREITO DA INSOLVÊNCIA

28.3. Efeitos da insolvência culposa

Os efeitos que se expõem de seguida podem agrupar-se sob o título "efeitos da insolvência culposa". Inserem-se num regime que não tinha propriamente antecedentes no Direito português. Trata-se do incidente de qualificação da insolvência (cfr. arts. 185.º e s.), que o legislador modelou à imagem do regime espanhol homólogo – a *calificación del concurso*, consagrado na *Ley Concursal (LC)*, de 9 de Julho de 2003 (cfr. arts. 163 e s.)[205].

O objectivo do incidente, que adiante será estudado em detalhe, é apurar se houve culpa de algum ou alguns sujeitos na criação ou no agravamento da situação de insolvência e aplicar certas medidas (sanções) aos culpados – ou seja, mediatamente, moralizar o sistema[206]. Resta saber se

---

[205] Sobre a *calificación del concurso* cfr., entre outros, José Antonio García-Cruces, La calificación del concurso, Navarra, Aranzadi, 2004, Idem, "El problema de la represión de la conducta del deudor", in: AA. VV., *La reforma de la legislación concursal – Jornadas sobre la reforma de la legislación concursal, Madrid, 6 a 10 de mayo de 2002* (Dirección: Ángel Rojo), Madrid, Marcial Pons, 2003, pp. 247 e s., Mercedes Farias Batlle, "La calificación del concurso: presupuestos objetivos, sanciones y presunciones legales", in: *Revista de Derecho Mercantil*, 2004, pp. 67 e s., Inés Fernández Fernández, "La calificación del concurso", in: AA. VV., *La reforma de la legislación concursal – Estudio sistemático de las Leyes 22/2003 y 8/2003, de 9 de julio* (Coordinador: Alberto J. De Martín Muñoz), Madrid, Editorial Dykinson, 2004, pp. 257 e s., Pablo González-Carreró Fojón, "La calificación del concurso", in: AA. VV., *Estudios de Derecho Concursal* (Director: Agustín Jesús Pérez-Cruz Martín), Santiago de Compostela, Tórculo Edicións, 2005, pp. 623 e s., Fernando Martín Diz, "Calificación del concurso. Conclusión y reapertura", in: AA. VV., *Estudios de Derecho Concursal* (Director: Agustín Jesús Pérez-Cruz Martín), Santiago de Compostela, Tórculo Edicións, 2005, pp. 589 e s., José Machado Plazas, *El concurso de acreedores culpable – calificación y responsabilidad concursal*, Navarra, Thomson--Civitas, 2006, Guillermo Alcover Garau, "Introducción al régimen jurídico de la calificación concursal", in: *Derecho Concursal – Estudio sistemático de la Ley 22/2003 y de la Ley 8/2003, para la Reforma Concursal* (Dirección: Rafael García Villaverde/Alberto Alonso Ureba/Juana Pulgar Ezquerra), Editorial Dilex, Parcuellos del Jarama (Madrid), 2003, pp. 487 e s., e Idem, "La calificación concursal y los supuestos de complicidad", in: *Revista de Derecho Concursal y Paraconcursal*, 2008, n.º 8, pp. 133 e s.

[206] A tendência de moralização já se vinha fazendo sentir, por exemplo, com a introdução do regime de responsabilização dos dirigentes da entidade falida dos arts. 126.º-A e 126.º-B do CPEREF, pelo DL n.º 315/98, de 20 de Outubro. Cfr., sobre este aspecto, Catarina Serra, "Alguns aspectos da revisão do regime da falência pelo DL n.º 315/98, de 20 de Outubro", cit., p. 199. Onde o Código da Insolvência e da Recuperação de Empresas se afasta do Código dos Processos Especiais de Recuperação da Empresa e de Insolvência é na ausência de previsão das "falências conjuntas" (cfr. art. 126.º-C). Mas isso dever-se-á, com certeza, apenas ao respeito pela regra da circunscrição da declaração de falência/insolvência aos insolventes e à necessidade de, por isso, eliminar as excepções. Não preclude a previsão de outras medidas

TRAMITAÇÃO DO PROCESSO DE INSOLVÊNCIA

as medidas (sanções) eleitas são as mais adequadas para o desempenho de tal função[207].

Deve dizer-se que a Lei n.º 16/2012, de 20 de Abril, levou a cabo uma revisão profunda do quadro dos efeitos da insolvência culposa, aparentemente com a intenção de acolher sanções (mais) adequadas aos fins do processo.

Em primeiro lugar, a intervenção legislativa operou uma ampliação do âmbito subjectivo dos efeitos da insolvência culposa. A al. *a)* do n.º 2 do art. 189.º passou a conter uma referência exemplificativa, da qual decorre que são susceptíveis de ser afectados pela qualificação da insolvência os administradores, tanto de direito como de facto, os técnicos oficiais de contas e os ROC.

No que toca aos administradores, de direito ou de facto, a solução já era clara em face do disposto no art. 186.º, n.º 1. Esclareça-se, porém, que a referência no art. 189.º, n.º 2, al. *a)*, aos administradores de facto não faz com que os administradores de direito que não exerçam as suas funções de facto sejam excluídos da qualificação como sujeitos afectados[208].

A grande novidade é a inclusão expressa dos técnicos oficiais de contas e dos ROC e o carácter meramente exemplificativo da norma. Fazendo apelo às normas dos arts. 81.º e 82.º do CSC, compreende-se o critério adoptado por último pelo legislador português.

A medida aproxima mais o regime português da insolvência culposa do seu modelo – o regime espanhol da *calificación concursal*. Neste último, o universo dos sujeitos abrangidos é, desde o início, muito amplo, compreendendo, no caso de pessoa jurídica, os seus administradores e liquidatários, de direito ou de facto, e os *apoderados generales*, ou seja, os sujeitos com poderes análogos (cfr. art. 164.1 da *LC)*, e aplicando-se aos *cómplices*, ou seja, a quem tenha colaborado com o devedor, os seus administradores e liquidatários ou *apoderados generales* (cfr. art. 166 da *LC)*, alguns efeitos do *concurso culpable* [cfr. art. 172.2 (1.º) e (3.º) da *LC*].

---

de agravamento da responsabilidade dos sujeitos, como, por sinal, acabou por acontecer no Código da Insolvência e da Recuperação de Empresas.

[207] Sobre o problema da adequação das sanções previstas no quadro legislativo anterior cfr. CATARINA SERRA, *A falência no quadro da tutela jurisdicional dos direitos de crédito – O problema da natureza do processo de liquidação aplicável à insolvência no Direito português*, cit., pp. 372 e s.

[208] Cfr., neste sentido, o Acórdão do TRC de 14 de Abril de 2015, Proc. 1830/10.0TBFIG-Q. C1 (Relatora: ANABELA LUNA DE CARVALHO), e o Acórdão do TRC de 21 de Janeiro de 2014, Proc. 174/12.8TJCBR-C1 (Relator: MOREIRA DO CARMO)

LIÇÕES DE DIREITO DA INSOLVÊNCIA

O único problema é que o legislador português se esqueceu de adaptar o texto do n.º 1 do art. 186.º ao texto da al. *a)* do n.º 2 do art. 189.º. Na cláusula geral, a insolvência culposa permanece, de facto, circunscrita à actuação, dolosa ou com culpa grave, do devedor e dos seus administradores, nada indicando que ela possa ser imputada à actuação de sujeitos diversos, como os técnicos oficiais de contas e os ROC. A única solução é fazer-se uma interpretação actualista do art. 186.º, n.º 1, presumindo que a intenção do legislador foi a de que o regime abrangesse outros sujeitos para lá do devedor e dos seus administradores[209].

Em segundo lugar, ainda no que respeita à al. *a)* do n.º 2 do art. 189.º, estabeleceu-se o dever de o juiz fixar o grau de culpa de cada um dos sujeitos afectados pela insolvência culposa. A medida é, sem dúvida, passível de apreciação positiva. A doutrina portuguesa já havia apontado a necessidade de se atender ao grau de culpa e de o adoptar como critério para a determinação, em concreto, do período de produção de alguns dos efeitos, designadamente daqueles que têm duração variável (entre dois e dez anos)[210]. Além disso, prevendo-se agora que as pessoas afectadas são responsáveis – solidariamente responsáveis – pelo montante dos créditos não satisfeitos, a fixação do grau de culpa de cada uma permite, por um lado, a graduação da sua responsabilidade[211] e, por outro, nos casos de pluralidade de responsáveis, a observância da regra geral de repartição interna da responsabilidade, mais precisamente da regra do n.º 2 do art. 497.º do CC.

---

[209] Esta é uma omissão que o legislador espanhol não cometeu. O art. 164.1 da *LC*, que fixa a cláusula geral de insolvência culposa, refere-se à conduta dolosa ou culposa do devedor e dos seus representantes legais e, em caso de pessoa jurídica, dos seus administradores e liquidatários, de direito ou de facto, e dos sujeitos com poderes análogos (*apoderados generales*).

[210] Cfr., globalmente neste sentido, Luís Carvalho Fernandes, "A qualificação da insolvência e a administração da massa insolvente pelo devedor", in: *Themis*, Edição Especial – *Novo Direito da Insolvência*, 2005, p. 102 (nota 34), e ainda Catarina Serra, *O novo regime português da insolvência – Uma introdução*, Coimbra, Almedina, 2010 (4.ª edição), p. 121.

[211] É como se diz no Acórdão do TC n.º 280/2015, de 20 de Maio (Relator: Carlos Cadilha): "a determinação do período de tempo de cumprimento das medidas inibitórias previstas nas alíneas b) e c) do n.º 1 do artigo 189º do CIRE (inibição para a administração de patrimónios alheios, exercício de comércio e ocupação de cargo de titular de órgão nas pessoas coletivas aí identificadas) e, naturalmente, a própria fixação do montante da indemnização prevista na alínea e) do n.º 2 do mesmo preceito legal, deverá ser feita em função do grau de ilicitude e culpa manifestado nos factos determinantes dessa qualificação legal".

TRAMITAÇÃO DO PROCESSO DE INSOLVÊNCIA

Por último, e relativamente aos efeitos propriamente ditos, a Lei n.º 16/2012, de 20 de Abril, substituiu a inabilitação pela inibição para a administração de patrimónios de terceiros [cfr. art. 189.º, n.º 2, al. *b)*] e introduziu, no elenco dos efeitos, a obrigação de indemnizar os credores do insolvente no montante dos créditos não satisfeitos [cfr. art. 189.º, n.º 2, al. *e)*].

28.3.1. Inibição para a administração de patrimónios de terceiros

Jurisprudência relevante: Acórdão do TC n.º 173/2009, de 2 de Abril (Relator: Joaquim de Sousa Ribeiro).

De acordo com o art. 189.º, n.º 2, al. *b)*, na sentença que qualifica a insolvência como culposa deve ser decretada a inibição das pessoas afectadas para administrarem patrimónios de terceiros.

A inibição para a administração de patrimónios de terceiros não é – repete-se – o efeito original da lei. A substituição do efeito anterior, da inabilitação, pelo da inibição para a administração de patrimónios de terceiros correspondeu à necessidade de corrigir o erro de que padecia a norma inicial: o de instrumentalização da incapacidade para efeitos punitivos[212]. A inabilitação é, de facto, um instrumento para a protecção dos interesses do próprio inabilitado, não podendo admitir-se que ela funcione fora desta tutela preventiva e seja instrumentalizada a intuitos punitivos, como parecia acontecer aqui. Como é natural, as alegações de inconstitucionalidade material do art. 189.º, n.º 2, al. *b)* sucederam-se[213], tendo, por fim, a norma sido declarada inconstitucional, com força obrigatória geral, no Acórdão do

---

[212] Outros aspectos da disciplina jurídica suscitavam dúvidas. O Código da Insolvência e da Recuperação de Empresas previa, em harmonia com o regime geral, a nomeação de um curador (cfr. art. 190.º, n.º 1). Entre outras coisas, a norma dava aso a perguntar como se delimitavam as esferas de competência do administrador da insolvência e do curador, nos casos em que o inabilitado era o próprio insolvente e o administrador da insolvência já tinha assumido a representação daquele para todos os efeitos de carácter patrimonial relevantes para a insolvência (cfr. art. 81.º, n.º 4). Cfr., sobre isto, Catarina Serra, *O novo regime português da insolvência – Uma introdução*, cit., pp. 66-67. Em face do desaparecimento da inabilitação, a norma do art. 190.º foi, evidentemente, revogada pela Lei n.º 16/2012, de 20 de Abril.
[213] Cfr., entre tantos outros, o Acórdão do TRP de 13 de Setembro de 2007 (Relator: José Ferraz) e o Acórdão do TRG de 20 de Setembro de 2007 (Relator: António Gonçalves).

TC n.º 173/2009, de 2 de Abril[214], por violação dos arts. 26.º e 18.º, n.º 2, da CRP, na medida em que impunha que o juiz, na sentença que qualificasse a insolvência como culposa, decretasse a inabilitação do administrador da sociedade comercial declarada insolvente. As restrições à capacidade civil – alegou-se no Acórdão – só são legítimas quando os seus motivos são relevantes sob o ponto de vista da capacidade das pessoas, não podendo servir de pena ou de efeito de pena, sendo que nenhuma destas condições estava preenchida no caso em apreciação[215]. A declaração de inconstitucionalidade aproveitava, todavia, apenas aos administradores de sociedades comerciais declaradas insolventes, continuando sujeitos ao efeito da inabilitação os insolventes que fossem pessoas singulares e os seus administradores bem como os administradores de insolventes que não fossem pessoas singulares nem sociedades comerciais, criando-se, assim, uma injustificada disparidade de tratamento[216].

No entanto, se é verdade que a inabilitação em sentido próprio (incapacidade geral que priva o incapaz da possibilidade de administrar livremente os seus bens) não é adequada ao intuito de sancionar condutas, nem por isso bastava substituí-la por outra qualquer que pudesse sê-lo. Deveria ter-se escolhido uma que fosse *útil* e *eficaz* na função de sancionar as condutas

---

[214] O Acórdão teve como relator JOAQUIM DE SOUSA RIBEIRO e teve o voto de vencido de BENJAMIM RODRIGUES (de acordo com declaração de voto em anexo ao Acórdão).

[215] Afirmou-se, designadamente, que "a inabilitação não resulta de uma situação de incapacidade natural, de um modo de ser da pessoa que a torne inapta para a gestão autónoma dos seus bens, mas de um estado objectivo de impossibilidade de cumprimento das obrigações vencidas". Sob pena de se diluir a relação entre a culpa e o efeito da inabilitação, deve esclarecer-se que a inabilitação não resulta exactamente da situação de insolvência (aquele estado de impossibilidade de cumprimento das obrigações vencidas) mas sim da contribuição culposa de certo sujeito para a situação de insolvência; de resto, este sujeito não tem sequer de ser – e na grande maioria dos casos não é – o sujeito insolvente.

[216] Uma vez que na origem da fiscalização da constitucionalidade estava um requerimento do Ministério Público circunscrevendo a apreciação da norma à parte em que ela se referia ao administrador de sociedade comercial declarada insolvente, não pode o Tribunal Constitucional ir mais longe, em obediência ao princípio do pedido. A disparidade de tratamento foi imediatamente lamentada, em declaração de voto, pelo próprio relator, JOAQUIM DE SOUSA RIBEIRO (cfr., porém, a declaração de voto de JOÃO CURA MARIANO). É de salientar, contudo, que o Acórdão do TC n.º 409/2011, de 14 de Setembro (Relator: MARIA LÚCIA AMARAL), e o Acórdão do TC n.º 578/2011, de 29 de Novembro (Relator: JOSÉ BORGES SOEIRO) julgaram, entretanto, a norma inconstitucional também quando aplicada às pessoas singulares declaradas insolventes.

em causa (causadoras da insolvência ou do seu agravamento) e, sobretudo, de desempenhar a função pedagógica ou preventiva típica das sanções (*i.e.*, inibidora das referidas condutas).

Ora, não parece que a inibição para a administração de patrimónios de terceiros tenha tal aptidão. Quando o sujeito afectado é o próprio insolvente, ele já está privado da administração de bens alheios por força do regime civil [cfr. arts. 1933.º, n.º 2, *a contrario*, 139.º e 156.º, e 1970.º, al. *a*), do CC] – a impossibilidade de administrar os bens do menor, do interdito e do inabilitado. Quando, como sucede mais frequentemente, o insolvente é uma sociedade e o sujeito afectado é o administrador, ele já está privado da administração dos bens da sociedade, por força do disposto no n.º 1 do art. 81.º. Em ambos os casos existe uma inibição para a ocupação de certos cargos [cfr. al *c*) do n.º 2 do art. 189.º] e a consequente impossibilidade de administrar os bens de sociedades comerciais ou civis, associações ou fundações privadas de actividades económicas, empresas públicas e cooperativas. Em face disto, a inibição fica quase desprovida de objecto e assim dificilmente poderá funcionar como argumento que convença os sujeitos a adoptarem o comportamento devido[217].

28.3.2. Inibição para o exercício do comércio e para a ocupação de certos cargos

Da norma do art. 189.º, n.º 2, al. *c*), resulta que, na sentença que qualifica a insolvência como culposa, o juiz declara os sujeitos afectados para o exercício do comércio durante um período de dois a dez anos, bem como para a ocupação de qualquer cargo de titular de órgão de sociedade comercial ou civil, associação ou fundação privada de actividade económica, empresa pública ou cooperativa.

A inibição para o exercício do comércio e para a ocupação de certos cargos não é um efeito completamente desconhecido na lei portuguesa. Ele corresponde ao efeito homónimo do art. 148.º do CPEREF. Mas sofre uma profunda modificação, em virtude da sua inserção no regime de qualificação da insolvência.

---

[217] Cfr., sobre isto, com desenvolvimento, CATARINA SERRA, "Os efeitos patrimoniais da declaração de insolvência após a alteração da Lei n.º 16/2012 ao Código da Insolvência", in: *Julgar*, 2012, n.º 18, pp. 175 e s., e "Os efeitos patrimoniais da declaração de insolvência – Quem tem medo da administração da massa pelo devedor?", in: AA. VV., *Estudos em homenagem ao Prof. Doutor José Lebre de Freitas*, vol. II, Coimbra, Coimbra Editora, 2013, pp. 539 e s.

LIÇÕES DE DIREITO DA INSOLVÊNCIA

O art. 148.º do CPEREF distinguia os casos de declaração de falência de uma pessoa singular dos casos de declaração de falência de uma "sociedade ou pessoa colectiva". Nestes últimos, a inibição dos respectivos "gerentes, administradores ou directores" não era um efeito necessário da declaração de falência, porque dependia da sua contribuição para a insolvência (cfr. art. 148.º, n.º 2, e arts. 126.º-A e 126.º-B do CPEREF[218])[219], nem um efeito automático ou *ope legis*, porque necessitava de uma sentença judicial que o aplicasse. Mas, nos primeiros, a inibição era um efeito necessário e automático da declaração de falência (cfr. art. 148.º, n.º 1, do CPEREF), podendo, embora, mais tarde, quando se justificasse, a pessoa objecto da inibição vir a ser autorizada a exercer as actividades vedadas (cfr. art. 148.º, n.º 3, do CPEREF) ou o efeito vir a ser levantado (cfr. art. 238.º, n.º 1, al. *d*), do CPEREF)[220].

O Código da Insolvência e da Recuperação de Empresas acaba com esta distinção. A inibição passa a aplicar-se a todos, mas apenas se eles tiverem causado ou agravado com culpa (dolo ou culpa grave) a situação de insolvência. Este é um regime mais eficiente, porque o efeito produz-se apenas quando se justifica – consegue-se a isenção automática dos sujeitos sem culpa –, e mais justo, porque o efeito justifica-se sempre que existe culpa do sujeito

---

[218] No Código da Insolvência e da Recuperação de Empresas desaparecem as "falências conjuntas" (cfr. art. 126.º-C do CPEREF), regime aplicável quando os responsáveis nos termos dos arts. 126.º-A e 126.º-B do CPEREF não cumpriam a obrigação em que tinham sido condenados. Isto, associado ao fim simultâneo das "falências derivadas" (cfr. art. 126.º do CPEREF), indicia, talvez, a vontade de repor a regra da circunscrição da declaração de falência/insolvência aos insolventes e de eliminar as excepções. Tal vontade, a confirmar-se, corresponde a uma inversão da tendência anterior, de aumento dos casos de "falidos não insolventes". Cfr., neste sentido, CATARINA SERRA, *Falências derivadas e âmbito subjectivo da falência*, cit., pp. 76 e s., e IDEM, "Alguns aspectos da revisão do regime da falência pelo DL n.º 315/98, de 20 de Outubro", cit., pp. 196 e s. Mas, embora assim se obtenha a coincidência entre a esfera dos sujeitos em situação de insolvência e a esfera dos sujeitos que vêm a ser declarados insolventes, ao ampliar-se o conceito de "insolvência-situação" (cfr. art. 3.º) e o âmbito subjectivo da "insolvência-declaração" (cfr. art. 2.º), vai aumentar-se, seguramente, o número de declarações de insolvência.

[219] Foi o DL n.º 315/98, de 20 de Outubro, que introduziu este condicionamento no Código dos Processos Especiais de Recuperação da Empresa e de Falência. O legislador terá sido sensível às críticas que classificavam, justamente, a solução anterior como "excessiva e injusta". Cfr. ABÍLIO MORGADO, "Processos especiais de recuperação da empresa e de falência – Uma apreciação do novo regime", in: *Ciência e Técnica Fiscal*, 1993, n.º 370, p. 107.

[220] Havia uma espécie de presunção relativa de culpa do falido pessoa singular. Cfr. MARIA DO ROSÁRIO EPIFÂNIO, *Os efeitos substantivos da falência*, cit., p. 78.

TRAMITAÇÃO DO PROCESSO DE INSOLVÊNCIA

– acaba-se com a possibilidade de isenção dos sujeitos sem mérito, a que o Código dos Processos Especiais de Recuperação da Empresa e de Falência dava origem ao condicionar a autorização para o exercício das actividades proibidas apenas à necessidade de o sujeito angariar meios de subsistência e à ausência de prejuízo para a liquidação da massa (cfr. art. 148.º, n.º 3, do CPEREF)[221]. Fica, assim, restabelecida a correspondência entre o regime do efeito e a função sancionatória que a doutrina sempre se lhe atribuiu[222].

Houve uma alteração formal quanto ao âmbito subjectivo da inibição. Adoptou-se a expressão "administradores" (cfr. art. 186.º, n.º 1) em substituição da expressão "gerentes, administradores e directores" (cfr. art. 148.º, n.º 2, do CPEREF). Substancialmente, nada muda. Tanto a primeira como a segunda devem ser entendidas, não em sentido técnico, mas em sentido amplo, significando titulares do órgão de administração. Se não, veja-se, para o Código da Insolvência e da Recuperação de Empresas, o art. 6.º, n.º 1[223]. Em suma, o encurtamento só traz vantagem.

Quanto aos cargos objecto da inibição, substituiu-se a expressão "incluindo" (cfr. art. 148.º, n.º 1, do CPEREF) por "bem como" [cfr. art. 189.º, n.º 2, al. c)]. A primeira era indicadora de uma enumeração não exaustiva ou meramente exemplificativa[224], que não era, em princípio, necessária, atendendo à amplitude da categoria "associação privada de actividade económica". Não correspondia, além disso, à formulação mais correcta[225].

---

[221] Há muito tempo se vinha criticando a benevolência desta solução, baseada unicamente em critérios de conveniência particular, e se vinha defendendo a aplicação do critério do mérito para a concessão da autorização (cfr. JOSÉ DE OLIVEIRA ASCENSÃO, "Efeitos da falência sobre a pessoa e negócios do falido", cit., pp. 649-650, e IDEM, *Direito Civil – Teoria Geral* – volume I, *Introdução, as pessoas, os bens*, cit., p. 210).

[222] Cfr., entre outros, PEDRO DE SOUSA MACEDO, *Manual de Direito das Falências*, volume II, cit., p. 47, e MARIA DO ROSÁRIO EPIFÂNIO, *Os efeitos substantivos da falência*, cit., p. 71. A suspensão do exercício de profissão, função e actividade está entre as medidas de coação admissíveis no âmbito do processo penal [cfr. art. 199.º, n.º 1, al. a), do CPP].

[223] Cfr., quanto ao Código dos Processos Especiais de Recuperação da Empresa e de Falência, LUÍS CARVALHO FERNANDES, "Efeitos substantivos da declaração de falência", cit., p. 22 (nota 3), IDEM, "O novo regime da inibição do falido para o exercício do comércio", in: *Direito e Justiça*, 1999, volume XIII, p. 9 (nota 5), LUÍS CARVALHO FERNANDES/JOÃO LABAREDA, *Código dos Processos Especiais de Recuperação da Empresa e de Falência Anotado*, cit., p. 395, e MARIA DO ROSÁRIO EPIFÂNIO, *Os efeitos substantivos da falência*, cit., p. 73 (e nota 121).

[224] Cfr. MARIA DO ROSÁRIO EPIFÂNIO, *Os efeitos substantivos da falência*, cit., p. 79.

[225] Adere-se, assim, à visão de JORGE MANUEL COUTINHO DE ABREU [*Curso de Direito Comercial*, volume I (*Introdução, actos de comércio, comerciantes, empresas, sinais distintivos*), cit. (10.ª edi-

LIÇÕES DE DIREITO DA INSOLVÊNCIA

28.3.3. Perda de certos créditos e obrigação de restituir certos bens ou direitos

Nos termos do art. 189.º, n.º 2, al. *d*), a sentença que qualifica a insolvência como culposa deve determinar a perda de quaisquer créditos sobre a insolvência ou sobre a massa insolvente detidos pelas pessoas afectadas pela qualificação e a sua condenação na restituição dos bens ou direitos já recebidos em pagamento desses créditos.

Não tendo antecedentes directos no Direito português da Insolvência, a perda dos créditos sobre a insolvência ou sobre a massa insolvente e a obrigação de restituir os bens ou direitos já recebidos em pagamentos destes créditos está, contudo, associada à perda de direitos, que não é uma figura absolutamente inédita no âmbito das sanções[226].

O efeito produz-se apenas nos casos de incidente pleno de qualificação de insolvência, sendo excluído quando o incidente tem carácter limitado [cfr. art. 191.º, n.º 1, al. *c*), *a silentio*] – justificadamente, uma vez que o incidente limitado tem lugar nos casos em que o processo é encerrado por insuficiência da massa (cfr. arts. 39.º, n.º 1, e 232.º, n.º 5). Afecta as obrigações ainda não cumpridas e as obrigações já extintas pelo cumprimento: no primeiro caso, os direitos do devedor contra a massa extinguem-se simplesmente; no segundo caso, considera-se que o devedor recebeu uma prestação em virtude de uma causa que deixou de existir, extinguindo-se *a posteriori* o direito à prestação já recebida e ficando o devedor obrigado a restituir o que recebeu (há como que uma "restituição da prestação por posterior desaparecimento da causa"[227], como se prevê no art. 473.º, n.º 2, do CC).

O efeito tem manifestações "discretas" e fica um tanto obnubilado pelos outros efeitos da insolvência culposa. Daí que, à excepção de uma ou outra voz (crítica)[228], a doutrina não se tenha ocupado da sua apreciação na especia-

---

ção), p. 148 (nota 320)]. Como adverte o autor, o exercício de cargos de administração ou de fiscalização em entidades colectivas não se inclui no exercício do comércio.

[226] É suficiente lembrar, no âmbito do Direito das Sociedades, a perda (total ou parcial) da quota (cfr. art. 204.º do CSC) e a perda das acções (cfr. art. 285.º do CSC), aplicáveis ao sócio remisso. Há algum tempo, era mesmo possível encontrar, no revogado art. 109.º do CP de 1982, uma referência à "perda de direitos" [tendo a norma (homóloga) do art. 111.º do CP de 1995 passado a referir-se à "perda de vantagens"].

[227] Cfr., sobre esta hipótese, LUÍS MANUEL TELES DE MENEZES LEITÃO, *Direito das Obrigações*, volume I – *Introdução. Da constituição das obrigações*, cit., p. 422.

[228] Como RUI PINTO DUARTE ("Efeitos da declaração de insolvência quanto à pessoa do devedor", cit., p. 147), que afirma não existir proporção entre a conduta ilícita e a sanção: a perda

lidade. Seja como for, globalmente, ele é um dos instrumentos que melhor se prestam à punição do devedor (*rectius*: do sujeito culpado): tendo a situação de insolvência sido criada ou agravada pela sua actuação, é razoável que ele não possa conservar inalterada a sua situação e devam decair os seus direitos em favor daqueles que a sua actuação prejudicou. No momento da concepção normativa, parece ter estado presente, pelo menos remotamente, a ideia de que, ao adoptar um comportamento desconforme à ordem jurídica (logo, censurável), a pessoa "não pode depois pretender, como se nada houvesse ocorrido, exercer a posição que a ordem jurídica lhe conferiu. Distorcido o equilíbrio de base, sofre-lhe as consequências"[229].

28.3.4. Obrigação de indemnização dos credores

No art. 189.º, n.º 2, al. *e*), prevê-se, por último, que, na sentença que qualifica a insolvência como culposa, as pessoas afectadas sejam condenadas a indemnizar os credores do devedor declarado insolvente no montante dos créditos não satisfeitos, até às forças dos respectivos patrimónios, sendo solidária a responsabilidade entre eles.

Apesar de a obrigação de indemnizar os credores do insolvente no montante dos créditos não satisfeitos apenas ter sido introduzida no Código da Insolvência e da Recuperação de Empresas pela Lei n.º 16/2012, de 20 de Abril, ela não é, em rigor, um efeito inédito no regime português da insolvência. Ela recupera, de certa forma, o que já se dispunha no Código dos Processos Especiais de Recuperação da Empresa e de Falência (a responsabilidade pelo passivo a descoberto prevista no art. 126.º-B) e permite corresponder, finalmente, aos apelos contidos nos documentos de harmonização dos direitos da União Europeia em matéria de insolvência[230], alinhando-se

---

produz-se qualquer que seja o grau de culpa, qualquer que seja o valor desses créditos, qualquer que seja a sua origem, qualquer que seja a época em que se constituíram.

[229] As palavras são de ANTÓNIO MENEZES CORDEIRO [*Da boa fé no Direito Civil*, Coimbra Almedina, 1984, p. 851], discorrendo, a propósito da tipologia de actos abusivos da boa fé, mais especificamente sobre o *tu quoque*. Sobre o *tu quoque* cfr., ainda, do mesmo autor, *Litigância de má fé, abuso do direito de acção e culpa "in agendo"*, cit., pp. 116 e s.

[230] Desde o *Report of the High Level Group of Company Law Experts on A Modern Regulatory Framework for Company Law in Europe* (*Winter Report*), de 4 de Novembro de 2002 (disponível em http://ec.europa.eu/internal_market/company/docs/modern/report_en.pdf), e do *Action Plan da Comissão Europeia*, de 21 de Maio de 2003 [*Commission of the European Communities, Modernising Company Law and Enhancing Corporate Governance in the European Union – A Plan to Move Forward*, COM (2003) 284 final] que uma das matérias mais debatidas no

LIÇÕES DE DIREITO DA INSOLVÊNCIA

o Código da Insolvência e de Recuperação de Empresas pela maioria das legislações de insolvência dos Estados-membros[231].

Os termos em que a obrigação de indemnização foi consagrada na lei portuguesa suscitam, todavia, algumas observações críticas.

Desde logo, nota-se uma evidente desconformidade da norma al. *e)* do n.º 2 com a do n.º 4 do art. 189.º: enquanto a primeira diz que as pessoas afectadas devem indemnizar os credores "no *montante dos créditos não satisfeitos*", a segunda põe a hipótese de não ser possível fixar o valor das indemnizações "em virtude de o tribunal não dispor dos elementos necessários para calcular o *montante dos prejuízos sofridos*"[232]. O legislador ter-se-á porventura esquecido de adaptar o n.º 4 à redacção final que deu à norma da al. *e)* do n.º 2, tendo mantido o texto que resultava dos textos preparatórios (designadamente o "Anteprojecto de diploma que altera o Código da Insolvência e da Recuperação de Empresas", de 24 de Novembro de 2011)[233].

âmbito da harmonização é o regime das sanções para os sujeitos que tenham culpa na criação ou no agravamento da insolvência. Nesta altura, o modelo a adoptar segundo ambos os documentos era o *wrongful trading*. Já posteriormente, sem propor um modelo único, o *Insolvency Report to the European Parliament on Harmonisation of Insolvency Law at EU Level*, de 26 de Abril de 2010 (p. 24) (disponível em http://www.insol-europe.org/eu-research/harmonisation-of-insolvency-law-at-eu-level/) veio insistir na necessidade de harmonização ao nível da sanção da responsabilidade Por fim, o *Draft Report with recommendations to the Commission on insolvency proceedings in the context of EU company law*, de 6 de Junho de 2011 (parte 1, 1.1.) (disponível em http://www.europarl.europa.eu/sides/getDoc.do?pubRef=-//EP//NONSGML+COMPARL+PE-467.008+02+DOC+PDF+V0//EN&language=EN), apela à adequação das sanções, circunscrevendo-se, aparentemente, ao contexto do incumprimento de dever de *apresentação* à insolvência.

[231] Os institutos homólogos são na lei inglesa (o *Insolvency Act 1986*) o *wrongful trading* (*section* 214 do *IA 1986*), na lei francesa a *action en responsabilité pour l'insuffisance de l'actif* (*article* L651–2 do *Code de Commerce*), na lei alemã a *Insolvenzverschleppungshaftung* [cfr. § 15a da *InsO* e § 823(2) do *Bürgerliches Gesetzbuch (BGH)*] e a *Insolvenzverursachungshaftung* [cfr. § 64 da *Gesetz betreffend die Gesellschaften mit Beschränkter Haftung (GmbHG)* e § 92 da *Aktiengesetz (AktG)*] e na lei espanhola a *responsabilidad concursal* ou *condena al déficit* (cfr. art. 172 *bis* da *LC*). Nos Estados Unidos existe, desde a década de oitenta, um instituto de origem jurisprudencial que é funcionalmente equivalente ao *wrongful trading* – a *deepening insolvency*. Cfr., sobre cada um destes institutos, CATARINA SERRA, "The Portuguese Classification of Insolvency from a Comparative Perspective", in: REBECCA PARRY (Ed.), *Papers from the INSOL Europe Academic Forum/Milan Law School Joint Insolvency Conference, University of Milan Law School, Milan, Italy, 31 March-1 April 2011*, 2011, pp. 3 e s.

[232] Sublinhados nossos.

[233] No Anteprojecto, a al. *e)* do n.º 2 do art. 189.º referia-se à condenação das pessoas afecta-

TRAMITAÇÃO DO PROCESSO DE INSOLVÊNCIA

Poderia pensar-se em superar a desconformidade entre as duas normas sem as harmonizar. Em tal caso, deveria dar-se prevalência ao disposto na al. *e)* do n.º 2 do art. 189.º[234].

Poderá, porém, pensar-se, para evitar a inutilização do n.º 4, em harmonizar as duas normas. Será, designadamente, de ponderar que a al. *e)* do n.º 2 consagre uma presunção e que o n.º 4 se aplique apenas aos casos em que alguma das pessoas afectadas consiga ilidir a presunção contida na al. *e)* do n.º 2. Nesta ordem de raciocínio, a norma da al. *e)* do n.º 2 consagraria uma dupla presunção: por um lado, a presunção de que a pessoa afectada pela qualificação da insolvência causou aos credores um dano; por outro lado, a presunção de que o montante do dano causado corresponde ao montante dos créditos não satisfeitos. A norma do n.º 4 reflectiria o facto de a presunção consagrada na al. *e)* do n.º 2 ser, tão-só, uma presunção ilidível. As pessoas afectadas poderiam alegar e provar que o seu comportamento não causou nenhum dano, ou que o seu comportamento causou um dano inferior ao montante dos créditos não satisfeitos. Se não o alegassem, ou não conseguissem prová-lo, aplicar-se-ia a al. *e)* do n.º 2. Se, porém, conseguissem prová-lo, aplicar-se-ia o n.º 4. A sentença de qualificação da insolvência como culposa deveria, neste caso, fixar as indemnizações devidas atendendo à proporção em que o comportamento das pessoas afectadas contribuiu para a insolvência[235].

---

das "a indemnizarem os credores do devedor declarado insolvente pelos prejuízos que estes hajam sofrido [...]".

[234] No que pode considerar-se uma simplificação excessiva da questão, ADELAIDE MENEZES LEITÃO (*Direito da Insolvência*, cit., p. 204) adopta esta posição.

[235] Cfr., genericamente neste sentido, LUÍS CARVALHO FERNANDES/JOÃO LABAREDA, *Código de Insolvência e da Recuperação de Empresas Anotado. Sistema de Recuperação de Empresas por Via Extrajudicial (SIREVE) Anotado. Legislação Complementar*, cit., pp. 697 e s., RUI PINTO DUARTE, "Responsabilidade dos administradores: coordenação dos regimes do CSC e do CIRE", in: CATARINA SERRA (coord.), *III Congresso de Direito da Insolvência*, Coimbra, Almedina, 2015, pp. 165-166 e p. 168, e NUNO MANUEL PINTO OLIVEIRA, *Responsabilidade civil dos administradores – Entre Direito civil, Direito das sociedades e Direito da insolvência*, Coimbra, Coimbra Editora, 2015, pp. 218 e s. Considerando também conveniente atribuir uma utilidade ao n.º 4 do art. 189.º cfr., na jurisprudência, o Acórdão do TRC de 16 de Dezembro de 2015, Proc. 1430/13.3TBFIG-
-C.C1 (Relatora: MARIA DOMINGAS SIMÕES), onde se diz: "[n]o que respeita ao 'quantum' indemnizatório, atento o disposto no nº 4 do preceito, fica aberta a porta à possibilidade do juiz ter em consideração factores que, designadamente em razão das circunstâncias do processo, devam mitigar o recurso a meras operações aritméticas de passivo menos resultado do

LIÇÕES DE DIREITO DA INSOLVÊNCIA

Uma segunda "debilidade" prende-se com o real alcance da norma – a (des)conformidade entre os propósitos da norma e os seus efeitos práticos.

Desde logo, porque é possível (e frequente) que o único sujeito afectado pela qualificação da insolvência como culposa seja o próprio insolvente. Não existem, nestes casos, outros patrimónios responsáveis para lá do património do devedor e, assim sendo, não há como ressarcir os credores dos créditos insatisfeitos[236].

Mesmo nos restantes casos – em que existem outros patrimónios responsáveis –, não é fácil, sem outras medidas, obter o ressarcimento dos créditos insatisfeitos. É habitual os sujeitos potencialmente afectados esvaziarem antecipadamente os seus patrimónios para inviabilizar o cumprimento da obrigação de indemnização. Atendendo à relação de instrumentalidade que existe entre a responsabilidade do insolvente e a responsabilidade destes sujeitos (quando sejam pessoas diferentes do insolvente), teria sido oportuno repensar os mecanismos especialmente concebidos para fazer face aos actos prejudiciais à massa insolvente. Teria sido justificado, designadamente, estender a resolução em benefício da massa a todos aqueles actos que, não obstante serem praticados por pessoas diversas do insolvente e afectarem patrimónios diversos da massa, são do mesmo modo prejudiciais aos direitos dos credores.

Não obstante as reservas mencionadas, o efeito da constituição dos sujeitos afectados numa obrigação de indemnização é, sem dúvida, mais adequado aos fins do processo de insolvência do que a inibição para a administração de patrimónios de terceiros – tanto no plano preventivo como no plano sucessivo (sancionatório e ressarcitório).

28.3.5. Outros efeitos da insolvência culposa
Para lá dos efeitos da qualificação da insolvência como culposa acima enumerados podem ocorrer outros, com impacto na posição do devedor no

---

activo, nesta sede podendo/devendo ser ponderado o grau de ilicitude e culpa manifestadas nos factos determinantes da qualificação de insolvência".

[236] Os credores poderão, contudo, exercer os seus direitos contra o devedor após o encerramento do processo de insolvência, pelas formas habituais. E isto mesmo que seja concedida ao devedor a exoneração do passivo restante, uma vez que, não obstante esta importar a extinção dos créditos sobre a insolvência, ela não abrange "[a]s indemnizações devidas por factos ilícitos dolosos praticados pelo devedor, que hajam sido reclamadas nessa qualidade", nos termos da al. b) do n.º 2 do art. 245.º.

TRAMITAÇÃO DO PROCESSO DE INSOLVÊNCIA

processo de insolvência (fazendo-o perder algumas das vantagens eventualmente alcançadas).

Mais precisamente, a verificação da culpa do devedor na criação ou no agravamento da situação de insolvência faz cessar tanto a administração da massa insolvente que lhe tivesse sido atribuída [cfr. art. 228.º, n.º 1, al. *c*)][237] como o procedimento de exoneração do passivo restante em curso [cfr. art. 243.º, n.º 1, al. *c*)][238].

Note-se, no entanto, que, ao contrário dos efeitos acima enumerados, aquilo que aqui está em causa são efeitos que decorrem do facto "insolvência culposa", isto é, da configuração de uma situação de insolvência culposa (por força do funcionamento de uma presunção ou de uma ficção de insolvência culposa ou simplesmente da reunião dos respectivos requisitos) e não propriamente da sentença judicial que qualifica a insolvência como culposa[239].

29. Efeitos previstos em legislação extravagante, em particular a (alegada) inelegibilidade do insolvente para os órgãos das autarquias locais

Jurisprudência relevante: Acórdão do TC n.º 532/2017, de 11 de Setembro (Relator: GONÇALO DE ALMEIDA RIBEIRO), Acórdão do TC n.º 495/2017, de 7 de Setembro (Relator: PEDRO MACHETE), Acórdão do TC n.º 588/2013, de 16 de Setembro (Relatora: FÁTIMA MATA-MOUROS), Acórdão do TC n.º 553/2013, de 12 de Setembro (Relatora: MARIA JOSÉ RANGEL DE MESQUITA), Acórdão do STA de 21 de Novembro de 2013, Proc. 01260/13 (Relator: RUI BOTELHO), Acórdão do TCAN de 19 de Abril de 2013, Proc. 02048/12.3BEPRT (Relatora: MARIA FERNANDA BRANDÃO).

Existem ainda alguns outros efeitos da declaração de insolvência sobre o devedor que, não estando consagrados no Código da Insolvência e da Recu-

---

[237] Sobre as repercussões da insolvência culposa na administração da massa insolvente pelo devedor cfr. LUÍS CARVALHO FERNANDES, "A qualificação da insolvência e a administração da massa pelo devedor", cit., pp. 100-102.
[238] Cfr., ainda, a propósito da exoneração do passivo restante, as normas dos arts. 238.º, n.º 1, als. *b*), *e*) e *f*), e 246.º, n.º 1.
[239] Como diz LUÍS CARVALHO FERNANDES ("A qualificação da insolvência e a administração da massa insolvente pelo devedor", cit., p. 96), "estes efeitos interferem também com a situação jurídica do insolvente tendo, portanto, natureza substantiva"; "a razão que explica o facto de estes efeitos não constarem da enumeração do art. 189.º reside, por certo, em decorrerem, *ipso iure*, de factos que relevam na qualificação da insolvência como culposa, enquanto os contidos nas alíneas do n.º 2 do art. 189.º dependem da decisão judicial específica relativa a essa qualificação".

LIÇÕES DE DIREITO DA INSOLVÊNCIA

peração de Empresas (sendo, numa palavra, extravagantes ou avulsos), não são menos importantes.

Destacam-se, a este propósito, certas restrições à capacidade de gozo e de exercício de direitos, designadamente a inelegibilidade para os órgãos das autarquias locais "dos falidos e dos insolventes, salvo se reabilitados" [cfr. art. 6.º, n.º 2, al. *a*), da Lei Orgânica n.º 1/2001, de 14 de Agosto], as restrições no âmbito do Direito da Família, como a impossibilidade de o insolvente ser nomeado tutor para efeitos de administração de bens do menor e do interdito e curador para efeitos de administração de bens do inabilitado [cfr. arts. 1933.º, n.º 2, *a contrario*, 139.º e 156.º do CC[240]] ou de qualquer forma designado administrador de bens do menor ou do interdito [cfr. arts. 1970.º, al. *a*), e 139.º do CC][241], a impossibilidade de "os falidos [ou] os insolventes" serem eleitos ou designados membros do conselho fiscal, fiscal único ou ROC das sociedades anónimas (cfr. art. 414.º-A, n.º 1, al. *j*), do CSC), a recusa de inscrição na câmara dos solicitadores a "quem esteja declarado falido ou insolvente" [cfr. art. 78.º, n.º 1, al. *d*), do Estatuto da Câmara dos Solicitadores, aprovado pelo DL n.º 88/2003, de 26 de Abril] e, por último, a proibição de entrada nas salas de jogos de fortuna e azar aos "culpados de falência fraudulenta, desde que não tenham sido reabilitados" [cfr. art. 36.º, n.º 2, al. *b*), do DL n.º 422/89, de 2 de Dezembro, que reformula a Lei do Jogo, com a modificação do DL n.º 10/95, de 19 de Janeiro].

Todos estes efeitos são tributários de uma velha concepção da insolvência: como um estado de "menoridade civil" ou *capitis deminutio*[242]. É sintomático, aliás, que, em muitas das disposições referidas, o insolvente apareça expressamente associado ao incapaz, sobretudo ao interdito e ao inabilitado e, mais especificamente, ao pródigo (por exemplo, nas normas do Código Civil). A aplicação, ainda hoje, destas disposições é susceptível de causar

---

[240] No âmbito das limitações comuns são também de referir o art. 1953.º, n.º 1, o art. 1955.º, n.º 1, e o art. 154.º, n.º 2, do CC, que impedem os insolventes de ser vogais do conselho de família, protutores e subcuradores, respectivamente. Cfr., sobre isto, Luís CARVALHO FERNANDES, "Efeitos substantivos da declaração de falência", cit., p. 32.

[241] Sobre o impacto da declaração de insolvência nas relações familiares e parafamiliares cfr. JORGE DUARTE PINHEIRO, "Efeitos pessoais da declaração de insolvência", cit., pp. 216-222.

[242] Refere-se a ela, por exemplo, JOSÉ GABRIEL PINTO COELHO ("Efeitos da falência sobre a capacidade do falido, segundo o novo Código de Processo Civil", in: AA. VV., *Estudos de Direito Comercial*, volume I (*Das Falências*), Coimbra, Almedina, 1989, p. 27).

TRAMITAÇÃO DO PROCESSO DE INSOLVÊNCIA

alguma perplexidade – sobretudo a que restringe a capacidade eleitoral do insolvente.

Quanto a esta última ou, mais precisamente, quanto à inelegibilidade para os órgãos das autarquias locais dos insolventes salvo se reabilitados, consagrada no art. 6.º, n.º 2, al. *a)*, da Lei Orgânica n.º 1/2001, de 14 de Agosto, têm as instâncias judiciais adoptado uma posição "conservadora", considerando inelegível para os órgãos das autarquias locais o sujeito declarado insolvente até ocorrer a decisão final de exoneração prevista no artigo 244.º[243].

Nos dois períodos de eleições autárquicas ocorridos desde que entrou em vigor o Código da Insolvência e da Recuperação de Empresas, o Tribunal Constitucional foi chamado a pronunciar-se sobre a inconstitucionalidade da norma. Alegava-se violação do art. 50.º, n.º 3, conjugado com o art. 18.º, n.º 2, da CRP, ou seja, que a restrição ao direito de acesso a cargos públicos era excessiva e desproporcionada[244]. Julgou o Tribunal que não existia desconformidade com a lei constitucional, confirmando a ideia de que o sujeito declarado insolvente é inelegível para os órgãos das autarquias locais até à decisão final de exoneração[245].

Não pode deixar de se manifestar fortes reservas à posição adoptada pela jurisprudência nacional. Entende-se que a entrada em vigor do Código da Insolvência e da Recuperação de Empresas provocou a revogação tácita do art. 6.º, n.º 2, al. *a)*, da Lei Orgânica n.º 1/2001, por incompatibilidade entre o regime da insolvência, que pôs fim ao instituto da reabilitação, e o regime

---

[243] Cfr., por exemplo, o Acórdão do TCAN de 19 de Abril de 2013, Proc. 02048/12.3BEPRT (Relatora: MARIA FERNANDA BRANDÃO), e o Acórdão do STA de 21 de Novembro de 2013, Proc. 01260/13 (Relator: RUI BOTELHO).

[244] Recorde-se que o art. 50.º, n.º 3, da CRP determina que "[n]o acesso a cargos electivos a lei só pode estabelecer as inelegibilidades necessárias para garantir a liberdade de escolha dos eleitores e a isenção e independência do exercício dos respectivos cargos". O art. 18.º, n.º 2, da CRP consagra o *princípio da proporcionalidade,* estabelecendo que "[a] lei só pode restringir os direitos, liberdades e garantias nos casos expressamente previstos na Constituição, devendo as restrições limitar-se ao necessário para salvaguardar outros direitos ou interesses constitucionalmente protegidos". Ao princípio da proporcionalidade estão sujeitas *todas as restrições a direitos fundamentais* constantes de legislação ordinária.

[245] Cfr. o Acórdão do TC n.º 553/2013, de 12 de Setembro (Relatora: MARIA JOSÉ RANGEL DE MESQUITA), o Acórdão do TC n.º 588/2013, de 16 de Setembro (Relatora: FÁTIMA MATA--MOUROS), e o Acórdão do TC n.º 532/2017, de 11 de Setembro (Relator: GONÇALO DE ALMEIDA RIBEIRO).

da ineligibilidade dos insolventes para os órgãos das autarquias locais, que não o dispensa[246].

Convocar a (decisão final de) exoneração do passivo restante como sucedâneo funcional da (decretação de) reabilitação, para recusar a renovação tácita do art. 6.º, n.º 2, al. *a*), da Lei Orgânica n.º 1/2001, implica desvalorizar os interesses (distintos) que justificam cada um dos institutos e os quadros normativos (distintos) em que eles se integram.

A reabilitação do *falido*, regulada no Código dos Processos Especiais de Recuperação da Empresa e de Falência, era compreensível à luz do regime então existente[247]. Aí, a mera declaração judicial de *falência* arrastava consigo uma "carga negativa e estigmatizante"[248] para o sujeito afectado, desqualificando-o perante a comunidade e, no caso de ser comerciante, perante os seus pares na praça do comércio. Persistia, por outro lado, a tradição de associação do falido ao pródigo, recaindo sobre o falido que fosse pessoa singular uma verdadeira presunção de incapacidade (inabilidade) para administrar patrimónios. Determinava-se no art. 148.º, n.º 1, do CPEREF que, por mera força da declaração de insolvência, o falido ficava inibido para o exercício do comércio e a ocupação de certos cargos, o que significa inibido para a administração de patrimónios[249]. O raciocínio subjacente à norma era claro: quem foi declarado falido revelou-se incapaz de administrar o seu próprio património e por isso não deve poder administrar patrimónios alheios.

---

[246] Para os argumentos e mais desenvolvimentos sobre o tema cfr. CATARINA SERRA, "A ineligibilidade do insolvente para os órgãos das autarquias locais: faz sentido mantê-la?", in: *Revista de Administração Local*, 2012, n.º 247, pp. 53 e s.

[247] O sublinhado é deliberado. É visível que os termos "falido" e "falência" têm uma conotação diferente de "insolvente" e "insolvência".

[248] Transcreve-se a expressão usada no Acórdão do TCAN de 19 de Abril de 2013, Proc. 02048/12.3BEPRT (Relatora: MARIA FERNANDA BRANDÃO).

[249] "O art. 148.º do CPEREF distinguia os casos de declaração de falência de uma pessoa singular dos casos de declaração de falência de uma 'sociedade ou pessoa colectiva'. Nestes últimos, a inibição dos respectivos "gerentes, administradores ou directores" não era um efeito necessário da declaração de falência, porque dependia da sua contribuição para a insolvência (cfr. art. 148.º, n.º 2, e arts. 126.º-A e 126.º-B do CPEREF), nem um efeito automático ou *ope legis*, porque necessitava de uma sentença judicial que o aplicasse. Mas, nos primeiros, a inibição era um efeito necessário e automático da declaração de falência (cfr. art. 148.º, n.º 1, do CPEREF), podendo, embora, mais tarde, quando se justificasse, a pessoa objecto da inibição vir a ser autorizada a exercer as actividades vedadas (cfr. art. 148.º, n.º 3, do CPEREF) ou o efeito vir a ser levantado (cfr. art. 238.º, n.º 1, al. *d*), do CPEREF)". Cfr. CATARINA SERRA, *O regime português da insolvência*, cit., pp. 77-78.

TRAMITAÇÃO DO PROCESSO DE INSOLVÊNCIA

Em face disto, tornava-se necessária uma via para reabilitar, a certa altura, o falido aos olhos da comunidade. Como se disse noutro momento, a reabilitação "visa[va] a cessação do 'estado de falido' e desempenha[va] uma função de resinserção social"[250]. A reabilitação realizava-se levantando o juiz os efeitos decorrentes da declaração de falência (cfr. art. 238.º, n.º 1, do CPEREF) e, uma vez extintos também os (eventuais) efeitos penais, decretando a reabilitação do falido (cfr. art. 239.º, n.º 1, do CPEREF).

Ora, a exoneração do passivo restante enquadra-se num modelo de insolvência significativamente diferente, em que a impossibilidade de cumprimento se apresenta livre do dramatismo anterior. Como se verá, o objectivo da exoneração é o de reconstituir a estabilidade patrimonial do insolvente. Através da exoneração ele "desembaraça-se" dos credores remanescentes e evita a "perseguição executiva" de que o seu património seria alvo uma vez encerrado o processo de insolvência. Nada mais é necessário porque, primeiro, a mera declaração de insolvência não produz já os efeitos desonrosos e infamantes que produzia outrora, nem faz funcionar a presunção de incapacidade para a administração de patrimónios, e, segundo, os efeitos que decorrem da mera declaração de insolvência cessam automaticamente quando o processo de insolvência é encerrado[251].

Torna-se, assim, inviável aquela equivalência funcional – entre as funções da exoneração e as funções da reabilitação – que é ponto de partida para a jurisprudência dizer que todo o sujeito que tenha sido declarado insolvente só se torna elegível quando ocorrer a decisão final de exoneração porquanto só esta é susceptível de lhe restituir "dignidade eleitoral". Além do mais, o raciocínio penalizaria, paradoxalmente, os sujeitos que renunciam ao bene-

---

[250] Cfr. CATARINA SERRA, "As novas tendências do Direito português da Insolvência – Comentário ao regime dos efeitos da insolvência sobre o devedor no Projecto de Código da Insolvência", cit., p. 226, e in: AA. VV., *Código da Insolvência e da Recuperação de Empresas – Comunicações sobre o Anteprojecto de Código*, cit., p. 46. Partilha-se aqui do entendimento de MARIA DO ROSÁRIO EPIFÂNIO (*Os efeitos substantivos da falência*, cit., p. 182).

[251] "A cessação dos efeitos sobre o devedor depende agora da respectiva função – instrumental ou autónoma – relativamente ao processo de insolvência. Sendo a maioria dos efeitos instrumentais, eles cessam automaticamente aquando do encerramento do processo [cfr. art. 233.º, n.º 1, al. a), do CIRE]. Ficam isolados os efeitos com uma função autónoma – predominantemente sancionatória – cuja duração é a que lhes for definida na sentença que os aplica, respeitados os limites legais [dois a dez anos, de harmonia com o art. 189.º, n.º 2, als. b) e c), do CIRE]". Cfr. CATARINA SERRA, *A falência no quadro da tutela jurisdicional dos direitos de crédito – O problema da natureza do processo de liquidação aplicável à insolvência no Direito português*, cit., p. 386.

fício da exoneração do passivo restante e fazem questão de realizar, depois do encerramento do processo de insolvência, o pagamento completo das suas dívidas.

Quanto ao argumento (compreensível) de que continua a fazer sentido "assegurar garantias de dignidade e genuinidade ao acto eleitoral e, simultaneamente, evitar a eleição de quem, pelas funções que exerce (ou outras razões que o tornem indigno), se entende que não deve ou não pode representar um órgão autárquico"[252], recorde-se que é hoje possível, em qualquer caso, apurar a contribuição dos sujeitos para a criação ou o agravamento da insolvência.

A qualificação da insolvência e, em particular, a qualificação da insolvência como culposa realiza o desiderato sem necessidade de recurso a expedientes menos próprios como a declaração de incapacidade (eleitoral). Através da qualificação da insolvência é possível afastar da administração de patrimónios, logo da administração da "coisa pública", todas as pessoas – mas só as pessoas – que mereçam ser afastadas, isto é, as que tenham contribuído com dolo ou culpa grave para a criação ou o agravamento da insolvência[253].

A sentença que qualifica a insolvência como culposa declara a inibição destas pessoas para administrar patrimónios de terceiros e para o exercício do comércio e a ocupação de certos cargos, nomeadamente em empresas públicas [art. 189.º, n.º 2, als. *b)* e *c)*]. Assim, nos casos em que o sujeito é afectado pela qualificação da insolvência como culposa, fica prejudicada,

---

[252] As palavras são, mais uma vez, do Acórdão do TCAN de 19 de Abril de 2013, Proc. 02048/ 12.3BEPRT (Relatora: Maria Fernanda Brandão). Acrescenta-se ai que "a restrição ao direito fundamental de sufrágio passivo – art. 50.º da CRP – é admissível, atenta a necessidade de salvaguardar outros interesses igualmente relevantes, tais como garantir a isenção e independência com que os titulares dos órgãos autárquicos devem exercer os seus cargos e gerir os dinheiros públicos e bem assim, assegurar a imagem pública dos eleitos, nomeadamente, os locais, de molde a que possam ser vistos como referências pelos eleitores e não como factores de desconfiança e suspeição".

[253] Numa apreciação global do Projecto que esteve na origem do Código da Insolvência e da Recuperação e Empresas afirmou-se, com relevância para este ponto: "[m]oralizou-se, porém, mais o sistema. Uma parte significativa dos efeitos está fora da parte geral e integrada no quadro especial da qualificação da insolvência como culposa, o que comporta a *isenção* automática dos efeitos sobre os sujeitos sem culpa e permite a aplicação *mais rigorosa* dos efeitos sobre os culpados e o seu *agravamento*". Cfr. Catarina Serra, "As novas tendências do Direito português da Insolvência – Comentário ao regime dos efeitos da insolvência sobre o devedor no Projecto de Código da Insolvência", cit., p. 227, e in: AA. VV., *Código da Insolvência e da Recuperação de Empresas – Comunicações sobre o Anteprojecto de Código*, cit., pp. 47-48.

TRAMITAÇÃO DO PROCESSO DE INSOLVÊNCIA

naturalmente, a sua elegibilidade, por todo o período em que durarem estas inibições[254]. Em contrapartida, nas situações em que nada mais há do que a declaração judicial de insolvência, ou seja, em que o incidente da qualificação de insolvência não é aberto, por o juiz não dispor de elementos que justifiquem a sua abertura [cfr. art. 36.º, n.º 1, al. *i*)] e ninguém o requerer nos termos legalmente previstos (cfr. art. 188.º, n.º 1), em que o incidente da qualificação de insolvência é aberto mas ainda não está decidido ou, finalmente, em que o incidente da qualificação de insolvência é decidido no sentido da insolvência fortuita, a capacidade eleitoral não é – não deve ser – afectada (não seria justo pôr-se em causa, para efeitos de elegibilidade ou outros, o mérito dos sujeitos)[255].

[254] Confirmando a inelegibilidade de sujeito que, à data da eleição para o órgão da autarquia local, se encontrava nestas circunstâncias, ou seja, inibido por força da sentença que qualificava a insolvência como culposa para administrar patrimónios de terceiros e para o exercício do comércio e a ocupação de certos cargos, cfr. o Acórdão do TC n.º 495/2017, de 7 de Setembro (Relator: PEDRO MACHETE).

[255] Destaca-se, pela positiva, uma passagem da declaração de voto da Conselheira JOANA FERNANDES COSTA no Acórdão do TC n.º 532/2017, de 11 de Setembro (Relator: GONÇALO DE ALMEIDA RIBEIRO), que, distanciando-se do assumido no Acórdão, manifesta "dificuldade em considerar compatível com o princípio da proibição do excesso, consagrado no n.º 2 do artigo 18.º da Constituição, a presunção inilidível, automaticamente extraída da mera declaração de insolvência – e abrangendo por isso também os casos de insolvência fortuita –, de que o insolvente, pelo simples facto de o ser, não dispõe da idoneidade ou independência necessárias para o exercício dos cargos eletivos compreendidos nos órgãos do poder local e/ou se encontra numa situação de vulnerabilidade e dependência económica incompatíveis com a administração local". Já não se pode, porém, acompanhar a afirmação da Conselheira no parágrafo anterior – e, pela mesma razão, nem o que é sustentado Acórdão. A Conselheira sustenta que a inelegibilidade abrange a hipótese em que, tendo sido aberto, na sentença que declara a insolvência do candidato, o incidente de qualificação da insolvência, este ainda não se encontra decidido à data da apresentação da sua candidatura. Ora, estando presente apenas o *risco* de o candidato insolvente vir a ser inibido de administrar patrimónios de terceiros, não existe justificação suficiente para a ineligibilidade, nem no plano dos interesses a ponderar nem no plano normativo ou dos fundamentos legais. Reconhece-se que esta tese é mais fácil de aceitar nos casos em que o incidente é aberto a requerimento do administrador da insolvência ou de qualquer interessado do que nos casos em que ele é aberto *ex officio*, dispondo o juiz de elementos que justifiquem a sua abertura, pelo simples facto de ser mais provável, nestes últimos, que insolvência venha a ser declarada culposa e o sujeito inibido para a administração de patrimónios. Ainda assim, é excessivo (e carece de base legal) que se restrinja o direito de acesso a cargos públicos com base numa (mera) possibilidade, que é susceptível de não se concretizar. Solução (mais) adequada será a perda do mandato quando (e

Em síntese, a sentença de declaração de insolvência não é suficiente, por si só, para fazer presumir a incapacidade para a administração de patrimónios, por isso não deve constituir impedimento à elegibilidade dos sujeitos.

A realidade económica actual confirma a inexistência de uma relação necessária entre a declaração de insolvência e a inabilidade para a administração de patrimónios. Como se sabe, na maioria dos casos, a insolvência deve-se à conjugação de factores que transcendem claramente as qualidades pessoais dos sujeitos.

SUBSECÇÃO II – Efeitos sobre os administradores

Bibliografia específica: ADELAIDE MENEZES LEITÃO, "Insolvência culposa e responsabilidade dos administradores na Lei 16/2012, de 20 de Abril", in: CATARINA SERRA (coord.), *I Congresso de Direito da Insolvência*, Coimbra, Almedina, 2013, pp. 269 e s., ANA PERESTRELO DE OLIVEIRA, "Responsabilidade civil dos auditores perante terceiros: legitimidade processual de terceiro na pendência de processo de insolvência da sociedade auditada", in: *Revista de Direito das Sociedades*, 2014, n.º 2, pp. 391 e s., CARLA MAGALHÃES, "Incidente de qualificação da insolvência. Uma visão geral", in: MARIA DO ROSÁRIO EPIFÂNIO (coord.), *Estudos de Direito da Insolvência*, Coimbra, Almedina, 2015, pp. 99 e s., CATARINA SERRA, "'*Decoctor ergo fraudator*'? – A insolvência culposa (esclarecimentos sobre um conceito a propósito de umas presunções) – Anotação ao Ac. do TRP de 7.1.2008, Proc. 4886/07", in: *Cadernos de Direito Privado*, 2008, n.º 21, pp. 54 e s., CATARINA SERRA, "The Portuguese Classification of Insolvency from a Comparative Perspective", in: REBECCA PARRY (Ed.), *The Reform of International Insolvency Rules at European and National Level – Papers from the INSOL Europe Academic Forum/Milan Law School Joint Insolvency Conference, University of Milan Law School, Milan, Italy, 31 March-1 April 2011*, 2011, pp. 3 e s., JORGE MANUEL COUTINHO DE ABREU, "Direito das Sociedades e Direito da Insolvência: interações", in: CATARINA SERRA (coord.), *IV Congresso de Direito da Insolvência*, Coimbra, Almedina, 2017, pp. 181 e s., JOSÉ ENGRÁCIA ANTUNES, "O âmbito subjetivo do incidente de qualificação da insolvência", in: *Revista de Direito da Insolvência*, 2017, n.º 1, pp. 77 e s., JOSÉ MANUEL BRANCO, "Novas questões na qualificação da insolvência", in: AA. VV., *Processo de insolvência e acções conexas*, Lisboa, Centro de Estudos Judiciários, 2014, pp. 297 e s. (disponível em http://www.cej.mj.pt/cej/recursos/ebook_civil.php), JOSÉ MANUEL BRANCO, "A qualificação da insolvência (análise do instituto em paralelo com outros de tutela dos credores e enquadramento no regime dos deveres dos administradores)", in: AA. VV., *Processo de insolvência e acções conexas*, Lis-

---

desde que) se confirme o julgamento de que a insolvência é culposa e o sujeito seja realmente afectado pelos respectivos efeitos.

TRAMITAÇÃO DO PROCESSO DE INSOLVÊNCIA

boa, Centro de Estudos Judiciários, 2014, pp. 349 e s. (disponível em http://www.cej. mj.pt/cej/recursos/ebook_civil.php), José Manuel Branco, *Responsabilidade patrimonial e insolvência culposa (Da falência punitiva à insolvência reconstitutiva)*, Coimbra, Almedina, 2015, José Manuel Branco, "Qualificação da insolvência (evolução da figura)", in: *Revista de Direito da Insolvência*, 2016, n.º 0, pp. 13 e s., Liliana Marina Pinto Carvalho, "Responsabilidade dos administradores perante os credores resultante da qualificação da insolvência como culposa", in: *Revista de Direito das Sociedades*, 2013, n.º 4, pp. 875 e s., Luís Carvalho Fernandes, "A qualificação da insolvência e a administração da massa insolvente pelo devedor", in: AA. VV., *Themis*, Edição Especial – *Novo Direito da Insolvência*, 2005, pp. 81 e s., e in: Luís Carvalho Fernandes/João Labareda, *Colectânea de estudos sobre a insolvência*, Lisboa, Quid Juris, 2009, pp. 247 e s., Manuel A. Carneiro da Frada, "A responsabilidade dos administradores na insolvência", in: *Revista da Ordem de Advogados*, 2006, II, pp. 653 e s., Manuel A. Carneiro da Frada, "A responsabilidade dos administradores perante os credores entre o Direito das Sociedades e o Direito da Insolvência", in: Catarina Serra (coord.), *IV Congresso de Direito da Insolvência*, Coimbra, Almedina, 2017, pp. 193 e s., Maria Elisabete Ramos, "A insolvência da sociedade e a responsabilização dos administradores no ordenamento jurídico português", in: *Prim@ Facie, Revista da Pós-Graduação em Ciências Jurídicas da Universidade Federal da Paraíba*, 2005, n.º 7, pp. 5 e s., Maria Elisabete Ramos, "Insolvência da sociedade e efectivação da responsabilidade civil dos administradores", Separata do *Boletim da Faculdade de Direito*, 2007, vol. LXXXXIII, pp. 449 e s., Maria Elisabete Ramos, "Código de la Insolvencia portugués y responsabilidad civil de los administradores", in: *Revista de Derecho de Sociedades*, 2008, n.º 30, pp. 279 e s., Maria de Fátima Ribeiro, "A responsabilidade de gerentes e administradores pela actuação na proximidade da insolvência de sociedade comercial", in: *O Direito*, 2010, I, pp. 81 e s., Maria de Fátima Ribeiro, "A responsabilidade dos administradores à crise da empresa societária e os interesses dos credores sociais", in: *I Congresso – Direito das Sociedades em Revista*, Coimbra, Almedina, 2011, pp. 391 e s., Maria de Fátima Ribeiro, "Responsabilidade dos administradores pela insolvência: evolução dos direitos português e espanhol", in: *Direito das Sociedades em Revista*, 2015, vol. 14, pp. 68 e s., Maria José Costeira, "A insolvência de pessoas colectivas: efeitos no insolvente e na pessoa dos administradores", in: *Julgar*, 2012, 18, pp. 161 e s., Maria do Rosário Epifânio, "O incidente de qualificação de insolvência", in: AA. VV., *Estudos em memória do Professor Doutor J. L. Saldanha Sanches*, vol. II, Coimbra, Coimbra Editora, 2011, pp. 579 e s., Maria do Rosário Epifânio, "El Incidente de Calificación de la Insolvencia, in: *Revista de Derecho Concursal y Paraconcursal*, 2013, pp. 419 e s., Miguel Pupo Correia, "Inabilitação do insolvente culposo", in: *Lusíada – Revista de Ciência e Cultura*, 2011, n.ºs 8-9, pp. 237 e s., Nuno Manuel Pinto Oliveira, "Responsabilidade civil dos administradores pela insolvência culposa", in: Catarina Serra (coord.), *I Colóquio de Direito da Insolvência de Santo Tirso*, Coimbra, Almedina, 2014, pp. 195 e s., Nuno Manuel Pinto Oliveira, *Responsabilidade civil dos administradores – Entre Direito Civil, Direito das Sociedades e Direito da Insolvência*, Coimbra, Coimbra Editora, 2015, Rui Estrela de Oliveira,

LIÇÕES DE DIREITO DA INSOLVÊNCIA

"Uma brevíssima incursão pelos incidentes de qualificação da insolvência", in: *O Direito*, Ano 142.º, 2010 – V, pp. 931 e s., e *Julgar*, 2010, n.º 11, pp. 199 e s., Rui Pinto Duarte, "Responsabilidade dos administradores: coordenação dos regimes do CSC e do CIRE", in: Catarina Serra (coord.), *III Congresso de Direito da Insolvência*, Coimbra, Almedina, 2015, pp. 151 e s., e in: Rui Pinto Duarte, *Estudos Jurídicos Vários*, Coimbra, Almedina, 2015, pp. 731 e s.

30. Noções introdutórias

Autonomizam-se, sob esta epígrafe, os efeitos da declaração de insolvência que atingem, em particular, os administradores. Não deve esquecer-se que, como se tem dito, grande parte dos efeitos descritos a propósito do devedor é extensível aos administradores, adquirindo especial relevo os efeitos da qualificação da insolvência como culposa. Quanto a estes, remete-se para os pontos em que se trata os efeitos da declaração de insolvência sobre o devedor e ainda o incidente da qualificação da insolvência, sem prejuízo do que aqui se dirá a propósito da obrigação de indemnização dos administradores por danos causados aos credores. Como se verá, esta obrigação tanto pode enquadrar-se no regime de responsabilidade que é próprio dos administradores de sociedades comerciais (cfr. arts. 72.º e s. do CSC) como no regime da insolvência culposa, constituindo, nesta última hipótese, um efeito comum sobre os administradores e o devedor.

Os efeitos "autónomos" da declaração de insolvência sobre os administradores resultam de uma única norma e consistem, mais precisamente, no dever de manutenção em funções e na perda do direito à remuneração (cfr. art. 82.º, n.ºs 1 e 2) e na obrigação de indemnização pelos prejuízos causados à generalidade dos credores da insolvência quando tenham dado origem à diminuição do património integrante da massa insolvente [cfr. art. 82.º, n.º 3, al. *b*)].

A referência a estes efeitos na norma do art. 82.º é coerente, uma vez que esta norma parece preordenada à redução do risco de satisfação insuficiente dos credores. Aí se consagram medidas tendentes a evitar a diminuição do valor da massa insolvente e a aumentá-lo e medidas destinadas a constituir e a reforçar a garantia que os patrimónios de outros responsáveis representam para os credores do insolvente.

31. Dever de manutenção em funções e perda do direito à remuneração

O n.º 1 do art. 82.º determina que, após a declaração de insolvência, os órgãos sociais do devedor se mantêm em funcionamento embora sem direito a remuneração.

TRAMITAÇÃO DO PROCESSO DE INSOLVÊNCIA

A norma causa alguma estranheza, desde logo porque dissocia o exercício de uma actividade profissional do direito (natural) à remuneração e pode tornar-se difícil pô-la em prática. Mas a dúvida maior prende-se com o fim pretendido.

Olhando para o art. 82.º, n.º 2, no qual se admite que os titulares dos órgãos sociais podem renunciar aos cargos logo que procedam ao depósito das contas anuais com referência à data de decisão de liquidação em processo de insolvência, percebe-se que o legislador visou regular uma situação temporária, delimitada no tempo (entre a data da declaração de insolvência da empresa e a data da decisão quanto ao seu destino), e homenagear o princípio da não interrupção da actividade (mínima) da empresa (cfr. art. 156.º, n.º 2).

Segue-se, no entanto, uma pergunta óbvia: como podem manter-se em funcionamento os órgãos de administração se, por força do art. 81.º, n.º 1, a partir da declaração de insolvência, eles ficam privados dos poderes de administração e de disposição dos bens do devedor? Não se trata da hipótese de administração da massa insolvente pelo devedor (cfr. arts. 223.º e s.), pois, conforme ressalvado no art. 81.º, n.º 1, *in fine*, mantém-se aí o direito a remuneração (cfr. art. 227.º).

É razoável entender que a medida tem uma utilidade mais limitada: assegurar a representação do devedor quando haja lugar a uma intervenção sua no âmbito do processo de insolvência, dos seus incidentes e apensos[256]. De facto, a representação para estes efeitos é expressamente excluída do conjunto de funções que cabem ao administrador da insolvência (cfr. art. 81.º, n.º 5).

Tendo em consideração, no entanto, o disposto no art. 82.º, n.º 2, a realização deste fim fica, a partir de certa altura, exclusivamente dependente da vontade dos titulares dos órgãos sociais, cessando a representação do devedor quando aqueles sujeitos renunciem aos seus cargos.

---

[256] Conforme é proposto por Luís CARVALHO FERNANDES e JOÃO LABAREDA [*Código da Insolvência e da Recuperação de Empresas Anotado. Sistema de Recuperação de Empresas por Via Extrajudicial (SIREVE) Anotado. Legislação Complementar*, cit., p. 418]. Não deixam os autores de criticar também a manutenção em funcionamento dos órgãos sociais nos termos em que está formulada.

LIÇÕES DE DIREITO DA INSOLVÊNCIA

32. Obrigação de indemnização pelos prejuízos causados à generalidade dos credores da insolvência pela diminuição do património integrante da massa insolvente

A norma do art. 82.º, n.º 3, torna visível um outro efeito da declaração de insolvência sobre os administradores. Na al. *b)* do n.º 3 do art. 82.º prevê-se a legitimidade exclusiva do administrador da insolvência para propor e fazer seguir as acções destinadas à indemnização dos prejuízos causados à generalidade dos credores da insolvência pela diminuição do património integrante da massa insolvente, tanto anteriormente como posteriormente à declaração de insolvência.

Trata-se de uma norma de carácter processual, que remete para as normas substantivas constantes, em parte, do Código das Sociedades Comerciais (cfr. arts. 78.º e 79.º) e, em parte, do Código da Insolvência e da Recuperação de Empresas [cfr. art. 189.º, n.º 2, al. *e)*, e n.º 4].

O art. 79.º do CSC contém o regime geral da responsabilidade "externa" dos administradores pelos danos directos causados a terceiros e o art. 78.º do CSC um regime *especial* da responsabilidade "externa" dos administradores por alguns danos – pelos danos indirectos ou reflexos – causados a alguns terceiros – aos credores da sociedade. Como os credores são terceiros, a expressão "danos causados a terceiros" do art. 79.º, n.º 1, do CSC abrange também os danos causados aos credores da sociedade. Assim, a diferença entre o âmbito de aplicação do art. 79.º e o âmbito de aplicação do art. 78.º decorrerá da distinção entre danos directos e danos indirectos ou reflexos[257].

Os danos directos ou directamente causados, no sentido do art. 79.º do CSC, parecem ser aqueles que se produzem na esfera do credor sem a intermediação do património da sociedade[258]. O art. 79.º aplica-se, então, aos

---

[257] Para a distinção entre danos directos e danos indirectos ou reflexos, cfr., por todos, JORGE MANUEL COUTINHO DE ABREU, *Responsabilidade civil dos administradores de sociedades*, Cadernos IDET, n.º 5, Coimbra, Almedina, 2010 (2.ª edição), p. 74 e p. 85.

[258] Como exemplos de danos directamente causados aos credores da sociedade estão os casos de responsabilidade extracontratual pela violação das disposições legais dos arts. 18.º e 19.º do CIRE, consagrando e regulando o dever de apresentação à insolvência. Os dois artigos contêm disposições legais de protecção no sentido do art. 483.º, n.º 1, do CC. Em relação aos antigos credores, ou seja, àqueles cujos créditos se constituíram antes de o administrador ter infringido ou violado o dever de apresentação à insolvência, haverá tão-só um dano indirecto ou reflexo, devendo aplicar-se o art. 78.º do CSC. Em relação aos novos credores, àqueles cujos créditos se constituíram depois de o administrador ter violado o dever de apresentação à insolvência, há um dano directo, devendo aplicar-se o art. 79.º do CSC. O dano

TRAMITAÇÃO DO PROCESSO DE INSOLVÊNCIA

casos em que o património do credor diminui, sem que a causa da diminuição do património do credor seja uma diminuição do património da sociedade, não contendo a norma mais do que uma remissão para o regime geral da responsabilidade civil.

Já os danos indirecta ou reflexamente causados, no sentido do art. 78.º do CSC, parecem ser aqueles que se produzem na esfera do credor com a intermediação do património da sociedade. O art. 78.º aplica-se, então, aos casos em que o património do credor diminui, porque o património da sociedade diminui – em que a causa da diminuição do património do credor é a diminuição do património da sociedade, em termos de se tornar insuficiente[259], contendo a norma um regime específico.

Em princípio, no Direito da responsabilidade civil, os danos indirectos ou reflexos não são ressarcíveis. O art. 78.º do CSC contém, por isso, uma norma excepcional – "dá a alguns terceiros, aos credores da sociedade, mais do que aquilo que decorreria da aplicação do regime geral da responsabilidade civil"[260].

Os requisitos da aplicação do art. 78.º do CSC reconduzem-se a dois.

Em primeiro lugar, a aplicação do art. 78.º do CSC depende de uma ilicitude qualificada. Será necessário que o administrador tenha infringido uma disposição legal ou contratual de protecção dos interesses dos credores. Entre as disposições legais de protecção dos interesses dos credores relevantes para efeitos do art. 78.º do CSC estão os arts. 18.º e 19.º do CIRE, que

dos novos credores produz-se sem a intermediação do património da sociedade (o património dos novos credores diminui, ainda que o património da sociedade não diminua). Cfr., neste sentido, MANUEL A. CARNEIRO DA FRADA, "A responsabilidade dos administradores na insolvência", cit., pp. 653 e s., esp. p. 699, MARIA DE FÁTIMA RIBEIRO, "A responsabilidade dos administradores à crise da empresa societária e os interesses dos credores sociais", in: *I Congresso – Direito das Sociedades em Revista*, Coimbra, Almedina, 2011, pp. 401 e s., e NUNO MANUEL PINTO OLIVEIRA, *Responsabilidade civil dos administradores – Entre Direito Civil, Direito das Sociedades e Direito da Insolvência*, cit., pp. 184 e s. Diga-se ainda que, não obstante o dano a indemnizar ser, em ambos os casos, um dano patrimonial primário, para os antigos credores há que atender ao interesse contratual negativo (deve reconstituir-se a situação que existiria se o contrato tivesse sido cumprido) e para os novos credores há que atender ao interesse contratual negativo (deve reconstituir-se a situação que existiria se o contrato não tivesse sido celebrado).

[259] Cfr. NUNO MANUEL PINTO OLIVEIRA, *Responsabilidade civil dos administradores – Entre Direito Civil, Direito das Sociedades e Direito da Insolvência*, cit., pp. 134 e s.

[260] Cfr. NUNO MANUEL PINTO OLIVEIRA, *Responsabilidade civil dos administradores – Entre Direito Civil, Direito das Sociedades e Direito da Insolvência*, cit., p. 136.

LIÇÕES DE DIREITO DA INSOLVÊNCIA

impõem aos administradores o dever de apresentação da sociedade à insolvência, e o art. 186.º do CIRE, que lhes impõe um dever de cuidado mínimo na gestão da sociedade[261].

Em segundo lugar, a aplicação do art. 78.º depende de um dano qualificado. Será necessário que o património da sociedade se tenha tornado insuficiente para a satisfação dos créditos. Os termos da relação entre os conceitos da insolvência e de insuficiência patrimonial são controvertidos, tendo sido sugerida uma interpretação extensiva do art. 78.º do CSC, no sentido de o aplicar a todos os casos de insolvência[262].

O art. 189.º, n.º 2, al. *e)*, e n.º 4, do CIRE, na redacção da Lei n.º 16/2012, de 20 de Abril, confirma que a qualificação do art. 186.º do CIRE como disposição legal de protecção dos credores no sentido do art. 78.º do CSC significa que os administradores respondem pelos danos causados aos credores da sociedade pela insolvência culposa.

Coordenando, enfim, a norma processual contida no art. 82.º, n.º 3, al. *b)*, do CIRE com as normas substantivas do Código das Sociedades Comerciais e do Código da Insolvência e da Recuperação de Empresas, pode concluir-se que o art. 82.º, n.º 3, al. *b)*, do CIRE se aplica às acções propostas ao abrigo do art. 78.º do CSC e do art. 189.º, n.º 2, al. *e)*, e n.º 4, do CIRE. Estas são acções destinadas à indemnização de danos ou prejuízos causados à generalidade dos credores da sociedade pela diminuição do património desta. São necessariamente propostas pelo administrador da insolvência.

Em contrapartida, o art. 82.º, n.º 3, al. *b)*, do CIRE não se aplica às acções propostas ao abrigo do art. 79.º do CSC. Isto porque, primeiro, as acções previstas no art. 79.º do CSC não pressupõem a diminuição do património da sociedade (pelo contrário, são compatíveis com a hipótese de aumento do património da sociedade) e, por isso, não preenchem necessariamente o requisito da "diminuição do património da massa insolvente" e, segundo,

---

[261] Para a qualificação do art. 186.º do CIRE como disposição legal de protecção no sentido do art. 78.º da CSC, cfr. MANUEL A. CARNEIRO DA FRADA, "A responsabilidade dos administradores na insolvência", cit., pp. 185 e s., MARIA DE FÁTIMA RIBEIRO, *A tutela dos credores da sociedade por quotas e a "desconsideração da personalidade jurídica"*, Coimbra, Almedina, 2009, p. 506, MARIA ELISABETE GOMES RAMOS, *O seguro de responsabilidade civil dos administradores. Entre a exposição ao risco e a delimitação da cobertura*, Coimbra, Almedina, 2010, p. 128, e NUNO MANUEL PINTO OLIVEIRA, *Responsabilidade civil dos administradores – Entre Direito Civil, Direito das Sociedades e Direito da Insolvência*, cit., pp. 211 e s.

[262] Cfr. NUNO MANUEL PINTO OLIVEIRA, *Responsabilidade civil dos administradores – Entre Direito Civil, Direito das Sociedades e Direito da Insolvência*, cit., pp. 156 e s.

TRAMITAÇÃO DO PROCESSO DE INSOLVÊNCIA

as acções previstas no art. 79.º do CSC não se destinam à indemnização dos prejuízos causados aos credores em geral mas sim só à indemnização dos prejuízos directamente causados a alguns credores. Os credores lesados mantêm a legitimidade processual activa.

SUBSECÇÃO III – Efeitos sobre os sócios

33. Noções introdutórias

Apesar da personalidade jurídica da sociedade, a declaração de insolvência afecta, de modo particular, os sócios, limitando os seus direitos ou a forma do seu exercício.

34. Exigibilidade imediata das entradas de capital diferidas e das prestações acessórias em dívida

A norma do art. 82.º, n.º 4, determina que o administrador da insolvência tem legitimidade exclusiva para exigir aos sócios, logo que considere conveniente, as entradas de capital diferidas e as prestações acessórias em dívida, intentando as acções que sejam adequadas para o efeito.

Acrescenta-se na norma – um tanto desnecessariamente – que o cumprimento destas obrigações é exigível independentemente dos prazos de vencimento que hajam sido estipulados.

35. Sujeição de determinados sócios ao regime dos credores subordinados e a outras limitações quanto ao reembolso

Quando sejam simultaneamente credores da sociedade, alguns sócios podem ficar sujeitos ao regime dos credores subordinados.

É assim, em primeiro lugar, claramente, no que toca aos sócios de responsabilidade ilimitada. Por força dos arts. 48.º, n.º 1, al. *a)*, e 49.º, n.º 2, al. *a)*, são subordinados os créditos detidos por "pessoas especialmente relacionadas com o devedor" e são pessoas especialmente relacionadas com o devedor, entre outros, os "sócios que respondam legalmente pelas dívidas da sociedade". Fazendo – como deve fazer-se – uma interpretação restritiva do art. 49.º, n.º 2, al. *a)*, estes são os sócios de responsabilidade ilimitada.

Recorde-se que esta qualificação tem efeitos que transcendem o tratamento dos créditos como subordinados, facilitando, designadamente, a resolução em benefício da massa de quaisquer actos praticados pelos respectivos titulares (cfr. art. 120.º, n.º 4).

LIÇÕES DE DIREITO DA INSOLVÊNCIA

É assim, em segundo lugar, quando os créditos de que os sócios são titulares resultem de suprimentos. Os suprimentos integram-se, como se viu, na classe dos créditos subordinados e aparecem na última posição [cfr. art. 48.º, al. *g)*], o que significa que estes sócios muito dificilmente conseguirão ser satisfeitos no processo de insolvência. Nesta qualidade, estão, além disso, sujeitos a todas as consequências da subordinação de créditos já indicadas.

Deve notar-se ainda que, como se verá, o reembolso de suprimentos que seja efectuado dentro de certo período anterior à declaração de insolvência é susceptível de resolução incondicional em benefício da massa [cfr. art. 212.º, n.º 1, al. *i)*].

Toda a disciplina a que ficam sujeitos os suprimentos no âmbito do processo de insolvência está em consonância com a que resulta do Código das Sociedades Comerciais (cfr. art. 245.º, n.ºs 2 e 3). Concretiza-se a ideia de que os sócios são *residual claimants* e de que os suprimentos, apesar de, contabilisticamente, não serem qualificáveis como capitais próprios, são, na realidade, prestações substitutivas do capital ou fundos próprios (*Eigenkapitalersatz*), merecendo, portanto, tratamento idêntico[263].

36. Insusceptibilidade de restituição das prestações suplementares

Já fora do Código da Insolvência e da Recuperação de Empresas, encontra-se outro efeito importante da declaração de insolvência sobre os sócios. Trata-se do art. 213.º, n.º 3, do CSC, que estabelece que as prestações suplementares não podem ser restituídas depois de declarada a insolvência da sociedade.

A regra vem na linha das limitações gerais consagradas nos restantes números do preceito e compreende-se bem tendo em conta a natureza das prestações suplementares[264]. Dada a proximidade entre as prestações suplementares e as prestações acessórias realizadas a título gratuito talvez se justifique, não obstante o silêncio da lei, estender o regime em causa a estas últimas.

Diga-se, por fim, que, se a restituição das prestações suplementares tiver tido lugar dentro de certo período anterior à declaração de insolvência,

---

[263] Em rigor, os suprimentos integram-se na categoria dos instrumentos de financiamento híbridos ou *mezzanine*, também chamados instrumentos de quase capital ou de capital quase próprio. Fenomenologicamente, o que caracteriza esta espécie de instrumentos é o facto de o prazo de reembolso ser mais longo ou mais flexível do que o prazo de vencimento dos instrumentos de capital alheio.

[264] As prestações suplementares são consideradas instrumentos de capital próprio.

TRAMITAÇÃO DO PROCESSO DE INSOLVÊNCIA

o acto de restituição é, tal como se viu para o reembolso de suprimentos, susceptível de resolução incondicional em benefício da massa, com fundamento, consoante os casos, nas als. *f)* ou *g)* do art. 121.º do CIRE.

SUBSECÇÃO IV – Efeitos sobre os trabalhadores

Bibliografia específica: ANA MARGARIDA VILAVERDE E CUNHA, "Protecção dos trabalhadores em caso de insolvência do empregador: cálculo das prestações do Fundo de Garantia Salarial – Algumas reflexões acerca da compatibilidade do regime português com o regime comunitário", in: *Questões laborais*, 2011, n.º 38, pp. 197 e s., BERNARDO DA GAMA LOBO XAVIER, *Manual de Direito do Trabalho* (com a colaboração de P. Furtado Martins, A. Nunes de Carvalho, Joana Vasconcelos, Tatiana Guerra de Almeida), Lisboa, Verbo, 2014 (2.ª edição, revista e actualizada), CATARINA SERRA, "Para um novo entendimento dos créditos laborais na insolvência e na pré-insolvência da empresa – Um contributo feito de velhas e novas questões", in: *Vinte Anos de Questões Laborais*, 42 (número especial), Coimbra, Coimbra Editora, 2013, pp. 187 e s., CLÁUDIA MADALENO, "Insolvência, processo especial de revitalização e reclamação de créditos laborais", in: *Instituto do Conhecimento AB – Colecção Estudos*, 2015, n.º 4, pp. 191 e s., JOANA COSTEIRA, *Os efeitos da declaração de insolvência no contrato de trabalho: a tutela dos créditos laborais*, Coimbra, Almedina, 2017 (2.ª edição), JOANA COSTEIRA, "A classificação dos créditos laborais", in: CATARINA SERRA (coord.), *I Colóquio do Direito da Insolvência de Santo Tirso*, Coimbra, Almedina, 2014, pp. 159 e s., JOANA VASCONCELOS, "Insolvência do empregador e contrato de trabalho", in: AA. VV., *Estudos em homenagem ao Prof. Doutor Manuel Henrique Mesquita*, vol. II, Coimbra, Coimbra Editora, 2009, pp. 1091 e s., JOÃO LIZARDO, "Trabalhar para a 'massa'", in: *Vinte Anos de Questões Laborais*, 2013, 42 (número especial), Coimbra, Coimbra Editora, pp. 207 e s., JOSÉ JOÃO ABRANTES, "Efeitos da insolvência do empregador no contrato de trabalho", in: AA. VV., *Estudos em homenagem ao Prof. Doutor José Lebre de Freitas*, vol. II, Coimbra, Coimbra Editora, 2013, pp. 577 e s., in: AA. VV., *O contrato de trabalho no contexto da empresa, do Direito Comercial e do Direito das Sociedades Comerciais*, Lisboa, Centro de Estudos Judiciários, Colecção Formação Inicial, 2014, pp. 17 e s. (disponível em http://www.cej.mj.pt/cej/recursos/ebook_trabalho.php), e in: AA. VV., *Processo de insolvência e acções conexas*, Lisboa, Centro de Estudos Judiciários, 2014, pp. 214 e s. (disponível em http://www.cej.mj.pt/cej/recursos/ebook_civil.php), JOSÉ JOÃO ABRANTES, "O Fundo de Garantia Salarial nos processos de insolvência e de revitalização", in: CATARINA SERRA (coord.), *III Congresso de Direito da Insolvência*, Coimbra, Almedina, 2015, pp. 409 e s., JÚLIO VIEIRA GOMES, *Direito do Trabalho*, volume I – *Relações individuais de trabalho*, Coimbra, Coimbra Editora, 2007, JÚLIO VIEIRA GOMES, "Nótula sobre os efeitos da insolvência do empregador nas relações de trabalho", in: CATARINA SERRA (coord.), *I Congresso de Direito da Insolvência*, Coimbra, Almedina, 2013, pp. 285 e s., in: AA. VV., *O contrato de trabalho no contexto da empresa, do Direito Comercial e do Direito das Sociedades Comerciais*, Lisboa, Centro de Estudos Judiciários,

Colecção Formação Inicial, 2014, pp. 161 e s. (disponível em http://www.cej.mj.pt/cej/recursos/ebook_trabalho.php), e in: AA. VV., *Processo de insolvência e acções conexas*, Lisboa, Centro de Estudos Judiciários, 2014, pp. 195 e s. (disponível em http://www.cej.mj.pt/cej/recursos/ebook_civil.php), LEONOR PIZARRO MONTEIRO, *O trabalhador e a insolvência da entidade empregadora*, Coimbra, Almedina, 2016, LUÍS CARVALHO FERNANDES, "Efeitos de declaração de insolvência no contrato de trabalho segundo o Código da Insolvência e da Recuperação de Empresas", Separata da *Revista de Direito e de Estudos Sociais*, 2004, n.ºs 1, 2 e 3, pp. 5 e s., LUÍS M. MARTINS, "O contrato de trabalho e os créditos dos trabalhadores no processo de insolvência", in: PEDRO COSTA AZEVEDO (coord.), *Insolvência – Volume especial*, Nova Causa, 2012, XXX e s., LUÍS MANUEL TELES DE MENEZES LEITÃO, "As repercussões da insolvência no contrato de trabalho", in: AA. VV., *Estudos em memória do Professor Doutor José Dias Marques*, Coimbra, Almedina, 2007, pp. 871 e s., LUÍS MANUEL TELES DE MENEZES LEITÃO, "A natureza dos créditos laborais resultantes de decisão do administrador de insolvência – Anotação ao Ac. do TRC de 14.7.2010, Proc. 562/09", in: *Cadernos de Direito Privado*, 2011, 34, pp. 55 e s., MANUEL CAVALEIRO BRANDÃO, "Algumas notas (interrogações) em torno da cessação dos contratos de trabalho em caso de 'encerramento da empresa' e de 'insolvência e recuperação da empresa'", in: *Prontuário do Direito do Trabalho*, 2011, n.º 87, pp. 203 e s., e in: AA. VV., *O contrato de trabalho no contexto da empresa, do Direito Comercial e do Direito das Sociedades Comerciais*, Lisboa, Centro de Estudos Judiciários, Colecção Formação Inicial, 2014, pp. 143 e s. (disponível em http://www.cej.mj.pt/cej/recursos/ebook_trabalho.php), MARIA JOSÉ COSTEIRA/FÁTIMA REIS SILVA, "Classificação, verificação e graduação de créditos no CIRE – em especial os créditos laborais", in: *Prontuário de Direito do Trabalho*, 2007, pp. 359 e s., MARIA DO ROSÁRIO PALMA RAMALHO, "Aspectos laborais da insolvência. Notas breves sobre as implicações laborais do regime do Código da Insolvência e da Recuperação das Empresas", in: AA. VV., *Estudos em memória do Professor Doutor José Dias Marques*, Coimbra, Almedina, 2007, pp. 687 e s., MARIA DO ROSÁRIO PALMA RAMALHO, "Os trabalhadores no processo de insolvência", in: CATARINA SERRA (coord.), *III Congresso de Direito da Insolvência*, Coimbra, Almedina, 2015, pp. 383 e s., MARIA DO ROSÁRIO PALMA RAMALHO, *Tratado do Direito do Trabalho – Parte II*, Coimbra, Almedina, 2016 (6.ª edição), MARLENE PALMA, *Da tutela dos créditos laborais na insolvência*, Lisboa, Chiado Editora, 2016, SÉRGIO COIMBRA HENRIQUES, "Os trabalhadores após a declaração da situação de insolvência do empregador: cessação dos contratos de trabalho e qualificação dos créditos laborais", in: CATARINA SERRA (coord.), *IV Congresso de Direito da Insolvência*, Coimbra, Almedina, 2017, pp. 215 e s.

37. Noções introdutórias
Assinale-se, a começar, que não existe, no Código da Insolvência e da Recuperação de Empresas, uma secção homóloga à dos "[e]feitos em relação aos trabalhadores do falido" do Código dos Processos Especiais de Recuperação da Empresa e de Falência. A matéria compunha-se de três normas: o art.

TRAMITAÇÃO DO PROCESSO DE INSOLVÊNCIA

172.º (relativo aos efeitos sobre contratos de trabalho), o art. 173.º (relativo às contratações necessárias à liquidação) e o art. 174.º (relativo à remuneração de sócios e membros dos corpos sociais) do CPEREF[265]. A verdade é que as hipóteses reguladas nas duas últimas hipóteses continuam contidas na lei da insolvência (cfr. art. 55.º, n.º 4, e art. 82.º, n.º 1, respectivamente), só a primeira norma tendo sido, como se verá, transferida para a lei laboral (cfr. art. 347.º do CT).

Sempre que se aborda o tema da relação entre a insolvência e os trabalhadores, é necessário distinguir claramente entre dois planos: o plano dos trabalhadores-prestadores de trabalho e o plano dos trabalhadores-titulares de direitos de créditos ou, mais abreviadamente, dos trabalhadores-credores[266].

Na primeira qualidade, são sujeitos interessados na manutenção do posto de trabalho que ocupam e, por isso, o que desejam é a conservação da empresa e, evidentemente, a estabilização da crise. Na segunda, eles pretendem, do mesmo modo que os restantes credores, a máxima e a mais rápida satisfação do seu crédito.

Vistas assim as coisas, os trabalhadores têm interesses contrapostos. Mais do que isso, se se entender que, nalguns casos, os processos de recuperação de empresas mais não são do que uma tentativa de adiamento do processo de insolvência, com as consequências de pôr em risco o património do devedor e protelar o momento liquidatório de que são beneficiários os credores (trabalhadores incluídos), eles são mesmo titulares de interesses inconciliáveis.

É claro que, no plano jurídico, como no plano prático, as coisas não surgem desta forma estanque. Em concreto, não é fácil isolar uma dimensão da outra. Excepcionalmente, uma das dimensões pode nem existir. Como acontece, por exemplo, na hipótese de um trabalhador que tenha créditos salariais contra a empresa mas cujo contrato tenha fatalmente de cessar – sendo-lhe, por isso, indiferente a solução para a crise da empresa – e ainda na hipótese oposta – é certo, remota – de a empresa em crise ter as contas em dia relativamente a todos os trabalhadores.

O esquema da dupla posição corresponde, no entanto, ao caso-regra e é útil para organizar e expor a matéria. Pode, então, reduzir-se os pontos

---

[265] As duas primeiras desempenhavam, quase em absoluto, uma função de remissão para a legislação laboral. Cfr., sobre isto, CATARINA SERRA, "A crise da empresa, os trabalhadores e a falência", cit., p. 427.

[266] Cfr. CATARINA SERRA, "A crise da empresa, os trabalhadores e a falência", cit., pp. 419 e s.

LIÇÕES DE DIREITO DA INSOLVÊNCIA

fundamentais de repercussão do processo de insolvência nos trabalhadores a dois: o destino dos contratos de trabalho e o destino dos créditos laborais.

38. Os trabalhadores como titulares de postos de trabalho

Enquanto prestadores de trabalho, os trabalhadores estão, como se disse, interessados na sobrevivência da empresa, uma vez que essa é a única solução que permite a cada um conservar também o seu posto de trabalho[267].

Este interesse está, por sua vez, associado ao interesse geral da segurança e da estabilidade no emprego, que é objecto de uma garantia constitucional (cfr. art. 53.º da CRP).

Mas que protecção concede o legislador da insolvência aos trabalhadores enquanto titulares do interesse da estabilidade do seu vínculo laboral?

Tudo considerado, não parece possível dizer-se que eles são alvo de protecção directa ou imediata. Tal como antes sucedia no Código dos Processos Especiais de Recuperação da Empresa e de Falência[268], os trabalhadores só residualmente aparecem no Código da Insolvência e da Recuperação de Empresas na qualidade de prestadores de trabalho.

A única norma que expressamente se refere aos efeitos da declaração de insolvência sobre os contratos de trabalho é a norma do art. 277.º, localizada na parte reservada às normas de conflitos. Nela se determina que os efeitos da declaração de insolvência sobre os contratos de trabalho e a relação laboral se regem exclusivamente pela lei aplicável ao contrato de trabalho, reproduzindo-se o disposto no Regulamento (UE) 2015/848, do Parlamento Europeu e do Conselho, de 20 de Maio de 2015[269]. Mas esta é, como decorre

---

[267] O interesse da conservação da empresa é, então, um interesse instrumental. Cfr., neste sentido, ANTÓNIO NUNES DE CARVALHO, "Reflexos laborais do Código dos Processos Especiais de Recuperação da Empresa e de Falência", cit., p. 320.

[268] Como se disse, no Código da Insolvência e da Recuperação de Empresas não existe uma secção homóloga à dos "[e]feitos em relação aos trabalhadores do falido" do Código dos Processos Especiais de Recuperação da Empresa e de Falência. A matéria compunha-se, então, de três normas: as normas dos arts. 172.º, 173.º e 174.º. As duas primeiras desempenhavam, quase em absoluto, uma função de remissão para a legislação laboral. Cfr., neste sentido e sobre a tutela dos interesses laborais no quadro do Código dos Processos Especiais de Recuperação da Empresa e de Falência em geral, CATARINA SERRA, "A crise da empresa, os trabalhadores e a falência", cit., pp. 419 e s. (esp. p. 427 e nota 23).

[269] Diz-se no art. 13.º, n.º 1, do Regulamento que "[o]s efeitos do processo de insolvência nos contratos de trabalho e na relação laboral regem-se exclusivamente pela lei do Estado-membro aplicável ao contrato de trabalho". A norma predecessora e que "inspirou" a solução do

TRAMITAÇÃO DO PROCESSO DE INSOLVÊNCIA

da sua localização sistemática, uma norma de conflitos, servindo apenas para regular as situações internacionais ou transfronteiriças.

A disciplina dos efeitos da declaração da insolvência sobre os contratos de trabalho não se encontra, de facto, no Código da Insolvência e da Recuperação de Empresas mas sim no Código do Trabalho[270]. E a primeira regra a enunciar é a de que a declaração de insolvência não desencadeia, por si só, a cessação do contrato de trabalho embora seja possível que a cessação do contrato de trabalho aconteça na sequência da declaração de insolvência (cfr. art. 347.º, n.º 1, 1.ª parte, do CT)[271].

A declaração de insolvência dá origem, mais exactamente, a dois fundamentos possíveis para a cessação dos contratos de trabalho: a não indispensabilidade da colaboração de alguns dos trabalhadores para o funcionamento da empresa[272] e o encerramento definitivo do estabelecimento. O contrato

---

Direito português é a norma do art. 10.º do Regulamento (CE) 1346/2000, do Conselho, de 29 de Maio de 2000.

[270] Acompanha-se, assim, depois de se reflectir bem sobre a questão, MARIA DO ROSÁRIO PALMA RAMALHO ("Aspectos laborais da insolvência. Notas breves sobre as implicações laborais do regime do Código da Insolvência e da Recuperação das Empresas", in: AA. VV., *Estudos em memória do Professor Doutor José Dias Marques*, Coimbra, Almedina, 2007, p. 697) na conclusão de que nenhuma qualquer norma do Código da Insolvência e da Recuperação de Empresas é aplicável à matéria. A autora reitera a sua posição noutras obras [cfr., por exemplo, "Os trabalhadores no processo de insolvência", in: CATARINA SERRA (coord.), *III Congresso de Direito da Insolvência*, Coimbra, Almedina, 2015, p. 385].

[271] Como diz MARIA DO ROSÁRIO PALMA RAMALHO ("Aspectos laborais da insolvência. Notas breves sobre as implicações laborais do regime do Código da Insolvência e da Recuperação das Empresas", cit., p. 696), "[o] princípio geral nesta matéria é o da intangibilidade dos contratos de trabalho em vigor na empresa pela declaração judicial de insolvência". Cfr. ainda, neste sentido, entre outros, LUÍS CARVALHO FERNANDES, "Efeitos da Declaração de Insolvência no Contrato de Trabalho segundo o Código da Insolvência e da Recuperação de Empresas", in: *Revista de Direito e de Estudos Sociais*, 2004, n.ºs 1, 2 e 3, pp. 21 e 22, LUÍS MENEZES LEITÃO, "As repercussões da insolvência no contrato de trabalho", in: AA. VV., *Estudos em memória do Professor Doutor José Dias Marques*, Coimbra, Almedina, 2007, p. 873, JOANA VASCONCELOS, "Insolvência do empregador e contrato de trabalho", in: AA. VV., *Estudos em homenagem ao Prof. Doutor Manuel Henrique Mesquita*, vol. II, Coimbra, Coimbra Editora, 2009, pp. 1095 e s., JÚLIO VIEIRA GOMES, "Nótula sobre os efeitos da insolvência do empregador nas relações de trabalho", in: CATARINA SERRA (coord.), *I Congresso de Direito da Insolvência*, Coimbra, Almedina, 2013, pp. 285-286, e JOANA COSTEIRA, *Os efeitos da declaração de insolvência no contrato de trabalho: a tutela dos créditos laborais*, cit., p. 82-83.

[272] Trata-se de uma causa autónoma de resolução do contrato de trabalho por iniciativa do

LIÇÕES DE DIREITO DA INSOLVÊNCIA

pode, então, ser mantido ou feito cessar por dispensa do trabalhador (resolução) ou encerramento definitivo do estabelecimento (caducidade).

Na segunda hipótese (que é a mais comum, uma vez que o processo de insolvência tem, em regra, um fim liquidatório), o administrador da insolvência deve continuar a satisfazer integralmente as obrigações para com os trabalhadores enquanto o estabelecimento não for definitivamente encerrado (cfr. art. 347.º, n.º 1, 2.ª parte, do CT).

Em qualquer das hipóteses, quando o contrato cessa, aplica-se o regime do despedimento colectivo, ficando o empregador (insolvente) constituído, nomeadamente, na obrigação de compensar os trabalhadores despedidos (cfr. art. 366.º, *ex vi* do art. 347.º, n.º 5, do CT). Surge, assim, o problema do pagamento dos créditos laborais no processo de insolvência, que será tratado a propósito dos trabalhadores enquanto titulares de direitos de crédito.

Existem ainda no Código da Insolvência e da Recuperação de Empresas mais algumas menções aos trabalhadores. Destacam-se, de entre elas, a norma do art. 55.º, n.º 4, prevendo a possibilidade de contratação, pelo administrador da insolvência, de novos trabalhadores, caso seja necessário para liquidação da massa insolvente[273], e a norma do art. 113.º, regulando a insolvência do trabalhador.

Quanto às restantes normas, elas contêm menções à relevância ou à participação da comissão de trabalhadores e, subsidiariamente, dos representantes dos trabalhadores, em algumas fases processuais. Prevê-se, designadamente, a necessidade de entrega, por parte do requerente da declaração de insolvência, de cópia ou duplicado da petição à comissão de trabalhadores (cfr. art. 26.º, n.º 1), a necessidade de notificação da sentença de declaração de insolvência à comissão de trabalhadores (cfr. art. 37.º, n.º 2), a necessidade de na comissão de credores existir um representante dos trabalhadores que detenham créditos sobre a empresa, designado pelos trabalhadores ou pela comissão de trabalhadores, quando esta exista (cfr. art. 66.º, n.º 3), a possibi-

---

empregador. Cfr., neste sentido, Maria do Rosário Palma Ramalho, "Os trabalhadores no processo de insolvência", cit., p. 393.

[273] Os contratos só são celebrados se e na medida em que isso seja necessário para a realização da liquidação da massa insolvente ou para a continuação da exploração da empresa (isto é, quando não existam ou sejam insuficientes os trabalhadores adequados). Além disso, estes contratos caducam no momento do encerramento definitivo do estabelecimento onde os trabalhadores prestam serviço, ou, salvo convenção em contrário, no da sua transmissão (cfr. art. 55.º, n.º 4).

TRAMITAÇÃO DO PROCESSO DE INSOLVÊNCIA

lidade de na assembleia de credores participarem até três representantes da comissão de trabalhadores ou, na falta desta, até três representantes dos trabalhadores por estes designados (cfr. art. 72.º, n.º 6), a necessidade de avisar, em termos especiais, a comissão de trabalhadores do dia, da hora e do local da assembleia de credores (cfr. art. 75.º, n.º 3), a necessidade de dar oportunidade à comissão de trabalhadores ou aos representantes dos trabalhadores de se pronunciarem sobre o relatório do administrador da insolvência (cfr. art. 156.º, n.º 1), a necessidade de o plano de insolvência ser elaborado com a colaboração da comissão de trabalhadores ou dos representantes dos trabalhadores (cfr. art. 193.º, n.º 3) e a necessidade de o juiz notificar a comissão de trabalhadores ou, na sua falta, os representantes designados pelos trabalhadores para se pronunciarem sobre a proposta de plano de insolvência (cfr. art. 208.º)[274].

Não deve menosprezar-se o poder de intervenção que é atribuído, nalgumas das normas mencionadas, designadamente, dos arts. 156.º, n.º 1, 193.º, n.º 3, e 208.º, à comissão de trabalhadores[275] (ou, na sua falta, aos representantes dos trabalhadores) no processo conducente à apresentação de um plano de insolvência[276].

Dá-se por esta via aos trabalhadores uma oportunidade para a defesa dos seus interesses, com certeza, enquanto credores (para, por exemplo, na hipótese de plano de insolvência, influenciarem os termos da reestruturação financeira, pronunciando-se sobre as providências com incidência no passivo), mas também enquanto prestadores de trabalho (para, na mesma hipó-

---

[274] A preferência da lei pela actuação pela comissão de trabalhadores com o afastamento de uma intervenção dos trabalhadores *uti singuli* compreende-se bem. Este é um campo privilegiado para a actuação dos órgãos representativos. O que está em causa é, na realidade, a defesa de um interesse colectivo.

[275] MARIA DO ROSÁRIO PALMA RAMALHO ("Aspectos laborais da insolvência. Notas breves sobre as implicações laborais do regime do Código da Insolvência e da Recuperação das Empresas", cit., pp. 691 e s., e "Os trabalhadores no processo de insolvência", cit., p. 397) considera, de qualquer forma, que deveria ser dado relevo às associações sindicais e/ou a comités *ad hoc* de trabalhadores e não às comissões de trabalhadores, que não são obrigatórias e não têm um poder de negociação na contratação colectiva.

[276] A estas normas pode juntar-se o art. 425.º, al. *d*), do CT, onde se determina que o empregador deve solicitar o parecer da comissão de trabalhadores antes de praticar o acto que está na origem de tudo – a apresentação à insolvência. Embora fora do Código da Insolvência e da Recuperação de Empresas, a disposição confirma a ideia de que o Direito português dá algum valor ao contributo dos trabalhadores para a definição do destino da empresa.

LIÇÕES DE DIREITO DA INSOLVÊNCIA

tese, influenciarem os termos da reestruturação empresarial, pronunciando-se sobre as providências específicas de sociedades comerciais).

Seja como for, tudo aponta para que o legislador tenha concebido a tutela do interesse da estabilidade do vínculo laboral como uma tutela reflexa, dependente da efectiva aplicação dos mecanismos destinados a prevenir e a evitar a extinção das empresas e por eles condicionada: o PER para as empresas em situação de pré-insolvência e o plano de insolvência para as empresas insolventes[277]. Se existe um plano de recuperação, isso significa que a empresa continua em actividade, pelo menos durante algum tempo, e bem assim, em princípio, os seus trabalhadores. Depois, se o plano de recuperação for bem-sucedido, diminui o perigo de extinção dos postos de trabalho. Parece ter sido este, nada mais nada menos, o raciocínio do legislador da insolvência relativamente a este assunto.

39. Os trabalhadores como titulares de direitos de crédito

Jurisprudência relevante: Acórdão do STJ (Uniformização de Jurisprudência) n.º 8/ /2016, de 23 de Fevereiro de 2016, Proc. 1444/08.5TBAMT-A.P1.S1-A (Relator: Pinto de Almeida).

Enquanto credores, como se disse, os trabalhadores pouco se distinguem dos sujeitos que integram as demais categorias de credores da empresa[278]. Eles não são, numa palavra, destinatários de um regime exclusivo.

Existe uma única norma no Código da Insolvência e da Recuperação de Empresas em que, como se viu, é concedido aos trabalhadores um tratamento distinto daquele que está disposto em geral ou é aplicável aos credores restantes. É a norma do art. 84.º, n.º 3, onde se estabelece que, se os titulares de créditos sobre a insolvência emergentes de contratos de trabalho ou

---

[277] Associando – ou salientando –, de forma expressa, os benefícios da revitalização aos interesses dos trabalhadores, veja-se, na jurisprudência, o Acórdão do TRL de 9 de Maio de 2013, Proc. 1008/12.9TYLSB.L1-8 (Relatora: Isoleta Almeida Costa), e o Acórdão do TRG de 18 de Junho de 2013, Proc. 743/12.6TBVVD.G1 (Relatora: Maria Rosa Tching). Neste último aresto diz-se, designadamente que "[o] regime insolvencial não pode ficar indiferente a uma solução que, em lugar da pura e imediata liquidação da massa insolvente, permita salvaguardar a manutenção de um número expressivo de postos de trabalho, em alternativa à colocação na situação de desemprego de todos os trabalhadores".

[278] Cfr., neste sentido, Cfr. António Nunes de Carvalho, "Reflexos laborais do Código dos Processos Especiais de Recuperação da Empresa e de Falência ", cit., p. 77 e p. 88.

TRAMITAÇÃO DO PROCESSO DE INSOLVÊNCIA

da violação e da cessação deste contrato carecerem absolutamente de meios de subsistência e os não puderem angariar pelo seu trabalho, o administrador da insolvência pode arbitrar-lhes um subsídio de alimentos, à custa dos rendimentos da massa insolvente e até ao limite do respectivo montante.

Como se disse e é visível, a norma não abrange todos os trabalhadores. Ficam excluídos os trabalhadores que sejam titulares de créditos com origem diferente da referida. Mas, de facto, a atribuição do subsídio de alimentos só se justifica quando os trabalhadores são titulares de créditos relacionados com o contrato de trabalho, dado que só os créditos laborais e, principalmente, os salariais têm uma genuína "função alimentar"[279]. A equiparação dos trabalhadores ao devedor insolvente para estes efeitos é um sinal de que o legislador da insolvência não foi, afinal, completamente insensível às especiais características dos créditos laborais, designadamente à função alimentar dos créditos salariais.

A diferença fundamental entre os trabalhadores e os restantes credores localiza-se, todavia, ao nível da posição relativa dos respectivos créditos: os trabalhadores aparecem sempre no processo de insolvência como credores reforçados.

A fonte deste reforço não é, contudo, a legislação da insolvência, mas sim a legislação laboral. O reforço advém da circunstância de a legislação laboral determinar que os créditos laborais dos trabalhadores (os créditos emergentes de contrato de trabalho ou da sua violação ou cessação) gozam de um privilégio creditório mobiliário geral e de um privilégio creditório imobiliário especial (sobre bem imóvel do empregador onde o trabalhador presta a sua actividade) (cfr. art. 333.º do CT).

Sendo titulares de créditos que gozam destes privilégios, eles preenchem as condições necessárias para ocuparem a posição de credores garantidos (por força do privilégio creditório mobiliário especial) e de credores privilegiados (por força do privilégio creditório mobiliário geral), nos termos da classificação dos créditos e dos credores prevista no Código da Insolvência e da Recuperação de Empresas.

Poderá, evidentemente, perguntar-se: na prática, num cenário de insolvência, serve de alguma coisa o credor apresentar-se como titular de um crédito garantido ou privilegiado?

---

[279] Como se disse atrás, já chegou, inclusivamente, a ser proposto um "salário de substituição". Cfr. ANTÓNIO NUNES DE CARVALHO, "Reflexos laborais do Código dos Processos Especiais de Recuperação da Empresa e de Falência", cit., p. 83.

A resposta não pode deixar de ser afirmativa. Postas as coisas de forma sintética, apresentar-se como credor garantido ou privilegiado significa, em primeiro lugar, ser titular de outras garantias para lá da garantia geral das obrigações, que é o património indiscriminado do devedor (cfr. art. 601.º do CC). Significa, em segundo lugar, ser titular de créditos que são graduados à frente de outros, designadamente dos créditos comuns e dos créditos subordinados e ainda de alguns dos créditos também classificados como garantidos e privilegiados. O credor adquire, portanto, uma prioridade no pagamento (cfr. arts. 174.º e 175.º) e uma maior segurança quanto às probabilidades de satisfação do seu crédito no processo de insolvência.

Existem ainda – é certo – dúvidas quanto ao real valor destes privilégios, designadamente, do creditório imobiliário especial. Tentando precisar (restringir) a fórmula anterior do art. 377.º do CT de 2003 (que tanta controvérsia havia suscitado)[280], a norma do art. 333.º, n.º 1, al. *b*), do CT de 2009 estabelece que o privilégio incide sobre "bem imóvel do empregador no qual o trabalhador presta a sua actividade". Continua, contudo, a perguntar-se se este se reconduz ao imóvel que constitui a sede da empresa ou, no caso de empresas de construção civil, se estende aos imóveis que esta construiu e que fazem parte do seu património imobiliário. O Supremo Tribunal de Justiça veio tomar uma posição sobre esta matéria, no Acórdão de Uniformização de Jurisprudência n.º 8/2016, de 23 de Fevereiro de 2016, fixando jurisprudência no sentido de que "[o]s imóveis construídos por empresa de construção civil, destinados a comercialização, estão excluídos da garantia do privilégio imobiliário especial previsto no art. 377º, nº 1, al. b), do CT de 2003". A decisão constitui uma orientação importante para dirimir as dúvidas quanto à norma do art. 333.º, n.º 1, al. *b*), do CT.

No que respeita aos trabalhadores enquanto titulares de direitos de crédito, podem igualmente surgir, em determinados casos, dúvidas quanto à classificação como credores da massa ou credores da insolvência. A questão é controvertida, dividindo a doutrina e a jurisprudência portuguesas. Será abordada, com algum pormenor, a propósito da reclamação e da verificação de créditos.

---

[280] Cfr. sobre esta controvérsia, JOANA COSTEIRA, *Os efeitos da declaração de insolvência no contrato de trabalho: a tutela dos créditos laborais*, cit., pp. 128 e s.

TRAMITAÇÃO DO PROCESSO DE INSOLVÊNCIA

SUBSECÇÃO V – Efeitos processuais

Bibliografia específica: ANA DUARTE ALMEIDA, "Efeitos da insolvência na execução fiscal", in: *Ab Instantia – Revista do Instituto do Conhecimento*, 2014, n.º 4, pp. 265 e s., ANA PERESTRELO DE OLIVEIRA, "A insolvência nos grupos de sociedades: notas sobre a consolidação patrimonial e a subordinação de créditos intragrupo", in: *Revista de Direito de Sociedades*, 2009, n.º 4, pp. 995 e s., ANA PERESTRELO DE OLIVEIRA, "Ainda sobre a liquidação conjunta das sociedades em relação de domínio total e os poderes do administrador da insolvência: a jurisprudência recente dos tribunais nacionais", in: *Revista de Direito de Sociedades*, 2011, n.º 3, pp. 713 e s., ANA PERESTRELO DE OLIVEIRA, "Insolvência nas sociedades em relação de grupo: de novo pela consolidação substantiva das massas patrimoniais", in: CATARINA SERRA (coord.), *I Congresso de Direito da Insolvência*, Coimbra, Almedina, 2013, pp. 290 e s., ANA PERESTRELO DE OLIVEIRA, "Resposta à consulta pública relativa ao projeto de decreto-lei que altera o Código das Sociedades Comerciais e o Código da Insolvência e da Recuperação de Empresas – Alterações ao Código da Insolvência e da Recuperação de Empresas (artigo 3.º do projeto de decreto--lei) – Propostas de alteração relacionadas com a insolvência de sociedades em relação de domínio ou de grupo", in: AA. VV., "Consulta Pública Programa Capitalizar – Resposta do Centro de Investigação em Direito Privado", in: *Revista de Direito das Sociedades*, 2017, n.º 1, pp. 55 e s., ANA PERESTRELO DE OLIVEIRA, *Manual de grupos de sociedades*, Coimbra, Almedina, 2017, ANA PERESTRELO DE OLIVEIRA, "O novo regime dos grupos de sociedades no Regulamento europeu sobre insolvência transfronteiriça", in: CATARINA SERRA (coord.), *IV Congresso de Direito da Insolvência*, Coimbra, Almedina, 2017, pp. 203 e s., ANTÓNIO PEREIRA DE ALMEIDA, "Efeitos do processo de insolvência nas acções declarativas", in: *Revista de Direito Comercial*, 2017, pp. 137 e s. (disponível em: https://static1.squarespace.com/static/58596f8a29687fe710cf45cd/t/591cb75dd1758eee40a3daf7/1495054177022/2017-06.pdf), ARTUR DIONÍSIO OLIVEIRA, "Os efeitos externos da insolvência", in: *Julgar*, 2009, n.º 9, pp. 173 e s., ARTUR DIONÍSIO OLIVEIRA, "Efeitos da declaração de insolvência sobre os processos pendentes", in: AA. VV., *Processo de insolvência e acções conexas*, Lisboa, Centro de Estudos Judiciários, 2014, pp. 167 e s. (disponível em http://www.cej.mj.pt/cej/recursos/ebook_civil.php), ARTUR DIONÍSIO OLIVEIRA, "Os efeitos da declaração de insolvência sobre as acções declarativas", in: *Revista de Direito da Insolvência*, 2016, n.º 0, pp. 75 e s., CARLA GONÇALVES/SÓNIA VICENTE, "Os efeitos processuais da declaração de insolvência", in: AA. VV., *Insolvência e consequências da sua declaração*, Lisboa, Centro de Estudos Judiciários, Colecção Acções de Formação, 2013, pp. 148 e s. (disponível em http://www.cej.mj.pt/cej/recursos/ebook_civil.php), CATARINA SERRA, "Arbitragem e insolvência – Os efeitos da declaração de insolvência sobre a arbitragem (Direitos português e internacional)", in: *Revista de Direito Comercial*, 2017, pp. 612 e s. (disponível em https://static1.squarespace.com/static/58596f8a29687fe710cf45cd/t/5a200e420d9297c2b9797eeb/1512050246658/2017-19.pdf), FÁTIMA REIS SILVA, "Efeitos processuais da declaração de insolvência", in: Catarina Serra (coord.), *I Congresso de Direito da Insolvência*, Coimbra, Almedina, 2013, pp. 255 e s., Fátima Reis Silva, "Efeitos processuais da declaração de insolvência, em especial na ação executiva: e alguns efeitos da pendência e vicissitudes do processo especial de revitalização", in: *Actas da Conferência "Acção Executiva e Insolvência: as Reformas em Discussão"*, Centro de Investigação em Estudos Jurídicos do Instituto Politécnico de Leiria, 2016, pp. 64 e s. (disponível em https://iconline.ipleiria.pt/handle/10400.8/2222), Luís Carvalho Fernandes/João Labareda, "De volta à temática da apensação de processos de insolvência (em especial, a situação das sociedades em relação de domínio ou de grupo)", in: *Direito das Sociedades em Revista*, 2012, vol. 7, pp. 133 e s., Maria Adelaide Domingos, "Efeitos processuais da declaração de insolvência sobre as acções laborais pendentes", in: AA. VV., *O contrato de trabalho no contexto da empresa, do Direito Comercial e do Direito das Sociedades Comerciais*, Lisboa, Centro de Estudos Judiciários, 2014, pp. 175 e s. (disponível em http://www.cej. mj.pt/cej/recursos/ebook_trabalho.php), e in: AA. VV., *Processo de insolvência e acções conexas*, Lisboa, Centro de Estudos Judiciários, 2014, pp. 223 e s. (disponível em http://www. cej.mj.pt/cej/recursos/ebook_civil.php), Maria do Rosário Epifânio, "Efeitos processuais da declaração de insolvência", in: AA. VV., *I Jornadas de Direito Processual Civil "Olhares Transmontanos"*, Valpaços, Câmara Municipal de Valpaços, 2012, pp. 175 e s., Pedro Metello de Nápoles, "Efeitos da Insolvência na Convenção de Arbitragem. Insuficiência Económica das Partes em Processo Arbitral", in *V Congresso do Centro de Arbitragem Comercial*, Coimbra, Almedina, 2012, pp. 139 e s., Pedro Pidwell, "A insolvência internacional e a arbitragem", in: *Boletim da Faculdade de Direito*, 2011, volume 87, pp. 765 e s., Sara Monteiro Maia Machado, "A insolvência nos grupos de sociedades: o problema da consolidação substantiva", in: *Revista de Direito das Sociedades*, 2013, n.ºs 1/2, pp. 339 e s.

40. Noções introdutórias

Os efeitos processuais são, em traços gerais, os efeitos sobre certos processos – aqueles que, sendo exteriores ao processo de insolvência e podendo, inclusivamente, envolver pessoas distintas do devedor, são relevantes para a massa insolvente (a sua constituição e o seu valor).

Na realidade, deve dizer-se que a designação "efeitos processuais" é imprópria, pois, como se verá, eles não atingem apenas processos ou diligências processuais.

É visível que os efeitos processuais têm subjacente o princípio da *par conditio creditorum*, dirigindo-se, basicamente, a impedir que algum credor possa obter, por via distinta do processo de insolvência, uma satisfação mais rápida ou mais completa, em prejuízo dos restantes credores.

Aos efeitos processuais, tal como regulados no Código da Insolvência e da Recuperação de Empresas, correspondem, fundamentalmente, quatro

TRAMITAÇÃO DO PROCESSO DE INSOLVÊNCIA

providências: a apreensão de determinados elementos e dos bens do devedor [cfr. art. 36.º, n.º 1, al. *g)*, e art. 149.º] e a apensação (cfr. art. 85.º, n.º 1, art. 86.º, n.ºs 1, 2 e 3, e art. 89.º, n.º 2), a impossibilidade de instauração (cfr. art. 87.º, n.º 1, art. 88.º, n.º 1, e art. 89.º, n.º 1) e a suspensão de certas acções (cfr. e art. 88.º, n.º 1).

41. Apreensão dos elementos da contabilidade e dos bens do devedor
A apreensão dos elementos da contabilidade do devedor e de todos os bens integrantes da massa insolvente é determinada, respectivamente, nas normas dos arts. 36.º, n.º 1, al. *g)*, e 149.º.

A apreensão de bens será tratada desenvolvidamente adiante.

42. Apensação de certas acções
A norma do art. 85.º, n.º 1, determina a apensação, a requerimento do administrador da insolvência, de todas as acções em que se apreciem questões relativas a bens compreendidos na massa insolvente, intentadas contra o devedor, ou mesmo contra terceiros, e cujo resultado possa influenciar o valor da massa e de todas as acções de natureza exclusivamente patrimonial intentadas pelo devedor. A apensação é requerida com fundamento na conveniência para os fins do processo.

Por seu turno, a norma do art. 85.º, n.º 2, determina a apensação – mas, desta feita, a apensação oficiosa –, dos processos nos quais se tenha efectuado qualquer acto de apreensão ou detenção de bens compreendidos na massa insolvente.

A norma do art. 89.º, n.º 2, determina ainda a apensação oficiosa das acções, declarativas ou executivas, relativas às dívidas da massa insolvente que puderem ser propostas ou prosseguir, com excepção das execuções por dívidas de natureza tributária.

Por fim, o art. 86.º determina, no n.º 1, a apensação dos processos de insolvência de pessoas legalmente responsáveis pelas dívidas do insolvente e, sendo o insolvente uma pessoa singular casada, do processo de insolvência do seu cônjuge, se o regime de bens não for o da separação, e, no n.º 2, sendo o devedor uma sociedade comercial, a apensação dos processos de insolvência das sociedades que, nos termos do Código das Sociedades Comerciais, ela domine ou com ela se encontrem em relação de grupo. No primeiro grupo de casos a apensação é sempre a requerimento do administrador da insolvência. Na segunda hipótese, a apensação pode ser determinada oficiosamente pelo juiz do processo ao qual são apensados os demais processos ou

LIÇÕES DE DIREITO DA INSOLVÊNCIA

a requerimento de todos os devedores declarados insolventes nos processos a apensar (cfr. art. 86.º, n.º 3).

Nem todas as normas referidas têm uma leitura inequívoca. Algumas delas merecem, pois, mais atenção.

42.1. Acções abrangidas pela norma do art. 85.º, n.º 1. A questão do destino das acções declarativas não abrangidas

Jurisprudência relevante: Acórdão do STJ (Uniformização de Jurisprudência) n.º 1/ /2014, de 8 de Maio de 2013, Proc. 170/08.0TTALM.L1.S1 (Relator: FERNANDES DA SILVA), e Acórdão do TC n.º 46/2014, de 9 de Janeiro de 2014 (Relator: VAZ VENTURA).

No que toca à norma do art. 85.º, pode perguntar-se quais são exactamente as acções abrangidas.

É razoavelmente claro que são as acções pendentes.

Quanto ao tipo, a opinião dominante é no sentido de que a aplicação da norma se restringe às acções de tipo declarativo, dado que o art. 85.º, n.º 1, se refere literalmente às "acções em que se *apreciem* questões [...]"[281].

Conclui-se, assim, que são apensadas ao processo de insolvência as acções declarativas pendentes relativas a bens compreendidos na massa insolvente, intentadas contra o devedor, ou mesmo contra terceiros, e cujo resultado possa influenciar o valor da massa, as acções exclusivamente patrimoniais intentadas pelo devedor e as acções que envolvam actos de apreensão ou detenção de bens integrantes da massa insolvente.

A grande dúvida é sobre o destino das acções declarativas que não se integram em nenhuma das hipóteses previstas da norma (acções em que não se discute qualquer questão relativa a bens integrados na massa insolvente nem se efectuou qualquer acto de apreensão ou detenção de tais bens) e que, portanto, não são apensadas. Podem elas prosseguir os seus termos (com autonomia em relação ao processo de insolvência) ou devem extinguir-se por inutilidade superveniente da lide a partir de certo momento [cfr. art. 277.º, al. *e*), do CPC]?

A questão é pertinente. Ficam de fora, ou seja, sem destino aparente, as acções de impugnação pauliana e as acções declarativas de condenação do insolvente, sociedade comercial, no pagamento de um crédito (as chamadas

---

[281] Cfr., neste sentido, o Acórdão do STJ (Uniformização de Jurisprudência) n.º 1/2014, de 8 de Maio de 2013, Proc. 70/08.0TTALM.L1.S1 (Relator: FERNANDES DA SILVA).

198

TRAMITAÇÃO DO PROCESSO DE INSOLVÊNCIA

"acções para cobrança de dívidas" contra sociedades comerciais). Faz sentido, em especial, equacionar a extinção, em particular, das últimas acções por inutilidade. Não pode esquecer-se que as sociedades se consideram extintas por força do registo do encerramento do processo de insolvência após o rateio final (cfr. art. 234.º, n.º 3), ao contrário da pessoa singular, que sobrevive, em princípio, ao processo de insolvência e, exceptuada a hipótese de exoneração do passivo restante, subsiste como devedor. A dúvida é: a partir de quando podem ou devem extinguir-se estas acções?

A propósito do problema, a jurisprudência portuguesa dividiu-se em duas correntes.

A primeira, baseando-se na ideia de que os credores só são pagos se o seu crédito for reconhecido no processo de insolvência, era fiel à tese da *vis attractiva concursus*. Sustentava que tais acções eram inúteis, devendo ser declaradas extintas por inutilidade superveniente da lide após o trânsito em julgado da sentença de declaração de insolvência.

A segunda, mais cautelosa, sustentava que as acções só deviam ser declaradas extintas após a sentença de verificação e graduação de créditos. Argumentava, por um lado, que a obtenção de um título executivo através de uma acção deste tipo, quando ocorra antes da sentença de verificação de créditos, facilita a prova do crédito no processo de insolvência, sobretudo quando estão em causa créditos litigiosos. Por outro lado, só com a sentença de verificação de créditos se completa o título executivo dos credores no processo de insolvência, não sendo a sentença de declaração de insolvência suficiente para assegurar eficazmente a realização dos interesses dos credores. É possível, além do mais, que o processo de insolvência se encerre sem a realização do rateio final, prevendo o art. 230.º o encerramento do processo a requerimento do devedor, quando este deixe de estar em situação de insolvência ou os credores prestem o seu consentimento, e por insuficiência da massa. A admitir-se a extinção destas acções logo após a declaração de insolvência, e não havendo ainda, como é presumível que não haja, nestes casos, sentença de verificação do crédito, o credor estaria injustificadamente obrigado a repetir toda a actividade processual.

No Acórdão de Uniformização de Jurisprudência n.º 1/2014, de 8 de Maio de 2013, o Supremo Tribunal de Justiça veio pôr (um certo) termo à contenda, uniformizando a jurisprudência no sentido de que "[t]ransitada em julgado a sentença que declara a insolvência, fica impossibilitada de alcançar o seu efeito útil normal a acção declarativa proposta pelo credor contra o devedor, destinada a obter o reconhecimento do crédito peticionado, pelo que cumpre decretar a extinção da instância, por inutilidade superveniente da lide, nos termos da alínea *e)* do art. 277.º do CPC". Decidiu, assim, de forma consonante com a primeira corrente[282].

Foi suscitada a questão da constitucionalidade desta interpretação, invocando-se a violação do princípio da igualdade e do princípio da tutela jurisdicional efectiva. No Acórdão n.º 46/2014, de 9 de Janeiro de 2014, o Tribunal Constitucional decidiu, porém, não julgar inconstitucional a interpretação normativa de acordo com a qual, transitada em julgado a sentença que declara a insolvência, fica impossibilitada de alcançar o seu efeito útil normal a acção declarativa proposta pelo credor contra o devedor, destinada a obter o reconhecimento do crédito peticionado, pelo que cumpre decretar a extinção da instância, por inutilidade superveniente da lide, nos termos da al. *e)* do art. 277.º do CPC.

Ainda assim, é possível que persistam dúvidas.

Dá-se a extinção da instância por inutilidade ou impossibilidade superveniente da lide quando em virtude de novos factos ocorridos na pendência do processo, a decisão a proferir já não possa ter qualquer efeito útil, ou porque não é possível dar satisfação à pretensão que o demandante quer fazer valer no processo ou porque o escopo visado com a acção foi atingido por outro meio.

Conclui-se, assim, que somente em caso de inutilidade patente e absoluta deve ser declarada a extinção da instância. Ora, a verdade é que, pelos motivos já referidos, a decisão a proferir na acção extravagante não perde necessariamente o seu efeito útil por força da declaração de insolvência. Conserva-o plenamente nos casos de encerramento do processo de insolvência sem a realização do rateio final. E nem se aduza o contra-argumento da (ir)relevância prática das acções: encerrando-se o processo de insolvência, a pedido do devedor, quando cesse a situação de insolvência ou todos credores dêem o seu consentimento [cfr. art. 230.º, n.º 1, al. *c)*], porque nenhuma destas circunstâncias autoriza, naturalmente, a dizer que desapareceu o interesse dos

---

[282] Existe, contudo, uma declaração de voto de vencido (de autoria do Juiz Conselheiro Sebastião Póvoas, a que aderiram outros Juízes Conselheiros) que introduz uma *nuance*. Nela se diz que "[a] reclamação de um crédito num processo de insolvência, ou o seu relacionamento pelo administrador, é causa de extinção da instância, por inutilidade da lide, da acção declarativa em que o pedido formulado contra o insolvente é o mesmo crédito". Por outras palavras, a acção só deve extinguir-se quando o crédito em causa seja reclamado (cfr. art. 128.º) ou incluído na relação de créditos reconhecidos (cfr. art. 129.º).

TRAMITAÇÃO DO PROCESSO DE INSOLVÊNCIA

credores em ser pagos; encerrando-se o processo de insolvência por insuficiência da massa [cfr. art. 230.º, n.º 1, al. *d)*], porque há sempre a possibilidade de regresso de melhor fortuna.

Por outro lado – e por isso mesmo –, a extinção da acção depois do trânsito em julgado da sentença de declaração de insolvência não parece a solução mais conforme ao princípio da tutela jurisdicional efectiva. As restrições aos direitos típicos dos credores e, em particular, à liberdade de acesso ao direito e aos tribunais só devem ser admitidas quando consagradas de forma inequívoca. Ora, se é certo que, de acordo com o art. 90.º, os credores da insolvência só podem exercer os seus direitos nos termos do Código da Insolvência e da Recuperação de Empresas, também é certo que este em nenhum ponto determina a extinção destas acções. Existe uma referência à extinção no art. 88.º mas este aplica-se apenas às acções executivas. Tudo considerado, é defensável limitar-se à extinção aos casos em que o credor tenha reclamado o seu crédito no processo de insolvência, só aqui podendo dizer-se que o credor expressou uma preferência clara por um meio de tutela do seu crédito e sendo, por isso, legítimo privá-lo dos outros.

42.2. O regime da apensação do art. 86.º. A questão da coligação na hipótese de grupos de sociedades

Outra norma que dá aso a algumas questões é a norma do art. 86.º.

Como se viu, o n.º 1 do art. 86.º determina a apensação, a requerimento do administrador da insolvência, dos processos de insolvência de pessoas legalmente responsáveis pelas dívidas do insolvente e, sendo o insolvente uma pessoa singular casada, do seu cônjuge, se o regime de bens não for o da separação.

Segundo o n.º 2 do art. 86.º, este regime é aplicável aos casos em que o devedor é uma sociedade comercial, relativamente aos processos em que tenha sido declarada a insolvência de sociedades que, nos termos do Código das Sociedades Comerciais, ela domine ou com ela se encontrem em relação de grupo, com a única particularidade, já referida, de a apensação poder ser determinada oficiosamente pelo juiz do processo ao qual são apensados os demais processos ou a requerimento de todos os devedores declarados insolventes nos processos a apensar (cfr. art. 86.º, n.º 3).

Assim, nos casos previstos no n.º 1 do art. 86.º (processos de insolvência de pessoas legalmente responsáveis pelas dívidas do insolvente e do cônjuge do insolvente), a apensação depende de requerimento do administrador da insolvência – do administrador da insolvência do processo ao qual deva(m) ser apensado(s) o(s) outro(s) processo(s)[283]. Cumpre a este apreciar a oportunidade da apensação[284], limitando-se o juiz a verificar se estão reunidos os requisitos da apensação e, no caso afirmativo, a ordená-la, não lhe cabendo, de nenhuma forma, controlar o juízo prévio do administrador da insolvência. Enquanto isso, no caso previsto no n.º 2 (processos de insolvência de sociedades em relação de domínio ou de grupo, nos termos do Código das Sociedades Comerciais), a apensação pode ser determinada oficiosamente pelo juiz do processo ao qual são apensados os demais processos ou requerida por todos os devedores declarados insolventes nos processos a apensar (cfr. art. 86.º, n.º 3)[285].

Quanto ao critério geral para a apensação, e embora a matéria seja discutida, a solução preferível (e sustentada pela doutrina maioritária) é o critério da causa justificativa, ou seja, a apensação deve ser feita ao processo em que ocorre a situação determinante ou habilitante da apensação[286]. Para

---

[283] Cfr., neste sentido, entre outros, Luís CARVALHO FERNANDES/JOÃO LABAREDA, *Código da Insolvência e da Recuperação de Empresas Anotado. Sistema de Recuperação de Empresas por Via Extrajudicial (SIREVE) Anotado. Legislação Complementar*, cit., p. 429.

[284] O administrador da insolvência deve fazer um juízo de mérito sobre os benefícios da apensação [cfr., neste sentido, Luís CARVALHO FERNANDES/JOÃO LABAREDA, *Código da Insolvência e da Recuperação de Empresas Anotado. Sistema de Recuperação de Empresas por Via Extrajudicial (SIREVE) Anotado. Legislação Complementar*, cit., p. 431].

[285] Note-se que, antes da alteração do DL n.º 79/2017, de 30 de Junho (do aditamento do actual n.º 3 do art. 86.º), a apensação estava dependente, também neste caso, de requerimento do administrador da insolvência. É oportuna, neste contexto, uma referência ao Acórdão do TC n.º 339/2011 de 7 de Julho (relator: VÍTOR GOMES) que julgou não inconstitucional a norma do art. 86.º, n.º 2, na versão original, quando interpretada no sentido de que – mesmo num caso de processo de insolvência de sociedades em relação de grupo por domínio total – cabe exclusivamente ao administrador da insolvência o poder discricionário de requerer ou não a apensação de processos, estando o tribunal vinculado a ordenar a apensação quando a mesma for requerida pelo administrador da insolvência, e estando o tribunal impedido de ordenar a apensação dos processos, quer oficiosamente, quer a requerimento de um sujeito processual interessado.

[286] Cfr., por exemplo, Luís CARVALHO FERNANDES/JOÃO LABAREDA, *Código da Insolvência e da Recuperação de Empresas Anotado. Sistema de Recuperação de Empresas por Via Extrajudicial (SIREVE) Anotado. Legislação Complementar*, cit., p. 429, FÁTIMA REIS SILVA, "Efeitos processuais da declaração de insolvência", cit., p. 263, e CARLA GONÇALVES SOARES/SÓNIA VICENTE, "Os efeitos processuais da declaração de insolvência", in: *Insolvência e consequências da sua declaração*, Lisboa, Centro de Estudos Judiciários, Colecção Acções de Formação, 2013, pp. 184-185 e s. (também disponível em http://www.cej.mj.pt/cej/recursos/ebooks/Insolvencia/Curso_Especializacao_%20Insolvencia.pdf). Note-se que haveria a possibilidade de aplicar aqui o

ilustrar, no caso das pessoas legalmente responsáveis pelas dívidas do insolvente, a apensação deve ser feita ao processo de insolvência do devedor principal e, no caso das sociedades em relação de domínio ou de grupo, a apensação deve ser feita ao processo de insolvência da sociedade dominante ou directora.

A aplicação do critério adoptado fica, porém, um tanto condicionada pela ressalva contida no n.º 4 do art. 86.º. No preceito determina-se que, quando os processos corram termos em tribunais com diferente competência em razão da matéria, a apensação só é determinada se for requerida pelo administrador da insolvência do processo instaurado em tribunal de competência especializada ou se for decidida pelo juiz do mesmo processo.

No que toca especialmente aos grupos de sociedades, diga-se, em primeiro lugar, que a remissão para os termos do Código das Sociedades Comerciais exclui imediatamente do âmbito de aplicação da disciplina as sociedades em relação de domínio ou de grupo no sentido (amplo) do art. 21.º do CVM, ou seja, os casos em que uma sociedade é susceptível de exercer sobre outra, directa ou indirectamente, uma influência dominante. Exclui ainda, aparentemente, as sociedades em relação de simples participação e as sociedades em relação de participação recíproca. Por outras palavras, estão abrangidas apenas, dentro das sociedades coligadas, as sociedades em relação de domínio (cfr. art. 486.º do CSC) e as sociedades em relação de grupo (cfr. arts. 488.º e s do CSC), isto é, as sociedades integrantes de grupos constituídos por domínio total, grupos paritários e grupos de subordinação.

---

critério habitual, da ordem cronológica dos processos e de sustentar que, em consonância com o disposto no art. 267.º, n.º 2, do CPC, a apensação deve ser feita ao processo instaurado em primeiro lugar. Admite-se que o critério seja aplicável mas apenas subsidiariamente, ou seja, apenas quando não for possível identificar um processo onde ocorra uma situação determinante ou habilitante, como acontecerá, por exemplo, no caso dos grupos paritários (cfr., neste sentido também, FÁTIMA REIS SILVA, "Efeitos processuais da declaração de insolvência", cit., p. 263). Defendem para este último caso um critério diferente (da prioridade da apresentação do requerimento da apensação) LUÍS CARVALHO FERNANDES e JOÃO LABAREDA ("De volta à temática da apensação de processos de insolvência (em especial, a situação das sociedades em relação de domínio ou de grupo)", in: *Direito das Sociedades em Revista*, 2012, vol. 7, p. 161).

Note-se, em segundo lugar, que a apensação apenas deverá ter lugar após decretada a insolvência de todas as sociedades[287].

No que toca, por fim, ao administrador da insolvência, é razoavelmente evidente que ele deve ser o mesmo para todos os processos. Se o processo é único, os órgãos devem ser únicos, sob pena de uma indesejável duplicação. Na realidade, a possibilidade de ser nomeado o mesmo administrador para todos os processos ("administrador do grupo") só traz benefícios, "por favorecer uma visão global de conjunto, útil para a tomada de medidas concretas que se vão impondo"[288].

A nomeação do administrador do grupo é, desde há tempo, uma prática generalizada – "seja por via da indicação dos devedores, em apresentações à insolvência, seja pela sugestão do próprio em insolvências sucessivas ou de que tenha conhecimento, ou mesmo pela iniciativa do tribunal, caso tenha conhecimento dos processos e da relação de grupo"[289].

Se alguma dúvida restava, depois da alteração do DL n.º 79/2017, de 30 de Junho, a admissibilidade de nomeação do administrador do grupo é indiscutível, atendendo ao disposto no art. 32.º, n.º 1, e no art. 52.º, n.º 6. A primeira norma refere-se à possibilidade de o juiz seguir a proposta eventualmente feita na petição inicial e nomear o mesmo administrador judicial provisório para os diversos processos, que vale também, *ex vi* do art. 52.º, n.º 2, para efeitos de nomeação do administrador da insolvência. A segunda norma refere-se à possibilidade de o juiz nomear, oficiosamente ou mediante indicação efectuada pelo devedor ou pelos credores, o mesmo administrador da insolvência para todas as sociedades, devendo embora, neste caso, proceder à nomeação de um outro administrador da insolvência, para apreciação dos créditos eventualmente reclamados entre devedores do mesmo grupo. Além

---

[287] Sobre isto diz Fátima Reis Silva ("Efeitos processuais da declaração de insolvência", in: Catarina Serra (coord.), *I Congresso de Direito da Insolvência*, Coimbra, Almedina, 2013, p. 264] que "o juízo da situação de insolvência pertence ao juiz 'natural' e só depois de decretada, e se o for, é que o processo pode ser deslocalizado e alocado em função deste preceito".

[288] Cfr. Luís Carvalho Fernandes/João Labareda, *Código da Insolvência e da Recuperação de Empresas Anotado. Sistema de Recuperação de Empresas por Via Extrajudicial (SIREVE) Anotado. Legislação Complementar*, cit., p. 431. Pelo contrário, a coexistência de vários administradores – acrescentam os autores – pode constituir um factor de perturbação da marcha processual.

[289] Cfr. Fátima Reis Silva, "Efeitos processuais da declaração de insolvência", cit., p. 265.

TRAMITAÇÃO DO PROCESSO DE INSOLVÊNCIA

disso, o Estatuto do Administrador Judicial, estabelecido na Lei n.º 22/2013, de 26 de Fevereiro, refere-se expressamente à hipótese na norma do art. 4.º, n.º 5, com o intuito de esclarecer que a nomeação do mesmo administrador judicial para o exercício de funções em sociedades que se encontrem em relação de domínio ou de grupo, quando o juiz o considere adequado à salvaguarda dos interesses das sociedades, não configura uma situação de incompatibilidade, impedimento ou suspeição.

Deve haver, não obstante, a consciência de que o administrador do grupo não é, presumivelmente, tão imparcial ou tão independente como o administrador habitual, sendo provável que se depare, em diversos momentos, com situações de conflito de interesses. Tal acontecerá, por exemplo, na hipótese de créditos intragrupo (resultantes, por exemplo, de acções de responsabilidade civil ou de obrigações de restituição). O problema pode ser minimizado através da nomeação de um órgão de fiscalização ou de um segundo administrador para se substituir ao primeiro nas situações que podem criar problemas à sua imparcialidade ou independência[290]. Foi este o caminho seguido pelo legislador português, que, como se disse, determina, no art. 52.º, n.º 6, o dever de proceder à nomeação de um segundo administrador sempre que haja créditos reclamados entre devedores do mesmo grupo, restringindo as suas funções à apreciação destes créditos.

Regressando às hipóteses em que a apensação é legalmente admitida, é possível que se levante uma última questão.

No caso de o devedor ser uma pessoa singular casada em comunhão (geral ou de adquiridos), a apensação de processos aparece como uma possibilidade adicional, ou seja, como uma possibilidade que acresce à possibilidade (principal) de coligação. Esta é indiscutivelmente admitida, nos termos do art. 264.º, como se verá, mais detalhadamente, no capítulo dedicado ao regime especial da insolvência de ambos os cônjuges.

Por paralelismo com a situação dos cônjuges, é inevitável perguntar: também é admissível a coligação na hipótese de sociedades em relação de domínio ou de grupo? A pergunta torna-se ainda mais pertinente se se olhar para o quadro normativo pregresso.

Para compreender a questão, torna-se necessário distinguir bem a coligação da apensação. A coligação está regulada, em geral, nas normas dos

---

[290] Mantém-se, apesar de tudo, o risco de conluio entre os dois órgãos (cfr., neste sentido, CHRISTOPH PAULUS, "Group Insolvencies – Some Thoughts About New Approaches", in: *Texas International Law Journal*, 2007, 42, p. 827).

arts. 36.º e s. do CPC e a apensação está regulada, em geral, na norma do art. 267.º do CPC. Resumidamente, pode dizer-se que na coligação existe um só processo com pluralidade de partes (passivas ou activas) e pluralidade de pedidos enquanto na apensação existem dois processos que, passando a estar ligados e a tramitar sob a competência do mesmo tribunal, continuam, contudo, a correr autonomamente. Existe, portanto, na coligação, e ao contrário da apensação, verdadeira unidade processual.

No âmbito do Código dos Processos Especiais de Recuperação da Empresa e de Falência havia uma norma – a norma do art. 1.º, n.º 3 –, que previa que "[s]em prejuízo dos efeitos patrimoniais da existência de personalidade jurídica distinta, [era] permitida a coligação activa ou passiva de sociedades que se encontr[ass]em em relação de domínio ou de grupo, nos termos do Código das Sociedades Comerciais, ou que t[ivessem]m os seus balanços e contas aprovados consolidadamente"[291]. E logo a seguir, a norma do art. 2.º-A esclarecia que "[n]os casos previstos no n.º 3 do artigo 1.º, as assembleias de credores t[inha]m lugar separadamente, sem prejuízo da realização de assembleia de credores conjunta, se as circunstâncias o aconselha[ss]em e o juiz assim o determina[sse], a requerimento do gestor judicial, da comissão de credores ou de qualquer dos requerentes da providência".

Nenhuma das normas referidas integrava a versão original do Código dos Processos Especiais de Recuperação da Empresa e de Falência, tendo ambas sido introduzidas pelo DL n.º 315/98, de 20 de Outubro. Segundo se dizia no preâmbulo deste diploma, pretendia-se, por esta via, "introduzir um factor de moralização nos abusos da personalidade jurídica e, mediatamente, combater situações de fraude".

Além da coligação, admitia-se, tal como hoje, a apensação de processos (de recuperação ou de falência) de sociedades em relação de domínio ou de

---

[291] Na realidade, já antes do Código dos Processos Especiais de Recuperação da Empresa e de Falência tinha sido introduzida no Código de Processo Civil uma norma (hoje revogada) – o art. 30.º, n.º 4 – acolhendo a coligação passiva das sociedades em relação de grupo nos termos dos arts. 488.º e s. do CSC. Na norma determinava-se: "[é] igualmente permitida a coligação sempre que os requerentes de processos especiais de recuperação da empresa e de falência justifiquem a existência de uma relação de grupo, nos termos dos artigos 488.º e seguintes do Código das Sociedades Comerciais". A norma do art. 1.º, n.º 3, do CPEREF alargava, contudo, o alcance da coligação prevista no Código de Processo Civil (prevendo também a coligação activa e estendendo a coligação a casos para lá dos inicialmente previstos). Cfr., neste sentido, LUÍS CARVALHO FERNANDES/JOÃO LABAREDA, *Código dos Processos Especiais de Recuperação da Empresa e de Falência Anotado*, cit., p. 61.

TRAMITAÇÃO DO PROCESSO DE INSOLVÊNCIA

grupo. A lei mandava que a apensação fosse feita ao processo respeitante à sociedade com maior valor do activo, o que suscitava críticas, devido ao risco de, no momento da apensação, não serem ainda conhecidos os valores dos activos[292].

A possibilidade de apensação respeitava aos casos em que, sendo possível a coligação, não se havia feito uso dela (cfr. art. 13.º, n.º 2, do CPEREF)[293], funcionando, assim, como um instrumento subsidiário.

Era patente, em síntese, a relevância dada aos grupos de sociedades pelo legislador anterior, admitindo-se, além da apensação, a coligação e até, não obstante em casos contados, a realização conjunta das assembleias de credores[294].

A verdade é que no Código da Insolvência e da Recuperação de Empresas não existe uma norma homóloga àquela do art. 1.º, n.º 3, do CPEREF e, por isso, não há possibilidade de coligação (activa ou passiva) nos casos de sociedades em relação de domínio ou de grupo[295]. O Código da Insolvência e da Recuperação de Empresas representa, assim, um claro retrocesso relativa-

---

[292] Cfr., para a crítica da solução legalmente consagrada, entre outros, Luís Carvalho Fernandes e João Labareda, *Código dos Processos Especiais de Recuperação da Empresa e de Falência Anotado*, cit., p. 98.

[293] Pelo menos na interpretação que, tudo indica, é acertada, de Luís Carvalho Fernandes e João Labareda (*Código dos Processos Especiais de Recuperação da Empresa e de Falência Anotado*, cit., p. 97).

[294] O legislador tinha deixado – é certo – alguns problemas por resolver. A lei não esclarecia, por exemplo, o que acontecia quando era requerida a recuperação para uma ou algumas das sociedades e a falência para outra ou outras. Não existiam regras sobre os órgãos processuais nem sobre a tramitação do processo. Cfr., sobre isto, Luís Carvalho Fernandes/João Labareda, *Código dos Processos Especiais de Recuperação da Empresa e de Falência Anotado*, cit., pp. 61-62. Nada se dispunha, por outro lado, quanto aos critérios para determinar o tribunal competente para tramitar o processo nos casos de coligação. Quanto a este problema, não obstante conscientes das dificuldades práticas da solução, Luís Carvalho Fernandes e João Labareda (*Código dos Processos Especiais de Recuperação da Empresa e de Falência Anotado*, cit., p. 98) entendiam, por analogia com a regra sobre a apensação, que a acção deveria ser proposta no tribunal da sede ou domicílio da sociedade com maior valor do activo.

[295] Refere-se Fátima Reis Silva ("Efeitos processuais da declaração de insolvência", cit., p. 263) à opção do legislador por um "regime diverso": "[e]xcluiu-se a pregressa possibilidade de coligação de empresas em relação de grupo mantendo a possibilidade de coligação entre cônjuges casados entre si em regime de comunhão – cfr. art. 264.º. Em consequência, regulou-se e densificou-se uma matéria nova – a apensação entre processos de insolvência, regime que, nos termos do art. 17.º afasta, em alguns aspectos, o regime geral constante do art. 275.º do Código de Processo Civil".

LIÇÕES DE DIREITO DA INSOLVÊNCIA

mente ao Código dos Processos Especiais de Recuperação da Empresa e de Falência. Diga-se que as tendências mais recentes do Direito da União Europeia vão em sentido contrário, como se verá no capítulo dedicado à análise do Regulamento (UE) 2015/848, do Parlamento Europeu e do Conselho, de 20 de Maio de 2015, relativo aos processos de insolvência (reformulação), o que torna mais deslocada a solução vigente no Direito português.

43. Impossibilidade de instauração de certas acções

43.1. As acções arbitrais em particular

O Direito português é dos poucos que tem uma norma expressa a propósito dos efeitos da declaração de insolvência sobre as acções arbitrais[296].

O preceito em causa – o art. 87.º – representa uma novidade do Código da Insolvência e da Recuperação de Empresas, não existindo nenhuma norma sobre a matéria nos dois códigos em que antes se encontrava contida a disciplina da falência/insolvência [primeiro, o Código de Processo Civil e, depois, o Código dos Processos Especiais de Recuperação de Empresas e de Falência[297]. É composto de dois números: um sobre as convenções arbitrais e o outro sobre os processos arbitrais pendentes[298].

---

[296] Para o regime aplicável nos principais ordenamentos estrangeiros e outros desenvolvimentos sobre a matéria, designadamente os efeitos da declaração de insolvência sobre a arbitragem nas situações internacionais, cfr. CATARINA SERRA, "Arbitragem e insolvência – Os efeitos da declaração de insolvência sobre a arbitragem (Direitos português e internacional)", in: *Revista de Direito Comercial*, 2017, pp. 612 e s. (disponível em https://static1.squarespace. com/static/58596f8a29687fe710cf45cd/t/5a200e420d9297c2b9797eeb/1512050246658/ 2017-19.pdf)

[297] É verdade que o Código dos Processos Especiais de Recuperação de Empresas e de Falência se referia, no art. 144.º, à possibilidade de o liquidatário judicial celebrar, mediante autorização judicial, (novas) convenções de arbitragem. Mas nada se dispunha quanto às convenções celebradas antes da declaração de insolvência. No silêncio da lei, propendiam doutrina e jurisprudência para a genérica sucumbência das convenções arbitrais/perda de autonomia dos processos arbitrais perante o processo de insolvência. Cfr., na doutrina, PEDRO DE SOUSA MACEDO, *Manual de Direito das Falências*, volume II, cit., p. 112. Afirma o autor que "[o] princípio da universalidade do procedimento prevalece sobre a competência convencional, o compromisso arbitral e a cláusula compromissória. O interesse de ordem pública que dita aquele princípio não pode ser afastado pela vontade dos clausulantes". Cfr., na jurisprudência, o Acórdão do TRP de 3 de Fevereiro de 2009, Proc. 0826756 (Relator: M. PINTO DOS SANTOS). Nesta sentença conclui-se que "[a] declaração de falência d[a] empresa não deixa de ser uma circunstância anormal com a qual, certamente, nenhuma das sociedades (promitentes-ven-

TRAMITAÇÃO DO PROCESSO DE INSOLVÊNCIA

Mais exactamente, o n.º 1 do art. 87.º determina que a eficácia das convenções arbitrais[299] se suspende sempre que elas respeitem a litígios susceptíveis de influenciar o valor da massa, sem prejuízo do disposto em tratados

dedoras e promitente-compradora) que interveio naquele contrato (incluindo a própria ora falida), contaria. Não tem aqui aplicação o requisito de que a imposição do cumprimento da mencionada cláusula à autora afectaria gravemente os princípios da boa fé. Deste modo, por verificação dos requisitos do n° 1 do citado art. 437º [do CC] (e não há aqui lugar à aplicação da excepção prevista no art. 438° do mesmo corpo de normas), a autora não podia continuar vinculada à referida cláusula compromissória e podia propor a presente acção no Tribunal recorrido". Como esta sentença exemplifica, para resolver os problemas da relação entre a arbitragem e a insolvência, a jurisprudência apoiava-se frequentemente no mecanismo do art. 437.º do CC, ou seja, na resolução do contrato por alteração das circunstâncias. Outro exemplo é o Acórdão do STJ de 18 de Janeiro de 2000, Proc. JSTJ00040053 (Relator: ARAGÃO SEIA), embora, nesta decisão, o art. 347.º do CC tenha sido invocado para fundamentar o recurso aos tribunais judiciais na hipótese de impossibilidade de pagamento das despesas da arbitragem.

[298] LUÍS CARVALHO FERNANDES e JOÃO LABAREDA [*Código da Insolvência e da Recuperação de Empresas Anotado. Sistema de Recuperação de Empresas por Via Extrajudicial (SIREVE) Anotado. Legislação Complementar*, cit., p. 433] destacam as diferenças entre os dois números da norma, dizendo que o art. 87.º, ao regular os efeitos da declaração de insolvência na jurisdição arbitral, compreende, na realidade, duas normas: uma, no n.º 1, de direito material (sem o processo ter sido instaurado) e outra, no n.º 2, de direito transitório (para os processos já em curso). É preferível, porém, acentuar os aspectos comuns e dizer que tanto o n.º 2 como o n.º 1 versam sobre efeitos processuais/efeitos sobre processos (o disposto no n.º 1, sobre convenções arbitrais, atinge o poder de instaurar o processo arbitral, portanto, o poder de acção). Integrando-se a norma na disciplina geral dos efeitos da declaração de insolvência (cfr. arts. 81.º e s.) e, mais exactamente, no regime dos efeitos processuais (sobre os processos em curso e a propor pelo e contra o insolvente) (cfr. arts. 85.º e s.), torna-se mais fácil compreender o seu objectivo (a realização do princípio da igualdade dos credores) e o princípio subjacente (a *vis attractiva concursus*).

[299] A convenção arbitral/convenção de arbitragem é o acordo das partes em submeter a resolução de um ou mais litígios determinados ou determináveis a arbitragem. Esta é a noção adoptada na Convenção de Nova Iorque sobre o Reconhecimento e a Execução de Sentenças Arbitrais Estrangeiras (1958) (cfr. art. 2.º, n.º 1) e que tem acolhimento generalizado [cfr., por exemplo, art. 7.º, n.º 1, da Lei-modelo da Comissão das Nações Unidas para o Direito do Comércio Internacional (CNUDCI) sobre arbitragem comercial internacional (1985)]. A convenção arbitral é uma figura unitária mas que, em rigor, se desdobra em duas modalidades; o compromisso arbitral (se tem por objecto um litígio actual) e a cláusula compromissória (se tem por objecto litígios eventuais). Sobre a convenção de arbitragem cfr., entre outros, LUÍS DE LIMA PINHEIRO, "Convenção de arbitragem (aspectos internos e internacionais)", in: *Revista da Ordem dos* Advogados, 2004, I/II, pp. 125 e s. Para uma comparação das definições (não doutrinárias) mais relevantes de convenção arbitral e o tratamento das duas modalida-

LIÇÕES DE DIREITO DA INSOLVÊNCIA

internacionais aplicáveis. Significa isto que, nos casos em que o resultado do litígio possa influenciar o valor da massa, as partes (insolvente ou contraparte) estão impedidas de propor acções arbitrais.

A norma suscita duas observações/conclusões e uma questão (retórica).

Primeiro, referindo-se a norma exclusivamente à convenção arbitral, que é a base da arbitragem voluntária, ficam fora do seu alcance os casos em que a propositura da acção se enquadra nos casos de arbitragem necessária[300]. As razões que justificam o carácter necessário da arbitragem impor-se-ão, em princípio, no processo de insolvência, podendo ser propostas as acções arbitrais que, por força da lei, devam ser propostas.

Segundo, nem sempre a eficácia das convenções arbitrais se suspende, havendo casos em que podem ser propostas novas acções arbitrais. Existem, de facto, duas ressalvas à suspensão: uma, implícita, abrangendo os casos em que a convenção não se relaciona com litígio susceptível de influenciar o valor da massa[301]; outra, explícita (cfr. art. 87.º, n.º 1, *in fine*), abrangendo os casos sujeitos a disposição contrária resultante de tratado internacional[302].

---

des do acordo (compromisso arbitral e cláusula compromissória) cfr. RAÚL VENTURA, "Convenção de arbitragem", in: *Revista da Ordem dos Advogados*, 1986, I, pp. 289 e s.

[300] Aproveitando as palavras de DÁRIO MOURA VICENTE (*Da arbitragem comercial Internacional – Direito aplicável ao mérito da causa*, Coimbra, Coimbra Editora, 1990, p. 27), dir-se-á que arbitragem necessária é aquela em que "os poderes do juízo arbitral decorrem de uma disposição legal, que impõe a obrigação de submeter a árbitros certos litígios". Exemplos de litígios submetidos a arbitragem necessária são os litígios emergentes de direitos de propriedade industrial quando estejam em causa medicamentos de referência e medicamentos genéricos (cfr. Lei n.º 62/2011, de 12 de Dezembro), os litígios de consumo no âmbito dos serviços públicos essenciais quando, por opção expressa dos utentes que sejam pessoas singulares, sejam submetidos à apreciação do tribunal arbitral dos centros de arbitragem de conflitos de consumo legalmente autorizados (cfr. art. 15.º da Lei n.º 23/96, de 26 de Julho) e os litígios emergentes dos actos e omissões das federações desportivas, ligas profissionais e outras entidades desportivas, no âmbito do exercício dos correspondentes poderes de regulamentação, organização, direcção e disciplina (cfr. art. 4.º da Lei n.º 74/2013, de 6 de Setembro).

[301] O exemplo apresentado por LUÍS CARVALHO FERNANDES e JOÃO LABAREDA [*Código da Insolvência e da Recuperação de Empresas Anotado. Sistema de Recuperação de Empresas por Via Extrajudicial (SIREVE) Anotado. Legislação Complementar*, cit., p. 433] é o de uma acção em que se aprecia a prevalência de um contrato de arrendamento transmissível.

[302] Um dos tratados internacionais mais relevantes (entre outras coisas, pelo seu alcance) é a Convenção de Nova Iorque sobre o Reconhecimento e a Execução de Sentenças Arbitrais Estrangeiras (1958), que vigora na ordem jurídica portuguesa desde 16 de Janeiro de 1995. Além desta Convenção e da Lei-modelo da CNUDCI sobre arbitragem comercial internacional (1985), que são os tratados mais abrangentes, pode referir-se a Convenção sobre

TRAMITAÇÃO DO PROCESSO DE INSOLVÊNCIA

Quanto à questão, ela é a seguinte: será a impossibilidade de instauração de acções arbitrais relativas a litígios susceptíveis de influenciar o valor da massa uma boa solução – uma solução *necessária*, tendo em conta os fins do processo de insolvência?

No quadro normativo pregresso, o liquidatário podia ser autorizado pelo juiz a celebrar novas convenções de arbitragem (cfr. art. 144.º do CPEREF)[303]. Entendia-se, então, *a maiori ad minus* (por razões de economia processual), que o administrador também tinha o poder de dar execução às convenções que já existissem, sempre que considerasse que isso era mais benéfico para os interesses da massa[304].

Atribuindo carácter decisivo aos interesses da massa, o entendimento era – e continua a ser – o mais conforme aos fins do processo de insolvência. Assim, apesar de não existir no Código da Insolvência e da Recuperação de Empresas uma norma com aquele teor, é razoável pressupor que o administrador da insolvência tem o poder-dever (o poder funcional) de praticar todos os actos susceptíveis de favorecer os interesses da massa, mesmo que a lei não os especifique. Inclui-se aqui o poder de dar execução às convenções arbitrais[305].

Acresce que, excepcionalmente, a execução das convenções arbitrais pode ser a única solução que satisfaz as exigências de tutela mínima dos interesses de terceiros. Como se verá, o administrador da insolvência tem, em regra, o poder de cumprir ou recusar o cumprimento dos negócios em curso

---

Arbitragem Comercial Internacional (conhecida como "Convenção de Genebra") (1961) e a Convenção Interamericana sobre Arbitragem Comercial Internacional (conhecida como "Convenção do Panamá") (1985).

[303] Exigia-se autorização judicial por não estar em causa um acto de administração ordinária. Cfr., neste sentido, Luís Carvalho Fernandes/João Labareda, *Código dos Processos Especiais de Recuperação da Empresa e de Falência Anotado*, cit., pp. 383-384.

[304] Cfr., neste sentido, Pedro Metello de Nápoles, "Efeitos da Insolvência na Convenção de Arbitragem. Insuficiência Económica das Partes em Processo Arbitral", in: *V Congresso do Centro de Arbitragem Comercial*, Coimbra, Almedina, 2012, p. 146.

[305] O mesmo raciocínio está na base do reconhecimento da possibilidade de o administrador da insolvência ratificar os actos que o devedor pratique com violação do disposto no art. 81.º, n.º 1, mas que sejam benéficos aos interesses da massa. Como se sabe, tão-pouco há referência no Código da Insolvência e da Recuperação de Empresas à possibilidade de "confirmação" que o art. 155.º, n.º 2, do CPEREF atribuía ao liquidatário judicial. Mas, se a ideia é o favorecimento dos interesses da massa, assim como se justifica repelir os actos com efeitos prejudiciais à massa, justificar-se-á aproveitar os actos com efeitos benéficos.

celebrados pelo insolvente (cfr. art. 102.º) e, por vezes, o dever de os cumprir (cfr., por exemplo, o art. 104.º, n.ºs 1 e 2, e o art. 106.º, n.º 1). Se, por decisão do administrador ou por força da lei, o contrato houver de ser cumprido, ele há-se ser cumprido na sua totalidade, ou seja, incluindo a cláusula compromissória, quando exista. Não seria, de facto, razoável impor à contraparte o cumprimento de um contrato diferente daquele que foi por ele celebrado, amputado da cláusula arbitral. Em certas situações seria particularmente injusto destituir a contraparte do insolvente da possibilidade de exercer o poder que lhe é conferido pela convenção arbitral: quando o administrador está legalmente vinculado ao cumprimento do contrato e, não obstante, não cumpre.

Por outras palavras, no que toca às convenções arbitrais respeitantes a litígios susceptíveis de influenciar o valor da massa, é defensável que a suspensão da sua eficácia cesse/não se aplique em dois grupos de casos: quando o administrador judicial considere que os interesses da massa não exigem (ou até desaconselham) tal suspensão e quando, excepcionalmente, as necessidades de tutela dos interesses da contraparte imponham a eficácia das convenções arbitrais (destacando-se, neste último grupo, os casos em que, por força da lei ou opção do administrador da insolvência, o contrato contendo a convenção arbitral deva ser cumprido). A admitir-se esta interpretação, o administrador da insolvência e a contraparte do insolvente são livres de propor novas acções, com uma particularidade: a contraparte deve propor a acção contra o administrador da insolvência, uma vez que é ele quem representa o insolvente para todos os efeitos de carácter patrimonial que interessem à insolvência (cfr. art. 81.º, n.º 4)[306].

Já quanto às acções arbitrais pendentes, o n.º 2 do art. 87.º determina que a declaração de insolvência não impede o seu prosseguimento. As acções prosseguem, então, os seus termos, independentemente da posição processual que ocupe o insolvente (sujeito activo ou passivo).

Para a solução consagrada no art. 87.º, n.º 2, terão contribuído, entre outros, motivos de economia processual. Especialmente nos casos em que já se realizaram diligências importantes ou em que o processo arbitral está

---

[306] É oportuno reparar que nos casos em que o cumprimento do contrato resulta de decisão do administrador da insolvência só aparentemente a eficácia da cláusula compromissória é independente dos interesses da massa, uma vez que a ponderação que o administrador faz para tomar aquela decisão deve ter em conta todo o contrato, ou seja, ponderando o interesse/o risco que representa, para a massa, o eventual cumprimento da cláusula compromissória.

TRAMITAÇÃO DO PROCESSO DE INSOLVÊNCIA

prestes a terminar, mal se compreenderia o desaproveitamento de todo o processado. A sentença arbitral pode, além disso, ser um elemento decisivo para esclarecer ou reforçar a posição das partes no processo de insolvência. Pense-se numa sentença arbitral que declare a existência de créditos a favor do insolvente ou a favor da contraparte.

Refuta-se, por insuficiente, o contra-argumento de que o processo arbitral importa sempre custos elevados, que o insolvente (*rectius*: a massa insolvente) não pode, presumivelmente, suportar[307]. Quando muito, o argumento justificará o *opt-out* do administrador da insolvência nos casos em que o prosseguimento do processo arbitral pendente se revele manifestamente insuportável para os interesses da massa.

As acções prosseguem, pois, mas impõem-se três "adaptações".

Em primeiro lugar, por força da remissão para o n.º 3 do art. 85.º e da remissão deste para o n.º 1, o administrador da insolvência deve substituir o insolvente em três situações: quando a acção arbitral tenha sido proposta contra o insolvente e se apreciem questões relativas a bens compreendidos na massa insolvente; quando a acção arbitral tenha sido intentada contra terceiros mas o resultado possa influenciar o valor da massa; e quando a acção tenha sido intentada pelo insolvente e seja de natureza exclusivamente patrimonial.

Advirta-se que, nestas situações, o prosseguimento não deve ser imediato, competindo ao tribunal arbitral suspender a acção arbitral por um período razoável para o administrador da insolvência se preparar para aquela substituição. Se a função do administrador é defender o melhor possível os interesses da massa, ele precisa de tempo para se familiarizar com o processo

---

[307] Como salienta PEDRO METELLO DE NÁPOLES ("Efeitos da Insolvência na Convenção de Arbitragem. Insuficiência Económica das Partes em Processo Arbitral", cit., p. 152), o pressuposto de que as custas do processo arbitral são incomportáveis nem sempre se confirma, sendo frequente os sujeitos suportarem uma despesa maior com o patrocínio judiciário do que com o próprio processo (judicial ou arbitral). Por outro lado, segundo o mesmo autor, para concluir que os custos dos processos arbitrais são incomportáveis, o que é preciso demonstrar é, não simplesmente que estes custos são superiores aos custos dos processos judiciais, mas que a diferença torna inviável o recurso à arbitragem. Entendendo que a insuficiência económica não deve ser motivo para afastar a convenção arbitral, o autor conclui que a imposição de um dever de os tribunais arbitrais atenderem à situação real das partes é uma condição indispensável para a insolvência não afectar de facto a arbitragem.

LIÇÕES DE DIREITO DA INSOLVÊNCIA

antes de assumir a sua posição. Não obstante nada disto resultar da norma, exige-o o princípio da tutela jurisdicional efectiva[308].

Em segundo lugar, não obstante a norma remetida dispor que, naquelas três situações, as acções são apensadas ao processo de insolvência mediante requerimento fundamentado do administrador da insolvência, a apensação não pode, evidentemente, ter lugar, por causa da natureza do processo arbitral[309].

Finalmente, por força de (outra) remissão do art. 87.º, n.º 2, para o art. 128.º, n.º 5, em todos os casos em esteja em causa um crédito contra o insolvente, o respectivo titular não está dispensado de o reclamar no processo de insolvência[310].

---

[308] Globalmente neste sentido PEDRO METELLO DE NÁPOLES, "Efeitos da Insolvência na Convenção de Arbitragem. Insuficiência Económica das Partes em Processo Arbitral", cit., p. 145.

[309] Cfr., neste sentido, LUÍS CARVALHO FERNANDES/JOÃO LABAREDA [*Código da Insolvência e da Recuperação de Empresas Anotado. Sistema de Recuperação de Empresas por Via Extrajudicial (SIREVE) Anotado. Legislação Complementar*, cit., p. 433, e LUÍS MANUEL TELES DE MENEZES LEITÃO, *Direito da Insolvência*, cit., p. 180 (embora este último pareça menos assertivo noutra obra: *Código da Insolvência e da Recuperação de Empresas*, cit., p. 163). O entendimento é perfilhado por ALEXANDRE DE SOVERAL MARTINS [*Um Curso de Direito da Insolvência*, Coimbra, Almedina, 2016 (2.ª edição), p. 158 (nota 41)] e ANA PRATA, JORGE MORAIS CARVALHO e RUI SIMÕES (*Código da Insolvência e da Recuperação de Empresas*, Coimbra, Almedina, 2013, p. 266). Aparentemente sem opinião, MARIA DO ROSÁRIO EPIFÂNIO [*Manual de Direito da Insolvência*, cit., p. 168 (nota 535)] apenas se refere à posição dos dois primeiros grupos de autores acima mencionados.

[310] Dizem alguns que esta última é uma regra evidente e, portanto, dispensável. Cfr., por exemplo, LUÍS CARVALHO FERNANDES/JOÃO LABAREDA, *Código da Insolvência e da Recuperação de Empresas Anotado. Sistema de Recuperação de Empresas por Via Extrajudicial (SIREVE) Anotado. Legislação Complementar*, cit., p. 433, e ANA PRATA/JORGE MORAIS CARVALHO/RUI SIMÕES, *Código da Insolvência e da Recuperação de Empresas*, cit., p. 266. Dizem os primeiros autores que esta ressalva se compreende por mera cautela do legislador e que a solução sempre se imporia pelo elemento sistemático na interpretação da lei. Dizem os segundos que o art. 128.º é claro quanto ao facto de o credor, mesmo que tenha o seu crédito reconhecido por decisão definitiva, ter de o reclamar. A verdade é que ela torna claro que não existe uma divergência fundamental entre a disciplina dos processos arbitrais e a disciplina aplicável à generalidade dos processos. Por um lado, todos os processos enumerados no art. 85.º, sejam judiciais ou arbitrais, prosseguem, com a única diferença (já indicada) de os processos arbitrais não serem – não poderem ser, pela sua natureza – apensados ao processo de insolvência. Por outro lado, nenhum credor granjeia de tratamento privilegiado, devendo todos os credores reclamar o seu crédito, esteja ou não pendente um litígio que o envolva fora do processo de insolvência.

TRAMITAÇÃO DO PROCESSO DE INSOLVÊNCIA

43.2. As acções executivas em particular

No art. 88.º. n.º 1, determina-se que a declaração de insolvência obsta à instauração das acções executivas intentadas pelos credores da insolvência. Quando, porém, há outros executados, a execução prossegue contra estes.

Por seu turno, no art. 89.º, n.º 1, determina-se que os credores da massa ficam impedidos de instaurar acções executivas para pagamento das dívidas da massa insolvente nos três meses seguintes à declaração de insolvência.

Facilmente se compreende a necessidade de "estancar" as execuções contra o insolvente e contra a massa insolvente. A solução contrária constituiria um atentado ao princípio da igualdade entre os credores e inviabilizaria em absoluto qualquer tentativa de proceder à satisfação ordeira e disciplinada dos créditos. Por isso ficam inviabilizadas todas as execuções, seja as devidas à iniciativa dos credores da insolvência, seja as devidas à iniciativa dos credores da massa – embora estas apenas temporariamente.

Os credores recuperam, em princípio, o poder de instaurar as acções executivas após o encerramento do processo de insolvência, a não ser que haja restrições a isso no plano de insolvência ou no plano de pagamentos aos credores ou que esteja a decorrer o chamado "período de cessão do rendimento disponível" [cfr. art. 233.º, n.º 1, al. *c)*]. Como se verá adiante, quando o devedor requer a exoneração do passivo restante e obtém um despacho inicial favorável, abre-se, depois do encerramento do processo de insolvência, um período (de cinco anos) durante o qual os bens do devedor são afectados ao pagamento das dívidas da insolvência remanescentes e não podem ser executados (cfr. art. 242.º, n.º 1).

44. Suspensão de certas acções

Por sua vez, o art. 88.º, n.º 1, determina a suspensão das acções executivas intentadas pelos credores da insolvência e das diligências executivas ou providências requeridas pelos credores da insolvência que atinjam os bens integrantes da massa insolvente.

A suspensão das acções executivas, prevista nesta última norma, deve ser bem articulada com o disposto no art. 793.º do CPC, facultando a qualquer credor a possibilidade de obter a suspensão de uma execução em curso a fim de impedir os pagamentos, desde que mostre que foi requerida a recuperação de empresa ou a [declaração de] insolvência do executado. Apesar de depender da iniciativa do credor, a faculdade contida no art. 793.º do CPC

LIÇÕES DE DIREITO DA INSOLVÊNCIA

tem a vantagem de permitir a suspensão de acções executivas logo que a declaração de insolvência é requerida[311].

Não obstante a letra do art. 88.º, n.º 1, dispondo que a declaração de insolvência "obsta ao prosseguimento", discutia-se intensamente na jurisprudência se as acções executivas não deveriam mesmo extinguir-se, por inutilidade superveniente da lide[312].

A norma do n.º 3 do art. 88.º, introduzida pela Lei n.º 16/2012, de 20 de Abril, veio precisar que as acções executivas suspensas nos termos do n.º 1 se extinguem, quanto ao executado insolvente, logo que o processo de insolvência seja encerrado nos termos previstos nas als. *a)* e *d)* do n.º 1 do art. 230.º, salvo para efeitos do direito de reversão legalmente previsto.

Fica definitivamente esclarecido que as acções executivas só se extinguem aquando do encerramento do processo de insolvência e não por qualquer causa: extinguem-se apenas quando o processo se encerra por ter sido realizado o rateio final ou por o administrador da insolvência ter constatado a insuficiência da massa insolvente para satisfazer as custas do processo e as restantes dívidas da massa insolvente. Nos restantes casos, a solução é a de que, após o encerramento do processo, as acções podem prosseguir, a não ser que haja restrições a isso no plano de insolvência ou no plano de pagamentos aos credores ou que esteja a decorrer o chamado "período de cessão do rendimento disponível" [cfr. art. 233.º, n.º 1, al. *c)*].

Diga-se, por fim, que, no intuito de facilitar a extinção daquelas acções executivas, o n.º 4 do art. 88.º atribui ao administrador da insolvência o dever de comunicar, por escrito e, preferencialmente, por meios electrónicos, aos agentes de execução designados nas execuções afectadas pela declaração de insolvência, que sejam do seu conhecimento, ou ao tribunal, quando as diligências de execução sejam promovidas por oficial de justiça, a ocorrência dos factos extintivos.

---

[311] Cfr., por todos, MIGUEL LUCAS PIRES, *Dos privilégios creditórios: regime jurídico e sua influência no concurso de credores*, Coimbra, Almedina, 2015 (2.ª edição), pp. 365-366.

[312] Cfr., por exemplo, o Acórdão do TRP de 21 de Junho de 2010 (Relatora: ANABELA LUNA DE CARVALHO).

SUBSECÇÃO VI – Efeitos sobre os créditos

Bibliografia específica: GONÇALO ANDRADE E CASTRO, "Efeitos da declaração de insolvência sobre os créditos", in: *Direito e Justiça*, 2005, volume XIX, tomo 2, pp. 263 e s., HUGO FERREIRA, "Compensação e insolvência (em particular, na cessão de créditos para titularização)", in: RUI PINTO (coord.), *Direito da Insolvência – Estudos*, Coimbra, Coimbra Editora, 2011, pp. 9 e s.

45. Noções introdutórias

Em geral, os efeitos sobre os créditos visam aquilo que se pode designar como a estabilização geral do passivo do devedor.

O princípio fundamental é estabelecido no art. 90.º, que determina: "[o]s credores da insolvência apenas poderão exercer os seus direitos de conformidade com os preceitos do presente Código, durante a pendência do processo de insolvência".

Dos preceitos remetidos decorrem, entre outros efeitos legalmente previstos, o vencimento imediato de dívidas (cfr. art. 91.º, n.º 1), o cálculo especial dos juros de obrigações não vencidas (cfr. art. 91.º, n.ºs 2, 3, 4, 5, 6 e 7), a extinção de privilégios creditórios e garantias reais (cfr. art. 97.º, n.º 1), a constituição de um privilégio mobiliário geral a favor do credor requerente (cfr. art. 98.º) e a limitação do direito de compensação (cfr. art. 99.º)[313].

46. Vencimento imediato de dívidas

A norma do art. 91.º, n.º 1, determina que, por força da declaração de insolvência, todas as obrigações do insolvente não subordinadas a uma condição suspensiva se vencem.

Desaparecem as referências ao encerramento das contas correntes e à cessação da contagem de juros contidas na norma homóloga do art. 151.º do CPEREF. O primeiro efeito continua a produzir-se (cfr. art. 116.º). Já quanto aos juros, deixa realmente de se prever a sua cessação imediata, continuando a ser debitados, sob a forma de créditos subordinados (com excepção dos abrangidos por garantia real e por privilégios creditórios gerais, até ao valor dos bens onerados) [cfr. art. 48.º, n.º 1, als. *b)* e *f)*]. Como é evidente, a subsis-

---

[313] A propósito dos efeitos da declaração de insolvência sobre os créditos cfr. GONÇALO ANDRADE E CASTRO, "Efeitos da declaração de insolvência sobre os créditos", in: *Direito e Justiça*, 2005, volume XIX, tomo 2, pp. 263 e s.

LIÇÕES DE DIREITO DA INSOLVÊNCIA

tência do curso de juros após a declaração de insolvência não facilita muito o propósito de estabilização do passivo do devedor[314].

47. Cálculo especial dos juros de obrigações não vencidas

Nas disposições dos restantes números do art. 91.º, mais precisamente, dos n.ºs 2, 3, 4, 5, 6 e 7, dispõem-se regras especiais para o vencimento de certas obrigações.

Destaca-se o disposto no art. 91.º, n.º 2, norma que regula a questão do *interusurium*, ou seja, o cálculo do montante das obrigações ainda não exigíveis à data da declaração de insolvência que não vencem juros ou que vencem juros inferiores à taxa legal. O objectivo do legislador é, sem dúvida, o de impedir que o credor beneficie com o vencimento antecipado destas obrigações.

Trata-se, mais concretamente, de actualizar ou reduzir a obrigação para o montante que, se acrescido de juros calculados sobre ele por aplicação da taxa legal (no caso de obrigação que não vença juros) ou de uma taxa igual à diferença entre a taxa legal e a taxa convencionada (no caso de obrigação que vença juros inferiores à taxa legal), pelo período de antecipação do vencimento, corresponderia ao valor a pagar na data do seu normal vencimento. Assim, supondo, por exemplo, que vence hoje, por força da declaração de insolvência, uma obrigação que não vence juros e que só seria exigível daqui a cinco anos, a dívida da massa insolvente não é no montante x, que as partes acordaram pagar nessa data, mas apenas, por força do art. 91.º, n.º 2, no montante y, que é aquele que equivaleria daqui a cinco anos ao montante x.

48. Extinção de privilégios creditórios e garantias reais do Estado e outras entidades

A norma do art. 97.º, determinando a extinção, em certos termos, dos privilégios e garantias reais do Estado, das autarquias locais e das instituições de Segurança Social, afasta-se um pouco da norma homóloga anterior (cfr. art. 152.º do CPEREF), que tinha como função terminar com o regime de preferências dos credores públicos para promover o processo de recuperação da empresa[315].

---

[314] Cfr., neste sentido, Luís Manuel Teles de Menezes Leitão, *Código da Insolvência e da Recuperação de Empresas Anotado*, cit., p. 165.
[315] Sobre a *ratio* da norma do art. 152.º do CPEREF cfr. Catarina Serra, "A extinção de privilégios creditórios no processo de falência é extensível à hipoteca legal? – Anotação ao Ac. do

TRAMITAÇÃO DO PROCESSO DE INSOLVÊNCIA

Determina tal norma que com a declaração de insolvência se extinguem os privilégios creditórios gerais e os privilégios creditórios especiais relativos aos créditos do Estado e de outras entidades públicas que tenham sido, respectivamente, constituídos ou vencidos mais de doze meses antes da data do início do processo de insolvência [cfr. art. 97.º, n.º 1, als. *a)* e *b)*]. Mantêm-se, então, os privilégios relativos aos créditos mais recentes do Estado e das outras entidades públicas e extinguem-se os privilégios relativos aos seus créditos mais antigos. Por isso, quanto mais cedo reagirem e quanto mais diligentes forem estes credores (designadamente, requerendo a insolvência do devedor logo que ocorram os primeiros incumprimentos), maior será a probabilidade de conservarem os privilégios dos seus créditos. A norma do art. 97.º tem, assim, como já se disse, uma função claramente pedagógica.

Com propósito pedagógico se submete também ao efeito extintivo, expressamente, pela primeira vez, as hipotecas legais acessórias de créditos do Estado e de outras entidades públicas[316]. Ao determinar que só se mantêm as hipotecas legais cujo registo tenha sido requerido mais de dois meses antes da data do início do processo de insolvência [cfr. art. 97.º, n.º 1, al. *c)*], pretende-se estimular aquelas entidades a requererem diligentemente o registo.

O mesmo se diga sobre a medida de extinção das garantias reais dependentes de registo, mas ainda não registadas, também consagrada na norma [cfr. art. 97.º, n.º 1, al. *d)*]. Deve observar-se, porém, quanto a uma das mais fortes garantias reais (a hipoteca), que, quando ela não é registada, não chega sequer a constituir-se ou, pelo menos, não chega a produzir efeitos, sequer entre as partes, sendo, portanto, pouco ou nada inútil a medida da extinção[317]. Ainda assim, a regra tem o interesse de eliminar qualquer expectativa dos titulares quanto à possibilidade de ela se constituir após a declaração de insolvência.

Por fim, quanto à extinção das garantias reais sobre bens integrantes da massa insolvente acessórias de créditos subordinados, consignada no art.

STJ de 18.6.2002, Rec. 1141/02", in: *Cadernos de Direito Privado*, 2003, n.º 2, pp. 75-76.

[316] Já tinha sustentado a conveniência desta sujeição, para salvaguarda do efeito útil da norma do art. 152.º do CPEREF [cfr. CATARINA SERRA, "A extinção de privilégios creditórios no processo de falência é extensível à hipoteca legal? – Anotação ao Ac. do STJ de 18.6.2002, Rec. 1141/02", cit., pp. 68 e s. (esp. pp. 77-78)].

[317] Cfr., neste sentido, LUÍS MANUEL TELES DE MENEZES LEITÃO, *Código da Insolvência e da Recuperação de Empresas Anotado*, cit., p. 169.

LIÇÕES DE DIREITO DA INSOLVÊNCIA

97.º, n.º 1, al. *e)*, ela está linha com todas as outras medidas a que se sujeitam os créditos subordinados.

49. Constituição de um privilégio mobiliário geral a favor do credor requerente

Prevê-se, no art. 98.º, o ressarcimento do credor requerente das despesas inerentes à promoção do processo, através da concessão de um privilégio creditório mobiliário geral (graduado em último lugar, relativamente a um quarto do montante do seu crédito, num máximo correspondente a 500 UC) (cfr. art. 98.º, n.º 1).

A intenção é globalmente boa mas, como se disse atrás comporta os seus riscos. É possível que a tentação que representa o privilégio faça os credores precipitarem-se em requerimentos de declaração de insolvência extemporâneos e sem fundamento.

50. Direito de compensação condicionado

O condicionamento do exercício do direito de compensação, regulado no art. 99.º, consubstancia uma ruptura meramente aparente com o Código dos Processos Especiais de Recuperação da Empresa e de Falência. Neste, os credores perdiam o direito de compensação a partir da declaração de falência (cfr. art. 153.º do CPEREF), mas, como eram citados logo após o início do processo (cfr. art. 20.º do CPEREF), tinham, até à declaração de falência, tempo suficiente para fazer valer o seu direito. Ora, no âmbito do Código da Insolvência e da Recuperação de Empresas, os credores são citados mais tarde, já depois de a insolvência ter sido declarada (cfr. art. 37.º). Só então o processo de insolvência chega ao conhecimento da generalidade dos credores. Não admira, pois, que o direito de compensação subsista para lá dessa data[318]. É, de todo o modo, um direito condicionado, só podendo ser exer-

---

[318] Considera, contudo, que o direito de compensação é excessivamente reforçado Luís Manuel Teles de Menezes Leitão (*Código da Insolvência e da Recuperação de Empresas Anotado*, cit., pp. 170-171). Apesar de, formalmente, a medida representar um desvio ao princípio da igualdade entre os credores (pois agora é possível a compensação após a declaração de insolvência), na prática, pouco se alterou: o grupo de credores beneficiados é, *grosso modo*, o que já resultava do regime anterior. Referem-se à contenda mas não tomam posição Luís Carvalho Fernandes e João Labareda [*Código da Insolvência e da Recuperação de Empresas Anotado. Sistema de Recuperação de Empresas por Via Extrajudicial (SIREVE) Anotado. Legislação Complementar*, cit., p. 456].

TRAMITAÇÃO DO PROCESSO DE INSOLVÊNCIA

cido, em homenagem ao princípio da *par conditio creditorum*, dentro de certos limites [cfr. art. 99.º, n.º 1, als. *a*) e *b*), e n.º 4].

SUBSECÇÃO VII – Efeitos sobre os negócios em curso

Bibliografia específica: ALEXANDRE DE SOVERAL MARTINS, "O penhor financeiro e a alineação fiduciária em garantia no processo de insolvência", in: *Estudos de Direito da Insolvência*, Coimbra, Almedina, 2018, pp. 79 e s., BRUNO OLIVEIRA PINTO, "A insolvência e a tutela do direito de retenção. Em especial os casos do promitente comprador e do (sub)empreiteiro – Uma perspectiva prática", in: *Jurismat – Revista Jurídica*, 2014, n.º 5, pp. 81 e s. (disponível em: http://recil.grupolusofona.pt/handle/10437/6400), CATARINA SERRA, "O valor do registo provisório da aquisição na insolvência do promitente-alienante – Anotação ao Ac. do STJ de 12.5.2011, Proc. 5151/2006", in: *Cadernos de Direito Privado*, 2012, 38, pp. 52 e s., CATARINA SERRA, "Outra vez a insolvência e o contrato-promessa – A interpretação *criadora* do Acórdão de Uniformização de 22 de Maio de 2013 (e do Acórdão de 20 de Março de 2014)", in: AA. VV., *Estudos Comemorativos dos 20 anos da licenciatura em Direito da Escola de Direito da Universidade do Minho*, Coimbra, Coimbra Editora, 2014, pp. 127 e s., CATARINA SERRA, "Subempreitada, retenção em garantia e insolvência do subempreiteiro", in: AA. VV., *Estudos Comemorativos dos 20 anos da FDUP* – volume I, Coimbra, Almedina, 2017, pp 265 e s., CATARINA SERRA, "Garantia bancária *on first demand* e responsabilidade do banco perante o beneficiário da garantia na hipótese de insolvência do sujeito garantido", in: AA. VV., *Estudos em homenagem ao Professor Doutor António Cândido de Oliveira*, Coimbra, Almedina, 2017, pp. 167 e s., GONÇALO GUERRA TAVARES/JORGE PAÇÃO, "Reflexos da Insolvência na Contratação Pública", in: AA. VV., *Estudos em Homenagem a Mário Esteves de Oliveira*, Coimbra, Almedina, 2017, pp. 873 e s., FERNANDO DE GRAVATO MORAIS, "Promessa obrigacional de compra e venda com tradição da coisa e insolvência do promitente-vendedor", in: *Cadernos de Direito Privado*, 2010, n.º 29, pp. 3 e s., FERNANDO DE GRAVATO MORAIS, "Da tutela do retentor-consumidor em face da insolvência do promitente-vendedor – Anotação ao Ac. de Uniformização de Jurisprudência n.º 4/2014, de 20.03.2014, Proc. 92/05", in: *Cadernos de Direito Privado*, 2014, 46, pp. 32 e s., FERNANDO DE GRAVATO MORAIS, "A insolvência do inquilino: da denúncia do contrato de arrendamento pelo administrador de insolvência à falta de pagamento da renda", in: *Temas de Direito Privado*, n.º 1 – *O Direito privado na contemporaneidade: desafios e perspectivas*, 2015, pp. 93 e s. (disponível em https://issuu.com/elisa377/docs/temas_de_direito_privado_no_1_out_2), FILIPE ALBUQUERQUE MATOS, "Os efeitos da declaração de insolvência sobre os negócios em curso", in: CATARINA SERRA (coord.), *IV Congresso de Direito da Insolvência*, Coimbra, Almedina, 2017, pp. 35 e s., GISELA CÉSAR, *Os efeitos da insolvência sobre o contrato-promessa em curso – Em particular o contrato-promessa sinalizado no caso de insolvência do promitente-vendedor*, Coimbra, Almedina, 2017 (2.ª edição), JOÃO LABA-

LIÇÕES DE DIREITO DA INSOLVÊNCIA

REDA, "Contrato de garantia financeira e insolvência das partes contratantes", in: AA. VV., *Estudos dedicados ao Professor Doutor Luís Alberto Carvalho Fernandes, Revista Direito e Justiça – Volume especial*, vol. II, Lisboa, Universidade Católica Portuguesa, 2011, pp. 101 e s., JOSÉ CARLOS BRANDÃO PROENÇA, "Para a necessidade de uma melhor tutela dos promitentes-adquirentes de bens imóveis (*maxime*, com fim habitacional)", in: *Cadernos de Direito Privado*, 2008, n.º 22, pp. 3 e s., JOSÉ GONÇALVES FERREIRA, "As dívidas da massa insolvente e os negócios ainda não cumpridos: breves notas a propósito do regime legal", in: CATARINA SERRA (coord.), *I Colóquio do Direito da Insolvência de Santo Tirso*, Coimbra, Almedina, 2014, pp. 141 e s., JOSÉ LEBRE DE FREITAS, "Aplicação do tempo do artigo 164.º-A do Código da Falência – Anotação ao Ac. do STJ de 9.5.2006, Rev. 827/06", in: *Cadernos de Direito Privado*, 2006, n.º 16, pp. 56 e s., JOSÉ DE OLIVEIRA ASCENSÃO, "Insolvência: efeitos sobre os negócios em curso", Separata da *Themis*, Edição Especial – *Novo Direito da Insolvência*, 2005, pp. 105 e s., in: *Direito e Justiça*, 2005, volume XIX, tomo 2, pp. 233 e s., in: *Revista da Ordem dos Advogados*, 2005, II, pp. 281 e s., e in: AA. VV., *Estudos jurídicos e económicos em homenagem ao Professor Doutor Sousa Franco*, volume II, Coimbra, Coimbra Editora, 2007, pp. 281 e s., LUÍS MANUEL TELES DE MENEZES LEITÃO, "Os efeitos da declaração de insolvência sobre os negócios em curso", in: AA. VV., *Código da Insolvência e da Recuperação de Empresas – Comunicações sobre o Anteprojecto de Código*, Ministério da Justiça, Gabinete de Política Legislativa e Planeamento, Coimbra, Coimbra Editora, 2004, pp. 61 e s., LUÍS MANUEL TELES DE MENEZES LEITÃO, "A (in)admissibilidade da insolvência como fundamento de resolução dos contratos", in: CATARINA SERRA (coord.), *III Congresso de Direito da Insolvência*, Coimbra, Almedina, 2015, pp. 89 e s., LUÍS MANUEL TELES DE MENEZES LEITÃO, "As dívidas da massa insolvente", in: CATARINA SERRA (coord.), *IV Congresso de Direito da Insolvência*, Coimbra, Almedina, 2017, pp. 25 e s., MANUEL ANTÓNIO VIEIRA, "A prestação de caução em garantia nos contratos de empreitada, em particular na insolvência do empreiteiro", in: PEDRO COSTA AZEVEDO (coord.), *Insolvência – Volume especial*, Nova Causa, 2012, XXXIX e s., MARGARIDA COSTA ANDRADE/AFONSO PATRÃO, "A posição jurídica do beneficiário da promessa de alienação no caso de insolvência do promitente-vendedor – Comentário ao Acórdão de Uniformização de Jurisprudência n.º 4/2014, de 19 de Maio", in: *Julgar online*, Setembro de 2016, pp. 1 e s., MARIA DO ROSÁRIO EPIFÂNIO, "Efeitos da declaração de insolvência sobre os negócios em curso", in: AA. VV., *Processo de insolvência e acções conexas*, Lisboa, Centro de Estudos Judiciários, 2014, pp. 154 e s. (disponível em http://www.cej.mj.pt/cej/recursos/ebook_civil.php), NATÁLIA GARCIA ALVES/VERA SANTOS MARQUES, "Hipoteca sobre imóvel e direito de retenção em processo de insolvência – Acórdão do Supremo Tribunal de Justiça (Uniformização de Jurisprudência), 30 de Maio de 2013", in: *Ab Instantia – Revista do Instituto do Conhecimento*, 2013, n.º 2, pp. 225 e s., NATÁLIA GARCIA ALVES/VERA SANTOS MARQUES, "Direito de retenção em insolvência – Nova posição do STJ Acórdão do Supremo Tribunal de Justiça (Uniformização de Jurisprudência) n.º 4/2014, de 20 de Março de 2014", in: *Ab Instantia – Revista do Instituto do Conhecimento*, 2014, n.º 3, pp. 157 e s.,

TRAMITAÇÃO DO PROCESSO DE INSOLVÊNCIA

Natália Garcia Alves/Filipa Monteiro Santos, "A posição do credor hipotecário e o adquirente em venda executiva face às vicissitudes processuais de uma eventual declaração de insolvência do devedor", in: *Instituto do Conhecimento AB – Colecção Estudos*, 2015, n.º 4, pp. 645 e s., Luís Miguel Pestana de Vasconcelos, "O novo regime insolvencial da compra e venda", in: *Revista da Faculdade de Direito da Universidade do Porto*, 2006, III, pp. 521 e s., Luís Miguel Pestana de Vasconcelos, *A cessão de créditos em garantia e a insolvência – em particular da posição do cessionário na insolvência do cedente*, Coimbra, Coimbra Editora, 2007, Luís Miguel Pestana de Vasconcelos, "Contrato--promessa e falência/insolvência – Anotação ao Ac. do TRC de 17.4.2007, Agravo 65/03", in: *Cadernos de Direito Privado*, 2008, n.º 24, pp. 43 e s., Luís Miguel Pestana de Vasconcelos, "Direito de retenção, contrato-promessa e insolvência", in: *Cadernos de Direito Privado*, 2011, 33, pp. 3 e s., Luís Miguel Pestana de Vasconcelos, "O depósito com finalidade de cumprimento, o depósito para administração, o depósito em garantia e os seus regimes insolvenciais", in: AA. VV., *Estudos em homenagem ao Professor Doutor Heinrich Ewald Hörster*, Coimbra, Almedina, 2012, pp. 725 e s., Luís Miguel Pestana de Vasconcelos, "Penhor de créditos pecuniários garantidos e insolvência", in: AA. VV., *Estudos em homenagem ao Prof. Doutor Jorge Miranda*, volume VI, Coimbra, Almedina, 2012, pp. 877 e s., Luís Miguel Pestana de Vasconcelos, "Direito de retenção, *par conditio creditorum*, justiça material", in: *Cadernos de Direito Privado*, 2013, n.º 41, pp. 5 e s., Luís Miguel Pestana de Vasconcelos, "O regime insolvencial do contrato-promessa de compra e venda", in: *Revista de Direito da Insolvência*, 2016, n.º 0, pp. 57 e s., Luís Miguel Pestana de Vasconcelos, "O contrato de *factoring*: insolvência e penhora de créditos", in: Luís Miguel Pestana de Vasconcelos (coord.), *II Congresso de Direito Bancário*, Coimbra, Almedina, 2017, pp. 237 e s., Nuno Manuel Pinto Oliveira, "'Com mais irreflexão que culpa'? O debate sobre o regime da recusa de cumprimento do contrato-promessa", in: *Cadernos de Direito Privado*, 2011, 36, pp. 3 e s., Nuno Manuel Pinto Oliveira, "Efeitos da declaração de insolvência sobre os negócios em curso: em busca dos princípios perdidos", in: Catarina Serra (coord.), *I Congresso de Direito da Insolvência*, Coimbra, Almedina, 2013, pp. 201 e s., Nuno Manuel Pinto Oliveira, "Efeitos da declaração de insolvência sobre os contratos em curso", in: *Ab Instantia – Revista do Instituto do Conhecimento*, 2014, n.º 4, pp. 11 e s., Nuno Manuel Pinto Oliveira, "Selling a house under Portuguese Insolvency Law", in: *EuroFenix – The Journal of INSOL Europe*, 2014, 54, pp. 34 e s., Nuno Manuel Pinto Oliveira, "A qualificação do crédito resultante da não execução de contrato-promessa", in: Catarina Serra (coord.), *III Congresso de Direito da Insolvência*, Coimbra, Almedina, 2015, pp. 115 e s., Nuno Manuel Pinto Oliveira/Catarina Serra, "Insolvência e contrato-promessa – os efeitos da insolvência sobre o contrato-promessa com eficácia obrigacional", in: *Revista da Ordem dos Advogados*, 2010, I/II, pp. 393 e s., Telmo Magalhães, "O confronto, no processo de insolvência, dos direitos do credor hipotecário e do promitente--comprador com *traditio*", in: Pedro Costa Azevedo (coord.), *Insolvência – Volume especial*, Nova Causa, 2012, LXV e s.

LIÇÕES DE DIREITO DA INSOLVÊNCIA

51. Noções introdutórias. A (indiscutível) complexidade da disciplina
No capítulo relativo aos negócios em curso foi introduzida, logo a abrir, uma norma de carácter geral: o art. 102.º. Há algum tempo se reclamava uma disposição deste tipo[319]. No seu n.º 1 define-se, primeiro, o conceito de "negócios em curso"[320] e determina-se, depois, que o seu cumprimento fica suspenso até que o administrador da insolvência opte pela execução ou recuse o cumprimento.

À norma do art. 102.º – a este princípio geral quanto a negócios não cumpridos – ficam subordinadas as normas subsequentes. Tais normas consagram os efeitos particulares sobre cada uma das situações ou relações jurídicas do devedor. Trata-se de um articulado "dominantemente casuístico"[321], sobre os casos especiais de prestações indivisíveis (cfr. art. 103.º), de contrato de compra e venda (cfr. arts. 104.º e 105.º), de promessa de contrato (cfr. art. 106.º), de operações a prazo (cfr. art. 107.º), de contrato de locação (cfr. arts. 108.º e 109.º), de contratos de mandato e de gestão (cfr. art. 110.º), de contrato de prestação duradoura de serviço (cfr. art. 111.º), de procurações (cfr. art. 112.º), de insolvência do trabalhador (cfr. art. 113.º), de prestação de serviço pelo devedor (cfr. art. 114.º), de cessão e penhor de créditos futuros (cfr. art. 115.º), de contas correntes (cfr. art. 116.º), de associação em participação (cfr. art. 117.º) e de ACE e AEIE (cfr. art. 118.º)[322].

---

[319] Cfr. JOSÉ DE OLIVEIRA ASCENSÃO, "Efeitos da falência sobre a pessoa e negócios do falido", cit., pp. 658-659, e CATARINA SERRA, "Efeitos da declaração de falência sobre o falido (após a alteração do DL n.º 315/98, de 20 de Outubro, ao CPEREF)", cit., p. 299.

[320] Sobre o conceito cfr., por todos, JOSÉ DE OLIVEIRA ASCENSÃO, "Insolvência: efeitos sobre os negócios em curso", Separata da *Themis*, Edição Especial – *Novo Direito da Insolvência*, 2005, pp. 111-112, e LUÍS MIGUEL PESTANA DE VASCONCELOS, "O novo regime insolvencial da compra e venda", in: *Revista da Faculdade de Direito da Universidade do Porto*, 2006, pp. 535-537.

[321] A expressão é de JOSÉ DE OLIVEIRA ASCENSÃO ("Insolvência: efeitos sobre os negócios em curso", cit., p. 109).

[322] No Código dos Processos Especiais de Recuperação da Empresa e de Falência, os casos especiais – homólogos – estavam regulados sem nexo aparente nem subordinação a um princípio comum (cfr. arts. 161.º a 171.º). Na esmagadora maioria dos casos, contudo, era (já) ao liquidatário judicial que cabia o encargo de decidir o destino dos negócios – de decidir a sua extinção ou a sua execução. Assim, por exemplo, a norma do art. 161.º, que, não obstante de aplicação limitada à compra e venda ainda não cumprida, consagrava uma disciplina muito próxima do princípio geral do art. 102.º do CIRE, com a única diferença de qualificar o acto de recusa de cumprimento como "resolução". A proximidade entre as normas do art. 102.º do CIRE e do art. 161.º do CPEREF é assinalada também por LUÍS MANUEL TELES DE MENEZES LEITÃO (*Código da Insolvência e da Recuperação de Empresas Anotado*, cit., p. 173).

Dada a extensão e, sobretudo, a complexidade da disciplina, é preciso dedicar especial atenção, primeiro, ao art. 102.º – que contém as regras fundamentais –, depois, aos arts. 103.º, 104.º, 105.º e 106.º – que estabelece o regime aplicável aos casos mais comuns (contratos de compra e venda e contratos afins ou próximos) e, por fim, ao art. 119.º – que determina o carácter imperativo da disciplina.

52. Regras gerais

O capítulo dos "efeitos da declaração de insolvência relativamente aos negócios em curso" inicia-se com uma norma de carácter geral: a norma do art. 102.º.

No n.º 1 do art. 102.º fixa-se o princípio da suspensão do cumprimento. Declarada a insolvência – dispõe-se aí –, o cumprimento dos negócios em curso suspende-se até que o administrador da insolvência declare optar pela execução ou pela recusa de cumprimento[323]. No n.º 3 do art. 102.º fixam-se os direitos da massa insolvente e do contraente *in bonis* no caso de o administrador da insolvência recusar o cumprimento.

Os "negócios em curso" (adoptando a expressão do título do Capítulo em que a norma do art. 102.º se integra) ou "negócios ainda não cumpridos" (adoptando a expressão aa epígrafe da norma) são os contratos bilaterais em que, à data da declaração de insolvência, não haja ainda total cumprimento por qualquer das partes. A aplicabilidade da norma (e do regime subsequente) depende, então, da verificação de um requisito positivo e de um requisito negativo. O requisito positivo é a existência de um contrato bilateral celebrado entre o insolvente e um terceiro. O requisito negativo é o de, à data da declaração de insolvência, não ter ainda havido cumprimento total por parte de nenhum dos contraentes.

---

[323] Na determinação do sentido do n.º 1 do art. 102.º, deverá ter-se em conta o disposto no art. 51.º, n.º 1, als. *d)* e *f)*, bem como nos n.ºs 2, 3 e 4 do próprio art. 102.º. Cfr., neste sentido, Nuno Manuel Pinto Oliveira, "Efeitos da declaração de insolvência sobre os negócios em curso: em busca dos princípios perdidos", in: Catarina Serra (coord.), *I Congresso de Direito da Insolvência*, Coimbra, Almedina, 2013, pp. 204 e s. Será de ponderar a possibilidade de, coordenando todas as disposições relevantes, se concluir que é a declaração de insolvência que faz com que se extinga o direito ao cumprimento específico do contrato e se constitua o direito à indemnização. Cfr., aparentemente neste sentido, Acórdão do STJ de 21 de Junho de 2016, Proc. 3415/14.3TCLRS-C.L1.S1 (Relator: Júlio Vieira Gomes).

LIÇÕES DE DIREITO DA INSOLVÊNCIA

Há, todavia, lugar a duas precisões. Em primeiro lugar, não obstante a epígrafe da norma (a sua referência genérica a "negócios"), deve entender--se, em conformidade com o seu texto, que estão em causa exclusivamente negócios jurídicos bilaterais (ou seja, contratos) e que estão em causa, dentro deles, exclusivamente contratos bilaterais. Em segundo lugar, não obstante o texto da norma (a sua referência genérica a "contratos bilaterais"), deve entender-se que estão em causa apenas os contratos bilaterais perfeitos ou sinalagmáticos e que a circunstância de não haver "ainda total cumprimento", que é requisito de aplicação da norma, respeita apenas às obrigações que sejam sinalagmáticas[324]. O sinalagma liga entre si, tornando interdependentes ou recíprocos, não todos os deveres de prestação nascidos do contrato bilateral, mas apenas os deveres principais de prestação[325].

[324] Cfr., neste sentido, Nuno Manuel Pinto Oliveira, "Efeitos da declaração de insolvência sobre os negócios em curso: em busca dos princípios perdidos", cit., pp. 201 e s. Não pode, de facto, perder-se de vista que, apesar de a lei e alguma doutrina usarem indiscriminadamente as expressões "bilateral" e "sinalagmático", como advertem Maria de Lurdes Pereira e Pedro Múrias ["Sobre o conceito e a extensão do sinalagma", p. 2 (disponível em http://muriasjuridico.no.sapo.pt/wSinalagmaFinal.pdf)], elas não sinónimas. Por um lado, nem todos os contratos bilaterais são perfeitos ou sinalagmáticos. Por outro lado, nem todas as obrigações decorrentes dos contratos sinalagmáticos são obrigações sinalagmáticas. Em rigor, como, há muito tempo, esclareceu Mário Júlio de Almeida Costa [*Direito das Obrigações*, Coimbra, Almedina, 2006 (10.ª edição), p. 361], "o sinalagmatismo concerne mais propriamente às obrigações com essa característica de reciprocidade do que aos contratos de onde derivam". Só são sinalagmáticas as obrigações que estiverem ligadas pelo sinalagma genético (na génese ou raiz do contrato, a obrigação assumida por cada um dos contraentes constitui a razão de ser da obrigação contraída pelo outro) ou funcional (as obrigações têm de ser exercidas em paralelo e qualquer vicissitude ocorrida relativamente a uma delas se repercute necessariamente na outra). Sobre os contratos bilaterais perfeitos ou sinalagmáticos e os contratos bilaterais imperfeitos (não sinalagmáticos) cfr., por todos, Nuno Manuel Pinto Oliveira, *Princípios de Direito dos Contratos*, Coimbra, Coimbra Editora, 2011, pp. 125 e s., e, mais resumidamente, a propósito da compra e venda, *Contrato de compra e venda – Noções fundamentais*, Coimbra, Almedina, 2007, p. 15.

[325] Um dos traços fundamentais do regime das obrigações sinalagmáticas, que constitui um simples corolário do pensamento básico do sinalagma funcional, consiste na excepção de não cumprimento do contrato (*exceptio non adimpleti contratus*). Desde que não haja prazos diferentes para o cumprimento das prestações, qualquer dos contraentes pode recusar a sua prestação (invocando a excepção do não cumprimento do contrato), enquanto o outro não efectuar a que lhe compete ou não o oferecer o seu cumprimento simultâneo (cfr. art. 428.º do CC). As obrigações compreendidas no sinalagma devem, em princípio, ser cumpridas simultaneamente.

TRAMITAÇÃO DO PROCESSO DE INSOLVÊNCIA

Quanto ao direito de escolha ou de opção do administrador da insolvência (*Wahlrecht des Insolvenverwalters*)[326] – o direito de dar ou recusar cumprimento aos contratos –, ele é um direito perfeitamente enquadrado no conjunto de funções típicas do administrador da insolvência – enquanto representante da massa insolvente e defensor dos seus interesses e enquanto "órgão funcional" da insolvência, ou seja, enquanto órgão dotado de funções adequadas à realização prática dos valores tutelados pelo Direito da Insolvência. Apesar de potestativo[327], não é um direito de exercício livre ou acriterioso, devendo o administrador optar, em cada caso, pela solução que melhor servir as finalidades do processo de insolvência – o que equivale a dizer: a solução que maximizar o valor da massa insolvente e, dessa forma, as probabilidades de satisfação dos credores[328]. Trata-se, em última análise, de mais uma manifestação do princípio *par conditio creditorum*, no sentido de que o processo de insolvência deve perseguir, não uma satisfação individual ou selectiva, mas sim uma satisfação colectiva e paritária – a satisfação mais completa possível do maior número possível de credores[329]-[330].

---

[326] A norma da lei alemã homóloga à (e modelo da) do art. 102.º – o § 103 da *InsO* – tem justamente essa epígrafe.

[327] Sobre a qualificação deste direito como direito potestativo também no Direito alemão cfr., por todos, LUDWIG HÄSEMEYER, *Insolvenzrecht*, Köln, Berlin, Bonn, München, Carl Heymanns Verlag, 2003, p. 444.

[328] Como não se exige declaração expressa nem forma especial para a declaração do administrador de insolvência, deve entender-se que se aplicam os princípios da liberdade declarativa do art. 217.º do CC e da liberdade de forma do art. 219.º do CC. Assim, se for possível retirar de actos praticados pelo administrador (ou do comportamento por ele adoptado) que a opção foi no sentido da recusa de cumprimento (como acontece, por exemplo, quando o administrador inclui um crédito resultante do não cumprimento de um negócio em curso na lista de créditos reconhecidos sem o subordinar a condição), deve ter-se a recusa por declarada. É esta também a solução consensualmente aceite pela doutrina e pela jurisprudência alemãs no contexto da disposição correspondente ao art. 102.º do CIRE – o § 103 da *InsO* [cfr., por todos, MICHAEL HUBER, "Gegenseitige Verträge", in: PETER GOTTWALD (Hrsg), *Insolvenzrechts-Handbuch*, München, C. H. Beck, 2006 p. 570, e ERNST-DIETER BERSCHEID, anotação ao § 103 da *InsO*, in: WILHELM UHLENBRUCK (Hrsg), *Insolvenzordnungkommentar*, München, Franz Vahlen, 2003, pp. 1643-1644].

[329] Cfr., neste sentido, também LUDWIG HÄSEMEYER, *Insolvenzrecht*, cit., pp. 435-439, e REINHARD BORK, *Einführung in das Insolvenzrecht*, cit., p. 101.

[330] Formula diversamente a mesma ideia LUÍS MANUEL TELES DE MENEZES LEITÃO [*Direito da Insolvência*, cit., p. 185]: "[a] concessão deste direito de opção ao administrador da insolvência resulta do facto de a insolvência consistir numa impossibilidade geral de cumprimento das obrigações, que justifica a adopção de medidas em defesa dos credores. Ora, se o insolvente

LIÇÕES DE DIREITO DA INSOLVÊNCIA

Como ninguém pode ficar indefinidamente vinculado, o n.º 2 do art. 102.º confere ao outro contraente a faculdade de fixar um prazo razoável para que o administrador da insolvência exerça a sua opção e findo o qual deve considerar-se que houve recusa de cumprimento.

O preceito central é, contudo, o do n.º 3 do art. 102.º, aplicável na hipótese de recusa de cumprimento pelo administrador da insolvência. O articulado é extenso e não se presta a uma interpretação fácil.

Em primeiro lugar, a norma da al. *a)* do n.º 3 do art. 102.º carece de uma interpretação restritiva para que só se aplique à restituição em espécie, prevista, por exemplo, nos casos de resolução pelo art. 289.º do CC por remissão do art. 433.º também do CC. Seria incoerente excluir o direito à restituição em valor na al. *a)* e readmiti-lo depois na al. *c)*, através da atribuição do direito à diferença de valor entre as prestações na parte em que não tenham sido cumpridas[331]. Exemplifique-se. Pressupondo, por exemplo, que, no contexto de determinado contrato, as prestações de ambas as partes têm o mesmo valor (100.000 euros) e que o credor já realizou parcialmente a sua prestação (50.000 euros), atribuir-lhe um direito calculado nos termos da al. *c)* do n.º 3 do art. 102.º significa, na prática, o mesmo que atribuir-lhe o direito à restituição em valor do que prestou: como se verá de seguida, de acordo com esta norma, ele tem direito ao valor da prestação do devedor na parte incumprida (100.000 euros), deduzido do valor da contraprestação que ele, credor, ainda não realizou (50.000 euros).

A al. *b)* do n.º 3 do art. 102.º dispõe sobre os direitos da massa insolvente. Está em causa a diferença entre os valores das prestações já realizadas pelas partes: quando o devedor não efectuou nenhuma prestação a massa insolvente não tem direito algum.

se visse forçado a cumprir negócios em curso, os pagamentos que efectuasse beneficiariam alguns credores em detrimento de outros, sendo, por isso, que a lei estabelece que os credores perdem, com a declaração de insolvência, a possibilidade de exigir autonomamente os seus créditos. Correspondendo, no entanto, esses negócios a contratos bilaterais, o sinalagma leva a que a outra parte não seja obrigada a cumprir, se o insolvente não o fizer. Ora, como o cumprimento desses contratos pode ser conveniente aos interesses da massa, concede-se ao administrador a possibilidade de optar entre o cumprimento do contrato e a sua recusa, consoante for ou não conveniente para a massa. Assim se consegue conciliar os interesses da massa e a tutela da igualdade dos credores com o regime característico dos contratos bilaterais".

[331] Parece ser esta também a solução no Direito alemão. Cfr., neste sentido, por exemplo, REINHARD BORK, *Einführung in das Insolvenzrecht*, cit., p. 101 e, sobretudo, CHRISTOPH BECKER, *Insolvenzrecht*, cit., pp. 341-342.

TRAMITAÇÃO DO PROCESSO DE INSOLVÊNCIA

Mais complexas são as normas das als. *c)* e *d)* do n.º 3 do art. 102.º. A al. *c)* consagra três princípios sobre a recusa de cumprimento: o primeiro é o de que a contraparte adquire um direito de crédito por causa do não cumprimento; o segundo é o de que o conteúdo do direito de crédito deve aproximar-se do conteúdo do direito de indemnização cumulável com a resolução do contrato; o terceiro é o de que o conteúdo do direito cumulável com a resolução do contrato deve determinar-se conforme a chamada teoria da diferença.

A norma atribui, assim, ao credor o direito à diferença (se positiva) entre os valores das prestações devidas, acrescido ou deduzido da diferença de valor entre as prestações já realizadas. Dizer que a contraparte "tem o direito a exigir, como crédito sobre a insolvência, o valor da prestação do devedor, na parte incumprida, deduzido do valor da contraprestação correspondente que ainda não tenha sido realizada", equivale a dizer que a contraparte tem direito à diferença de valor entre a prestação e a contraprestação, acrescida ou deduzida, conforme os casos, da diferença de valor entre a parte da prestação e a parte da contraprestação já realizadas. Se o credor tiver realizado a sua contraprestação em medida superior àquela em que o devedor cumpriu a sua obrigação, o direito à diferença de valor entre as prestações devidas será acrescido desta diferença. O mesmo vale, por maioria de razão, para a hipótese em que só o credor realizou uma parte da sua contraprestação. Neste caso, a aplicação da regra do art. 102.º, n.º 3, al. *c)*, significa que o credor tem direito a uma compensação correspondente à diferença de valor entre as prestações, acrescida da restituição em valor da parte da contraprestação que realizou.

Por seu turno, a al. *d)* do n.º 3 do art. 102.º regula a indemnização dos prejuízos não abrangidos pelo direito de crédito emergente da recusa de cumprimento, calculado nos termos da alínea anterior. O objectivo é atribuir ao contraente *in bonis* um direito à indemnização de forma muito limitada – de forma ainda mais limitada do que poderia parecer[332]. Na realidade, fixando-se, logo a abrir, como limite máximo o valor do direito que assiste à massa insolvente nos termos da al. *b)* [cfr. art. 102.º, n.º 3, al. *d)*, *(i)*], o direito à

---

[332] José de Oliveira Ascensão ("Insolvência: efeitos sobre os negócios em curso", cit., p. 127) diz que o direito à indemnização dos prejuízos causados pelo incumprimento é apresentado na norma do art. 102.º, n.º 3, al. d), de modo muito restritivo. Também Luís Manuel Teles de Menezes Leitão [*Direito da Insolvência*, cit., p. 186] afirma que a indemnização foi, por via desta norma, "fortemente restringida".

LIÇÕES DE DIREITO DA INSOLVÊNCIA

indemnização só existe na medida em que a massa tenha, por sua vez, algum direito contra a outra parte ou em que – e até que – aquele tenha cabimento neste. Assim, ou existe direito à indemnização mas imediatamente se extingue [havendo as maiores probabilidades de a massa declarar a compensação desta sua obrigação, ao abrigo da al. *e)*, com o direito que lhe assiste][333] ou nem sequer chega a existir – o que ocorre sempre que não assista à massa direito algum.

Ilustre-se a não linearidade – ou mesmo a tortuosidade – do preceito com um exemplo. Imagine-se que o administrador da insolvência recusa o cumprimento de um contrato de prestação de serviços em que o insolvente (A) era o prestador. Imagine-se que, por aplicação da al. *b)*, a massa insolvente tem direito a exigir do contraente *in bonis* (B), por exemplo, 40.000 euros e que este, por aplicação da al. *c)*, tem direito de exigir, como crédito sobre a insolvência, por exemplo, 60.000 euros. Se a recusa de cumprimento tiver causado a B danos suplementares no valor de 50.000 euros, por aplicação da al. *d)* do n.º 3 do art. 102.º, B terá o direito (adicional) a uma indemnização. Mas este, primeiro, apenas existe até ao valor imposto nos termos da al. *b)*, ou seja, até 40.000 euros, e, segundo, é abatido do quantitativo a que B tenha direito por força da al. *c)*, ou seja, deverá ser abatido aos 60.000 euros. Em conclusão, B terá direito a exigir apenas 60.000 euros – que é o montante a que já teria direito por força da aplicação da teoria da diferença – embora, muito provavelmente só venha a receber 20.000 euros, pois o mais provável é a massa declarar a compensação das obrigações, ao abrigo da al. *e)*. Depois de superadas todas as dificuldades derivadas da redacção pouco clara da norma, assente em constantes remissões, percebe-se que o contraente do insolvente quase nunca terá direito à indemnização.

É caso para perguntar: para que é que a lei atribuiu um direito se pretendia inviabilizar, na prática, o seu exercício? Tudo ponderado, teria sido mais eficaz (e mais simples) não prever regra alguma. Sendo, como se disse repetidamente, a recusa do administrador da insolvência um acto absoluta-

---

[333] Diga-se ainda, para atestar definitivamente o proteccionismo da lei em relação à massa insolvente, que, mesmo quando existe, o direito à indemnização é limitado por um segundo parâmetro [cfr. art. 102.º, n.º 3, al. *d)*, *(ii)*]: deve ser abatido do montante a que a outra parte já tem direito com base na al. *c)*, o que significa, na prática, que ela só terá um direito adicional quando o valor dos danos exceder o valor do direito calculado nos termos da al. *c)* (em todos os outros casos o direito à indemnização consome-se neste último).

TRAMITAÇÃO DO PROCESSO DE INSOLVÊNCIA

mente lícito, a insusceptibilidade de indemnização dos danos suplementares decorreria dos princípios gerais da responsabilidade civil.

53. Regras sobre alguns negócios em curso em particular

53.1. Prestações indivisíveis

A norma do art. 103.º, regulando as prestações indivisíveis, não é fácil de interpretar[334]. O preceito tem uma função complementar do n.º 3 do art. 102.º. De acordo com a sua epígrafe, regula os efeitos da recusa de cumprimento na hipótese específica de prestações indivisíveis, concretizando a regra geral do art. 102.º. Mas a leitura da norma vem contrariar esta impressão.

Segundo o seu n.º 1, a norma aplica-se a "contrato que impuser à outra parte o cumprimento de prestação que tenha natureza infungível" ou a "contrato que impuser à outra parte o cumprimento de prestação [...] que seja fraccionável na entrega de várias coisas, não facilmente substituíveis, entre as quais interceda uma conexão funcional". O primeiro termo da alternativa só convoca um critério de distinção entre as prestações – o de distinção entre prestações fungíveis e prestações não fungíveis. O segundo convoca nada mais, nada menos do que três: o critério de distinção entre prestações de facto e prestações de coisa, o critério de distinção entre prestações divisíveis e prestações indivisíveis e o critério de distinção entre prestações fungíveis e prestações infungíveis – aparentemente, a norma só se aplicaria aos contratos constitutivos de obrigações de prestação de coisa, aos contratos constitutivos de obrigações de prestação divisível e aos contratos constitutivos de obrigações de prestação fungível.

Existindo diversidade quanto aos critérios pergunta-se: o art. 103.º é aplicável a prestações de facto?; é aplicável a prestações infungíveis de coisas substituíveis? O texto da primeira parte do n.º 1 sugere que sim, porque fala em prestações infungíveis, sem distinguir; o texto da segunda parte do n.º 1 sugere que não.

Atendendo à função que a norma desempenha no regime em que se insere – apelando ao sistema jurídico –, verifica-se que o art. 103.º se relaciona sobretudo com o princípio de que "[n]enhuma das partes tem direito à restituição [em espécie] do que prestou", contido no art. 102.º, n.º 3, al. *a*).

---

[334] É, além disso, bastante imprecisa, como salienta JOSÉ DE OLIVEIRA ASCENSÃO ("Insolvência: efeitos sobre os negócios em curso", cit., p. 109), referindo-se à discrepância entre a sua epígrafe ("[p]restações indivisíveis") e a sua hipótese (loc. cit., p. 117).

LIÇÕES DE DIREITO DA INSOLVÊNCIA

Ora, o princípio da não restituição (em espécie) só faz sentido quando o caso diga respeito a obrigações de prestação de coisas que possam ser substituídas; deixa de fazer sentido quando o caso diga respeito a obrigações de prestação de coisas que não possam ser substituídas, ou não possam ser facilmente substituídas. O contraente que haja realizado parte de uma prestação de coisa que não possa ser substituída, ou que não possa ser facilmente substituída, deve dispor – como dispõe – da faculdade de decidir se quer que o contrato seja ou não seja cumprido. Quando tenha sido o credor do insolvente a realizá-la, a derrogação do art. 102.º, n.ºs 1 e 3, decorre do art. 103.º, n.º 1, al. *c*), e n.º 2; quando tenha sido o insolvente a realizá-la, a derrogação do art. 102.º, n.º 3, al. *a*), decorre do art. 103.º, n.º 4.

O legislador disse "prestação infungível", quando quis dizer "prestação de coisa não substituível" ou "de coisa não facilmente substituível"[335], carecendo o texto do n.º 1 do art. 103.º de uma (autêntica) interpretação correctiva. Interpretada correctivamente, a primeira parte do n.º 1 do art. 103.º aplicar-se-á, em síntese, às prestações de coisas não substituíveis, ou não facilmente substituíveis, quando sejam coisas simples; a segunda parte, às prestações de coisas não substituíveis, ou não facilmente substituíveis, quando sejam coisas compostas. O critério da conexão funcional parece ter sido, simplesmente, a forma (imperfeita) que o art. 103.º encontrou para designar o critério do destino unitário, convocado pelo art. 206.º do CC para definir as coisas compostas[336].

53.2. Contrato de compra e venda
Nas duas seguintes normas são regulados os casos de venda com reserva de propriedade e operações semelhantes (cfr. art. 104.º) e de venda sem entrega (cfr. art. 105.º).

No contrato de compra e venda com reserva de propriedade em que o vendedor seja o insolvente encontra-se um desvio à regra geral do art. 102.º,

---

[335] Enquanto nos arts. 767.º, 828.º e 829.º-A do CC, por exemplo, prestação não fungível significa prestação que só pode ser realizada pelo devedor, no art. 103.º, prestação não fungível significa prestação de coisa que não pode ser substituída, ou prestação de coisa que não pode ser facilmente substituída.

[336] Cfr., para mais desenvolvimentos sobre a norma do art. 103.º, Nuno Manuel Pinto Oliveira/Catarina Serra, "Insolvência e contrato-promessa – os efeitos da insolvência sobre o contrato-promessa com eficácia obrigacional", in: *Revista da Ordem dos Advogados*, 2010, I/II, pp. 393 e s.

TRAMITAÇÃO DO PROCESSO DE INSOLVÊNCIA

n.º 1, ao abrigo da ressalva nele contida: a contraparte pode exigir o cumprimento do contrato se a coisa já lhe tiver sido entregue na data da declaração de insolvência (cfr. n.º 1 do art. 104.º). O mesmo vale para o contrato de locação financeira e o contrato de locação com a cláusula de que a coisa locada se tornará propriedade do locatário depois de pagas as rendas convencionadas quando seja o locador o insolvente (cfr. n.º 2 do art. 104.º). Ao que tudo indica, serão estes os casos de "operações semelhantes" aludidas na epígrafe da norma.

Quando, diversamente, o comprador ou o locatário é o insolvente e está na posse da coisa, é aplicável a regra geral: o administrador da insolvência pode optar pela execução ou pela recusa de cumprimento do contrato, não podendo, em princípio, o prazo previsto no n.º 2 do art. 102.º para o exercício deste direito, esgotar-se antes de decorridos cinco dias sobre a data da assembleia de apreciação do relatório (cfr. n.º 3 do art. 104.º).

O n.º 4 do art. 104.º regula os casos em que, sendo sempre o comprador o insolvente, o contrato de compra e venda incide sobre coisa determinada e se estipulou cláusula de reserva de propriedade. É patente a sua proximidade com o art. 155.º, n.º 4, CPEREF, que, embora aplicável aos contratos celebrados após a declaração de insolvência e não exactamente aos contratos em curso, previa (também) a oponibilidade à massa insolvente da cláusula de reserva de propriedade apenas no caso de a cláusula ter sido estipulada em documento escrito até momento da entrega da coisa[337].

A norma do n.º 5 do art. 104.º dispõe sobre os efeitos da recusa de cumprimento, remetendo para a disciplina estabelecida no art. 102.º, n.º 3. O que significa que a contraparte do insolvente, quando seja o vendedor ou o locador, terá direito à diferença (se positiva) entre o montante das prestações ou rendas previstas, actualizado para a data da declaração de insolvência por aplicação do estabelecido no n.º 2 do art. 91.º, e o valor da coisa na data da recusa de cumprimento e, quando seja o comprador ou o locatário, à diferença (se positiva) entre o valor da coisa na data da recusa de cumprimento e o montante das prestações ou rendas previstas, actualizado para a data da declaração de insolvência por aplicação do estabelecido no n.º 2 do art. 91.º.

---

[337] Cfr., sobre a norma do art. 155.º, n.º 4, do CPEREF, CATARINA SERRA, "Efeitos da declaração de falência sobre o falido (após a alteração do DL n.º 315/98, de 20 de Outubro, ao CPEREF)", cit., pp. 291-292. Reviu-se a posição aí defendida sobre o significado da referência ao "momento da entrega da coisa" contida na norma, entendendo-se agora que ele é o prazo máximo para a estipulação por escrito da cláusula de reserva de propriedade.

LIÇÕES DE DIREITO DA INSOLVÊNCIA

Quanto ao art. 105.º, ele pouco ou nada traz de novo relativamente à disciplina estabelecida nos preceitos anteriores. Trata, no n.º 1, a hipótese em que a obrigação de entrega do vendedor ainda não foi cumprida mas a propriedade já foi transmitida, estendendo, no n.º 2, o regime aos contratos translativos de outros direitos reais de gozo. Consagra também um desvio à regra geral do art. 102.º, n.º 1, ao abrigo da ressalva nele contida: o administrador da insolvência não pode recusar o cumprimento no caso de insolvência do vendedor [cfr. art. 105.º, n.º 1, al. *a*)]. No caso de insolvência do comprador já pode haver recusa de cumprimento, aplicando-se, com as necessárias adaptações, o disposto no n.º 5 do art. 104.º [*ex vi* do art. 105.º, n.º 1, al. *b*)], norma que, como se viu, remete para a disciplina geral do n.º 3 do art. 102.º.

53.3. Contrato-promessa

Jurisprudência relevante: Acórdão do STJ (Uniformização de Jurisprudência) n.º 4/ /2014, de 20 de Março de 2014, Proc. 92/05.6TYVNG-M.P1.S1 (Relator: Távora Vítor).

O art. 106.º estabelece, aparentemente, a disciplina do contrato-promessa. A verdade é que, lendo os seus n.ºs 1 e 2, verifica-se que o preceito regula, afinal, contrariando a sua epígrafe ("[p]romessa de contrato"), apenas o contrato-promessa de compra e venda.

O n.º 1 do art. 106.º prevê o caso em que o contrato-promessa tem eficácia real[338], houve tradição da coisa objecto do contrato prometido e o insolvente

---

[338] Como é sabido, a lei portuguesa permite o registo provisório da aquisição com base em contrato-promessa – o registo do direito antes de titulado o contrato prometido, isto é, de um direito que ainda não nasceu, de um direito futuro [cfr. art. 47.º, n.º 3, e art. 92.º, n.º 1, al. *g*), e n.º 4, do CRPr]. Pode, assim, pôr-se o problema de saber se o registo provisório de aquisição pode ser equiparado ao registo definitivo do contrato-promessa, ou seja, se ele permite fazer funcionar o regime de tutela reforçada do promitente-adquirente previsto no art. 106.º, n.º 1, ou se o administrador da insolvência pode exercer o direito de recusa de cumprimento que a norma lhe atribui, *a contrario*, quando o contrato é destituído de eficácia real. Não há como não dar uma resposta negativa, em face dos princípios do Direito da Insolvência, designadamente do princípio da igualdade entre os credores. Como poderia o registo provisório de aquisição com base em contrato-promessa (para o qual não é necessária declaração expressa nem, em última análise, reconhecimento presencial de assinatura) fazer com que o direito do promitente-comprador adquirisse o "dom" (excepcional) de prevalecer sobre os interesses dos restantes credores do insolvente? Cfr., para uma análise desenvolvida do tema, Catarina Serra, "O valor do registo provisório da aquisição na insolvência do promitente-alienante –

é o promitente-vendedor. Dispõe que o administrador da insolvência não pode recusar o cumprimento do contrato-promessa, mais uma vez em desvio ao princípio geral mas sempre ao abrigo da ressalva contidos no n.º 1 do art. 102.º.

O n.º 2 do art. 106.º regula os casos restantes, em que falha qualquer dos três requisitos exigidos pelo n.º 1, ou seja, os casos em que o contrato-promessa tem eficácia real mas não houve tradição da coisa ou em que, tendo havido tradição, o insolvente não é o promitente-vendedor e os casos em que o contrato-promessa não tem eficácia real (tenha ou não havido tradição e seja o insolvente o promitente-vendedor ou o promitente-comprador). Estabelece, pois, a regra geral, aplicável à grande maioria dos contratos-promessa: nestes casos, ao contrário do caso regulado no n.º 1, o administrador pode recusar o cumprimento, aplicando-se então, por remissão n.º 2 do art. 106.º, o n.º 5 do art. 104.º e, finalmente, por remissão deste último, o n.º 3 do art. 102.º.

Não deveria, pois, haver dúvidas quanto à possibilidade de o administrador da insolvência recusar o cumprimento quando, independentemente de *traditio*, o contrato-promessa tem eficácia meramente obrigacional[339]. Quanto a isso, é muito claro o disposto no n.º 1, *a contrario*, do art. 106.º, conjugado com o n.º 1 do art. 102.º[340]. O que já não é tão evidente é o regime res-

---

Anotação ao Ac. do STJ de 12.5.2011, Proc. 5151/2006", in: *Cadernos de Direito Privado*, 2012, 38, pp. 52 e s.

[339] Segue-se, assim, neste ponto, a posição adoptada por João Calvão da Silva [*Sinal e contrato promessa*, Coimbra, Almedina, 2017 (14.ª edição), p. 147], José Lebre de Freitas, ["Aplicação do tempo do artigo 164.º-A do Código da Falência – Anotação ao Ac. do STJ de 9.5.2006, Rev. 827/06", in: *Cadernos de Direito Privado*, 2006, n.º 16, p. 65 (nota 8)], e Luís Miguel Pestana de Vasconcelos, "Contrato-promessa e falência/insolvência – Anotação ao Ac. do TRC de 17.4.2007, Agravo 65/03", cit., pp. 61 e s. Diverge-se, portanto, de Luís Manuel Teles de Menezes Leitão [*Código da Insolvência e da Recuperação de Empresas Anotado*, cit., p. 180, e *Direito da Insolvência*, cit., pp. 195-196], que entende ser inadmissível a recusa de cumprimento do contrato-promessa sempre que exista tradição. Para este autor, os requisitos da eficácia real e da tradição seriam alternativos. Cfr., para a refutação desta última tese, Nuno Manuel Pinto Oliveira/Catarina Serra, "Insolvência e contrato-promessa – os efeitos da insolvência sobre o contrato-promessa com eficácia obrigacional", cit., pp. 393 e s.

[340] Não é por acaso que a lei da insolvência trata distintamente as promessas com eficácia real e as promessas com eficácia obrigacional – salvaguardando as primeiras dos efeitos da declaração de insolvência mas não as segundas –: quando o contrato-promessa é destituído de eficácia real, não existe a possibilidade de o promitente-comprador fazer valer, na acção executiva, a faculdade de adquirir o bem objecto do contrato prometido. Cfr., desenvolvi-

LIÇÕES DE DIREITO DA INSOLVÊNCIA

tante. O n.º 2 do art. 106.º remete para outras normas e as normas remetidas são, por sua vez, muito pouco claras.

Um dos casos discutidos no âmbito dos negócios em curso, devido à frequência com que ocorre na prática, é justamente o do contrato-promessa com eficácia meramente obrigacional relativo a edifício ou fracção autónoma. A questão fundamental é a de saber se, recusado o cumprimento pelo administrador da insolvência, o promitente-comprador, beneficiário de *traditio*, goza do direito ao recebimento do sinal em dobro e da qualificação do seu crédito como garantido por via do direito de retenção (sendo, nomeadamente, graduado acima do credor hipotecário).

Durante a vigência do Código dos Processos Especiais de Recuperação da Empresa e de Falência, a norma versando o contrato-promessa com eficácia obrigacional – o art. 164.º-A, n.º 1 – previa directamente o regime de indemnização na hipótese de extinção do contrato: consoante os casos, a perda do sinal entregue ou a restituição em dobro do sinal recebido. Este mais não era do que a aplicação, no contexto do processo de insolvência, da solução aplicável em geral, ou seja, do art. 442.º, n.º 2, do CC.

No Código da Insolvência e da Recuperação de Empresas a solução é diversa. A norma que versa o contrato-promessa com eficácia obrigacional – o art. 106.º, n.º 2 – não fixa directamente os termos da indemnização, limitando-se a remeter para o art. 104.º, n.º 5, que, por seu turno, remete para o art. 102.º, n.º 3. Mas a decisão legislativa de atribuir ao administrador da insolvência o direito (potestativo) de recusa de cumprimento do contrato-promessa implica, só por si, a inaplicabilidade do art. 442.º do CC. Entre o direito (potestativo) de recusa do cumprimento do contrato-promessa e o direito subjectivo propriamente dito à restituição do sinal em dobro há uma autêntica contradição teleológica.

A actuação do direito ao sinal em dobro pressupõe três coisas: primeiro, que o devedor não cumpra; segundo, que o não cumprimento seja ilícito; terceiro, que o não cumprimento ilícito seja imputável ao devedor, por ter sido causado com culpa. Ora, existindo um direito potestativo de recusa de cumprimento do contrato-promessa (atribuído ao administrador da insolvência pelo art. 106, n.º 2, em ligação com o art. 102.º), não existe um dever de cumprir; não existindo um dever de cumprir, não há ilicitude e não há

damente sobre isto, NUNO MANUEL PINTO OLIVEIRA/CATARINA SERRA, "Insolvência e contrato-promessa – os efeitos da insolvência sobre o contrato-promessa com eficácia obrigacional", cit., pp. 393 e s.

TRAMITAÇÃO DO PROCESSO DE INSOLVÊNCIA

culpa, faltando, pois, no caso de o cumprimento ser efectivamente recusado pelo administrador da insolvência, a imputabilidade do não cumprimento ao promitente-vendedor e, consequentemente, um dos factos constitutivos do direito do promitente-comprador[341].

Não sendo aplicável o n.º 1 do art. 106.º, deveria valer, por remissão do n.º 2, o regime da venda com reserva de propriedade regulado no n.º 5 do art. 104.º, que, por remissão deste último, se reconduz ao regime geral dos efeitos da recusa de cumprimento do n.º 3 do art. 102.º. A contraparte do insolvente teria, assim, direito à diferença entre o valor do objecto do contrato prometido na data da recusa de cumprimento do contrato-promessa e o montante do preço convencionado actualizado para a data da declaração de insolvência.

E o que acontece ao sinal? A possibilidade não é contemplada nem na norma do n.º 5 do art. 104.º nem na do art. 102.º, n.º 3, al. *c)*. O sinal não corresponde exactamente ao cumprimento parcial da prestação devida por força do contrato-promessa: a constituição de sinal é uma prestação de coisa; a prestação devida por causa do contrato-promessa é uma prestação de facto jurídico. O caso tem de configurar-se como uma lacuna, sendo razoável aplicar-se aqui o princípio de que a contraparte tem direito não só à diferença de valor entre as prestações como à restituição em valor daquilo que prestou[342]. Se não se integrasse esta lacuna por aplicação do art. 102.º, n.º 3, al. *c)*, sempre se atingiria o mesmo resultado por aplicação do princípio geral do enriquecimento sem causa, consagrado no art. 473.º do CC, mais particularmente do seu n.º 2: a obrigação de restituição tem por objecto o que for recebido por virtude de uma causa que deixou de existir ou em vista de um efeito que não se verificou[343].

---

[341] Se porventura existisse alguma dúvida sobre a inaplicabilidade do art. 442.º do CC à recusa de cumprimento do contrato-promessa pelo administrador da insolvência, ela seria eliminada pelo art. 119.º do CIRE. Esta é a homóloga da norma do § 119 da *InsO*, que é consensualmente interpretada como explicitação de um princípio de proibição das cláusulas penais [cfr., por todos, ERNST-DIETER BERSCHEID, anotação ao § 119 da *InsO*, in: WILHELM UHLENBRUCK (Hrsg), *Insolvenzordnungkommentar*, cit., pp. 1857-1850 (esp. p. 1859)]. Atendendo à semelhança entre as cláusulas penais e o sinal, a solução não pode ser distinta no quadro deste último.

[342] Cfr., neste sentido, desenvolvidamente, CHRISTOPH BECKER, *Insolvenzrecht*, cit., pp. 341 e 342.

[343] Será, por isso, de ponderar a possibilidade de considerar a dívida de restituição do sinal (em singelo) como uma das dívidas que tenham por fonte o enriquecimento sem causa da massa

Em conclusão, a contraparte do insolvente tem o direito à diferença (se positiva) entre os valores das duas prestações – uma equivalente ao valor do objecto do contrato prometido na data da recusa de cumprimento do contrato-promessa e a outra equivalente ao montante do preço convencionado actualizado para a data da declaração de insolvência, acrescido do sinal (em singelo). É esta a solução que resulta da aplicação articulada do disposto nas normas do n.º 2 do art. 106.º, do n.º 5 do art. 104.º e da al. *c)* do n.º 3 do art. 102.º e que o legislador talvez pudesse ter apresentado de forma menos sinuosa[344].

O crédito em causa é expressamente qualificado como crédito sobre a insolvência [cfr. art. 102.º, n.º 3, al. *d)*, *(iii)*]. É ainda, não um crédito garantido, mas um crédito comum, estando excluída qualquer possibilidade de o promitente-comprador invocar a titularidade de um direito de retenção sobre a coisa objecto de tradição.

Não havendo lugar à aplicação do art. 442.º, n.º 2, do CC, ficaria precludida a aplicação do art. 755.º, n.º 1, al. *f)*, do CC: mesmo quando houvesse tradição da coisa ficaria sempre a faltar o outro requisito imposto pela norma

insolvente previstas na al. *j)* do n.º 1 do art. 51.º. Cfr., neste sentido, NUNO MANUEL PINTO OLIVEIRA, "A qualificação do crédito resultante da não execução do contrato-promessa", in: CATARINA SERRA (coord.), *III Congresso de Direito da Insolvência*, Coimbra, Almedina, 2015, pp. 115 e s., esp. p. 126 e s.

[344] LUÍS MIGUEL PESTANA DE VASCONCELOS ("Contrato-promessa e falência/insolvência – Anotação ao Ac. do TRC de 17.4.2007, Agravo 65/03", cit., pp. 61-62) estranha que seja esta a solução por ela desfavorecer o promitente-comprador, em contradição com a lei geral, que dispôs mecanismos para a sua especial tutela. Não deve estranhar-se a solução; muito pelo contrário. Num contrato-promessa que se enquadre na insolvência não existe apenas um interesse contrapondo-se a outro – o interesse do promitente-comprador contrapondo-se ao do promitente-vendedor. Existe um conjunto de outros interesses concorrentes com aqueles – interesses públicos, interesses colectivos ou "de série" e interesses privados. Ora, sendo distintos os interesses em presença, os interesses merecedores de tutela reforçada não podem ser os mesmos que o são em situações ordinárias ou perante lei geral. Cfr., para mais argumentos, NUNO MANUEL PINTO OLIVEIRA/CATARINA SERRA, "Insolvência e contrato-promessa – os efeitos da insolvência sobre o contrato-promessa com eficácia obrigacional", cit., pp. 393 e s.

TRAMITAÇÃO DO PROCESSO DE INSOLVÊNCIA

– o de o crédito garantido pelo direito de retenção resultar do "não cumprimento imputável à outra parte, nos termos do artigo 442.º"[345]_[346].

[345] Ainda que existisse direito ao recebimento do dobro do sinal – como antes, quando a lei da insolvência o consagrava directamente (cfr. art. 164.º-A, n.º 1, do CPEREF) –, continuaria a não existir direito de retenção: o não cumprimento continuaria a não ser "imputável à contraparte" [cfr., neste sentido, CATARINA SERRA, "Efeitos da declaração de falência sobre o falido (após a alteração do DL n.º 315/98, de 20 de Outubro, ao Código dos Processos Especiais de Recuperação da Empresa e de Falência)", cit., p. 304]. A causa do incumprimento do contrato-promessa é a recusa do administrador da insolvência – que não só não é um facto susceptível de imputação ao promitente-vendedor – de "imputação unilateral pela culpa" – como tão-pouco é um acto do promitente-vendedor. Poderia retorquir-se que a situação de insolvência lhe é, em última análise, sempre imputável – que, por vezes, ele contribuiu mesmo, com culpa grave ou dolo, para a sua causação ou o seu agravamento (dando origem à qualificação da insolvência como culposa). Continua, porém, a existir uma diferença essencial entre a situação de recusa de cumprimento e a situação a que a norma do art. 755.º, n.º 1, al. *f*), do CC alude: na primeira, a causa do incumprimento do contrato-promessa é o acto de recusa de cumprimento. Ora, como se disse, este é um acto absolutamente lícito, praticado pelo administrador da insolvência no interesse da massa. Afirmam-no também, por exemplo, JOSÉ CARLOS BRANDÃO PROENÇA ["Para a necessidade de uma melhor tutela dos promitentes-adquirentes de bens imóveis (*maxime*, com fim habitacional)", in: *Cadernos de Direito Privado*, 2008, n.º 22, pp. 8 e 20] e, mais claramente, LUÍS MIGUEL PESTANA DE VASCONCELOS ("Contrato-promessa e falência/insolvência – Anotação ao Ac. do TRC de 17.4.2007, Agravo 65/03", cit., pp. 62 e 63), que, por essa razão, rejeitam também que o beneficiário da transmissão da coisa objecto do contrato prometido goze do direito de retenção nestes casos. A este argumento – formal – vêm juntar-se ainda outros – substanciais –que reforçam a tese da inexistência de direito de retenção a favor do promitente-comprador (cfr., para estes argumentos, NUNO MANUEL PINTO OLIVEIRA/CATARINA SERRA, "Insolvência e contrato-promessa – os efeitos da insolvência sobre o contrato-promessa com eficácia obrigacional", cit., pp. 393 e s.).

[346] Diverso é o entendimento de LUÍS MANUEL TELES DE MENEZES LEITÃO [*Código da Insolvência e da Recuperação de Empresas Anotado*, cit., pp. 179 e s., e *Direito da Insolvência*, cit., pp. 193 e s.], para quem – recorde-se – é sempre ilícita a recusa de cumprimento de contrato-promessa quando exista tradição. Afirma o autor que, nos casos de recusa ilícita, o promitente-comprador tem um crédito constituído pelo direito à restituição do sinal em dobro (cfr. art. 442.º, n.º 2, do CC), que é garantido por direito de retenção [cfr. art. 755.º, n.º, al. *f*), do CC]. O crédito deveria ainda, segundo o autor, ser considerado dívida da massa insolvente, uma vez que não pode ser recusado pelo administrador da insolvência [cfr. art. 51.º, n.º 1, al. *e*), do CC] [*Código da Insolvência e da Recuperação de Empresas Anotado*, cit., p. 182, e *Direito da Insolvência*, cit., p. 196]. Estranha-se esta solução, que atribui ao crédito, tornando-o beneficiário do melhor de dois mundos, a simultânea qualidade de crédito sobre a insolvência e de crédito sobre a massa. Tendo em conta tudo o que separa o regime de cada uma das classes de créditos, parece estar a tentar conciliar-se o que não tem conciliação. Efectivamente, ao contrário do que ocorre

No Acórdão de Uniformização de Jurisprudência n.º 4/2014, de 20 de Março de 2014, o Supremo Tribunal de Justiça adoptou, contudo, uma interpretação diferente, alterando o sentido até então consensual ou quase consensualmente atribuído aos arts. 442.º, n.º 2, e 755.º, n.º 1, al. *f)*, do CC e ao art. 106.º do CIRE.

A propósito do art. 442.º, n.º 2, do CC, o Supremo Tribunal de Justiça pronunciou-se por uma interpretação extensiva do termo "não cumprimento imputável", para sustentar que ele incluía uma imputabilidade indirecta, mediata ou reflexa. Imputabilidade deixa, em suma, de significar culpa para passar a significar causalidade[347].

A propósito do art. 755.º, n.º 1, al. *f)*, do CC, o Supremo Tribunal de Justiça pronunciou-se por uma interpretação restritiva, em termos de só atribuir o direito de retenção ao promitente comprador que seja, simultaneamente, um consumidor.

Finalmente, a propósito do art. 106.º, n.º 1, do CIRE, o Supremo Tribunal de Justiça sustenta duas coisas: em primeiro lugar, que no caso de o promitente-comprador ser um profissional, a eficácia real da promessa e a tradição da coisa funcionam como requisitos cumulativos da aplicação da norma; em segundo lugar, que no caso de o promitente-comprador ser um consumidor, a eficácia real da promessa e a tradição da coisa funcionam como requisitos alternativos da aplicação da norma. O administrador da insolvência não poderia, assim, recusar o cumprimento de nenhum contrato-promessa com eficácia meramente obrigacional desde que tivesse havido tradição da coisa objecto do contrato-prometido.

Coordenando a reinterpretação do art. 106.º, n.º 1, do CIRE, com a reinterpretação dos arts. 442.º, n.º 2, e 755.º, n.º 1, al. *f)* do CC, o Supremo Tribunal de Justiça sugere que a aplicação do art. 442.º, n.º 2, do CC depende da ilicitude da recusa de cumprimento do contrato-promessa. O promitente-comprador só teria direito à restituição do sinal em duplicado, desde que o administrador de insolvência do promitente-vendedor recusasse ilicita-

---

com os créditos sobre a insolvência, os créditos sobre a massa não se dividem ou graduam em classes (garantidos, privilegiados, comuns e subordinados). Isto porque o legislador presume, justificadamente, que os créditos sobre a massa são excepcionais e a massa será capaz de os pagar à medida do seu vencimento.

[347] Como dizem ANA PRATA, JORGE MORAIS CARVALHO e RUI SIMÕES (*Código da Insolvência e da Recuperação de Empresa anotado*, cit., p. 315), "[o] STJ reconduz a 'imputabilidade' a causalidade".

TRAMITAÇÃO DO PROCESSO DE INSOLVÊNCIA

mente, ou seja, em violação do art. 106.º, n.º 1, do CIRE, o cumprimento de um contrato-promessa. Se o promitente-comprador fosse um consumidor, o direito à restituição do sinal em duplicado seria um crédito garantido pelo direito de retenção do art. 755.º, n.º 1, al. *f*), do CC. Se fosse um profissional, seria só um crédito comum.

O resultado do raciocínio desenvolvido no relatório do Acórdão concretizou-se no seguinte segmento uniformizador: "[n]o âmbito da graduação de créditos em insolvência o consumidor promitente comprador em contrato, ainda que com eficácia meramente obrigacional com *traditio*, devidamente sinalizado, que não obteve o cumprimento do negócio por parte do administrador da insolvência goza do direito de retenção nos termos do estatuído no art. 755.º, n.º 1, alínea f), do Código Civil".

Exprimiu-se oportunamente uma profunda perplexidade perante o relatório do Acórdão[348]. Como a perplexidade é partilhada pelos autores que mais extensa e profundamente o apreciaram[349], formula-se o voto de que o assunto seja reponderado pelo Supremo Tribunal de Justiça, para que se alcancem soluções mais adequadas e mais coerentes com o sistema de Direito Civil e de Direito da Insolvência[350].

---

[348] Cfr. CATARINA SERRA, "Outra vez a insolvência e o contrato-promessa – A interpretação *criadora* do Acórdão de Uniformização de 22 de Maio de 2013 (e do Acórdão de 20 de Março de 2014)", in: AA. VV., *Estudos Comemorativos dos 20 anos da licenciatura em Direito da Escola de Direito da Universidade do Minho*, Coimbra, Coimbra Editora, 2014, pp. 127 e s.

[349] Cfr. NUNO MANUEL PINTO OLIVEIRA, "Efeitos da declaração de insolvência sobre os contratos em curso", in: *Ab Instantia – Revista do Instituto do Conhecimento*, 2014, n.º 4, pp. 11 e s., NUNO MANUEL PINTO OLIVEIRA, "A qualificação do crédito resultante da não execução de contrato-promessa", in: CATARINA SERRA (coord.), *III Congresso de Direito da Insolvência*, Coimbra, Almedina, 2015, pp. 115 e s., ANA PRATA/JORGE MORAIS CARVALHO/RUI SIMÕES, *Código da Insolvência e da Recuperação de Empresa anotado*, cit., pp. 320 e s., ALEXANDRE SOVERAL MARTINS, *Um curso de Direito da Insolvência*, cit., pp. 184 e s., e MARGARIDA COSTA ANDRADE/ AFONSO PATRÃO, "A posição jurídica do beneficiário da promessa de alienação no caso de insolvência do promitente-vendedor – Comentário ao Acórdão de Uniformização de Jurisprudência n.º 4/2014, de 19 de Maio", in: *Julgar online*, Setembro de 2016, pp. 1 e s.

[350] Compreende-se que nalguns casos possam suscitar-se preocupações humanitárias. Mas para estes, em vez de se construir uma solução *præter legem* ou de se fazer "malabarismos interpretativos", para usar as palavras de ADELAIDE MENEZES LEITÃO (*Direito da Insolvência*, cit., p. 153), é possível recorrer ao art. 102.º, n.º 4. Regulando a hipótese em que a opção pela execução é abusiva, nada impede que esta norma se estenda à opção pela recusa de cumprimento. Deve entender-se que a recusa é abusiva, no âmbito do contrato-promessa, fundamentalmente, em dois casos: quando a recusa viola gravemente o direito fundamental à habitação do

54. O carácter imperativo da disciplina

A fechar o capítulo sobre os negócios em curso, a norma do art. 119.º, sob a epígrafe "[n]ormas imperativas", vem declarar a nulidade de qualquer convenção das partes que exclua ou limite a aplicação das normas que regulam os efeitos sobre os negócios em curso (cfr. n.º 1) e, em particular, da cláusula que atribua à situação de insolvência de uma das partes o valor de uma condição resolutiva do negócio ou confira nesse caso à parte contrária um direito de indemnização, de resolução ou de denúncia em termos diversos dos aí previstos (cfr. n.º 2).

Por outras palavras, art. 119.º, n.º 1, acolhe o princípio de que as disposições dos arts. 102.º a 118.º são imperativas e o n.º 2 concretiza-o, proibindo o funcionamento da situação de insolvência como condição resolutiva do negócio ou como facto gerador de um direito de indemnização, de resolução ou de denúncia.

Discute-se, na doutrina portuguesa, se a "situação de insolvência" a que se refere o art. 119.º, n.º 2, é apenas a que foi já reconhecida e objecto de declaração judicial ou se abrange igualmente a insolvência não declarada[351]. Não se vêem razões para restringir a situação à insolvência judicialmente declarada. Bem pelo contrário, atendendo à teleologia da disciplina (a satisfação igualitária do interesse dos credores), o que se pretende evitar é que o contrato chegue já resolvido ao processo de insolvência, precludindo-se o direito de opção do administrador da insolvência pelo seu cumprimento ou pela sua recusa. Assim sendo, parece que a melhor solução é a de considerar que são nulas as cláusulas que prevejam um direito de resolução ou de denúncia em consequência da situação de insolvência e de outros factos anteriores à declaração de insolvência, como a apresentação à insolvência, que se relacionem directamente com ela[352].

---

promitente-adquirente e quando o preço está já total ou quase totalmente pago (contrato-promessa com antecipação dos efeitos do contrato-prometido). Cfr., neste sentido, NUNO MANUEL PINTO OLIVEIRA, "Efeitos da declaração de insolvência sobre os negócios em curso: em busca dos princípios perdidos", cit., pp. 214-215.

[351] Inclina-se, por exemplo, para a primeira solução LUÍS MANUEL TELES DE MENEZES LEITÃO ["A (in)admissibilidade da insolvência como fundamento de resolução dos contratos", in: CATARINA SERRA (coord.), *III Congresso de Direito da Insolvência*, Coimbra, Almedina, 2015, p. 99]. Inclinam-se para a segunda solução ANA PRATA, JORGE MORAIS CARVALHO e RUI SIMÕES [*Código da Insolvência e da Recuperação de Empresas*, cit., p. 353].

[352] É muito frequente convencionar-se nos contratos que a situação económica difícil, a falta de liquidez ou a apresentação à insolvência confere à contraparte o direito de resolução. A

TRAMITAÇÃO DO PROCESSO DE INSOLVÊNCIA

Em face do disposto no art. 119.º, n.º 1 e 2, causa alguma estranheza o art. 119.º, n.º 3, segundo o qual "o disposto nos números anteriores não obsta a que a situação de insolvência possa configurar justa causa de resolução ou de denúncia em atenção à natureza e conteúdo das prestações contratuais". Pretenderá o legislador dizer (de forma sinuosa) que, embora, por força do n.º 2 do art. 119.º, as partes não possam atribuir à situação de insolvência, por sua iniciativa e em abstracto, o valor de causa de resolução ou denúncia, nem por isso ficam impedidas de, ao abrigo do n.º 3 do art. 119.º, reconhecer, em concreto, que ela é justa causa de resolução ou de denúncia do con-

---

questão da admissibilidade destas cláusulas é muito discutida, em particular, na Alemanha, sendo que, em 2012, o Supremo Tribunal Federal alemão [*Bundesgerichtshof (BGH)*] proferiu uma decisão surpreendente para muitos, ao considerar nula uma cláusula deste tipo. Estava em causa um contrato de fornecimento de energia que previa a resolução automática em caso de apresentação à insolvência. Depois de se apresentar à insolvência, o fornecedor resolveu o contrato e, sendo assim, o administrador da insolvência e o fornecedor celebraram um novo contrato. Como neste se previa um preço mais elevado, o administrador acabou por considerar que o antigo contrato ainda estava em vigor e recusou-se a pagar a parte excedente do preço. O *BGH* secundou esta posição, declarando que, no caso de prestações duradouras ou continuadas de bens ou serviços, as cláusulas de resolução automática são nulas. Segundo o *BGH*, a imperatividade do § 119 da *InsO* (homólogo ao art. 119.º do CIRE) funda-se no interesse da recuperação da empresa, o que pressupõe o poder de o administrador escolher o contrato mais favorável, sendo inválidas, por frustrar este direito de opção do administrador, tanto as cláusulas que se reportam à abertura do processo de insolvência como as que se reportam a factos anteriores, desde que relacionados com o processo. Consequentemente, o fornecedor de energia não tinha o direito a exigir um preço mais elevado e permanecia obrigado a fornecer energia ao preço antigo até que o administrador decidisse o destino a dar ao contrato. A sentença tem um impacto particular em certos contratos comerciais – os contratos que determinem o "fornecimento contínuo de produtos ou de energia" (como os de fornecimento de matérias-primas, consumíveis, produtos acabados). Se houver, nestes contratos, cláusulas que prevejam o direito de resolução automática quando uma das partes se apresenta à insolvência ou cessa pagamentos, estas serão considerados inválidas no âmbito do processo de insolvência. É certo que, contrariamente aos bancos e outros credores financeiros, os fornecedores não têm, habitualmente, informações sobre a deterioração da situação económica e financeira do devedor. Devem, por isso, procurar incluir nos contratos uma obrigação de informação do devedor sobre a sua situação financeira. Diga-se que, apesar da decisão do *BGH*, a estipulação de um direito de resolução relacionado com o incumprimento permanece válida, podendo os fornecedores resolver o contrato no caso de o devedor não cumprir os pagamentos mensais a que está obrigado.

LIÇÕES DE DIREITO DA INSOLVÊNCIA

trato, atendendo à natureza (*intuitu personæ*) do contrato e das prestações (infungíveis)[353].

Ilustre-se com um exemplo: os membros de um ACE não podem convencionar que a insolvência de um membro é causa da sua exclusão; no entanto, se as prestações contratuais pressupuserem a capacidade financeira sólida ou acima de qualquer suspeita dos membros, pode tornar-se inviável a continuidade de um membro insolvente no ACE, caso em que a insolvência funcionará, em concreto, como justa causa de exclusão. A solução está, aliás, em absoluta conformidade com o regime geral do ACE, que prevê a possibilidade de a assembleia geral deliberar a exclusão do membro insolvente (cfr. art. 13.º, al. *b*), do DL n.º 430/73, de 25 de Agosto)[354].

SUBSECÇÃO VIII – Efeitos sobre os actos prejudiciais à massa

Bibliografia específica: CATARINA SERRA, "O Código da Insolvência e da Recuperação de Empresas e o Direito Registal", in: AA. VV., *Nos 20 Anos do Código das Sociedades Comerciais – Homenagem aos Profs. Doutores A. Ferrer Correia, Orlando de Carvalho e Vasco Lobo Xavier*, volume II – *Vária*, Coimbra, Coimbra Editora, 2007, pp. 505 e s., FERNANDO DE GRAVATO MORAIS, *Resolução em benefício da massa insolvente*, Coimbra, Almedina, 2008, FERNANDO DE GRAVATO MORAIS, "A motivação da declaração de resolução em benefício da massa insolvente", in: *Revista de Direito e de Estudos Sociais*, 2014, n.ºs 1-4, pp. 161 e s., FREDERICO GONÇALVES PEREIRA, "A declaração de insolvência e o penhor financeiro (em particular a possibilidade de resolução pelo administrador da insolvência)", in: CATARINA SERRA (coord.), *III Congresso de Direito da Insolvência*, Coimbra, Almedina, 2015, pp. 137 e s., JÚLIO VIEIRA GOMES, "Nótula sobre a resolução em benefício da massa", in: CATARINA SERRA (coord.), *IV Congresso de Direito da Insolvência*, Coimbra, Almedina, 2017,

---

[353] Não se discorda, neste ponto, de LUÍS MANUEL TELES DE MENEZES LEITÃO ["A (in)admissibilidade da insolvência como fundamento de resolucão dos contratos", cit., pp. 100-101].

[354] Ao contrário do que afirma LUÍS MANUEL TELES DE MENEZES LEITÃO ["A (in)admissibilidade da insolvência como fundamento de resolução dos contratos", cit., pp. 100-101], não se entende que a norma do art. 118.º, n.º 1, regulando os ACE, consagre um caso de inaplicabilidade absoluta do disposto nos n.ºs 1 e 2 do art. 119.º, razão pela qual o exemplo dos ACE não seria apto a ilustrar o significado do n.º 3. Vendo bem, aquilo que se admite no art 118.º, n.º 1, é apenas que, no contrato de ACE, se convencione que a insolvência de um ou mais dos membros é causa de dissolução do ACE. Continua, pois, a ser inadmissível, por força do art. 119.º, n.º 2, convencionar que a insolvência de um membro é causa automática da sua exclusão, admitindo-se, contudo, ao abrigo do n.º 3, que ela tenha lugar por deliberação dos membros, atendendo às circunstâncias concretas.

pp. 107 e s., MANUEL ELÍSIO, "A resolução em benefício da massa insolvente no Código da Insolvência e da Recuperação de Empresas", in: *Revista da Banca*, 2006, n.º 61, pp. 79 e s., MARIA DE FÁTIMA RIBEIRO, "Um confronto entre a resolução em benefício da massa e a impugnação pauliana", in: CATARINA SERRA (coord.), *IV Congresso de Direito da Insolvência*, Coimbra, Almedina, 2017, pp. 131 e s., MARISA VAZ CUNHA, *Garantia patrimonial e prejudicialidade – Um estudo sobre a resolução em benefício da massa*, Coimbra, Almedina, 2017, MIGUEL TEIXEIRA DE SOUSA, "Resolução em benefício da massa insolvente por contrato celebrado com pessoa especialmente relacionada com o devedor – Anotação ao Ac. de Uniformização de Jurisprudência n.º 15/2014, de 13.11.2014, Proc. 1936/10", in: *Cadernos de Direito Privado*, 2015, n.º 50, pp. 46 e s., PEDRO PAIS DE VASCONCELOS, "Resolução a favor da massa – atos omissivos", in: CATARINA SERRA (coord.), *III Congresso de Direito da Insolvência*, Coimbra, Almedina, 2015, pp. 103 e s.

55. Noções introdutórias

Compreensivelmente, a lei prevê instrumentos adequados a repelir os efeitos jurídicos dos actos praticados pelo devedor antes da declaração de insolvência que prejudiquem a massa. São eles dois: a resolução em benefício da massa insolvente, na disponibilidade do administrador da insolvência[355], e a impugnação pauliana, na disponibilidade dos credores. Por confronto com a disciplina anterior, poderia dizer-se que o recurso à impugnação pauliana foi quase vedado. Em contrapartida, a resolução em benefício da massa insolvente aparece como o instrumento privilegiado.

A despeito da referência genérica a actos prejudiciais à massa, estão em causa exclusivamente – sublinha-se – actos praticados até à declaração de insolvência. Como se viu, os actos praticados posteriormente à declaração de insolvência são, em princípio, ineficazes (cfr. art. 81.º, n.º 6).

56. Resolução em benefício da massa insolvente

Jurisprudência relevante: Acórdão do STJ (Uniformização de Jurisprudência) n.º 15//2014, de 13 de Novembro de 2014, Proc. 1936/10.6TBVCT-N.G1.S1 (Relator: SALAZAR CASANOVA).

A resolução em benefício da massa insolvente está regulada nos arts. 120.º a 126.º.

---

[355] Apesar de a questão não ser inteiramente pacífica, a inadmissibilidade de resolução em benefício da massa insolvente pelos próprios credores corresponde ao entendimento mais correcto. Cfr., também neste sentido, JÚLIO VIEIRA GOMES, "Nótula sobre a resolução em benefício da massa", cit., pp. 109-110.

LIÇÕES DE DIREITO DA INSOLVÊNCIA

A resolução tem um alcance muito maior do que aquele que tinha no âmbito do Código dos Processos Especiais de Recuperação da Empresa e de Falência. Antes, só podiam ser resolvidos os actos que a lei identificava [cfr. art. 156.º, n.º 1, als. *a)*, *b)* e *c)*, do CPEREF][356] [357]. Podem agora ser resolvidos quaisquer actos prejudiciais praticados ou omitidos dentro dos dois anos anteriores à data do início do processo (cfr. art. 120.º, n.º 1)[358], tendo-se atribuído à resolução, *grosso modo*, o papel que cabia à impugnação pauliana no contexto do Código dos Processos Especiais de Recuperação da Empresa e de Falência[359].

Em conformidade com isto, a resolução depende, em geral, de dois requisitos: a prejudicialidade à massa (cfr. art. 120.º, n.º 1) e a má fé do terceiro (cfr. art. 120.º, n.º 4).

Consideram-se prejudiciais à massa os actos que diminuam, frustrem, dificultem, ponham em perigo ou retardem a satisfação dos credores da insolvência. (cfr. art. 120.º, n.º 2).

Entende-se por má fé o conhecimento, à data do acto, de qualquer das seguintes circunstâncias: a) de que o devedor se encontrava em situação de insolvência, b) do carácter prejudicial do acto e de que o devedor se encontrava à data em situação de insolvência iminente, c) do início do processo de insolvência (cfr. art. 120.º, n.º 5).

O regime prevê mecanismos que facilitam, em certos casos, a resolução.

Por um lado, há actos que se presumem, *iuris et de iure*, prejudiciais à massa. Trata-se dos actos de qualquer um dos tipos referidos no art. 121.º, n.º

---

[356] Cfr. CATARINA SERRA, "Efeitos da declaração de falência sobre o falido (após a alteração do DL n.º 315/98, de 20 de Outubro, ao CPEREF)", cit., pp. 292 e s.

[357] Na Alemanha, a tendência mais recente parece ser a contrária. Em 5 de Abril de 2017 entrou em vigor a *Gesetz zur Verbesserung der Rechtssicherheit bei Anfechtungen nach der Insolvenzordnung und nach dem Anfechtungsgesetz*, que modificou o regime da resolução (*Anfechtung*) em particular o § 133 da *InsO*. Entre outras coisas, reduziu-se o período em que os actos estão sujeitos a resolução de dois para quatro anos e adoptou-se como critério decisivo para a prova da má fé o conhecimento da insolvência actual em vez do da insolvência iminente. O intuito desta alteração parece ter sido o de atenuar a ameaça que a resolução representa para os credores que facilitam crédito ao devedor em momentos de dificuldade.

[358] Diga-se que, inicialmente, podiam ser resolvidos os actos praticados ou omitidos dentro dos quatro anos anteriores à data do início do processo de insolvência, mas a Lei n.º 16/2012, de 20 de Abril, veio reduzir o espectro temporal para dois anos.

[359] Sobre a resolução em benefício da massa insolvente cfr. FERNANDO DE GRAVATO MORAIS, *Resolução em benefício da massa insolvente*, Coimbra, Almedina, 2008.

TRAMITAÇÃO DO PROCESSO DE INSOLVÊNCIA

1 (actos sujeitos a resolução incondicional), ainda que praticados e omitidos fora dos prazos aí contemplados (cfr. art. 120.º, n.º 3).

Por outro lado, há actos relativamente aos quais se presume, *iuris tantum*, a má fé de terceiro. Trata-se dos actos cuja prática ou omissão tenha ocorrido dentro dos dois anos anteriores ao início do processo de insolvência e em que tenha participado ou de que tenha aproveitado pessoa especialmente relacionada com o insolvente, ainda que a relação especial não existisse a essa data (cfr. art. 120.º, n.º 4). Parece estar implícita uma remissão para o art. 49.º, devendo as pessoas especialmente relacionadas ser encontradas com apoio nesta norma, nos termos expostos atrás. Sobre um caso deste tipo se pronunciou o Supremo Tribunal de Justiça no Acórdão de Uniformização de Jurisprudência n.º 15/2014, de 13 de Novembro de 2014.

Além disso, há actos cuja resolução em benefício da massa insolvente é incondicional, não dependendo de requisito algum. Trata-se dos actos seguintes: a partilha celebrada menos de um ano antes da data do início do processo de insolvência em que o quinhão do insolvente haja sido essencialmente preenchido com bens de fácil sonegação, cabendo aos co-interessados a generalidade dos imóveis e dos valores nominativos [cfr. art. 121.º, n.º 1, al. *a)*]; os actos celebrados pelo devedor a título gratuito dentro dos dois anos anteriores à data do início do processo de insolvência, incluindo o repúdio de herança ou legado, com excepção dos donativos conformes aos usos sociais [cfr. art. 121.º, n.º 1, al. *b)*]; a constituição pelo devedor de garantias reais relativas a obrigações preexistentes ou de outras que as substituam, nos seis meses anteriores à data de início do processo de insolvência [cfr. art. 121.º, n.º 1, al. *c)*]; a fiança, a subfiança, o aval e os mandatos de crédito, em que o insolvente haja outorgado no período referido na alínea anterior e que não respeitem a operações negociais com real interesse para ele [cfr. art. 121.º, n.º 1, al. *d)*]; a constituição pelo devedor de garantias reais em simultâneo com a criação das obrigações garantidas, dentro dos sessenta dias anteriores à data do início do processo de insolvência [cfr. art. 121.º, n.º 1, al. *e)*]; o pagamento ou outros actos de extinção de obrigações cujo vencimento fosse posterior à data do início do processo de insolvência, ocorridos nos seis meses anteriores à data do início do processo de insolvência, ou depois desta mas anteriormente ao vencimento [cfr. art. 121.º, n.º 1, al. *f)*]; o pagamento ou outra forma de extinção de obrigações efectuados dentro dos seis meses anteriores à data do início do processo de insolvência em termos não usuais no comércio jurídico e que o credor não pudesse exigir [cfr. art. 121.º, n.º 1, al. *g)*]; os actos a título oneroso realizados pelo insolvente dentro do ano anterior à data do início do processo de insolvência em que as obrigações por ele assumidas excedam manifestamente as da contraparte [cfr. art. 121.º, n.º 1, al. *h*)]; o reembolso de suprimentos, quando tenha lugar dentro do mesmo período referido na alínea anterior [cfr. art. 121.º, n.º 1, al. *i*)].

A doutrina tem entendido que esta enumeração é taxativa[360], não se encontrando razões que reclamem uma interpretação diversa.

Olhando com mais atenção para os actos que constam do elenco, dir-se-á que o legislador deu especial importância à (falta de) equivalência entre as prestações patrimoniais. Alguns dos actos susceptíveis de resolução incondicional são gratuitos ou não representam actos com real interesse para o devedor, como os previstos na als. *b*) e *d*), ou, quando são onerosos, as prestações carecem daquela equivalência, como é o caso previsto na al. *h*). Torna-se, portanto, compreensível que a resolução seja independente dos requisitos habituais.

Outro critério relevante é o da inexigibilidade da prestação efectuada do devedor. É visível que foi este que orientou o disposto nas als. *f*) e *g*).

Destaca-se, por fim, o caso previsto na al. *i*), respeitante ao reembolso de suprimentos, que, não se integrando rigorosamente em nenhum dos tipos referidos, encontra a sua justificação à luz do quadro geral da disciplina aplicável aos suprimentos no âmbito do Código das Sociedades Comerciais (cfr. art. 245.º, n.ºs 2 e 3) e do Código da Insolvência e da Recuperação de Empresas [cfr. art. 48.º, al. *g*)].

O n.º 6 do art. 120.º determina que são insusceptíveis de resolução por aplicação do regime dos arts. 120.º e s. os negócios jurídicos celebrados no âmbito do PER, do PEAP, do RERE ou de procedimentos equivalentes previstos em legislação especial cuja finalidade seja prover o devedor com meios de financiamento suficientes para viabilizar a sua recuperação[361].

A medida não é original. Também em Espanha, por exemplo, no art. 71 *bis* da *LC* se prevê um regime especial para o financiamento ao devedor, admitindo-se que os *acuerdos de refinanciación* e os actos realizados no âmbito destes não fiquem sujeitos à disciplina das *acciones de reintegración* (resolução

---

[360] Cfr., por todos, Luís Carvalho Fernandes/João Labareda, *Código da Insolvência e da Recuperação de Empresas Anotado. Sistema de Recuperação de Empresas por Via Extrajudicial (SIREVE) Anotado. Legislação Complementar*, cit., p. 505.

[361] O n.º 6 foi aditado à norma do art. 120.º pela Lei n.º 16/2012, de 20 de Abril e o seu texto actual decorre do DL n.º 79/2017, de 30 de Junho.

TRAMITAÇÃO DO PROCESSO DE INSOLVÊNCIA

em benefício da massa). Suscita, contudo, algumas dúvidas, como se verá adiante, a propósito do regime do PER.

A resolução pode ser efectuada pelo administrador da insolvência por carta registada com aviso de recepção (cfr. art. 123.º, n.º 1). Olhando para a expressão legal "pode" e pressupondo que a referência à carta registada com aviso de recepção visa apenas assegurar que a declaração atinge o declaratário (que ele é notificado), conclui-se que são admitidos outros meios para realizar a resolução, mais e menos solenes, como a acção judicial e, em coerência com o regime geral da resolução, a simples declaração à outra parte (cfr. art. 436.º, n.º 1, do CC)[362]-[363]. Actuando o administrador em benefício dos credores, ele não é livre, no entanto, de usar um qualquer meio, importando garantir ao máximo a eficácia da resolução. Deverá, pois, privilegiar a carta registada com aviso de recepção, por ser o meio simultaneamente mais simples e eficaz, e rejeitar, excepto quando absolutamente necessários, os meios que, sendo mais ou menos solenes, possam tornar mais onerosa ou menos segura a resolução.

O prazo para a resolução é de seis meses após o conhecimento do acto, mas nunca depois de decorridos dois anos sobre a data de declaração de insolvência (cfr. art. 123.º, n.º 1). Enquanto o negócio não estiver cumprido,

---

[362] Admitem apenas meios mais solenes Luís Manuel Teles de Menezes Leitão [*Código da Insolvência e da Recuperação de Empresas Anotado*, cit., p. 196 e p. 199, e, mais claramente, *Direito da Insolvência*, cit., p. 229] e Luís Carvalho Fernandes e João Labareda [*Código da Insolvência e da Recuperação de Empresas Anotado. Sistema de Recuperação de Empresas por Via Extrajudicial (SIREVE) Anotado. Legislação Complementar*, cit., p. 510]. Afirmam os últimos autores que a referência à "possibilidade" de uso de carta registada com aviso de recepção indicia a exigência legal de formalidades mínimas para a resolução, não ficando excluídas outras formas desde que mais solenes, nomeadamente o recurso aos meios judiciais (por via de notificação, de acção ou de excepção). Ao contrário do que pensam os autores, não parece existir aqui, realmente, um problema de formalidades mínimas cuja inobservância possa ser invocada. Quando a resolução é efectuada por um meio diferente do expressamente referido na lei, como a mera declaração à contraparte, nenhum declaratário que o alegue deixa de estar notificado e pode, com tal argumento, impedir que a resolução produza efeitos.

[363] Pelo facto de a resolução se bastar com a mera declaração, costuma dizer-se que o sistema português é, como o alemão, um sistema eminentemente "declarativo" – um sistema de resolução efectuada por mera declaração à contraparte – e não, como o italiano, um sistema de resolução judicial. À luz disto, diga-se que é difícil aceitar que a lei estabeleça como critério geral para a oponibilidade da resolução a terceiros o da prioridade do registo (cfr. art. 435.º do CC) – sendo a resolução por acção judicial a única susceptível de registo.

LIÇÕES DE DIREITO DA INSOLVÊNCIA

a resolução pode, porém, ser declarada a todo o tempo, por via de excepção (cfr. art. 123.º, n.º 2).

A propósito da data de referência para a contagem do prazo, existe alguma controvérsia sobre se o conhecimento do acto se reporta apenas ao acto puro e simples ou se implica também o conhecimento dos pressupostos que podem fundamentar a resolução. Tem sido entendido, nomeadamente pelo Supremo Tribunal de Justiça, que o "conhecimento do acto" a que alude o art. 123.º, n.º 1, não se basta com o mero conhecimento do acto ou negócio, implicando também o conhecimento dos pressupostos necessários para a existência do direito de resolução, excepto no caso de negligência por parte do administrador da insolvência, em que o prazo se conta desde o momento em que o administrador devia ter conhecido aqueles pressupostos[364].

A resolução é susceptível de ser impugnada através de acção proposta contra a massa insolvente, que corre como dependência do processo de insolvência e, portanto, tem, também ela, carácter urgente. O direito de impugnar a resolução caduca no prazo de três meses (cfr. art. 125.º), ficando sujeitos a este prazo não só as situações mais frequentes, em que se impugnam os fundamentos de facto da resolução, mas também as situações em que se impugna a validade do acto resolutivo em virtude da ocorrência de alguma situação susceptível de provocar a sua nulidade ou anulabilidade[365].

A disciplina da resolução no Código da Insolvência e da Recuperação de Empresas propicia a emergência de algumas dúvidas no âmbito do Direito Registal. A norma do art. 124.º estabelece a oponibilidade da resolução aos transmissários posteriores desde que estejam de má fé e, independentemente da má fé, aos sucessores a título universal e aos transmissários a título gratuito. Parece, então, que quando o administrador da insolvência pede o cancelamento do registo do bem efectuado em nome de qualquer destes sujeitos, exibindo, para esse efeito, o comprovativo da declaração resolutiva, o conservador do registo tem a obrigação de aceder ao seu pedido – a resolução é oponível. Todavia, é bem possível que a resolução, não obstante provada, seja ilegítima e venha a ser, mais tarde, impugnada (nos termos do

---

[364] Cfr. o Acórdão do STJ de 27 de Outubro de 2016, Proc. 653/13.0TBBGC-F.G1.S1 (Relator: Pinto de Almeida), e o Acórdão do STJ de 27 de Outubro de 2016 Proc. 3158/11.0TJVNF-H. G1.S1 (Relator: Fonseca Ramos).

[365] Cfr., neste sentido, o Acórdão do STJ de 22 de Maio de 2013, Proc. 4694/08.0TBSTS-O. P1.S1 (Relator: Tavares de Paiva).

art. 125.°[366]) e julgada ineficaz por decisão definitiva. Está em causa o interesse da estabilidade e da segurança jurídicas. Seria conveniente, pois, que, em tal situação, o conservador não efectuasse nenhuma diligência definitiva até ao esgotamento do prazo para a impugnação da resolução ou, no caso de esta vir a ser impugnada, até ao trânsito em julgado da decisão sobre a impugnação[367].

A resolução tem efeitos retroactivos e produz a reconstituição da situação que existiria se o acto não tivesse sido praticado ou omitido (cfr. art. 126.°, n.° 1), designadamente impondo ao terceiro a obrigação de restituir à massa insolvente os bens ou valores prestados pelo devedor (cfr. art. 126.°, n.°s 3 e 6) e impondo à massa, em certos termos, a obrigação de restituir ao terceiro o objecto por ele prestado (cfr. art. 126.°, n.°s 4 e 5).

Estabelece-se um regime especial para a obrigação de restituição a cargo do adquirente a título gratuito: ela existe apenas na medida do enriquecimento do sujeito, salvo o caso de má fé, real ou presumida (cfr. art. 126.°, n.° 6). Não se compreende muito bem esta medida, que coloca o adquirente a título gratuito em situação aparentemente mais vantajosa do que a do adquirente a título oneroso que esteja de boa fé[368].

---

[366] Advirta-se que a norma do art. 125.° foi objecto de alteração pela Lei n.° 16/2012, de 20 de Abril, tendo sido, nesta altura, o prazo para o exercício do direito de impugnação reduzido de seis para três meses.

[367] Cfr., sobre este e outros problemas em matéria de registo na disciplina da insolvência, CATARINA SERRA, "O Código da Insolvência e da Recuperação de Empresas e o Direito Registal", cit., pp. 520 e s.

[368] Cfr., neste sentido, LUÍS MANUEL TELES DE MENEZES LEITÃO, *Código da Insolvência e da Recuperação de Empresas Anotado*, cit., p. 199, e LUÍS CARVALHO FERNANDES/JOÃO LABAREDA, *Código da Insolvência e da Recuperação de Empresas Anotado. Sistema de Recuperação de Empresas por Via Extrajudicial (SIREVE) Anotado. Legislação Complementar*, cit., p. 516. Cfr., em sentido oposto, JÚLIO VIEIRA GOMES, "Nótula sobre a resolução em benefício da massa", cit., pp. 127 e s. Na opinião deste último, o art. 126.°, n.° 6, parece temperar ou mitigar a severidade do regime (de resolução incondicional) a que estão sujeitos os adquirentes a título gratuito [cfr. art. 212.°. n.° 1, al. *b*)]. Argumenta que a boa fé do adquirente a título oneroso sujeito à resolução em benefício da massa insolvente não é o caso normal, mas antes um caso excepcional. Isto é verdade. Mas melhor solução para o problema não é a existência de um regime geral desprotector dos actos onerosos ou mais protector dos actos gratuitos e sim a introdução de uma ressalva à resolução incondicional que contemple os adquirentes a título gratuito de boa fé.

LIÇÕES DE DIREITO DA INSOLVÊNCIA

57. Impugnação pauliana

Jurisprudência relevante: Acórdão do STJ de 11 de Julho de 2013, Proc. 283/09.0TBVFR-C.P1.S1 (Relator: FONSECA RAMOS).

A disposição do art. 127.º é uma das mais intrigantes do Código da Insolvência e da Recuperação de Empresas e obriga a alguns esforços de interpretação.

Aí se prevê que, a partir da declaração de insolvência, é vedada aos credores a instauração de novas acções de impugnação pauliana de actos praticados pelo devedor cuja resolução haja sido declarada pelo administrador da insolvência (cfr. art. 127.º, n.º 1) e que qualquer acção de impugnação pendente à data da declaração de insolvência ou proposta ulteriormente é suspensa no caso de resolução do acto, só prosseguindo os seus termos se a resolução vier a ser declarada ineficaz por decisão definitiva (cfr. art. 127.º, n.º 2).

Proíbem-se, em suma, as acções novas (posteriores à declaração de insolvência) e suspendem-se as acções pendentes (em curso à data da declaração de insolvência) quando a resolução tenha sido/venha a ser declarada pelo administrador da insolvência. A impugnação pauliana é, assim, claramente, um instrumento subsidiário da resolução. Mas será a resolução m benefício da massa um sucedâneo satisfatório da impugnação pauliana[369]? Concentrou-se no administrador, que é o exclusivo titular do poder de resolução, uma expectativa de diligência que, admitindo-se a "impugnação pauliana colectiva"[370], é susceptível de ser, sem prejuízo, distribuída pelos credores da insolvência.

Nem as acções pendentes à data da declaração de insolvência nem as propostas ulteriormente são apensadas ao processo de insolvência (cfr. art. 127.º, n.º 2). Não existe já, de facto, vantagem na apensação pois todas as acções são suspensas na hipótese de resolução superveniente do acto. Quanto às acções que, excepcionalmente, possam prosseguir e sejam julgadas procedentes, os seus efeitos só aproveitam, aparentemente, ao requerente, prevendo-se

[369] Manifestou reservas à equivalência entre as duas JOSÉ LEBRE DE FREITAS ("Pedido de declaração de insolvência", in: *Código da Insolvência e da Recuperação de Empresas – Comunicações sobre o Anteprojecto de Código*, Ministério da Justiça, Gabinete de Política Legislativa e Planeamento, Coimbra, Coimbra Editora, 2004, p. 13).

[370] Diz-se colectiva, por oposição a individual, a impugnação pauliana que se realiza em benefício da massa insolvente, aproveitando os seus efeitos a todos os credores.

que "julgada procedente a acção de impugnação, o interesse do credor que a tenha instaurado, é aferido, para efeitos do artigo 616.º do Código Civil, com abstracção das modificações introduzidas ao seu crédito por um eventual plano de insolvência ou de pagamentos" (cfr. art. 127.º, n.º 3).

Aqui reside, justamente, o maior motivo de crítica ao regime estabelecido pelo Código da Insolvência e da Recuperação de Empresas: a eliminação da impugnação paulina colectiva. A restrição dos efeitos das acções de impugnação procedentes ao credor requerente (cfr. art. 127.º, n.º 3) pode estar – está – em harmonia com o regime geral da impugnação pauliana – com a natureza *pessoal* desta (cfr. art. 616.º, n.º 4, do CC) –, mas, por isso mesmo, é completamente desadequada ao processo de insolvência – à sua natureza *universal*[371].

Invocando "razões de justiça material e respeito pela execução universal que a insolvência despoleta", alguma jurisprudência portuguesa vem tentando corrigir os resultados de uma aplicação excessivamente rigorosa daquela norma. Nomeadamente, o Supremo Tribunal de Justiça decidiu, num caso em que o devedor havia sido declarado insolvente na pendência de uma acção pauliana, que "os bens alienados e objecto da acção de impugnação pauliana julgada procedente, devem, excepcionalmente, regressar ao património do devedor para, integrando a massa insolvente, responderem perante os credores da insolvência, sendo o crédito do [...] autor triunfante na acção de impugnação pauliana, tratado em pé de igualdade com os demais credores"[372]. Esta é, com efeito, a única solução compatível com o princípio da *par conditio creditorum* que deve imperar no processo de insolvência.

CAPÍTULO III – A tramitação processual subsequente à declaração de insolvência

Bibliografia específica: ALEXANDRE DE SOVERAL MARTINS, "Reclamação, verificação e graduação de créditos no processo de insolvência", in: *Instituto do Conhecimento AB – Colecção Estudos*, 2015, n.º 4, pp. 25 e s., ANA MORGADO, "Restituição e separação de

---

[371] Cfr. CATARINA SERRA, "Efeitos da declaração de falência sobre o falido (após a alteração do DL n.º 315/98, de 20 de Outubro, ao CPEREF)", cit., p. 298.

[372] Cfr. o Acórdão do STJ de 11 de Julho de 2013, Proc. 283/09.0TBVFR-C.P1.S1 (Relator: FONSECA RAMOS). Cfr. ainda, seguindo este Acórdão de perto, o Acórdão do TRE de 25 de Junho de 2015, Proc. 4797/13.0TBSTB-A.E1 (Relator: RUI MACHADO E MOURA) (Acórdão não publicado).

LIÇÕES DE DIREITO DA INSOLVÊNCIA

bens – considerações em torno do art. 141.º do Código da Insolvência e da Recuperação de Empresas", in: *Revista Jurídica da Universidade Portucalense*, 2012, n.º 15, pp. 283 e s., CATARINA SERRA, "Os efeitos patrimoniais da declaração de insolvência após a alteração da Lei n.º 16/2012 ao Código da Insolvência", in: *Julgar*, 2012, n.º 18, pp. 175 e s., CATARINA SERRA, "A privação de administrar e dispor dos bens do devedor, a inabilitação e a administração da massa pelo devedor", in: AA. VV., *Insolvência e consequências da sua declaração*, Lisboa, Centro de Estudos Judiciários, Colecção Acções de Formação, 2013, pp. 128 e s. (disponível em http://www.cej.mj.pt/cej/recursos/ebook_civil.php), CATARINA SERRA, "Os efeitos patrimoniais da declaração de insolvência – Quem tem medo da administração da massa pelo devedor?", in: AA. VV., *Estudos em homenagem ao Prof. Doutor José Lebre de Freitas*, vol. II, Coimbra, Coimbra Editora, 2013, pp. 539 e s., DIANA RAPOSO, "Património indiviso após divórcio – apreensão e liquidação em processo de insolvência (com menção à questão da graduação dos créditos hipotecários)", in: *Julgar*, 31, pp. 75 e s., FÁTIMA REIS SILVA, "Algumas questões processuais no Código da Insolvência e da Recuperação de Empresas – Uma primeira abordagem", in: *Miscelâneas*, n.º 2, Instituto de Direito das Empresas e do Trabalho, Coimbra, Almedina, 2004, pp. 51 e s., FILIPA AFONSO AGUIAR, "Incidente de restituição e separação de bens – regime jurídico e análise jurisprudencial", in: *Julgar*, 2017, 31, pp. 123 e s., JAIME OLIVENÇA, "A intervenção do Ministério Público no processo de insolvência: instauração da acção e reclamação de créditos", in: AA. VV., *Processo de insolvência e acções conexas*, Lisboa, Centro de Estudos Judiciários, 2014, pp. 505 e s. (disponível em http://www.cej.mj.pt/cej/recursos/ebook_civil.php), JOSÉ LEBRE DE FREITAS, "Legitimidade do insolvente para fazer valer direitos de crédito não apreendidos para a massa", in: AA. VV., *Estudos em homenagem ao Professor Doutor Carlos Ferreira de Almeida*, volume III, Coimbra, Almedina, 2011, pp. 619 e s., JOSÉ LEBRE DE FREITAS, "Apreensão, restituição, separação e venda", in: CATARINA SERRA (coord.), *I Congresso de Direito da Insolvência*, Coimbra, Almedina, 2013, pp. 229 e s., LUÍS CARVALHO FERNANDES, "A qualificação da insolvência e a administração da massa insolvente pelo devedor", in: AA. VV., *Themis*, Edição Especial – *Novo Direito da Insolvência*, 2005, pp. 81 e s., e in: LUÍS CARVALHO FERNANDES/JOÃO LABAREDA, *Colectânea de estudos sobre a insolvência*, Lisboa, Quid Juris, 2009, pp. 247 e s., LUÍS CARVALHO FERNANDES/JOÃO LABAREDA, "A reclamação, verificação e graduação de créditos em processo de insolvência", in: *O Direito*, 2011, pp. 1147 e s., LUÍS FILIPE BRITES LAMEIRAS, "Verificação e graduação de créditos", in: AA. VV., AA. VV., *Processo de insolvência e acções conexas*, Lisboa, Centro de Estudos Judiciários, 2014, pp. 278 e s. (disponível em http://www.cej.mj.pt/cej/recursos/ebook_civil. php), MARIA JOÃO AREIAS, "Penhora e apreensão de bens comuns na execução e na insolvência movidas contra um só dos cônjuges; regimes substantivo e processual", in: *Actas da Conferência "Acção Executiva e Insolvência: as Reformas em Discussão"*, Centro de Investigação em Estudos Jurídicos do Instituto Politécnico de Leiria, 2016, pp. 27 e s. (disponível em https://iconline.ipleiria.pt/handle/10400.8/2222), MARIA JOÃO AREIAS, "Insolvência de pessoa casada num dos regimes de comunhão – sua articula-

TRAMITAÇÃO DO PROCESSO DE INSOLVÊNCIA

ção com o regime da responsabilidade por dívidas dos cônjuges", in: *Revista de Direito da Insolvência*, 2017, n.º 1, pp. 106 e s., MARIA JOSÉ COSTEIRA, "Verificação e graduação de créditos", in: AA. VV., *Código da Insolvência e da Recuperação de Empresas – Comunicações sobre o Anteprojecto de Código*, Ministério da Justiça, Gabinete de Política Legislativa e Planeamento, Coimbra, Coimbra Editora, 2004, pp. 69 e s., MARIA JOSÉ COSTEIRA, "Novo Direito da Insolvência", in: AA. VV., *Themis*, Edição Especial – *Novo Direito da Insolvência*, 2005, pp. 25 e s., MARIA JOSÉ COSTEIRA, "O Código da Insolvência e da Recuperação de Empresas revisitado", in: *Miscelâneas*, n.º 6, Instituto de Direito das Empresas e do Trabalho, Coimbra, Almedina, 2010, pp. 51 e s., MARIA JOSÉ COSTEIRA, "Classificação, verificação e graduação de créditos no Código da Insolvência e da Recuperação de Empresas", in: CATARINA SERRA (coord.), *I Congresso de Direito da Insolvência*, Coimbra, Almedina, 2013, pp. 241 e s., MARIA JOSÉ COSTEIRA, "Questões práticas no domínio das assembleias de credores", in: CATARINA SERRA (coord.), *II Congresso de Direito da Insolvência*, Coimbra, Almedina, 2014, pp. 101 e s., MARIA JOSÉ COSTEIRA, "Assembleia de credores: questões práticas", in: AA. VV., *Processo de insolvência e acções conexas*, Lisboa, Centro de Estudos Judiciários, 2014, pp. 253 e s. (disponível em http://www.cej.mj.pt/cej/recursos/ebook_civil.php), MARIA JOSÉ COSTEIRA/FÁTIMA REIS SILVA, "Classificação, verificação e graduação de créditos no CIRE – em especial os créditos laborais", in: *Prontuário de Direito do Trabalho*, 2007, pp. 359 e s., MARIANA FRANÇA GOUVEIA, "Verificação do passivo", in: AA. VV., *Themis*, Edição Especial – *Novo Direito da Insolvência*, 2005, pp. 151 e s., NUNO DA COSTA SILVA VIEIRA, "Breves notas sobre a tramitação do processo de insolvência", in: PEDRO COSTA AZEVEDO (coord.), *Insolvência – Volume especial*, Nova Causa, 2012, LVII e s., RUI DUARTE MORAIS, "Os credores tributários no processo de insolvência", in: *Direito e Justiça*, 2005, volume XIX, tomo 2, pp. 205 e s., PAULA COSTA E SILVA, "A liquidação da massa insolvente", in: *Revista da Ordem dos Advogados*, 2005, III, pp. 713 e s., PEDRO ORTINS DE BETTENCOURT, "Da liquidação em processo de insolvência: uma perspectiva prática", in: *Julgar*, 2017, 31, pp. 87 e s., RUI PINTO DUARTE, "A administração da empresa insolvente: rutura ou continuidade?", in: CATARINA SERRA (coord.), *I Congresso de Direito da Insolvência*, Coimbra, Almedina, 2013, pp. 153 e s., e in: RUI PINTO DUARTE, *Estudos Jurídicos Vários*, Coimbra, Almedina, 2015, pp. 595 e s., SALVADOR DA COSTA, *O concurso de credores – Áreas comum, fiscal e da insolvência*, Coimbra, Almedina, 2015 (5.ª edição), SALVADOR DA COSTA, "O concurso de credores no processo de insolvência", in: *Revista do Centro de Estudos Judiciários*, 2006, n.º 4, pp. 91 e s., SANDRA BASTOS MARTINS, "A (des)crença na administração da massa insolvente pelo devedor", in: MARIA DO ROSÁRIO EPIFÂNIO (coord.), *Estudos de Direito da Insolvência*, Coimbra, Almedina, 2015, pp. 147 e s., SÉRGIO MOURÃO CORRÊA LIMA, "Os concursos formal (processual) e material (obrigacional) nos processos de insolvência", in: AA. VV., *Estudos em Homenagem ao Professor Doutor Paulo de Pitta e Cunha*, Volume III – *Direito Privado, Direito Público e Vária*, Coimbra, Almedina, 2010, pp. 379 e s.

58. Apreensão dos bens

Na sentença de declaração de insolvência fixam-se as providências instrumentais do processo, como a apreensão, para entrega ao administrador da insolvência, de todos os bens do devedor [cfr. art. 36.º, n.º 1, al. *g*), e arts. 149.º e s.].

A apreensão dos bens é um dos efeitos principais da declaração de insolvência[373], sendo por vezes qualificada, impropriamente, como o seu "efeito executivo". Tem-se discutido, de facto, se a apreensão de bens é uma providência executiva – como defende alguma doutrina[374] – ou conservatória – como aparece qualificada no Código da Insolvência e da Recuperação de Empresas (cfr. epígrafe do Capítulo I do Título VI). Na verdade, parece ser simultaneamente uma coisa e outra, na medida em que tanto evita que o devedor pratique actos que possam diminuir a garantia dos credores como permite a liquidação para ulterior pagamento aos credores[375].

Apreendidos os bens do devedor, forma-se aquilo a que, seguindo sempre a terminologia de ORLANDO DE CARVALHO, se pode chamar um património de afectação especial[376] – a massa insolvente –, composto de todos os bens e direitos integrantes do património do devedor à data da declaração de insolvência, bem como dos bens e direitos que ele adquira na pendência do processo (cfr. art. 46.º, n.º 1).

A massa insolvente fica sujeita aos poderes de administração e disposição do administrador da insolvência (cfr. art. 81.º, n.º 1, *in fine*)[377]-[378]e o seu destino é, primeiro, a satisfação dos seus próprios credores (credores da massa) e, (só) depois, a satisfação dos credores da insolvência (cfr. art. 46.º, n.º 1).

---

[373] Recorde-se que, como se explicará de seguida, a fase de apreensão de bens nem sempre tem lugar, prevendo a lei a possibilidade de administração da massa pelo devedor (cfr. arts. 223.º e s.).

[374] Cfr. JOSÉ LEBRE DE FREITAS, "Apreensão, restituição, separação e venda de bens no processo de falência", in: *Revista da Faculdade de Direito da Universidade de Lisboa*, 1995, volume XXXVI, pp. 373-374.

[375] Cfr., neste sentido, PEDRO DE SOUSA MACEDO, *Manual de Direito das Falências*, volume II, cit., p. 267.

[376] Cfr. ORLANDO DE CARVALHO, *Teoria Geral do Direito Civil*, cit., pp. 125 e s.

[377] Correspectivamente, o devedor fica privado dos poderes de administração e disposição dos bens integrantes da massa insolvente (cfr. art. 81.º, n.º 1).

[378] Cfr., sobre a conversão do património do devedor em massa insolvente e, em particular, da administração desta, RODOLFO SOTO VÁZQUEZ, *Aspectos concursuales del patrimonio del insolvente – Quiebras y concurso de acreedores*, Granada, Editorial Comares, 1998, p. 1 e s. e pp. 18 e s.

TRAMITAÇÃO DO PROCESSO DE INSOLVÊNCIA

O poder de apreensão dos bens é atribuído ao administrador da insolvência. Apesar de a lei estabelecer que os bens devem ser imediatamente entregues ao administrador, para que ele fique depositário deles (cfr. art. 150.º, n.º 1), a apreensão é, efectivamente, realizada pelo próprio administrador, com a assistência da comissão de credores ou de um representante desta, se existir (cfr. art. 150.º, n.º 2).

Os meios de apreensão são o arrolamento dos bens, que consiste na descrição, na avaliação e no depósito dos bens e tem lugar quando não há acto de entrega voluntária e directa [cfr. art. 150.º, n.º 4, al. *d*)], e a entrega directa dos bens através de balanço, que tem lugar quando o respectivo possuidor é conhecido e procede à sua entrega voluntária (cfr. art. 150.º, n.º 4).

A lei é categórica e muito precisa quanto à extensão da operação de apreensão. São apreendidos *todos* os bens, *mesmo que arrestados, penhorados, apreendidos, detidos ou objecto de cessão aos credores*. Exceptuam-se apenas os bens apreendidos por virtude de infracção criminal ou de mera ordenação social [cfr. art. 149.º, n.º 1, als. *a*) e *b*)]. Inclusivamente, quando os bens já tenham sido vendidos, apreende-se para a massa o respectivo produto, se este ainda não tiver sido entregue aos credores (cfr. art. 149.º, n.º 2).

A norma não deixa, de facto, dúvidas quanto ao alcance geral da apreensão – à universalidade da apreensão –, ficando absolutamente claro que ela abrange todos os bens integrantes do património do devedor, que lhe pertençam já à data da declaração de insolvência ou venham a pertencer-lhe na pendência do respectivo processo. Como se observou, as únicas excepções expressamente referidas na norma respeitam aos bens que sejam apreendidos por virtude de infracção criminal (em processo penal) ou de mera ordenação social (em procedimento de contra-ordenação) (cfr. art. 149.º, n.º 1), sendo que estas excepções encontram justificação na especial natureza dos bens jurídicos tutelados pelo Direito Penal e pelo Direito de mera ordenação social.

Ficam ainda, naturalmente, excluídos os casos de bens insusceptíveis de penhora nos termos gerais (cfr. arts. 736.º e s. do CPC) – com a reserva, contudo, do disposto no n.º 2 do art. 46.º do CIRE – e os que resultam implicitamente da lei da insolvência, relativos aos meios de subsistência que o devedor angarie pelo seu trabalho e ao (eventual) subsídio de alimentos (cfr. art. 84.º, n.º 1).

Na sua actividade de apreensão dos bens, o administrador da insolvência deve lavrar e apensar ao processo de insolvência o auto de arrolamento e o auto de balanço [cfr. art. 150.º, n.º 4, al. *e*), e art. 151.º].

LIÇÕES DE DIREITO DA INSOLVÊNCIA

Logo que iniciada a liquidação e a partilha da massa insolvente, o administrador da insolvência deve publicitar, por anúncio, a composição da massa insolvente e comprovar tal facto nos autos (cfr. art. 152.º, n.º 1). Sempre que a massa compreenda uma empresa, o anúncio conterá tal menção, a diferenciação de activos por área de negócio e ainda que a alienação se fará preferencialmente como um todo, nos termos do art. 162.º (cfr. art. 152.º, n.º 2).

Em versão anterior do Código da Insolvência e da Recuperação de Empresas, o administrador estava constituído no dever de registar a apreensão dos bens cuja penhora estivesse sujeita a registo. Este registo tinha, porém, um efeito meramente enunciativo, uma vez que todos os actos envolvendo bens da massa são ineficazes em relação à massa por força do art. 81.º, n.º 6[379]. Entretanto, o DL n.º 116/2008, de 4 de Julho, veio alterar esta disciplina, modificando, em conformidade, o art. 38.º, n.º 3[380]: o que deve ser inscrito no registo predial é a declaração de insolvência, relativamente aos bens que integrem a massa insolvente.

Concluída a fase de apreensão geral dos bens, o administrador da insolvência elabora um inventário dos bens e direitos integrados na massa insolvente (cfr. art. 153.º), uma lista provisória de credores (cfr. art. 154.º) e um relatório sobre a situação económica, financeira e contabilística do devedor (cfr. art. 155.º). Estes documentos vão ser posteriormente apreciados em assembleia de credores (cfr. art. 156.º).

59. Administração da massa pelo devedor

59.1. Noções introdutórias
Como se referiu, a fase de apreensão de bens nem sempre tem lugar. O devedor pode manter os poderes de administração e disposição dos seus bens, prevendo o Código da insolvência e da Recuperação de Empresas, pela primeira vez, a possibilidade de administração da massa pelo devedor, nos termos dispostos nos arts. 223.º e s.

Como se disse, esta uma novidade bem-vinda no Direito português. As suas maiores vantagens são a possibilidade de aproveitamento da familiari-

---

[379] Neste sentido cfr. PEDRO DE SOUSA MACEDO, *Manual de Direito das Falências*, volume II, cit., p. 275, e LUÍS CARVALHO FERNANDES/JOÃO LABAREDA, *Código dos Processos Especiais de Recuperação da Empresa e de Falência Anotado*, cit., p. 449.

[380] O n.º 3 do art. 38.º sofreu uma alteração posterior, por força do DL n.º 185/2009, de 12 de Agosto.

TRAMITAÇÃO DO PROCESSO DE INSOLVÊNCIA

dade do devedor com a empresa, com benefícios presumíveis para a recuperação desta, e a possibilidade de realizar, em princípio, uma poupança significativa por força da dispensa de pagamento da remuneração ao administrador da insolvência ou da redução do seu montante[381].

59.2. Requisitos

A manutenção dos poderes pelo devedor é determinada pelo juiz na sentença de declaração de insolvência [cfr. art. 36.º, n.º 1, al. *e*)], mas só pode ser autorizada quando se verifiquem a condição do art. 223.º (quando a massa insolvente compreender uma empresa) e os quatro pressupostos cumulativos do art. 224.º, n.º 2 (quando o devedor a tiver requerido, quando tiver já apresentado ou se comprometer a apresentar um plano de insolvência que preveja a continuidade da exploração da empresa por si próprio, quando não existirem razões para recear atrasos na marcha do processo ou outras desvantagens para os credores e quando o requerente da insolvência der o seu acordo).

É evidente a ligação entre a administração pelo devedor e a recuperação/continuidade da empresa. Resulta, pois, justificado que a administração pelo devedor dependa da existência de um plano de recuperação. A necessidade de apresentação, pelo devedor, de um requerimento, demonstrativo do seu interesse e da sua compenetração nas responsabilidades que o instituto envolve também é incontestável. Já quanto aos dois últimos requisitos existem algumas dúvidas.

O primeiro deles depende exclusivamente de uma avaliação do juiz (que, para aferir dos riscos, deverá, entre outras coisas, apreciar o comportamento do devedor, antes e depois da declaração de insolvência[382]). O texto da norma é algo "retorcido": o deferimento pressupõe que não haja razões para recear atrasos na marcha do processo ou outras desvantagens para os credores.

---

[381] Para uma crítica desenvolvida ao regime da administração pelo devedor e os motivos da sua fraca aplicação na prática bem como o seu estudo comparativo, sobretudo à luz dos dados do Direito espanhol e alemão, cfr. CATARINA SERRA, "Os efeitos patrimoniais da declaração de insolvência – Quem tem medo da administração da massa pelo devedor?", cit., pp. 539 e s., e "Os efeitos patrimoniais da declaração de insolvência após a alteração da Lei n.º 16/2012 ao Código da Insolvência", cit., pp. 175 e s.

[382] Cfr., neste sentido, LUÍS CARVALHO FERNANDES/JOÃO LABAREDA, *Código da Insolvência e da Recuperação de Empresas Anotado. Sistema de Recuperação de Empresas por Via Extrajudicial (SIREVE) Anotado. Legislação Complementar*, cit., p. 813.

LIÇÕES DE DIREITO DA INSOLVÊNCIA

Ao contrário do que é habitual em circunstâncias idênticas, a norma nem sequer impõe que não exista "fundado receio" ou "justificado receio" ou "risco sério". Só podendo aceitar o pedido quando não há (de todo) razões para receios, o juiz quase nunca o defere (quase nunca é possível garantir que dela não advêm atrasos na marcha do processo ou outras desvantagens para os credores). Para as coisas funcionarem, seria necessário (suficiente) inverter-se o requisito: só poder haver recusa quando houvesse alguma razão (concreta) para receios.

Relativamente à exigência de acordo do requerente, admite-se que ela seja útil em certos casos, já que a eventual oposição do requerente pode ter fundamentos importantes para a decisão sobre o pedido de administração da massa pelo devedor. Mas, primeiro, o apuramento de factos que desaconselhem o deferimento do pedido deve considerar-se coberto pelo pressuposto anterior, estando incluída nos poderes de investigação do juiz a possibilidade de ouvir o requerente para formar uma opinião quanto os riscos da administração pelo devedor. Depois, o processo de insolvência não se compatibiliza com a individualização dos interesses dos sujeitos (os actos de cada sujeito que participa no processo têm eficácia colectiva e assim também o acto do requerente da insolvência[383]), não se vendo, portanto, razão para autonomizar o interesse privado do requerente da insolvência e conceder-lhe especial relevância.

Os dois últimos pressupostos são, porém, dispensados quando ocorra a situação prevista no art. 224.º, n.º 3, ou seja, quando, tendo sido requerida a administração da massa pelo devedor, os credores assim o deliberarem na assembleia de apreciação do relatório (cfr. art. 156.º) ou em assembleia que a preceda. Depreende-se, assim, que não é só o juiz mas também a assembleia de credores que pode conceder a administração da massa ao devedor.

Há que ter presente esta dualidade, distinguindo bem as duas situações (quando a concessão da administração compete ao juiz e quando ela cabe à assembleia de credores), pois ela tem diversas ordens de consequências, principalmente no que toca à tramitação e aos efeitos da administração pelo devedor.

---

[383] Cfr. CATARINA SERRA, *A falência no quadro da tutela jurisdicional dos direitos de crédito – O problema da natureza do processo de liquidação aplicável à insolvência no Direito português*, cit., pp. 396 e s.

TRAMITAÇÃO DO PROCESSO DE INSOLVÊNCIA

59.3. Administração concedida pelo juiz e administração concedida pela assembleia de credores

Quando a administração é concedida pelo juiz, a concessão é feita na declaração de insolvência. Necessariamente, o pedido terá sido formulado na petição inicial ou na contestação, consoante o processo de insolvência seja, respectivamente, da iniciativa do devedor ou de terceiros.

Quando a administração é concedida pela assembleia de credores, a concessão é efectuada na assembleia de apreciação do relatório, prevista no art. 156.º, ou em eventual assembleia anterior[384]. O pedido terá sido formulado após a declaração de insolvência, embora antes da reunião da assembleia de credores (assembleia de apreciação do relatório ou eventual assembleia anterior)[385]. Neste último caso, a decisão tem inevitavelmente lugar mais tarde (na assembleia de credores de apreciação do relatório ou na eventual assembleia anterior) e depende só dos dois primeiros pressupostos. A circunstância de serem os credores a deliberar a administração pelo devedor equivale, por um lado, ao consentimento dos credores quanto ao risco de danos e dispensa, por outro, o acordo do requerente[386]. Acresce que o prazo para apresentação do plano de recuperação, a que se refere o segundo pressuposto, sofre uma adaptação: passa a ser de trinta dias após a deliberação da assembleia.

A dualidade adquire relevância também ao nível dos efeitos. Atendendo ao disposto no n.º 2 do art. 228.º (à possibilidade de o juiz pôr fim à admi-

---

[384] Como nota LUÍS CARVALHO FERNANDES ("A qualificação da insolvência e a administração da massa pelo devedor", cit., p. 83, nota 3), o Código da Insolvência e da Recuperação de Empresas prevê a existência de assembleias anteriores [cfr. arts. 53.º, n.º 3, e 73.º, n.º 1, al. *a*)]. Note-se, porém, que, o juiz pode prescindir, em certos casos, da assembleia de credores de apreciação do relatório [cfr. art. 36.º, n.º 1, al. *n*), e n.º 2]. Nestes casos, a não ser que haja uma assembleia de credores exclusivamente para o efeito ou com outras finalidades (hipótese pouco provável tendo em conta que não há sequer razões a justificar a assembleia de apreciação do relatório), fica, em princípio, precludida a possibilidade de ser a assembleia a determinar a administração pelo devedor.

[385] Alerta para a dualidade e sustenta a solução descrita LUÍS CARVALHO FERNANDES ("A qualificação da insolvência e a administração da massa insolvente pelo devedor", cit., pp. 82-83).

[386] Os dois pressupostos existem para tutela dos credores; ora, a assembleia de credores é o órgão especialmente concebido para a defesa dos interesses destes. Cfr., neste sentido, LUÍS CARVALHO FERNANDES/JOÃO LABAREDA, *Código da Insolvência e da Recuperação de Empresas Anotado. Sistema de Recuperação de Empresas por Via Extrajudicial (SIREVE) Anotado. Legislação Complementar*, cit., p. 814.

nistração e de, em consequência disso, ter lugar a apreensão dos bens), não parece razoável, em caso de atribuição da administração ao devedor, fazer tábua rasa do trabalho até então realizado pelo administrador. Na hipótese de a administração pelo devedor ter sido concedida pelo juiz, poderá (deverá), pois, entender-se que ela produz a suspensão da apreensão dos bens, para que a sua eventual cessação possa conduzir à retoma da apreensão dos bens. Mas, na hipótese de a administração ter sido concedida pela assembleia de credores, a apreensão dos bens já estará, com toda a probabilidade, concluída. Não pode, evidentemente, suspender-se[387] mas tão-pouco deve poder ser revogada. Se, no caso em que a apreensão ainda não está concluída, é de procurar uma solução que não desperdice a actividade já desenvolvida, por maioria de razão, é de evitar aqui uma solução tão drástica que, na hipótese de o juiz pôr termo à administração pelo devedor, obrigue à repetição de toda a actividade de apreensão realizada.

59.4. Poderes do devedor (e papel do administrador da insolvência nesse contexto)

No que toca aos poderes do devedor, é possível entender que os seus poderes sobre os bens são análogos aos que competem, em regra, ao administrador da insolvência[388], não obstante com algumas cautelas.

Nesta linha de raciocínio, pode considerar-se que incumbe, designadamente, ao devedor exercer os poderes conferidos ao administrador da insolvência no quadro dos negócios em curso (basicamente, decidir se aceita ou recusa o cumprimento dos negócios em curso)[389].

---

[387] Como afirma Luís Carvalho Fernandes ("A qualificação da insolvência e a administração da massa insolvente pelo devedor", cit., p. 84). A interpretação foi acolhida no Acórdão do TRP de 29 de Janeiro de 2008 (Relator: Carlos Moreira).

[388] Cfr., neste sentido, Luís Carvalho Fernandes, "A qualificação da insolvência e a administração da massa insolvente pelo devedor", cit., p. 86.

[389] Antes do DL n.º 79/2017, de 30 de Junho, o n.º 5 do art. 226.º determinava que incumbia ao devedor exercer os poderes conferidos pelo capítulo III do título IV ao administrador da insolvência mas só este podia resolver os actos em benefício da massa. A norma foi revogada pelo DL n.º 79/2017, de 30 de Junho. O resultado da sua interpretação literal (a remissão para a disciplina dos efeitos da declaração de insolvência sobre os créditos) era, de facto, ininteligível: a disciplina para a qual se remetia não conferia ao administrador poder algum. Em sentido contrário manifestaram-se Luís Carvalho Fernandes/João Labareda [*Código da Insolvência e da Recuperação de Empresas Anotado. Sistema de Recuperação de Empresas por Via Extrajudicial (SIREVE) Anotado. Legislação Complementar*, cit., pp. 819-820]. O argumento convocado pelos

TRAMITAÇÃO DO PROCESSO DE INSOLVÊNCIA

O administrador da insolvência não deixa, como se depreende da epígrafe do art. 226.º, de ter uma intervenção activa no processo. Está-lhe, desde logo, reservada a tarefa de fiscalizar a administração da massa[390] e de comunicar ao juiz e aos credores quaisquer circunstâncias que desaconselhem a manutenção da administração nas mãos do devedor. Em certos casos, caber-lhe-á ainda apreciar os actos praticados pelo devedor, dando quer o seu consentimento quer a sua aprovação (cfr. n.ºs 1, 2, 3 e 4 do art. 226.º), o que pode acarretar restrições consideráveis aos poderes do devedor. Em regra, deve considerar-se que ele pode exercer todas as suas competências típicas que não contendam com a situação de administração pelo devedor, como o poder de examinar os elementos da contabilidade do devedor (cfr. n.º 7 do art. 226.º)[391].

O regime de repartição de funções parece, então, equilibrado[392]. Estranha-se, porém, que ao administrador da insolvência seja conferido o poder de exigir que todos os recebimentos em dinheiro e todos os pagamentos fiquem a seu cargo, sem quaisquer requisitos ou sindicância pelo juiz (cfr. n.º 3 do art. 226.º)[393].

Como é de calcular, não é muito benéfico para a continuidade da empresa – para a confiança que ela pretende incutir nos seus parceiros nesta fase decisiva da sua vida – que seja o administrador da insolvência a efectuar tais operações. A faculdade terá de ser usada pelo administrador da insolvência com algum critério, ou seja, apenas quando haja risco sério de má realização

---

autores – o facto de ser repugnante que o devedor decida o destino dos actos que ele próprio praticou – é, porém, duvidoso. Sob pena de se esvaziar completamente o conteúdo da administração pelo devedor, para que é que serviria ela se o devedor não pudesse decidir sobre os negócios em curso? Faria realmente sentido deixar a continuação da empresa ao devedor e impedi-lo de decidir, nos limites da lei, sobre os contratos celebrados com os seus clientes, fornecedores ou trabalhadores? Terá sido por isso que a norma foi revogada.

[390] Cfr., sobre o poder de fiscalização do administrador da insolvência neste contexto, o Acórdão do STJ de 14 de Julho de 2016, Proc. 362/11.4TBCNT-Q.C1.S1 (Relator: FONSECA RAMOS).

[391] Cfr. o Acórdão TRL de 23 de Março de 2010 (Relator: ANA RESENDE), onde se diz: "[n]o caso da administração da massa insolvente ser feita pelo devedor, não deixa o administrador da insolvência de existir como órgão da insolvência, exercendo, em conformidade, os poderes de representação que lhe são legalmente atribuídos".

[392] A disciplina é muito idêntica à consagrada nos §§ 274 e 275 da *InsO*, relativamente às funções do devedor e do administrador de bens ou curador (*Sachwalter*), que intervém, em vez do administrador da insolvência (mas em termos semelhantes) no caso de administração da massa pelo devedor.

[393] Corresponde, de uma forma geral, à regra do § 275 (2) da *InsO*.

LIÇÕES DE DIREITO DA INSOLVÊNCIA

destas operações (risco de desvio ou má utilização do dinheiro recebido ou dos pagamentos).

Na realidade, verificando-se os riscos referidos, a administração pelo devedor nem deveria poder manter-se. O certo é que, face ao elenco do n.º 1 do art. 228.º, se nenhuma das pessoas legitimadas agir (a assembleia de credores, algum credor ou o próprio devedor), o juiz não tem a possibilidade de pôr termo à administração pelo devedor. Não teria sido conveniente alterar a norma de modo a acautelar esta e outras situações – por exemplo, alargando os fundamentos para a cessação da administração pelo devedor ou tornando o fundamento previsto na al. *d)* independente do requerimento de credor? Dir-se-ia que sim.

59.5. Remuneração do devedor

Uma das normas mais problemáticas do regime é a norma do art. 227.º, respeitante à remuneração do devedor.

Em consonância com o seu n.º 1, se o devedor for uma pessoa colectiva, mantêm-se as remunerações dos seus administradores e dos membros dos respectivos órgãos. A disciplina constitui um desvio à regra do art. 82.º, n.º 1, segundo a qual os titulares dos órgãos sociais do devedor que se mantenham em funcionamento não serão remunerados. Apesar das funções exercidas pelos administradores numa e noutras situação serem diversas, atendendo a esta regra (à sua razão de ser), teria sido aconselhável que o desvio fosse menos acentuado: é muito provável, num contexto de insolvência, que não seja adequado manter o valor anterior das remunerações[394].

Curiosamente, no caso de o devedor ser uma pessoa singular, são outros os critérios para fixar a remuneração. Nos termos do n.º 2 do art. 227.º, ele tem "o direito de retirar da massa os fundos necessários para uma vida modesta dele próprio e do seu agregado familiar, tendo em conta a sua condição anterior e as possibilidades da massa"[395]. Se a remuneração dos administradores, não obstante poder revelar-se excessiva, é, pelo menos, fácil de determinar,

---

[394] Cfr., neste sentido, Luís Carvalho Fernandes/João Labareda, *Código da Insolvência e da Recuperação de Empresas Anotado. Sistema de Recuperação de Empresas por Via Extrajudicial (SIREVE) Anotado. Legislação Complementar*, cit., p. 821.

[395] O texto da norma é quase, *ipsis verbis*, o do § 278 (1) da *InsO*. Esta última norma autonomiza, porém, no seu (2), no âmbito da insolvência de pessoas jurídicas, os administradores que sejam sócios ou membros de responsabilidade ilimitada, a quem deverá aplicar-se, para efeitos de remuneração, o mesmo critério.

a remuneração do insolvente-pessoa singular não o é de todo. O que são "fundos necessários para uma vida modesta"? Se bem se interpreta o conceito, a remuneração correspondente aos "fundos necessários para uma vida modesta" pode não coincidir – raramente coincidirá – com a remuneração adequada à "sua condição anterior"[396]. E quem pode retirar da massa o montante da remuneração: o devedor, como resulta da norma, ou, atendendo ao art. 29.º, n.º 7, do EAJ, o administrador da insolvência[397]?

Por todo o exposto, o art. 227.º, com a sua indefinição, não parece ser das normas que mais estimula o juiz à concessão da administração da massa ao devedor.

59.6. Cessação da administração pelo devedor

No que toca à cessação da administração pelo devedor, a norma do art. 228.º dispõe que o juiz põe termo à administração da massa insolvente pelo devedor quando se verifiquem determinadas condições: se o devedor o requerer [cfr. art. 228.º, n.º 1, al. *a)*]; se assim for deliberado pela assembleia de credores [cfr. art. 228.º, n.º 1, al. *b)*]; se for afectada pela qualificação da insolvência como culposa a própria pessoa singular titular da empresa [cfr. art. 228.º, n.º 1, al. *c)*]; se algum credor o solicitar, com fundamento em ter desaparecido a situação de inexistência de razões para recear atrasos na marcha do processo ou outras desvantagens para os credores [cfr. art. 228.º, n.º 1, al. *d)*]; se o plano de insolvência não for apresentado pelo devedor no prazo aplicável ou não for admitido, aprovado ou homologado [cfr. art. 228.º, n.º 1, al. *e)*].

A norma torna evidente, em primeiro lugar, em virtude da sua al. *e)*, a ligação entre a administração pelo devedor e a recuperação da empresa, que já resultava clara da norma da al. *b)* do n.º 2 do art. 224.º. Torna, além disso, evidente, por força da sua al. *c)* e ainda da sua al. *d)*, a ligação entre a administração pelo devedor e o mérito do sujeito, que já resultava da norma da al. *c)* do n.º 2 do art. 224.º (uma vez que, para verificar o pressuposto, o juiz necessita

---

[396] No quadro da exoneração encontra-se, como adiante se verá, uma norma com conceitos imprecisos idênticos. É a norma do art. 239.º, n.º 3, al. *b)*, *(i)*, que, a propósito da determinação do rendimento disponível (daquilo que fica excluído tal rendimento), se refere ao "sustento minimamente digno do devedor e do seu agregado familiar", que não deve exceder, "salvo decisão fundamentada do juiz em contrário, três vezes o salário mínimo nacional".

[397] O Estatuto do Administrador Judicial foi, como se disse, estabelecido pela Lei n.º 22/2013, de 26 de Fevereiro. A norma do art. 29.º, n.º 7, determina que a remuneração deve ser retirada da massa insolvente pelo devedor e entregue ao administrador.

LIÇÕES DE DIREITO DA INSOLVÊNCIA

de avaliar a conduta do sujeito). Tem, em suma, a virtualidade de evidenciar as duas únicas circunstâncias para que o juiz deveria olhar aquando da sua decisão de confiar a administração ao devedor e as únicas que deveriam estar na base a decisão de lhe pôr termo: a recuperação da empresa e o mérito do devedor. Precisamente por esta razão, não se pode deixar de criticar o facto de que, sendo embora compreensível a atribuição de poder de decisão nesta matéria à assembleia de credores, ela possa deliberar a cessação da administração pelo devedor independentemente de qualquer causa.

Tão-pouco se compreende a expressa circunscrição do efeito derivado da qualificação da insolvência como culposa circunscrito ao devedor pessoa singular, dando a ideia de que os administradores podem ser afectados pela insolvência culposa e continuar à frente da empresa. Isso, na realidade, não acontece, posto que da al. *c)* [e, a partir da alteração da Lei n.º 16/2012, de 20 de Abril, também da al. *b)*] do n.º 2 do art. 189.º resulta a inibição destes sujeitos para a administração dos bens da sociedade. E todavia, por isso mesmo, teria sido mais conveniente que o texto da al. *c)* do n.º 1 do art. 228.º não sugerisse o oposto.

Decidindo o juiz pôr termo à administração pelo devedor, tem imediatamente lugar a apreensão dos bens [e pode finalmente ter início a liquidação dos bens, suspensa durante todo o período em que o devedor manteve a administração (cfr. art. 225.º)], prosseguindo o processo a sua tramitação, nos termos gerais (cfr. art. 228.º, n.º 2). Isto no caso de a apreensão dos bens ainda não se ter iniciado no momento da atribuição da administração ao devedor. No caso contrário, apesar do silêncio da lei, entende-se, como se referiu, que a apreensão dos bens deve ser retomada e, se já se estiver concluída, aproveitada[398].

---

[398] Uma questão importante mas que foi omitida pela lei prende-se com os efeitos dos actos entretanto praticados pelo devedor e, designadamente, com a qualificação das dívidas resultantes da actuação do devedor. Tudo indica que os actos que respeitem as condições do art. 226.º, nomeadamente a necessidade de intervenção do administrador da insolvência, são plenamente válidos e eficazes. Quanto às dívidas, não obstante a ausência de norma expressa, elas devem ser consideradas dívidas da massa insolvente. E isto por duas razões. Primeiro, dada a analogia destas dívidas com as reguladas na al. *d)* [e ainda com as reguladas na al. *h)*] do n.º 1 do art. 51.º, respeitantes às dívidas resultantes da actividade (análoga) do administrador da insolvência (e do administrador judicial provisório). Segundo, por uma razão prático-teleológica: se as dívidas fossem qualificadas como dívidas da insolvência ninguém concederia crédito ao devedor; sem crédito não haveria empresa, ainda para mais insolvente, que pudesse continuar em actividade e aí é que o instituto da administração pelo devedor estaria definitivamente

60. Reclamação de créditos

60.1. A reclamação como ónus do credor

A reclamação de créditos está regulada nos arts. 128.º e s.

Costuma dizer-se – e bem – que a reclamação é um ónus, pois do seu exercício depende a satisfação do credor no processo de insolvência[399]-[400]. O argumento decisivo para esta qualificação é a norma do art. 128.º, que, no seu n.º 5, determina que "mesmo o credor que tenha o seu crédito reconhecido por decisão definitiva não está dispensado de o reclamar no processo de insolvência, se nele quiser obter pagamento". Parece existir aqui, na realidade, a alternativa entre condutas (reclamar ou não reclamar o crédito) que é característica da figura do ónus; nenhuma das condutas é ilícita mas conduzem a resultados diferentes (um favorável e o outro desfavorável ao credor). Em concreto, isto significa que, no caso de inércia do credor, fica precludida a possibilidade de reconhecimento judicial do crédito e este não chega a ser considerado para efeitos de pagamento, restando ao credor esperar para exercer o seu direito uma vez encerrado o processo e tornado *in bonis* o devedor[401].

condenado. E nem se diga que da qualificação como dívidas da massa resultam desvantagens para os credores – que vêm a sua posição degradar-se face à oneração da massa insolvente com mais obrigações, ainda por cima privilegiadas – pois sempre seria esta a situação no caso de ser o administrador da insolvência a manter a empresa em actividade.

[399] Cfr., neste sentido, no âmbito do Código dos Processos Especiais de Recuperação da Empresa e de Falência, MIGUEL TEIXEIRA DE SOUSA, "A verificação do passivo no processo de falência", in: *Revista da Faculdade de Direito da Universidade de Lisboa*, 1995, volume XXXVI, p. 354, e, no âmbito do Código da Insolvência e da Recuperação de Empresas, CATARINA SERRA, *A falência no quadro da tutela jurisdicional dos direitos de crédito – O problema da natureza do processo de liquidação aplicável à insolvência no Direito português*, cit., p. 253.

[400] Acolhe-se (e destaca-se) a noção de ónus de CARLOS ALBERTO DA MOTA PINTO (*Cessão da posição contratual*, Coimbra, Almedina, 1982), que dizia que deveria ver-se no ónus "a necessidade de adopção dum comportamento que se extrema do dever jurídico, segundo a contraposição kantiana imperativo hipotético – imperativo categórico, sendo o carácter hipotético ou categórico do comando respectivo, resultante de ser próprio ou alheio o interesse a tutelar".

[401] Nem todos os créditos são, apesar de tudo, susceptíveis de reclamação. De acordo com MIGUEL TEIXEIRA DE SOUSA ("A verificação do passivo no processo de falência", cit., pp. 355 e s.), é necessário que eles preencham certas condições (temporais, objectivas, subjectivas e processuais).

LIÇÕES DE DIREITO DA INSOLVÊNCIA

Se isto era o que (já) se verificava na vigência do Código dos Processos Especiais de Recuperação da Empresa e de Falência[402], tem de dizer-se que as coisas não são rigorosamente assim em face do Código da Insolvência e da Recuperação de Empresas. A necessidade da reclamação deixou de ser uma regra absoluta, sendo hoje possível o reconhecimento de créditos não reclamados, dando aso a que se fale numa espécie de "execução oficiosa" ou "execução sem (exercício de) poder de execução"[403]. Podem, designadamente, vir a ser reconhecidos os créditos que constem dos elementos da contabilidade do devedor ou sejam, por outra forma, do conhecimento do administrador da insolvência (cfr. art. 129.º, n.º 1, *in fine*)[404].

Nada disto preclude o entendimento da reclamação como um ónus do credor. De facto, só os créditos reclamados são necessariamente apreciados para efeito do processo de insolvência; os créditos não reclamados podem sê-lo ou não – sê-lo-ão apenas na eventualidade de o administrador os conhecer.

No que respeita ao procedimento, as coisas estão mais informais do que antes: a reclamação de créditos efectua-se agora por meio de requerimento endereçado ao administrador da insolvência e apresentado por transmissão electrónica de dados ou, sempre que os credores da insolvência não estejam patrocinados, apresentado no domicílio profissional do administrador da insolvência ou para aí remetido por correio electrónico ou por via postal registada (cfr. art. 128.º, n.ºs 1, 2 e 3)[405]. Pode ainda a reclamação de créditos

---

[402] Como afirmavam LUÍS CARVALHO FERNANDES e JOÃO LABAREDA (*Código dos Processos Especiais de Recuperação da Empresa e de Falência Anotado*, cit., p. 468), "[...] independentemente da natureza dos créditos e da titularidade deles, a reclamação é condição necessária para poderem ser considerados no processo de falência e, consequentemente, pagos pelas forças da massa falida".

[403] Cfr. CATARINA SERRA, *A falência no quadro da tutela jurisdicional dos direitos de crédito – O problema da natureza do processo de liquidação aplicável à insolvência no Direito português*, cit., p. 274.

[404] Cfr. MARIA JOSÉ COSTEIRA, "Verificação e graduação de créditos", in: AA. VV., *Código da Insolvência e da Recuperação de Empresas – Comunicações sobre o Anteprojecto de Código*, Ministério da Justiça, Gabinete de Política Legislativa e Planeamento, Coimbra, Coimbra Editora, 2004, p. 74, IDEM, "Novo Direito da Insolvência", in: *Themis*, Edição Especial – *Novo Direito da Insolvência*, 2005, p. 30, FÁTIMA REIS SILVA, "Algumas questões processuais no Código da Insolvência e da Recuperação de Empresas – Uma primeira abordagem", cit., p. 76, e MARIANA FRANÇA GOUVEIA, "Verificação do passivo", cit., p. 153.

[405] É manifesto que o legislador português privilegia, desde há algum tempo, os meios electrónicos em detrimento dos meios tradicionais de comunicação. À via da transmissão electrónica se referem também, além do art. 128.º, n.ºs 2, 3 e 4, os arts. 17.º, n.º 2, e 152.º, n.ºs 1, 2 e 3, na

TRAMITAÇÃO DO PROCESSO DE INSOLVÊNCIA

efectuar-se através de formulário disponibilizado em portal a definir futuramente ou, em conformidade com o Regulamento (UE) 2015/848, do Parlamento Europeu e do Conselho, de 20 de Maio de 2015, quando este seja aplicável, através do formulário-tipo de reclamação de créditos aí previsto (cfr. art. 128.º, n.º 4).

De tudo isto decorre que o juiz não tem, em princípio, acesso aos requerimentos de reclamação nem aos documentos juntos pelos credores, já que o administrador não é obrigado a juntá-los aos autos nem a apresentá-los ao juiz[406], o que, como é de calcular, não facilita muito a compreensão dos litígios por parte deste último[407].

60.2. A reclamação de créditos como exercício do poder de acção executiva

Como se sabe, os credores exercem o seu poder de execução quando fazem valer judicialmente o direito de ser satisfeitos à custa do património do devedor, ou seja, quando reclamam os seus créditos. A reclamação de créditos representa, assim, no processo de insolvência, o requerimento executivo dos credores.

Evidentemente, não basta aos credores, para serem satisfeitos, manifestarem a sua pretensão, é preciso que esta seja uma pretensão juridicamente protegida. No processo civil, a execução tem de ser promovida pela pessoa que no título executivo figure como credor ou se o título for ao portador, pelo portador do título (cfr. art. 53.º, n.ºs 1 e 2, CPC). Se isto significa que o poder executivo depende do título (*"nulla executio sine titulo"*), significa também, por outro lado, que a sua apresentação consubstancia pleno exercício

---

nova redação dada pelo DL n.º 79/2017, de 30 de Junho. A entrada em vigor de todos está, não obstante, condicionada, nos termos do art. 6.º, n.º 3 (e ainda do art. 5.º) deste último diploma, à entrada em vigor da portaria do membro do Governo responsável pela área da justiça que criará o novo portal, em substituição do Citius.

[406] Cfr. MARIA JOSÉ COSTEIRA, "Verificação e graduação de créditos", cit., p. 75, IDEM, "Novo Direito da Insolvência", cit., p. 31, FÁTIMA REIS SILVA, "Algumas questões processuais no Código da Insolvência e da Recuperação de Empresas – Uma primeira abordagem", cit., p. 77, e MARIANA FRANÇA GOUVEIA, "Verificação do passivo", cit., pp. 152-153 e p. 156.

[407] Sugere, por isso, SALAZAR CASANOVA ("Abordagem judiciária dos aspectos mais relevantes da marcha processual no novo Código da Insolvência e da Recuperação de Empresas", antes disponível em http://www.asjp.pt) que, no caso de impugnação, designadamente quando ela é apresentada pelo próprio titular do crédito, este junte cópia da reclamação ou que o juiz o determine oficiosamente na fase de saneamento do processo.

daquele poder. Pode, portanto, dizer-se que o exequente está a exercer o direito à execução logo que exibe o título e propõe a acção.

Acontece, porém, que no processo de insolvência a reclamação dos créditos não depende da apresentação de título executivo pelo credor. Tanto podem reclamar o seu crédito os credores que estão munidos de um título executivo como aqueles que o não estão[408]. Por mais que a procedência da acção (o reconhecimento do direito de crédito) dependa dos elementos de prova produzidos, da eficácia com que eles manifestem a existência de um vínculo jurídico entre o credor e o devedor[409], a verdade é que o art. 128.º não faz mais do que incutir no espírito dos credores a ideia de que é útil que o requerimento seja acompanhado "de todos os documentos probatórios de que disponham"[410].

Significa isto que, no processo de insolvência, a reclamação de créditos não está, pelo menos de forma expressa, subordinada à condição que é exigida para a propositura de acção executiva (e para a reclamação de créditos

---

[408] Em concreto, a reclamação consiste no pedido de declaração judicial da existência e da titularidade do crédito e da sua ordenação relativa ou graduação, devendo, para esse efeito, ser apresentados, a título de causa de pedir, entre outros, os factos relativos à origem, à natureza e ao montante do crédito e ainda ser apresentados todos os documentos com utilidade probatória (cfr. art. 128.º, n.º 1). Estes são também, *grosso modo*, os requisitos da reclamação em processo executivo. Cfr., por todos, SALVADOR DA COSTA, *O concurso de credores – Áreas comum, fiscal e da insolvência*, Coimbra, Almedina, 2015 (5.ª edição), pp. 211 e s. e pp. 284 e s.

[409] O êxito da reclamação depende também da tempestividade, o que significa que o requerimento deve ser apresentado ao administrador da insolvência dentro do prazo fixado na sentença declaratória de insolvência [cfr. art. 36.º, al. *j*)]. Findo este prazo, ainda é possível, porém, reclamar certos créditos (cfr. art. 146.º), sendo certo que, de qualquer modo, o decurso do prazo da reclamação não provoca a caducidade do direito de crédito, mas apenas a caducidade do direito de o reclamar naquele processo de insolvência Cfr., neste sentido, no âmbito do processo executivo, SALVADOR DA COSTA, *O concurso de credores – Áreas comum, fiscal e da insolvência*, cit., p. 215.

[410] No anteprojecto de Código da Insolvência e da Recuperação de Empresas, não existia sequer referência à necessidade de prova do crédito (cfr. art. 111.º, n.º 1, do Projecto de "Código da Insolvência e Recuperação de Empresas", que acompanhou a Proposta de Lei de autorização legislativa aprovada em reunião de Conselho de Ministros de 27 de Março de 2003 e apresentada à Assembleia da República em 2 de Abril de 2003). A omissão foi censurada – com fundamento em que a não junção de documentos bastantes é a causa mais frequente do não reconhecimento do crédito (cfr. MARIA JOSÉ COSTEIRA, "Verificação e graduação de créditos", cit., p. 73, e FÁTIMA REIS SILVA, "Algumas questões processuais no Código da Insolvência e da Recuperação de Empresas – Uma primeira abordagem", cit., p. 75) –, tendo sido aditada, na versão final, aquela referência.

TRAMITAÇÃO DO PROCESSO DE INSOLVÊNCIA

quando há concurso de credores). Ora, sem o título executivo não existe o mínimo de segurança quanto à existência do crédito, podendo acontecer, com maior probabilidade do que no processo executivo, que o reclamante não seja, afinal, credor.

O facto de não se exigir, formalmente, um título executivo para a reclamação de créditos no processo de insolvência não obsta, porém, à configuração da reclamação como um requerimento executivo. Em primeiro lugar, porque o direito de acção declarativa é, ele próprio, sempre exercido na ignorância sobre a existência do direito material. Em segundo lugar, porque o título executivo tão-pouco constitui garantia de que o seu portador é credor. Ou seja, materialmente, nada impede a execução sem título, desde que se observem certos cuidados: provando-se a inexistência do direito invocado, a execução deve deixar de correr no interesse do sujeito que o invocou (o que implica, no processo de insolvência, que o sujeito nunca se torne credor concorrente: não aceda ao concurso e não seja pago).

De qualquer forma, o título executivo não é o único meio probatório do crédito e o certo é que os créditos só são reconhecidos quando são suficientes os (outros) elementos (a falta de elementos deve resultar no não reconhecimento do crédito ou no seu reconhecimento em termos que lhe são menos favoráveis[411]).

Como se disse, há exercício do poder de execução sempre que o credor convoca (directa ou indirectamente) o Estado para que ele apreenda e venda os bens do devedor no seu interesse. Não há dúvida de que é isto que acontece, no processo de insolvência, no momento da reclamação: não obstante agora dirigindo-se a uma entidade diversa do juiz, o que o credor pede é que o seu direito seja atendido na fase final de pagamento aos credores. Por força e na sequência deste pedido, com base nos elementos apresentados pelo credor, devem ser apuradas a existência e a validade do crédito.

Normalmente, o credor acompanha a reclamação da apresentação de um título, mas, muitas vezes, este título não é um título executivo no sentido do art. 703.º do CPC, ou seja, não é um dos "documentos de actos certificativos de obrigações a que a lei reconhece a eficácia para servirem de base ao processo executivo"[412]. E a verdade é que, mesmo quando o é, ele não tem um

---

[411] Cfr. Luís Carvalho Fernandes e João Labareda, *Código da Insolvência e da Recuperação de Empresas Anotado. Sistema de Recuperação de Empresas por Via Extrajudicial (SIREVE) Anotado. Legislação Complementar*, cit., p. 425.

[412] Cfr. Manuel A. Domingues de Andrade, *Noções elementares de processo civil*, cit., p. 58.

LIÇÕES DE DIREITO DA INSOLVÊNCIA

valor decisivo; para aceder àquela fase, é sempre preciso que o crédito seja aprovado, *in loco*, pelo juiz da insolvência.

Ou seja: nunca a existência de título executivo ordinário poderia funcionar como critério para a integração do acto de reclamação no poder executivo. Se não se admitisse execução (temporariamente) sem título, teriam de ser excluídos todos os actos dos credores anteriores à sentença de verificação e graduação de créditos, uma vez que, no processo de insolvência, o título definitivo dos credores (aquele que habilita cada um deles ao pagamento) é esta sentença[413]. Ora, isto conduziria a uma limitação sensível do âmbito objectivo do poder de execução e corresponderia a um rigor injustificado e excessivo ou, pelo menos, a um rigor maior do que aquele que se usa no processo de execução.

Na realidade, mais do que ser um acto executivo, a reclamação é o acto – o acto executivo –, por excelência, dos credores. De acordo com o disposto na já mencionada norma do art. 128.º, n.º 5, "mesmo o credor que tenha o seu crédito reconhecido por decisão definitiva não está dispensado de o reclamar no processo de insolvência, se nele quiser obter pagamento". Pode dizer-se que sem reclamação não há, em regra, um interesse atendível do credor, ou seja, não há interesse que justifique as diligências oficiosas dirigidas à verificação do crédito, compreendendo-se o seu não atendimento no processo como um resultado natural da inércia do credor. Daí que, como se observou, a reclamação do crédito seja vista, não exactamente como um poder, mas como um ónus.

Em síntese, no processo de insolvência, insta-se o credor reclamante a apresentar os meios de prova do crédito de que disponha mas só com a sentença de verificação e graduação de créditos se individualiza definitivamente e se torna legítima a pretensão executiva do credor[414]. O título que habilita o credor ao pagamento forma-se, assim, durante o processo, através do procedimento de verificação de créditos, ficando concluído no momento em que o crédito obtém reconhecimento judicial.

[413] Pode dizer-se que no processo de insolvência, ao contrário do que é usual, o título executivo exibido pelo credor não é condição necessária nem suficiente da execução.

[414] Ideia semelhante é sugerida por PEDRO DE SOUSA MACEDO (*Manual de Direito das Falências*, volume II, cit., p. 36) quando, em crítica à tese de GUSTAVO BONELLI sobre a natureza da sentença de declaração de falência, afirma que "[...] pode entender-se que a sentença seja o próprio título para a execução colectiva que se abre, importando substancialmente a prova da insolvência e sendo completada pela verificação posterior obrigatória dos créditos".

TRAMITAÇÃO DO PROCESSO DE INSOLVÊNCIA

61. Listas de créditos

Nos quinze dias subsequentes ao termo do prazo das reclamações, o administrador da insolvência elabora e apresenta na secretaria uma relação dos credores por si reconhecidos e uma relação dos credores não reconhecidos, ambas por ordem alfabética (cfr. art. 129.º, n.º 1).

Como se disse, é hoje possível o reconhecimento de créditos não reclamados, dando aso a que se fale numa espécie de "execução oficiosa" ou "execução sem (exercício de) poder de execução"[415]. Como resulta do art. 129.º, n.º 1, *in fine*, e n.º 4, o administrador da insolvência pode incluir na relação de créditos reconhecidos os créditos que constem dos elementos da contabilidade do devedor e todos os que sejam, por outra forma, do seu conhecimento.

Da lista de credores reconhecidos deve constar a identificação de cada credor, a natureza do crédito, o montante do capital e juros à data do termo do prazo das reclamações, as garantias pessoais e reais, os privilégios, a taxa de juros moratórios aplicável, as eventuais condições suspensivas ou resolutivas e o valor dos bens integrantes da massa insolvente sobre os quais incidem garantias reais de créditos pelos quais o devedor não responda pessoalmente (cfr. art. 129.º, n.º 2).

Não obstante a graduação final dos créditos ser uma tarefa de carácter jurisdicional, e pertencer, portanto, ao juiz, um dos objectivos é preparar a classificação dos créditos que terá lugar na sentença de verificação e graduação de créditos.

Em sede de classificação de créditos, podem surgir algumas questões, dificultando a elaboração, nestes termos, da lista de créditos reconhecidos pelo administrador de insolvência e, mais tarde, a actividade do juiz. Uma das mais controvertidas é logo no âmbito da triagem inicial como créditos sobre a massa e créditos sobre a insolvência.

61.1. Dificuldades na classificação de certos créditos

61.1.1. Créditos laborais

Sobre os trabalhadores enquanto titulares de créditos já se falou atrás. É conveniente, no entanto, dar atenção a um problema que vem gerando alguma polémica: o da classificação dos créditos laborais.

---

[415] Cfr. CATARINA SERRA, *A falência no quadro da tutela jurisdicional dos direitos de crédito – O problema da natureza do processo de liquidação aplicável à insolvência no Direito português*, cit., p. 274.

LIÇÕES DE DIREITO DA INSOLVÊNCIA

Dependendo das situações em concreto, a aplicação do critério geral do art. 47.º, aos créditos de natureza laboral pode, de facto, tornar-se especialmente difícil. A declaração de insolvência da entidade empregadora desencadeia consequências tão diversificadas que não é fácil identificar imediatamente a origem e a causa dos créditos.

Como se viu atrás, a declaração de insolvência não implica a cessação imediata dos contratos de trabalho (cfr. art. 347.º, n.º 1, 1.ª parte, do CT) mas pode ser a sua causa indirecta, verificando-se a não indispensabilidade da colaboração de alguns dos trabalhadores para o funcionamento da empresa ou o encerramento definitivo do estabelecimento. O contrato pode, então, ser mantido ou feito cessar, por dispensa do trabalhador ou encerramento definitivo do estabelecimento.

Na segunda hipótese, o administrador da insolvência (ou o próprio empregador, no caso de haver administração pelo devedor) deve continuar a satisfazer integralmente as obrigações para com os trabalhadores enquanto o estabelecimento não for definitivamente encerrado (cfr. art. 347.º, n.º 1, 2.ª parte, do CT).

Quando o contrato cessa, aplica-se, em qualquer dos casos, com as devidas adaptações, o regime do despedimento colectivo (cfr. arts. 360.º e s. do CT)[416], excepto no caso das microempresas[417], ficando o empregador constituído, nomeadamente, na obrigação de compensar os trabalhadores despedidos (cfr. art. 366.º, *ex vi* do art. 347.º, n.º 5, do CT). Surge, assim, entre outros, o problema do pagamento dos créditos laborais no processo de insolvência e da disciplina que lhes deve ser aplicada[418].

---

[416] As adaptações a realizar reconduzem-se à fase das comunicações aos trabalhadores e à comissão de trabalhadores (cfr. art. 360.º do CT), em que o fundamento a indicar não pode deixar de ser a situação de insolvência, e à fase de negociações com os representantes dos trabalhadores destinadas à ponderação de medidas alternativas à cessação do contrato (cfr. art. 361.º do CT), que não faz sentido que existam, dado que o fundamento é a situação de insolvência. Em contrapartida, o dever de aviso prévio (cfr. art. 346.º, n.º 4, do CT) não sofre quaisquer restrições. Cfr., neste sentido, Maria do Rosário Palma Ramalho, "Os trabalhadores no processo de insolvência", cit., pp. 390-391.

[417] Apesar de tudo, talvez seja excessivo dispensar-se todo o procedimento. Como defende Maria do Rosário Palma Ramalho ("Os trabalhadores no processo de insolvência", cit., p. 391), deverá aplicar-se às microempresas o art. 346.º, n.º 4, do CT, impondo que os trabalhadores sejam informados do encerramento da empresa com a antecedência prevista nos n.ºs 1 e 2 do art. 363.º (dever de aviso prévio).

[418] Existem outras dúvidas relativas à adequada interpretação do disposto no art. 347.º, n.º 3,

TRAMITAÇÃO DO PROCESSO DE INSOLVÊNCIA

É discutida, em particular, a classificação dos créditos compensatórios resultantes da cessação do contrato de trabalho verificada após a declaração de insolvência. Pergunta-se se devem ser classificados como créditos sobre a massa insolvente ou como créditos sobre a insolvência[419]. O problema adquire especial relevância já que, como se viu, a classificação dos créditos é decisiva para o respectivo pagamento (em síntese: é mais vantajoso ser credor da massa do que credor da insolvência[420]).

do CT, que manda aplicar, com as devidas adaptações, a disciplina dos arts. 360.º e s. do CT à cessação de contratos de trabalho decorrente da dispensa do trabalhador e do encerramento do estabelecimento. Diga-se, de qualquer modo, quanto à exigência de que o pagamento da compensação dos créditos vencidos e dos créditos exigíveis por efeito da cessação do contrato de trabalho efectuado até ao termo do prazo de aviso prévio referido no art. 360.º do CT, que é a lei que expressamente consagra uma ressalva para a situação prevista no artigo 347.º do CT ou regulada em legislação especial sobre recuperação de empresas e reestruturação de sectores económicos (cfr. art. 363.º, n.º 5, do CT). Assim, nas hipóteses de processo de insolvência e de PER, existe a possibilidade de pagamento das compensações devidas em caso de despedimento colectivo por outras formas que não até ao termo do prazo de aviso prévio. O que pode discutir-se, evidentemente, é os requisitos destas formas alternativas de pagamento. Como afirma ANA RIBEIRO COSTA ["Os créditos laborais no processo especial de revitalização", in: *Atas do VI Congresso Internacional de Ciências Jurídico-Empresariais – A insolvência e as Empresas*, Instituto Politécnico de Leiria, Escola Superior de Tecnologia e Gestão, 2015 (disponível em http://cicje.ipleiria.pt/pt/atas/), p. 83], a norma "não diz de que forma pode ser pago". "À cautela", atendendo ao prazo para a impugnação do despedimento colectivo com fundamento na sua ilicitude por falta de pagamento da compensação devida, que é de seis meses [art. 383.º, al. *c)*, do CT], a autora sustenta que o pagamento deve ter lugar dentro do período de seis meses após a cessação do contrato.

[419] Como adverte MARIA DO ROSÁRIO PALMA RAMALHO ("Os trabalhadores no processo de insolvência", cit., pp. 403-404), o carácter unitário da indemnização compensatória desaconselha a que se distinga entre a parte da indemnização correspondente ao tempo de trabalho decorrido após a declaração de insolvência (como crédito sobre a massa) e a parte da indemnização correspondente ao tempo de execução do contrato decorrido antes da declaração de insolvência (como crédito sobre a insolvência) – o que determinaria o pagamento antecipado apenas da primeira. A compensação é, em regra, calculada com base na antiguidade do trabalhador, mas tem tectos máximos (cfr. art. 366.º, n.º 2, do CT) e não é possível uma divisão em parcelas para pagar primeiro uma e depois (eventualmente) a outra.

[420] Os créditos sobre a massa são imputados aos rendimentos da massa e, quanto ao excedente, na devida proporção, ao produto de cada bem, móvel ou imóvel (cfr. art. 172.º, n.º 2). O seu pagamento tem lugar nas datas dos respectivos vencimentos, independentemente do estado do processo (cfr. art. 172.º, n.º 3). Enquanto isso, os créditos sobre a insolvência têm de ser reclamados, nos termos do art. 128.º, e são pagos exclusivamente quando estiverem

LIÇÕES DE DIREITO DA INSOLVÊNCIA

Diga-se, para contextualizar a questão, que os créditos laborais cujo pagamento está em causa no processo de insolvência podem ser divididos, *grosso modo*, em dois tipos: os créditos remuneratórios (respeitantes, por exemplo, a salários, subsídios de férias e de Natal ou subsídios de alimentação) e os créditos compensatórios (resultantes da compensação devida ao trabalhador pela cessação do contrato de trabalho por encerramento do estabelecimento ou por despedimento)[421].

A classificação dos créditos remuneratórios dos trabalhadores no Código da Insolvência e da Recuperação de Empresas não levanta especiais problemas. Os créditos remuneratórios já constituídos antes da declaração de insolvência, correspondentes a prestações de trabalho já realizadas antes da declaração de insolvência, classificam-se, inequivocamente, como créditos sobre a insolvência (cfr. art. 41.º, n.º 1) e têm a qualificação de créditos garantidos ou privilegiados, consoante esteja em causa o privilégio imobiliário especial referido na al. *b)* do n.º 1 do art. 333.º do CT ou o privilégio mobiliário geral previsto na sua al. *a)* [cfr. art. 47.º, n.º 4, al. *a)*][422]. Em confirmação milita o disposto no art. 51.º, n.º 1, al. *f)*, *in fine*[423].

verificados por sentença transitada em julgado, com base nos bens que compõem a massa insolvente (cfr. art. 173.º).

[421] Existem ainda os créditos indemnizatórios, que podem definir-se como os resultantes da obrigação de indemnização dos danos decorrentes do despedimento ilícito, ou seja, do despedimento efectuado com violação das normas previstas no Código do Trabalho, nomeadamente aquelas que regulam o procedimento de despedimento colectivo (cfr. art. 359.º e s. e art. 383.º do CT). Cfr., neste sentido, JOANA COSTEIRA, *Os efeitos da declaração de insolvência no contrato de trabalho: a tutela dos créditos laborais*, cit., p. 82, e ainda "A classificação dos créditos laborais", in: CATARINA SERRA (coord.), *I Colóquio do Direito da Insolvência de Santo Tirso*, Coimbra, Almedina, 2014, pp. 161-162. Manifestando, contudo, reservas à definição, ANA RIBEIRO COSTA ["Os créditos laborais no processo especial de revitalização", cit., p. 71 (nota 18)] recorda, a título de exemplo, os créditos decorrentes do direito à reparação decorrentes da Lei de Acidentes de Trabalho, que podem ser considerados créditos indemnizatórios e decorrem da execução do contrato de trabalho mas não necessariamente da sua violação e nem certamente da sua cessação.

[422] Cfr., neste sentido, entre outros, LUÍS MENEZES LEITÃO, "A natureza dos créditos laborais resultantes de decisão do administrador de insolvência", in: *Cadernos de Direito Privado*, 2011, n.º 34, p. 64, e JOANA COSTEIRA, *Os efeitos da declaração de insolvência no contrato de trabalho: a tutela dos créditos laborais*, cit., p. 83.

[423] Cfr., neste sentido, JÚLIO VIEIRA GOMES, "Nótula sobre os efeitos da insolvência do empregador nas relações de trabalho", cit., p. 291.

TRAMITAÇÃO DO PROCESSO DE INSOLVÊNCIA

Quanto aos créditos remuneratórios constituídos após a declaração de insolvência, correspondentes a prestações de trabalho realizadas depois da abertura do processo de insolvência, esses são, em contrapartida, créditos sobre a massa insolvente, devendo ser satisfeitos no momento do seu vencimento, independentemente do estado do processo, nos termos do art. 172.º, n.º 3, ficando os trabalhadores dispensados do ónus da sua reclamação[424]. Incluem-se aqui os créditos remuneratórios dos trabalhadores cujo contrato de trabalho se manteve após a declaração de insolvência por não ter sido recusado pelo administrador da insolvência [cfr. art. 51.º, n.º 1, al. *f*)[425]] e ainda os créditos remuneratórios dos trabalhadores contratados a termo certo ou incerto pelo administrador, nos termos do art. 55.º, n.º 4. Como é visível, está essencialmente em causa, neste último caso, a necessidade de assegurar a liquidação da massa insolvente ou a continuidade da exploração da empresa. Faz, portanto, todo o sentido que estes créditos sejam classificados como créditos sobre a massa insolvente, nos termos do art. 51.º, als. *c*) ou *d*), consoante os casos.

No que toca aos créditos compensatórios constituídos antes da declaração de insolvência, parece pacífico que lhes deve ser dado, por identidade de razões, o mesmo tratamento de que gozam os créditos remuneratórios já constituídos antes da declaração de insolvência, uma vez que o seu fundamento é anterior à data desta declaração (cfr. art. 47.º, n.º 1), sendo-lhes aplicável o mesmo regime no que respeita à sua qualificação [cfr. art. 47.º, n.º 4, al. *a*)].

E quanto aos créditos compensatórios constituídos depois da declaração de insolvência[426]?

---

[424] Como (bem) refere Luís Menezes Leitão ("A natureza dos créditos laborais resultantes de decisão do administrador de insolvência", cit., p. 64), se tais créditos fossem considerados créditos sobre a insolvência, "a norma do art. 55.º, n.º 4 do CIRE ficaria sem qualquer aplicação, uma vez que nenhum trabalhador aceitaria ir trabalhar para uma empresa insolvente, sabendo que o seu salário só poderia ser pago como crédito sobre a insolvência".

[425] É de notar que, embora também sustente que estes créditos são dívidas da massa insolvente, Luís Menezes Leitão ("A natureza dos créditos laborais resultantes de decisão do administrador de insolvência", cit., p. 65) reconduz o caso à norma da al. *e*) do n.º 1 do art. 51.º.

[426] Como se disse, dos créditos compensatórios pela cessação do contrato de trabalho ocorrida posteriormente à declaração de insolvência devem distinguir-se, em rigor, os créditos indemnizatórios. A classificação destes não desperta, contudo, particulares dúvidas: resultando a indemnização de um ilícito praticado pelo administrador da insolvência, os créditos devem ser classificados como créditos sobre a massa insolvente, nos termos dos arts. 51.º, n.º

LIÇÕES DE DIREITO DA INSOLVÊNCIA

Como se disse atrás, para haver cessação do contrato de trabalho não basta a declaração de insolvência. É preciso que se verifique um facto (ou acto) adicional como seja o encerramento definitivo do estabelecimento onde os trabalhadores prestam trabalho, gerador da caducidade dos contratos de trabalho, ou o despedimento colectivo ou por extinção dos postos de trabalho. Esta última situação pode ocorrer antes do encerramento definitivo do estabelecimento, por decisão do administrador da insolvência em relação aos contratos dos trabalhadores cuja colaboração não seja indispensável ao funcionamento da empresa, nos termos do art. 347.º, n.º 2, do CT.

Neste plano, cumpre distinguir entre os créditos que resultam da compensação relativa à cessação dos contratos de trabalho celebrados anteriormente à declaração de insolvência, por um lado, e os que resultam de compensação relativa à cessação dos contratos celebrados posteriormente à declaração de insolvência, por outro.

Os contratos da primeira categoria cessam por caducidade devida ao encerramento do estabelecimento (o que ocorre normalmente por força de uma deliberação da assembleia de credores nos termos do art. 156.º, n.º 2, mas pode ocorrer por força de uma decisão do administrador da insolvência, de encerramento antecipado do estabelecimento, nos termos do art. 157.º) ou por despedimento (quando o administrador da insolvência procede ao despedimento de trabalhadores que sejam dispensáveis ao funcionamento da empresa, nos termos do art. 347.º, n.º 2, do CT).

Os contratos da segunda categoria são aqueles que o administrador da insolvência celebra, a termo certo ou incerto, com novos trabalhadores considerados necessários à liquidação da massa insolvente ou à continuação da exploração da empresa e cessam, nos termos do art. 55.º, n.º 4, por caducidade no momento do encerramento definitivo do estabelecimento ou, salvo convenção em contrário, no da sua transmissão.

No que respeita à compensação relativa à cessação destes últimos, não parece haver dúvidas de que se trata de créditos emergentes de um acto de administração da massa insolvente, logo de créditos susceptíveis de ser classificados como créditos sobre a massa insolvente, nos termos do art. 51.º, n.º 1, al. *c*).

1, al. *d*). Cfr., neste sentido, Joana Costeira, *Os efeitos da declaração de insolvência no contrato de trabalho: a tutela dos créditos laborais*, cit., p. 85.

TRAMITAÇÃO DO PROCESSO DE INSOLVÊNCIA

Já no que respeita aos primeiros, existe, desde o início, uma genuína cisão na doutrina e na jurisprudência portuguesas. Inicialmente, a doutrina classificou estes créditos e, em particular, os créditos resultantes da decisão de cessação do contrato de trabalho por parte do administrador da insolvência, nos termos do art. 347.º, n.º 2, do CT, como créditos sobre a massa insolvente.

Esta tese pode ser ilustrada a partir das posições de LUÍS CARVALHO FERNANDES e de LUÍS MENEZES LEITÃO. O primeiro autor considera que eles se enquadram na al. *c)* do n.º 1 do art. 51.º, beneficiando de um "regime especial e privilegiado"[427]. O segundo autor sustenta que eles se enquadram antes na al. *d)* do n.º 1 do art. 51.º, pois resultam de um acto praticado pelo administrador da insolvência no exercício das suas funções. Defende este autor, mais precisamente, que "esses créditos não podem ser qualificados como créditos sobre a insolvência, uma vez que o seu fundamento não é anterior à data de declaração de insolvência (cfr. art. 47.º, n.º 1), antes resultam de uma decisão do administrador de insolvência em considerar a colaboração do trabalhador como não indispensável ao funcionamento da empresa (cfr. art. 347.º, n.º 2, do CT). Trata-se, portanto, de um acto praticado pelo administrador de insolvência no exercício das suas funções, sendo que o art. 51.º, n.º 1, alínea *d)*, considera expressamente as obrigações resultantes deste tipo de actos como dívidas da massa"[428]-[429].

Tese diferente é seguida pela maioria da jurisprudência[430].

---

[427] Cfr. LUÍS CARVALHO FERNANDES, "Efeitos da Declaração de Insolvência no Contrato de Trabalho segundo o Código da Insolvência e da Recuperação de Empresas", cit., p. 26.

[428] Cfr. LUÍS MENEZES LEITÃO, "A natureza dos créditos laborais resultantes de decisão do administrador de insolvência", cit., pp. 65. O raciocínio assenta no pressuposto (criticado atrás) de que todos os créditos sobre a insolvência têm necessariamente um fundamento anterior à declaração de insolvência e, por isso, os créditos restantes são créditos sobre a massa. Por outro lado, no que toca, em particular, à remissão para a al. *d)* do art. 51.º (que qualifica como dívidas da massa as dívidas resultantes da actuação do administrador da insolvência no exercício das suas funções), adverte-se que nem toda a cessação do vínculo laboral ocorrida depois da declaração de insolvência é imputável à actividade do administrador da insolvência, podendo muito bem o encerramento do estabelecimento ser deliberado pela assembleia de credores.

[429] Num percurso que denota as dificuldades de uma resposta isenta de críticas nesta matéria, também MARIA DO ROSÁRIO PALMA RAMALHO ("Os trabalhadores no processo de insolvência", cit., p. 404) acaba por considerar que se trata de créditos sobre a massa insolvente.

[430] De facto, a jurisprudência, na sua maioria, inclina-se para a qualificação destes créditos como créditos sobre a insolvência. Cfr., neste sentido, o Acórdão do STJ de 20 de Outubro de 2011, Proc. 1164/08.0TBEVR-D.E1.S1 (Relator: ALVES VELHO), o Acórdão do TRC de 14

LIÇÕES DE DIREITO DA INSOLVÊNCIA

A decisão mais paradigmática é a do Acórdão do TRC de 14 de Julho de 2010[431], que foi, aliás, objecto de uma anotação por Luís Menezes Leitão[432]. No aresto evoca-se a norma do art. 162.º, que determina que a liquidação da massa deve privilegiar a venda global da empresa. A este respeito afirma-se que "[e]mbora isso não pressuponha necessariamente a continuidade da exploração, a verdade é que, por vezes, tal continuidade é importante para a viabilização da alienação em termos satisfatórios; competindo à assembleia de credores, na sua reunião de apreciação do relatório do administrador judicial, decidir sobre o encerramento ou manutenção em actividade da empresa – ex vi art. 156.º, n.º 2, do CIRE – que, em princípio, continuará em funcionamento até essa altura, a não ser que seja decidido fechá-la em conformidade com o art. 157.º do CIRE [...]. [A] essência da *ratio* da existência de dívidas qualificáveis como 'dívidas da massa', a pagar com precipuidade, está na circunstância de haver dívidas do funcionamento da empresa do período posterior à declaração de insolvência e de haver dívidas que são contraídas tendo exclusivamente em vista a própria actividade de liquidação e partilha da massa, situação em que não estão ou se enquadram as dívidas por cessação dos contrato de trabalho, principalmente quando tal cessação, como é o caso, está indissoluvelmente ligada às vicissitudes que 'laceravam' a empresa insolvente, que a conduziram à sua insolvência e que culminaram com o seu encerramento. A pensar-se diferentemente – não representando a declaração de insolvência a extinção dos contratos de trabalho em que a insolvente é empregadora – sucederia que, em caso de encerramento final da empresa da insolvente, todas as compensações/indemnizações por cessação de contratos de trabalho seriam sempre créditos sobre a massa; apenas e só,

---

de Julho de 2010, Proc. 562/09.7T2AVR-P.C1 (Relator: Barateiro Martins), o Acórdão do TRP de 23 de Fevereiro de 2012, Proc. 239/07.8TYVNG.P1 (Relatora: Ana Paula Amorim) e, implicitamente (defendendo um tratamento distinto para os créditos resultantes de despedimento ilícito, que devem ser qualificados como créditos sobre a massa, e para os créditos de despedimento lícito), o Acórdão do TRP de 1 de Fevereiro de 2010, Proc.1/08.0TJVNF-AY. S1.P1 e o Acórdão do TRP de 7 de Junho de 2010, Proc. 373/07.4TYVNG-V.P1 (Relator: Soares de Oliveira). Encontra-se, no entanto, um ou outro acórdão em que é defendida a tese contrária. Cfr., por exemplo, o Acórdão do TRP de 6 de Julho de 2010, Proc.1/08.0TJVNF-L. S1.P1 (Relatora: Sílvia Pires).

[431] Cfr., mais precisamente, o Acórdão do TRC de 14 de Julho de 2010, Proc. 562/09.7T2AVR-P.C1 (Relator: Barateiro Martins).

[432] Cfr., como já referido, Luís Menezes Leitão, "A natureza dos créditos laborais resultantes de decisão do administrador de insolvência", cit., pp. 63 e s.

TRAMITAÇÃO DO PROCESSO DE INSOLVÊNCIA

na generalidade dos casos, por formalmente a cessação dos contratos de trabalho ocorrer em procedimentos já levados a cabo na vigência temporal da Administração da Insolvente. Mais, assim vistas as coisas – declarada a insolvência, privado o insolvente duma administração 'independente' e/ou esta entregue ao administrador da insolvência – uma vez que quase tudo passa pela actuação do administrador, uma vez que em quase tudo estão incorporados actos do administrador, então, tudo ou quase tudo seriam dívidas da massa. O despropósito da conclusão desacredita, como sempre, a bondade do raciocínio". Decidiu-se, assim que "[o]s créditos consistentes na compensação/indemnização por cessação de contrato de trabalho, subsequente às vicissitudes/encerramento da empresa insolvente, são créditos da insolvência; não preenchendo alguma das alíneas do art. 51.º do CIRE".

Há sinais de uma gradual sensibilidade da doutrina a esta tese da jurisprudência. Entre os autores que divergem (ou, pelo menos, põem em causa) a posição dominante destaca-se JÚLIO VIEIRA GOMES[433]. Partindo do princípio de que a teleologia do regime das dívidas da massa é a de permitir que a empresa permaneça em funcionamento, o autor considera seguro que os créditos remuneratórios (relativos aos salários correspondentes a trabalho prestado depois da declaração de insolvência) são créditos sobre a massa. Já a questão da compensação pelo despedimento colectivo não é, segundo o autor, tão linear. Entende ele que, apesar de a classificação como créditos contra a massa ser mais consentânea com a letra da lei – o art. 51.º –, tal solução conduziria a uma desigualdade de tratamento entre os trabalhadores da empresa abrangidos por um despedimento colectivo praticado antes da declaração de insolvência e os trabalhadores afectados por um despedimento colectivo ou pela caducidade do contrato por encerramento do estabelecimento depois da declaração de insolvência, mesmo quando entre as duas hipóteses mediassem poucos dias ou semanas: os primeiros teriam um crédito sobre a insolvência enquanto os segundos teriam um crédito sobre a massa. Assim, conclui o autor, será conveniente fazer uma interpretação teleológica e restritiva da lei – da norma da al. *d)* do art. 51.º –, devendo equacionar-se a possibilidade de a compensação, embora desencadeada por um acto ou facto posterior à declaração de insolvência, se reportar, afinal, a um período anterior a ela.

---

[433] Cfr. JÚLIO VIEIRA GOMES, "Nótula sobre os efeitos da insolvência do empregador nas relações de trabalho", cit., pp. 293 e s.

LIÇÕES DE DIREITO DA INSOLVÊNCIA

Embora com fundamentos (parcialmente) diferentes, e referindo-se claramente tanto aos créditos derivados da cessação do contrato de trabalho por acto do administrador da insolvência como aos derivados da cessação do contrato de trabalho por encerramento do estabelecimento decidido pela assembleia de credores, também JOANA COSTEIRA se inclina para a classificação destes créditos como créditos sobre a insolvência[434]. Para a autora, não obstante a cessação do contrato de trabalho ocorrer após a declaração de insolvência da empresa (por acto do administrador da insolvência ou em consequência de decisão dos credores), a respectiva compensação não deixa de ser imputável à situação de insolvência. Comunga, pois, do entendimento de que o mero facto de a cessação do contrato de trabalho ocorrer após a declaração judicial de insolvência pode não ser suficiente para reconduzir a compensação à classe dos créditos sobre a massa e de que, se assim fosse, haveria um (injustificado) tratamento diferenciado da compensação consoante a cessação do contrato de trabalho ocorresse imediatamente antes da declaração de insolvência, por decisão do insolvente, ou imediatamente depois, por decisão do administrador da insolvência ou por (em consequência de) uma decisão dos credores. Em particular, a autora alega (embora sem desenvolver o argumento) que existem (outros) créditos constituídos após a declaração judicial de insolvência que não são créditos sobre a massa. Recorda, depois, que, não havendo dúvidas de que os créditos laborais beneficiam de uma tutela reforçada no domínio do processo de insolvência, esse reforço reside essencialmente, para lá da existência de um Fundo de Garantia Salarial[435], na graduação dos créditos laborais como créditos garantidos e privilegiados [cfr. art. 47.º, n.º 4, al. *a)*]. Ora, se os créditos em causa fossem classificados como créditos sobre a massa, esta tutela perderia parte significativa do seu objecto, restringindo-se, a final, os privilégios atribuídos no art. 333.º, n.º 1, do CT aos créditos remuneratórios e deixando de fora os créditos

---

[434] Cfr. JOANA COSTEIRA, *Os efeitos da declaração de insolvência no contrato de trabalho: a tutela dos créditos laborais*, cit., pp. 85 e s.

[435] Sobre a protecção dos trabalhadores neste plano e, designadamente, a compatibilidade entre o regime português e o regime da Directiva 80/987/CEE do Conselho, de 20 de Outubro, referente à protecção dos trabalhadores em casos de insolvência do empregador e alterada pela Directiva 2002/74/CE, de 23 de Setembro de 2002, e pela Directiva 2008/94/CE, de 22 de Outubro de 2008, cfr. ANA MARGARIDA VILAVERDE E CUNHA, "Protecção dos trabalhadores em caso de insolvência do empregador: cálculo das prestações do Fundo de Garantia Salarial – Algumas reflexões acerca da compatibilidade do regime português com o regime comunitário", in: *Questões laborais*, 2011, n.º 38, pp. 197 e s.

TRAMITAÇÃO DO PROCESSO DE INSOLVÊNCIA

compensatórios – o que é aparentemente contrário à lei, que não distingue entre uns e outros.

De entre os argumentos expendidos pela jurisprudência e por estes dois autores há duas ideias que merecem ser sublinhadas: por um lado, o pressuposto de que a teleologia subjacente à disciplina das dívidas da massa é a de permitir que a empresa permaneça em funcionamento e por isso (só) os créditos correspondentes a trabalho prestado depois da declaração de insolvência são créditos sobre a massa; por outro lado, a tomada de consciência de que a classificação como créditos sobre a massa é excepcional, existindo muitos (outros) créditos constituídos no decurso do processo de insolvência classificados, *expressis verbis,* pela lei como créditos sobre a insolvência.

A primeira ideia será crucial para compreender, adiante, a posição dos créditos dos trabalhadores derivados das prestações de trabalho realizadas durante os processos pré-insolvenciais.

A segunda ideia induz-nos a uma nova leitura do problema da classificação dos créditos compensatórios pela cessação ocorrida posteriormente à declaração de insolvência. Obriga a integrar o problema no quadro mais amplo do sistema e a procurar aí uma resposta. A resposta ao problema terá de ser a que for mais coerente com a disciplina da insolvência e a que for mais adequada aos propósitos para que foi concebida.

Vendo bem, ao contrário do que se pensa, nem todos os créditos constituídos depois da declaração de insolvência são créditos sobre a massa[436]. Atente-se, por exemplo, na emblemática norma geral do art. 102.º, relativa aos efeitos da declaração de insolvência sobre os negócios jurídicos em curso. Atente-se no que aí se determina, mais exactamente no n.º 3, als. *c)* e *d),* quanto aos créditos resultantes, em geral, da recusa de cumprimento do contrato pelo administrador da insolvência: os créditos devem ser qualificados como créditos sobre a insolvência. Atente-se, depois, para um exemplo de outro tipo (mais concreto), na situação do locatário que, na hipótese de resolução do contrato de locação por iniciativa de qualquer das partes, em conformidade com o art. 108.º, n.º 5, *ex vi* do art. 109.º, n.º 2, adquire um direito à restituição das prestações eventualmente efectuadas (adiantamentos a título de caução, renda ou aluguer): não classificando a lei o crédito do locatário como crédito sobre a massa nem sendo possível enquadrá-lo na

---

[436] O raciocínio resulta da tentativa de definir (como se disse, erradamente) créditos sobre a massa a partir da definição legal de créditos sobre a insolvência.

LIÇÕES DE DIREITO DA INSOLVÊNCIA

enumeração do art. 51.º, n.º 1, o crédito deve ser qualificado como crédito sobre a insolvência[437].

Na realidade, são raros, tendencialmente excepcionais, os créditos que podem ser qualificados como créditos sobre a massa. Bem se compreende que assim seja. No caso contrário, todos os créditos teriam prioridade no pagamento, tornando-se inviável, a final, dar prioridade a algum. Uma tal banalização dos créditos sobre a massa, por outro lado, condenaria ao fracasso o processo de insolvência.

A excepcionalidade – e a inerente criteriosidade – da classificação como créditos sobre a massa compreende-se bem tendo presentes os efeitos que a classificação produz quanto às garantias (acrescidas) de pagamento destes créditos no processo de insolvência.

Não se pode esquecer que o estado jurídico da empresa é de insolvência, ou seja, de reconhecida e declarada impossibilidade de cumprir integralmente todas as obrigações. Por força disso, deverá observar-se, tanto quanto possível, a igualdade de tratamento dos credores (uma distribuição equitativa das perdas)[438]. Os desvios ao princípio *par conditio creditorum*, ou seja, o (eventual) tratamento privilegiado, preferencial ou prioritário de certos credores, devem ser admitidos apenas em casos contados, isto é, a título pontual, para evitar que a massa insolvente seja sobrecarregada em favor de alguns e em detrimento de outros. No caso contrário, o processo de insolvência serviria, em última análise, para satisfazer exclusivamente os créditos constituídos depois da declaração de insolvência e seria impotente perante os créditos anteriores (que deram origem à abertura do processo), nada ou quase nada restando para a sua satisfação. O que seria incompreensível.

---

[437] Como reconhece Luís MANUEL TELES DE MENEZES LEITÃO ["A (in)admissibilidade da insolvência como fundamento de resolução dos contratos", cit., p. 94].

[438] Como se disse em momento anterior, o processo de insolvência impõe limitações aos direitos "naturais" dos credores que não têm paralelo em processo algum. E pode parecer intrigante que a fonte de quase todas as limitações seja justamente o mecanismo especialmente concebido para a consecução de uma tutela mais eficaz dos direitos de crédito (a par conditio creditorum). Contrariando as aparências, é lógico que assim seja. Na sua génese, a *par conditio creditorum* corresponde a uma exigência de "justiça distributiva" – de distribuição do sacrifício, de "comunhão de perdas" (*Verlustgemeinschaft*) ou de "comunhão no risco" (*Risikogemeinschaft*). Cfr. CATARINA SERRA, *A falência no quadro jurisdicional dos direitos de crédito – a natureza jurídica do processo de liquidação aplicável à insolvência no Direito português*, cit., pp. 391-392.

TRAMITAÇÃO DO PROCESSO DE INSOLVÊNCIA

Se não forem suficientes as (outras) razões aduzidas pela jurisprudência e pela doutrina actuais, talvez se possa encontrar aqui (mais) um argumento a favor da classificação como créditos sobre a insolvência.

Poder-se-ia replicar que, então, mais vale aos trabalhadores antigos condicionarem a sua continuidade como trabalhadores da empresa à celebração de novos contratos pelo administrador da insolvência, nos termos do art. 55.º, n.º 4. Conseguiriam com isso assegurar que os créditos resultantes da cessação do contrato de trabalho eram classificados como créditos sobre a massa. Isso não compensaria, porém, a redução que sofreria o seu montante, dada a relevância da antiguidade para o cálculo da compensação.

61.1.2. Créditos tributários

Nota-se uma tendência, em alguns meios, para considerar que os créditos tributários, ainda que com fundamento anterior à declaração de insolvência, são créditos sobre a massa.

Pode perguntar-se por que razão não prevaleceria no caso dos créditos tributários, como noutros casos, o critério geral inequivocamente disposto na lei da insolvência, mais precisamente no art. 47.º. A verdade é que, na prática tributária, nem todos se conformam com a aplicação deste critério, tornando-se necessário explicar (mais claramente) por que ele é aplicável.

De acordo com a norma do art. 47.º, as dívidas – *todas* as dívidas – cujo fundamento se tenha verificado em período anterior à declaração de insolvência são dívidas da insolvência. A norma não prevê ressalvas. E não se encontra, tão-pouco, na lei tributária qualquer argumento para pôr em causa a sua aplicação.

Ao contrário do que possa parecer, a norma do art. 180.º do CPPT, regulando os efeitos da declaração de insolvência sobre a execução fiscal – portanto, uma questão diversa – não adquire relevância para a discussão. Pondo a tónica na data de vencimento (e não de constituição) das dívidas, se algum efeito tem, o disposto no art. 180.º, n.º 6, do CPPT é o de agravar a confusão. Invocando, em particular, a ressalva contida à regra disposta no seu n.º 1, e entendendo (indevidamente) que o art. 91.º do CIRE é inaplicável às obrigações tributárias (ou seja, que as dívidas apenas se vencem com o acto de liquidação), tem alguma jurisprudência sustentado que, sendo a liquidação posterior à declaração de insolvência, não fica impedido o prosseguimento das execuções fiscais para o respectivo pagamento[439]-[440].

---

[439] Cfr., neste sentido, entre outros, o Acórdão do STA de 15 de Abril de 2015, Proc. 01087/14

LIÇÕES DE DIREITO DA INSOLVÊNCIA

A referência ao caso (muito frequente) das dívidas tributárias ainda não liquidadas no momento da reclamação de créditos, por outro lado, não altera – nem obriga a alterar – coisa alguma.

Em primeiro lugar, o art. 91.º dispensa o acto de que, regra geral, depende o vencimento das obrigações (e que, no caso das dívidas tributárias, é a liquidação)[441], dispondo que *todas* as dívidas se vencem após a declaração de insolvência[442].

Em segundo lugar, e mais importante ainda, o critério decisivo para a qualificação das dívidas no processo de insolvência é – não deixa de ser – a data da constituição e não a do vencimento da dívida, sendo, portanto, o acto de liquidação completamente irrelevante para aquele efeito. Aplicando o critério, por exemplo, a uma dívida respeitante a IVA, isto significa que aquilo que releva para a qualificação como dívida da massa insolvente ou dívida da insolvência é o momento em que é realizada a operação que dá origem à obrigação de pagamento do IVA.

(Relator: PEDRO DELGADO), e o Acórdão do STA de 29 de Fevereiro de 2012, Proc. 0885/11 (Relator: FRANCISCO ROTHES). Prevendo o normal prosseguimento das execuções fiscais, o disposto no art. 180.º, n.º 6, do CPPT contraria directamente o regime previsto na norma do art. 88.º do CIRE para as dívidas da insolvência (a suspensão). É verdade que, como se tem alegado, a norma do art. 180.º do CPPT não foi revogada pelo legislador da insolvência. Mas também é verdade que, mesmo sem acto de revogação expressa, verificando-se uma incompatibilidade insanável entre duas normas, é admissível concluir que uma delas foi tacitamente revogada ou fazer uma interpretação ab-rogante. Registe-se, porém, que, no último Acórdão mencionado, houve um esforço de conformação, restringindo-se a possibilidade de prosseguimento da execução a bens não apreendidos no processo de insolvência.

[440] Mas há excepções. Refere-se também à norma do art. 180.º do CPPT, sem, contudo, se desorientar no que toca ao critério para a classificação das dívidas, o Acórdão do TCAN de 12 de Outubro de 2012, Proc. 01096/11.5BEBRG (Relator: NUNO TEIXEIRA BASTOS). Apreciando o caso particular dos tributos que, como o IVA, devem ser autoliquidados, afirma-se claramente no Acórdão que as dívidas tributárias cuja génese reside em factos anteriores à data da declaração de insolvência são dívidas da insolvência, devendo a execução fiscal para o seu pagamento ser sustada, em conformidade com o art. 180.º, n.º 1, do CPPT.

[441] A liquidação da dívida não importa, de facto, para a sua constituição mas sim para o seu vencimento. Assim, os créditos tributários ainda não liquidados já estão constituídos mas ainda não se venceram por falta de um acto (de liquidação) da Autoridade Tributária.

[442] O objectivo da norma é, evidentemente, assegurar a realização do princípio *par conditio creditorum* ou da igualdade dos credores, visando dar aos titulares de dívidas (da insolvência) ainda não vencidas no momento da declaração de insolvência do devedor a possibilidade de reclamar o seu crédito.

TRAMITAÇÃO DO PROCESSO DE INSOLVÊNCIA

Bem se compreende a solução legal. Independentemente de outros argumentos, a verdade é que uma classificação tão importante não poderia ficar dependente do momento do vencimento pois em não raros casos o vencimento depende em exclusivo da vontade (de um acto) do credor[443]. Não se vê justificação para que um retardamento deliberado deste acto pudesse beneficiá-lo, assegurando-lhe que o seu crédito seria classificado como crédito da massa insolvente.

62. Impugnação da lista de créditos e diligências sucessivas

A lista dos credores reconhecidos pode ser impugnada por qualquer interessado, através de requerimento dirigido ao juiz, com fundamento em indevida inclusão ou exclusão ou em incorrecção do montante ou da qualificação do crédito (cfr. art. 130.º, n.º 1).

Não havendo impugnações, é imediatamente proferida a sentença de verificação e graduação de créditos, em que, salvo o caso de erro manifesto, se homologa a lista de credores reconhecidos elaborada pelo administrador e se graduam os créditos atendendo ao que conste dessa lista (cfr. art. 130.º, n.º 3)[444].

Havendo impugnações, o administrador da insolvência ou qualquer interessado (incluindo o devedor) pode responder-lhes (cfr. art. 131.º, n.º 1). A comissão de credores deve apresentar parecer sobre as impugnações e as respostas (cfr. art. 135.º). O juiz declara verificados com valor de sentença os créditos incluídos na respectiva lista e não impugnados, salvo o caso de erro manifesto, e pode designar dia e hora para uma tentativa de conciliação, finda a qual deve ser proferido despacho saneador (cfr. art. 136.º, n.ºs 1 e 3).

Os créditos não impugnados são, assim, objecto de sentença imediata, o que permite a clarificar a posição dos respectivos titulares.

O despacho saneador tem a forma e o valor de sentença de verificação e graduação de créditos quanto aos créditos reconhecidos (cfr. art. 136.º, n.º 6), que são os créditos que mereçam a aprovação de todos os presentes (cfr.

---

[443] Pense-se no caso da dívida liquidável em prestações que, não obstante ser exigível por força do art. 781.º do CC, não seja exigida pelo credor.

[444] Sobre a ausência de impugnação da lista definitiva de créditos e o poder de controlo judicial da legalidade da lista bem como sobre o conceito de "erro manifesto" cfr. os Acórdãos do STJ de 10 de Dezembro de 2015, Proc. 836/12.0TBSTS-A.P1.S1 (Relator: FONSECA RAMOS) e de 30 de Setembro de 2014, Proc. 3045/12.4TBVLG-B.P1.S1 (Relatora: ANA PAULA BOULAROT).

LIÇÕES DE DIREITO DA INSOLVÊNCIA

art. 136.º, n.º 2) e ainda aqueles que possam sê-lo face aos elementos de prova contidos nos autos (cfr. art. 136.º, n.º 5).

Antes da Lei n.º 16/2012, de 20 de Abril, a tentativa de conciliação era obrigatória. Mas depois tornou-se uma mera possibilidade, dispondo o n.º 8 da norma – de forma um tanto ou quanto dispensável – que, sempre que entenda que não é conveniente realizar a tentativa de conciliação, o juiz profere de imediato o despacho saneador referido acima.

Caso o processo deva prosseguir para julgamento, tem lugar a audiência de discussão e julgamento, em que se aplicam, com determinadas especialidades, as regras do processo comum (cfr. art. 139.º).

É proferida a sentença final de verificação e graduação de créditos (cfr. art. 140.º, n.º 1), que é geral para os bens da massa e especial para os bens a que respeitem direitos reais de garantia e privilégios creditórios (cfr. art. 140.º, n.º 2). Não são atendidas as preferências resultantes de hipoteca judicial nem de penhora (cfr. art. 140.º, n.º 3).

63. Restituição e separação de bens
A matéria da restituição e a separação de bens encontra-se regulada nos arts. 141.º e s. São aplicáveis as disposições relativas à reclamação e verificação de créditos (cfr. art. 141.º, n.º 1).

64. Verificação ulterior de créditos e de outros direitos
Findo o prazo das reclamações, é possível aquilo a que se chama verificação ulterior de créditos (cfr. arts. 146.º e s.), ou seja, o reconhecimento de outros créditos, bem como do direito à separação ou restituição de bens, de modo a serem atendidos no processo de insolvência.

O meio adequado para a verificação ulterior é uma acção proposta contra massa insolvente, os credores e o devedor (cfr. art. 146.º, n.º 1).

O direito à separação ou restituição de bens pode ser exercido a todo o tempo mas a reclamação de créditos depende do preenchimento de certas condições: a reclamação ulterior não pode ser apresentada pelos credores que tenham sido avisados nos termos do art. 129.º, excepto quando os créditos tenham sido constituídos posteriormente [cfr. art. 146.º, n.º 2, al. *a*)], e só pode ser feita nos seis meses subsequentes ao trânsito em julgado da sentença de declaração de insolvência ou no prazo de três meses seguintes à respectiva constituição, caso termine posteriormente [cfr. art. 146.º, n.º 2, al. *b*)][445].

As acções de verificação ulterior de créditos e de outros direitos correm sempre por apenso aos autos da insolvência e seguem, qualquer que seja o seu valor, os termos do processo comum, ficando as custas a cargo do respectivo autor, caso não venha a ser deduzida contestação (cfr. art. 148.º).

65. Assembleia de credores para apreciação do relatório

Como se viu, após a fase de apreensão geral dos bens, o administrador da insolvência elabora um inventário dos bens e direitos integrados na massa insolvente (cfr. art. 153.º), uma lista provisória de credores (cfr. art. 154.º) e, por fim, um relatório sobre a situação económica, financeira e contabilística do devedor, ao qual são anexados o inventário e a lista provisória de credores referidos (cfr. art. 155.º). Todos estes documentos devem ser objecto de apreciação pela assembleia de credores (cfr. art. 156.º).

Esta assembleia é um momento determinante para o curso do processo. É nela que se delibera sobre o encerramento ou a manutenção em actividade do estabelecimento compreendido na massa insolvente (cfr. art. 156.º, n.º 2), embora seja possível, excepcionalmente, o encerramento antecipado (cfr. art. 157.º), e sobre a eventual atribuição ao administrador da insolvência do encargo de elaborar um plano de insolvência, com a suspensão da liquidação e da partilha da massa insolvente (cfr. art. 156.º, n.º 3).

Apesar de tudo, a assembleia de apreciação do relatório é uma fase meramente eventual, tudo dependendo da ponderação do juiz. Depois da alteração da Lei n.º 16/2012, de 20 de Abril, o juiz tem, de facto, a faculdade de dispensar a realização da assembleia de apreciação do relatório desde que declare fundadamente que prescinde dela. Isto excepto nos casos em que for previsível a apresentação de um plano de insolvência ou em que se determine que a administração da massa seja efectuada pelo devedor [cfr. art. 36.º, n.º 1, al. *n*), e n.º 2].

Caso o juiz dispense a assembleia, qualquer interessado pode, no prazo para a reclamação de créditos, requerer ao tribunal a sua convocação (cfr. art. 36.º, n.º 3).

---

[445] Foi a Lei n.º 16/2012, de 20 de Abril, que fixou o prazo (inicialmente, de um ano) em seis meses.

LIÇÕES DE DIREITO DA INSOLVÊNCIA

66. Liquidação da massa insolvente. A possibilidade de dispensa de liquidação

A fase da liquidação da massa tem início após o trânsito em julgado da sentença de declaração de insolvência e a realização da assembleia de apreciação do relatório ou, caso não seja designado dia para a sua realização, nos termos da al. *n)* do n.º 1 do art. 36.º, depois de decorridos quarenta e cinco dias sobre a prolação da sentença de declaração de insolvência, independentemente da verificação do passivo (cfr. arts. 158.º, n.º 1, e 36.º, n.º 4). Isto, sem prejuízo dos bens deterioráveis ou depreciáveis, que podem ser objecto de venda imediata (cfr. art. 158.º, n.º 2).

Realizando-se esta venda antecipada, o administrador da insolvência deve publicitar, por anúncio, a composição da massa insolvente e comprovar tal facto nos autos (cfr. art. 152.º, n.º 1).

Antes da Lei n.º 16/2012, de 20 de Abril, a norma do art. 158.º, n.º 2, exigia que, para proceder à venda antecipada dos bens deterioráveis ou depreciáveis, o administrador da insolvência obtivesse a prévia concordância da comissão de credores ou, na sua falta, do juiz. O cumprimento de tal exigência consumia um tempo considerável, o que podia, em alguns casos, pôr mesmo em causa a utilidade da venda e comprometer, em geral, a finalidade do regime da venda antecipada de bens. Por este motivo, eliminou-se a exigência. O administrador da insolvência tem agora tão-só o dever de comunicar a sua decisão de venda antecipada ao devedor, à comissão de credores, sempre que exista, e ao juiz (com a antecedência de, pelo menos, dois dias úteis antes da realização da venda) e de publicar o evento no portal Citius (cfr. art. 158.º, n.º 3). Naturalmente, o juiz pode impedir a venda antecipada, por sua iniciativa ou a requerimento do devedor, da comissão de credores ou de qualquer credor da insolvência ou da massa insolvente que indique as razões que justificam a não realização da venda e apresente, sempre que tal seja possível, uma alternativa viável à venda (cfr. art. 158.º, n.ºs 4 e 5).

A alienação dos bens é feita, preferencialmente, através da venda em leilão electrónico, podendo embora, justificadamente, o administrador optar por qualquer das modalidades admitidas em processo executivo ou outra que considere mais conveniente (cfr. art. 164.º, n.º 1). Consagra-se a regra da preferência para a alienação da empresa como um todo (cfr. art. 162.º, n.º 1), por razões que se prendem com os interesses de conservação das unidades económicas e de protecção da economia.

Assinala-se a necessidade de consentimento da comissão de credores ou, na sua falta, da assembleia de credores para a prática de actos de especial

290

relevo pelo administrador da insolvência (cfr. art. 161.º). Nestes se inclui a venda da empresa, de estabelecimentos ou da totalidade das existências [cfr. art. 161.º, n.º 3, al. *a)*].

O produto da liquidação deve ser depositado à medida que a liquidação se for efectuando (cfr. art. 167.º) e a liquidação deve, em princípio, estar encerrada no prazo de um ano a contar da data da assembleia de apreciação do relatório ou, caso não seja designado dia para a sua realização, nos termos da al. *n)* do n.º 1 do art. 36.º, a contar do quadragésimo quinto dia subsequente à data da prolação da sentença de declaração de insolvência, ou no final de cada período de seis meses subsequentes, sob pena de o administrador poder vir a ser destituído por justa causa (cfr. arts. 169.º e 36.º, n.º 4).

Quando o devedor é uma pessoa singular e a massa insolvente não integra uma empresa, pode haver lugar à dispensa de liquidação, se o administrador o solicitar e houver o acordo prévio do devedor (cfr. art. 171.º). Tal acontece apenas na condição de o devedor entregar ao administrador da insolvência uma importância em dinheiro não inferior à que resultaria da liquidação (cfr. art. 171.º, n.º 1). A situação não será, por razões óbvias, muito frequente.

Assinale-se, de qualquer modo, a ligação necessária entre a qualidade de pessoa singular não titular de empresa e a possibilidade de dispensa de liquidação, que indica, mais uma vez, a maior responsabilidade que o legislador imputa, por um lado, às pessoas jurídicas e, por outro lado, às pessoas, singulares ou jurídicas, que prossigam uma actividade empresarial.

67. Sentença de verificação e graduação de créditos

67.1. Natureza e função da sentença de verificação de créditos
Se bem que o pressuposto do exercício do poder executivo pelos credores seja a declaração judicial de insolvência, é a sentença de verificação de créditos que os autoriza a participar no rateio sobre os bens do devedor. O processo de insolvência rege-se, nesta matéria, pelo princípio da exclusividade: só os credores que obtenham o reconhecimento judicial dos seus créditos no processo de insolvência podem legitimamente aspirar a que o seu direito seja realizado no processo.

Não parece, portanto, haver dúvidas quanto à natureza – declarativa – e ao conteúdo da sentença de verificação de créditos – declaração ou certificação de direitos.

LIÇÕES DE DIREITO DA INSOLVÊNCIA

Desempenha, correspondentemente, a função de título executivo certificativo, habilitando os credores a aceder à fase do pagamento.

67.2. Modalidades da sentença de verificação de créditos

Como se viu, a sentença de verificação de créditos pode ter lugar logo depois da reclamação de créditos, se não houver impugnações (cfr. art. 130.º, n.º 3). Junto o parecer da comissão de credores ou decorrendo o prazo previsto no art. 135.º (dez dias após o termo do prazo das respostas às impugnações de créditos), o juiz declara verificados com valor de sentença os créditos incluídos na respectiva lista e não impugnados, salvo o caso de erro manifesto (cfr. art. 136.º, n.º 1).

Mas também pode ter lugar depois da tentativa de conciliação, quanto aos créditos aí reconhecidos. Estes são, como se disse, os créditos que mereçam a aprovação de todos os presentes (cfr. art. 136.º, n.º 2) e ainda aqueles que possam sê-lo face aos elementos de prova contidos nos autos (cfr. art. 136.º, n.º 5).

E pode, finalmente, ter lugar no final da audiência de discussão e julgamento sobre os créditos (cfr. art. 140.º, n.º 1). Esta é, com plena propriedade, chamada "sentença final de verificação e graduação de créditos".

67.3. A graduação em particular

Além da verificação dos créditos, deve haver sempre lugar à sua graduação.

A graduação é essencial para determinar não só a ordem como a forma de pagamento das várias classes de créditos.

A lei determina que a graduação seja geral para os bens da massa insolvente e especial para os bens a que respeitem direitos reais de garantia e privilégios creditórios (cfr. art. 140.º, n.º 2).

Na graduação de créditos não são atendidas as preferências resultantes de hipoteca judicial nem as provenientes de penhora, mas as custas pagas pelo autor ou exequente constituem dívidas da massa insolvente (cfr. art. 140.º, n.º 3).

68. Pagamento aos credores

Na fase de pagamento aos credores, há que distinguir entre os créditos sobre a massa e os créditos sobre a insolvência e, dentro destes, por seu turno, entre os créditos garantidos, os créditos privilegiados, os créditos subordinados e os créditos comuns.

TRAMITAÇÃO DO PROCESSO DE INSOLVÊNCIA

Antes do pagamento dos créditos sobre a insolvência, deduz-se da massa insolvente os bens ou direitos necessários, efectiva ou previsivelmente, ao pagamento dos créditos sobre a massa (cfr. art. 172.º, n.º 1). Estes são imputados aos rendimentos da massa e, quanto ao excedente, na devida proporção, ao produto de cada bem, móvel ou imóvel, mas a imputação não pode exceder dez por cento do produto de bens objecto de garantias reais, salvo na medida do indispensável à satisfação integral dos créditos sobre a massa ou do que não prejudique a satisfação integral dos créditos garantidos (cfr. art. 172.º, n.º 2). O pagamento tem lugar nas datas dos respectivos vencimentos, independentemente do estado do processo (cfr. art. 172.º, n.º 3).

Os créditos sobre a insolvência são pagos exclusivamente quando estiverem verificados por sentença transitada em julgado (cfr. art. 173.º).

Quanto aos créditos garantidos, é manifesta a intenção de compensar os respectivos titulares pelo atraso na venda dos bens onerados [que só pode ter lugar após a realização da assembleia de apreciação do relatório ou, caso não seja designado dia para a sua realização, nos termos da al. *n)* do n.º 1 do art. 36.º, depois de decorridos quarenta e cinco dias sobre a prolação da sentença de declaração de insolvência (cfr. art. 36.º, n.º 4)] e pela eventual desvalorização dos bens onerados decorrente desse atraso ou da sua utilização em proveito da massa insolvente. Eles são pagos logo que é liquidado o bem onerado com a garantia real, pelo valor da liquidação, abatidas as respectivas despesas e as imputações devidas pelos créditos sobre a massa (cfr. art. 174.º, n.º 1), que, como se disse, em regra, podem, no máximo, ascender a dez por cento do produto do bem (cfr. art. 172.º, n.ºs 1 e 2). Não ficando integralmente pagos, são os respectivos saldos incluídos entre os créditos comuns, em substituição dos saldos estimados, ou seja, o credor garantido concorre nos rateios sucessivos (parciais e final) em igualdade com os credores comuns (cfr. art. 174.º, n.º 1). Nos rateios parciais que se realizarem antes da venda do bem onerado com a garantia, os créditos garantidos não são pagos, mas o seu saldo estimado é atendido, ficando em depósito o valor que lhe corresponde em cada rateio até à confirmação do saldo efectivo (cfr. art. 174.º, n.º 2).

Os créditos privilegiados são pagos à custa dos bens não afectos a garantias reais prevalecentes (cfr. art. 175.º, n.º 1). Não ficando integralmente pagos, são os respectivos saldos incluídos entre os créditos comuns, em substituição dos saldos estimados, ou seja, o credor privilegiado concorre nos rateios sucessivos (parciais e final) em igualdade com os credores comuns (cfr. art. 175.º, n.º 2, e art. 174.º, n.º 1). Nos rateios parciais que se realizarem antes da venda dos bens onerados com a garantia, os créditos privilegiados não são pagos, mas o seu saldo estimado é atendido, ficando em depósito o valor que lhe corresponde em cada rateio até à confirmação do saldo efectivo (cfr. art. 175.º, n.º 2, e art. 174.º, n.º 2).

Os créditos comuns são pagos na proporção dos respectivos montantes, se a massa for insuficiente para a satisfação integral (cfr. art. 176.º).

Os créditos subordinados são pagos apenas depois de integralmente pagos os créditos comuns. O pagamento é efectuado pela ordem segundo a qual os créditos estão indicados no art. 48.º e, quando estejam em causa créditos da mesma categoria, na proporção dos respectivos montantes, se a massa for insuficiente para a satisfação integral (cfr. art. 177.º, n.º 1). A ordem será, então, em princípio, a seguinte: créditos detidos por pessoas especialmente relacionadas com o devedor, desde que a relação especial existisse já aquando da respectiva aquisição, e por aqueles a quem tenham sido transmitidos, contanto que nos dois anos anteriores ao início do processo de insolvência [cfr. art. 48.º, al. *a)*, e art. 49.º]; juros supervenientes à declaração de insolvência de créditos não subordinados, com excepção dos abrangidos por garantia real e por privilégios creditórios gerais, até ao valor dos bens onerados, e de créditos subordinados [cfr. art. 48.º, als. *b)* e *f)*]; créditos convencionalmente subordinados [cfr. art. 48.º, al. *c)*]; créditos aos quais correspondam prestações do devedor a título gratuito [cfr. art. 48.º, al. *d)*]; créditos sobre a insolvência que, em consequência da resolução em benefício da massa, resultem para terceiro de má fé [cfr. art. 48.º, al. *e)*]; e créditos por suprimentos [cfr. art. 48.º, al. *g)*]. É, no entanto, admissível que o pagamento dos créditos convencionalmente subordinados obedeça a uma prioridade diversa da estabelecida no art. 48.º (cfr. art. 177.º, n.º 2).

Podem fazer-se rateios parciais com base no produto dos bens não onerados com garantia real que forem sendo liquidados, mas só se existirem em depósito quantias que assegurem uma distribuição não inferior a cinco por cento do valor dos créditos privilegiados, comuns e subordinados, depois de abatidas as despesas de liquidação respectivas e as imputações devidas pelos créditos sobre a massa (cfr. art. 178.º). Isto para evitar a prática constante de actos de rateio sem valor económico significativo. O plano e o mapa de rateio são apresentados pelo administrador da insolvência e o juiz decide sobre os pagamentos que devem ser efectuados nesta fase (cfr. art. 178.º, n.ºs 1 e 2).

Alguns créditos são atendidos mas não são pagos nos rateios parciais até à verificação de determinado facto. Pode chamar-se-lhes "créditos condicionais" e considerar-se que compreendem os créditos sob condição suspensiva (cfr. art. 50.º) e os créditos condicionalmente verificados. Os primeiros são atendidos pelo seu valor nominal nos rateios que se efectuarem, ou seja, não são pagos até à verificação da sua condição, mas ficam depositadas as quantias que lhe correspondem (cfr. art. 181.º, n.º 1). Os segundos correspondem aos créditos em apreciação no recurso da sentença de verificação e graduação de créditos ou no protesto por acção pendente e são atendidos nos rateios que se efectuarem, considerando-se condicionalmente verificados os créditos dos autores do protesto ou objecto do recurso (neste último caso pelo montante máximo que pudesse resultar do reconhecimento do mesmo), ou seja, não são pagos até à sua verificação, mas ficam depositadas as quantias que lhe correspondem (cfr. art. 180.º, n.º 1).

Os rateios parciais não asseguram a repartição exacta do produto da liquidação, pois ainda não se conhece o valor do produto final da liquidação nem o valor do passivo total. Por isso, uma vez encerrada a liquidação da massa insolvente e elaborada a lista definitiva de credores (depois da decisão sobre os créditos condicionais), há lugar a uma distribuição e a um rateio final, que são efectuados, em regra, pela secretaria do tribunal (cfr. art. 182.º, n.º 1). Mas, se as sobras da liquidação nem sequer cobrirem as despesas do rateio, elas são atribuídas ao organismo responsável pela gestão financeira e patrimonial do Ministério da Justiça (cfr. art. 182.º, n.º 2).

É possível a apresentação, pelo administrador da insolvência, de uma proposta de distribuição e rateio final, devendo esta proposta e a eventual documentação que a acompanhe ser apreciadas pela secretaria do tribunal (cfr. art. 182.º, n.º 3).

69. Encerramento do processo

A hipótese normal de encerramento do processo de insolvência é após a conclusão do rateio final [cfr. art. 230.º, n.º 1, al. a)]. Mas o encerramento pode também ocorrer seja quando a decisão de homologação do plano de insolvência tenha transitado em julgado [cfr. art. 230.º, n.º 1, al. b)], seja, a pedido do devedor, quando ele deixe de se encontrar em situação de insolvência ou todos os credores prestem o seu consentimento [cfr. art. 230.º, n.º 1, al. c)], seja quando o administrador da insolvência constate a insuficiência da massa insolvente para satisfazer as custas do processo e as restantes dívidas da massa insolvente [cfr. art. 230.º, n.º 1, al. d)], seja, por fim, quando haja

LIÇÕES DE DIREITO DA INSOLVÊNCIA

despacho inicial de exoneração do passivo restante e o encerramento ainda não haja sido declarado [cfr. art. 230.º, n.º 1, al. *e*)][446].

Foi a Lei n.º 16/2012, de 20 de Abril, que acrescentou esta última situação ao elenco de causas de encerramento do processo de insolvência. A intenção foi a de resolver um problema detectado, há algum tempo, no âmbito da exoneração do passivo restante. Sendo o encerramento um pressuposto necessário para o início do chamado "período de cessão" e devendo os cinco anos para a cessão do rendimento disponível contar-se a partir da data do encerramento (eles correspondem, como se diz no art. 239.º, n.º 2, aos "cinco anos subsequentes ao encerramento do processo de insolvência"), a verdade é que, nalguns casos, existiam impedimentos ao encerramento. Atente-se, por exemplo, na hipótese de o devedor beneficiar, nos termos do art. 248.º, n.º 1, do diferimento do pagamento das custas. Determina o art. 232.º, n.º 6, que, durante a vigência do benefício, o processo não pode ser encerrado por insuficiência da massa insolvente. Com a consagração do despacho inicial de exoneração como uma espécie de causa residual ou subsidiária de encerramento ficou resolvido este impasse.

Em face deste novo quadro, surgiu uma (outra) dúvida quanto aos efeitos do encerramento do processo nos casos em que ainda existam bens ou direitos a liquidar. O esclarecimento da questão foi levado a cabo pelo DL n.º 79/2017, de 30 de Junho, que aditou um n.º 7 ao art. 233.º. Fica estabelecido que o encerramento do processo de insolvência nos termos da al. *e*) do n.º 1 do artigo 230.º abrange, sim, as situações em que existem bens ou direitos a liquidar, mas tem efeitos limitados, determinando apenas o início do período de cessão do rendimento disponível, ou seja, esgotando-se na função de "desbloquear" o período de cessão e não produzindo os efeitos que lhe são habituais[447].

---

[446] Só algumas destas situações dão origem a que os créditos possam ser considerados incobráveis, podendo os credores conseguir que os créditos sejam directamente considerados gastos ou perdas do período de tributação ou deduzir o IVA relativo aos créditos. São elas, por força da alteração da Lei n.º 114/2017, de 29 de Dezembro (Lei do Orçamento de Estado para 2018), ao art. 41.º, n.º 1, al. *b*), do CIRC e ao art. 78.º-A, n.º 4, al. *b*), do CIVA, o encerramento do processo por insuficiência de bens, ao abrigo da al. *d*) do n.º 1 do art. 230.º e do art. 232.º, e a realização do rateio final (mas só quando deste último resulte o não pagamento definitivo do crédito).

[447] Estes efeitos produzir-se-ão aquando do encerramento por qualquer uma das outras causas, sendo certo que a mais provável é o rateio final [cfr. art. 230.º, n.º 1, al. *a*)].

TRAMITAÇÃO DO PROCESSO DE INSOLVÊNCIA

Sem prejuízo dos efeitos imediatos da sentença homologatória do plano de insolvência, se for o caso (cfr. art. 233.º, n.º 1), com o encerramento do processo cessam quase todos os efeitos da declaração de insolvência. Sendo os efeitos, na sua maioria, instrumentais em relação ao processo, é natural que se mantenham durante o seu curso e que cessem automaticamente aquando do seu encerramento. Por isso, a cessação destes efeitos não é objecto de publicidade especial, bastando a publicidade e o registo da decisão de encerramento do processo (cfr. art. 230.º, n.º 2, e art. 38.º). É especialmente referida a cessação do efeito principal da insolvência, ou seja, a recuperação, por parte do devedor, do direito de disposição dos seus bens e da livre gestão dos negócios [cfr. art. 233.º, n.º 1, al. *a)*], mas são abrangidos todos os efeitos instrumentais.

Diversamente, os efeitos especiais da declaração da insolvência como culposa (a inibição para a administração de patrimónios de terceiros e a inibição para o exercício do comércio e para a ocupação de certos cargos) não são afectados pelo encerramento do processo [cfr. ressalva do art. 233.º, n.º 1, al. *a)*]. Bem se compreende esta independência. Os efeitos em causa não são determinados por interesses que se relacionem com a vida do processo e que se extingam com o encerramento dele, não são, como os anteriores, efeitos instrumentais[448]. São, sim, mecanismos de tutela dos interesses dos sujeitos ou do tráfico em geral (protecção dos interesses dos titulares dos patrimónios, no caso da inibição para a administração de patrimónios de terceiros, e dos interesses do comércio e dos cargos vedados, no caso da inibição[449]). Têm, por consequência, a duração que for definida na sentença que os aplica – que depende, fundamentalmente, do grau de culpa –, respeitados os limites legais (dois a dez anos) [cfr. art. 189.º, n.º 2, als. *b)* e *c)*]. Sendo, como se viu, a aplicação destes efeitos objecto de publicidade especial (cfr. art. 189.º, n.º 3), a sua cessação deve estar sujeita à mesma exigência, de acordo com os princípios gerais do registo [cfr. art. 1.º, n.º 1, al. *p)*, do CRCiv].

Na sequência da alteração da Lei n.º 16/2012, de 20 de Abril, que, designadamente, eliminou o carácter obrigatório do incidente de qualificação de insolvência, foi aditado um n.º 6 ao art. 233.º. para regular os casos em que o processo seja encerrado por insuficiência da massa sem que tenha sido

---

[448] Cfr. Maria do Rosário Epifânio, *Os efeitos substantivos da falência*, cit., p. 165.

[449] Cfr. José de Oliveira Ascensão, "Efeitos da falência sobre a pessoa e negócios do falido", cit., pp. 650-651, e Idem, *Direito Civil – Teoria Geral* – volume I, *Introdução, as pessoas, os bens*, cit., pp. 213-214.

LIÇÕES DE DIREITO DA INSOLVÊNCIA

aberto incidente de qualificação, em resultado do disposto na al. *i*) do n.º 1 do art. 36.º. Dispõe-se aí que o juiz deve declarar expressamente o carácter fortuito da insolvência.

CAPÍTULO IV – O incidente de qualificação da insolvência

Bibliografia específica: ADELAIDE MENEZES LEITÃO, "Insolvência culposa e responsabilidade dos administradores na Lei 16/2012, de 20 de Abril", in: CATARINA SERRA (coord.), *I Congresso de Direito da Insolvência*, Coimbra, Almedina, 2013, pp. 269 e s., CARLA MAGALHÃES, "Incidente de qualificação da insolvência. Uma visão geral", in: MARIA DO ROSÁRIO EPIFÂNIO (coord.), *Estudos de Direito da Insolvência*, Coimbra, Almedina, 2015, pp. 99 e s., CATARINA SERRA, "'*Decoctor ergo fraudator*'? – A insolvência culposa (esclarecimentos sobre um conceito a propósito de umas presunções) – Anotação ao Ac. do TRP de 7.1.2008, Proc. 4886/07", in: *Cadernos de Direito Privado*, 2008, n.º 21, pp. 54 e s., CATARINA SERRA, "The Portuguese Classification of Insolvency from a Comparative Perspective", in: REBECCA PARRY (Ed.), *The Reform of International Insolvency Rules at European and National Level – Papers from the INSOL Europe Academic Forum/Milan Law School Joint Insolvency Conference, University of Milan Law School, Milan, Italy, 31 March-1 April 2011*, 2011, pp. 3 e s., JORGE MANUEL COUTINHO DE ABREU, "Direito das Sociedades e Direito da Insolvência: interações", in: CATARINA SERRA (coord.), *IV Congresso de Direito da Insolvência*, Coimbra, Almedina, 2017, pp. 181 e s., JOSÉ ENGRÁCIA ANTUNES, "O âmbito subjetivo do incidente de qualificação da insolvência", in: *Revista de Direito da Insolvência*, 2017, n.º 1, pp. 77 e s., JOSÉ MANUEL BRANCO, "Novas questões na qualificação da insolvência", in: AA. VV., *Processo de insolvência e acções conexas*, Lisboa, Centro de Estudos Judiciários, 2014, pp. 297 e s. (disponível em http://www.cej.mj.pt/cej/recursos/ebook_civil.php), JOSÉ MANUEL BRANCO, "A qualificação da insolvência (análise do instituto em paralelo com outros de tutela dos credores e enquadramento no regime dos deveres dos administradores)", in: AA. VV., *Processo de insolvência e acções conexas*, Lisboa, Centro de Estudos Judiciários, 2014, pp. 349 e s. (disponível em http://www.cej. mj.pt/cej/recursos/ebook_civil.php), JOSÉ MANUEL BRANCO, *Responsabilidade patrimonial e insolvência culposa (Da falência punitiva à insolvência reconstitutiva)*, Coimbra, Almedina, 2015, JOSÉ MANUEL BRANCO, "Qualificação da insolvência (evolução da figura)", in: *Revista de Direito da Insolvência*, 2016, n.º 0, pp. 13 e s., LILIANA MARINA PINTO CARVALHO, "Responsabilidade dos administradores perante os credores resultante da qualificação da insolvência como culposa", in: *Revista de Direito das Sociedades*, 2013, n.º 4, pp. 875 e s., LUÍS CARVALHO FERNANDES, "A qualificação da insolvência e a administração da massa insolvente pelo devedor", in: AA. VV., *Themis*, Edição Especial – *Novo Direito da Insolvência*, 2005, pp. 81 e s., e in: LUÍS CARVALHO FERNANDES/JOÃO LABAREDA, *Colectânea de estudos sobre a insolvência*, Lisboa, Quid Juris, 2009, pp. 247 e s., MANUEL A. CARNEIRO DA FRADA, "A responsabilidade dos administradores na insolvência", in: *Revista da Ordem de*

TRAMITAÇÃO DO PROCESSO DE INSOLVÊNCIA

Advogados, 2006, II, pp. 653 e s., MANUEL A. CARNEIRO DA FRADA, "A responsabilidade dos administradores perante os credores entre o Direito das Sociedades e o Direito da Insolvência", in: CATARINA SERRA (coord.), *IV Congresso de Direito da Insolvência*, Coimbra, Almedina, 2017, pp. 193 e s., MARIA ELISABETE RAMOS, "A insolvência da sociedade e a responsabilização dos administradores no ordenamento jurídico português", in: *Prim@ Facie, Revista da Pós-Graduação em Ciências Jurídicas da Universidade Federal da Paraíba*, 2005, n.º 7, pp. 5 e s., MARIA ELISABETE RAMOS, "Insolvência da sociedade e efectivação da responsabilidade civil dos administradores", Separata do *Boletim da Faculdade de Direito*, 2007, vol. LXXXXIII, pp. 449 e s., MARIA ELISABETE RAMOS, "Código de la Insolvencia portugués y responsabilidad civil de los administradores", in: *Revista de Derecho de Sociedades*, 2008, n.º 30, pp. 279 e s., MARIA DE FÁTIMA RIBEIRO, "A responsabilidade de gerentes e administradores pela actuação na proximidade da insolvência de sociedade comercial", in: *O Direito*, 2010, I, pp. 81 e s., MARIA DE FÁTIMA RIBEIRO, "A responsabilidade dos administradores à crise da empresa societária e os interesses dos credores sociais", in: *I Congresso – Direito das Sociedades em Revista*, Coimbra, Almedina, 2011, pp. 391 e s., MARIA DE FÁTIMA RIBEIRO, "Responsabilidade dos administradores pela insolvência: evolução dos direitos português e espanhol", in: *Direito das Sociedades em Revista*, 2015, vol. 14, pp. 68 e s., MARIA JOSÉ COSTEIRA, "A insolvência de pessoas colectivas: efeitos no insolvente e na pessoa dos administradores", in: *Julgar*, 2012, 18, pp. 161 e s., MARIA DO ROSÁRIO EPIFÂNIO, "O incidente de qualificação de insolvência", in: AA. VV., *Estudos em memória do Professor Doutor J. L. Saldanha Sanches*, vol. II, Coimbra, Coimbra Editora, 2011, pp. 579 e s., MARIA DO ROSÁRIO EPIFÂNIO, "El Incidente de Calificación de la Insolvencia, in: *Revista de Derecho Concursal y Paraconcursal*, 2013, pp. 419 e s., MIGUEL PUPO CORREIA, "Inabilitação do insolvente culposo", in: *Lusíada – Revista de Ciência e Cultura*, 2011, n.ºs 8-9, pp. 237 e s., NUNO MANUEL PINTO OLIVEIRA, "Responsabilidade civil dos administradores pela insolvência culposa", in: CATARINA SERRA (coord.), *I Colóquio de Direito da Insolvência de Santo Tirso*, Coimbra, Almedina, 2014, pp. 195 e s., NUNO MANUEL PINTO OLIVEIRA, *Responsabilidade civil dos administradores – Entre Direito Civil, Direito das Sociedades e Direito da Insolvência*, Coimbra, Coimbra Editora, 2015, RUI ESTRELA DE OLIVEIRA, "Uma brevíssima incursão pelos incidentes de qualificação da insolvência", in: *O Direito*, Ano 142.º, 2010 – V, pp. 931 e s., e *Julgar*, 2010, n.º 11, pp. 199 e s., RUI PINTO DUARTE, "Responsabilidade dos administradores: coordenação dos regimes do CSC e do CIRE", in: CATARINA SERRA (coord.), *III Congresso de Direito da Insolvência*, Coimbra, Almedina, 2015, pp. 151 e s., e in: RUI PINTO DUARTE, *Estudos Jurídicos Vários*, Coimbra, Almedina, 2015, pp. 731 e s.

70. Noções introdutórias

O regime de qualificação da insolvência regulado nos arts. 185.º e s., é, como se disse, uma novidade introduzida no Código da Insolvência e da Recuperação de Empresas por influência do Direito espanhol, mais precisamente, da *calificación del concurso*, consagrada na *Ley Concursal*, de 9 de Julho de 2003 (cfr. arts. 163 e s.). O objectivo do regime é o de apurar se a insolvência é fortuita ou culposa (cfr. art. 185.º). Será culposa quando a situação de insolvência tiver sido criada ou agravada em consequência da actuação dolosa ou com culpa grave do devedor ou dos seus administradores, de direito ou de facto, nos três anos anteriores ao início do processo de insolvência (cfr. art. 186.º, n.º 1). Será fortuita nos restantes casos.

Note-se, para começar, que a qualificação atribuída não é vinculativa para efeitos da decisão de causas penais, nem das acções de responsabilidade a que se reporta o n.º 3 do art. 82.º (cfr. art. 185.º, n.º 1, *in fine*).

No caso de qualificação da insolvência como culposa, a sentença identifica os sujeitos culpados, para que sobre eles se produzam certos efeitos, também eles declarados na sentença: a inibição para a administração de patrimónios de terceiros e a inibição para o exercício do comércio e para a ocupação de certos cargos (ambas por um período de dois a dez anos), a perda dos créditos sobre a insolvência ou sobre a massa insolvente e a obrigação de restituir os bens ou direitos recebidos em pagamento desses créditos e, por fim, a obrigação de indemnizar os credores do insolvente no montante dos créditos não satisfeitos [cfr. art. 189.º, n.º 2, als. *b)*, *c)*, *d)* e *e)*].

Todos estes efeitos foram analisados a propósito dos efeitos (eventuais) da declaração de insolvência sobre o devedor, pelo que se remete para esse momento.

Diga-se apenas, quanto à inibição para a administração de patrimónios de terceiros e à inibição para o exercício do comércio e para a ocupação de certos cargos, que a sua duração pode variar entre um mínimo de dois e um máximo de dez anos, sendo fixada, em concreto, de acordo com o grau de culpa do sujeito[450]. Estes dois efeitos são oficiosamente registados na conservatória do registo civil e, se o sujeito afectado for comerciante em nome individual, ainda na conservatória do registo comercial (cfr. art. 189.º, n.º 3).

O regime da qualificação da insolvência compõe-se ainda de um conjunto de presunções (inilidíveis e ilidíveis), que facilitam a qualificação como culposa da insolvência do devedor que não seja uma pessoa singular sempre que os seus administradores, tanto de direito como de facto, tenham adoptado um dos comportamentos aí descritos (cfr. art. 186.º, n.ºs 2 e 3), o que se

---

[450] Cfr., neste sentido, Luís Carvalho Fernandes, "A qualificação da insolvência e a administração da massa insolvente pelo devedor", cit., p. 102 (nota 34).

TRAMITAÇÃO DO PROCESSO DE INSOLVÊNCIA

aplica também à actuação de pessoa singular insolvente e seus administradores (cfr. art. 186.º, n.º 4).

É necessário discriminar os factos previstos no art. 186.º: os descritos no n.º 2 e os descritos no n.º 3 e, dentro do primeiro grupo, os descritos nas als. *a)* a *g)* e os descritos nas als. *h)* e *i)*.

Se as als. *a)* a *g)* do n.º 2 do art. 186.º correspondem indiscutivelmente a presunções (absolutas) de insolvência culposa (ou de culpa na insolvência), as als. *h)* e *i)* do n.º 2 do art. 186.º mais parecem ser ficções legais – dado que a factualidade descrita não é de molde a fazer presumir com segurança o nexo de causalidade entre o facto e a insolvência, que é, a par da culpa (dolo ou culpa grave), o requisito fundamental da insolvência culposa, segundo a cláusula geral do n.º 1 do art. 186.º.

Quanto ao disposto no n.º 3 do art. 186.º, deveria entender-se que, sob pena de perder grande parte da sua utilidade, ele consagra não meras presunções (relativas) de culpa grave, como vem defendendo ainda grande parte da jurisprudência portuguesa[451], mas autênticas presunções (relativas) de insolvência culposa (ou de culpa na insolvência), como vem sendo defendido por outra parte[452]. Melhor seria, por isso, que o legislador tivesse

---

[451] Cfr., por exemplo, os Acórdãos do TRP de 15 de Março de 2007 e 18 de Junho de 2007 (Relator em ambos: Pinto de Almeida), de 13 de Setembro de 2007 (Relator: José Ferraz), de 7 de Janeiro de 2008 (Relator: Anabela Luna de Carvalho), de 3 de Março de 2009 (Relator: Pinto dos Santos), de 20 de Outubro de 2009 (Relator: Guerra Banha), de 26 de Novembro de 2009 (Relator: Filipe Caroço), de 19 de Janeiro de 2010 (Relator: Isaías Pádua), de 13 de Janeiro de 2015 (Relatora: Anabela Dias da Silva), de 7 de Julho de 2016 (Relator Carlos Querido) e de 7 de Dezembro de 2016 (Relator: Aristides Rodrigues de Almeida), os Acórdãos do TRC de 23 de Junho de 2009 e 20 de Abril de 2010 (Relator em ambos: Gonçalves Ferreira), de 5 de Dezembro de 2012 (Relator: Moreira do Carmo) e de 12 de Julho de 2017 (Relator: Falcão de Magalhães), os Acórdãos do TRG de 11 de Janeiro de 2007 (Relator: Conceição Bucho), de 20 de Setembro de 2007 (Relator: António Gonçalves), de 12 de Março de 2009 (Relator: Manso Raínho), de 25 de Fevereiro de 2016 (relatora: Cristina Cerdeira), de 1 de Junho de 2017 (Relatora: Maria João Matos), de 11 de Julho de 2017 (Relator: José Cravo) e de 14 de Setembro de 2017 (Relatora: Maria da Purificação Carvalho) e os Acórdãos do TRE de 17 de Abril de 2008 (Relator: Sílvio Sousa), de 8 de Maio de 2009 (Relator: Francisco Xavier), de 23 de Setembro de 2009 (Relator: Eduardo Tenazinha), de 7 de Janeiro de 2016 (Relatora: Elisabete Valente) e de 23 de Novembro de 2017 (Relator: Victor Sequinho).

[452] Cfr., neste sentido, o Acórdão do TRL de 14 de Dezembro de 2010 (Relator: Luís Espírito Santo), os Acórdãos do TRP de 22 de Maio de 2007 (Relator: Mário Cruz), de 24 de Setembro de 2007 e 17 de Novembro de 2008 (Relator em ambos: Sousa Lameira) e de 5 de

integrado as duas últimas als. do n.º 2 no n.º 3 do art. 186.º: continuar-se-ia a penalizar (*rectius*: a onerar com uma presunção), como parece ter sido intenção, o sujeito que viola deveres jurídicos, mas ser-lhe-ia concedida, como é de elementar justiça, a possibilidade de ele se defender mostrando que a sua conduta, apesar de ilícita – e porventura culposa –, não causou a insolvência, não sendo, portanto, adequado que se produzam os efeitos concebidos para as situações de insolvência culposa (ou de culpa na insolvência)[453].

71. Tramitação do incidente

Antes da Lei n.º 16/2012, de 20 de Abril, o incidente de qualificação da insolvência era oficiosamente aberto, com a declaração de insolvência, em todos os processos, excepto no caso de apresentação de um plano de pagamentos aos credores (cfr. art. 259.º, n.º 1, 2.ª parte). Por via daquela alteração legislativa, o incidente deixou de ter carácter obrigatório: o juiz apenas declara aberto o incidente, na sentença que declara a insolvência, quando disponha de elementos que justifiquem a sua abertura [cfr. art. 36.º, n.º 1, al. *i*)].

Não fica, contudo, precludida a possibilidade de o incidente ser aberto mais tarde: o administrador da insolvência ou qualquer interessado pode alegar, fundamentadamente, mediante requerimento escrito, o que tiver por conveniente para o efeito da qualificação da insolvência como culposa. A tramitação do incidente pode, assim, iniciar-se oficiosamente, com a declaração de insolvência [cfr. arts. 36.º, n.º 1, al. *i*)], ou mais tarde, a requerimento do administrador da insolvência ou de algum interessado (cfr. art. 188.º, n.º 1).

O requerimento deve ser apresentado até quinze dias após a data de realização da assembleia de apreciação do relatório ou, no caso de dispensa da realização desta, após a junção aos autos daquele relatório (cfr. art. 155.º), assegurando-se, assim, também nesta última hipótese, que, antes de qualquer iniciativa, os interessados têm a possibilidade de conhecer os resulta-

---

Fevereiro de 2009 (Relator: Luís Espírito Santo), os Acórdãos do TRC de 26 de Janeiro de 2010 (Relator: Carlos Moreira), de 22 de Maio de 2012 (Relator: Barateiro Martins), de 20 de Setembro de 2016 e 12 de Julho de 2017 (Relatora em ambos: Maria João Areias) e o Acórdão do TRG de 11 de Maio de 2017 (Relatora: Francisca Micaela da Mota Vieira). Parece ter sido também esta, e antes da maioria dos acórdãos indicados, a interpretação do Tribunal Constitucional no Acórdão n.º 564/2007, de 13 de Novembro (Relator: Joaquim de Sousa Ribeiro).

[453] Cfr., sobre tudo isto, Catarina Serra, "'Decoctor ergo fraudator'? – A insolvência culposa (esclarecimentos sobre um conceito a propósito de umas presunções) – Anotação ao Ac. do TRP de 7.1.2008, Proc. 4886/07", cit., pp. 54 e s. (esp. pp. 67 e s.).

TRAMITAÇÃO DO PROCESSO DE INSOLVÊNCIA

dos da análise levada a cabo pelo administrador da insolvência e aceder a elementos eventualmente relevantes para a tramitação do incidente.

O requerente pode alegar, fundadamente, o que tiver por conveniente para efeito da qualificação da insolvência como culposa e indicar as pessoas que devem ser afectadas por tal qualificação. Cabe ao juiz conhecer dos factos alegados e, se o considerar oportuno, declarar aberto o incidente (cfr. art. 188.º, n.º 1, *in fine*), sendo certo que o despacho que declara aberto o incidente de qualificação da insolvência é irrecorrível (cfr. art. 188.º, n.º 2).

Uma vez declarado aberto o incidente, o administrador da insolvência, quando não tenha sido ele a propor a qualificação como culposa, apresenta parecer, devidamente fundamentado e documentado, sobre os factos relevantes, que termina com a formulação de uma proposta, identificando, se for caso disso, as pessoas que devem ser afectadas pela qualificação da insolvência como culposa (cfr. art. 188.º, n.º 3). O parecer vai com vista ao Ministério Público, que deve, também ele, pronunciar-se (cfr. art. 188.º, n.º 4).

Se tanto o administrador da insolvência como o Ministério Público propuserem a qualificação da insolvência como fortuita, o juiz pode proferir de imediato decisão nesse sentido, a qual é insusceptível de recurso (cfr. art. 188.º, n.º 5).

Diga-se que o art. 188.º, n.º 4, foi alterado (e bem) pela Lei n.º 16/2012, de 20 de Abril. O disposto na versão original do preceito não se articulava bem com outras disposições, sobretudo com a do n.º 2 do art. 186.º, que, como se sabe, não deixa qualquer liberdade ao juiz para qualificar a insolvência como fortuita[454]. Com a alteração legislativa, o estatuído na norma do art. 188.º, n.º

---

[454] A questão tinha sido já apreciada e (bem) resolvida por Luís Carvalho Fernandes e João Labareda, que, em edição anterior do seu comentário ao Código, diziam que "[m]anifestamente t[inha] de se entender que h[avia] uma violação frontal da lei. [...] o juiz t[inha] de declarar a ilegalidade dos pareceres, desconsiderando as posições do administrador e do Ministério Público, e mandando seguir os demais termos dos n.ºs 5 e seguintes do art. 188.º". Cfr. Luís Carvalho Fernandes/João Labareda *Código da Insolvência e da Recuperação de Empresas Anotado*, volume II *(arts. 185.º a 304.º)*, Lisboa, Quid Juris, 2005 (1.ª edição), p. 23. De acordo com o despacho do Tribunal Judicial da Comarca de Guimarães (4.º Juízo Cível), proferido em 5 de Novembro de 2007 [transcrito no Acórdão do TC n.º 261/2008, de 6 de Maio (Relator: Pamplona de Oliveira)], "a questão subsist[ia], contudo, nos casos em que, no momento da prolação do despacho em causa, não é manifesta a verificação de qualquer dos factos de que depende a qualificação da insolvência como culposa – v.g., por estar dependente de prova. Nestes casos [...] afigura-se que o art. 188.º, n.º 4, do C.I.R.E. acarreta[ria] uma grosseira violação dos artigos 20.º e 202.º, n.º 2, da Constituição da República Portuguesa".

LIÇÕES DE DIREITO DA INSOLVÊNCIA

4 (que o juiz *pode* proferir uma decisão no sentido da qualificação da insolvência como fortuita) e o regime de presunções absolutas consagradas no art. 186.º, n.º 2, deverão, por fim, harmonizar-se. Agora, não há dúvidas de que os pareceres coincidentes do administrador da insolvência e do Ministério Público no sentido da qualificação como fortuita não impedem o juiz de averiguar os factos, ao abrigo do art. 11.º, e de qualificar a insolvência como culposa, quando assim o entenda. Por maioria de razão, fica esclarecido que, na hipótese-limite de se configurar uma das situações descritas no n.º 2 do art. 186.º, o juiz pode – e deve – fazê-lo.

Caso o juiz decida não qualificar a insolvência como fortuita, têm lugar a notificação do devedor e a citação pessoal dos sujeitos que, em seu entender, devam afectados pela qualificação como culposa, a oposição, por parte destes, e as respostas à oposição, por parte do administrador, do Ministério Público ou de qualquer interessado[455] (cfr. art. 188.º, n.ºs 6 e 7).

Em qualquer caso – repete-se –, existindo factos que permitam presumir de forma inilidível (ou de forma ilidível mas sem que haja ilisão) que a insolvência é culposa (cfr. art. 186.º, n.ºs 2 e 3), o juiz deverá proferir uma decisão neste sentido.

Por remissão do art. 188.º, n.º 8, aplicam-se aqui e até à prolação da sentença de qualificação da insolvência, com as devidas adaptações, os arts. 132.º a 139.º, o que implica, fundamentalmente, a autuação num único apenso (cfr. art. 132.º), a possibilidade de exame da oposição e das respostas por qualquer interessado (cfr. art. 134.º, n.º 5), a formulação de um parecer pela comissão de credores (cfr. art. 135.º), a realização de uma tentativa de conciliação e o saneamento do processo (cfr. art. 136.º, n.ºs 1 e 3), a realização de diligências instrutórias (cfr. art. 137.º) e a realização de uma audiência de discussão e julgamento (cfr. art. 138.º e 139.º).

Esta é uma daquelas situações em que o juiz actua com base no princípio do inquisitório (cfr. art. 11.º), o que faz, por exemplo, com que a recusa de prestação de informações ou de colaboração possa ser livremente apreciada para efeito da qualificação da insolvência como culposa (cfr. art. 83.º, n.º 3).

---

[455] Segundo Luís Carvalho Fernandes ["A qualificação da insolvência e a administração da massa insolvente pelo devedor", cit., p. 91 (nota 18)], interessados para este efeito são os sujeitos que tenham apresentado alegações no sentido de qualificar a insolvência como culposa.

304

PARTE II

Os Instrumentos de Recuperação de Empresas

Título I
Noções Gerais

CAPÍTULO I – Recuperação de empresas

72. A indissociável ligação entre recuperação e empresa

Embora o processo de insolvência se apresente, desde há algum tempo, como um processo unitário, aplicando-se indistintamente a empresas/sujeitos titulares de empresas e a não empresas/sujeitos não titulares de empresas (*rectius*: a entidades que são ou integram empresas e a entidades que não são ou não integram empresas)[456], a verdade é que o legislador foi tendo, de alguma forma, presente aquela distinção, sendo possível dizer que nela assenta, pelo menos em parte, o quadro de instrumentos disponibilizados no Código da Insolvência e da Recuperação de Empresas.

Associar-se, no Direito da Insolvência, a recuperação a pessoas singulares ou humanas *qua tale* não seria – não é – natural. Em matérias como esta, com relevo jurídico-económico, a função de recuperação pressupõe a existência, não de uma actividade humana qualquer, mas de uma actividade económica, em que a prática contínua e organizada de determinados actos pelos sujeitos (a empresa) se autonomiza e transcende os próprios sujeitos.

Quem exerce aquela actividade económica (a empresa) não se extingue por haver liquidação nem sobrevive necessariamente por haver recuperação[457]. Para a empresa, em contrapartida, a recuperação é a única forma de

---

[456] Foi em 1993, data da entrada em vigor do Código dos Processos Especiais de Recuperação da Empresa e de Falência, que se rompeu uma tradição secular e o instituto português da falência deixou de ser exclusivo dos comerciantes, estendendo-se a todos os sujeitos, titulares de empresas ou não (cfr. art. 27.º do CPEREF).

[457] Isto é mais visível no caso de pessoas singulares, mas não deixa de ser verdadeiro nos casos restantes, como, por exemplo, das sociedades comerciais. A liquidação patrimonial (para que

LIÇÕES DE DIREITO DA INSOLVÊNCIA

assegurar sobrevivência ou continuidade. A empresa e só a empresa é, portanto, susceptível de recuperação[458].

O critério da existência/inexistência de uma empresa nem sempre se apresenta, contudo, de uma forma clara na delimitação das providências do Direito da Insolvência. Isto porque nem sempre o legislador português foi consciente e firme – foi consciente e firme desde o início – na adopção do critério[459]. Por isso mesmo torna-se útil esclarecê-lo desde já.

O Código da Insolvência e da Recuperação de Empresas disponibiliza actualmente três instrumentos para a recuperação de empresas: o plano de recuperação (que é, como se explicará, uma modalidade de plano de insolvência), o PER e o RERE. Os três instrumentos divergem, depois, consoante situação em que se encontra a empresa: o plano de insolvência/recuperação, aplicável no caso de a empresa estar insolvente, e o PER e o RERE, aplicáveis no caso de a empresa estar ainda pré-insolvente.

CAPÍTULO II – Insolvência e pré-insolvência

73. Insolvência

Sobre a noção de insolvência já se disse o suficiente no capítulo introdutório para que seja possível compreendê-la e confrontá-la com a noção de pré-insolvência (insolvência iminente e situação económica difícil).

o processo de insolvência propende) não extingue imediatamente a sociedade e a recuperação da empresa não garante a sobrevivência da sociedade (a sobrevivência da empresa pode ser assegurada através da sua transmissão para outra sociedade).

[458] ANA ALVES LEAL e CLÁUDIA TRINDADE ["Resposta à consulta pública relativa ao projeto de decreto-lei que altera o Código das Sociedades Comerciais e o Código da Insolvência e da Recuperação de Empresas – Alterações ao Código da Insolvência e da Recuperação de Empresas (artigo 3.º do projeto de decreto-lei) – O processo especial para acordo de pagamento (PEAP): o novo regime pré-insolvencial para devedores não empresários", in: AA. VV., "Consulta Pública Programa Capitalizar – Resposta do Centro de Investigação em Direito Privado", in: *Revista de Direito das Sociedades*, 2017, n.º 1, pp. 74 e s.] põem o acento na recuperabilidade para firmar a ideia de que a empresa é o "conceito nevrálgico" da distinção entre os dois processos alternativos ao processo de insolvência existentes no Direito português (o PER e o PEAP). Para uma visão da diferenciação (crescente) entre titulares e não titulares de empresa no Código da Insolvência e da Recuperação de Empresas cfr. NUNO MANUEL PINTO OLIVEIRA, "O Direito da Insolvência e a tendencial universalidade do Direito Privado", cit. pp. 71 e s.

[459] Veja-se, adiante, a delimitação recente do âmbito de aplicação do PER.

NOÇÕES GERAIS

Resta sublinhar que ela constitui o fundamento, por excelência, do processo de insolvência e que não autoriza o acesso aos instrumentos pré-insolvenciais (PER, PEAP e RERE). Esta é uma decorrência lógica da ideia de "processo adequado", ou seja, da regra de que para cada situação existe – deve existir porquanto a isso obriga o princípio da tutela jurisdicional efectiva – um processo próprio.

74. Pré-insolvência

A pré-insolvência é o nome genérico que se dá às situações que antecedem a insolvência e que não são, presumivelmente, tão graves ou tão sérias como ela. Por isso, em princípio, não é exigível – e nem seria justificável – a abertura de um processo de insolvência, com toda a panóplia de efeitos que dele decorre.

Tendo o Direito da Insolvência adoptado uma orientação mais preventiva do que reactiva, atribui-se cada vez mais relevância à pré-insolvência. De facto, hoje, o Direito da Insolvência já não é só a disciplina aplicável à insolvência mas também, e predominantemente, a disciplina aplicável às situações pré-insolvenciais.

A centralização do Direito da Insolvência na pré-insolvência deveu-se sobretudo à consciência de que o processo de insolvência (plano de insolvência incluído) não tem aptidão para realizar satisfatoriamente os direitos de crédito – em suma, deveu-se ao relativo insucesso do Direito da Insolvência tradicional. Basicamente, formou-se a convicção de que seria mais eficaz regular a insolvência em momento anterior à insolvência, ou seja, quando ainda não existe insolvência e existe tão-só o risco de insolvência. A convicção não é destituída de argumentos e baseia-se nos dados da experiência. A recuperação da empresa ou a superação das dificuldades económicas por parte da pessoa singular parece, de facto, ser mais fácil numa fase precoce, dada a menor gravidade e a presumível reversibilidade da situação-base.

A atribuição de relevância legal à pré-insolvência é, sem dúvida, bem-intencionada. Além dos benefícios gerais da intervenção atempada ou antecipada, acredita-se que isto permitirá desencadear a aplicação das providências, designadamente de recuperação, à medida das necessidades de cada empresa, servindo, assim, mais adequadamente as situações em que o devedor é titular de várias empresas (dispensando-o de aguardar a concretização da insolvência para pedir a intervenção em alguma ou algumas das empresas) ou em que as sociedades pertencem a um mesmo grupo (permitindo que tenha lugar uma intervenção simultânea, ainda que com instrumentos diversos, em alguma ou algumas das empresas).

LIÇÕES DE DIREITO DA INSOLVÊNCIA

As vantagens assinaladas justificarão porventura os riscos da atribuição de relevância legal à noção de pré-insolvência (os erros e os subjectivismos que todo o juízo de prognose é susceptível de conter). Pelo menos, terá sido essa a convicção do legislador.

Tipificaram-se no Código da Insolvência e da Recuperação de Empresas duas situações de pré-insolvência: a insolvência iminente e a situação económica difícil. São referidas logo no art. 1.º, n.ºs 2 e 3. Não obstante aparecerem aí associadas apenas ao PER e ao PEAP, elas são relevantes também, como se verá, para efeitos de aplicação do RERE.

Existe alguma imprecisão nas duas noções, sendo, sobretudo, difícil distingui-las uma da outra. A única coisa absolutamente segura é de que existe a vontade clara claro de as autonomizar da noção da insolvência, como comprova a utilização, no art. 17.º-A, n.º 1, do advérbio "meramente" para caracterizar a insolvência iminente.

74.1. Insolvência iminente

A noção de insolvência iminente foi já apresentada na parte dedicada ao processo de insolvência como a situação em que é possível prever/antever que o devedor estará impossibilitado de cumprir as suas obrigações num futuro próximo, designadamente quando se vencerem estas (ou algumas destas) obrigações.

O facto de não se ter consagrado para ela uma definição legal dificulta a sua distinção da noção de situação económica difícil, que é a outra situação pré-insolvencial.

Uma coisa é certa: a insolvência iminente é o pressuposto mais "polivalente" de todos, porquanto constitui fundamento não apenas dos instrumentos pré-insolvenciais (PER, PEAP e RERE) mas também do processo de insolvência.

74.2. Situação económica difícil

O conceito de "situação económica difícil" não é novo no Direito português da insolvência. Até 1998 foi utilizado em legislação dispersa e sem particular critério[460]. Só então, com a revisão do Código dos Processos Especiais de

---

[460] O conceito de "situação económica difícil" tem raízes, entre outros, no DL n.º 353-H/77, de 29 de Agosto, e no DL n.º 119/82 de 20 de Abril. Foi utilizado dispersamente, por exemplo, na Resolução do Conselho de Ministros n.º 100/96, de 4 de Julho, e no DL n.º 127/96, de 10 de Agosto [respeitantes ao Quadro de Acção para a Recuperação de Empresas em Situação

NOÇÕES GERAIS

Recuperação da Empresa e de Falência, operada pelo DL n.º 315/98, de 20 de Outubro, adquiriu o conceito um significado mais preciso e mais próximo do actual (cfr. arts. 1.º, n.º 1, 3.º, n.º 2, e 5.º do CPEREF)[461].

A situação económica difícil aparecia no art. 1.º, n.º 1, do CPEREF, a par do estado de insolvência, como um requisito objectivo dos processos especiais de falência e de recuperação de empresas. Era definida, no art. 3.º, n.º 2, do CPEREF, como a situação da empresa que, não devendo considerar-se insolvente, indiciava dificuldades económicas e financeiras, designadamente por incumprimento das suas obrigações. Era um fundamento exclusivamente invocável pelo titular de uma empresa, não constituindo base para a iniciativa de outros sujeitos (cfr. art. 5.º do CPEREF).

Atendendo a estas características, é possível concluir que a situação económica difícil regulada nos arts. 1.º, n.º 1, 3.º, n.º 2, e 5.º do CPEREF, é a antecessora da insolvência iminente e não, a despeito da homonímia e da sinonímia, da situação económica difícil regulada hoje no Código da Insolvência e da Recuperação de Empresas.

Apesar de a definição desta última ser muito próxima (sendo definida, no art. 17.º-B como a situação em que a empresa enfrenta "dificuldade séria para cumprir pontualmente as suas obrigações, designadamente, por falta de liquidez ou por enfrentar dificuldades no acesso ao crédito"), ela fun-

---

financeira Difícil (QARESD), ao Gabinete de Coordenação para a Recuperação de Empresas (GACRE) e ao Sistema de Garantia do Estado a Empréstimos Bancários (SGEEB)], no DL n.º 124/96, de 10 de Agosto, e no DL n.º 14/98, de 28 de Janeiro (respeitantes aos contratos de consolidação financeira e reestruturação empresarial), na Resolução do Conselho de Ministros nº 40/98, de 23 de Março (respeitante ao Fundo para a Revitalização e Modernização do Tecido Empresarial), no DL n.º 80/98, no DL n.º 81/98 e no DL n.º 82/98, todos de 2 de Abril de 1998 [respeitantes ao Sistema de Incentivos à Revitalização e Modernização Empresarial (SIRME), aos benefícios aplicáveis no quadro dos contratos de consolidação financeira e dos contratos de reestruturação empresarial e às sociedades gestoras de empresas (SGE)] e no DL n.º 316/98, de 20 de Outubro, e no DL n.º 1/99, de 4 de Janeiro (respeitantes ao procedimento extrajudicial de conciliação para viabilização de empresas em situação de insolvência ou em situação económica difícil).

[461] Na versão original do Código dos Processos Especiais de Recuperação da Empresa e de Falência havia já referências à situação económica difícil, mas com um significado diverso do actual [cfr. arts. 8.º, n.º 2, e 101.º, n.º 2, al. *a*), do CPEREF]. Cfr., sobre a distinção, CATARINA SERRA, *A falência no quadro da tutela jurisdicional dos direitos de crédito – O problema da natureza do processo de liquidação aplicável à insolvência no Direito português*, cit., pp. 301-302, e IDEM, "Alguns aspectos da revisão do regime da falência pelo DL n.º 315/98, de 20 de Outubro", cit., pp. 187-191 (e esp. nota 16).

LIÇÕES DE DIREITO DA INSOLVÊNCIA

ciona, ao contrário da situação regulada no Código dos Processos Especiais de Recuperação da Empresa e de Falência – e da insolvência iminente –, como fundamento exclusivo dos instrumentos pré-insolvenciais (PER, PEAP e RERE).

Título II
Os Instrumentos de Recuperação
de Empresas Insolventes

CAPÍTULO ÚNICO – O plano de insolvência/de recuperação

Bibliografia específica: António Fonseca Ramos, "Os créditos tributários e a homologação do plano de recuperação", in: Catarina Serra (coord.), *III Congresso de Direito da Insolvência*, Coimbra, Almedina, 2015, pp. 361 e s., António Fonseca Ramos, "Os créditos tributários e a homologação do plano de recuperação", in: *Revista de Direito da Insolvência*, 2016, ano 0, pp. 267 e s., Carolina Cunha, "Aval em branco e plano de insolvência", in: *Revista de Legislação e de Jurisprudência*, 2016, n.º 3997, pp. 201 e s., Carolina Cunha, *Aval e insolvência*, Coimbra, Almedina, 2017, Catarina Serra, "Nótula sobre o art. 217.º, n.º 4, do CIRE (o direito de o credor agir contra o avalista no contexto de plano de insolvência)", in: AA. VV., *Estudos dedicados ao Professor Doutor Luís Alberto Carvalho Fernandes* – volume I, Universidade Católica, 2011, pp. 377 e s., Catarina Serra, "Créditos tributários e princípio da igualdade entre os credores – Dois problemas no contexto da insolvência de sociedades", in: *Direito das Sociedades em Revista*, 2012, vol. 8, pp. 75 e s., Catarina Serra, "Entre o princípio e os princípios da recuperação de empresas (um *work in progress*)", in: Catarina Serra (coord.), *II Congresso de Direito da Insolvência*, Coimbra, Almedina, 2014, pp. 71 e s., Eduardo Santos Júnior, "O plano de insolvência: algumas notas", in: AA. VV., *Estudos em memória do Professor Doutor José Dias Marques*, Coimbra, Almedina, 2007, pp. 121 e s., Fátima Reis Silva, "Processo de insolvência: os órgãos de insolvência e o plano de insolvência", in: *Revista do Centro de Estudos Judiciários*, 2010, n.º 14, pp. 121 e s., Fátima Reis Silva, "Dificuldades da recuperação de empresa no Código da Insolvência e da Recuperação de Empresa", in: *Miscelâneas*, n.º 7, Instituto de Direito das Empresas e do Trabalho, Coimbra, Almedina, 2011, pp. 135 e s., Filipe Cassiano dos Santos, "Plano de insolvência e transmissão da empresa", in: Catarina Serra (coord.), *I Congresso de Direito da Insolvência*, Coimbra, Almedina, 2013, pp. 141 e s., Gisela Teixeira Fonseca, "A natureza jurídica do plano de insolvência", in: Rui Pinto (coord.), *Direito da Insolvência – Estudos*, Coimbra, Coimbra Editora, 2011, pp. 65 e s., Hugo Luz dos Santos, "Os créditos tributários e a criação de normas imperativas, no contexto do Direito da Insolvência: "das Prinzip Verantwortung" ou a ética da (ir)responsabilidade – Estudo realizado a partir da análise da jurisprudência recente dos tribunais superiores", in: *Julgar,*

2014, 23, pp. 67 e s., Inês Palma Ramalho/João Serras de Sousa," Resposta à consulta pública relativa ao projeto de decreto-lei que altera o Código das Sociedades Comerciais e o Código da Insolvência e da Recuperação de Empresas – Outras sugestões de alteração – O tratamento dos créditos tributários e a concretização das finalidades da reforma", in: AA. VV., "Consulta Pública Programa Capitalizar – Resposta do Centro de Investigação em Direito Privado", in: *Revista de Direito das Sociedades*, 2017, n.º 1, pp. 132 e s., Joaquim Freitas da Rocha, "A blindagem dos créditos tributários, o processo de insolvência e a conveniência de um Direito Tributário flexível", in: Catarina Serra (coord.), *I Colóquio do Direito da Insolvência de Santo Tirso*, Coimbra, Almedina, 2014, pp. 181 e s., Jorge Manuel Coutinho de Abreu, "Recuperação de empresas em processo de insolvência", in: AA. VV., *Ars Iudicandi – Estudos em Homenagem ao Prof. Doutor Castanheira Neves*, vol. II, Coimbra, Coimbra Editora, 2009, pp. 9 e s., J. Sinde Monteiro/F. Cassiano dos Santos, "Carta de patrocínio, relação de grupo e providências de recuperação da empresa", in: *Revista de Legislação e de Jurisprudência*, 2007, n.º 3947, pp. 66 e s., Luís Miguel Pestana de Vasconcelos, "A evolução do regime dos créditos tributários na falência/insolvência e na recuperação de empresas", in: Luís Miguel Pestana de Vasconcelos (coord.), *Falência, insolvência e recuperação de empresas – 1.º congresso de Direito Comercial das Faculdades de Direito da Universidade do Porto, de S. Paulo e de Macau*, Porto, Faculdade de Direito da Universidade do Porto, 2017, pp. 130 e s. (disponível em https://www.cije.up.pt/download-file/1547), Madalena Perestrelo de Oliveira, *Limites da Autonomia dos Credores na Recuperação da Empresa Insolvente*, Coimbra, Almedina, 2013, Manuel Januário da Costa Gomes, "Sobre os poderes dos credores contra os fiadores no âmbito de aplicação do CIRE. Breves notas", in: Catarina Serra (coord.), *III Congresso de Direito da Insolvência*, Coimbra, Almedina, 2015, pp. 313 e s., Maria Manuel Leitão Marques/João Pedroso/ António Carlos Santos, "Redressement des entreprises en difficulté et concurrence en droit espagnol, italien et portugais", in: *Revue Internationale de Droit Economique*, 1995, 2, pp. 211 e s., Maria do Rosário Epifânio, "O plano de insolvência", in: AA. VV., *Estudos dedicados ao Professor Doutor Luís Alberto Carvalho Fernandes, Revista Direito e Justiça – Volume especial*, vol. II, Lisboa, Universidade Católica Portuguesa, 2011, pp. 495 e s., Nuno Ferreira Lousa, "O incumprimento do plano de recuperação e os direitos dos credores", in: Catarina Serra (coord.), *I Colóquio do Direito da Insolvência de Santo Tirso*, Coimbra, Almedina, 2014, pp. 119 e s., Nuno Ferreira Lousa, "Os créditos garantidos e a posição dos garantes nos processos recuperatórios de empresas", in: *Revista de Direito da Insolvência*, 2016, n.º 0, pp. 147 e s., Paulo Olavo Cunha, "Providências específicas do plano de recuperação de sociedades", in: Catarina Serra (coord.), *I Congresso de Direito da Insolvência*, Coimbra, Almedina, 2013, pp. 107 e s., Paulo Olavo Cunha, "A recuperação de sociedades no contexto do PER e da insolvência: âmbito especificidades resultantes da situação de crise da empresa", in: *Revista de Direito da Insolvência*, 2016, n.º 0, pp. 99 e s., Paulo de Tarso Domingues, "Limites da autonomia privada nos planos de reorganização das empresas", in: Luís Miguel Pestana de Vasconcelos (coord.), *Falência, insolvência e recuperação de empresas – 1.º congresso de Direito Comercial das Faculdades de Direito da Universidade do Porto,*

OS INSTRUMENTOS DE RECUPERAÇÃO DE EMPRESAS INSOLVENTES

de S. Paulo e de Macau, Porto, Faculdade de Direito da Universidade do Porto, 2017, pp. 141 e s. (disponível em https://www.cije.up.pt/download-file/1547), RAQUEL PINHEIRO RODRIGUES, "Crise e reestruturação empresarial – as respostas do Direito das Sociedades Comerciais", in: *Revista de Direito das Sociedades*, 2011, n.º 1, pp. 221 e s., SARA LUÍS DIAS, "A afectação do credito tributário no plano de recuperação da empresa insolvente e no plano especial de revitalização", in: *Revista de Direito da Insolvência*, 2016, ano 0, pp. 243 e s., SUZANA TAVARES DA SILVA/MARTA COSTA SANTOS, "Os créditos fiscais nos processos de insolvência: reflexões críticas e revisão da jurisprudência", 2013 (disponível em https://estudogeral.sib.uc.pt/handle/10316/24784), PAULO DE TARSO DOMINGUES, "O CIRE e a recuperação das sociedades comerciais em crise", in: *Instituto do Conhecimento AB – Colecção Estudos*, 2013, n.º 1, pp. 31 e s., PEDRO BARRAMBA SANTOS, "A pessoa insolvencial no processo de insolvência – um contributo para o enquadramento dogmático do plano de insolvência", in: *Atas do VI Congresso Internacional de Ciências Jurídico-Empresariais – A insolvência e as Empresas*, Instituto Politécnico de Leiria, Escola Superior de Tecnologia e Gestão, 2015, pp. 141 e s. (disponível em http://cicje.ipleiria.pt/pt/atas/), PEDRO PIDWELL, *O processo de insolvência e a recuperação da sociedade comercial de responsabilidade limitada*, Coimbra, Coimbra Editora, 2011, RENATO GONÇALVES, "Recuperação de empresas: um desígnio continuado", in: CATARINA SERRA (coord.), *IV Congresso de Direito da Insolvência*, Coimbra, Almedina, 2017, pp. 379 e s., RUI SIMÕES, "A aquisição de empresas insolventes", in: PAULO CÂMARA (coord.), *Aquisição de Empresas*, Coimbra, Coimbra Editora, 2011, pp. 371 e s.

75. Noção e finalidades

O plano de insolvência corresponde ao *Insolvenzplan* da lei alemã (cfr. §§ 217 a 279 da *InsO*)[462]. Através dele é possível afastar parte do disposto no Código da Insolvência e da Recuperação da Empresa, perseguindo-se ainda finalidades liquidatórias ou não[463].

O plano de insolvência pode, de facto, ter finalidades liquidatórias e regular o pagamento dos créditos sobre a insolvência, a liquidação da massa

---

[462] Sobre o plano de insolvência cfr., por todos, E. SANTOS JÚNIOR, "O plano de insolvência: algumas notas", in: AA. VV., *Estudos em memória do Professor Doutor José Dias Marques*, Coimbra, Almedina, 2007, pp. 121 e s. Sobre o *Insolvenzplan* cfr., entre outros, STEFAN SMID, "Sanierungsverfahren nach neuem Insolvenzrecht", in: *Wertpapiermitteilungen – Zeitschrift für Wirtschaft und Bankrecht*, 1998, 51-53, pp. 2489 e s., REINHARD BORK, "Der Insolvenzplan", in: *Zeitschrift für Zivilprozeß*, 1996, pp. 473 e s., e ainda HORST EIDENMÜLLER, "Gesellschafterstellung und Insolvenzplan", in: *Zeitschrift für Unternehmens- und Gesellschaftsrecht*, 2001, 5, pp. 680 e s., e, sobretudo, STEPHAN MADAUS, *Der Insolvenzplan – Von seiner dogmatischen Deutung als Vertrag und seiner Fortenwicklung in eine Bestätigungsinsolvenz*, Tübingen, Mohr Siebeck, 2011.

[463] Cfr. n.ºs 5 e 6 do preâmbulo do DL n.º 53/2004, de 18 de Março, que aprova o Código da Insolvência e da Recuperação de Empresas.

LIÇÕES DE DIREITO DA INSOLVÊNCIA

insolvente e a sua repartição pelos credores ou a responsabilidade do devedor após o fim do processo de insolvência (cfr. art. 192.º, n.º 1). Mas pode ainda ter a finalidade de recuperação da empresa e regular as medidas para a atingir (cfr. art. 1.º, n.º 1). Neste caso, ele configura aquilo que, depois da alteração da Lei n.º 16/2012, de 20 de Abril, se chama um "plano de recuperação" (cfr. n.º 3 do art. 192.º), sendo o único instrumento que a lei prevê para este efeito.

76. Modalidades do plano

Em rigor, a disposição do art. 195.º, n.º 2, al. *b)*, sugere a existência de quatro modalidades de plano: o plano de liquidação da massa insolvente (*Liquidationsplan* na *Insolvenzordnung*), o plano de recuperação (*Sanierungsplan* na *Insolvenzordnung*), o plano de saneamento por transmissão da empresa a outra entidade (*Übertragungsplan* na *Insolvenzordnung*) e, naturalmente, o plano misto, que resulta da liberdade de combinar todas ou algumas das modalidades anteriores.

O plano de recuperação é, compreesnsivelmente, o plano mais comum. Como depende, quase exclusivamente, da vontade dos credores, ele permite que se opte pela recuperação mesmo quando não se verifica a condição natural de aplicabilidade das providências de recuperação (a viabilidade da empresa) e, correspectivamente, que o processo (supletivo) de insolvência siga o seu curso e a liquidação tenha lugar não obstante ela se verificar.

Com excepção de algumas (poucas) particularidades, o plano de insolvência com finalidade de recuperação assemelha-se ao plano de recuperação do PER. Algumas das grandes dúvidas que ele suscitava discutem-se agora, mais intensamente, *inclusive* ao nível jurisprudencial, por referência ao plano de recuperação do PER. Sendo assim, e para que não se verifiquem repetições, optou-se por tratar o plano de insolvência/recuperação de forma mais sumária e remeter o tratamento – o tratamento desenvolvido – das questões que podem pôr-se em termos semelhantes, para a revitalização. Incluem-se neste grupo as questões respeitantes à disciplina da homologação do plano de recuperação (cfr. arts. 215.º e 216.º), à disciplina dos efeitos da homologação do plano sobre os créditos tributários e as garantias prestadas por terceiros (cfr. art. 217.º) e à disciplina do incumprimento do plano (cfr. art. 218.º).

77. Providências do plano

Existe atipicidade quanto às concretas medidas de recuperação que podem constar do respectivo plano. Em todo o caso, a lei indica as medidas mais

OS INSTRUMENTOS DE RECUPERAÇÃO DE EMPRESAS INSOLVENTES

usuais. Elas são, designadamente, determinadas providências com incidência no passivo (por exemplo, o perdão e a redução dos créditos, a modificação dos prazos de vencimento dos créditos, a constituição de garantias, a cessão de bens aos credores) (cfr. art. 196.º), determinadas providências específicas das sociedades comerciais, como, por exemplo, a redução do capital social para cobertura de prejuízos (incluindo o *azzeramento*, no caso de a redução ser no âmbito da chamada "operação-acórdeão"), o aumento do capital social, para acomodar a operação de conversão de créditos em participações sociais (*debt-for-equity swap*)[464], a alteração do título constitutivo da sociedade, a transformação do tipo social, a alteração dos órgãos sociais, a exclusão de todos ou alguns sócios (cfr. art. 198.º) e o saneamento por transmissão, ou seja, a constituição de uma ou mais sociedades destinadas à exploração do(s) estabelecimento(s) adquirido(s) à massa insolvente (cfr. art. 199.º).

O plano de insolvência é susceptível de impor aos credores uma compressão generalizada das suas faculdades típicas. Pode afectar a esfera jurídica dos interessados e interferir com direitos de terceiros independentemente do seu consentimento (desde que a lei o autorize expressamente) (cfr. art. 192.º, n.º 2), pode sujeitar um credor a um tratamento mais desfavorável relativamente a outros credores sem necessidade do seu consentimento expresso (sendo suficiente o seu consentimento tácito) (cfr. art. 194.º, n.º 2) e pode ainda afectar os créditos do Estado, das instituições de Segu-

---

[464] A conversão de créditos em capital, referida no art. 198.º, n.º 2, al. *b)*, a propósito do aumento do capital social é, ela própria, uma medida de recuperação de sociedades. Na conversão de créditos em participações sociais há uma extinção da obrigação por uma causa extraordinária em dois sentidos: extraordinária no sentido de que não é susceptível de recondução ao catálogo do Código Civil e extraordinária, reflexamente, porque dispensa aqueles que são os requisitos habituais da extinção das obrigações (a satisfação do interesse do credor por outras vias e/ou o seu consentimento). A causa típica de extinção das obrigações mais próxima é a dação em cumprimento (cfr. arts. 837.º e s. do CC). No entanto, o consentimento do credor não é exigido exactamente nos mesmos termos. Não está em causa aqui uma relação atomística credor-devedor mas sim o interesse (público) da recuperação. Na realidade, para a conversão de créditos em capital exige-se também o consentimento (cfr. art. 202.º, n.º 2), mas considera-se o consentimento tacitamente prestado no caso de voto favorável do credor ao plano de insolvência (cfr. art. 194.º, n.º 2, *in fine*). No art. 203.º, n.º 1, prevê-se mesmo a dispensa de consentimento para a conversão de créditos comuns ou subordinados da sociedade insolvente ou de uma nova sociedade em determinadas condições. A operação de conversão de créditos em capital voltará a ser objecto de atenção no quadro dos instrumentos especiais de recuperação de empresas.

LIÇÕES DE DIREITO DA INSOLVÊNCIA

rança Social e de outras entidades públicas, sujeitos a regimes especiais (cfr. art. 196.º, n.º 2, *a silentio*). É compreensível que assim seja. Ele é uma convenção ou um negócio jurídico[465] mas uma convenção ou um negócio jurídico próprio do Direito da Insolvência, ao qual o legislador atribui uma força jurídica especial. O facto é amplamente reconhecido pela jurisprudência a propósito de numerosas situações e para efeitos diversos, como se verá.

78. Âmbito de aplicação

O âmbito de aplicação do plano de insolvência é definido no art. 250.º – numa formulação negativa e por referência ao disposto no art. 249.º (sobre o âmbito de aplicação do plano de pagamentos aos credores).

Da interpretação daquela norma decorre que o regime do plano de insolvência é aplicável às pessoas jurídicas e às pessoas singulares que sejam titulares de empresa (não pequena), uma vez que são apenas estas as pessoas que o regime do plano de pagamentos aos credores não contempla[466].

No que toca ao plano de recuperação, como se viu, o âmbito é mais restrito. Sempre que a lei se refere à recuperação associa-lhe a empresa. Acontece isso, por exemplo, nas normas dos arts. 1.º, 161.º, n.º 2, 195.º, n.º 2, al. *b*), e ainda no próprio nome do Código – da Insolvência e da *Recuperação de Empresas*. Não existem, assim, quaisquer dúvidas de que o plano de recuperação só é configurável nos casos em que existe uma empresa.

79. Procedimento para a aprovação do plano

O plano de insolvência pode ser apresentado pelo administrador da insolvência, pelo devedor, pelos responsáveis legais pelas dívidas da insolvência ou por credores cujos créditos representem um quinto dos créditos não subordinados reconhecidos na sentença de verificação e graduação de créditos ou na estimativa do juiz, se tal sentença ainda não tiver sido proferida (cfr. art. 193.º, n.º 1).

---

[465] Cfr., neste sentido, E. SANTOS JÚNIOR, "Plano de insolvência – algumas notas", cit. pp. 140-141.
[466] Cfr., neste sentido, o Acórdão do TRC de 28 de Abril de 2010, Proc. 523/09.6TBAGD-C. C1 (Relatora: JUDITE PIRES). Em sentido menos rigoroso, isto é, parecendo estender a inadmissibilidade de apresentação do plano de insolvência a todas as pessoas singulares, mesmo as titulares de empresa não pequena, cfr. o Acórdão do TRP de 15 de Setembro de 2015, Proc. 1439/13.7TBFLG-D.P1 (Relator: RODRIGUES PIRES).

OS INSTRUMENTOS DE RECUPERAÇÃO DE EMPRESAS INSOLVENTES

A apresentação do plano de insolvência pressupõe sempre a declaração de insolvência do devedor, pois a assembleia de credores para discutir e votar a proposta de plano de insolvência não se pode reunir antes de transitada em julgado a sentença de declaração de insolvência, antes de esgotado o prazo para a impugnação da lista de credores reconhecidos e antes da realização da assembleia de apreciação do relatório ou, caso não seja designado dia para a sua realização, nos termos da al. *n)* do n.º 1 do art. 36.º, depois de decorridos quarenta e cinco dias sobre a prolação da sentença de declaração de insolvência (cfr. arts. 209.º, n.º 2, e 36.º, n.º 4).

Advirta-se que a proposta de plano de insolvência não suspende automaticamente o processo de insolvência em curso, mas, a requerimento do proponente, o juiz pode decretar a suspensão da liquidação da massa insolvente e da partilha do respectivo produto pelos credores da insolvência, se tal for necessário para não prejudicar a execução do plano de insolvência proposto (cfr. art. 206.º, n.º 1).

Admitida a proposta de plano de insolvência, há lugar aos pareceres obrigatórios da comissão de trabalhadores (ou, na sua falta, dos representantes designados pelos trabalhadores), da comissão de credores, se existir, do devedor e do administrador da insolvência (cfr. art. 208.º).

A proposta é, depois, discutida e votada numa assembleia de credores convocada pelo juiz para o efeito (cfr. art. 209.º, n.º 1) e é aprovada quando, sendo o quórum de um terço do total dos créditos com direito de voto segundo a sentença de verificação e graduação de créditos, recolhe mais de dois terços da totalidade dos votos emitidos e mais de metade dos votos emitidos correspondentes a créditos não subordinados (não se considerando como tal as abstenções) (cfr. art. 212.º, n.º 1)[467].

Não conferem direito de voto os créditos não afectados pela parte dispositiva do plano [cfr. art. 212.º, n.º 2, al. *a)*, com a restrição do n.º 3].

Em contrapartida, e apesar de se estabelecer que conferem votos (apenas) os créditos reconhecidos por decisão definitiva (cfr. proémio do n.º 1 do art. 73.º), admite-se que, na ausência desta decisão, confiram votos também

---

[467] O n.º 1 do art. 212.º foi alterado pelo DL n.º 200/2004, de 18 de Agosto, passando a norma a incluir o requisito de aprovação pela maioria dos votos correspondentes a créditos não subordinados, de forma a evitar, como se diz no preâmbulo do DL n.º 200/2004, de 18 de Agosto, que os credores subordinados possam, sem o acordo dos restantes credores, fazer aprovar um plano de insolvência.

LIÇÕES DE DIREITO DA INSOLVÊNCIA

os créditos atempadamente reclamados [cfr. als. *a)* e *b)* do n.º 1 do art. 73.º] e, em certos casos, mesmo os créditos impugnados (cfr. n.º 4 do art. 73.º).

80. Homologação do plano

Após a sua aprovação, o plano de insolvência deve ser homologado pelo juiz (cfr. art. 214.º), mas o seu conteúdo é livremente fixado pelos credores, devendo o juiz, quando actue oficiosamente, limitar-se a um controlo da legalidade.

O poder mais significativo do juiz nesta sede é o de recusar a homologação do plano de insolvência com base na violação não negligenciável das regras procedimentais ou das normas aplicáveis ao seu conteúdo (cfr. art. 215.º). Trata-se de um poder oficioso, que só depende da iniciativa do juiz.

Mas o juiz pode ainda recusar a homologação a pedido (cfr. art. 216.º), designadamente a pedido de algum credor que se sinta prejudicado pelo plano, seja em absoluto, seja por comparação com outros credores. Para isso é preciso que o credor já tenha manifestado nos autos a sua oposição, em momento anterior à aprovação do plano, e prove ou que a sua situação ao abrigo do plano é previsivelmente menos favorável do que aquela que adviria da ausência de plano ou que do plano resulta para algum credor um valor económico superior ao montante nominal dos seus créditos sobre a insolvência acrescido das eventuais contribuições que ele deva prestar [cfr. art. 216.º, n.º 1, als. *a)* e *b)*][468] [469].

---

[468] Como se diz no Acórdão do TRP de 15 de Novembro de 2007 (Relator: Deolinda Varão), "[o] plano pode afectar, caso o preveja, a prevalência dos créditos garantidos (garantias reais, incluindo os privilégios creditórios especiais) e os créditos privilegiados (privilégios creditórios gerais), mesmo contra e sem necessidade de consentimento dos titulares dos mesmos. Todavia, os credores, assim, afectados não estão impedidos de requerer a não homologação do plano, ao abrigo do disposto na al. *a)* do n.º 1 do art. 216.º, demonstrando que a sua situação ao abrigo do plano é previsivelmente menos favorável do que aquela que resultaria da liquidação universal do património do devedor segundo o modelo legal supletivo".
[469] Dito isto, adverte-se que não é, em princípio, admissível que um credor que aprovou expressamente o plano de insolvência e nada disse a respeito da sua homologação judicial venha depois negar o compromisso assumido e tentar utilizar formas alternativas de satisfação, pondo em causa, com esse comportamento, o princípio da igualdade entre os credores. Cfr., neste sentido, Catarina Serra, "Nótula sobre o art. 217.º, n.º 4, do CIRE (o direito de o credor agir contra o avalista no contexto de plano de insolvência)", in: AA. VV., *Estudos dedicados ao Professor Doutor Luís Alberto Carvalho Fernandes* – volume I, Universidade Católica, 2011, pp. 377 e s.

A possibilidade conferida aos credores de alegarem que a sua situação ao abrigo do plano é previsivelmente menos favorável do que aquela em que ele estaria na ausência de plano é conhecida como *best interests of creditors' test*. A designação corresponde à usada no âmbito da lei norte-americana para o modelo inspirador do legislador português, mas a lei alemã prevê um instituto semelhante, denominado, significativamente, "protecção das minorias" (*"Minderheitenschutz"*). A sua consagração permite confirmar a soberania dos interesses dos credores, que prevalecem, em última análise, sobre os interesses da conservação ou sobrevivência da empresa: todo o plano de insolvência – de recuperação da empresa – pode sucumbir por causa de um credor; basta que ele alegue e prove o seu prejuízo nos termos referidos[470].

81. Efeitos da homologação do plano e encerramento do processo

Com a sentença homologatória do plano produzem-se os efeitos indicados no art. 217.º, n.ºs 1, 2 e 3)[471].

Por um lado, produzem-se as alterações dos créditos sobre a insolvência, independentemente – sublinhe-se – de tais créditos terem sido ou não reclamados, o que significa que o plano vincula todos os credores e não apenas quem participou/aprovou o plano (cfr. art. 217.º, n.º 1).

Por outro lado, tornam-se eficazes todos os actos e negócios jurídicos previstos no plano de insolvência, desde os respectivos requisitos tenham sido observados (cfr. art. 217.º, n.º 2), constituindo, nomeadamente, a sentença homologatória título bastante para a constituição de nova(s) sociedade(s) e para a redução ou aumento de capital, a modificação dos estatutos, a transformação, a exclusão de sócios e a alteração dos órgãos sociais da sociedade devedora [cfr. art. 217.º, n.º 3, als. *a*) e *b*)].

Todos estes efeitos – esclarece-se no art. 217.º, n.º 5 – se produzem de imediato em resultado da sentença homologatória do plano de recuperação,

---

[470] Cfr. CATARINA SERRA, *A falência no quadro da tutela jurisdicional dos direitos de crédito – O problema da natureza do processo de liquidação aplicável à insolvência no Direito português*, cit., pp. 219-220.

[471] Existe ainda um efeito digno de referência, constante da lei tributária. Por força da alteração da Lei n.º 114/2017, de 29 de Dezembro (Lei do Orçamento de Estado para 2018), ao art. 41.º, n.º 1, al. *c*), do CIRC e ao art. 78.º-A, n.º 4, al. *c*), do CIVA, logo que seja proferida sentença de homologação do plano de insolvência que preveja o não pagamento definitivo do crédito, o crédito é considerado incobrável, podendo o credor, respectivamente, conseguir que o crédito seja directamente considerado gasto ou perda do período de tributação ou deduzir o IVA relativo ao crédito.

LIÇÕES DE DIREITO DA INSOLVÊNCIA

ainda quando seja interposto recurso, portanto, independentemente do seu trânsito em julgado.

Após o trânsito em julgado da sentença de homologação, o juiz declara o encerramento do processo de insolvência, quando a isso não se oponha o conteúdo do plano [cfr. art. 230.º, n.º 1, al. b)], mas, antes do encerramento, o administrador da insolvência deve proceder ao pagamento das dívidas da massa insolvente (cfr. art. 219.º).

É possível prever no plano que a sua execução seja fiscalizada pelo administrador da insolvência e que a autorização deste seja necessária para a prática de determinados actos pelo devedor ou pela(s) nova(s) sociedade(s), aplicando-se, nesta última hipótese, com as devidas adaptações, o disposto no art. 81.º, n.º 6 (cfr. art. 220.º, n.º 1).

Como se viu atrás, os administradores judiciais e as pessoas que tenham sido investidas na titularidade de órgãos de administração da empresa na sequência da aprovação – e da homologação[472] – do plano tornam-se subsidiariamente responsáveis em relação à empresa e solidariamente entre si, pelas dívidas cujo facto constitutivo se tenha verificado no período de exercício do seu cargo ou cujo prazo legal de pagamento ou entrega tenha terminado no período do exercício do seu cargo ou depois deste, quando, em qualquer dos casos, tiver sido por culpa sua que o património da empresa se tornou insuficiente para a sua satisfação (cfr. art. 33.º da Lei n.º 8/2018, de 2 de Março)[473].

---

[472] Embora a lei não o diga, só faz sentido esta responsabilidade quando o plano, além de aprovado, tenha sido homologado.

[473] A mesma norma consagra a responsabilidade destes sujeitos no quadro do plano de recuperação do PER e do acordo de reestruturação do RERE. A norma como que sintetiza o disposto nas als. a) e b) do n.º 1 do art. 24.º da LGT (onde se determina a responsabilidade subsidiária dos titulares dos órgãos de administração de sociedades comerciais e entes equiparados pelas obrigações tributárias destes). O objectivo será, como se disse, o de esclarecer que ficam sujeitas à mesma responsabilidade também as pessoas que estejam temporariamente à frente da empresa, como sucede no caso de serem investidos nas funções de executar o acordo de reestruturação pessoas diferentes dos anteriores ou habituais administradores da empresa. Em virtude de estas funções serem exercidas a título especial ter-se-á omitido a presunção de culpa consagrada no art. 24.º, n.º 1, al. b), da LGT, no quadro da responsabilidade por dívidas tributárias cujo prazo legal de pagamento ou entrega tenha terminado no período do exercício do seu cargo. Dito isto, não se vê como boa a epígrafe da norma ("Responsabilidade dos administradores judiciais"), que é excessivamente restritiva quanto aos sujeitos afectados e excessivamente vaga quanto ao tipo de responsabilidade em causa. Regista-se com surpresa a localização do preceito, fora da Lei Geral Tributária.

OS INSTRUMENTOS DE RECUPERAÇÃO DE EMPRESAS INSOLVENTES

Uma vez encerrado o processo de insolvência, os credores da insolvência podem exercer os seus direitos contra o devedor sem outras restrições que não as decorrentes do plano de insolvência e os credores da massa insolvente podem reclamar do devedor os seus direitos não satisfeitos [cfr. art. 233.º, n.º 1, als. *c)* e *d)*]. Em conformidade com isto, o título executivo dos primeiros será a sentença de verificação de créditos ou a decisão proferida em acção de verificação ulterior, conjugada, em qualquer dos casos, com a sentença homologatória do plano de insolvência [cfr. art. 233.º, n.º 1, al. *c), in fine*].

82. Cumprimento e incumprimento do plano

O cumprimento do plano de insolvência exonera o devedor e os responsáveis legais da totalidade das dívidas da insolvência remanescentes a não ser que haja uma estatuição expressa em sentido diverso no plano [cfr. art. 197.º, al. *c)*].

Quando haja incumprimento do plano de insolvência, surge a questão de saber quais as suas consequências. Diga-se, desde logo, que elas podem estar previstas no próprio plano. Mas quando não for assim (normalmente não é) aplica-se o art. 218.º.

A disposição fundamental é a do n.º 1 do art. 218.º, onde se dispõe que a moratória e o perdão ficam, em regra, sem efeito, por um lado, quanto aos créditos relativamente aos quais o devedor se constitui em mora, se a prestação, acrescida dos juros moratórios, não for cumprida no prazo de quinze dias a contar da interpelação escrita do credor e, por outro, quanto a todos os créditos, quando o devedor é declarado insolvente em novo processo. Opera-se, assim, em ambos os casos, como que uma repristinação dos créditos originais.

No n.º 2 do art. 218.º estabelece-se um condicionamento: a mora só produz aqueles efeitos quando respeita a créditos reconhecidos pela sentença de verificação e graduação de créditos ou por outra decisão judicial, independentemente do seu trânsito em julgado.

Finalmente, no art. 218.º, n.º 3, admite-se que os efeitos referidos se produzam também por força de outros acontecimentos, desde que previstos no plano de insolvência e ocorridos dentro do período máximo de três anos a contar da data da sentença homologatória do plano.

É legítimo dizer que, sob o ponto de vista dos seus efeitos jurídicos, o art. 218.º, n.º 1, é, por um lado, algo excessivo e, por outro, algo insuficiente: algo excessivo porque os efeitos do incumprimento são automáticos e, portanto, independentes da vontade dos sujeitos envolvidos; algo insuficiente porque respeitam somente à moratória e ao perdão, não fornecendo o preceito qualquer orientação quanto às consequências do incumprimento quando estejam em causa outras modificações dos créditos. O efeito mais significativo da norma é, de facto, o de determinar que a reconstituição dos créditos nos casos de moratória e de perdão não depende do comportamento dos credores e, designadamente, não pressupõe o exercício, por parte deles, do direito de resolução.

Fica por esclarecer, portanto, o que acontece às modificações que não sejam susceptíveis de recondução à moratória e ao perdão. A solução mais razoável é que fiquem igualmente sem efeito. Mas para isso já será preciso que os credores adoptem um comportamento activo e exerçam o seu direito de resolução nos termos dos arts. 433.º e 434.º do CC.

Deve sublinhar-se, a propósito, que a norma do art. 218.º é uma norma de carácter especial. Torna-se, assim, por vezes, necessário o recurso ao regime geral do incumprimento, contido nas normas dos arts. 801.º, n.º 2, 802.º e 808.º, e ao regime geral da resolução, contido nas normas dos arts. 432.º e s., todos do CC. O recurso a este regime geral é perfeitamente admissível, devendo apenas, quando assim seja, observar-se a necessidade de adaptações, nomeadamente ao nível da caracterização do incumprimento relevante, como se verá, em detalhe, a propósito do PER.

Título III
Os Instrumentos de Recuperação de Empresas Pré-Insolventes

CAPÍTULO I – Considerações gerais

Bibliografia específica: ANTÓNIO MENEZES CORDEIRO, "O princípio da boa-fé e o dever de renegociação em contextos de 'situação económica difícil'", in: CATARINA SERRA (coord.), *II Congresso de Direito da Insolvência*, Coimbra, Almedina, 2014, pp. 11 e s., e in: *Revista de Direito das Sociedades*, 2013, n.º 3, pp. 487 e s., BRUNO FERREIRA, "Recuperação de empresas viáveis em dificuldades: prevenção e preservação de valor", in: *Revista de Direito das Sociedades*, 2011, n.º 2, pp. 395 e s., BRUNO FERREIRA, "Mecanismos de alerta e prevenção da crise do devedor: em especial a recuperação extrajudicial", in: *I Congresso – Direito das Sociedades em Revista*, Coimbra, Almedina, 2012, pp. 243 e s., CATARINA SERRA, "A contratualização da insolvência: *hybrid procedures* e *pre-packs* (A insolvência entre a lei e a autonomia privada)", in: *II Congresso – Direito das Sociedades em Revista*, Coimbra, Almedina, 2012, pp. 265 e s., CATARINA SERRA, "Entre o princípio e os princípios da recuperação de empresas (um *work in progress*)", in: CATARINA SERRA (coord.), *II Congresso de Direito da Insolvência*, Coimbra, Almedina, 2014, pp. 71 e s., CATARINA SERRA, "La recuperación negociada de empresas bajo la ley portuguesa. Para una lectura sistemática de los acuerdos de recuperación o restructuración de empresas", in: ANTONIO GARCÍA-CRUCES (Director), *Las Soluciones Negociadas como Respuesta a la Insolvencia Empresarial – Reformas en el Derecho Comparado y Crisis Económica*, Cizur Menor (Navarra), Thomson-Reuters Aranzadi, 2014, pp. 297 e s., JOSÉ GONÇALVES MACHADO, *O dever de renegociar no âmbito pré-insolvencial – Estudo comparativo sobre os principais mecanismos de recuperação de empresas*, Coimbra, Almedina, 2016, NUNO MANUEL PINTO OLIVEIRA, "Responsabilidade pela perda de uma chance de revitalização?", in: CATARINA SERRA (coord.), *II Congresso de Direito da Insolvência*, Coimbra, Almedina, 2014, pp. 158 e s., SUSANA AZEVEDO DUARTE, "A Responsabilidade dos Credores Fortes na Proximidade da Insolvência da Empresa: A Celebração de Acordos Extrajudiciais e a Tutela dos Credores Fracos", in: MARIA DE FÁTIMA RIBEIRO (coord.), *Questões de Tutela de Credores e de Sócios das Sociedades Comerciais*, Coimbra, Almedina, 2013, pp. 183 e s.

83. Os novos instrumentos pré-insolvenciais e o seu contexto

Os instrumentos dirigidos ao tratamento da pré-insolvência são relativamente novos no ordenamento jurídico português. De facto, o compromisso de alterar o regime da insolvência, designadamente regulando a pré-insolvência, surgiu no quadro do programa de auxílio financeiro à República Portuguesa assegurado pelo BCE, a CE e o FMI – a chamada "Troika".

O primeiro passo foi a aprovação, em Conselho de Ministros, dos Princípios Orientadores da Recuperação Extrajudicial de Devedores (cfr. Resolução do Conselho de Ministros n.º 43/2011, de 25 de Outubro).

O segundo foi a aprovação, também em Conselho de Ministros, do "Programa Revitalizar" (cfr. Resolução de Conselho de Ministros n.º 11/2012, de 3 de Fevereiro), prevendo medidas como a revisão do Código da Insolvência e da Recuperação de Empresas. Surge, neste quadro, a Lei n.º 16/2012, de 20 de Abril, que, além de proceder à sexta alteração do Código da Insolvência e da Recuperação de Empresas, simplificando formalidades e procedimentos, instituiu o Processo Especial de Revitalização (PER).

Por fim, a Lei n.º 8/2018, de 2 de Março, veio criar o Regime Extrajudicial de Recuperação de Empresas (RERE), um puro "regime de enquadramento", ou seja, um regime que permite o enquadramento jurídico dos acordos extrajudiciais de recuperação de empresas. Sendo a finalidade do RERE a recuperação de empresas, ele integra-se no que é possível designar como "instrumentos de recuperação institucionalizada", isto é, os instrumentos que, apesar do seu carácter extrajudicial, são enquadráveis em determinado regime jurídico.

Se fosse necessário escolher três palavras para designar aquilo que de comum têm todas as intervenções, dir-se-ia: pré-insolvência, negociação e recuperação. O objectivo geral parece ser, de facto, o de promover a recuperação, seja pela antecipação do momento da intervenção (pré-insolvência), seja pela natureza dos meios utilizados (extrajudiciais ou híbridos). Por um lado, a recuperação da empresa ou a superação do problema da insolvência por parte da pessoa singular é mais fácil numa fase precoce, dada a menor gravidade e a presumível reversibilidade da situação-base. Por outro lado, as soluções de tipo contratual são as que melhor servem as necessidades de flexibilidade, celeridade e adesão/envolvimento das partes ao/no processo[474].

---

[474] A dimensão do problema (ou os contornos da situação-base) contribui para justificar a solução aplicável: os acordos informais (instrumentos negociais puros) ou os acordos com eficácia "reforçada" (acordos obtidos de forma "assistida", ou seja, obtidos em processos híbri-

CAPÍTULO II – Os Princípios Orientadores
da Recuperação Extrajudicial de Devedores

Bibliografia específica: NUNO MANUEL PINTO OLIVEIRA, "Entre o Código da Insolvência e os 'Princípios Orientadores': um dever de (re)negociação?", in: *Revista da Ordem dos Advogados*, 2012, n.ºs 3 e 4, pp. 677 e s.

84. Origens, conteúdo e função

Diga-se, antes de mais, que os Princípios Orientadores se inspiram nos princípios enunciados no *"Global Statement of Principles for Multi-Creditor Workouts"* (os *INSOL Principles*), que foram elaborados pela *INSOL International*[475] e apresentados, pela primeira vez, em Outubro de 2000[476].

Os Princípios Orientadores não representam uma grande novidade, tendo em consideração aquilo que já resultava dos princípios e das regras gerais do Direito português. Limitam-se, na realidade, a densificar ou a precisar o sentido geral dos deveres de cooperação, dos deveres de esclarecimento e de informação e dos deveres de lealdade[477].

Desde logo, densificam o sentido geral dos deveres de cooperação, quando estabelecem que "as partes devem actuar de boa-fé, na busca de uma solução construtiva que satisfaça todos os envolvidos" (cfr. Segundo Princípio Orientador), que "[o]s credores envolvidos devem, por um lado, cooperar entre si e com o devedor de modo a concederem a este um período de tempo suficiente (mas limitado) para obter e partilhar toda a informação

---

dos e beneficiando de homologação judicial). Daí que seja possível falar-se na "contratualização ou privatização da insolvência". Cfr., neste sentido, CATARINA SERRA, "A contratualização da insolvência: hybrid procedures e pre-packs (A insolvência entre a lei e a autonomia privada)", in: *II Congresso – Direito das Sociedades em Revista*, Coimbra, Almedina, 2012, pp. 265 e s.

[475] A *INSOL International* é uma organização que reúne associações de profissionais (advogados, contabilistas e outros) especializados em matéria de recuperação de empresas e insolvência originárias de diversos países do mundo. Foi fundada em 1982, tendo vindo desenvolver uma actividade importante para o aprofundamento e a divulgação da matéria da insolvência, através da organização de seminários internacionais e da produção de estudos vários. Cfr. https://www.insol.org.

[476] Existe uma segunda edição dos *INSOL Principles*, de Abril de 2017 (disponível em http://www.insol.org/_files/Publications/StatementOfPrinciples/Statement%20of%20Principles%20II%2018%20April%202017%20BML.pdf).

[477] Cfr., neste sentido, com desenvolvimento, NUNO MANUEL PINTO OLIVEIRA, "Entre o Código da Insolvência e os 'Princípios Orientadores': um dever de (re)negociação?", in: *Revista da Ordem dos Advogados*, 2012, n.ºs 3 e 4, pp. 677 e s.

LIÇÕES DE DIREITO DA INSOLVÊNCIA

relevante e para elaborar e apresentar propostas para resolver os seus problemas financeiros" (cfr. Quarto Princípio Orientador) e que "[d]urante o período de suspensão, os credores envolvidos não devem agir contra o devedor, comprometendo-se a abster-se de intentar novas acções judiciais e a suspender as que se encontrem pendentes" (cfr. Quinto Princípio Orientador).

Depois, densificam o sentido geral dos deveres de esclarecimento e de informação, quando determinam que o devedor há-de dispor de "um período de tempo suficiente (mas limitado) para obter e partilhar toda a informação relevante" (cfr. Quarto Princípio Orientador) e que o devedor há-de adoptar "uma postura de absoluta transparência durante o período de suspensão, partilhando toda a informação relevante sobre a sua situação" (cfr. Sétimo Princípio Orientador).

Densificam, por último, o sentido geral dos deveres de lealdade. O devedor está sujeito a deveres de lealdade para com os seus credores, concretizados, designadamente, no dever de abstenção de "qualquer acto que prejudique os direitos e as garantias dos credores (conjuntamente ou a título individual ou que, de algum modo, afecte negativamente as perspectivas dos credores de verem pagos os seus créditos, em comparação com a sua situação no início do período de suspensão" (cfr. Sexto Princípio Orientador). Por seu turno, os credores estão sujeitos a deveres de lealdade para com o seu devedor, concretizados, designadamente, em deveres de tratamento como confidencial da informação transmitida pelo devedor (cfr. Oitavo Princípio Orientador).

Como o nome indica, os Princípios Orientadores têm aplicação privilegiada no âmbito da recuperação informal ou que se realiza fora do ambiente judicial, enquadre-se em regimes jurídicos especiais, como acontece no RERE e no PER, ou não. Para que não haja dúvidas, a lei estabelece que nas negociações no âmbito de PER bem como no âmbito do RERE, a empresa e os credores devem actuar no respeito dos Princípios Orientadores da Recuperação Extrajudicial de Devedores (cfr., respectivamente, art. 17.º-D, n.º 10, do CIRE e art. 5.º, n.º 1, do RERE). Em consequência disto, os Princípios Orientadores adquirem uma força vinculativa que, por si só, atendendo à fonte de onde promanam, nunca teriam.

85. A aplicabilidade dos Princípios Orientadores ao Processo Especial de Revitalização e ao Regime Extrajudicial de Recuperação de Empresas
Se, como deve acontecer, forem levados a sério, os Princípios Orientadores são susceptíveis de desempenhar um papel muito relevante no âmbito do PER e do RERE.

Veja-se, para ilustrar, no âmbito das garantias do financiamento concedido ao devedor, a harmonia que existe entre o disposto no n.º 2 do art. 17.º-H e o Décimo Primeiro Princípio Orientador. Ambas as disposições convergem na qualificação dos "novos créditos" (os créditos concedidos à empresa durante o período de negociações com os credores) como garantidos.

Em particular, a disciplina do art. 17.º-H suscita a dúvida sobre se os credores preexistentes têm – devem ter – um direito de preferência na concessão de crédito à empresa no curso do PER. A obrigação não está expressamente prevista. A verdade é que ela é uma decorrência lógica dos Princípios Orientadores, em coerência com as obrigações de esclarecimento e de informação (cfr. Sétimo e Oitavo Princípios Orientadores, em consonância com o disposto no art. 17.º-D, n.ºs 6 e 11), com a obrigação de actuação segundo a boa fé (cfr. Segundo Princípio Orientador) e, acima de tudo, com a obrigação da empresa, de não praticar actos que, de algum modo, afectem negativamente a posição relativa da cada credor no confronto com os restantes credores ou as suas legítimas expectativas quanto ao pagamento dos créditos, em comparação com a situação que existia antes do início das negociações (cfr. Sexto e Nono Princípio Orientador). A assunção de novas obrigações pelo devedor comporta riscos de alteração da posição dos credores, entre si e relativamente a terceiros. O reconhecimento de um direito de preferência, proporcional ao valor dos créditos de cada um, será a (única) solução que lhes permite evitar tal alteração ou reduzir o seu impacto

Outro campo possível de actuação dos Princípios Orientadores é o chamado "dever de renegociação". Como se disse, os Princípios Orientadores sujeitam o devedor e os credores – reforçam a sujeição do devedor e dos credores – a um dever (geral) de actuação de acordo com a boa fé (cfr. Segundo Princípio Orientador). Com este fundamento, é possível sustentar que o devedor tem o dever de apresentar propostas razoáveis de modificação do conteúdo das relações obrigacionais e que, por sua parte, os credores têm o dever de responder razoavelmente às propostas que lhes sejam apresentadas pelo devedor[478].

---

[478] Sobre este ponto em particular cfr. NUNO MANUEL PINTO OLIVEIRA, "Entre o Código da Insolvência e os 'Princípios Orientadores': um dever de (re)negociação?", in: *Revista da Ordem dos Advogados*, 2012, n.ºs 3 e 4, pp. 677 e s.

LIÇÕES DE DIREITO DA INSOLVÊNCIA

CAPÍTULO III – O Processo Especial de Revitalização

SECÇÃO I – Introdução ao Processo Especial de Revitalização

Bibliografia específica: ALEXANDRE DE SOVERAL MARTINS, "Repercussões que os Memorandos da Troika terão no Código da Insolvência", in: *O Memorando da "Troika" e as Empresas*, Colóquios, n.º 5, IDET, Coimbra, Almedina, 2012, pp. 191 e s., ALEXANDRE DE SOVERAL MARTINS, "O P.E.R. (Processo Especial de Revitalização)", in: *Ab Instantia – Revista do Instituto do Conhecimento*, 2013, n.º 1, pp. 17 e s., ANABELA RUSSO/FÁTIMA REIS SILVA, "O Processo Especial de Revitalização no espaço de conexão da jurisprudência dos tribunais comuns e dos tribunais tributários", in: *Revista de Direito da Insolvência*, 2017, n.º 1, pp. 146 e s., CATARINA SERRA, "Sobre a projectada reforma da lei da insolvência", in: AA. VV., *I Jornadas de Direito Processual Civil "Olhares Transmontanos"*, Valpaços, Câmara Municipal de Valpaços, 2012, pp. 193 e s., CATARINA SERRA, "Emendas à (lei da insolvência) portuguesa – Primeiras impressões", in: *Direito das Sociedades em Revista*, 2012, vol. 7, pp. 97 e s., CATARINA SERRA, "Processo especial de revitalização – contributos para uma 'rectificação'", in: *Revista da Ordem dos Advogados*, 2012, II/III, pp. 715 e s., CATARINA SERRA, "Enmiendas a la ley concursal portuguesa: mucho ruido y pocas nueces", in: *Anuario de Derecho Concursal*, 2012, 28, pp. 293 e s., CATARINA SERRA, "Revitalização – A designação e o misterioso objecto designado. O processo homónimo (PER) e as suas ligações com a insolvência (situação e processo) e com o SIREVE", in: CATARINA SERRA (coord.), *I Congresso de Direito da Insolvência*, Coimbra, Almedina, 2013, pp. 85 e s., CATARINA SERRA, "The Rescue of Large Corporations – How Suitable is the Portuguese Insolvency Act?", in: REBECCA PARRY (Ed.), *Papers from the INSOL Europe Academic Forum/Nottingham Law School Joint International Insolvency Conference, Nottingham Trent University, Nottingham, United Kingdom, 28 & 29 June 2012*, 2013, pp. 97 e s., CATARINA SERRA, "Tópicos para uma discussão sobre o processo especial de revitalização (com ilustrações jurisprudenciais)", in: *Ab Instantia – Revista do Instituto do Conhecimento*, 2014, n.º 4, pp. 53 e s., CATARINA SERRA "¿Qué hay de nuevo en la legislación pre-insolvencial portuguesa? – Una evaluación de la enmienda reciente (también a la luz de la legislación de la Unión Europea)", in: *Anuario de Derecho Concursal*, 2015, 36, pp. 271 e s., CATARINA SERRA, "A proposito di guardiani davanti alla legge – Il professionista certificatore (o la sua assenza) nella procedura di rivitalizzazione del Diritto portoghese", in: *Studi Senesi*, CXXVIII (III Serie, LXV), Fascicolo 1-2, Università degli Studi di Siena, Dipartimento di Giurisprudenza, 2016, pp. 199 e s., CATARINA SERRA, *O Processo Especial de Revitalização na Jurisprudência – Questões Jurisprudenciais com Relevo Dogmático*, Coimbra, Almedina, 2017 (2.ª edição), CATARINA SERRA, *O PROCESSO ESPECIAL DE REVITALIZAÇÃO – COLECTÂNEA DE JURISPRUDÊNCIA*, Coimbra, Almedina, 2017 (reimpressão), CATARINA SERRA, "O processo especial de revitalização – Balanço das alterações introduzidas em 2012 e 2015", in: *Actas da Conferência "Acção Executiva e Insolvência: as Reformas em Discussão"*, Cen-

330

tro de Investigação em Estudos Jurídicos do Instituto Politécnico de Leiria, 2016, pp. 51 e s. (disponível em https://iconline.ipleiria.pt/handle/10400.8/2222), CLÁUDIA MADALENO, "Notas sobre as alterações ao Código da Insolvência e da Recuperação de Empresas. Em especial, a opção pela recuperação do devedor", in: ADELAIDE MENEZES LEITÃO (coord.), *Estudos do Instituto do Direito do Consumo*, vol. IV, Coimbra, Almedina, 2014, pp. 217 e s., FÁTIMA REIS SILVA, *Processo Especial de Revitalização – Notas Práticas e Jurisprudência Recente*, Porto, Porto Editora, 2014, FÁTIMA REIS SILVA, "Efeitos processuais da declaração de insolvência, em especial na ação executiva: e alguns efeitos da pendência e vicissitudes do processo especial de revitalização", in: *Actas da Conferência "Acção Executiva e Insolvência: as Reformas em Discussão"*, Centro de Investigação em Estudos Jurídicos do Instituto Politécnico de Leiria, 2016, pp. 64 e s. (disponível em https://iconline.ipleiria.pt/handle/10400.8/2222), FERNANDO SILVA PEREIRA, "Recuperação extrajudicial de empresas", in: LUÍS MIGUEL PESTANA DE VASCONCELOS (coord.), *Falência, insolvência e recuperação de empresas – 1.º congresso de Direito Comercial das Faculdades de Direito da Universidade do Porto, de S. Paulo e de Macau*, Porto, Faculdade de Direito da Universidade do Porto, 2017, pp. 65 e s. (disponível em https://www.cije.up.pt/download-file/1547), JOÃO BOTELHO, *Viaticum para o PER*, Nova Causa, 2016, JORGE CALVETE, "O papel do administrador judicial provisório no Processo Especial de Revitalização", in: CATARINA SERRA (coord.), *I Colóquio do Direito da Insolvência de Santo Tirso*, Coimbra, Almedina, 2014, pp. 59 e s., FILIPA GONÇALVES, "O processo especial de revitalização", in: MARIA DO ROSÁRIO EPIFÂNIO (coord.), *Estudos de Direito da Insolvência*, Coimbra, Almedina, 2015, pp. 51 e s., JOÃO AVEIRO PEREIRA, "A revitalização económica dos devedores", in: *O Direito*, 2013, I/II, pp. 9 e s., JOÃO AVEIRO PEREIRA, "A revitalização económica dos devedores", in: AA. VV., *Processo de insolvência e acções conexas*, Lisboa, Centro de Estudos Judiciários, 2014, pp. 25 e s. (disponível em http://www.cej.mj.pt/cej/recursos/ebook_civil.php), LUÍS MIGUEL PESTANA DE VASCONCELOS, "Modificaciones recientes en el Derecho Concursal portugués", in: *Revista de Derecho Concursal y Paraconcursal*, 2013, n.º 18, pp. 437 e s., LUÍS MIGUEL PESTANA DE VASCONCELOS, "Il risanamento preinsolvenziale del debitore nel diritto portoghese: la nuova procedura speciale di rivitalizzazione (PER)", in: *Diritto Fallimentare*, 2013, pp. 714 e s., LUÍS MIGUEL PESTANA DE VASCONCELOS, *Recuperação de Empresas: o Processo Especial de Revitalização*, Coimbra, Almedina, 2017, MADALENA PERESTRELO DE OLIVEIRA, "O Processo Especial de Revitalização: o novo CIRE", in: *Revista de Direito das Sociedades*, 2012, n.º 3, pp. 707 e s., MARIA DO ROSÁRIO EPIFÂNIO, "La Reforma del Código de la Insolvencia y de la Recuperación de Empresas (Ley n.º 16/2012, de 20 de abril)", in: *Revista de Derecho Concursal y Paraconcursal*, 2012, pp. 423 e s., MARIA DO ROSÁRIO EPIFÂNIO, "O processo especial de revitalização", in: *II Congresso – Direito das Sociedades em Revista*, Coimbra, Almedina, 2012, pp. 257 e s., MARIA DO ROSÁRIO EPIFÂNIO, "A Crise da Empresa no Direito Português", in: AA. VV., *Questões de Direito Comercial no Brasil e em Portugal*, S. Paulo, Saraiva, 2013, pp. 377 e s., MARIA DO ROSÁRIO EPIFÂNIO, *O Processo Especial de Revitalização*, Coimbra, Almedina, 2015, NUNO DA COSTA SILVA VIEIRA, *Insolvência e processo de revitalização*, Coimbra, Almedina, 2012 (2.ª edição),

LIÇÕES DE DIREITO DA INSOLVÊNCIA

Nuno Gundar da Cruz, *Processo Especial de Revitalização – Estudo sobre os poderes do juiz*, Petrony, 2016, Nuno Salazar Casanova/David Sequeira Dinis, *O processo especial de revitalização – Comentários aos artigos 17.º-a a 17.º-I do Código da Insolvência e da Recuperação de Empresas*, Coimbra, Coimbra Editora, 2014, Renato Gonçalves, "Recuperação de empresas: um desígnio continuado", in: Catarina Serra (coord.), *IV Congresso de Direito da Insolvência*, Coimbra, Almedina, 2017, pp. 379 e s., Rui Dias da Silva, *O processo especial de revitalização*, Lisboa, Edições Esgotadas, 2012.

86. Origens e função

De uma forma simplificada, pode dizer-se que a maior vantagem do PER é a possibilidade de a empresa obter um plano de recuperação sem ser declarada insolvente e que o maior risco é o de, depois de tudo, a empresa não conseguir evitar a declaração de insolvência.

Os credores desempenham no PER um papel fundamental: ou consentem (pelo menos momentaneamente) no sacrifício dos seus direitos e viabilizam o plano de recuperação ou então mantêm-se irredutíveis, caso em que o plano de recuperação não é aprovado e o perigo de a empresa ser declarada insolvente com toda a probabilidade se concretizará. Evidentemente, a reacção dos credores (o seu consentimento no sacrifício) depende da sua convicção sobre a bondade dos propósitos do PER e, mais precisamente, da segurança ou confiança que inspira o regime jurídico quanto à tutela dos direitos de crédito.

A aparente maior originalidade do PER é a possibilidade de o plano de recuperação, posto que aprovado por uma maioria qualificada de credores e homologado pelo juiz, ser vinculativo para todos os credores, incluídos os que se opuseram ao plano e os que não participaram nas negociações.

Mas, vendo bem, isto não é absolutamente inédito no ordenamento português. O mesmo princípio vale, como se viu, para o plano de insolvência, seja qual for a sua finalidade (cfr. art. 217.º, n.º 1, *in fine*), não obstante com uma diferença significativa: o plano de insolvência é aprovado no âmbito do processo (judicial) de insolvência. Mas a verdade é que, mesmo no âmbito dos acordos extrajudiciais, a possibilidade de estender os efeitos a todos é admitida desde 2004. De facto, apesar de pouco conhecido e pouco utilizado, o dispositivo do suprimento judicial da falta de consentimento dos credores fez parte da disciplina do Procedimento Extrajudicial da Conciliação para viabilização de empresas em situação de insolvência ou em situação económica difícil (PEC) e. mais tarde, da disciplina do processo que

OS INSTRUMENTOS DE RECUPERAÇÃO DE EMPRESAS PRÉ-INSOLVENTES

lhe sucedeu – o Sistema de Recuperação de Empresas por Via Extrajudicial (SIREVE)[479].

87. Características processuais

Numa leitura rápida das normas que regulam o PER é possível descobrir, de imediato, um conjunto de elementos que permitem caracterizá-lo processualmente. Sem preocupações de exaustividade, identificam-se como características processuais do PER a voluntariedade, a informalidade, a consensualidade, a estabilidade, a transparência, o contraditório e a celeridade. Descrevamo-las, ainda que em traços gerais.

87.1. Voluntariedade

A voluntariedade tem várias expressões não só na fase da iniciativa processual mas em vários momentos do processo e manifesta-se tanto ao nível dos poderes da empresa devedora como ao nível dos poderes dos credores.

---

[479] O PEC foi criado pelo DL n.º 316/98, de 20 de Outubro, alterado pelo DL n.º 201/2004, de 18 de Agosto, e revogado pelo DL n.º 178/2012, de 3 de Agosto. O SIREVE foi criado pelo DL n.º 178/2012, de 3 de Agosto, alterado pelo DL n.º 26/2015, de 6 de Fevereiro, e revogado pela Lei n.º 8/2018, de 2 de Março, que criou o RERE. Sobre o PEC cfr. Luís CARVALHO FERNANDES/JOÃO LABAREDA, *Código da Insolvência e da Recuperação de Empresas Anotado. Actualizado de acordo com o Decreto-Lei n.º 282/2007. Procedimento de Conciliação Anotado. Legislação Complementar. Índices Ideográfico e Sistemático*, Lisboa, Quid Juris, 2008, pp. 928 e s. (a obra indicada é a primeira versão da 2.ª edição da obra, com a mesma autoria, intitulada *"Código da Insolvência e da Recuperação de Empresas Anotado. Sistema de Recuperação de Empresas por Via Extrajudicial (SIREVE) Anotado. Legislação Complementar"*, cit.). Sobre o SIREVE cfr. CATARINA SERRA, "Revitalização – A designação e o misterioso objecto designado. O processo homónimo (PER) e as suas ligações com a insolvência (situação e processo) e com o SIREVE", in: CATARINA SERRA (coord.), *I Congresso de Direito da Insolvência*, Coimbra, Almedina, 2013, pp. 85 e s., CATARINA SERRA, "Mais umas 'pinceladas' na legislação pré-insolvencial – Uma avaliação geral das alterações do DL n.º 26/2015, de 6 de Fevereiro, ao PER e ao SIREVE (e à luz do Direito da União Europeia)", in: *Direito das Sociedades em Revista*, 2015, vol. 13, pp. 43 e s., FERNANDO SILVA PEREIRA, "Recuperação extrajudicial de empresas", in: Luís MIGUEL PESTANA DE VASCONCELOS (coord.), *Falência, insolvência e recuperação de empresas – 1.º congresso de Direito Comercial das Faculdades de Direito da Universidade do Porto, de S. Paulo e de Macau*, Porto, Faculdade de Direito da Universidade do Porto, 2017, pp. 65 e s. (disponível em *https://www. cije.up.pt/download-file/1547)*, JOÃO LABAREDA, "Sobre o Sistema de Recuperação de Empresas por Via Extrajudicial (SIREVE)", in: CATARINA SERRA (coord.), *I Congresso de Direito da Insolvência*, Coimbra, Almedina, 2013, pp. 63 e s.

LIÇÕES DE DIREITO DA INSOLVÊNCIA

Quanto à empresa, ela tem o poder de iniciativa do processo (cfr. art. 17.º-C, n.º 1) e a faculdade de pôr fim às negociações independentemente de qualquer causa (cfr. art. 17.º-G, n.º 5).

Quanto aos credores, eles têm o ónus de reclamação e de impugnação de créditos (cfr. art. 17.º-D, n.ºs 2 e 3), o poder de aderir às negociações a todo tempo (cfr. art. 17.º-D, n.º 7) e o direito de voto (cfr. art. 73.º, n.º 1), sendo livres de exercer este direito ou não e, exercendo-o, de o exercer em qualquer sentido (votando a favor do ou contra o plano de recuperação).

87.2. Informalidade

O PER tem um acentuado nível de informalidade, que advém, fundamentalmente, do grau diminuto de intervenção judicial, isto é, de uma certa desjudicialização do processo.

Tal desjudicialização manifesta-se tanto nas fases em que o juiz não tem rigorosamente uma intervenção (negociações e votação do plano) como nas fases em que tem intervenção. Nestas últimas, os poderes do juiz não são amplos.

Nas fases em que o juiz não tem intervenção veja-se, por exemplo, que, ao contrário daquilo que acontece no plano de insolvência, não chega a constituir-se qualquer assembleia para votação do plano de recuperação (cfr., *a silentio*, art. 17.º-F, n.º 6).

Nas fases em que o juiz tem alguma intervenção, veja-se, por exemplo, a verificação de créditos (cfr. art. 17.º-D, n.º 3), que é, em geral, "aliviada" dos procedimentos que, no processo de insolvência, se seguem à impugnação das reclamações, como a resposta às impugnações. Destaca-se ainda, neste contexto, a dispensa da actividade judicial de graduação de créditos.

Note-se que, embora tão-pouco haja lugar a uma rigorosa classificação dos créditos e dos credores, se torna necessária, para efeitos de votação e aprovação do plano de recuperação, uma identificação dos créditos subordinados.

87.3. Consensualidade

A realização do fim essencial do processo implica a obtenção de consensos e depende exclusivamente da realização deste objectivo.

Isto é visível sobretudo nas fases de negociações e de aprovação do plano de recuperação. Como decorre da lei, as negociações decorrem nos termos acordados pelas partes (cfr. art. 17.º-D, n.º 8). Por sua vez, o plano de recuperação só pode considerar-se aprovado quando obtiver a unanimidade dos

OS INSTRUMENTOS DE RECUPERAÇÃO DE EMPRESAS PRÉ-INSOLVENTES

votos ou então um número de votos favoráveis representativos de uma maioria qualificada [cfr. art. 17.º-F, n.º 4 e n.º 5, als. *a)* e *b)*].

A consensualidade demonstra a sobreposição da vontade colectiva – da vontade de uma determinada maioria – à vontade individual. Hoje em dia, esta sobreposição é um elemento que caracteriza decisivamente os processos com intuito de recuperação e, sobretudo, os processos de carácter híbrido.

87.4. Estabilidade

A estabilidade resulta da preocupação de propiciar à empresa o ambiente ideal para a realização das negociações com os credores e a obtenção de acordos de recuperação.

A sua manifestação mais visível é a limitação dos direitos processuais dos credores e outros terceiros. Durante o PER (a partir da decisão de nomeação do administrador judicial provisório) existe, como se verá, a impossibilidade geral de propor ou fazer prosseguir determinados tipos de acções contra a empresa (cfr. art. 17.º-E, n.º 1, 1.ª parte).

Em conformidade com isto, após a aprovação e a homologação de plano de recuperação, em princípio, as acções suspensas extinguem-se (cfr. art. 17.º-E, n.º 1, 2.º parte).

87.5. Transparência

A transparência implica a disponibilização e a circulação da informação por todos os sujeitos intervenientes no processo.

A regra fundamental é a de que todos os documentos relevantes devem ser patenteados e/ou publicados e que todas as informações relevantes devem ser prestadas aos intervenientes de forma a que todos os sujeitos possam ter uma participação esclarecida.

Os deveres de informação fundamentais impendem principalmente sobre a empresa. Ela deve, logo de início, apresentar vários documentos ao tribunal, entre os quais uma relação de todos os seus credores [cfr. art. 24.º, *ex vi* do art. 17.º-C, n.º 3, al. *b)*], e comunicar, por carta registada, a todos os seus credores que deu início às negociações e convidá-los a participar nas negociações (cfr. art. 17.º-D, n.º 1). Sobre ela impende ainda um dever de informação geral para com todos os seus credores, sob pena de incursão em responsabilidade civil (cfr. art. 17.º-D, n.ºs 6 e 11).

Existe, depois, quanto aos documentos essenciais do processo, um conjunto de exigências de publicidade. Os documentos apresentados pela empresa ficam patentes na secretaria judicial para consulta pelos credores

LIÇÕES DE DIREITO DA INSOLVÊNCIA

durante todo processo [cfr. art. 17.º-C, n.º 3, al. *b*)]. O despacho de nomeação do administrador judicial provisório é publicado no portal Citius[480] e sujeito a outros requisitos de publicidade (cfr. art. 17.º-D, n.º 2, e arts. 37.º e 38.º, *ex vi* do art. 17.º-C, n.º 5). Por último, a lista de credores é objecto de publicação no portal Citius (cfr. art. 17.º-D, n.º 3).

87.6. Contraditório

Algumas características processuais como a informalidade e a celeridade não excluem – nem poderiam excluir – a presença de mecanismos tendentes a assegurar a realização do contraditório, que é um traço obrigatório dos processos judiciais.

Entre as garantias do contraditório contam-se, por exemplo, os poderes dos credores de impugnação da lista provisória de créditos (cfr. art. 17.º-D, n.º 3), de oposição ao plano, de requerimento da não homologação do plano (cfr. art. 216.º, *ex vi* do art. 17.º-F, n.º 7) e de impugnação da decisão judicial de homologação do plano de recuperação.

87.7. Celeridade

A celeridade é a característica mais visível do PER. Tem sido, por isso, utilizada – indevidamente – como critério (dominante ou mesmo exclusivo) para interpretar as normas do respectivo regime jurídico[481].

São, de facto, abundantes e mesmo redundantes os apelos do legislador à celeridade. Siga-se a lei no que respeita, explícita ou implicitamente, aos vários prazos do processo.

---

[480] Como se disse atrás, por força do art. 5.º do DL n.º 79/2917, de 30 de Junho, para os efeitos previstos no Código da Insolvência e da Recuperação de Empresas no que respeita à publicidade inerente aos processos aí regulados, todas as referências ao Portal Citius passarão a entender-se como respeitando ao portal a definir por portaria do membro do Governo responsável pela área da justiça quando ele for disponibilizado ao público. A advertência vale, pois, também no âmbito do PER.

[481] Cfr., a título meramente exemplificativo, FÁTIMA REIS SILVA, *Processo Especial de Revitalização – Notas Práticas e Jurisprudência Recente*, Porto, Porto Editora, 2014, pp. 19-20, ANA PRATA/ JORGE MORAIS CARVALHO/RUI SIMÕES, *Código da Insolvência e da Recuperação de Empresas*, cit., p. 58, e NUNO SALAZAR CASANOVA/DAVID SEQUEIRA DINIS, *O processo especial de revitalização – Comentários aos artigos 17.º-A a 17.º-I do Código da Insolvência e da Recuperação de Empresas*, Coimbra, Coimbra Editora, 2014, p. 17 e p. 33.

O PER tem carácter *urgente* (cfr. art. 17.º-A, n.º 3). A nomeação do administrador judicial provisório é *imediata* (cfr. art. 17.º-C, n.º 4). A notificação do despacho de nomeação do administrador judicial provisório à empresa é *imediata* (cfr. art. 17.º-C, n.º 5). *Logo que* seja notificada do despacho a empresa deve *de imediato* comunicar aos seus credores que deu início às negociações (cfr. art. 17.º-D, n.º 1). O prazo para a reclamação de créditos é de vinte dias a contar da publicação do despacho de nomeação do administrador judicial provisório (cfr. art. 17.º-D, n.º 2) e o prazo para a elaboração da lista provisória de créditos é de cinco dias a contar do fim do prazo para a reclamação (cfr. art. 17.º-D, n.º 2). A lista provisória de créditos é *imediatamente* apresentada na secretaria do tribunal e publicada no portal Citius (cfr. art. 17.º-D, n.º 3). O prazo para a impugnação de créditos é de cinco dias a contar da publicação da lista provisória (cfr. art. 17.º-D, n.º 3) e o prazo para a decisão das impugnações é de cinco dias a contar do fim do prazo para as impugnações (cfr. art. 17.º-D, n.º 3). Não sendo impugnada, a lista provisória de créditos converte-se *de imediato* em lista definitiva (cfr. art. 17.º-D, n.º 3). O prazo para as negociações é de dois meses a contar do fim do prazo para as impugnações, prorrogável por *uma só* vez por *um só* mês (cfr. art. 17.º-D, n.º 5). O administrador judicial provisório abre os votos em conjunto com a empresa e remete um documento com o resultado da votação *de imediato* ao tribunal (cfr. art. 17.º-F, n.º 6). Havendo aprovação unânime e a intervindo todos os credores, o plano é *de imediato* remetido ao processo para homologação, produzindo tal plano em caso de homologação *de imediato* os seus efeitos (cfr. art. 17.º-F, n.º 4). O prazo para a decisão sobre a homologação do plano é até dez dias depois da recepção, pelo juiz, dos elementos relativos à aprovação do plano (cfr. art. 17.º-F, n.º 7). No caso de não aprovação do plano a insolvência deve ser declarada no prazo de três dias úteis (cfr. art. 17.º-G, n.º 3).

Apesar dos insistentes apelos da lei à celeridade, não deve nunca esquecer-se que a celeridade não é um fim do processo mas tão-só uma *forma*. Não deve, além disso, esquecer-se que a celeridade não é a única forma mas só uma forma *possível* do ritmo processual devido. Se existem processos e momentos processuais em que a celeridade se justifica existem outros em que aquilo que é exigível é exactamente o inverso. A celeridade deve, portanto, ceder perante outros valores presentes no processo e, indiscutivelmente, perante os fins que ele persegue (e não o inverso). Como advertiu – certeiramente – José Lebre de Freitas, "a progressiva valoração de celeridade processual não deve, porém, levar a subalternizar, como por vezes entre nós se verifica,

LIÇÕES DE DIREITO DA INSOLVÊNCIA

a necessária maturação e a qualidade da decisão de mérito, com o inerente desvio da função jurisdicional"[482].

Como processo judicial (não obstante híbrido) que é, o PER não pode deixar de se configurar como um "processo adequado", não sendo a sua aplicação admissível à margem da ideia de tutela jurisdicional efectiva, consagrada no art. 20.º da CRP. Isto significa, sinteticamente, que ele deve garantir uma solução num prazo razoável, apresentar-se como um processo equitativo e assegurar uma tutela jurisdicional efectiva[483].

Em particular quanto à exigência de prazo razoável, trata-se de atender, principalmente, ao interesse do autor, mas também ao interesse do réu, a quem não convém o prolongamento indevido de situações de indefinição[484]. Na falta de indicações expressas, costuma entender-se que o prazo do processo deve ser proporcional à sua complexidade, devendo o processo durar o tempo que for necessário (mas não mais do que o necessário) para ser um processo equitativo e justo, ou seja, para que se possa atingir a justiça material[485-486].

Tudo considerado, no que toca à expressão "de imediato", tantas vezes repetida, é de sublinhar que a opção por ela corresponde à preterição de

---

[482] Cfr. José Lebre de Freitas, *Introdução ao processo civil – Conceito e princípios gerais à luz do Código revisto*, Coimbra, Coimbra Editora, 1996, p. 113.

[483] A norma do art. 20.º da CRP enuncia o princípio fundamental contido no art. 10.º da Declaração Universal dos Direitos do Homem (DUDH) ("Qualquer pessoa tem direito, em plena igualdade, a que a sua causa seja equitativa e publicamente julgada por um tribunal independente e imparcial que decida dos seus direitos e obrigações ou das razões de qualquer acusação em matéria penal que contra ela seja deduzida") e acolhido, com desenvolvimentos, no art. 6.º, n.º 1, da Convenção Europeia dos Direitos do Homem (CEDH): "[q]ualquer pessoa tem direito a que a sua causa seja julgada, equitativa e publicamente, num prazo razoável por um tribunal independente e imparcial, criado pela lei, o qual decidirá, quer sobre a determinação dos seus direitos e obrigações de carácter civil, quer sobre o fundamento de qualquer acusação em matéria penal dirigida contra ela [...]".

[484] Cfr., neste sentido, José Lebre de Freitas, *Introdução ao processo civil – Conceito e princípios gerais à luz do código revisto*, cit., p. 111.

[485] Cfr., neste sentido, Jorge Miranda/Rui Medeiros, *Constituição Portuguesa Anotada*, tomo I, Coimbra, Coimbra Editora, 2005, p. 192.

[486] Segundo Joaquim Pires de Lima ("Considerações acerca do direito à justiça em prazo razoável", in: *Revista da Ordem dos Advogados*, 1990, III, p. 681), o juízo sobre a razoabilidade do prazo deve atender a quatro factores: a complexidade da causa, a conduta das autoridades, a conduta do queixoso e a finalidade do processo na perspectiva do interesse do queixoso.

OS INSTRUMENTOS DE RECUPERAÇÃO DE EMPRESAS PRÉ-INSOLVENTES

um prazo definido. É legítimo, portanto, fazer-lhe corresponder a expressão "tão imediatamente quanto possível".

O prazo a aplicar em cada caso deverá, assim, corresponder a um prazo ponderado, que o juiz ou o sujeito com o dever/poder de agir considere razoável em atenção aos fins e aos outros valores do processo. Esta é a única interpretação compatível com o disposto na Constituição da República Portuguesa sobre o princípio da tutela jurisdicional efectiva e a noção de processo adequado acima referidos.

88. Qualificação do processo

Tentando reconduzir o PER às categorias de processos, dir-se-á que o PER é qualificável como um processo pré-insolvencial, um processo de recuperação, um processo híbrido e um processo especial.

Como se verá, esta (prévia) qualificação é indispensável para uma compreensão plena e rigorosa do PER, retirando-se dela, para a aplicação do respectivo regime, numerosas consequências relevantes.

88.1. O Processo Especial de Revitalização como processo pré-insolvencial

O PER está regulado nas disposições dos arts. 17.º-A a 17.º-J mas é referido logo no n.º 2 do art. 1.º. A lei fixa aí o âmbito de beneficiários e reitera-o, de forma mais enfática, no art. 17.º-A: (só) a "empresa que, comprovadamente, se encontre em situação económica difícil ou em situação de insolvência meramente iminente, mas que ainda seja suscetível de recuperação" (cfr. art. 17.º-A, n.º 1) e "mediante declaração escrita e assinada, ateste que reúne as condições necessárias para a sua recuperação e apresente declaração subscrita, há não mais de 30 dias, por contabilista certificado ou por revisor oficial de contas [...], atestando que não se encontra em situação de insolvência actual, à luz dos critérios previstos no artigo 3.º" (cfr. art. 17.º-A, n.º 2).

Só pode, em conclusão, aceder ao PER a empresa que preencha dois pressupostos objectivos: encontrar-se em situação económica difícil ou de insolvência iminente e em condições que permitam a sua recuperação.

Foi o DL n.º 79/2017, de 30 de Junho, que acrescentou, no art. 17.º-A, n.º 2, a exigência de que a empresa apresente uma declaração subscrita por contabilista certificado ou por ROC atestando que não se encontra em situação de insolvência actual. Deu-se, por fim, pelo menos no plano formal, alguma dignidade ao disposto no art. 17.º-A, n.º 1 ("comprovadamente") e n.º 2 ("ateste"). Mas a alteração suscita, como se verá, algumas

LIÇÕES DE DIREITO DA INSOLVÊNCIA

reservas: ela não garante que *todos* os pressupostos estão preenchidos em *todos* os casos.

Apesar destas reservas, considerando que a recuperação antecipada (na pré-insolvência) é a finalidade indiscutível do processo, deve o intérprete conformar a aplicação das normas à qualificação do PER como processo pré-insolvencial.

88.2. O Processo Especial de Revitalização como processo de recuperação de empresas

É possível dizer que o PER visa realizar dois objectivos: o objectivo (imediato) da renegociação do passivo e o objectivo (mediato) da recuperação de empresas. Consequentemente, deve entender-se que o PER está subordinado a determinados princípios – os princípios da recuperação, entre os quais se destacam o princípio do primado da recuperação, o princípio da recuperabilidade e o princípio da universalidade[487].

O princípio fundamental é, claramente, o princípio da recuperação ou do primado da recuperação. Corresponde à ideia de que a recuperação (extrajudicial ou não) é a melhor solução para os interesses de todos os sujeitos envolvidos. Implícita ao primado da recuperação está, naturalmente, a alternativa da liquidação patrimonial e, em oposição às vias extrajudiciais de recuperação, a ideia dos processos tradicionais (judiciais, formais, complexos, morosos e onerosos).

O primado da recuperação tem tido uma relevância "oscilante" ao longo dos últimos tempos – pode quase dizer-se: da insignificância à hiperbolização. É inegável, porém, o seu fundamento em interesses de natureza pública – entre outros interesses de aparente menor dignidade (a sobrecarga dos tribunais, as despesas derivadas do curso de um processo de insolvência), os interesses ligados à reestruturação de empresas em crise e à recuperação da economia[488].

---

[487] Sobre estes e outros princípios da recuperação cfr., desenvolvidamente, CATARINA SERRA, "Entre o princípio e os princípios da recuperação de empresas (um *work in progress*)", in: CATARINA SERRA (coord.), *II Congresso de Direito da Insolvência*, Coimbra, Almedina, 2014, pp. 71 e s.
[488] Cfr., sobre a evolução do interesse (público) da recuperação nos principais ordenamentos jurídicos e, naturalmente, em Portugal, CATARINA SERRA, *A falência no quadro da tutela jurisdicional dos direitos de crédito – O problema da natureza do processo de liquidação aplicável à insolvência no Direito português*, cit., pp. 190 e s.

340

OS INSTRUMENTOS DE RECUPERAÇÃO DE EMPRESAS PRÉ-INSOLVENTES

Os princípios restantes funcionam ora como reforços, ora como limites ao primado da recuperação, ora simultaneamente como ambos.

O princípio da recuperabilidade desempenha justamente as duas funções: uma função positiva, de reforço do princípio do primado da recuperação, e uma função negativa, de limitação ao princípio do primado da recuperação. Desdobra-se, em primeiro lugar, na ideia de que *todas* as empresas susceptíveis de recuperação devem ser recuperadas e, em segundo lugar, na ideia de que *só* as empresas susceptíveis de recuperação devem ser recuperadas.

O primado da recuperação não poderia, de facto, ter valor absoluto. Atendendo aos elevados custos que qualquer movimento no sentido da recuperação implica, a decisão de recuperar deve obedecer a um critério – o da recuperabilidade da empresa. Ao erigir-se a recuperabilidade como condição da recuperação de empresas sai, de certa forma, reforçado o primado da recuperação (os casos em que a recuperação é recusada comprovam a eficácia do requisito).

O princípio da universalidade desempenha, por sua vez, exclusivamente, uma função de reforço do princípio do primado da recuperação. Tem por base a ideia de que a recuperação é tanto mais eficaz quanto maior for o número de sujeitos relevantes (credores) envolvidos. A sua manifestação mais saliente é a regra de que quem pode participar plenamente nas negociações (participe ou não de facto), tendo, designadamente, o poder de votar o plano de recuperação (vote-o favoravelmente ou não), fica – deve ficar – sujeito aos efeitos deste último ou, por outras palavras, a regra da coincidência entre o universo dos potenciais participantes no processo e o universo dos sujeitos afectados pelo plano de recuperação[489].

Como melhor se verá adiante, a universalidade manifesta-se ainda no domínio do incumprimento do plano de recuperação, determinando o alcance universal da cessação dos efeitos do plano. A universalidade dos efei-

---

[489] Como melhor se verá, nem todos os sujeitos têm o direito de participar plenamente nas negociações mas apenas aqueles cujos créditos obtenham reconhecimento judicial ou, como pode suceder com os créditos impugnados, confiram direito de voto, apesar de não reconhecidos (cfr. art. 17.º-F, n.º 5). Isto pressupõe, em regra, que tais créditos sejam reclamáveis, o que, por sua vez, pressupõe, que estejam constituídos à data de início do PER (ou, mais precisamente, à data em que é proferida a decisão de nomeação do administrador judicial provisório e é notificada, publicitada e registada pela secretaria do tribunal). Atendendo ao princípio da tutela jurisdicional efectiva (à conformação do PER como processo adequado), é absolutamente justificado que os efeitos do plano de recuperação acordado se circunscrevam a estes últimos.

LIÇÕES DE DIREITO DA INSOLVÊNCIA

tos do plano constitui um desvio ao princípio da relatividade do contrato, que só se justifica por causa da recuperação e enquanto durar o interesse da recuperação (enquanto ela for viável). Se é certo que, por causa do interesse da recuperação, não pode vincular-se apenas quem quer, uma vez desaparecido este interesse, devem poder desvincular-se todos.

Diga-se, por último, que a funcionalização à recuperação faz com que o PER seja um processo (também) com uma forte presença do interesse público[490]. É uma ideia importante, a reter.

88.3. O Processo Especial de Revitalização como processo híbrido

As alternativas aos processos judiciais puros (formais ou tradicionais) podem ordenar-se em dois grandes grupos: os de primeira e os de segunda geração.

No primeiro grupo – o grupo dos denominados *"contractual workouts"* ou dos *"workout procedures"* – estão os instrumentos que permitem ao devedor e aos credores proceder à renegociação voluntária das dívidas (o reescalonamento dos pagamentos, a redução dos montantes em dívida ou das taxas de juros, o perdão de dívidas ou a concessão de novos financiamentos) e que, evidentemente, não dispensam o consentimento individual de todos os credores afectados (*impaired creditors*). Integram-se aí, por um lado, os *informal workouts*, inspirados na chamada *"London Approach"*[491], e, por outro lado, os

---

[490] Apontando para a mesma ideia, cfr. o Acórdão do STJ de 4 de Abril de 2017, Proc. 2160/15.7T8STR.E1.S1 (Relator: Júlio Gomes). Diz-se aí que "[s]e já face à versão inicial do CIRE não se deve esquecer [...] que a privatização do processo insolvencial não era total, havendo interesses públicos relevantes na matéria, mesmo que secundários, agora parece poder afirmar-se um interesse público ainda mais evidente na recuperação e manutenção das empresas que são viáveis e que não se encontram, em rigor, em situação de impossibilidade generalizada de incumprimento".

[491] A *London Approach* é definida na página electrónica da *British Bankers Association* como "*a non statutory and informal framework introduced with the support of the Bank of England for dealing with temporary support operations mounted by banks and other lenders to a company or group in financial difficulties, pending a possible restructuring*". Consiste, fundamentalmente, num conjunto de princípios não vinculativos que servem para orientar a reestruturação extrajudicial das dívidas das empresas em dificuldades com vista a uma sua possível recuperação. Os princípios foram inicialmente concebidos pelo Banco de Inglaterra na década de setenta e actualizados na década de noventa. A *London Approach* foi usada principalmente nos países da Ásia Oriental (Tailândia, Indonésia, Malásia, Coreia do Sul e ainda Hong Kong, Filipinas, Singapura e Taiwan), onde, na altura da "crise asiática" (1997), não havia regimes legais ou vinculativos aplicáveis à situação de insolvência e nem era possível concebê-los com a rapidez necessária. Tudo indica que foi ela que inspirou os *Statement of Principles for a Global Approach to Multi-*

out-of-court procedures (ou *out-of-court settlement mechanisms*), que consistem na resolução da situação por via extrajudicial, embora, por vezes, envolvam a participação de uma entidade que funciona como mediador ou árbitro.

Mais tarde, por força das transformações no mercado do crédito, torna-ram-se necessários instrumentos mais apurados – instrumentos de *"second generation* ou *"second degree"*. Se, de início, as empresas europeias tendiam a concentrar o seu financiamento em meia dúzia de bancos e os consensos eram fáceis e rápidos (dentro de um grupo pouco numeroso e pouco diversificado os problemas de coordenação resolvem-se rapidamente), a verdade é que, com o desenvolvimento do *leverage lending* (actividade de empréstimo com função de "alavancagem" ou de financiamento), com o fim do tradicional monopólio de pequenos grupos de bancos na actividade de transacção de dívidas das empresas insolventes e com a intervenção progressiva de investidores institucionais (por via de *hedge funds, private equity houses* ou *distressed debt trading desks*), os credores são muito mais numerosos e têm interesses económicos heterogéneos. Os obstáculos ao consenso são imensos e os custos de uma aliança muito elevados[492].

Os *hybrid proceedings* (processos híbridos) vieram ajudar a superar estas dificuldades. São híbridos porque combinam, em rigor, uma fase informal (ou negocial) e uma fase formal (judicial), acumulando, portanto, as vantagens de uma e de outra. A sua função económica é evitar ou reduzir as resistências e os bloqueios sem as despesas associadas à abertura e/ou ao curso de um processo de insolvência, o que é alcançado através da substituição da regra do consentimento individual, típica dos contratos, pela regra do consentimento colectivo, característica dos processos tradicionais[493].

Um dos traços mais marcantes destes processos é, em consonância com isto, o conjunto de restrições incidentes sobre os direitos naturais dos credores: a suspensão do direito de requerer a declaração de insolvência do deve-

---

-Creditor Workout", aprovados pela *INSOL Internacional* em 2000 (*INSOL Principles*). Sobre a *London Approach* cfr., entre outros, JOHN ARMOUR e SIMON F. DEAKIN, "Norms in Private Bankruptcy: The 'London Approach' to the Resolution of Financial Distress", 2000 (disponível em http://papers.ssrn.com/sol3/papers.cfm?abstract_id=258615).

[492] Cfr. ALAN SCHWARTZ, "Bankruptcy Workouts and Debt Contracts", in: *Journal of Law & Economics*, 1993, 36 (1), p. 595 (e nota 1).

[493] Cfr. FRANCISCO J. GARCIMARTÍN, "The review of the Insolvency Regulation: Hybrid procedures and other issues", Linklaters, pp. 128 e s. (disponível em http://www.eir-reform.eu/uploads/papers/PAPER%206-1.pdf).

LIÇÕES DE DIREITO DA INSOLVÊNCIA

dor, a suspensão do direito de propor acções executivas contra o devedor (*standstill* ou *automatic stay*), o tratamento preferencial dos créditos novos (*DIP financing*) e, finalmente, a imposição do plano de recuperação aos credores oponentes e não participantes (*cram-down power*)[494].

Incluem-se no grupo dos processos híbridos os *pre-packaged insolvency plans* (abreviadamente: *pre-packs*) que têm por base um plano pré-negociado de reestruturação ou recuperação. E incluem-se aqui também os *fast track court approval procedures*, que permitem que o acordo que não obtenha aprovação unânime no contexto de negociações informais possa tornar-se vinculativo para todos os credores, posto que aprovado por determinada maioria. O exemplo mais acabado deste tipo de processos é o *scheme of arrangement* inglês[495] e, em Portugal, o PER.

---

[494] O *cram-down power* tem origem no Direito norte-americano, mas estendeu-se, com adaptações, a alguns ordenamentos europeus, designadamente ao alemão e, por via deste, ao português. Aplica-se – tanto ele como os seus equivalentes europeus – originariamente no âmbito do plano de insolvência/recuperação. Na *Insolvenzordnung*, consagrou-se, em rigor, uma proibição de bloqueio (*Obstruktionsverbot*) (cfr. § 245 da *InsO*), com base na qual o juiz aprecia a oportunidade do *Insolvenzplan* relativamente ao grupo de credores que o rejeitou, devendo considerar que existe acordo de certo grupo sempre que a maioria dos grupos o tiver aprovado e for presumível que os credores desse grupo não ficarão, por efeito dele, numa situação mais desfavorável do que aquela em que se encontrariam na ausência dele.

[495] O *scheme of arrangement* é uma providência específica de Direito inglês das sociedades, regulada na Part 26 (*sections* 895-901) do *Companies Act 2006* (*CA 2006*), que permite tornar o acordo entre o devedor e os seus credores vinculativo, por via da intervenção judicial, mesmo quando haja oposição de alguns. É um instrumento muito versátil, podendo ser utilizado nos mais variados contextos: aquisições, fusões, cisões, transformações e situações de pré-insolvência. Neste último caso, tem o propósito de evitar a declaração de insolvência. Pode implicar a reestruturação das dívidas, a transmissão dos bens e das dívidas para uma nova sociedade ou a conversão das dívidas em participações sociais (*debt-for-equity swap*), em suma: a novação (objectiva ou subjectiva) das obrigações. A sua execução envolve quatro fases essenciais: primeiro, o requerimento do devedor ou de algum credor ao tribunal para que ele convoque determinado(s) grupo(s) de credores para uma assembleia, nos termos legais (*section 896 do CA 2006*); em segundo lugar, a convocação destes credores e a explicação, contida na convocatória, sobre os efeitos do *scheme of arrangement*: qualquer credor afectado (*impaired creditor*) tem o direito de se opor na audiência final [*section 897 (1) e (2) do CA 2006*]; em terceiro lugar, a aprovação do *scheme of arrangement* por credores ou grupos de credores na assembleia: em regra, por uma maioria correspondente a 75% do valor dos créditos relevantes [*section 899 (1) do CA 2006*]; a homologação judicial do *scheme of arrangement* [*section 899 (1) do CA 2006*], com efeitos a partir do registo da sentença [*section 899 (2) do CA 2006*] e que será vinculativo para todos os credores ou grupos de credores e para o devedor [*section 899*

OS INSTRUMENTOS DE RECUPERAÇÃO DE EMPRESAS PRÉ-INSOLVENTES

88.3.1. A subordinação ao princípio da tutela jurisdicional efectiva e a conformação às exigências do "processo adequado"

Se bem que híbrido, o PER não deixa de ser um processo judicial. Enquanto processo judicial, ele deve corresponder às exigências da tutela jurisdicional efectiva.

Como é sabido, o art. 20.º, n.º 1, da CRP qualifica como direitos fundamentais o direito de acesso ao Direito e o direito de acesso aos tribunais para defesa de todas as situações juridicamente protegidas. O direito de acesso aos tribunais significa o direito ao processo, que compreende o direito a que as causas sejam decididas em prazo razoável (o direito a uma decisão jurisdicional sem dilações indevidas[496]), mediante um processo equitativo (cfr. n.º 4 do art. 20.º da CRP) e, para defesa dos direitos, liberdades ou garantias pessoais, o direito de acesso a procedimentos judiciais caracterizados pela celeridade e pela prioridade, de modo a obter tutela efectiva e em tempo útil contra ameaças ou violações desses direitos (cfr. n.º 5 do art. 20.º da CRP)[497]. O processo deve, em síntese, garantir uma solução num prazo razoável, ser configurado como um processo equitativo e assegurar uma tutela jurisdicional efectiva[498].

---

(3) do *CA 2006*]. Reduzindo as suas características ao essencial, o *scheme of arrangement* não é mais do que um mecanismo de votação (*voting mechanism*) que permite que a empresa seja recuperada na medida de acordo com a vontade de uma maioria de credores. Cfr., neste sentido, JOHN ARMOUR, AUDREY HSU e ADRIAN WALTERS, "Corporate Insolvency in the United Kingdom: the Impact of the Entreprise Act 2002", in: *European Company and Financial Law Review*, 2008, 2, p. 156.

[496] O direito à justiça em prazo razoável "é o direito a que os tribunais funcionem, respondendo às solicitações de Justiça dos cidadãos" (cfr. JOAQUIM PIRES DE LIMA, "Considerações acerca do direito à justiça em prazo razoável", cit., p. 672).

[497] Tudo isto porque "um sistema processual que não facilita o acesso aos interessados e que difere, para além do "prazo razoável" a que aludem o art. 20.º, n.º 4 CRP e o art. 6.º, n.º 1, da Convenção Europeia dos Direitos do Homem, a administração da justiça, coloca em causa a sua adequação" (cfr. MIGUEL TEIXEIRA DE SOUSA, "As recentes alterações na legislação processual civil", *Separata da Revista da Ordem dos Advogados*, 2001, p. 1).

[498] A norma do art. 20.º da CRP enuncia o princípio fundamental contido no art. 10.º da Declaração Universal dos Direitos do Homem ("Qualquer pessoa tem direito, em plena igualdade, a que a sua causa seja equitativa e publicamente julgada por um tribunal independente e imparcial que decida dos seus direitos e obrigações ou das razões de qualquer acusação em matéria penal que contra ela seja deduzida") e acolhido, com desenvolvimentos, no art. 6.º, n.º 1, da Convenção Europeia dos Direitos do Homem: "[q]ualquer pessoa tem direito a que a sua causa seja julgada, equitativa e publicamente, num prazo razoável por um tribunal indepen-

LIÇÕES DE DIREITO DA INSOLVÊNCIA

Em primeiro lugar, quanto à exigência de prazo razoável, trata-se de atender, como já se disse, ao interesse das partes, sobretudo ao interesse do réu, a quem não convém o prolongamento indevido de situações de indefinição[499]. Na falta de indicações expressas, costuma entender-se que o prazo do processo deve ser proporcional à sua complexidade[500]-[501].

Em segundo lugar, quanto à exigência de um processo equitativo, ela decorre do próprio primado do Direito[502]. Na sua origem está aquilo que a jurisprudência norte-americana denomina "*due process of law*" (em tradução literal: processo legal devido)[503]-[504].

O direito ao processo equitativo impõe a efectividade, no processo, do princípio da igualdade de armas (ou igualdade processual), bem como do direito de defesa e do princípio do contraditório. Estes últimos, embora estejam expressamente consagrados só no âmbito do processo criminal (cfr. art. 32.º da CRP), têm alcance geral, podendo e devendo ser transpostos para o

dente e imparcial, criado pela lei, o qual decidirá, quer sobre a determinação dos seus direitos e obrigações de carácter civil, quer sobre o fundamento de qualquer acusação em matéria penal dirigida contra ela [...]".

[499] Cfr., neste sentido, JOSÉ LEBRE DE FREITAS, *Introdução ao processo civil – Conceito e princípios gerais à luz do código revisto*, cit., p. 111.

[500] Cfr., neste sentido, JORGE MIRANDA/RUI MEDEIROS, *Constituição Portuguesa Anotada*, tomo I, cit., p. 192.

[501] Recorda-se que, segundo JOAQUIM PIRES DE LIMA ("Considerações acerca do direito à justiça em prazo razoável", cit., p. 681), o juízo sobre a razoabilidade do prazo deve atender a quatro factores: a complexidade da causa, a conduta das autoridades, a conduta do queixoso e a finalidade do processo na perspectiva do interesse do queixoso.

[502] Cfr. JORGE MIRANDA, "Constituição e processo civil", in: *Direito e Justiça*, 1994, volume VIII, tomo 2, p. 21.

[503] Sobre as origens do direito ao processo equitativo e a noção de "*due process of law*" cfr. J. J. GOMES CANOTILHO, *Direito Constitucional e Teoria da Constituição*, Coimbra, Almedina, 2005, pp. 492 e s. Segundo o autor, o *due process* era, de início, interpretado de forma restritiva, mas tem sido progressivamente estendido. Cfr., também neste sentido, JORGE MIRANDA, "Constituição e processo civil", cit., p. 10.

[504] Existem hoje, essencialmente, duas concepções de "processo devido" (ou "processo justo"): uma, a concepção processual ("*process-oriented theory*"), limita-se a dizer que "processo devido" é o processo legal ou o processo especificado na lei; a outra, a concepção material ou substantiva ("*value-orientated theory*"), entende-o como um processo legal, justo e adequado, que deve ser materialmente informado pelos princípios da justiça e começar por ser um processo justo logo no momento da criação normativo-legislativa. Por influência desta última, começa a falar-se, cada vez mais, num "processo devido substantivo".

OS INSTRUMENTOS DE RECUPERAÇÃO DE EMPRESAS PRÉ-INSOLVENTES

processo civil[505]. Em processo civil, o direito ao processo equitativo reclama que cada parte tenha uma possibilidade razoável de defender as suas razões em posição que não seja menos vantajosa do que a da parte adversária, sob o ponto de vista tanto dos meios dispostos como da atenção dispensada pelos órgãos processuais.

Por fim, quanto ao direito a uma tutela efectiva – que aparece, na Constituição da República Portuguesa, circunscrito à defesa dos direitos, liberdades e garantias pessoais (cfr. art. 20.º, n.º 5, da CRP) e à defesa dos direitos e interesses legalmente protegidos no âmbito da justiça administrativa (cfr. art. 268.º, n.º 4, da CRP), mas tem, na verdade, uma aplicação geral, como indicam "quer a inserção na epígrafe do artigo 20.º, quer a própria teleologia do direito de acesso aos tribunais"[506] –, ele postula a adopção de um sistema de providências cautelares (conservatórias e antecipatórias) que assegure o efeito útil da acção e previna o risco de lesões graves e irreparáveis dos direitos ou interesses legalmente protegidos. Impõe, além disso, a previsão de processos céleres e prioritários – que, apesar de associados exclusivamente à defesa de direitos, liberdades e garantias pessoais (cfr. art. 20.º, n.º 5, da CRP), são necessários e oportunos também para a defesa de outras categorias de direitos[507-508].

---

[505] Cfr. JORGE MIRANDA, "Constituição e processo civil", cit., pp. 10 e 13.

[506] Cfr., neste sentido, JORGE MIRANDA/RUI MEDEIROS, *Constituição Portuguesa Anotada*, tomo I, cit., p. 203.

[507] Cfr., neste sentido, JORGE MIRANDA/RUI MEDEIROS, *Constituição Portuguesa Anotada*, tomo I, cit., p. 204, e J. J. GOMES CANOTILHO, *Direito Constitucional e Teoria da Constituição*, cit., p. 499.

[508] Além do art. 20.º da CRP, existem regras constitucionais que, não obstante terem outro âmbito imediato, contribuem, também elas, para conformar o regime processual. Pense-se na reserva de jurisdição (cfr. art. 202.º da CRP), na independência dos tribunais e na sua vinculação à lei (cfr. art. 203.º da CRP) e na imparcialidade dos juízes (cfr. art. 216.º da CRP), no dever de fundamentação das decisões judiciais que não sejam de mero expediente (cfr. art. 205.º, n.º 1, e art. 282.º, n.º 4, da CRP), na obrigatoriedade e na prevalência das decisões dos tribunais sobre as de quaisquer outras autoridades e na sua exequibilidade (cfr. art. 205.º, n.ºs 2 e 3), no respeito pelo caso julgado (cfr. art. 282.º, n.º 3, da CRP) e na publicidade das audiências dos tribunais (cfr. art. 206.º da CRP). Pense-se, por fim, no domínio – aparentemente mais remoto, mas não menos importante – dos princípios fundamentais, no princípio do Estado de Direito, no princípio democrático, no princípio da universalidade, no princípio da separação de poderes (cfr. art. 2.º da CRP) e, sobretudo, no princípio da igualdade (cfr. art. 13.º da CRP) – que deve ser entendido, cada vez mais, num sentido material –, para cuja realização o processo deve contribuir.

LIÇÕES DE DIREITO DA INSOLVÊNCIA

Como se verá, a necessidade de conformação do PER com o princípio da tutela jurisdicional efectiva tem consequências determinantes para a interpretação e a compreensão de toda a disciplina do PER e, em particular, das normas sobre a abertura do processo, a verificação de créditos e o encerramento do processo por não aprovação do plano de recuperação.

88.4. O Processo Especial de Revitalização como processo especial

Como se viu, o PER é um processo dirigido à resolução de uma situação especial (a pré-insolvência), o que explica que ele se apresente com uma configuração própria, insusceptível de recondução à categoria do processo comum. O PER apresenta-se, em suma, como um processo especial, o que é confirmado pela denominação escolhida para ele pelo legislador.

Recorde-se, de qualquer forma, o que dizia José Alberto dos Reis: "[...] a criação de processos especiais obedece ao pensamento de ajustar a *forma* ao *objecto* da acção, de estabelecer correspondência harmónica entre os trâmites do processo e a configuração do direito que se pretende fazer reconhecer ou efectivar. É a *fisionomia especial do direito* que postula a forma especial do processo. Portanto, onde quer que se descubra um direito substancial com caracteres específicos que não se coadunem com os trâmites do processo comum, há-de organizar-se um processo especial adequado a tais caracteres. Daí tantos processos especiais quantos os direitos materiais de fisionomia específica"[509].

A qualificação do PER como um "processo especialíssimo", com base no raciocínio de que o PER é um processo especial relativamente ao processo de insolvência e de que este é, por seu turno, um processo especial relativamente ao processo comum[510], não merece acolhimento.

Em primeiro lugar, é duvidoso que exista uma tal categoria – a categoria dos processos especialíssimos. Em segundo lugar, apesar da indiscutível proximidade entre o processo de insolvência e o PER (o facto de serem ambos

---

[509] Cfr. José Alberto dos Reis, *Processos especiais*, volume I, Coimbra, Coimbra Editora, 1982, p. 2 (sublinhados do autor).

[510] Cfr., expressamente, Fátima Reis Silva, "A verificação de créditos no processo de revitalização", in: Catarina Serra (coord.), *II Congresso de Direito da Insolvência*, Coimbra, Almedina, 2014, p. 255, e *Processo Especial de Revitalização – Notas Práticas e Jurisprudência Recente*, cit., p. 16. Cfr., menos expressamente, Isabel Alexandre, "Efeitos processuais da abertura do processo de revitalização", in: Catarina Serra (coord.), *II Congresso de Direito da Insolvência*, Coimbra, Almedina, 2014, p. 236.

OS INSTRUMENTOS DE RECUPERAÇÃO DE EMPRESAS PRÉ-INSOLVENTES

formas de resolução da crise económica e de estarem regulados no mesmo diploma legal), o PER tem pressupostos e fins distintos dos do processo de insolvência. Numa palavra: o processo de insolvência pressupõe a insolvência e visa regulá-la enquanto o PER visa, justamente, evitá-la. Não é – não pode ser –, portanto, uma sub-espécie ou uma sub-modalidade do processo de insolvência, mas sim uma espécie ou modalidade autónoma e paralela[511].

Pelas mesmas razões se rejeita a qualificação do processo regulado no art. 17.º-I como um processo especialíssimo face ao PER. O processo regulado no art. 17.º-I é simplesmente um processo destinado a uma finalidade diferente (mais restrita) do que a do PER típico (enquanto este compreende negociações e a aprovação e a homologação judicial de um plano de recuperação aquele circunscreve-se à homologação judicial de um plano de recuperação já negociado e aprovado antes e fora do processo).

89. Direito aplicável

Um corolário lógico da qualificação do PER como processo especial é a ideia de que o PER não é auto-suficiente no plano do direito aplicável, ou seja, de que o direito aplicável ao PER não pode esgotar-se na disciplina contida nas normas dos arts. 17.º-A a 17.º-J.

O problema de saber qual é o direito aplicável ao PER para lá do seu direito primário é uma questão complexa, remetendo para as questões fundamentais da interpretação e da aplicação das leis. Está em causa não só a identificação dos complexos normativos aplicáveis mas ainda a explicitação da específica conexão entre eles e o direito primário de forma a estabelecer uma hierarquia.

Neste contexto, não pode deixar de se valorizar a localização sistemática dos arts. 17.º-A a 17.º-J – no Código da Insolvência e da Recuperação de Empresas. Significa isto, em primeiro lugar, que, sempre que isso se torne necessário e não se revele incompatível com a disciplina específica do PER, devem aplicar-se a este as disposições gerais do Código da Insolvência e da Recuperação de Empresas.

Trata-se, mais precisamente, de desenvolver ou actualizar o sentido da lei, de "desenvolver o conteúdo das disposições em todas as suas direcções

---

[511] Como decorre também do que dizem Luís CARVALHO FERNANDES e JOÃO LABAREDA [*Código da Insolvência e da Recuperação de Empresas Anotado. Sistema de Recuperação de Empresas por Via Extrajudicial (SIREVE) Anotado. Legislação Complementar*, cit., p. 137].

e relações possíveis"[512]. Pressupõe-se que, se a letra da lei foi – é – demasiado restritiva, referindo-se apenas ao processo de insolvência e ignorando o PER, tal é imputável simplesmente ao facto de, à data da actividade legislativa, o PER ser um instituto desconhecido, havendo razões para crer que, se a actividade legislativa ocorresse hoje, a lei o abrangeria também.

É isto o que resulta, desde o início, da inserção sistemática do PER, em 2012, no Código da Insolvência e da Recuperação de Empresas. É isto o que resulta mais claramente do art. 17.º-A, n.º 3, aditado pelo DL n.º 79/2017, de 3 de Junho, no qual se determina a aplicabilidade ao PER de todas as regras previstas no Código da Insolvência e da Recuperação de Empresas que não sejam incompatíveis com a sua natureza.

Nas disposições gerais incluem-se, desde logo, as disposições introdutórias do Código da Insolvência e da Recuperação de Empresas. Mas há outras. No primeiro grupo estão algumas normas importantes, que definem/referem, por exemplo, o âmbito de aplicação (cfr. art. 2.º), a insolvência iminente (cfr. art. 3.º, n.º 4), a empresa (cfr. art. 5.º), o tribunal competente (cfr. art. 7.º), os recursos (cfr. art. 14.º) e o direito subsidiariamente aplicável (cfr. art. 17.º). No segundo grupo estão outras normas estabelecendo ainda regras gerais como, por exemplo, as pessoas competentes para a apresentação (cfr. art. 19.º), a classificação dos créditos (cfr. art. 47.º) e a destituição do administrador judicial (cfr. art. 56.º).

Mesmo assim, subsistem muitas matérias sobre as quais o PER não dispõe de disciplina própria. Põe-se, então, a questão da integração das lacunas através dos casos análogos regulados no Código da Insolvência e da Recuperação de Empresas ou, por outras palavras, a questão da aplicação analógica das normas próprias do processo (também ele especial) de insolvência.

Consistindo a analogia "na aplicação dum princípio jurídico que a lei põe para certo facto a outro facto não regulado, mas semelhante, sob o aspecto jurídico, ao primeiro"[513], as normas que apresentam maior predisposição para o efeito são, naturalmente, as que regulam o plano de insolvência na modalidade de plano de recuperação.

A semelhança entre o plano de insolvência e o plano de recuperação do PER não é uma semelhança absoluta ou em todos os aspectos. Existem pon-

---

[512] Cfr. MANUEL A. DOMINGUES DE ANDRADE, *Ensaio sobre a teoria da interpretação das leis*, Coimbra, Arménio Amado, Editor – Sucessor, 1963, p. 153.

[513] Cfr. MANUEL A. DOMINGUES DE ANDRADE, *Ensaio sobre a teoria da interpretação das leis*, cit., p. 158.

OS INSTRUMENTOS DE RECUPERAÇÃO DE EMPRESAS PRÉ-INSOLVENTES

tos em que os respectivos regimes divergem – e divergem justificadamente. Sobressai a circunstância de, no plano de insolvência, a situação em que se encontra empresa (a insolvência) ser objecto de declaração judicial. A panóplia de efeitos que tal sentença desencadeia, afectando, designadamente, os direitos dos credores, não é um aspecto que tenha pouca importância ou que possa ser desvalorizado.

Apesar de tudo, os aspectos que aproximam o plano de insolvência e o plano de recuperação do PER são mais numerosos e mais determinantes do que aqueles que os afastam. Não obstante os diferentes graus de intervenção judicial, o plano de insolvência não diverge fundamentalmente do plano visado no PER, ao nível da natureza, da tramitação e dos efeitos. Implicam ambos, numa palavra, a abertura de negociações entre a empresa e os credores com vista à celebração de um contrato que se imponha ao máximo número possível de credores.

A doutrina e a jurisprudência portuguesas foram paulatinamente reconhecendo e valorizando esta proximidade[514] e o entendimento dominante é hoje o de que o recurso aos casos análogos previstos no Código da Insolvência e da Recuperação de Empresas é não só necessário como, em princípio, viável, desde que se observem os necessários cuidados[515]. Regista-se, em particular, o recurso às normas do plano de insolvência para resolver os casos omissos em matérias como as dos requisitos do conteúdo do plano, da votação e da aprovação do plano, da homologação do plano e dos efeitos do plano, sendo as normas mais convocadas as dispostas nos arts. 194.º, 195.º, 198.º, 201.º, 202.º, 212.º, 215.º, 216.º, 217.º e 218.º Grande parte destas normas são hoje, aliás, objecto de remissão expressa pelas normas do PER. Veja-se, por exemplo, o art. 17.º-F, n.º 7, que, depois da alteração pelo DL n.º 79/2017, de 30 de Junho, passou a remeter para o disposto nos arts. 194.º a 197.º, no n.º 1 do art. 198.º, nos arts. 200.º a 202.º, 215.º e 216.º, e o art. 17.º-F, n.º 12, que, por força da mesma alteração, passou a remeter para o art. 218.º.

---

[514] A primeira tendência da jurisprudência portuguesa foi, todavia, a de afastar a aplicação analógica, designadamente das normas do plano de insolvência, com o argumento de que os dois planos são realidades jurídicas distintas, estando cada uma delas sujeita a regras próprias e específicas e a pressupostos e finalidades distintos. Veja-se, explicitamente neste sentido, o Acórdão do TRP de 13 de Maio de 2013, Proc. 4257/12.6TBVFR-B.P1 (Relator: CAIMOTO JÁCOME).

[515] Uma das matérias mais complexas sob o ponto de vista prático é o da aplicação analógica ao PER das normas que prevêem providências específicas de sociedades, ou seja, da norma do art. 198.º e ainda das normas dos arts. 199.º a 205.º.

LIÇÕES DE DIREITO DA INSOLVÊNCIA

No Código da Insolvência e da Recuperação de Empresas prevê-se ainda a possibilidade de recurso a um direito subsidiário. Nos termos do art. 17.º, n.º 1, o direito subsidiário do PER, bem como de todos os processos regulados no Código da Insolvência e da Recuperação de Empresas, é constituído pelas disposições do Código de Processo Civil que não contrariem o disposto naquele[516]. Esta última parte do preceito corrresponde à habitual cláusula tendente a afirmar a primazia do direito primário (as normas próprias do PER).

Note-se que nos casos em que se aplica o direito subsidiário não há, em rigor, integração de lacunas porque não existem, em rigor, lacunas a integrar ("não há lacuna da lei quando a própria lei indica um direito como subsidiariamente aplicável"[517]). Mas o direito subsidiário localiza-se (sistematicamente) num espaço exterior relativamente ao direito primário; não deixa, então, de haver uma omissão no direito primário.

A consciência da exterioridade – não só sistemática mas sobretudo teleológica – do direito subsidiário será porventura importante para resolver um outro problema, relacionado com os tipos de omissões que justificam o recurso ao direito subsidiário. Trata-se, por outras palavras, de saber se perante uma dada omissão do direito primário se deve recorrer primeiro ao

---

[516] Antes da alteração do DL n.º 79/2017, de 30 de Junho, o art. 17.º (que tinha apenas um número) reportava-se expressamente ao processo de insolvência. Mas já então era possível considerar que, incluindo-se no conjunto de normas introdutórias do Código da Insolvência e da Recuperação de Empresas, a norma era aplicável a todos os processos aí regulados, a não ser que isso se mostrasse inconciliável com o regime específico de algum deles. Na jurisprudência, veja-se um raciocínio diferente partilhado no Acórdão do TRL de 16 de Junho de 2015, Proc. 811/15.2T8FNC-A.L1-7 (Relatora: GRAÇA AMARAL). Diz-se aí no sumário: "No âmbito do PER não se mostra previsto qual o direito subsidiariamente aplicável para as situações que não se encontram expressamente previstas na Lei. A solução terá de ser encontrada na regra geral consignada no artigo 549.º, n.º 1, do CPC, pelo que resultará que ao processo de revitalização, enquanto processo especial, aplicar-se-ão, em primeira linha, as regras que lhe são próprias e, em segundo lugar, as disposições gerais e comuns constantes do CIRE; se necessário, em terceira linha, as regras do CPC, nos termos prescritos no artigo 17.º, do CIRE". O mesmo raciocínio, com base também na norma do art. 549.º, n.º 1, do CPC, é feito por FÁTIMA REIS SILVA (*Processo Especial de Revitalização – Notas Práticas e Jurisprudência Recente*, cit., p. 18). É, assim, afinal, útil (esclarecedora) a alteração introduzida no texto do art. 17.º. Para a defesa de uma leitura abrangente da norma logo na sua versão original e uma crítica a estas posições cfr. CATARINA SERRA, *O Processo Especial de Revitalização na Jurisprudência – Questões Jurisprudenciais com Relevo Dogmático*, cit., pp. 27-29.

[517] Cfr. JOSÉ DE OLIVEIRA ASCENSÃO, *O Direito – Introdução e Teoria Geral – Uma Perspectiva Luso-Brasileira*, Coimbra, Almedina, 2001, p. 369.

OS INSTRUMENTOS DE RECUPERAÇÃO DE EMPRESAS PRÉ-INSOLVENTES

direito subsidiário (às disposições do Código de Processo Civil) e só depois ao direito em que se integra o PER (às normas do Código da Insolvência e da Recuperação de Empresas) ou vice-versa.

Partindo do princípio de que a integração do PER no mesmo sistema ou no mesmo quadro de institutos em que se integra o processo de insolvência tem alguma razão de ser, a analogia interna (dentro do Código da Insolvência e da Recuperação de Empresas) é, em princípio, preferível à remissão para o direito subsidiário. Não deve perder-se de vista que o direito subsidiário é simultaneamente direito primário para outros domínios e que foi a pensar nestes domínios que foi concebido.

A propósito disto, insista-se na ideia de que a aplicação de normas diversas das que compõem a disciplina própria sempre obriga à observância de determinados cuidados. O intérprete deve sempre, primeiro, certificar-se de que as normas aplicandas não contrariam o regime especialmente disposto e o que dele decorre e, depois, proceder às adaptações devidas. Na maioria dos casos há, de facto, necessidade de adaptações. Um exemplo paradigmático de uma norma exigindo adaptação cuidadosa é, como se verá, a norma do art. 28.º (para a qual o art. 17.º-G, n.º 4, faz, aliás, remissão explícita).

90. Órgãos processuais

90.1. Tribunal
O tribunal competente para a tramitação do PER é o mesmo que seria competente para o processo de insolvência. É o que resulta do disposto na norma do art. 17.º-C, n.º 3 (proémio).

A grande particularidade do juiz que actua no PER deriva da natureza híbrida deste processo. À actividade do juiz foi, de facto, subtraída uma fase importante: a fase chamada "extrajudicial" ou das negociações, que é conduzida pelo administrador judicial provisório.

Isto não quer dizer que o juiz não tenha – não deva ter – uma participação activa no processo. Desde logo, e entre outras intervenções, ele tem uma actividade intensa na fase subsequente, de homologação do plano de recuperação, e ainda, como se verá, na fase inicial, do proferimento do despacho inicial ou da sua recusa.

90.2. Administrador judicial provisório
Atendendo ao número total de normas regulando directamente o PER, não deve estranhar-se que, com excepção do que respeita às suas funções, não

LIÇÕES DE DIREITO DA INSOLVÊNCIA

existam quase referências ao estatuto do administrador judicial provisório, ou seja, não existam regras sobre a sua nomeação, a sua remuneração, a sua responsabilidade, a cessação das suas funções, *etc.*

Deve entender-se que são aplicáveis, subsidiariamente e com as devidas adaptações, as normas aplicáveis ao administrador da insolvência.

Alguns aspectos requerem, porém, especial atenção.

90.2.1. Designação

Para a escolha da designação "administrador judicial provisório", o legislador português ter-se-á inspirado na lei alemã, que, no âmbito do instrumento de preparação do plano de recuperação (*Vorbereitung einer Sanierung*), prevê que seja nomeado também um órgão provisório: o *vorläufigen Sachwalter*.

Sucede, porém, que a palavra "*Sachwalter*" não significa exactamente "administrador judicial" ou "administrador da insolvência" ("*Insolvenzverwalter*") mas sim "curador" ou "administrador de bens". Por outro lado, enquanto o qualificativo "*vorläufigen*" ("provisório") no contexto do regime alemão é inteiramente justificado, dado que a preparação do plano de insolvência é, como o seu nome indica, um período ou uma fase anterior ao próprio plano de insolvência, não sucede o mesmo na lei portuguesa, nos termos da qual o PER é um processo autónomo.

Além disso, a expressão "administrador judicial provisório" sugere, impropriamente, uma proximidade entre as funções do órgão que actua no PER e o órgão que actua no âmbito do processo de insolvência, na fase anterior à declaração judicial de insolvência. Dada a diversidade entre os fins do processo de insolvência e os fins do PER, o administrador judicial provisório não tem – não pode ter – funções idênticas numa e noutra situações.

90.2.2. Nomeação

A diversidade entre o PER e o processo de insolvência e, consequentemente, entre os respectivos órgãos não impressionou, aparentemente, o legislador, que manda aplicar ao administrador judicial provisório do PER, em matéria de nomeação, composição, remuneração, responsabilidade e outras, o disposto a propósito do administrador judicial provisório do processo de insolvência.

No que toca à nomeação em particular, está em causa a norma do art. 32.º *ex vi* do art. 17.º-C, n.º 4. De acordo com ela, o juiz deve nomear entidade inscrita na lista oficial de administradores da insolvência mas pode ter em conta a proposta eventualmente feita no requerimento que lhe é apresentado.

É frequente o juiz usar esta possibilidade e nomear, nestes termos o administrador judicial provisório indicado pela empresa[518]. A aplicação da norma art. 32.º ao PER torna, contudo, necessárias algumas adaptações.

Atendendo a que no PER, ao contrário do que se pressupõe no n.º 1 da norma, não existe rigorosamente um requerimento mas sim uma declaração assinada pela empresa e por um ou mais credores, o juiz só deverá ter em conta a proposta desde que esta seja da autoria conjunta dos subscritores daquela declaração, ou seja, da empresa e do(s) credor(es) signatário(s).

Tal permitirá, em certa medida, assegurar que a pessoa proposta como administrador concita o acordo de todos ou, no mínimo, não é exclusivamente conhecida da empresa, reduzindo-se o número de casos em que, existindo prévias relações de cumplicidade ou conivência entre os sujeitos, o processo é conduzido no exclusivo interesse da empresa.

Não elimina, porém, todos os perigos. Pode, com efeito, haver um conluio entre a empresa e o(s) credor(es) que com ele assina(m) a declaração. A solução para isto é razoavelmente evidente mas passa, aqui como na maioria dos casos, por o juiz estar disposto a fazer uma gestão equilibrada dos seus poderes e deveres. Pressupõe que o juiz olhe para as circunstâncias de cada caso e aja em conformidade com o que vê, devendo, nomeadamente, abster-se de nomear a pessoa proposta quando suspeite de intenção fraudulenta por parte do(s) proponente(s).

90.2.3. Funções

O administrador judicial provisório é um órgão multifacetado, assumindo funções variadas dependendo das fases do processo.

---

[518] Alguns sustentam que isto só pode suceder quando seja previsível a existência de actos de gestão que requeiram especiais conhecimentos, em conformidade com a parte final do art. 32.º, n.º 1. De facto, a norma circunscreve a possibilidade de o juiz ter em conta a proposta ao caso de processos em que seja previsível a existência de actos de gestão que requeiram especiais conhecimentos ou – acrescentou o DL n.º 79/2017, de 30 de Junho – quando o devedor seja uma sociedade comercial em relação de domínio ou de grupo com outras sociedades cuja declaração de insolvência haja sido requerida e se pretenda a nomeação do mesmo administrador nos diversos processos. Outros discordam, argumentando que a parte final da norma se aplica exclusivamente ao caso de nomeação de administrador judicial provisório no quadro das medidas cautelares do processo de insolvência e não também ao caso de nomeação do administrador judicial provisório no PER. Dado o carácter voluntário do PER, é mais merecedora de simpatia a segunda tese.

LIÇÕES DE DIREITO DA INSOLVÊNCIA

Em primeiro lugar, e não surpreendentemente, é sobre o administrador judicial provisório que recai uma parte substancial da actividade de verificação de créditos. Cabe-lhe, mais precisamente, receber as reclamações e elaborar a lista provisória de créditos (cfr. art. 17.º-D, n.º 2).

Em segundo lugar, ele tem o dever de orientar e fiscalizar as negociações entre a empresa e os credores, referindo-se a lei ao dever de assegurar que as partes não adoptam expedientes dilatórios ou inúteis, prejudiciais à boa marcha do processo (cfr. art. 17.º-D, n.º 9).

A fase das negociações é uma fase crucial para o êxito do processo uma vez que, como se disse, o objectivo (imediato) do PER é a conclusão de um acordo que modifique os termos das obrigações da empresa. Embora a lei não o diga expressamente, tal acordo deve ser adequado à realização do objectivo (mediato) da recuperação. O administrador judicial provisório deve, pois, assegurar-se que o plano cumpre estes requisitos – é "viável e credível", para usar as palavras usadas no Décimo princípio orientador[519].

Em terceiro lugar, no que toca à administração dos bens da empresa, os poderes do administrador judicial provisório não são, compreensivelmente, tão amplos como os do administrador da insolvência. O PER é, tendencialmente, um processo do tipo *DIP* (*debtor-in-possession*), ou seja, em que a empresa (os administradores da empresa) mantém os poderes de administração e disposição dos bens. Ainda assim, existem limitações no que toca a uma especial categoria de actos.

Depois da nomeação do administrador, a empresa (os administradores da empresa) fica, de facto, impedida de praticar os actos de especial relevo a que se refere o art. 161.º sem obter autorização do administrador judicial provisório (cfr. art. 17.º-E, n.º 2). A lei impõe, mais exactamente, que a empresa (os administradores da empresa) peça, por escrito, a autorização do administrador judicial provisório, tendo este de responder, também por escrito, no prazo máximo de cinco dias e devendo entender-se que a falta de resposta corresponde à recusa de autorização (cfr. art. 17.º-E, n.ºs 2 a 5)[520].

---

[519] Cfr., sobre esta condição, NUNO MANUEL PINTO OLIVEIRA, "Entre o Código da Insolvência e os 'Princípios Orientadores': um dever de (re)negociação?", cit., pp. 683-684. Cfr., ainda, REINALDO MÂNCIO DA COSTA, "Os requisitos do plano de recuperação", in: CATARINA SERRA (coord.), *III Congresso de Direito da Insolvência*, Coimbra, Almedina, 2015, pp. 229 e s. (esp. 269 e s.).

[520] Já se criticou a localização destas regras (entre os n.ºs 1 e 6 do art. 17.º-E, que tratam de matéria diversa) e a técnica usada (regulação dispersa ao longo dos n.ºs 2 a 5 do art. 17.º-E).

Dispõe o n.º 2 do art. 161.º que, para qualificar um acto como de especial relevo, deve atender-se aos riscos envolvidos e às repercussões sobre a tramitação ulterior do processo, às perspectivas de satisfação dos credores da insolvência e à susceptibilidade de recuperação da empresa. Estão em causa, essencialmente, e de acordo com o n.º 3 do preceito, os actos de disposição respeitantes à empresa, como a venda da empresa ou de partes da empresa, a venda de bens necessários à continuação da actividade da empresa, a aquisição de imóveis ou a celebração de contratos de execução duradoura. Nem sempre será fácil saber se um acto é ou não de especial relevo. No que respeita, por exemplo, ao levantamento pela empresa de quantias depositadas na sua conta bancária, pode questionar-se se aquilo a que deve atender-se é ao respectivo valor e, no caso afirmativo, quais são os limites. Aqui como noutros casos menos claros, o que deve nortear o administrador é o fim último da operação.

Em quarto e último lugar, cabe ao administrador judicial provisório, encerrando-se o processo negocial sem aprovação de plano de recuperação, emitir parecer sobre a situação em que se encontra a empresa (cfr. art. 17.º-G, n.º 4).

Diga-se, antes de mais, que, como tem sido reiteradamente afirmado na jurisprudência, este parecer é obrigatório, conduzindo a não apresentação deste, em última análise, à destituição por justa causa e à responsabilização do administrador[521].

Sendo o parecer do administrador judicial provisório no sentido de que a empresa não está insolvente, o PER é encerrado sem mais, extinguindo-se todos os seus efeitos. Têm lugar, então, entre outras coisas, a destituição do administrador judicial provisório, a (correspectiva) recuperação, por parte de empresa (dos administradores da empresa), do poder irrestrito de praticar actos de especial relevo, o prosseguimento de todas as acções suspensas

---

Cfr. CATARINA SERRA, "Processo especial de revitalização – contributos para uma 'rectificação'", in: *Revista da Ordem dos Advogados*, 2012, II/III, p. 719.

[521] Na jurisprudência, veja-se, quanto à (inequívoca) obrigatoriedade deste parecer, o Acórdão do TRP de 23 de Junho de 2015, Proc. 169/15.0T8AMT-C.P1 (Relator: JOÃO DIOGO RODRIGUES), o Acórdão do TRP de 9 de Outubro de 2014, Proc. 974/13.1TBPFR.P1 (Relatora: DEOLINDA VARÃO), o Acórdão do TRP de 12 de Novembro de 2013, Proc. 1782/12.2TJPRT. P1 (Relator: JOÃO DIOGO RODRIGUES), o Acórdão do TRG de 10 de Julho de 2014, Proc. 6696/13.6TBBRG.G1 (Relator: FILIPE CAROÇO), e o Acórdão do TRG de 23 de Outubro de 2014, Proc. 1499/14.3TBGMR-B.G1 (Relatora: HELENA MELO).

LIÇÕES DE DIREITO DA INSOLVÊNCIA

contra a empresa, inclusivamente o processo de insolvência, e a recuperação, por parte dos credores, do poder de propor acções contra o devedor.

Sendo o parecer no sentido da insolvência da empresa, é muito provável que, pelas razões que serão indicadas adiante, a empresa venha a ser declarada insolvente (cfr. art. 17.º-G, n.º 3). O administrador fica, é certo, constituído na obrigação (adicional) de requerer a declaração de insolvência da empresa. Mas não há uma declaração imediata de insolvência, devendo a situação da empresa ser apreciada pelo juiz e funcionando aquele parecer apenas como um dos elementos a considerar para a decisão final. Vindo de alguém que acompanhou de próximo e durante tempo considerável a empresa, este é um elemento de indiscutível importância[522].

Descritas as principais funções do administrador judicial provisório, é legítimo questionar se a nomeação do administrador judicial provisório se justifica em todos os casos, se a sua intervenção, por vezes, não prejudica, mais do que a facilita, o curso do processo e a realização das suas finalidades. Em particular no que toca à administração de bens (a prática de actos de especial relevo), a obrigatoriedade de um "diálogo" ou de uma troca de mensagens escritas entre a empresa (os administradores da empresa) e o administrador judicial provisório pode, de facto, ter efeitos contraproducentes, tornando as operações mais "pesadas" no tempo e não contribuindo para "aligeirar" a imagem da empresa junto de potenciais co-contratantes.

Relativamente à cessação das funções, dispõe o art. 17.º-J, n.º 2, als. *a)* e *b)*, que o administrador judicial se mantém em funções (só) até ser proferida a decisão de homologação do plano de recuperação e, nos demais casos, até ao encerramento do processo. Quer dizer: havendo homologação do plano, o administrador cessa as suas funções antes do encerramento do PER. Estranha-se esta opção, que distancia, no caso de homologação, o regime da cessação das funções do administrador do regime dos efeitos gerais do encerramento. Não surpreende, em contrapartida, a solução consagrada para os demais casos, isto é, que as funções do administrador se mantenham até ao encerramento do processo e só cessem quando cessam os outros efeitos.

---

[522] Na jurisprudência, veja-se, salientando a posição ideal que o administrador judicial provisório ocupa para se pronunciar sobre a situação em que, a final, se encontra o devedor, o Acórdão do TRP de 12 de Novembro de 2013, Proc. 1782/12.2TJPRT.P1 (Relator: JOÃO DIOGO RODRIGUES).

90.2.4. Remuneração

Como se disse, nos termos do art. 23.º, n.ºs 1 e 2, do EAJ, a remuneração do administrador judicial, no que respeita tanto ao montante fixo como ao montante variável (à tabela para calcular este), deveria ser estabelecida em portaria conjunta dos Ministros das Finanças e da Justiça. Esta portaria não foi, porém, adoptada até ao momento. A portaria em vigor é, assim, (ainda) a Portaria n.º 51/2005, de 20 de Janeiro, publicada no quadro do (anterior) "Estatuto do Administrador da Insolvência" (Lei n.º 32/2004, de 22 de Julho).

Se, no que toca ao administrador da insolvência, a lacuna é resolvida com a aplicação – e a actualização – dos valores fixados nesta Portaria, no que toca ao administrador judicial provisório do PER, o problema é mais grave pois a Portaria é anterior à criação do PER e, por conseguinte, não contempla a remuneração deste último.

Considerando que o papel do administrador judicial provisório do PER não envolve propriamente as funções de administrador ou de liquidatário de bens, os tribunais tendem a aplicar, por analogia, a remuneração prevista para o administrador da insolvência nos casos de administração da massa pelo devedor. Tal remuneração pode ser complementada considerando o número de credores, o montante do passivo, o sucesso das negociações e outros factores relevantes. Alguns tribunais entendem, todavia, que a remuneração do administrador judicial provisório do PER deve fixar-se, mais simplesmente, de acordo com critérios de equidade, devendo encontrar-se, em cada caso, o montante que melhor corresponda/mais proporcional seja ao trabalho realizado[523]. Dada a diversidade funcional entre o administrador judicial provisório e o administrador da insolvência, talvez esta seja, em abstracto, melhor solução.

90.3. Outros intervenientes

Além do administrador judicial provisório, podem participar nas negociações, nos termos do art. 17.º-D, n.º 8, os peritos que cada uma das partes (empresa e credores) considerar oportuno, cabendo, em princípio, a cada uma suportar os respectivos custos.

---

[523] Cfr., por todos, o Acórdão do TRE de 7 de Dezembro de 2017; Proc. 1035/15.4T8OLH.E1 (Relator: CANELAS BRÁS).

LIÇÕES DE DIREITO DA INSOLVÊNCIA

E, embora não haja qualquer referência a isso na disciplina própria do PER, pode participar nas negociações ainda um outro sujeito: o mediador de recuperação de empresas, que, tendo participado antes no RERE, pode desempenhar a função de assistir a empresa. A norma do art. 15.º do Estatuto do Mediador de Recuperação de Empresas (EMRE), estabelecido na Lei n.º 6/2018, de 22 de Fevereiro, determina que, por indicação do devedor, o mediador que tenha participado na elaboração de uma proposta de plano (acordo?) de reestruturação pode assistir o devedor nas negociações previstas no n.º 9 do art. 17.º-D do CIRE a realizar no PER que seja iniciado por requerimento desse devedor[524]. Voltar-se-á ao mediador de recuperação de empresas aquando do tratamento do RERE, já que é neste quadro que ele tem actuação privilegiada.

SECÇÃO II – Âmbito de aplicação, tramitação e efeitos do Processo Especial de Revitalização

Bibliografia específica: ALEXANDRE DE SOVERAL MARTINS, "Articulação entre o PER e o processo de insolvência", in: *Revista de Direito da Insolvência*, 2016, n.º 0, pp. 121 e s., ALEXANDRE DE SOVERAL MARTINS, "Votação e aprovação do plano de reestruturação", in: CATARINA SERRA (coord.), *IV Congresso de Direito da Insolvência*, Coimbra, Almedina, 2017, pp. 215 e s., ALEXANDRE DE SOVERAL MARTINS, "As alterações ao CIRE quanto ao PER e ao PEAP", in: *Estudos de Direito da Insolvência*, Coimbra, Almedina, 2018, pp. 7 e s., ALEXANDRE DE SOVERAL MARTINS, "A reforma do CIRE e as PMEs", in: *Estudos de Direito da Insolvência*, Coimbra, Almedina, 2018, pp. 15 e s., AMÉLIA SOFIA REBELO, "A aprovação e a homologação do plano de recuperação", in: CATARINA SERRA (coord.), *I Colóquio do Direito da Insolvência de Santo Tirso*, Coimbra, Almedina, 2014, pp. 59 e s., ANA MARIA PERALTA, "Os 'novos créditos' no PER e no SIREVE: conceito e regime", in: CATARINA SERRA (coord.), *III Congresso de Direito da Insolvência*, Coimbra, Almedina, 2015, pp. 279 e s., ANA PAULA BOULAROT, "Apontamentos sobre os efeitos do Processo Especial de Recuperação", in: *Julgar*, 2017, 31, pp. 11 e s., ANA RAQUEL RIBEIRO/GONÇALO DELICADO, "Posição

---

[524] Compreende-se a ideia geral, mas a remissão para o n.º 9 do art. 17.º-D do CIRE causa certo desconforto. A não ser que se considere que o legislador queria, de facto, referir-se, não ao n.º 9, mas ao n.º 8 da norma, pode perguntar-se: qual é propósito da remissão? Se o propósito era, como se pensa, identificar as negociações do PER havia maneiras mais fáceis e mais claras para o fazer. Será realmente pertinente a remissão para uma norma que apenas se refere às negociações para dizer quais são, em tal contexto, as funções do administrador judicial provisório?

dos avalistas em Processo Especial de Revitalização", in: *Ab Instantia – Revista do Instituto do Conhecimento*, 2013, n.º 2, pp. 273 e s., ANA RIBEIRO COSTA, "Os créditos laborais no processo especial de revitalização", in: *Atas do VI Congresso Internacional de Ciências Jurídico--Empresariais – A insolvência e as Empresas*, Instituto Politécnico de Leiria, Escola Superior de Tecnologia e Gestão, 2015, pp. 66 e s. (disponível em http://cicje.ipleiria.pt/pt/atas/), ARTUR DIONÍSIO OLIVEIRA, "Os efeitos processuais do PER e os créditos litigiosos", in: CATARINA SERRA (coord.), *III Congresso de Direito da Insolvência*, Coimbra, Almedina, 2015, pp. 199 e s., BERTHA PARENTE ESTEVES, "Da aplicação das normas relativas ao plano de insolvência ao plano de recuperação conducente à revitalização", in: CATARINA SERRA (coord.), *II Congresso de Direito da Insolvência*, Coimbra, Almedina, 2014, pp. 267 e s., CATARINA SERRA, "Para um novo entendimento dos créditos laborais na insolvência e na pré--insolvência da empresa – Um contributo feito de velhas e novas questões", in: *Vinte Anos de Questões Laborais*, 42 (número especial), Coimbra, Coimbra Editora, 2013, pp. 187 e s., CATARINA SERRA, "Grupos de sociedades: crise e revitalização", in: CATARINA SERRA (coord.), *I Colóquio de Direito da Insolvência de Santo Tirso*, Coimbra, Almedina, 2014, pp. 35 e s., CATARINA SERRA, "Revitalização no âmbito de grupos de sociedades", in: *III Congresso – Direito das Sociedades em Revista*, Coimbra, Almedina, 2014, pp. 467 e s., CATARINA SERRA, "Investimentos de capital de risco na reestruturação de empresas", in: *IV Congresso – Direito das Sociedades em Revista*, Coimbra, Almedina, 2016, pp. 321 e s., CATARINA SERRA, "O Processo Especial de Revitalização e os trabalhadores – um grupo especial de sujeitos ou apenas mais uns credores?", in: *Julgar*, 2017, 31, pp. 25 e s., DAVID SEQUEIRA DINIS/ CONSTANÇA BORGES SACOTO, "Créditos Pré e Pós PER", in: *Revista de Direito da Insolvência*, 2017, n.º 1, pp. 60 e s., CLÁUDIA MADALENO, "Insolvência, processo especial de revitalização e reclamação de créditos laborais", in: *Instituto do Conhecimento AB – Colecção Estudos*, 2015, n.º 4, pp. 191 e s., ELISABETE ASSUNÇÃO, "Impugnação e decisão da impugnação da lista provisória de créditos, no âmbito do Processo Especial de Revitalização", in: *Julgar*, 2017, 31, pp. 49 e s., FÁTIMA REIS SILVA, "A verificação de créditos no processo de revitalização", in: CATARINA SERRA (coord.), *II Congresso de Direito da Insolvência*, Coimbra, Almedina, 2014, pp. 255 e s., FÁTIMA REIS SILVA, "Questões processuais relativas ao processo especial de revitalização (arts. 17.º-A a 17.º-I do Código da Insolvência e da Recuperação de Empresas)", in: AA. VV., *Processo de insolvência e acções conexas*, Lisboa, Centro de Estudos Judiciários, 2014, pp. 68 e s. (disponível em http://www.cej.mj.pt/cej/recursos/ebook_ civil.php), FÁTIMA REIS SILVA, "Paralelismos e diferenças entre o PER e o processo de insolvência – o plano de recuperação", in: *Revista de Direito da Insolvência*, 2016, n.º 0, pp. 135 e s., FERNANDO TAÍNHAS, "Pode uma pessoa singular que não seja empresário ou comerciante submeter-se a processo especial de revitalização? – Sobrevoando uma controvérsia jurisprudencial", in: *Julgar online*, Dezembro de 2015, pp. 1 e s., FILIPE PEREIRA DUARTE, "Como viciar um PER – A importância da decisão judicial sobre as impugnações de créditos", in: *Ab Instantia – Revista do Instituto do Conhecimento*, 2014, n.º 4, pp. 271 e s., ISABEL ALEXANDRE, "Efeitos processuais da abertura do processo de revitalização", in: CATARINA SERRA (coord.), *II Congresso de Direito da Insolvência*, Coimbra, Almedina, 2014,

LIÇÕES DE DIREITO DA INSOLVÊNCIA

pp. 235 e s., ISABEL MENÉRES CAMPOS, "A posição dos garantes no âmbito de um plano especial de revitalização – Anotação ao Ac. do TRG de 5.12.2013, Proc. 2088/12", in: *Cadernos de Direito Privado*, 2014, 46, pp. 57 e s., JORGE MORAIS DE CARVALHO/MARIA JERÓNIMO, "As garantias dos novos financiamentos", in: CATARINA SERRA (coord.), *IV Congresso de Direito da Insolvência*, Coimbra, Almedina, 2017, pp. 269 e s., JOSÉ IGREJA MATOS, "Poderes do juiz no processo especial de revitalização – Divergindo de edipianas inevitabilidades", in: CATARINA SERRA (coord.), *IV Congresso de Direito da Insolvência*, Coimbra, Almedina, 2017, pp. 293 e s., LETÍCIA MARQUES COSTA, "*O fresh money*: como tornar o financiamento do devedor atrativo?", in: *Revista da Faculdade de Direito e Ciência Política da Universidade Lusófona*, 2017, n.º 9, pp. 141 e s. (disponível em http://revistas. ulusofona.pt/index.php/rfdulp/article/view/5963), LUÍS MANUEL TELES DE MENEZES LEITÃO, "A responsabilidade pela abertura indevida de processo especial de revitalização", in: CATARINA SERRA (coord.), *II Congresso de Direito da Insolvência*, Coimbra, Almedina, 2014, pp. 143 e s., MADALENA PERESTRELO DE OLIVEIRA, "Resposta à consulta pública relativa ao projeto de decreto-lei que altera o Código das Sociedades Comerciais e o Código da Insolvência e da Recuperação de Empresas – Alterações ao Código da Insolvência e da Recuperação de Empresas (artigo 3.º do projeto de decreto-lei) – O Regime de Protecção do 'Dinheiro Novo'", in: AA. VV., "Consulta Pública Programa Capitalizar – Resposta do Centro de Investigação em Direito Privado", in: *Revista de Direito das Sociedades*, 2017, n.º 1, pp. 42 e s., MADALENA PERESTRELO DE OLIVEIRA, "Suprimentos para revitalização societária: entre a subordinação e o privilégio mobiliário creditório geral", in: *Revista de Direito de Sociedades*, 2017, n.º 2, pp. 371 e s., MADALENA PERESTRELO DE OLIVEIRA, "A concessão de crédito para o saneamento de empresas", in: AA. VV., *Estudos de Direito Bancário I*, Coimbra, Almedina, 2018, pp. 249 e s., MANUEL JANUÁRIO DA COSTA GOMES, "Sobre os poderes dos credores contra os fiadores no âmbito de aplicação do CIRE. Breves notas", in: CATARINA SERRA (coord.), *III Congresso de Direito da Insolvência*, Coimbra, Almedina, 2015, pp. 313 e s., MARIA DO ROSÁRIO EPIFÂNIO, "Anotação ao Acórdão do STJ de 12 de outubro de 2015 (Pinto de Almeida)", in: *Revista de Direito da Insolvência*, 2017, n.º 1, pp. 179 e s., NUNO FERREIRA LOUSA, "Os créditos garantidos e a posição dos garantes nos processos recuperatórios de empresas", in: *Revista de Direito da Insolvência*, 2016, n.º 0, pp. 147 e s., PAULO OLAVO CUNHA, "Os deveres dos gestores e dos sócios no contexto da revitalização de sociedades", in: CATARINA SERRA (coord.), *II Congresso de Direito da Insolvência*, Coimbra, Almedina, 2014, pp. 207 e s., PAULO OLAVO CUNHA, "Os empréstimos intragrupo no contexto da insolvência; em especial o *cashpooling*", in: CATARINA SERRA (coord.), *III Congresso de Direito da Insolvência*, Coimbra, Almedina, 2015, pp. 345 e s., PAULO OLAVO CUNHA, "A recuperação de sociedades no contexto do PER e da insolvência: âmbito e especificidades resultantes da situação de crise da empresa", in: *Revista de Direito da Insolvência*, 2016, n.º 0, pp. 99 e s., PAULO OLAVO CUNHA, "Reestruturação de sociedades e direitos dos sócios", in: CATARINA SERRA (coord.), *IV Congresso de Direito da Insolvência*, Coimbra, Almedina, 2017, pp. 341 e s., PAULO DE TARSO DOMINGUES, "O CIRE e a recuperação das sociedades comerciais em crise", in: *Instituto do Conhecimento*

AB – Colecção Estudos, 2013, n.º 1, pp. 31 e s., PAULO DE TARSO DOMINGUES, "O processo especial de revitalização aplicado às sociedades comerciais", in: CATARINA SERRA (coord.), *I Colóquio do Direito da Insolvência de Santo Tirso*, Coimbra, Almedina, 2014, pp. 13 e s., PAULO DE TARSO DOMINGUES, "Limites da autonomia privada nos planos de reorganização das empresas", in: LUÍS MIGUEL PESTANA DE VASCONCELOS (coord.), *Falência, insolvência e recuperação de empresas – 1.º congresso de Direito Comercial das Faculdades de Direito da Universidade do Porto, de S. Paulo e de Macau*, Porto, Faculdade de Direito da Universidade do Porto, 2017, pp. 141 e s. (disponível em https://www.cije.up.pt/download-file/1547), REINALDO MÂNCIO DA COSTA, "Os requisitos do plano de recuperação", in: CATARINA SERRA (coord.), *III Congresso de Direito da Insolvência*, Coimbra, Almedina, 2015, pp. 229 e s., RITA FABIANA DA MOTA SOARES, "As consequências da não aprovação do plano de recuperação", in: CATARINA SERRA (coord.), *I Colóquio de Direito da Insolvência de Santo Tirso*, Coimbra, Almedina, 2014, pp. 91 e s., SARA LUÍS DIAS, "A afectação do credito tributário no plano de recuperação da empresa insolvente e no plano especial de revitalização", in: *Revista de Direito da Insolvência*, 2016, ano 0, pp. 243 e s., SORAIA FILIPA PEREIRA CARDOSO, *Processo Especial de Revitalização – O Efeito de Standstill*, Coimbra, Almedina, 2016.

91. Âmbito de aplicação

Jurisprudência relevante: Acórdão do TC n.º 398/2017, de 12 de Julho (Relator: GONÇALO DE ALMEIDA RIBEIRO), Acórdão do STJ de 28 de Março de 2017, Proc. 3071/16.4T8STB.E1.S2 (Relatora: ANA PAULA BOULAROT), Acórdão do STJ de 7 de Março de 2017, Proc. 1224/16.4T8VNG.P1.S1 (Relatora: ANA PAULA BOULAROT), Acórdão do STJ de 27 de Outubro de 2016, Proc. 381/16.4T8STR.E1.S1 (Relator: FERNANDES DO VALE), Acórdão do STJ de 18 de Outubro de 2016, Proc. 65/16.3T8STR.E1.S1 (Relator: JÚLIO VIEIRA GOMES), Acórdão do STJ de 21 de Junho de 2016, Proc. 3377/15.0T8STR. E1.S1 (Relatora: ANA PAULA BOULAROT), Acórdão do STJ de 5 de Abril de 2016, Proc. 979/15.8T8STR.E1.S1 (Relator: JOSÉ RAÍNHO), e Acórdão do STJ de 10 de Dezembro de 2015, Proc. 1430/15.9T8STR.E1.S1 (Relator: PINTO DE ALMEIDA).

Inicialmente, ou seja, antes da alteração pelo DL n.º 79/2017, de 30 de Junho, não existiam no regime do PER quaisquer condicionamentos ao disposto na norma do art. 2.º, sendo possível dizer que esta última era irrestritamente aplicável ao PER. Significa isto que era possível considerar abrangidos pela disciplina todos os sujeitos passivos da declaração de insolvência (as pessoas, singulares ou jurídicas, titulares ou não de empresa, bem como os patrimónios autónomos) e considerar-se excluídos os que não são sujeitos passivos da declaração de insolvência (por um lado, as pessoas jurídicas públicas e as entidades públicas empresariais e, por outro, as empresas de seguros, as instituições de crédito, as sociedades financeiras, as empresas de inves-

LIÇÕES DE DIREITO DA INSOLVÊNCIA

timento que prestem serviços que impliquem a detenção de fundos ou de valores mobiliários de terceiros e os organismos de investimento colectivo na medida em que aquela sujeição seja incompatível com os regimes especiais que lhes são aplicáveis).

Depois de um período de tempo considerável (correspondente aos três primeiros anos da sua aplicação) em que o PER foi aplicado nestes termos e sendo consensual que o PER se aplicava a qualquer devedor[525], surgiu a dúvida sobre se o PER seria, de facto, aplicável às pessoas singulares que não fossem titulares de uma empresa. A discussão instalou-se na doutrina e, principalmente, na jurisprudência, sendo que, por mais do que uma vez, chegaram a ser proferidas, no mesmo dia e no mesmo tribunal, decisões em sentido oposto[526]. Ganhava contornos, então, a tese da inaplicabilidade às pessoas singulares não titulares de empresas, tendo na sua base a convicção de que o PER não fazia sentido relativamente às pessoas singulares que não fossem comerciantes ou empresárias[527]-[528].

---

[525] Nos primeiros anos de aplicação do PER, registou-se, de facto, um número significativo de processos de não empresários. Nalguns casos houve recurso aos tribunais superiores mas sempre sem que a questão da sua inaplicabilidade àqueles tivesse sido posta suscitada. Veja-se, só para três exemplos, o Acórdão do TRP de 15 de Novembro de 2012, Proc. 1457/12.2TJPRT-A.P1 (Relator: JOSÉ AMARAL), o Acórdão do TRP de 14 de Maio de 2013, Proc. 1172/12.7TBMCN.P1 (Relator: VIEIRA E CUNHA), e o Acórdão do TRP de 1 de Dezembro de 2014, Proc. 503/14.0TBVFR.P1 (Relator: CAIMOTO JÁCOME).

[526] Veja-se, por um lado, em 10 de Setembro de 2015, as decisões do TRE no Proc. 979/15.8TBSTR.E1 (Relator: ABRANTES MENDES), no Proc. 531/15.8T8STR.E1 (Relator: SÍLVIO SOUSA) e no Proc. 1234/15.9T8STR.E1 (Relatora: ELISABETE VALENTE) e, por outro lado, em 9 de Julho de 2015, as decisões do mesmo tribunal no Proc. 718/15.3TBSTR.E1 (Relator: SILVA RATO) e no Proc. 1518/14.3T8STR.E1 (Relator: CONCEIÇÃO FERREIRA).

[527] Na doutrina, veja-se, sustentando esta tese, LUÍS CARVALHO FERNANDES/JOÃO LABAREDA (Código da Insolvência e da Recuperação de Empresas Anotado. Sistema de Recuperação de Empresas por Via Extrajudicial (SIREVE) Anotado. Legislação Complementar, cit., p. 140, e PAULO OLAVO CUNHA, "Os deveres dos gestores e dos sócios no contexto da revitalização de sociedades", in: CATARINA SERRA (coord.), II Congresso do Direito da Insolvência, Coimbra, Almedina, 2014, pp. 220-221.

[528] A tese da aplicabilidade exclusiva do PER a pessoas titulares de empresas ou, mais exactamente, a interpretação da norma do n.º 1 do art. 17.º-A que lhe estava subjacente chegou a ser apreciada pelo Tribunal Constitucional, não tendo este concluído pela sua inconstitucionalidade. Cfr. o Acórdão do TC n.º 398/2017, de 12 de Julho (Relator: GONÇALO DE ALMEIDA RIBEIRO).

Esta tese assentava em dois argumentos que estão bem sintetizados em vários acórdãos e, em particular, naquele que foi o primeiro Acórdão do Supremo Tribunal de Justiça sobre a matéria – o Acórdão do STJ de 10 de Dezembro de 2015[529]. Trata-se, em primeiro lugar, do argumento do fim visado pelo legislador, manifestado nos textos acessórios e nos trabalhos preparatórios da lei, e, em segundo lugar, do argumento da desnecessidade da extensão do PER às pessoas singulares não titulares de empresas[530].

Mais exactamente, evocava-se, em primeiro lugar, a Resolução do Conselho de Ministros n.º 11/2012, de 19 de Janeiro, que cria o Programa Revitalizar e associa expressamente o PER, no seu preâmbulo, à "revitalização de empresas", assim como os trabalhos preparatórios da Lei n.º 16/2012, de 20 de Abril, que cria o PER (designadamente a Exposição de Motivos da Proposta de Lei n.º 39/XII, de 30 de Dezembro de 2011, que a antecede) e se refere expressamente à "manutenção do devedor no giro comercial", ao "combate ao 'desaparecimento' de agentes económicos" e ao "empobrecimento do tecido económico português". Tais referências demonstrariam o fim visado pelo legislador. Assim, com base no elemento histórico e no elemento teleológico (revelado pelo primeiro), se justificaria uma interpretação restritiva da lei.

---

[529] Não obstante ser outro o Acórdão referido (com certeza por gralha) no título, uma anotação ao Acórdão foi feita por MARIA DO ROSÁRIO EPIFÂNIO ["Anotação ao Acórdão do STJ de 12 de outubro de 2015 (Pinto de Almeida)", in: *Revista de Direito da Insolvência*, 2017, n.º 1, pp. 179 e s.].

[530] Na jurisprudência, veja-se, apresentando generalizadamente os dois argumentos para recusar a aplicabilidade do PER às pessoas singulares não titulares de empresas, além do Acórdão do STJ referido, o Acórdão do STJ de 27 de Outubro de 2016, Proc. 381/16.4T8STR. E1.S1 (Relator: FERNANDES DO VALE), o Acórdão do STJ de 18 de Outubro de 2016, Proc. 65/16.3T8STR.E1.S1 (Relator: JÚLIO VIEIRA GOMES), o Acórdão do STJ de 21 de Junho de 2016, Proc. 3377/15.0T8STR.E1.S1 (Relatora: ANA PAULA BOULAROT), o Acórdão do STJ de 5 de Abril de 2016, Proc. 979/15.8T8STR.E1.S1 (Relator: JOSÉ RAÍNHO), o Acórdão do TRL de 24 de Novembro de 2015, Proc. 22219/15.0T8SNT-1 (Relator: AFONSO HENRIQUE), o Acórdão do TRP de 12 de Outubro de 2015, Proc. 1304/15.3T8STS.P1 (Relatora: ISABEL SÃO PEDRO SOEIRO), o Acórdão do TRP de 23 de Junho de 2015, Proc. 1243/15.8T8STS.P1 (Relator: PEDRO MARTINS), o Acórdão do TRP de 23 de Fevereiro de 2015, Proc. 3700/13.1TBGDM.P1 (Relator: JOSÉ EUSÉBIO DE ALMEIDA), o Acórdão do TRE de 10 de Setembro de 2015, Proc. 979/15.8TBSTR.E1 (Relator: ABRANTES MENDES), o Acórdão do TRE de 10 de Setembro de 2015, Proc. 531/15.8T8STR.E1 (Relator: SÍLVIO SOUSA), e o Acórdão do TRE de 9 de Junho de 2015, Proc. 718/15.3TBSTR.E1 (Relator: SILVA RATO).

LIÇÕES DE DIREITO DA INSOLVÊNCIA

Alegava-se, em segundo lugar, que o plano de pagamentos aos credores, regulado nos arts. 251.º e s., permite a realização de fins semelhantes aos do PER (a obtenção de um plano do mesmo tipo) e é o instrumento próprio para resolver os casos das pessoas singulares não empresárias.

Nenhum dos argumentos conseguiu, contudo, abalar realmente a convicção de que o PER se aplicava a todas as pessoas singulares, independentemente da titularidade de uma empresa[531].

Por um lado, todas as normas que compunham, inicialmente, a disciplina do PER se referiam, de resto, indistintamente, ao "devedor". Na norma art. 1.º, n.º 2, que apresenta o PER, dispunha-se, logo a abrir, que "[e]stando em situação económica difícil, ou em situação de insolvência iminente, *o devedor* pode requerer ao tribunal a instauração de um processo especial de revitalização [...]". E na norma do art. 17.º-A, n.º 2, dizia-se mesmo que o processo "pode ser utilizado por *todo o devedor* que, mediante declaração escrita e assinada, ateste que reúne as condições necessárias para a sua recuperação"[532].

Por outro lado, os dados coligidos quanto ao número de casos – e de casos bem-sucedidos – de PER no âmbito de pessoas singulares não titulares de empresas davam força à tese, permitindo confirmar não só a aptidão ou a adequação do instrumento para a resolução da pré-insolvência (também) das pessoas singulares não empresárias como a sua indiscutível utilidade para o efeito.

---

[531] Cfr. Catarina Serra, "Processo especial de revitalização – contributos para uma 'rectificação'", cit., p. 716 (nota 2), e *O regime português da insolvência*, cit., p. 176.

[532] Era esta, no essencial, também a posição dominante da doutrina e a adoptada nalgumas decisões dos tribunais superiores. Cfr., na doutrina, por exemplo, Isabel Alexandre, "Efeitos processuais da abertura do processo de revitalização", cit., pp. 235-236, Fátima Reis Silva, *Processo Especial de Revitalização – Notas Práticas e Jurisprudência Recente*, cit., pp. 20-21, Nuno Salazar Casanova/David Sequeira Dinis, *O processo especial de revitalização – Comentários aos artigos 17.º-A a 17.º-I do Código da Insolvência e da Recuperação de Empresas*, cit., pp. 13-14, Paulo de Tarso Domingues, "O processo especial de revitalização aplicado às sociedades comerciais", cit., p. 15. Na jurisprudência, veja-se, preconizando *expressis verbis* a aplicabilidade do PER às pessoas singulares não titulares de empresas (não comerciantes ou não empresárias), o Acórdão do TRC de 30 de Junho de 2015, Proc. 1687/15.5T8CBR-C.C1 (Relator: Fonte Ramos), o Acórdão do TRE de 10 de Setembro de 2015, Proc. 1234/15.9T8STR.E1 (Relatora: Elisabete Valente), o Acórdão do TRE de 9 de Julho de 2015, Proc. 1518/14.3T8STR.E1 (Relatora: Conceição Ferreira), e o Acórdão do TRE de 5 de Novembro de 2015, Proc. 371/15.4T8STR.E1 (Relatora: Alexandra Moura Santos).

OS INSTRUMENTOS DE RECUPERAÇÃO DE EMPRESAS PRÉ-INSOLVENTES

Quanto aos argumentos especialmente aduzidos para sustentar a tese contrária, facilmente se concluía que eles não podiam proceder.

Relativamente aos trabalhos preparatórios, que tão essenciais pareciam ser para a dilucidação da *mens legislatoris*, nenhuma das referências precludia a inclusão das pessoas singulares não empresárias. Uma das referências é, aliás, ao "tecido *económico*" e não ao tecido empresarial, como impropriamente se disse. Outra das referências é aos "agentes económicos". Ora, os agentes económicos (sujeitos que fazem parte do tecido económico) não se circunscrevem às empresas. Na generalidade das definições de pendor económico, eles são todos os indivíduos, instituições ou conjuntos de instituições que, através das suas decisões e acções, tomadas racionalmente, intervêm num qualquer circuito económico, tendo funções diferenciadas (de produção, de consumo ou de investimento) e estabelecendo entre si relações económicas essenciais. Não se via, assim, como era possível considerar-se que um trabalhador por conta de outrem estava fora da qualificação.

Há – é certo – referências às empresas nos trabalhos preparatórios. Mas isso demonstrava (apenas) que o legislador se concentrou nas empresas para explicar as intervenções legislativas, o que, quando muito, constitui um indício de que a sua preocupação dominante é a recuperação das empresas. Não autorizava, todavia, a supor que a sua vontade tinha sido a de vedar o PER aos sujeitos restantes. Se tivesse sido essa, de facto, a sua vontade, poderia facilmente tê-lo dito – tê-lo-ia seguramente dito – e na própria lei. Se tivesse sido essa, de facto, a sua vontade, nunca teria recorrido a uma fórmula geral tão abrangente ("devedor") nem se teria referido, numa das normas, a "todo o devedor". Por outras palavras, os actos definitivos do legislador (o texto da lei) sugeriam que a sua concentração inicial nas empresas não tinha sido deliberada.

Quanto ao argumento da desnecessidade, aduzido, por vezes, com excessiva displicência, ele não podia proceder. É verdade que o plano de pagamentos é, tal como o PER, dirigido à elaboração de um acordo entre o devedor e os seus credores. Contudo, e sem pôr em causa as vantagens que o plano de pagamentos representa, o que o distingue do PER é absolutamente decisivo.

Em primeiro lugar, o plano de pagamentos foi concebido para se aplicar às situações de insolvência e não de pré-insolvência, sendo aplicável à insolvência iminente a título meramente secundário (como se sabe, a insolvência iminente é apenas insolvência por equiparação).

Em segundo lugar, e mais importante, por mais que se diga que o plano de pagamentos permite evitar a tramitação do processo de insolvência, a ver-

LIÇÕES DE DIREITO DA INSOLVÊNCIA

dade é que ele não dispensa – antes pressupõe – a declaração de insolvência. Ora, a inexistência de uma declaração de insolvência e a possibilidade de o sujeito se eximir aos efeitos desta declaração constituem, sem dúvida, o maior atractivo do PER. É por isso que, na perspectiva dos titulares de empresas, o PER aparece como um *majus* relativamente ao processo de insolvência – ao plano de insolvência, desenhado para os titulares de grandes empresas, e ao plano de pagamentos, abrangendo os titulares das empresas restantes (pequenas empresas). Não se encontravam, em suma, razões para uma tão grande disparidade entre o quadro de instrumentos de recuperação disposto para os titulares de empresas e o disposto para as pessoas singulares não empresárias[533].

O certo é que, por via do DL n.º 79/2017, de 30 de Junho, o legislador modificou a disciplina, tornando absolutamente indiscutível que o PER se restringe às empresas. Passou a dizer-se, no art. 1.º, n.º 2, que "*a empresa* pode requerer ao tribunal a instauração de processo especial de revitalização" e passou a dizer-se, no art. 17.º-A, n.º 1, que "[o] processo especial de revitalização [se] destina a permitir à empresa [...]"[534]. Em todas as restantes normas do PER foi igualmente introduzida uma referência a "empresa" ou substituída a anterior referência a "devedor" por aquela[535].

Para os demais casos (relativos a pessoas singulares e, segundo se pensa, também a pessoas jurídicas) "criou-se", em compensação, um "novo" instrumento[536] – o processo especial para acordo de pagamento (PEAP)[537] –, a ana-

---

[533] Os titulares de empresas dispuseram ainda, durante algum tempo, de uma via extraordinária para a recuperação – o SIREVE – que era, indiscutivelmente, um instrumento exclusivo das empresas (como decorria, desde logo, do seu nome e da escolha do IAPMEI para a condução do procedimento). O DL n.º 178/2012, de 3 de Agosto, que criou o SIREVE, foi revogado, sucedendo-lhe, como se disse, o RERE, que, não sendo propriamente um processo, é um regime pré-insolvencial também aplicável em exclusivo às empresas.

[534] sublinhados nossos.

[535] Para dizer a verdade, o termo "empresa" foi cuidadosamente introduzido em todos os artigos do PER, aparecendo nos arts. 1.º, n.º 2, 17.º-A, n.ºs 1 e 2, 17.º-B, 17.º-C, n.ºs 1, 3, 5, 6 e 7, 17.º-D, n.ºs 1, 5, 6, 7, 8 e 11, 17.º-E, n.ºs 1, 2, 3, 4, 5, 6, 7 e 9, 17.º-F, epígrafe, n.ºs 1, 2, 4, 6, 9, 10, 11 e 13, 17.º-G, n.ºs 1, 2, 3, 4, 5 e 6, 17.º-H, n.ºs 1 e 2, e 17.º-I, epígrafe e n.ºs 1, 2 e 7.

[536] As reservas manifestadas nas aspas apostas às expressões "criou-se" e "novo" devem-se ao facto de o PEAP não ser, no fundo, um instrumento diferente do PER, não obstante o diferente nome.

[537] Disponibilizou-se, assim, um instrumento para a resolução da pré-insolvência das pessoas singulares, o que confirma a não suficiência do plano de pagamentos, conforme sustentado.

OS INSTRUMENTOS DE RECUPERAÇÃO DE EMPRESAS PRÉ-INSOLVENTES

lisar em lugar oportuno. Antecipe-se, porém, desde já, que este PEAP corresponde quase exactamente ao PER original[538] – o mesmo cuja aptidão para se aplicar a sujeitos não titulares de empresas tão intensamente era recusada pela maioria da jurisprudência e por certa doutrina. Afinal – constata-se –, a aplicação do PER aos não titulares de empresas não só era necessária como era adequada[539]-[540].

Faz-se, por último, uma advertência quanto ao âmbito de aplicação do PER. Não deve passar despercebida a alteração da noção de empresa que está subjacente a todo o articulado do PER – o seu distanciamento relativamente à noção definida no art. 5.º e adoptada nas normas do processo de insolvência. A alteração torna-se especialmente visível quando se confronta o disposto no n.º 2 (norma introdutória do PER) com o disposto no n.º 1 do art. 1.º (norma introdutória do processo de insolvência): enquanto neste a empresa é um *objecto* (fala-se da empresa "compreendida na massa insolvente"), naquele a empresa passa a ser um *sujeito* (só um *sujeito* pode "requerer ao tribunal a instauração de [um] processo")[541]-[542].

Atribui-se o acolhimento desta noção (subjectivista) de empresa à vontade de tornar mais claro aquilo que com o PER se visa tutelar: os interesses – *todos* os interesses *mas só* os interesses – que se relacionem com a actividade empresarial, designadamente os interesses que se relacionem com o crédito

---

[538] Ele é, de facto, mais parecido com o antigo PER do que com o novo PER. Cfr., também neste sentido, NUNO MANUEL PINTO OLIVEIRA, "O Direito da Insolvência e a tendencial universalidade do Direito Privado", cit., p. 93.

[539] Como foi assertivamente dito, a criação deste PEAP "poderá representar um argumento no sentido de que o Decreto-Lei n.º 79/2017, de 30 de Junho, é uma lei *interpretativa* do regime do antigo *processo especial de revitalização* (= dos antigos arts. 17.º-A a 17.º-I do Código da Insolvência e da Recuperação de Empresas), depondo em favor da tese de que o *processo especial de revitalização se aplica às pessoas singulares não titulares de empresa*". Cfr. NUNO MANUEL PINTO OLIVEIRA, "O Direito da Insolvência e a tendencial universalidade do Direito Privado", cit., p. 94 (sublinhados do autor).

[540] A entrada em vigor do regime do PEAP veio pôr o problema de saber qual o destino dos PER de pessoas singulares não empresárias pendentes, tendo alguma jurisprudência decidido que eles devem convolar-se em PEAP. Cfr., por exemplo, Acórdão do TRG de 23 de Novembro de 2017, Proc. 206/17.3T8VRL.G1 (Relatora: RAQUEL BAPTISTA TAVARES).

[541] Adverte para o facto NUNO MANUEL PINTO OLIVEIRA ["O Direito da Insolvência e a tendencial universalidade do Direito Privado", cit., p. 81].

[542] O facto tem repercussões, pela negativa, na delimitação do âmbito de aplicação do PEAP (cfr. art. 222.º-A, n.º 1).

LIÇÕES DE DIREITO DA INSOLVÊNCIA

às empresas. Para esse fim – presume-se – deu-se protagonismo/subjectividade à empresa e esbateu-se a presença do seu titular.

92. Apresentação da empresa

Como se disse atrás, o PER inicia-se sempre por apresentação (voluntária) da empresa. A apresentação da empresa é, assim, um acto absolutamente necessário para a abertura do PER.

Estabelece-se, mais exactamente, na norma do art. 17.º-C que o processo se inicia pela manifestação de vontade da empresa e de credor ou credores que, não estando especialmente relacionados com a empresa, sejam titulares, pelo menos, de dez por cento dos créditos não subordinados, por meio de declaração escrita, de encetarem negociações conducentes à revitalização da empresa (cfr. art. 17.º-C, n.º 1) e que, recebido este requerimento, o juiz nomeia, de imediato, por despacho, administrador judicial provisório (cfr. art. 17.º-C, n.º 4).

Poder-se-ia retirar daqui que, além de necessária, a apresentação da empresa é também suficiente para a abertura do PER, mas como se verá já de seguida, não é bem assim. Para já, o que pode perguntar-se é se é possível que se apresentem duas ou mais empresas a um único PER.

92.1. Casos especiais de apresentação

92.1.1. A apresentação conjunta na hipótese de grupos de sociedades. O regime da apensação de processos

A questão da apresentação simultânea de mais do que uma empresa pode pôr-se quando estejam em causa sociedades que sejam membros de grupos. Será admissível a revitalização conjunta – o chamado "PER de grupo"?

É verdade que o grupo de sociedades não é um ente com personalidade jurídica e nem sequer um património autónomo. Mas, por outro lado, existe unidade sob o ponto de vista económico. Desde logo, os interesses económicos subjacentes à recuperação do grupo apontariam no sentido de uma coligação activa.

A questão não tem sido objecto de grande atenção por parte da doutrina e quem se ocupou dela respondeu-lhe negativamente, com o argumento de que a coligação activa não é sequer admitida no processo de insolvência[543].

---

[543] Cfr., por exemplo, FÁTIMA REIS SILVA, *Processo Especial de Revitalização – Notas Práticas e Jurisprudência Recente*, cit., p. 23. Diz a autora que "mesmo em caso de empresas em relação de grupo [...] as especificidades próprias do procedimento [do PER] não permitem nem a

O disposto no art. 17.º-C. n.ºs 7 e 8, aditado pelo DL n.º 79/2017, de 30 de Junho, é susceptível de ser usado hoje como argumento adicional. Não manifestará ele uma posição final do legislador quanto ao assunto, isto é, que é admissível apenas a apensação de processos de sociedades em relação de domínio ou de grupo?

A apensação de processos de sociedades em relação de domínio ou de grupo é expressamente admitida na lei nos termos a descobrir de seguida. Pelas maiores vantagens que comporta vale a pena considerar ainda a hipótese (diferente) da coligação. A apensação não é um rigoroso sucedâneo da coligação e por isso a sua admissibilidade não constitui impedimento à admissibilidade desta. Resta encontrar o seu fundamento normativo.

Antes de se prosseguir, deve compreender-se que não vale convocar o argumento *a maiori ad minus* para desenvolver o raciocínio de que, não sendo a coligação admitida no âmbito do processo de insolvência, ela não é admissível, por maioria de razão, no âmbito do PER. É verdade que a coligação activa das sociedades em relação de domínio ou de grupo não é permitida no processo de insolvência. Mas da inexistência de uma regra especial do processo de insolvência que seja aplicável às sociedades em relação de domínio ou de grupo não pode retirar-se a inexistência em absoluto de uma regra que seja aplicável PER. Por outras palavras: do silêncio da lei quanto à coligação no âmbito do processo de insolvência não pode inferir-se uma regra geral de inadmissibilidade de coligação. Várias normas no Direito (subsidiário) processual civil, designadamente no regime geral da coligação, cuja aplicabilidade, teriam de ser excluídas para que aquela conclusão fosse válida.

Ora, a verdade é que não falta um suporte legal para a coligação nos casos de sociedades que sejam membros de grupos. Trata-se do disposto na norma do art. 36.º do CPC. Dela e de toda a disciplina geral da coligação (designadamente do art. 37.º, n.º 2, do CPC) resulta que são admissíveis casos de "coligação conveniente"[544], isto é, casos em que a coligação é bem acolhida porque por via dela se atinge uma vantagem que sem ela não se conseguiria.

---

coligação inicial activa de devedores, nem a apensação dos respectivos processos" e que "[a] coligação activa de devedores não é permitida, sequer, para processos de insolvência, não havendo qualquer outra regra aplicável a este caso" (interpolação nossa).

[544] Adapta-se aqui a fórmula "litisconsórcio conveniente" que usa MIGUEL TEIXEIRA DE SOUSA (*As partes, o objecto e a prova na acção declarativa*, Lisboa, Lex, 1995, p. 64) para se referir aos casos em que o litisconsórcio representa uma vantagem que não se poderia obter sem a pluralidade de partes.

LIÇÕES DE DIREITO DA INSOLVÊNCIA

Nem é preciso enumerar as vantagens da coligação na hipótese da recuperação de sociedades de um mesmo grupo. Quando as sociedades operam em grupo, é natural e lógico que haja uma intervenção articulada, sob pena de se gorar, de facto, o propósito da recuperação de cada uma das sociedades.

Ao contrário daquilo que se possa pensar, a divergência de soluções e, mais precisamente, a admissibilidade de coligação no âmbito do PER apesar da sua inadmissibilidade no âmbito do processo de insolvência, não é injustificada. Entre o processo de insolvência e o PER existem numerosas diferenças que explicam – ou mesmo exigem – divergências. Destaca-se o facto de o PER ser não um processo de tipo liquidatório e sim um processo invariavelmente vocacionado para a recuperação e ainda o facto de a empresa (os administradores da empresa) não perder os poderes de administração e disposição dos bens. Em síntese, a hipótese de coligação no PER não é susceptível de se deparar com as mesmas dificuldades, ao nível da administração e da liquidação de patrimónios, com que se depararia no processo de insolvência.

Que não se contra-argumente dizendo que, em certas circunstâncias, o PER se "converte" em processo de insolvência. Por um lado, em nenhuma circunstância existe uma rigorosa convolação dos processos. Como se verá pormenorizadamente adiante, o que acontece é que é aberto um novo processo (insolvência) ou retomado o processo de insolvência entretanto suspenso. Por outro lado, desde que se observem certos cuidados, não existem impedimentos a que um PER relativo a um grupo de sociedades se desdobre, se for o caso, em tantos processos de insolvência quantas as sociedades envolvidas.

Resta dizer que a coligação deve ser activa, isto é, só pode ocorrer por apresentação espontânea e voluntária. Com efeito, como dizia JOSÉ ALBERTO DOS REIS, "[a] coligação é um *direito*, não é uma obrigação do autor"[545]. Acresce que o PER depende sempre da vontade da empresa (cfr. art. 17.º-C, n.º 1).

Precisamente por esta última razão é difícil compreender que, não admitindo a coligação, a lei tenha vindo, através da alteração pelo DL n.º 79/2017, de 30 de Junho, admitir a apensação de processos[546]. A apensação de socie-

---

[545] Cfr. JOSÉ ALBERTO DOS REIS, *Comentário ao Código de Processo Civil*, vol. 1.º, Coimbra, Coimbra Editora, 1960, p. 44.
[546] Antes do DL n.º 79/2017, de 30 de Junho, a apensação de processos de sociedades em relação de domínio ou de grupo não estava expressamente prevista. E a aplicação analógica do regime da apensação na insolvência era recusada, pois, sendo necessariamente requerida pelo administrador da insolvência, logo, não dependendo da vontade das sociedades, era – alegava-se – inconciliável com o PER (o seu carácter voluntarista). Mas mesmo depois da alteração

OS INSTRUMENTOS DE RECUPERAÇÃO DE EMPRESAS PRÉ-INSOLVENTES

dades em relação de domínio ou de grupo nos termos do Código das Sociedades Comerciais tornou-se, de facto, possível, dispondo-se no art. 17.º-C, n.º 7, que esta pode ser determinada oficiosamente, a requerimento do administrador judicial provisório ou a requerimento formulado por todas as sociedades que recorram ao PER.

O art. 17.º-C, n.º 8, estabelece as condições/os termos da apensação dos processos. Aquilo que se diz, primeiro, é que a apensação apenas pode ser *requerida* até ao início do prazo de negociações referido no art. 17.º-D, n.º 5, no processo ao qual os demais devam ser apensados. Faz, no entanto, sentido que o prazo se aplique também à apensação determinada oficiosamente pelo tribunal. Diz-se, depois, que é aplicável, com as devidas adaptações, o disposto no n.º 4 do art. 86.º, ou seja, a regra aplicável à apensação de processos de insolvência que corram termos em tribunais com diferente competência em razão da matéria. Por força dele, a apensação só será determinada se for requerida pelo administrador judicial provisório do processo instaurado em tribunal de competência especializada ou se for decidida pelo juiz do mesmo processo.

Tanto a coligação como a apensação suscitam questões práticas quanto à orgânica e à tramitação, respectivamente, do processo único a propor ou dos processos a apensar. Sem pretensão de esclarecê-las a todas, traçam-se algumas linhas orientadoras, válidas para ambos os casos[547].

Para determinar o tribunal competente, deve adoptar-se o critério do factor determinante, que, como se viu, é o critério aplicável à apensação de processos de insolvência. O processo único deve ser proposto/os processos devem ser apensados ao processo que corre no tribunal competente para declarar a insolvência da sociedade dominante ou directora, que é, nos termos do art. 7.º, n.ºs 1 e 2, o tribunal da sede ou do domicílio desta sociedade ou o tribunal do lugar onde ela tenha o centro dos seus principais interesses. Também por analogia com o disposto para a apensação de processos de

---

do DL n.º 79/2017, de 30 de Junho, a apensação continua a não depender exclusivamente da vontade das sociedades. Como se viu, o art. 86.º, n.º 3, determina que a apensação de processos de insolvência das sociedades em relação de domínio ou de grupo, pode ser determinada oficiosamente pelo juiz ou requerida por todos os devedores.

[547] Cfr. CATARINA SERRA, "Revitalização no âmbito de grupos de sociedades", in: *III Congresso – Direito das Sociedades em Revista*, Coimbra, Almedina, pp. 467 e s., e "Grupos de sociedades: crise e revitalização", in: CATARINA SERRA (coord.), *Colóquio de Direito da Insolvência de Santo Tirso*, Coimbra, Almedina, pp. 35 e s.

LIÇÕES DE DIREITO DA INSOLVÊNCIA

insolvência, devem ressalvar-se os casos em que para algum dos processos seja competente tribunal de competência especializada, em que o critério da competência especializada prevalece, devendo o processo único ser proposto/os processos ser apensados ao processo que corre no tribunal de competência especializada.

Deve ser nomeado um único administrador judicial provisório, sob pena de desnecessária e mesmo perniciosa duplicação. As razões são mais do que evidentes na coligação (se o processo é único, os órgãos devem ser únicos) mas também estão presentes na apensação. Como se referiu a propósito da apensação de processos de insolvência, é habitual recorrer-se ao administrador do grupo, atendendo, sobretudo, ao disposto no art. 32.º, n.º 1, e no art. 52.º, n.º 6. Reconhece-se que ele não é – não pode, em princípio, ser – tão imparcial como é habitual, sendo muito prováveis situações de conflito de interesses. A lei portuguesa tentou minimizar o problema, determinando, no art. 52.º, n.º 6, que, quando haja créditos reclamados entre devedores do mesmo grupo, o juiz deve proceder à nomeação de um segundo administrador, com funções restritas à apreciação destes créditos. A norma vale literalmente para os processos de insolvência, mas nada impede que se importe a mesma solução para o domínio do PER.

Em particular quanto à coligação, e porque há, não pluralidade de processos, mas um único processo, podem pôr-se, adicionalmente ou com mais premência, dúvidas adicionais, respeitantes, por exemplo, à elaboração da(s) lista(s) de créditos e à aprovação do(s) plano(s) de recuperação.

Propende-se para a possibilidade de elaboração de uma única lista de créditos posto que o administrador tome os devidos cuidados aquando da sua elaboração. Ele deve, designadamente, indicar, relativamente a cada crédito, qual é a sociedade devedora. Esta é a solução mais ajustada à hipótese de (só) uma ou algumas das sociedades do grupo virem a ser declaradas insolventes na sequência do encerramento do PER. Nos termos do art. 17.º-G, n.º 7, a lista definitiva de créditos deverá valer no processo de insolvência de cada uma das sociedades quanto aos créditos já reclamados e compreendidos na lista.

Quanto à aprovação do(s) plano(s) de recuperação, tudo depende do que se estiver disposto a admitir quanto ao número de planos (unidade/pluralidade de planos). Se se admitir somente a possibilidade de coordenação de planos, a votação de cada plano não levantará especiais problemas. A segunda hipótese, mais arrojada, é a de o plano ser comum a todas as sociedades – ser um verdadeiro plano de recuperação do grupo. Neste último caso, a votação terá de ser conjunta, calculando-se o quórum deliberativo, nos termos do art. 212.º, n.º 1, por referência ao universo de credores de todas as sociedades.

A hipótese de plano único é aquela que leva às últimas consequências a unidade processual. E a votação conjunta é uma sua decorrência lógica. Efectivamente, existindo um plano do grupo, não admitir a votação conjunta significaria correr o risco de o plano não ser aprovado relativamente a alguma ou algumas das sociedades e de assim ficar comprometido o propósito da recuperação do grupo. De qualquer forma, quando o plano tenha sido concebido para as várias sociedades – e a pensar nas várias sociedades –, o não envolvimento, a final, de alguma ou algumas delas afectará necessariamente a sua exequibilidade.

No caso de votação conjunta deverão observar-se também especiais cuidados, designadamente com vista a evitar a duplicação ou multiplicação de votos na eventualidade – que será frequente – de alguns dos créditos respeitarem, quer a título principal, quer no âmbito das garantias prestadas, a mais do que uma sociedade.

93. Requisitos da apresentação
Apesar de não aparecem claramente formulados ou devidamente autonomizados, exigem-se, depois da alteração pelo DL n.º 79/2017, de 30 de Junho, *pelo menos*, sete requisitos para a apresentação da empresa a PER[548]. Para os identificar é preciso ler com muita atenção as normas do art. 17.º-A, n.º 2, e do art. 17.º-C, n.ºs 1, 2 e 3.

Resulta, por um lado, do art. 17.º-A, n.º 2, que, para a empresa utilizar o PER, ela precisa de atestar, mediante declaração escrita e assinada, que reúne as condições necessárias para a sua recuperação e de apresentar declaração subscrita há não mais de trinta dias, por contabilista certificado ou ROC, sempre que a revisão de contas seja legalmente exigida, atestando que não se encontra em situação de insolvência actual, à luz dos critérios previstos no art. 3.º.

Decorre, por outro lado, do art. 17.º-C, n.º 1, que o PER se inicia pela manifestação de vontade da empresa e de credor ou credores que, não estando especialmente relacionados com a empresa, sejam titulares, pelo menos, de dez por cento de créditos não subordinados, por meio de declaração escrita,

---

[548] A afirmação está condicionada pelo disposto no art. 17.º-C, n.º 3, al. *c*), do qual consta (também) a expressão "pelo menos".

de encetarem negociações conducentes à revitalização daquela[549], exigindo-
-se, no art. 17.º-C, n.º 2, que a declaração seja assinada por todos os declarantes e contenha a data da assinatura.

Finalmente, segundo o art. 17.º-C, n.º 3, als. *a)*, *b)* e *c)*, a empresa deve
apresentar ao tribunal um requerimento em que comunica a manifestação
de vontade referida, acompanhado da declaração escrita (também) referida,
da cópia dos documentos elencados no art. 24.º, n.º 1, que deve ficar patente
na secretaria durante todo o processo, para consulta dos credores, e da proposta de plano de recuperação, acompanhado, por sua vez, pelo menos, da
descrição da situação patrimonial, financeira e reditícia da empresa.

Depois de uma leitura atenta, conclui-se que a empresa tem, antes
de mais, de apresentar um requerimento (cfr. art. 17.º-C, n.º 3, proémio).
Embora a lei pareça indicar que este corresponde a uma declaração escrita
em que a empresa e credor ou credores que, não estando especialmente
relacionados com a empresa, sejam titulares, pelo menos, de dez por cento
de créditos não subordinados, manifestam a vontade de encetarem negociações conducentes à revitalização da empresa, assinada por todos os declarantes e contendo a data da assinatura [cfr. art. 17.º-C, n.ºs 1 e 2, e art. 17.º-C,
n.º 3, al. *a)*], devem distinguir-se esta declaração e aquele requerimento. Na
declaração manifesta-se a vontade acima descrita; no requerimento, como
em qualquer requerimento, requer-se alguma coisa, requer-se – presume-
-se – a abertura do PER.

Os outros requisitos são, em terceiro lugar, uma declaração escrita e assinada pela empresa, atestando que reúne as condições necessárias para a sua
recuperação (cfr. art. 17.º-A, n.º 2, 1.ª parte), em quarto lugar, uma declaração
subscrita há não mais de trinta dias, por contabilista certificado ou ROC,
sempre que a revisão de contas seja legalmente exigida, atestando que a
empresa não se encontra em situação de insolvência actual, à luz dos critérios previstos no art. 3.º (cfr. art. 17.º-A, n.º 2, 2.ª parte), em quinto lugar, uma
cópia de cada um dos documentos elencados no art. 24.º, n.º 1 [cfr. art. 17.º-C,
n.º 3, al. *b)*], em sexto lugar, a proposta de plano de recuperação [cfr. art. 17.º-
C, n.º 3, al. *c)*, 1.ª parte] e, em sétimo e último lugar, um ou mais documentos

---

[549] Esta exigência é interpretada pela jurisprudência como "o reconhecimento de que não
tem sentido que um grupo de pessoas especialmente relacionadas possa pôr e dispor dos
interesses dos credores". Cfr., neste sentido, o Acórdão do TRL de 28 de Setembro de 2017,
Proc. 16985/16.2T8SNT-2 (Relator: PEDRO MARTINS).

OS INSTRUMENTOS DE RECUPERAÇÃO DE EMPRESAS PRÉ-INSOLVENTES

que, pelo menos, descrevam a situação patrimonial, financeira e reditícia da empresa [cfr. art. 17.º-C, n.º 3, al. *c*), 2.ª parte].

Comentando a pertinência e a adequação das exigências legais, dir-se--ia que a intenção do legislador foi, aparentemente, a de que o recurso ao PER seja levado (mais) a sério. As exigências formais têm o efeito positivo de todas as exigências formais: sendo obrigatoriamente precedido de actos de preparação, o acto material/principal é mais solene e, logo, presumivelmente, mais ponderado. A verdade, porém, é que não se eliminaram todos os riscos de abuso.

As reservas respeitam, sobretudo, às exigências tendentes a assegurar o cumprimento dos pressupostos do PER (situação económica difícil ou insolvência iminente e recuperabilidade da empresa). Os motivos são três e podem ser apresentados sob a forma interrogações.

Primeiro, atente-se na inexistência de insolvência actual. Demonstrará ela, necessariamente, a existência de uma situação de pré-insolvência (insolvência iminente ou situação económica difícil)? Não existe uma rigorosa correspondência entre o pressuposto (pré-insolvência) e o requisito que a lei considerou exigível para o comprovar (inexistência de insolvência actual), o que pode imputar-se ao facto de ser muito difícil corresponder à exigência de comprovar realmente aquele pressuposto. Mas pode dar-se o caso de a empresa não estar insolvente nem pré-insolvente; justificar-se-á aí o seu acesso o PER?

Segundo, será o método escolhido para certificação do pressuposto o método mais adequado? Ele corresponde a uma via rejeitada antes e rejeitada – presume-se – por alguma razão atendível[550].

Terceiro, e mais importante, a quem cabe a certificação da recuperabilidade da empresa? Ela é (também) um pressuposto do processo; e todavia não é objecto de certificação pelo contabilista certificado ou pelo ROC.

---

[550] Diga-se que a norma, na versão constante do anteprojecto ("cfr. Anteprojecto de diploma que altera o Código da Insolvência e da Recuperação de Empresas", de 24 de Novembro de 2011), exigia uma declaração certificada por técnico oficial de contas ou, sempre que a tal estivesse legalmente obrigado, por ROC, ambos independentes, atestando que o devedor reunia as condições necessárias para a sua recuperação. Cfr., neste sentido e, em geral sobre o Anteprojecto e a Proposta de Lei que antecederam a Lei n.º 16/2012, de 20 de Abril, CATARINA SERRA, "Emendas à (lei da insolvência) portuguesa – Primeiras impressões", in: *Direito das Sociedades em Revista*, 2012, vol. 7, pp. 97 e s.

LIÇÕES DE DIREITO DA INSOLVÊNCIA

Quanto à exigência de que credor ou credores acompanhem a empresa na manifestação a vontade de encetarem negociações conducentes à revitalização da empresa, atente-se no disposto no art. 17.º-C, n.º 6. Exigindo-se, em principio – e bem –, que tais credores não estejam especialmente relacionados com a empresa e sejam titulares, pelo menos, de dez por cento de créditos não subordinados, prevê-se, naquela norma, a possibilidade de o juiz reduzir a percentagem, a requerimento fundamentado da empresa e de credor ou credores que detenham, pelo menos, cinco por cento dos créditos relacionados ou a requerimento fundamentado só da empresa.

Justifica-se ainda uma nota quanto à exigência da proposta de plano de recuperação, a apresentar pela empresa aquando do requerimento de abertura do PER. A existência de uma proposta é um sinal da seriedade das intenções da empresa e dos credores. Adverte-se, no entanto, que o que se exige é uma mera proposta, que terá de ser, a prazo, substituída pela/convertida na versão final do plano, nos termos e para os efeitos do art. 17.º-F, n.ºs 1, 2 e 3.

Finalmente, quanto à exigência de elementos que descrevam a situação patrimonial, financeira e reditícia da empresa [cfr. art. 17.º-C, n.º 3, al. *c*), 2.ª parte], ela pode ser vista como um reflexo antecipado da aplicabilidade do disposto no art. 195.º, n.º 2, al. *a*) (conteúdo do plano de insolvência), ao plano de recuperação do PER (cfr. art. 17.º-F, n.º 1).

94. Despacho de nomeação do administrador judicial provisório (despacho de abertura)

O primeiro grande momento do PER – e a primeira decisão judicial – é o despacho de nomeação do administrador judicial provisório, que equivale a um despacho de deferimento ou de abertura do processo.

Dele decorre um efeito óbvio: a nomeação do administrador judicial provisório, com a consequente privação da empresa (dos administradores da empresa) do poder de praticar actos de especial relevo (cfr. art. 17.º-E, n.º 2). Dele decorrem ainda efeitos muito importantes, de que se falará adiante, que se propõe dividir em dois grupos: os efeitos a que se chamará "processuais" e incidem sobre os processos judiciais (cfr. art. 17.º-E, n.ºs 1 e 6) e os efeitos a que se chamará "substantivos" e incidem sobre os contratos em curso (cfr. art. 17.º-E, n.ºs 7, 8 e 9).

De uma leitura superficial da lei resulta algum automatismo, aparecendo o despacho como uma reacção inevitável – a única reacção possível – à manifestação de vontade da empresa no sentido de abertura do PER. A norma do art. 17.º-C determina, com efeito, que o processo se inicia pela manifesta-

OS INSTRUMENTOS DE RECUPERAÇÃO DE EMPRESAS PRÉ-INSOLVENTES

ção de vontade da empresa e de credor ou credores que, não estando especialmente relacionados com a empresa, sejam titulares, pelo menos, de dez por cento dos créditos não subordinados, por meio de declaração escrita, de encetarem negociações conducentes à revitalização da empresa (cfr. art. 17.º-C, n.º 1), que a empresa apresenta requerimento comunicando aquela manifestação de vontade (cfr. art. 17.º-C, n.º 3) e que, recebido este requerimento, o juiz nomeia, de imediato, por despacho, administrador judicial provisório (cfr. art. 17.º-C, n.º 4).

A verdade é que um tal automatismo seria incompatível com uma leitura (mais) atenta dessa e de outras normas da disciplina do PER, designadamente, as que estabelecem os requisitos formais (cfr. art. 17.º-A, n.º 2, e art. 17.º-C, n.ºs 1, 2 e 3) e, acima de tudo, com a exigência dos dois pressupostos (a insolvência iminente ou a situação económica difícil e a susceptibilidade de recuperação da empresa) (cfr. art. 17.º-A, n.º 1). Assim sendo, apesar de a lei não prever expressamente a hipótese de recusa de abertura do PER, é imperativo admiti-la[551].

94.1. Casos de recusa do despacho de abertura
Numa leitura mais cuidadosa da lei, são identificáveis, pelo menos, três grupos de casos de recusa de abertura do PER.

Desde logo, surgem os casos em que não estão plenamente preenchidos os requisitos formais para a abertura do processo. Imagine-se, por exemplo, que a empresa não apresenta a declaração escrita referida no art. 17.º-C, n.º 1, contrariando o art. 17.º-C, n.º 3, al. *a)*, ou apresenta esta declaração mas ela não está assinada por algum dos declarantes ou não contém a data da assinatura, contrariando o art. 17.º-C, n.º 2. Imagine-se ainda que a empresa não apresenta a cópia de algum ou alguns dos documentos elencados no art. 24.º, n.º 1, contrariando o art. 17.º-C, n.º 3, al. *b)*, ou dos documentos necessários para a descrição da situação patrimonial, financeira e reditícia da empresa, contrariando o art. 17.º-C, n.º 3, al. *c)*.

Quando os vícios sejam sanáveis, como, em princípio, sucede nos casos descritos, é razoável que a empresa seja convidada ao respectivo aperfeiçoamento, ao abrigo do art. 27.º, n.º 1, al. *b)*, aplicável ao PER[552]. Mas se, não

---

[551] Cfr., por exemplo, CATARINA SERRA, "Entre o princípio e os princípios da recuperação de empresas (um *work in progress*)", cit., pp. 90-93.
[552] Cfr., também neste sentido, LUÍS CARVALHO FERNANDES/JOÃO LABAREDA, *Código da Insol-*

LIÇÕES DE DIREITO DA INSOLVÊNCIA

obstante o convite, o incumprimento permanecer, não resta ao juiz senão recusar o despacho de abertura.

Surgem, depois, os casos em que existe um facto impeditivo do direito de usar ou recorrer ao PER. São concebíveis dois factos impeditivos.

O primeiro é a pendência, à data da iniciativa processual, de um processo de insolvência em que já foi declarada a insolvência da empresa. A norma do art. 17.º-E, n.º 6, não é explícita mas, *a contrario sensu*, permite confirmar algo que é evidente: que a abertura do PER é absolutamente inconciliável com a situação em que a insolvência da empresa tenha sido judicialmente declarada.

A recusa de abertura do PER nesta hipótese não fica condicionada – não deve ficar condicionada – ao trânsito em julgado da sentença de declaração de insolvência[553]. Como se sabe, existe uma panóplia de efeitos que se produzem por (mera) força da declaração de insolvência (cfr. arts. 36.º e 81.º e s.) e, como se verá, o mesmo acontece no PER por força do despacho de abertura, designadamente no âmbito dos poderes processuais dos credores (cfr. art. 17.º-E, n.º 1). A solução inversa criaria uma situação intolerável, de sobreposição dos efeitos de ambos os processos.

Em contrapartida, fica claro que a mera pendência de processo de insolvência não constitui facto impeditivo de recurso ao PER, posto que não tenha havido declaração de insolvência. Como adiante se verá, prevê-se que tal processo seja suspenso na data de publicação no portal Citius do despacho de nomeação do administrador judicial provisório, em conformidade com o disposto no art. 17.º-E, n.º 6. E as coisas não se alteram – sublinha--se – quando seja a empresa a apresentar-se à insolvência. Correspondendo esta apresentação a uma confissão, pela empresa, da sua insolvência (cfr. art. 28.º), poderia parecer justificado que o despacho de abertura do PER fosse recusado por falta de um pressuposto material[554]. A verdade, porém, é que é preciso atender à situação de insolvência iminente. Esta é um pressuposto

---

vência e da Recuperação de Empresas Anotado. Sistema de Recuperação de Empresas por Via Extrajudicial (SIREVE) Anotado. Legislação Complementar, cit., p. 146.

[553] Veja-se, no entanto, em sentido contrário, ou seja, defendendo (implicitamente) a necessidade do trânsito em julgado da sentença de declaração de insolvência, o Acórdão do TRC de 16 de Outubro de 2012, Proc. 421/12.6TBTND.C1 (Relator: CARLOS MOREIRA).

[554] E assim discorrem, por exemplo, LUÍS CARVALHO FERNANDES e JOÃO LABAREDA [*Código da Insolvência e da Recuperação de Empresas Anotado. Sistema de Recuperação de Empresas por Via Extrajudicial (SIREVE) Anotado. Legislação Complementar*, cit., p. 161].

comum do processo de insolvência por apresentação e do PER. Não pode, por isso, o juiz do PER concluir que a empresa se encontra em insolvência actual e recusar, sem mais ou automaticamente, o pedido. Atendendo ao valor presumível da apresentação da empresa, caber-lhe-á, em contrapartida, apreciar com mais cuidado a situação em que ela se encontra no momento do recurso ao PER.

O segundo facto impeditivo é o encerramento de PER anterior, seja por não aprovação de plano de recuperação ou por desistência das negociações (cfr. art. 17.º-G, n.º 6), seja por não homologação do plano de recuperação (cfr. art. 17.º-G, n.º 6, *ex vi* do art. 17.º-F, n.º 8), sempre que o encerramento se tenha verificado menos de dois anos antes da data da (nova) iniciativa processual da empresa[555].

É ainda impeditivo do recurso ao PER o encerramento por homologação do plano de recuperação, contando-se o prazo de dois anos da decisão de homologação, excepto quando a empresa demonstre, no respectivo requerimento inicial, que executou integralmente o plano ou que o requerimento de novo PER é motivado por factores alheios ao próprio plano e a alteração superveniente é alheia à empresa (cfr. art. 17.º-G, n.º 6, *ex vi* do art. 17.º-F, n.º 13)[556]. Há, assim, como que uma presunção de que o recurso a novo PER meros dois anos passados configura uma situação de incumprimento do plano, ressalvando-se, em consonância, os casos em que é produzida prova em contrário[557]. A segunda ressalva, assentando em dois requisitos cumulati-

---

[555] Note-se que a extensão aos casos de encerramento por não homologação foi operada pelo DL n.º 79/2017, de 30 de Junho, e talvez não seja inteiramente justificada, uma vez que, como se compreenderá adiante, aquilo que está na origem da não homologação é, em princípio, diverso do que está na origem da não aprovação do plano. A não aprovação está, em geral, associada a situações que o PER não é – não é *ab initio* – o instrumento adequado para resolver a situação do devedor (os credores não aprovam o plano porque não confiam no êxito da reestruturação). As duas situações só se aproximam no plano dos pressupostos (logo deveriam ser sujeitas ao mesmo regime) quando, excepcionalmente, a não homologação se deve ao desrespeito das normas aplicáveis à votação e à aprovação do plano,.

[556] Foi também por força do DL n.º 79/2017, de 30 de Junho, que passou a determinar-se que o mero recurso anterior ao PER (*rectius*: o seu encerramento) desencadeia, em regra, a abertura do período de "quarentena".

[557] Por manifesta proximidade em relação aos factos impeditivos inicialmente consagrados na lei (não aprovação do plano e desistência das negociações), tinha-se já aventado a hipótese de ser também um facto impeditivo o incumprimento do plano de recuperação (ou, mais precisamente, o incumprimento de plano aprovado e homologado em PER que se tivesse iniciado nos dois anos anteriores), por analogia com o regime disposto no art. 17.º-G, n.º 6, para

LIÇÕES DE DIREITO DA INSOLVÊNCIA

vos (o requerimento ser motivado por factores alheios ao plano e a alteração superveniente ser alheia à empresa), não tem uma formulação muito clara. Compreende-se, porém, a intenção do legislador: admitir apenas os casos que a empresa só não conseguiu cumprir o acordo porque sobrevieram factores exógenos e incontroláveis por ela, como, por exemplo, a crise generalizada do sector de actividade económica em que a empresa se integra.

Escassos são, portanto, os casos de PER que ficam excluídos deste efeito de "quarentena". Eles são, como se verá, os de encerramento por desistência do pedido ou da instância (obrigatoriamente efectuada até ao encerramento do processo negocial) e ainda, evidentemente, de recusa de abertura do PER (em que, não chegando o PER a iniciar-se, não tem lugar o encerramento). Seja como for, a "quarentena" é sempre um impedimento temporário.

O terceiro e último grupo de casos de recusa de abertura do PER é aquele em que existe desrespeito manifesto dos pressupostos de abertura do PER (a pré-insolvência e a susceptibilidade de recuperação)[558]. Estes são

o encerramento do PER devido à não aprovação de plano de recuperação ou à desistência das negociações. O raciocínio subjacente à hipótese era o seguinte: se o propósito das normas que consagram tais impedimentos é – e bem – sancionar o recurso abusivo (mal-intencionado ou leviano) ao instrumento, o incumprimento é, sem dúvida, uma das situações a que não poderia deixar de ser reconhecida relevância. Repare-se que o incumprimento, em certos termos, de obrigações previstas no plano de insolvência ou no plano de pagamentos constitui fundamento possível do requerimento de declaração de insolvência [cfr. art. 20.º, n.º 1, al. f)]. Se esta disposição é ou não aplicável analogicamente ao PER é questão diversa e que será tratada no momento devido. Para já, convoca-se a disposição com o objectivo de ilustrar o particular significado atribuído, noutros casos, à hipótese de incumprimento do plano.

[558] Cfr., em sentido oposto, Luís CARVALHO FERNANDES/JOÃO LABAREDA, *Código da Insolvência e da Recuperação de Empresas Anotado. Sistema de Recuperação de Empresas por Via Extrajudicial (SIREVE) Anotado. Legislação Complementar*, cit., p. 147. Dizem os autores que "o tribunal não faz [...] qualquer juízo de valor sobre a situação substantiva do devedor" e que "uma vez verificados os pressupostos processuais, o despacho tem mesmo carácter vinculado não podendo o juiz deixar de proceder à nomeação". Esta posição está, todavia, em aparente contradição com o que os autores afirmam antes, nomeadamente para justificar a irrecorribilidade do despacho de nomeação do administrador judicial provisório. Dizem eles que "quando, pela documentação inicialmente junta pelo devedor, o juiz dê conta da inexistência de qualquer uma das situações fundamentantes do processo de revitalização [situação económica difícil ou insolvência iminente e susceptibilidade de recuperação], deve indeferir o requerimento inicial por falta de pressuposto processual insuprível" (ob. cit., p. 139) e que "perante o requerimento do devedor, nada mais sobr[a] ao tribunal senão mandar seguir o processo e nomear administrador provisório [...] somente quando se reúnem todos os pressupostos substantivos e processuais e o requerimento esteja completamente instruído" (ob. cit., p. 146).

OS INSTRUMENTOS DE RECUPERAÇÃO DE EMPRESAS PRÉ-INSOLVENTES

os casos a propósito dos quais, pela circunstância de a lei não ser explícita e apelar constantemente à celeridade, a questão tem sido discutida com mais intensidade[559].

É certo, que, como se viu, o DL n.º 79/2017, de 30 de Junho, acrescentou, no art. 17.º-A, n.º 2, uma exigência para a apresentação da empresa ao PER: a empresa deve apresentar uma declaração subscrita por contabilista certificado ou por ROC atestando que não se encontra em situação de insolvência actual. Mas, conforme exposto, esta declaração não é, por si só, suficiente, não garantindo que *todos* os pressupostos estão preenchidos em *todos* os casos.

Torna-se necessário que o juiz desenvolva uma determinada actividade[560] e o argumento da celeridade – que é o argumento "de serviço" para excluir toda a actividade judicial que não a instantânea –, apoiado no elemento literal da norma do art. 17.º-C, n.º 4, mais precisamente na expressão "de imediato", não neutraliza a sua possibilidade[561-562].

A primeira e principal razão é a de que, como se viu, nunca o valor (formal) da celeridade poderá prevalecer sobre os valores substanciais do processo e

---

[559] Cfr., para esta discussão, CATARINA SERRA, O *Processo Especial de Revitalização na Jurisprudência – Questões Jurisprudenciais com Relevo Dogmático*, cit., pp. 49 e s.

[560] A verdade é que, por mais que o papel do juiz no PER surja algo esbatido por comparação com outros processos, o juiz nunca é – e por isso nunca pode comportar-se – como um mero "escriba". Na jurisprudência, veja-se literalmente neste sentido, o Acórdão do TRC de 5 de Maio de 2015, Proc. 996/15.8T8CRA-A.C1 (Relator: ALEXANDRE REIS), pese embora com uma solução distinta. O Acórdão confirmou a decisão de não homologação de um plano de recuperação com fundamento, entre outros, na comprovada situação de insolvência actual do devedor e, consequentemente, na inadequação do plano para a realização do fim da recuperação. Veja-se, na mesma linha, o Acórdão do STJ de 3 de Novembro de 2015, Proc. 1690/14.2TJCBR.C1.S1 (Relator: JOSÉ RAÍNHO). A posição foi reiterada no Acórdão do STJ de 27 de Outubro de 2016, Proc. 741/16.0T8LRA-A.C1.S1 (Relator: JOSÉ RAÍNHO) e tem sido partilhada pelos tribunais, como se pode ver, por exemplo, no Acórdão do TRG de 17 de Dezembro de 2015, Proc. 3245/14.2T8GMR.G1 (Relator: ANTÓNIO SANTOS).

[561] Cfr., no sentido aqui criticado, FÁTIMA REIS SILVA, *Processo Especial de Revitalização – Notas Práticas e Jurisprudência Recente*, cit., pp. 19-20 (embora admita a existência de um nível mínimo de controlo), ANA PRATA/JORGE MORAIS CARVALHO/RUI SIMÕES, *Código da Insolvência e da Recuperação de Empresas*, cit., p. 58, e NUNO SALAZAR CASANOVA/DAVID SEQUEIRA DINIS, *O processo especial de revitalização – Comentários aos artigos 17.º-A a 17.º-I do Código da Insolvência e da Recuperação de Empresas*, cit., p. 17 e p. 33.

[562] Na jurisprudência, veja-se, insistindo na tese criticada, o Acórdão do TRP de 15 de Novembro de 2012, Proc. 1457/12.2TJPRT-A.P1 (Relator: JOSÉ AMARAL), o Acórdão do TRG de 16 de Maio de 2013, Proc. 284/13.4TBEPS-A.G1 (Relatora: CONCEIÇÃO BUCHO), e o Acórdão do TRE de 12 de Setembro de 2013, Proc. 326/13.3TBSTR.E1 (Relator: PAULO AMARAL).

LIÇÕES DE DIREITO DA INSOLVÊNCIA

prejudicar a observância dos princípios e das regras que os consagram. Entre tais regras contam-se as que conformam o PER como um processo aplicável à pré-insolvência (como um processo pré-insolvencial) e como um processo dirigido à recuperação (como um processo de recuperação), cabendo, em primeira linha, ao juiz assegurar que ele não é convertido, na prática, num instrumento com natureza e funções diversas – que ele não é subvertido. Não se compreenderia que, com a "conivência" do juiz, um processo pré--insolvencial e de recuperação fosse utilizado em casos em que, manifesta-mente, a empresa não está pré-insolvente (não está ainda pré-insolvente ou, pior, já está insolvente) ou não reúne as condições necessárias para a sua recuperação.

A segunda razão é a de que, como também se disse, a ausência de um prazo legal definido representa, de certa forma, a transferência para o juiz do poder/dever de decidir a duração das diligências dependendo das necessida-des concretas. O tempo a dedicar à actividade jurisdicional deve ser aquela que o juiz considere, em cada caso, razoável e adequado, ou seja, aquele que, pese embora a exigência de celeridade, seja o necessário à realização dos fins do processo ("de imediato" como sinónimo de "tão imediatamente quanto possível").

O juiz não terá, com certeza, no PER, a possibilidade de empreender uma actividade exaustiva ou sistemática de apreciação dos respectivos pressupos-tos. Mas também não é isso o que se pretende, sob pena de desequilíbrio na direcção oposta, ou seja, de uma absoluta desconsideração da celeridade e de outros valores formais do processo. O dever do juiz é, tão-somente, o de "honrar" a existência de pressupostos, esforçando-se por verificá-los, espe-cialmente quando vêm o seu conhecimento factos que indicam que eles não se verificam, e de se recusar a pôr em movimento a máquina judiciária sem-pre que conclua, sem margem para dúvidas, pela sua falta. São factos indicia-dores desta falta a empresa ter-se apresentado à insolvência imediatamente antes do PER ou confessado a sua insolvência actual ou a sua irrecuperabili-dade no requerimento inicial do PER.

A doutrina e a jurisprudência portuguesas começam a dar sinais de ade-são à tese propugnada, sustentando a rejeição do pedido de abertura do PER quando seja ostensivo que não estão reunidos os pressupostos do PER[563].

---

[563] Cfr. FÁTIMA REIS SILVA (*Processo Especial de Revitalização – Notas Práticas e Jurisprudência Recente*, cit., p. 20) acaba por admitir a recusa de abertura do PER em caso de insolvência actual comprovada" e NUNO SALAZAR CASANOVA e DAVID SEQUEIRA DINIS (*O processo especial*

94.2. Recorribilidade do despacho

Deve considerar-se que o despacho de nomeação do administrador judicial provisório ou despacho de abertura não é recorrível uma vez que não há vencidos[564].

Em contrapartida, não se vê impedimento a que o despacho de recusa seja susceptível de recurso, pela empresa, nos termos gerais de direito [cfr. art. 14.º do CIRE e art. 644.º, n.º 1, al. *a*), do CPC][565].

94.3. Efeitos processuais do despacho de abertura. A impossibilidade de propositura e a suspensão das acções para cobrança de dívidas

Jurisprudência relevante: Acórdão do STJ de 26 de Novembro de 2015, Proc. 1190/12.5TTLSB.L2.S1 (Relatora: Ana Luísa Geraldes).

Do despacho de nomeação do administrador judicial provisório decorrem importantes efeitos, que, como se disse atrás, se propõe que sejam divididos em dois grupos: efeitos processuais (sobre os processos judiciais) e efeitos substantivos (sobre os contratos em curso).

---

de revitalização – Comentários aos artigos 17.º-A a 17.º-I do Código da Insolvência e da Recuperação de Empresas, cit., p. 17 e p. 33) acabam igualmente por admiti-lo "em caso de manifesta inviabilidade do PER". Na jurisprudência, veja-se, com o entendimento perfilhado, o Acórdão do TRL de 16 de Junho de 2015, Proc. 811/15.2T8FNC-A.L1-7 (Relatora: Graça Amaral), o Acórdão TRC de 14 de Junho de 2016, Proc. 4023/15.7T8LRA.C1 (Relator: Fonte Ramos), o Acórdão do TRC de 19 de Janeiro de 2015, Proc. 9425/15.6T8CBR.C1 (Relator: Fernando Monteiro), o Acórdão do TRC de 10 de Julho de 2013, Proc. 754/13.4TBLRA.C1 (Relator: Carlos Moreira), e o Acórdão do TRG de 20 de Fevereiro de 2014, Proc. 8/14.9TBGMR. G1 (Relator: Moisés Silva). Diz-se, por exemplo, no sumário do último: "Não pode recorrer ao PER (processo especial de revitalização) o devedor que, face ao que o próprio alega, está já em estado de insolvência, devendo ser indeferido liminarmente o respetivo pedido, para, além do mais, evitar a violação do dever de apresentação (art.º 18.º do CIRE)".

[564] Cfr. também neste sentido, Luís Carvalho Fernandes/João Labareda, *Código da Insolvência e da Recuperação de Empresas Anotado. Sistema de Recuperação de Empresas por Via Extrajudicial (SIREVE) Anotado. Legislação Complementar*, cit., p. 147. Cfr., em sentido oposto, Isabel Alexandre, "Efeitos processuais da abertura do processo de revitalização", cit., p. 241. Na jurisprudência, cfr., sobre a irrecorribilidade do despacho de nomeação do administrador judicial provisório, o Acórdão do TRP de 15 de Novembro de 2012, Proc. 1457/12.2TJPRT-A. P1 (Relator: José Amaral).

[565] Cfr. também neste sentido, Luís Carvalho Fernandes/João Labareda, *Código da Insolvência e da Recuperação de Empresas Anotado. Sistema de Recuperação de Empresas por Via Extrajudicial (SIREVE) Anotado. Legislação Complementar*, cit., pp. 147-148.

LIÇÕES DE DIREITO DA INSOLVÊNCIA

A disciplina dos efeitos processuais está regulada no art. 17.º-E, n.ºs 1 e 6.

No art. 17.º-E, n.º 1, determina-se que o despacho de nomeação do administrador judicial provisório obsta à instauração de acções para cobrança de dívidas e, quando pendentes, produz a sua suspensão (efeitos impeditivo e suspensivo). Determina-se ainda a extinção das acções suspensas (efeito extintivo), mas isto já não por força do despacho mas sim da aprovação e da homologação do plano de recuperação – ou, em bom rigor, da sentença homologatória do plano –, salvo quando o plano preveja a sua continuação[566].

No art. 17.º-E, n.º 6, prevê-se que o despacho de nomeação do administrador judicial provisório produza, em particular, a suspensão dos processos de insolvência pendentes em que (e posto que) não haja sido proferida sentença declaratória de insolvência. Como se viu, a declaração de insolvência é uma causa impeditiva de recurso ao PER, devendo o juiz rejeitar o respectivo pedido. Prevê-se ainda, em paralelo com a parte final da norma do art.17.º-E, n.º 1, que os processos de insolvência suspensos se extingam por força da sentença homologatória do plano de recuperação.

Os efeitos impeditivo e suspensivo produzem-se, portanto, com a prolação do despacho de nomeação do administrador judicial provisório[567], sendo a única excepção o caso do processo de insolvência, para cuja suspensão é expressamente exigida a publicação daquele despacho no portal Citius. E subsistem, em princípio, até ao trânsito em julgado da decisão sobre a homologação do plano de recuperação.

É verdade que o art. 17.º-E, n.º 1, parece militar em sentido diverso, associando os efeitos a "todo período em que perdurarem as negociações" e ainda, em consonância com o art. 17.º-E, n.º 6, referindo-se à extinção das acções suspensas "logo que seja aprovado e homologado plano de recuperação". Mas, vendo bem, só com o trânsito em julgado existe uma decisão segura e definitiva sobre o desenlace do PER e, principalmente, sobre o des-

---

[566] Apesar de aparecerem regulados nas mesmas normas e de caberem na categoria de "efeitos processuais", os efeitos do despacho de nomeação do administrador judicial provisório e o efeito da homologação do plano de recuperação merecem tratamento autónomo. Isto porque são distintos os respectivos pressupostos e, por isso, distintos os respectivos alcances. Sendo (só) um dos tipos de efeitos produzidos pela homologação do plano, o alcance do efeito processual ou sobre os processos (efeito extintivo) define-se por referência ao alcance dos efeitos substantivos, ou seja, as acções afectadas pelo efeito processual do plano de recuperação são apenas as que respeitem a créditos modificados pelo plano.

[567] Na jurisprudência, veja-se, com o entendimento acima indicado, o Acórdão do TRG de 26 de Setembro de 2013, Proc. 1530/13.0TBGMR-B.G1 (Relator: ESTELITA DE MENDONÇA).

OS INSTRUMENTOS DE RECUPERAÇÃO DE EMPRESAS PRÉ-INSOLVENTES

tino a dar às acções suspensas[568]. Não é absolutamente certo que as acções suspensas venham a extinguir-se, sendo admissível o seu prosseguimento quando o plano de recuperação preveja a sua continuação (cfr. art. 17.º-E, n.º 1, *in fine*), com a excepção do processo de insolvência, que, como é óbvio, é inconciliável com a execução de um plano de recuperação. O art. 17.º-J, aditado pelo DL n.º 79/2017, de 30 de Junho, reforça esta conclusão, determinando, no n.º 1, al. *a*), que (só) após o trânsito em julgado da decisão de homologação do plano se encerra o PER e, logo, cessa a generalidade dos seus efeitos[569].

Se, violando a proibição de propositura de acções, forem propostas acções para cobrança de dívidas contra a empresa (acções novas), o tribunal deve pôr-lhes termo, absolvendo o réu da instância. Verifica-se aqui uma excepção dilatória inominada [cfr. art. 278.º, n.º 1, al. *e*), e art. 576.º, n.º 2, do CPC], que é, em princípio, de conhecimento oficioso (cfr. art. 578.º do CPC). Se estiverem pendentes ou em curso acções de cobrança de dívidas, a sua suspensão produz-se *ope legis* [cfr. art. 269.º, n.º 1, al. *d*), do CPC]. No que toca, em particular ao processo de insolvência, alguma doutrina sustenta que a sentença de declaração de insolvência proferida após o despacho de nomeação do administrador judicial provisório configura, em princípio, um acto inválido (nulo)[570]. Seja como for, em nenhum caso deve considerar-se que a empresa fica dispensada dos deveres habituais de cooperação e de informa-

---

[568] Cfr., também neste sentido, NUNO SALAZAR CASANOVA/DAVID SEQUEIRA DINIS, *O processo especial de revitalização – Comentários aos artigos 17.º-A a 17.º-I do Código da Insolvência e da Recuperação de Empresas*, cit., pp. 108-109. Cfr., em sentido diferente, mas, aparentemente sem razão, ISABEL ALEXANDRE, "Efeitos processuais da abertura do processo de revitalização", cit., p. 248 e pp. 249-250. Afirma a autora que a cessação da proibição de instauração de acções ocorre com o encerramento do processo negocial, a menos que venha a ser aprovado e homologado plano de revitalização do devedor, caso em que a proibição só cessa quando este cessar também a sua eficácia. Quanto à cessação da suspensão de acções, entende a autora que ela ocorre também com o fim das negociações e nem sequer é condicionada pela comunicação de que o processo negocial está encerrado; a cessação pode ficar a dever-se à extinção das acções, determinada pela aprovação e pela homologação de plano de recuperação.

[569] Sustentava-se já antes, pelas razões apresentadas, que os efeitos processuais deviam subsistir até ao trânsito em julgado da decisão de homologação do plano de recuperação. Cfr. CATARINA SERRA, *O Processo Especial de Revitalização na Jurisprudência – Questões Jurisprudenciais com Relevo Dogmático*, cit., pp. 57-58.

[570] Cfr., neste sentido, LUÍS CARVALHO FERNANDES/JOÃO LABAREDA, *Código da Insolvência e da Recuperação de Empresas Anotado. Sistema de Recuperação de Empresas por Via Extrajudicial (SIREVE) Anotado. Legislação Complementar*, cit., p. 161.

LIÇÕES DE DIREITO DA INSOLVÊNCIA

ção para com o tribunal em que seja proposta ou esteja pendente, contra si, acção para cobrança de dívidas e, em particular, que fica dispensada do dever de comunicar ao tribunal a abertura ou a pendência do PER[571].

Um dos maiores problemas suscitado pela norma do art. 17.º-E, n.º 1, é o do seu alcance, ou seja, o das acções abrangidas. Para as designar, o legislador utilizou, neste preceito, a expressão "acções para cobrança de dívidas", o que torna inviável a sua recondução às categorias habituais. É mais ou menos seguro que são abrangidas as acções executivas, mas existe controvérsia quanto às acções declarativas.

Uma sensível maioria da doutrina e da jurisprudência portuguesas propende para o entendimento mais amplo. Nesta perspectiva, são abrangidas pelos efeitos não só acções executivas mas também as acções declarativas (mais precisamente as acções de condenação) e ainda certas providências cautelares (designadamente de entrega judicial de bens), posto que, de alguma forma, contendam com o património da empresa[572].

---

[571] Veja-se a decisão do Acórdão do TRG de 30 de Maio de 2013, Proc. 178/11.8TCGMR.G1 (Relator: Moisés Silva), em que se conclui, diversamente da doutrina antes referida, pela validade de declaração de insolvência proferida após o despacho de nomeação do administrador judicial provisório devido à inobservância das obrigações de cooperação e de lealdade do devedor para com o tribunal. A omissão impediria o devedor de invocar a nulidade da declaração de insolvência nela proferida, por ter sido ele quem lhe havia dado causa, devendo, por isso, tal declaração ser considerada válida apesar do disposto no n.º 1 do art. 17.º-E. Veja--se ainda a decisão do Acórdão do STJ de 17 de Dezembro de 2015, Proc. 845/13.1TBABF. E1.S1 (Relatora: Maria dos Prazeres Pizarro Beleza), em que se estabelece, em primeiro lugar, que o devedor não fica dispensado de levar a pendência do PER ao conhecimento do tribunal em que seja proposta, contra si, acção para cobrança de dívidas e, em segundo lugar, que se, por causa do desconhecimento do tribunal quanto à pendência do PER, alguma acção daquele tipo for proposta e correr os seus termos, a recusa de homologação do plano de recuperação no PER faz cessar o motivo justificativo da absolvição da instância, sendo válida a decisão final aí proferida.

[572] Sustentando um entendimento (mais) amplo, embora com variações quanto às categorias de acções declarativas abrangidas, cfr. Catarina Serra, "Revitalização – A designação e o misterioso objecto designado. O processo homónimo (PER) e as suas ligações com a insolvência (situação e processo) e com o SIREVE", cit., pp. 99-100, Luís Carvalho Fernandes/ João Labareda, *Código da Insolvência e da Recuperação de Empresas Anotado. Sistema de Recuperação de Empresas por Via Extrajudicial (SIREVE) Anotado. Legislação Complementar*, cit., p. 160, João Aveiro Pereira, "A revitalização económica dos devedores", in: *O Direito*, 2013, I/II, p. 37, e Ana Prata/Jorge Morais Carvalho/Rui Simões, *Código da Insolvência e da Recuperação de Empresas*, cit., p. 64, Fátima Reis Silva, *Processo Especial de Revitalização – Notas Práticas e Jurisprudência Recente*, cit., p. 53, e Artur Dionísio Oliveira, "Os efeitos processuais do PER

OS INSTRUMENTOS DE RECUPERAÇÃO DE EMPRESAS PRÉ-INSOLVENTES

Outra parte da doutrina e da jurisprudência propende para uma interpretação mais restritiva da norma, sustentando, com variações, que ela abrange apenas as acções executivas (ou mesmo só as acções executivas com finalidade de pagamento de quantia certa) e deixa de fora todas as acções declarativas e a maioria dos procedimentos cautelares[573].

A divergência dever-se-á a uma prévia (e porventura subconsciente) tomada de posição sobre o alcance da protecção dispensada, no PER, à empresa ou, mais precisamente, sobre a teleologia da norma do art. 17.º-E, n.º 1.

Os primeiros entendem que, estando em causa garantir que a empresa não seja perturbada ou distraída das negociações, é necessário afastar, não só as acções de condenação no pagamento de um quantitativo monetário ou com expressão monetária mas ainda as acções com efeitos patrimoniais directos ou que possam causar instabilidade relevante à empresa e prejudicar o curso do processo. Enquanto isso, os segundos entendem que, estando somente em causa preservar o património da empresa dos ataques dos credores e mantê-los equidistantes, é suficiente afastar as acções executivas.

A verdade é que o argumento literal torna quase indefensável um entendimento que exclua liminarmente as acções declarativas. Não há, de facto, sinais da vontade do legislador em delimitar o efeito às acções executivas. Pelo contrário, foi deliberadamente escolhida uma expressão alternativa ("acções de cobrança de dívida"), que mostra que não é desejável uma redução – pelo menos, não uma redução sistemática ou por princípio – às acções de tipo executivo. Tendo em mente a necessidade de propiciar à empresa a estabilidade necessária ao bom curso do processo, o legislador terá formulado a norma justamente com a intenção de estender o efeito a todas as acções directa ou indirectamente dirigidas a fazer valer direitos ou a exigir o seu cumprimento, independentemente da sua classificação como declarativas ou executivas no Código de Processo Civil.

---

e os créditos litigiosos", in: CATARINA SERRA (coord.), *III Congresso de Direito da Insolvência*, Coimbra, Almedina, 2015, pp. 207 e s.

[573] Sustentando um entendimento (mais) restritivo, cfr. MADALENA PERESTRELO DE OLIVEIRA, "O Processo Especial de Revitalização: o novo CIRE", in: *Revista de Direito das Sociedades*, 2012, n.º 3, pp. 718-719, ISABEL ALEXANDRE, "Efeitos processuais da abertura do processo de revitalização", cit., pp. 245-246, e NUNO SALAZAR CASANOVA/DAVID SEQUEIRA DINIS, *O processo especial de revitalização – Comentários aos artigos 17.º-A a 17.º-I do Código da Insolvência e da Recuperação de Empresas*, cit., p. 97.

LIÇÕES DE DIREITO DA INSOLVÊNCIA

Ainda a favor da tese da interpretação (mais) ampla, diga-se que há, pelo menos, um caso em que uma acção não (exclusivamente) executiva deve considerar-se abrangida pelo efeito (impeditivo) do art. 17.º-E, n.º 1: o processo de insolvência[574]-[575]. É manifesta a tendência para que as acções sujeitas ao efeito suspensivo coincidam com as acções sujeitas ao efeito impeditivo: as acções que são suspensas e as acções que não podem ser propostas são, em princípio, do mesmo tipo ("acções com idêntica finalidade"). Assim, quando o art. 17.º-E, n.º 6, determina que os processos de insolvência em que ainda não tenha sido declarada a insolvência se suspendem não pode deixar de se entender que tão-pouco podem ser propostos novos processos de insolvência. A admissibilidade da propositura de processos de insolvência ameaçaria, de facto, o objectivo perseguido pela norma, de forma até mais drástica do que a generalidade das acções indiscutivelmente abrangidas.

Como foi já apontado a seu tempo, a tese da interpretação (mais) ampla tem contra si o facto de, aparentemente, deixar sem protecção os titulares de créditos litigiosos, ilíquidos e, em geral, de todos os créditos que ainda necessitem de definição jurisdicional[576].

Com efeito, o titular de um crédito litigioso que veja a sua acção (declarativa) suspensa por força da abertura do PER corre, primeiro, grandes riscos de não ver o seu crédito reconhecido no processo. Se o crédito é litigioso isto

---

[574] Cfr. também no mesmo sentido, NUNO SALAZAR CASANOVA/DAVID SEQUEIRA DINIS, *O processo especial de revitalização – Comentários aos artigos 17.º-A a 17.º-I do Código da Insolvência e da Recuperação de Empresas*, cit., p. 118. Cfr., em sentido contrário, FÁTIMA REIS SILVA, *Processo Especial de Revitalização – Notas Práticas e Jurisprudência Recente*, cit., pp. 54-55. Defende a autora que, por aplicação dos princípios consagrados no art. 8.º, deverão suspender-se todos os processos de insolvência entrados antes do PER (desde que não tenha sido declarada neles a insolvência) como os entrados depois, de onde se retira que, segundo a autora, há liberdade de instauração deste tipo de acções. Foi este também o entendimento inicial implicitamente adoptado [cfr. CATARINA SERRA, "Revitalização – A designação e o misterioso objecto designado. O processo homónimo (PER) e as suas ligações com a insolvência (situação e processo) e com o SIREVE", cit., p. 93], mas que agora e aqui se põe em causa.

[575] Apesar de no art. 1.º, n.º 1, aparecer definido como um processo de execução universal, o processo de insolvência não é, como se disse insistentemente, um processo executivo puro. Cfr., para uma qualificação do processo de insolvência, CATARINA SERRA, *A falência no quadro da tutela jurisdicional dos direitos de crédito – O problema da natureza do processo de liquidação aplicável à insolvência no Direito português*, cit.

[576] Cfr. CATARINA SERRA, "Revitalização – A designação e o misterioso objecto designado. O processo homónimo (PER) e as suas ligações com a insolvência (situação e processo) e com o SIREVE", cit., pp. 99-100.

OS INSTRUMENTOS DE RECUPERAÇÃO DE EMPRESAS PRÉ-INSOLVENTES

significa que a empresa contesta o crédito e não reconhece este sujeito como credor e, assim sendo, com toda a probabilidade, não incluirá este sujeito na relação de credores a apresentar ao tribunal e nem tão-pouco lhe comunicará o início das negociações. O administrador judicial provisório tenderá, por seu lado, a não incluir o crédito na lista de créditos, seja por desconhecimento, seja por não reconhecimento (quando o credor, apesar de tudo, se apercebe da abertura do PER e reclama o seu crédito, o administrador judicial provisório não terá, em princípio, elementos que lhe permitam reconhecê-lo). Acresce que, aparentemente, aquela acção se extingue na data do trânsito em julgado da decisão homologatória do plano de recuperação, obrigando o credor a recomeçar o seu percurso e a propor uma nova acção[577].

Os problemas atenuam-se se se incluir no plano de recuperação, como autoriza o art. 17.º-E, n.º 1, *in fine*, uma cláusula prevendo a continuação de todas as acções em que se discutam créditos[578]. Mas é preciso que todos os casos fiquem cobertos e, para cobrir todos os casos, basta uma leitura correcta do quadro normativo.

Em primeiro lugar, há que rejeitar a ideia de que o apuramento dos créditos deve ser abreviado ou sumário. Ao contrário, este apuramento deve ser o mais exaustivo possível, em coerência com a *vis attractiva* do PER[579]. Com isto aumentam as probabilidades de todos os litígios relevantes serem dirimidos e todos os créditos de facto existentes serem incluídos na lista de créditos e, consequentemente, reconhecidos.

---

[577] Se, por um lado, interessaria ao devedor que todos os credores participassem no PER, pois só assim os seus créditos podem ser afectados pelo plano de recuperação, por outro lado, há o risco de eles se oporem ao plano de recuperação e com isso inviabilizarem a sua aprovação, risco este que o devedor não quer correr. Manter os credores à margem do processo pode até ser mais benéfico do que sujeitá-los ao plano: o período em que ficam limitados no seu poder de acção judicial pode ser suficiente para os demover ou impedir, em definitivo, de agir, funcionando o PER como um meio de "apagamento" automático dos créditos. O perigo de um tal resultado dever ser combatido ou minimizado nos termos que se verá de seguida.

[578] Chamando também a atenção para esta possibilidade, cfr. ALEXANDRE SOVERAL MARTINS, "O P.E.R. (Processo Especial de Revitalização)", in: *Ab Instantia – Revista do Instituto do Conhecimento*, 2013, n.º 1, p. 25, e *Um Curso de Direito da Insolvência*, cit., p. 522.

[579] Na jurisprudência, veja-se, admitindo outra via (mais radical) para evitar os indesejáveis resultados mencionados, o Acórdão do TRG de 3 de Julho de 2014, Proc. 3129/13.1TBBRG. G1 (Relator: ANTÓNIO SOBRINHO). Aí se sustenta que a violação do dever de comunicação do devedor a um credor configura uma violação não negligenciável das regras procedimentais e que, consequentemente, o plano de recuperação não deverá ser homologado.

LIÇÕES DE DIREITO DA INSOLVÊNCIA

Em segundo lugar, há que rejeitar a ideia de que existe uma coincidência necessária ou absoluta entre as acções abrangidas pelos vários efeitos. Sendo, visivelmente, menos "dramáticos", os efeitos impeditivo e suspensivo têm, sem dúvida, um alcance mais geral ou indeterminado do que o efeito extintivo. Este é sempre um efeito definitivo e é, portanto, mais susceptível de contender com os direitos dos sujeitos.

O raciocínio compreende-se melhor à luz das finalidades do PER e, em particular, da disciplina dos efeitos processuais. É essencial perceber que as limitações aos poderes naturais ou habituais dos credores apenas se justificam pelas especiais circunstâncias associadas à abertura do PER e dos processos que, como o PER, são impulsionados pelo fim da recuperação. Isto significa que os efeitos só devem produzir-se na medida do necessário para a realização do fim da recuperação, não estando autorizadas medidas que importem mais sacrifícios do que aquilo que é necessário.

Um primeiro limite, comum aos três efeitos, consiste na exigência de que as acções abrangidas tenham relevo ou incidência patrimonial. O requisito explicita a ideia de que as limitações aos poderes naturais dos credores são admissíveis apenas na medida do necessário para a realização do fim do processo. A presunção do legislador é a de que nem todas as acções são susceptíveis de afectar a tranquilidade e a concentração da empresa nas negociações ou os seus esforços para a aprovação de um plano de recuperação mas apenas as que respeitem à responsabilidade patrimonial da empresa, ou seja, aquelas que contendem, directa ou indirectamente, com o seu património.

Um segundo limite, desta vez exclusivo dos efeitos impeditivo e suspensivo, manifesta-se no carácter ou provisório temporário dos efeitos[580]: os efeitos devem durar apenas o tempo suficiente para que as negociações se realizem em condições propícias (de tranquilidade e concentração)[581] e possam resultar, mais tarde, na aprovação de um plano de recuperação.

À provisoriedade dos efeitos impeditivo e suspensivo contrapõe-se a definitividade do efeito extintivo, o que explica, em última análise, que as acções afectadas pelos primeiros não coincidam com as acções afectadas pelo

---

[580] O efeito suspensivo já é, por natureza, um efeito provisório, estando-lhe implícito um termo (é certo que as acções prosseguirão ou se extinguirão a dada altura).

[581] Como se viu atrás, atendendo à previsão de um efeito extintivo, que pode ser afastado no plano de recuperação, faz sentido que o efeito suspensivo perdure, contudo, para lá desse momento e até haver uma estabilização absoluta da situação do devedor, o que só se dá – repete-se – com o trânsito em julgado da sentença de homologação do plano.

OS INSTRUMENTOS DE RECUPERAÇÃO DE EMPRESAS PRÉ-INSOLVENTES

segundo – que o alcance deste seja necessariamente mais restrito. Impedir-se temporariamente o sujeito de propor uma acção ou suspender-se temporariamente a acção por ele proposta não lhe provoca senão algum atraso na realização da sua pretensão, atraso este que é, em regra, inofensivo. Pôr-se fim à acção em que se discute ou define um crédito inviabiliza o direito (processual) do sujeito de ver o seu direito (substantivo) judicialmente reconhecido, o que se traduz numa denegação de justiça, violadora do princípio da tutela jurisdicional efectiva. Pressupondo que o legislador não desejou este resultado, a solução mais razoável é reconhecer-se que existe aqui uma lacuna oculta (não obstante haver uma regra aplicável à hipótese, ela não se ajusta, porque não atende à sua especificidade) e proceder-se à redução teleológica da norma do art. 17.º-E, n.º 1, nos termos explicitados adiante, no capítulo reservado aos efeitos da homologação do plano de recuperação, em particular, ao efeito extintivo.

94.3.1. Efeitos sobre as acções para realização de direitos laborais em particular

A divergência quanto à interpretação da norma do art. 17.º-E, n.º 1, tem, naturalmente, reflexos no campo das acções para o exercício dos direitos laborais. Não deixando de haver adeptos de uma rigorosa visão restritiva[582], também aqui a tendência tem sido para considerar que as acções executivas não podem ser as únicas visadas pela norma. Advirta-se, porém, que os tribunais são sensíveis, não só – ou nem tanto – à natureza (declarativa ou executiva) das acções, mas também – ou mais – às necessidades de tutela jurisdicional que em cada caso se verificam.

Não parece haver grandes dúvidas quando se trata de uma (simples) acção declarativa de condenação no pagamento de créditos laborais. A opinião dominante é a de que deve impedir-se a sua propositura ou, quando a acção esteja em curso, determinar-se a sua suspensão, admitindo-se que ela se extinga, por inutilidade superveniente da lide, em consequência da aprovação e da homologação do plano. O critério prevalente para a qualificação da acção como acção para cobrança de dívidas, usado, designadamente, pelo Supremo Tribunal Justiça, é o da susceptibilidade de o fim da acção ser a condenação da empresa no pagamento de um quantitativo monetário ou

---

[582] Como é visível, por exemplo, no Acórdão do TRL de 11 de Julho de 2013, Proc. 1190/12.5T TLSB.L1-4 (Relator: LEOPOLDO SOARES).

LIÇÕES DE DIREITO DA INSOLVÊNCIA

com expressão monetária ou, mais extensivamente, de a acção ter reflexos directos no património da empresa[583]-[584].

Em contrapartida, se o que está em causa é, diversamente, uma acção declarativa especial (acção de acidente de trabalho, acção de impugnação do despedimento ou providência cautelar de suspensão do despedimento), a tese jurisprudencial dominante é a de que as necessidades de tutela dos interesses do trabalhador justificam ou reclamam a absoluta inaplicabilidade do art. 17.º-E, n.º 1[585]-[586].

---

[583] Neste sentido decidiram o Acórdão do STJ de 17 de Novembro de 2016, Proc. 43/13.4TTPRT. P1.S1 (Relatora: ANA LUÍSA GERALDES), o Acórdão do STJ de 15 de Setembro de 2016, Proc. 2817/09.1TTLSB.L1.S1 (Relator: ANTÓNIO LEONES DANTAS), o Acórdão do STJ de 17 de Março de 2016, Proc. 33/13.7TTBRG.P1.G1.S2 (Relatora ANA LUÍSA GERALDES), o Acórdão do STJ de 26 de Novembro de 2015, Proc. 1190/12.5TTLSB.L2.S1 (Relatora: ANA LUÍSA GERALDES), o Acórdão do TRL de 18 de Junho de 2014, Proc. 899/12.8TTVFX.L1-4 (Relatora: MARIA JOÃO ROMBA), o Acórdão do TRP de 7 de Abril de 2014, Proc. 344/13.1TTMAI.P1 (Relator: JOÃO NUNES), o Acórdão do TRP de 20 de Outubro de 2014, Proc. 1344/12.4TTGMR. P1 (Relatora: FERNANDA SOARES), o Acórdão do TRP de 18 de Dezembro de 2013, Proc. 407/12.0TTBRG.P1 (Relator: JOÃO NUNES), o Acórdão do TRP de 30 de Setembro de 2013, Proc. 516/12.6TTBRG.P1 (Relator: ANTÓNIO JOSÉ RAMOS), o Acórdão do TRC de 27 de Fevereiro de 2014, Proc. 213/14.8TTFUN-4 (Relator: RAMALHO PINTO), o Acórdão do TRE de 12 de Maio de 2016, Proc. 463/14.7T8TMR.E1 (Relator: JOSÉ FETEIRA), e o Acórdão do TRE de 16 de Janeiro de 2014, Proc. 358/13.1TTPTM.E1 (Relator: JOSÉ FETEIRA).

[584] Integra-se ainda nesta corrente, salvaguardando embora os complementos de reforma e os suplementos de medicação, o Acórdão do TRP de 15 de Fevereiro de 2016, Proc. 43/13.4TTPRT.P1 (Relatora: MARIA JOSÉ DA COSTA PINTO), porquanto estas obrigações não têm por objecto uma prestação em dinheiro (não são obrigações pecuniárias em sentido estrito), ainda que, caso venham a ser reconhecidos os créditos, sejam susceptíveis de se concretizar no futuro em obrigações cujo objecto é uma prestação em dinheiro. Para a decisão parece, na realidade, ter sido ponderosa a circunstância de os créditos em causa não estarem *vencidos* no momento do despacho de nomeação do administrador judicial provisório – pressupondo-se, erradamente, que é preciso o vencimento para os créditos serem afectados pelo plano.

[585] Neste sentido, estando em causa uma acção especial de acidente de trabalho, decidiu o Acórdão do TRP de 7 de Abril de 2014, Proc. 918/12.8TTPRT.P1 (Relatora: PAULA MARIA ROBERTO). Neste sentido, estando em causa uma acção especial de impugnação do despedimento, decidiram o Acórdão do TRL de 6 de Setembro de 2016, Proc. 22220/15.3T8LSB. L1-4 (Relator: JOSÉ EDUARDO SAPATEIRO), o Acórdão do TRL de 27 de Janeiro de 2016, Proc. 213/14.8TTFUN-4 (Relator: JOSÉ EDUARDO SAPATEIRO), o Acórdão do TRL de 16 de Dezembro de 2015, Proc. 133/13.3TTBRR.L1-4 (Relator: ALVES DUARTE), e o Acórdão do TRL de 25 de Agosto de 2015, Proc. 7976/14.9T8SNT.L1-4 (Relator: JOSÉ EDUARDO SAPATEIRO). Neste sentido, estando em causa uma providência cautelar de suspensão do despedimento,

OS INSTRUMENTOS DE RECUPERAÇÃO DE EMPRESAS PRÉ-INSOLVENTES

Sendo de louvar a sensibilidade da jurisprudência maioritária às necessidades de tutela jurisdicional dos sujeitos e, em particular, dos trabalhadores, a verdade é que ela conduz a uma solução manifestamente *excessiva*.

Os argumentos convocados para sustentar o entendimento dominante[587] são três. Em primeiro lugar, argumenta-se que as acções de impugnação de despedimento não são acções para cobrança de dívidas. Em segundo lugar, argumenta-se que a regra do n.º 3 do art. 1.º do CPT impõe a inaplicabilidade do n.º 1 do art. 17.º-E a processos como os de impugnação do despedimento, por incompatibilidade deste regime especial com o regime do Código da Insolvência e da Recuperação de Empresas. Por fim, argumenta-se que não existe ao nível do PER uma regra idêntica à contida no art. 100.º, que implique a suspensão dos prazos de caducidade e prescrição durante a vigência do PER e do plano, podendo derivar da aplicação do n.º 1 do art. 17.º-E, com a inerente extinção da instância desta acção, consequências gravosas, definitivas e irremediáveis para os direitos do trabalhador demandante, traduzidas no esgotamento do referido prazo prescricional e na impossibilidade

---

decidiram o Acórdão do TRP de 23 de Março de 2015, Proc. 645/14.1TTVNG-A.P1 (Relatora: MARIA JOSÉ COSTA PINTO), e o Acórdão do TRE de 19 de Dezembro de 2013, Proc. 336/13.0TTSTR.E1 (Relator: JOSÉ FETEIRA). Os casos em que se decide a suspensão da acção de impugnação de despedimento são raríssimos. Apesar de tudo, foi possível encontrar um no Acórdão do TRL de 16 de Novembro de 2016, Proc. 22218/15.1T8LSB.L1-4 (Relator: DURO MATEUS CARDOSO).

[586] Outros casos ainda além dos referidos podem suscitar dúvidas. Um exemplo é a acção de anulação regulada no art. 314.º, n.ºs 1 e 2, do CT, isto é, a acção de anulação do acto de disposição de património da empresa a título gratuito ou, se dele resultar diminuição da garantia patrimonial de créditos dos trabalhadores, do acto de disposição a título oneroso, praticado durante o encerramento temporário abrangido pelo n.º 1 do artigo 311.º do CT. Por um lado, pensando no tipo "acções de anulação", haveria a tentação de dizer que ela está fora do alcance do art. 17.º-E, n.º 1, pois não é, em rigor, uma acção declarativa de condenação no pagamento de quantia pecuniária, tal como o não é a acção (próxima) de anulação de certo negócio por erro ou dolo. Mas, por outro lado, seguindo aquele que vem sendo o critério adoptado pela jurisprudência, designadamente laboral (o critério dos reflexos patrimoniais directos), torna-se razoavelmente claro que ela é uma "acção para cobrança de dívidas". Com efeito, da sua eventual procedência decorrem efeitos com impacto no património do devedor. Acresce que, funcionalmente, esta acção é uma espécie de acção de impugnação pauliana, estando indissociavelmente ligada à tutela dos créditos. Veja-se que é na qualidade de credores e por causa do risco para a garantia patrimonial dos seus créditos que os trabalhadores propõem a acção.

[587] Tomando como paradigma o Acórdão do TRL de 27 de Janeiro de 2016, Proc. 213/14.8TTFUN-4 (Relator: JOSÉ EDUARDO SAPATEIRO).

LIÇÕES DE DIREITO DA INSOLVÊNCIA

legal de alguma vez os voltar a reclamar judicialmente. Em suma, pressuposto que a noção de "acções para cobrança de dívidas" deve ser encarada *de forma uniforme e unitária*, como uma noção *una e comum* tanto à suspensão como à extinção, sacrificam-se inapelavelmente todos os efeitos do art. 17.º-E, n.º 1[588].

De entre os argumentos favoráveis à tese da inaplicabilidade do art. 17.º-E, n.º 1, ao referido tipo de acções, o argumento mais ponderoso é o de que, não havendo, no PER, forma de suspender os prazos de caducidade do direito de acção e de prescrição dos direitos de crédito, a extinção da instância acarretaria o esgotamento dos prazos e a impossibilidade de o trabalhador exercer os seus direitos.

Ora, este argumento serve, quando muito, para demonstrar a inconveniência da proibição e da extinção deste tipo de acções, mas é insuficiente para explicar por que não podem/não devem elas ser suspensas durante o PER. Quando estejam em causa acções que, como a acção de impugnação de despedimento ou a providência cautelar de suspensão do despedimento, estão condicionadas por prazos, a tutela jurisdicional efectiva fica, em princípio, assegurada com a subtracção das acções ao efeito impeditivo e ao efeito extintivo.

Com efeito, se é, em princípio, necessário que o trabalhador proponha a acção para que o prazo de caducidade do direito de acção judicial se interrompa e, em resultado da citação da empresa, o prazo de prescrição do direito de crédito se suspenda, não há, em contrapartida, obstáculo à sua suspensão. Naturalmente, quando for aprovado e homologado o plano, desaparecendo a razão de ser da suspensão e mantendo-se a utilidade da acção do trabalhador, esta deve poder prosseguir, retomando-se o curso dos prazos.

Que não se contra-argumente dizendo que existe uma absoluta coincidência entre o objecto de todos os efeitos (que uma acção que não deve extinguir-se tão-pouco deve ser suspensa e vice-versa). Não seria admissível que, por força disso, se sacrificasse *na íntegra* a disciplina dos efeitos processuais.

---

[588] Alguma jurisprudência tentou minimizar estas consequências, precisando que, se a reintegração estiver excluída, a acção de impugnação de despedimento pode ser reduzida a uma acção para cobrança de dívidas e ficar sujeita aos efeitos do art. 17.º-E, n.º 1. Assim aconteceu no Acórdão do STJ de 31 de Maio de 2016, Proc. 43/13.4TTPRT.P1.S1 (Relatora: ANA LUÍSA GERALDES) e no Acórdão do TRL de 12 de Outubro de 2016, Proc. 2477/15.0T8FNC.L1-4 (Relatora: MARIA JOÃO ROMBA).

OS INSTRUMENTOS DE RECUPERAÇÃO DE EMPRESAS PRÉ-INSOLVENTES

Como bem ilustra o caso dos créditos litigiosos, aquilo que é razoável é que, nos casos em que a regra disposta no art. 17.º-E, n.º 1, se revele desadequada, se admita a "desaplicação" da norma (por via da sua redução teleológica) na exacta medida das necessidades, ou seja, a exclusão (apenas) do(s) efeito(s) que sejam lesivos do direito dos sujeitos a uma tutela jurisdicional efectiva.

Depois do DL n.º 79/2017, de 30 de Junho, que alterou o Código da insolvência e da Recuperação de Empresas, o problema atenuou-se. Dispõe-se no n.º 7 do art. 17.º-E que o despacho de nomeação do administrador judicial provisório determina a suspensão de todos os prazos de prescrição e de caducidade oponíveis pela empresa, durante todo o tempo em que perdurarem as negociações e até à prolação dos despachos de homologação ou de não homologação, até ao apuramento do resultado da votação (quando não seja aprovado plano de recuperação) ou até ao encerramento das negociações (quando, por desistência das negociações ou outra causa, as negociações se encerrem sem votação do plano). Reproduzindo a regra que já existia no quadro do processo de insolvência (cfr. art. 100.º[589]), a norma acaba em definitivo com a possibilidade de os prazos de caducidade ou de prescrição constituírem argumento para a inaplicabilidade do efeito impeditivo à acção de impugnação do despedimento e, dada a sua interdependência, à providência cautelar de suspensão do despedimento[590].

94.4. Efeitos substantivos do despacho de abertura. A suspensão dos prazos de prescrição e de caducidade e a impossibilidade de suspensão de certos "serviços públicos essenciais"
A disciplina dos efeitos substantivos (sobre os contratos em curso) está regulada no art. 17.º-E, n.ºs 7, 8 e 9.

---

[589] Veja-se, a propósito da norma do art. 100.º, o Acórdão do TC n.º 270/2017 de 31 de Maio (Relator: FERNANDO VENTURA), e o Acórdão do TC n.º 362/2015, de 9 de Julho (Relator: RUI MACHETE). Em ambos se julga a norma inconstitucional, por violação do art. 165.º, n.º 1, al. *i)*, da CRP, quando interpretada no sentido de que a declaração de insolvência aí prevista suspende o prazo prescricional das dívidas tributárias imputáveis ao responsável subsidiário no âmbito do processo tributário.

[590] Mesmo sem esta alteração legislativa, poder-se-ia equacionar a hipótese de a reclamação do crédito derivado do despedimento ilícito ser considerada (pelo menos por equiparação) a um acto que exprime a intenção de exercer o direito e de a prescrição se interromper (cfr. art. 323.º do CC) ou, não havendo reclamação, de se entender que o trabalhador está impedido de exercer o seu direito durante o PER e que, por isso, a prescrição se suspende (cfr. art. 321.º do CC).

LIÇÕES DE DIREITO DA INSOLVÊNCIA

Trata-se, em primeiro lugar, da suspensão dos prazos de prescrição e de caducidade oponíveis pela empresa, acabada de referir, e, em segundo lugar, da impossibilidade de suspensão de certos "serviços públicos essenciais".

A suspensão dos prazos de prescrição e de caducidade oponíveis pela empresa, regulada no art. 17.º-E, n.º 7, foi introduzida pelo DL n.º 79/2017, de 30 de Junho, aproximando-se o regime do PER do regime do processo de insolvência (cfr. art. 100.º).

A regra da suspensão é particularmente útil no PER porque, como se viu, acaba com a possibilidade de o prazo prescricional constituir argumento para uma interpretação restritiva da expressão "acções para cobrança de dívidas" contida no art. 17.º-E, n.º 1 (ou seja, a restrição da norma às acções executivas), o que releva, em especial, para os casos de acções para impugnação judicial de despedimento.

A duração da suspensão varia consoante os casos: até à prolação dos despachos de homologação ou de não homologação, até ao apuramento do resultado da votação (quando não seja aprovado plano de recuperação) ou até ao encerramento das negociações (quando, por desistência das negociações ou outra causa, as negociações se encerrem sem votação do plano).

A impossibilidade de suspensão de certos "serviços públicos essenciais" durante o período das negociações resulta do art. 17.º-E, n.º 8, igualmente introduzido pelo DL n.º 79/2017, de 30 de Junho.

Os "serviços públicos essenciais" em causa são os serviços de fornecimento de água, energia eléctrica, gás natural e gases de petróleo liquefeitos canalizados, serviços de comunicações electrónicas, serviços postais, serviços de recolha e tratamento de águas residuais e serviços de gestão de resíduos sólidos urbanos [cfr. art. 17.º-E, n.º 8, als. *a)* a *g)*]. Eles correspondem aos serviços públicos essenciais elencados e regulados na Lei n.º 23/96, de 23 de Julho, que cria no ordenamento jurídico alguns mecanismos destinados a proteger o utente de serviços públicos essenciais.

Dê-se, desde já, atenção ao conceito de "serviços públicos essenciais". Pressupondo (propugnado) um carácter público que já nem os serviços enumerados têm naquela lei[591], o conceito não é suficientemente compreensivo para sujeitar à disciplina todos os serviços que seriam realmente essenciais à continuidade da empresa. Confronte-se, para ilustrar, este conceito com o

---

[591] De facto, apesar da designação, alguns destes serviços não são públicos, dado que são assegurados por entidades privadas.

OS INSTRUMENTOS DE RECUPERAÇÃO DE EMPRESAS PRÉ-INSOLVENTES

de "contratos essenciais e necessários para a continuação do exercício corrente da atividade da empresa", referido, em norma homóloga da Proposta de Directiva do Parlamento Europeu e do Conselho, de 22 de Novembro de 2016, sobre o quadro de instrumentos pré-insolvenciais de reestruturação, segunda oportunidade e medidas para aumentar a eficiência dos processos de recuperação, de insolvência e de exoneração e de alteração à Directiva 2012/30/EU.

O efeito restritivo é agravado porque a técnica legislativa usada no art. 17.º-E, n.º 8 – enumeração taxativa –, não deixa espaço para admitir serviços diferentes daqueles que foram expressamente enumerados[592].

Diz-se no art. 17.º-E, n.º 9, que, quando os serviços prestados durante as negociações não sejam objecto de pagamento pela empresa, o respectivo preço é considerado dívida da massa insolvente no caso de a insolvência ser declarada nos dois anos posteriores ao termo do prazo das negociações.

Mas estabelece-se, no fim, uma ressalva, relacionada com a Lei n.º 23/96, de 26 de Julho, e mais precisamente, com os prazos de prescrição e caducidade estabelecidos no art. 10.º, n.ºs 1 e 2. Fixa-se nestes preceitos um prazo de prescrição para o direito ao recebimento do preço do serviço prestado (de seis meses após a sua prestação) e um prazo de caducidade para o direito ao recebimento da diferença, quando tenha sido paga importância inferior à devida (de seis meses após aquele pagamento). Note-se, porém, que, por força do art. 17.º-E, n.º 7, todos os prazos de prescrição e de caducidade oponíveis pela empresa se suspendem durante o PER, o que significa que estes prazos não correm durante aquele período.

A classificação como dívida da massa visa compensar os fornecedores dos serviços pelas prestações realizadas num período crítico para a empresa (e, consequentemente, para os seus credores). A verdade, porém, é que, na hipótese de a empresa não ser declarada insolvente, esta classificação de nada serve. Apesar de nada se dispor no regime especial, deve entender-se que, se não for declarada a insolvência, estes créditos são garantidos pelo

---

[592] Note-se que o carácter taxativo ou exemplificativo do elenco na Lei n.º 23/96, de 23 de Julho, é objecto de discussão. Cfr., para esta discussão, MAFALDA MIRANDA BARBOSA, "Acerca do âmbito da lei dos serviços públicos essenciais: taxatividade ou carácter exemplificativo do art. 1.º, n.º 2, da Lei n.º 23/96, de 23 de Julho", in: *Estudos de Direito do Consumidor*, 2004, n.º 6, pp. 401 e s. (disponível em https://www.fd.uc.pt/cdc/pdfs/rev_6_completo.pdf).

LIÇÕES DE DIREITO DA INSOLVÊNCIA

privilégio creditório mobiliário geral previsto, em geral, para todos os "novos créditos", no art. 17.º-H, n.º 2[593].

95. Reclamação de créditos

O art. 17.º-D, n.º 2, estabelece que os credores dispõem de vinte dias a contar da publicação no portal Citius do despacho de nomeação do administrador judicial provisório para reclamar créditos, devendo as reclamações ser remetidas ao administrador judicial provisório.

Como se viu no contexto do processo de insolvência, a reclamação de créditos é um genuíno ónus, uma vez que existe a alternativa entre condutas (reclamar ou não reclamar o crédito), cada uma conduzindo a resultado diverso, um favorável e o outro desfavorável ao credor[594].

O resultado favorável (a vantagem) não reside na certeza – numa certeza absoluta – de que o crédito será reconhecido, mas simplesmente na certeza de que será apreciado pelo administrador judicial provisório e, mais tarde, eventualmente, pelo juiz. Só depois, confirmando-se o reconhecimento do crédito, conquistará o credor o direito a uma plena participação nas negociações (o direito de discutir bem como o direito de votar o plano de recuperação).

Quando, ao contrário, o credor não reclama o seu crédito, não há, um interesse atendível e o crédito não será, em princípio, apreciado pelo administrador judicial provisório. Esta desconsideração ou não consideração do crédito apresenta-se como um resultado natural da inércia do credor.

A reclamação do crédito, nos termos e no prazo do art. 17.º-D, n.º 2, é, em síntese, o meio adequado para alcançar o reconhecimento do crédito e, consequentemente, o direito a uma plena participação[595]-[596].

---

[593] Como se explicará adiante, no âmbito do RERE, determina-se, em especial, que estes créditos beneficiam de um privilégio creditório mobiliário geral (cfr. art. 12.º, n.º 5, do RERE).

[594] Cfr. CATARINA SERRA, *A falência no quadro da tutela jurisdicional dos direitos de crédito – O problema da natureza do processo de liquidação aplicável à insolvência no Direito português*, cit., pp. 252-276.

[595] Chegados a este ponto, é obrigatório fazer três grandes advertências que serão desenvolvidas em momento oportuno. Em primeiro lugar, a reclamação não é o único meio ou uma condição absolutamente necessária para se atingir a apreciação do crédito e o seu eventual reconhecimento. Por aplicação analógica do art. 129.º, n.º 1, existe a possibilidade de o administrador judicial provisório incluir, na relação de créditos, créditos que não tenham sido reclamados mas que venham, de qualquer forma, ao seu conhecimento. Em segundo lugar, o reconhecimento do crédito não é – tão-pouco é – o único meio ou uma condição abso-

OS INSTRUMENTOS DE RECUPERAÇÃO DE EMPRESAS PRÉ-INSOLVENTES

Os créditos reclamáveis ou susceptíveis de reclamação são todos os créditos constituídos – ainda que não vencidos – à data de início do PER (ou, mais exactamente, à data em que é proferida a decisão de nomeação do administrador judicial provisório e é notificada, publicitada e registada pela secretaria do tribunal).

Para estes efeitos, é irrelevante – sublinhe-se – a data de vencimento do crédito, estando potencialmente incluídos na categoria de créditos reclamáveis os créditos sob condição suspensiva e, em geral, os créditos já constituídos mas ainda não vencidos.

95.1. A reclamação de créditos laborais em particular

Do que acaba de se dizer resulta que devem considerar-se incluídos no grupo de créditos reclamáveis os créditos (compensatórios e outros) devidos aos trabalhadores pela cessação do contrato de trabalho na hipótese, muito comum, de um previsível despedimento colectivo, a realizar já em pleno curso do PER.

É certo que a jurisprudência portuguesa tem dado mostras de propender para uma resposta diferente. Quando confrontada com a questão de saber se o empregador pode realizar o despedimento colectivo já depois de aberto o PER e regular os créditos compensatórios devidos aos trabalhadores no plano de recuperação, ao abrigo do regime especial previsto no art. 363.º,

---

lutamente necessária para a aquisição do direito a uma plena participação nas negociações. O n.º 5 do art. 17.º-F determina que o juiz pode atribuir votos aos créditos impugnados. Estes não são, em rigor, reconhecidos mas conferem o direito de voto ao seu titular. A possibilidade não é pouco significativa já que não raras vezes a votação do plano de recuperação tem lugar antes de haver lista definitiva de créditos. Por último, a reclamação e o reconhecimento do crédito ou a atribuição de votos ao crédito não são condições suficientes para a aquisição, pelo credor, do direito a uma plena participação nas negociações, sendo necessária uma acção adicional por parte dele. Todos os credores, com excepção dos que acompanharam o devedor no pedido de abertura do processo e assinaram a declaração escrita manifestando a vontade de encetar as negociações, devem comunicar ao devedor, por carta registada, a sua intenção de participar nas negociações (cfr. art. 17.º-D, n.º 7). A comunicação pode ser feita durante todo o tempo em que durarem as negociações, mas se o credor a apresentar em data em que já não é possível reclamar (por se ter esgotado o prazo para a reclamações), não deve ser admitido a votar o plano de recuperação.

[596] Defendendo que o mecanismo de reclamação de créditos previsto no n.º 2 do artigo 17.º-D "não parece ter outra função que não a de permitir a intervenção dos credores para efeitos de negociações e votação do plano", cfr. o Acórdão do TRG de 2 de Maio de 2013 (Relator: ANTERO VEIGA).

LIÇÕES DE DIREITO DA INSOLVÊNCIA

n.º 5, *in fine*, do CT[597], tem defendido, com raras excepções, que a previsão do pagamento faseado ou em prestações dos créditos compensatórios, no plano de recuperação, ao abrigo da excepção prevista na parte final do art. 363.º, n.º 5, do CT, não é oponível aos trabalhadores, atendendo a que estes créditos não estão constituídos antes do início do PER[598].

A jurisprudência parte, no entanto, de um pressuposto errado, que vicia o seu raciocínio subsequente: o de que os créditos ainda não estão constituídos à data do início do processo, logo não são susceptíveis de reclamação e nem, consequentemente, de regulação pelo plano. Mais simplesmente: em vez da constituição, está a exigir-se na verdade, o vencimento dos créditos.

Sucede que, quando o despedimento colectivo é previsível, as compensações e outros créditos dos trabalhadores decorrentes do despedimento a realizar não são, realmente, créditos ainda não constituídos mas sim créditos sob condição suspensiva. Na pendência da condição, ou seja, enquanto o

---

[597] Recorde-se que a regra imposta no art. 363.º, n.º 5, do CT é a de que o pagamento da compensação dos créditos vencidos e dos créditos exigíveis por efeito da cessação do contrato de trabalho deve ser efectuado até ao termo do prazo de aviso prévio referido no art. 360.º do CT. Consagra-se, no entanto, *in fine*, uma ressalva para a situação prevista no artigo 347.º do CT ou regulada em legislação especial sobre recuperação de empresas e reestruturação de sectores económicos. Assim, nas hipóteses de processo de insolvência ou de PER, existe a possibilidade de pagamento das compensações devidas em caso de despedimento colectivo por outras formas que não até ao termo do prazo de aviso prévio.

[598] Este foi, *grosso modo*, o raciocínio apresentado no Acórdão do TRP de 17 de Dezembro de 2014, Proc. 487/14.4TTVFR-A.P1 (Relator: EDUARDO PETERSEN SILVA). Segundo este acórdão, a ressalva do art. 363.º, n.º 5, do CT é aplicável ao caso de despedimento colectivo no PER desde que os trabalhadores tenham sido admitidos como credores, pois só assim têm a oportunidade de participar nos termos do pagamento dos seus créditos. No caso concreto, esta condição não estava verificada, uma vez que os créditos resultantes da cessação do contrato de trabalho ainda não estavam constituídos no momento da reclamação. Em termos ligeiramente diversos, mas integrando-se na mesma corrente, decidiu-se no Acórdão do TRG de 2 de Fevereiro de 2017, Proc. 2891/15.1T8BRG.G1 (Relator: ANTERO VEIGA) que a ressalva do art. 363.º, n.º 5, do CT é aplicável ao caso de despedimento colectivo desde que haja a possibilidade de os trabalhadores intervirem no processo e no plano de pagamento dos seus créditos. Se, como acontecia no caso, o despedimento ocorre já depois da homologação do plano, os créditos apenas se constituem nesta altura, logo os credores não podem reclamá-los e, por isso, o plano não pode regulá-los. A entidade empregadora está, assim, obrigada a disponibilizar a compensação nos termos do art. 366.º do CT, sob pena de ilicitude do despedimento nos termos da al. *c*) do art. 383.º do CT. O mesmo acontece quando o despedimento colectivo ocorre antes da abertura do PER e existe mera intenção de requerer esta abertura.

OS INSTRUMENTOS DE RECUPERAÇÃO DE EMPRESAS PRÉ-INSOLVENTES

acontecimento condicionante (o despedimento) não se verificar, o poder do trabalhador de exigir o pagamento destes créditos está suspenso, mas nada o impede de reclamar o crédito no PER. Do mesmo modo, o empregador tem a faculdade de regular o pagamento futuro destes créditos no plano de recuperação. Uma vez reconhecidos os créditos, os trabalhadores ficam habilitados a participar nas negociações e a votar o plano de recuperação, como é justo que aconteça, uma vez que os seus créditos são susceptíveis de ser afectados por este[599].

Acresce que, a admitir-se aquela solução da jurisprudência, a parte final do n.º 5 do art. 363.º do CT estaria condenada à mais completa inutilidade no que ao PER respeita, criando-se uma genuína situação de "ardil 22" ("*catch 22*")[600]. Para cumprir a exigência do vencimento dos créditos, o empregador teria de ter concluído o processo de despedimento colectivo antes da data do início do PER (antes da data da prolação do despacho de nomeação do administrador judicial provisório). No entanto, neste momento – é bem de ver – o PER não está ainda em curso, pelo que o regime especial previsto na norma seria inaplicável, devendo o empregador ter posto já à disposição dos trabalhadores as compensações devidas pela cessação do contrato de trabalho. Em síntese, nunca estariam preenchidas as condições necessárias para o empregador poder valer-se da ressalva prevista na parte final do n.º 5 do art. 363.º do CT e regular, no plano, o pagamento dos créditos resultantes do despedimento colectivo.

Isto dito, o empregador deve, logo após o requerimento do PER ou mesmo antes, manifestar de forma inequívoca aos trabalhadores que é sua intenção proceder ao despedimento colectivo e regular, no plano de recuperação, os créditos que daí resultem (cfr. art. 360.º do CT). Com a assunção, *sponte sua*, destes créditos, ele estimula a sua reclamação pelos trabalhadores e, o que

---

[599] Como se viu, a norma do art. 17.º-F, n.º 10, determina que a decisão de homologação do plano vincula a empresa e os credores, mesmo que não hajam reclamado os seus créditos ou participado nas negociações, relativamente aos créditos constituídos à data em que foi proferida a decisão de nomeação do administrador judicial provisório e é notificada, publicitada e registada pela secretaria do tribunal. Esclarece-se, assim, de vez que o critério para a sujeição dos créditos ao plano é, não o seu vencimento, mas a sua constituição, sendo admissível, por isso, que sejam regulados e afectados por ele créditos sob condição suspensiva.

[600] Parafraseando JOSEPH HELLER e o romance homónimo de sua autoria.

LIÇÕES DE DIREITO DA INSOLVÊNCIA

é mais importante, propicia o seu reconhecimento[601] (pese embora como créditos condicionais), eliminando-se o risco de situações de indefesa[602].

96. Lista provisória de créditos

Findo o prazo para as reclamações, o administrador judicial provisório dispõe de cinco dias para elaborar uma lista provisória de créditos (cfr. art. 17.º-D, n.º 2, *in fine*).

O administrador judicial provisório deve incluir na lista provisória de créditos todos os créditos por si reconhecidos. Aplicando-se aqui, por analogia, o disposto no art. 129.º, n.º 1[603], estes não têm de ser créditos efectivamente reclamados, podendo ser quaisquer créditos que constem da contabilidade da empresa ou de que o administrador tenha tido, por outra forma, conhecimento. Esta é a única solução harmoniosa com um dos princípios da recuperação a que o PER está subordinado, conforme tem sido referido – o princípio da universalidade.

Se se pensar que, além do mais, a aprovação do plano de recuperação pode ser calculada por referência à lista provisória de créditos (cfr. art. 17.º-F, n.º 5), mais reforçada fica a ideia de que devem ser usados todos os meios para que a lista reflicta o mais fielmente possível o universo real dos credores.

---

[601] Como se sabe, o reconhecimento dá-se, em regra, na sequência de reclamação, mas pode ter lugar mesmo que não haja reclamação. O administrador judicial provisório tem o dever de considerar todos os créditos que venham ao seu conhecimento (por exemplo, aqueles cuja existência lhe seja comunicada pelo devedor ou que resultem da sua contabilidade) independentemente disso. Este dever decorre do disposto no art. 129.º, n.º 1, que é aplicável, por analogia, ao PER.

[602] Regista-se, com satisfação, a existência de, pelo menos, uma sentença no sentido propugnado. Trata-se do Acórdão do STJ de 31 de Maio de 2016, Proc. 43/13.4TTPRT.P1.S1 (Relatora: ANA LUÍSA GERALDES), em que se considera aplicável a ressalva do art. 363.º, n.º 5, do CT ao caso de despedimento colectivo no PER desde que a intenção de despedimento e os termos de pagamento dos créditos sejam comunicados com antecedência aos trabalhadores, dando-lhes a oportunidade de os reclamar até à homologação do plano quando não concordem com o respectivo valor e/ou o método de pagamento.

[603] Cfr., neste sentido também, LUÍS A. CARVALHO FERNANDES/JOÃO LABAREDA, *Código da Insolvência e da Recuperação de Empresas Anotado. Sistema de Recuperação de Empresas por Via Extrajudicial (SIREVE) Anotado. Legislação Complementar*, cit., p. 152, e BERTHA PARENTE ESTEVES, "Da aplicação das normas relativas ao plano de insolvência ao plano de recuperação conducente à revitalização", in: CATARINA SERRA (coord.), *II Congresso de Direito da Insolvência*, Coimbra, Almedina, 2014, pp. 268-269.

OS INSTRUMENTOS DE RECUPERAÇÃO DE EMPRESAS PRÉ-INSOLVENTES

Contra este entendimento tem sido aduzido o habitual argumento da falta de tempo/falta de condições para que o administrador judicial provisório possa desempenhar a actividade de averiguação/colecção dos créditos existentes[604]. Mas sem razão.

O que está em causa não é uma obrigação de resultado, mas sim uma obrigação de meios. O que se propugna não é que o administrador judicial provisório tem o dever de apurar e incluir todos os créditos existentes, mas sim que ele tem o dever de incluir os créditos existentes que apure, ou seja, venham ao seu conhecimento, ainda que por via diversa da reclamação. Por outras palavras, pretende-se, não que o administrador judicial provisório tenha em consideração os créditos que suspeite existirem ou que os confirme a todo custo mas sim que o administrador tenha em consideração os créditos que venham ao seu conhecimento sempre que possa conhecê-los sem comprometer os fins do processo – uma espécie de "dever sob condição".

A condição ou o limite é a de que esta actividade do administrador não seja, em concreto, excessiva ou injustificadamente onerosa para os fins do processo. Será excessiva/terá um custo injustificado, devendo ceder, não exactamente quando seja ultrapassado o prazo indicado para a elaboração da lista provisória de créditos, mas quando, ponderadas as circunstâncias do caso, se torne manifesto que ficaria comprometida a recuperação da empresa. É preciso, de facto, não esquecer completamente que o prazo de dois meses previsto para as negociações no artigo 17.º-D, n.º 5, se conta a partir do fim do prazo para as impugnações e que este, por sua vez, se conta a partir da publicação da lista provisória, ou seja, o atraso desta última repercute-se inevitavelmente nas etapas seguintes e, portanto, na duração do processo.

Quanto às restantes condições para lá das de tempo (*rectius*: da sua alegada falta), recorde-se que ao administrador judicial provisório é facultado o acesso às instalações e à contabilidade da empresa (cfr. art. 33.º, n.º 3, aplicável *ex vi* do art. 17.º-C, n.º 4). É legítimo exigir que o administrador apresente uma lista tendencialmente completa ou, no mínimo, uma que transcenda, se

---

[604] Cfr. FÁTIMA REIS SILVA, "A verificação de créditos no processo de revitalização", cit., p. 258, e *Processo Especial de Revitalização – Notas Práticas e Jurisprudência Recente*, cit., pp. 39-40 (embora admita que é "óbvio o interesse em que a lista corresponda o mais possível ao universo real de credores").

LIÇÕES DE DIREITO DA INSOLVÊNCIA

for caso disso, o mero arrolamento dos créditos reclamados ou constantes da lista de créditos disponibilizada pela empresa[605].

97. Impugnação da lista provisória

Sendo a lista provisória apresentada na secretaria do tribunal e publicada no portal Citius, podem os credores impugná-la no prazo de cinco dias úteis (cfr. art. 17.º-D, n.º 3).

Não havendo impugnações, a lista provisória converte-se de imediato em definitiva (cfr. art. 17.º-D, n.º 4).

O mais natural, no entanto, é que haja impugnações, caso em que, de acordo com o art. 17.º-D, n.º 3, *in fine*, o juiz terá de decidir as impugnações no prazo de cinco dias úteis a contar do fim do prazo respectivo.

O problema que se põe, e que tem dividido a jurisprudência portuguesa, respeita aos meios de prova admitidos nesta fase, o que equivale a dizer: o alcance da verificação de créditos.

É possível descobrir, nos preceitos que regulam o PER, dois argumentos, contraditórios entre si. O art. 17.º-D, n.º 3, *in fine*, acabado de mencionar,

---

[605] Salienta-se nesta matéria, em sentido próximo, o Acórdão do TRL de 20 de Fevereiro de 2014, Proc. 1390/13.0TBTVD-A.L1-6 (Relatora: FÁTIMA GALANTE), e o Acórdão do TRE de 5 de Junho de 2014, Proc. 1753/13.1TBLLE-A.E1 (Relator: MATA RIBEIRO). Diz-se no sumário do primeiro: "1. A lista apresentada pelo administrador judicial provisório, no âmbito do processo de revitalização, deve apresentar-se desde logo tão exaustiva quanto possível, tendo em consideração disposto no n.º 1 do artigo 154.º, não descurando preconizado no n.º 2 do artigo 129.º do mesmo diploma, ou seja, com a identificação de cada credor reclamante, o fundamento e montante dos créditos, a natureza garantida, privilegiada, comum ou subordinada dos créditos. 2. O AJP não está dispensado, no caso da lista provisória de créditos, de adoptar o procedimento e nomenclatura constantes do artigo 47.º, que distingue os créditos 'garantidos' e 'privilegiados', os créditos 'subordinados' e os créditos 'comuns'. 3. Não existe no CIRE norma que discipline a matéria da classificação dos créditos reclamados em sede de PER, pelo que as reclamações de créditos no PER devem seguir o modelo estabelecido no artigo 128.º, com as indicações estabelecidas nas várias alíneas do n.º 1 do artigo 128.º - a proveniência do crédito, sua data de vencimento, os respectivos montantes de capital e de juros; as condições a que o crédito esteja subordinado; a sua natureza – sendo que, no caso de se tratar de um crédito garantido, devem ser indicados os bens ou direitos objecto da garantia; a existência de garantias pessoais; a taxa de juros de mora. 4. No PER não está em causa a graduação dos créditos reclamados, tudo se reconduzindo à sua verificação e – por força da segunda parte do n.º 7 do artigo 17.º-G – à respectiva classificação, a qual terá de se fazer nessa fase, sob pena de poder inibir definitivamente o credor de vir a corrigir o que lhe parecer não estar bem na lista provisória de créditos".

OS INSTRUMENTOS DE RECUPERAÇÃO DE EMPRESAS PRÉ-INSOLVENTES

prevê, por um lado, que o prazo para a decisão sobre as impugnações seja apenas de cinco dias úteis a contar do fim do prazo para as impugnações, o que milita a favor de uma verificação de créditos sumária ou abreviada. Adiante, o art. 17.º-F, n.º 5, prevê, por outro lado, o recurso subsidiário à lista provisória no caso de, no final do prazo previsto para as negociações, isto é, dois a três meses depois do fim do prazo para as impugnações (cfr. art. 17.º-D, n.º 5), não estarem ainda decididas as impugnações[606].

Admite-se que o art. 17.º-F, n.º 5, vise essencialmente a hipótese, não de um atraso, em sentido próprio, da decisão sobre as impugnações, mas da antecipação do fim das negociações relativamente aquilo que é expectável ou normal, isto é, a hipótese em que existe um plano pré-negociado (negociado antes do início do PER) e este é remetido ao processo para homologação quase de imediato (logo que decorrido prazo para as impugnações mas ainda antes de decorrido prazo para a decisão do juiz sobre elas).

Mas, em primeiro lugar, o instrumento adequado para a situação (excepcional) em que o plano foi pré-negociado não é o PER mas sim o instrumento disposto e regulado no art. 17.º-I. Em segundo lugar, a lei não distingue entre as situações. Sem excepções ou ressalvas, a lei admitiu que as impugnações possam não estar decididas passados dois ou mesmo três meses sobre o fim do prazo para as impugnações e concebeu um expediente com o propósito de suprir a falta daquela decisão.

Para a resolução do problema, há que confrontar, mais uma vez, o valor formal da celeridade e valores de natureza diversa, como o dever de apuramento da verdade, comum a todos os processos, e o princípio da universalidade.

A interpretação que melhor pondera todos os valores envolvidos é, sem dúvida, a de que a verificação de créditos deve ser tão exaustiva quanto possível, devendo o juiz admitir todos os meios de prova necessários e adequados à conformação de uma lista de créditos "genuína"[607].

---

[606] NUNO SALAZAR CASANOVA e DAVID SEQUEIRA DINIS (*O processo especial de revitalização – Comentários aos artigos 17.º-A a 17.º-I do Código da Insolvência e da Recuperação de Empresas*, cit., pp. 77-78) vêem, por isso, naquele prazo de cinco dias um prazo meramente indicativo e consideram que o tribunal pode admitir a produção de todo o tipo de prova, designadamente testemunhal.

[607] Cfr., no mesmo sentido, RITA FABIANA DA MOTA SOARES, "As consequências da não aprovação do plano de recuperação", in: CATARINA SERRA (coord.), *I Colóquio do Direito da Insolvência de Santo Tirso*, Coimbra, Almedina, 2014, p. 111. Cfr., em sentido contrário, LUÍS CARVALHO FERNANDES/JOÃO LABAREDA, *Código da Insolvência e da Recuperação de Empresas Anotado. Sistema de Recuperação de Empresas por Via Extrajudicial (SIREVE) Anotado. Legislação Complementar*, cit.,

LIÇÕES DE DIREITO DA INSOLVÊNCIA

A primeira consequência que daqui decorre é a de que, no âmbito da impugnação de créditos, devem ser admitidas, além da prova documental, a prova testemunhal e até, se for caso disso, a prova pericial[608]. A segunda consequência é a de que a decisão judicial sobre as impugnações é directamente recorrível (e não apenas por via do recurso da decisão de homologação)[609].

Trata-se, em qualquer caso, mais uma vez, do dever do juiz de realizar todas as diligências necessárias ao apuramento da verdade e à justa composição do litígio, quanto aos factos de que lhe é lícito conhecer, tal como decorre do art. 411.º do CPC (princípio do inquisitório ou "princípio do juiz activo"[610]).

Haverá casos em que tal verificação é viável dentro de um prazo ainda razoável, haverá casos em que não. Estes últimos estão, nem de propósito, prevenidos na lei, admitindo-se no art. 17.º-F, n.º 5, que a lista definitiva possa não existir. É conjecturável, de facto, que a elaboração da lista definitiva nestes termos seja, por vezes (devido ao número ou à complexidade dos litígios), inconciliável com as finalidades do processo. Sendo assim, o processo terá, evidentemente, de se conformar com a lista provisória.

---

p. 155, e Fátima Reis Silva, *Processo Especial de Revitalização – Notas Práticas e Jurisprudência Recente*, cit., pp. 43-46.

[608] Na jurisprudência, veja-se, expressamente neste sentido, o Acórdão do TRE de 5 de Novembro de 2015, Proc. 696/15.9T8STR-A.P1 (Relator: Francisco Matos), e o Acórdão do TRG de 26 de Junho de 2014, Proc. 180/14.8TBBRG-A.G1 (Relatora: Manuela Fialho). Diz-se no sumário deste último: "A celeridade subjacente ao PER não é razão para apenas admitir, em sede de impugnação da lista provisória de créditos, prova documental, não estando vedada a produção de prova testemunhal acerca da mesma". Veja-se ainda, aderindo à tese propugnada, o Acórdão. do TRG de 2 de Maio de 2016, Proc. 5180/15.8T8VNF.G1 (Relator: Fernando Fernandes Freitas). Em sentido contrário, veja-se o Acórdão do TRL de 29 de Maio de 2014, Proc. 723/13.4TYLSB.L1-6 (Relator: Tomé Ramião), o Acórdão do TRP de 24 de Março de 2015, Proc. 353/14.3TBAMT.P1 (Relatora: Maria Graça Mira), o Acórdão do TRC de 23 de Setembro de 2014, Proc. 142/14.5TBPMS-A.C1 (Relator: Carlos Moreira), o Acórdão do TRC de 20 de Junho de 2014, Proc. 3106/13.2TBVIS-A.C1 (Relator: Arlindo Oliveira), o Acórdão do TRG de 1 de Agosto de 2015, Proc. 3066/14.2T8GMR-A.G1 (Relator: Jorge Teixeira), e o Acórdão do TRG de 26 de Março de 2015, Proc. 3576/14.1T8GMR--C.G1 (Relatora: Raquel Rego).

[609] Cfr., no mesmo sentido (mas um tanto surpreendentemente face à sua posição sobre o valor da decisão sobre as impugnações), Luís Carvalho Fernandes/João Labareda, *Código da Insolvência e da Recuperação de Empresas Anotado. Sistema de Recuperação de Empresas por Via Extrajudicial (SIREVE) Anotado. Legislação Complementar*, cit., p. 155.

[610] Cfr. João Aveiro Pereira, "A revitalização económica dos devedores", cit., p. 41.

Nem por isto deve recusar-se, por princípio, a tentativa de uma elaboração cuidada e enveredar-se sistematicamente pela verificação abreviada ou sumária dos créditos, sob pena de, a curto prazo, se generalizar a ideia, pouco compatível com a dignidade e o valor atribuídos ao exercício da actividade jurisdicional, de que as sentenças podem corresponder, consoante os casos, *mais* ou *menos* às situações reais[611].

98. Lista definitiva de créditos

A lista definitiva de créditos (*rectius*: a sentença judicial de verificação de créditos) pode resultar, seja da conversão da lista provisória de créditos (quando não há impugnações da lista provisória), seja da decisão judicial sobre as impugnações.

Ela cumpre, em princípio, duas funções.

A primeira função é a de identificar os créditos para efeitos de votação do plano de recuperação e, acessoriamente, de os qualificar, discriminando os créditos subordinados, que são relevantes para aquilo a que se chama "segundo quórum de aprovação".

A lista definitiva de créditos não é absolutamente indispensável para o desempenho desta primeira função. Nos termos da lei, é concebível, como se viu, que não exista ainda lista definitiva no momento da votação do plano. A lista provisória de créditos funciona como o seu sucedâneo, podendo os créditos impugnados ser sumariamente apreciados pelo juiz e ser-lhes atribuídos votos (cfr. art. 17.º-F, n.º 5).

---

[611] Na jurisprudência, veja-se, ilustrando até onde se deve levar a procura da coincidência entre a situação real e a definição jurídica, o Acórdão do TRC de 24 de Junho de 2014, Proc. 666/14.4T2AVR-B.C1 (Relator: ARLINDO OLIVEIRA). Aí se afirma que, nem no caso de encerramento do PER por não aprovação do plano de recuperação, devem deixar de prosseguir os recursos entretanto interpostos da decisão judicial que versou sobre os créditos impugnados. A conclusão foi reiterada, recentemente, no Acórdão do STJ de 22 de Novembro de 2016, Proc. 4843/10.9TBFUN-B.L1.S1 (Relator: JOSÉ RAÍNHO), onde se diz: "[o] encerramento do processo de insolvência por efeito de homologação de plano de insolvência não implica necessariamente a imediata extinção da instância no processo de verificação de créditos em que ainda não tenha sido proferida a sentença. Tendo sido impugnada a lista de créditos reconhecidos e não reconhecidos apresentada pelo administrador da insolvência e tendo o plano aprovado previsto medidas de recuperação da empresa alternativas que levaram em linha de conta a eventualidade das impugnações procederem (art. 209º nº 3 do CIRE), impõe-se o prosseguimento do processo de verificação".

LIÇÕES DE DIREITO DA INSOLVÊNCIA

A segunda função é a de evitar que, em eventual processo de insolvência subsequente ao PER, os credores reclamem de novo os seus créditos (cfr. art. 17.º-G, n.º 7).

São, mais uma vez, configuráveis casos em que não existe ainda, nesse momento, uma lista definitiva de créditos, não se produzindo, então, o efeito previsto. Mas, se esta lista existir, deve ser-lhe reconhecido o valor que se determina no art. 17.º-G, n.º 7, no que toca aos créditos já reclamados. Levanta-se a questão de saber qual é exactamente este valor, ou seja, se a existência de uma lista definitiva impede ou meramente dispensa a reclamação, no processo de insolvência, dos créditos já reclamados em PER.

Aquilo que se lê no art. 17.º-G, n.º 7 ("o prazo da reclamação de créditos [...] destina-se apenas à reclamação dos créditos não reclamados") parece indicar um impedimento categórico.

Partindo do princípio que a impugnação de créditos abrange todos os meios de prova e que, portanto, a verificação de créditos não é abreviada, é compreensível que os créditos que já foram devidamente escrutinados (tendo ou não, a final, sido reconhecidos) não possam voltar a sê-lo em processo de insolvência[612]. Trata-se de aproveitar o processado no PER, atribuindo à lista definitiva uma utilidade no processo de insolvência.

---

[612] Cfr., no mesmo sentido, NUNO SALAZAR CASANOVA/DAVID SEQUEIRA DINIS, *O processo especial de revitalização – Comentários aos artigos 17.º-A a 17.º-I do Código da Insolvência e da Recuperação de Empresas*, cit., p. 52. Isto, embora mais à frente os autores pareçam adoptar a solução oposta (cfr. pp. 170 e s.). Cfr., em sentido contrário, LUÍS CARVALHO FERNANDES/JOÃO LABAREDA, *Código da Insolvência e da Recuperação de Empresas Anotado. Sistema de Recuperação de Empresas por Via Extrajudicial (SIREVE) Anotado. Legislação Complementar*, cit., p. 155, e ANA PRATA/JORGE MORAIS CARVALHO/RUI SIMÕES, *Código da Insolvência e da Recuperação de Empresas*, cit., pp. 70-71. O problema foi mal colocado, contudo, pelos últimos autores. Não se trata de impedir que reclamem os seus créditos em processo de insolvência os credores que não participaram no PER mas sim, justamente, os credores que participaram, ou seja, os que já reclamaram os seus créditos no PER. Na jurisprudência, veja-se, neste sentido, mas parecendo levar o raciocínio demasiado longe no que toca à classificação dos créditos, o Acórdão do TRL de 9 de Maio de 2013, Proc. 2134/12.0TBCLD-B.L1-2 (Relatora: ONDINA CARMO ALVES). Diz-se aí no sumário: "2. Face à virtualidade de o processo especial de revitalização poder ser convertido em processo de insolvência, não estando prevista a possibilidade de os credores que constem da lista apresentada pelo administrador judicial provisório, poderem proceder, no âmbito da insolvência, a nova reclamação de créditos, impõe-se que tal lista se apresente tão exaustiva quanto possível, com a identificação de cada credor reclamante, o fundamento e montante dos créditos, a natureza garantida, privilegiada, comum ou subordinada desses créditos reclamados". Veja-se, em sentido contrário, o Acórdão do STJ de 1 de Julho de 2014,

OS INSTRUMENTOS DE RECUPERAÇÃO DE EMPRESAS PRÉ-INSOLVENTES

Dois esclarecimentos são devidos, demonstrando que a solução não é perfeita/tem limites. Por um lado, a lista definitiva não é apta a substituir a sentença de verificação e graduação de créditos e, portanto, não a torna dispensável. Será sempre necessário que se proceda, no processo de insolvência, à graduação dos créditos. Por outro lado, a fase de resposta às impugnações (cfr. art. 131.º) não tem, compreensivelmente, lugar no PER[613]. Existe, por isso, o risco de se gerar, em concreto, certa desigualdade de armas entre os credores reclamantes no PER e os credores reclamantes no processo de insolvência.

99. Negociações

É possível subdividir aquilo que se designa como "negociações" em duas fases: as negociações propriamente ditas e a votação do plano de recuperação.

As duas fases são sequenciais mas independentes, podendo perfeitamente acontecer realizarem-se as negociações em sentido próprio e não chegar a votar-se qualquer plano (porque o plano não foi atempadamente apresentado ou sujeito a votação) ou votar-se o plano sem ter chegado a haver negociações em sentido próprio (porque o plano não suscitou qualquer discussão entre os credores participantes).

Correspondentemente, deve distinguir-se entre o direito de participar nas negociações e o direito de votar o plano de recuperação, só podendo considerar-se que existe direito a uma participação plena quando o credor tem também o segundo, sob pena de o direito à participação ficar esvaziado do seu poder mais significativo.

Proc. 2852/13.5TBBRG-A.G1.S1 (Relator: Salreta Pereira), o Acórdão do TRC de 14 de Abril de 2015, Proc. 904/14.3TBPBL-A.C1 (Relator: Luís Cravo), o Acórdão do TRC de 24 de Junho de 2014, Proc. 288/13.7T2AVR-F.C1 (Relator: Jorge Arcanjo), o Acórdão do TRG de 26 de Março de 2015, Proc. 3576/14.1T8GMR-C.G1 (Relatora: Raquel Rego), e o Acórdão do TRG de 19 de Março de 2015, Proc. 6245/13.6TBBRG.G1 (Relatora: Maria da Purificação Carvalho). Diz-se no sumário do primeiro: "[...] IV – O processo previsto no art. 17º-D do CIRE para a reclamação de créditos e organização da lista definitiva de credores, a fim de participarem nas negociações e votação do plano de recuperação, tem uma tramitação assaz simplificada, que não tem o contraditório indispensável a que o tribunal possa decidir com força de caso julgado relativamente a todos os credores eventualmente lesados com o eventual reconhecimento da garantia real a beneficiar um dos créditos".

[613] Na jurisprudência, veja-se, claramente neste sentido, o Acórdão do TRL de 20 de Outubro de 2015, Proc. 749/14.0TBFUN-A.L1-7 (Relatora: Maria da Conceição Saavedra).

LIÇÕES DE DIREITO DA INSOLVÊNCIA

Como se disse antes, nem todos os sujeitos têm o direito de participação plena nas negociações mas sim, em regra, apenas aqueles cujos créditos obtenham reconhecimento e, residualmente, os titulares de créditos impugnados a quem o juiz, depois de uma apreciação sumária, atribua direito de voto (cfr. art. 17.º-F, n.º 5).

A restrição aos credores com direito de voto tem fundamento no disposto no art. 211.º, n.º 1, 2.ª parte, aplicável, com as devidas adaptações, por remissão expressa do art. 17.º-F, n.º 6. Aí se diz que apenas podem participar na votação os titulares de créditos com direito de voto presentes ou representados na assembleia. Quanto aos titulares de créditos impugnados releva o art. 17.º-F, n.º 5, de onde decorre que o juiz pode computar nos cálculos das maiorias os créditos que tenham sido impugnados se entender que há probabilidade séria de estes serem reconhecidos.

O reconhecimento pressupõe, como se disse, que os créditos sejam reclamáveis[614], o que, por seu turno, pressupõe que os créditos estejam constituídos – ainda que não vencidos – até à data de início do PER (ou, mais precisamente, até à data em que é proferida a decisão de nomeação do administrador judicial provisório e é notificada, publicitada e registada pela secretaria do tribunal).

Existe, assim, uma espécie de coincidência sucessiva entre diversos círculos de sujeitos: entre os titulares do direito de participação plena e os titulares de direito de voto (que são os titulares de créditos reconhecidos ou que, de outra forma, confiram direito de voto), entre estes e os titulares de créditos reclamáveis e entre estes últimos e os titulares de créditos constituídos à data de início do PER, ou seja, à data em que é proferida a decisão de nomeação do administrador judicial provisório e é notificada, publicitada e registada pela secretaria do tribunal.

O direito de votar o plano, em resultado quer do reconhecimento do crédito quer da atribuição de votos pelo juiz, não é suficiente para assegurar ao credor o direito a uma plena participação. Excepto quando ele seja

---

[614] Esclarece-se que a susceptibilidade de reclamação não implica a reclamação dos créditos. Não interessa, portanto, que o crédito seja efectivamente reclamado desde que preencha as condições necessárias para ser reclamado. Como se viu, o administrador judicial provisório tem, tal como o administrador da insolvência no processo de insolvência, e por aplicação analógica do art. 129.º, n.º 1, o poder de incluir na relação de créditos reconhecidos todos os créditos de que tenha conhecimento por alguma forma, o que dá origem a casos de reconhecimento de créditos não reclamados.

OS INSTRUMENTOS DE RECUPERAÇÃO DE EMPRESAS PRÉ-INSOLVENTES

um dos credores que assinaram, juntamente com a empresa, a declaração manifestando a vontade de encetar as negociações, é ainda exigível que ele comunique à empresa, por carta registada, a sua intenção de participar nas negociações (cfr. art. 17.º-D, n.º 7).

Quanto a esta comunicação, diz a lei que ela pode ser feita durante todo o tempo em que durarem as negociações. A melhor leitura é, contudo, a de que, se o credor apresentar a comunicação em data em que já não é possível reclamar, por se ter esgotado o prazo para as reclamações, não deve ser admitido a votar o plano de recuperação[615]. No caso contrário, estar-se-ia a admitir que votassem o plano que não eram credores.

Além dos credores, participa nas negociações, evidentemente, a empresa (cfr. art. 17.º-D, n.º 6) e ainda o administrador judicial provisório (cfr. art. 17.º-D, n.º 8, 1.ª parte). Este último assume uma posição de especial relevo, competindo-lhe não só orientar como fiscalizar o decurso dos trabalhos e a sua regularidade, devendo, em particular, assegurar que as partes não adoptam expedientes dilatórios ou inúteis e prejudiciais à boa marcha das negociações (cfr. art. 17.º-D, n.º 9).

Prevê a lei ainda a participação eventual de peritos quando algum ou alguns dos intervenientes o considerem oportuno, cabendo a estes últimos suportar os respectivos custos, se o contrário não resultar expressamente do plano de recuperação que vier a ser aprovado (cfr. art. 17.º-D, n.º 8, 1.ª parte).

O art. 17.º-D, n.º 5, determina que, findo o prazo para as impugnações, os declarantes dispõem de dois meses para concluir as negociações encetadas. Este pode ser prorrogado uma só vez e por um mês, mediante acordo prévio e escrito entre o administrador judicial provisório e a empresa, devendo tal acordo ser junto aos autos e publicado no portal Citius. O prazo máximo das negociações é, portanto, de três meses.

Até ao último dia do prazo das negociações, a empresa deve depositar no tribunal a versão final do plano, acompanhada de todos os elementos previstos no art. 195.º, sendo de imediato publicada no portal Citius a indicação deste depósito (cfr. art. 17.º-F, n.º 1). Recorde-se que, até aí, apenas é exigido e está, em princípio, disponível uma proposta de plano [cfr. art. 17.º-C, n.º 1, al. *c*)]. A remissão para o art. 195.º significa que são aplicáveis, com as devidas adaptações, as exigências de conteúdo do plano de insolvência. Assim, a

---

[615] Cfr., neste sentido, ALEXANDRE DE SOVERAL MARTINS, "Alterações recentes ao Código da Insolvência e da Recuperação de Empresas", cit., pp. 9-10.

LIÇÕES DE DIREITO DA INSOLVÊNCIA

proposta de plano deve indicar as finalidades e as medidas do plano e, sobre-tudo, as alterações a introduzir nos créditos e deve ser acompanhada, entre outras coisas, da descrição da situação patrimonial, financeira e reditícia da empresa e da avaliação do impacto expectável das alterações propostas por comparação com a situação que existiria na ausência do plano.

Nos cinco dias subsequentes àquela publicação qualquer credor pode alegar o que tiver por conveniente quanto ao plano depositado, dispondo a empresa dos cinco dias subsequentes ao primeiro prazo para, se quiser, alterar o plano e depositar a versão alterada (cfr. art. 17.º-F, nº 2). Findo este prazo, é publicado anúncio no portal Citius advertindo da junção ou não de nova versão do plano. Inicia-se, então, o prazo de votação, correspondente a dez dias desde a publicação daquele anúncio, durante o qual qualquer cre-dor pode, nos termos e para os efeitos dos arts. 215.º e 216.º, solicitar a não homologação do plano (cfr. art. 17.º-F, n.º 3).

Se o prazo total concedido para as negociações se esgotar sem que tenha sido aprovado um plano de recuperação, o processo deve ser encerrado. Como se verá, o encerramento que tenha por causa a não aprovação ou a falta de aprovação do plano desencadeia, por excelência, um conjunto de consequências e é mesmo susceptível de conduzir à declaração de insolvên-cia da empresa (cfr. art. 17.º-G).

Relativamente ao prazo para as negociações, discute-se na jurisprudência portuguesa a sua natureza, preconizando uns que ele é peremptório e outros que ele é meramente ordenador. A posição jurisprudencial dominante é – admite-se – a primeira[616]. Atendendo, contudo, ao princípio da recupera-

---

[616] A natureza peremptória ou preclusiva do prazo previsto no artigo 17.º-D, n.º 5, foi catego-ricamente afirmada em vários acórdãos, com a consequência de o plano que venha a ser apro-vado após a extinção deste prazo não poder/dever ser homologado. Veja-se, neste sentido, entre outros, o Acórdão do STJ de 6 de Junho de 2017, Proc. 12966/16.4T8LSB.L1.S1 (Rela-tora: ANA PAULA BOULAROT), o Acórdão do STJ de 27 de Abril de 2017, Proc. 1839/15.8T8STR. E1.S1 (Relatora: ANA PAULA BOULAROT), o Acórdão do STJ de 22 de Fevereiro de 2017, Proc. 13031/15.7T8LSB.L1.S1 (Relator: JOSÉ RAÍNHO), o Acórdão do STJ de 21 de Junho de 2016, Proc. 3245/14.2T8GMR.G1.S1 (Relator: FERNANDES DO VALE), o Acórdão do STJ de 19 de Abril de 2016, Proc. 7543/14.7T8SNT.L1.S1 (Relatora: ANA PAULA BOULAROT), o Acórdão do STJ de 17 de Novembro de 2015, Proc. 1557/14.4TBMTJ.L1.S1 (Relator: JOSÉ RAÍNHO), o Acórdão do STJ de 8 de Setembro de 2015, Proc. 570/13.3TBSRT.C1.S1 (Relator: FONSECA RAMOS), o Acórdão do TRL de 13 de Outubro de 2015, Proc. 2222/15.0T8LSB-A.L1-7 (Rela-tora: DINA MONTEIRO), o Acórdão do TRL de 2 de Julho de 2015, Proc. 168/14.9T8BRR. L1-6 (Relator: TOMÉ RAMIÃO), o Acórdão do TRL de 20 de Novembro de 2014, Proc.

OS INSTRUMENTOS DE RECUPERAÇÃO DE EMPRESAS PRÉ-INSOLVENTES

ção e aos interesses que lhe estão associados, propende-se para considerar que o prazo não é peremptório, não tendo, por isso, uma função preclusiva. Sendo o plano apresentado para lá da data devida mas ainda dentro de um prazo razoável e compatível com os fins do processo, não deverá o juiz recusar a sua homologação se estiverem preenchidas todas as restantes condições da homologação (procedimentais ou formais e substantivas). A existência de um plano indicia que a recuperação é, em princípio, viável; neste contexto, pequenos atrasos na apresentação do plano ou da documentação que o deve acompanhar não podem senão ser considerados insignificantes e desvalorizados[617].

As regras aplicáveis às negociações resultam essencialmente da disciplina disposta nos n.ºs 6, 8, 9, 10 e 11 do art. 17.º-D. Apesar da dispersão, é possível sintetizar o regime dizendo que os participantes nas negociações estão

---

14286/14.0T2SNT-A.L1-8 (Relatora: TERESA PAIS), o Acórdão do TRL de 13 de Março de 2014, Proc. 1904/12.3TYLSB.L1-2 (Relator: JORGE LEAL), o Acórdão do TRP de 9 de Outubro de 2014, Proc. 974/13.1TBPFR.P1 (Relatora: DEOLINDA VARÃO), o Acórdão do TRP de 19 de Novembro de 2013, Proc. 579/13.7TBSTS.P1 (Relator: JOSÉ IGREJA MATOS), o Acórdão do TRC de 3 de Novembro de 2015, Proc. 4312/14.8T8VIS.C1 (Relator: ALEXANDRE REIS), o Acórdão do TRC de 15 de Setembro de 015, Proc. 817/14.9T8ACB.C1 (Relator: ARLINDO OLIVEIRA), o Acórdão do TRC de 26 de Fevereiro de 2013, Proc. 1175/12.1T2AVR.C1 (Relator: ARLINDO OLIVEIRA), o Acórdão do TRG de 5 de Março de 2015, Proc. 583/14.8TBFAF-A. G1 (Relator: ESPINHEIRA BALTAR), e o Acórdão do TRG de 18 de Dezembro de 2012, Proc. 2155/12.2TBGMR.G1 (Relatora: ROSA TCHING).

[617] Louva-se, por isso, a tendência crescente, na jurisprudência, para decisões em que se admite a homologação do plano apesar de (pequenos) atrasos. Veja-se, designadamente, o Acórdão do TRL de 3 de Dezembro de 2015, Proc. 7543-14.7T8SNT.L1-8 (Relator: SACARRÃO MARTINS), o Acórdão do TRL de 3 de Dezembro de 2015, Proc. 1887/15.8T8FNC-B.L1-2 (Relatora: ONDINA DO CARMO ALVES), o Acórdão do TRL de 9 de Dezembro de 2014, Proc. 62/14.3TYLSB-A.L1 (Relatora: CRISTINA COELHO), o Acórdão do TRL de 10 de Abril de 2014, Proc. 8972.13.9T2SNT.L1-7 (Relatora: MARIA DO ROSÁRIO MORGADO), o Acórdão do TRC de 26 de Setembro de 2017, Proc. 4986/16.5T8VIS-A.C1 (Relator: CARLOS MOREIRA), o Acórdão do TRC de 7 de Abril de 2016, Proc. (Relatora: MARIA JOÃO AREIAS), o Acórdão do TRG de 28 de Setembro de 2017, Proc. 7797/16.4T8VNF.G1 (Relatora: RAQUEL BAPTISTA TAVARES), e o Acórdão do TRG de 9 de Abril de 2015, Proc. 958/14.2TBGMR.G1 (Relator: FERNANDO FERNANDES FREITAS). Decidiu-se fundamentalmente nestes Acórdãos, parafraseando o Acórdão do TRL de 10 de Abril de 2014, que "[o] prazo previsto no art. 17º-D, nº 5, do CIRE não tem natureza peremptória. Por conseguinte, prolongando-se as negociações, justificadamente, para além do prazo inicialmente previsto, e alcançado o pretendido acordo com os credores, esta circunstância não constitui fundamento para recusar a homologação do plano de recuperação aprovado".

LIÇÕES DE DIREITO DA INSOLVÊNCIA

sujeitos a um conjunto de deveres específicos que são todos derivados do princípio geral de boa-fé.

No art. 17.º-D, n.º 6, determina-se que a empresa presta toda a informação pertinente aos seus credores e ao administrador judicial provisório para que as negociações se possam realizar de forma transparente e equitativa, devendo esta informação ser actualizada e completa. Confirmando o carácter jurídico deste dever de informação, prevê-se no art. 17.º-D, n.º 11, a responsabilidade dos administradores (de direito ou de facto) da empresa pelos danos causados aos credores resultantes da falta ou incorrecção da informação prestada.

Esta última norma deve ser objecto de interpretação extensiva. O raciocínio é simples: se há responsabilidade daqueles sujeitos no caso de violação dos deveres de esclarecimento e de informação, também haverá, por identidade de razão, no caso de violação dos restantes deveres, designadamente de cooperação e de lealdade.

Também o administrador judicial provisório está constituído em deveres, ou melhor, em poderes-deveres ou poderes funcionais. Como se disse, nos termos do art. 17.º-D, n.º 9, compete-lhe não só orientar como fiscalizar o decurso dos trabalhos e a sua regularidade, devendo, em particular, assegurar que as partes não adoptam expedientes dilatórios ou inúteis e prejudiciais à boa marcha das negociações[618].

Embora a lei não o diga expressamente, as negociações devem conduzir à aprovação de um plano que seja adequado à realização do objectivo da recuperação. O administrador judicial provisório deve, pois, assegurar-se que o plano cumpre estes requisitos – é "viável e credível", para usar as palavras do Décimo princípio orientador[619], sendo que o juiz deverá homologar o plano apenas quando este corresponda a um projecto sério de recuperação da empresa.

Dois preceitos muito relevantes para a marcha das negociações são os dos n.ºs 8 e 10 do art. 17.º-D. No primeiro determina-se que as negociações se regem pelas regras que os intervenientes convencionarem ou, na falta

---

[618] Repare-se como nesta norma não só se definem as funções do administrador judicial provisório como se constituem em deveres as partes.

[619] Cfr., sobre esta condição, NUNO MANUEL PINTO OLIVEIRA, "Entre o Código da Insolvência e os 'Princípios Orientadores': um dever de (re)negociação?", cit., pp. 683-684. Cfr., ainda, REINALDO MÂNCIO DA COSTA, "Os requisitos do plano de recuperação", cit., pp. 229 e s. (esp. 269 e s.).

OS INSTRUMENTOS DE RECUPERAÇÃO DE EMPRESAS PRÉ-INSOLVENTES

de acordo, pelas regras que o administrador judicial provisório fixar. No segundo, determina-se que os intervenientes devem actuar de acordo com os Princípios Orientadores da Recuperação Extrajudicial de Devedores (cfr. Resolução do Conselho de Ministros n.º 43/2011, de 25 de Outubro).

A sobreposição de regras que decorre das normas é meramente aparente, funcionando, de facto, os Princípios Orientadores como um limite à autonomia das partes. O que quer dizer que as partes só têm margem para definir regras nos domínios não cobertos pelos Princípios Orientadores e desde que elas não os contrariem.

Os Princípios Orientadores têm, como se referiu, o exclusivo efeito de densificar ou precisar o sentido geral dos deveres de cooperação, dos deveres de esclarecimento e de informação e dos deveres de lealdade, que, por sua vez, são derivações ou concretizações do princípio geral da boa-fé. Como se sabe, em consequência da menção contida no art. 17.º-D, n.º 10, os Princípios Orientadores revestem-se no PER de força vinculativa. Isto altera as coisas na eventualidade de incumprimento de algum dos princípios, constituindo o sujeito incumpridor em responsabilidade civil, com fundamento no art. 17.º-D, n.º 11, admitindo-se a sua interpretação extensiva, ou, em qualquer caso, com fundamento na norma geral do art. 762.º, n.º 2, do CC[620].

99.1. A desistência das negociações. Confronto com a desistência do pedido ou da instância

O art. 17.º-G, contém, no seu n.º 5, uma regra sobre a "desistência das negociações". Diz-se aí que a empresa pode pôr termo às negociações a todo o

---

[620] Sobre este ponto em particular cfr. NUNO MANUEL PINTO OLIVEIRA, "Entre o Código da Insolvência e os 'Princípios Orientadores': um dever de (re)negociação?", cit., pp. 677 e s. Diz o autor: "[o] texto do art. 17.º-D, n.º 11, do CIRE deve ser objecto de uma interpretação extensiva, para que se aplique à violação de todos os deveres acessórios de conduta contidos na relação jurídica de negociação ou de renegociação do conteúdo do contrato. Entre a violação de deveres de esclarecimento e de informação e a violação de deveres de cooperação ou de deveres de lealdade, não há nenhuma diferença fundamental, capaz de explicar e/ou de justificar que o devedor responda pela violação de deveres de esclarecimento ou de informação e não responda pela violação de deveres de cooperação ou de deveres de lealdade. Independentemente da interpretação extensiva do texto do art. 17.º-D, n.º 11, do CIRE, a responsabilidade civil do devedor resultaria sempre do art. 762.º, n.º 2, do Código Civil. Os credores que violem o dever de responder razoavelmente às propostas apresentadas, esses, respondem civilmente pelos danos causados ao seu devedor – p. ex., por violação de deveres de cooperação (art. 762.º, n.º 2, do Código Civil)".

LIÇÕES DE DIREITO DA INSOLVÊNCIA

tempo, independentemente de qualquer causa, bastando para tal comunicar a pretensão ao administrador judicial provisório, a todos os credores e ao tribunal, por meio de carta registada.

O grande inconveniente da desistência das negociações é que se tornam aplicáveis as normas que regulam a conclusão das negociações sem aprovação de plano de recuperação, produzindo-se, pois, as consequências aí previstas, ou seja, correndo a empresa o risco de vir a ser declarada insolvente e ficando impedida de recorrer ao PER pelo prazo de dois anos.

Em face disto, cabe perguntar: não terá a empresa a possibilidade de recorrer, em alternativa, ao expediente geral da desistência do pedido ou da instância?

Nos termos do art. 283.º do CPC, existe, em regra, liberdade de desistência, podendo autor, desistir, em qualquer altura, de todo o pedido ou de parte dele. Os efeitos variam consoante está em causa a desistência do pedido ou a desistência da instância: a desistência do pedido extingue o direito que se pretendia fazer valer enquanto a desistência da instância apenas faz cessar o processo que se instaurara (cfr. art. 285.º do CPC).

No que respeita ao processo de insolvência, a possibilidade de desistência do pedido ou da instância é expressamente admitida no art. 21.º do CIRE com duas limitações. Primeiro, não se admite a desistência do pedido ou da instância nos casos de apresentação à insolvência. Segundo, só se admite, nos restantes casos, a desistência do pedido ou da instância até à prolação da sentença de declaração de insolvência.

Atendendo ao carácter voluntário do PER, não se vê, em princípio, motivos para recusar a possibilidade de desistência do pedido ou da instância em termos semelhantes[621]. Terá, contudo, de haver algum cuidado na adaptação da norma do art. 21.º ao PER.

---

[621] Veja-se, em contrário, o Acórdão do TRG de 7 de Abril de 2016, Proc. 4579/15.4T8VNF. G1 (Relator: CARVALHO GUERRA). Propende-se aí para a inadmissibilidade da desistência da instância porque, no caso contrário, se "subtrairia o devedor ao escrutínio da sua situação de solvência [...], sendo o meio adequado de pôr fim ao processo por iniciativa do devedor o previsto no n.º 5 do art. 17.º-G do CIRE". As dificuldades que decorrem da disponibilidade simultânea de dois meios diferentes (com consequências diferentes) para o mesmo objectivo são, como se verá, numerosas e tendem a corroborar o sentido da decisão. Mas isso não justifica que se elimine a possibilidade de desistência do pedido ou da instância nos casos em que ela é o expediente adequado. Não obstante perante um circunstancialismo diverso, decidiu também o Acórdão do TRE de 12 de Outubro de 2017, Proc. 182/17.2OLH-A.E1 (Relator: TOMÉ DE CARVALHO) que "[n]o caso de indevidamente ter sido homologado um acto de desistência

OS INSTRUMENTOS DE RECUPERAÇÃO DE EMPRESAS PRÉ-INSOLVENTES

A primeira limitação, consagrada na primeira parte do art. 21.º, não é, visivelmente, adequada ao PER, em razão da diversidade entre a apresentação ao PER e a apresentação à insolvência, pois, enquanto a apresentação à insolvência implica o reconhecimento, pela empresa, da insolvência (cfr. art. 28.º), a apresentação ao PER não tem, como se sabe, este efeito. Fica, então, apenas por determinar se a segunda restrição é compatível com a disciplina do PER e, no caso afirmativo, em que termos é que essa parte da norma do art. 21.º se aplicaria.

Ora, por um lado, dada a concentração de esforços que implica a abertura e o curso de um PER, faz sentido que a desistência do pedido ou da instância não possa ocorrer a todo tempo, isto é, que exista um limite a partir do qual tal desistência não mais possa ter lugar. Por outro lado, e olhando agora para a configuração processual do PER, é razoável sustentar que a desistência do pedido ou da instância só pode ocorrer até ao termo do prazo previsto para o processo negocial[622]. Efectivamente, é a partir desta fase que o processo deixa de estar na disponibilidade da empresa, sobrevindo interesses de carácter colectivo e público[623].

---

da instância, ainda assim o fim do processo especial de revitalização efectuado nesses termos impede o devedor de recorrer ao mesmo pelo prazo de dois anos".

[622] Cfr., no mesmo sentido, FÁTIMA REIS SILVA, *Processo Especial de Revitalização – Notas Práticas e Jurisprudência Recente*, cit., p. 22, e RITA FABIANA DA MOTA SOARES, "As consequências da não aprovação do plano de recuperação", cit., p. 115. Em sentido diverso, defendendo, genericamente, que o poder do devedor para pôr termo ao PER cessa apenas a partir do momento em que o plano de recuperação é remetido para homologação do tribunal, cfr. NUNO SALAZAR CASANOVA/DAVID SEQUEIRA DINIS, *O processo especial de revitalização – Comentários aos artigos 17.º-A a 17.º-I do Código da Insolvência e da Recuperação de Empresas*, cit., p. 126.

[623] Merece destaque a este propósito o Acórdão do TRG de 1 de Outubro de 2013, Proc. 84/13.1TBGMR.G1 (Relatora: ROSA TCHING). Diz-se aí no sumário: "1.º - Ao processo especial de revitalização é aplicável o artigo 21º do CIRE com as necessárias adaptações. 2.º - No processo especial de revitalização, a prolação da decisão declaratória do encerramento do processo marca o limite a partir do qual deixa de poder haver lugar à desistência da instância ou do pedido de revitalização, sendo indiferente o trânsito em julgado desta decisão. 3.º - Fundamental, para o efeito, é que o requerimento do desistente da instância ou do pedido de revitalização dê entrada antes da prolação da decisão declaratória do encerramento do processo. Porque no caso dos autos a devedora/requerente, veio desistir da instância e do pedido, após o Administrador Judicial Provisório nomeado ter vindo aos autos declarar que a devedora encontrava-se já em situação de insolvência actual, nos termos do nº1 do artigo 3º do CIRE, e depois de ter sido proferida decisão a declarar encerrado processo negocial, dúvidas não restam ser tal desistência inoperante". A única reserva no que toca à posição defendida

LIÇÕES DE DIREITO DA INSOLVÊNCIA

Admitindo-se a possibilidade de desistência do pedido ou da instância, é preciso saber como é que ela se concilia com a desistência das negociações dentro do sistema, sendo as consequências de uma e de outra tão díspares. No primeiro caso, produzem-se os efeitos gerais do encerramento dos processos, isto é, a extinção de todos os efeitos do PER. No segundo caso, como se viu, aplica-se o disposto no art. 17.º-G, n.º 5. A desistência das negociações desencadeia, portanto, toda a tramitação subsequente à conclusão do processo negocial sem a aprovação do plano de recuperação, o que, abreviadamente, implica o encerramento do processo negocial (cfr. art. 17.º-G, n.º 6), a emissão de um parecer do administrador judicial provisório sobre a situação da empresa, a eventual abertura de um processo de insolvência (cfr. art. 17.º-G, n.ºs 3 e 4) e, em qualquer caso, a impossibilidade de recorrer ao PER durante dois anos (cfr. art. 17.º-G, n.º 6) – enfim, um conjunto de consequências que faz com que a desistência das negociações surja indiscutivelmente como uma via mais gravosa para a empresa do que a desistência do pedido ou da instância.

A diversidade faz prever (e recear) que, sempre que tenha liberdade de opção, a empresa recorra sistematicamente à desistência do pedido ou da instância, em detrimento da faculdade que está especialmente prevista para a desistência das negociações. A reacção mais adequada nestes casos seria a recusa da sentença homologatória da desistência, sempre que o pedido fosse abusivo, sujeitando-se a empresa ao prosseguimento do processo e às respectivas consequências. Existe, contudo, um problema fundamental localizado a montante, ou seja, na detecção do recurso indevido ou abusivo ao expediente.

---

neste Acórdão diz respeito à necessidade de uma decisão judicial que declare o encerramento das negociações. Ao contrário do que se dá a entender no Acórdão, propende-se para considerar que aquilo que é determinante é, mais exactamente, o encerramento das negociações ou o mero esgotamento do prazo previsto para estas. Cfr., no sentido da desnecessidade de decisão declaratória do encerramento, em geral, Isabel Alexandre, "Efeitos processuais da abertura do processo de revitalização", cit., pp. 250-251, e, em particular, Fátima Reis Silva, *Processo Especial de Revitalização – Notas Práticas e Jurisprudência Recente*, cit., pp. 21-22, e Rita Fabiana da Mota Soares, "As consequências da não aprovação do plano de recuperação", cit., pp. 114-115). Como afirma esta última autora, a referência ao termo do processo negocial para delimitar o momento a partir do qual a desistência do pedido ou da instância se torna impossível, tem, inclusivamente, a vantagem de salvaguardar a hipótese de a comunicação do administrador judicial provisório ser tardiamente efectuada.

OS INSTRUMENTOS DE RECUPERAÇÃO DE EMPRESAS PRÉ-INSOLVENTES

Deve reconhecer-se que é muito difícil traçar, em abstracto, as diferenças entre cada um dos instrumentos e, portanto, muito difícil determinar quando é possível considerar que existe uso indevido. Em que circunstâncias é adequado o exercício da faculdade geral de desistência do pedido ou da instância e em que circunstâncias é adequado o recurso à faculdade especial de desistência das negociações? Mesmo que a destrinça fosse viável, sempre seria muito difícil identificar, em concreto, os casos de uso indevido, uma vez que o exercício de ambas as faculdades é independente de causa e o pedido não tem de ser motivado.

No sentido de dar alguma utilidade ao art. 17.º-G, n.º 5, poder-se-ia delimitar o uso adequado de cada um dos instrumentos com apoio num critério temporal: depois de abertas as negociações, a desistência das negociações seria o meio próprio e exclusivo para operar a desistência. Aquilo que marcaria o limite a partir do qual deixaria de poder haver lugar à desistência da instância ou do pedido não seria o encerramento mas sim a abertura do processo negocial, sendo exclusivamente admissível, depois dessa fase, a desistência das negociações especialmente prevista no art. 17.º-G, n.º 5.

O problema é que são configuráveis casos em que esta solução não é, em princípio, razoável. Pense-se nas situações em que a empresa quer desistir por causas que não lhe são imputáveis ou que não permitem duvidar da genuinidade das suas intenções. Imagine-se, por exemplo, que a empresa se apercebe, em pleno curso das negociações, que um credor com "poder de bloqueio" votará desfavoravelmente o plano de recuperação e que com isso ficará inviabilizada a aprovação deste. Imagine-se ainda, para outro exemplo, que, por um golpe de fortuna, a empresa deixou de estar em insolvência iminente ou em situação económica difícil.

Atendendo a estes riscos, resta subscrever a interpretação com base na qual a desistência do pedido ou da instância pode ocorrer, sem restrições, até ao encerramento do processo negocial[624]-[625].

---

[624] No último caso equacionado (o devedor que deixa de estar em insolvência iminente ou em situação económica difícil), a questão só faz, evidentemente, sentido quanto à produção do efeito da "quarentena" previsto no art. 17.º-G, n.º 6.

[625] Na jurisprudência, veja-se, com menos cautelas, defendendo, em geral, a equiparação da desistência do pedido ou da instância à desistência das negociações, o Acórdão do TRL de 26 de Fevereiro de 2015, Proc. 1807/14.7TYLSB-A.L1-6 (Relatora: ANABELA CALAFATE), e o Acórdão do TRG de 25 de Junho de 2015, Proc. 1315/14.6TBGMR.G1 (Relator: HEITOR GONÇALVES). Diz-se no sumário do primeiro: "- No processo especial de revitalização não está na

LIÇÕES DE DIREITO DA INSOLVÊNCIA

Reconhece-se, não obstante, que, a ser assim, os casos de encerramento com fundamento na desistência das negociações não serão frequentes e que a empresa se submeterá voluntariamente às consequências do art. 17.º-G apenas quando seja excepcionalmente honesta ou desconhecedora da alternativa.

100. Votação e aprovação do plano de recuperação

Na norma do art. 17.º-F, n.º 6, diz-se que a votação é sempre por escrito, aplicando-se-lhe o disposto no art. 211.º, com as necessárias adaptações, e sendo os votos remetidos ao administrador judicial provisório, que os abre em conjunto com a empresa e elabora um documento com o resultado da votação.

A norma do art. 211.º refere-se à forma e ao prazo de votação do plano de insolvência. Segundo o seu n.º 1, "o juiz pode determinar que a votação tenha lugar por escrito, em prazo não superior a 10 dias".

Ora, quando se relê o n.º 6 do art. 17.º-F, percebe-se que ele não admite opção: no âmbito do PER a votação é *sempre* por escrito (sendo o prazo de votação do plano de recuperação do PER até dez dias depois, nos termos do art. 17.º-F, n.º 3).

O n.º 2 do art. 211.º determina que o voto escrito deve conter a aprovação ou a rejeição da proposta de plano e que qualquer modificação desta ou condicionamento do voto deve ser interpretado como rejeição da proposta.

A primeira observação a fazer a propósito da votação e da aprovação do plano de recuperação no PER é que não existe uma assembleia de credores em sentido próprio ou, pelo menos, não existe uma assembleia de credores nos termos em que ela se configura no processo de insolvência (a assembleia para votação e aprovação do plano de insolvência). Confirma-o o mencio-

---

disponibilidade do devedor fazer cessar esse processo pondo termo às negociações e recorrer novamente a esse processo quando lhe aprouver, pois, estando já em situação de insolvência, o encerramento do processo acarreta a sua insolvência e, se não estiver nessa situação, fica impedido por um período de dois anos a iniciar novo processo de revitalização. - Interpretar-se o nº 6 do art. 17º-G do CIRE como excluindo da proibição do recurso a um novo processo especial de revitalização pelo prazo de dois anos, o caso de o devedor utilizar a figura processual da desistência da instância prevista no Código de Processo Civil, é permitir defraudar aquela proibição legal, encontrando-se por essa via, o meio para o devedor instaurar e fazer cessar sucessivos processos especiais de revitalização, sem se sujeitar àquela limitação temporal e assim conseguir obstar à instauração de acções para cobrança de dívidas e obter a suspensão das acções em curso com idêntica finalidade ao abrigo do art. 17 - E nº 1 do CIRE".

nado art. 17.º-F, n.º 6, determinando que a votação do plano de recuperação do PER se realiza sempre por escrito.

Atendendo a isto, não é admissível falar em "quórum constitutivo" e "quórum deliberativo", sendo preferível falar, respectivamente, em "mínimo de participação" e em "mínimo de votos favoráveis" ou então em "quórum de votação" e em "quórum de aprovação".

As maiorias necessárias para a aprovação do plano de recuperação são apresentadas na norma do art. 17.º-F, n.º 5[626]. Diz-se aí que "[s]em prejuízo de o juiz poder computar no cálculo das maiorias os créditos que tenham sido impugnados se entender que há probabilidade séria de estes serem reconhecidos, considera-se aprovado o plano de recuperação que: *a*) Sendo votado por credores cujos créditos representem, pelo menos, um terço do total dos créditos relacionados com direito de voto, contidos na lista de créditos a que se referem os n.ºs 3 e 4 do artigo 17.º-D, recolha o voto favorável de mais de dois terços da totalidade dos votos emitidos e mais de metade dos votos emitidos correspondentes a créditos não subordinados, não se considerando como tal as abstenções; ou *b*) Recolha o voto favorável de credores cujos créditos representem mais de metade da totalidade dos créditos relacionados com direito de voto, calculados de harmonia com o disposto na alínea anterior, e mais de metade destes votos correspondentes a créditos não subordinados, não se considerando como tal as abstenções".

A conclusão imediata é a de que existem duas hipóteses alternativas de aprovação do plano de recuperação.

A primeira, consagrada na al. *a*) do art. 17.º-F, n.º 5, é a de, votando credores que representem, pelo menos, um terço da totalidade dos créditos incluídos na lista de créditos, o plano ser aprovado com base em votos favoráveis de credores que representem dois terços dos votos emitidos, sendo que mais de metade dos votos emitidos deve corresponder a créditos não subordinados.

---

[626] No seu texto inicial, ou seja, antes da alteração pelo DL n.º 26/2015, de 6 de Fevereiro, a norma remetia para o disposto no art. 212.º, n.º 1, dando origem a uma pluralidade de interpretações e suscitando, desde logo, o problema de saber se a norma se aplicava em toda a sua extensão, ou seja, se era exigido, também no PER, um quórum constitutivo. Cfr., sobre isto, Catarina Serra, O *Processo Especial de Revitalização na Jurisprudência – Questões Jurisprudenciais com Relevo Dogmático*, cit., pp. 85 e s.

LIÇÕES DE DIREITO DA INSOLVÊNCIA

A exigência de que votem credores que representem, pelo menos, um terço da totalidade dos créditos incluídos na lista de créditos corresponde ao quórum de votação (impropriamente chamado "quórum constitutivo").

A exigência de que votem favoravelmente credores que representem dois terços dos votos emitidos e mais de metade destes votos corresponda a créditos não subordinados corresponde ao quórum de aprovação (impropriamente chamado "quórum deliberativo"). Na realidade, este último desdobra-se em dois: a exigência de votação favorável de credores que representem dois terços dos votos emitidos (primeiro quórum de aprovação) e a exigência de que mais de metade destes votos corresponda a créditos não subordinados (segundo quórum de aprovação).

Por força da referência para o art. 17.º-D, n.ºs 3 e 4, o universo dos créditos a considerar para o quórum de votação é o que consta da lista definitiva de créditos ou, se esta ainda não estiver elaborada, da lista provisória de créditos. Neste último caso, de acordo com o proémio do art. 17.º-F, n.º 5, o juiz poderá ainda considerar créditos que tenham sido impugnados se entender que há probabilidade séria de virem a ser reconhecidos. Haverá, então, duas operações a realizar: primeiro, descontar da lista os créditos que tenham sido impugnados e, depois, computar aqueles que (incluídos já ou não incluídos na lista) o juiz considere que têm probabilidade de ser reconhecidos.

Face ao disposto no art. 17.º-F, n.º 5, não será necessário que os titulares dos créditos impugnados requeiram ao juiz a atribuição de direito de voto[627]. Regulando esta regra a computação dos créditos impugnados, não pode considerar-se que exista uma lacuna e, portanto, a norma do art. 73.º, n.º 4, aplicável no quadro do processo de insolvência, não tem nenhum papel a desempenhar aqui. Na prática, a exigência deste requerimento só causaria dificuldades, dado que, não estando o juiz presente na votação, o credor teria de calcular a melhor oportunidade para o requerimento, considerando o prazo razoavelmente necessário para uma resposta em tempo útil.

---

[627] Cfr., no mesmo sentido, FÁTIMA REIS SILVA, *Processo Especial de Revitalização – Notas Práticas e Jurisprudência Recente*, cit., p. 62. Cfr., em sentido contrário, LUÍS CARVALHO FERNANDES/ JOÃO LABAREDA, *Código da Insolvência e da Recuperação de Empresas Anotado. Sistema de Recuperação de Empresas por Via Extrajudicial (SIREVE) Anotado. Legislação Complementar*, cit., p. 168, BERTHA PARENTE ESTEVES, "Da aplicação das normas relativas ao plano de insolvência ao plano de recuperação conducente à revitalização", cit., p. 272, e NUNO SALAZAR CASANOVA/ DAVID SEQUEIRA DINIS, *O processo especial de revitalização – Comentários aos artigos 17.º-A a 17.º-I do Código da Insolvência e da Recuperação de Empresas*, cit., pp. 131 e s.

A al. *b)* do art. 17.º-F, n.º 5, corresponde, como se disse, a uma possibilidade alternativa de aprovação do plano: o plano considera-se ainda aprovado se obtiver votos favoráveis de credores cujos créditos representem mais de metade da totalidade dos créditos relacionados com direito de voto (primeiro quórum de aprovação), sendo que mais de metade destes votos deve corresponder a créditos não subordinados (segundo quórum de aprovação).

Nesta hipótese, o quórum de aprovação é, em absoluto, mais elevado do que na hipótese anterior: mais de metade de todos os créditos relacionados é, em princípio, mais exigente do que mais de dois terços de, pelo menos, um terço dos créditos relacionados. A verdade é que nos casos em que participem espontaneamente na votação todos os credores ou, pelo menos, participem credores que representem mais do que um terço dos créditos relacionados, a aprovação do plano fica facilitada: são suficientes os votos favoráveis de credores cujos créditos representem mais de metade da totalidade dos créditos relacionados em vez dos dois terços que exige a al. *a)*[628].

Ambas as regras mencionadas atrás, quanto ao universo de credores relevante ser o que consta, consoante os casos, da lista definitiva ou provisória de créditos e quanto à possibilidade de computação de créditos impugnados pelo juiz, valem também aqui. Quanto à primeira porque na al. *b)* do n.º 5 do art. 17.º-F, existe uma remissão, embora indirecta, para o art. 17.º-D, n.ºs 3 e 4 ("calculados de harmonia com o disposto na alínea anterior"). Quanto à última porque a possibilidade de computação de créditos consta do proémio da norma.

Tudo considerado, com a disponibilização destas duas vias de aplicação alternativa consoante o que seja mais propício a considerar o plano aprovado no caso concreto, o legislador veio facilitar a aprovação de planos de recuperação e, consequentemente, dar mais força ao primado da recuperação.

Subsistem, contudo, algumas dúvidas.

Um deles tem a ver com a aplicabilidade ou não aplicabilidade ao PER das regras sobre a atribuição de direito de voto previstas para o processo de insolvência. Estas são as estabelecidas, em geral, na norma do art. 73.º e, no âmbito do plano de insolvência, na norma do art. 212.º.

---

[628] Na jurisprudência, veja-se, comprovando a utilidade prática desta segunda via para a aprovação do plano de recuperação, o Acórdão do TRC de 15 de Setembro de 2015, Proc. 4064/14.1T8VIS.C1 (Relator: FERNANDO MONTEIRO). No Acórdão sustenta-se, além do mais, a aplicabilidade da alteração trazida pelo DL n.º 26/2015, de 6 de Fevereiro, aos processos em curso em que votação seja posterior à data de entrada em vigor do referido diploma legal.

Para justificar a resposta favorável à sua aplicabilidade tem sido sublinhado que existe na disciplina do PER uma remissão expressa, de carácter geral, para as regras vigentes em matéria de aprovação e homologação do plano de insolvência (cfr. art. 17.º-F, n.º 7, *in fine*), determinando-se que são aplicáveis, "com as necessárias adaptações, as regras previstas no Título IX, em especial o disposto nos artigos 194.º a 197.º, no n.º 1 do artigo 198.º e nos artigos 200.º a 202.º, 215.º e 216.º").

Mas a referência legal significa, quando muito, que algumas das regras previstas no Título IX, regulando o plano de insolvência, são aplicáveis; não assegura que o sejam todas. Esta conclusão é reforçada pelo facto de as normas em causa não estarem entre as referidas no art. 17.º-F, n.º 7, *in fine*, como especialmente aplicáveis. Torna-se, assim, necessária uma sua apreciação individual.

No art. 212.º, n.º 2, al. *a*), procede-se a uma delimitação negativa do universo da lista de créditos incluídos na lista: os créditos não afectados pelo plano não emitem direito de voto, devendo ser deduzidos da lista de créditos incluídos na lista para efeitos de voto.

Atendendo àquilo que a norma visa, justamente, evitar, ou seja, que o plano de insolvência seja imposto aos credores afectados por aqueles que o não são, é aconselhável, por igualdade de razões, que ela se aplique ao PER[629]. Tem sido esta, aliás, a posição da maioria esmagadora da jurisprudência portuguesa[630]. Exclui-se, evidentemente, a aplicabilidade da al. *b*) do

---

[629] Cfr., no mesmo sentido, Nuno Salazar Casanova/David Sequeira Dinis, *O processo especial de revitalização – Comentários aos artigos 17.º-A a 17.º-I do Código da Insolvência e da Recuperação de Empresas*, cit., p. 69 e p. 137. Cfr., em sentido contrário, Luís Carvalho Fernandes/ João Labareda, *Código da Insolvência e da Recuperação de Empresas Anotado. Sistema de Recuperação de Empresas por Via Extrajudicial (SIREVE) Anotado. Legislação Complementar*, cit., p. 171, e Bertha Parente Esteves, "Da aplicação das normas relativas ao plano de insolvência ao plano de recuperação conducente à revitalização", cit., p. 272.

[630] Na jurisprudência, veja-se, no mesmo sentido, o Acórdão do TRL de 16 de Abril de 2015, Proc. 1979-14.0TBSXL.L1-6 (Relator: Tomé Ramião), o Acórdão do TRL de 16 de Setembro de 2014, Proc. 23097/13.9T2SNT.L1-1 (Relator: Rijo Ferreira), o Acórdão do TRL de 23 de Janeiro de 2014, Proc. 4303/13.6TCLRS-A.L1-2 (Relatora: Maria José Mouro), o Acórdão do TRC de 21 de Abril de 2015, Proc. 349/14.5TBSRT.C1 (Relatora: Maria Domingas Simões), o Acórdão do TRC de 21 de Abril de 2015, Proc. 2281/13.0TBCLD.C1 (Relator: Barateiro Martins), o Acórdão do TRC de 1 de Abril de 2014, Proc. 3330/13.8TBLRA-A. C1 (Relator: Henrique Antunes), o Acórdão do TRG de 12 de Fevereiro de 2015, Proc. 689/13.0TBAMR-A.G1 (Relator: Manso Raínho), e o Acórdão do TRE de 22 de Outubro de 2015, Proc. 383/15.8T8STR.P1 (Relator: Francisco Matos). Destaca-se, de entre estes, o

OS INSTRUMENTOS DE RECUPERAÇÃO DE EMPRESAS PRÉ-INSOLVENTES

n.º 2 do art. 212.º porque a articulação com o disposto no n.º 4 torna esta norma incompatível com o PER. Na realidade, no PER há sempre a continuidade da exploração da empresa.

No que toca ao art. 73.º, aplica-se, evidentemente, o disposto no n.º 1, sob pena de não existir qualquer critério para a atribuição do número de votos a cada crédito. Assim, cada crédito relacionado na lista de créditos confere, em geral, um voto por cada euro ou fracção.

Fica afastada a aplicabilidade do disposto na parte final da norma e nas als. *a)* e *b)*, por incompatibilidade com o disposto nas normas próprias do PER, do qual resulta que o universo de referência para a votação do plano de revitalização é sempre, por força do art. 17.º-F, n.º 5, o dos créditos relacionados e contidos na lista de créditos (provisória ou definitiva).

É concebível ainda a aplicação do art. 73.º, n.º 2, ou seja, a regra de que cabe ao juiz fixar o número de votos que corresponde aos créditos sob condição suspensiva atendendo à probabilidade de verificação da condição. A verdade é que são susceptíveis de reclamação os créditos existentes ou os créditos que se constituam até o despacho de abertura do PER. Ora, os

Acórdão do TRL de 23 de Janeiro de 2014, Proc. 4303/13.6TCLRS-A.L1-2 (Relatora: Maria José Mouro). Diz-se aí no sumário: "II – Naquele processo quórum deliberativo tem como base os créditos relacionados constantes da lista de créditos a que se referem os nºs 3 e 4 do art. 17, o que não significa que todos os credores nela incluída tenham igualmente direito de voto; os credores cujos créditos hajam sido relacionados na já referida lista mas não hajam sido modificados pela parte dispositiva do plano não têm direito de voto". E diz-se, adiante, no relatório: "É o n.º 2 daquele art. 212 que, procedendo a uma delimitação negativa, permite concluir quem tem direito de voto para efeitos do n.º 1 do mesmo artigo. Ou seja, o quórum deliberativo tem como base a supra referida lista mas é delimitado negativamente pelo nº 2 do art. 212 que concretiza a quem não é conferido direito de voto. Efectivamente, nesta perspectiva, a aplicação do nº 1 do art. 212 pressupõe a consideração do nº 2 do mesmo artigo. Acresce, como pano de fundo que nos ajudará a uma melhor interpretação, que (como se viu) o nº 5 do art. 17-F manda aplicar, com as necessárias adaptações, as regras vigentes em matéria de aprovação e homologação do plano de insolvência. Concluímos, pois, face ao que acabámos de expor, que os credores cujos créditos hajam sido relacionados na já referida lista mas não hajam sido modificados pela parte dispositiva do plano não têm direito de voto, sendo de aplicar a delimitação constante do n.º 2-a) do art. 212. O que algum sentido prático faz, aliás, em caso como dos autos em que a aprovação do plano resulta essencialmente do sentido de voto do credor que não viu os seus créditos por algum modo afectados, enquanto os restantes credores tiveram os seus créditos diminuídos em 75%".

LIÇÕES DE DIREITO DA INSOLVÊNCIA

créditos condicionais, mesmo os créditos sob condição suspensiva, são, inequivocamente, créditos constituídos[631].

Quanto ao disposto no art. 73.º, n.º 3, ou seja, a regra de que os créditos subordinados só conferem direito de voto aquando da assembleia para aprovação do plano de recuperação, a sua inaplicabilidade é razoavelmente segura. Como é do conhecimento geral, no PER não há constituição de assembleia de credores.

Por fim, e no que toca à norma do art. 73.º, n.º 4, como se viu, há uma regra sobre a mesma matéria na parte final do art. 17.º-F, n.º 5, pelo que não há qualquer lacuna na disciplina do PER que torne necessária ou útil a sua aplicação.

101. Falta de aprovação do plano de recuperação e parecer do administrador judicial provisório

Jurisprudência relevante: Acórdão do TC n.º 401/2017, de 12 de Julho (Relatora: MARIA JOSÉ RANGEL DE MESQUITA) e Acórdão do TC n.º 771/2017, de 16 Novembro (Relatora: FÁTIMA MATA-MOUROS).

Não sendo o plano de recuperação aprovado dentro do prazo legalmente previsto, manda o art. 17.º-G, n.º 1, que o administrador judicial provisório comunique este facto ao processo.

Além desta comunicação, o art. 17.º-G, n.º 3, exige que, depois de ouvir a empresa e os credores, o administrador judicial provisório emita ainda um parecer sobre a existência ou não de uma situação de insolvência da empresa e, em caso afirmativo, requeira a sua declaração de insolvência.

A emissão deste parecer é sempre uma obrigação do administrador judicial provisório, conduzindo o seu incumprimento, em última análise, à destituição do administrador por justa causa e à constituição dele em responsabi-

---

[631] Cfr., neste sentido, embora estendendo a possibilidade de qualificação como credor para estes efeitos até ao final do prazo para as reclamações de créditos, NUNO SALAZAR CASANOVA/ DAVID SEQUEIRA DINIS, *O processo especial de revitalização – Comentários aos artigos 17.º-A a 17.º-I do Código da Insolvência e da Recuperação de Empresas*, cit., pp. 58-59. Cfr., em sentido contrário, BERTHA PARENTE ESTEVES, "Da aplicação das normas relativas ao plano de insolvência ao plano de recuperação conducente à revitalização", cit., p. 272, e FÁTIMA REIS SILVA, *Processo Especial de Revitalização – Notas Práticas e Jurisprudência Recente*, cit., p. 47 e p. 63.

OS INSTRUMENTOS DE RECUPERAÇÃO DE EMPRESAS PRÉ-INSOLVENTES

lidade, como já se demonstrou na jurisprudência[632]. Este parecer é, de facto, um elemento importante, tendo um impacto significativo no desenlace do processo.

De acordo com o regime do art. 17.º-G, no caso de a empresa não se encontrar ainda em situação de insolvência, o processo é encerrado e cessam todos os seus efeitos (cfr. art. 17.º-G, n.º 2), mas, no caso contrário, o encerramento do processo "acarreta" a declaração de insolvência da empresa, devendo a mesma ser declarada pelo juiz no prazo de três dias úteis a contar da recepção da comunicação (cfr. art. 17.º-G, n.º 3).

Para compreender exactamente o valor e as funções do parecer do administrador judicial provisório é preciso fazer uma leitura articulada de todas as normas que compõem a disciplina do art. 17.º-G e, simultaneamente, uma leitura integrada em – e conforme a – todo o sistema jurídico.

Diga-se, desde já, que se rejeita a tese de que, ao abrigo do art. 17.º-G, quando o administrador judicial provisório emite um parecer no sentido da insolvência da empresa, a declaração de insolvência deve ser imediata ou automática[633].

Não há qualquer justificação para que um parecer do administrador judicial provisório seja vinculativo para o juiz, invertendo-se não só a hierarquia natural mas também a separação funcional ou de poderes entre os órgãos. Ao órgão judicial competem os poderes jurisdicionais, o que significa que, ao menos em última instância, é ao órgão judicial que compete apreciar ou verificar os direitos e os estados de facto e produzir a respectiva sentença declarativa.

---

[632] Na jurisprudência, veja-se, quanto à (inequívoca) obrigatoriedade deste parecer, o Acórdão do TRP de 23 de Junho de 2015, Proc. 169/15.0T8AMT-C.P1 (Relator: JOÃO DIOGO RODRIGUES), o Acórdão do TRP de 9 de Outubro de 2014, Proc. 974/13.1TBPFR.P1 (Relatora: DEOLINDA VARÃO), o Acórdão do TRP de 12 de Novembro de 2013, Proc. 1782/12.2TJPRT. P1 (Relator: JOÃO DIOGO RODRIGUES), o Acórdão do TRG de 10 de Julho de 2014, Proc. 6696/13.6TBBRG.G1 (Relator: FILIPE CAROÇO), e o Acórdão do TRG de 23 de Outubro de 2014, Proc. 1499/14.3TBGMR-B.G1 (Relatora: HELENA MELO).

[633] Veja-se, por todos, o Acórdão do TRG de 24 de Outubro de 2013, Proc. 1368/12.1TBEPS- -A.G1 (Relator: MANUEL BARGADO), onde se afirma que o encerramento do PER acarreta a declaração de insolvência do devedor, ou o Acórdão do TRC de 10 de Março de 2015, Proc. 5204/13.3TBLRA-C.C1 (Relator: FONTE RAMOS), onde se acrescenta que nem por isso o direito de defesa do devedor fica precludido, uma vez que o devedor dispõe sempre das faculdades de dedução de embargos à sentença e de interposição de recurso.

LIÇÕES DE DIREITO DA INSOLVÊNCIA

Não há, por outro lado, nenhuma justificação para que a empresa seja, nestes casos, sujeita a uma diminuição drástica do seu direito ao contraditório. É verdade que, se se admitisse uma declaração imediata de insolvência, a empresa não ficaria absolutamente desprovida de meios de defesa. Caber-lhe-ia ainda, em momento ulterior, a possibilidade de se opor à sentença declaratória de insolvência, apresentando embargos ou recurso da sentença declaratória, nos termos dos arts. 40.º e 42.º[634]. É visível, todavia, que isto representa uma diminuição injustificada dos meios de defesa relativamente à situação normal, em que a insolvência é requerida por um sujeito diverso da empresa[635].

Apesar da letra e da imediata impressão de assertividade que dela resulta, a interpretação da norma do art. 17.º-G, n.º 3, exige especial atenção. Repare-se, para começar, que nela não se diz "sendo o parecer do administrador judicial provisório no sentido da insolvência da empresa" mas sim "estando [...] a empresa já em situação de insolvência".

A declaração de insolvência é sempre – e deve continuar a ser também aqui – o resultado de uma avaliação objectiva, levada a cabo pelo juiz, que, para o efeito, deve rodear-se de toda a informação disponível e não apoiar-se exclusivamente no parecer do administrador[636].

---

[634] Não está a considerar-se aqui a hipótese de a equiparação do requerimento do administrador judicial provisório à apresentação do devedor à insolvência ser levada às últimas consequências, caso em que até o recurso a estes instrumentos ficaria precludido.

[635] Pondo várias reservas à solução no plano da sua constitucionalidade mas parecendo satisfazer-se com a possibilidade de apresentação de embargos e recurso à sentença declaratória de insolvência, nos termos dos arts. 40.º e s., cfr. NUNO SALAZAR CASANOVA/DAVID SEQUEIRA DINIS, *O processo especial de revitalização – Comentários aos artigos 17.º-A a 17.º-I do Código da Insolvência e da Recuperação de Empresas*, cit., pp. 165-166.

[636] A verdade é que há sinais de que a jurisprudência tem vindo a aderir a esta interpretação. Veja-se, por exemplo, o Acórdão do STJ de 17 de Novembro de 2015, Proc. 801/14.2TBPBL-C.Cl.S1 (Relator: JOSÉ RAÍNHO), o Acórdão do TRL de 9 de Dezembro de 2015, Proc. 16770/15.9T8SNT-B.L1-6 (Relatora: MARIA DE DEUS CORREIA), o Acórdão do TRL de 3 de Novembro de 2015, Proc. 1161/15.OT8VFX-E.L1-1 (Relatora: ROSÁRIO GONÇALVES), o Acórdão do TRP de 26 de Março de 2015, Proc. 89/15.8T8AMT-C.P1 (Relator: LEONEL SERÔDIO), o Acórdão do TRC de 8 de Julho de 2015, Proc. 801/14.2TBPBL-C.Cl (Relator: ANTÓNIO MAGALHÃES), e o Acórdão do TRE de 15 de Julho de 2015, Proc. 529/14.3T8STB-E.E (Relator: RUI MACHADO E MOURA). Diz-se no sumário do primeiro: "I. O requerimento do administrador judicial provisório tendente à declaração de insolvência do devedor no contexto dos nºs 3 e 4 do art. 17º-G do CIRE não equivale ao pedido de insolvência por apresentação do devedor. II. Não é aplicável, neste caso e a despeito da remissão constante do nº 4, o segmento

OS INSTRUMENTOS DE RECUPERAÇÃO DE EMPRESAS PRÉ-INSOLVENTES

Admite-se que a declaração de insolvência resulte imediata ou automaticamente do parecer do administrador numa única situação: quando a empresa, ouvida pelo administrador judicial provisório, se pronuncia, ela próprio, no sentido da sua insolvência. Só nesta hipótese deve admitir-se que o requerimento do administrador judicial provisório seja equiparado a uma apresentação à insolvência. Podendo dar-se a insolvência por confessada, nos termos do art. 28.º, bem se compreende que ela seja imediatamente declarada no (subsequente) processo de insolvência[637].

A um resultado próximo chegou já o Tribunal Constitucional em dois casos, julgando inconstitucional, por violação do art. 20.º, n.ºs 1 e 4, conjugado com o art. 18.º, n.º 2, da CRP, a norma do artigo 17.º-G, n.º 4, quando interpretada no sentido de o parecer do administrador judicial provisório que conclua pela situação de insolvência equivaler, por força do disposto no artigo 28.º, ainda que com as necessárias adaptações, à apresentação à insolvência por parte da empresa, quando esta discorde da caracterização da sua situação como insolvência[638].

Diga-se, para fechar o assunto, que a interpretação que vem sendo preconizada comporta uma importante vantagem prática: assegura a aplicação de uma solução uniforme para as hipóteses em que o PER se encerra existindo processo de insolvência suspenso e para as restantes hipóteses.

Na hipótese em que o PER se encerra existindo processo de insolvência suspenso, o tribunal deve suspender o processo de insolvência que se abre na sequência do requerimento do administrador judicial provisório e fazer prosseguir o processo de insolvência suspenso, que é anterior. Aplica-se aqui, por analogia, a norma do art. 8.º, n.º 2, o que, entre outras coisas, repre-

---

inicial do art. 28º do CIRE, pelo que não existe reconhecimento pelo devedor da sua situação de insolvência. III. Os nºs 3 e 4 do art. 17º-G do CIRE, ao determinarem a insolvência a requerimento do administrador judicial provisório sem prévia audição judicial do devedor e sem que este tenha aceitado a situação de insolvência, padecem de inconstitucionalidade por violação dos princípios contidos nos nºs 1 e 4 do art. 20º da CRP. IV. Declarada a insolvência nestas circunstâncias, o recurso contra a decisão não supre a omissão do contraditório, nem cabe legalmente ao devedor a possibilidade de exercer o contraditório subsequente mediante oposição por embargos. V. Por efeito da referida inconstitucionalidade, impõe-se o exercício do contraditório mediante a aplicação, por analogia, dos art.s 30º e 35º do CIRE".

[637] Cfr., neste sentido, RITA FABIANA DA MOTA SOARES, "As consequências da não aprovação do plano de recuperação", cit., pp. 99-106.

[638] Cfr. o Acórdão do TC n.º 401/2017, de 12 de Julho (Relatora: MARIA JOSÉ RANGEL DE MESQUITA), e o Acórdão do TC n.º 771/2017, de 16 Novembro (Relatora: FÁTIMA MATA-MOUROS).

LIÇÕES DE DIREITO DA INSOLVÊNCIA

senta um importante ganho na economia processual[639]-[640]. Ora, quando o processo de insolvência suspenso retoma os seus termos, retoma os seus termos, justamente, na fase de oposição ao pedido de declaração de insolvência (recorde-se que o processo de insolvência só pode ser suspenso por força da abertura do PER quando ainda não foi preferida a sentença de declaração de insolvência). A empresa mantém, portanto, todos os seus direitos de defesa, podendo opor-se ao pedido. Não haveria motivo para que assim não acontecesse nos restantes casos[641].

---

[639] Cfr. CATARINA SERRA, "Revitalização – A designação e o misterioso objecto designado. O processo homónimo (PER) e as suas ligações com a insolvência (situação e processo) e com o SIREVE", cit., p. 93.

[640] Cfr., no mesmo sentido, FÁTIMA REIS SILVA, *Processo Especial de Revitalização – Notas Práticas e Jurisprudência Recente*, cit., p. 56 e p. 73, e, desenvolvidamente e de forma muito convincente, RITA FABIANA DA MOTA SOARES, "As consequências da não aprovação do plano de recuperação", cit., pp. 99-106. Cfr., em sentido diverso, ANA PRATA/JORGE MORAIS CARVALHO/RUI SIMÕES, *Código da Insolvência e da Recuperação de Empresas*, cit., p. 70 (o processo de insolvência suspenso não deve ser retomado). Também no sentido propugnado existe já abundante jurisprudência. Veja-se o Acórdão do STJ de 17 de Novembro de 2015, Proc. 1250/14.8T8AVR-A. P1.S1 (Relator: JÚLIO VIEIRA GOMES), o Acórdão do STJ de 8 de Setembro de 2015, Proc. 5649/12.6TBLRA-N.C1.S1 (Relator: JOÃO CAMILO), o Acórdão do TRC de 10 de Março de 2015, Proc. 5204/13.3TBLRA-C.C1 (Relator: FONTE RAMOS), o Acórdão do TRC de 24 de Setembro de 2013, Proc. 995/12.1TBVNO-C.C1 (Relator: AVELINO GONÇALVES), o Acórdão do TRG de 9 de Julho de 2015, Proc. 2898/14.6TBBRG-C.G1 (Relator: CARVALHO GUERRA), e o Acórdão do TRE de 16 de Janeiro de 2014, Proc. 988/13.1TBPTM-A.E1 (Relator: FRANCISCO XAVIER). Diz-se no sumário do último: "A norma do n.º 2 do artigo 8º do CIRE, que determina a suspensão da instância se contra o mesmo devedor correr processo de insolvência instaurado por outro requerente cuja petição inicial tenha primeiramente dado entrada em juízo, é aplicável, mesmo no caso de o processo de insolvência mais recente ter resultado da conversão do Processo Especial de Revitalização". Veja-se, em sentido contrário, entre outros, o Acórdão do TRC de 18 de Dezembro de 2013, Proc. 5649/12.6TBLRA-C.C1 (Relator: FALCÃO DE MAGALHÃES), e o Acórdão do TRC de 12 de Março de 2013, Proc. 6070/12.1TBLRA-A.C1 (Relatora: ALBERTINA PEDROSO) (ambos sustentando que mesmo quando exista processo de insolvência suspenso a insolvência é decretada no próprio PER e este se convola em processo de insolvência).

[641] Na jurisprudência, veja-se, com a (mesma) preocupação de uniformização dos efeitos do parecer do administrador nas hipóteses em que existe processo de insolvência suspenso e aquelas em que tal processo não existe, mas defendendo uma tese diferente, isto é, de que, por isso, em qualquer caso, a declaração de insolvência deve ser imediatamente proferida pelo juiz do PER, o Acórdão do TRC de 18 de Dezembro de 2013, Proc. 5649/12.6TBLRA-C.C1 (Relator: FALCÃO DE MAGALHÃES).

OS INSTRUMENTOS DE RECUPERAÇÃO DE EMPRESAS PRÉ-INSOLVENTES

Apesar do entendimento adoptado quanto ao art. 17.º-G, não fica o parecer do administrador judicial provisório desprovido de utilidade, continuando a desempenhar duas importantes funções, como decorre implicitamente do que já se disse.

A primeira é a de, quando o seu parecer seja no sentido da insolvência da empresa, o administrador judicial provisório fica constituído na obrigação de requerer a respectiva declaração de insolvência. O requerimento de declaração de insolvência reforça a ideia de que não há, em rigor, aquilo que costuma designar-se "conversão" ou "convolação" de processos mas sim, simplesmente, um processo que se segue a outro[642]. Indo mais longe, não será proferida uma declaração de insolvência imediata, nem em PER nem em processo de insolvência que seja subsequentemente aberto[643]-[644].

Adicionalmente, e uma vez que, nesta hipótese, o PER vem a ser apensado ao processo de insolvência, o parecer do administrador funciona como um dos elementos a considerar pelo juiz para a decisão final sobre a insolvência da empresa. Vindo de alguém que acompanhou de próximo e durante algum tempo a empresa, este é um elemento que, não sendo ou não devendo ser único ou absolutamente decisivo, é um elemento relevante para o juiz formar uma convicção quanto à situação em que se encontra a empresa[645].

102. Homologação do plano de recuperação

Uma vez realizada a votação e aprovado o plano, cabe ao administrador judicial provisório remeter ao juiz a documentação necessária para comprovar a

---

[642] Cfr., também neste sentido, por exemplo, Luís CARVALHO FERNANDES/JOÃO LABAREDA, *Código da Insolvência e da Recuperação de Empresas Anotado. Sistema de Recuperação de Empresas por Via Extrajudicial (SIREVE) Anotado. Legislação Complementar*, cit., p. 176.

[643] Quer dizer: indo mais longe do que em posição manifestada antes [cfr. CATARINA SERRA, "Revitalização – A designação e o misterioso objecto designado. O processo homónimo (PER) e as suas ligações com a insolvência (situação e processo) e com o SIREVE", cit., p. 101].

[644] Criticando a solução oposta (a declaração imediata de insolvência) mas, aparentemente, conformando-se com a realidade, cfr. ALEXANDRE SOVERAL MARTINS, "O P.E.R. (Processo Especial de Revitalização)", cit., pp. 38-39, e *Um Curso de Direito da Insolvência*, cit., pp. 492-494.

[645] Na jurisprudência, veja-se, salientando a posição ideal que o administrador judicial provisório ocupa para se pronunciar sobre a situação em que, a final, se encontra o devedor, o Acórdão do TRP de 12 de Novembro de 2013, Proc. 1782/12.2TJPRT.P1 (Relator: JOÃO DIOGO RODRIGUES).

LIÇÕES DE DIREITO DA INSOLVÊNCIA

sua aprovação e, quando não haja unanimidade, os próprios votos dos credores (cfr. art. 17.º-F, n.ºs 4 e 6).

O juiz deve, então, apreciar o plano com vista a decidir se o homologa ou se recusa a sua homologação (cfr. art. 17.º-F, n.º 7). Como é sabido, a homologação judicial é a *conditio sine qua non* para a eficácia universal do plano.

Diz-se no art. 17.º-F, n.º 7, que a decisão sobre a homologação deve ser tomada pelo juiz nos dez dias seguintes à recepção dos documentos que lhe são remetidos pela empresa e pelo administrador judicial provisório.

Existe, contudo, uma remissão, na parte final da norma, para as regras constantes do Título IX do Código da Insolvência e da Recuperação de Empresas. São referidos, em especial, os arts. 194.º a 197.º, o art. 198.º, n.º 1, os arts. 200.º a 202.º, e os arts. 215.º e 216.º, mas isso não prejudica a eventual relevância de outros. Com base nisto, é possível equacionar a aplicabilidade da norma do art. 214.º, que estabelece que a sentença homologatória do plano de insolvência só pode ser proferida decorridos, pelo menos, dez dias sobre a data da respectiva aprovação.

Deve recusar-se firmemente tal hipótese. Em consonância com o que se disse a propósito do direito aplicável ao PER, a remissão para as normas do plano de insolvência não pode concorrer e nem muito menos contrariar aquilo que está previsto na disciplina própria do PER. Ora, por algum motivo a norma do art. 214.º não figura entre as normas especialmente aplicáveis: ela está em oposição directa com o disposto no art. 17.º-F, n.º 7.

Entende-se, portanto, que, ao contrário daquilo que acontece com o plano de insolvência (em que o juiz não pode proferir a sentença homologatória antes de decorridos, pelo menos, dez dias), no PER, o juiz pode proferir a sentença a qualquer momento dentro dos dez dias subsequentes à data da recepção daquela documentação. Tem sido esta também a resposta generalizada da jurisprudência portuguesa[646]. Diga-se, aliás, que esta posição é a que melhor se coaduna com o carácter tendencialmente mais célere do PER relativamente ao processo de insolvência.

Com fundamento naquela remissão do art. 17.º-F, n.º 7, tem sido equacionada igualmente, como se sabe, a aplicação genérica ou indiscriminada das normas do Título IX, sobre o plano de insolvência (cfr. arts. 192.º a 222.º).

---

[646] Veja-se, no mesmo sentido, o Acórdão do TRL de 8 de Maio de 2014, Proc. 1876/12.4TBCLD--C.L1-2 (Relatora: TERESA ALBUQUERQUE), o Acórdão do TRC de 26 de Novembro de 2013, Proc. 1785/12.7TBTNV.C1 (Relator: ARLINDO OLIVEIRA), e o Acórdão do TRE de 22 de Outubro de 2015, Proc. 949/14.3T8STB (Relator: MANUEL BARGADO).

OS INSTRUMENTOS DE RECUPERAÇÃO DE EMPRESAS PRÉ-INSOLVENTES

O regime compõe-se de normas que regulam, entre outras matérias, a legitimidade para a apresentação da proposta de plano de insolvência (cfr. art. 193.º), o conteúdo do plano (cfr. arts. 195.º a 205.º), a não admissão da proposta de plano (cfr. art. 207.º), a convocação da assembleia de credores para discutir e votar a proposta de plano (cfr. art. 209.º), os quóruns exigidos para a aprovação do plano (cfr. art. 212.º), a não homologação oficiosa (cfr. art. 215.º), a não homologação a solicitação dos interessados (cfr. art. 216.º), os efeitos gerais da homologação judicial do plano (cfr. art. 217.º), o incumprimento do plano (cfr. art. 218.º) e a fiscalização do plano (cfr. art. 220.º).

Salta à vista que nem todas as normas referidas – e por isso nem todas as normas constantes do Título IX – podem ser aplicadas ao PER. São paradigmáticos os exemplos do art. 209.º (não há no PER assembleia para discutir e votar a proposta de plano) e do art. 220.º (não há fiscalização do plano obtido no PER).

Em contrapartida, para que o juiz possa apreciar a conformidade legal do plano e decidir se homologa ou recusa a sua homologação, é preciso convocar outras normas para lá das constantes do Título IX. Cabem neste grupo, por exemplo, o art. 73.º, n.º 1 (fixando o critério geral de atribuição do número de votos a cada crédito).

Depois do que se disse a propósito do direito aplicável ao PER e se reiterou noutros pontos, nem uma nem outra conclusão devem surpreender. A disciplina do processo de insolvência e, em especial, do plano de insolvência tem, em princípio, carácter subsidiário relativamente ao direito primário do PER, pelo que a aplicação de determinada norma do processo de insolvência só deve ter lugar quando fique demonstrado, primeiro, que ela é necessária para regular uma situação não prevista e, segundo, que a sua aplicação, com as adaptações devidas, não é incompatível com o direito primário do PER.

Dito isto, as normas da disciplina do plano de insolvência relevantes para a decisão de homologação do plano de recuperação do PER são, com efeito, as normas que são objecto de menção legal expressa/especial: por um lado, os arts. 194.º a 197.º, o art. 198.º, n.º 1, os arts. 200.º a 202.º, que respeitam ao conteúdo do plano mas apenas o que se dirija à reestruturação do passivo, e, por outro, os arts. 215.º e 216.º, que, sendo também objecto de remissão no art. 17.º-F, n.º 3, desempenham uma função de orientação do juiz em matéria de homologação do plano, ainda que, de certo modo, pela negativa. Por força destas últimas, o juiz fica obrigado à rejeição do plano de recuperação em determinadas situações: violação grave da lei e sacrifício ou benefício injustificado de algum sujeito, em resultado do plano.

LIÇÕES DE DIREITO DA INSOLVÊNCIA

Compreensivelmente, cabe à lei – a mesma lei que faz prevalecer sobre a regra do consentimento individual (típica dos contratos) a regra do consentimento colectivo (característica dos processos tradicionais de insolvência[647]) – fixar os limites desta prevalência.

Trata-se, por um lado, de, através do art. 215.º, garantir a legalidade do acordo. Trata-se, por outro, de assegurar, através do art. 216.º, uma tutela mínima das minorias (*Minderheitenschutz*). Apesar da presunção de que o acordo mais favorável a todos é o acordo aprovado pela maioria, deve admitir-se prova em contrário, ou seja, a demonstração de que o acordo é injustificadamente desfavorável ou favorável a alguns dos sujeitos envolvidos. Neste caso – e só neste caso – os interesses colectivos devem ceder perante os interesses privados.

A homologação do plano corresponde, em síntese, à certificação, pelo juiz, da conformidade legal do plano, prevendo o art. 215.º a recusa oficiosa de homologação "quando exista uma violação não negligenciável de regras procedimentais ou das normas aplicáveis ao [...] conteúdo [do plano], qualquer que seja a sua natureza". Isto significa que, se o plano contiver medidas que contrariem normas imperativas, não pode ter lugar, em princípio, a sua homologação. Mas terá de ser exactamente assim? Não será esta solução, por vezes, desproporcionada, sobretudo considerando o interesse da recuperação? A questão tem sido particularmente discutida a propósito das cláusulas modificativas dos créditos laborais e dos créditos tributários.

102.1. A homologação do plano e os créditos laborais

Quando as medidas previstas no plano de recuperação incidem sobre créditos laborais, é dispensável dizer que o plano deve ser apreciado com especial cuidado. É preciso aferir da conformidade do plano às regras especialmente aplicáveis e, designadamente, verificar se as medidas previstas no plano não implicam desvios ao quadro constitucional de tutela dos créditos laborais, estabelecido no art. 59.º da CRP e concretizado em várias disposições, tanto do Código do Trabalho, como de outros diplomas[648].

---

[647] Cfr. FRANCISCO J. GARCIMARTÍN, "The review of the Insolvency Regulation: Hybrid procedures and other issues", cit., pp. 128 e s.

[648] Esta tutela especial ou reforçada dos créditos laborais pode ilustrar-se através da irredutibilidade da retribuição [art. 129.º, n.º 1, al. *d*) do CT], da (tendencial) impossibilidade de compensação de créditos envolvendo a retribuição durante a pendência do contrato ou de descontos a esta por causa de créditos que o empregador detenha sobre o trabalhador (cfr.

OS INSTRUMENTOS DE RECUPERAÇÃO DE EMPRESAS PRÉ-INSOLVENTES

A inclusão, no plano de recuperação, de certas providências afectando os créditos laborais, como o perdão total ou de parte considerável da dívida (muitas vezes igual ou superior a cinquenta por cento) ou o estabelecimento de períodos de carência muito longos (de várias dezenas de meses após a homologação do plano), é especialmente digna de atenção, pois pode consubstanciar a violação dos princípios da *irredutibilidade* da retribuição [cfr. art. 129.º, n.º 1, al. *d*), do CT], da *irrenunciabilidade* de certos créditos (derivados, por exemplo, de acidentes de trabalho e doenças profissionais) e da *indisponibilidade*, em geral, dos créditos emergentes do contrato de trabalho e dos créditos decorrentes da sua violação e da sua cessação.

Não é possível traçar linhas gerais a partir das respostas dadas pela jurisprudência portuguesa, variando a solução, compreensivelmente, consoante a natureza dos créditos e o tipo de modificações previstas no plano.

Já se considerou que os créditos resultantes de acidente de trabalho (créditos infortunísticos) não podem ser afectados no PER, dada a sua *irrenunciabilidade* e que, não estando o credor dispensado de os reclamar no processo de insolvência (até por causa da sub-rogação), a sua não reclamação não tem efeitos preclusivos no PER[649]. E já se considerou que a redução do valor, a modificação dos prazos de vencimento e a determinação da forma de pagamento por meio do plano de recuperação dos créditos emergentes da vio-

---

art. 279.º do CT), da irrenunciabilidade e da indisponibilidade dos créditos remuneratórios (cfr. art. 280.º do CT), dos limites às sanções disciplinares de natureza patrimonial [cfr. art. 328.º, n.º 3, al. *a*), do CT], das garantias especiais (os privilégios creditórios) de que gozam os créditos laborais (cfr. art. 333.º, n.º 1, do CT), do regime especial de prescrição dos créditos laborais (prazo de um ano a partir do dia seguinte à cessação do contrato e não a partir da data do vencimento, como é a regra geral de Direito Civil) (cfr. art. 337.º, n.º 1, do CT) e, por fim, da impenhorabilidade parcial da retribuição [cfr. art. 824.º, n.º 1, al. *a*), do CPC]. Para uma enumeração mais completa de exemplos cfr. ANA RIBEIRO COSTA, "Os créditos laborais no processo especial de revitalização", cit., pp. 68-71. Recorde-se, por fim, que no quadro normativo anterior, a alteração dos créditos laborais pelas providências de recuperação estava sujeita a fortes condicionamentos. Nomeadamente, o art. 62.º, n.ºs 1 e 3, do CPEREF determinava que "[a]s providências [de recuperação] que envolvam a extinção ou a modificação dos créditos sobre a empresa são apenas aplicáveis aos créditos comuns e aos créditos com garantia prestada por terceiro [...]" e que "[q]ualquer redução do valor dos créditos dos trabalhadores deverá ter como limite a medida da sua penhorabilidade e depender do acordo expresso deles". Por outras palavras, a recuperação não tinha qualquer impacto nos créditos laborais, a não ser quando os trabalhadores dessem o seu consentimento expresso.

[649] Cfr., por exemplo, o Acórdão do TRG de 25 de Junho de 2015, Proc. 309/09.8TTBCL-C. P1.G1 (Relator: ANTERO VEIGA).

LIÇÕES DE DIREITO DA INSOLVÊNCIA

lação e da cessação de contrato de trabalho, mesmo sem acordo do credor, não constituem violação do princípio da *irredutibilidade* do salário pois não constituem retribuições em sentido próprio[650].

Seja como for, a admissibilidade de certas modificações aos créditos laborais causa reservas. Uma é a eliminação ou a redução das garantias legalmente previstas para os créditos laborais (os privilégios creditórios previstos no art. 333.º do CT). Outra é a previsão do pagamento das compensações devidas aos trabalhadores por despedimento para além do período de seis meses após a cessação do contrato (por via de moratórias, planos de pagamento em prestações ou períodos de carência), uma vez que tal deixa os trabalhadores numa situação de absoluta indefesa, impedindo-os de exercer os direitos que a lei predispôs para poderem reagir à eventual violação das regras aplicáveis pelo empregador[651]. Recorde-se que o art. 388.º, n.º 2, do CT estabelece que o despedimento colectivo deve ser impugnado no prazo de seis meses a contar da cessação do contrato de trabalho, havendo o risco de o trabalhador ficar impossibilitado de impugnar o despedimento colectivo com fundamento na ilicitude por falta de pagamento das compensações devidas [cfr. art. 383.º. al. *c*), do CT][652].

À margem destas considerações, relacionadas com o valor *absoluto* dos créditos laborais, existe um juízo de ponderação que deve também ter lugar – sobre o valor *relativo* dos créditos laborais. Trata-se, mais precisamente, de averiguar se as modificações impostas aos titulares de créditos laborais por intermédio do plano respeitam o princípio da igualdade, consagrado, entre outros pontos, na norma do art. 194.º. Como se disse, o princípio da igualdade tem uma dimensão material: devem ser tratadas igualmente situações iguais e distintamente situações distintas. Quando o tratamento distinto tem por base uma situação distinta não existe desconformidade com o princí-

---

[650] Cfr. por exemplo, o Acórdão do TRP de 27 de Janeiro de 2015, Proc. 375/13.1TYVNG.P1 (Relator: FRANCISCO MATOS).

[651] Uma referência (implícita) a esta situação é feita no Acórdão do TRP de 23 de Março de 2015, Proc. 645/14.1TTVNG-A.P1 (Relatora: MARIA JOSÉ COSTA PINTO).

[652] ANA RIBEIRO COSTA destaca também os riscos inerentes à previsão, no plano, do pagamento da compensação para além dos seis meses após a cessação do contrato. Nesta hipótese, o trabalhador fica, na prática, impossibilitado de impugnar o despedimento colectivo com fundamento na sua ilicitude por falta de pagamento da compensação devida [cfr. art. 383.º, al. *c*), do CT]. Segundo a autora, tal consubstancia, por isso, uma ilicitude do plano. Cfr. ANA RIBEIRO COSTA, "Os créditos laborais no processo especial de revitalização", cit., p. 80.

OS INSTRUMENTOS DE RECUPERAÇÃO DE EMPRESAS PRÉ-INSOLVENTES

pio da igualdade ou – o que significa o mesmo – existe uma desigualdade justificada[653].

A jurisprudência portuguesa foi instada, em várias ocasiões, a pronunciar-se e, mais uma vez, as respostas variaram consoante as circunstâncias do caso concreto. Não deixa, contudo, de se notar alguma divisão da jurisprudência quanto aos interesses em confronto ou, por outras palavras, que a jurisprudência portuguesa tem diferentes "pré-conceitos" quanto à protecção devida dos créditos laborais.

A posição ou o tratamento dos créditos laborais é, principalmente, confrontada com a posição ou o tratamento dos créditos de origens diferentes, como os das entidades bancárias, da Administração Tributária e da Segurança Social ou dos fornecedores e com a posição ou o tratamento dos créditos graduados em classes diferentes como os créditos garantidos[654] ou os créditos comuns[655].

---

[653] Tem-se discutido, neste contexto, o conceito de "credor estratégico", ou seja, a relevância do carácter estratégico de certos credores como justificação para o seu tratamento privilegiado. Teriam, alegadamente, carácter estratégico os credores cujos serviços são essenciais à continuidade da empresa, pois garantem a não interrupção dos seus fornecimentos e encontram-se dispostos a apoiar a empresa nesta fase de recuperação. Considerou-se que o carácter estratégico de determinados credores era insuficiente para derrogar o princípio da igualdade de tratamento dos credores de uma mesma classe no Acórdão do TRC de 17 de Março de 2015, Proc. 338/13.7TBOFR-A.C1 (Relator: HENRIQUE ANTUNES). No caso em apreciação, o plano aprovado previa que uns credores (estratégicos) obteriam a satisfação da totalidade do seu crédito de capital, enquanto outros, da mesma espécie, sofreriam uma redução do seu crédito em noventa por cento. Argumentou-se na sentença que, deste modo, a revitalização seria conseguida à custa do sacrifício grave ou severo de apenas alguns credores da mesma classe.

[654] Note-se que os créditos laborais não deixam também de ser créditos garantidos (beneficiando de um privilégio creditório especial).

[655] Já se confrontou, várias vezes, na jurisprudência a posição dos credores bancários e dos trabalhadores no âmbito do PER. Cfr., por exemplo, o Acórdão do TRG de 4 de Março de 2013, Proc. 3695/12.9TBBRG.G1 (Relator: ANTÓNIO SANTOS). Apreciando um plano de recuperação que discriminava favoravelmente os credores bancários e financeiros, afirmou-se neste Acórdão que "[n]enhuma justificação existe ou pode ser aceite para num processo de revitalização beneficiar manifesta e ostensivamente os credores bancários que não são sacrificados, quer em capital, quer em juros, em detrimento de um extenso rol de empresas, entidades públicas e privadas, prestadores de serviços e trabalhadores". Quando isto ocorre – conclui o Acórdão –, a não ser que tenha sido havido consentimento por parte do credor prejudicado, o plano aprovado viola claramente o princípio da igualdade entre credores previsto no art. 194.º, n.º 1, do CIRE e no art. 13.º da CRP, devendo o juiz recusar-se a homologar o plano.

LIÇÕES DE DIREITO DA INSOLVÊNCIA

Sem que daí seja possível retirar uma conclusão determinante, verifica-se que são numerosos – mais numerosos do que os restantes – os casos em que a jurisprudência considerou existir violação injustificada do princípio da igualdade e, portanto, recusou a homologação do plano[656]. Mas também há casos em que, considerando as diferenciações justificadas por razões objectivas, se decidiu que não existiria, em concreto, impedimento à homologação do plano[657].

Reencontram-se, nesta última jurisprudência, alguns dos argumentos que ajudaram a criar a convicção de que, no domínio do Direito da Insolvência, a tutela dos interesses laborais é uma tutela reflexa, dependente da eficácia, em concreto, dos mecanismos destinados a prevenir e a evitar a extinção das empresas (em suma: a assegurar a sua continuidade)[658]-[659].

[656] Integram-se neste grupo o Acórdão do STJ de 7 de Fevereiro de 2017, Proc. 5512/15.9T8CBR.C1.S1 (Relator: NUNO CAMEIRA), o Acórdão do TRL de 9 de Julho de 2015, Proc. 14 539/15.0T8LSB-B.L1-2 (Relator: OLINDO GERALDES), o Acórdão do TRP de 14 de Março de 2017, Proc. 1767/16.0T8AVR.P1 (Relator: RODRIGUES PIRES), o Acórdão do TRP de 28 de Abril de 2015, Proc. 506/14.4TYVNG.P1 (Relator: FRANCISCO MATOS), o Acórdão do TRC de 2 de Fevereiro de 2016, Proc. 2935/15.7T8CBR.C1 (Relatora: MARIA JOÃO AREIAS), o Acórdão do TRG de 27 de Abril de 2017, Proc. 1933/16.8T8VNF.G1 (Relatora: ANA CRISTINA DUARTE), o Acórdão do TRG de 4 de Abril de 2017, Proc. 3820/15.8T8VNF.G1 (Relatora: MARIA DOS ANJOS NOGUEIRA), o Acórdão do TRG de 19 de Junho de 2014, Proc. 404/13.9TBBCL.G2 (Relatora: HELENA MELO), o Acórdão do TRG de 17 de Dezembro de 2013, Proc. 774/13.9TBGMR.G1 (Relator: PAULO DUARTE BARRETO), e o Acórdão do TRG de 25 de Novembro de 2013, Proc. 6148/12.1TBBRG.G1 (Relatora: MANUELA FIALHO).

[657] Deste lado estão o Acórdão do STJ de 25 de Março de 2014, Proc. 6148/12.1TBBRG. G1.S1 (Relator: FONSECA RAMOS), o Acórdão do TRP de 13 de Abril de 2015, Proc. 974/13.1TYVNG.P2 (Relatora: RITA ROMEIRA), o Acórdão do TRG de 18 de Junho de 2013, Proc. 743/12.6TBVVD.G1 (Relatora: ROSA TCHING), e o Acórdão do TRG de 4 de Março de 2013, Proc. 3695/12.9TBBRG.G1 (Relator: ANTÓNIO SANTOS).

[658] A convicção foi formada na vigência do quadro legislativo anterior, mas são válidas, com as devidas adaptações, as palavras pronunciadas nessa altura: "[a]pesar de constituírem, como vimos, um grupo de sujeitos titular de uma complexa esfera de interesses, o Código dos Processos Especiais de Recuperação da Empresa e de Falência concebeu os trabalhadores quase exclusivamente como credores. Desconsiderou-se, como vimos, o interesse dos trabalhadores na conservação dos postos de trabalho como interesse colectivo autónomo. Na exclusiva qualidade de prestadores de trabalho, os trabalhadores não têm possibilidade de participar nos processos, nem directamente, nem através da comissão de trabalhadores. Quando muito, beneficiam dos efeitos-reflexo da tutela do interesse da manutenção da unidade empresarial, o que se traduz na probabilidade de os seus contratos se manterem enquanto a empresa se mantiver em laboração. E, todavia, perante a crise da empresa, mais do que com os créditos

OS INSTRUMENTOS DE RECUPERAÇÃO DE EMPRESAS PRÉ-INSOLVENTES

Subjacente está a ideia de que os trabalhadores serão recompensados através da recuperação, que a mera existência de um plano de recuperação significa que, pelo menos durante algum tempo, a empresa continua em actividade e os trabalhadores mantêm, em princípio, os seus postos de trabalho; no final, se o plano de recuperação for bem-sucedido, o perigo de despedimentos desaparece ou torna-se mais reduzido, o que bastará para realizar os interesses dos trabalhadores[660].

A pergunta óbvia é: será que esta "recompensa" (futura e eventual) autoriza as múltiplas limitações entretanto infligidas aos direitos laborais?

Considerando tudo o que fica exposto, é legítimo manifestar reservas.

102.2. A homologação do plano e os créditos tributários

Relativamente aos créditos tributários, aquilo que se discute, concretamente, é se é admissível que o plano preveja perdões, reduções de valor,

---

vencidos, os trabalhadores estão, em princípio, preocupados é com o risco de perda definitiva da sua fonte de rendimentos futuros. Critica-se, em suma, a pouca atenção especializada à dimensão laboral no CPEREF". Cfr. Catarina Serra, "A crise da empresa, os trabalhadores e a falência", *cit.*, pp. 439-440.

[659] Diz-se, por exemplo, no Acórdão do TRP de 13 de Abril de 2015, Proc. 974/13.1TYVNG.P2 (Relatora: Rita Romeira), que "uma solução que permita salvaguardar a manutenção de postos de trabalho, em alternativa à colocação na situação de desemprego de todos os trabalhadores, na actual conjuntura, assume enorme relevância, pois, enquadra-se na filosofia geral da lei, que privilegia a manutenção do devedor no giro comercial, relegando para segundo plano a liquidação do seu património sempre que se mostre viável a sua recuperação". Diz-se a mesma coisa, por outras palavras, no Acórdão do TRG de 18 de Junho de 2013, Proc. 743/12.6TBVVD.G1 (Relatora: Rosa Tching), que "[o] regime insolvencial não pode ficar indiferente a uma solução que, em lugar da pura e imediata liquidação da massa insolvente, permita salvaguardar a manutenção de um número expressivo de postos de trabalho, em alternativa à colocação na situação de desemprego de todos os trabalhadores". Este argumento é, não obstante, contrariado no Acórdão do TRG de 27 de Abril de 2017, Proc. 1933/16.8T8VNF.G1 (Relatora: Ana Cristina Duarte), onde se diz: "os fins subjacentes ao processo de revitalização, de manutenção de empresas e postos de trabalho [...] não se pode sobrepor ao princípio da igualdade dos credores".

[660] Parafraseando o Acórdão do TRL de 9 de Maio de 2013, Proc. 1008/12.9TYLSB.L1-8 (Relatora: Isoleta Almeida Costa), "[a] regra [será, assim,] a de privilegiar tudo o que não contrarie o interesse público, ligado ao funcionamento da economia e à satisfação dos interesses do colectivo de credores, de evitar a liquidação de patrimónios e o desaparecimento de agentes económicos e, consequentemente, de propiciar o êxito da revitalização do devedor".

LIÇÕES DE DIREITO DA INSOLVÊNCIA

moratórias ou outros condicionamentos deste tipo de créditos[661]. No que toca, em particular, aos créditos tributários, está em causa o disposto nos art. 30.º, n.ºs 2 e 3, da LGT bem como noutras normas compreendidas no regime tributário[662].

No n.º 2 do art. 30.º da LGT determina-se que "[o] crédito tributário é indisponível, só podendo fixar-se condições para a sua redução ou extinção com respeito pelo princípio da igualdade e da legalidade tributária" e no n.º 3, aditado pela Lei do Orçamento de Estado (OE) para 2011, acrescenta-se que "[o] disposto no número antedito prevalece sobre qualquer legislação especial". Resulta disto, aparentemente, que os créditos tributários gozam de um regime de excepção[663].

Por mais que este regime de excepção seja "desmentido" pela lei da insolvência[664], a verdade é que, depois do aditamento do n.º 3 ao art. 30.º da LGT[665], se tornou impossível contorná-lo com base no argumento habi-

---

[661] Embora o problema se ponha agora, até com maior premência, a propósito do plano de recuperação do PER, pôs-se, inicialmente, a propósito do plano de recuperação no âmbito do processo de insolvência. Cfr. o Acórdão do TRL de 17 de Julho de 2008 (Relator: NETO NEVES), o Acórdão do TRL de 6 de Julho de 2009 (Relator: MARIA DO ROSÁRIO MORGADO), o Acórdão do TRP de 6 de Novembro de 2008 (Relator: CARLOS PORTELA), o Acórdão do TRP de 10 de Setembro de 2009 (Relator: TELES DE MENEZES), o Acórdão do TRP de 2 de Fevereiro de 2010 (Relator: CANELAS BRÁS), o Acórdão do TRP de 9 de Fevereiro de 2010 (Relator: RODRIGUES PIRES) e o Acórdão do TRG de 9 de Julho de 2009 (Relator: MARIA ROSA OLIVEIRA TCHING).

[662] Cfr. arts. 36.º, n.ºs 2 e 3, da LGT e arts. 196.º e 199.º do CPPT.

[663] Nos arts. 30.º, n.ºs 2 e 3, e 36.º, n.ºs 2 e 3, da LGT consagram-se, fundamentalmente, o princípio da indisponibilidade e o princípio da legalidade dos créditos tributários. Nos arts. 196.º e 199.º do CPPT estabelece-se o regime jurídico de pagamento em prestações das dívidas tributárias.

[664] O art. 196.º, n.º 1, enumera as providências com incidência sobre o passivo que o plano de insolvência pode conter. O art. 197.º estabelece o regime supletivo de certos créditos. Em nenhum ponto do regime jurídico do plano de insolvência existe qualquer regime imperativo dirigido à salvaguarda dos créditos tributários. As normas mencionadas confirmam a ideia que resulta deste silêncio: para os efeitos do plano, os créditos tributários não se distinguem dos outros créditos.

[665] Foi a Lei n.º 55-A/2010, de 31 de Dezembro, que aditou o n.º 3 à norma do art. 30.º da LGT, dando origem à consagração expressa da prevalência do princípio da indisponibilidade dos créditos tributários mesmo nos casos de legislação especial (cfr. art. 123.º da Lei n.º 55-A/2010). Diga-se que a Lei n.º 55-A/2010 veio ainda, em sede de "[d]isposições transitórias no âmbito da Lei Geral Tributária", estender a aplicabilidade da norma aos "processos de insolvência que se encontrem pendentes e ainda não tenham sido objecto de homologação"

442

tualmente usado pelos tribunais portugueses – de que a lei especial (a lei da insolvência) afasta a lei geral (lei tributária)[666].

Sendo a recuperação de empresas uma das funções irrenunciáveis de qualquer lei actual da insolvência, não é desrazoável, contudo, sustentar-se uma leitura restritiva das normas que compõem o regime tributário. Tal leitura é válida tanto no contexto do plano de recuperação do processo de insolvência como, por maioria de razão, no contexto do plano de recupera-ção do PER (sendo o PER, por excelência, um processo de recuperação e

(cfr. art. 125.º Lei n.º 55-A/2010). O legislador queria provavelmente referir-se, não aos *processos* de insolvência, como por precipitação se refere, mas aos *planos* de insolvência, dado que são estes últimos que são objecto de homologação judicial.

[666] Antes deste aditamento, tinha-se consolidado, nos tribunais portugueses, o entendimento de que não existia, nestes casos, uma violação de normas imperativas por vontade das partes ou dos credores mas sim a necessidade de observar um regime especial criado pelo próprio legislador, sendo, por isso, legítimas quaisquer alterações aos créditos do Estado mesmo sem o consentimento deste. Cfr. os Acórdãos do STJ de 13 de Janeiro de 2009 (Relator: FONSECA RAMOS), de 4 de Junho de 2009 (Relator: ÁLVARO RODRIGUES) e de 2 de Março de 2010 (Relator: SILVA SALAZAR). Afirma-se, por exemplo, neste último, que "[n]ão há violação do princípio da legalidade fiscal, nem do princípio da igualdade, uma vez que não existe violação de normas fiscais imperativas por vontade das partes ou dos credores, mas observância de um regime especial criado pelo próprio legislador e plasmado no CIRE, em ordem a consagrar a igualdade de tratamento para todos os credores do insolvente e em que a lei prevê a possibili-dade de os créditos do Estado serem despojados de privilégios, mesmo sem a sua aquiescên-cia, inexistindo também, por isso, violação de qualquer princípio constitucional, nomeada-mente o estabelecido no art. 103.º, n.º 2, da CRP". Não há dúvida que, com aquelas alterações, o legislador pretendeu alargar o alcance da protecção aos créditos tributários. E, sem dúvida, atingiu um dos argumentos principais da jurisprudência: a cedência da lei geral (a lei tributá-ria) perante a lei especial (a lei da insolvência). A inflexão da posição dos tribunais portugue-ses foi quase imediata. Cfr. os Acórdãos do STJ de 15 de Dezembro de 2011 (Relator: SILVA GONÇALVES) e de 10 de Maio de 2012 (Relator: CUNHA RODRIGUES), os Acórdãos do TRP de 4 de Julho (Relator: ANABELA LUNA DE CARVALHO), de 7 de Julho (Relator: JOSÉ FERRAZ), de 13 de Julho de 2011 (Relator: SOARES DE OLIVEIRA), de 25 de Outubro (Relator: ANABELA DIAS DA SILVA) e de 14 de Novembro de 2011 (Relator: RUI MOURA), o Acórdão do TRC de 17 de Janeiro de 2012 (Relator: ALBERTO RUÇO) e os Acórdãos do TRG de 20 de Outubro de 2011 (Relator: AMÍLCAR ANDRADE) e de 27 de Fevereiro de 2012 (Relator: CONCEIÇÃO BUCHO). Cfr., contudo, ainda no sentido oposto, o Acórdão do TRC de 5 de Julho de 2011 (Relator: REGINA ROSA) e os Acórdãos do TRG de 18 de Outubro de 2011 (Relator: MARIA CATARINA R. GONÇALVES), de 6 de Março de 2012 (Relator: FIGUEIREDO DE ALMEIDA) e de 10 de Abril de 2012 (Relator: ANA CRISTINA DUARTE).

LIÇÕES DE DIREITO DA INSOLVÊNCIA

um processo pré-insolvencial)[667]. O argumento central é o da prevalência do sistema jurídico – de um sistema jurídico unitário e coerente – sobre a letra da lei. O que se entende é, mais simplesmente, que o texto expresso de uma norma não pode prevalecer, a todo o custo, sobre o sistema jurídico, não pode, designadamente, impor-se-lhe quando o contraria ou acarreta perturbações graves para a sua harmonia[668].

Mais fiel ao elemento literal, a jurisprudência portuguesa segue um caminho diverso para atingir um resultado próximo. Baseando-se na essência contratual do plano de recuperação, os tribunais superiores têm vindo a decidir a favor da homologação do plano de recuperação salvaguardando embora os créditos tributários. Mas, enquanto para uns, a solução passa pela inoponibilidade do plano aos créditos tributários[669], para outros, a solução

---

[667] A posição adoptada foi apresentada, há tempo, a propósito da homologação do plano de recuperação no âmbito do processo de insolvência. Cfr. CATARINA SERRA, "Créditos tributários e princípio da igualdade entre os credores – Dois problemas no contexto da insolvência de sociedades", in: *Direito das Sociedades em Revista*, 2012, vol. 8, pp. 75 e s. Depois disso, tem havido na doutrina alguns desenvolvimentos – em menos quantidade do que seria desejável mas, sem dúvida, com relevância. Cfr., por exemplo, JOAQUIM FREITAS DA ROCHA, "A blindagem dos créditos tributários, o processo de insolvência e a conveniência de um Direito Tributário flexível", in: CATARINA SERRA (coord.), *I Colóquio de Direito da Insolvência de Santo Tirso*, Coimbra, Almedina, 2014, pp. 181 e s.

[668] Como se diz, de forma contundente, no Acórdão do TRP de 2 de Fevereiro de 2010 (Relator: CANELAS BRÁS), "[o] Estado soberano que elaborou as leis que protegem os seus créditos de impostos e de contribuições à Segurança Social – com prazos, garantias e exigências próprias – é o mesmo Estado soberano que fez o CIRE, pelo que, aquando da elaboração deste, conhecia bem a existência daquelas. Daí que se não possa pensar que pretendeu um sistema absolutamente conflituante e que se anula à partida, pois que se se mantivessem num Plano de Insolvência todas aquelas regras que usualmente blindam os créditos do Estado, nenhuma empresa seria recuperável e o CIRE não serviria para nada".

[669] Na jurisprudência, veja-se, seguido a primeira tese *(maioritária)*, o Acórdão do STJ de 13 de Novembro de 2014, Proc. 217/11.2TBBGC-R.P1.S1 (Relator: FONSECA RAMOS), o Acórdão do STJ de 18 de Fevereiro de 2014, Proc. 1786/12.5TBTNV.C2.S1 (Relator: FONSECA RAMOS), o Acórdão do TRL de 14 de Janeiro de 2016, Proc. 295/14.2TBPTS.L1-6 (Relatora: ANABELA CALAFATE), o Acórdão do TRL de 30 de Abril de 2015, Proc. 2192-13.0TYLSB.L1-8 (Relatora: OCTÁVIA VIEGAS), o Acórdão do TRL de 8 de Maio de 2014, Proc. 7965/13.0T2SNT. L1-2 (Relatora: ONDINA CARMO ALVES), o Acórdão do TRL de 20 de Fevereiro de 2014, Proc. 174/13.0TYLSB-A.L1-6 (Relator: ANTÓNIO MARTINS), o Acórdão do TRP de 1 de Julho de 2014, Proc. 1021/13.9TJVNF.P1 (Relatora: MARIA DO CARMO RODRIGUES), o Acórdão do TRP de 20 de Maio de 2014, Proc. 3926/13.8TBVFR.P1 (Relatora: MARIA GRAÇA MIRA), o Acórdão do TRC de 9 de Setembro de 2014, Proc. 1556/12.0TBTMR.C1 (Relatora: SÍLVIA PIRES), o

OS INSTRUMENTOS DE RECUPERAÇÃO DE EMPRESAS PRÉ-INSOLVENTES

passa por presumir que a vontade hipotética ou conjectural das partes é no sentido de conservar o plano, portanto, pela expurgação das cláusulas incidentes sobre os créditos tributários[670]-[671]. Os entendimentos são, como se vê, alternativos: um pressupõe a validade do plano mas não reconhece a este eficácia absoluta; outro pressupõe a nulidade parcial do plano e propõe, consequentemente, a redução deste.

Contra a tese da ineficácia, alega-se que o plano de recuperação não deixa de ser eficaz perante os titulares de créditos tributários, permanecendo, nomeadamente, o Estado constituído na obrigação de restituir o IVA pago pelos restantes credores. Mas este um argumento demasiado "ligeiro" e, portanto, não decisivo. A ineficácia não é, de facto, uma sanção "subjectiva" ou dirigida indiscriminadamente a sujeitos e a todos os actos susceptíveis de os afectar, sendo feridos de ineficácia apenas os actos afectados pelo vício gerador da ineficácia.

Observando o princípio de que a sanção para as cláusulas que violem normas imperativas é a nulidade e não a ineficácia, a segunda tese parece, à par-

---

Acórdão do TRC de 24 de Junho de 014, Proc. 1969/13.0TBVIS.C1 (Relatora: REGINA ROSA), o Acórdão do TRC 25 de Março de 2014, Proc. 132/13.5T2AVR.C1 (Relatora: ALBERTINA PEDROSO), o Acórdão do TRG de 15 de Outubro de 2015, Proc. 1651/14.1TBBCL.G1 (Relatora: EVA ALMEIDA), o Acórdão do TRG de 9 de Julho de 2015, Proc. 715/14.6TBVVD.G1 (Relatora: ISABEL ROCHA), o Acórdão do TRG de 6 de Março de 2014, Proc. 643/13.2TBBCL-A. G1 (Relator: ESTELITA DE MENDONÇA), o Acórdão do TRG de 15 de Outubro de 2013, Proc. 8604/12.2TBBRG.G1 (Relatora: MANUELA FIALHO), e o Acórdão do TRG de 18 de Junho de 2013, Proc. 4021/12.2TBGMR.G1 (Relatora: ROSA TCHING), o Acórdão do TRE de 28 de Maio de 2015, Proc. 199/14.9TBACN-A.E1 (Relatora: CONCEIÇÃO FERREIRA), e o Acórdão do TRE de 29 de Janeiro de 2015, Proc. 77/14.1TBARL.E1 (Relatora: CONCEIÇÃO FERREIRA).

[670] Veja-se, defendendo a segunda tese *(minoritária)*, o Acórdão do STJ de 13 de Novembro de 2014, Proc. 3970/12.2TJVNF-A.P1.S1 (Relator: SALRETA PEREIRA), e o Acórdão do TRP de 14 de Abril de 2015, Proc. 1529/14.9TBPRD.P1 (Relator: VIEIRA E CUNHA).

[671] Paralelamente ao movimento geral, e em posição mais ou menos isolada, ainda há quem mantenha a tese da validade e da eficácia irrestritas do plano de recuperação não obstante as modificações aos créditos tributários. Na jurisprudência, veja-se, neste sentido, o Acórdão do TRE de 6 de Junho de 2013, Proc. 1.309/12.6 (Relator: CANELAS BRÁS). Caminho diferente mas também original seguiu o Acórdão do TRE de 4 de Fevereiro de 2016, Proc. 458/15.3T8STR.E1 (Relator: BERNARDO DOMINGOS), em que se decide que a sentença de homologação do plano contendo regras violadoras dos princípios da indisponibilidade e da legalidade tributária deve ser revogada, cabendo ao tribunal *a quo* fixar prazo para a elaboração de novo plano por forma a obter o consentimento da Autoridade Tributária para modificações que estejam em conformidade com a lei.

LIÇÕES DE DIREITO DA INSOLVÊNCIA

tida, mais correcta. Mas a verdade é que também ela depara com obstáculos, a começar pela solução da redução do plano. Como se sabe, a lei consagra uma presunção de divisibilidade do negócio jurídico sob o ponto de vista da vontade das partes (cfr. art. 292.º do CC), mas admite que se mostre que o negócio não teria sido concluído sem a parte viciada. Ora, o carácter atípico do negócio que está na base do plano de recuperação torna muito difícil, pelo menos em sede de recurso de revista, que possa dar-se por não demonstrado que os credores que aprovaram o plano o não aprovariam na ausência das cláusulas nulas.

Independentemente da tese que se adopte, cabe notar que elas conduzem, na prática, a resultados idênticos. Qualquer delas consegue, com efeito, minimizar os efeitos indesejáveis da imediata não homologação do plano na hipótese de modificação dos créditos tributários. Mas nenhuma das soluções é perfeita. Por um lado, o plano que vem, a final, a ser judicialmente homologado nestas condições não corresponde já, rigorosamente, ao plano aprovado pelos credores, o que suscita preocupações ao nível da tutela da confiança[672]. Por outro lado, o plano que vem a ser homologado pode ter perdido a sua aptidão para realizar a recuperação no caso concreto.

Atendendo a estes riscos, seria de toda a conveniência que, antes de decidir a homologação, o juiz convidasse a empresa e os credores privados a pronunciarem-se sobre o "novo" plano de recuperação (o plano relativizado nos seus efeitos ou reduzido). A homologação deveria, com efeito, ficar condicionada à confirmação de que, apesar de todas as vicissitudes sofridas, o plano continuava a ser desejado pela generalidade dos credores privados e a ter utilidade como via para a realização da recuperação da empresa. É esta, felizmente, já a prática adoptada nalguns tribunais de primeira instância[673].

102.3. A homologação do plano e as garantias prestadas por terceiro

Para assegurar o cumprimento das obrigações, é habitual a empresa apresentar, de forma voluntária ou a instância dos credores, garantias pessoais ou reais de terceiros. Sendo o plano de recuperação um instrumento de restrição das formas de satisfação dos créditos, todos os credores que beneficiam

---

[672] Cfr., no mesmo sentido, FÁTIMA REIS SILVA, *Processo Especial de Revitalização – Notas Práticas e Jurisprudência Recente*, cit., p. 67.

[673] Disto dá conta REINALDO MÂNCIO DA COSTA ["Os requisitos do plano de recuperação", cit., p. 265 (e nota 10)].

OS INSTRUMENTOS DE RECUPERAÇÃO DE EMPRESAS PRÉ-INSOLVENTES

destas garantias voltam a sua atenção para elas. Importa saber se elas são susceptíveis de ser modificadas pelo plano de recuperação.

As questões que se põem são, em bom rigor, duas. Trata-se, por um lado, de saber se o plano tem aptidão para alterar a relação entre o credor e o terceiro garante ou, mais exactamente, as formas de satisfação do credor junto do terceiro garante. Trata-se, por outro lado, de saber se, nada se dispondo em especial quanto aos garantes, as modificações introduzidas no plano quanto às formas de satisfação do crédito pela empresa se estendem (aproveitam) aos garantes.

Qualquer uma das questões tem recebido, por parte da jurisprudência portuguesa, uma resposta predominantemente negativa. Entre outras coisas, sustenta-se que os garantes não estão sob tutela do plano de recuperação e, por isso, o plano não é susceptível de afectar a relação entre os credores e os garantes[674].

---

[674] Na jurisprudência, veja-se, com esta argumentação, o Acórdão do TRE de 13 de Agosto de 2013, Proc. 983/12.8TBENT.E1 (Relator: CANELAS BRÁS), onde se alega que, no caso contrário, o plano estaria a cumprir funções diversas aquela para que está vocacionado (a função de revitalização). Veja-se ainda, afirmando, de uma forma geral, a insusceptibilidade do plano de recuperação para afectar a situação jurídica dos garantes, o Acórdão do TRL de 24 de Novembro de 2015, Proc. 339/15.0T8PDL.L1-1 (Relatora: MARIA DA GRAÇA ARAÚJO), o Acórdão do TRL de 27 de Outubro de 2015, Proc. 416/15.8T8PDL.L1-7 (Relatora: ROSA RIBEIRO COELHO), o Acórdão do TRL de 4 de Junho de 2015, Proc. 125-13.2TCFUN-A.L1-6 (Relator: VÍTOR AMARAL), o Acórdão do TRL de 19 de Setembro de 2013, Proc. 877/13.0TVLSB.L1-8 (Relator: ILÍDIO SACARRÃO MARTINS), o Acórdão do TRP de 25 de Novembro de 2014, Proc. 2055/13.9TBGDM-A.P1 (Relator: JOSÉ CARVALHO), o Acórdão do TRP de 7 de Outubro de 2014, Proc. 3803/13.2TBGDM-A.P1 (Relator: JOSÉ IGREJA MATOS), o Acórdão do TRP de 16 de Setembro de 2014, Proc. 1527/13.0TBVNG-A.P1 (Relator: M. PINTO DOS SANTOS), o Acórdão do TRP de 9 de Julho de 2014, Proc. 1213/12.8TBVFR-B.P1 (Relator: JOSÉ AMARAL), o Acórdão do TRP de 2 de Junho de 2014, Proc. 758/13.7TBMTS-A.P1 (Relator: AUGUSTO DE CARVALHO), o Acórdão do TRC de 1 de Dezembro de 2015, Proc. 808/14.0TBCVL-A.C1 (Relator: MANUEL CAPELO), o Acórdão do TRC de 3 de Junho de 2014, Proc. 1030/13.8TBTMR-B.C1 (Relatora: ANABELA LUNA DE CARVALHO), o Acórdão do TRC de 3 de Junho de 2014, Proc. 281/13.0TBOHP-A.C1 (Relatora: CATARINA GONÇALVES), o Acórdão do TRG de 5 de Novembro de 2015, Proc. 657/14.5TBBRG.G1 (Relator: JORGE TEIXEIRA), o Acórdão do TRG de 24 de Setembro de 2015, Proc. 378/14.9T8VNF.G1 (Relator: JORGE TEIXEIRA), o Acórdão do TRG de 10 de Dezembro de 2013, Proc. 1083/13.9TBBRG.G1 (Relator: ANTÓNIO BEÇA PEREIRA), o Acórdão do TRG de 5 de Dezembro de 2013, Proc. 2088/12.2TBFAF-B.G1 (Relator: HELENA MELO), e o Acórdão do TRE de 29 de Janeiro de 2015, Proc. 1030/13.8TBTMR-A.E1 (Relator: SILVA RATO). A comprovar, todavia, que a unanimidade não é completa, veja-se, por exemplo, o Acórdão do TRG de 8 de Janeiro de 2015, Proc. 703/14.2TBBRG.G1 (Relatora: ANA

LIÇÕES DE DIREITO DA INSOLVÊNCIA

Há várias razões para considerar que, ao contrário do que vem pensando a corrente doutrinal e jurisprudencial dominante, o plano é susceptível de afectar a relação entre os credores e os garantes[675].

Como se sabe, o plano de recuperação é um contrato. Situa-se, portanto, no domínio da liberdade contratual, o que significa que é possível conven-

---

CRISTINA DUARTE), e o Acórdão do TRE de 13 de Março de 2014, Proc. 1327/13.7TBSTR.E1 (Relator: FRANCISCO XAVIER). Diz-se no sumário deste último: "I. A estipulação no Plano de Recuperação no Processo Especial de Revitalização, que condiciona o pagamento pelos devedores, avalistas de crédito reclamado e reconhecido, ao incumprimento do Plano de Insolvência aprovado no processo de insolvência do avalizado, onde o mesmo crédito foi contemplado, não viola os artigos 32º da LULL e 217º, n.º 4, do Código da Insolvência e da Recuperação de Empresas. II. Tal condicionante não é intolerável e justifica-se em prol da revitalização dos devedores com o Plano de Recuperação, a que o credor tem que se sujeitar por resultar do acordo dos credores e ter sido aprovado com a maioria e quórum legalmente exigidos, e assim homologado". E diz-se, adiante, no relatório: "Aqui, não está em causa a possibilidade de a apelante demandar os avalistas exigindo deles o pagamento do seu crédito. Tanto não está que a apelante reclamou o crédito e o mesmo foi considerado no Plano de Recuperação aprovado e homologado, pelo que não ocorre qualquer violação do artigo 32º da LULL. E, como bem salientam os recorridos da homologação da medida adoptada nos presentes autos, que estabelece uma moratória no pagamento da dívida, não decorre violação do n.º 4 do artigo 217º do Código da Insolvência e da Recuperação de Empresas, porque a mesma não afecta a existência nem o montante dos direitos dos credores da insolvência contra os condevedores ou os terceiros garantes da obrigação, que, aliás, são os devedores nestes autos. O que sucede é que da estipulação em causa resulta uma moratória quanto ao pagamento do crédito, não que o detentor não possa exigir dos garantes aqui devedores. Mas esta moratória é uma condicionante que não é intolerável nem excessiva e que se justifica em prol da revitalização dos devedores com o Plano de Recuperação, a que o Apelante tem que se sujeitar por ter sido aprovado com a maioria e quórum legalmente exigidos, e assim homologado". Assim também na doutrina. Cfr., genericamente neste sentido, referindo-se ao fiador e ao banco garante no caso das garantias bancárias autónomas, NUNO SALAZAR CASANOVA/DAVID SEQUEIRA DINIS, *O processo especial de revitalização – Comentários aos artigos 17.º-A a 17.º-I do Código da Insolvência e da Recuperação de Empresas*, cit., pp. 60 e s.

[675] Entre elas costumava estar o argumento da analogia com o SIREVE. Equiparava-se, no SIREVE, os garantes à empresa quanto aos efeitos do despacho de aceitação do requerimento de utilização do SIREVE e da aprovação do acordo obtido. Apesar de a equiparação ser limitada (de ter sido pensada para funcionar no estrito campo dos efeitos processuais), ela demonstrava, em definitivo, que os processos pré-insolvenciais não só eram aptos para tutelar os interesses dos garantes como que, em certos casos, desempenhavam mesmo esta função. Cfr., sobre isto, CATARINA SERRA, "Mais umas 'pinceladas' na legislação pré-insolvencial – Uma avaliação geral das alterações do DL n.º 26/2015, de 6 de Fevereiro, ao PER e ao SIREVE (e à luz do Direito da União Europeia)", cit., pp. 43 e s.

OS INSTRUMENTOS DE RECUPERAÇÃO DE EMPRESAS PRÉ-INSOLVENTES

cionar as modificações às formas de satisfação do crédito que as partes pretendam, contanto que se assegure o respeito das normas imperativas[676]. Se assim for, não haverá obstáculo à homologação judicial do plano. O plano passa, por força desta. a impor-se a todos os credores independentemente do seu consentimento ou até da sua participação nas negociações. Quem o determina é o legislador na norma do art. 17.º-F, n.º 10 – sem excepções ou ressalvas.

A questão essencial é, então, a de saber se existe alguma norma imperativa que limite aquela liberdade contratual.

No regime do PER não se encontra nenhuma norma regulando a matéria mas existe uma norma no processo de insolvência com manifesta relevância para estes efeitos. É ela a norma do art. 217.º, n.º 4, determinando que as providências previstas no plano de insolvência com incidência no passivo da empresa não afectam a existência nem o montante dos direitos dos credores da insolvência contra os condevedores ou os terceiros garantes da obrigação, mas estes sujeitos apenas podem agir contra a empresa em via de regresso nos termos em que o credor da insolvência pudesse exercer contra ele os seus direitos.

Não se vê razões para recusar a aplicação analógica da norma do art. 217.º, n.º 4, ao PER[677]. Tendo em vista a similitude entre o plano de recuperação no âmbito do PER e o plano de recuperação no âmbito do processo de insolvência ao nível da natureza jurídica e das funções, mais do que simplesmente não ser incompatível com o regime do PER, a norma do art. 217.º, n.º 4, apresenta-se como a norma própria ou adequada para regular a situação[678]. Resta determinar exactamente o seu significado, o que equivale a dizer, de que modo ela condiciona ou conforma, na prática, o conteúdo e os efeitos do plano.

---

[676] Cfr., também neste sentido, BERTHA PARENTE ESTEVES, "Da aplicação das normas relativas ao plano de insolvência ao plano de recuperação conducente à revitalização", cit., p. 275.

[677] O facto de o art. 217.º não figurar no elenco *exemplificativo* do art. 17.º-F, n.º 7, não preclude – nem indicia, ao contrário do que já se disse (cfr. RUI PINTO, "Resposta à consulta pública relativa ao projeto de decreto-lei que altera o Código das Sociedades Comerciais e o Código da Insolvência e da Recuperação de Empresas – Considerações gerais sobre a reforma", in: AA. VV., "Consulta Pública Programa Capitalizar – Resposta do Centro de Investigação em Direito Privado", in: *Revista de Direito das Sociedades*, 2017, n.º 1, p. 21) – a inaplicabilidade do seu n.º 4 ao PER.

[678] Cfr., em sentido contrário, MANUEL JANUÁRIO DA COSTA GOMES, "Sobre os poderes dos credores contra os fiadores no âmbito de aplicação do CIRE. Breves notas", in: CATARINA SERRA (coord.), *III Congresso de Direito da Insolvência*, Coimbra, Almedina, 2015, pp. 333 e s.

LIÇÕES DE DIREITO DA INSOLVÊNCIA

Note-se a precisão do legislador ao identificar aquilo que, no que respeita aos direitos contra os condevedores e os terceiros garantes da obrigação, é insusceptível de ser afectado pelas providências adoptadas no plano de insolvência: (só) a existência e o montante do crédito. O que se diz na norma, por outras palavras, é que o perdão concedido ao insolvente não extingue a responsabilidade dos condevedores e garantes e que a redução do valor da dívida do insolvente não desonera os condevedores e garantes da responsabilidade de pagamento da totalidade – nada mais e nada menos.

Visivelmente, a intenção do legislador foi a de salvaguardar os direitos dos credores da insolvência contra os condevedores e garantes mas apenas em relação aos efeitos de duas das típicas providências com incidência no passivo: o perdão e a redução do montante dos créditos. Ficam fora do alcance da norma os casos em que sobre o crédito incidam providências com efeitos menos drásticos, como o condicionamento do reembolso, a modificação do prazo de vencimento ou a moratória[679]-[680].

Confrontando a norma do art. 217.º, n.º 4, com a sua predecessora [do art. 63.º do CPEREF][681], é possível dizer que, ao contrário do que acontecia antes, hoje se concede alguma tutela aos interesses dos credores mas uma tutela excepcional e limitada aos casos de extinção do crédito e de redução

[679] Inclina-se também no sentido da interpretação (restritiva) propugnada para o art. 217.º, n.º 4, "[r]econhecendo, embora, a delicadeza da questão [e] não sem dúvidas" MANUEL JANUÁRIO DA COSTA GOMES ["Sobre os poderes dos credores contra os fiadores no âmbito de aplicação do CIRE. Breves notas", cit., p. 332].

[680] NUNO SALAZAR CASANOVA e DAVID SEQUEIRA DINIS (*O processo especial de revitalização – Comentários aos artigos 17.º-A a 17.º-I do Código da Insolvência e da Recuperação de Empresas*, cit., p. 62) fazem um raciocínio diferente do exposto, dizendo que, por identidade de razão, é inoponível ao garante (fiador) o plano de pagamentos ou a moratória estabelecidos no plano.

[681] A norma determinava que "[a]s providências de recuperação [...] não afecta[va]m a existência nem o montante dos direitos dos credores contra os co-obrigados ou os terceiros garantes da obrigação, salvo se os titulares dos créditos tive[ss]em aceitado ou aprovado as providências tomadas e, neste caso, na medida da extinção ou modificação dos respectivos créditos". O preceito tinha um claro inconveniente: perdendo em geral a faculdade de actuar contra os co-obrigados e terceiros garantes, os credores tinham maior relutância em apoiar as medidas de recuperação. Criticavam-no, por isso, LUÍS CARVALHO FERNANDES e JOÃO LABAREDA [*Código dos Processos Especiais de Recuperação da Empresa e de Falência Anotado*, cit., p. 204], sustentando que se deveria "encontrar outras alternativas que, protegendo, na medida do possível, os vinculados ao pagamento, pudessem favorecer a viabilização da empresa". Essa tutela equilibrada de interesses terá sido conseguida (tentada) no código seguinte com o disposto no art. 217.º, n.º 4.

OS INSTRUMENTOS DE RECUPERAÇÃO DE EMPRESAS PRÉ-INSOLVENTES

do seu montante. Estas são as duas únicas situações em que, no silêncio da lei, o credor perderia, de uma penada, os dois patrimónios responsáveis pela obrigação, ficando-lhe vedada a possibilidade de realizar o seu direito contra a empresa e contra o condevedor ou garante – total (na hipótese de extinção) ou parcialmente (na hipótese de redução).

Em face do que se viu, é possível formular duas conclusões: em primeiro lugar, que só não produzem efeitos em relação aos garantes certas modificações (a extinção e a redução do montante do crédito), estendendo-se-lhe, pois, todas as restantes; em segundo lugar, desde que sejam respeitados aqueles limites (desde que não se vise a existência nem o montante do crédito), são admissíveis modificações à forma de satisfação do crédito pelos garantes.

Vendo bem, mesmo na perspectiva dos efeitos práticos, não seria admissível uma solução diferente. Impedir a extensão das modificações aos garantes seria o mesmo que consentir num *venire contra factum proprium*. Dificilmente se encontraria um credor com alguma garantia pessoal que genuinamente se empenhasse na recuperação da empresa. Havendo a possibilidade de satisfazer o seu crédito incondicionalmente às custas do garante, este credor desinteressar-se-ia, quase de imediato, do PER, concentrando-se na perseguição do garante. Isto não obstante o voto deste credor poder ter sido favorável e até decisivo para a aprovação do plano. Em casos extremos, seria prefigurável que entre os credores afectados pelo plano não estivesse, a final, nenhum dos credores que o aprovaram.

Por fim, um comentário é devido em consideração do argumento de que, por força da solução adoptada, o credor garantido é colocado numa posição de intolerável ou excessiva onerosidade: tal argumento, pura e simplesmente, não procede. A extensão ao garante das modificações que beneficiam a empresa pressupõe sempre – deve pressupor sempre – um contexto de recuperação, um contexto em que seja previsível que a empresa readquirirá, num prazo delimitado e em condições definidas num plano, a capacidade para satisfazer os direitos dos seus credores. Só aí, naturalmente, faz sentido que se retire (retire) à função-garantia – ou ao "fim de garantia ou de segurança", que se manifesta na "tendencial insensibilidade da responsabilidade [do garante] à sobrevinda impotência económica da empresa"[682] – o valor absoluto que lhe é habitualmente reconhecido[683].

---

[682] As expressões, aplicadas à fiança, são avançadas por MANUEL JANUÁRIO DA COSTA GOMES ["Sobre os poderes dos credores contra os fiadores no âmbito de aplicação do CIRE. Breves notas", cit., p. 322].

LIÇÕES DE DIREITO DA INSOLVÊNCIA

Evidentemente, deverão ser salvaguardados os casos em que a extensão seja incompatível com a natureza da garantia. Por outras palavras: a extensão depende sempre, em última análise, da garantia em causa. Se há casos em que tudo converge para uma harmonização das posições do devedor e do garante face ao credor, outros há em que nada a justificaria.

No que respeita à fiança, é favorável à harmonização a característica da acessoriedade da obrigação do fiador relativamente à obrigação do devedor principal, resultante do art. 627.º, n.º 2, do CC. Nos termos legais, a fiança não é, em regra, válida se não o for a obrigação garantida (cfr. art. 632.º, n.ºs 1 e 2, do CC). Consequentemente, o fiador pode opor ao credor os meios de defesa que competem ao afiançado (cfr. art. 637.º, n.º 1, do CC).

No que respeita ao caso (muito comum) do aval, é também favorável à harmonização o disposto no art. 32.º, I, da LULL, onde se dispõe que o dador de aval é responsável da mesma maneira que a pessoa por ele afiançada[684].

Em contrapartida, no caso das garantias autónomas a extensão já não será, em princípio, admissível. A característica da autonomia implica que são inoponíveis pelo garante ao beneficiário da garantia as excepções deri-

---

[683] Na jurisprudência, veja-se, em sentido próximo, o Acórdão do TRG de 8 de Janeiro de 2015, Proc. 703/14.2TBBRG.G1 (Relatora: ANA CRISTINA DUARTE) e o (já referido) Acórdão do TRE de 13 de Março de 2014, Proc. 1327/13.7TBSTR.E1 (Relator: FRANCISCO XAVIER). Em ambos os casos relatados nos Acórdãos estava essencialmente em causa a admissibilidade de uma cláusula do plano que estabelecia uma moratória no pagamento da dívida de avalistas. Argumentou-se em ambos os casos que não existia violação do art. 217.º, n.º 4, porquanto esta moratória não afectava a existência nem o montante dos direitos dos credores contra os condevedores ou os terceiros garantes da obrigação, portanto, não punha em causa o cumprimento do art. 217.º, n.º 4. Com interesse para esta matéria são ainda o Acórdão do TRC de 8 de Março de 2016, Proc. 4064/14.1T8VIS.C2 (Relator: FERNANDO MONTEIRO), e o Acórdão do TRE de 12 de Julho de 2016, Proc. 3066/15.5T8STR.E1 (Relator: MANUEL BARGADO). Propendendo para o entendimento aqui defendido, salienta-se nestes acórdãos que, mesmo que seja outro o entendimento, não deve ser recusada a homologação do plano, mas sim, tão-só, concluir-se pela ineficácia do plano relativamente aos credores que sejam titulares de garantias contra terceiros e não tenham homologado o plano.

[684] Salientando o teor da norma, cfr. A. FERRER CORREIA, *Lições de Direito Comercial*, vol. III – *Letra de câmbio* (com a colaboração dos licenciados Paulo M. Sendim, J. M. Cabral, António A. Caeiro e M. Ângela Coelho), Coimbra, Universidade de Coimbra, 1975, pp. 214-215, PAULO MELERO SENDIM, *Letra de câmbio – L.U. de Genebra*, vol. II – *Obrigações e garantias cambiárias*, Coimbra, Universidade Católica Portuguesa, 1980, p. 743, e ANTÓNIO PEREIRA DE ALMEIDA, *Direito Comercial*, 3.º volume – *Títulos de crédito*, Lisboa, Associação Académica da Faculdade de Direito, 1988, p. 215.

OS INSTRUMENTOS DE RECUPERAÇÃO DE EMPRESAS PRÉ-INSOLVENTES

vadas tanto da sua relação com o devedor garantido (relação interna) como da relação entre o devedor garantido e o beneficiário (relação principal ou relação-base)[685]. A medida da obrigação de pagamento determina-se, assim, exclusivamente em função dos termos do contrato (autónomo) de garantia e não do contrato principal e o pedido de pagamento por parte do beneficiário corta em definitivo a última possibilidade de associar a garantia à relação entre este e o devedor garantido. O garante não pode recusar-se a pagar alegando, por exemplo, que a obrigação garantida é nula por vício substancial ou de forma, que o devedor garantido invocou perante o credor a compensação ou que ao devedor garantido assiste um direito de retenção contra o credor. Em suma, as vicissitudes da relação principal ou relação-base não se repercutem na relação de garantia. Em face disto, seria desrazoável que o garante pudesse beneficiar das modificações sofridas pelo crédito por força do plano de recuperação[686].

103. Efeitos da homologação do plano
O principal efeito da decisão de homologação é que o plano de recuperação homologado vincula a empresa e os credores mesmo que não hajam reclamado os seus créditos ou participado nas negociações[687]. O plano de recuperação converte-se, assim, num instrumento contratual atípico, dotado de características que não estão ao alcance da autonomia privada – num contrato com "eficácia reforçada".

---

[685] Cfr., para as noções fundamentais, embora a propósito de um problema diferente, CATARINA SERRA, "Garantia bancária *on first demand* e responsabilidade do banco perante o beneficiário da garantia na hipótese de insolvência do sujeito garantido", in: AA. VV., *Estudos em homenagem ao Professor Doutor António Cândido de Oliveira*, Coimbra, Almedina, 2017, pp. 167 e s.

[686] JORGE DUARTE PINHEIRO ("Garantia Bancária Autónoma", in: *Revista da Ordem dos Advogados*, 1992, p. 446) afirma que nem a possibilidade de resolução do contrato-base, nem a não execução do contrato por motivo de força maior nem a impossibilidade originária da prestação principal desconhecida dos sujeitos na altura da celebração do contrato-base são causas de recusa legítima.

[687] Existe um outro efeito digno de referência, constante da lei tributária. Por força da alteração da Lei n.º 114/2017, de 29 de Dezembro (Lei do Orçamento de Estado para 2018), ao art. 41.º, n.º 1, al. *c*), do CIRC e ao art. 78.º-A, n.º 4, al. *c*), do CIVA, logo que seja proferida sentença de homologação do plano de recuperação que preveja o não pagamento definitivo do crédito, o crédito é considerado incobrável, podendo o credor, respectivamente, conseguir que o crédito seja directamente considerado gasto ou perda do período de tributação ou deduzir o IVA relativo ao crédito.

LIÇÕES DE DIREITO DA INSOLVÊNCIA

É a lei que opera esta transformação: ela restringe a liberdade individual e subordina-a à vontade colectiva ou da maioria ou, por outras palavras, substitui a regra do consentimento individual, típica dos contratos, pela regra do consentimento colectivo.

Embora a lei se tenha tornado mais clara depois das alterações pelo DL n.º 79/2017, de 30 de Junho, dizendo-se agora, no art. 17.º-F, n.º 10, que a decisão de homologação do plano de recuperação vincula os credores, *mesmo que não hajam reclamado os seus créditos ou participado nas negociações*, relativamente aos créditos *constituídos* à data em que foi proferida a decisão de nomeação do administrador judicial provisório e é notificada, publicitada e registada pela secretaria do tribunal, são convenientes alguns esclarecimentos.

Desde logo, deve explicitar-se que a homologação vincula ao plano de recuperação *todos* os titulares do direito de participar plenamente nas negociações (todos os participantes potenciais e não apenas os efectivos) *mas só* os titulares do direito de participar plenamente nas negociações. Se a primeira oração tem o objectivo de sublinhar a tão mencionada eficácia universal do plano de recuperação (não é preciso participar nem votar favoravelmente o plano para estar sujeito aos seus efeitos), a segunda tem o objectivo de alertar para o facto de que há sujeitos justificadamente ressalvados.

Ora, como se viu antes, só são titulares do direito de participar plenamente nas negociações os titulares de créditos reconhecidos ou que confiram direito de voto, o que, por sua vez, pressupõe que eles sejam titulares de créditos *reclamáveis*, pois só estes, em princípio, são *susceptíveis de reconhecimento*, permitindo, com isso, aos seus titulares votar o plano de recuperação.

Insiste-se, porém, em duas advertências.

Por um lado, a *reclamabilidade* ou *susceptibilidade de reclamação* não é a mesma coisa que a *reclamação efectiva*, havendo créditos não reclamados que são reconhecidos porque o administrador judicial provisório tomou conhecimento da sua existência (na sequência de actividade própria ou de uma informação da empresa) e os incluiu, *sponte sua*, na lista de créditos. Sendo dada aos credores uma oportunidade de participar plenamente nas negociações (de discutir e votar o plano de recuperação), não há impedimento a que o plano de recuperação os afecte.

Por outro lado, a *susceptibilidade de reconhecimento* não é a mesma coisa que o *reconhecimento efectivo*, havendo créditos que não são reconhecidos mas que atribuem direito de voto, por decisão do juiz (os créditos impugnados). Sendo dada aos credores uma oportunidade de votar o plano de

OS INSTRUMENTOS DE RECUPERAÇÃO DE EMPRESAS PRÉ-INSOLVENTES

recuperação, tão-pouco há impedimento a que o plano de recuperação os afecte[688].

Os créditos susceptíveis de ser reclamados e susceptíveis de ser reconhecidos são, em princípio, os créditos *constituídos até à data da abertura do processo*, ou, como se diz no art. 17.º-F, n.º 10, à data em que foi proferida a decisão de nomeação do administrador judicial provisório e é notificada, publicitada e registada pela secretaria do tribunal[689].

Poder-se-ia sintetizar todas estas ideias numa única regra – na regra de que só os titulares de créditos constituídos até àquela data são susceptíveis de ser afectados pelo plano de recuperação. Mas esta não é uma regra absoluta. Existe, por um lado, um grupo de créditos constituídos antes daquela data que não são – não devem ser – afectados: os créditos que não sejam reconhecidos nem, por outra forma, confiram direito de voto, como é muito provável que suceda com os chamados "créditos litigiosos"[690]. Existem, por outro lado, créditos não constituídos antes do início do PER que podem ser – devem poder ser – afectados pelo plano de recuperação: os créditos que, não obstante supervenientes, se convencione regular no plano de recuperação, como acontece com os resultantes do financiamento concedido à empresa durante o PER (os chamados "novos créditos"), para que os respectivos titulares possam beneficiar das garantias legais especialmente concebidas para eles (cfr. art. 17.º-H, n.ºs 1 e 2, e art. 120.º, n.º 6).

---

[688] Todos os restantes casos de créditos reclamados mas não reconhecidos, como por exemplo, o dos créditos litigiosos, devem ficar excluídos dos efeitos do plano. O critério para a sujeição ao plano é sempre, e justamente, o da oportunidade de participação do credor no PER, sendo que só os credores *impedidos* de participar no PER (cuja não participação seja imputável a uma causa diferente da sua vontade) devem ser salvaguardados.

[689] Existe, como se verá, uma importante excepção: os "novos créditos", ou seja, os créditos que beneficiam das garantias consagradas no art. 17.º-H e que, não obstante não serem susceptíveis de reclamação (porque não estão constituídos ainda à data do início do PER), precisam de estar regulados no plano de recuperação para beneficiar daquelas garantias.

[690] O uso da expressão "crédito ou direito litigioso", definido, como se viu, a partir da noção do art. 579.º, n.º 3, do CC ("[d]iz-se litigioso o direito que tiver sido contestado em juízo contencioso, ainda que arbitral, por qualquer interessado"), pode causar confusão. Convém, por isso, esclarecer que aquilo que é determinante é o reconhecimento ou não do crédito no PER, pouco importando o que acontece fora deste processo. Se o crédito for reconhecido no PER, ele deixa, para todos os efeitos do PER, de ser litigioso, nada o distinguindo dos restantes créditos reconhecidos e não havendo impedimentos a que se lhe estendam os efeitos do plano de recuperação. Esclarecido isto, deve dizer-se, por outro lado, que um crédito que é contestado fora do PER tem menos probabilidades de ser reconhecido no PER.

LIÇÕES DE DIREITO DA INSOLVÊNCIA

Como se verá, esta delimitação repercute-se no plano dos efeitos do PER sobre os processos, existindo uma indissociável ligação entre as duas questões que se manifesta na ideia de que só os créditos constituídos à data do início do PER (a data em que foi preferida a decisão de nomeação do administrador judicial provisório e é notificada, publicitada e registada pela secretaria do tribunal) devem ser plenamente afectados pelos efeitos previstos no art. 17.º-E. Mais precisamente, o que se quer dizer é que, se a *vis attractiva* do processo justifica que sejam suspensas e extintas as acções respeitantes a créditos susceptíveis de serem afectados pelo plano[691], já não justifica que se extingam as acções relativas a créditos constituídos depois do início do processo. Estas, devendo embora ficar suspensas durante as negociações (para não causar instabilidade ao curso do processo), não devem extinguir-se por força da homologação do plano. Tratando-se de créditos constituídos depois do início do processo, eles são, em conformidade com o art. 17.º-F, n.º 10, *a contrario*, insusceptíveis de ser afectados pelo plano[692] e, por isso, a lide não perde a sua utilidade[693].

---

[691] Destaque-se, a propósito, o Acórdão do TRC, de 13 de Outubro de 2016, Proc. 1380/14.6T8LRA-A.C1 (Relatora: PAULA DO PAÇO), onde se decide o não prosseguimento de acção em que a trabalhadora visa o reconhecimento e o pagamento de créditos resultantes da resolução, com justa causa, do contrato de trabalho por aplicação do art. 17.º-E, n.º 1. Na decisão, diz-se que, através dos mecanismos da impugnação e reclamação de créditos, continua assegurado, em relação aos credores, a garantia do acesso ao direito e à tutela jurisdicional. Uma trabalhadora que se arroga titular de créditos emergentes do contrato de trabalho, mas que não impugnou o seu crédito apresentado pela empregadora/devedora em PER, nem reclamou outros créditos já vencidos, neste processo, tendo tido tal possibilidade, nem se manifestou por qualquer acto considerado meio adequado a interromper a prescrição, vindo a intentar uma acção judicial quando já havia decorrido o prazo previsto no art. 337.º do CT, manteve uma atitude de inércia que lhe é imputável e que originou a prescrição de outros seus eventuais créditos sobre a empregadora.

[692] Isto com a excepção (acabada de ver) dos "novos créditos".

[693] Só alguma jurisprudência portuguesa é que parece ter compreendido a importância da delimitação referida no plano dos efeitos do PER sobre os processos. E a verdade é que, mesmo quando assim é, as noções não surgem tão claras como seria desejável. Existem, por um lado, decisões em que o critério parece ser, não o da *constituição*, mas o do *vencimento* dos créditos (só os créditos vencidos seriam afectados). Decidiram neste sentido o Acórdão do TRL de 28 de Setembro de 2016, Proc. 31510/15.4T8LSB.L1-4 (Relatora: MARIA JOÃO ROMBA), o Acórdão do TRP de 15 de Fevereiro de 2016, Proc. 43/13.4TTPRT.P1 (Relatora: MARIA JOSÉ DA COSTA PINTO), o Acórdão do TRP de 5 de Janeiro de 2015, Proc. 290/14.1TTPNF. P1 (Relatora: FERNANDA SOARES), o Acórdão do TRG de 21 de Abril de 2016, Proc. 4380/15. T8BRG.G1 (Relator: SÉRGIO ALMEIDA), e o Acórdão do TRE de 1 de Outubro de 2015, Proc.

OS INSTRUMENTOS DE RECUPERAÇÃO DE EMPRESAS PRÉ-INSOLVENTES

Ainda no capítulo das consequências da homologação do plano de recuperação, cabe referir a responsabilidade tributária dos titulares de órgãos de administração da empresa (administradores judiciais ou outros) investidos nas funções de administração no quadro do plano de recuperação. Esta responsabilidade está consagrada no art. 33.º da Lei n.º 8/2018, de 2 de Março, e funciona nos termos vistos atrás, no contexto do plano de recuperação do processo de insolvência[694]. Sinteticamente, aqueles sujeitos são responsáveis subsidiariamente em relação à empresa e solidariamente entre si pelas dívidas cujo facto constitutivo se tenha verificado no período de exercício do seu cargo ou cujo prazo legal de pagamento ou entrega tenha terminado no período do exercício do seu cargo ou depois deste, quando, em qualquer dos casos, tiver sido por culpa sua que o património da empresa se tornou insuficiente para a sua satisfação.

82/14.8TTSTR.E1 (Relator: João Luís Nunes). Existem, por outro lado, decisões em que se sustenta (perigosamente) que o critério decisivo é o do *reconhecimento* dos créditos, independentemente da sua reclamação (só os créditos reconhecidos seriam afectados). Cfr., neste sentido, o Acórdão do TRG de 19 de Janeiro de 2017, Proc. 823/13.0TTBCL.G1 (Relator: Antero Veiga), e o Acórdão do TRG de 21 de Abril de 2016, Proc. 4726/15.6T8BRG.G1 (Relator: Antero Veiga). A tese sustentada nestes últimos acórdãos é a de que a extinção das acções determinada no art. 17.º-E, n.º 1, parte final, apenas se refere às acções relativas a créditos que tenham sido admitidos definitivamente no PER, pois, quando exista controvérsia, o procedimento de reconhecimento previsto no PER não é apto a garantir o cabal acesso à justiça – não constitui um "procedimento equitativo e justo" para efeitos de dirimir em termos definitivos o conflito –, podendo considerar-se definitivamente assentes apenas os créditos não controvertidos. Levando o raciocínio às últimas consequências, a tese dá margem a que sejam isentados dos efeitos do plano créditos que deliberadamente não sejam reclamados pelo respectivo titular, não obstante preencherem todas as condições para o serem. Existem, por fim, decisões em que, apesar de se acolher, aparentemente, o critério da constituição dos créditos, parece confundir-se *constituição* e *vencimento* ou então sustentar-se uma inoperatividade *generalizada* de (todos) os efeitos do art. 17.º-E, n.º 1 às acções relativas a créditos ainda não constituídos à data de abertura do PER. Exemplificam a primeira tese o Acórdão do TRP de 17 de Novembro de 2014, Proc. 295/14.2TTPNF.P1 (Relatora: Paula Leal de Carvalho), e o Acórdão do TRC de 28 de Janeiro de 2016, Proc.791/15.4TBGRD.C1 (Relator: Felizardo Paiva). Exemplificam a segunda o Acórdão do TRP de 5 de Janeiro de 2015, Proc. 290/14.1TTPNF. P1 (Relatora: Fernanda Soares), o Acórdão do TRG de 21 de Abril de 2016, Proc. 4380/15. T8BRG.G1 (Relator: Sérgio Almeida), e o Acórdão do TRE de 1 de Outubro de 2015, Proc. 82/14.8TTSTR.E1 (Relator: João Luís Nunes).

[694] Note-se que a mesma norma consagra, além disso, a responsabilidade dos titulares dos órgãos de administração no quadro do acordo de reestruturação do RERE.

LIÇÕES DE DIREITO DA INSOLVÊNCIA

Justifica-se uma derradeira nota quanto ao início de produção dos efeitos da homologação do plano. Diz-se no art. 17.º-F, n.º 4, que havendo aprovação unânime do plano e intervindo todos os credores, o plano é de imediato remetido ao processo para homologação, produzindo tal plano, em caso de homologação, de imediato, os seus efeitos. Apesar da restrição formal do alcance da norma, deve entender-se que a regra é a da produção imediata dos efeitos do plano em todos os casos, isto é, mesmo não havendo aprovação unânime do plano nem intervindo todos os credores. Isto por três motivos: o carácter geral da norma[695], a inexistência de razões para a sua restrição e, por fim, a semelhança com o disposto no art. 217.º, n.º 5, relativamente ao plano de insolvência. Excepção deve ser feita quanto ao efeito processual da extinção da acções pendentes, nos termos que se exporão de seguida.

103.1. Efeito processual da homologação. A extinção das acções pendentes

A disciplina dos efeitos processuais da sentença homologatória do plano está contida no art. 17.º-E, n.º 1, e n.º 6. No art. 17.º-E, n.º 1, *in fine*, determina-se a extinção das acções para cobrança de dívidas suspensas, salvo quando o plano de recuperação preveja a sua continuação, e no art. 17.º-E, n.º 6, *in fine*, determina-se que os processos de insolvência suspensos se extinguem.

Bem se compreende esta solução. Havendo aprovação e homologação de um plano de recuperação, os créditos terão sido regulados no plano, pelo que as acções respeitantes a estes créditos não têm, presumivelmente, mais utilidade e podem ser extintas.

A verdade é que pode haver créditos não regulados no plano e, no momento da homologação, estar em curso acções que respeitem a estes créditos. Pense-se no caso dos créditos que permanecem litigiosos ou ilíquidos no momento da homologação do plano de recuperação. Pôr-se fim às acções em que se discutem ou definem créditos inviabilizaria o direito (processual) dos sujeitos de ver os seus direitos (substantivos) judicialmente reconhecidos, o que se traduziria numa denegação de justiça, violadora do princípio da tutela jurisdicional efectiva.

Pressupondo que o legislador não desejou este resultado, impõe-se concluir que a letra do preceito contido no art. 17.º-E, n.º 1, vai além do pensa-

---

[695] A norma tem outro efeito geral: não há nenhuma outra norma em que determine a remissão do plano ao juiz.

OS INSTRUMENTOS DE RECUPERAÇÃO DE EMPRESAS PRÉ-INSOLVENTES

mento legislativo, dando origem a uma lacuna oculta[696], ou seja, a omissão de uma regra aplicável a casos que, sendo embora formalmente abrangidos por uma regra, não são regulados de forma adequada por ela[697]. Por redução teleológica, deverá excluir-se do âmbito de aplicação do art. 17.º-E, n.º 1, na parte respeitante ao efeito extintivo, as situações em que os créditos continuam a necessitar de definição jurisdicional, designadamente os créditos que, não tendo sido reconhecidos, permaneçam litigiosos ou ilíquidos no momento da homologação do plano de recuperação[698].

O alcance do efeito processual (extintivo) da homologação do plano define-se, em regra, por referência ao alcance dos efeitos substantivos do plano, isto é, as acções afectadas pela extinção são aquelas – apenas aquelas – que respeitem aos créditos afectados/modificados pelo plano.

A lei terá tentado, de qualquer forma, salvaguardar os casos em que a extinção não deve produzir-se, prevendo a possibilidade de se estipular expressamente no plano que certas acções não se extinguem (cfr. art. 17.º-E, n.º 1, *in fine*)[699]. É sempre vantajosa uma estipulação deste tipo, afastando-se quaisquer dúvidas quanto a que existem no caso concreto.

Adverte-se, por fim, que, apesar de o art. 17.º-F, n.º 4, *in fine*, se referir, sem qualquer restrição, à produção de efeitos imediatos do plano no caso de homologação e de o art. 17.º-E, n.º 1, em particular, determinar que as acções se extinguem "logo que seja aprovado e homologado plano de recuperação", a extinção só se produz, de facto, com o trânsito em julgado da sentença de

---

[696] O problema das lacunas ocultas consiste, por outras palavras, na ausência de uma restrição, sendo que para o solucionar há que proceder à redução teleológica da norma, acrescentando--se a restrição omitida.

[697] A tese da redução teleológica do art. 17.º-E, n.º 1, *in fine*, foi propugnada por ARTUR DIONÍSIO OLIVEIRA, "Os efeitos processuais do PER e os créditos litigiosos", cit., pp. 219 e s.

[698] Existem já decisões jurisprudenciais que adoptam uma leitura do tipo acima referido. Veja--se, nomeadamente, o Acórdão do TRE de 5 de Novembro de 2015, Proc. 2843/11.0TBEVR. E1 (Relator: SÍLVIO SOUSA), em que se diz: "1 - Os efeitos do plano de recuperação, aprovado em sede de processo especial de revitalização, estão circunscritos aos efeitos de créditos já constituídos, sujeitos a condição, e não também aos créditos litigiosos, quanto à sua constituição ou validade. 2 - Alargar os efeitos do referido plano a estes créditos equivaleria a violar o princípio constitucional da tutela jurisdicional efectiva". Veja-se ainda, em sentido idêntico, o Acórdão do TRG de 21 de Abril de 2016, Proc. 4726/15.6T8BRG.G1 (Relator: ANTERO VEIGA).

[699] Esta faculdade não se estende, naturalmente, ao processo de insolvência, cujo prosseguimento é incompatível com a execução de um plano de recuperação.

LIÇÕES DE DIREITO DA INSOLVÊNCIA

homologação do plano de recuperação[700]. Não pode perder-se de vista que, se a sentença for revogada, as acções suspensas devem poder retomar o seu curso sem quaisquer condicionamentos.

104. O regime dos "novos créditos"

104.1. Caracterização geral

Como se disse atrás, manifesta-se hoje, no regime do Código da Insolvência e da Recuperação de Empresas, uma clara preferência pela não interrupção da actividade da empresa.

No processo de insolvência, os benefícios da manutenção da actividade são evidentes e independentes de o processo ter, em concreto, intuito de recuperação da empresa ou intuito liquidatório, dado que só a manutenção da actividade obsta à perda de valor da empresa (quando está em causa a sua recuperação) ou da massa insolvente (quando está em causa a sua alienação)[701]. Os créditos constituídos depois da declaração de insolvência são créditos sobre a massa insolvente, o que deixa os respectivos titulares em posição consideravelmente mais benéfica do que os credores da insolvência. Aqueles ficam dispensados do ónus da reclamação, sendo os créditos satisfeitos no momento do seu vencimento, independentemente do estado do processo, nos termos do art. 172.º, n.º 3.

---

[700] Cfr., também neste sentido, NUNO SALAZAR CASANOVA/DAVID SEQUEIRA DINIS, *O processo especial de revitalização – Comentários aos artigos 17.º-A a 17.º-I do Código da Insolvência e da Recuperação de Empresas*, cit., pp. 108-109. Cfr., em sentido diferente, mas, aparentemente sem razão, ISABEL ALEXANDRE, "Efeitos processuais da abertura do processo de revitalização", cit., p. 248 e pp. 249-250. Afirma esta última autora que a cessação da proibição de instauração de acções ocorre com o encerramento do processo negocial, a menos que venha a ser aprovado e homologado plano de revitalização do devedor, caso em que a proibição só cessa quando este cessar também a sua eficácia. Quanto à cessação da suspensão de acções, entende a autora que ela ocorre também com o fim das negociações e nem sequer é condicionada pela comunicação de que o processo negocial está encerrado; a cessação pode ficar a dever-se à extinção das acções, determinada pela aprovação e pela homologação de plano de recuperação.

[701] Na realidade, a venda da empresa aparece simultaneamente como medida do processo de insolvência (a alienação da empresa como um todo, prevista no art. 162.º) e como medida do plano de insolvência [o chamado "saneamento por transmissão", referido no art. 195.º, n.º 2, al. *b*), e especialmente regulado no art. 199.º]. Merece ser valorizada, pois, mesmo quando ocorre no âmbito de um processo de insolvência, tem a virtualidade de converter o processo numa base para a recuperação da empresa.

OS INSTRUMENTOS DE RECUPERAÇÃO DE EMPRESAS PRÉ-INSOLVENTES

No âmbito do PER, a continuidade da empresa é tão ou mais importante do que no processo de insolvência. Por isso, criou-se um regime especial de incentivos ao financiamento, que assenta numa norma da disciplina do PER – o art. 17.º-H – e ainda numa norma que faz parte do regime da resolução em benefício da massa no processo de insolvência – o art. 120.º, n.º 6[702].

Ao abrigo do n.º 1 do art. 17.º-H, qualquer garantia acordada entre os credores e a empresa que se destine a assegurar o pagamento dos créditos constituídos durante o PER é mantida mesmo que venha a ser declarada, no prazo de dois anos após o fim do processo, a insolvência da empresa. Ao abrigo do seu n.º 2, os créditos constituídos durante o PER gozam de um privilégio creditório mobiliário geral, graduado antes do privilégio creditório mobiliário geral que é concedido aos trabalhadores no art. 333.º, n.º 1, do CT.

Complementarmente, a norma do art. 120.º, n.º 6, estabelece que são insusceptíveis de resolução por aplicação do regime dos arts. 120.º e s. os negócios jurídicos celebrados no âmbito do PER ou no âmbito de processos/procedimentos equivalentes, ainda que previstos em legislação especial, cuja finalidade seja prover a empresa com meios de financiamento suficientes para viabilizar a sua recuperação.

Há uma proximidade flagrante entre o disposto na norma do art. 120.º, n.º 6, e o disposto na norma do art. 17.º-H, n.º 1. Ambas as normas visam afastar o regime de resolução dos actos em benefício da massa e, em particular, a possibilidade de resolução incondicional[703]-[704], designadamente a que tenha

---

[702] O regime dos "novos créditos" é relativamente extenso e estático, não havendo um local perfeitamente adequado ao seu tratamento. Optou-se por tratar o regime aqui (após o tratamento da homologação do plano de recuperação e a título dos efeitos da homologação do plano) atendendo a que, como se verá, os "novos créditos" só o são (isto é, só beneficiam do regime especial dos "novos créditos") se forem incluídos no plano de recuperação e este for homologado.

[703] Visarão ainda, em especial, a presunção (absoluta) de prejudicialidade à massa consagrada no art. 120.º, n.º 3, que facilita a resolução dos actos do mesmo tipo.

[704] Segundo NUNO SALAZAR CASANOVA e DAVID SEQUEIRA DINIS (*O processo especial de revitalização – Comentários aos artigos 17.º-a a 17.º-I do Código da Insolvência e da Recuperação de Empresas*, Coimbra, Coimbra Editora, 2014, p. 176 e pp. 181-183), terá ainda querido afastar o risco de extinção das garantias reais relativas dos créditos subordinados nos termos do art. 97.º, al. *e*). Estende também a protecção ao risco de extinção das garantias reais sobre imóveis ou móveis sujeitos a registo integrantes da massa insolvente, acessórias de créditos sobre a insolvência e já constituídas, mas ainda não registadas nem objecto de pedido de registo nos termos do art. 97.º, al. *d*), ALEXANDRE DE SOVERAL MARTINS [*Um Curso de Direito da Insolvência*, cit., p. 529 (nota 57)].

LIÇÕES DE DIREITO DA INSOLVÊNCIA

por fundamento alguma das normas das als. *c)* e *e)* do art. 121.º. Estas últimas respeitam à constituição de garantias reais, portanto, são as mais pertinentes para os efeitos em causa.

A verdade é que a norma do art. 17.º-H, n.º 1, é simultaneamente mais precisa e mais ampla do que a do art. 120.º, n.º 6: mais precisa porque o seu objecto se concentra, aparentemente, nas garantias do financiamento (a garantia não se estende a todos os negócios, designadamente os negócios constitutivos de créditos) e mais ampla porque a tutela concedida não se circunscreve ao processo de insolvência (os créditos mantêm-se também noutras hipóteses, designadamente de nova reestruturação[705]).

Apesar dos cuidados tomados pelo legislador, existem algumas reservas quanto à adequação destas garantias aos propósitos visados.

104.2. Credores abrangidos

As regras que compõem o regime dos "novos créditos" suscitam, de imediato, uma pergunta: o regime aplica-se, de facto, apenas aos credores financeiros ou estende-se a outros credores que, como os trabalhadores e os fornecedores, são igualmente indispensáveis para a continuidade da empresa como *going concern*?

A favor de uma leitura restritiva milita claramente o argumento da letra da lei. Mais precisamente, a norma do art. 17.º-H determina, no seu n.º 1, que "[a]s garantias convencionadas entre a empresa e os seus credores durante o processo especial de revitalização, com a finalidade de proporcionar àquele os necessários *meios financeiros* para o desenvolvimento da sua actividade mantêm-se mesmo que, findo o processo, venha a ser declarada, no prazo de dois anos, a insolvência da empresa" e determina, no seu n.º 2, que "[o]s credores que, no decurso do processo, *financiem* a actividade da empresa *disponibilizando-lhe capital* para a sua revitalização gozam de privilégio cre-

---

[705] Em rigor, a referência à hipótese de a empresa iniciar um novo processo de reestruturação não consta da norma do art. 17.º-H, n.º 1. Não deve sobrevalorizar-se a esta ausência. Atendendo ao teor da norma, se as garantias convencionadas se mantêm *mesmo* quando há um processo de insolvência (ou seja, na pior das hipóteses), mantêm-se, por maioria de razão, quando se inicia um novo processo de reestruturação ou quando não se inicia nem um processo de insolvência nem um processo de reestruturação. Cfr., neste sentido, cfr. ANA MARIA PERALTA, "Os 'novos créditos' no PER e no SIREVE: conceito e regime", in: CATARINA SERRA (coord.), *III Congresso de Direito da Insolvência*, Coimbra, Almedina, 2015, p. 297 e pp. 301-302.

OS INSTRUMENTOS DE RECUPERAÇÃO DE EMPRESAS PRÉ-INSOLVENTES

ditório mobiliário geral, graduado antes do privilégio creditório mobiliário geral concedido aos trabalhadores"[706].

A favor da extensão teleológica da norma, há, em contrapartida, três argumentos ponderosos: a injustiça, a ineficácia e a incoerência da solução contrária. Por outras palavras: uma leitura textual do art. 17.º-H conduziria a resultados iníquos, ineficazes e incoerentes.

Conduziria a resultados iníquos porque se criaria uma situação de desigualdade entre os credores financeiros *stricto sensu* (por exemplo, o banco que concede crédito) e os credores não financeiros (por exemplo, trabalhadores ou fornecedores). Haveria alguma justificação para tamanha desigualdade?

Conduziria a resultados ineficientes porque a empresa ficaria obrigada a obter sempre primeiro os meios financeiros para depois adquirir os restantes meios (já que, como bem se compreende, não existindo garantias, os fornecedores dos restantes meios não os disponibilizariam a crédito). Ora, alguns dos meios necessários à continuidade da empresa, como a força de trabalho ou a matéria-prima, podem ser conseguidos directamente, e isso, pelo menos em parte dos casos, é suficiente para a revitalização da empresa.

Conduziria, por fim, a resultados incoerentes, porque, em harmonia com aquilo que se disse a propósito da classificação dos créditos constituídos após a declaração de insolvência, a solução não seria conforme com o interesse essencial, que é o de promover por todos os meios que a empresa se mantenha em funcionamento.

Das garantias dos credores no PER faz ainda parte, como se disse, o preceito do art. 120.º, n.º 6. Este determina que "[s]ão insusceptíveis de resolução por aplicação das regras previstas no presente capítulo os negócios jurídicos celebrados no âmbito de processo especial de revitalização regulado no presente diploma, de providência de recuperação ou saneamento, ou de adopção de medidas de resolução previstas no título VIII do Regime Geral das Instituições de Crédito e Sociedades Financeiras, aprovado pelo Decreto-Lei n.º 298/92, de 31 de Dezembro, ou de outro procedimento equivalente previsto em legislação especial, cuja finalidade seja prover a empresa com *meios de financiamento* suficientes para viabilizar a sua recuperação"[707]. Em coerência com tudo que se viu até agora, entende-se que esta norma

[706] Sublinhados nossos.
[707] Sublinhados nossos.

LIÇÕES DE DIREITO DA INSOLVÊNCIA

deve, não obstante a sua letra, considerar-se também aplicável aos negócios jurídicos cuja finalidade seja prover a empresa com meios não financeiros.

A interpretação ampla das regras que compõem o regime dos "novos créditos", abrangendo todos os créditos constituídos durante o PER é, em síntese, a que assegura a melhor realização dos seus fins[708].

Cumpre, todavia, esclarecer algumas dúvidas que podem surgir quanto a determinados grupos de beneficiários em particular.

104.2.1. Os trabalhadores em particular
Assente que não é inadmissível a aplicação do regime aos trabalhadores, pode estranhar-se que eles apareçam, por força do art. 17.º-H, n.º 2, como beneficiários de duas garantias incidindo sobre o mesmo objecto (os bens móveis da empresa)[709], sobretudo quando é a própria norma a identificar o privilégio que dela especialmente resulta por referência ao privilégio "concedido aos trabalhadores".

A circunstância não pode – não deve –, todavia, impressionar excessivamente.

É possível que o privilégio que a lei atribui ali, no art. 17.º-H, n.º 2, não tenha sido pensado, em primeira linha, para os trabalhadores e sim – já se sabe – para os credores financeiros. Seja como for, não há incompatibilidade entre os dois privilégios de que os trabalhadores são beneficiários.

Os privilégios em causa dizem respeito a categorias de créditos distintas e são, além do mais, distintos sob o ponto de vista da sua graduação. O privilégio mobiliário geral concedido pela lei da insolvência destina-se a garantir o pagamento de todos os créditos remuneratórios relativos às prestações de trabalho efectuadas durante o PER e deve ser graduado em primeiro lugar. O privilégio mobiliário geral atribuído pela lei laboral destina-se a garantir o pagamento dos restantes créditos (que podem ser tanto os créditos remu-

---

[708] Sensível à necessidade deste entendimento amplo mas temendo-o (por, alegadamente, contrariar a letra e o espírito da lei e parecendo esquecer-se de que existe interpretação possibilidade de extensão teleológica das normas), ANA RIBEIRO COSTA sustenta, por sua vez, sem qualquer apoio legal, que os créditos laborais referentes à execução do contrato de trabalho durante o PER devem equiparar-se às "dívidas da massa" em sede de insolvência. Cfr. ANA RIBEIRO COSTA, "Os créditos laborais no processo especial de revitalização", cit., pp. 73-74.

[709] Mais precisamente, de acordo com o art. 735.º, n.º 2, 1.ª parte, do CC, o privilégio mobiliário geral dos créditos laborais abrange o valor de todos os bens móveis existentes no património do devedor.

464

OS INSTRUMENTOS DE RECUPERAÇÃO DE EMPRESAS PRÉ-INSOLVENTES

neratórios relativos às prestações de trabalho realizadas antes da abertura do PER como os créditos compensatórios relativos à cessação do contrato de trabalho ocorrida antes ou durante o PER) e deve ser graduado em segundo lugar, desfrutando da protecção que lhes é conferida nos termos gerais[710].

[710] Diga-se que o Fundo de Garantia Salarial é hoje uma garantia adicional ou extraordinária do cumprimento das obrigações laborais do empregador em PER. Antes, a expressa referência, na norma do art. 336.º do CT, à insolvência e à situação económica difícil suscitava a questão de saber se o regime se circunscrevia aos casos em que a insolvência era judicialmente declarada (quando se iniciava um processo de insolvência) ou se estendia ainda a outros casos (anteriores e menos graves). A dúvida tornou-se mais premente em face do acolhimento PER, aplicável, justamente, aos casos de insolvência iminente e ou em situação económica difícil. Sem protecção ficavam, aparentemente, os trabalhadores de empresas que recorressem ao PER ou que tivessem planos de recuperação aprovados e homologados pelo tribunal – o que tinha como consequência o facto de haver muitos trabalhadores que optavam por votar contra planos de recuperação da empresa, para não ficarem excluídos do recurso ao Fundo e, assim, poderem pelo menos receber parte dos salários que têm em atraso. O legislador veio resolver o problema. O DL n.º 59/2015, de 21 de Abril, aprovou o Novo Regime do Fundo de Garantia Salarial (NRFGS), que reuniu num único diploma matéria que existia já, em transposição da Directiva 2008/94/CE, de 22 de Outubro de 2008, sobre a protecção dos trabalhadores em caso de insolvência do empregador, mas se encontrava dispersa. Com o novo regime, todos os trabalhadores de empresas em situação económica difícil, mesmo que com um plano de recuperação aprovado em PER, passaram a ter acesso ao Fundo (cfr. art. 1.º do NRFGS). O diploma preambular previu ainda uma norma transitória (cfr. art. 3.º do DL n.º 59/2015, de 21 de Abril). Dispõe-se aí que serão oficiosamente reapreciados todos os requerimentos apresentados por trabalhadores de empresas em PER, bem como todos os requerimentos entregues entre 1 de Setembro de 2012 e a entrada em vigor do diploma por trabalhadores de empresas abrangidas por planos de recuperação. Na prática, vem permitir-se a análise de processos instaurados até à sua entrada em vigor, nomeadamente por trabalhadores que não entregaram o requerimento anteriormente, por lhes ter sido dito pela Segurança Social que não teriam direito a beneficiar do Fundo. A norma transitória, porém, só em parte resolve o problema, pois continuam a ficar de fora os trabalhadores de empresas em PER ou com planos de recuperação que não tenham chegado a formalizar o pedido de intervenção do Fundo antes da entrada em vigor do diploma ou que o tenham apresentado em período anterior ao período referido. Nos termos do art. 2.º, n.º 8, do NRFGS o Fundo passa a assegurar o pagamento dos créditos que seja requerido "até um ano a partir do dia seguinte àquele em que cessou o contrato de trabalho". A nova disciplina do Fundo de Garantia Salarial não deixa, em síntese, de revelar imperfeições e de suscitar algumas dúvidas. Representa, contudo, um passo em frente, contribuindo para o apuramento dos instrumentos à disposição do devedor, em conformidade com as exigências do art. 59.º, n.º 3, da CRP. Cfr., sobre outras alterações do novo regime, José João Abrantes, "O Fundo de Garantia Salarial nos processos de insolvência e de revitalização", in: Catarina Serra (coord.), *III Congresso de Direito da Insolvência*, Coimbra, Almedina, 2015, pp. 409 e s. Antecipa algumas questões perante a versão aprovada

LIÇÕES DE DIREITO DA INSOLVÊNCIA

104.2.2. Os sócios em particular

Apesar de serem os sócios quem está em melhores condições de apoiar a recuperação da empresa, eles estão excluídos do grupo de beneficiários da norma do art. 17.º-H.

Em primeiro lugar, estão excluídos na exclusiva qualidade de sócios, sendo irrelevante para este efeito o esforço que façam no sentido da recapitalização da sociedade[711]. O regime do art. 17.º-H não se aplica às entradas em capital mas apenas aos créditos em sentido próprio[712]. Depois, embora não seja possível dizer que a norma não se aplica às garantias dos créditos e aos créditos dos sócios (que só se aplica às garantias dos créditos e aos créditos de terceiros), uma coisa parece certa: ela não se aplica aos suprimentos[713].

em Conselho de Ministros ANA RIBEIRO COSTA ["Os créditos laborais no processo especial de revitalização", cit., p. 75 (nota 36)].

[711] Sem pretensão de abordar aqui a questão da presença de um dever de capitalização adequada ou recapitalização no quadro dos deveres de lealdade a que estão sujeitos todos os sócios, certo é que medidas deste tipo estimulariam os sócios a financiar a empresa. Cfr., no entanto, a posição de ANA MARIA PERALTA ("Os 'novos créditos' no PER e no SIREVE: conceito e regime", cit., p. 287), que sustenta que o reforço dos capitais deve ser feito antes da revitalização.

[712] Cfr., no mesmo sentido, ANA MARIA PERALTA, "Os 'novos créditos' no PER e no SIREVE: conceito e regime", cit., p. 309.

[713] Cfr., neste sentido, PAULO DE TARSO DOMINGUES, "O Processo Especial de Revitalização aplicado às sociedades comerciais", in: CATARINA SERRA (coord.), I Colóquio do Direito da Insolvência de Santo Tirso, Coimbra, Almedina, 2014, p. 23, JOÃO AVEIRO PEREIRA, "A revitalização económica dos devedores", cit., p. 39, e ANA MARIA PERALTA, "Os 'novos créditos' no PER e no SIREVE: conceito e regime", cit., pp. 308-309). Alegando que o regime do art. 17.º-H não está previsto para os credores que sejam sócios mas para credores que sejam terceiros, a última autora parece ir mais longe e estender a solução a todos os créditos dos sócios e ainda, atendendo ao que diz noutros pontos (p. 287 e p. 300), aos créditos das pessoas especialmente relacionadas com o devedor e restantes créditos subordinados. Cfr., em sentido oposto, ou seja, não aplicando o regime da subordinação aos suprimentos para revitalização e atribuindo-lhes o privilégio mobiliário geral decorrente do art 17.º-H, n.º 2, MADALENA PERESTRELO DE OLIVEIRA, "Suprimentos para revitalização societária: entre a subordinação e o privilégio mobiliário creditório geral", in: Revista de Direito de Sociedades, 2017, n.º 2, pp. 371 e s. Também NUNO SALAZAR CASANOVA/DAVID SEQUEIRA DINIS (O processo especial de revitalização – Comentários aos artigos 17.º-a a 17.º-I do Código da Insolvência e da Recuperação de Empresas, cit. pp. 181-183) defendem que, quando sejam concedidas nos termos da norma do art. 17.º-H, n.º 1, as garantias acessórias dos créditos das pessoas especialmente relacionadas com o devedor se mantêm, passando os créditos, no processo de insolvência, de subordinados a garantidos. Sendo incerto se pretendem referir-se só a créditos ou também a contribuições para o capital social e estendendo a qualificação de "pessoas especialmente relacionadas com o devedor" a

OS INSTRUMENTOS DE RECUPERAÇÃO DE EMPRESAS PRÉ-INSOLVENTES

Não seria desrazoável que, numa futura revisão da lei, se equacionasse a extensão do regime de estímulos ao financiamento oriundo dos sócios e, em especial, a criação de excepções ao regime da subordinação dos créditos por suprimentos[714]-[715]. Pese embora a subordinação dos suprimentos seja um regime consolidado no Direito das Sociedades, o seu afastamento nestes casos seria justificado. Se os sócios e o círculo das pessoas próximas da empresa já não confiarem no projecto empresarial, quem irá confiar nele de forma a realizar novos financiamentos num momento tão delicado[716]? O financiamento por parte dos sócios tem sempre um efeito exemplar sobre os investidores externos, transmitindo-lhes confiança e estimulando-os a investir também, tanto em instrumentos de capital alheio como de capital próprio[717].

---

todos os sócios, designadamente accionistas, sustentam os autores, mais precisamente, que o art. 17.º-H, n.º 1, estabelece um desvio ao art. 97.º, al. *e*) (determinando a extinção das garantias dos créditos subordinados), devendo, depois, as garantias não extintas considerar-se abrangidas pela excepção prevista na parte final da al. *b*) do n.º 4 do art. 47.º (excluindo da classificação como subordinados os créditos abrangidos por privilégios creditórios ou hipoteca legal). Não obstante a boa intenção subjacente (conformar a disciplina à necessidade de não desincentivar as pessoas especialmente relacionadas com a empresa de lhe disponibilizarem capital), o resultado é dificilmente admissível, por faltar uma norma que o consagre de forma expressa. Repare-se que os autores sentem a necessidade de reformular a norma do art. 47.º, n.º 4, al. *b*), incluindo aí uma referência à hipoteca voluntária. Note-se, aliás, que não é por acaso que a lei se refere aos privilégios creditórios e à hipoteca legal e não a todas as garantias reais, designadamente a hipoteca voluntária: só as primeiras são garantias de origem legal.

[714] Defende também a oportunidade da criação de estímulos aos sócios para o financiamento da empresa, nomeadamente no que toca aos suprimentos, nesta fase João Aveiro Pereira ("A revitalização económica dos devedores", cit., p. 30).

[715] No contexto dos trabalhos preparatórios da Lei n.º 16/2012, de 20 de Abril, a Associação Portuguesa de Bancos fez uma proposta no sentido de que a norma do art. 17.º-H incluísse expressamente os accionistas e de que ficasse definitivamente esclarecido que o regime beneficiava (também) o financiamento adicional concedido pelos accionistas e as garantias acessórias e que os créditos não seriam considerados subordinados nos termos do art. 48.º. Cfr. Parecer da Associação Portuguesa de Bancos à Proposta de Lei 39/XII (disponível em https://www.parlamento.pt/ActividadeParlamentar/Paginas/DetalheIniciativa.aspx?BID=36647).

[716] Faz esta pergunta Rafael Guasch Martorell ("La posición juridica de los acreedores subordinados en la fase del convenio", in: AA. VV., *Estudios sobre el futuro Código Mercantil: libro homenaje al Profesor Rafael Illescas Ortiz*, Getafe, Universidad Carlos III de Madrid, 2015, p. 167).

[717] Assegurando que a aquisição da qualidade de sócio não prejudicaria os seus créditos, ficaria afastado um impedimento determinante à sua participação em operações de recapitalização da sociedade bem como em operações de conversão de créditos em participações sociais.

LIÇÕES DE DIREITO DA INSOLVÊNCIA

Diga-se que noutros países, como a Espanha, a Itália e a França, existem excepções à subordinação dos créditos dos sócios. Na Alemanha, não obstante inexistir uma disciplina como a que consta da lei portuguesa, especialmente criada para estimular os "novos créditos", abriram-se igualmente excepções à regra da subordinação dos créditos dos sócios por empréstimos à sociedade. Determina-se que estes créditos bem como os créditos dos sujeitos que adquiram a qualidade de sócios em virtude da aquisição de participações sociais no contexto da reestruturação da sociedade (*Sanierungsprivileg*) e ainda os créditos dos pequenos sócios (dos sócios que detenham participações representativas apenas de dez por cento ou menos do capital social e não actuem como administradores) não serão classificados como subordinados no processo de insolvência [cfr., respectivamente, § 39, 4 e 5, da *InsO*][718].

104.3. Créditos e garantias abrangidos

Como se disse a propósito dos sócios, o regime do art. 17.º-H não se aplica às entradas em capital mas apenas aos créditos em sentido próprio. Mas seria excessivamente redutor pensar que o financiamento concedido à empresa durante o PER se esgota no clássico contrato de mútuo. Há uma multiplicidade de negócios jurídicos que devem poder ser reconduzidos também ao conceito para os efeitos da norma do art. 17.º-H.

No que respeita às garantias em particular (cfr. art. 17.º-H, n.º 1), pode perguntar-se se a sua manutenção abrange, além das garantias constituídas em favor dos novos créditos, as garantias constituídas em favor dos créditos preexistentes[719].

Sendo o sujeito da oração "[a]s garantias convencionadas [...] durante o processo" e não "os créditos convencionados", a letra do preceito convida a uma interpretação ampla. Não se encontram razões para restringir este alcance. Devem considerar-se, em resumo, abrangidas pelo preceito as novas garantias convencionadas durante o PER em favor de obrigações preexistentes e, por maioria de razão, em favor de novas obrigações constituídas em substituição delas, ou seja, por novação. A única condição é que tais garantias sejam dirigidas a estabelecer condições mais flexíveis no plano da

---

[718] Cfr., sobre as soluções nos países mencionados, CATARINA SERRA, "Investimentos de capital de risco na reestruturação de empresas", in: *IV Congresso – Direito das Sociedades em Revista*, Coimbra, Almedina, 2016, pp. 353-355.

[719] Regulando-se no n.º 2 uma garantia de origem legal, não faz sentido fazer esta pergunta.

OS INSTRUMENTOS DE RECUPERAÇÃO DE EMPRESAS PRÉ-INSOLVENTES

situação financeira da empresa (em contrapartida da garantia, conceder, por exemplo, um prazo de reembolso mais longo ou menos rígido).

104.4. Adequação do regime dos "novos créditos"

104.4.1. Incentivos ao financiamento e garantias

Mesmo com todos estes esforços de interpretação, a impressão geral é a de que o regime fica aquém do que é pretendido tendo em conta os seus fins. Por outras palavras, as garantias não parecem ser plenamente adequadas – parecem ser, ao mesmo tempo, excessivas e insuficientes para estimular o financiamento à empresa durante o PER.

Em primeiro lugar, no que respeita à "garantia de manutenção das garantias", dada pelo art. 17.º-H, n.º 1, e, complementarmente, pelo art. 120.º, n.º 6, pode entender-se, por um lado, que ela é excessiva. É verdade que é preciso usar de alguma tolerância para com o financiamento concedido neste contexto (atendendo a que os credores investem não obstante a situação da empresa e os riscos que ela representa), mas talvez não se justificasse subtrair todos os actos deste tipo, sem mais, à resolução em benefício da massa. O que se pretende dizer é, por outras palavras, que, se se compreende bem que estes actos sejam subtraídos à resolução incondicional e até aos efeitos das presunções de prejudicialidade à massa e de má fé do terceiro[720], já não se compreende tão bem que fiquem a salvo da prova dos dois requisitos da resolução. Uma "impermeabilidade" geral e absoluta à resolução significa, na prática, "escancarar a porta" à celebração de negócios usurários e à concessão de financiamento abusivo, o que não estará, manifestamente, entre os fins do Direito.

É possível entender, por outro lado, que a garantia dada pelo art. 17.º-H, n.º 1, é insuficiente. Tal como está formulada a norma, não é absolutamente seguro que fiquem "bloqueados" todos os possíveis ataques à constituição de garantias, isto é, que fiquem "bloqueados" todos os meios de conservação da garantia patrimonial, designadamente a impugnação pauliana, à qual cabe, como se disse, um lugar especial no regime da insolvência. Serão as regras dispostas suficientes para assegurar que a constituição de garantias é insusceptível (também) de impugnação pauliana? Enquanto a lei não for

---

[720] Sobretudo da presunção (absoluta) de prejudicialidade à massa consagrada no art. 120.º, n.º 3.

LIÇÕES DE DIREITO DA INSOLVÊNCIA

expressa, é legítimo pensar que não[721]. A ser assim, existirá uma "brecha" no sistema, que põe em risco, em certa medida, a realização dos seus fins[722].

Em segundo lugar, quanto à garantia legal atribuída nos termos do n.º 2 do art. 17.º-H, ela é manifestamente insuficiente. Deve compreender-se que ela apenas confere aos beneficiários, num eventual processo de insolvência, a posição de credores da insolvência, e, dentro desta, a de credores privilegiados. Eles ficam, portanto, subalternizados a todos os titulares de créditos com garantias reais (credores garantidos). É dispensável recordar, além disso, a discussão em torno da natureza e do valor dos privilégios creditórios gerais.

Mesmo sem considerar mecanismos do tipo do DIP (*debtor-in-possession*) *financing* como o regulado na lei norte-americana, transponível com alguma dificuldade para os ordenamentos jurídicos europeus[723]-[724], são concebíveis

---

[721] Cfr., neste sentido, Luís Carvalho Fernandes/João Labareda, *Código da Insolvência e da Recuperação de Empresas Anotado. Sistema de Recuperação de Empresas por Via Extrajudicial (SIREVE) Anotado. Legislação Complementar*, cit., pp. 180-181, e Nuno Salazar Casanova/David Sequeira Dinis, *O processo especial de revitalização – Comentários aos artigos 17.º-a a 17.º-I do Código da Insolvência e da Recuperação de Empresas*, cit. p. 177.

[722] Na realidade, a impugnação pauliana não prejudica rigorosamente a manutenção das garantias convencionadas, estando em causa a sua eficácia perante determinado credor (cfr. art. 127.º, n.º 3, do CIRE e art. 616.º do CC).

[723] O *DIP financing* está regulado, na lei norte-americana (o *Bankruptcy Code*), no âmbito do processo de recuperação (*reorganization*) (cfr. *section* 364 do *BC*). Visa estimular a criação de vias estáveis de financiamento na fase pós-insolvência de forma a solucionar a falta de liquidez e de investimento que caracteriza a situação de insolvência da empresa (*underinvestment*). O *DIP financing* atribui às novas dívidas contraídas pelo devedor depois da abertura do processo de recuperação um privilégio significativo (com *supra priority status*) e mesmo quando isso prejudique estipulações relativas a dívidas preexistentes (*covenants*). Mais precisamente, a *section* 364 (d) do *BC* permite conferir *lien priming* aos créditos que os credores concedam nesta fase, isto é, uma garantia sobre os bens do devedor igual ou mais forte do que as garantias anteriormente constituídas. De acordo com alguns autores, a fraca relevância que o capital de risco tem, nos Estados Unidos da América, como meio de reestruturação de empresas em crise deve-se, justamente, ao regime de *DIP financing* [cfr. Julian R. Franks/Sergey V. Sanzhar, "Evidence in debt overhang from distressed equity issues", 2006 (disponível em http://ssrn.com)]. Devido a este incentivo, a concessão de crédito na fase pós-abertura do processo de recuperação é, com efeito, muito intensa – tão intensa que alguns falam num "mercado de *DIP financing*" [cfr. Juana Pulgar Ezquerra, "La financiación de empresas en crisis", *Documentos de Trabajo del Departamento de Derecho Mercantil, Facultad de Derecho, Universidad Complutense*, Madrid, Marzo 2012 (disponível em http://eprints.ucm.es/14638/1/La_financiaci%C3%B3n_de_empresas_en_crisis.pdf)]. O mecanismo permite às empresas

OS INSTRUMENTOS DE RECUPERAÇÃO DE EMPRESAS PRÉ-INSOLVENTES

outras soluções, como a de converter os créditos, na eventualidade de um processo de insolvência, em créditos contra a massa insolvente. Soluções deste tipo foram acolhidas em vários ordenamentos europeus, como a Espanha, a Itália ou a França[725].

A classificação como créditos contra a massa insolvente é – note-se – a classificação que a lei atribui aos créditos emergentes dos actos de administração da massa no âmbito do processo de insolvência [cfr. art. 51.º, n.º 1, al. c)].

Não pode argumentar-se que o privilégio creditório funciona bem (salvaguarda o credor) nas hipóteses em que não seja aberto um processo de insolvência. O credor tem a possibilidade de convencionar, aquando da constituição do crédito, a constituição de uma garantia real e de uma garantia real mais forte do que este privilégio. Aquilo que, por isso, lhe falta – e estimularia realmente o credor – é uma classificação que só a lei pudesse atribuir e que simultaneamente graduasse os seus créditos acima dos outros créditos, nomeadamente acima dos restantes créditos garantidos[726].

---

estruturar o financiamento na forma e com as garantias que queiram na base da autonomia da vontade e sobretudo permite às partes atribuir a este financiamento em processo formal de recuperação a máxima prioridade, inclusivamente face a garantias reais preexistentes. Isto determina a distinção entre o financiamento de empresas em crise pré e pós-início do processo de recuperação, sendo a maioria dos financiamentos canalizada para momento posterior ao início do processo, dadas as vantagens e os incentivos que este assegura comparativamente com o financiamento pré-processo. É de notar que os titulares de créditos deste tipo não têm, compreensivelmente, tanto interesse na reestruturação da empresa, concentrando-se mais na extensão e na segurança dos bens que são objecto da sua garantia [cfr. SANDEEP DAHIYA ET ALII, "Dynamics of Debtor-in-Possession Financing – resolution and the role of prior lenders", 2000 (disponível em http://citeseerx.ist.psu.edu/viewdoc/download?doi=10.1.1.201.2063&rep=rep1&type=pdf)].

[724] Apesar disso, chegou a ser aventada a hipótese de introdução de uma regra semelhante no *Entreprise Act* inglês, como dá conta GERARD MCCORMACK ("Super-priority new financing and corporate rescue", in: *Journal of Business Law*, 2007, pp. 701-732).

[725] Cfr., sobre as soluções adoptadas nestes ordenamentos, CATARINA SERRA, "Investimentos de capital de risco na reestruturação de empresas", cit., pp. 357-358.

[726] No contexto dos trabalhos preparatórios da Lei n.º 16/2012, de 20 de Abril, a Associação Portuguesa de Bancos manifestou-se no sentido de que os financiamentos concedidos neste âmbito deviam beneficiar de garantias especiais, que os graduassem a seguir às dívidas da massa insolvente, com privilégio sobre quaisquer outros créditos numa (eventual) futura insolvência, sob pena de os potenciais financiadores entenderem que o risco não é compensatório. Cfr. Parecer da Associação Portuguesa de Bancos à Proposta de Lei 39/XII, cit.

104.4.2. Incentivos ao financiamento e credores preexistentes

Considerando os benefícios atribuídos aos credores que disponibilizem meios para assegurar a continuação da actividade da empresa nas normas dos arts. 17.º-H e 120.º, n.º 6, mas sobretudo o privilégio creditório mobiliário geral, cabe formular uma pergunta lateral: não estará a empresa constituída numa obrigação de dar preferência àqueles que já são seus credores antes da abertura do PER?

A situação dos credores preexistentes é muito semelhante à dos sócios quotistas e accionistas, que gozam de um direito de preferência nos aumentos do capital social por novas entradas (cfr. arts. 266.º, 458.º e 478.º do CSC). Este direito visa salvaguardar os interesses dos sócios: entende-se que só por vontade do sócio a sua participação social deve diminuir proporcionalmente com o aumento do capital social ou, dito de outra forma, que o sócio deve poder conservar, enquanto assim desejar, o valor relativo da sua participação social.

A convicção de alguma proximidade entre a posição dos credores e dos sócios sai, aliás, reforçada da leitura do Relatório do Diploma Preambular do Código da Insolvência e da Recuperação de Empresas, onde se diz, fundamentalmente, que, em situações de crise, os credores se substituem aos sócios, convertendo-se em "proprietários económicos da empresa"[727]. Há, na verdade, no plano de recuperação do PER (assim como no plano de insolvência) uma série de aspectos que o caracterizam como um negócio jurídico complexo em que se integram elementos contratuais de interesse privado e elementos processuais de interesse público, assentando a extensão dos efeitos aos credores não participantes ou dissidentes na consideração da "massa activa" como uma colectividade semelhante aos sócios das sociedades de capital[728].

Além do argumento da analogia entre os credores e os sócios, militam a favor da constituição da empresa na obrigação de dar preferência aos credores preexistentes a previsão expressa de outras obrigações da empresa, podendo ver-se aquela como decorrência (ou inerência) destas. Trata-se, mais precisamente, da obrigação de informação (cfr. art. 17.º-D, n.º 6, e

---

[727] Cfr. quinto parágrafo do ponto 3 do Relatório do Diploma Preambular do Código da Insolvência e da Recuperação de Empresas (DL n.º 53/2004, de 18 de Março).

[728] Cfr., neste sentido, referindo-se ao instrumento de recuperação espanhol (o *convenio*), Francisco-Javier Vaquer, "El convenio como medio para la continuación de la actividad empresarial", in: *Anuario de Derecho Concursal*, 2011, 24, pp. 154-155.

OS INSTRUMENTOS DE RECUPERAÇÃO DE EMPRESAS PRÉ-INSOLVENTES

n.º 11, Sétimo e Oitavo princípios orientadores e *Fifth Insol principle*), da obrigação de actuação de acordo com a boa fé (cfr. Segundo princípio orientador) e, principalmente, da obrigação de não praticar actos que, de algum modo, afectem negativamente a posição relativa da cada credor no confronto com os restantes credores ou as legítimas expectativas quanto ao pagamento dos seus créditos, em comparação com a situação que existia antes do início das negociações (cfr. Sexto e Nono princípio orientador e *Second, Third* e *Sixth Insol principles*). Por outras palavras, os credores têm o direito de esperar que a sua posição relativa e as probabilidades de realização dos seus direitos não sofram qualquer modificação ao longo do PER e, por isso, sempre que exista esse risco, a empresa deve dar-lhes a possibilidade de evitar ou reduzir o impacto da modificação[729].

104.5. O regime especial dos "novos créditos" por fornecimento de serviços públicos essenciais

Um determinado grupo de "novos créditos" merece, na perspectiva do legislador, uma regulação própria. São eles os créditos derivados do não pagamento dos serviços públicos essenciais (água, energia eléctrica, gás natural e gases de petróleo liquefeitos canalizados, serviços de comunicações electrónicas, serviços postais, serviços de recolha e tratamento de águas residuais e serviços de gestão de resíduos sólidos urbanos) fornecidos à empresa durante as negociações. Apesar de lhes caber, nos arts. 17.º-E, n.ºs 8 e 9, um regime especial (para cujo tratamento, atrás, se remete), eles não deixam de ser – de estar integrados nos – "novos créditos". Uma das vantagens da sua integração nesta categoria geral é tornar-se claro que lhes é aplicável o regime geral dos "novos créditos".

Assim, além da classificação como dívidas da massa, especialmente prevista para o caso de a insolvência ser declarada nos dois anos posteriores ao

---

[729] No comentário ao *Eighth Insol principle* (in: *"Global Statement of Principles for Multi-Creditor Workouts"*, cit. pp. 33-34), diz-se: *"[t]he provision of New Money (including increases in exposure which are to receive New Money treatment) can impact upon the position of relevant creditors. This is because its priority treatment may affect the prospects of other non-prioritised debt being repaid (including increases in exposure which are to receive New Money treatment) can impact upon the position of relevant creditors. This is because its priority treatment may affect the prospects of other non-prioritised debt being repaid. Ideally, where appropriate, all relevant creditors participating in the process should be given the opportunity to participate in the provision of, and should accept the risks associated with, the provision of New Money on a proportionate basis (i.e. proportionally to the perceived exposures which each of them has to the debtor as at the Standstill Commencement Date)"*.

LIÇÕES DE DIREITO DA INSOLVÊNCIA

termo do prazo das negociações, deve entender-se que eles desfrutam da garantia constituída pelo privilégio creditório mobiliário geral referido no art. 17.º-H, n.º 2. Ficam, portanto, cobertos os casos em que não chega a ter lugar a declaração de insolvência[730].

105. Recusa de homologação do plano de recuperação. Recurso da sentença não homologatória

Como se viu, para decidir se homologa ou recusa a homologação do plano de recuperação, o juiz deve apoiar-se nas normas aplicáveis em matéria de aprovação e homologação do plano de insolvência, de entre as quais sobressaem, pela sua importância, os arts. 215.º e 216.º.

O art. 215.º regula a não homologação oficiosa, determinando fundamentalmente que o juiz deve recusar a homologação "no caso de violação não negligenciável de regras procedimentais ou das normas aplicáveis ao [...] conteúdo [do plano], qualquer que seja a sua natureza".

O que seja uma violação não negligenciável de regras é questão que originou discussões acaloradas desde a entrada em vigor do Código da Insolvência e da Recuperação de Empresas e que ainda hoje suscita dúvidas, não obstante as tentativas de densificação desenvolvidas, entretanto, pela doutrina e pela jurisprudência portuguesas. Tentando colmatar a indeterminação do conceito, é razoável entender que violação não negligenciável é aquela e apenas aquela que importe uma lesão grave de valores ou interesses juridicamente tutelados, isto é, uma lesão de tal modo grave que nem em atenção ao princípio da recuperação e aos interesses associados a este, o juiz pode deixar de recusar-se a homologar o plano, inviabilizando com isso a recuperação. Está implícito na norma o dever de o juiz proceder a uma ponderação – uma ponderação entre o interesse da recuperação e os interesses que sejam, em concreto, visados pela norma violada com vista a decidir se, em homenagem ao primeiro, a violação pode ser negligenciada.

Relativamente às normas violadas, a norma do art. 215.º não deixa quaisquer dúvidas quanto a que elas podem ser normas respeitantes ao procedimento assim como normas aplicáveis ao conteúdo do plano.

Uma das normas que é frequentemente convocada para efeitos de apreciação da conformidade legal do plano é a norma do art. 194.º, sobre o prin-

---

[730] Como se explicará adiante, no âmbito do RERE, determina-se, em especial, que estes créditos beneficiam de um privilégio creditório mobiliário geral (cfr. art. 12.º, n.º 5, do RERE).

OS INSTRUMENTOS DE RECUPERAÇÃO DE EMPRESAS PRÉ-INSOLVENTES

cípio da igualdade. Como se disse, o princípio da igualdade tem uma dimensão material: devem ser tratadas igualmente situações iguais e distintamente situações distintas, sendo que, quando assim é, o tratamento distinto está em conformidade com o princípio da igualdade ou é uma desigualdade justificada. São numerosos os casos em que se entendeu que uma diferença ostensiva de tratamento dos créditos configurava uma violação não negligenciável, logo, era fundamento para a recusa de homologação do plano. Mas são também significativos os casos em que as discriminações contidas no plano foram consideradas justificadas com base numa leitura (mais) material do princípio da igualdade.

No art. 216.º admite-se um segundo caso de não homologação do plano de recuperação – a não homologação a solicitação dos interessados.

Retira-se do texto do art. 216.º, n.º 1, que interessados, para estes efeitos, não são apenas os credores mas ainda, em teoria, quaisquer sujeitos susceptíveis de ser afectados pela homologação do plano, o que equivale a dizer todos os sujeitos que sejam – e possam demonstrar ser – titulares de um interesse relevante na sua não homologação. Incluem-se aqui os sócios e também, se for o caso, os membros do grupo de sociedades em que a sociedade devedora se integra, mesmo quando não sejam credores desta.

A aplicação analógica do art. 216.º, n.º 1, ao PER obriga a uma adaptação/restrição, preordenada a excluir a empresa devedora deste grupo de potenciais interessados. Enquanto no processo de insolvência se admite que o plano de insolvência seja proposto pelo administrador da insolvência, o devedor, os responsáveis legais pelas dívidas do devedor ou um grupo de credores (cfr. art. 193.º, n.º 1), no PER não existe tal possibilidade. Considerando o carácter voluntário deste processo, deve concluir-se que o proponente ou apresentante do plano no PER é sempre a empresa devedora. Não há, portanto, nenhuma situação em que deva atender-se a qualquer interesse desta na não homologação do plano e nem é previsível que ele o manifeste.

Além da legitimidade do requerente da não homologação, é preciso que se verifiquem duas condições adicionais para que o pedido de não homologação proceda.

A primeira condição é a de que o requerente tenha manifestado nos autos a sua oposição, anteriormente à aprovação do plano, o que implica que o seu voto tenha sido desfavorável à aprovação do plano. A norma do n.º 2 do art. 216.º dispensa esta manifestação de oposição quando tenha havido alterações ao plano na assembleia de credores e o requerente não tenha estado

LIÇÕES DE DIREITO DA INSOLVÊNCIA

presente ou representado, mas esta não é, em princípio, aplicável ao PER, pois no PER não é concebível uma alteração do plano nestes termos.

A segunda é a de que ele prove (demonstre em termos plausíveis) uma de duas coisas: que a sua situação ao abrigo do plano é previsivelmente menos favorável do que aquela que resultaria na ausência de qualquer plano [cfr. art. 216.º, n.º 1, al. *a*)] ou então que o plano proporciona a algum credor um valor económico superior ao montante nominal dos respectivos créditos ou ao que lhe seja devido [cfr. art. 216.º, n.º 1, al. *b*)].

Nos preceitos seguintes prevêem-se casos em que, excepcionalmente, esta disciplina não se aplica, isto é, em que não é reconhecida ao oponente a faculdade de requerer a não homologação do plano (cfr. art. 216.º, n.º 3) e em que a disciplina sofre desvios/restrições (cfr. art. 216.º, n.º 4).

Nos demais casos, manifestada a oposição e produzida a prova nos termos descritos, o juiz está rigorosamente vinculado à não homologação do plano.

Quanto ao recurso da sentença não homologatória, o DL n.º 79/2017, de 30 de Junho, veio trazer uma novidade, introduzindo no art. 17.º-F, n.º 9, a regra de que, quando o parecer do administrador é no sentido de que a empresa está insolvente, é aplicável, com as devidas adaptações, o disposto no n.º 3 do art. 40.º – numa palavra: de que o recurso da sentença não homologatória suspende a liquidação e a partilha do activo.

O n.º 9 do art. 17.º-F compreende-se melhor quando lido articuladamente com a regra do art. 17.º-J, n.º 1, al. *b*). Nos termos deste preceito, nos casos em que não tenha sido aprovado ou homologado plano de recuperação, o PER considera-se encerrado, cessando, pois, os seus efeitos, "após o cumprimento do disposto nos n.ºs 1 a 5 do art. 17.º-G".

Considerando a disciplina na sua globalidade, o art. 17.º-F, n.º 9, aparece como a tentativa de proteger o devedor de alguns dos efeitos de uma declaração de insolvência que poderá não se justificar, face à pendência do recurso e à possibilidade de inflexão da decisão de não homologação do plano.

É irresistível, contudo, dizer que tão ou mais importante do que isto era impor-se maior ponderação/menor automatismo da declaração de insolvência, alterando-se o texto do art. 17.º-G, designadamente do seu n.º 3, e tornando-se claro que, quando o parecer do administrador é no sentido da insolvência da empresa, o encerramento do PER não redunda imediata e inevitavelmente na sua declaração de insolvência.

Deve ter-se consciência, por outro lado, de que a previsão daqueles efeitos suspensivos é susceptível de estimular a propositura de recursos da sentença não homologatória do plano.

OS INSTRUMENTOS DE RECUPERAÇÃO DE EMPRESAS PRÉ-INSOLVENTES

105.1. Efeitos da recusa de homologação

Tendo em conta a proximidade entre a não homologação e a não aprovação do plano de recuperação (são ambas manifestações do insucesso do PER), começou, desde o primeiro momento, a perguntar-se se o (gravoso) regime do art. 17.º-G se circunscreveria aos casos de encerramento do processo devido à falta de aprovação do plano (por conclusão antecipada de que tal aprovação não seria possível, decurso do prazo ou desistência das negociações), se ele não abrangeria igualmente os casos de encerramento do processo devido (apenas) à falta da sua homologação judicial[731].

Antes da alteração pelo DL n.º 79/2017, de 30 de Junho, a lei nada dizia expressamente sobre a questão. No entanto, com a alteração legislativa, passou a prever-se, no art. 17.º-F, n.º 8, que, caso o juiz não homologue o acordo, se aplica o disposto nos n.ºs 2 a 4, 6 e 7 do artigo 17.º-G", equiparando-se, portanto, a não homologação à não aprovação do plano.

Não obstante ser esta (também) a solução aplicável desde sempre no contexto do procedimento de homologação de acordos extrajudiciais, mandando o art. 17.º-I, n.º 5, aplicar à não homologação do plano o disposto nos n.ºs 2 a 4 e 7 do art. 17.º-G., a sua consagração, com carácter geral, no contexto do PER merece reservas, atendendo ao circunstancialismo (diferente) susceptível de subjazer às duas situações. É que, ao contrario da não homologação, a não aprovação sinaliza quase sempre o facto de o PER não ser – não ser *ab initio* – o instrumento adequado para resolver a situação da empresa.

É verdade que, em casos excepcionais, a não homologação do plano é imputável às circunstâncias a que é, em regra, imputável a sua não aprovação. O plano pode, por exemplo, ter sido considerado aprovado mas apenas porque foram desrespeitadas as normas aplicáveis à votação e à aprovação. Ora, isto só é susceptível de ser detectado em momento posterior – no momento da homologação judicial. Nestes casos excepcionais – e só nestes – justificar-se-ia a extensão dos efeitos da não aprovação do plano à não homologação do plano. Nos restantes casos, ou seja, em geral, os efeitos da não homologação e da não aprovação deveriam ser – manter-se – distintos[732]-[733].

---

[731] Cfr., a favor da segunda tese, NUNO SALAZAR CASANOVA/DAVID SEQUEIRA DINIS, *O processo especial de revitalização – Comentários aos artigos 17.º-A a 17.º-I do Código da Insolvência e da Recuperação de Empresas*, cit., pp. 168-169.

[732] Cfr., também neste sentido, RITA FABIANA DA MOTA SOARES, "As consequências da não aprovação do plano de recuperação", cit., p. 95. Cfr., em sentido oposto, MARIA DO ROSÁRIO EPIFÂNIO, *Manual de Direito da Insolvência*, cit., p. 288 (defendendo, antes do esclarecimento

LIÇÕES DE DIREITO DA INSOLVÊNCIA

No que respeita, por outro lado, ao argumento da similitude com o art. 17.º-I, n.º 5, deve ter-se presente que aquilo que pode dar origem à não homologação do plano no âmbito do procedimento de homologação de acordos extrajudiciais é, em princípio, distinto daquilo que pode dar-lhe origem no âmbito do PER típico. Pode ser, e na maioria dos casos é, a não aprovação do plano nos termos legalmente exigidos. Aí, a remissão para o art. 17.º-G, n.ºs 2 a 4 e 6 e 7, justifica-se. Quando, pelo contrário, a não homologação se deva a causas diversas, será, do mesmo modo, de equacionar a sua exclusão, por via de uma interpretação restritiva, da norma do art. 17.º-I, n.º 5.

Dito isto, a verdade é que o art. 17.-F, n.º 8, não deixa margem para dúvidas: caso o juiz não homologue o acordo, há lugar ao parecer do administrador judicial provisório e, se a empresa for considerada insolvente, ao requerimento da sua declaração de insolvência (cfr. art. 17.º-G, n.ºs 3 e 4), devendo a lista definitiva de créditos valer, no processo de insolvência eventualmente aberto, quanto aos créditos já reclamados (cfr. art. 17.º-G, n.º 7), ou, se a empresa não for considerada insolvente, ao encerramento do processo (cfr. art. 17.º-G, n.º 2), produzindo-se, portanto, apenas os efeitos típicos do encerramento (destituição do administrador judicial provisório, recuperação, por parte da empresa (dos administradores da empresa), do poder de praticar actos de especial relevo sem necessidade da autorização do administrador, prosseguimento de todas as acções suspensas contra a empresa, inclusivamente o processo de insolvência, e recuperação, por parte

do art. 17.º-F, n.º 8, a interpretação extensiva do art. 17.º-G à recusa de homologação). Cfr. ainda ALEXANDRE SOVERAL MARTINS, "O P.E.R. (Processo Especial de Revitalização)", cit., p. 32, e *Um Curso de Direito da Insolvência*, cit., pp. 483-484 (equacionando, embora com dúvidas, a hipótese da analogia).

[733] Cfr., na jurisprudência, no sentido propugnado, o Acórdão do TRP de 26 de Setembro de 2016, Proc. 5200/15.6T8OAZ-A.P1 (Relator: MANUEL DOMINGOS FERNANDES), o Acórdão do TRC de 17 de Outubro de 2017, Proc. 2135/17.1T8VIS-A.C1 (Relator: FONTE RAMOS), o Acórdão do TRC de 27 de Janeiro de 2015, Proc. 170/14.0TBCDR.C1 (Relator: FONTE RAMOS), e o Acórdão do TRE de 17 de Agosto de 2016, Proc. 383/16.0T8OLH.E1 (Relator: FRANCISCO MATOS). Diz-se no sumário do primeiro: "verificando-se o encerramento do processo especial de revitalização na sequência da não homologação de determinado plano de recuperação visando a revitalização do devedor e permanecendo o mesmo em situação económica difícil ou em situação de insolvência meramente iminente, mas que ainda seja susceptível de recuperação (art. 17.º-A, n.º 1, do CIRE) e estando reunidos os demais requisitos legalmente previstos, nenhum obstáculo se levanta a que se dê início a novo processo especial de revitalização, sem a limitação temporal prevista no citado n.º 6 do art.º 17º-G, do CIRE (aplicável aos casos de extinção do processo sem aprovação de plano de recuperação)".

OS INSTRUMENTOS DE RECUPERAÇÃO DE EMPRESAS PRÉ-INSOLVENTES

dos credores, do poder de propor acções contra a empresa). A empresa fica, em qualquer dos casos, impedida de recorrer ao PER pelo prazo de dois anos (cfr. art. 17.º-G, n.º 6).

Uma nota final é devida a propósito da hipótese de, após a recusa de homologação, ser apresentado um novo plano de recuperação, que, designadamente, resulte da eliminação das cláusulas que motivaram tal recusa. Tendo presente, mais uma vez, o princípio da recuperação e os interesses a ele associados, é de admitir a possibilidade – e de admiti-la porventura mesmo quando se ultrapasse, nos termos vistos antes, o prazo fixado no art. 17.º-D, n.º 5[734]. Com a aprovação do plano de recuperação – do plano de recuperação reformulado – fica, em princípio, demonstrada a viabilidade da recuperação. Em face disto, o pequeno atraso não deve adquirir relevância, em particular nesta hipótese, em que os esforços das partes para eliminar as causas (eventualmente formais) da não homologação do plano atestam uma intenção séria de ultrapassar os obstáculos à recuperação.

106. Encerramento do processo. Cessação das funções do administrador judicial provisório
Já se foi dando a entender, nomeadamente a propósito da duração de certos efeitos do PER, que, para o processo se considerar encerrado e os seus efeitos cessarem, não é absolutamente suficiente a decisão judicial sobre a homologação do plano.

Com efeito, determina-se no art. 17.º-J, n.º 1, als. *a)* e *b)*, que, para o processo se encerrar, é preciso, no caso de homologação do plano, que a sentença homologatória transite em julgado e, no caso de não aprovação ou não homologação do plano, que sejam cumpridos os deveres impostos nos n.ºs 1 a 5 do art. 17.º-G.

A referência ao disposto nos n.ºs 1 a 5 do art. 17.º-G é um tanto estranha, uma vez que algumas das normas *pressupõem* o encerramento do PER (cfr.

---

[734] A hipótese de apresentação de novo plano foi admitida na jurisprudência, não obstante com condição de que este novo plano tenha sido negociado e aprovado ainda dentro do curso do prazo do art. 17.º-D, n.º 5. O fundamento é o de que só nesta condição o interesse geral visado com a fixação do referido prazo não sofre lesões. Cfr., na jurisprudência, neste sentido, o Acórdão do TRG de 10 de Abril de 2014, Proc. 1083/13.9TBBRG.G2 (Relator: ANTÓNIO BEÇA PEREIRA). Diz-se aí no sumário: "No processo especial de revitalização, decorrido o prazo do n.º 5 do artigo 17.º-D CIRE e não sendo homologado o plano de revitalização que entretanto tinha sido aprovado, não é admissível que depois se apresente um segundo plano 'para homologação ou recusa da mesma pelo juiz'".

LIÇÕES DE DIREITO DA INSOLVÊNCIA

n.º 2 e 3 do art. 17.º-G). Tentando captar o sentido geral da previsão, compreende-se, apesar de tudo, que, quando há desistência das negociações, o encerramento depende do cumprimento, por parte da empresa, do dever de comunicar, por meio de carta registada, a pretensão de desistência das negociações ao administrador judicial provisório, a todos os credores e ao tribunal (cfr. art. 17.º-G, n.º 1) e, quando se trata de algumas das outras duas causas de encerramento (não aprovação ou não homologação do plano), o encerramento depende do cumprimento de três deveres por parte do administrador judicial provisório: o dever de comunicar ao processo o encerramento do processo negocial e a não aprovação ou a não homologação do plano (cfr. art. 17.º-G, n.º 1), o dever de emitir parecer sobre a situação da empresa, depois de ouvir a empresa e os credores, e, quando considere que a empresa está insolvente, o dever de requerer a sua declaração de insolvência (cfr. art. 17.º-G, n.º 4).

Por sua vez, a cessação das funções do administrador judicial provisório é regulada à parte, portanto, autonomamente em relação à cessação da generalidade dos efeitos (que acontecerá por força do encerramento nos termos descritos).

Diz-se no art. 17.º-J, n.º 2, als. *a)* e *b)*, que o administrador judicial se mantém em funções até ser proferida a decisão de homologação do plano de recuperação e, nos casos em que não haja homologação do plano, até ao encerramento do processo nos termos previstos no número anterior da norma. Estranha-se que, quando haja homologação, o administrador cesse logo as suas funções, ou seja, cesse as suas funções antes do encerramento do PER. A regra estabelece uma ruptura entre o regime da cessação das funções do administrador judicial provisório e o regime da cessação dos outros efeitos do processo. Além disso – e mais importante –, desconsidera a possibilidade real de revogação da sentença homologatória na sequência de recurso, não acautelando, por isso, o interesse da estabilidade.

Pelos motivos expostos, não surpreende nem suscita crítica a regra adoptada para os restantes casos, que assegura a manutenção do administrador em funções até ao encerramento do processo.

107. Responsabilidade pelas custas do processo de homologação
A responsabilidade pelo pagamento das custas do processo de homologação cabe à empresa, o que se justifica pelo facto de o grande beneficiário ser a empresa.

OS INSTRUMENTOS DE RECUPERAÇÃO DE EMPRESAS PRÉ-INSOLVENTES

Não sendo a única com esta função, a regra estimula a empresa a ponderar bem a decisão de recorrer ao PER, contribuindo, assim, para evitar o uso leviano.

108. Homologação de acordos obtidos extrajudicialmente

Além do PER, prevê a lei, no art. 17.º-I, um instrumento tendente a valorizar ou a favorecer a negociação extrajudicial: a homologação de acordos extrajudiciais de recuperação da empresa.

A ideia inspiradora é a de que os acordos de recuperação obtidos fora do ambiente judicial devem granjear do mesmo tratamento que os obtidos em PER, ou seja, devem poder, da mesma forma, ter efeitos universais. Trata-se, assim, rigorosamente, de um dispositivo legal do tipo *fast-track-court-approval-procedures*, que permite à empresa requerer o suprimento judicial de um acordo de recuperação assinado por credores que representem a maioria qualificada dos votos.

Apesar de aparecer integrado, sob o ponto de vista sistemático, no regime do PER, deve reconhecer-se alguma autonomia a este procedimento, dado o carácter extrajudicial "puro" da negociação que ele pressupõe. Esta autonomia fica patente – e a utilidade do procedimento destacada – na sequência da Lei n.º 8/2018, de 2 de Março, dado que aí se prevê que os efeitos dos acordos extrajudiciais de reestruturação que se enquadrem no RERE, possam, pela via do art. 17.º-I, estender-se à generalidade dos credores (cfr. art. 29.º do RERE).

A tramitação do procedimento foi decalcada do PER, ainda que com as devidas adaptações. São válidas, portanto, as considerações tecidas a propósito da tramitação do PER, também com as devidas adaptações. Por este motivo a referência ao procedimento é muito breve.

Tal como no PER, o juiz nomeia um administrador judicial provisório e este publica no portal Citius a lista provisória dos créditos (cfr. art. 17.º-I, n.º 2).

Convertendo-se a lista provisória em definitiva, o juiz analisa o acordo e decide sobre a sua homologação.

Para ser homologado, o acordo deverá estar aprovado por credores que representem a maioria dos votos prevista no n.º 5 do art. 17.º-F (cfr. art. 17.º-I, n.º 1).

Como é habitual, o juiz deverá atender ao disposto especialmente quanto à homologação no âmbito do plano de insolvência, designadamente nas normas dos arts. 215.º e 216.º (cfr. art. 17.º-I, n.º 4).

LIÇÕES DE DIREITO DA INSOLVÊNCIA

109. Incumprimento do plano de recuperação

Não é de estranhar que o incumprimento do plano de recuperação seja uma situação frequente, imputável, em muitos casos, à circunstância de o PER ter sido aberto quando não devia (por a empresa estar já, nessa altura, não exactamente em situação de pré-insolvência mas em situação de insolvência actual).

De início, ou seja, na versão original da disciplina do PER, a hipótese não se encontrava regulada. A medida óbvia de prevenção era a de regular o incumprimento do plano no próprio plano. Mas a verdade é que isso não sucede em todos os casos, devendo enfrentar-se, então, as dúvidas quanto aos pressupostos e aos efeitos do incumprimento

Desde logo, é duvidoso o momento a partir do qual pode considerar--se que há incumprimento do plano. Será que é preciso que se verifique o incumprimento de todas as obrigações ou bastará o incumprimento de uma ou algumas (e, neste último caso, quais)? Depois, não é seguro o que acontece aos créditos modificados (extintos ou reduzidos no seu montante) e aos condicionamentos do seu reembolso, às moratórias e às calendarizações de pagamento acordadas no plano.

Na ausência de disposições próprias e sendo necessário encontrar um regime aplicável, prefigurou-se a possibilidade de aplicação analógica da norma do Código da Insolvência e da Recuperação de Empresas que regula o incumprimento do plano de insolvência, ou seja, do art. 218.º, com a epígrafe "[i]ncumprimento".

O preceito já foi analisado a propósito do incumprimento do plano de recuperação no âmbito do processo de insolvência, pelo que se remete para a leitura desse ponto.

Por força do art. 218.º, n.º 1, dá-se, em certos termos, uma repristinação dos créditos originais. A moratória e o perdão ficam sem efeito quanto aos créditos relativamente aos quais a empresa se constitui em mora, se a prestação, acrescida dos juros moratórios, não for cumprida no prazo de quinze dias a contar da interpelação escrita do credor e quanto a todos os créditos, quando a empresa é declarada insolvente em novo processo.

A norma parece ajustar-se bem a uma aplicação analógica[735]. Vendo bem, isto não é surpreendente. Primeiro, entre o plano de insolvência e o PER

---

[735] Exclui-se, evidentemente, desta aplicação o n.º 2 do art. 218.º, pois este pressupõe a prolação da sentença de graduação e verificação de créditos, que, como se sabe, não existe no PER.

OS INSTRUMENTOS DE RECUPERAÇÃO DE EMPRESAS PRÉ-INSOLVENTES

existem, como se disse, flagrantes afinidades, o que faz com que exista uma predisposição natural das disposições que regulam o primeiro para a aplicação analógica ao segundo. Depois, em particular no que respeita à norma do art. 218.º, ela está em plena harmonia com a natureza e os fins do PER[736]. Finalmente, ela contém a solução adequada à realização dos interesses em presença, ou seja, parafraseando o legislador no art. 10.º, n.º 2, do CC, "no caso omisso proced[e]m as razões justificativas da regulamentação do caso previsto na lei".

A solução mais adequada será, em síntese, a aplicação do art. 218.º, n.º 1, ao PER[737]. E é esta que está consagrada no art. 17.º-F, n.º 12, desde a alteração do DL n.º 79/2017, de 30 de Junho. "É aplicável ao plano de recuperação – diz-se na norma – o disposto no n.º 1 do artigo 218.º".

Nem por isso ficam, porém, resolvidas todas as dúvidas. Fica por saber, por exemplo, o que acontece às modificações que não sejam susceptíveis de recondução à moratória e ao perdão. A solução mais razoável é que fiquem igualmente sem efeito. Mas para isso já será preciso que os credores adoptem um comportamento activo e exerçam o seu direito de resolução nos termos dos arts. 432.º e s. do CC. Como se viu, e nos termos em que se viu a propósito do plano de insolvência, a norma do art. 218.º é uma norma especial, tornando-se necessário o recurso ao regime geral do incumprimento (cfr. arts. 801.º, n.º 2, 802.º e 808.º do CC) e ao regime geral da resolução (cfr. arts. 432.º e s. do CC).

A aplicabilidade do regime geral dá origem, por sua vez, a outras questões, nomeadamente uma questão associada à pergunta feita de início, sobre a caracterização do incumprimento relevante para os efeitos da norma. Será que o incumprimento das obrigações que respeitem a um credor constitui fundamento para o exercício da resolução do acordo também por parte dos outros credores?

---

[736] Não pode aceitar-se que, como é sugerido por alguns, entre os fins do PER esteja a defesa dos interesses do devedor com desconsideração dos (ou contra os) interesses dos credores (cfr., por exemplo, BERTHA PARENTE ESTEVES, "Da aplicação das normas relativas ao plano de insolvência ao plano de recuperação conducente à revitalização", cit., pp. 277-278). Os fins do PER, como de qualquer instrumento de recuperação, são a recuperação do devedor por meio de uma tutela ponderada dos interesses de todos os sujeitos envolvidos.

[737] Cfr., no mesmo sentido, NUNO FERREIRA LOUSA, "O incumprimento do plano de recuperação e os direitos dos credores", in: CATARINA SERRA (coord.), *I Colóquio do Direito da Insolvência de Santo Tirso*, Coimbra, Almedina, 2014, pp. 136-138. Cfr., na jurisprudência, o Acórdão do TRG de 21 de Janeiro de 2016, Proc. 1963/14.4TBCL.1.G1 (Relatora: HELENA MELO).

LIÇÕES DE DIREITO DA INSOLVÊNCIA

Todos os elementos apontam para uma resposta afirmativa. Estando o contrato subordinado a um fim comum (a recuperação), existe uma relação de interdependência entre as obrigações da empresa perante cada um dos credores. Se o incumprimento afectar obrigações essenciais à realização daquele fim, de tal modo que possa dizer-se que o cumprimento do plano está comprometido, então o incumprimento deve poder constituir fundamento da resolução por parte de qualquer dos credores. Esta é uma consequência directa da aplicação ao PER do princípio da universalidade. Reencontra-se a ideia de que se o plano deve afectar *todos* os credores de forma a viabilizar a recuperação, os efeitos do plano devem, logicamente, cessar para *todos* os credores sempre que a recuperação se revele inviável.

A aplicabilidade do regime geral suscita ainda uma questão relativa aos credores que não são subscritores do plano mas que são afectados nos termos do art. 17.º-F, n.º 10. Terão eles, do mesmo modo, a faculdade de exercer um direito de resolução?

Em regra, quem não subscreve um acordo não é admitido a resolvê-lo. Mas a verdade é que estes sujeitos não podem ficar incondicionalmente vinculados. Isto significaria colocá-los no "pior de dois mundos": estariam sujeitos ao acordo porque outros credores o aceitaram e permaneceriam sujeitos ao acordo apesar de, a dada altura, os mesmos credores se desvincularem.

Poderia formular-se a regra de que quando todos os subscritores resolvam o acordo a ineficácia deste aproveita a todos. Mas ficaria sempre por saber se isso também aconteceria nos casos menos flagrantes. Obrigaria a uma (indesejável) quantificação, ou seja, obrigaria a determinar quantos credores teriam de resolver o acordo para que a ineficácia pudesse estender-se.

Tudo considerado, é razoável entender que a homologação judicial do plano envolve uma expressão substitutiva da vontade dos credores não subscritores e, assim sendo, estes últimos são partes, assistindo-lhes, portanto, o direito de resolver o acordo.

No respeita à caracterização do incumprimento relevante e do exercício do direito de resolução, é possível assentar, enfim, em três ideias centrais.

Primeiro, considerando o disposto tanto no regime geral do incumprimento como no regime especial, deverão ser concedidas à empresa devedora duas oportunidades para cumprir. Nesta conformidade, haverá incumprimento relevante quando a prestação relativamente à qual a empresa se constitui em mora não for cumprida dentro de um prazo razoável a contar da interpelação escrita do credor (no prazo de quinze dias, admitindo-se a aplicação do art. 218.º, n.º 1).

OS INSTRUMENTOS DE RECUPERAÇÃO DE EMPRESAS PRÉ-INSOLVENTES

Segundo, atendendo, em particular, ao disposto no regime especial do art. 218.º, n.º 1, configurar-se-á uma situação típica de incumprimento quando a empresa falte ao cumprimento de uma ou mais obrigações decorrentes do plano que sejam essenciais para a realização dos fins deste e ainda quando ela seja judicialmente declarada impossibilitada de cumprir/insolvente.

Terceiro, o direito de resolução deve poder ser exercido sempre que haja incumprimento nos termos acima referidos e ainda quando a execução do plano se torne justificadamente insustentável (inexigível) para o credor. A recusa antecipada de cumprimento pela empresa ou a ocorrência de atrasos sistemáticos no cumprimento das obrigações decorrentes do plano são duas das situações mais paradigmáticas.

A terminar, deve esclarecer-se o significado do incumprimento do plano de recuperação obtido em PER para os efeitos do art. 20.º, n.º 1, al. *f*) (se ele pode ou não constituir fundamento para um pedido de declaração de insolvência da empresa).

Como se viu, na norma do art. 20.º, n.º 1, estabelece-se um conjunto de factos-índice da insolvência. Estes funcionam como pressupostos da prossecução do processo de insolvência requerido pelos credores, pelos responsáveis legais pelas dívidas do devedor e pelo Ministério Público. Entre eles está, na al. *f*), o incumprimento de obrigações previstas em plano de insolvência ou em plano de pagamentos nas condições referidas na al. *a*) do n.º 1 e no n.º 2 do art. 218.º. Poderá o regime estender-se, por analogia, ao incumprimento de obrigações previstas em plano de recuperação obtido em PER?

Salta aos olhos uma diferença fundamental entre os dois grupos de situações, impeditiva da aplicação analógica do art. 20.º, n.º 1, al. *f*), ao PER: nos casos de plano de insolvência e de plano de pagamentos o devedor foi antes declarado insolvente enquanto no caso do PER tal não sucedeu. É razoável presumir, no primeiro grupo de casos, que, tendo fracassado a única via que lhe permitia superar a sua insolvência, o devedor permanece insolvente (e insolvente até de forma mais intensa do que antes, uma vez que ficou demonstrada a insusceptibilidade de recuperação). Seria desrazoável presumir tal coisa no caso de incumprimento do plano obtido em PER.

CAPÍTULO IV – O Regime Extrajudicial de Recuperação de Empresas

Bibliografia específica: A. BARRETO MENEZES CORDEIRO, "Resposta à consulta pública relativa ao projeto de proposta de lei que estabelece o Estatuto do Mediador de Recuperação de Empresa", in: AA. VV., "Consulta Pública Programa Capitalizar – Resposta do Centro de Investigação em Direito Privado", in: *Revista de Direito das Sociedades*, 2017, n.º 1, pp. 157 e s., Diogo Pereira Duarte, "Resposta à consulta pública relativa ao projeto de proposta de lei que aprova o Regime Extrajudicial de Recuperação de Empresa – Comentário aos artigos 1.º a 5.º e 31.º a 33.º do projeto; aspetos gerais e disposições transitórias", in: AA. VV., "Consulta Pública Programa Capitalizar – Resposta do Centro de Investigação em Direito Privado", in: *Revista de Direito das Sociedades*, 2017, n.º 1, pp. 169 e s., Francisco Mendes Correia "Resposta à consulta pública relativa ao projeto de proposta de lei que aprova o Regime Extrajudicial de Recuperação de Empresa – Comentário aos artigos 18.º a 30.º do projeto: negociações do acordo de reestruturação", in: AA. VV., "Consulta Pública Programa Capitalizar – Resposta do Centro de Investigação em Direito Privado", in: *Revista de Direito das Sociedades*, 2017, n.º 1, pp. 186 e s., Maria de Lurdes Pereira, "Resposta à consulta pública relativa ao projeto de proposta de lei que aprova o Regime Extrajudicial de Recuperação de Empresa – Comentário aos artigos 6.º a 17.º do projeto: conteúdo, forma, depósito, efeitos e incumprimento do acordo de reestruturação", in: AA. VV., "Consulta Pública Programa Capitalizar – Resposta do Centro de Investigação em Direito Privado", in: *Revista de Direito das Sociedades*, 2017, n.º 1, pp. 177 e s., Maria de Lurdes Pereira/Francisco Mendes Correia/Diogo Pereira Duarte, "Resposta à consulta pública relativa ao projeto de proposta de lei que aprova o Regime Extrajudicial de Recuperação de Empresa – Considerações gerais sobre o projeto", in: AA. VV., "Consulta Pública Programa Capitalizar – Resposta do Centro de Investigação em Direito Privado", in: *Revista de Direito das Sociedades*, 2017, n.º 1, pp. 167 e s.

110. Noções introdutórias. O Regime Extrajudicial de Recuperação de Empresas como ónus

O RERE foi criado pela Lei n.º 8/2018, de 2 de Março.

O nome é sugestivo (extrajudicial, recuperação, empresas) e permite antecipar algumas das características do regime, mas não permite retirar uma ideia precisa quanto ao que é o RERE.

Diz-se na lei que ele "regula os termos e os efeitos das negociações e do acordo de reestruturação que seja alcançado entre um devedor e um ou mais dos seus credores, na medida em que os participantes manifestem, expressa e unanimemente, a vontade de submeter as negociações ou o acordo de reestruturação ao regime previsto na presente lei" (cfr. art. 2.º, n.º 1, do RERE), definindo-se "acordo de reestruturação" como "o acordo com vista à alteração da composição, das condições ou da estrutura do ativo ou do passivo de um devedor, ou de qualquer outra parte da estrutura de capital do devedor, incluindo o capital social, ou uma combinação destes elementos, incluindo a venda de ativos ou de partes de atividade, com o objetivo de permitir que a empresa sobreviva na totalidade ou em parte" (cfr. art. 2.º, n.º 2, do RERE).

OS INSTRUMENTOS DE RECUPERAÇÃO DE EMPRESAS PRÉ-INSOLVENTES

A apresentação legal do RERE (e do conceito auxiliar "acordo de reestruturação") é um tanto prolixa e, sobretudo, não é muito clara. Perguntar-se-á, por exemplo, se o RERE é, tal como o PER, um processo especial. Só é possível responder com segurança a esta e a outras perguntas depois de se ler com atenção o articulado.

Propõe-se uma definição mais sumária e mais simples de RERE: como o regime ao qual a empresa e os seus credores sujeitam voluntariamente a negociação de um acordo de reestruturação ou o acordo de reestruturação entre eles previamente alcançado, com o propósito de obter determinadas vantagens.

Trata-se, assim, em primeiro lugar, não de um processo ou de um procedimento em sentido próprio, mas de um regime de enquadramento, ou seja, de um regime em que os sujeitos enquadram determinada situação na mira de daí retirarem vantagens.

Trata-se, em segundo lugar, de um regime dual, que se decompõe, de facto, em dois regimes: o regime aplicável à negociação do acordo de reestruturação e o regime aplicável ao acordo de reestruturação. Ao primeiro regime podem recorrer as empresas em situação de pré-insolvência que pretendam negociar um acordo de reestruturação com os seus credores; se, no entanto, já existir acordo de reestruturação, basta-lhes recorrer ao segundo regime. Uma forma fácil de compreender o RERE e esta alternatividade de regimes é imaginando um corredor a que dão acesso, da parte exterior, duas portas. Uma das portas, a porta de entrada principal, permite fazer o percurso desde o início. A outra porta dá acesso a meio do corredor e permite fazer apenas a segunda parte do percurso. Cabe aos caminhantes a decisão de fazer o percurso na totalidade, isto é, as duas etapas em sequência, ou exclusivamente a segunda metade[738].

Tentando, por fim, qualificar o RERE ou aproximá-lo de alguma categoria jurídica, dir-se-ia que ele é um ónus (um "dever livre"), uma vez que o comportamento não é imposto mas proposto, importando a sua adopção pelos sujeitos a produção de efeitos que lhes são benéficos. O acto funda-

---

[738] Há alguma similitude com o PER, na medida em que o respectivo regime também permite fazer o percurso completo (cfr. arts. 17.º-A e s.) ou só o percurso final (cfr. art. 17.º-I). No PER, contudo, o processo típico é, claramente, o que corresponde ao percurso completo, sendo o outro regulado por remissão, enquanto no RERE não parece prefigurar-se um regime típico. Se alguma coisa, dir-se-ia que, ao contrário do PER, o regime que assenta no percurso abreviado será mais típico do que o outro.

LIÇÕES DE DIREITO DA INSOLVÊNCIA

mental, gerador destes efeitos, é o depósito, na Conservatória de Registo Comercial, do protocolo de negociação, aplicando-se o primeiro regime, ou do acordo de reestruturação, aplicando-se o segundo regime.

Quanto ao acordo de reestruturação – elemento central ou, pelo menos, de referência, omnipresente em todo o RERE –, poderia dizer-se que ele é susceptível de conter todas as medidas tendentes à recuperação da empresa que sejam admissíveis no quadro da liberdade contratual, como a modificação do activo e do passivo da empresa, mas também, no caso de a empresa revestir a forma jurídica de sociedade comercial, a modificação do capital social, a transformação numa sociedade de outro tipo, a alteração dos órgãos sociais, a exclusão de sócios e a entrada de novos sócios ou outra medida que importe a alteração dos estatutos, desde que, em qualquer caso, sejam obtidos os necessários consentimentos.

Após uma primeira análise, duvida-se de que, se nada se alterar na disciplina, sejam muitas as empresas a invocar o ónus do RERE, sendo provável que o regime lhes pareça excessivamente exigente para as vantagens que apresenta. As formalidades necessárias para "institucionalizar" as negociações extrajudiciais ou o acordo obtido extrajudicialmente não são de todo insignificantes. Não será fácil, em particular, obter do ROC uma declaração incondicional de que a empresa não se encontra em situação de insolvência actual, sem o que os benefícios do RERE não se produzem. Tanto quando é possível antecipar, estes são, principalmente, durante as negociações, a garantia de que o fornecimento de serviços essenciais à actividade da empresa se mantém e, durante a execução do acordo de reestruturação, a concessão de benefícios fiscais, relativos ao IRS e ao IRC, ao imposto de selo e ao IMT (que isentam as mais valias de IRS e de IRC, reconduzem a redução dos créditos a custos ou perdas do exercício e isentam certos actos de imposto de selo e de IMT). Mas a verdade é que, se, em qualquer dos períodos, a empresa ficar destituída de meios financeiros, matérias-primas ou trabalhadores, de pouco lhe valem os benefícios descritos.

Na perspectiva dos credores, o RERE terá ainda menos interesse. Como se verá, os efeitos daquela "institucionalização" aproveitam essencialmente à empresa, não estando previstos quase nenhuns estímulos para os credores. Bem pelo contrário, os credores participantes ficam privados de alguns dos seus poderes naturais, como o poder de acção judicial contra a empresa e até contra os garantes dela e o poder de resolver os contratos e de invocar a excepção de não cumprimento.

OS INSTRUMENTOS DE RECUPERAÇÃO DE EMPRESAS PRÉ-INSOLVENTES

Finalmente, sob o ponto de vista da técnica legislativa, as circunstâncias não são favoráveis a uma aplicação fácil do RERE, pelo menos no período inicial da vigência do regime. O articulado é demasiado longo, pouco claro e contém várias deficiências de técnica legislativa (nomeadamente de sistematização mas não só). A terminologia adoptada não é a mais coerente com anteriores (e assertivas) tomadas de posição por parte do legislador e, sobretudo, não é uniforme.

Como se ilustrará, para designar o principal interveniente no RERE, são simultaneamente usados o termo "devedor" (de forma aparentemente sistemática) e o termo "empresa" (de forma aparentemente acidental) e ainda (embora uma única vez) o termo "sociedade". É igualmente paradigmático (e paradoxal) que a palavra central no nome do regime (regime extrajudicial de *recuperação* de empresas) seja a palavra "recuperação"[739] e a disciplina ande à volta do acordo de *reestruturação* (existente ou a alcançar).

Tudo isto se reflecte, inevitavelmente, na compreensão das condições e dos termos de funcionamento do regime, dando aquela impressão de que o procedimento é demasiado exigente e complicado para as vantagens que representa – o que prejudicará a sua utilidade como instrumento de recuperação/reestruturação de empresas.

111. Caracterização

De uma forma geral, o RERE integra-se bem no instrumentário da recuperação de empresas, cumprindo aqueles que, como se verá, são os requisitos mínimos dos mecanismos do tipo, tal como recomendados pela Comissão, na Recomendação de 12 de Março de 2014, sobre uma nova abordagem em matéria de falência e de insolvência das empresas, e ainda na Proposta de Directiva do Parlamento Europeu e do Conselho, de 22 de Novembro de 2016, sobre o quadro de instrumentos pré-insolvenciais de reestruturação, segunda oportunidade e medidas para aumentar a eficiência dos processos de recuperação, de insolvência e de exoneração e de alteração à Directiva 2012/30/UE[740]. Muitos são, aliás, os sinais que apontam para que o RERE tenha sido fortemente inspirado no tipo de mecanismos preconizados neste

---

[739] Assim como no nome do órgão concebido para nele intervir (o mediador de *recuperação* de empresas) e nos princípios que integram a disciplina que lhe é aplicável (Princípios Orientadores da *Recuperação* Extrajudicial de Empresas).

[740] Ambos os documentos serão analisados, a título principal, adiante.

LIÇÕES DE DIREITO DA INSOLVÊNCIA

último documento[741], tendo sido incorporadas no RERE algumas das notas características destes.

O regime visa uma intervenção atempada (na pré-insolvência) com vista à recuperação de empresas, processa-se em ambiente absolutamente extrajudicial, é compatível com a manutenção da administração da empresa, dá origem a uma suspensão temporária dos poderes naturais dos credores e garante uma protecção especial dos "novos créditos".

Um dos aspectos mais importantes para compreender o RERE e, nomeadamente, distingui-lo do PER é o universo dos sujeitos afectados: tanto o protocolo de negociação como o acordo de reestruturação têm efeitos *inter partes*, não se estendendo aos credores não subscritores/não aderentes[742].

Veja-se agora, num primeiro momento, a configuração do RERE de acordo com as disposições gerais e comuns, ou seja, aplicáveis ao regime da negociação do acordo de reestruturação e ao regime do acordo de reestruturação.

111.1. Regime pré-insolvencial

Uma primeira característica do RERE é a sua funcionalização à pré-insolvência. Da leitura do art. 3.º, n.º 1, al. *b)*, resulta que ele só pode ser usado pelas empresas que se encontrem em *situação económica difícil* ou em *insolvência iminente*

Não passa despercebido que, para aferir da pré-insolvência, a lei mande, porém, aplicar o art. 3.º e o art. 17.º-B do CIRE (cfr. art. 3.º, n.º 3). A remissão para o art. 17.º-B, que define a situação económica difícil, é compreensível, mas não faz sentido que se convoque (todo) o art. 3.º, já que só o n.º 4, referindo-se à insolvência iminente, é relevante.

Como se reconheceu a propósito do PER, não é fácil aferir da pré-insolvência, dada a ambiguidade da situação, a meio caminho entre o curso normal do negócio e a situação de insolvência. Mas, em rigor, uma coisa é exigir que a empresa se encontre em situação de pré-insolvência, outra é exigir que ela não se encontre em situação de insolvência actual. Da inexistência

---

[741] Ir-se-á dando conta das principais características que o RERE partilha com o tipo de instrumentos preconizados na Proposta de Directiva do Parlamento Europeu e do Conselho, de 22 de Novembro de 2016 (referida neste ponto, abreviadamente, como Proposta de Directiva).

[742] Note-se um primeiro sinal da conformidade do RERE com o disposto na Proposta de Directiva. Esta erige a participação efectiva dos credores em condição da sua vinculação ao acordo, recusando que possam ser afectados pelo acordo credores que não participaram na sua aprovação (cfr. art. 14.º, n.º 2, da Proposta de Directiva).

OS INSTRUMENTOS DE RECUPERAÇÃO DE EMPRESAS PRÉ-INSOLVENTES

de insolvência actual não pode retirar-se que se verifica uma situação de pré-insolvência, podendo a empresa não estar, de facto, nem insolvente nem pré-insolvente[743].

111.2. Finalidade de recuperação/reestruturação de empresas

A finalidade de reestruturação/recuperação de empresas está bem patente no nome do regime.

Saliente-se, de qualquer forma, repetindo os termos do art. 2.º, n.º 2, do RERE, que o acordo de reestruturação tem "o objetivo de permitir que a empresa sobreviva na totalidade ou em parte".

Sendo a finalidade do RERE a recuperação/reestruturação de empresas, ele integra-se, como se disse atrás, nos "instrumentos de recuperação/reestruturação institucionalizada de empresas", isto é, nos instrumentos que, não obstante terem carácter extrajudicial, são enquadráveis num certo regime jurídico.

111.3. Carácter extrajudicial

O RERE é um regime extrajudicial puro, dado que não compreende, em nenhum momento, a intervenção de um órgão judicial ou que exerça poderes jurisdicionais.

Também o carácter extrajudicial se manifesta no nome do regime.

111.4. Carácter voluntário

Estabelece-se logo no art. 2.º. n.º 1, do RERE que a sujeição ao RERE depende sempre da manifestação de vontade expressa e unânime de todos os participantes.

Diz-se, depois, no art. 4.º do RERE que "[a]s partes são livres de sujeitar ao RERE os efeitos do acordo de reestruturação que alcancem, bem como os efeitos decorrentes das negociações" (cfr. art. 4.º, n.º 1, do RERE) e que "[a] participação nas negociações e no acordo de reestruturação é livre, podendo o devedor para o efeito convocar todos ou apenas alguns dos seus credores, segundo o que considerar mais apropriado a alcançar o acordo de reestruturação, sem prejuízo do disposto nos n.ºs 5 e 6 do artigo 7.º" (cfr. art. 4.º, n.º 2, do RERE).

---

[743] Volta a identificar-se ou a fazer-se equivaler expressamente as duas situações, em especial, no regime específico do acordo de reestruturação [cfr. art. 19.º, n.º 2, al. *a*), do RERE]. A equivalência existe ainda, como foi devidamente assinalado, no regime do PER.

LIÇÕES DE DIREITO DA INSOLVÊNCIA

A ideia é reiterada, mais à frente, na disciplina especial de cada um dos regimes, dispondo-se que tanto o conteúdo do protocolo de negociação como o conteúdo do acordo de reestruturação são estabelecidos livremente entre as partes (cfr., respectivamente, art. 7.º, n.º 1, e art. 19.º, n.º 1, do RERE).

111.5. Transparência

Tal como – ou até talvez mais do que – o PER, o RERE é um regime em que se privilegia a transparência.

Um dos deveres da empresa é o de, no decurso das negociações, fornecer às demais partes envolvidas informação actual, verdadeira e completa, que permita aferir com rigor a sua situação económico-financeira (cfr. art. 5.º, n.º 2, 1.ª parte, do RERE). Um dos deveres dos credores é o de partilhar entre si, de forma transparente, a informação que possuam sobre o devedor, sem prejuízo das limitações legais decorrentes de deveres de sigilo a que estejam vinculados (cfr. art. 5.º, n.º 2, 2.ª parte, do RERE).

Acentua-se a transparência com a sujeição da empresa à obrigação de, no decurso das negociações, em articulação com o credor líder, os assessores financeiros e legais, se existirem, e o mediador de recuperação de empresas, se houver sido nomeado, elaborar e apresentar de forma transparente aos credores participantes nas negociações o diagnóstico económico-financeiro do devedor que lhes permita conhecer os pressupostos nos quais pode basear-se o acordo de reestruturação (cfr. art. 15.º, n.º 1, do RERE).

Apesar de a transparência aparecer, no articulado, geralmente referida à fase das negociações e, portanto, associada ao regime da negociação do acordo de reestruturação, deve entender-se que ela é um imperativo do RERE na sua globalidade.

111.6. Carácter confidencial

Apesar de isso não resultar directamente das disposições comuns, o regime tem, em qualquer uma das suas modalidades, carácter confidencial[744].

---

[744] Existem outros processos confidenciais. Em Portugal, tinha carácter confidencial o SIREVE, conforme disposto no art. 21.º-B do (revogado) DL n.º 178/2012, de 3 de Agosto, que criou o SIREVE. Quanto aos ordenamentos estrangeiros, tome-se como exemplo a França, em que se configuram como confidenciais o *mandat ad hoc* e a *procédure de conciliation*. Trata-se de processos informais em que nenhum credor pode ser obrigado a participar e em que o devedor mantém os poderes de administração dos seus bens. As negociações têm por base a liberdade contratual, o que implica que só são afectados pelo acordo os credores que derem o

OS INSTRUMENTOS DE RECUPERAÇÃO DE EMPRESAS PRÉ-INSOLVENTES

Quando está em causa o regime da negociação de acordo de reestruturação, são confidenciais tanto as negociações como o conteúdo do protocolo de negociação, excepto se as partes acordarem, por unanimidade, em dar-lhes publicidade (cfr. art. 8.º, n.º 1, do RERE). Esclarece-se ainda que o depósito do protocolo de negociação não prejudica a confidencialidade do seu conteúdo (cfr. art. 8.º. n.º 3, do RERE).

A confidencialidade comporta, no entanto, limites. Em primeiro lugar, qualquer entidade que seja parte no acordo de reestruturação pode obter cópia dos documentos arquivados na Conservatória do Registo Comercial, podendo a Autoridade Tributária aceder aos mesmos para efeitos de verificação dos pressupostos necessários à produção de certos efeitos que o RERE produz – os efeitos ditos "fiscais" (cfr. art. 8.º, n.º 5, do RERE). Acresce que, sempre que sejam credores, a Segurança Social, a Autoridade Tributária e os trabalhadores são obrigatoriamente informados pela empresa do protocolo de negociação e do seu conteúdo (cfr. art. 8.º, n.º 6, do RERE). Por fim, a confidencialidade cessa, designadamente, em razão dos efeitos ditos "processuais" (cfr. art. 8.º, n.º 2. do RERE).

Quando está em causa o regime especial do acordo de reestruturação, é confidencial tanto a existência do acordo como o seu conteúdo, ressalvando-se os casos em que (e na medida em que) as partes manifestem a vontade de conferir publicidade ao acordo (cfr. art. 21.º, n.º 1, do RERE). Esclarece-se igualmente que o depósito electrónico do acordo, a requerimento da empresa ou de qualquer credor, não prejudica a sua confidencialidade (cfr. art. 22.º, n.º 4, do RERE). A confidencialidade cessa por força dos efeitos processuais e dos efeitos fiscais do RERE (cfr. art. 21.º, n.º 2, do RERE).

As vantagens da confidencialidade dos processos são óbvias, permitindo que as dificuldades da empresa não se tornem conhecidas do público e tornando o RERE mais atraente, sob este ponto de vista, do que outros instrumentos com a mesma vocação, designadamente o PER. Em contrapartida,

---

seu consentimento. São orientadas por um órgão (*mandataire ad hoc* ou *conciliateur*) que ajuda o devedor a conseguir um acordo por meio do qual as dívidas sejam reduzidas ou recalendarizadas. A *procédure de conciliation* pode, contudo, tornar-se pública se o devedor necessitar de pedir uma aprovação judicial para que os financiamentos que lhe são concedidos durante esse período beneficiem de privilégio em eventual processo de insolvência (depois da aprovação, a decisão judicial torna-se pública e é objecto de registo, podendo qualquer interessado aceder a ela). Apesar de tal publicidade, os termos e as condições do acordo permanecem confidenciais e só são conhecidos das partes.

LIÇÕES DE DIREITO DA INSOLVÊNCIA

a natureza confidencial impede que os credores e os órgãos jurisdicionais situados noutros Estados-Membros tenham conhecimento da abertura dos processos, o que inviabiliza qualquer tentativa de reconhecimento dos seus efeitos no estrangeiro. Por este motivo, o Regulamento (UE) 2015/848, do Parlamento Europeu e do Conselho, de 20 de Maio de 2015, só inclui no seu âmbito de aplicação os processos que sejam públicos (cfr. art. 1.º, n.º 1, e considerando 13 do Regulamento). Assim sendo, o RERE não beneficia, ao contrário de outros instrumentos (designadamente do PER) de um dos mais importantes efeitos previstos no Regulamento, ou seja, o reconhecimento automático fora de Portugal.

112. Âmbito de aplicação

Como se viu, o art. 2.º, n.º 1, do RERE determina que "[o] RERE regula os termos e os efeitos das negociações e do acordo de reestruturação que seja alcançado entre um devedor e um ou mais dos seus credores, na medida em que os participantes manifestem, expressa e unanimemente, a vontade de submeter as negociações ou o acordo de reestruturação ao regime previsto na presente lei", definindo o art. 2.º. n.º 2, do RERE o acordo de reestruturação como "o acordo com vista à alteração da composição, das condições ou da estrutura do ativo ou do passivo de um devedor, ou de qualquer outra parte da estrutura de capital do devedor, incluindo o capital social, ou uma combinação destes elementos, incluindo a venda de ativos ou de partes de atividade, com o objetivo de permitir que a empresa sobreviva na totalidade ou em parte".

Uma das primeiras perplexidades que suscita a leitura destas duas normas é o regresso da palavra "devedor" – que se repete ao longo de todo o articulado[745] –, bem como o uso paralelo da palavra "empresa" (no art. 2.º, n.º 2, do RERE[746-747]), dando a entender que se trata de duas realidades/entida-

---

[745] Cfr. art. 3.º, n.ºs 1, 2, 3, 4, 5, 6 e 7, art. 4.º, n.º 2, art. 5.º, n.ºs 1 e 2, art. 6.º, n.º 1 e 4, art. 7.º, n.ºs 1, 2, 3, 5 e 6, art. 8.º, n.ºs 4 e 6, art. 9.º, n.ºs 1, 2 e 3, art. 10.º, n.ºs 1 e 3, art. 11.º, n.º 1, art. 12.º, n.ºs 4, 5 e 6, art. 13.º, art. 14.º, n.ºs 1, 2 e 3, art. 15.º., n.ºs 1 e 2, art. 16.º, n.º 3, 4 e 5, art. 18.º, n.ºs 1 e 2, art. 19.º, n.ºs 1, 2, 4, 5, 7 e 8, art. 22.º, n.º 1, art. 23.º, n.º 1, art. 24.º, n.º 2, art. 25.º, n.º 1, art. 27.º, n.ºs 1, 3 e 4, art. 28.º, n.ºs 1 e 2, art. 29.º, art. 30.º, n.º 4, e art. 35.º, n.ºs 1 e 2, todos do RERE.

[746] Esta norma padece de outros problemas de redacção que não passam despercebidos como o de se referir à "venda de [...] partes de atividade".

[747] Refere-se ainda a empresa como entidade no art. 11.º, n.º 2, e no art 27.º, n.º 3, do RERE.

OS INSTRUMENTOS DE RECUPERAÇÃO DE EMPRESAS PRÉ-INSOLVENTES

des diferentes e, consequentemente, criando desorientação quanto a quem é ou pode ser utilizador do RERE.

A distinção entre devedor e empresa não corresponde – advirta-se – a uma inexactidão (em rigor, a empresa não é nem pode reconduzir-se a uma pessoa). Sucede que ela não é coerente com a acepção que vem sendo dada à palavra "empresa" na linguagem legislativa mais recente. Recorde-se que, no regime do PER, a palavra "devedor" foi laboriosamente evitada, tendo sido substituída em todas as normas pela palavra "empresa" aquando da alteração do DL n.º 79/2017, de 30 de Junho. Isto para que não houvesse dúvidas de que o PER era um instrumento vocacionado exclusivamente para a tutela dos interesses empresariais. Não é fácil aceitar agora este regresso ao termo "devedor", ainda para mais no contexto de um regime jurídico que patenteia no seu nome a vocação para a tutela exclusiva dos interesses empresariais.

Seria possível – e era expectável – que a norma seguinte, ou seja, o art. 3.º do RERE, regulando o âmbito subjectivo de aplicação do regime, repusesse a ordem, mas a verdade é que não é isso que acontece. O art. 3.º, n.º 1, al. *a)*, do RERE dispõe que "o RERE [se] aplica às negociações e aos acordos de reestruturação que envolvam *entidades devedoras* que [...] estejam referi- das nas alíneas a) a h) do n.º 1 do artigo 2.º do Código da Insolvência e da Recuperação de Empresas (CIRE), aprovado em anexo ao Decreto-Lei n.º 53/2004, de 18 de março, com exceção das pessoas singulares que não sejam titulares de empresa, na aceção do artigo 5.º do mesmo diploma"[748].

Da norma para a qual se remete – o art. 2.º, n.º 1, als. *a)* a *g)*, do CIRE – resulta uma enumeração (aberta) de entidades que podem ser ou não titu- lares de empresas. Encabeçam a enumeração *"quaisquer pessoas* singulares ou *colectivas"* [cfr. art. 2.º, n.º 1, al. *a)*, do CIRE] e compõem-na ainda outras entidades que o mais provável é que não sejam titulares de empresas ou não integrem/envolvam empresas, como a "herança jacente" [cfr. art. 2.º, n.º 1, al. *b)*, do CIRE], as "associações sem personalidade jurídicas e as comissões especiais" [cfr. art. 2.º, n.º 1, al. *c)*, do CIRE] e "quaisquer outros patrimónios autónomos" [cfr. art. 2.º, n.º 1, al. *h)*, do CIRE].

Parecendo confirmar que o âmbito subjectivo do RERE abrange também as pessoas jurídicas e os patrimónios autónomos não titulares de empresas, aponta-se, no art. 3.º, n.º 1, al. *a)*, como única excepção ao elenco do art. 2.º,

---

[748] Sublinhados nossos.

LIÇÕES DE DIREITO DA INSOLVÊNCIA

n.º 1, do CIRE, as pessoas *singulares* não titulares de empresas (excluindo-se, portanto, da excepção as pessoas *jurídicas* não titulares de empresas).

A despeito do exposto, entende-se que o RERE está reservado às *empresas*. Sinais como o nome escolhido para o RERE e a vocação do RERE para suceder ao SIREVE[749] mostram que o regime foi pensado para se aplicar em exclusivo às pessoas (singulares e jurídicas) e aos patrimónios autónomos que sejam titulares de empresas ou integrem/envolvam empresas. Sucede que o legislador não terá sido capaz de expressar perfeitamente a sua intenção.

Reforçando a ideia de que o âmbito de aplicação do RERE se restringe às empresas, veja-se, por exemplo, que entre os documentos exigidos para acompanhar o protocolo de negociação estão a "[c]ertidão do registo comercial [da empresa] ou [o] código de acesso à certidão eletrónica e estatutos, se aplicável" [cfr. art. 7.º, n.º 3, al. *a*), do RERE], e os "documentos de prestação de contas [da empresa] relativos aos três últimos exercícios" [cfr. art. 7.º, n.º 3, al. *b*), do RERE]. Não obstante reconhecer-se que o efeito das exigências fica condicionado pela expressão "se aplicável", pode presumir-se que, no entendimento de quem legislou, são utilizadores naturais do PER, mais do que as empresas, as sociedades (as sociedades comerciais) e os empresários (comerciantes) em nome individual com contabilidade organizada[750-751].

Por força do art. 3.º, n.º 2, do RERE, que remete para o art. 2.º, n.º 2, do CIRE, além dos não titulares de empresas, estão excluídas do RERE as

---

[749] A Lei n.º 8/2018, de 2 de Março, que criou o RERE, revogou o SIREVE.

[750] Atente-se nas referências, por um lado, a "sociedade" [cfr. art. 19.º, n.º 2, al. *a*), do RERE], a "sócios" (cfr. art. 3.º, n.º 6, e art. 21.º, n.º 1, do RERE), a "capital" (cfr. art. 1.º, n.º 2, e art. 27.º, n.º 3, do RERE), a "estatutos" (cfr. art. 3.º, n.º 6, e art. 7.º, n.º 3, do RERE) e a medidas ou actos "societários" (cfr. art. 26.º e art. 30.º, n.º 1, do RERE). E atente-se na referência, por outro lado, a "prestação de contas" [cfr. art. 7.º, n.º 3, al. *b*), do RERE]. A convicção de que o RERE se aplica preferencialmente às sociedades *comerciais* e aos *comerciantes* prende-se com a circunstância de o acto central do regime – o depósito, consoante os casos, do protocolo de negociação ou do acordo de reestruturação – dever ser efectuado na Conservatória do Registo Comercial e este ser o local que assegura a publicidade da situação jurídica dos comerciantes individuais, das sociedades comerciais, das sociedades civis sob forma comercial e dos estabelecimentos individuais de responsabilidade limitada.

[751] Isto não surpreenderá quem acompanha a evolução legislativa em matéria de insolvência, suscitando de imediato uma associação ao SIREVE. Recorde-se que o (revogado) DL n.º 178/2012, de 3 de Agosto, que criou o SIREVE, fixava, no n.º 5 do art. 2.º, a noção de empresa para efeitos do SIREVE e reconduzia tal noção às sociedades comerciais e aos empresários em nome individual que possuíssem contabilidade organizada.

OS INSTRUMENTOS DE RECUPERAÇÃO DE EMPRESAS PRÉ-INSOLVENTES

pessoas colectivas públicas e as entidades públicas empresariais e ainda, na medida em que a sujeição ao RERE seja incompatível com os regimes especiais que lhes são aplicáveis, as empresas de seguros, as instituições de crédito, as sociedades financeiras, as empresas de investimento que prestem serviços que impliquem a detenção de fundos ou de valores mobiliários de terceiros e os organismos de investimento colectivo.

113. Regras comuns à negociação do acordo de restruturação e ao acordo de reestruturação

Tanto nas negociações como no acordo de reestruturação participam, pelo menos, a empresa e os credores, sendo estes últimos, para efeitos do RERE, todos os titulares de créditos de natureza patrimonial sobre a empresa, vencidos, vincendos e sob condição, tal como definidos no n.º 1 do art. 50.º do CIRE, qualquer que seja a sua nacionalidade ou o seu domicílio (cfr. art. 3.º, n.º 4, do RERE).

Não é preciso que participem todos os credores, podendo a empresa convocar todos ou apenas alguns, consoante o que considere mais apropriado ao objectivo da reestruturação (cfr. art. 4.º, n.º 2, *in fine*, do RERE).

Além da empresa e dos credores, podem participar os titulares de garantias sobre os bens da empresa, mesmo não sendo credores, se e na medida em que seja necessário o seu consentimento para a alteração dos termos e das condições da garantia (cfr. art. 3.º, n.º 5, do RERE), bem como os sócios, se e na medida em que, por força da lei ou dos estatutos da sociedade, se exija a sua intervenção ou o seu consentimento (cfr. art. 3.º, n.º 6, do RERE).

Para efeitos do acordo de reestruturação, admite-se que grupos de credores e grupos de beneficiários de garantias sobre os bens da empresa sejam representados colectivamente por entidade que esteja mandatada por eles, como, no caso dos trabalhadores, as organizações representativas dos trabalhadores (cfr. art. 3.º, n.º 7, do RERE)[752]. A circunstância demonstra que o legislador português começa a ter alguma percepção de que os interesses de que são portadores os credores e os outros sujeitos afectados não são homogéneos e de que, por isso, é aconselhável dividi-los em categorias distintas[753].

---

[752] A lei diz que a organização representativa dos trabalhadores actuará como "agente de financiamento", mas deve ser um lapso. Acresce que o termo "agente" (com significados diferentes em português e em inglês) não é o mais adequado.

[753] Note-se que a divisão dos credores em categorias é uma das medidas em que a União Europeia mais tem insistido, como ilustra o disposto na Proposta de Directiva. Esta refere-se à

LIÇÕES DE DIREITO DA INSOLVÊNCIA

Determina-se, no art. 5.º, n.º 1, do RERE, que "[o] acordo de reestruturação e as respetivas negociações devem pautar-se pelo princípio da boa-fé e pelos Princípios Orientadores da Recuperação Extrajudicial de Devedores aprovados pela Resolução do Conselho de Ministros n.º 43/2011, de 25 de outubro, sem prejuízo de as partes envolvidas nas negociações poderem, a todo o tempo, adotar um código de conduta" e, no art. 5.º, n.º 2, do RERE, que "[n]o decurso das negociações, o devedor deve fornecer às demais partes envolvidas informação atual, verdadeira e completa, que permita aferir com rigor a sua situação económico-financeira e os credores devem partilhar entre si, de forma transparente, a informação que possuam sobre o devedor, sem prejuízo das limitações legais decorrentes de deveres de sigilo a que estejam vinculados".

A referência à boa fé e aos Princípios Orientadores da Recuperação Extrajudicial de Devedores dispensaria, em bom rigor, os desenvolvimentos sucessivos quanto à obrigação de informação e esclarecimento que impende tanto sobre a empresa como sobre os credores.

114. O regime especial da negociação do acordo de reestruturação

Como decorre do seu nome, o regime especial da negociação do acordo de reestruturação visa promover a negociação de um acordo de reestruturação da empresa.

As negociações seguem os termos do protocolo de negociação, depositado na Conservatória de Registo Comercial, e devem decorrer com a mínima perturbação possível. Durante as negociações, a empresa continua a exercer a sua actividade, mantendo-se a sua administração (cfr. art. 9.º, n.º 1, do RERE). Assegura-se a não interrupção do fornecimento dos serviços essenciais, compensando-se os fornecedores com um regime especial de garantias (cfr. art. 12.º do RERE). Os participantes devem abster-se de acções que possam afectar as negociações ou que representem uma via de realização dos seus interesses alternativa às negociações, devendo, designadamente, comprometer-se a não instaurar, contra a empresa, no decurso do prazo acordado para as negociações, processos judiciais de natureza executiva, processos judiciais que visem privar a empresa da livre disposição dos

---

necessidade de os créditos garantidos e não garantidos serem inseridos em categorias distintas e à conveniência de os trabalhadores serem inseridos numa categoria própria (cfr. art. 9.º, n.º 2, da Proposta de Directiva).

OS INSTRUMENTOS DE RECUPERAÇÃO DE EMPRESAS PRÉ-INSOLVENTES

seus bens ou direitos e processos de insolvência [cfr. art. 7.º, n.º 1, al. *e*), do RERE].

Só participa nas negociações quem subscreve ou adere voluntariamente ao protocolo de negociação e – este é um aspecto importante – o protocolo só vincula quem participa – por outras palavras: o protocolo de negociação só produz efeitos *inter partes*.

Destaca-se, não obstante com um significado que adiante será discutido, a protecção concedida aos garantes da empresa. Conforme se verá, a suspensão temporária dos poderes de acção dos credores não se circunscreve aos processos instaurados contra a empresa, estende-se os processos instaurados contra os garantes (cfr. art. 11.º, n.º 2, do RERE).

114.1. Requisitos da sujeição ao regime

O art. 6.º, com a invulgar epígrafe "[o]pção pela sujeição das negociações ao Regime Extrajudicial de Recuperação de Empresas e depósito", enuncia as condições/os termos da sujeição das negociações de um acordo de reestruturação a RERE.

Para começar, a sujeição a RERE depende de uma participação mínima de credores. O protocolo de negociação deve ser assinado e o respectivo depósito na Conservatória do Registo Comercial deve ser promovido pela empresa e por credor ou credores que representem, pelo menos, quinze por cento do passivo não subordinado (cfr. art. 6.º, n.º 1, do RERE)[754].

Para que esta condição possa ser dada como verificada, exige-se que a empresa anexe ao protocolo de negociação uma declaração de um contabilista certificado ou ROC emitida há trinta dias ou menos (cfr. art. 6.º, n.º 4, do RERE)[755].

O conteúdo do protocolo de negociação é estabelecido livremente entre as partes, apresentando a lei duas listas de elementos: elementos que o protocolo de negociação deve conter (elementos obrigatórios) e elementos que o protocolo de negociação pode, adicionalmente, conter (elementos facultativos) (cfr. art. 7.º, n.ºs 1 e 2, do RERE).

---

[754] Mesmo que se admita que são suficientes, para estes efeitos, aqueles quinze por cento, é duvidoso que o sejam quando concentrados num único credor, dado que isso representa que a sujeição ao RERE corresponde à vontade de um único sujeito para lá da empresa.

[755] A despeito do que acontece no PER, este é o único ponto do RERE em que a lei admite a intervenção de um contabilista certificado em alternativa ao ROC.

LIÇÕES DE DIREITO DA INSOLVÊNCIA

Do primeiro grupo de elementos fazem parte a identificação completa dos participantes e dos seus representantes [cfr. art. 7.º, n.º 1, al. *a)*, do RERE], o prazo máximo acordado para as negociações [cfr. art. 7.º, n.º 1, al. *b)*, do RERE], o passivo total da empresa apurado de acordo com o disposto no art. 3.º, n.º 3, do RERE [cfr. art. 7.º, n.º 1, al. *c)*, do RERE], a responsabilidade pelos custos inerentes às negociações [cfr. art. 7.º, n.º 1, al. *d)*, do RERE], o acordo relativo à não instauração pelas partes, contra a empresa, no decurso do prazo acordado para as negociações, de processos judiciais de natureza executiva, de processos judiciais que visem privar a empresa da livre disposição dos seus bens ou direitos, bem como de processos de insolvência [cfr. art. 7.º, n.º 1, al. *e)*, do RERE] e a data e as assinaturas dos subscritores reconhecidas [cfr. art. 7.º, n.º 1, al. *f)*, do RERE].

Não pode deixar de se manifestar dificuldades em compreender o que é pretendido no que toca à exigência de que conste do protocolo o passivo total da empresa. A lei impõe que este seja apurado de acordo com o disposto no art. 3.º. n.º 3, do RERE, que, por sua vez, determina que a situação da empresa seja aferida de acordo com o estabelecido no art. 3.º e no art. 17.º-B do CIRE. Se, para aferir da situação económica difícil ou de insolvência iminente – o pressuposto essencial do RERE e comum aos dois regimes –, a remissão legal para *todo* o art. 3.º e para o art. 17.º-B do CIRE causava alguma surpresa, nos termos vistos atrás, maior surpresa causa que o passivo deva ser apurado por recurso às mesmas normas. No art. 3.º do CIRE só há, na realidade, um número relevante para o apuramento do passivo – o n.º 3; quanto ao art. 17.º-B do CIRE, definindo situação económica difícil, não é possível vislumbrar em que medida ele possa ser útil.

Do segundo grupo de elementos (elementos facultativos) constam, primeiro, a lista dos fornecedores dos serviços essenciais referidos no art. 12.º do RERE e a identificação completa dos respectivos contratos de prestação de serviços [cfr. art. 7.º, n.º 2, al. *a)*, do RERE][756] e, depois, a autorização dos credores participantes para que a empresa divulgue a existência e o conteúdo do protocolo de negociação junto dos seus credores, na medida do que considere necessário à participação de outros credores nas negociações ou no acordo em negociação [cfr. art. 7.º, n.º 2, al. *b)*, do RERE].

---

[756] Esta exigência prende-se com a produção de certos efeitos substantivos do depósito do protocolo de negociação (proibição de interrupção do fornecimento de serviços essenciais).

OS INSTRUMENTOS DE RECUPERAÇÃO DE EMPRESAS PRÉ-INSOLVENTES

Do art. 7.º, n.ºs 3 e 4, do RERE constam duas novas enumerações: a primeira, dos documentos que devem acompanhar o protocolo de negociação e, a segunda, dos elementos que pode conter o protocolo de negociação ou qualquer documento que o altere.

Os documentos necessários são, no total, quatro: a certidão de registo comercial ou o código de acesso à certidão electrónica da empresa e estatutos, se aplicável [cfr. art. 7.º, n.º 3, al. *a*), do RERE], os documentos de prestação de contas relativos aos últimos três últimos exercícios [cfr. art. 7.º, n.º 3, al. *b*), do RERE], a declaração da empresa a indicar o detalhe do seu passivo, apurado de acordo com o disposto no n.º 3 do art. 3.º do RERE, designadamente, o nome dos credores, a proveniência, o montante e a natureza dos créditos e as garantias associadas [cfr. art. 7.º, n.º 3, al. *c*), do RERE], a lista de todos os processos judiciais e arbitrais nos quais a empresa seja parte [cfr. art. 7.º, n.º 3, al. *d*), do RERE][757], e, por último, a justificação para a não apresentação de algum destes documentos, se não forem apresentados [cfr. art. 7.º, n.º 3, al. *e*), do RERE].

Quanto aos elementos que podem estar contidos no protocolo de negociação ou qualquer documento que o altere, eles são, nomeadamente, a manifestação da opção pela publicidade da existência de negociações [cfr. art. 7.º, n.º 4, al. *a*), do RERE], a identificação do credor líder e do mediador de recuperação de empresas que tenham sido nomeados [cfr. art. 7.º, n.º 4, al. *b*), do RERE], a identificação dos credores que integram o comité de credores e das competências que lhe são atribuídas [cfr. art. 7.º, n.º 4, al. *c*), do RERE], a identificação do assessor jurídico e/ou do assessor financeiro nomeado para assistir as partes subscritoras do protocolo de negociação [cfr. art. 7.º, n.º 4, al. *d*), do RERE] e os termos e condições aplicáveis ao novo financiamento a conceder no decurso das negociações e respectivas garantias [cfr. art. 7.º, n.º 4, al. *e*), do RERE][758].

A adesão ao protocolo de negociação pode ser feita por qualquer credor enquanto durarem as negociações, mas deve ser integral, ou seja, deve inci-

---

[757] Esta exigência visa facilitar a produção dos efeitos processuais, tal como acontece com a exigência homóloga no âmbito do acordo de reestruturação [cfr. art. 19.º, n.º 2, al. *b*)].

[758] Nem depois de ler os elementos enumerados se percebem as razões que levaram o legislador a autonomizar esta última enumeração da contida no art. 7.º, n.º 2 (elementos que podem ser incluídos, adicionalmente, no protocolo de negociação). Trata-se, afinal, em ambos os casos, de elementos facultativos do protocolo de negociação.

LIÇÕES DE DIREITO DA INSOLVÊNCIA

dir sobre a totalidade dos créditos detidos pelo credor (cfr. art. 7.º, n.º 5 e 6, do RERE).

Por sua vez, a alteração ao protocolo de negociação deve ser feita através de protocolo de alteração e requer o consentimento expresso dos sujeitos que inicialmente o subscreveram e dos que ulteriormente aderiram a ele (cfr. art. 7.º, n.º 7, do RERE).

114.2. Depósito do protocolo da negociação e seus efeitos

O depósito do protocolo de negociação é o acto central, do qual decorrem determinados efeitos. É criado um novo processo especial – o Processo[759] Especial de Depósito do RERE – segundo o qual pode ser efectuado, a todo o tempo, por iniciativa de qualquer interessado, o depósito do protocolo de negociação, do protocolo de alteração e das declarações de adesão (cfr. art. 6.º, n.º 2, do RERE).

Do depósito do protocolo decorrem, desde logo, certas obrigações, quer para a empresa, quer para os credores.

Sem prejuízo dos deveres que resultam dos Princípios Orientadores (aplicáveis por força do art. 5.º, n.º 1, do RERE) e do dever, especialmente previsto, de fornecer às demais partes envolvidas informação actual, verdadeira e completa, que permita aferir com rigor a sua situação económico-financeira (cfr. art. 5.º, n.º 2, do RERE), as obrigações fundamentais da empresa (*rectius*: dos administradores da empresa) são a obrigação de manter o curso normal do negócio e de não praticar actos de especial relevo, tal como definidos nos n.ºs 2 e 3 do art. 161.º do CIRE[760], excepto se previstos no referido protocolo ou se previamente autorizados por todos os credores, directamente ou através do comité de credores (cfr. art. 9.º, n.º 1, do RERE), a obrigação de comunicar a decisão de fazer cessar as negociações, quando considere não existirem condições para prosseguir com elas e decida fazê-las cessar, a todos os credores subscritores e aderentes ao protocolo de negociação e a requerer o depósito dessa comunicação na Conservatória de Registo Comercial (cfr. art. 9.º, n.º 2, do RERE) e a obrigação de informar a Segurança Social, a Autoridade Tributária e os trabalhadores do depósito do protocolo de negociação e do seu conteúdo, sempre que estes sejam titula-

---

[759] Não seria mais adequado chamar-lhe "procedimento"?

[760] Apesar de nem o n.º 2 nem no n.º 3 do art. 161.º conterem uma *definição* em sentido próprio de actos de especial relevo, esta remissão, sendo genérica, não incorre nos problemas da remissão que é feita, no âmbito do PEAP, para a mesma norma (cfr. art. 222.º-E, n.º 2).

OS INSTRUMENTOS DE RECUPERAÇÃO DE EMPRESAS PRÉ-INSOLVENTES

res de créditos sobre a empresa (cfr. art. 8.º, n.º 6, e art. 9.º, n.º 3, do RERE). O incumprimento desta última obrigação gera a nulidade do protocolo de negociação bem como de todos os actos a ele inerentes (cfr. art. 8.º, n.º 7, do RERE).

A empresa está sujeita ainda a dois outros deveres, previstos noutros pontos do articulado. Um é o dever de comunicar aos prestadores de certos serviços considerados essenciais o depósito do protocolo de negociação (cfr. art. 12.º, n.º 6, do RERE), que está, como se verá, relacionado com um dos principais efeitos do depósito. Outro é o dever de, em articulação com o credor líder, os assessores financeiros e legais e o mediador de recuperação de empresas, se tais entidades/órgãos existirem, elaborar e apresentar de forma transparente aos credores participantes nas negociações o diagnóstico económico-financeiro que lhes permita conhecer os pressupostos nos quais pode basear-se o acordo de reestruturação (cfr. art. 15.º, n.º 1, do RERE).

Também sem prejuízo dos deveres que para eles decorrem do disposto nos Princípios Orientadores (cfr. art. 5.º, n.º 1, do RERE) e, em especial, do dever de partilhar entre si, de forma transparente, a informação que possuam sobre o devedor (cfr. art. 5.º, n.º 2, do RERE), os credores ficam constituídos numa obrigação essencial. Diz a lei que, sem prejuízo do direito à resolução do protocolo de negociação motivado por violação grosseira pela empresa das obrigações dele decorrentes, os credores não podem, em princípio, desvincular-se dos compromissos assumidos no protocolo de negociação antes de decorrido o prazo máximo previsto para as negociações, embora possam fazer cessar a participação activa nas mesmas (cfr. art. 10.º, n.º 1, do RERE).

Esta obrigação dos credores é extensível ao adquirente do crédito sempre que a aquisição tenha tido lugar durante o prazo fixado para as negociações, cessando a obrigação do credor original a partir do momento em que ele comunique ao adquirente do crédito a existência e o conteúdo do protocolo da negociação (cfr. art. 10.º, n.ºs 2 e 3, do RERE).

Exceptua-se da aplicação das regras acabadas de descrever o acordo relativo à não instauração, contra a empresa, no decurso do prazo acordado para as negociações, de processos judiciais de natureza executiva, de processos judiciais que visem privar a empresa da livre disposição dos seus bens ou direitos e de processos de insolvência [cfr. art. 10.º, n.º 4, e art. 7.º, n.º 1 al. *e*), do RERE]. Não se vendo outra interpretação possível, conclui-se que a regra cuja aplicação se exceptua é uma única. Só pode ser, não – nem sequer – a regra principal prevista no art. 10.º, n.º 1, do RERE ("não podem, em princípio, desvincular-se dos compromissos assumidos no protocolo de negocia-

LIÇÕES DE DIREITO DA INSOLVÊNCIA

ção antes de decorrido o prazo máximo previsto para as negociações"), mas a sua ressalva ("sem prejuízo do direito à resolução do protocolo de negociação motivado por violação grosseira pelo devedor das obrigações dele decorrentes"). Resulta disto que a obrigação de não instaurar aqueles processos contra a empresa tem um valor absoluto ou incondicional, não ficando os credores desonerados dela nem quando exerçam o direito de resolução e se desvinculem do protocolo de negociação.

O depósito do protocolo de negociação produz ainda efeitos de três tipos: efeitos sobre os processos (efeitos processuais), efeitos sobre os contratos (efeitos substantivos) e um efeito que não se reconduz rigorosamente a nenhum dos dois grupos anteriores, sobre o início da contagem do prazo para a apresentação à insolvência. São estes efeitos que constituem as vantagens do RERE na óptica da empresa.

Os efeitos processuais consubstanciam-se, em primeiro lugar, segundo o art. 11.º, n.º 1, do RERE, na suspensão do processo de insolvência quando a insolvência ainda não tenha sido declarada.

Acrescenta-se depois, no art. 11.º, n.º 2, do RERE, que "[c]elebrado acordo nos termos da presente lei, e salvo quando o mesmo preveja a manutenção da respetiva suspensão, extinguem-se automaticamente as ações executivas para pagamento de quantia certa instauradas contra a empresa e ou os seus respetivos garantes relativamente às operações garantidas, e, salvo transação, mantêm-se suspensas, por prejudicialidade, as ações destinadas a exigir o cumprimento de ações pecuniárias instauradas contra a empresa e ou os seus respetivos garantes relativamente às operações garantidas".

O alcance de ambos os efeitos processuais é – saliente-se – limitado. No que respeita à suspensão dos processos de insolvência, ele restringe-se aos processos que sejam da iniciativa dos participantes e aderentes ao protocolo de negociação e, no que respeita à extinção e à manutenção da suspensão das acções executivas para pagamento de quantia certa ou quaisquer outras acções destinadas a exigir o cumprimento de obrigações pecuniárias[761], ele restringe-se às acções que sejam da iniciativa dos subscritores do acordo (cfr. art. 11.º, n.º 1, e n.º 3, *a contrario*, do RERE). A circunstância ilustra bem a (já mencionada) eficácia relativa do RERE no quadro da negociação do acordo de reestruturação.

---

[761] A lei refere-se, como se viu, a "*ações* pecuniárias" mas é, com certeza, um lapso.

OS INSTRUMENTOS DE RECUPERAÇÃO DE EMPRESAS PRÉ-INSOLVENTES

Analisando, em especial, o segundo grupo de efeitos processuais, verifica-se que a regra estabelecida no art. 11.º, n.º 2, do RERE é singular, sob todos os pontos de vista. Primeiro, está integrada numa norma subordinada ao título "[s]uspensão dos processos judiciais" mas refere-se (também) à extinção. Segundo, está integrada numa secção subordinada ao título "[e]feitos do depósito do protocolo de negociação" mas, de acordo com o texto da norma, regula efeitos da celebração do acordo. Terceiro, e mais importante, levanta uma questão elementar: quando a lei se refere a acções suspensas – que devem extinguir-se, salvo quando o acordo preveja a manutenção da sua suspensão, ou que devem manter-se suspensas – a que acções suspensas está a lei a referir-se?

É perceptível que o art. 11.º, n.º 2, do RERE se distanciou do disposto na Proposta de Lei que antecedeu o diploma (onde se determinava apenas a suspensão do processo de insolvência). Em contrapartida, ele está notavelmente próximo do art. 13.º, n.º 1, do (revogado) DL n.º 178/2012, de 3 de Agosto, que criou o SIREVE[762]. Sucede que, no quadro do SIREVE, esta era precedida de uma outra norma – a norma do art. 11.º, n.º 2 – em que se determinava que o mero despacho de abertura do procedimento operava a suspensão automática de determinadas acções[763]. Esta última não foi, contudo, transposta para o RERE, o que priva a norma do RERE do seu pressuposto. Como dar sentido útil à norma?

Não estando expressamente previsto, não é possível considerar que o depósito do protocolo de negociação produz um efeito análogo ao da aceitação do requerimento de utilização do SIREVE. Resta, assim, atribuir

---

[762] Até os lapsos são os mesmos. O texto do art. 13.º, n.º 1, do (revogado) DL n.º 178/2012, de 3 de Agosto, que criou o SIREVE, é: "celebrado o acordo nos termos do artigo anterior, e salvo quando o mesmo preveja a manutenção da respetiva suspensão, extinguem-se automaticamente as ações executivas para pagamento de quantia certa instauradas contra a empresa e ou os *seus respetivos* garantes relativamente às operações garantidas, e, salvo transação, mantêm-se suspensas, por prejudicialidade, as ações destinadas a exigir o cumprimento de *ações* pecuniárias instauradas contra a empresa e ou os *seus respetivos* garantes relativamente às operações garantidas" (sublinhados nossos).

[763] Mais exactamente, o texto do art. 11.º, n.º 2, do (revogado) DL n.º 178/2012, de 3 de Agosto, que criou o SIREVE, é: "[o] despacho de aceitação do requerimento de utilização do SIREVE [...] suspende, automaticamente [...], as ações executivas para pagamento de quantia certa ou quaisquer outras ações destinadas a exigir o cumprimento de obrigações pecuniárias, instauradas contra a empresa, ou respetivos garantes relativamente às operações garantidas, que se encontrem pendentes à data da respetiva prolação".

relevância ao disposto na parte inicial do n.º 1 do art. 11.º do RERE ("[s]em prejuízo de as partes poderem acordar sobre outros efeitos processuais do protocolo de negociação"), ao qual estão subordinados os restantes números do preceito, e entender que os efeitos previstos no seu n.º 2 só se produzem se existirem acções suspensas por vontade das partes manifestada naquele protocolo.

Seja como for, a extinção das acções suspensas em virtude da (mera) celebração do acordo de reestruturação, mesmo atingindo apenas os processos instaurados pelos subscritores do acordo (cfr. art. 11.º, n.º 3, *a contrario*, do RERE), aparece como um efeito excessivamente drástico. Acresce que ela é em parte inconciliável com o disposto no art. 25.º, tornando difícil de compreender que o depósito do acordo tenha (volte a ter) como efeito a extinção das (mesmas) acções. Se e enquanto não houver uma correcção/clarificação do texto legislativo, resta esperar que as partes dêem relevo ao disposto na parte inicial da norma do art. 11.º, n.º 2, do RERE ("salvo quando o [acordo] preveja a manutenção da respetiva suspensão") e optem por aquilo que é mais adequado num momento ainda precoce do RERE: a manutenção das acções suspensas até ao depósito do acordo.

Ainda a propósito do art. 11.º, n.º 2, do RERE, destaque-se, por fim, a extensão dos processos abrangidos: suspendem-se e extinguem-se, não só os processos instaurados contra a empresa, mas também os processos instaurados contra os respectivos garantes relativamente às obrigações garantidas. Este é um aspecto não insignificante, que poderá ditar a (má) sorte do RERE. É que, se, por um lado, a protecção contra os credores, concedida aos garantes, é susceptível de estimular os sócios e os administradores das empresas a usar o RERE (sendo eles, normalmente, os garantes da empresa), os credores, em contrapartida, sentir-se-ão muito pouco estimulados a subscrever o acordo, uma vez que tal subscrição acarreta a perda de um meio adicional de satisfação dos seus direitos, isto é, o poder de agredir o património dos garantes para realizar o seu crédito (cfr. art. 11.º, n.º 1, e n.º 3, *a contrario*, do RERE).

O segundo grupo de efeitos é constituído pelos efeitos substantivos, assim designados porque afectam, essencialmente, os poderes dos credores enquanto partes de uma relação contratual e, nomeadamente, as faculdades associadas ao sinalagma, como a excepção de não cumprimento e o direito de resolução do contrato. Prevê-se, em concreto, a insusceptibilidade de resolução dos contratos de prestação de serviços essenciais pelo período máximo de três meses (cfr. art. 12.º, n.º 1 e 3, do RERE). Mais exactamente,

OS INSTRUMENTOS DE RECUPERAÇÃO DE EMPRESAS PRÉ-INSOLVENTES

os prestadores de certos serviços considerados essenciais ficam impedidos de interromper o fornecimento dos mesmos por dívidas relativas a serviços prestados em momento anterior ao depósito do protocolo de negociação (cfr. art. 12.º n.º 1, do RERE)[764].

Recorde-se que a regra da insusceptibilidade de resolução deste tipo de contratos também existe no PER (cfr. art. 17.º-E, n.º 8, do CIRE)[765]. Os serviços em causa são, do mesmo modo, o serviço de fornecimento de água, o serviço de fornecimento de energia elétrica, o serviço de fornecimento de gás natural e gases de petróleo liquefeitos canalizados, o serviço de comunicações electrónicas, os serviços postais, o serviço de recolha e tratamento de águas residuais e os serviços de gestão de resíduos sólidos urbanos, ou seja, os serviços elencados e regulados na Lei n.º 23/96, de 23 de Julho. Repetem-se aqui as observações já feitas: não sendo o conceito de "serviços essenciais" tão abrangente quanto seria possível/desejável[766] e sendo – ou parecendo ser – a enumeração do art. 12.º, n.º 1, do RERE uma enumeração taxativa[767], a garantia acaba por ter um alcance limitado, sobretudo quando se pensa nas (outras) necessidades que é previsível que a empresa tenha neste tipo de situações[768].

Em particular no RERE, esclarece-se que a proibição de interrupção do fornecimento dos serviços essenciais não afecta os créditos dos fornecedores dos serviços que sejam anteriores ao depósito (cfr. art. 12.º n.º 2, do RERE) e cessa se a empresa não efectuar o pagamento pontual do preço[769] dos ser-

---

[764] Convém lembrar que um dos elementos que pode conter o protocolo de negociação é a lista dos fornecedores destes serviços essenciais e a identificação completa dos respectivos contratos de prestação de serviços [cfr. art. 7.º, n.º 2, al. *a*), do RERE].

[765] E, como se verá, também no PEAP (cfr. art. 222.º-E, n.º 8, do CIRE).

[766] Isto apesar de não existir aqui a exigência que existe no PER, de que os serviços sejam "públicos" (porventura por se ter reconhecido que alguns deles são, de facto, actualmente, assegurados por entidades privadas).

[767] Recorde-se, porém, no que toca ao elenco da Lei n.º 23/96, de 23 de Julho, que não é absolutamente seguro que ele seja taxativo, discutindo-se se ele não é, pelo contrário, um elenco meramente exemplificativo.

[768] A proibição de interrupção de certos serviços é compatível com as medidas previstas na Proposta de Directiva (cfr. art. 7.º, n.ºs 4, 5 e 6, da Proposta de Directiva), mas tem um alcance mais limitado do que aquele que lá é sugerido. Veja-se, para não ir mais longe, o conceito alternativo de "contratos essenciais e necessários para a continuação do exercício corrente da atividade da empresa", usado no art. 7.º, n.º 4, 2.ª parte, da Proposta de Directiva.

[769] Entende-se que é, não o custo, como diz a lei, mas o preço que está em causa. Além de ser o que faz sentido, teve-se em conta que é ao preço que fazem referência as normas homólogas

LIÇÕES DE DIREITO DA INSOLVÊNCIA

viços prestados após o depósito do protocolo de negociação (cfr. art. 12.º, n.º 4, do RERE).

O primeiro esclarecimento é desnecessário, o segundo desconcertante. Afinal, a empresa só tem a garantia da não interrupção se começar imediatamente a pagar os novos fornecimentos, isto é, os fornecimentos que tenham lugar após o depósito do protocolo. Só nesta condição será – se manterá – o não pagamento dos fornecimentos anteriores irrelevante para o efeito de afastar a faculdade de o fornecedor recusar a prestação. Atendendo a que a situação da empresa não deverá alterar-se muito de um momento para o outro, a garantia que aqui se consagra torna-se ainda mais limitada.

Com vista a compensar os fornecedores pela restrição das suas faculdades habituais, estabelece-se que os créditos resultantes do não pagamento, pela empresa, do preço dos serviços essenciais fornecidos ao abrigo deste regime constituem dívidas da massa insolvente quando a empresa seja declarada insolvente no prazo de dois anos após o depósito do protocolo de negociação e, nos casos em que não haja declaração de insolvência, beneficiam de privilégio creditório mobiliário geral, graduado antes do privilégio creditório mobiliário geral concedido aos trabalhadores (cfr. art. 12.º, n.º 5, do RERE).

A solução adoptada corresponde, com algumas diferenças, à solução adoptada para os créditos do mesmo tipo no âmbito do PER (cfr. art. 17.º-E, n.º 9, do RERE)[770]. A diferença mais significativa é a de que no RERE se contempla, de forma expressa, a hipótese de a empresa não chegar a ser declarada insolvente, atribuindo-se aos créditos um privilégio creditório mobiliário geral graduado antes do privilégio creditório mobiliário geral concedido aos trabalhadores. Este é um aditamento oportuno, porquanto de não nada vale aos credores terem créditos contra a massa se não chegar a abrir-se um processo de insolvência[771].

---

dos arts. 17.º-E, n.º 9, e 222.º-E, n.º 9, do CIRE.

[770] E no âmbito do PEAP (cfr. art. 222.º-E, n.º 9, do CIRE).

[771] Repare-se ainda na diferença relativamente ao período de "imunidade" dos créditos: no RERE os créditos ficam protegidos apenas se a insolvência for declarada até dois anos *após o depósito do protocolo de negociação*, ou seja, o prazo começa a contar-se no início, e não no fim, das negociações. Além disso, ao contrário do que acontece nas normas do PER e do PEAP, o art. 12.º, n.º 5, não ressalva o disposto na Lei n.º 23/96, de 26 de Julho. Como se viu, esta condiciona os direitos dos fornecedores ao pagamento deste preço, fixando-se no art. 10.º, n.ºs 1 e 2, um prazo de prescrição para o direito ao recebimento do preço do serviço prestado (de seis meses após a sua prestação) e um prazo de caducidade para o direito ao recebimento da diferença, quando tenha sido paga importância inferior à devida (de seis meses após aquele

OS INSTRUMENTOS DE RECUPERAÇÃO DE EMPRESAS PRÉ-INSOLVENTES

A concessão deste privilégio suscita, porém, duas questões: uma antiga e uma nova. A primeira prende-se com a posição relativa dos fornecedores enquanto credores: será ela uma compensação suficiente/adequada[772], sobretudo considerando que eles não são os únicos sujeitos a quem a lei concede este privilégio e que poderão ter de o partilhar, em concreto, com os titulares dos "novos créditos" do PER (cfr. art. 17.º-H, n.º 2, do CIRE)[773]? A segunda prende-se com a posição dos trabalhadores: com tantos potenciais titulares de privilégio mobiliário geral graduado antes do seu, não ficará esta sua garantia literalmente esvaziada?

O último efeito do depósito do protocolo de negociação é a suspensão do início da contagem do prazo para a apresentação à insolvência. Determina-se que, no caso de a empresa se tornar insolvente depois daquele depósito, o prazo para a apresentação à insolvência só começa a contar-se após o encerramento das negociações, ficando unicamente impossibilitada a prorrogação do prazo das negociações (cfr. art. 13.º e art. 16.º, n.º 4, do RERE)[774].

O legislador tenta proteger a possibilidade de reestruturação, conferindo esta "imunidade" à empresa a pensar que é provável que das negociações resulte um acordo de reestruturação que evite a sua declaração de insolvência. Todavia, sem (sequer) fazer depender a suspensão daquela obrigação da participação de uma percentagem significativa de credores[775], o benefício pode revelar-se excessivo, permitindo, nalguns casos, que a empresa, em coordenação com uma minoria de credores (ou, ainda mais facilmente, em coordenação com um credor minoritário), adie, oportunisticamente e

---

pagamento). Estes condicionamentos não podem deixar de se aplicar também no âmbito do RERE, apesar da ausência de ressalva expressa.

[772] Veja-se as críticas feitas à adequação do regime dos "novos créditos" do PER, em especial ao que resulta do disposto no art. 17.º-H, n.º 2, do CIRE.

[773] A mesma garantia é atribuída aos titulares dos "novos créditos" no PEAP (cfr. art. 222.º-H, n.º 2, do CIRE).

[774] Neste efeito reside outro argumento para aproximar o RERE da Proposta de Directiva. Diz-se nesta que, quando no decurso das negociações de um acordo de reestruturação, o devedor ficar constituído na obrigação de apresentação à insolvência, esta obrigação deve ser suspensa durante aquele período (cfr. art. 7.º, n.º 1, da Proposta de Directiva).

[775] Confronte-se estes efeitos com certos efeitos (fiscais e substantivos) que se produzem (apenas) com o depósito do acordo de negociação e na condição de que o acordo opere a reestruturação de créditos correspondentes a, pelo menos, trinta por cento do passivo total não subordinado da empresa (cfr. art. 27.º, n.º 1, e art. 28.º, n.º 1, do RERE).

LIÇÕES DE DIREITO DA INSOLVÊNCIA

com prejuízo para os interesses da generalidade dos credores, a aplicação do único processo adequado à situação de insolvência.

114.3. Negociações

O segundo momento/a segunda fase crucial do regime reside nas negociações. Estas têm em vista, como se sabe, a conclusão de um acordo de reestruturação.

Como já se referiu, as negociações são, em princípio, confidenciais (cfr. art. 8.º do RERE).

Nelas participam a empresa e os credores e ainda, em determinadas situações, os beneficiários de garantias sobre os bens da empresa e os sócios (cfr. art. 3.º, n.ºs 5 e 6, do RERE). Participam ainda, obrigatoriamente, a Segurança Social e a Autoridade Tributária que sejam credoras da empresa, mesmo quando não sejam subscritoras do protocolo de negociação, o mesmo se aplicando aos trabalhadores e às organizações representativas dos trabalhadores (cfr. art. 14.º, n.º 3, do RERE).

Antes ou durante as negociações podem ser designados três órgãos: o mediador de recuperação de empresas, o credor líder e o comité de credores [cfr. art. 14.º, n.ºs 1 e 2, als. a) e b), e art. 7.º, n.º 4, als. b) e c), do RERE]. Pelo menos formalmente, nenhum deles tem correspondência com órgãos existentes no PER ou em regime afim.

O mediador de recuperação de empresas é nomeado a requerimento da empresa, nos termos do respectivo estatuto (cfr. art. 14.º, n.º 1, do RERE).

O Estatuto do Mediador de Recuperação de Empresas (EMRE), foi estabelecido na Lei n.º 6/2018, de 22 de Fevereiro. Apresenta-se aí o mediador de recuperação de empresas como "a pessoa incumbida de prestar assistência a uma empresa devedora que [...] se encontre em situação económica difícil ou em situação de insolvência, nomeadamente em negociações com os seus credores com vista a alcançar um acordo extrajudicial de reestruturação para a sua recuperação" (cfr. art. 2.º do EMRE)[776]. A sua intervenção é facultativa (cfr. art. 16.º, n.º 1, do EMRE), competindo ao IAMPEI proceder à sua

---

[776] Devido à existência de alguma sincronia entre a aprovação do RERE e a criação da figura do mediador, é de presumir que esta tenha sido criada expressamente para desempenhar um papel no RERE (mais precisamente, no regime do protocolo de negociação). No entanto, a não ser que se desvalorize completamente a omissão da palavra "iminente" a seguir a "situação de insolvência" no art. 2.º do EMRE, não há como não concluir que o mediador pode prestar assistência a empresas *insolventes*. Além disso, não obstante importante, parece não

510

OS INSTRUMENTOS DE RECUPERAÇÃO DE EMPRESAS PRÉ-INSOLVENTES

nomeação, quando a empresa requeira a sua intervenção, e à sua destituição, quando a empresa pretenda fazer cessar a sua intervenção (cfr. art. 12.º do EMRE)[777].

São atribuídas ao mediador as funções de "analisar a situação económico--financeira do devedor, aferir conjuntamente com o devedor as suas pers-petivas de recuperação, auxiliar o devedor na elaboração de uma proposta de acordo de reestruturação e nas negociações a estabelecer com os seus credores relativas à mesma" (cfr. art. 18.º do EMRE)[778].

Compete-lhe, em especial no âmbito do RERE, após a assinatura do pro-tocolo de negociação, assegurar que todos os credores que participam na negociação têm acesso equitativo a todas as informações relevantes para o bom andamento deste processo, nomeadamente as que permitam realizar o diagnóstico da situação económico-financeira do devedor e aferir as suas perspectivas de recuperação, mas isso sem prejuízo do seu dever de sigilo, ou seja, do dever de manter sob sigilo todas as informações que lhe sejam facul-tadas pelo devedor e do dever de não fazer uso delas em proveito próprio ou de outrem (cfr. art. 19.º, n.ºs 1 e 2, do EMRE).

Tudo considerado, parece que o mediador actua, no RERE, mais como um assistente ou auxiliar da empresa[779] do que como um intermediário inde-

---

ser necessário (dado o advérbio "nomeadamente") que a empresa tenha a intenção de iniciar/ tenha iniciado negociações com os seus credores para a sua recuperação.

[777] Note-se que, embora até ao início da negociação a cessação da intervenção do mediador possa ocorrer em qualquer momento e por (mero) requerimento da empresa (cfr. art. 16.º, n.º 2, do EMRE), após a assinatura do protocolo de negociação do RERE a cessação depende do consentimento de credores que sejam titulares da maioria dos créditos envolvidos (cfr. art. 16.º, n.º 3, do EMRE).

[778] Uma pista adicional para a delimitação das funções do mediador pode ser encontrada no já referido art. 15.º do EMRE, com a epígrafe "[e]xercício de funções no contexto do processo especial de revitalização". Diz-se aí que, por indicação do devedor, o mediador que tenha par-ticipado na elaboração de uma proposta de plano (acordo?) de reestruturação pode assistir o devedor nas negociações previstas no n.º 9 do art. 17.º-D do CIRE a realizar no PER que seja iniciado por requerimento desse devedor.

[779] Nem poderia ser de outra maneira, já que quem remunera o mediador é, em princípio, a empresa. Com efeito, nos termos do art. 22.º, n.º 5, do EMRE, compete à empresa remune-rar o mediador e reembolsá-lo das despesas necessárias ao exercício da sua função, excepto se o acordo de reestruturação alcançado dispuser diversamente, caso em que prevalece o estabelecido no acordo, cabendo ao IAPMEI a primeira prestação da componente base da remuneração.

LIÇÕES DE DIREITO DA INSOLVÊNCIA

pendente e imparcial[780]. Em suma: ele não é um genuíno "*mediador* de conflitos". Ter-se-ia justificado, por isso, dar-lhe um nome diferente[781].

Por sua vez, a requerimento dos credores, podem ser nomeados o credor líder (ou mais do que um credor líder, quando os credores considerem que a tutela dos seus interesses justifica a pluralidade) e o comité de credores.

O credor líder foi pensado para funcionar como "interlocutor preferencial dos credores" no contacto com a empresa [cfr. art. 14.º. n.º 2, al. *a)*, do RERE]. Entre outras funções, o credor líder deve ajudar a empresa a elaborar e a apresentar de forma transparente aos credores participantes nas negociações o diagnóstico económico-financeiro da empresa que lhes permita conhecer os pressupostos nos quais pode basear-se o acordo de reestruturação (cfr. art. 15.º, n.º 1, do RERE).

Ao comité de credores[782] é atribuída a função geral de acompanhar a actividade da empresa no decurso das negociações e de assistir o credor líder na interligação com a empresa, devendo as funções específicas ser acordadas entre as partes [cfr. art. 14.º. n.º 2, al. *b)*, do RERE]. O comité de credores pode, designadamente, autorizar a empresa a praticar os actos que ela está, em princípio, impedida de praticar – os actos de especial relevo, tal como definidos nos n.ºs 2 e 3 do art. 161.º do CIRE (cfr. art. 9.º, n.º 1, do RERE).

Preceitua o art. 16.º, n.º 3, do RERE, que as negociações têm o prazo fixado no protocolo de negociação mas pode haver prorrogação do prazo, por acordo entre a empresa e todos ou alguns dos credores, contanto que a empresa continue em situação de pré-insolvência. Na sequência disto, talvez fosse dispensável referir, logo a seguir, a impossibilidade de prorrogação no

---

[780] A conclusão não é, evidentemente, prejudicada pelo disposto, em geral, no art. 13.º, n.º 1, do EMRE, onde se diz que "[o]s mediadores, no exercício das suas funções, devem atuar com independência e isenção, estando-lhes vedada a prática de quaisquer atos que, para seu benefício ou de terceiros, possam pôr em crise a recuperação da empresa e a satisfação dos interesses dos respetivos credores em cada um dos processos que lhes sejam confiados".

[781] Critica também, por razões semelhantes, a escolha do nome, considerando preferível o nome "mandatário de recuperação de empresas", A. BARRETO MENEZES CORDEIRO ("Resposta à consulta pública relativa ao projeto de proposta de lei que estabelece o Estatuto do Mediador de Recuperação de Empresa", in: AA. VV., "Consulta Pública Programa Capitalizar – Resposta do Centro de Investigação em Direito Privado", in: *Revista de Direito das Sociedades*, 2017, n.º 1, p. 161 e p. 163).

[782] Qual era o problema da expressão "comissão de credores"? Não se vê que a circunstância de ela ser a expressão usada no processo de insolvência impedisse o seu uso no RERE ou que daí resultasse algum prejuízo.

OS INSTRUMENTOS DE RECUPERAÇÃO DE EMPRESAS PRÉ-INSOLVENTES

caso de a empresa se tornar insolvente durante as negociações (cfr. art. 16.º, n.º 4, do RERE), assim como, antes, a mesma impossibilidade no caso de a empresa se tornar insolvente depois do depósito do protocolo de negociação (cfr. art. 13.º, *in fine*, do RERE)[783].

Na hipótese de prorrogação não pode ultrapassar-se o limite máximo legalmente fixado, que é de três meses contados a partir da data em que é requerido o respectivo depósito na Conservatória do Registo Comercial (cfr. art. 6.º. n.º 5, do RERE).

Ainda no decurso das negociações, a empresa, em articulação com o credor líder, os assessores financeiros e legais e o mediador de recuperação de empresas, se tais entidades/órgãos existirem, elabora e apresenta aos credores participantes nas negociações o diagnóstico económico-financeiro, com o objectivo de lhes dar a conhecer os pressupostos nos quais poderá vir a assentar o acordo de reestruturação (cfr. art. 15.º, n.º 1, do RERE). Para estes efeitos, admite-se que a empresa recorra à "ferramenta" de autodiagnóstico financeiro disponibilizada no sítio do IAPMEI (cfr. art. 15.º, n.º 2, do RERE)[784]-[785].

114.4. Encerramento das negociações

As negociações encerram-se por quatro causas possíveis: o depósito do acordo de reestruturação, nos termos do art. 22.º [cfr. art. 16.º, n.º 1, al. *a*), do RERE], o depósito da declaração da empresa de que pretende fazer cessar

---

[783] Percebe-se que o RERE é, por vezes, um tanto repetitivo.

[784] Trata-se de uma "ferramenta" conhecida pela sua aplicação no quadro do SIREVE. Nos termos do art. 2.º, n.º 1, do (revogado) DL n.º 178/2012, de 3 de Agosto, que criou o SIREVE, o SIREVE só se abria, em concreto, quando a empresa se sujeitasse a um diagnóstico prévio da sua situação financeira e económica e obtivesse uma avaliação global positiva por referência a determinados indicadores. Previa-se, depois das alterações introduzidas àquele diploma pelo DL n.º 26/2015, de 6 de Fevereiro, que o diagnóstico envolvesse a submissão de certos dados da empresa através da plataforma informática disponibilizada no sítio da internet do IAPMEI (cfr. art. 2.º-A, n.ºs 1 e 2, do DL n.º 178/2012, de 3 de Agosto). O mecanismo podia ser utilizado, gratuitamente, por qualquer empresa que pretendesse proceder a um diagnóstico da sua situação económica e financeira, sem que daí decorresse qualquer obrigação de acção subsequente (cfr. art. 2.º-A, n.º 3, do DL n.º 178/2012, de 3 de Agosto). Assegurava-se, em qualquer caso, que o recurso ao processo de diagnóstico e a informação disponibilizada para esse efeito eram confidenciais (cfr. art. 21.º-B, n.º 2, do DL n.º 178/2012, de 3 de Agosto).

[785] Neste ponto encontra-se novo sinal da conformidade do RERE com a Proposta de Directiva, onde se incita os Estados-Membros a disponibilizar instrumentos de alerta rápido que detectem a deterioração da actividade da empresa e avisem o devedor da necessidade de agir com urgência (cfr. art. 3.º da Proposta de Directiva).

as negociações, conforme previsto no art. 9.º, n.º 2 [cfr. art. 16.º, n.º 1, al. *b)*, do RERE], a falta de depósito do acordo de reestruturação dentro do prazo previsto no protocolo de negociação, sem que haja acordo quanto à extensão do mesmo, ou do prazo máximo previsto no n.º 5 do art. 6.º do RERE [cfr. art. 16.º, n.º 1, al. *c)*, do RERE], e, por fim, a apresentação da empresa à insolvência ou a sua declaração de insolvência a requerimento de outro sujeito[786] durante o período das negociações, nos termos do art. 16.º, n.º 5, do RERE [cfr. art. 16.º, n.º 1, al. *d)*, do RERE].

Segundo o art. 16.º, n.º 2, do RERE, com o encerramento das negociações cessa a generalidade dos efeitos que se produzem com o depósito do protocolo de negociação, isto é, cessam as obrigações da empresa e dos credores (cfr. arts. 9.º e 10.º do RERE), os efeitos sobre os processos e sobre os contratos de prestação de serviços públicos essenciais (cfr. arts. 11.º e 12.º do RERE) e a suspensão do início da contagem do prazo para a apresentação à insolvência (cfr. art. 13.º do RERE).

O encerramento das negociações está sujeito a registo nos termos de outro processo especial, criado também *ex novo* – o Processo[787] Especial de Registo do RERE[788] – (cfr. art. 17.º, n.º 1, do RERE).

114.5. Recurso sucessivo ao regime

Uma última nota respeita à admissibilidade de novos recursos ao regime do protocolo de negociação. Admite-se que a empresa tenha um único procedimento deste tipo em curso (cfr. art. 18.º, n.º 1, do RERE). No entanto, depois das negociações, concluindo-se elas com ou sem acordo de reestruturação, a empresa pode recorrer novamente ao regime, com os mesmos credores ou com credores diferentes, desde que não sejam violados os termos do(s) acordo(s) de reestruturação alcançado(s) anteriormente (cfr. art. 18.º, n.º 2, do RERE).

115. O regime especial do acordo de reestruturação

O regime especial do acordo de reestruturação visa a execução devida do acordo de reestruturação da empresa.

---

[786] A lei refere-se a "processo de insolvência requerido por credor" mas não se vê razão para o processo de insolvência requerido por um dos restantes sujeitos legitimados (responsáveis legais pelas dívidas da empresa e Ministério Público) não ficar sujeito aos mesmos efeitos.

[787] Mais uma vez: não seria mais adequado chamar-lhe "procedimento"?

[788] A que é possível que, não inconsequentemente, venha a fazer-se corresponder o curioso acrónimo "PER-RERE".

OS INSTRUMENTOS DE RECUPERAÇÃO DE EMPRESAS PRÉ-INSOLVENTES

Como se referiu atrás, o acordo de reestruturação pode conter todas as medidas tendentes à recuperação da empresa que sejam admissíveis no quadro da liberdade contratual. Atendendo às normas especialmente relevantes (cfr. art. 2.º, n.º 2, e art. 19.º, n.º 1, do RERE), incluem-se aqui, naturalmente, a modificação do activo e do passivo da empresa, mas também, no caso de a empresa revestir, como é típico que suceda, a forma jurídica de sociedade comercial, a modificação do capital social, a transformação numa sociedade de outro tipo, a alteração dos órgãos sociais, a exclusão de sócios e a entrada de novos sócios ou outra medida que importe a alteração dos estatutos.

As modificações do passivo só podem atingir os créditos detidos por credores participantes (cfr. art. 19.º, n.º 3, do RERE). As restantes medidas, designadamente de reestruturação societária, que afectem outros sujeitos para lá dos credores (por exemplo, sócios ou titulares de garantias) pressupõem sempre a obtenção do respectivo consentimento (cfr. art. 3.º, n.ºs 5 e 6, art. 19.º, n.º 5, e art. 24.º, n.º 1, do RERE) e, em princípio, ocorrem com a formalização nos termos das regras aplicáveis (cfr. art. 24.º, n.º 2, e art. 26.º, do RERE).

O acordo de reestruturação é depositado na Conservatória de Registo Comercial, devendo as partes cumprir as obrigações que para si resultam do acordo, nomeadamente abstendo-se de acções que possam prejudicar a realização do objectivo de reestruturação ou violem os compromissos por si assumidos (cfr. art. 19.º, n.º 4, do RERE). Durante todo o processo, a empresa deve poder continuar a sua actividade, com apoio em financiamentos aos quais o legislador fez corresponder, com intuito de os estimular, um regime especial de garantias (cfr. art. 28.º do RERE).

Como se disse anteriormente, só é parte no acordo de reestruturação quem o subscreveu ou aderiu voluntariamente e o acordo só vincula quem participa – por outras palavras: o acordo de reestruturação só produz efeitos *inter partes* (cfr. art. 23.º, n.º 1, do RERE).

Admite-se, todavia, que os efeitos do acordo sejam estendidos a outros credores pela via do PER, na modalidade do art. 17.º-I do CIRE (homologação de acordos extrajudiciais). A norma do art. 29.º do RERE, que regula a articulação com o PER, dispõe que, se o acordo de reestruturação for subscrito por credores que representem as maiorias previstas no n.º 1 do art. 17.º-I do CIRE, ou a ele vierem posteriormente a aderir credores suficientes para que se atinja aquela maioria, a empresa pode iniciar um PER com vista à homologação judicial do acordo de reestruturação, devendo nesse caso assegurar-se de que este cumpre o previsto no n.º 4 do art. 17.º-I do CIRE. Não se

LIÇÕES DE DIREITO DA INSOLVÊNCIA

prevendo medidas que facilitem a operação e aplicando-se, aparentemente, na íntegra os requisitos (gerais) do art. 17.º-I do CIRE, o esclarecimento quanto à possibilidade de recorrer ao dispositivo resulta inútil – a empresa pode iniciar um PER com vista à homologação judicial de *qualquer* acordo de reestruturação, enquadrado ou não no RERE.

De entre as regras que compõem a disciplina do acordo de reestruturação, destaca-se a protecção concedida aos condevedores e garantes da empresa. Prevê-se, mais exactamente, que a redução da obrigação da empresa que esteja prevista no acordo implica, em princípio, a redução da obrigação dos condevedores ou dos terceiros garantes (cfr. art. 19.º, n.º 7, do RERE).

Destaca-se ainda a protecção especial concedida aos trabalhadores. O acordo de reestruturação não afecta o cumprimento das obrigações da empresa enquanto entidade empregadora perante os trabalhadores (cfr. art. 19.º, n.º 8, do RERE) e, ao contrário dos processos instaurados pelos outros subscritores do acordo, os processos judiciais de natureza laboral, declarativos, executivos ou cautelares instaurados não sofrem quaisquer efeitos (cfr. art. 25.º, n.º 3, do RERE). O legislador português estará, porventura, a antecipar a tutela que terá de conceder aos trabalhadores, por força do Direito da União Europeia[789].

115.1. Requisitos do acordo de reestruturação

A primeira norma do regime – o art. 19.º do RERE – regula aquilo que o legislador designa como "conteúdo" do acordo. Diga-se que não é fácil compreender em que é que o referido "conteúdo" se distingue dos efeitos jurídicos do acordo e, portanto, como pode ser tratado à margem deles. A interpretação da norma não é feita, pois, sem algum desassossego. Tanto quanto

---

[789] A julgar pelo disposto na Proposta de Directiva, deverão ser acolhidas, nestes contextos, medidas especiais de tutela dos interesses dos trabalhadores. Estas serão a possibilidade (já mencionada) de os trabalhadores constituírem, para efeitos de aprovação do acordo de reestruturação, uma categoria própria (cfr. art. 9.º, n.º 2, da Proposta de Directiva) e a protecção dos seus créditos por duas vias: os créditos laborais em dívida não devem poder ser abrangidos pelos efeitos processuais excepto se e na medida em que os Estados-Membros garantam por outros meios o pagamento desses créditos com um nível de protecção adequado (cfr. art. 6.º, n.º 3, da Proposta de Directiva) e, no que respeita aos salários dos trabalhadores pelo trabalho já executado (sendo o trabalho necessário à negociação de um plano de reestruturação ou estreitamente relacionado com tal negociação), o seu pagamento não deve, em regra, poder ser afectado em processo de insolvência subsequente [cfr. art. 17.º, n.ºs 1, 2 (c) e 4, da Proposta de Directiva].

OS INSTRUMENTOS DE RECUPERAÇÃO DE EMPRESAS PRÉ-INSOLVENTES

é possível perceber, existem, apesar de tudo, disposições com interesse, sobretudo tendo em consideração o outro regime pré-insolvencial aplicável às empresas (o PER).

A abrir, o n.º 1 do art. 19.º do RERE dispõe que o conteúdo do acordo é fixado livremente pelas partes, o que corresponde ao que é expectável ao abrigo do princípio da liberdade contratual.

Em conformidade com o art. 19.º, n.º 2, do RERE a empresa deve fazer acompanhar o acordo de dois documentos: por um lado, uma declaração elaborada por um ROC a atestar que, na data da celebração do acordo, a empresa não se encontra em situação de insolvência[790] e a certificar o passivo total da empresa [cfr. art. 19.º, n.º 2, al. a), do RERE] e, por outro lado, uma lista de todas as ações judiciais em curso contra a empresa movidas por entidades que sejam parte no mesmo, na medida do necessário à produção dos efeitos previstos no art. 25.º do RERE, ou seja, dos efeitos processuais [cfr. art. 19.º, n.º 2, al. b), do RERE][791].

A lei manda ter em conta, para aquela declaração do ROC, o disposto nos n.ºs 1 a 3 do art. 3.º do CIRE e, para apurar o passivo total da empresa, o disposto no n.º 3 do art. 3.º do RERE. A primeira remissão confirma o que já resultava claro da parte dispositiva da norma e de outros pontos do regime: que a lei renunciou à comprovação do genuíno pressuposto do processo exigido pelo art. 3.º, n.º 1, al. b), do RERE (a pré-insolvência) e se contenta em presumir que ela existe em face da comprovação da inexistência de insolvência actual. Quanto à segunda remissão repetem-se as palavras proferidas a propósito da mesma remissão no âmbito dos elementos obrigatórios do protocolo de negociação: no art. 3.º do CIRE só há um número relevante para o apuramento do passivo – o n.º 3; quanto ao art. 17.º-B do CIRE, definindo situação económica difícil, não é possível vislumbrar em que medida ele possa ser útil.

Algumas das regras seguintes, como as dispostas nos n.ºs 3 e 5 do art. 19.º do RERE, visam apenas densificar o sentido da liberdade contratual acima

---

[790] Na realidade, a lei refere-se aqui, não a "devedor" nem a "empresa", mas a "sociedade", o que denuncia, como se disse atrás, que o legislador quis atribuir a posição de utilizador natural do RERE às sociedades comerciais. A norma não deve, contudo, ser interpretada (tão) restritivamente.

[791] Esta exigência visa facilitar a produção dos efeitos processuais, tal como se viu a propósito da exigência homóloga no âmbito da negociação do acordo de reestruturação [cfr. art. 7.º, n.º 3, al. d)].

referida. Outras merecem maior atenção. Destaca-se o disposto no n.º 4 do art. 19.º do RERE, que constitui uma concretização do princípio da igualdade. Determina-se a nulidade dos negócios celebrados entre a empresa e qualquer participante que tenham por objecto direitos regulados no acordo de reestruturação e sobre os quais se disponha em termos diversos dos estabelecidos neste acordo. É de assinalar a extensão do período-alvo: desde o início das negociações e durante toda a execução do acordo.

Por outro lado, o art. 19.º, n.ºs 7 e 8, do RERE demonstra que o legislador dispensou atenção aos interesses de outros sujeitos para lá dos credores.

Nos termos do art. 19.º, n.º 7, do RERE, a redução da obrigação da empresa determina a redução da obrigação dos condevedores ou dos terceiros garantes em termos equivalentes aos que resultem para a empresa do acordo de reestruturação, excepto quando se disponha diversamente no acordo de reestruturação[792]. Estende-se aos garantes expressamente a redução do montante da obrigação, mas deve entender-se que estão abrangidas, por maioria de razão, as modificações menos drásticas, como o condicionamento do reembolso, o diferimento do prazo de vencimento ou a moratória.

A extensão é digna de nota, distanciando o RERE do PER, sendo, como se viu, que o entendimento maioritário da doutrina e da jurisprudência portuguesas é o de que o plano de recuperação do PER (como, aliás, o plano de insolvência no quadro do processo de insolvência) é insusceptível de regular a posição jurídica dos garantes. Mais precisamente, a norma inviabiliza o argumento de que os garantes não estão sob tutela do acordo de reestruturação e, por isso, o acordo não é susceptível de afectar a relação entre eles e os credores. Cumprindo embora reflectir sobre as razões que levaram o legislador a tomar posição sobre a matéria justamente no quadro de um regime em que vigora o princípio da relatividade (os efeitos do acordo são limitados às partes), a medida merece, pelos motivos amplamente expostos em parte anterior, uma apreciação positiva[793].

Digna de atenção especial é também, não obstante por razões diferentes, a norma do art. 19.º, n.º 8, do RERE[794]. Estabelece-se aí que "[o]s termos do acordo de reestruturação não podem prejudicar o cumprimento das obriga-

---

[792] Não estava prevista uma norma equivalente na Proposta de Lei que antecedeu o diploma.

[793] Veja-se o comentário feito antes à norma do art. 217.º, n.º 4, do CIRE, na sua aplicação analógica ao PER.

[794] Não existiam vestígios de uma norma deste tipo (regulando os efeitos do acordo sobre os trabalhadores) na Proposta de Lei que antecedeu o diploma.

OS INSTRUMENTOS DE RECUPERAÇÃO DE EMPRESAS PRÉ-INSOLVENTES

ções do devedor enquanto empregador perante os trabalhadores". Impede--se, deste modo, que constem do acordo quaisquer medidas que enfraqueçam a posição dos trabalhadores enquanto titulares de postos de trabalho ou ponham em causa a realização dos direitos laborais. Não é desrazoável concluir que estão abrangidas – logo, tão-pouco poderão ser incluídas no acordo – as medidas que sejam susceptíveis de eliminar, restringir ou, por qualquer forma, condicionar a realização dos direitos de crédito dos trabalhadores (o perdão, a redução do montante, o condicionamento do reembolso ou o diferimento do prazo de vencimento, *etc.*).

Quanto às exigências de forma, cabe assinalar que o acordo de reestruturação deve ser celebrado por escrito e ser integralmente aceite por todos os credores que nele participem, ainda que por termo de adesão, devendo ainda todos os documentos conter o reconhecimento presencial das assinaturas dos respectivos subscritores (cfr. art. 20.º, n.ºs 1 e 2, do RERE).

115.2. Depósito do acordo de reestruturação e seus efeitos

O depósito do acordo de reestruturação é um dos momentos centrais do procedimento, já que é a partir dele que se produzem as vantagens do RERE.

O depósito do acordo é efectuado na Conservatória do Registo Comercial, a requerimento da empresa ou de qualquer credor, nos termos do (já referido) Processo Especial de Depósito do RERE (cfr. art. 22.º, n.º 1, do RERE), sendo, depois de depositado, o acordo automaticamente comunicado à Autoridade Tributária, por via electrónica, nos termos do Processo Especial de Registo do RERE (cfr. art. 22.º, n.º 3, do RERE).

Como se viu, o depósito não prejudica a confidencialidade do acordo de reestruturação (cfr. art. 22.º, n.º 4, do RERE).

Os efeitos do acordo de reestruturação são regulados nos arts. 23.º e s. do RERE. A primeira norma tem a função de delimitar o alcance do acordo. A regra é a de que as modificações contidas no acordo vinculam apenas os subscritores (cfr. art. 23.º, n.º 1, do RERE). Aplica-se, assim, como é habitual nos contratos, o princípio da relatividade, produzindo o acordo apenas efeitos *inter partes*[795]. Esta é uma diferença fundamental entre o RERE e o PER, que pode determinar uma menor "capacidade atractiva" do primeiro. Como se sabe, no PER, o plano de recuperação aprovado e homologado vincula

---

[795] Convém recordar, no entanto, o disposto no art. 19.º. n.º 7, do RERE e o que se disse a propósito.

LIÇÕES DE DIREITO DA INSOLVÊNCIA

todos os credores, participantes e não participantes nas negociações, subscritores e não subscritores do plano de recuperação.

Disponibilizam-se ainda normas especiais sobre as garantias e as medidas de reestruturação societária, com o principal objectivo de fixar o momento a partir do qual deve entender-se que elas se constituem ou se concretizam nos termos previstos no acordo.

No que respeita às garantias, regula-se, primeiro, as garantias preexistentes, ou seja, as garantias que a empresa prestou antes do início do RERE. O acordo de reestruturação só poderá afectá-las se houver consentimento dos respectivos beneficiários e tal consentimento constar, em anexo, do acordo (cfr. art. 24.º. n.º 1, do RERE). Sendo equacionável que os beneficiários ou titulares das garantias prestadas pela empresa não sejam, simultaneamente, seus credores, fica claro que pode ser necessária (logo, é admissível) a sua participação, isto é, que "venham ao acordo" prestar o seu consentimento. Alude-se, depois, às novas garantias, ou seja, às garantias cuja constituição se prevê no acordo. Dispõe-se que a constituição destas garantias, sejam elas pessoais ou reais, ocorre logo que elas estejam formalizadas nos termos das regras especialmente aplicáveis, podendo os comprovativos ser anexados ao acordo aquando do respectivo depósito (cfr. art. 24.º, n.º 2, do RERE). Esta última regra é aplicável também à modificação das garantias preexistentes.

No art. 26.º do RERE estabelece-se uma regra idêntica à acabada de descrever para as modificações dirigidas à reestruturação de sociedades previstas no acordo: elas ocorrem logo que formalizadas nos termos das regras especialmente aplicáveis.

Quanto aos efeitos do depósito do acordo de reestruturação – as genuínas vantagens do RERE na óptica da empresa –, eles podem ser reconduzidas a três tipos de efeitos: efeitos sobre os processos (efeitos processuais)[796], efeitos sobre as obrigações fiscais (efeitos fiscais) e efeitos sobre os contratos (efeitos substantivos).

Os efeitos processuais estão regulados no art. 25.º do RERE. Prevê-se que, a não ser que exista cláusula em contrário, o depósito do acordo desencadeia a imediata extinção dos processos judiciais declarativos, executivos ou cautelares respeitantes a créditos incluídos no acordo de reestrutura-

---

[796] Não obstante dizer-se, no art. 22.º, n.º 2, do RERE que (só) os efeitos dos arts. 27.º e 28.º do RERE ficam dependentes do depósito do acordo, o art. 25.º, n.º 1, do RERE não deixa margem para dúvidas quanto a que os efeitos processuais se produzem (também) por força deste depósito.

OS INSTRUMENTOS DE RECUPERAÇÃO DE EMPRESAS PRÉ-INSOLVENTES

ção e dos processos de insolvência, quando a insolvência ainda não tenha sido declarada, instaurados contra a empresa por qualquer participante no acordo, independentemente de o crédito que funda o pedido de declaração de insolvência ser ou não regulado no acordo (cfr. art. 25.º, n.º 1, do RERE)[797].

Para reforçar a relatividade destes efeitos, acrescenta-se que, nos casos em que os processos tenham sido instaurados por mais do que uma entidade, os efeitos processuais só se produzem relativamente à(s) entidade(s) que participe(m) no acordo (cfr. art. 25.º, n.º 2, do RERE).

Existe, todavia, um grupo de participantes que nunca é afectado: os trabalhadores ou, em rigor, os sujeitos que tenham instaurado processos judiciais de natureza laboral, declarativos, executivos ou cautelares ou, como se prefere dizer, acções dirigidas ao exercício de direitos laborais (cfr. art. 25.º, n.º 3, do RERE)[798].

Duas notas adicionais se impõem quanto aos efeitos processuais. A primeira serve para destacar as diferenças da terminologia usada no art. 25.º do RERE e no art. 11.º, n.º 2, do RERE (efeitos processuais do depósito do protocolo de negociação). Naquela fala-se em "processos judiciais declarativos, executivos ou cautelares"; nesta fala-se em "ações executivas para pagamento de quantia certa" e "ações destinadas a exigir o cumprimento de [obrigações] pecuniárias". É quase certo que a diversidade é imputável à diferente proveniência de cada uma das normas (como se disse, a última terá origem em norma homóloga do SIREVE). Não deixa, no entanto, de criar alguma desorientação[799].

A segunda nota pressupõe, justamente, um confronto entre os efeitos processuais no regime do acordo de reestruturação e no regime da negociação do acordo. Nota-se a ausência, no primeiro, da referência aos processos instaurados contra os garantes da empresa relativamente às obrigações garantidas que existe no segundo. Atendendo à hipótese de o acordo

---

[797] Optou-se por um efeito processual mais drástico e com maior alcance do que aquele estava previsto na Proposta de Lei que antecedeu o diploma. Este era (só) a suspensão dos processos executivos (e isso na condição de que houvesse reestruturação de créditos correspondentes a certa percentagem do passivo).

[798] Encontra-se aqui, mais uma vez, um vestígio da influência da Proposta de Directiva. Como se disse, nesta, a regra é a de que os créditos laborais não são, em princípio, abrangidos pelos efeitos processuais (cfr. art. 6.º, n.º 3, da Proposta de Directiva).

[799] Repare-se, em qualquer caso, na ausência (consciente ou inconsciente) de recurso à expressão "acções para cobrança de dívidas", que é usada no art. 17.º-E, n.º 1, do CIRE e que tanta discussão vem gerando.

LIÇÕES DE DIREITO DA INSOLVÊNCIA

de reestruturação ser antecedido de um protocolo de negociação e de estes processos ficarem suspensos, por força do depósito do protocolo, não caberia regular o seu destino (dizer se se extinguiam ou se mantinham suspensos)?

O segundo grupo de efeitos é o dos efeitos fiscais. Nos termos do art. 27.º, n.º 1, do RERE, são aplicáveis nesta sede os benefícios fiscais dos arts. 268.º a 270.º do CIRE (benefícios relativos ao IRS e ao IRC, ao imposto de selo e ao IMT, que, mais precisamente, isentam as mais valias de IRS e de IRC, reconduzem a redução dos créditos a custos ou perdas do exercício e isentam certos actos de imposto de selo e de IMT), mas com uma condição: a de estar prevista no acordo a reestruturação de créditos correspondentes a, pelo menos, trinta por cento do total do passivo não subordinado da empresa. Esta condição deve ser objecto de certificação por um ROC, que deve ainda certificar que, por força do acordo, se produzirá um aumento da proporção do activo sobre o passivo e o valor do património líquido da empresa será superior ao montante do capital social (cfr. art. 27.º, n.º 3, do RERE)[800].

A Autoridade Tributária pode, contudo, determinar, a requerimento fundamentado de algum subscritor do acordo, que se produzam aqueles efeitos fiscais apesar de não estar prevista a reestruturação de créditos correspondentes a trinta por cento do total do passivo não subordinado da empresa (cfr. art. 27.º, n.º 2, do RERE).

Advirta-se que os efeitos fiscais não aproveitam a todos os participantes. Os titulares de créditos subordinados e a empresa, no que a estes créditos respeita, apenas podem beneficiar da aplicação daquelas normas se houver uma autorização específica da Autoridade Tributária (cfr. art. 27.º, n.º 4, do RERE).

Na norma do art. 28.º do RERE surge o terceiro e último efeito do depósito do acordo de reestruturação, que se qualifica – já se viu – como "efeito substantivo" por incidir sobre contratos ou negócios jurídicos.

---

[800] Existe ainda um efeito fiscal digno de referência, que depende também desta condição. Depois da alteração introduzida pelos arts. 31.º e 32.º da Lei n.º 8/2018, de 2 de Março, o art. 41.º, n.º 1, al. *g*), do CIRC e o art. 78.º-A, n.º 4, al. *e*), do CIVA, determinam que, quando for celebrado e depositado na Conservatória do Registo Comercial acordo sujeito ao RERE que cumpra os requisitos do art. 27.º, n.º 3, do RERE e do qual resulte o não pagamento definitivo do crédito, o crédito é considerado incobrável, podendo o credor, respectivamente, conseguir que o crédito seja directamente considerado gasto ou perda do período de tributação ou deduzir o IVA relativo ao crédito.

OS INSTRUMENTOS DE RECUPERAÇÃO DE EMPRESAS PRÉ-INSOLVENTES

Prevê-se a insusceptibilidade de resolução em benefício da massa dos negócios jurídicos que envolvam a disponibilização à empresa de novos créditos pecuniários e a constituição, pela empresa, de garantias respeitantes a tais créditos, no caso de a empresa vir a ser declarada insolvente (cfr. art. 28.º, n.º 1, do RERE). Estão incluídos – saliente-se – tanto os negócios que se dirigem à constituição de créditos como os que se dirigem à constituição de garantias. Estão incluídos ainda, dentro dos primeiros, os negócios que se dirigem a aliviar a situação financeira da empresa, estabelecendo condições mais flexíveis de realização de créditos já constituídos. Para ilustrar a abrangência do conceito de "negócios que envolvam a disponibilização de novos créditos pecuniários", a lei refere-se expressamente ao diferimento de pagamento, mas devem incluir-se outros, como o fracionamento da obrigação.

A insusceptibilidade de resolução em benefício da massa dos negócios tendentes a disponibilizar meios para a continuação da actividade da empresa em períodos críticos não surpreende. Ela é consentânea com a regra geral disposta no art. 120.º, n.º 6, do CIRE, onde foi introduzida, aliás, uma referência expressa aos negócios jurídicos celebrados no âmbito do RERE[801].

Duas exigências condicionam a produção deste efeito: que os negócios jurídicos tenham sido expressamente previstos no acordo de reestruturação ou no protocolo de negociação que o preceda e que o acordo de reestruturação seja acompanhado da mesma declaração do ROC que é necessária para a produção dos efeitos fiscais (cfr. art. 28.º, n.º 1, *in fine*, do RERE)[802].

A insuceptibilidade de resolução em benefício da massa cessa sempre que o crédito tenha sido usado pela empresa em proveito do credor ou de pessoa com este especialmente relacionada nos termos (já conhecidos) do art. 49.º do CIRE (cfr. art. 28.º, n.º 2, do RERE).

A lei não cuidou de impedir que os negócios em causa fossem objecto de impugnação pauliana. Se isto significar, como parece, que se mantém aberta

---

[801] Tal como o art. 120.º, n.º 6, do CIRE, o art. 28.º, n.º 1, do RERE prevê uma medida com utilidade restrita ao processo de insolvência. Já não acontece o mesmo com o art. 17.º-H, n.º 1, do CIRE, que, não obstante assegurar apenas a manutenção das *garantias* dos créditos, assegura a manutenção delas *mesmo no caso de processo de insolvência* (o que significa que assegura a manutenção delas também noutras situações).

[802] Note-se, a propósito, que se admite expressamente que o acordo de reestruturação regule os termos dos novos financiamentos a conceder à empresa e das novas garantias a prestar por ela (cfr. art. 19.º, n.º 1, *in fine*, do RERE).

LIÇÕES DE DIREITO DA INSOLVÊNCIA

a possibilidade de impugnação destes negócios pelos credores, os "novos créditos" ficam, na prática, pouco protegidos[803].

A terminar, cabe referir aquela que, embora a lei não o diga, ainda é uma consequência – uma última consequência – do depósito do acordo de reestruturação: a responsabilidade tributária dos titulares de órgãos de administração da empresa (administradores judiciais ou outros) investidos nas funções de administração no quadro do acordo. Esta responsabilidade está consagrada no art. 33.º da Lei n.º 8/2018, de 2 de Março, e opera nos termos já vistos no contexto do plano de recuperação aprovado e homologado em processo de insolvência ou em PER. Aqueles sujeitos são responsáveis subsidiariamente em relação à empresa e solidariamente entre si pelas dívidas cujo facto constitutivo se tenha verificado no período de exercício do seu cargo ou cujo prazo legal de pagamento ou entrega tenha terminado no período do exercício do seu cargo ou depois deste, quando, em qualquer dos casos, tiver sido por culpa sua que o património da empresa se tornou insuficiente para a sua satisfação.

115.3. Incumprimento do acordo de reestruturação

As últimas regras constantes do regime do acordo de reestruturação estão contidas no art. 30.º do RERE, cuja epígrafe é "[i]ncumprimento".

Determina-se, primeiro, que o incumprimento de alguma das obrigações previstas no acordo não afecta a validade das demais obrigações nem dos actos que tenham sido praticados em execução dele, designadamente as medidas de reestruturação societária (cfr. art. 30.º, n.º 1, do RERE).

A referência à "validade" é um tanto despropositada. Dificilmente alguém pensaria que o incumprimento de uma obrigação era susceptível de pôr em causa *a validade* e sobretudo susceptível de pôr em causa a validade *de obrigações*.

O objectivo do legislador parece ser o de (re)afirmar o princípio da irrelevância ou insignificância do incumprimento de uma (só) obrigação para a *eficácia* do (todo o) acordo, ou seja, o de esclarecer que aquele incumprimento não produz a ineficácia do acordo, isto é, não afecta os efeitos que ele já produziu, concretizados nos actos de execução, e os que ainda produz, designadamente o dever da empresa de cumprir as obrigações resultantes

---

[803] Veja-se as dúvidas manifestadas acerca do disposto no art. 17.º-H, n.º 1, do CIRE, no quadro (apesar de tudo menos assertivo) da manutenção das garantias dos "novos créditos" no PER.

OS INSTRUMENTOS DE RECUPERAÇÃO DE EMPRESAS PRÉ-INSOLVENTES

do acordo. Quanto à ineficácia do incumprimento sobre os actos de execução, é possível compreendê-la se se tiver em consideração que a celebração deste tipo de acordos implica a consciência de um certo grau de imprevisibilidade quanto à possibilidade de realização dos seus fins e que algumas das medidas admitidas no acordo importam modificações que não são reversíveis, como as que atingem a estrutura da empresa quando ela revista a forma de sociedade comercial.

Uma das questões essenciais que levanta, neste contexto, o incumprimento de alguma das obrigações previstas no acordo – a que aquele n.º 1 do art. 30.º do RERE não responde – é a de saber quais são os meios de reacção do credor lesado e dos restantes credores. Tenta responder-lhe, aparentemente, o art. 30.º, n.º 2, do RERE.

Começa por dizer-se que tal incumprimento dá ao credor lesado o direito de resolução do acordo [cfr. art. 30.º, n.º 2, al. *a*), do RERE] e permite que ele declare vencidas todas as obrigações constantes do acordo de que também seja credor [cfr. art. 30.º, n.º 2, al. *b*), do RERE]. Acrescenta-se, depois, que o incumprimento perante um credor não determina o automático incumprimento das demais obrigações constantes do acordo [cfr. art. 30.º, n.º 2, al. *c*), do RERE].

Se as duas primeiras regras estão em conformidade com a disciplina geral (cfr. art. 801.º, n.º 2, e art. 781.º do CC), não é fácil extrair um significado claro da última, já que é mais aquilo que aí se recusa do que aquilo que aí se afirma. Deverá, em qualquer caso, evitar-se retirar dela a ideia de que a resolução do acordo pelos titulares das demais obrigações é inadmissível[804], pois isso contraria a natureza tendencialmente unitária do acordo de reestruturação. Como se disse atrás, sempre que um acordo está – como este está – subordinado a fins comuns, existe uma relação de estreita interdependência entre as obrigações da empresa perante cada um dos credores. Se o incumprimento for de tal modo grave que se torne, objectiva ou subjectivamente, inexigível a subsistência do vínculo contratual, o incumprimento deve poder constituir fundamento da resolução por parte de qualquer credor. Pensa-se que é isto

---

[804] Discute as interpretações possíveis e considera essa a mais inconveniente de entre elas MARIA DE LURDES PEREIRA ("Resposta à consulta pública relativa ao projeto de proposta de lei que aprova o Regime Extrajudicial de Recuperação de Empresa – Comentário aos artigos 6.º a 17.º do projeto: conteúdo, forma, depósito, efeitos e incumprimento do acordo de reestruturação", in: AA. VV., "Consulta Pública Programa Capitalizar – Resposta do Centro de Investigação em Direito Privado", in: *Revista de Direito das Sociedades*, 2017, n.º 1, pp. 182 e s.).

LIÇÕES DE DIREITO DA INSOLVÊNCIA

o que o legislador pretende dizer, embora de forma não absolutamente perfeita, no art. 10.º, n.º 1, do RERE, quando salvaguarda o "direito [dos credores] à resolução do protocolo de negociação motivado por violação grosseira pelo devedor das obrigações dele decorrentes".

Em todo o caso, o direito de resolução tem de ser exercido com certos cuidados. Reiteram-se aqui as três ideias que se consideram essenciais para a caracterização do incumprimento relevante. Em primeiro lugar, considerando o disposto no regime geral do incumprimento, devem ser concedidas à empresa duas oportunidades para cumprir, só havendo incumprimento relevante quando a prestação relativamente à qual a empresa se constitui em mora não for cumprida dentro de um prazo razoável a contar da interpelação do credor. Em segundo lugar, configurar-se-á uma situação típica de incumprimento quando a empresa falte ao cumprimento de uma ou mais obrigações que sejam essenciais para a realização dos fins do acordo, tornando esta realização impossível ou prejudicando-a gravemente. Em terceiro e último lugar, o direito de resolução deve poder ser exercido também quando a execução do acordo se torne justificadamente insustentável ou inexigível para o credor. A recusa antecipada de cumprimento pela empresa ou a ocorrência de atrasos reiterados ou sistemáticos no cumprimento das obrigações constantes do acordo são duas das situações mais paradigmáticas.

Sobre os efeitos da resolução diz a lei que eles não são retroactivos e não permitem a reconstituição da obrigação original (cfr. art. 30.º, n.º 3, do RERE). O desvio à regra da retroactividade da resolução (cfr. art. 434.º, n.º 1, do CC) é, tal como o disposto na segunda parte do art. 30.º, n.º 1, compreensível à luz da natureza do acordo e da natureza dos actos de execução, confiando as partes em que os fins do acordo se realizariam. Por sua vez, a insusceptibilidade de reconstituição da obrigação original é uma consequência da não retroactividade. Representa, no entanto, um afastamento do legislador relativamente à posição por si tomada no art. 218.º, n.º 1, do CIRE, segundo o qual, em determinadas circunstâncias, a moratória e o perdão previstos no plano de insolvência ficam sem efeito quanto aos créditos relativamente aos quais a empresa se constitui em mora.

O último preceito, subordinado ainda à epígrafe "[i]ncumprimento", regula a possibilidade de o acordo funcionar como título executivo relativamente às obrigações pecuniárias nele assumidas pela empresa (cfr. art. 30.º, n.º 4, do RERE). Embora compreendendo o raciocínio do legislador (a suposição de que se os credores recorrem à realização coerciva dos créditos é porque a empresa não cumpriu o acordo), a norma não regula propriamente

OS INSTRUMENTOS DE RECUPERAÇÃO DE EMPRESAS PRÉ-INSOLVENTES

o incumprimento, mas sim os efeitos (residuais) do acordo, pelo que é discutível se esta será a melhor localização para ela[805].

CAPÍTULO V – Medidas complementares de recuperação de empresas. A conversão de créditos em capital social

Bibliografia específica: CATARINA SERRA, "Investimentos de capital de risco na reestruturação de empresas", in: *IV Congresso – Direito das Sociedades em Revista*, Coimbra, Almedina, 2016, pp. 321 e s., JOÃO BALDAIA/MIGUEL ALMEIDA LOUREIRO, "A capitalização de empresas pela via da insolvência", in: MARIA DE DEUS BOTELHO (coord.), *Capitalização de empresas*, Coimbra, Almedina, 2017, pp. 51 e s., JOSÉ FERREIRA GOMES, "Alterações ao Código das Sociedades Comerciais (artigo 2.º do projeto de decreto-lei) – Alterações aos artigos 87.º e 88.º do Código das Sociedades Comerciais – Conversão de créditos em capital", in: AA. VV., "Consulta Pública Programa Capitalizar – Resposta do Centro de Investigação em Direito Privado", in: *Revista de Direito das Sociedades*, 2017, n.º 1, pp. 25 e s., JOSÉ FERREIRA GOMES/CATARINA MONTEIRO PIRES, "Resposta à consulta pública relativa ao projeto de proposta de lei que aprova o Regime Jurídico de Conversão de Créditos em Capital", in: AA. VV., "Consulta Pública Programa Capitalizar – Resposta do Centro de Investigação em Direito Privado", in: *Revista de Direito das Sociedades*, 2017, n.º 1, pp. 143 e s., MADALENA PERESTRELO DE OLIVEIRA, "Suprimentos para revitalização societária: entre a subordinação e o privilégio mobiliário creditório geral", in: *Revista de Direito de Sociedades*, 2017, n.º 2, pp. 371 e s., PAULO OLAVO CUNHA, "Reestruturação de sociedades e direitos dos sócios", in: CATARINA SERRA (coord.), *IV Congresso de Direito da Insolvência*, Coimbra, Almedina, 2017, pp. 341 e s., PAULO DE TARSO DOMINGUES, "A conversão de suprimentos em capital social (DL n.º 79/2017, de 30 de junho)", in: *Direito das Sociedades em Revista*, 2017, 18, pp. 155 e s., RUI PINTO DUARTE ["A conversão em capital social de suprimentos e de outros créditos – Notas sobre o Dec.-Lei 79/2017, de 30 de junho, e sobre um projeto legislativo relativo à conversão de créditos em capital", in: CATARINA SERRA (coord.), *IV Congresso de Direito da Insolvência*, Coimbra, Almedina, 2017, pp. 319 e s.

116. O regime simplificado de aumento do capital social por conversão de suprimentos

O DL n.º 79/2017, de 30 de Junho, que alterou o Código da Insolvência e da Recuperação de Empresas, alterou também o Código das Sociedades

---

[805] Repare-se, por contraste, na localização da norma homóloga na disciplina do plano de insolvência [cfr. art. 233.º, n.º 1, al. *c)*].

Comerciais, introduzindo o novo regime simplificado de aumento de capital social por conversão de suprimentos (cfr. art. 87.º, n.ºs 4 e 5, art. 88.º, n.ºs 1 e 2, e art. 89.º, n.ºs 4 e 5, do CSC).

Deve advertir-se, antes de mais, que, apesar de integrado na parte geral do Código das Sociedades Comerciais e de poder presumir-se que ele se aplicaria a todos os tipos de sociedades comerciais, parece que, afinal, o regime está limitado às sociedades por quotas. No art. 87.º, n.º 4, do CSC fala-se em "sócio da sociedade por quotas". O esclarecimento é importante porque, como se sabe, o entendimento dominante é o que de os suprimentos são admissíveis também nas sociedades anónimas[806].

Deve advertir-se, depois, que suprimentos, para os presentes efeitos, são todos os créditos que estejam registados como tal no último balanço aprovado e não apenas os créditos que preencham as características referidas no art. 243.º, n.º 1, do CSC, designadamente o carácter de permanência[807].

Através do disposto nos novos n.ºs 4 e 5 do art. 87.º do CSC, visa-se, fundamentalmente, facilitar a conversão de suprimentos em capital social dispensando-a da observância de duas regras a que ela estaria, em princípio, sujeita: a necessidade de deliberação da assembleia geral para o aumento do capital e a necessidade de avaliação das entradas em espécie por parte de um ROC independente.

O regime permite, mais precisamente, que sócio(s) titular(es) de suprimentos que reúna(m) a maioria de votos necessária para alteração do contrato de sociedade (sócios maioritários) procedam, por mera força de acto unilateral (comunicação aos gerentes), ao aumento do capital por conversão dos suprimentos de (cfr. art. 87.º, n.º 4, do CSC). Admite-se, assim, o aumento do capital social sem deliberação da assembleia geral, em claro des-

---

[806] Cfr., para uma referência sumária ao assunto, por todos, CATARINA SERRA, *Direito Comercial – Noções fundamentais*, Coimbra, Coimbra Editora, 2009, pp. 82-83.

[807] Segundo RUI PINTO DUARTE ["A conversão em capital social de suprimentos e de outros créditos – Notas sobre o Dec.-Lei 79/2017, de 30 de junho, e sobre um projeto legislativo relativo à conversão de créditos em capital", cit., pp. 324-325], para a qualificação como suprimentos, adoptou-se um critério puramente formal (basta que os créditos estejam registados como tal no último balanço aprovado), em detrimento do critério (substancialista) do art. 243.º do CSC (é preciso que os créditos tenham carácter de permanência). Justificar-se-ia, no entanto, aquele critério meramente formal, uma vez que o fim do regime é a conversão em capital social de todos e quaisquer créditos dos sócios e não só daqueles que têm carácter de permanência. Atendendo a isso – conclui o autor –, teria sido preferível evitar a palavra "suprimentos".

OS INSTRUMENTOS DE RECUPERAÇÃO DE EMPRESAS PRÉ-INSOLVENTES

vio à regra consagrada, no âmbito das alterações ao contrato de sociedade, no art. 85.º, n.º 1, do CSC e, mais precisamente, no âmbito do aumento do capital, no art. 87.º, n.º 1, do CSC[808].

Os gerentes comunicam, por escrito, no prazo máximo de dez dias, a conversão aos sócios que não tenham participado na iniciativa de aumento do capital, com a advertência de que a eficácia interna da conversão depende da não oposição expressa de qualquer um deles, manifestada por escrito, no prazo de dez dias a partir daquela comunicação (cfr. art. 87.º, n.º 5, do CSC)[809]. O capital social considera-se aumentado, para efeitos internos, sempre que aquele prazo tenha decorrido sem haver oposição, por força da ressalva expressa à regra geral (cfr. art. 88.º, n.º 1, do CSC)[810].

---

[808] A dispensa de deliberação é uma alteração não insignificante, que torna discutível a adequação do regime. Há quem diga que do novo regime decorrem inconvenientes como "o potencial abuso dos sócios maioritários sobre os minoritários, o aumento da insegurança e da litigiosidade entre maioritários e minoritários" e que "eliminados os processos formais de composição de interesses no seio da sociedade, [se] projetam os conflitos para o foro judicial". Cfr., neste sentido, RUI PINTO, "Resposta à consulta pública relativa ao projeto de decreto-lei que altera o Código das Sociedades Comerciais e o Código da Insolvência e da Recuperação de Empresas – Considerações gerais sobre a reforma", in: AA. VV., "Consulta Pública Programa Capitalizar – Resposta do Centro de Investigação em Direito Privado", cit., p. 19. Há quem fale, por outro lado, de um "claro retrocesso em matéria de direitos sociais" e antecipe os "naturais abusos". Cfr., neste sentido, PAULO OLAVO CUNHA, "Reestruturação de sociedades e direitos dos sócios", in: CATARINA SERRA (coord.), IV Congresso de Direito da Insolvência, Coimbra, Almedina, 2017, p. 357.

[809] Conclui-se, assim, que qualquer sócio pode inviabilizar a operação, independentemente da respectiva participação no capital social.

[810] Atendendo, sobretudo, a este procedimento, pode discutir-se se são aqui rigorosamente configuráveis uma proposta e uma deliberação, com votos expressados em momentos diferentes [cfr., para esta discussão, RUI PINTO DUARTE, "A conversão em capital social de suprimentos e de outros créditos – Notas sobre o Dec.-Lei 79/2017, de 30 de junho, e sobre um projeto legislativo relativo à conversão de créditos em capital", in: CATARINA SERRA (coord.), IV Congresso de Direito da Insolvência, Coimbra, Almedina, 2017, pp. 325-326 (e nota 12)]. No entanto, segundo alguns, trata-se, mais propriamente, de uma decisão do(s) sócio(s) maioritário(s) que "produz os efeitos de uma deliberação social mas sob condição suspensiva" [cfr. JOSÉ FERREIRA GOMES, "Alterações ao Código das Sociedades Comerciais (artigo 2.º do projeto de decreto-lei) – Alterações aos artigos 87.º e 88.º do Código das Sociedades Comerciais – Conversão de créditos em capital", in: AA. VV., "Consulta Pública Programa Capitalizar – Resposta do Centro de Investigação em Direito Privado", in: Revista de Direito das Sociedades, 2017, n.º 1, p. 29 (sublinhados do autor)].

A declaração do contabilista certificado ou, quando a revisão de contas seja legalmente exigida, do ROC, mencionando que as quantias constam dos registos contabilísticos[811], bem como a proveniência e a data, é suficiente para a verificação das entradas (cfr. art. 89.º, n.º 4, do CSC). Torna-se, portanto, desnecessária a avaliação (basta aquela declaração) das entradas por parte de um ROC (basta um contabilista certificado) independente (basta o ROC da sociedade), ao contrário daquela que é a regra para as entradas em espécie e em claro desvio à regra consagrada no art. 28.º do CSC[812].

117. O regime jurídico de conversão de (outros) créditos em capital
A Lei n.º 7/2018, de 2 de Março, criou o Regime Jurídico de Conversão de Créditos em Capital (RJCCC)[813].

---

[811] A norma refere-se, impropriamente, a *regimes* contabilísticos", não tendo a Declaração de Rectificação n.º 21/2017, de 25 de Agosto, rectificado o lapso.

[812] Pressupondo-se que as entradas em créditos, nomeadamente por parte dos sócios, se qualificam como entradas em espécie, como parece ser o entendimento dominante. Pronunciaram-se claramente neste sentido e a propósito deste quadro normativo, PAULO DE TARSO DOMINGUES ["A conversão de suprimentos em capital social (DL n.º 79/2017, de 30 de junho)", in: *Direito das Sociedades em Revista*, 2017, 18, p. 155 e *passim*], RUI PINTO ("Resposta à consulta pública relativa ao projeto de decreto-lei que altera o Código das Sociedades Comerciais e o Código da Insolvência e da Recuperação de Empresas – Considerações gerais sobre a reforma", in: AA. VV., "Consulta Pública Programa Capitalizar – Resposta do Centro de Investigação em Direito Privado", cit., p. 19) e JOSÉ FERREIRA GOMES ["Alterações ao Código das Sociedades Comerciais (artigo 2.º do projeto de decreto-lei) – Alterações aos artigos 87.º e 88.º do Código das Sociedades Comerciais – Conversão de créditos em capital", cit., pp. 26-28].

[813] Lamenta-se a falta de sincronia dos processos legislativos, que cria uma dessintonia entre regime de aumento do capital por conversão de suprimentos e o regime jurídico de conversão de créditos em capital (de terceiros). Sucede que a dessintonia não se manifesta apenas no plano temporal. Existem diferenças de regime que não se justificariam, tendo em consideração a sua proximidade tipológica ou funcional. Opinião diversa tem, contudo, RUI PINTO DUARTE ["A conversão em capital social de suprimentos e de outros créditos – Notas sobre o Dec.-Lei 79/2017, de 30 de junho, e sobre um projeto legislativo relativo à conversão de créditos em capital", cit., pp. 320-321]. Considera o autor que a conversão de suprimentos em capital social representa um instrumento de reforço da capitalização das sociedades por quotas enquanto a conversão de outros créditos em capital social se situa no quadro das medidas de prevenção da insolvência, sendo reconduzível às medidas adoptáveis no quadro do plano de insolvência, nos termos do Código da Insolvência e da Recuperação de Empresas [cfr. art. 198.º, n.º 2, al. *b*)]. Isto justifica, segundo o autor, a (diferente) localização sistemática dos dois regimes.

Uma forma breve de apresentar o RJCCC é dizer que ele é um regime que atribui aos credores o direito de obrigar os sócios de certas sociedades a apreciar propostas de conversão dos seus créditos em capital e o direito de obter o suprimento judicial da falta de uma deliberação favorável dos sócios[814]. O objectivo é a reestruturação financeira da sociedade, ou seja, a eliminação (total ou parcial) do seu passivo[815].

Tanto quanto parece, os créditos convertíveis são todos os que não sejam suprimentos no sentido atrás fixado, ou seja, os créditos de terceiros ou sócios (desde que, neste último caso, não estejam registados como suprimentos no último balanço aprovado)[816]. Apesar da (não louvável) técnica legislativa, percebe-se que a lei consagrou dois tipos de excepções de acordo com o titular das obrigações/titular dos créditos. O regime não se aplica, em primeiro lugar, aos créditos sobre empresas de seguros, instituições de crédito, sociedades financeiras, empresas de investimento, sociedades abertas e entidades integradas no sector público empresarial (cfr. art.º 2.º, n.º 2, do RJCCC) nem aos créditos sobre sociedades cujo volume de negócios, tal como resultante das últimas contas de exercício aprovadas, seja inferior a um milhão de euros (cfr. art. 2.º, n.º 4, do RJCCC). Não se aplica, em segundo lugar, aos créditos de que são titulares as entidades públicas, desde que não sejam entidades integradas no sector público empresarial (cfr. art.º 2.º, n.º 3, do RJCCC). No que toca a estas últimas, o regime pode aplicar-se-lhes, mas depende de autorização prévia do membro do Governo responsável pela área das finanças e do cumprimento dos princípios e regras aplicáveis ao sector público empresarial (cfr. art. 2.º, n.º 5, do RJCCC).

---

[814] Cfr., em sentido próximo, RUI PINTO DUARTE, "A conversão em capital social de suprimentos e de outros créditos – Notas sobre o Dec.-Lei 79/2017, de 30 de junho, e sobre um projeto legislativo relativo à conversão de créditos em capital", cit., pp. 332-333.

[815] Há como que uma substituição dos "contratos rígidos" (que constituem direitos de crédito e obrigam a pagamentos fixos independentemente da liquidez do devedor) em "contratos (mais) flexíveis" (que não exigem pagamentos fixos ou em que o pagamento é condicionado ou sujeito a prazo alargado, como os que dão origem a participações sociais).

[816] O entendimento mais comum (explícito ou implícito) é, contudo, o de que só estão em causa créditos detidos por terceiros. Por exemplo, RUI PINTO DUARTE ("A conversão em capital social de suprimentos e de outros créditos – Notas sobre o Dec.-Lei 79/2017, de 30 de junho, e sobre um projeto legislativo relativo à conversão de créditos em capital", cit., pp. 331 e s.) apresenta o regime como sendo "relativo à conversão de créditos (de terceiros) em capital".

LIÇÕES DE DIREITO DA INSOLVÊNCIA

A proposta de conversão de créditos em capital deve ser apresentada por credor(es) que seja(m) titular(es) de dois terços do passivo da sociedade e da maioria dos créditos não subordinados (cfr. proémio do art. 3.º, n.º 3, do RJCCC) e depende do cumprimento de dois pressupostos (substanciais).

A sociedade deve, primeiro, apresentar um capital próprio/património líquido[817], tal como resultante das contas da sociedade aprovadas há menos de três meses, com um valor inferior ao capital social[818] e, segundo, encontrar-se em mora superior a noventa dias relativamente a créditos não subordinados de valor superior a dez por cento do total dos créditos não subordinados ou, quando se trate de prestações de reembolso parcial de capital ou juros, relativamente a créditos não subordinados de valor superior a vinte e cinco por cento do total dos créditos não subordinados (cfr. art. 3.º, n.º 1, do RJCCC). Depreende-se que os credores podem fazer uso do regime independentemente de a sociedade estar insolvente nalgum dos sentidos do art. 3.º, n.ºs 1 e 2, do CIRE, ou seja, esteja ou não a sociedade impossibilitada de cumprir as suas obrigações vencidas ou em situação patrimonial líquida manifestamente negativa[819].

A proposta de conversão de créditos em capital deve ser acompanhada de um relatório elaborado por um ROC que demonstre os pressupostos referidos [cfr. art. 3.º. n.º 3, al. a), do RJCCC] bem como de documento contendo as propostas de alteração do capital social da sociedade, aplicando-se o disposto no art. 28.º do CSC, ou seja, as regras aplicáveis à verificação das entra-

---

[817] Usa-se as expressões como equivalentes e, se for necessário tomar posição, prefere-se a segunda (a expressão jurídica "clássica").

[818] Note-se, primeiro, que, apesar de, no preâmbulo do diploma, se sugerir coisa diversa, esta situação não se confunde com a situação patrimonial líquida negativa (em que o capital próprio/património líquido da sociedade é negativo). Note-se, depois, que basta o capital próprio/património líquido da sociedade ser inferior ao capital social, não se exigindo que haja uma perda grave ou total (correspondente a mais de metade do capital social, que é a situação regulada no art. 35.º do CSC).

[819] Nos casos em que a sociedade esteja insolvente, a conversão de créditos em capital configura-se como uma alternativa à medida homóloga do plano de insolvência, com a vantagem de poder ser atingida extrajudicialmente mas com um nível inferior de garantias para a sociedade, os sócios e os restantes credores. Cfr., neste sentido, José Ferreira Gomes e Catarina Monteiro Pires ["Resposta à consulta pública relativa ao projeto de proposta de lei que aprova o Regime Jurídico de Conversão de Créditos em Capital", in: AA. VV., "Consulta Pública Programa Capitalizar – Resposta do Centro de Investigação em Direito Privado", in: *Revista de Direito das Sociedades*, 2017, n.º 1, p. 148.

das em espécie [cfr. art. 3.º, n.º 3, *b*), do RJCCC]. Este último tem as funções de descrever o conteúdo concreto da operação, de prever, quando aplicável, a redução do capital social e a respectiva justificação e ainda de prever o montante do aumento do capital social a subscrever pelos credores proponentes, mediante a conversão dos créditos não subordinados de que sejam titulares em participações sociais, bem como a fundamentação do rácio de conversão do crédito em capital [cfr. art. 3.º, n.º 8, als. *a*), *b*) e *c*), do RJCCC].

Uma vez recebida a proposta, deve ser convocada a assembleia geral com o objectivo de a aprovar ou recusar (cfr. art. 4.º, n.º 1, do RJCCC). Como se disse, a recusa é superável por meio do suprimento judicial (cfr. art. 4.º, n.º 3, do RJCCC). Abre-se, nesta hipótese, um verdadeiro procedimento, em que o juiz começa por nomear um administrador judicial provisório (cfr. art. 5.º, n.º 2, do RJCCC). Determinam-se prazos sucessivos para a reclamação de créditos e a (eventual) manifestação de vontade dos credores em converter os seus créditos em capital (cfr. art. 5.º, n.º 3, do RJCCC), a apresentação de uma lista provisória de créditos e a sua impugnação (cfr. art. 5.º, n.º 4, do RJCCC), a decisão do juiz sobre as impugnações formuladas (cfr. art. 5.º, n.º 5, do RJCCC), a conversão da lista provisória em definitiva e, finalmente, a sua homologação judicial (cfr. art. 5.º, n.º 6, do RJCCC).

Da conversão, seja qual for a sua modalidade, deverá resultar, a final, uma situação em que o património líquido/capital próprio da sociedade é superior ao valor nominal do capital à data da proposta (cfr. art. 3.º, n.º 11, do RJCCC), o que confirma que o objectivo da disciplina é diminuir, por eliminação/redução do passivo, a discrepância entre a situação patrimonial líquida da sociedade e o valor do capital social.

Merecem atenção especial os efeitos da declaração de insolvência da sociedade sobre o aumento do capital por conversão de créditos. Estes são, em geral, a caducidade da respectiva proposta e dos efeitos da respectiva deliberação [cfr. art. 7.º, n.º 1, al. *a*), do RJCCC] e, na hipótese de processo de suprimento judicial, a extinção deste último [cfr. art. 7.º, n.º 1, al. *b*), do RJCCC]. A lei não diz em que período a sociedade deve ser declarada insolvente para que estes efeitos referidos se produzam. Presume-se que a declaração de insolvência pode ocorrer até à conclusão (ao registo) do aumento de capital por conversão de créditos.

Em contrapartida, quando esteja pendente um processo de insolvência mas a insolvência não tenha ainda sido declarada, o procedimento de conversão de créditos em capital social – *rectius*: o registo das alterações ao capital – produz a extinção do processo de insolvência. Para estes efeitos,

LIÇÕES DE DIREITO DA INSOLVÊNCIA

obriga-se a sociedade à comunicação da alteração do capital social, logo que registada, ao processo de insolvência pendente (cfr. art. 7.º, n.º 2, do RJCCC).

As regras acabadas de descrever suscitam, de imediato, duas dúvidas. Fará sentido, naquela primeira hipótese, a extinção, por força da declaração de insolvência, do (de todo o) procedimento respeitante ao aumento? Não seria útil prever a possibilidade de aproveitar os actos já realizados na eventualidade de o processo de insolvência desembocar num plano de recuperação da empresa? E, na segunda hipótese, fará sentido que o processo de insolvência se extinga se a sociedade estiver, de facto, insolvente apesar de a insolvência não ter sido declarada[820]? Poderá assegurar-se que a insolvência da sociedade fica resolvida ou adequadamente regulada através da conversão de créditos em capital?

Mas a disciplina suscita, em geral, reflexões ainda mais importantes. Ela demonstra que, na perspectiva do legislador português, os interesses dos sócios não têm valor absoluto ou incondicional e, sobretudo, que não devem prevalecer sobre o interesse geral da reestruturação[821].

---

[820] A mesma pergunta fazem JOSÉ FERREIRA GOMES e CATARINA MONTEIRO PIRES ["Resposta à consulta pública relativa ao projeto de proposta de lei que aprova o Regime Jurídico de Conversão de Créditos em Capital", in: AA. VV., "Consulta Pública Programa Capitalizar – Resposta do Centro de Investigação em Direito Privado", cit., p. 147.

[821] Recorde-se que, apesar de legalmente previstas no Código da Insolvência e da Recuperação de Empresas, a inclusão de certas medidas (alterações ao capital social e outras operações de reestruturação da sociedade sem ou contra a vontade dos sócios) no plano de recuperação no âmbito de processo de insolvência ou de PER é de duvidosa admissibilidade. Tem sido afirmado que, quando o plano respeita a uma sociedade anónima, tal inclusão viola o disposto na Directiva 2012/30/UE, do Parlamento Europeu e do Conselho, de 25 de Outubro de 2012 (que veio substituir a chamada "Segunda Directiva em matéria de sociedades" ou "Directiva do capital"), que não permite aos credores sociais decidir qualquer aumento do capital social, devendo o juiz, nesta hipótese, recusar oficiosamente a homologação do plano. Cfr., neste sentido, JORGE MANUEL COUTINHO DE ABREU, *Curso de Direito Comercial*, volume I (*Introdução, Actos de Comércio, Comerciantes, Empresas, Sinais Distintivos*), cit., pp. 350-351. Dê-se atenção, porém, ao exposto a propósito da Proposta de Directiva do Parlamento Europeu e do Conselho de 22 de Novembro de 2016 (a proposta de derrogação das regras da Directiva 2012/30/EU na medida e pelo período de tempo em que tal seja necessário para assegurar que os sócios não frustram os esforços de recuperação). Quando o que está em causa é um plano de recuperação no âmbito de PER, a inclusão destas medidas é sempre inadmissível, seja qual for o tipo de sociedade (anónima ou outra). Neste sentido, cfr., por exemplo, MADALENA PERESTRELO DE OLIVEIRA, *Limites da Autonomia dos Credores na Recuperação da Empresa Insolvente*, Coimbra, Almedina, 2013, pp. 53-54, PAULO DE TARSO DOMINGUES, "O processo especial de revitalização aplicado às sociedades comerciais", cit., p. 33, e PAULO

OS INSTRUMENTOS DE RECUPERAÇÃO DE EMPRESAS PRÉ-INSOLVENTES

O regime não deixa de conceder certa tutela aos sócios. Eles têm a possibilidade de exercer (como que) um direito de preferência, realizando subscrições em dinheiro, a aplicar no pagamento dos créditos que, de contrário, seriam convertidos (cfr. art. 3.º, n.º 12, do RJCCC), bem como a possibilidade de adquirir ou fazer adquirir por terceiro por si indicado o capital da sociedade resultante da alteração, desde que adquiram e paguem na totalidade os créditos remanescentes (cfr. art. 6.º do RJCCC).

A verdade é que os sócios estão sob ameaça de verem diminuída a sua participação no capital social e de perderem o controlo da sociedade – e até de deixarem de ser sócios, já que, em certas circunstâncias, é admissível que o capital seja reduzido a zero antes do aumento por conversão de créditos

---

OLAVO CUNHA, "A recuperação de sociedades no contexto do PER e da insolvência: âmbito e especificidades resultantes da situação de crise da empresa", in: *Revista de Direito da Insolvência*, 2016, n.º 0, p. 117-119. Argumenta este último autor que "[...] as disposições legais que regulam o PER (arts. 17.º-A a 17.º-I do CIRE) são omissas sobre as providências específicas de recuperação da empresa previstas no art. 198.º e sobre a aplicabilidade desta disposição legal ao plano de recuperação aprovado no âmbito do PER. E o que é um facto é que o legislador poderia ter abrangido no PER o disposto no art. 198.º mas não o fez porque entre os planos de recuperação e de insolvência vai uma distância considerável. As providências específicas aplicáveis às empresas insolventes e que se projetam sobre a sua estrutura societária são excecionais e como tal só na situação excecional, de insolvência declarada, podem ser determinadas sem o acordo daqueles a quem, numa situação de normalidade, caberia deliberar as modificações estruturais: os sócios da empresa devedora" (ob. cit., p. 118). Conclui, assim, que: "[...] as medidas tomadas no âmbito de um plano de recuperação de uma empresa que se encontre enquadrada num processo de insolvência prevalecem sobre os interesses da sociedade que lhe dá forma jurídica, sobrepondo-se também aos interesses dos seus principais *stakeholders*, ao passo que, num processo de mera pré-insolvência e de revitalização da empresa, tais providências não podem ser impostas à empresa, ainda que consagradas no plano de recuperação económica aprovado e homologado" (ob. cit., p. 119). No que respeita, em particular, ao plano de recuperação no quadro do processo de insolvência, o autor admite expressamente que as medidas preconizadas no Código da Insolvência e da Recuperação de Empresas (como o aumento do capital social sem concessão de preferência aos sócios) se sobreponham aos preceitos da Directiva 2012/30/UE, uma vez que "na ponderação dos interesses em jogo, as medidas de recuperação da empresa, quando justificadas, sobrepõem-se aos interesses dos respetivos acionistas" [ob. cit., p. 109 (nota 7)]. Sobre a posição dos sócios, em geral, nos processos de insolvência e pré-insolvenciais e, em particular, perante as medidas de recuperação de sociedades cfr. PAULO OLAVO CUNHA, "Providências específicas do plano de recuperação de sociedades", in: CATARINA SERRA (coord.), *I Congresso de Direito da Insolvência*, Coimbra, Almedina, 2013, pp. 107 e s., e "Os deveres dos gestores e dos sócios no contexto da revitalização", cit., pp. 207 e s.

LIÇÕES DE DIREITO DA INSOLVÊNCIA

(cfr. art. 3.º, n.º 7, do RJCCC)[822]-[823]. Será que se justifica sacrificar os interesses dos sócios à vontade dos credores em todos os casos (i.e., incluídos aqueles casos em que os créditos em mora, tendo valor superior a dez/vinte e cinco por cento do total dos créditos não subordinados, não ascendem a uma percentagem significativa deste)[824]?

É possível, além do mais, desconfiar da utilidade do regime, antecipando-se que a operação não apareça, de facto, muito apetecível aos olhos dos credores[825]. Considerando a legislação vigente em matéria de sociedades e de insolvência, quem passa de credor a sócio sofre um claro enfraquecimento da sua posição no caso de negócios futuros com a sociedade: primeiro, os financiamentos dos sócios à sociedade são susceptíveis de ser considerados suprimentos, por presunção ou equiparação (cfr. art. 243.º, n.ºs 2, 3 e 5, do CSC) e, por isso, dar origem a créditos subordinados [cfr. art. 245.º, n.º 3, al. a), do CSC e art. 48.º, al. g), do CIRE]; segundo, certos sócios são susceptíveis de ser considerados pessoas especialmente relacionadas com a sociedade [cfr. art. 49.º, n.º 2, al. a), do CIRE), o que acarreta consequências, mais

---

[822] Mas isto apenas quando for de presumir que, em liquidação integral do património da sociedade, não subsistiria remanescente a distribuir pelos sócios (cfr. art. 3.º, n.º 7, *in fine*, do RJCCC) – que os sócios estão, como se costuma dizer, "*out of the money*".

[823] Atente-se mais uma vez nos pressupostos: a sociedade deve estar descapitalizada e tem de ter um passivo, mas aquela descapitalização não tem de ser total e este passivo não tem de ser superior ao activo. Recorde-se que, como se viu atrás, (só) quando o passivo é manifestamente superior ao activo, a sociedade está insolvente, nos termos do art. 3.º, n.º 2, do CIRE (e, em simultâneo, totalmente descapitalizada).

[824] Manifestam, por isso, fortes reservas à aplicabilidade do regime de conversão de créditos em capital nos casos em que os créditos em mora não são substanciais (consideravelmente superiores a dez por cento do total dos créditos não subordinados) JOSÉ FERREIRA GOMES e CATARINA MONTEIRO PIRES ["Resposta à consulta pública relativa ao projeto de proposta de lei que aprova o Regime Jurídico de Conversão de Créditos em Capital", in: AA. VV., "Consulta Pública Programa Capitalizar – Resposta do Centro de Investigação em Direito Privado", cit., pp. 145-147]. Discorrendo ainda perante a proposta, os autores diziam que "o regime [...] é susceptível de traduzir uma violência dos credores maioritários sobre a sociedade e os seus sócios" e sugeriam que ele ficasse circunscrito à hipótese de insolvência. Faça-se, não obstante, uma pequena correcção ao raciocínio dos autores: o facto de haver créditos em mora substanciais não significa necessariamente insolvência, já que pode haver razões para a mora para lá da impossibilidade de cumprir.

[825] Duvida, em geral, da utilidade do regime e pronuncia-se em sentido idêntico RUI PINTO DUARTE ("A conversão em capital social de suprimentos e de outros créditos – Notas sobre o Dec.-Lei 79/2017, de 30 de junho, e sobre um projeto legislativo relativo à conversão de créditos em capital", cit., p. 339).

OS INSTRUMENTOS DE RECUPERAÇÃO DE EMPRESAS PRÉ-INSOLVENTES

uma vez, ao nível da subordinação dos créditos [cfr. art. 48.º, al. *a*), do CIRE] e da susceptibilidade de resolução em benefício da massa dos actos em que participem (cfr. art. 120.º, n.º 4, do CIRE).

Uma parte destes inconvenientes seria evitada com a previsão de um regime de excepção para os empréstimos dos sujeitos que se tornam sócios por força deste tipo de operações. Nenhuns empréstimos dos sócios, incluídos os suprimentos, realizados com o intuito de disponibilizar à sociedade meios financeiros em contexto de reestruturação, deveriam ser classificados como créditos subordinados, devendo, em vez disso, ser abrangidos pelas garantias dos "novos créditos"[826].

CAPÍTULO VI – Perspectivas de evolução

Bibliografia específica: ADELAIDE MENEZES LEITÃO, "Contributos sobre a Proposta de Diretiva do Parlamento Europeu e do Conselho relativa a meios preventivos de reestruturação, segunda oportunidade e medidas de melhoramento da eficiência dos processos de reestruturação. Insolvência e exoneração do passivo restante e à alteração da Diretiva 2012/30/EU", in: *Revista de Direito de Sociedades*, 2016, n.º 4, pp. 1019 e s., ALEXANDRE DE SOVERAL MARTINS, "Votação e aprovação do plano de reestruturação", in: CATARINA SERRA (coord.), *IV Congresso de Direito da Insolvência*, Coimbra, Almedina, 2017, pp. 215 e s., CATARINA SERRA, "Mais umas 'pinceladas' na legislação pré-insolvencial – Uma avaliação geral das alterações do DL n.º 26/2015, de 6 de Fevereiro, ao PER e ao SIREVE (e à luz do Direito da União Europeia)", in: *Direito das Sociedades em Revista*, 2015, vol. 13, pp. 43 e s., CATARINA SERRA, "A evolução recente do Direito da Insolvência em Portugal – Enquadramento para uma discussão sobre o tema 'Insolvência e Contencioso tributário'", in: *Insolvência e Contencioso tributário*, Lisboa, Centro de Estudos Judiciários, Colecção Formação Contínua, 2017, pp. 9 e s., CATARINA SERRA, "Direito da Insolvência em movimento – A reestruturação de empresas entre as coordenadas da legislação nacional e as perpectivas do Direito europeu", in: *Revista de Direito Comercial*, 2017, pp. 94 e s. (disponível em https://static1.squarespace.com/static/58596f8a29687fe710cf45cd/t/59

---

[826] Cfr., neste sentido, CATARINA SERRA, "Investimentos de capital de risco na reestruturação de empresas", in: *IV Congresso – Direito das Sociedades em Revista*, Coimbra, Almedina, 2016, pp. 321 e s. Através de uma adequada interpretação do sistema como um todo, MADALENA PERESTRELO DE OLIVEIRA ("Suprimentos para revitalização societária: entre a subordinação e o privilégio mobiliário creditório geral", cit., pp. 371 e s.) considera ser esta já solução do ordenamento português no que respeita aos suprimentos para revitalização. Enquanto nada se alterar na lei, os obstáculos a uma tal interpretação são, contudo, difíceis de superar.

LIÇÕES DE DIREITO DA INSOLVÊNCIA

0c976fe6f2e13e8407e4f1/1493997428517/2017-05.pdf), Catarina Serra, "O Processo Especial de Revitalização e os trabalhadores – um grupo especial de sujeitos ou apenas mais uns credores?", in: *Julgar*, 2017, 31, pp. 25 e s., Catarina Serra, "The impact of the Directive on shareholders, companies' directors, and workers" in: *EuroFenix – The Journal of INSOL Europe*, 2017, 68, pp. 28 e s., Catarina Serra, "Back to basics – The role of the core principles of Law in the clarification and harmonisation of preventive restructuring frameworks", in: Jennifer L.L. Gant (Ed.), *Papers from the INSOL Europe Academic Forum Annual Conference, Cascais, Portugal, 21-23 September 2016*, pp. 187 e s., Catarina Serra, "A harmonização do Direito substantivo da Insolvência", in: Catarina Serra (coord.), *IV Congresso de Direito da Insolvência*, Coimbra, Almedina, 2017, pp. 15 e s., Catarina Serra/José Gonçalves Machado, "Para uma harmonização mínima do Direito da Insolvência – Primeira abordagem à Proposta de Diretiva de 22.11.2016, com especial atenção ao seu impacto no Direito das Sociedades Comerciais", in: *Direito das Sociedades em Revista*, 2017, vol. 17, pp. 135 e s., Jorge Morais de Carvalho/Maria Jerónimo, "As garantias dos novos financiamentos", in: Catarina Serra (coord.), *IV Congresso de Direito da Insolvência*, Coimbra, Almedina, 2017, pp. 269 e s., Nuno Manuel Pinto Oliveira, "O Direito da Insolvência e a tendencial universalidade do Direito Privado", in: Catarina Serra (coord.), *IV Congresso de Direito da Insolvência*, Coimbra, Almedina, 2017, pp. 71 e s., Paulo Olavo Cunha, "Reestruturação de sociedades e direitos dos sócios", in: Catarina Serra (coord.), *IV Congresso de Direito da Insolvência*, Coimbra, Almedina, 2017, pp. 341 e s.

118. A tendência para a harmonização e a Recomendação da Comissão de 12 de Março de 2014

Por razões óbvias, entre as quais avulta a estreita ligação ao desempenho económico dos países, a disciplina da insolvência e, em particular, da recuperação de empresas é uma disciplina essencial em qualquer ordenamento jurídico. Não é de surpreender, assim, que ela esteja, por um lado, em constante mutação e, por outro lado, no centro de algumas iniciativas tendentes à harmonização das legislações nacionais.

Tem havido, de facto, desenvolvimentos importantes no âmbito da União Europeia, que demonstram a tendência para reforçar e apurar o quadro de instrumentos de recuperação de empresas através do estabelecimento de regras comuns. Salienta-se a publicação, no dia 12 de Março de 2014, de uma recomendação, apresentada pela Comissão, sobre uma nova abordagem em matéria de falência e de insolvência das empresas[827] (ou, na ver-

---

[827] Trata-se da Recomendação C(2014) 1500 final, que está disponível, na versão em língua portuguesa, em http://ec.europa.eu/justice/civil/files/c_2014_1500_pt.pdf e, na versão em

OS INSTRUMENTOS DE RECUPERAÇÃO DE EMPRESAS PRÉ-INSOLVENTES

são, mais feliz, em língua inglesa *"on a new approach to business failure and insolvency"*)[828].

118.1. Objectivos e conteúdo da Recomendação

A Recomendação persegue fundamentalmente dois objectivos. Em primeiro lugar, ela visa assegurar que as empresas viáveis com dificuldades financeiras têm acesso a legislação nacional em matéria de insolvência que lhes permita reestruturar-se numa fase precoce com vista a evitar a sua insolvência e, assim, maximizar o valor total para os credores, empregados, proprietários e a economia em geral e, em segundo lugar, dar uma segunda oportunidade, em toda a União, aos empresários honestos em situação de insolvência (cfr. considerando 1).

As atenções parecem, assim, centrar-se na recuperação das empresas, seja as que são exercidas por pessoas jurídicas (sociedades, por excelência), seja as que são exercidas por pessoas singulares (empresários em nome individual). Isto apesar de, a final, ser possível concluir que a Recomendação é susceptível de ter o seu impacto também no universo dos não empresários, como se verá, adiante, no capítulo sobre as pessoas singulares.

Preconiza-se a criação de "normas mínimas em matéria de enquadramentos em matéria de reestruturação preventiva bem como quitação das dívidas dos empresários em situação de falência" [cfr. recomendação 1.3 (a)][829]. Por outras palavras, e mais simplesmente, a Recomendação fixa padrões ou requisitos mínimos para a disciplina dos instrumentos pré-insolvenciais e de exoneração dos empresários em nome individual e convida os Estados-membros a acolhê-los nas legislações nacionais.

Os requisitos mínimos têm por base determinados princípios que são aplicáveis às pessoas singulares ou jurídicas em situação de pré-insolvência

língua inglesa, em http://ec.europa.eu/justice/civil/files/c_2014_1500_en.pdf.

[828] Do título português consta a palavra "falência". Ora, esta não parece ser a melhor correspondência para a expressão inglesa *"business failure"*. O termo "falência", por outro lado, não tem já um uso significativo na linguagem jurídica. Isto para não dizer que, pelo menos desde 2004 (altura da publicação do Código da Insolvência e da Recuperação de Empresas), foi manifesta a intenção do legislador português em abandoná-la e substituí-la pela palavra "insolvência". A despeito disto, além da referência contida no título, existem outras referências à falência em vários pontos da Recomendação.

[829] Na versão em língua inglesa: *"minimum standards on preventive restructuring frameworks and discharge of debts of bankrupt entrepreneurs"*. Mais uma vez aqui a versão em língua portuguesa não parece a mais feliz, sendo, além do mais, susceptível de induzir em erros de interpretação.

LIÇÕES DE DIREITO DA INSOLVÊNCIA

e podem ser agrupados em seis categorias: intervenção atempada (*early recourse*) [cfr. recomendação 6 (a)], ambiente extrajudicial ou intervenção mínima do tribunal (*minimised court involvement*) [cfr. recomendações 7 e 8], manutenção do devedor à frente da empresa (*debtor-in-possession*) [cfr. recomendação 6 (b)], suspensão temporária das acções individuais dos credores (*court ordered stay*) (cfr. recomendações 10, 11, 12, 13, e 14), possibilidade de extensão dos efeitos do plano aos credores oponentes (*ability to bind dissenting creditors to a restructuring plan*) [cfr. recomendações 6 (d), 16, 20, 21 e 26] e protecção dos créditos concedidos no período de reestruturação, ou seja, dos chamados "novos créditos" (*protection of new finance*) [cfr. recomendações 6 (e), 27, 28 e 29][830]-[831].

118.2. Significado geral da Recomendação

É manifesta a harmonia entre a Recomendação e o Regulamento (UE) 2015/848, do Parlamento Europeu e do Conselho, de 20 de Maio de 2015, relativo aos processos de insolvência (reformulação), designadamente no plano dos respectivos âmbitos de aplicação (o Regulamento estende o seu alcance aos processos pré-insolvenciais e aos processos extrajudiciais e híbridos). Haverá ocasião para se confirmar isto mesmo no capítulo reservado à análise da insolvência transfronteiriça.

No entanto, ao contrário do Regulamento, que não vai muito para além da harmonização das questões processuais (regulando o tribunal competente para abrir os processos, a lei aplicável, o reconhecimento e a execução de sentenças, procedendo, enfim, a uma harmonização processual), a Recomendação visa a confluência das legislações nacionais para determinadas

---

[830] Seguiu-se aqui a classificação proposta por KRISTIN VAN ZWIETEN ["Restructuring law: recommendations from the European Commission", in: *Law in Transition online (EBRD publication)*, 2015, pp. 1-9 (disponível em http://www.ebrd.com/downloads/research/law/lit114e.pdf)].

[831] Os requisitos são tratados com desenvolvimento na parte central da Recomendação. No que respeita aos instrumentos pré-insolvenciais (única parte da Recomendação relevante para as empresas) eles são regulados em quatro secções: (A) Disponibilidade de um quadro de instrumentos pré-insolvenciais; (B) Facilitar as negociações do plano de recuperação (contendo uma secção sobre a designação de um mediador ou supervisor e outra sobre a suspensão das acções executivas individuais e a suspensão do processo de insolvência); (C) Plano de recuperação (contendo uma secção sobre o conteúdo do plano, uma secção sobre a adopção do plano pelos credores, uma secção sobre os direitos dos credores e uma última sobre os efeitos do plano); e (D) Tutela dos novos financiamentos.

OS INSTRUMENTOS DE RECUPERAÇÃO DE EMPRESAS PRÉ-INSOLVENTES

normas (mínimas). Ela é, portanto, um primeiro esforço para a tão ambicionada harmonização substantiva da matéria da insolvência (ou de parte dela)[832].

Mas, na realidade, sendo uma recomendação, qual é o seu valor?

Como qualquer documento deste tipo, a Recomendação não tem, em rigor, força vinculativa, não obrigando os Estados-membros a adoptar as medidas previstas. Nem sempre, porém – e cada vez menos –, os instrumentos não vinculativos são absolutamente destituídos de valor. Uma recomendação representa sempre a fixação de uma tendência – o ponto para onde previsivelmente a maioria das legislações nacionais há-de eventualmente convergir. Isto é particularmente verdadeiro no que toca à matéria da recuperação. Pese embora o fenómeno da harmonização soar sempre a coisa nova, o certo que a maioria dos Estados-membros já segue modelos comuns para a reforma das legislações nacionais[833].

Esta não é, de resto, uma recomendação igual às outras[834]. O convite contido na Recomendação estava delimitado temporalmente: os Estados-membros eram convidados a adoptar medidas em aplicação da Recomendação até doze meses a contar da publicação da Recomendação (período que terminou em Março de 2015) e, além disso, a recolher estatísticas anuais fiáveis sobre vários elementos dos processos pré-insolvenciais e comunicar essas informações anualmente à Comissão (cfr. recomendações 35 e 36). Depois, existia o anúncio de que a Comissão avaliaria a adopção destas medidas quando se completassem dezoito meses desde a data da Recomendação (cfr. recomendação 37). O anúncio deste controlo representava uma pressão não insignificante sobre os legisladores nacionais.

---

[832] Sobre a harmonização do Direito da Insolvência cfr., por exemplo, Ian F. Fletcher/Bob Wessels, "Perspectives on harmonisation of insolvency Law in Europe", pp. 1-24 (disponível em http://bobwessels.nl/wordpress/wp-content/uploads/2012/12/Perspectives-on-harmonisation-of-insolvency-law-in-Europe-Ch-7.pdf).

[833] Cfr., neste sentido, Bob Wessels, "Business Rescue in Insolvency Law – Setting the Scene", European Law Institute Projects Conference, Thursday 25 September 2014, Zagreb, Croatia (disponível em https://www.europeanlawinstitute.eu/fileadmin/user_upload/p_eli/General_Assembly/2014/Business_Rescue_in_Insolvency_Law___Setting_the_Scene.pdf), p. 10.

[834] Levando Stephan Madaus a dizer que a Comissão usa "uma cenoura e um pau" para promover a harmonização. Cfr. Stephan Madaus, "The EU Recommendation on Business Rescue – Only Another Statement or a Cause for Legislative Action Across Europe?", in: Insolvency Intelligence, 2014, 27 (6), p. 83.

LIÇÕES DE DIREITO DA INSOLVÊNCIA

No final de 2015, foi publicado um relatório com os resultados da avaliação do acolhimento da Recomendação nos Estados-membros. No documento *"Evaluation of the implementation of the Commission Recommendation"*, datado de 30 de Setembro de 2015, de que foi autora a Direcção-Geral de Justiça e Consumidores da Comissão Europeia[835], conclui-se que, algumas medidas da Recomendação foram acolhidos nos Estados-membros mas de formas diversas, registando-se um significativo número de casos em que houve um acolhimento tão-só parcial[836]. É verdade que vinte e quatro dos vinte e oito Estados-membros responderam à consulta mas alguns dos mais importantes, como o Reino Unido, a França, a Alemanha e a Itália, não tiveram qualquer reacção[837].

No que respeita a Portugal, deve dizer-se que existem algumas desconformidades entre a lei nacional e a Recomendação[838].

---

[835] Disponível, na versão em língua inglesa, em http://ec.europa.eu/justice/civil/files/evaluation_recommendation_final.pdf.

[836] A Recomendação não deixa de ser objecto de críticas. Cfr., por exemplo, HORST EIDENMÜLLER/KRISTIN VAN ZWIETEN, "Restructuring the European Business Enterprise: The EU Commission Recommendation on a New Approach to Business Failure and Insolvency", *ECGI Working Paper Series in Law – Working Paper N°. 301/2015*, pp. 1-35 (disponível em http://ssrn.com/abstract=2662213). Os autores criticam, designadamente, o método usado e o alcance da harmonização proposta: uma harmonização baseada em regras minimalistas deixa espaço para uma grande diversidade residual nos Direitos nacionais. Por outro lado, a Comissão concentra-se nos processos de recuperação ignorando vários aspectos da interacção entre os regimes dos processos formais e dos instrumentos extrajudiciais ou híbridos. Os autores discordam ainda do conteúdo das recomendações. Segundo eles, as regras propostas pressupõem indevidamente uma situação económica difícil ou de insolvência iminente, tornando possível a ocorrência de abusos por parte dos investidores profissionais, determinados em enriquecer à custa dos credores e da empresa. Há o risco de violação do princípio *par conditio creditorum* porque, não sendo exigida a nomeação de um administrador judicial, não há quem represente os credores como um todo e, portanto, é previsível que os direitos dos credores mais fracos venham a ser cerceados. Os autores propõem, em alternativa, um regime eficiente de *debtor-in-possession* (*DIP*). Este deveria poder iniciar-se independentemente da situação de insolvência ou pré-insolvência da empresa, posto que ela fosse susceptível de recuperação e que o pedido de abertura não fosse abusivo.

[837] Cfr. HORST EIDENMÜLLER/KRISTIN VAN ZWIETEN, "Restructuring the European Business Enterprise: The EU Commission Recommendation on a New Approach to Business Failure and Insolvency", cit., p. 34.

[838] A lei portuguesa não é caso único. Sobre a conformidade actual das legislações dos Estados-membros com as directrizes da Recomendação existe certa divergência. BOB WESSELS ("Business Rescue in Insolvency Law – Setting the Scene", cit., p. 19) afirma que a legislação

No que toca à disciplina da pré-insolvência destacam-se duas, que atingem tanto a disciplina do processo pré-insolvencial por excelência que é o PER.

Em primeiro lugar, existe uma desconformidade com a recomendação 17, não estando prevista na lei portuguesa a divisão dos credores em classes ou categorias. Na recomendação 17 diz-se que "[o]s credores com interesses diferentes devem ser tratados em classes separadas que reflitam os interesses em questão. No mínimo, devem estabelecer-se classes separadas de credores garantidos e não garantidos". Faria sentido introduzir uma regra deste tipo. A necessidade de o plano de ser aprovado em cada uma das categorias faz com que a aprovação do plano deixe de ser uma aprovação aleatória e se torne mais equilibrada (distribuída ou partilhada), isto é, uma aprovação condicente com a vontade não de uma qualquer maioria ou de uma maioria indiscriminada de sujeitos mas de uma maioria obtida discriminada, obtida por categorias de sujeitos[839]. Lendo a recomendação seguinte (a recomendação 18), confirma-se ser esse o objectivo final. A divisão em categorias torna, além disso, possível o *cross-class cram-down*, operação originária do *Chapter 11* do *Bankruptcy Code* (*BC*), que, em fórmula breve, consiste na homologação judicial do plano apesar da sua não aprovação por alguma ou algumas das categorias.

---

da maioria dos Estados-membros, como a Alemanha, a Espanha, a França e a Holanda, tem (ou se prevê que venha a ter em breve) natureza semelhante ao regime que se aconselha na Recomendação. STEPHAN MADAUS ("The EU Recommendation on Business Rescue – Only Another Statement or a Cause for Legislative Action Across Europe?", cit., p. 84) diz que nenhuma das legislações cumpre plenamente a Recomendação e ilustra com os exemplos da Inglaterra, da Alemanha e da França. Tentando tomar posição na contenda dir-se-ia que na maioria dos Estados-membros existe já conformidade quanto aos princípios gerais mas seguramente não nos – não em todos os – aspectos específicos.

[839] O que é significativo pois, como é compreensível, credores com interesses diferentes têm visões diferentes do valor da empresa depois da recuperação. Por exemplo, os credores com garantias de terceiros têm sempre uma posição especial nas negociações, não estando a realização dos seus créditos exclusivamente dependente dos resultados destas. Os credores para quem a empresa representa um importante fornecedor ou cliente têm, presumivelmente, um interesse maior na sua sobrevivência do que os titulares de um direito de indemnização fundado em responsabilidade civil extracontratual. Outros credores, como os *hedge funds* ou fundos de capital de risco podem, por outro lado, ter interesses contrários à recuperação, sobretudo se adoptarem estratégias *loan-to-own* (aquisição da dívida garantida a preço inferior ao seu valor nominal com a intenção de, na hipótese de liquidação ou de conversão de créditos em capital, adquirir o controlo da empresa).

LIÇÕES DE DIREITO DA INSOLVÊNCIA

Em segundo lugar, existe uma desconformidade com a recomendação 15 (e) e a recomendação 23, uma vez que os requisitos de conteúdo do plano de recuperação do PER continuam a não ser suficientes. Na recomendação 15 (e) diz-se que os planos de reestruturação devem incluir uma descrição pormenorizada da "potencialidade do plano para evitar a insolvência do devedor e assegurar a viabilidade da empresa". Na recomendação 23 diz-se que "[o]s Estados-Membros devem assegurar que os tribunais podem rejeitar os planos de reestruturação que não apresentem perspetivas claras de evitar a insolvência do devedor e de assegurar a viabilidade da empresa, por exemplo, devido ao facto de não estar previsto um novo financiamento necessário para continuar a atividade da empresa". Não obstante a remissão do art. 17.º-F, n.º 1, para o art. 195.º, realizada por obra do DL n.º 79/2017, de 30 de Julho, a verdade é que aquela descrição/avaliação continua a não ser exigida e, portanto, o juiz está impossibilitado de rejeitar o plano com fundamento no incumprimento de requisitos daquele tipo[840].

É manifesta a necessidade de introduzir mecanismos dirigidos a demonstrar e a verificar a exequibilidade ou viabilidade – em termos patrimoniais, económicos e financeiros – e a idoneidade ou adequação das soluções dispostas no plano. Só com eles têm os credores alguma garantia de que a situação (futura) prevista no plano é, segundo a experiência e os dados das disciplinas económicas e financeiras, o resultado lógico da execução do plano e a que melhor favorece os seus interesses. Não se deve esquecer que o plano de recuperação é, para todos os efeitos, um plano de acção colectiva, que pressupõe os sacrifícios e os esforços de numerosos e diversos sujeitos. Estes sacrifícios e esforços devem ser proporcionais e adequados à probabilidade de realização da recuperação em cada caso concreto.

Logo aquando da apresentação da Recomendação era previsível que a Comissão desse continuidade ao seu esforço de harmonização através de mecanismos menos suaves[841]. As expectativas confirmaram-se.

---

[840] É verdade que o art. 207.º, n.º 1, al. c), confere ao juiz o poder de não admitir a proposta de plano de insolvência quando o plano for "manifestamente" inexequível. O que está aqui em causa é, visivelmente, um poder de rejeição diverso – respeitante, primeiro, a um documento diferente (a proposta inicial de plano), segundo, a uma fase processual diferente (anterior à homologação) e, terceiro, a um fundamento diferente/insuficiente (a mera inexequibilidade do plano) – pelo que a aplicação analógica daquela norma ao PER não resolve o problema.

[841] Cfr. STEPHAN MADAUS, "The EU Recommendation on Business Rescue – Only Another Statement or a Cause for Legislative Action Across Europe?", cit., p. 84.

119. A Proposta de Directiva do Parlamento Europeu e do Conselho de 22 de Novembro de 2016

Com efeito, no dia 22 de Novembro de 2016 foi tornada pública a Proposta de Directiva do Parlamento Europeu e do Conselho, sobre o quadro de instrumentos pré-insolvenciais de reestruturação, segunda oportunidade e medidas para aumentar a eficiência dos processos de recuperação, de insolvência e de exoneração e de alteração à Directiva 2012/30/EU[842]-[843].

Trata-se de (mais) uma iniciativa que se enquadra na Comunicação da Comissão ao Parlamento Europeu, ao Conselho, ao Comité Económico e Social Europeu e ao Comité das Regiões – "Plano de acção do mercado de capitais e da estratégia para um mercado único", de 30 de Setembro de 2015[844], tendo sido imediatamente precedida da Comunicação da Comissão ao Parlamento Europeu, ao Conselho, ao Banco Central Europeu, ao Comité Económico e Social Europeu e ao Comité das Regiões – "União dos mercados de capitais – Acelerar o processo de reforma", de 14 de Setembro de 2016[845]. Expectavelmente, a Directiva proposta contribuirá para eliminar os

---

[842] Disponível, na versão em língua inglesa, http://eur-lex.europa.eu/legal-content/EN/TXT/PDF/?uri=CELEX:52016PC0723&from=EN e, na versão em língua portuguesa, http://eur-lex.europa.eu/legal-content/PT/TXT/PDF/?uri=CELEX:52016PC0723&from=ENht tps://www.google.pt/?gfe_rd=cr&dcr=0&ei=HlpSWr-EPIPY8gewx6jIDA&gws_rd=ssl. O título oficial é, na versão inglesa, *"Proposal for a Directive of the European Parliament and of the Council on preventive restructuring frameworks, second chance and measures to increase the efficiency of restructuring, insolvency and discharge procedures and amending Directive 2012/30/EU"* e, na versão portuguesa, "Proposta de Diretiva do Parlamento Europeu e do Conselho relativa aos quadros jurídicos em matéria de reestruturação preventiva, à concessão de uma segunda oportunidade e às medidas destinadas a aumentar a eficiência dos processos de reestruturação, insolvência e quitação, e que altera a Diretiva 2012/30/UE". Por razões que se crê dispensáveis de enunciar, opta-se por uma tradução alternativa do título e de certas expressões avulsas, contidas ou não no título, como, por exemplo, *"discharge"* (que se traduz por "exoneração", em vez de "quitação").

[843] Doravante referida como Proposta de Directiva.

[844] Na Comunicação é anunciada uma iniciativa legislativa sobre a insolvência das empresas, incluindo aspetos como a recuperação antecipada e a segunda oportunidade. Esta iniciativa tem o propósito de eliminar os obstáculos à livre circulação de capitais, inspirando-se para o efeito nos regimes nacionais que melhor funcionam. O texto da Comunicação está disponível em http://eur-lex.europa.eu/legal-content/PT/TXT/PDF/?uri=CELEX:52015DC0468&fro m=EN.

[845] Disponível, na versão em língua inglesa, em http://ec.europa.eu/finance/capital-markets-union/docs/20160913-cmu-accelerating-reform_en.pdf.

LIÇÕES DE DIREITO DA INSOLVÊNCIA

obstáculos ao desenvolvimento dos mercados de capitais, proporcionando segurança jurídica aos investidores e empresas transfronteiras que operam na União Europeia.

Prosseguindo na linha da Recomendação de 12 de Março de 2014, nomeadamente quanto ao método (harmonização mínima com base em princípios e regras comuns), a Proposta de Directiva persegue três objectivos principais. O primeiro é o de reforçar os princípios comuns sobre a utilização de mecanismos de intervenção antecipada com finalidade de recuperação, com vista a promover a continuação da actividade das empresas e a manutenção, pelos trabalhadores, dos seus postos de trabalho. O segundo é o de introduzir regras que permitam aos empresários beneficiarem de uma segunda oportunidade. Salienta-se a concentração no mecanismo da exoneração do passivo restante, que, segundo o projectado, deverá ter lugar no final de um período máximo de três anos. O terceiro e último objectivo é o de aumentar a eficácia dos instrumentos destinados à resolução da insolvência e vocacionados para a recuperação, designadamente através da redução da sua duração excessiva e dos seus custos.

Numa análise mais detalhada, verifica-se que a Proposta de Directiva apresenta algumas medidas inovadoras, que, designadamente, obrigarão o legislador português a alterações no domínio da lei da insolvência, da lei das sociedades comerciais e da lei laboral[846].

Sistematicamente, além de uma longa exposição de motivos (*explanatory memorandum*) e dos (inevitáveis) considerandos (no total de quarenta e sete), a Proposta de Directiva desdobra-se em seis títulos: disposições gerais (cfr. arts. 1.º a 3.º da Proposta de Directiva), quadro de instrumentos pré-

---

[846] A Proposta de Directiva está ainda em discussão. Entre os factos mais relevantes do processo conta-se o Projecto de Resolução do Parlamento Europeu de 22 de Setembro de 2017, da autoria de Angelika Niebler (disponível, em inglês, em http://www.europarl.europa.eu/sides/getDoc.do?pubRef=-//EP//NONSGML+COMPARL+PE-610.684+01+DOC+PDF+V0//EN&language=EN). Propunham-se, inicialmente, oitenta e cinco alterações, mas, em 16 de Novembro de 2017, no quadro final, o número de alterações aumentou para duzentas e noventa e seis (cfr. http://www.europarl.europa.eu/sides/getDoc.do?pubRef=-//EP//NONSGML+COMPARL+PE-613.399+02+DOC+PDF+V0//EN&language=EN). Em 7 e 8 de Dezembro de 2017, a Proposta de Directiva foi também objecto de discussão em reunião do Conselho Europeu. Houve acordo quanto a alguns dos pontos mas concluiu-se pela necessidade de se continuar os trabalhos com especial atenção a certas regras como, por exemplo, as respeitantes ao *cross-class cram-down* e ao período de exoneração do passivo restante (cfr. *www.consilium.europa.eu/media/32017/st15567en17-v2.pdf*).

OS INSTRUMENTOS DE RECUPERAÇÃO DE EMPRESAS PRÉ-INSOLVENTES

-insolvenciais de reestruturação (cfr. arts. 4.º a 18.º da Proposta de Directiva), segunda oportunidade para os empresários em nome individual (cfr. arts. 19.º a 23.º da Proposta de Directiva), medidas tendentes a reforçar a eficácia dos processos de recuperação e de insolvência e segunda oportunidade (cfr. arts. 24.º a 28.º da Proposta de Directiva)[847], monitorização dos processos de recuperação, de insolvência e de exoneração do passivo restante (cfr. arts. 29.º a 30.º da Proposta de Directiva) e disposições finais (cfr. arts. 31.º a 36.º da Proposta de Directiva).

No que respeita ao Título II, denominado "Quadro de instrumentos pré--insolvenciais de reestruturação" (*"Preventive restructuring frameworks"*), deve advertir-se, em primeiro lugar, que não se pretende regular os instrumentos aplicáveis a todos os devedores. Atentando no disposto no art. 1.º, n.º 2 (g), da Proposta de Directiva sobre o âmbito de aplicação da Directiva, verifica--se que ela não se aplicará aos processos relativos a devedores que sejam pessoas singulares não empresárias. Conclui-se, pela positiva, que a Directiva (só) regulará os instrumentos pré-insolvenciais respeitantes a empresas[848], estando compreendidas, portanto, as pessoas singulares titulares de empresas (empresários em nome individual). A preocupação central é a de assegurar que os planos de recuperação não são inviabilizados por uma minoria de credores e/ou pelos sócios, salvaguardando-se embora os legítimos interesses destes sujeitos.

Destaca-se, em particular, a insistência na previsão de regras sobre formação de classes ou categorias de credores, avançada na Recomendação de 12 de Março de 2014. É sabido que nem todas as soluções preconizadas na Proposta virão a ser acolhidas mas esta é uma medida que, pela recorrên-

---

[847] São contempladas medidas instrumentais, que se concretizam tanto no plano da formação e da especialização dos profissionais da justiça (cfr. arts. 24.º a 27.º), como no plano das tecnologias em linha (promovendo o recurso a estas, por exemplo, para efeitos da reclamação de créditos e da notificação aos credores) (cfr. art. 28.º). O intuito de todas é o de melhorar a eficiência e reduzir a duração dos processos de insolvência, de recuperação e dos mecanismos de exoneração.

[848] São excepcionadas certas empresas, designadamente empresas de seguros e de resseguros, instituições de crédito, empresas de investimento e organismos de investimento colectivo, contrapartes centrais, centrais de valores mobiliários e outras instituições e entidades financeiras [cfr. art. 1.º, n.º 2 (a) a (f) da Proposta de Directiva]. A explicação genérica para a excepção é a circunstância de estas empresas estarem sujeitas a regimes especiais, mais adequados às suas particularidades.

LIÇÕES DE DIREITO DA INSOLVÊNCIA

cia com que tem sido sugerida pelo legislador europeu e pela presença em muitas leis da insolvência estrangeiras, é pouco provável que seja excluída[849].

Os Estados-membros deverão assegurar, no mínimo, que os créditos garantidos e não garantidos serão tratados em categorias separadas para efeitos da adopção de um plano de recuperação, podendo, naturalmente, prever a constituição de outras categorias de credores com direitos homogéneos ou comunhão de interesses (cfr. art. 9.º, n.ºs 2 e 3, da Proposta de Directiva). Como exemplos apontam-se a classe formada pelo conjunto dos trabalhadores (cfr. arts. 2.º, n.º 3, e 9.º, n.º 2, da Proposta de Directiva) e a(s) classe(s) formada(s) pelos sócios ou detentores do capital (cfr. art. 12.º, n.º 2, da Proposta de Directiva).

O plano de reestruturação considera-se, em princípio, aprovado quando concita os votos favoráveis de credores afectados que representem a maioria dos créditos em todas e cada uma das categorias (cfr. art. 9.º, n.º 4, 1.ª parte, da Proposta de Directiva). Mas admite-se o já referido *"cross-class cram-down"*, ou seja, a homologação judicial do plano apesar da sua não aprovação por alguma ou algumas das categorias (cfr. art. 9.º, n.º 6, da Proposta

---

[849] A divisão em categorias é a solução adoptada no *Chapter 11* do *Bankruptcy Code* [cfr. *section 1123(a)(1)*], onde, em regra, os sujeitos são divididos segundo os tipos de direitos/interesses de que são titulares (*classes of claims/interests*), mais precisamente entre credores garantidos (*secured creditors*), credores com preferência (*unsecured creditors entitled to priority*), credores comuns (*general unsecured creditors*) e sócios (*equity security holders*). A solução foi acolhida já na grande maioria das leis de insolvência dos Estados da União Europeia, como, por exemplo, a Alemanha, a Espanha, a França, a Itália ou o Reino Unido. Em particular na Alemanha, determina-se, na disciplina respeitante ao plano de insolvência (uma vez que na Alemanha o processo pré-insolvencial não é autónomo do processo de insolvência), que cada grupo de credores vota o plano por separado (cfr. § 243 da *InsO*). A formação de grupos (*Bildung von Gruppen*) está subordinada à regra da igualdade de tratamento dos credores em cada grupo excepto quando o grupo convencione o contrário (cfr. § 222 e § 226 da *InsO*). As categorias típicas respeitam, *grosso modo*, aos credores com direito a satisfação por separado (*absonderungsberechtigten Gläubigern*), aos credores da insolvência que não sejam comuns ou subordinados (*nicht nachrangigen Insolvenzgläubigern*), a cada um dos grupos de credores da insolvência comuns ou subordinados (*einzelnen Rangklassen der nachrangigen Insolvenzgläubiger*) e aos titulares de participações no capital da empresa (*den am Schuldner beteiligten Personen*). Sempre que os trabalhadores sejam titulares de créditos da insolvência de valor elevado deve ainda criar-se uma categoria separada para eles. Sobre a divisão em categorias na lei alemã cfr. PHILIPP GRÜNEWALD, *Mehrheitsherrschaft und Insolvenzrechtliche Vorauswirkung in der Unternehmenssanierung*, Tübingen, Mohr Siebeck, 2015, pp. 108 e s.

OS INSTRUMENTOS DE RECUPERAÇÃO DE EMPRESAS PRÉ-INSOLVENTES

de Directiva)[850]-[851]. Com esta operação facilita-se a aprovação do plano mas de uma forma criteriosa: o juiz pondera a relevância da falta de vontade das categorias de sujeitos no quadro concreto e homologa o plano apenas quando considera que os interesses (públicos) da recuperação devem prevalecer sobre os interesses (privados) destes sujeitos.

Continua, por outro lado, a insistir-se nos requisitos de conteúdo do plano de recuperação. Exige-se que o plano contenha, designadamente, uma descrição pormenorizada da sua aptidão para evitar a insolvência do devedor e para assegurar a recuperação da empresa (cfr. art. 8.º, n.º 1, da Proposta de Directiva), sob pena de rejeição pelo tribunal [cfr. art. 10.º (2) (a), da Proposta de Directiva].

---

[850] Na versão em língua portuguesa usa-se a expressão "reestruturação forçada da dívida contra categorias de credores", que é definida, no art. 2.º (8), como "a confirmação por parte de uma autoridade judicial ou administrativa de um plano de reestruturação contra a discordância de uma ou mais categorias de credores afetados".

[851] O *cross-class cram-down* é, como se disse, uma medida originária do *Chapter 11* do *BC* [cfr. *section 1129 (b) (1)*]. A *section 1129(a)(8)* do *BC* exige a aprovação do plano em cada categoria para que o plano possa ser homologado nos termos da *section 1129(a)* do *BC*. No entanto, a *section 1129(b)(1)* do *BC* permite que um plano que satisfaça todas as condições estabelecidas na *section 1129(a)* do *BC* possa ser homologado apesar da sua não aprovação em alguma ou algumas categorias. Neste caso, o plano deve cumprir dois requisitos: não discriminar injustificadamente (*not unfairly discriminate*) e ser justo e equitativo (*fair and equitable*). Na apreciação destes requisitos deve atender-se a cada categoria como um todo e não aos credores individualmente considerados. Assim, mesmo que um credor ou um qualquer sujeito de determinada categoria vote contra o plano, o tribunal não necessita de avaliar se ele discrimina injustificadamente ou é justo e equitativo no que respeita a essa categoria quando nela tenha sido obtida a aprovação do plano. Entende-se que um plano discrimina injustificadamente uma categoria se outra categoria com igual graduação recebe, ao abrigo do plano, sem justificação, um valor superior do que aquele que recebe uma categoria discordante. O requisito de que o plano seja "justo e equitativo" (*"fair and equitable"*) envolve duas regras: a *absolute priority rule*, destinada a fazer valer as regras de prioridade dispostas na *section 507*, e a regra do não pagamento excessivo ou em montante superior ao devido. Esta última era, na sua origem, uma regra jurisprudencial. Alguns ordenamentos europeus, como o alemão ou o italiano, já adoptaram o *cross-class cram-down*, exigindo, embora, para haver homologação, que o plano seja aprovado pela maioria das categorias. Em particular no regime alemão, o plano pode ser homologado se a maioria das categorias o aprovar e o tribunal considerar que o *best interests of creditors' test* é respeitado e que o plano é justo – é o chamado "*Obstruktionsverbot*" (cfr. § 245 da *InsO*). Sobre isto cfr., por exemplo, PHILIPP GRÜNEWALD, *Mehrheitsherrschaft und Insolvenzrechtliche Vorauswirkung in der Unternehmenssanierung*, cit., pp. 202 e s. Outros ordenamentos, como o francês, não aderiram, mantendo-se a exigência de aprovação do plano na totalidade das categorias para que possa haver homologação.

LIÇÕES DE DIREITO DA INSOLVÊNCIA

No que toca às medidas com repercussões directas no Direito das Sociedades, veja-se, sobretudo, a alteração do disposto na Directiva 2012/30/UE[852]. Nos arts. 19.º, n.º 1, 29.º, 34.º, 35.º, 40.º, n.º 1, al. *b)*, 41.º, n.º 1, e 42.º da Directiva 2012/30/UE prevê-se a necessidade de realização de uma assembleia geral em certas situações (perda grave do capital social, aumento do capital social, redução do capital social, amortização forçada de acções, extinção de acções próprias). Por outro lado, no art. 33.º da Directiva 2012/30/UE, estabelece-se um direito de preferência dos sócios nos aumentos de capital por novas entradas. Tanto a exigência de uma assembleia geral como o direito de preferência dos sócios são susceptíveis de comprometer o sucesso do plano de recuperação e a própria recuperação da empresa. Sugere-se, por isso, a derrogação destas regras na medida e pelo período de tempo em que tal seja necessário para assegurar que os sócios não frustram os esforços de recuperação abusando das prerrogativas que lhes concede a Directiva 2012/30/UE (cfr. art. 32.º da Proposta de Directiva).

Outra medida digna de referência respeita ao (novo) regime de deveres e responsabilidade dos administradores[853]. De acordo com o considerando 36, "os administradores devem ser pessoas responsáveis por tomar decisões relativas à gestão da empresa" e por isso cumpre estimulá-los a tomar decisões de caráter empresarial que sejam susceptíveis de aumentar as possibilidades de reestruturação da empresa. Naturalmente, na hipótese de crise da empresa, há sempre o risco de as decisões não serem, a final, bem-sucedidas,

---

[852] Trata-se, mais precisamente, da (já referida) Directiva 2012/30/UE do Parlamento Europeu e do Conselho, de 25 de Outubro de 2012, tendente a coordenar as garantias que, para protecção dos interesses dos sócios e de terceiros, são exigidas nos Estados-membros às sociedades, na acepção do segundo parágrafo do artigo 54.º do Tratado sobre o Funcionamento da União Europeia (TFUE), no que respeita à constituição da sociedade anónima, bem como à conservação e às modificações do seu capital social, a fim de tornar equivalentes essas garantias em toda a Comunidade (Reformulação). Ela veio substituir a chamada "Segunda Directiva em matéria de sociedades" ou "Directiva do capital".

[853] Esta matéria foi objeto de atenção particular por parte da Comissão. Salientam-se os seguintes estudos: ARSTEN GERNER-BEUERLE/PHILIPP PAECH/EDMUND PHILIPP SCHUSTER, *Study on Directors' Duties and Liability*, London, London School of Economics, 2013 (disponível em: <http://ec.europa.eu/internal_ market/company/docs/board/2013-studyanalysis_ en.pdf>); *Report of the High Level Group of Company Law Experts on A Modern Regulatory Framework for Company Law in Europe (Winter Report)*, Brussels, 4 November 2002 (disponível em: <http://ec.europa.eu/internal_market/company/docs/modern/report _en.pdf>); e *Study on a New Approach to Business Failure and Insolvency – Comparative Legal Analysis of the Member States' Relevant Provisions and Practices*, cit., pp. 130-133.

OS INSTRUMENTOS DE RECUPERAÇÃO DE EMPRESAS PRÉ-INSOLVENTES

mas – ou por isso mesmo –, importa assegurar que, no processo de tomada de decisão, os administradores ponderam adequadamente os interesses relevantes dos sujeitos susceptíveis de ser afectados.

Com tal propósito, a norma do art. 18.º da Proposta de Directiva dispõe sobre os deveres dos administradores quando existe "uma probabilidade de insolvência" ("*a likelihood of insolvency*")[854]. De acordo com tal norma, os Estados-Membros devem estabelecer que os administradores se constituem nas seguintes obrigações: adoptar as medidas necessárias para minimizar as perdas dos credores, trabalhadores, sócios e outras partes interessadas (*stakeholders*); ter em consideração os interesses dos credores e das outras partes interessadas; tomar as medidas adequadas para evitar a insolvência; e abster-se de comportamentos dolosos ou com culpa grave que comprometam a viabilidade da empresa. Ao que tudo indica, estão em causa não só os administradores de sociedades, mas quaisquer outros titulares de órgãos de administração de empresas, seja qual for a forma jurídica destas. E, em conformidade com aquela que é já uma regra consolidada em todos os ordenamentos jurídicos, devem considerar-se abrangidos tanto administradores de direito como administradores de facto.

Destaque merecem, por fim, as regras que a Proposta de Directiva reserva ao tratamento dos interesses dos trabalhadores e, em particular, dos créditos laborais. Brevemente, elas traduzem-se no seguinte: os efeitos suspensivos do processo de reestruturação só abrangem os créditos dos trabalhadores se estes estiverem convenientemente salvaguardados por outras formas (cfr. art. 6.º, n.º 3, da Proposta de Directiva)[855]; sendo titulares de direitos e interesses comuns, os trabalhadores devem, como se viu, constituir uma categoria própria e separada (cfr. art. 9.º, n.º 2, *in fine*, da Proposta de Direc-

---

[854] Não se diz o que é a "probabilidade de insolvência". No (já referido) Projecto de Resolução do Parlamento Europeu de 22 de Setembro de 2017, da autoria de Angelika Niebler, propõe-se que, para os efeitos da Directiva, nomeadamente do art. 18.º, seja adoptada a seguinte definição: "*a situation in which the debtor is not insolvent according to national law but in which there is a real and serious threat to the debtor's future ability to pay its debts as they fall due*". A ser acolhida, a medida não dissipará todas as dúvidas.

[855] Mais precisamente, os efeitos suspensivos do processo de reestruturação não abrangem os créditos dos trabalhadores excepto se e na medida em que os Estados-Membros garantam o pagamento destes créditos com um nível de proteção pelo menos equivalente ao previsto nos termos da legislação nacional aplicável que transpõe a (já referida) Directiva 2008/94/CE, de 22 de Outubro de 2008, sobre a protecção dos trabalhadores em caso de insolvência do empregador.

LIÇÕES DE DIREITO DA INSOLVÊNCIA

tiva); e o pagamento dos salários dos trabalhadores respeitantes a trabalho já executado e necessário para tornar possível as negociações ou a execução do plano de reestruturação é insusceptível de ser afectado no caso de declaração de insolvência da empresa [cfr. art. 17.º, n.ºs 1, 2 (c) e 4, da Proposta de Directiva].

Em conclusão, o cenário é especialmente propício a uma revisão alargada da legislação nacional, em matéria de insolvência e não só. Apesar de ser um longo caminho até ao final do processo legislativo, é quase inevitável que o legislador português se confronte, em breve, com a necessidade de alterações[856]. A Proposta de Directiva corresponde – insiste-se – à segunda tentativa explícita de harmonização do Direito substantivo da Insolvência e representa o antecessor de um instrumento (genuinamente) vinculativo.

---

[856] Recorda-se que o mais recente instrumento concebido pelo legislador português – o RERE – é já amplamente tributário de muitas das ideias veiculadas na Proposta de Directiva.

PARTE III

O Regime Especial das Pessoas Singulares

Bibliografia específica: ADELAIDE MENEZES LEITÃO, "Soluções jurídicas para o sobreendividamento dos consumidores", in: ADELAIDE MENEZES LEITÃO (coord.), *Estudos do Instituto do Direito do Consumo*, vol. IV, Coimbra, Almedina, 2014, pp. 255 e s., ANA FILIPA CONCEIÇÃO, *La insolvencia de los consumidores en el derecho positivo español y portugués: retrato de una reforma inacabada*, Tesis doctoral presentada en la Universidad de Salamanca, 2011 (disponível em: http://gredos.usal.es/jspui/handle/10366/115562), ANA FILIPA CONCEIÇÃO, "Disposições específicas da insolvência de pessoas singulares no Código da Insolvência e Recuperação de Empresas", in: CATARINA SERRA (coord.), *I Congresso de Direito da Insolvência*, Coimbra, Almedina, 2013, pp. 29 e s., ANA FILIPA CONCEIÇÃO, "Sobre-endividamento ou insolvência? – Breve estudo sobre os modos de tratamento no Direito português e brasileiro", in: *Revista Luso-Brasileira de Direito do Consumo*, 2011, n.º 4, pp. 73 e s., ANA FILIPA CONCEIÇÃO, "A noção de insolvência iminente: breve análise da sua aplicação à insolvência de consumidores em Espanha e Portugal", in: *Revista de Ciências Empresariais e Jurídicas*, 2013, n.º 23, pp. 27 e s., ANTÓNIO JOSÉ FIALHO, "Procedimentos de reestruturação do passivo do devedor insolvente de boa fé", in: *Estudos de Direito do Consumidor*, 2005, n.º 7, pp. 409 e s. (disponível em https://www.fd.uc.pt/cdc/pdfs/rev_7_completo.pdf), CATARINA FRADE, "Mediação do sobreendividamento: uma solução célere e de proximidade", in: *Themis*, 2005, n.º 11, pp. 201 e s., CATARINA FRADE, "Código do consumidor e sobreendividamento", in: *Revista Portuguesa de Direito do Consumo*, 2007, 49, pp. 35 e s., CATARINA FRADE, "Bankruptcy, stigma and rehabilitation", in: *Era Forum – Journal of the Academy of European Law*, 2012, 13 (1), pp. 45 e s., CATARINA FRADE, "Sobreendividamento e soluções extrajudiciais: a mediação de dívidas", in: CATARINA SERRA (coord.), *I Congresso de Direito da Insolvência*, Coimbra, Almedina, 2013, pp. 9 e s., CÁTIA CEBOLA/ANA FILIPA CONCEIÇÃO, "Mediation in bankruptcy: the better model for a reasonable solution", in: AA. VV., *Global Business and Technology Association – Sixteenth Annual International Conference*, Reading Books, 2014, pp. 42 e s. (disponível em http://gbata.org/wp-content/uploads/2014/08/GBATA2014-Readings-Book.pdf), JOSÉ ALBERTO VIEIRA, "Insolvência de não empresários e titulares de pequenas empresas", in: AA. VV., *Estudos em memória do Professor Doutor José Dias Marques*, Coim-

LIÇÕES DE DIREITO DA INSOLVÊNCIA

bra, Almedina, 2007, pp. 252 e s., LETÍCIA MARQUES, "O regime especial da insolvência das pessoas singulares", in: *Revista da Faculdade de Direito e Ciência Política da Universidade Lusófona do Porto*, 2013, n.º 2, pp. 135 e s. (disponível em http://revistas.ulusofona.pt/index.php/rfdulp/article/view/3260), MARGARIDA ROCHA, "Reflexões sobre questões práticas que vão surgindo nos processos de insolvência de pessoas singulares", in: AA. VV., *Processo de insolvência e acções conexas*, Lisboa, Centro de Estudos Judiciários, 2014, pp. 440 e s. (disponível em http://www.cej.mj.pt/cej/recursos/ebook_civil.php), MARIA MANUEL LEITÃO MARQUES/CATARINA FRADE, "Regular o sobreendividamento", in: AA. VV., *Código da Insolvência e da Recuperação de Empresas – Comunicações sobre o Anteprojecto de Código*, Ministério da Justiça, Gabinete de Política Legislativa e Planeamento, Coimbra, Coimbra Editora, 2004, pp. 79 e s.

CAPÍTULO I – A exoneração do passivo restante

Bibliografia específica: ADELAIDE MENEZES LEITÃO, "Pré-condições para a exoneração do passivo restante – Anotação ao Ac. do TRP de 29.9.2010, Proc. 995/09", in: *Cadernos de Direito Privado*, 2011, 35, pp. 65 e s., ADELAIDE MENEZES LEITÃO, "Insolvência de pessoas singulares: a exoneração do passivo restante e o plano de pagamentos. As alterações da Lei n.º 16/2012, de 20 de Abril", in: AA. VV., *Estudos em homenagem ao Prof. Doutor José Lebre de Freitas*, vol. II, Coimbra, Coimbra Editora, 2013, pp. 509 e s., ADELAIDE MENEZES LEITÃO, "Resposta à consulta pública relativa ao projeto de decreto--lei que altera o Código das Sociedades Comerciais e o Código da Insolvência e da Recuperação de Empresas – Alterações ao Código da Insolvência e da Recuperação de Empresas (artigo 3.º do projeto de decreto-lei) – Propostas de alterações do regime de exoneração do passivo restante", in: AA. VV., "Consulta Pública Programa Capitalizar – Resposta do Centro de Investigação em Direito Privado", in: *Revista de Direito das Sociedades*, 2017, n.º 1, pp. 123 e s., ALEXANDRE DE SOVERAL MARTINS, "A reforma do CIRE e as PMEs", in: *Estudos de Direito da Insolvência*, Coimbra Almedina, pp. 15 e s., ANA FILIPA CONCEIÇÃO, "A jurisprudência portuguesa dos tribunais superiores sobre exoneração do passivo restante – Breves notas sobre a admissão da exoneração e a cessão de rendimentos em particular", in: *Julgar online*, Junho de 2016, pp. 1 e s., ANTÓNIO FRADA DE SOUSA, "Exoneração do passivo restante e *forum shopping* na insolvência de pessoas singulares na União Europeia", in: AA. VV., *Estudos em Memória do Prof. Doutor J.L. Saldanha Sanches*, vol. II, Coimbra, 2011, pp. 57 e s., CATARINA FRADE, "O perdão das dívidas na insolvência das famílias", in: ANA CORDEIRO SANTOS (coord.) *Famílias endividadas: uma abordagem de economia política e comportamental. Causas e consequências*, Coimbra, Almedina, 2015, pp. 133 e s., CATARINA SERRA, "As funções do Direito da Insolvência no âmbito de *life time contracts (breve reflexão)*" in: NUNO MANUEL PINTO OLIVEIRA/BENEDITA McCRORIE (coord.), *Em torno de* Life Time Contracts, Braga, 2016, pp. 95 e s. (disponível em http://issuu.com/direitoprivado/docs/em_torno_de_life_time_contracts),

O REGIME ESPECIAL DAS PESSOAS SINGULARES

e in: Nuno Manuel Pinto Oliveira/Benedita McCrorie (coord.), *Pessoa, Direito e direitos*, Braga, Direitos Humanos – Centro de Investigação Interdisciplinar, Escola de Direito da Universidade do Minho, 2016, pp. 133 e s. (disponível em http://www. dh-cii.eu/0_content/Pessoa_Direito_Direitos_web.pdf), Cláudia Loureiro, "A exoneração do passivo restante", in: AA. VV., *Processo de insolvência e acções conexas*, Lisboa, Centro de Estudos Judiciários, 2014, pp. 455 e s. (disponível em http://www.cej.mj.pt/cej/recursos/ebook_civil.php), Cláudia Oliveira Martins, "O procedimento de exoneração do passivo restante – controvérsias jurisprudenciais e alguns aspectos práticos", in: *Revista de Direito da Insolvência*, 2016, ano 0, pp. 213 e s., Francisco Arthur de Siqueira Muniz, "O sobreendividamento por créditos ao consumo e os pressupostos de indeferimento liminar do pedido de exoneração do passivo restante no processo de insolvência", in: *Estudos de Direito do Consumidor*, 2017, n.º 12, pp. 337 e s. (disponível em https://www.fd.uc.pt/cdc/pdfs/rev_12_completo.pdf), Gonçalo Gama Lobo, "Da exoneração do passivo restante", in: Pedro Costa Azevedo (coord.), *Insolvência – Volume especial*, Nova Causa, 2012, I e s., Gonçalo Gama Lobo, "Exoneração do passivo restante e causas de indeferimento liminar do despacho inicial", in: Catarina Serra (coord.), *I Colóquio do Direito da Insolvência de Santo Tirso*, Coimbra, Almedina, 2014, pp. 257 e s., José Gonçalves Ferreira, *A exoneração do passivo restante*, Coimbra, Coimbra Editora, 2013, Luís Carvalho Fernandes, "La exoneración del pasivo restante en la insolvencia de las personas naturales en el Derecho portugués", in: *Revista de Derecho Concursal y Paraconcursal*, 2005, 3, pp. 379 e s., Luís Carvalho Fernandes, "A exoneração do passivo restante na insolvência das pessoas singulares no Direito português", in: Luís Carvalho Fernandes/João Labareda, *Colectânea de estudos sobre a insolvência*, Lisboa, Quid Juris, 2009, pp. 275 e s., Mafalda Bravo Correia, "Critérios de fixação do rendimento indisponível no âmbito do procedimento de exoneração do passivo restante na jurisprudência e sua conjugação com o dever de prestar alimentos", in: *Julgar*, 2017, 31, pp. 109 e s., Maria de Assunção Oliveira Cristas, "Exoneração do passivo restante", in: *Themis*, Edição Especial – *Novo Direito da Insolvência*, 2005, pp. 165 e s., Paulo Mota Pinto, "Exoneração do passivo restante: fundamento e constitucionalidade", in: Catarina Serra (coord.), *III Congresso de Direito da Insolvência*, Coimbra, Almedina, 2015, pp. 175 e s., Pedro Pidwell, "Insolvência de pessoas singulares. O *"Fresh Start"* – será mesmo começar de novo? O fiduciário. Algumas notas", in: *Revista de Direito da Insolvência*, 2016, n.º 0, pp. 195 e s.

SECÇÃO I – Introdução à exoneração do passivo restante

120. Origens e fundamentos da exoneração

A exoneração do passivo restante é um regime introduzido em Portugal em 2004, pelo Código da Insolvência e da Recuperação de Empresas.

LIÇÕES DE DIREITO DA INSOLVÊNCIA

Teve por modelo a *Restschuldbefreiung* da lei alemã (cfr. §§ 286 a 303 da *InsO*)[857] mas existem instrumentos do mesmo tipo em quase todas as leis da insolvência europeias, como a *esdebitazione* da lei italiana (cfr. arts. 142.º a 144.º da *Legge Fallimentare*)[858] e a *exoneración del passivo insatisfecho* da lei espanhola (cfr. art. 178 *bis* da *LC*)[859].

A grande referência, em todos os casos, foi a *discharge*, que existe na lei norte-americana desde o *Bankruptcy Act* de 1898[860]. No entanto, as origens do instituto encontram-se no Direito inglês, sendo aí que, com efeito, se encontra a primeira referência à *discharge* – numa lei de 1705[861].

Tal como o regime alemão, o regime português consiste, em traços gerais, na afectação, durante certo período após a conclusão do processo de insolvência, dos rendimentos do devedor à satisfação dos créditos remanescen-

---

[857] A *Restschuldbefreiung* foi introduzida, com a *Insolvenzordnung*, em 1994 (ou em 1999, se se tiver em consideração a entrada em vigor da lei). Cfr. para a *Restschuldbefreiung*, entre outros, STEFANO BUCK, in: EBERHARD BRAUN (Hrsg.), *Insolvenzordnung (InsO) Kommentar*, cit., pp. 1183 e s., REINHARD BORK, *Einführung in das Insolvenzrecht*, cit., pp. 235 e s., BERNHARD SCHELLBERG, "Verbraucherinsolvenzverfahren und Restschuldbefreiung im neuen Insolvenzrecht", in: *Die Bank – Zeitschrift für Bankpolitik und Bankpraxis*, 12, 2001, pp. 858 e s., e SUSANNE BRAUN, "German Insolvency Act: Special provisions of consumer insolvency proceedings and the discharge of residual debts", in: *German Law Journal*, 2005, n.º 1, pp. 59 e s.

[858] A *esdebitazione* foi introduzida pela reforma da lei falimentar de 2005. Cfr., para a *esdebitazione*, entre outros, ANGELO CASTAGNOLA, "L'esdebitazione del fallito", in: *Giurisprudenza Commerciale*, 2006, 3, pp. 448 e s., e GIULIANO SCARSELLI, "La esdebitazione della nuova Legge Fallimentare", in: *Il Diritto Fallimentare e delle Società Commerciali*, 2007, n.º 1, pp. 29 e s.

[859] O Direito espanhol foi um dos últimos a acolher o instituto. De facto, não obstante os sucessivos apelos da doutrina e o recurso generalizado da jurisprudência à aplicação de instrumentos para obter resultados semelhantes, a *exoneración del pasivo insatisfecho* foi apenas introduzida em 2013, através da Lei 14/2013, de 27 de Setembro. A norma do art. 178 *bis* da *LC* tem, contudo, a redacção que lhe foi dada pela Lei 25/2015, de 28 de Julho. Cfr., para a *exoneración del pasivo insatisfecho*, por exemplo, ÁLVARO SENDRA ALBIÑANA, "El beneficio de exoneración del pasivo insatisfecho como limitación cuantitativa al principio de responsabilidad patrimonial universal", in: *Revista CESCO de Derecho de Consumo*, 2016, 17, pp. 146 e s.

[860] Cfr., para a *discharge* do Direito norte-americano, entre muitos outros, ANGELO CASTAGNOLA, *La liberazione del debitore (discharge) nel Diritto Fallimentare statunitense*, Milano, Giuffrè, 1993.

[861] Isto apesar de se ter mantido a pena de prisão para o comerciante falido e a pena de morte para os casos de falência fraudulenta. Cfr. VANESSA FINCH, *Corporate Insolvency Law – Perspectives and principles*, Cambridge, Cambridge University Press, 2009 (Second Edition), p. 11.

O REGIME ESPECIAL DAS PESSOAS SINGULARES

tes, produzindo-se, no final, a extinção daqueles que não tenha sido possível cumprir, por essa via, durante esse período.

A intenção da lei é a de libertar o devedor das suas obrigações, realizar uma espécie de *azzeramento* da sua posição passiva, para que, depois de "aprendida a lição", ele possa retomar a sua vida e, se for caso disso, o exercício da sua actividade económica ou empresarial. O objectivo é, por outras palavras, dar ao sujeito a oportunidade de (re)começar do zero[862]. A exoneração portuguesa é, pois, tributária do conceito de *fresh start*, que, na sua forma pura, é algo estranha aos ordenamentos do círculo jurídico românico e, por isso, obrigou os legisladores europeus a certas adaptações.

Na realidade, podem identificar-se hoje dois modelos para o tratamento da insolvência da pessoa singular: o modelo a que pode chamar-se modelo (puro) do *fresh start* e o modelo (derivado) do *earned start* ou da reabilitação. O primeiro baseia-se na ideia de que a liquidação patrimonial e o pagamento das dívidas devem ter lugar no curso do processo de insolvência, sendo que, uma vez concluído este, restem ou não dívidas por pagar, o devedor deverá ser libertado de forma a poder retomar, com tranquilidade, a sua vida. O modelo da reabilitação assenta ainda no *fresh start* mas desenvolve um raciocínio diferente: o raciocínio de que o devedor não deve ser exonerado em quaisquer circunstâncias pois, em princípio, os contratos são para cumprir (*pacta sunt servanda*). Em conformidade com isto, o devedor deve passar por uma espécie de período de prova, durante o qual parte dos seus rendimentos é afectada ao pagamento das dívidas remanescentes. Só findo este período, e tendo ficado demonstrado que o devedor merece (*earns*) a exoneração, deverá ser-lhe concedido o benefício. Este é, indiscutivelmente, o modelo de que mais se aproxima a lei portuguesa.

121. Vantagens e riscos da exoneração
Como já se viu, a exoneração é um efeito eventual da declaração de insolvência e um dos (poucos) que é claramente favorável ao devedor.

---

[862] Sobre o modelo do *fresh start* no tratamento do sobreendividamento e a sua aplicabilidade ao Direito português cfr. Maria Manuel Leitão Marques/Catarina Frade, "Regular o sobreendividamento", in AA. VV., *Código da Insolvência e da Recuperação de Empresas – Comunicações sobre o Anteprojecto de Código*, Ministério da Justiça, Gabinete de Política Legislativa e Planeamento, Coimbra, Coimbra Editora, 2004, pp. 89-90.

LIÇÕES DE DIREITO DA INSOLVÊNCIA

A principal vantagem da exoneração é a libertação do devedor das dívidas que ficaram por pagar no processo de insolvência, permitindo-lhe encetar uma vida nova[863].

A exoneração é, assim, antes de tudo, uma medida de protecção do devedor[864], tornando o recurso a ela uma verdadeira tentação. Esta força atractiva desencadeia, naturalmente, efeitos perversos: pode conduzir a "abusos de exoneração". Como aconteceu a certa altura nos Estados Unidos, pode, de facto, haver a tendência para ver na exoneração um recurso normal, que a lei disponibiliza para a desresponsabilização do devedor. Consequentemente, há o risco de o processo de insolvência se transformar num refúgio ou numa protecção habitual contra os credores (*bankruptcy protection*)[865].

A experiência aconselha a que a disciplina da exoneração seja regulada com alguns cuidados. Seria indesejável, por exemplo, que um mesmo sujeito pudesse beneficiar de exonerações ilimitadas. Por isso é comum o estabelecimento de um limite temporal: uma espécie de "quarentena" entre exonerações[866]. Na lei portuguesa, o período de "quarentena" é de dez anos, sendo o pedido de exoneração liminarmente indeferido quando o devedor tiver beneficiado da exoneração nos dez anos anteriores à data do início do processo de insolvência [cfr. al. *c*) do n.º 1 do art. 238.º].

Já outras situações são mais difíceis de regular. Deverá o processo de insolvência prosseguir para avaliação dos pressupostos do pedido de exoneração do passivo quando há insuficiência da massa? A jurisprudência por-

---

[863] PAULO MOTA PINTO ["Exoneração do passivo restante: fundamento e constitucionalidade", in: CATARINA SERRA (coord.), *III Congresso de Direito da Insolvência*, Coimbra, Almedina, 2015, p. 195] sustenta, porém, que as obrigações continuam a existir, não como obrigações civis, susceptíveis de execução judicial, mas como obrigações naturais (o seu cumprimento não é judicialmente exigível mas corresponde a um dever de justiça). O mesmo autor questiona a constitucionalidade da exoneração, confrontando a proteção constitucional dos direitos de crédito com a proteção da liberdade económica e do direito ao desenvolvimento da personalidade e ainda o princípio da proteção social dos mais fracos, concluindo pela inexistência de inconstitucionalidade material (ob. cit., pp. 175-194).

[864] Cfr., neste sentido, MARIA DE ASSUNÇÃO OLIVEIRA CRISTAS, "Exoneração do passivo restante", in: *Themis*, Edição Especial – *Novo Direito da Insolvência*, 2005, p. 167.

[865] Fundamentalmente por causa da *discharge* a lei norte-americana foi acusada de ser *debtor--friendly*, ou seja, de padecer de um desequilíbrio a favor do devedor (e a *Insolvenzordnung* de ser *schuldnerfreundlich*).

[866] Nos Estados Unidos, por causa dos abusos, o recurso a exonerações sucessivas foi fortemente restringido em 2005, pelo *Bankruptcy Abuse Prevention and Consumer Protection Act* (*BAPCPA*).

tuguesa tem entendido que sim[867]. Imagine-se agora que foi o devedor que se colocou intencionalmente na situação de insolvência – que ele planeou apresentar-se à insolvência absolutamente desprovido de bens. Em teoria, a situação de insuficiência da massa não impede que seja analisado o pedido de exoneração. É, de facto, uma decisão possível e o texto do n.º 8 do art. 39.º reforça este entendimento. Mas nem sempre será uma boa decisão – não o será seguramente na hipótese descrita. Além disso, sempre que a exoneração prossiga, os custos da exoneração transferem-se integralmente para os credores, o que não é fácil de aceitar[868].

Rigorosamente, a exoneração qualifica-se como uma (nova) causa de extinção das obrigações – extraordinária ou avulsa relativamente ao catálogo de causas tipificado no Código Civil (cfr. arts. 837.º a 874.º).

Como é do conhecimento geral, só em casos muito contados as obrigações se extinguem por uma causa que não seja o cumprimento e são raros os casos de exoneração do devedor sem nenhuma contrapartida para o credor: em rigor apenas a remissão entra nessa categoria. A convicção geral é a de que a liberação do devedor nestes termos deve ficar dependente do consentimento do credor – só ele podendo abdicar do direito a exigir a satisfação do seu interesse – e não pode ser judicialmente decidida sob pena de se criar uma desconfiança generalizada quanto à força vinculativa dos contratos e de se comprometer definitivamente a liberdade contratual. Ora, ao contrário do que sucede no Direito Civil, no Direito da Insolvência a exoneração aparece – deliberadamente – como uma faculdade natural do devedor.

Para ajuizar da oportunidade de uma "função de exoneração" no regime da insolvência é importante notar que a exoneração aproveita a qualquer pessoa singular, não se distinguindo, para este efeito, entre o titular e o não titular de empresa[869]. E todavia, estão em causa situações bem distintas e, pese embora aplicar-se-lhes o mesmo regime, insusceptíveis de equiparação.

---

[867] Cfr. o Acórdão do TRP de 5 de Novembro de 2007 (Relator: PINTO FERREIRA) e o Acórdão do TRP de 12 de Maio de 2009 (Relator: HENRIQUE ARAÚJO).

[868] Na Alemanha, a experiência demonstrou que o devedor em condições de ser exonerado não tem, em regra, património para cobrir as despesas inerentes ao processo. Daí que uma das preocupações centrais seja a de reduzir os custos que a exoneração acarreta para o Estado alemão.

[869] Como se verá adiante, nas iniciativas mais recentes da União Europeia para a harmonização das regras em matéria de insolvência, parece distinguir-se entre as duas situações. Tanto na Recomendação da Comissão de 12 de Março de 2014 como na Proposta de Directiva do

LIÇÕES DE DIREITO DA INSOLVÊNCIA

É verdade que o recurso ao crédito por parte dos particulares tem vindo a crescer mas sempre serão diversas a motivação para o recurso ao crédito e a função que o crédito desempenha em ambas as situações. No crédito ao consumo existem particularidades que são completamente estranhas ao crédito comercial, como, por exemplo, as ofertas de crédito (*solicitations to take credit*). São distintos, em suma, os grupos de interesses económicos envolvidos e merecedores de tutela numa e noutra situação. Pode perguntar-se, por isso, se não seria mais adequado autonomizar as soluções aplicáveis à insolvência consoante os tipos de sujeitos e regular o sobreendividamento dos consumidores fora do Código da Insolvência e da Recuperação de Empresas (em lei própria).

As vantagens da exoneração do passivo restante não se esgotam no benefício directo ao devedor. As maiores vantagens não respeitam, aliás, aos interesses privados de nenhum sujeito ou grupo de sujeitos[870]; são de alcance mais geral.

Em primeiro lugar, constituindo um estímulo à diligência processual do devedor, ela permite o início mais atempado do processo de insolvência, ajudando a atenuar uma das maiores preocupações do legislador (o chamado "*timing problem*"). É sabido que o devedor se apresenta à insolvência essencialmente para se proteger das investidas dos seus credores. E é verdade que a declaração de insolvência, por si só, já lhe assegura alguma protecção – não podem, por exemplo, ser propostas acções executivas contra ele e as acções

Parlamento Europeu e do Conselho de 22 de Novembro de 2016 se prevêem medidas no âmbito da exoneração mas associando-se esta apenas aos sujeitos empresários.

[870] Nem respeitam, seguramente, aos interesses dos credores. Discorda-se, neste ponto, de LUÍS MANUEL TELES DE MENEZES LEITÃO [*Direito da Insolvência*, cit., p. 340]. O autor afirma que a situação não representa grande prejuízo para os credores, que passam a ter uma dupla oportunidade de satisfação: durante o processo de insolvência e durante o chamado "período de cessão", em que o rendimento disponível do devedor é afectado ao pagamento dos créditos. Sucede, porém, que com a exoneração cada um dos credores fica novamente sujeito a um rateio, sendo que, ainda por cima, quanto aos credores da insolvência, o que se reparte é tão-só o remanescente do pagamento aos credores da massa [cfr. art. 241.º, n.º 1, al. *d*)]. Se não houvesse exoneração, não haveria rateio; a satisfação do credor dependeria apenas da sua diligência processual e da data de prescrição do seu crédito, o que não poucas vezes representaria um aumento significativo do prazo para agir executivamente contra o devedor. O período de cinco anos não é, além do mais, suficientemente longo para que seja frequente o devedor reconstituir-se *in bonis* de forma a pagar, dentro desse período, de forma satisfatória, a todos os que permanecem seus credores.

O REGIME ESPECIAL DAS PESSOAS SINGULARES

em curso não podem prosseguir[871] –, mas o que definitivamente o liberta (e motiva) é a exoneração do passivo restante.

Em segundo lugar, ela permite a tendencial uniformização dos efeitos da declaração de insolvência, mais particularmente dos efeitos do encerramento do processo de insolvência, estendendo o benefício exoneratório a todos os devedores. Está agora mais diluída a substancial diferença entre a insolvência de uma sociedade comercial (de qualquer pessoa jurídica) e a insolvência de um comerciante (de qualquer pessoa singular): se com a sujeição ao processo de insolvência – *rectius*: com o registo do encerramento do processo após o rateio final – a sociedade comercial se considerava (se considera) extinta (cfr. art. 234.º, n.º 3) e, consequentemente, se tornava (se torna) inviável a satisfação dos créditos remanescentes, agora é possível suceder coisa idêntica – através da exoneração – no caso do comerciante em nome individual.

Por fim, apesar de a exoneração – ou a possibilidade de recurso a ela – provocar uma contracção imediata do crédito, ela acaba por produzir um impacto positivo na economia: quanto mais restrito é o acesso ao crédito – mais "exigente" quem o concede e mais "responsável" quem o pede – menor é risco de sobreendividamento e menos provável a insolvência dos consumidores e dos empresários em nome individual.

122. Regime da exoneração

A exoneração do passivo restante está regulada nos arts. 235.º e s.

De acordo com a epígrafe do art. 235.º consagrar-se-ia nesta norma um princípio geral. O que aí se faz, contudo, não é senão definir o âmbito de aplicação e os efeitos da exoneração – exoneração que, a despeito do que aí se diz, não é dos créditos mas das obrigações ou do passivo restante, como resulta da epígrafe do capítulo em que a norma se insere[872].

O regime compõe-se, fundamentalmente, de um conjunto de regras sobre o procedimento e os efeitos da exoneração.

---

[871] Trata-se, como se viu, dos efeitos da suspensão das acções executivas em curso (cfr. art. 88.º, n.º 1) e da proibição de instauração de novas acções (cfr. arts. 88.º, n.º 1, e 89.º, n.º 1).

[872] Chama a atenção para esta incorrecção técnica da norma LUÍS CARVALHO FERNANDES ["La exoneración del pasivo restante en la insolvencia de las personas naturales en el Derecho portugués", in: *Revista de Derecho Concursal y Paraconcursal*, 2005, 3, p. 379 (nota 7)].

LIÇÕES DE DIREITO DA INSOLVÊNCIA

SECÇÃO II – Âmbito de aplicação, procedimento e efeitos da exoneração

123. Âmbito de aplicação

No art. 235.º dispõe-se que, se o devedor for uma pessoa singular, pode ser-lhe concedida a exoneração dos créditos sobre a insolvência que não forem integralmente pagos no processo de insolvência ou nos cinco anos posteriores ao seu encerramento.

Conclui-se, assim, que *só* o devedor que seja uma pessoa singular – mas *todo* o devedor que seja uma pessoa singular – tem acesso à exoneração.

124. Pedido de exoneração

O pedido de exoneração cabe ao devedor, que pode apresentar o pedido consoante os casos, no requerimento de apresentação à insolvência ou no prazo de dez dias posteriores à citação (cfr. art. 236.º, n.º 1). A alternativa depende, como facilmente se percebe, de o pedido de insolvência ter pertencido, respectivamente, ao devedor ou a outro sujeito. Neste último caso, o pedido será sempre rejeitado se for deduzido após a assembleia de apreciação do relatório, ou, no caso de dispensa da realização desta, após os sessenta dias subsequentes à sentença que tenha declarado a insolvência (cfr. art. 236.º, n.º 1). Compreensivelmente, quando o devedor é pessoa singular e a iniciativa do processo de insolvência não é dele, do acto de citação dele deverá constar a indicação da possibilidade de solicitar a exoneração do passivo restante nos termos (prazo) referidos (cfr. art. 236.º, n.º 2).

124.1. As causas de indeferimento do pedido

O pedido de exoneração pode, evidentemente, ser admitido ou rejeitado de imediato, prevendo o art. 238.º, n.º 1, um longo elenco de causas de "indeferimento liminar".

A verdade é que, por um lado, as causas previstas na norma impossibilitam que se fale com propriedade em indeferimento liminar, uma vez que quase todas implicam a produção de prova e obrigam a uma apreciação de mérito por parte do juiz[873].

Depois, as dúvidas na interpretação da norma são numerosas. Isto é tanto mais grave quanto o disposto nas respectivas alíneas (ou em algumas delas)

---

[873] Cfr., neste sentido, MARIA DE ASSUNÇÃO OLIVEIRA CRISTAS, "Exoneração do passivo restante", cit., p. 169, e LUÍS MANUEL TELES DE MENEZES LEITÃO, *Código da Insolvência e da Recuperação de Empresas Anotado*, cit., p. 288.

é aplicável, como se verá, por remissão (explícita ou implícita), à cessação antecipada do procedimento de exoneração, à recusa final de exoneração e à revogação da exoneração [cfr., respectivamente, arts. 243.º, n.º 1, al. *b*), 244.º, n.º 2, e 246.º, n.º 1].

O pedido de exoneração é liminarmente indeferido se for apresentado fora de prazo [cfr. art. 238.º, n.º 1, al. *a*)], se o devedor, com dolo ou culpa grave, tiver fornecido por escrito, nos três anos anteriores à data do início do processo de insolvência, informações falsas ou incompletas sobre as suas circunstâncias económicas com vista à obtenção de crédito ou de subsídios de instituições públicas ou a fim de evitar pagamentos a instituições dessa natureza [cfr. art. 238.º, n.º 1, al. *b*)], se o devedor tiver já beneficiado da exoneração do passivo restante nos 10 anos anteriores à data do início do processo de insolvência [cfr. art. 238.º, n.º 1, al. *c*)], se o devedor tiver incumprido o dever de apresentação à insolvência ou, não estando obrigado a apresentar-se, se tiver abstido dessa apresentação nos seis meses seguintes à verificação da situação de insolvência, com prejuízo em qualquer dos casos para os credores, e sabendo, ou não podendo ignorar sem culpa grave, não existir qualquer perspectiva séria de melhoria da sua situação económica [cfr. art. 238.º, n.º 1, al. *d*)], se constarem já no processo, ou forem fornecidos até ao momento da decisão, pelos credores ou pelo administrador da insolvência, elementos que indiciem com toda a probabilidade a existência de culpa do devedor na criação ou agravamento da situação de insolvência, nos termos do artigo 186.º [cfr. art. 238.º, n.º 1, al. *e*)], se o devedor tiver sido condenado por sentença transitada em julgado por algum dos crimes previstos e punidos nos artigos 227.º a 229.º do CP nos dez anos anteriores à data da entrada em juízo do pedido de declaração da insolvência ou posteriormente a esta data [cfr. art. 238.º, n.º 1, al. *f*)]; se o devedor, com dolo ou culpa grave, tiver violado os deveres de informação, apresentação e colaboração que para ele resultam do presente Código, no decurso do processo de insolvência [cfr. art. 238.º, n.º 1, al. *g*)].

A jurisprudência debate-se principalmente com o disposto no art. 238.º, n.º 1, al. *d*). Segundo a lei, para haver indeferimento liminar, é preciso que se verifiquem cumulativamente três requisitos negativos: a sua não apresentação atempada à insolvência (tendo ou não o devedor a obrigação de se apresentar), o prejuízo para os credores e o conhecimento ou o desconhecimento com culpa grave, por parte do devedor, da inexistência de qualquer perspectiva séria de melhoria da sua situação económica. O primeiro requisito não suscita especiais problemas. Mas quando pode considerar-se que há prejuízo para os credores?

LIÇÕES DE DIREITO DA INSOLVÊNCIA

A jurisprudência tem considerado que é possível presumir o prejuízo sempre que o devedor não se apresente à insolvência sendo manifesto que não tem bens susceptíveis de satisfazer os créditos[874], já que a escassez de bens permite antever a iminente dissipação do património e o subsequente desrespeito pela regra da igualdade entre os credores. O entendimento está de harmonia com a ideia de que o princípio da igualdade é exclusivamente aplicável no processo de insolvência. Com efeito, antes de se apresentar à insolvência, o devedor não está em condições de garantir o respeito pelo princípio da igualdade (em rigor, nem sequer tem a obrigação de respeitá--lo); mais do que provável, o prejuízo para os credores é, portanto, inevitável e, logo, presumível.

O problema é que, entendido assim, este segundo requisito dilui-se no primeiro e fica esvaziado de efeito útil. O prejuízo para os credores passa a consubstanciar um efeito necessário da não apresentação atempada à insolvência. É verdade que o atraso na apresentação à insolvência conduz invariavelmente a um conjunto de consequências nefastas para os credores: o activo reduz-se por força das execuções singulares dos credores e, em princípio, desvaloriza-se com o decurso do tempo; em contrapartida, o passivo aumenta, seja em virtude da contracção de novas dívidas, seja do curso de juros, seja da constituição do devedor na obrigação de pagamento das custas judiciais que fiquem a seu cargo como parte vencida. Mas se se considerar que isso é suficiente para se configurar (mediante o funcionamento da presunção ou a produção de prova) o prejuízo para os credores[875], não se vê para que serviria a alusão (autónoma) da norma a ele[876]?

---

[874] Assim o Acórdão do TRL de 26 de Outubro de 2006 (Relator: VAZ GOMES) (in: *Colectânea de Jurisprudência*, 2006, IV, pp. 97 e s.) bem como o Acórdão do TRG de 4 de Outubro de 2007 (Relator: GOUVEIA BARROS), o Acórdão do TRC de 17 de Dezembro de 2008 (Relator: GREGÓRIO SILVA JESUS) e o Acórdão do TRP de 15 de Julho de 2009 (Relator: SOUSA LAMEIRA).
[875] Cfr., neste sentido, entre outros, o Acórdão do TRG de 30 de Abril de 2009 (Relator: RAQUEL REGO) e o Acórdão do TRP de 14 de Janeiro de 2010 (Relator: PEDRO LIMA COSTA). Neste último diz-se que "[o] prejuízo para os credores de que trata o art. 238°, n.° 1, al. *d*) do CIRE é o que resulta do capital de dívidas contraídas pelo devedor em período posterior ao momento em que a sua insolvência está consolidada e/ou que resulta de dissipação de património pelo devedor nesse mesmo período, reduzindo a garantia patrimonial de todos os credores, ou a garantia patrimonial de alguns credores que não está autorizado a preterir nessa dissipação". Cfr., em sentido diverso, entre outros, o Acórdão do TRL de 14 de Maio de 2009 (Relator: NELSON BORGES CARNEIRO), o Acórdão do TRP de 11 de Janeiro de 2010

No que toca ao terceiro requisito – o conhecimento ou o desconhecimento com culpa grave, por parte do devedor, da inexistência de qualquer perspectiva séria de melhoria da sua situação económica – também existem dúvidas. Na tentativa de densificar o conceito, já se disse, por exemplo que a inexistência de perspectiva séria é susceptível de resultar da cessação da actividade económica, da situação de desemprego ou da inexistência de património por parte do devedor[877], mas isto não fornece uma orientação geral.

Apesar de todos os esforços, as fronteiras entre os requisitos continuam incertas. Como é visível, dois dos requisitos – a inexistência de perspectiva séria de melhoria da situação económica e o prejuízo para os credores – são geralmente reconduzidos à (ou remetidos para a) inexistência ou insuficiência de bens. Por seu turno, e também segundo a opinião geral, a não apresentação à insolvência por parte de um devedor que esteja insolvente redunda sempre em prejuízo para os credores.

Talvez a solução seja mais simples do que à primeira vista parece. Ao que tudo indica depois de uma leitura atenta, para que a norma se aplique, deverá exigir-se, desde logo, que se verifique um nexo de causalidade entre a não apresentação atempada à insolvência e o prejuízo para os credores. O conhecimento ou o desconhecimento com culpa grave, por parte do devedor, da inexistência de qualquer perspectiva séria de melhoria da sua situação económica deverá ser visto, por sua vez, como a circunstância que faz com que os outros dois factos assumam relevância qualificada. À força de tanto se esclarecer que os requisitos eram cumulativos, insistiu-se em configurá-los como requisitos autónomos. Mas a verdade é que, sem prejuízo da sua autonomia, é preciso uma leitura articulada dos requisitos[878].

(Relator: SOARES DE OLIVEIRA) e o Acórdão do TRC de 23 de Fevereiro de 2010 (Relator: ALBERTO RUÇO).

[876] Argumento próximo foi usado para alegar a inconstitucionalidade material, por violação dos arts. 2.º, 3.º, 13.º e 20.º da CRP, da 2.ª parte da al. *d)* do n.º 1 do art. 238.º quando interpretada no sentido de que a falta de apresentação atempada à insolvência causa o aumento do passivo do insolvente e logo prejuízo para os credores. O recurso foi decidido pelo Tribunal Constitucional no Acórdão n.º 487/2008, de 7 de Outubro (Relator: JOÃO CURA MARIANO) mas não conheceu da parte respeitante à alegada interpretação.

[877] Cfr., por exemplo, o Acórdão do TRG de 4 de Outubro de 2007 (Relator: GOUVEIA BARROS).

[878] Como, de certa forma, é sugerido no Acórdão do TRP de 1 de Outubro de 2009 (Relator: TELES DE MENEZES).

125. Despacho inicial de exoneração e abertura do período de cessão

Jurisprudência relevante: Acórdão do STJ de 2 de Fevereiro de 2016, Proc. 3562/ /14.1T8GMR.G1.S1 (Relator: FONSECA RAMOS).

Se o pedido de exoneração for admitido, o juiz profere um despacho – o despacho inicial –, que determina que o devedor fica obrigado à cessão do seu rendimento disponível ao fiduciário durante o período de cessão, ou seja, durante os cinco anos posteriores ao encerramento do processo (cfr. art. 239.º, n.ºs 1 e 2).

Tem-se entendido que, não obstante a exoneração implicar a cessão do rendimento disponível, a inexistência de rendimento disponível no momento em que é proferido o despacho inicial não constitui fundamento, só por si, para se indeferir o pedido de exoneração do passivo restante[879].

Em face das causas de indeferimento liminar (na sua maioria relativas a uma conduta censurável do devedor), não pode deixar de se associar o despacho inicial e a subsequente abertura do período de cessão à concessão da liberdade condicional por bom comportamento – uma espécie de "período experimental"[880], em que, se tudo correr bem, terá lugar a libertação definitiva do sujeito.

De acordo com o n.º 3 do art. 239.º, o rendimento disponível é composto de todos os rendimentos que advenham ao devedor. Excluem-se, por um lado, os créditos a que se refere o art. 115.º (certos créditos futuros) cedidos a terceiro, pelo período em que a cessão se mantenha eficaz [cfr. art. 239.º, n.º 3, al. *a)*], e, por outro lado, aquilo que seja razoavelmente necessário para o sustento minimamente digno do devedor e do seu agregado familiar (que não deve exceder, salvo decisão fundamentada do juiz, três vezes o salário mínimo nacional) [cfr. art. 239.º, n.º 3, al. *b)*, *(i)*] bem como para o exercício pelo devedor da sua actividade profissional [cfr. art. 239.º, n.º 3, al. *b)*, *(ii)*] e para outras despesas ressalvadas pelo juiz no despacho inicial ou em momento posterior, a requerimento do devedor [cfr. art. 239.º, n.º 3, al. *b)*, *(iii)*].

---

[879] Cfr., neste sentido, o Acórdão do TRP de 18 de Junho de 2009 (Relator: JOSÉ FERRAZ) e o Acórdão do TRC de 23 de Fevereiro de 2010 (Relator: ALBERTO RUÇO).

[880] No Acórdão do TRP de 20 de Novembro de 2008 (Relator: TELES DE MENEZES) usa-se justamente esta expressão.

O REGIME ESPECIAL DAS PESSOAS SINGULARES

A jurisprudência tem discutido especialmente o disposto no art. 239.º, n.º 3, al. *b*), *(i)*[881], propendendo para interpretar o critério do "razoavelmente necessário para o sustento minimamente digno do devedor e do seu agregado familiar" como um limite mínimo e o valor correspondente a três vezes o salário mínimo nacional como um limite máximo – que pode ser excedido, mas só em casos excepcionais, por decisão (especialmente) fundamentada do juiz[882]. Não obstante isto – ou por isto mesmo –, o apuramento do montante a excluir envolve sempre uma ponderação casuística por parte do juiz[883].

Durante o período de cessão, o fiduciário afecta os montantes recebidos no final de cada ano ao pagamento das custas do processo de insolvência em dívida, ao reembolso do organismo responsável pela gestão financeira e patrimonial do Ministério da Justiça das remunerações e despesas do administrador da insolvência e das do próprio fiduciário que tenham sido suportadas pelo administrador, ao pagamento da remuneração já vencida do próprio fiduciário e das despesas que ele tenha efectuado e à distribuição do remanescente pelos credores da insolvência [cfr. art. 241.º, n.º 1, als. *a*), *b*), *c*) e *d*)].

Deve ter-se presente que, durante o período de cessão, pode haver lugar à cessação antecipada do procedimento (cfr. art. 243.º, n.º 1). Esta pode ter lugar a qualquer momento durante os cinco anos que correspondem ao período de exoneração, sendo declarada pelo juiz a requerimento fundamentado de algum credor, do administrador da insolvência ainda em fun-

---

[881] Dando conta da especial complexidade da matéria, diz-se no Acórdão do STJ de 2 de Fevereiro de 2016, Proc. 3562/14.1T8GMR.G1.S1 (Relator: Fonseca Ramos), "[j]ogam-se no art. 239.º, n.º 3, b)-i), do CIRE – cessão do rendimento disponível – dois interesses conflituantes: um, aponta no sentido da protecção dos credores dos insolventes/requerentes da exoneração; outro, na lógica da 'segunda oportunidade' concedida ao devedor, visa proporcionar-lhe condições para se reintegrar na vida económica quando emergir da insolvência, passado o período de cinco anos a que fica sujeito com compressão da disponibilidade dos seus rendimentos".

[882] Cfr., neste sentido, o Acórdão do TRP de 15 de Julho de 2007 (Relator: Barateiro Martins), o Acórdão do TRP de 27 de Outubro de 2009, o Acórdão do TRP de 2 de Fevereiro de 2010 (Relator: Ramos Lopes), o Acórdão do TRL de 20 de Abril de 2010 (Relator: Pedro Brighton), o Acórdão do TRC de 20 de Abril de 2010 (Relator: Carvalho Martins), e o Acórdão do TRC de 25 de Maio de 2010 (Relator: Moreira do Carmo).

[883] Cfr., neste sentido, por todos, o (já referido) Acórdão do STJ de 2 de Fevereiro de 2016, Proc. 3562/14.1T8GMR.G1.S1 (Relator: Fonseca Ramos), e o Acórdão do TRL de 4 de Maio de 2010 (Relatora: Maria José Simões).

LIÇÕES DE DIREITO DA INSOLVÊNCIA

ções ou do fiduciário que fiscalize o cumprimento das obrigações do devedor, sempre que se verifique a existência de alguma circunstância que torne o credor indigno da tutela que a exoneração representa.

125.1. Os efeitos do despacho inicial de exoneração

Por força do despacho inicial de exoneração e durante o período de cessão, produzem-se determinados efeitos.

O devedor é, naturalmente, o sujeito mais visado, sendo constituído num conjunto (extenso) de obrigações, conforme se dispõe no art. 239.º, n.º 4.

Trata-se da obrigação de não ocultar ou dissimular quaisquer rendimentos que aufira, por qualquer título, e de informar o tribunal e o fiduciário sobre os seus rendimentos e património na forma e no prazo em que isso lhe seja requisitado [cfr. art. 239.º, n.º 4, al. a)], da obrigação de exercer uma profissão remunerada, não a abandonando sem motivo legítimo, e de procurar diligentemente tal profissão, quando desempregado, não recusando desrazoavelmente algum emprego para que seja apto [cfr. art. 239.º, n.º 4, al. b)], da obrigação de entregar imediatamente ao fiduciário, quando recebida, a parte dos seus rendimentos objecto de cessão [cfr. art. 239.º, n.º 4, al. c)], da obrigação de informar o tribunal e o fiduciário de qualquer mudança de domicílio ou de condições de emprego no prazo de dez dias após a respectiva ocorrência, bem como, quando solicitado e dentro do mesmo prazo, das diligências realizadas para a obtenção de emprego [cfr. art. 239.º, n.º 4, al. d)] e da obrigação de não fazer pagamentos aos credores da insolvência a não ser através do fiduciário e a não criar qualquer vantagem especial para algum desses credores [cfr. art. 239.º, n.º 4, al. e)].

Todas as obrigações são, de alguma forma, instrumentais ao procedimento de exoneração. Destaca-se a última, que se destina, além do mais, a assegurar o respeito pela igualdade de tratamento dos credores.

Mas os efeitos do despacho inicial não ficam por aqui. Da norma do art. 242.º, cuja epígrafe é, precisamente, "igualdade dos credores" resultam outros efeitos, afectando não só o devedor como os credores e ainda terceiros.

Em primeiro lugar, reforça-se nesta norma a obrigação do art. 239.º, n.º 4, al. e), determinando-se a nulidade dos actos do devedor dirigidos à concessão de vantagens especiais a algum credor da insolvência. A nulidade é extensível a actos praticados por terceiros, tendo em vista as situações em que existe actuação por conta alheia (cfr. art. 242.º, n.º 2).

O REGIME ESPECIAL DAS PESSOAS SINGULARES

Em segundo lugar, consagra-se um efeito de tipo processual: a impossibilidade de propositura de acções executivas. Mais precisamente, durante o período de cessão, os credores ficam impedidos de propor acções executivas envolvendo os bens do devedor destinados à satisfação dos créditos sobre a insolvência (cfr. art. 242.º, n.º 1).

Não contendo a norma quaisquer restrições, é de entender que ficam impedidos todos os credores, mesmo aqueles cujos créditos é previsível que venham a ser ressalvados dos efeitos da exoneração (cfr. art. 245.º, n.º 2). A ausência de restrições terá sido deliberada, sendo a única solução coerente com a ideia de que a abertura do período de cessão não garante que se produza, a final, a exoneração do devedor. Como se verá de seguida, para o despacho final de exoneração ser proferido é preciso que se cumpram determinadas condições e só quando o despacho final é proferido é possível fazer a triagem entre os créditos abrangidos e os créditos excluídos para efeitos de extinção (cfr. art. 245.º, n.ºs 1 e 2)[884].

Finalmente, produzem-se efeitos sobre os créditos. Regula-se a compensação, por remissão implícita para o disposto no art. 99.º, ou seja, limitando a licitude da compensação aos casos admitidos durante a pendência do processo de insolvência (cfr. art. 242.º, n.º 3). É, pois, aplicável aquilo que se disse a propósito da compensação no quadro do processo de insolvência.

126. Despacho final de exoneração

Findo o período de cessão, o juiz decide sobre a concessão ou não da exoneração (cfr. art. 244.º, n.º 1).

Se decidir no sentido da exoneração, profere um despacho – o despacho de exoneração –, dando-se a extinção de todos os créditos sobre a insolvência que ainda subsistam à data em que é concedida. Este é o efeito fundamental – o efeito por excelência – da exoneração do passivo restante.

A extinção abrange mesmo os créditos que não tenham sido reclamados e verificados (cfr. art. 245.º, n.º 1), o que comprova a ideia de que o processo de insolvência é um processo com eficácia externa ou *erga omnes*. Esta eficácia está, todavia, limitada aos efeitos negativos do processo. O credor perde o seu crédito por via da exoneração mesmo que não o tenha reclamado mas,

---

[884] O único caso em que uma triagem antecipada poderia ter algum interesse é aquele em que se torna seguro que todos os créditos sobre a insolvência são deste último tipo. Do facto não pode deixar se retirar consequências, devendo o juiz, neste caso, indeferir o pedido de exoneração, por manifesta inutilidade.

LIÇÕES DE DIREITO DA INSOLVÊNCIA

como se viu atrás, necessita, em regra, de reclamar o crédito se quiser obter o respectivo pagamento[885]-[886].

O despacho de exoneração não é, contudo, garantia de uma definitiva exoneração, uma vez que pode ser revogado, designadamente a pedido de qualquer credor (cfr. art. 246.º, n.º 2, 2.ª parte).

A revogação pode ter lugar até ao termo do ano subsequente ao trânsito em julgado do despacho de exoneração (cfr. art. 246.º, n.º 2, 2.ª parte) e importa a reconstituição de todos os créditos antes extintos (cfr. art. 246.º, n.º 4).

No caso de o juiz decidir no sentido da recusa, profere, evidentemente, um despacho de recusa (cfr. art. 245.º, n.º 2).

Recorda-se que a exoneração pode ser recusada ainda antes de terminado o período de cessão, mais precisamente, a qualquer momento durante os cinco anos que correspondem ao período de exoneração, a requerimento fundamentado de algum credor, do administrador da insolvência ainda em funções ou do fiduciário, sempre que se verifique a existência de alguma circunstância que torne o credor indigno da tutela que a exoneração representa (cfr. art. 243.º, n.º 1).

126.1. As causas de não concessão da exoneração. Articulação entre os regimes do indeferimento do pedido, da recusa, da cessação antecipada e da revogação da exoneração

Tentando agrupar os casos de não concessão da exoneração do passivo restante, é possível dizer que ela resulta ou do indeferimento liminar (cfr. art. 238.º) ou da recusa de exoneração (cfr. art. 244.º, n.º 2) ou da cessação antecipada da exoneração (cfr. art. 243.º) ou da revogação da exoneração (cfr. art. 246.º).

Segundo o texto da lei, são causas possíveis de cessação antecipada o incumprimento pelo devedor, com dolo ou culpa grave, de alguma das obrigações impostas pelo art. 239.º, com prejuízo para a satisfação dos créditos sobre a insolvência [cfr. art. 243.º, n.º 1, al. *a)*], o apuramento, no incidente de qualificação da insolvência, da contribuição culposa do devedor para a

---

[885] Confirma-se, por seu turno, a ideia de que a reclamação é um verdadeiro ónus: o crédito não reclamado não vale a favor do credor e vale em seu desfavor.

[886] Cfr., sobre a eficácia *erga omnes* do processo de insolvência, CATARINA SERRA, *A falência no quadro da tutela jurisdicional dos direitos de crédito – O problema da natureza do processo de liquidação aplicável à insolvência no Direito português*, cit., pp. 273 e s.

O REGIME ESPECIAL DAS PESSOAS SINGULARES

criação ou o agravamento da situação de insolvência [cfr. art. 243.º, n.º 1, al. *c*)] e ainda as hipóteses previstas nas als. *b), e)* e *f)* do n.º 1 do art. 238.º [cfr. art. 243.º, n.º 1, al. *b)*], que são algumas das que dão origem ao indeferimento liminar.

Há quem considere incompreensível que esta remissão se restrinja às causas mencionadas, tanto mais que o n.º 1 do art. 246.º, aplicável à revogação da exoneração, opera uma remissão para quase todas as que se encontram previstas no n.º 1 do art. 238.º [exceptuada, por razões óbvias, a da al. *a)*, relativa à extemporaneidade de apresentação do pedido], e sustente a interpretação extensiva ou a interpretação enunciativa *(a maiori ad minus)* do disposto sobre a revogação, de maneira a haver recusa antecipada por qualquer dos fundamentos previstos para a revogação (e logo de indeferimento liminar)[887].

A verdade, porém, é que, se faz sentido que o elenco de causas da cessação antecipada seja, pelo menos, tão amplo como o da revogação, não se justifica que este último se reconduza à (quase) totalidade das causas do indeferimento liminar do pedido de exoneração – às als. *b)* e s. do n.º 1 do art. 238.º[888]. É difícil imaginar que a lei consinta em que um procedimento que dura cinco anos (com todos os sacrifícios que impõe e as expectativas que cria ao devedor e com todas as despesas que envolve) seja depois revogado com fundamento em factos impeditivos que já existiam e deviam ter sido apreciados em momento anterior.

Existem, de facto, numerosas oportunidades para a alegação de factos impeditivos da exoneração. A lei prevê, nomeadamente, que os credores e o administrador da insolvência sejam ouvidos sobre o requerimento e antes do despacho inicial (cfr. art. 236.º, n.º 4), que os credores, o administrador da insolvência e o fiduciário possam requerer a cessação antecipada do procedimento (cfr. art. 243.º), que os credores e o fiduciário sejam ouvidos antes da decisão final da exoneração (cfr. art. 244.º, n.º 1), que os credores possam requerer a revogação da exoneração (cfr. art. 246.º, n.º 2, 2.ª parte) e que o fiduciário seja ouvido antes da decisão sobre a revogação (cfr. art. 246.º, n.º 3). Por outro lado, atendendo ao art. 11.º e a algumas menções específicas

---

[887] Cfr., neste sentido, Maria de Assunção Oliveira Cristas, "Exoneração do passivo restante", cit., p. 171.

[888] Em rigor, o elenco de causas de revogação deveria até ser menos amplo do que o da cessação antecipada. Mas isso já é uma questão de política legislativa, a considerar no contexto e para efeitos de uma lei futura.

LIÇÕES DE DIREITO DA INSOLVÊNCIA

no regime da exoneração (cfr., por exemplo, art. 236.º, n.º 1, 2.ª parte), o juiz mantém a disponibilidade dos seus poderes de averiguação, tendo mesmo o dever de, antes de decidir, procurar obter a máxima informação sobre o caso concreto.

Não será, por conseguinte, a norma da cessação antecipada que necessita de uma interpretação extensiva à luz do disposto sobre a revogação mas, ao contrário, o disposto sobre a revogação que precisa de uma leitura adequada (mais restritiva) por referência à norma da cessação antecipada. Por outras palavras, propende-se para considerar que, no que respeita à revogação, o legislador pretendia remeter para as als. *b)* e s. do n.º 1 do art. 243.º e que só por lapso remeteu para as als. *b)* e s. do n.º 1 do art. 238.º.

Por via desta interpretação, valeriam para a revogação apenas os fundamentos que constam das als. *b)*, *e)* e *f)* do n.º 1 do art. 238.º. Razões muito próximas daquela que justifica a (incontestável) exclusão do fundamento da al. *a)* do n.º 1 do art. 238.º sustentam a inaplicabilidade dos fundamentos previstos nas als. *c)* e *d)* desta norma. O benefício da exoneração no passado [cfr. art. 238.º, n.º 1, al. *c)*] e o incumprimento do dever de apresentação à insolvência ou a simples não apresentação em determinadas circunstâncias [cfr. art. 238.º, n.º 1, al. *d)*] já deveriam ter sido objecto de alegação e prova, se não antes, pelo menos até à decisão final da exoneração[889].

Quanto à recusa de exoneração após o período de cessão, de acordo com o art. 244.º, n.º 2, ela dá-se pelos mesmos fundamentos e com subordinação aos mesmos requisitos da recusa antecipada. Ao contrário da anterior, esta remissão não levanta problemas.

127. Os créditos ressalvados do efeito extintivo

Não se pense que a exoneração é absoluta, ou seja, que abrange todo o tipo de créditos. Na realidade, há créditos que a lei poupa aos efeitos da exone-

---

[889] Em boa verdade, nem o fundamento contido na al. *e)*, apesar de expressamente referido na al. *b)* do n.º 1 do art. 243.º, faz sentido que valha como fundamento de cessação antecipada (e, por maioria de razão, de revogação da exoneração): constarem já no processo ou terem sido fornecidos até ao momento da decisão sobre o pedido de exoneração elementos que indiciem com toda a probabilidade a existência de culpa do devedor na criação ou no agravamento da situação de insolvência é coisa que deve ser apreciada na altura devida. O que pode, sim, adquirir relevância para efeitos de cessação antecipada é ter-se, entretanto, concluído o incidente de qualificação de insolvência e ter-se apurado a culpa do devedor. Mas esta hipótese já está coberta pelo disposto na al. *c)* do n.º 1 do art. 243.º.

O REGIME ESPECIAL DAS PESSOAS SINGULARES

ração. As justificações são variadas – e porventura discutíveis – mas o certo é que a medida pode prejudicar, a final, o objectivo do *fresh start*.

Desde logo, são excluídos, implicitamente, os créditos sobre a massa insolvente (cfr. n.º 1 do art. 245.º, *a silentio*). É manifesta a disparidade de tratamento dos credores da insolvência relativamente aos credores da massa insolvente, devendo recordar-se que aqueles já só recebem durante o período de cessão o remanescente do pagamento a estes.

Depois, são expressamente excluídos os créditos por alimentos, as indemnizações devidas por factos ilícitos dolosos praticados pelo devedor, que hajam sido reclamados nessa qualidade, os créditos por multas, coimas e outras sanções pecuniárias por crimes ou contra-ordenações e os créditos tributários [cfr. art. 245.º, n.º 2, als. *a)*, *b)*, *c)* e *d)*].

Esta ressalva vem reduzir consideravelmente o alcance da exoneração como instrumento de extinção da generalidade das dívidas do devedor[890]. E se, de uma forma geral, a subtracção ao efeito exoneratório dos três primeiros grupos de créditos – que nem sempre existem ou, quando existem, são pouco significativos na totalidade dos créditos – ainda se pode considerar, em princípio, justificada, com base nos interesses que estão na base da sua constituição (presumivelmente o carácter alimentar das obrigações de alimentos, a especial censurabilidade das condutas geradoras das obrigações de indemnização e a especial natureza dos interesses em jogo nos casos das sanções pecuniárias por violação do Direito Penal ou do Direito de mera ordenação social), já em relação aos créditos tributários (que são, além do mais, muito frequentes e têm, na prática, uma grande extensão) pode perguntar-se se a sua exclusão não representa uma generosidade excessiva da lei para com o Estado e se não configura uma discriminação injustificada no universo dos credores.

Em particular no que toca aos créditos resultantes de obrigações de indemnização, o raciocínio do legislador não é evidente. Depois de uma leitura mais atenta, percebe-se que o legislador fundou exclusivamente a disparidade de tratamento na modalidade da culpa do lesante: uma conduta dolosa é, em princípio, mais censurável do que uma conduta meramente negligente, por isso em caso de dolo o agente é "castigado" com a subsistência da obrigação e em caso de culpa grave "agraciado" com a possibilidade de

---

[890] Cfr., neste sentido, LUÍS MANUEL TELES DE MENEZES LEITÃO, *Código da Insolvência e da Recuperação de Empresas Anotado*, cit., p. 293.

LIÇÕES DE DIREITO DA INSOLVÊNCIA

recurso à exoneração. A medida terá, assim, um claro efeito punitivo, o que não é de estranhar dada a estreita ligação entre a exoneração e a conduta – a censurabilidade da conduta – do devedor. Está de harmonia, por outro lado, com o princípio de que as ressalvas ao efeito da exoneração devem reduzir--se ao mínimo, sob pena de se comprometer o propósito da exoneração (a concessão de um *fresh start* ao devedor). O regime parece ter-se concentrado nesta distinção (acto doloso/acto não doloso) e ter sido completamente indiferente às modalidades de responsabilidade civil.

Efectivamente, a formulação ampla da lei permite considerar abrangidos pela norma os ilícitos contratuais e extracontratuais. Mas é excessivo tratar mais favoravelmente os créditos de indemnização por ilícito contratual do que os créditos emergentes dos negócios jurídicos – tratar mais favoravel-mente os créditos de indemnização por incumprimento dos negócios jurídi-cos do que os créditos resultantes dos próprios negócios jurídicos. Por essa razão, tem sido defendido que a norma seja interpretada restritivamente de forma a aplicar-se apenas aos ilícitos extracontratuais[891]. A responsabilidade extracontratual pressupõe, além do mais, uma lesão mais grave, respeitando, a maioria das vezes, a bens jurídicos como a pessoa ou o património e isso justifica seguramente uma tutela diferenciada, que privilegie os créditos derivados deste tipo de responsabilidade relativamente aos derivados de responsabilidade contratual.

A exclusão que causa maior estranheza é, de facto, a dos créditos tribu-tários. Aparentemente, o legislador terá ponderado os interesses em con-fronto e considerado que o interesse (patrimonial) de que é titular o ente público merece ser equiparado a um interesse público e prevalecer sobre o interesse do insolvente em retomar a sua vida livre dos anteriores vínculos. Não pode dizer-se, de qualquer forma, que esta seja uma medida isolada do legislador. Os créditos tributários sempre granjearam de uma posição privi-legiada no confronto com os créditos dos outros sujeitos[892].

---

[891] Cfr. Luís Carvalho Fernandes/João Labareda, *Código da Insolvência e da Recuperação de Empresas Anotado. Sistema de Recuperação de Empresas por Via Extrajudicial (SIREVE) Anotado. Legislação Complementar*, cit., p. 871.

[892] Pode destacar-se o regime especial de responsabilidade dos gerentes e administradores das sociedades (de direito e de facto) pelas dívidas tributárias (cfr. art. 24.º da LGT) e a qua-lificação do não pagamento de dívidas tributárias superiores a determinado montante como crime de abuso de confiança fiscal, dando origem à aplicação de uma pena (cfr. art. 105.º do RGIT). Veja-se ainda o Acórdão do TC n.º 270/2017 de 31 de Maio (Relator: Fernando

O REGIME ESPECIAL DAS PESSOAS SINGULARES

Depois de tudo, poder-se-ia pensar que houve falta de uniformidade ou pluralidade de critérios na enumeração dos créditos que são excluídos da exoneração. A verdade, porém, é que existe um elemento comum a todos eles: a sua fonte (legal). Os créditos que têm fonte legal são excluídos da exoneração; os que derivam de contrato ou são de origem negocial ficam, em contrapartida, sujeitos a ela. Por trás da regra estará, assim, a convicção de que, ao realizar um negócio jurídico, os credores assumem uma parte no risco da insolvência do devedor e, quando este risco se concretiza, devem participar nos sacrifícios que a situação impõe. Inversamente, os credores que, em virtude de o seu crédito ter origem legal, não tiveram oportunidade de "avaliar" o devedor são "credores involuntários" e não devem ficar sujeitos aos efeitos da exoneração – por outras palavras: o ordenamento não pode impor-lhes os custos de uma insolvência com que eles não podiam legitimamente contar, por não terem consentido na constituição da relação creditícia.

CAPÍTULO II – O plano de pagamentos aos credores

Bibliografia específica: Adelaide Menezes Leitão, "Insolvência de pessoas singulares: a exoneração do passivo restante e o plano de pagamentos. As alterações da Lei n.º 16/2012, de 20 de Abril", in: AA. VV., *Estudos em homenagem ao Prof. Doutor José Lebre de Freitas*, vol. II, Coimbra, Coimbra Editora, 2013, pp. 509 e s., Duarte Cadete, "A não homologação do plano de pagamentos na insolvência singular: um caso", in: *Atas do VI Congresso Internacional de Ciências Jurídico-Empresariais – A insolvência e as Empresas*, Instituto Politécnico de Leiria, Escola Superior de Tecnologia e Gestão, 2015, pp. 189 e s. (disponível em http://cicje.ipleiria.pt/pt/atas/), José Manuel Branco, "Plano de pagamentos. O instituto perdido", in: *Revista de Direito da Insolvência*, 2016, n.º 0, pp. 231 e s., Rute Sabino, "O plano de pagamentos", in: AA. VV., *Processo de insolvência e acções conexas*, Lisboa, Centro de Estudos Judiciários, 2014, pp. 489 e s. (disponível em http://www.cej.mj.pt/cej/recursos/ebook_civil.php).

128. Origens e função

O plano de pagamentos é outra das novidades introduzidas em Portugal pelo Código da Insolvência e da Recuperação de Empresas.

Ventura), em que se julgou inconstitucional a norma do art. 100.º quando interpretada no sentido de que a declaração de insolvência aí prevista suspende o prazo prescricional das dívidas tributárias imputáveis ao responsável subsidiário no âmbito do processo tributário.

LIÇÕES DE DIREITO DA INSOLVÊNCIA

Corresponde ao *wage earner payment plan*, regulado no *Chapter 13* do *BC*, e ao *Schuldenbereinigungsplan* regulado na lei alemã (cfr. §§ 304 a 311 da *InsO*). Não se trata de um instrumento de recuperação em sentido próprio (porque, como se viu atrás, em contextos jurídico-económicos, de recuperação não é possível falar quando estão em causa pessoas singulares), mas de um instrumento alternativo à estrita liquidação patrimonial que caracteriza o processo de insolvência típico. Através dele o devedor consegue, de facto, evitar o curso normal do processo de insolvência e, consequentemente, o estigma que está associado ao estatuto de insolvente[893].

129. Âmbito de aplicação e procedimento

Pode aceder ao plano de pagamentos o devedor que seja uma pessoa singular e, em alternativa, não tiver sido titular da exploração de qualquer empresa nos três anos anteriores ao início do processo de insolvência ou à data do início do processo, cumulativamente, não tiver dívidas laborais, o número dos seus credores não for superior a vinte e o seu passivo global não exceder 300 000 euros (cfr. art. 249.º, n.º 1).

O grupo de beneficiários é, visivelmente, mais restrito do que o da exoneração, ficando excluídas todas as pessoas singulares titulares de empresas que não cumpram estas condições.

O plano de pagamentos pode ser apresentado pelo devedor conjuntamente com a petição inicial (cfr. art. 251.º) ou, quando não tiver sido dele a iniciativa do processo de insolvência, alternativamente à contestação da petição inicial (cfr. art. 253.º). Note-se que a apresentação do plano de pagamentos envolve a confissão da situação de insolvência, ao menos iminente, por parte do devedor (cfr. art. 252.º, n.º 4).

O plano de pagamentos deve conter uma proposta razoável de satisfação dos direitos dos credores (cfr. art. 252.º, n.º 1). Pode compreender moratórias, perdões, reduções de créditos, a constituição ou a extinção de garantias reais, um programa calendarizado de pagamentos ou o pagamento instantâneo e quaisquer medidas concretas susceptíveis de melhorar a situação patrimonial do devedor (cfr. art. 252.º, n.º 2).

Considera-se aprovado se nenhum credor o tiver recusado ou quando a aprovação dos que se oponham venha a ser suprida pelo juiz (cfr. art. 257.º, n.º 1), o que pode acontecer se houver aceitação do plano por credores cujos

---

[893] Sobre o plano de pagamentos cfr. JOSÉ ALBERTO VIEIRA, "Insolvência de não empresários

O REGIME ESPECIAL DAS PESSOAS SINGULARES

créditos representem mais de dois terços do valor total dos créditos relacionados pelo devedor (cfr. art. 258.º). O juiz é, aqui, titular de um poder semelhante ao já referido *cram-down power*, ou seja, do poder de impor uma determinada solução apesar e contra a vontade de alguns credores.

Depois de aprovado, o plano deve ser homologado pelo juiz (cfr. art. 259.º).

A apresentação do plano suspende logo o processo de insolvência em curso, salvo quando seja altamente improvável que venha a merecer aceitação (cfr. art. 255.º, n.º 1). Mas a aprovação e a subsequente homologação judicial do plano não impedem que tenha lugar a declaração de insolvência do devedor, que deve ser proferida após o trânsito em julgado da sentença de homologação do plano (cfr. art. 259.º, n.º 1, 1.ª parte). Efectivamente, só o trânsito em julgado das sentenças de homologação do plano e de declaração de insolvência determina o encerramento do processo de insolvência (cfr. art. 259.º, n.º 4)[894].

Deve salientar-se que da sentença de declaração da insolvência constam apenas as menções das als. *a)* e *b)* do n.º 1 do art. 36.º (cfr. art. 259.º, n.º 1, 2.ª parte), o que significa que não é aberto o "incidente de qualificação da insolvência", nem sequer com carácter limitado. Note-se que a sentença de declaração da insolvência não é objecto de qualquer publicidade ou registo (como acontece, aliás, com a sentença de homologação do plano de pagamentos e a sentença de encerramento do processo de insolvência) (cfr. art. 259.º, n.º 5). Isto mostra bem como o plano de pagamentos pode constituir uma solução discreta para o problema da insolvência da pessoa singular.

CAPÍTULO III – Confronto entre a exoneração do passivo restante e o plano de pagamentos aos credores

130. As vantagens de cada um dos instrumentos na óptica do devedor

Dito isto, pode perguntar-se qual será, afinal, a solução mais vantajosa na perspectiva do devedor: a exoneração do passivo restante ou o plano de

---

e titulares de pequenas empresas", in: AA. VV., *Estudos em memória do Professor Doutor José Dias Marques*, Coimbra, Almedina, 2007, pp. 252 e s.

[894] Não há referência a este facto no art. 230.º, n.º 1. Bem se compreende: este preceito restringe-se às causas do encerramento do processo de insolvência na hipótese de ele prosseguir após a declaração de insolvência; ora, no caso de plano de pagamentos, esta condição não se verifica.

LIÇÕES DE DIREITO DA INSOLVÊNCIA

pagamentos aos credores? Ambas conduzem, em princípio, à sua liberação. O que deverá, então, orientar o devedor a optar por uma em detrimento da outra? Quais são as diferenças fundamentais entre uma e outra?

Dir-se-á de imediato que são diversos os destinatários de cada uma: a exoneração do passivo restante aplica-se a todas as pessoas singulares (cfr. art. 235.º) e o plano de pagamentos aplica-se exclusivamente às pessoas singulares não titulares de empresa ou titulares de pequena empresa (cfr. art. 249.º, n.º 1).

A maior diferença reside, contudo, na relação de cada uma delas com o processo de liquidação regulado no Código da Insolvência e da Recuperação de Empresas: enquanto a exoneração é como que uma medida adicional do processo de insolvência, o plano de pagamentos constitui, em rigor, uma alternativa a ele, sendo o correspectivo do plano de recuperação para os não titulares de empresa ou para os titulares de uma pequena empresa[895]. Daí que seja atribuída à vontade dos credores no plano de pagamentos uma relevância que de modo algum lhe é atribuída na exoneração, exigindo-se a aprovação dos credores ou o suprimento judicial da falta de aprovação (cfr. arts. 257.º, n.º 1, e 258.º).

Poder-se-ia dizer, para sintetizar, que o plano de pagamentos aos credores é, por um lado, mais e, por outro lado, menos do que a exoneração do passivo restante. É mais porque compreende todo um conjunto de medidas vocacionadas à satisfação dos direitos dos credores que são comuns ao plano de insolvência e típicas dos institutos reorganizatórios, como moratórias, perdões, constituições e extinções de garantias e programas calendarizados de pagamentos (cfr. art. 252.º, n.ºs 1 e 2); é menos porque, estando preordenado ao pagamento dos credores e não à exoneração do devedor, não conduz – não conduz necessariamente – a esta.

De facto, uma vez encerrado o processo de insolvência, os credores da insolvência podem exercer os seus direitos contra o devedor sem outras restrições que não as constantes do plano de pagamentos e os credores da massa insolvente podem reclamar do devedor os seus direitos não satisfeitos [cfr. art. 233.º, n.º 1, als. *c*) e *d*)]. Por outras palavras, por via do plano de pagamentos, o devedor não se liberta da generalidade das obrigações mas apenas

---

[895] Recorde-se que o plano de insolvência é aplicável às pessoas jurídicas e às pessoas singulares titulares de empresa, desde que esta não seja uma pequena empresa (cfr. art. 250.º).

O REGIME ESPECIAL DAS PESSOAS SINGULARES

se liberta das obrigações cuja extinção esteja expressamente contemplada no plano.

É conveniente que o devedor tenha consciência de todas estas diferenças antes de fazer uma opção por um dos institutos. No caso de a opção ser pelo plano de pagamentos, deverá prevenir-se para a hipótese de o plano não vir a ser aprovado. Ser-lhe-á, designadamente, vantajoso declarar que pretende a exoneração aquando da apresentação do plano de pagamentos, como autoriza, *a contrario sensu*, a norma do art. 254.º.

CAPÍTULO IV – O processo especial para acordo de pagamento

Bibliografia específica: ALEXANDRE DE SOVERAL MARTINS, "As alterações ao CIRE quanto ao PER e ao PEAP", in: *Estudos de Direito da Insolvência*, Coimbra, Almedina, 2018, pp. 7 e s., ALEXANDRE DE SOVERAL MARTINS, "A reforma do CIRE e as PMEs", in: *Estudos de Direito da Insolvência*, Coimbra, Almedina, 2018, pp. 15 e s., ANA ALVES LEAL e CLÁUDIA TRINDADE, "Resposta à consulta pública relativa ao projeto de decreto-lei que altera o Código das Sociedades Comerciais e o Código da Insolvência e da Recuperação de Empresas – Alterações ao Código da Insolvência e da Recuperação de Empresas (artigo 3.º do projeto de decreto-lei) – O processo especial para acordo de pagamento (PEAP): o novo regime pré-insolvencial para devedores não empresários", in: AA. VV., "Consulta Pública Programa Capitalizar – Resposta do Centro de Investigação em Direito Privado", in: *Revista de Direito das Sociedades*, 2017, n.º 1, pp. 68 e s., NUNO MANUEL PINTO OLIVEIRA "O Direito da Insolvência e a tendencial universalidade do Direito Privado", in: CATARINA SERRA (coord.), *IV Congresso de Direito da Insolvência*, Coimbra, Almedina, 2017, pp. 71 e s.

131. Origens e função. A flagrante proximidade com o Processo Especial de Revitalização

O PEAP foi introduzido no Código da Insolvência e da Recuperação de Empresas pelo DL n.º 79/2017, de 30 de Junho, como medida compensatória da circunscrição do PER às empresas, realizada, como se viu, pelo mesmo diploma. O objectivo do legislador foi – presume-se – o de (continuar a) assegurar um processo aplicável à pré-insolvência das pessoas singulares não titulares de empresas. Como se viu, as empresas dispõem de dois instrumentos pré-insolvenciais (o PER e o RERE), pelo que é inteiramente justificado que exista, pelo menos, um instrumento deste tipo para as restantes situações.

Cumpre advertir, desde o início, que o PEAP não é um instrumento exclusivamente aplicável às pessoas singulares. Como melhor se verá à frente, ele aplica-se igualmente às pessoas jurídicas, posto que não titulares de empresas. Configurando-se aquelas, porém, como os destinatários predominantes do PEAP, considerou-se adequado estudar o instituto nesta parte.

O PEAP está regulado no Capítulo III do Título IX, nas (novas) normas arts. 222.º-A a 222.º-J, equivalentes ou correspondentes, não exactamente às normas actuais dos arts. 17.ºA a 17.º-J, mas às normas antigas dos arts. 17.º-A a 17.º-I, ou seja, às normas reguladoras do PER antes da sua alteração pelo DL n.º 79/2017, de 30 de Junho.

Desta equivalência/correspondência excepcionam-se o âmbito de aplicação e umas poucas medidas do PER actual que o legislador decidiu estender ao PEAP, das quais se destacam a suspensão dos prazos de prescrição e caducidade dos prazos oponíveis pelo devedor e a proibição de suspensão da prestação de serviços públicos essenciais (cfr. art. 222.º-E, n.ºs 7 e 8), o efeito suspensivo do recurso da sentença de não homologação (cfr. art. 222.º-F, n.º 7) e o regime do encerramento do processo e da cessação de funções do administrador judicial provisório (cfr. art. 222.º-J).

O PEAP é, em suma, essencialmente igual ao velho PER, podendo quase dizer-se que o seu regime é o antigo regime do PER deslocado para outra parte do Código.

Diga-se, a propósito, que a localização do PEAP – no Título IX, dedicado ao plano de insolvência, e, mais precisamente, no Capítulo III do Título IX, sobre a execução do plano de insolvência – merece um comentário fortemente crítico[896]. Além de outras indesejáveis consequências, tal inserção sistemática sugere uma relação de simetria entre o plano de insolvência e o PEAP. Ora, aquele é aplicável a empresas *insolventes*, não podendo, por isso, funcionar como simétrico do PEAP, que é um instrumento *pré-insolvencial*. Acresce que a regulação do PEAP nestes termos dá a entender que a disciplina deste está subordinada à disciplina do plano de insolvência, o que é completamente inaceitável.

---

[896] Igualmente críticos quanto à localização sistemática são ANA ALVES LEAL e CLÁUDIA TRINDADE ["Resposta à consulta pública relativa ao projeto de decreto-lei que altera o Código das Sociedades Comerciais e o Código da Insolvência e da Recuperação de Empresas – Alterações ao Código da Insolvência e da Recuperação de Empresas (artigo 3.º do projeto de decreto-lei) – O processo especial para acordo de pagamento (PEAP): o novo regime pré-insolvencial para devedores não empresários", cit., pp. 90-92], e NUNO MANUEL PINTO OLIVEIRA ["O Direito da Insolvência e a tendencial universalidade do Direito Privado", cit., pp. 99-102].

O REGIME ESPECIAL DAS PESSOAS SINGULARES

A circunstância de o PEAP ser o velho PER com um nome novo tem, pelo menos, uma vantagem, de tipo pedagógico: facilita a descrição dos aspectos essenciais do processo, uma vez que são válidas, *mutatis mutandis*, as observações feitas a propósito do PER – as observações feitas ao regime do PER antes da sua alteração pelo DL n.º 79/2017, de 30 de Junho, e as observações feitas depois que respeitem às medidas estendidas ao PEAP. Os aspectos realmente novos ou exclusivos do PEAP são, de facto, muito escassos, sendo o âmbito de aplicação quase o único e, sem dúvida, o mais ostensivo.

Diga-se, a terminar esta introdução, que a actividade de "costura" legislativa que está na base do PEAP resulta em que, nem depois da Declaração de Rectificação n.º 21/2017, de 25 de Agosto, se torna possível uma leitura imediata do articulado e uma interpretação unívoca da disciplina, configurando-se a tarefa do intérprete quase como a construção laboriosa de um *puzzle* ao qual – descobre-se a final – sobram e faltam várias peças.

132. Âmbito de aplicação

Na determinação do âmbito de aplicação do PEAP, é fácil ser-se iludido pela controvérsia que esteve na base da sua criação e pensar-se que o processo tem como destinatários as pessoas singulares não titulares de empresa.

A verdade é que aquela conclusão não é correcta e não é correcta porque também são destinatários do PEAP as pessoas jurídicas não titulares de empresa[897].

Leia-se o disposto no art. 1.º, n.º 3. Incute-se aí a ideia de que o âmbito de aplicação do PEAP se define por referência (negativa) ao âmbito de aplicação do PER – que aquele é, sob este ponto de vista, um processo subsidiário deste. Mais precisamente, fazendo menção ao art. 1.º, n.º 2 (sobre o PER), a norma determina que o PEAP se aplica a devedores de *qualquer* outra natureza que não a de empresa.

Leia-se ainda o disposto no art. 222.º-A, n.º 1, onde se diz que o PEAP se destina a permitir ao devedor que não seja uma empresa[898] e se encontre em situação económica difícil ou em situação de insolvência meramente iminente estabelecer negociações com os respectivos credores de modo a concluir com este acordo de pagamento.

---

[897] Em obediência ao disposto no art. 2.º, n.º 1, deverá aplicar-se também aos patrimónios autónomos que não integrem/envolvam empresas.
[898] Usa-se, aqui também, a noção de empresa em sentido subjectivo.

LIÇÕES DE DIREITO DA INSOLVÊNCIA

Por fim, veja-se o art. 222.º-D, n.º 11. Partindo do princípio – como é devido – de que a referência a "administradores de direito ou de facto" foi consciente e deliberada, não restam dúvidas que o PEAP se aplica também às pessoas jurídicas desde que não sejam titulares de empresas[899].

Deve, porém, tomar-se o requisito da não titularidade de uma empresa com algumas cautelas. Se bem se compreende, o PER foi concebido como instrumento de tutela dos interesses do universo empresarial e do crédito às empresas. Ficam para o PEAP *todos* os casos restantes ou residuais. Para delimitar os casos restantes, não é, contudo, decisivo que as pessoas sejam ou não, formalmente, titulares de empresas mas sim que elas não pretendam usar o processo nessa qualidade, ou seja, que elas não pretendam, através do processo, negociar os créditos comerciais ou da empresa mas sim, exclusivamente, os seus créditos pessoais[900]. Será, por exemplo, não ao PER mas ao PEAP que deve recorrer o empresário quando, sendo embora titular de um EIRL, pretende negociar exclusivamente as suas dívidas pessoais, uma vez que não se configuram neste caso os interesses especiais (empresariais/comerciais) que justificam o recurso ao PER.

133. Pressupostos do processo e requisitos da apresentação
Tal como o PER (antigo e actual), o PEAP é um processo pré-insolvencial, logo pressupõe a pré-insolvência (insolvência iminente ou situação económica difícil). Todavia, enquanto no PER (antigo e actual) se exige também que a empresa seja recuperável, no PEAP não.

A dispensa deste segundo pressuposto no PEAP compreende-se à luz do facto de que os destinatários do PEAP não são empresas e entendida a recuperabilidade em sentido estrito (como susceptibilidade de sobrevivência)[901].

---

[899] Parece estarem em causa, no que toca às pessoas jurídicas, aquelas quem antigamente se denominavam pessoas colectivas (jurídicas) de utilidade pública – de fim desinteressado ou altruístico ou de fim interessado ou egoístico, que se subdividam, nesta última hipótese, em pessoas de fim ideal ou pessoas de fim económico não lucrativo. Cfr., para esta classificação, MANUEL A. DOMINGUES DE ANDRADE, *Teoria Geral da Relação Jurídica*, vol. I – *Sujeitos e Objecto*, Coimbra, Coimbra Editora, pp. 77 e s.

[900] E, naturalmente, que possam destacar os créditos comerciais dos créditos pessoais, o que não se verifica na maioria dos casos.

[901] Isto não quer dizer que, entendida em sentido amplo, não fizesse sentido falar-se em "recuperabilidade" das pessoas singulares. ANA ALVES LEAL e CLÁUDIA TRINDADE ["Resposta à consulta pública relativa ao projeto de decreto-lei que altera o Código das Sociedades Comerciais e o Código da Insolvência e da Recuperação de Empresas – Alterações ao Código

O REGIME ESPECIAL DAS PESSOAS SINGULARES

Quando muito, sabendo que são destinatárias do PEAP certas pessoas jurídicas, poderia discutir-se se a dispensa da recuperabilidade se justifica em todos os casos[902].

Aquilo que, definitivamente, não se compreende tão bem é que não se tenha considerado necessário que o devedor comprove o pressuposto restante, que não se exija uma declaração subscrita por sujeito idóneo ou outro meio de certificação da sua situação de pré-insolvência (ou, pelo menos, da inexistência de insolvência, como acontece no PER actual).

Levantam-se os problemas conhecidos relacionados com a falta de seriedade/solenidade que os requisitos exigidos imprimem aos pressupostos do processo e a questão da oportunidade de uma apreciação liminar do requerimento de abertura do PEAP e do seu eventual indeferimento por incumprimento do pressuposto do processo (a pré-insolvência)[903].

da Insolvência e da Recuperação de Empresas (artigo 3.º do projeto de decreto-lei) – O processo especial para acordo de pagamento (PEAP): o novo regime pré-insolvencial para devedores não empresários", cit., p. 80] defendem, com razão, que poderia ainda considerar-se "recuperável o devedor que, num juízo de prognose, de acordo com critérios económicos e financeiros, mostre ter condições [para] [beneficiando das prerrogativas de um certo regime (pré-insolvencial)] escapar à declaração de insolvência". Cfr. também no mesmo sentido, e citando as autoras, Nuno Manuel Pinto Oliveira, "O Direito da Insolvência e a tendencial universalidade do Direito Privado", cit., pp. 90-92.

[902] Põe a pergunta Nuno Manuel Pinto Oliveira, "O Direito da Insolvência e a tendencial universalidade do Direito Privado", cit., pp. 98-99.

[903] A posição aqui adoptada está em directa oposição com a de alguma doutrina portuguesa (cfr. Luís Manuel Teles de Menezes Leitão, Código da Insolvência e da Recuperação de Empresas Anotado, cit., p. 265) que afirma que "[n]ão parece que a controvérsia doutrinária e jurisprudencial que se estabeleceu a propósito do art. 17.º-C, n.º 3 sobre a possibilidade de nesta fase o juiz indeferir liminarmente o PER tenha cabimento no âmbito do PEAP". Não se compreende, designadamente, o argumento de que "[n]ão se exigindo nesta sede a recuperabilidade, nem a demonstração de que o [devedor] não se encontra em situação de insolvência actual, como condição de acesso ao PEAP, parece afastar-se qualquer possibilidade de apreciação liminar deste requerimento". Não parece possível, em face do disposto no art. 222.º-A, dizer-se que não se exige a demonstração de que o devedor não se encontra em situação de insolvência actual. Em fórmula quase igual à do art. 17.º-A, o art. 222.º-A determina que (só) pode utilizar o PEAP o "devedor que (...) comprovadamente, se encontre em situação económica difícil ou em situação de insolvência meramente iminente" (cfr. art. 222.º-A, n.º 1) e "o ateste, mediante declaração escrita e assinada" (cfr. art. 222.º-A, n.º 2). Exceptuando a recuperabilidade, o acesso ao PEAP faz-se, fundamentalmente, nos mesmos termos em que se fazia o acesso ao antigo PER – os mesmos que deram origem à "controvérsia doutrinária e jurisprudencial que se estabeleceu a propósito do art. 17.º-C, n.º 3 sobre a possibilidade de nesta

LIÇÕES DE DIREITO DA INSOLVÊNCIA

Como se confirmará, nenhum dos requisitos da apresentação a PEAP tem vocação para comprovar/atestar que o devedor cumpre aquele pressuposto. Assim, apesar do art. 222-º-A dizer que (só) pode utilizar o PEAP o "devedor que (...) *comprovadamente*, se encontre em situação económica difícil ou em situação de insolvência meramente iminente" (cfr. art. 222-º-A, n.º 1) e "o *ateste*, mediante declaração escrita e assinada" (cfr. art. 222.º-A, n.º 2), não há forma de o pressuposto ficar comprovado/atestado.

Os requisitos da apresentação a PEAP são sete: o requerimento de abertura do processo (cfr. art. 222.º-C, n.º 3, proémio), uma declaração escrita e assinada pelo devedor atestando que cumpre o pressuposto do processo (cfr. art. 222.º-A, n.º 2), uma declaração escrita em que o devedor e pelo menos um dos seus credores manifestam a vontade de encetarem negociações conducentes à elaboração de acordo de pagamentos, assinada por todos os declarantes e contendo a data da assinatura [cfr. art. 222.º-C, n.ºs 1 e 2, e art. 222.º-C, n.º 3, al. *a)*], uma lista de todas as acções de cobrança de dívida pendentes contra o devedor, um comprovativo da declaração de rendimentos do devedor, um comprovativo da sua situação profissional ou, se aplicável, situação de desemprego e, por último, uma cópia de cada um dos documentos elencados nas als. *a)*, *d)* e *e)* do n.º 1 do art. 24.º [cfr. art. 222.º-C, n.º 3, al. *b)*].

Com a exigência, no art. 222.º-A, n.º 2, de uma declaração do devedor atestando o cumprimento do pressuposto do processo talvez o legislador visasse genuinamente que o pressuposto do processo ficasse atestado, mas de imediato se vê isso não é susceptível de suceder, quanto mais não seja porque o declarante é o próprio devedor.

Se um dos argumentos aduzidos para a recusa da aplicabilidade do antigo PER a pessoas (singulares) não empresárias era o de que, na prática, eram estes sujeitos quem mais fazia um uso indevido do PER (recorrendo a ele já

---

fase o juiz indeferir liminarmente o PER". Como se viu atrás (aquando do estudo dos casos de recusa de abertura do PER), esta controvérsia estabeleceu-se, justamente, porque, exigindo a lei que o devedor fosse recuperável e se encontrasse em situação de pré-insolvência, não se previam formas para comprovar/atestar estes pressupostos. Os pressupostos não podiam, apesar disso, deixar de ser respeitados, cabendo ao juiz recusar a abertura do processo sempre que fosse visível que eles não se verificavam. Este raciocínio vale agora, integralmente, para o PEAP, no que toca ao seu (único) pressuposto. Cfr., para aquela controvérsia e posição adoptada, CATARINA SERRA, O *Processo Especial de Revitalização na Jurisprudência – Questões Jurisprudenciais com Relevo Dogmático*, cit., pp. 49 e s.

em situação de insolvência actual), justifica-se ainda menos esta omissão do legislador.

134. Tramitação e efeitos

Tal como o PER, o processo inicia-se com a prolação do despacho do administrador judicial provisório (cfr. art. 222.º-C, n.º 4, e 222.º-D, n.º 1), que produz os mesmos efeitos do despacho homólogo no PER.

O despacho tem, por conseguinte, o efeito imediato da nomeação do administrador judicial provisório, com a correspectiva perda, por parte do devedor, do poder de praticar (alguns) actos de especial relevo sem a autorização do administrador judicial provisório (cfr. art. 222.º-E, n.º 2)[904].

Produz ainda os efeitos processuais (impeditivo e suspensivo de acções judiciais contra o devedor) (cfr. art. 222.º-E, n.º 1) e os efeitos substantivos (suspensivo dos prazos de prescrição e de caducidade dos prazos oponíveis pelo devedor e impeditivo da suspensão da prestação de serviços públicos essenciais) (cfr. art. 222.º-E, n.ºs 7 e 8).

Depois da publicação no portal Citius do referido despacho há vinte dias para a reclamação de créditos junto do administrador judicial provisório; este elabora, no prazo de cinco dias, a lista provisória de créditos (cfr. art. 222.º-D, n.º 2). A lista provisória de créditos é imediatamente apresentada na secretaria do tribunal e publicada no portal Citius, podendo ser impugnada no prazo de cinco dias úteis; o juiz, também no prazo de cinco dias, decide as impugnações (cfr. art. 222.º-D, n.º 3). Não sendo impugnada, a lista provisória de créditos converte-se de imediato em lista definitiva (cfr. art. 222.º-D, n.º 4).

O prazo para a conclusão das negociações é de dois meses a contar do final do prazo para a impugnação da lista provisória de créditos, podendo tal prazo ser prorrogado por uma vez e por um mês, mediante acordo pré-

---

[904] Repare-se que, ao contrário do que sucede no art. 17.º-E, n.º 2, a remissão do art. 222.º-E, n.º 2, não é para todo o art. 161.º. A lei refere-se ao n.º 2 e às als. *d), e), f)*, e *g)* do n.º 2 do art. 161.º do CIRE, ou seja, duas vezes ao n.º 2. A Declaração de Rectificação n.º 21/2017, de 25 de Agosto, nada rectificou. Sendo que o n.º 2 contém o critério mas é o n.º 3, nas suas alíneas, que contém a enumeração exemplificativa dos actos de especial relevo que aparentemente se pretende, fez-se uma leitura correctiva, ficando, ainda assim, a merecer reservas a remissão para a al. *g)*, que se refere a "alienação de qualquer bem da *empresa* (...)" (sublinhados nossos).

LIÇÕES DE DIREITO DA INSOLVÊNCIA

vio entre o administrador judicial provisório e o devedor (cfr. art. 222.º-D, n.º 5).

Concluindo-se as negociações com a aprovação unânime de acordo de pagamento em que intervenham todos os credores, este deve ser assinado por todos, sendo de imediato remetido ao processo, para homologação ou recusa da mesma[905] pelo juiz, produzindo tal acordo de pagamento, em caso de homologação, de imediato, os seus efeitos (cfr. art. 222.º-F, n.º 1).

Concluindo-se as negociações com aprovação de acordo de pagamento sem unanimidade, o devedor remete-o ao tribunal para homologação ou recusa da mesma (cfr. art. 222.º-F, n.º 2)[906].

Seguindo o art. 222.º-F, n.º 3, o acordo deve considerar-se aprovado, quando: "*a*) Sendo votado por credores cujos créditos representem, pelo menos, um terço do total dos créditos relacionados com direito de voto, contidos na lista de créditos a que se referem os n.ºs 3 e 4 do artigo 222.º-D, recolha o voto favorável de mais de dois terços da totalidade dos votos emitidos e mais de metade dos votos emitidos correspondentes a créditos não subordinados, não se considerando como tal as abstenções; ou *b*) Recolha o voto favorável de credores cujos créditos representem mais de metade da totalidade dos créditos relacionados com direito de voto, calculados de harmonia com o disposto na alínea anterior, e mais de metade destes votos

---

[905] A Declaração de Rectificação n.º 21/2017, de 25 de Agosto, veio corrigir – mal – esta expressão para "o mesmo", pressupondo – erradamente – que a recusa é do acordo e não da sua homologação.

[906] Esta norma é um dos exemplos mais flagrantes dos resultados/acidentes decorrentes da "costura" legislativa a que se fez menção acima. Transpondo-se sem grande atenção parte da norma do art. 17.º-F, n.º 3, para a norma do art. 222.º-F, n.º 2, esta, além de se referir indevidamente a "plano", refere-se ao início do prazo de votação quando o pressuposto desta norma é que o acordo de pagamento já tenha sido aprovado. A única possibilidade de atribuir sentido ao preceito é interpretá-lo à luz do regime anterior do PER, em que, pura e simplesmente, não se definia prazo para a votação (não havia possibilidade de junção de nova versão de plano nem havia, por isso, prazo que corresse desde a publicação do anúncio da junção ou não junção) e se entendia que ela tinha lugar no decurso (e até ao final) do prazo previsto para as negociações. A única parte realmente proveitosa do art. 222.º-F, n.º 2, é a determinação de que, concluindo-se as negociações com aprovação de acordo de pagamento sem unanimidade, o devedor remete o acordo ao tribunal para homologação ou recusa dela, sendo, pois, a única que deve e pode ser aproveitada. Tal como antes, mesmo que a lei não o diga expressamente, deve continuar a admitir-se que, no decurso da votação e até ao final do prazo das negociações, os credores solicitem a não homologação do acordo nos termos e para os efeitos dos arts. 215.º e 216.º.

588

O REGIME ESPECIAL DAS PESSOAS SINGULARES

correspondentes a créditos não subordinados, não se considerando como tal as abstenções". Existem, portanto, também no PEAP, as duas hipóteses alternativas de aprovação.

Neste caso, o administrador judicial provisório elabora um documento com o resultado da votação e remete-o de imediato ao tribunal (cfr. art. 222.º-F, n.º 4, *in fine*).

Em qualquer dos casos acima referidos (aprovação unânime ou não), o juiz decide se deve homologar ou recusar a homologação do acordo de pagamento nos dez dias seguintes à recepção da documentação que comprova a aprovação, aplicando-se com as devidas adaptações, as regras vigentes em matéria de aprovação e homologação do plano de insolvência, em especial as previstas nos arts. 215.º e 216.º (cfr. art. 222.º-F, n.º 5).

Quando há homologação judicial, o acordo de pagamento adquire, por força dela, carácter vinculativo para todos os credores, afectando mesmo aqueles que não hajam reclamado os seus créditos ou participado nas negociações, relativamente aos créditos constituídos à data da prolação do despacho de nomeação do administrador judicial provisório (cfr. art. 222.º-F, n.º 8).

Caso o devedor ou a maioria dos credores concluam antecipadamente não ser possível alcançar acordo ou caso seja ultrapassado o prazo para as negociações sem alcançar acordo, o processo negocial é encerrado, devendo o administrador comunicar tal facto ao processo (cfr. art. 222.º-G, n.º 1).

O que acontece a seguir depende, fundamentalmente, da situação em que se encontre, nessa altura, o devedor ou, mais precisamente, da situação em que se encontre, nessa altura, o devedor tal como a classifica o administrador judicial provisório (cfr. art. 222.º-G, n.º 4). Não estando o devedor ainda em situação de insolvência, o encerramento do processo acarreta a extinção de todos os seus efeitos (cfr. art. 222.º-G, n.º 2). Estando, porém, o devedor já em situação de insolvência, o encerramento do processo desencadeia o procedimento, já conhecido, que eventualmente desembocará na declaração de insolvência do devedor.

Sendo o parecer do administrador judicial provisório no sentido da insolvência do devedor, o tribunal notifica este para, querendo e mostrando-se preenchidos os respectivos pressupostos, apresentar, no prazo de cinco dias, plano de pagamentos, nos termos do disposto nos arts. 249.º e s., ou requerer a exoneração do passivo restante, nos termos do disposto nos arts. 235.º e s. (cfr. art. 222.º-G, n.º 5). A insolvência deverá ser declarada no prazo de três dias a contar do termo daquele prazo, sem prejuízo do disposto no art. 255.º,

LIÇÕES DE DIREITO DA INSOLVÊNCIA

n.º 1, ou seja, da possibilidade de o juiz dar o incidente do plano de pagamentos imediatamente por encerrado, por se afigurar altamente improvável que ele venha a merecer aceitação (cfr. art. 222.º-G, n.º 3).

O termo do PEAP que ocorra por não aprovação do acordo nos termos referidos no art. 222.º-G, n.º 1, ou por desistência das negociações (cfr. art. 222.º-G, n.º 6) impede ainda o devedor de recorrer a novo PEAP pelo prazo de dois anos (cfr. art. 222.º-G, n.º 7). Reencontra-se aqui o efeito de "quarentena" (impossibilidade de recorrer ao PEAP pelo prazo de dois anos) de que se falou atrás, a propósito do PER.

A disciplina acabada de descrever, contida nos arts, 222.º-G, n.ºs 2 a 5 e 7 e 8, é aplicável à hipótese de não homologação do acordo (cfr. art. 222.º-F, n.º 6) e ainda, mas apenas na parte respeitante àquele efeito de "quarentena", à hipótese de homologação do acordo, excepto se o devedor demonstrar que executou integralmente o acordo de pagamento ou que o requerimento de novo PEAP é motivado por factores alheios ao próprio acordo e a alteração superveniente é alheia ao devedor (cfr. art. 222.º-G, n.º 7, *ex vi* do art. 222.º-F, n.º 11).

A formulação da segunda ressalva, assente em dois requisitos cumulativos (o requerimento ser motivado por factores alheios ao acordo e a alteração superveniente ser alheia ao devedor), não é a mais clara, mas compreende-se a intenção do legislador: admitir apenas os casos que o devedor só não conseguiu cumprir o acordo devido a algum infortúnio, como, por exemplo, ter ficado, sem culpa sua, em situação de desemprego.

O período de "quarentena" inicia-se, no caso de não homologação, a partir do encerramento do PEAP (cfr art. 222.º-G, n.º 7) e, no caso de homologação, a partir da sentença homologatória (cfr. art. 222.º-F, n.º 11).

Quanto ao recurso da sentença não homologatória, a norma do art. 222.º-F, n.º 10, estabelece a regra de que, quando o parecer do administrador é no sentido de que a empresa está insolvente, se aplica, com as devidas adaptações, o disposto no n.º 3 do art. 40.º. Por outras palavras: o recurso da sentença não homologatória suspende a liquidação e a partilha do activo.

Existe no PEAP, à imagem do que sucede no PER, uma disciplina reservada aos "novos créditos", reproduzindo o art. 222.º-H, n.ºs 1 e 2, quase completamente, o art. 17.º-H, n.ºs 1 e 2. Por seu turno, o art. 120.º, n.º 6, determina que a insusceptibilidade de resolução em benefício da massa dos negócios jurídicos "cuja finalidade seja prover o devedor com meios de financiamento suficientes para viabilizar a sua recuperação" se estende aos negócios jurídicos celebrados no âmbito do PEAP. Existe ainda, no art. 222.º-E, n.º 9,

O REGIME ESPECIAL DAS PESSOAS SINGULARES

um regime especial para os "novos créditos" derivados do fornecimento à empresa de serviços públicos essenciais, que foi, do mesmo modo, transposto do art. 17.º-E, n.º 9. São válidas aqui, portanto, as observações feitas sobre o regime homólogo do PER.

O regime do encerramento do PEAP e da cessação de funções do administrador judicial provisório são regulados à imagem do regime do PER.

O PEAP encerra-se, no caso de sentença homologatória do acordo, com o trânsito em julgado desta [cfr. art. 222.º-J, n.º 1, al. *a*)] e, no caso de não aprovação ou não homologação do acordo, uma vez cumprido o disposto nos n.ºs 1 a 6 do art. 222.º-G [cfr. art. 222.º-J, n.º 1, al. *b*)].

O administrador judicial provisório manter-se-á em funções, sem prejuízo da sua substituição ou remoção, até ser proferida a decisão de homologação ou até ao encerramento do processo nos demais casos [cfr. art. 222.º-J, n.º 2, als. *a) e b)*].

Compete ao devedor suportar as custas do processo de homologação, de acordo com o que dispõe a norma do art. 222.º-F, n.º 9.

Quando ao incumprimento do acordo de pagamento, determina o art. 222.º, n.º 10, não surpreendentemente, que lhe é aplicável o disposto no n.º 1 do artigo 218.º, sendo, portanto, válidas as considerações tecidas a propósito desta norma no âmbito do plano de insolvência e do PER.

Diga-se, por fim, que a lei prevê no art. 222.º-I, a homologação de acordo extrajudicial de pagamento. Ele foi decalcado do instrumento homólogo que é aplicável às empresas (cfr. art. 17.º-I) e visa a homologação de acordos de pagamento obtidos extrajudicialmente, não obstante com as adaptações devidas à diferente qualidade do devedor.

135. Pedido de plano de pagamentos e de exoneração do passivo restante nos casos de processo de insolvência subsequente

Entre as medidas positivas que se consagraram na adaptação do velho PER a não empresários conta-se o disposto no art. 222.º-G, n.ºs 3 e 5, que permite pôr fim a uma discussão antiga, respeitante aos devedores que sejam pessoas singulares[907].

---

[907] O problema põe-se do mesmo modo relativamente a todas as pessoas singulares, sendo elas titulares ou não titulares de empresas, pelo que, não tendo sido acolhida no regime do PER uma regra homóloga, só parcialmente se encontra resolvido. Ficam sem tutela, mais precisamente, o interesse na exoneração e o interesse no plano de pagamentos que possam ter, respectivamente, todas as pessoas singulares titulares de empresa e as pessoas singulares

LIÇÕES DE DIREITO DA INSOLVÊNCIA

Prevê-se, no art. 222.º-G, n.º 5, *in fine*, que, quando o processo se encerre sem aprovação de plano de recuperação, o tribunal notifique o devedor para que este, querendo, apresente, no prazo de cinco dias, plano de pagamentos ou requeira a exoneração do passivo restante e, no art. 222.º-G, n.º 3, *in fine*, que a insolvência é declarada pelo juiz no prazo de três dias úteis contados a partir do termo daquele prazo.

Existia, já antes da alteração do DL n.º 79/2017, de 30 de Junho, algum consenso quanto ao facto de dever ser consentido ao devedor apresentar um plano de pagamentos no processo de insolvência subsequente[908]. O problema era que o devedor não dispunha de uma oportunidade clara para esta apresentação. Nos termos do art. 251.º e 253.º, o plano de pagamentos deve ser apresentado conjuntamente com a petição inicial ou, quando a declaração de insolvência tenha sido requerida por pessoa que não o devedor, dentro do prazo previsto para a oposição. Entretanto, de acordo com o art. 222.º-G, n.ºs 3 e 4 (como antes o art. 17.º-G, n.ºs 3 e 4), quem requer a declaração de insolvência é o administrador judicial provisório, mas este requerimento equivale a uma apresentação à insolvência, devendo a mesma ser declarada pelo juiz no prazo de três dias úteis. Havia, então, quem alegasse que não havia espaço para apresentar o plano de pagamentos: o requerimento não era apresentado pelo devedor e, sendo a declaração de insolvência imediata, não havia lugar a oposição.

Ora, como se explicou no âmbito do PER, a regra da declaração imediata de insolvência deve ser restringida à hipótese em que o devedor concorde com o parecer do administrador judicial, devendo conceder-se, na outra hipótese, um prazo para a oposição do devedor e, portanto, uma oportuni-

---

titulares de pequena empresa que recorram ao PER nessa qualidade. Em contrapartida, a disciplina será inútil para alguns dos sujeitos abrangidos pelo PEAP – as pessoas jurídicas –, uma vez que elas não podem recorrer nem à exoneração nem ao plano de pagamentos.

[908] Na jurisprudência, veja-se, a favor da admissibilidade de apresentação de plano de pagamentos, o Acórdão do TRC de 13 de Outubro de 2015, Proc. 996/15.8T8LRA-E.C1 (Relatora: CATARINA GONÇALVES), o Acórdão do TRG de 24 de Outubro de 2013, Proc. 1368/12.1TBEPS-A.G1 (Relator: MANUEL BARGADO), e o Acórdão do TRE de 15 de Julho de 2015, Proc. 529/14.3T8STB-E.E (Relator: RUI MACHADO E MOURA). Veja-se, contra a sua admissibilidade, o Acórdão do TRL de 26 de Novembro de 2015, Proc. 812-15.0T8VFX-B.L1-6 (Relatora: MARIA DE DEUS CORREIA), o Acórdão do TRL de 29 de Outubro de 2015, Proc. 673/15.0T8AGH-C.L1-6 (Relator: ANTÓNIO MARTINS), o Acórdão do TRL de 23 de Abril de 2015, Proc. 3142/12.6YXLSB-F.L1-2 (Relator: JORGE LEAL), e o Acórdão do TRC de 30 de Junho de 2015, Proc. 1687/15.5T8CBR-C.C1 (Relator: FONTE RAMOS).

O REGIME ESPECIAL DAS PESSOAS SINGULARES

dade para ele apresentar o plano de pagamentos. Mas também quanto àquela primeira hipótese (residual), sendo imperioso evitar que o devedor, quando é pessoa singular, seja privado de um direito cujo exercício representa a única via para prevenir a liquidação patrimonial, era já razoável entender-se que o plano de pagamentos podia ser apresentado em momento posterior. Foi esta a solução adoptada por alguma doutrina e alguma jurisprudência[909]-[910], que, naturalmente, era extensível ao pedido de exoneração do passivo restante[911].

---

[909] Cfr., neste sentido, RITA FABIANA DA MOTA SOARES, "As consequências da não aprovação do plano de recuperação", cit., pp. 106-107.

[910] Neste contexto, deve dar-se destaque ao (já referido) Acórdão do TRG de 24 de Outubro de 2013, Proc. 1368/12.1TBEPS-A.G1 (Relator: MANUEL BARGADO). Diz-se aí no sumário: "II – Nesse caso, não tendo sido possível ao devedor/insolvente apresentar o plano de pagamentos a que alude o art. 251º do CIRE, não se vislumbram razões substantivas ou de outra natureza que impeçam aquele de, na assembleia de credores subsequente à declaração de insolvência referida em I, apresentar ou propor um plano de pagamentos que possa vir a merecer a aprovação dos credores. III – Tal mostra-se, aliás, em consonância com os princípios da adequação formal e da cooperação plasmados nos artigos 265.º-A e 266.º do CPC, os quais se encontram constitucionalmente tutelados pelos princípios do acesso ao direito e à tutela jurisdicional efectiva, consignados no art. 20.º da Constituição". O entendimento é adoptado ainda no Acórdão do TRE de 4 de Fevereiro de 2016, Proc. 7080/15.2T8STB-B.E1 (Relator: PAULO AMARAL). Veja-se, contudo, a decisão dissonante do (também já referido) Acórdão do TRC de 13 de Outubro de 2015, Proc. 996/15.8T8LRA-E.C1 (Relatora: CATARINA GONÇALVES). Diz-se aí no sumário: "II – A circunstância de a insolvência ter sido declarada como decorrência do encerramento do processo especial de revitalização sem a aprovação e homologação de um plano de recuperação – situação em que não se configuram os momentos que a lei elege como adequados à apresentação do plano de pagamentos (a petição inicial ou em alternativa à contestação do processo de insolvência, consoante o processo seja da iniciativa do próprio devedor ou de terceiro) – não determina que o devedor possa apresentar esse plano a qualquer momento após a declaração da sua insolvência. III – Ainda que se admita que o recurso ao PER não impossibilita o devedor de vir a apresentar um plano de pagamentos e ainda que se considere necessária a adaptação e adequação do regime legal a essa situação (por não se configurarem os momentos que a lei elege como adequados à apresentação do plano), tal adequação conduziria, quando muito, a permitir que o devedor apresentasse o plano de pagamentos quando tomasse conhecimento de que o processo de revitalização iria prosseguir como processo de insolvência ou em prazo razoável após esse conhecimento, não justificando que, na assembleia de apreciação do relatório (meses depois da declaração da insolvência), lhe possa e deva ser ainda concedido um qualquer prazo para tal apresentação".

[911] São semelhantes, para estes efeitos, as regras que condicionam o pedido de exoneração do passivo restante (cfr. art. 236.º, n.ºs 1 e 2), pelo que se punha o mesmo problema. A jurisprudência considera(va), também aqui, que o devedor não podia ficar impedido de apresentar posteriormente o pedido. Cfr., apontando para um prazo até ao termo da assembleia de apre-

LIÇÕES DE DIREITO DA INSOLVÊNCIA

Com o disposto no art. 222.º-G, n.ºs 3 e 5, fica resolvido em definitivo (regulado, não obstante, em termos ligeiramente diferentes) o problema em ambas as hipóteses.

CAPÍTULO V – A disciplina especial dos cônjuges

Bibliografia específica: Diana Raposo, "Património indiviso após divórcio – apreensão e liquidação em processo de insolvência (com menção à questão da graduação dos créditos hipotecários)", in: *Julgar*, 31, pp. 75 e s., Luís Carvalho Fernandes/João Labareda "Regime particular da insolvência dos cônjuges", in: *Colectânea de Estudos sobre a Insolvência*, Lisboa, Quid Juris, 2009, pp. 311 e s., Maria João Areias, "Insolvência de pessoa casada num dos regimes de comunhão – sua articulação com o regime da responsabilidade por dívidas dos cônjuges", in: *Revista de Direito da Insolvência*, 2017, n.º 1, pp. 106 e s.

136. O regime especial da insolvência de ambos os cônjuges

136.1. A qualificação jurídica do património comum do casal

Como se viu atrás, na norma do art. 2.º delimita-se o âmbito subjectivo do processo de insolvência. Dispõe-se aí que, além das pessoas singulares ou colectivas, podem ser objecto de processo de insolvência: a herança jacente, as associações sem personalidade jurídicas e as comissões especiais, as sociedades civis, as sociedades comerciais e as sociedades civis sob forma comercial até à data do registo definitivo do contrato pelo qual se constituem, as cooperativas, antes do registo da sua constituição, o EIRL e quaisquer outros patrimónios autónomos.

O critério subjacente ao elenco é, claramente, o critério da autonomia patrimonial, não obstante se usar, não a técnica da cláusula geral, mas sim a da enumeração exemplificativa, com uma remissão final para outras situações subsumíveis à categoria.

Olhando para os casos referidos, parece não ser de atender, para efeitos de sujeição à insolvência, à distinção entre os patrimónios sem titular determinado, ou seja, os patrimónios autónomos *stricto sensu* (como a herança jacente), os patrimónios com titular determinado, ou seja, os patrimónios separados (como o EIRL e a herança aceite) e os patrimónios com plurali-

ciação do relatório aludida no art. 156.º, o Acórdão do TRG de 12 de Outubro de 2017, Proc. 2025/16.5T8CHV-E.G1 (Relator: Alcides Rodrigues).

O REGIME ESPECIAL DAS PESSOAS SINGULARES

dade de titulares, em regime de "comunhão de mão comum" (*Gesamthand-gemeinschaft*) ou comunhão de tipo germânico (por oposição à comunhão de tipo romano)[912], ou seja, os patrimónios colectivos (como as associações sem personalidade jurídica, as comissões especiais, as sociedades civis e as sociedades comerciais e civis sob forma comercial e as cooperativas até ao registo definitivo da sua constituição).

Trata-se de um conceito amplo de património autónomo, que dispensa o "preciosismo" respeitante à qualificação jurídica de cada um dos patrimónios referidos (ou seja, é indiferente à titularidade do património por alguém e, no caso afirmativo, é indiferente ao número de titulares). Foi, sem dúvida, uma opção acertada[913].

Ora, a comunhão conjugal é geralmente qualificada como um património colectivo. O património colectivo (também conhecido como propriedade colectiva) é uma espécie de simétrico do património separado: neste uma pessoa é titular de dois conjuntos patrimoniais; naquele uma única massa patrimonial pertence a mais do que uma pessoa.

Apesar daquela qualificação, o património comum do casal não é susceptível de subsunção à categoria da al. *h)* do n.º 1 do art. 2.º e, portanto, não está sujeito à declaração de insolvência. São, portanto, sempre os cônjuges (isoladamente ou em conjunto), e não o património colectivo, quem assume a qualidade de devedor/insolvente. A circunstância dever-se-á ao facto de se entender que o património comum do casal não é um verdadeiro património autónomo.

O regime das dívidas dos cônjuges ilustra bem o que se acaba de dizer. Por um lado, sendo devedores ambos os cônjuges (cfr. art. 1691.º do CC) res-

---

[912] A comunhão de tipo germânico implica que o património não se reparta, como na comunhão de tipo romano (compropriedade), por quotas ideais entre as pessoas, mas que pertença em bloco à colectividade por elas formada. As pessoas só têm direito a uma quota de liquidação quando venha a ocorrer a partilha; enquanto subsistir o património só a colectividade pode exercer direitos sobre ele. A nota essencial da comunhão de tipo germânico é a afectação do património a um fim; este fim justifica o regime especial de responsabilidade por dívidas do património colectivo (que o aproxima do património autónomo).

[913] Se o legislador se tivesse atido a categorias doutrinais mais precisas, como a de "património colectivo", haveria algumas dificuldades a superar. Haveria, por exemplo, que distinguir, dentro das entidades sem personalidade jurídica, entre as de composição plural – que são patrimónios colectivos – e as de composição unipessoal (como, por exemplo, as sociedades por quotas unipessoais até ao registo da sua constituição) –, que são não patrimónios colectivos e sim patrimónios separados.

LIÇÕES DE DIREITO DA INSOLVÊNCIA

ponde o património colectivo e, subsidiariamente, os bens próprios de cada um (em regime de solidariedade excepto no caso de separação de bens) (cfr. art. 1695.º do CC). Sendo devedor apenas um dos cônjuges (cfr. art. 1692.º do CC) respondem os seus bens próprios e, subsidiariamente, a sua meação no património colectivo (cfr. art. 1696.º do CC). Como é visível, não existe rigorosa autonomia patrimonial, podendo tanto ser agredidos outros patrimónios para fazer face a dívidas comuns como como ser agredido o património colectivo para fazer face a dívidas que não são comuns.

Em razão destas especialidades, a lei da insolvência dispôs uma disciplina especial para os casos em que o casal tenha um património comum, ou seja, os cônjuges estejam casados em regime de comunhão de bens (geral ou de adquiridos) (cfr. arts. 264.º a 266.º).

136.2. A coligação e a apensação dos processos de insolvência dos cônjuges

Os preceitos dos arts. 264.º e s. constituem uma inovação face ao disposto no Código dos Processos Especiais de Recuperação da Empresa e de Falência. Duas advertências cumpre, à cabeça, fazer.

Em primeiro lugar, a aplicação dos arts. 264.º e s. está subordinada às disposições gerais dos arts. 240.º e 250.º, o que significa que a coligação está condicionada ao requisito de nenhum dos cônjuges ser titular de uma empresa ou, no caso contrário, ser só titular de pequena empresa (isto é, à data do início do processo, cumulativamente, não ter dívidas laborais, o número dos seus credores não ser superior a vinte e o seu passivo global não exceder 300 000 euros).

Em segundo lugar, tanto a coligação como a apensação só se aplicam se o regime de bens do casal não for o de separação. Por outras palavras: a lei deu relevância ao factor de conexão patrimonial. O motivo é evidente: não havendo património comum, não existem aqui as razões de conveniência que justificam o tratamento processual conjunto das duas situações. Assim, estando insolventes ambos os cônjuges, se o regime for o de separação, há dois processos de insolvência separados. Se o regime for de comunhão, a mesma coisa acontece a não ser que se verifiquem os requisitos da coligação ou da apensação e uma delas tenha lugar (a coligação se configure ou a apensação seja requerida).

136.2.1. Coligação

Nos termos do art. 264.º. a coligação dos cônjuges pode ser activa ou passiva.

596

O REGIME ESPECIAL DAS PESSOAS SINGULARES

A coligação activa corresponde à apresentação conjunta dos cônjuges à insolvência[914].

A coligação passiva pode ser inicial (pedido de insolvência contra ambos) ou superveniente (apresentação posterior de um dos cônjuges em processo de insolvência deduzido contra o outro).

136.2.1.1. Coligação activa

Segundo o disposto no n.º 1 do art. 264.º, existem dois requisitos fundamentais para que tenha lugar a coligação activa: a insolvência de ambos os cônjuges e um regime de bens do casal que não o de separação.

Ao exigir-se na norma a "apresentação conjunta", parece estar excluída a hipótese de coligação activa superveniente, por intervenção de um dos cônjuges no processo de insolvência do outro e iniciado pelo outro. Luís CARVALHO FERNANDES e JOÃO LABAREDA sustentam, no entanto, uma visão diferente, fundando-se em razões de conveniência prática. Dizem os autores que, na prática, são configuráveis situações em que, em dado momento, só um dos cônjuges está insolvente mas, posteriormente, sobrevém a situação de insolvência do outro ou em que estão ambos simultaneamente insolventes mas se predispõem a fazer a sua apresentação em momentos diferentes[915].

Admitindo-se a possibilidade de coligação activa superveniente, torna-se necessário saber o que acontece se o outro cônjuge não se apresentar voluntariamente mais tarde. Uma solução possível é, naturalmente, a aplicação, por analogia, do regime estabelecido para coligação passiva superveniente.

136.2.1.2. Coligação passiva

Os sujeitos com legitimidade para suscitar a coligação passiva dos cônjuges são os referidos no art. 20.º, ou seja, os sujeitos que, em geral, têm legitimidade para requerer a declaração de insolvência do devedor.

No que respeita aos requisitos, há que distinguir a coligação passiva inicial e a coligação passiva superveniente.

No âmbito da coligação passiva inicial, além dos dois requisitos da coligação activa, exige-se um terceiro: ambos os cônjuges devem ser responsáveis

---

[914] Quanto à (in)admissibilidade de coligação activa superveniente (apresentação posterior de um dos cônjuges em processo de insolvência por apresentação do outro) veja-se o que se diz, adiante, no texto.

[915] Cfr. Luís CARVALHO FERNANDES/JOÃO LABAREDA, "Regime particular da insolvência dos cônjuges", in: *Colectânea de Estudos sobre a Insolvência*, Lisboa, Quid Juris, 2009, p. 317.

LIÇÕES DE DIREITO DA INSOLVÊNCIA

perante o requerente (cfr. art. 264.º, n.º 1, *in fine*), ou seja, as dívidas devem ser da responsabilidade de ambos (cfr. art. 1691.º do CC).

No âmbito da coligação passiva superveniente, os requisitos são os constantes do art. 264.º, n.º 2: em primeiro lugar, (apenas) o consentimento do cônjuge contra quem foi proposto o processo e, em segundo lugar, a não aprovação e homologação (ainda ou de todo) de um plano de pagamentos.

A coligação passiva superveniente suscita vários problemas quanto à sua concretização na prática.

Suscita, desde logo, uma dúvida quanto ao prazo de que o cônjuge não demandado dispõe para se apresentar no processo de insolvência do outro. Em face da al. *a)* do n.º 4 do art. 264.º, será defensável que a apresentação do cônjuge deva ter lugar antes de ter sido proferida, naquele processo, a declaração de insolvência do outro[916].

Uma segunda dúvida respeita às formalidades da apresentação, devendo concluir-se que se aplicam as regras gerais dos arts. 23.º e 24.º[917].

Por fim, no que respeita à sentença, é aplicável o disposto na norma do art. 27.º, ou seja, o disposto quanto à apreciação liminar do pedido de declaração de insolvência.

As consequências da coligação passiva superveniente são as constantes do art. 264.º, n.º 3. No plano substantivo, a consequência central é a de que a insolvência do apresentante (só) se terá por confessada se vier a ser declarada a insolvência do outro [cfr. al. *a)* do art. 264.º, n.º 3]. No plano processual, a consequência essencial é a suspensão de qualquer processo de insolvência anteriormente instaurado apenas contra o apresentante e em que a insolvência não haja ainda sido declarada quando, alternativamente, a apresentação tenha sido acompanhada de confissão expressa da insolvência por parte do apresentante ou tenha sido apresentada uma proposta de plano de pagamentos por parte dos cônjuges [cfr. al. *b)* do art. 264.º, n.º 3].

136.2.1.3. Regime comum às modalidades de coligação
Todas as modalidades de coligação partilham a disciplina dos efeitos prevista no art. 264.º. n.º 4.

---

[916] Assim discorrem Luís CARVALHO FERNANDES/JOÃO LABAREDA ("Regime particular da insolvência dos cônjuges", cit., p. 323).

[917] Não obstante com algumas adaptações. Cfr. Luís CARVALHO FERNANDES/JOÃO LABAREDA, "Regime particular da insolvência dos cônjuges", cit., pp. 323-324.

O REGIME ESPECIAL DAS PESSOAS SINGULARES

Os efeitos são, essencialmente dois: em primeiro lugar, a apreciação da insolvência dos cônjuges deve ser feita na mesma sentença [cfr. art. 264.º, n.º 4, al, *a)*]; em segundo lugar, se se pretender apresentar uma proposta de plano de pagamentos, esta deve ser formulada conjuntamente pelos cônjuges [cfr. art. 264.º, n.º 4, al, *b)*]. Esta última exigência inviabiliza a opção pela via do plano de pagamentos quando só um dos cônjuges está interessado.

A coligação passiva (inicial ou superveniente) importa desvios ao processo mais profundos do que a coligação activa. Isto advém do facto de os cônjuges poderem não ter uma posição comum face ao pedido de declaração de insolvência. Pode, de facto, verificar-se que nenhum dos cônjuges deduziu oposição, ambos deduziram oposição ou só um deduziu oposição.

A última é a situação mais problemática, pois existe a possibilidade de ser declarada apenas a insolvência de um dos cônjuges.

Se apenas um dos cônjuges deduziu oposição, deve considerar-se a hipótese de o outro cônjuge ter apresentado, alternativamente, uma proposta de plano de pagamentos[918]. A hipótese é regulada na al. *a)* do n.º 5 do art. 264.º. Passam, nesse caso, a correr em simultâneo (em paralelo) os trâmites do processo de insolvência subsequentes a cada uma das situações (a oposição e a apresentação de proposta de plano de pagamentos).

Depois, tudo depende da decisão sobre a oposição à declaração de insolvência. Se a oposição for julgada improcedente, a sentença declara a insolvência de ambos. Além disso, extingue-se o incidente do plano de pagamentos [cfr. al. *b)* do n.º 5 do art. 264.º]. Isto dada a divergência manifesta entre os cônjuges[919] e o incumprimento do requisito da apresentação conjunta de proposta de plano de pagamentos [cfr. art. 264.º, n.º 4, al, *b)*][920]. Se a oposição for julgada procedente, só pode ser declarada a insolvência do cônjuge que apresentou a proposta de plano de pagamentos [cfr. al. *c)* do n.º 5 do art. 264.º].

---

[918] Como se viu antes, o plano de pagamentos pode ser apresentado pelo devedor conjuntamente com a petição inicial (cfr. art. 251.º) ou, quando não tiver sido dele a iniciativa do processo de insolvência, alternativamente à contestação da petição inicial (cfr. art. 253.º).

[919] Recorde-se que a apresentação do plano de pagamentos envolve a confissão da situação de insolvência, ao menos iminente, por parte do devedor (cfr. art. 252.º, n.º 4).

[920] Luís Carvalho Fernandes e João Labareda ("Regime particular da insolvência dos cônjuges", cit., pp. 320-321) criticam, porém, o automatismo desta solução.

LIÇÕES DE DIREITO DA INSOLVÊNCIA

Sobre os aspectos estritamente processuais, isto é, quanto ao curso do processo, regem os arts. 265.º e 266.º. Estas normas versam, respectivamente, sobre os créditos e sobre os bens apreendidos para a massa.

No que toca aos créditos, verifica-se que, não obstante haver uma única lista de credores, há lugar à discriminação das dívidas consoante sejam responsáveis ambos os cônjuges ou só um deles.

Já no que respeita aos votos, não se atende ao sujeito responsável, ou seja, ao facto de serem responsáveis pela dívida ambos os cônjuges ou só um.

Há uma única assembleia de credores mas, nas deliberações sobre os bens próprios de cada um dos cônjuges, não votam os titulares de créditos contra o outro.

No que toca aos bens, prevê-se que sejam constituídas três massas patrimoniais distintas. Há, assim, administração e liquidação autónoma de cada um dos patrimónios embora isso não implique a actividade de mais do que administrador da insolvência.

136.2.2. Apensação

Na hipótese de estarem em curso dois processos de insolvência distintos contra os cônjuges pode ter lugar a apensação processual (cfr. art. 86.º, n.º 1).

A apensação depende sempre, como se viu, de requerimento do administrador da insolvência, a apresentar, ao que tudo indica, no processo em que a insolvência tenha sido declarada em segundo lugar[921]. Ressalvam-se, no entanto, os casos em que seja aplicável o critério do tribunal de competência especializada, em que a apensação só é determinada se for requerida pelo administrador da insolvência do processo instaurado em tribunal de competência especializada (cfr. art. 86.º, n.º 4).

Ao juiz cabe ordenar a apensação, não tendo ele o poder de a recusar quando todos os respectivos requisitos se encontrem reunidos.

Da apensação resulta essencialmente que os processos passam a correr num tribunal único e a envolver um único administrador da insolvência[922].

---

[921] LUÍS CARVALHO FERNANDES e JOÃO LABAREDA ("Regime particular da insolvência dos cônjuges", cit., p. 329) sugerem, em alternativa, fundamentadamente, o critério do processo que se encontre em fase mais avançada.

[922] LUÍS CARVALHO FERNANDES e JOÃO LABAREDA discordam da solução. Cfr. LUÍS CARVALHO FERNANDES/JOÃO LABAREDA, "Regime particular da insolvência dos cônjuges", cit., p. 330.

O REGIME ESPECIAL DAS PESSOAS SINGULARES

137. A apresentação conjunta dos cônjuges no Processo Especial para Acordo de Pagamento

Como se viu, a coligação activa dos processos de insolvência dos cônjuges está expressamente contemplada na norma do art. 264.º, n.º 1.

Ora, na disciplina do PEAP não existe qualquer norma que preveja expressamente a coligação dos cônjuges. Ninguém duvidará, no entanto (e por maioria de razão), que os cônjuges devem poder apresentar-se conjuntamente ao PEAP.

Diversamente do que sucede com a norma do art. 86.º, que regula a apensação de processos de insolvência e é inaplicável ao PEAP, não há razões que afastem a aplicação analógica da norma do art. 264.º, n.º 1. Torna-se, assim, possível, por esta via, a apresentação conjunta dos cônjuges ao PEAP[923], ou seja, a coligação activa dos cônjuges no PEAP.

A coligação dos cônjuges é, no entanto, necessariamente activa, ou seja, só pode ocorrer por apresentação espontânea e voluntária. É que os princípios e as regras do processo de insolvência só são aplicáveis quando tal não seja incompatível com a natureza e os fins do PEAP. Ora, a coligação passiva não é – não pode ser – aplicável ao PEAP porque é inconciliável com o voluntarismo que caracteriza a actuação do devedor. Como é sabido, o PEAP só pode iniciar-se por vontade do devedor (cfr. art. 222.º-C, n.º 1).

Naturalmente, surgem algumas questões práticas quanto à orgânica e à tramitação do processo único dos cônjuges. Elas correspondem, fundamen-

---

[923] À jurisprudência dos tribunais superiores chegou o problema da apresentação conjunta dos cônjuges ao PER. Veja-se, por exemplo, o Acórdão do TRE de 9 de Julho de 2015, Proc. 718/15.3TBSTR.E1 (Relator: SILVA RATO), onde se faz referência a uma decisão de primeira instância em que o juiz se pronuncia pela inadmissibilidade de coligação inicial activa dos cônjuges no âmbito do PER. Veja-se ainda o Acórdão do TRE de 10 de Setembro de 2015, Proc. 531/15.8T8STR.E1 (Relator: SÍLVIO SOUSA). Na decisão recorrida havia sido afirmada a inadmissibilidade de coligação activa inicial dos cônjuges tanto no processo de insolvência – surpreendentemente, diga-se, atendendo à clareza do art. 264.º, n.º 1 – como no PER. O tribunal *ad quem* acabou, contudo, por não conhecer a questão, que ficou prejudicada pela decisão sobre a parte anterior do recurso. A decisão mais importante até ao momento é, sem dúvida, a contida no Acórdão do TRE de 5 de Novembro de 2015, Proc. 371/15.4T8STR.E1 (Relatora: ALEXANDRA MOURA SANTOS), em que se preconiza a aplicação analógica do art. 264.º ao PER. Diz-se aí que "[p]revendo o art. 264.º, n.º 1, do CIRE a coligação activa dos cônjuges em sede de processo de insolvência, ao estabelecer que 'incorrendo marido e mulher em situação de insolvência e não sendo o regime de bens o da separação, é lícito aos cônjuges apresentarem-se conjuntamente à insolvência (...)', deverá aplicar-se o mesmo regime ao PER por inexistirem quaisquer razões que a excluam".

LIÇÕES DE DIREITO DA INSOLVÊNCIA

talmente, às que foram enunciadas a propósito da apresentação conjunta ao PER de sociedades que sejam membros de grupos. São válidos aqui, com as devidas adaptações, os esclarecimentos então feitos, pelo que se remete para a exposição da referida matéria.

CAPÍTULO VI – Perspectivas de evolução

Bibliografia específica: ADELAIDE MENEZES LEITÃO, "Contributos sobre a Proposta de Diretiva do Parlamento Europeu e do Conselho relativa a meios preventivos de reestruturação, segunda oportunidade e medidas de melhoramento da eficiência dos processos de reestruturação. Insolvência e exoneração do passivo restante e à alteração da Diretiva 2012/30/EU", in: *Revista de Direito de Sociedades*, 2016, n.º 4, pp. 1019 e s., ALEXANDRE DE SOVERAL MARTINS, "Votação e aprovação do plano de reestruturação", in: CATARINA SERRA (coord.), *IV Congresso de Direito da Insolvência*, Coimbra, Almedina, 2017, pp. 215 e s., CATARINA SERRA, "Mais umas 'pinceladas' na legislação pré-insolvencial – Uma avaliação geral das alterações do DL n.º 26/2015, de 6 de Fevereiro, ao PER e ao SIREVE (e à luz do Direito da União Europeia)", in: *Direito das Sociedades em Revista*, 2015, vol. 13, pp. 43 e s., CATARINA SERRA, "A evolução recente do Direito da Insolvência em Portugal – Enquadramento para uma discussão sobre o tema 'Insolvência e Contencioso tributário'", in: *Insolvência e Contencioso tributário*, Lisboa, Centro de Estudos Judiciários, Colecção Formação Contínua, 2017, pp. 9 e s., CATARINA SERRA, "Direito da Insolvência em movimento – A reestruturação de empresas entre as coordenadas da legislação nacional e as perpectivas do Direito europeu", in: *Revista de Direito Comercial*, 2017, pp. 94 e s. (disponível em https://static1.squarespace.com/static/58596f8a29687fe710cf45cd/t/59 0c976fe6f2e13e8407e4f1/1493997428517/2017-05.pdf), CATARINA SERRA, "O Processo Especial de Revitalização e os trabalhadores – um grupo especial de sujeitos ou apenas mais uns credores?", in: *Julgar*, 2017, 31, pp. 25 e s., CATARINA SERRA, "The impact of the Directive on shareholders, companies' directors, and workers" in: *EuroFenix – The Journal of INSOL Europe*, 2017, 68, pp. 28 e s., CATARINA SERRA, "Back to basics – The role of the core principles of Law in the clarification and harmonisation of preventive restructuring frameworks", in: JENNIFER L.L. GANT (Ed.), *Papers from the INSOL Europe Academic Forum Annual Conference, Cascais, Portugal, 21-23 September 2016*, pp. 187 e s., CATARINA SERRA, "A harmonização do Direito substantivo da Insolvência", in: CATARINA SERRA (coord.), *IV Congresso de Direito da Insolvência*, Coimbra, Almedina, 2017, pp. 15 e s., CATARINA SERRA/JOSÉ GONÇALVES MACHADO, "Para uma harmonização mínima do Direito da Insolvência – Primeira abordagem à Proposta de Diretiva de 22.11.2016, com especial atenção ao seu impacto no Direito das Sociedades Comerciais", in: *Direito das Sociedades em Revista*, 2017, vol. 17, pp. 135 e s., JORGE MORAIS DE CARVALHO/MARIA JERÓNIMO, "As garantias dos novos financiamentos", in: CATARINA SERRA (coord.), *IV Congresso de Direito* *da Insolvência*, Coimbra, Almedina, 2017, pp. 269 e s., NUNO MANUEL PINTO OLIVEIRA, "O Direito da Insolvência e a tendencial universalidade do Direito Privado", in: CATARINA SERRA (coord.), *IV Congresso de Direito da Insolvência*, Coimbra, Almedina, 2017, pp. 71 e s., PAULO OLAVO CUNHA, "Reestruturação de sociedades e direitos dos sócios", in: CATARINA SERRA (coord.), *IV Congresso de Direito da Insolvência*, Coimbra, Almedina, 2017, pp. 341 e s.

138. A Recomendação da Comissão de 12 de Março de 2014

Como se disse atrás a propósito das perspectivas de evolução dos instrumentos de recuperação de empresas, a Comissão apresentou, no dia 12 de Março de 2014, uma recomendação em matéria de insolvência – a Recomendação C(2014) 1500 final, sobre uma nova abordagem em matéria de falência e de insolvência das empresas.

A Recomendação visa a convergência dos regimes da insolvência[924] e, em particular, das disposições que se dirigem, aparentemente, apenas às empresas (sob a forma de sociedades ou de outras pessoas jurídicas e ao empresário em nome individual).

No considerando 1 diz-se, expressamente, que aquilo que está em causa é dar uma segunda oportunidade aos *empresários* honestos em situação de insolvência. As recomendações parecem, assim, circunscrever-se às pessoas singulares que sejam titulares de empresas (empresários em nome individual). A verdade é que, sendo o âmbito de aplicabilidade de cada instituto definido pela legislação dos Estados-membros, algumas das regras aproveitarão, inevitavelmente, às restantes pessoas singulares. Tal acontece, por exemplo, no caso português, no que toca à exoneração do passivo restante, se e enquanto não se restringir o seu alcance aos sujeitos empresários[925].

Destacam-se na Recomendação, as recomendações 30 a 33, que dispõem, justamente, sobre a exoneração do devedor. Neste contexto, regista-se uma expressa tendência para atenuar os efeitos da insolvência sobre as pessoas singulares e para facilitar a sua exoneração. Na recomendação 30

---

[924] O fim último – um fim constante e comum a muitas iniciativas europeias em matéria de insolvência – é a convergência das legislações nacionais (cfr. considerando 11), ou, pelo menos, a redução das divergências, consideradas obstáculos ao funcionamento do mercado interno (cfr. recomendação 1.1).

[925] Uma coisa que poderia discutir-se, lateralmente, seria a bondade desta restrição. Se, por um lado, estes instrumentos compensam o risco e o impacto social e económico associados à actividade empresarial, por outro lado, não será legítimo privar, sem mais, as restantes pessoas singulares de uma segunda oportunidade.

LIÇÕES DE DIREITO DA INSOLVÊNCIA

diz-se, por palavras diferentes, que a exoneração deverá ter lugar ao fim de um período não superior a três anos a contar da data em que o devedor é declarado insolvente[926].

Também neste capítulo a conformidade da lei portuguesa com a Recomendação não é absoluta. Como se sabe, em Portugal, o período de cessão tem a duração de cinco anos a contar da data em que o processo de insolvência é encerrado (cfr. art. 245.º, n.º 1, e art. 239.º, n.º 2).

139. A Proposta de Directiva do Parlamento Europeu e do Conselho de 22 de Novembro de 2016

A propósito da Proposta de Directiva do Parlamento Europeu e do Conselho, de 22 de Novembro de 2016, sobre o quadro de instrumentos pré-insolvenciais de reestruturação, segunda oportunidade e medidas para aumentar a eficiência dos processos de recuperação, de insolvência e de exoneração e de alteração à Directiva 2012/30/UE, já se disse o essencial. Resta agora analisar o que nela se propõe quanto às pessoas singulares.

As medidas relevantes para este efeito concentram-se no Título III, denominado "Segunda oportunidade para os empresários em nome individual" ("*Second chance for entrepreneurs*"), que compreende os arts. 19.º a 23.º da Proposta de Directiva. Neste domínio, a Proposta de Directiva segue de perto a Recomendação da Comissão de 12 de Março de 2014, insistindo-se no encurtamento do tempo para a exoneração para três anos (cfr. art. 20.º da Proposta de Directiva).

Concretamente, os Estados-membros devem assegurar que os empresários honestos podem obter, através do acesso a um único procedimento, a exoneração total das suas dívidas, profissionais ou pessoais, num período máximo de três anos, sem necessidade de voltar a recorrer novamente a uma autoridade judicial ou administrativa para o efeito (cfr. arts. 19.º, n.º 1, 20.º, n.ºs 1 e 2, e 23.º, n.º 1, da Proposta de Directiva)[927].

---

[926] Na recomendação 30 diz-se precisamente que "[a]s dívidas dos empresários falidos devem ser integralmente objeto de quitação no prazo máximo de três anos a contar: *(a)* No caso de um procedimento que termina com a liquidação dos ativos do devedor, da data em que o tribunal decidiu sobre o pedido de abertura do processo de falência; *(b)* No caso de um procedimento que inclua um plano de reembolso, da data em que teve início a execução do plano de reembolso".

[927] Este prazo conta-se, no caso de processo que termine com a liquidação do activo, da data em que a autoridade judicial ou administrativa decidiu o pedido de abertura do processo e,

O REGIME ESPECIAL DAS PESSOAS SINGULARES

Advirta-se, mais uma vez, que, em consequência do estabelecido quanto ao âmbito de aplicação da Directiva, a disciplina se dirige apenas às pessoas singulares que sejam titulares de empresas [cfr. art. 1.º, n.º 2 (g), da Proposta de Directiva][928]. Os Estados-Membros são, no entanto, autorizados a estender a sua aplicação às pessoas singulares não empresárias, designadamente aos consumidores (cfr. art. 1.º, n.º 3, da Proposta de Directiva)[929].

Note-se, depois, a desconformidade entre as regras propostas e o disposto no Direito português. Como se viu, segundo o Código da Insolvência e da Recuperação de Empresas, o período de cessão tem a duração de cinco anos a contar da data em que o processo de insolvência é encerrado (cfr. art. 235.º).

Assim, caso a Directiva venha a ser aprovada, será preciso que o legislador nacional proceda a alterações também neste ponto.

---

no caso de processo que inclua um plano de reembolso aos credores, da data de início da execução do plano de pagamentos (cfr. art. 20.º, n.º 1).

[928] Esta opção tem, presumivelmente, por base o reconhecimento de que ser empresário é, antes de tudo, uma actividade de risco, não só pelo exercício da actividade económica (que é, em si mesmo, incerta e aleatória) mas também porque não raras vezes quem dirige os destinos da empresa acaba por ser obrigado a prestar garantias pessoais e, portanto, a assumir pessoalmente os custos do eventual fracasso da empresa, ainda que por motivos completamente alheios aos seus poderes decisórios e de gestão. Por outro lado, a actividade empresarial gera riqueza, que aproveita não só aos sócios e administradores da empresa, mas igualmente aos seus colaboradores, clientes e fornecedores.

[929] Se, como se disse, estes instrumentos compensam o risco e o impacto social e económico associados à actividade empresarial, é defensável que as restantes pessoas singulares possam beneficiar de uma segunda oportunidade. A Comissão considera, todavia, que a questão deve ser decidida ao nível nacional, porquanto os consumidores tendem a obter financiamento, nem tanto junto de fontes transfronteiriças mas junto de fontes locais (empréstimos de banco locais). Em Portugal, como se sabe, a exoneração aplica-se a todas as pessoas singulares mas não sucede o mesmo em todos os ordenamentos. A possibilidade aberta na Proposta de Directiva neste ponto relança o debate sobre o tema do acesso das pessoas singulares aos mecanismos de reestruturação e de segunda oportunidade em geral.

PARTE IV

A Insolvência Transfronteiriça

PARTE IV

A Insolvência Transfronteiriça

Bibliografia específica: ALEXANDRE DE SOVERAL MARTINS, "O 'CIP' ('Centro dos Interesses Principais') e as Sociedades: um capítulo europeu", in: *O Direito das Sociedades em Revista*, 2009, n.º 1, pp. 133 e s., ALEXANDRE DE SOVERAL MARTINS, "O Regulamento (UE) 2015/848 relativo aos processos de insolvência", in: *Estudos de Direito da Insolvência*, Coimbra Almedina, pp. 23 e s., ANA PERESTRELO DE OLIVEIRA, "O novo regime dos grupos de sociedades no Regulamento europeu sobre insolvência transfronteiriça", in: CATARINA SERRA (coord.), *IV Congresso de Direito da Insolvência*, Coimbra, Almedina, 2017, pp. 203 e s., ANTÓNIO FRADA DE SOUSA, "Exoneração do passivo restante e *forum shopping* na insolvência de pessoas singulares na União Europeia", in: AA. VV., *Estudos em Memória do Prof. Doutor J.L. Saldanha Sanches*, vol. II, Coimbra, 2011, pp. 57 e s., CATARINA SERRA, "Insolvência transfronteiriça – Comentários à Proposta de alteração do Regulamento europeu relativo aos processos de insolvência, com especial consideração do Direito português", in: *Direito das Sociedades em Revista*, 2013, vol. 10, pp. 97 e s., CATARINA SERRA, "'Abrindo' o Regulamento europeu sobre insolvência transfronteiriça – Algumas questões sobre o âmbito de aplicação do Regulamento na perspectiva do Direito português", in: AA. VV., *Para Jorge Leite – Escritos Jurídicos*, volume II, Coimbra, Coimbra Editora, 2014, pp. 729 e s., DÁRIO MOURA VICENTE, "Insolvência internacional: direito aplicável", in: AA. VV., *Estudos em memória do Professor Doutor José Dias Marques*, Coimbra, Almedina, 2007, pp. 81 e s., LUÍS DE LIMA PINHEIRO, *Direito Internacional Privado* – volume II – *Direito de conflitos – Parte Especial*, Coimbra, Almedina, 2016, "O Regulamento comunitário sobre insolvência – uma introdução", in: *Revista da Ordem dos Advogados*, 2006, III, pp. 1101 e s., MARIA HELENA BRITO, "Falências internacionais. Algumas considerações a propósito do Código da Insolvência e da Recuperação de Empresas", in: AA. VV., *Themis*, Edição Especial – *Novo Direito da Insolvência*, 2005, pp. 183 e s., MARIA HELENA BRITO, "Falências internacionais", in: AA. VV., *Estudos em memória do Professor Doutor José Dias Marques*, Coimbra, Almedina, 2007, pp. 625 e s., PATRÍCIA ALVES, "'*Forum shopping*' no direito da insolvência – Em especial no campo da responsabilidade dos gerentes ou administradores das sociedades comerciais pela situação de insolvência", in: *Julgar*, 2017, 31, pp. 135 e s.

LIÇÕES DE DIREITO DA INSOLVÊNCIA

CAPÍTULO I – Considerações gerais

140. A insolvência transfronteiriça e a necessidade da sua regulação

Em fórmula sucinta, pode dizer-se que se verifica uma situação de insolvência transfronteiriça ou internacional quando o devedor tem ligações com mais do que um Estado-membro, designadamente por ter bens ou credores localizados em mais do que um Estado-membro[930].

Uma situação deste tipo levanta problemas que não podem ser resolvidos por uma única ordem jurídica. Levanta-se, fundamentalmente, a questão de saber qual o âmbito de aplicação dos efeitos da declaração de insolvência[931].

Relativamente a este problema confrontam-se duas grandes teses: a tese da universalidade (também conhecida como tese da unidade), que sustenta que os efeitos do processo não se limitam ao território onde a insolvência é declarada, e a tese da territorialidade (também conhecida como tese da pluralidade), que sustenta exactamente o contrário, isto é, sustenta a circunscrição destes efeitos ao território onde a insolvência é declarada.

Em Portugal, como na maioria dos Estados-membros da União Europeia, passou, a certa altura, a ser dominante o modelo da universalidade, propendendo-se para se considerar que os tribunais nacionais são competentes para declarar a insolvência e para se atribuir à respectiva sentença efeitos univer-

---

[930] "[Q]uando, quer as pessoas implicadas (devedor e credores), quer os bens em causa, quer ambos, apresentam ligações com as ordens jurídicas de dois ou mais Estados" (cfr. MARIA JOÃO MACHADO, "Algumas considerações sobre a falência em Direito Internacional Privado", in: *Revista Jurídica da Universidade Portucalense Infante D. Henrique*, 1999, n.º 3, p. 78, ou *Da Falência em Direito Internacional Privado – Introdução aos seus problemas fundamentais*, Porto, Universidade Portucalense Infante D. Henrique, 2000, p. 12) ou "quando, em razão das pessoas envolvidas ou dos bens abrangidos ou dos dois factores conjuntamente, apresenta contactos com diversas ordens jurídicas" (cfr. MARIA HELENA BRITO, "Falências internacionais. Algumas considerações a propósito do Código da Insolvência e da Recuperação de Empresas", in: *Themis*, Edição Especial – *Novo Direito da Insolvência*, 2005, p. 186).

[931] Por outro lado, a probabilidade de os credores propenderem para executar os bens da empresa e desmembrarem a empresa (*common pool problem*) é mais elevada quando os credores estão dispersos por todos os Estados em que a empresa tem bens. Cfr., neste sentido, REINHARD BORK, in: REINHARD BORK/KRISTIN VAN ZWIETEN, *Commentary on the European Insolvency Regulation*, Oxford, Oxford University Press, 2016, p. 3.

A INSOLVÊNCIA TRANSFRONTEIRIÇA

sais relativamente a todos os credores e a todos os bens, seja onde for que estes se encontrem[932]-[933].

Evidentemente, só se atingirá a universalidade plena quando o modelo for adoptado em todos e cada um dos Estados envolvidos. A verdade é que, consideradas a imensa variedade de disciplinas jurídicas existentes no mundo e a impraticabilidade de uma absoluta uniformização[934], os modelos puros ou plenos não existem – nem seria desejável que existisssem em quaisquer circunstâncias[935].

Tornam-se úteis, neste contexto, instrumentos que, com alcance mais ou menos alargado, levem a cabo uma harmonização mínima entre as diversas ordens jurídicas relativamente aos efeitos internacionais da insolvência – que determinem quando e em que medida os efeitos da declaração de insolvência promanada em certo Estado afectam, de facto, os bens situados no exterior e os credores estrangeiros.

A União Europeia disponibiliza, deste há tempo, instrumentos deste tipo. Destaca-se, pela sua extraordinária importância, o Regulamento (UE) 2015/848, do Parlamento Europeu e do Conselho, de 20 de Maio de 2015, relativo aos processos de insolvência (reformulação)[936].

---

[932] Para um panorama das posições nos vários ordenamentos jurídicos europeus cfr. MARIA JOÃO MACHADO, *Da Falência em Direito Internacional Privado – Introdução aos seus problemas fundamentais*, cit., pp. 16-27.

[933] A atenção que a doutrina portuguesa dedicou à matéria da insolvência transfronteiriça antes do Regulamento 1346/2000 foi escassa. Desde cedo, porém, se tornou visível uma preferência pelas teses universalistas, que é marcante em obras de reputados autores como ARTUR MONTENEGRO, EDUARDO SALDANHA ou MARNOCO E SOUZA. Cfr. ARTUR MONTENEGRO, *Theoria da unidade e Universalidade da Fallencia*, Coimbra, Imprensa da Universidade, 1894, EDUARDO SALDANHA, *Das fallencias*, Porto, Imprensa Portugueza, 1897, e MARNOCO E SOUZA, *Execução extraterritorial das sentenças civeis e commerciaes*, Coimbra, F. França Amado Editor, 1898.

[934] Apesar disso, a harmonização dos regimes da insolvência é um objectivo cada vez mais presente. Destaca-se, neste contexto, a (já referida) Recomendação da Comissão de 12 de Março de 2014, sobre uma nova abordagem em matéria de falência e de insolvência das empresas [Recomendação C(2014) 1500 final]. Não obstante o seu carácter (aparentemente) não vinculativo e o seu reduzido alcance (dirige-se à criação de regras mínimas em matéria de processos pré-insolvenciais e à exoneração da pessoa singular), a Recomendação é um passo significativo no sentido da harmonização.

[935] Cfr. DÁRIO MOURA VICENTE, "Insolvência internacional: Direito aplicável", in: *AA. VV., Estudos em memória do Professor Doutor José Dias Marques*, Coimbra, Almedina, 2007, p. 84.

[936] Publicado, como referido atrás, no *JOUE L 141 de 5 de Junho de 2015, pp. 19-72*, e disponível,

CAPÍTULO II – A disciplina da insolvência transfronteiriça, em particular no contexto da União Europeia

141. Os antecedentes do Regulamento (UE) 2015/848: o Regulamento (CE) 1346/2000

O Regulamento (UE) 2015/848, do Parlamento Europeu e do Conselho, de 20 de Maio de 2015, relativo aos processos de insolvência (reformulação), não altera fundamentalmente o quadro estabelecido pelo Regulamento (CE) 1346/2000, do Conselho, de 29 de Maio de 2000, relativo aos processos de insolvência[937].

Este último foi adoptado na sequência de mais de três décadas de negociações[938] e marca um momento decisivo na regulação da insolvência internacional ou transfronteiriça[939]. De facto, até à sua publicação não podia dizer-se que existisse uma disciplina clara, completa e coerente[940]. O único documento dirigido a resolver os problemas da insolvência internacional era a Lei-Modelo da Comissão das Nações Unidas para o Direito do Comércio Internacional (CNUDCI), adoptada em 30 de Maio de 1997[941]-[942], Mas esta é um instrumento de *soft law*, ou seja, não tem carácter vinculativo[943].

---

em português, em http://eur-lex.europa.eu/legal-content/PT/TXT/PDF/?uri=CELEX:3201 5R0848&from=PT).

[937] Publicado no JOUE *L 160 de 30 de Junho de 2000, pp. 1-18*, e disponível, em português, em http://eur-lex.europa.eu/LexUriServ/LexUriServ.do?uri=OJ:L:2000:160:0001:0018:PT: PDF).

[938] As negociações iniciaram-se em 1963.

[939] Sobre o Regulamento 1346/2000 e a reforma existe uma multiplicidade de estudos, de eminentes autores. Cfr., por todos, IAN FLETCHER, "Living in interesting times": reflections on the EC Regulation on insolvency proceedings" (Part 1, 2 and 3), in: *Insolvency Intelligence*, 2005, 18(4), pp. 49 e s., 18(5), pp. 68 e s., e 18(6), pp. 85 e s.

[940] Cfr., neste sentido, MARIA JOÃO MACHADO, *Da Falência em Direito Internacional Privado – Introdução aos seus problemas fundamentais*, cit., p. 10.

[941] O texto da Lei-Modelo está disponível, em inglês, em http://www.uncitral.org/pdf/ english/texts/insolven/insolvency-e.pdf. Sobre a Lei-Modelo cfr., por todos, CARLOS ESPLU-GUES MOTA, "The UNCITRAL model law of 1997 on cross border insolvency: an approach", in: *Diritto del Commercio Internazionale*, 1998, 3, pp. 657 e s.

[942] Havia ainda um conjunto de instrumentos, bilaterais e multilaterais, de alcance limitado. Cfr., sobre estas convenções, MARIA JOÃO MACHADO, *Da Falência em Direito Internacional Privado – Introdução aos seus problemas fundamentais*, cit., pp. 27-29. Entre eles avulta a Convenção de Bruxelas relativa aos processos de insolvência, de 23 de Novembro de 1995. Por não ter sido ratificada pelo número necessário de Estados-membros, a convenção não chegou a entrar em

A INSOLVÊNCIA TRANSFRONTEIRIÇA

Determinava-se já no Regulamento 1346/2000 que o tribunal competente para a abertura do processo de insolvência é o tribunal do Estado-membro onde se localize o centro dos interesses principais (CIP) do devedor (cfr. art. 3.º do Regulamento 1346/2000) e consagrava-se já tanto a regra de que o Direito do Estado-membro em que o processo é aberto (*lex concursus*) determina os efeitos processuais e substantivos do processo (cfr. art. 4.º do Regulamento 1346/2000)[944] como a de que a decisão de abertura de um processo de insolvência proferida num Estado-membro é reconhecida em todos os outros Estados-membros (cfr. art. 16.º do Regulamento 1346/2000).

Existe, desde então, um universalismo que não é absoluto mas limitado/modificado (*modified universalism*). Com efeito, não é possível contrariar a tendência (natural) para afectar os bens localizados no território de um Estado-membro à satisfação dos interesses dos credores locais e assegurar, em absoluto, o reconhecimento de um processo aberto num Estado-membro pelos outros Estados-membros. Podem, por isso, abrir-se processos secundários nos Estados-membros onde o devedor possua estabelecimentos, sendo os efeitos destes últimos circunscritos aos bens que aí se encontrem[945].

vigor mas foi um contributo valioso para a elaboração do Regulamento 1346/2000, sendo que este a reproduziu em parte. O texto da Convenção de Bruxelas está disponível, em inglês, em http://aei.pitt.edu/2840/. Sobre a Convenção de Bruxelas de 1995 em especial cfr., desenvolvidamente, MARIA JOÃO MACHADO, *Da Falência em Direito Internacional Privado – Introdução aos seus problemas fundamentais*, cit., pp. 140-160, ou, mais sucintamente, da mesma A., "Algumas considerações sobre a falência em Direito Internacional Privado", cit., pp. 88-99.

[943] Para uma comparação entre a Lei-Modelo e o Regulamento e a possibilidade de conflitos cfr., entre outros, ANDRÉ J. BERENDS, "The EU Regulation on Insolvency Proceedings and the UNCITRAL Model-Law on Cross-Border Insolvency: Differences and Similarities", in: REBECCA PARRY (Ed.), *Substantive Harmonisation and Convergence of Laws in Europe – Papers from the INSOL Europe Academic Forum Annual Insolvency Conference 21-22 September 2011, Molino Stucky Hotel, Venice, Italy*, Nottingham, 2012, pp. 3 e s., e PAUL OMAR, "The European Insolvency Regulation and UNCITRAL Model Law", in: *Eurofenix – The Journal of INSOL Europe*, 2012, 49, pp. 32-33.

[944] Como diz LUÍS DE LIMA PINHEIRO ("O Regulamento comunitário sobre insolvência – uma introdução", cit.), o Regulamento articula a competência internacional com o Direito aplicável.

[945] Atendendo a que podem ser abertos processos territoriais e, inclusivamente, em duas situações, antes da abertura do processo principal (cfr. art. 3.º, n.º 4, do Regulamento 1346/2000), MARIA HELENA BRITO ("Falências internacionais. Algumas considerações a propósito do Código da Insolvência e da Recuperação de Empresas", cit., pp. 193 e 199) diz que as regras de competência se inspiram num princípio de "universalidade limitada". Por seu turno, DÁRIO

LIÇÕES DE DIREITO DA INSOLVÊNCIA

Perguntar-se-á por que motivo o Regulamento 1346/2000 não foi mais longe, por que motivo não criou um processo de insolvência, único e universal, aplicável em todos os Estados-membros[946]. Entre outras vantagens, seria esta a solução mais adequada ao princípio *par conditio creditorum* e simultaneamente a solução mais favorável à aplicação de soluções recuperatórias. Poderiam enunciar-se várias razões, mas, para encurtar a discussão, usa-se a fórmula de BOB WESSELS e concentra-se a explicação numa única palavra: diversidade[947].

Em 2012, quando se completaram dez anos sobre a entrada em vigor do Regulamento 1346/2000 iniciou-se um processo para a sua avaliação. Identificaram-se cinco problemas e, consequentemente, cinco áreas de intervenção.

O primeiro problema respeitava ao âmbito de aplicação. O Regulamento 1346/2000 não abrangia nem os processos nacionais vocacionados para a reestruturação da empresa em momento anterior à insolvência, nem os processos que mantêm o devedor na administração dos seus bens e nem os processos de insolvência relativos às pessoas singulares.

Detectaram-se, em segundo lugar, dificuldades na determinação do Estado-membro cujos órgãos são competentes para abrir o processo de insolvência. O critério do CIP não tinha uma aplicação fácil, dando aso a transferências ilegítimas e permitindo a prática do chamado "*forum shop-*

MOURA VICENTE ("Insolvência internacional: Direito aplicável", cit., p. 91) refere-se a uma "universalidade mitigada". Entretanto, LUÍS DE LIMA PINHEIRO ("O Regulamento comunitário sobre insolvência – uma introdução", cit.) diz que "um puro sistema universal não atende suficientemente aos interesses dos pequenos credores locais e às vantagens oferecidas por processos territoriais de insolvência em certas circunstâncias. Daí que mereça preferência um sistema misto de pendor universalista". No estrangeiro fala-se até hoje, preferencialmente, em "*modified universalism*" [cfr., por todos, HORST EIDENMÜLLER/KRISTIN VAN ZWIETEN, "Restructuring the European Business Enterprise: The EU Commission Recommendation on a New Approach to Business Failure and Insolvency", European Corporate Governance Institute (ECGI) – Law Working Paper No. 301/2015; Oxford Legal Studies Research Paper No. 52/2015, p. 17 e p. 22 (disponível em https://ssrn.com/abstract=2662213).

[946] GERARD MCCORMACK contesta as virtualidades de um processo único e, portanto, de uma tese universalista no âmbito dos processos de insolvência. Cfr. GERARD MCCORMACK, "Universalism in Insolvency Proceedings and the Common Law", in: *Oxford Journal of Legal Studies*, 2012, 32(2), pp. 325 e s.

[947] Cfr. BOB WESSELS (Contributing editor), "Principles of European Insolvency Law" (disponível em https://www.iiiglobal.org/sites/default/files/21-_PEILABIjournal_appended. pdf). É essa também a justificação do Regulamento (cfr. considerando 11).

A INSOLVÊNCIA TRANSFRONTEIRIÇA

ping" ou *"insolvency tourism"*, tanto por parte de empresas como de pessoas singulares[948].

Observaram-se, em terceiro lugar, problemas no tocante aos processos secundários de insolvência. A verdade é que a abertura de processos secundários pode pôr em causa uma administração eficiente do património do devedor: o administrador da insolvência do processo principal perde o controlo sobre os bens que estejam localizados noutro(s) Estado(s)-membro(s), o que, por seu turno, dificulta a venda da empresa ou dos bens como um todo. Acresce que, nos termos do Regulamento, os processos secundários eram necessariamente processos liquidatórios, o que constituía um evidente obstáculo à recuperação.

Notaram-se, em quarto lugar, dificuldades relativamente à publicidade dos processos e à reclamação de créditos. Não existindo, nem nos Estados--membros em que o processo era aberto, nem nos Estados-membros em que está(ão) localizado(s) o(s) estabelecimento(s), um registo obrigatório das decisões e nem sequer um sistema que permitisse pesquisar sobre processos de insolvência nos registos nacionais, não era possível aos juízes e aos credores (actuais e potenciais) tomar conhecimento de que tinha sido aberto um processo noutro Estado-membro. Notaram-se, além disto, dificuldades na reclamação de créditos, principalmente na reclamação dos créditos dos pequenos credores (que são os credores com menos recursos).

Por fim, salientou-se a necessidade de regulação da insolvência de grupos de sociedades. Um grande número de casos de insolvência envolve grupos internacionais de sociedades. A ausência de normas específicas sobre a matéria reduzia as probabilidades de uma reestruturação do grupo de sociedades como um todo e podia mesmo conduzir ao seu desmembramento.

No final do ano estava disponível a Proposta de Regulamento do Parlamento Europeu e do Conselho, de 12 de Dezembro de 2012[949], contendo

---

[948] Sobre o *forum shopping* cfr., entre numerosas outras referências, Wolf-Georg Ringe, "Forum Shopping under the EU Insolvency Regulation", in: *European Business Organization Law Review*, 2008, 9, pp. 579 e s., Adrian Walters/Anton Smith, "'Bankruptcy Tourism' under the EC Regulation on Insolvency Proceedings: A View from England and Wales", in: *International Insolvency Review*, 2009, 19(3) pp. 181 e s. (disponível em http://dx.doi. org/10.2139/ssrn.1630890), e Marek Szydlo, "Prevention of Forum Shopping in European Insolvency Law", in: *European Business Organization Law Review*, 2010, 11, pp. 253 e s.

[949] A Proposta encontra-se disponível, em português, em http://www.europarl.europa. eu/meetdocs/2009_2014/documents/com/com_com%282012%290744_/com_com% 282012%290744_pt.pdf). O texto da Proposta foi antecedido de/divulgado simultaneamente

LIÇÕES DE DIREITO DA INSOLVÊNCIA

sugestões de alteração nas cinco áreas apontadas[950] e em 20 de Maio de 2015 era publicado o Regulamento 2015/848.

O Regulamento 2015/848 entrou em vigor, na generalidade, no dia 26 de Junho de 2017[951] e é directamente aplicável em todos os Estados-membros, com excepção da Dinamarca (que se configura, para estes efeitos, como um não Estado-membro).

142. O regime estabelecido no Regulamento (UE) 2015/848

Como se disse, o Regulamento 2015/848[952] assenta, fundamentalmente, no quadro estabelecido pelo Regulamento 1346/2000, não sendo as novidades muito numerosas nem as que existem muito impressionantes[953].

com outros documentos: a Resolução do Parlamento Europeu, de 15 de Novembro de 2011, que contém recomendações à Comissão sobre os processos de insolvência no contexto do direito das sociedades da EU (disponível, em português, em http://www.europarl.europa.eu/sides/getDoc.do?pubRef=-//EP//TEXT+TA+P7-TA-2011-0484+0+DOC+XML+V0//PT), a Comunicação da Comissão ao Parlamento Europeu, ao Conselho e ao Comité Económico e Social Europeu "Uma nova abordagem europeia da falência e insolvência das empresas", de 12 de Dezembro de 2012 (disponível, em português, em http://ec.europa.eu/justice/civil/files/insolvency-comm_pt.pdf) e o Relatório da Comissão ao Parlamento Europeu, ao Conselho e ao Comité Económico e Social Europeu, de 12 de Dezembro de 2012 (disponível, em português, em http://eur-lex.europa.eu/LexUriServ/LexUriServ.do?uri=COM:2012:0743:FIN:PT:PDF). Sobre o processo de revisão do Regulamento 1346/2000 e para uma apreciação da generalidade das alterações contidas na Proposta cfr. CATARINA SERRA, "Insolvência transfronteiriça – Comentários à Proposta de alteração do Regulamento europeu relativo aos processos de insolvência, com especial consideração do Direito português", in: *Direito das Sociedades em Revista*, 2013, vol. 10, pp. 97-143.

[950] Diz, em contrapartida, ÁNGEL ESPINIELLA MENÉNDEZ ("La propuesta de la Comisión Europea para la reforma del Reglamento Europeo de insolvencia", in: *Anuario de Derecho Concursal*, 2013, 29, pp. 423-424) que as modificações giram à volta de duas grandes linhas de actuação: primeiro, a reforma da configuração do processo de insolvência com elementos transfronteiriços e, segundo, aperfeiçoamentos na coordenação internacional de processos abertos em vários Estados. Segundo o autor, a intervenção compreende ainda medidas destinadas à concretização da reforma, em particular, no plano das faculdades normativas da Comissão e das obrigações dos Estados-membros.

[951] Conforme determinam os arts. 91.º e 92.º do Regulamento 2015/848. Note-se que o art. 92.º posterga a entrada em vigor de três disposições.

[952] Doravante referido como Regulamento.

[953] Cfr., neste sentido, REINHARD BORK (in: REINHARD BORK/KRISTIN VAN ZWIETEN, *Commentary on the European Insolvency Regulation*, cit., pp. 1-2 e p. 34.

A INSOLVÊNCIA TRANSFRONTEIRIÇA

Antes de mais, mantém-se a tendência para o universalismo limitado, assumindo-se, no considerando 22 do Regulamento, que não é praticável criar um processo de insolvência de alcance universal na União Europeia por causa da grande diversidade das leis substantivas no que toca, designadamente às garantias vigentes nos Estados-membros, em particular aos privilégios creditórios.

Assim sendo, para proteger os interesses locais, o Regulamento continua a permitir, conforme se diz no considerando 23, a abertura de processos secundários correndo paralelamente ao processo principal de insolvência, não obstante em estreita coordenação com ele.

Por outro lado, mantém-se em absoluto a regra de que – independentemente de se abrirem processos secundários – os direitos reais de terceiros (e a reserva de propriedade do vendedor) não são afectados pelo processo de insolvência (principal) quando incidam sobre bens localizados em Estados-membros diversos do Estado de abertura.

Genuínas novidades ou novidades em sentido próprio são a extensão do âmbito de aplicação do Regulamento, a criação de registos de insolvências e, sobretudo, a regulação da insolvência no contexto de grupos de sociedades.

Os instrumentos adoptados são razoavelmente pacíficos (comunicação, cooperação e coordenação), ficando as alterações muito aquém das sugestões avançadas e discutidas em fóruns e congressos especializados ao longo do período de avaliação do Regulamento 1346/2000[954].

A (pequena) extensão e o (baixo) grau de novidade das medidas acusam e confirmam os limites resultantes do dever de negociação e da necessidade de cedências com vista à obtenção de consensos. Como diziam, há algum tempo, Luís Carvalho Fernandes e João Labareda, o Regulamento – qualquer regulamento nesta matéria – é "um instrumento que reúne os contributos de todos os Estados-membros, procurando estabelecer a síntese e o equilíbrio entre as propostas e as pretensões individuais de cada um"[955].

---

[954] Cfr., só para dois exemplos, o Congresso *The Future of the European Insolvency Regulation*, realizado em Amsterdão, no dia 28 de Abril de 2011 (textos das apresentações disponíveis em http://www.eir-reform.eu/presentations) e o Seminário Internacional Conjunto da INSOL Europe e do Ernst Jaeger Institute *Revision of the European Insolvency Regulation*, realizado em Leipzig no dia 14 de Setembro de 2012 (textos das apresentações disponíveis em http://www.insol-europe.org/events/2012-events/).

[955] Cfr. Luís Carvalho Fernandes/João Labareda, *Insolvências Transfronteiriças – Regulamento (CE) n.º 1346/2000 do Conselho Anotado*, Lisboa, Quid Juris, 2003, p. 19.

LIÇÕES DE DIREITO DA INSOLVÊNCIA

Seja como for, a função deste Regulamento é, tal como a do Regulamento que o antecedeu, a mera harmonização processual. Não se ambiciona, uniformizar, por intermédio dele, a disciplina da insolvência dos Estados-membros, mas apenas regular os efeitos dos processos de insolvência que podem ser abertos numa situação de insolvência internacional[956]. Mais precisamente, sujeita-se os processos abrangidos às regras contidas no Regulamento no tocante a cinco aspectos fundamentais: tribunal competente, lei aplicável, reconhecimento das sentenças, publicidade e reclamação de créditos e, por fim, no caso de pluralidade de processos, cooperação e comunicação[957].

Advirta-se, a terminar esta apresentação, que o Regulamento não tem uma leitura fácil, pois o legislador europeu parece ter optado por legislar com apoio em considerandos. Além de existir um número excessivo de considerandos (oitenta e nove), nalguns encontram-se regras essenciais para a compreensão e a aplicação das regras contidas no articulado – reforçando, esclarecendo ou mesmo complementando as regras contidas no articulado.

142.1. Âmbito de aplicação
O âmbito de aplicação do Regulamento resulta da leitura articulada dos seus arts. 1.º e 2.º e Anexo A e é significativamente mais amplo do que antes.

De acordo com o considerando 10 do Regulamento, um dos objectivos da iniciativa foi, de facto, a extensão do seu âmbito de aplicação aos processos que promovem a recuperação de empresas economicamente viáveis mas que se encontram em dificuldades e que concedem uma segunda oportunidade aos empresários.

---

[956] "Do carácter transnacional da insolvência decorre todo um conjunto de questões específicas que importa resolver antes do mais, designadamente: - a questão de saber se os tribunais portugueses são internacionalmente competentes para a declaração de insolvência; - em caso afirmativo, o problema da determinação da lei ou leis nacionais aplicáveis à insolvência; - a questão de saber se a declaração de insolvência proferida em Portugal abrange os bens localizados no estrangeiro e, inversamente, se a declaração de insolvência proferida no estrangeiro abrange os bens situados em Portugal; - ligada com a anterior, a questão dos efeitos que a decisão de insolvência proferida em Portugal produz noutros Estados e dos efeitos que a decisão proferida no estrangeiro produz em Portugal (reconhecimento de decisões estrangeiras)" (cfr. Luís de Lima Pinheiro, "O Regulamento comunitário sobre insolvência – uma introdução", cit.).

[957] Cfr. Kristin van Zwieten, in: Reinhard Bork/Kristin van Zwieten, Commentary on the European Insolvency Regulation, cit., pp. 58-59.

A INSOLVÊNCIA TRANSFRONTEIRIÇA

O Regulamento deve, nomeadamente, estender-se aos processos que prevêem a revitalização do devedor numa fase em que existe apenas uma probabilidade de insolvência (processos pré-insolvenciais) ou que mantêm o devedor em situação de controlo total ou parcial dos seus bens e negócios (*debtor-in-possession*). Deve igualmente estender-se aos processos que prevêem o perdão ou o ajustamento das dívidas relativamente aos consumidores e trabalhadores independentes, por exemplo, através da redução do montante a pagar pelo devedor ou da prorrogação do prazo de pagamento que lhe é concedido (entre outros, procedimentos de exoneração do passivo restante). Uma vez que não implicam necessariamente a nomeação de um administrador da insolvência, estes processos deverão ser abrangidos pelo Regulamento se a sua tramitação estiver sujeita ao controlo ou à fiscalização por parte de um órgão jurisdicional, incluindo-se aqui as situações em que o órgão jurisdicional só intervém se for interposto recurso por um credor ou por outras partes interessadas (processos híbridos e *fast-track court approval*).

Cabe, antes de mais, à norma do art. 1.º, n.º 1, do Regulamento realizar (e manifestar) aquele objectivo. Aí se determina que o Regulamento é aplicável aos processos colectivos públicos de insolvência, incluindo os processos provisórios, com fundamento na lei no domínio da insolvência e nos quais, para efeitos de recuperação, ajustamento da dívida, reorganização ou liquidação: (a) o devedor é total ou parcialmente privado dos seus bens e é nomeado um administrador da insolvência[958]; (b) os bens e negócios do devedor ficam submetidos ao controlo ou à fiscalização por um órgão jurisdicional[959]; ou (c) uma suspensão temporária de ações executivas singulares é ordenada por um órgão jurisdicional ou por força da lei, a fim de permitir a realização de negociações entre o devedor e os seus credores, desde que o processo no qual é ordenada a suspensão preveja medidas adequadas para proteger o

---

[958] Note-se a definição contida no art. 2.º, 5), do Regulamento, onde se apresenta o administrador da insolvência como "qualquer pessoa ou órgão cuja função, inclusive a título provisório, seja: *i)* verificar e admitir créditos reclamados em processos de insolvência, *ii)* representar o interesse coletivo dos credores, *iii)* administrar, no todo ou em parte, os bens de que o devedor foi privado, *iv)* liquidar os bens referidos na alínea *iii)*, ou *v)* supervisionar a administração dos negócios do devedor". De acordo com a mesma norma, as pessoas e os órgãos em causa são enumerados no Anexo B do Regulamento.

[959] Note-se a definição contida no art. 2.º, 6), do Regulamento, segundo a qual, em regra, o órgão jurisdicional é não só o órgão judicial de um Estado-membro mas também qualquer outra autoridade competente de um Estado-membro habilitada a abrir um processo de insolvência, a confirmar esta abertura ou a tomar decisões durante a tramitação do processo.

LIÇÕES DE DIREITO DA INSOLVÊNCIA

interesse colectivo dos credores e, caso não seja obtido acordo, seja preliminar relativamente a um dos processos referidos nas duas hipótese anteriores. Acrescenta-se que, nos casos em que qualquer dos processos referidos possa ser iniciado em situações em que existe apenas uma probabilidade de insolvência, a sua finalidade deve ser a de evitar a insolvência do devedor ou a cessação das suas actividades. Por fim, determina-se que os processos referidos são enumerados no Anexo A.

Por outras palavras, na primeira parte da norma apresenta-se aquilo a que é possível chamar uma "descrição-base", ou seja, o conjunto de características gerais dos processos sujeitos ao Regulamento: eles devem ser processos colectivos, públicos, definitivos ou provisórios, ter fundamento na lei no domínio da insolvência e fim de recuperação, ajustamento da dívida, reorganização ou liquidação. E apresentam-se os três requisitos adicionais ou complementares da descrição, que são – sublinhe-se – alternativos entre si: ser o devedor total ou parcialmente privado dos seus bens e nomeado um administrador da insolvência, serem os bens e negócios do devedor submetidos ao controlo ou à fiscalização por um órgão jurisdicional ou ter lugar uma suspensão temporária de ações executivas singulares, ordenada por um órgão jurisdicional ou por força da lei. Na segunda parte da norma adita-se a estes um requisito geral eventual: se existir mera probabilidade de insolvência (*only a likelihood of insolvency*), o processo deve ter o fim de evitar a insolvência do devedor ou a cessação das suas actividades[960]. Na terceira e última parte da norma estabelece-se um mecanismo para permitir a identificação imediata ou automática dos processos abrangidos em cada um dos Estados-membros: a enumeração no Anexo A.

O considerando 9 desempenha uma função importante para a articulação entre o art. 1.º e o Anexo A. Atendendo a ele, o Anexo A é o elemento decisivo no que respeita ao seu âmbito de aplicação, funcionando a descrição do art. 1.º, essencialmente, como critério para determinar se um certo processo é susceptível de ser incluído no Anexo A[961]. Por outras palavras, os

---

[960] Reencontra-se aqui a expressão constante da Proposta de Directiva do Parlamento Europeu e do Conselho, de 22 de Novembro de 2016 (cfr. art. 18.º). Diga-se que para determinar quando se verifica esta situação é necessário, antes de mais, saber se ela se distingue das situações genericamente denominadas pré-insolvência (*maxime* a insolvência iminente). Como se disse atrás, o legislador europeu não fornece uma definição em qualquer lugar.

[961] Cfr., neste sentido, Kristin van Zwieten, in: Reinhard Bork/Kristin van Zwieten, *Commentary on the European Insolvency Regulation*, cit., p. 59 e pp. 61 e s. De facto, a possibili-

A INSOLVÊNCIA TRANSFRONTEIRIÇA

processos que não sejam incluídos no Anexo A não estão sujeitos ao Regulamento ainda que preencham as condições fixadas no art. 1.º[962] e, correspectivamente, os processos que sejam incluídos no Anexo A estão sujeitos ao Regulamento ainda que não preencham aquelas condições e só por erro tenham sido incluídos[963].

Dos requisitos que os processos de insolvência necessitam de preencher para serem elegíveis para o Anexo A, cumpre destacar dois, considerando, em particular, os reflexos no Direito português: que os processos sejam públicos e que os processos sejam colectivos.

Em face do requisito de que os processos sejam públicos[964], deve concluir--se que estão abrangidos o processo de insolvência, o PER e o PEAP, mas fica

---

dade da inclusão, no Anexo A, de processos não originariamente enumerados nunca poderia resultar da definição de processos de insolvência contida no art. 2.º, 4), dado que este apenas remete para a lista dos já incluídos. O facto de a definição se reconduzir a uma remissão para o Anexo A pode suscitar algumas reservas. Veja-se também, por exemplo, JEAN-LUC VALLENS ["The Future of the European Regulation on Insolvency Proceedings", in: REBECCA PARRY (Ed.), *The Reform of International Insolvency Rules at European and National Level – Papers from the INSOL Europe Academic Forum/Milan Law School Joint Insolvency Conference, University of Milan Law School, Milan, Italy, 31 March-1 April 2011*, 2011, p. 121], que formula a seguinte pergunta: "*Is it [the definition of insolvency proceedings] a real definition? It is only mentioned in the scope of the Regulation (EIR, Art.1) but not in the provision aimed at the definitions (EIR, Art.2)*". A definição por via de remissão torna-se, contudo, mais fácil de aceitar se se tiver em conta que, como salienta RUI PINTO DUARTE (*Tipicidade e atipicidade dos contratos*, Coimbra, Almedina, 2000, p. 74), "por meio das definições legais (...) a intenção específica da lei é dar critérios de decisão, que, ao apresentar definições, a lei não pretende dizer o que os definidos são, mas sim em que circunstâncias as suas previsões se aplicam".

[962] Acresce que ao contrário do que acontecia no domínio do Regulamento 1346/200, não existem no Regulamento 2015/848 regras sobre a inclusão de novos processos no Anexo A. Cfr., sobre isto, KRISTIN VAN ZWIETEN, in: REINHARD BORK/KRISTIN VAN ZWIETEN, *Commentary on the European Insolvency Regulation*, cit., pp. 62 e s.

[963] Segundo REINHARD BORK (in: REINHARD BORK/KRISTIN VAN ZWIETEN, *Commentary on the European Insolvency Regulation*, cit., p. 24), a função desempenhada pelo Anexo A aumenta a segurança/certeza, bastando a consulta do Anexo para um Estado-membro verificar se um processo está ou não sujeito ao Regulamento. No entanto, como admite o autor, ela dá margem à inclusão de processos que não preenchem os requisitos das definições contidas nos arts. 1.º e 2.º. Note-se que esta última norma define noções essenciais à caracterização dos processos de insolvência levada a cabo pela primeira (processo colectivo, devedor não desapossado, administrador da insolvência, órgão jurisdicional, *etc.*).

[964] Sobre este requisito cfr. KRISTIN VAN ZWIETEN, in: REINHARD BORK/KRISTIN VAN ZWIETEN, *Commentary on the European Insolvency Regulation*, cit., p. 67.

LIÇÕES DE DIREITO DA INSOLVÊNCIA

excluído o RERE, já que este é, como se sabe, em princípio, confidencial (cfr. art. 8.º, n.º 1, e art. 21.º, n.º 1, do RERE)[965]. A conclusão é confirmada pela leitura dos considerandos 12 e 13 do Regulamento. No considerando 13, encontra-se, aliás, a justificação para a exclusão dos processos deste tipo. Diz-se aí que, apesar de estes processos poderem desempenhar um papel importante em alguns Estados-membros, a sua natureza confidencial impede que um credor ou um órgão jurisdicional situado noutro Estado-membro tenha conhecimento da sua abertura, tornando, assim, difícil prever o reconhecimento dos seus efeitos em toda a União[966].

Quanto à exigência de que os processos sejam colectivos[967], ela requer maior atenção. Se se considerar apenas a definição contida no art. 2.º, 1), do Regulamento, segundo a qual processos colectivos são "os processos de insolvência em que estão em causa todos ou *uma parte significativa dos credores* do devedor, *desde que, neste último caso, os processos não afetem os créditos dos*

---

[965] Salvo quando as partes acorde em conferir publicidade, no todo ou em parte, ao protocolo de negociação ou ao acordo de reestruturação (cfr. art. 8.º, n.º 1, e art. 21.º, n.º 1, do RERE).

[966] Advirta-se que só são confidenciais, para estes efeitos, os processos qualificados legalmente como confidenciais e não os processos confidenciais por mera vontade das partes, nada justificando que o âmbito da ressalva se estenda a estes. Tendo presente que é mais fácil atingir um consenso quando os credores são poucos (sobretudo por causa da homogeneidade ou convergência dos seus interesses económicos) é habitual o esforço para, pelo menos numa fase inicial, circunscrever certos processos à participação de apenas de alguns sujeitos (o devedor e os maiores credores"), ou seja, para tornar os processos "socialmente" confidenciais. Veja-se, por exemplo, os *INSOL Principles* onde, a propósito da expressão "todos os credores relevantes" ("*all relevant creditors*"), utilizada no primeiro princípio e ao longo do documento, se comenta que, sendo desejável que a recuperação envolva todos os credores pois a sua cooperação é necessária, por vezes, é vantajoso reduzir o número de participantes. Mais precisamente diz-se que "*the approach should ideally be applied to all creditors (and their permitted transferees) whose co-operation is needed in order to make any attempted rescue or workout succeed. On the other hand, there is usually merit in limiting the number of participants to the minimum necessary to see that objective achieved. Taking these two ideals together, it is necessary first to identify the classes of creditors which need to be included in the process and then to decide which creditors in the affected classes are to be included*" (in: "*Global Statement of Principles for Multi-Creditor Workouts*", cit. p. 6). Mas, se é verdade que tudo se torna mais fácil quando os credores são poucos e têm interesses convergentes, só excepcionalmente se justifica que, para atingir um acordo relativamente a uma situação que afecta, pelo menos indirectamente, múltiplos sujeitos, se retire a alguns deles a possibilidade de participar.

[967] Para um comentário cfr. KRISTIN VAN ZWIETEN, in: REINHARD BORK/KRISTIN VAN ZWIETEN, *Commentary on the European Insolvency Regulation*, cit., pp. 67 e s. e pp. 98 e s.

622

credores que neles não participam"[968]-[969], a exigência pode causar alguma per-plexidade. Como se sabe, são poucos os processos em que participam todos os credores e muitos aqueles em que, apesar da não participação de todos os credores, são afectados os créditos dos não participantes. Pense-se nos efeitos (universais) do plano de recuperação aprovado e homologado em PER. A verdade é que a expressão "parte significativa dos credores" deve ser interpretada à luz do disposto no considerando 14 do Regulamento[970]. Percebe-se, então, que aquilo que se exige é que os processos incluam os credores a quem o devedor deve "uma parte substancial do montante das suas dívidas pendentes[971]", nada impedindo que eles incluam apenas certas categorias de credores, como, *expressis verbis*, os credores financeiros do deve-dor. O objectivo parece ser (apenas) o de excluir processos/instrumentos que sejam exclusivos de credores individuais[972]. Ainda assim, a condição de que não sejam afectados os créditos dos credores que não participam não é a mais compatível com a maioria dos processos ditos "híbridos", normal-mente pré-insolvenciais e de recuperação[973], de que é exemplo, em Portugal, o PER[974]. Para respeitar rigorosamente o exigido, o PER não deveria poder afectar os créditos dos credores não participantes[975].

---

[968] Sublinhados nossos.

[969] A exigência de que os processos sejam colectivos já existia no Regulamento 1436/2000; o que não existia uma (esta) definição.

[970] O que confirma, mais uma vez, que, apesar do seu carácter não vinculativo, os consideran-dos desempenham uma função essencial

[971] Pendentes (*outstanding*) não significa, em princípio, vencidas, sob pena de ficarem excluí-dos do âmbito de aplicação do Regulamento os processos pré-insolvenciais. Cfr., neste sen-tido, Gabriel Moss/Tom Smith, in: Gabriel Moss/Ian F. Fletcher/Stuart Isaacs, *The EU Regulation on insolvency procedings*, Oxford, Oxford University Press, 2016 (third edition), p. 423.

[972] Como, no caso do Reino Unido, a *receivership*. Cfr., neste sentido, Ian F. Fletcher [in: Gabriel Moss/Ian F. Fletcher/Stuart Isaacs, *The EU Regulation on insolvency procedings*, cit., pp. 48-49.

[973] Segundo o mesmo considerando, os processos que não incluam todos os credores devem ter fim de recuperação.

[974] Kristin van Zwieten [in: Reinhard Bork/Kristin van Zwieten, *Commentary on the European Insolvency Regulation*, cit., p. 69 (e nota 58)] sugere que a não afectação se restrinja à alteração formal dos créditos, deixando de fora a possibilidade de os credores sofrerem limi-tações processuais.

[975] Já se viu que, em princípio, o RERE estará excluído do âmbito de aplicação do Regula-mento, atendendo a que, em regra, tem carácter confidencial. A verdade é que as partes

LIÇÕES DE DIREITO DA INSOLVÊNCIA

Outros aspectos da norma merecem igualmente atenção.

Destaca-se a referência aos processos "com fundamento na lei no domínio da insolvência" (*"based on laws relating to insolvency"*)[976]. Atendendo aos objectivos da norma, parecer ser de incluir nesta categoria, além dos processos cuja disciplina está contida em códigos ou leis da insolvência *qua tale* e que se aplicam quando o devedor está insolvente em sentido próprio, também os que estão contidos em legislação avulsa e se aplicam quando o devedor está em situação económica ou financeira difícil – os processos que, não sendo, rigorosamente, processos de insolvência, se relacionam com a insolvência (*insolvency related*).

Ora, o conceito de *"insolvency related actions"* não é novo. Foi construído para delimitar o âmbito de aplicação do Regulamento sobre insolvência transfronteiriça face ao Regulamento conhecido como Regulamento Bruxelas I (o Regulamento n.º 44/2001 do Conselho, de 22 de Dezembro de 2000, reformulado e convertido no Regulamento (UE) n.º 1215/2012 do Parlamento Europeu e do Conselho de 12 de Dezembro de 2012 relativo à competência judiciária, ao reconhecimento e à execução de decisões em matéria civil e comercial) e, mais precisamente, para excluir os processos em matéria de insolvência do âmbito de aplicação deste último[977]. Apesar do esforço de densificação do conceito, são frequentes, na prática, as dúvidas quanto à aplicabilidade de cada um dos diplomas[978]. Antecipam-se, por isso, problemas no que toca à interpretação daquela parte do art. 1.º, n.º 1, do Regulamento.

---

podem acordar expressamente conferir publicidade, no todo ou em parte, ao protocolo de negociação e ao acordo de reestruturação (cfr. art. 8.º, n.º 1, e art. 21.º, n.º 1, do RERE), o que obriga a equacionar a questão também relativamente a ele. Seja como for, o RERE cumpre, como se viu, a condição dos efeitos restritos aos participantes (cfr. art. 23.º, n.º 1, do RERE).

[976] Para mais esclarecimentos sobre o requisito cfr. KRISTIN VAN ZWIETEN, in: REINHARD BORK/KRISTIN VAN ZWIETEN, *Commentary on the European Insolvency Regulation*, cit., pp. 70 e s.

[977] Sobre a relação entre o Regulamento 2015/848 e o Regulamento Bruxelas I e, nomeadamente, os riscos de conflito negativo de regulamentos cfr. KRISTIN VAN ZWIETEN, in: REINHARD BORK/KRISTIN VAN ZWIETEN, *Commentary on the European Insolvency Regulation*, cit., pp. 85 e s.

[978] Numa decisão de 2012, o *BGH* decidiu que os *schemes of arrangement*, por não estarem enumerados no Anexo I, não se qualificavam como processos de insolvência para efeitos do art. 1.º do Regulamento n.º 1346/2000 e, portanto, constituindo matéria civil e comercial, caíam no âmbito de aplicação do Regulamento Bruxelas I, apesar do disposto no seu art. 1.º, n.º 2, *b*) (norma que determina a sua inaplicabilidade às "falências, concordatas e processos análogos").

624

A INSOLVÊNCIA TRANSFRONTEIRIÇA

Destaca-se ainda o disposto n.º 2 do art. 1.º, do Regulamento. Segundo tal norma, estão expressamente excluídos do âmbito de aplicação do Regulamento os processos de insolvência referentes a empresas de seguros, instituições de crédito, empresas de investimento e outras empresas e instituições, na medida em que estas sejam abrangidas pela Directiva 2001/24/CE, e organismos de investimento colectivo[979]-[980]. De acordo com o considerando 19 do Regulamento, o fundamento desta exclusão reside no facto de estas empresas estarem sujeitas a um regime específico e de as autoridades nacionais de supervisão disporem de extensos poderes de intervenção[981]. As entidades excluídas correspondem, de uma forma geral, às entidades excluídas do âmbito de aplicação do Código da Insolvência e da Recuperação de Empresas no Direito português (cfr. art. 2.º, n.º 2, do CIRE). Mas há uma categoria que não é pura e simplesmente referida no Regulamento: a das pessoas jurídicas públicas e entidades públicas empresariais. Na ausência de uma norma expressa excluindo os processos de insolvência respeitantes a pessoas jurídicas públicas e a entidades públicas empresariais, são configuráveis casos em que, contrariando o disposto na lei portuguesa, o Regulamento se lhes aplicará. É suficiente que, não obstante terem o seu CIP localizado em território português, estas entidades tenham um estabelecimento localizado noutro Estado-membro que não as exclua do processo de insolvência regulado na respectiva lei nacional. Ao abrigo do art. 3.º, n.º 4, al. *a)*, do Regulamento (norma que admite a abertura de processos territoriais independentemente do processo principal), abrir-se-á neste Estado-membro, um processo territorial de insolvência com fundamento do art. 3.º. n.º 2, do Regulamento e ao qual o Regulamento será aplicável[982].

---

[979] Note-se a definição contida no art. 2.º, 2), onde se apresentam os organismos de investimento colectivo como os organismos de investimento colectivo em valores mobiliários (OICVM), tal como definidos na Directiva 2009/65/CE do Parlamento Europeu e do Conselho, e os fundos de investimento alternativos (FIA), tal como definidos na Directiva 2011/61/UE do Parlamento Europeu e do Conselho.

[980] Sobre esta exclusão cfr. KRISTIN VAN ZWIETEN, in: REINHARD BORK/KRISTIN VAN ZWIETEN, *Commentary on the European Insolvency Regulation*, cit., pp. 90 e s.

[981] Ou, como dizem LUÍS CARVALHO FERNANDES e JOÃO LABAREDA (cfr. *Insolvências Transfronteiriças – Regulamento (CE) n.º 1346/2000 do Conselho Anotado*, cit., p. 23), na circunstância de estas entidades estarem sujeitas a supervisão, estando previstos mecanismos de intervenção especiais, regulados em regimes sucedâneos do regime comum da insolvência.

[982] Chamaram, há algum tempo, a atenção para este problema no quadro do Regulamento n.º 1346/2000, LUÍS CARVALHO FERNANDES e JOÃO LABAREDA, *Insolvências Transfronteiriças –*

142.2. Tribunal competente e lei aplicável

142.2.1. Tribunal competente. O critério do centro dos interesses principais

A matéria da competência internacional dos órgãos jurisdicionais resulta, fundamentalmente, do disposto na norma do art. 3.º do Regulamento. Aí se fixa o critério para determinar o Estado em que o processo deve ser aberto (o factor de conexão), que é, neste caso, o centro dos interesses principais (CIP).

O CIP é uma espécie de compromisso entre a tese da sede real ou lugar da administração (*real seat*), típica da maioria dos ordenamentos de *civil law*, e a tese da sede estatutária (*incorporation* ou *statutory seat*), típica dos ordenamentos de *common law*. Foi escolhido porque se pensa que ele é o conceito ideal para assegurar que a insolvência será regulada pelo tribunal e segundo a lei do Estado-membro com que o devedor tem uma *real conexão*, em vez do tribunal e da lei que correspondem à vontade do devedor.

O conceito de CIP tem sido objecto de numerosas discussões na doutrina e na jurisprudência do Tribunal de Justiça da União Europeia (TJUE). Entre outras críticas, alega-se que, sendo um conceito indeterminado, ele se presta a manipulações e transferências abusivas (*COMI shift*[983])[984]. O fenómeno é resultado – um resultado inevitável – da existência de foros alternativos para as mesmas matérias com regras de conflitos divergentes[985]. Ao longo dos anos, muitos foram, com efeito, os processos de insolvência abertos num Estado-membro onde o devedor não desenvolvia a sua actividade desde o início mas para o qual transferia, oportunisticamente, a administração dos seus negócios, com a intenção de beneficiar de um Direito que lhe fosse mais favorável[986].

A fim de resolver estas e outras dificuldades de aplicação prática do conceito, apresenta-se, pela primeira vez, no art. 3.º, n.º 1, do Regulamento, uma

---

Regulamento (CE) n.º 1346/2000 do Conselho Anotado, cit., pp. 23-24.

[983] COMI é o acrónimo de *Centre of Main Interests*.

[984] Para outras críticas cfr. Georg Ringe, in: Reinhard Bork/Kristin van Zwieten, *Commentary on the European Insolvency Regulation*, cit., pp. 125 e s.

[985] Cfr., neste sentido, Dário Moura Vicente, "Insolvência internacional: Direito aplicável", cit. p. 87.

[986] Sobre as alterações oportunísticas de CIP e o conceito de abuso do direito cfr. Horst Eidenmüller, "Abuse of Law in the Context of European Insolvency Law", in: *European Company and Financial Law Review*, 2009, pp. 1 e s.

A INSOLVÊNCIA TRANSFRONTEIRIÇA

definição em sentido próprio[987]. Assentando em critérios como o da habitualidade da administração dos interesses do devedor e, sobretudo, o da cognoscibilidade por terceiros, ela é mais adequada a salvaguardar os interesses daqueles que contrataram com o devedor ou por qualquer outra circunstância se tornaram seus credores.

Conserva-se a presunção (relativa) de que o CIP das sociedades e pessoas jurídicas coincide com o local da sede estatutária (*statutory seat* ou *registered office*), mas ela é mais claramente autonomizada. Estabelece-se, além disso, uma restrição: a presunção só é aplicável se a sede estatutária não tiver sido transferida para outro Estado-membro nos três meses anteriores ao pedido de abertura do processo de insolvência.

No art. 3.º, n.º 1, do Regulamento estabelece-se, em suma, que os órgãos jurisdicionais do Estado-membro em cujo território está situado o CIP do devedor são competentes para abrir o processo de insolvência ("processo principal de insolvência"), sendo o CIP o local em que o devedor exerce habitualmente a administração dos seus interesses de forma cognoscível por terceiros[988]. Presume-se que o CIP corresponde à sede estatutária da

---

[987] Não havia tal definição no âmbito do Regulamento 1436/2000, tendo a jurisprudência do TJUE sido determinante para a clarificação da noção. As decisões mais relevantes respeitam aos casos Eurofood [Case C-341/04, *Eurofood IFSC Ltd* [2006] ECR I-3854] e Interedil [Case C-396/09, *Interedil Srl, in liquidation v Fallimento Interedil Srl, Intesa Gestione Crediti SpA* [2011] BPIR (EC), 1639], ambas respeitantes a devedores-sociedades. Delas perpassa o entendimento de que o ponto de partida deve ser o da coincidência entre o CIP e o local da sede estatutária, admitindo-se que não seja assim apenas quando, na perspectiva de terceiros, ou seja, por referência a factores simultaneamente objectivos e determináveis por terceiros (em particular os credores), o devedor administra os seus interesses noutro local. Este parece ter sido o entendimento que vingou na reformulação do Regulamento. As novas regras não são isentas de críticas, designadamente pela relevância dada à perspectiva dos terceiros, entre outras coisas, porque o Regulamento não diz quem são estes estes terceiros. A circunstância já suscitou a ironia de CHRISTOPH PAULUS ("Group insolvencies – Some thoughts about new approaches", in: *Texas International Law Journal*, 2007, 42 (3), p. 824), que, em comentário à decisão do caso Eurofood, designadamente o argumento de que só devem admitir-se desvios à regra da coincidência entre o CIP e o local da sede estatutária em casos evidentes, como, por exemplo, o da sociedade "posta-restante" (*letterbox company*), opinava que o exemplo demonstrava a irrelevância do carteiro e conduzia à conclusão de que terceiros eram os juízes do TJUE.

[988] Em bom rigor, aquilo que se diz é que o CIP é "o local em que o devedor exerce habituamente a administração dos seus interesses de forma *habitual* e cognoscível por terceiros" (sublinhados nossos). Todavia, como acima já se define CIP como "o local em que o devedor

LIÇÕES DE DIREITO DA INSOLVÊNCIA

sociedade, mas esta presunção não funciona em todos os casos[989] e é sempre ilidível[990].

A norma do art. 3.º, n.º 1, do Regulamento pertence ao grupo de normas que é de toda a conveniência ler articuladamente com o disposto nos considerandos do Regulamento.

No considerando 28 diz-se que para o apuramento do CIP deve ter-se em especial consideração os credores – a sua percepção quanto ao local em que o devedor administra os seus interesses –, podendo exigir-se que, em caso de mudança do CIP, o devedor informe, em tempo útil, os seus credores do novo local a partir do qual passou a exercer as suas actividades, chamando a atenção, por exemplo, para a mudança de endereço em correspondência comercial ou publicitando o novo local por outros meios adequados. Mais importante ainda, o considerando 30 do Regulamento confirma o carácter relativo da presunção e refere algumas circunstâncias em que é possível (propício) fazer prova em contrário: a presunção pode ser ilidida se a administração central da sociedade se situar num Estado-membro diferente do da sede estatutária e se uma avaliação global de todos os fatores relevantes permitir concluir, de forma cognoscível por terceiros, que o centro efectivo da administração e da supervisão da sociedade e da gestão dos seus interesses se situa nesse outro Estado-membro[991].

De tudo isto decorre que, o CIP da sociedade depende, em princípio, da localização do capital humano e do local onde a sociedade faz uso dos bens[992]. Não deve, contudo, perder-se de vista que, em última análise, aquilo

---

exerce *habitualmente* a administração dos seus interesses" (sublinhados nossos), é de evitar a repetição. Diga-se que na versão em língua inglesa do Regulamento, esta repetição não existe.

[989] Nos termos do considerando 29 do Regulamento, as restrições à presunção de que a sede estatutária constitui o CIP do devedor correspondem, pois, a "salvaguardas destinadas a prevenir a seleção do foro fraudulenta ou abusiva".

[990] Como diz Georg Ringe (in: Reinhard Bork/Kristin van Zwieten, *Commentary on the European Insolvency Regulation*, cit., p. 130), a sede estatuária é só um ponto de partida.

[991] O disposto no considerando 30 segue de perto as afirmações feitas pelo TJUE no caso Interedil (cfr. Georg Ringe, in: Reinhard Bork/Kristin van Zwieten, *Commentary on the European Insolvency Regulation*, cit., p. 132). Entre outras coisas, o TJUE afirmou nesta decisão que os factores a tomar em consideração para uma eventual ilisão da presunção incluem, em especial, os locais em que a sociedade leva a cabo uma actividade económica e em que possui bens, na medida em que estes locais sejam susceptíveis de ser conhecidos por terceiros.

[992] Cfr. Georg Ringe, in: Reinhard Bork/Kristin van Zwieten, *Commentary on the European Insolvency Regulation*, cit., pp. 133-134.

A INSOLVÊNCIA TRANSFRONTEIRIÇA

que é decisivo é a perspectiva que disto tenham os terceiros, sobretudo os credores sociais[993].

Relativamente às pessoas singulares, fixam-se duas (novas) presunções, que operam em moldes globalmente idênticos à das sociedades e outras pessoas jurídicas. No caso de pessoa singular que exerça uma actividade comercial ou profissional independente, presume-se, até prova em contrário, que o CIP é o local onde ela exerce a actividade principal, mas esta presunção só é aplicável se o local de actividade principal da pessoa singular não tiver sido transferido para outro Estado-membro nos três meses anteriores ao pedido de abertura do processo de insolvência. No caso de qualquer outra pessoa singular, presume-se, até prova em contrário, que o CIP é o lugar de residência habitual, mas esta presunção só é aplicável se a residência habitual não tiver sido transferida para outro Estado-membro nos seis meses anteriores ao pedido de abertura do processo de insolvência.

Também aqui deve proceder-se a uma leitura à luz do disposto nos considerandos referidos, em particular o considerando 30 do Regulamento, onde se esclarece que no caso de uma pessoa singular que não exerça uma actividade comercial ou profissional, a presunção pode ser ilidida, por exemplo, se a maior parte dos bens do devedor estiver situada fora do Estado-membro onde este tem a sua residência habitual, ou se puder ficar comprovado que o principal motivo para a sua mudança de residência foi o de requerer a abertura de um processo de insolvência na nova jurisdição e se tal pedido prejudicar significativamente os interesses dos credores cujas relações com o devedor tenham sido estabelecidas antes da mudança.

São possíveis duas críticas ao disposto sobre as pessoas singulares que exerçam uma actividade comercial ou profissional independente. A primeira resulta da falta de referência expressa à cognoscibilidade do CIP por terceiros, especialmente por credores. Atendendo a que, para os efeitos da norma, não existe uma diferença fundamental entre as situações (exemplares) de sociedades comerciais e de comerciantes em nome individual (é indiscutível, em qualquer caso, a necessidade de tutela das legítimas expectativas

---

[993] Nos tribunais ingleses tem-se dado alguma relevância ao local onde a sociedade negoceia com os credores. Outros factores (mais fracos) são o local em que a sociedade tem a sua conta bancária principal, a escolha da lei aplicável nos contratos de crédito ou a residência dos administradores sociais. Como todos estes factores dependem, apesar de tudo, da vontade das pessoas, não são considerados determinantes para o CIP (cfr. GEORG RINGE, in: REINHARD BORK/KRISTIN VAN ZWIETEN, *Commentary on the European Insolvency Regulation*, cit., p. 134).

dos credores comerciais), talvez fosse de equacionar a extensão daquela referência a estes últimos casos. A segunda, mais do que uma crítica é uma interrogação: para facilitar a determinação do respectivo CIP, por que não presumir-se, até prova em contrário, que o CIP é o local da respectiva matrícula ou do registo profissional?

Relativamente ao disposto sobre as restantes pessoas singulares, faz falta um critério para resolver a hipótese de pluralidade de residências habituais. Os casos não serão frequentes mas a verdade é que é concebível que, por razões profissionais ou familiares, algumas pessoas passem parte do ano num Estado-membro e parte do ano noutro.

142.2.1.1. Articulação das regras de competência com o Direito português

Como foi apontado por vários autores, as regras contidas inicialmente no Título XIV do Código da Insolvência e da Recuperação da Empresa, em execução do Regulamento 1346/2000 (cfr. arts. 271.º a 274.º do CIRE), não se conciliavam plenamente com o disposto no Regulamento[994]. O DL n.º 79/2017, de 30 de Junho, procedeu, pois, justificadamente, à sua revogação.

Mantiveram-se, contudo, as normas de conflitos (cfr. arts. 275.º a 296.º do CIRE). No art. 275.º do CIRE estabelece-se, mais claramente do que antes, o princípio da prevalência do Regulamento 2015/848 sobre a lei portuguesa: acrescentou-se na norma um número (o n.º 1), onde se determina que, quando esteja em causa um processo sujeito ao Regulamento, a lei portuguesa se aplica apenas a título subsidiário e na medida em que não contrarie o disposto no Regulamento. Ficam, assim, resolvidos todos os problemas que pudessem subsistir, como o que aparentemente resulta da leitura articulada da norma do art. 294.º, n.º 2, do CIRE e do art. 3.º, n.º 2, do Regulamento.

Nos termos do Regulamento, um processo territorial ou secundário (ou, como lhe chama a lei portuguesa, "particular") pode ser aberto noutro Estado-membro desde que o devedor tenha aí um estabelecimento. Ora, de acordo com o art. 294.º, n.ºs 2 e 3, do CIRE, se o devedor não tiver um estabelecimento em Portugal, os tribunais portugueses podem, ainda assim, ser competentes se estiverem verificados os requisitos impostos pela al. *c)* do n.º 1 do art. 62.º do CPC, abrindo-se em Portugal um processo territorial/ secundário de insolvência. Perguntar-se-á qual é, afinal, o critério que deve

---

[994] Cfr., entre outros, Maria Helena Brito, "Falências internacionais. Algumas considerações a propósito do Código da Insolvência e da Recuperação de Empresas", cit., pp. 219-220.

A INSOLVÊNCIA TRANSFRONTEIRIÇA

prevalecer para a abertura deste tipo de processos nos casos em que se aplique o Regulamento: o critério (único) da titularidade do estabelecimento ou o critério estabelecido na lei portuguesa[995]?

Determinando-se no art. 275.º, n.º 1, do CIRE que os processos aos quais seja aplicável o Regulamento são regulados aí apenas a título subsidiário e na medida em que não seja contrariado o disposto no Regulamento, deve entender-se que prevalece o primeiro critério (não se localizando o estabelecimento em Portugal, os tribunais portugueses não são competentes) e que a norma do art. 294.º, n.º 2, do CIRE só se aplica aos restantes processos internacionais.

142.2.2. Lei aplicável. Excepções à regra da *lex fori concursus*

Como se deixou antever, o critério para determinação da competência do tribunal consignado no art. 3.º do Regulamento tem consequências ao nível da lei aplicável: a lei aplicável ao processo e aos seus efeitos é, em princípio, a lei do Estado de abertura do processo (*lex fori concursus*) (cfr. art. 7.º, n.º 1, do Regulamento).

Nem todos os credores ou terceiros estão, porém, em condições de prever a abertura do processo de insolvência num outro Estado-membro, principalmente porque o CIP ou o estabelecimento do devedor pode mudar de localização. Para proteger as legítimas expectativas dos credores e a segurança do tráfico jurídico em geral existe uma série de excepções à aplicabilidade da *lex fori concursus*.

---

[995] Aperceberam-se cedo da diversidade de regimes Luís CARVALHO FERNANDES e JOÃO LABAREDA. Questionaram-se, em face disso, se a possibilidade de abrir um processo secundário em Portugal quando o devedor não tem um estabelecimento localizado em Portugal subsiste ainda nos casos em que o Regulamento é aplicável e responderam negativamente. Cfr. Luís CARVALHO FERNANDES/JOÃO LABAREDA, *Código da Insolvência e da Recuperação de Empresas Anotado. Sistema de Recuperação de Empresas por Via Extrajudicial (SIREVE) Anotado. Legislação Complementar*, cit., p. 965. Também ALEXANDRE DE SOVERAL MARTINS propugna uma leitura restritiva do art. 294.º, n.º 2. Cfr. ALEXANDRE DE SOVERAL MARTINS, "O 'CIP' ('Centro dos Interesses Principais') e as Sociedades: um capítulo europeu", in: *Direito das Sociedades em Revista*, 2009, n.º 1, p. 138 (nota 14), e *Um Curso de Direito da Insolvência*, cit., pp. 98-99. A compatibilidade entre a norma do art. 294.º, n.º 2, e o disposto no Regulamento foi igualmente apreciada no Acórdão do TRE de 23 de Fevereiro de 2016, Proc. 16/15.2T8FAL. E1 (Relator: MANUEL BARGADO), decidindo-se que "por não se verificar o requisito da localização do estabelecimento em território nacional, não serão, por esta via, competentes os Tribunais Portugueses".

As mais paradigmáticas são as regras de carácter substantivo ressalvando os direitos reais (*rights* in rem) de terceiros bem como a reserva de propriedade do vendedor (*reservation of title*) dos efeitos da abertura do processo de insolvência sempre que tais direitos incidam sobre bens situados em Estados-membros diversos do Estado de abertura (cfr., respectivamente, art. 8.º, n.º 1, e art. 10.º, n.º 1, do Regulamento).

Encontram-se ainda outros devios (mais atenuados) à *lex fori concursus*, que assentam na regra de que os efeitos do processo são determinados pela lei de outros Estados-membros que não a lei do Estado de abertura. Em alguns casos exclui-se absolutamente a aplicação da *lex fori concursus*, como acontece, por exemplo, quanto aos contratos relativos a bens imóveis, aos direitos e às obrigações dos participantes num sistema de pagamento ou de liquidação ou num mercado financeiro, aos contratos de trabalho e às acções judiciais ou aos processos de arbitragem pendentes (cfr., respectivamente, art. 11.º, art. 12.º, art. 13.º, e art. 18.º do Regulamento [996]). Noutros casos a aplicação daquela lei depende do que dispõe a lei de outro Estado-membro,

---

[996] Diga-se que o art. 18.º vem ocupar o lugar do (revogado) art. 15.º do Regulamento 1346/2000. Nele não havia referência expressa aos processos arbitrais, dizendo-se apenas que "[o]s efeitos do processo de insolvência numa acção pendente relativa a um bem ou um direito de cuja administração ou disposição o devedor está inibido regem-se exclusivamente pela lei do Estado-membro em que a referida acção se encontra pendente". Aquela lacuna provocou as maiores discussões e esteve, inclusivamente, na origem de decisões jurisprudenciais controversas, de que é exemplo o conhecido caso *Elektrim v Vivendi*. Afastando todas as dúvidas, a norma vigente do art. 18.º refere-se aos processos arbitrais. Dela resulta que a lei que regula os efeitos da declaração de insolvência sobre o processo arbitral pendente é a lei do Estado em que o tribunal arbitral tem a sede (*lex loci arbitri*), o que configura uma concessão ao territorialismo e um desvio ao universalismo do processo de insolvência – um desvio à regra geral de que a lei aplicável ao processo e reguladora dos seus efeitos é a lei do Estado de abertura do processo (*lex concursus*) (cfr. art. 7.º, n.ºs 1 e 2, do Regulamento). Os processos arbitrais pendentes em determinado Estado-membro ficam, assim, sujeitos aos mesmos efeitos a que ficariam sujeitos se a insolvência tivesse sido declarada por um tribunal interno, sendo irrelevante, como decorre *a silentio* da norma, a posição processual que ocupe o insolvente na acção arbitral (sujeito activo ou passivo). Sobre a norma do art. 18.º do Regulamento e algumas das questões que ela suscita cfr. CATARINA SERRA, "Arbitragem e insolvência – Os efeitos da declaração de insolvência sobre a arbitragem (Direitos português e internacional)", in: *Revista de Direito Comercial*, 2017, pp. 612 e s. (disponível em https://static1.squarespace.com/static/58596f8a29687fe710cf45cd/t/5a200e420d9297c2b9797eeb/1512050246658/2017-19.pdf).

A INSOLVÊNCIA TRANSFRONTEIRIÇA

como sucede no que toca à compensação e à impugnação de actos prejudiciais (cfr., respectivamente, art. 9.º e art. 16.º do Regulamento).

142.2.3. Processo principal e processos secundários

Uma outra forma de protecção dos interesses locais e, portanto, uma (segunda) excepção ao carácter universalista do Regulamento é a possibilidade de abertura de processos de insolvência em Estados-membros diversos do Estado em que se localiza o CIP do devedor. Por via disto, os bens localizados naqueles Estados-membros são distribuídos em processos que correm termos no tribunal local e de acordo com os critérios estabelecidos na lei local.

A matéria está regulada, com algum pormenor, nos arts. 34.º a 52.º do Regulamento, estabelecendo-se, no essencial, que estes processos (secundários) devem ser coordenados com/estar subordinados ao processo principal. As noções fundamentais são, contudo, fixadas logo na norma do art. 3.º do Regulamento, dispondo-se no n.º 2, em jeito de restrição ao n.º 1, que é admissível a abertura de um processo de insolvência num Estado-membro diferente daquele em que está situado o CIP do devedor no caso de este possuir um estabelecimento no território daquele Estado-membro, posto que com efeitos limitados aos bens do devedor que se encontrem neste último território.

Para a abertura de um processo secundário num determinado Estado-membro é, assim, essencial que o devedor seja titular de um estabelecimento no respectivo território. Para estes efeitos, estabelecimento é o local em que o devedor exerça, ou tenha exercido, de forma estável, uma actividade económica, com recurso a meios humanos e a bens materiais, nos três meses anteriores à apresentação do pedido de abertura do processo principal de insolvência [cfr. art. 2.º, 10), do Regulamento][997].

Se, como é usual, quando o processo é aberto neste Estado-membro, estiver já aberto um processo no Estado-membro onde está situado o CIP (processo principal), o processo é considerado um genuíno processo secundário (cfr. art. 3.º, n.º 3, do Regulamento). No caso contrário, o processo preexis-

---

[997] Sendo absolutamente fiel ao texto do art. 2.º, 10), do Regulamento, o estabelecimento será o local *de actividade* em que o devedor exerça, ou tenha exercido, de forma estável, uma *actividade* económica, com recurso a meios humanos e a bens materiais, nos três meses anteriores à apresentação do pedido de abertura do processo principal de insolvência. Tentou-se, na definição adoptada no texto, evitar a indesejável redudância.

LIÇÕES DE DIREITO DA INSOLVÊNCIA

tente denomina-se "territorial" e só depois da abertura do processo principal se converte num processo secundário (cfr. art. 3.º, n.º 4, do Regulamento)[998]. É requisito comum – insiste-se – a localização de um estabelecimento do devedor no Estado-membro mas a abertura de processos territoriais está sujeita a requisitos adicionais, restritivos da hipótese (cfr. art. 3.º, n.º 4, do Regulamento).

Da leitura do texto do art. 34.º do Regulamento (bem como do art. 3.º, n.º 3, do Regulamento), resulta, *a silentio*, que os processos secundários não revestem hoje necessariamente a forma de processos de liquidação[999]. A vantagem é evidente: a abertura de um processo secundário não é susceptível de prejudicar a reestruturação do património do devedor como um todo. Saliente-se que, com a crescente atenção dada à recuperação e a multiplicação de instrumentos vocacionados para a realizar, as probabilidades de a reestruturação ser a finalidade do processo principal são cada vez maiores.

No art. 38.º, n.º 4, do Regulamento existe ainda um dispositivo destinado a evitar as situações de desencontro de finalidades na hipótese contrária, isto é, quando o processo principal é de liquidação e envolve a extinção da sociedade ou entidade devedora e o processo secundário é de recuperação[1000]. A pedido do administrador da insolvência do processo principal de insolvência, o órgão competente para o processo secundário pode abrir um tipo de processo de insolvência enumerado no Anexo A diferente do inicialmente requerido, desde que estejam preenchidas as condições para a abertura desse tipo de processo nos termos da lei nacional e desde que esse tipo de processo seja o mais adequado no que respeita aos interesses dos credores

---

[998] Significa isto, por outras palavras, que é possível abrirem-se estes processos antes da abertura de qualquer processo no Estado-membro em que está situado o CIP, e independentemente dela (cfr. art. 3.º, n.º 4, do Regulamento). Se e enquanto não for aberto um processo principal, estes são processos territoriais. A possibilidade é – sublinhe-se – admitida apenas quando se verifiquem certas condições, portanto, a título excepcional, assumindo-se no considerando 37, "a preocupação de restringir ao mínimo indispensável os casos em que é pedida a abertura de um processo de insolvência territorial antes da abertura do processo principal".

[999] Cfr., para a descrição desta e de outras medidas relativas aos processos secundários, ÁNGEL ESPINIELLA MENÉNDEZ, "La propuesta de la Comisión Europea para la reforma del Reglamento Europeo de insolvencia", cit., p. 433.

[1000] O que configura uma reacção às críticas feitas no quadro da Proposta. Cfr. ÁNGEL ESPINIELLA MENÉNDEZ, "La propuesta de la Comisión Europea para la reforma del Reglamento Europeo de insolvencia", cit., p. 434.

A INSOLVÊNCIA TRANSFRONTEIRIÇA

locais e à coerência entre o processo principal e os processos secundários de insolvência.

Não obstante todos estes mecanismos, deve dizer-se que, na reformulação do Regulamento, se concebeu os processos secundários como uma hipótese mais remota, o que é sintomático da vontade em reforçar a universalidade[1001].

Repare-se, em primeiro lugar, no disposto no art. 36.º do Regulamento, que confere ao administrador da insolvência do processo principal o direito de dar, a respeito dos bens situados no Estado-membro em que o processo secundário de insolvência possa ser aberto, uma garantia unilateral (*the right to give an undertaking in order to avoid secondary insolvency proceedings*) – a garantia de que, ao distribuir os bens ou as receitas provenientes da sua liquidação, agirá *como se* o processo secundário de insolvência fosse aberto nesse Estado-membro, ou seja, respeitando os direitos de distribuição e os privilégios creditórios consignados na lei nacional que assistiriam aos credores segundo a lei desse Estado-membro (cfr. art. 36.º, n.º 1, do Regulamento). A garantia deve ser, entre outras coisas, aprovada pelos credores locais conhecidos (cfr. art. 36.º, n.º 5, do Regulamento), mas a verdade é que com ela se obvia, em princípio, à abertura de um processo secundário (cfr., apesar de tudo, o disposto nos arts. 37.º e 38.º do Regulamento). Configuram-se, assim, uma "territorialidade virtual" (*virtual territoriality*) e, por conseguinte, "processos secundários virtuais" (*virtual secondary proceedings*)[1002] ou "processos secundários sintéticos" (*synthetic secondary proceedings*)[1003].

[1001] Cfr., também neste sentido, por todos, ÁNGEL ESPINIELLA MENÉNDEZ, "La propuesta de la Comisión Europea para la reforma del Reglamento Europeo de insolvencia", cit., pp. 435-436.

[1002] Segundo JOHN A. E. POTTOW ("A New Role for Secondary Proceedings in International Bankruptcies", in: *Texas International Law Journal*, 2011, 46(3), p. 584), foi EDWARD JANGER ("Virtual Territoriality", in: *Columbia Journal of Transnational Law*, 2010, 48, pp. 401 e s.) quem propôs o termo, seguido por MICHAEL MENJUCQ e REINHARD DAMMANN (cfr. "Regulation No. 1346/2000 on Insolvency Proceedings: Facing the Companies Group Phenomenon", in: *Business Law International*, 2008, 9(2), pp. 145 e s. Estes últimos usaram a expressão "processos secundários virtuais" (*virtual contractual secondary proceedings*) para descrever a prática (não recente) de oferecer aos credores um tratamento como se os processos secundários fossem abertos – "um tratamento como se" ("*as if treatment*").

[1003] Segundo BOB WESSELS ("Contracting out of secondary Insolvency proceedings: the main liquidator's undertaking in the meaning of article 18 in the Proposal to amend the EU Insolvency R", in: *Brooklyn Journal of Corporate, Financial & Commercial Law*, 2014, 9(1), p. 81), a expressão foi introduzida por JOHN A. E. POTTOW ("A New Role for Secondary Proceedings in International Bankruptcies", cit.). O seu uso generalizou-se, sendo utilizada pelos mais

LIÇÕES DE DIREITO DA INSOLVÊNCIA

Repare-se, em segundo lugar, no disposto na norma do art. 38.º, n.ºs 1 e 3, do Regulamento. Em termos práticos, admite-se que o pedido de processo secundário apresentado ao órgão jurisdicional seja rejeitado ou, pelo menos, suspenso, por um período máximo de trés meses, a instância do administrador da insolvência.

A dispensa de abertura de processos secundários tem vantagens, sobretudo no plano dos custos, mas é preciso aplicar a solução com algumas cautelas[1004]. Pressupõe-se que o préstimo dos processos secundários se esgota na protecção dos credores locais e, por isso, eles se tornam dispensáveis quando os credores não sejam presumivelmente prejudicados. A verdade, porém, é que eles podem ocasionalmente servir outros interesses, designadamente o da administração eficaz dos patrimónios (quando os patrimónios sejam particularmente complexos) ou a observância do Direito e o respeito pelos institutos jurídicos (quando as diferenças entre os sistemas jurídicos sejam tão profundas que algumas categorias são intransponíveis de um para o outro). As hipóteses são, aliás, referidas no considerando 40 do Regulamento, para justificar que o administrador da insolvência do processo principal de insolvência possa pedir a abertura de um processo secundário de insolvência. Em tais hipóteses, a abertura de processos secundários não se relaciona – ou não se relaciona exclusivamente – com os direitos dos credores, não devendo, pois, o risco de prejuízo para os credores ser critério único ou sequer critério determinante para a decisão do órgão jurisdicional (de abertura ou de recusa de abertura do processo)[1005].

---

importantes comentaristas do Regulamento, como, por exemplo, GEORG RINGE (in: REINHARD BORK/KRISTIN VAN ZWIETEN, *Commentary on the European Insolvency Regulation*, cit., p. 163) e IAN F. FLETCHER [in: GABRIEL MOSS/IAN F. FLETCHER/STUART ISAACS, *The EU Regulation on insolvency procedings*, cit., p. 66].

[1004] Em juízo de prognose sobre a aplicação do Regulamento, REINHARD BORK (in: REINHARD BORK/KRISTIN VAN ZWIETEN, *Commentary on the European Insolvency Regulation*, cit., p. 35) questiona-se sobre se justifica este desvio à aplicabilidade das regras de distribuição do Estado de abertura mesmo quando os credores são comuns e localizem-se os bens onde se localizarem.

[1005] No sentido da dualidade de funções dos processos secundários se manifesta GEORG RINGE (in: REINHARD BORK/KRISTIN VAN ZWIETEN, *Commentary on the European Insolvency Regulation*, cit., pp.160-161). Diz o autor que, além da protecção dos credores locais, os processos secundários desempenham uma função instrumental em relação ao processo principal, que é visível nos casos de os bens serem difíceis de determinar ou de administrar ou estarem

142.3. Publicidade dos processos e reclamação de créditos

O Regulamento determina a publicidade obrigatória dos processos e simplifica os mecanismos de disponibilização de informação aos credores e a reclamação de créditos.

142.3.1. Obrigatoriedade de publicação de informações e criação de registos de insolvência

Diga-se, desde já, que a disciplina dos registos de insolvência se integra no capítulo reservado ao reconhecimento do processo de insolvência (cfr. arts. 19.º a 33.º do Regulamento), de que se falará à frente.

O art. 24.º, n.º 1, do Regulamento obriga os Estados-membros a criar e manter um ou mais registos electrónicos de processos de insolvência (registos de insolvências)[1006]-[1007]. Nestes devem ser publicadas todas as informações relativas aos casos de insolvência transfronteiriça, logo que possível após a abertura de cada processo.

De acordo com o art. 24.º, n.º 2, as informações respeitam, entre outras coisas, à identificação do tribunal, do devedor e do administrador de insolvência, quando este seja nomeado, à data de abertura do processo e do encerramento do processo principal, se for o caso, e ao tipo de processo aberto. Também é obrigatória a publicação de informações sobre o prazo para a reclamação de créditos, se já existir, ou de uma referência ao critério para o calcular e sobre o órgão jurisdicional perante o qual pode ser impugnada a decisão de abertura do processo e dos termos em que pode ser feita esta[1008].

---

dispersos em muitos territórios e serem necessário ou conveniente, pois, um tratamento *in loco* para esclarecer questões de titularidade, graduação e localização.

[1006] A norma é aplicável apenas a partir de 26 de Junho de 2018 [cfr. art. 92.º, al. *b)*, do Regulamento].

[1007] Nos termos do considerando 76 do Regulamento, "[p]ara melhorar a informação aos credores e aos órgãos jurisdicionais interessados e evitar a abertura de processos de insolvência paralelos, os Estados-Membros deverão ser obrigados a publicar as informações relevantes dos processos de insolvência transfronteiriços num registo eletrónico acessível ao público".

[1008] Note-se que o art. 24.º, n.º 4, do Regulamento não obriga à publicação das informações referidas quando o devedor seja uma pessoa singular que não exerça uma actividade comercial profissional independente. E desde que se assegure que os credores estrangeiros conhecidos são informados, nos termos do art. 54.º do Regulamento, sobre o órgão jurisdicional perante o qual pode ser impugnada a decisão de abertura do processo e dos termos em que pode ser feita esta, tão-pouco as informações têm de estar acessíveis ao público através do sistema de interligação de registos. Neste último caso, todavia, o processo de insolvência não

LIÇÕES DE DIREITO DA INSOLVÊNCIA

No art. 25.º do Regulamento prevê-se que a Comissão crie, através de actos de execução, um sistema descentralizado com vista à interligação dos registos de insolvências[1009]. Este sistema será constituído pelos registos de insolvências e pelo Portal Europeu da Justiça, que funciona como ponto de acesso central do público às informações no sistema. O sistema deverá proporcionar um serviço de pesquisa em todas as línguas oficiais das instituições da União, a fim de disponibilizar as informações obrigatórias e todos os outros documentos ou informações incluídos nos registos de insolvências e que os Estados-membros pretendam facultar através do Portal Europeu da Justiça. Tem em vista facilitar o acompanhamento e o reconhecimento das decisões (mas não só).

A criação de registos de insolvência importa um dispêndio considerável de tempo e dinheiro que alguns Estados-membros poderão não estar imediatamente disponíveis para realizar. Com certeza por isso a criação, a manutenção e o desenvolvimento futuro do sistema de interligação dos registos de insolvências serão financiados pelo orçamento geral da União Europeia (cfr. art. 26.º, n.º 1, do Regulamento). É certo que cada Estado-membro suporta os custos de criação e adaptação dos seus registos nacionais de insolvências, bem como os custos de gestão, funcionamento e manutenção desses registos, mas é possível requerer a concessão de subsídios destinados a apoiar essas actividades, ao abrigo dos programas financeiros da União Europeia (cfr. art. 26.º, n.º 2, do Regulamento).

Existem referências adicionais à publicidade dos processos nos art. 28.º e 29.º do Regulamento.

Na primeira norma estabelece-se que o administrador da insolvência ou o devedor que se mantenha na administração dos bens requerer a publicação de um aviso da decisão de abertura do processo e, se for o caso, da decisão de nomeação do administrador da insolvência em qualquer outro Estado-membro onde se situe um estabelecimento do devedor, de acordo com os procedimentos de publicação previstos para esse Estado-membro, ou em quaisquer outros Estados-membros em que considerem necessário fazê-lo.

---

pode afectar os créditos dos credores estrangeiros que não tenham recebido as informações. A regra é reflexo da disparidade de tratamento reservado nos Estados-membros à insolvência dos consumidores e visa proteger a privacidade destes últimos. Cfr., neste sentido, MICHAEL VEDER, in: GABRIEL MOSS/IAN F. FLETCHER/STUART ISAACS, *The EU Regulation on insolvency procedings*, cit., p. 347.

[1009] A norma é aplicável apenas a partir de 26 de Junho de 2019 [cfr. art. 92.º, al. *c*), do Regulamento].

A INSOLVÊNCIA TRANSFRONTEIRIÇA

Na segunda estabelece-se que o administrador da insolvência ou o devedor que se mantenha na administração dos bens efectuam todas as diligências necessárias para assegurar o registo predial, comercial ou outro das informações sobre a abertura de um processo de insolvência que, segundo a lei do Estado-membro onde se situe um estabelecimento ou um bem imóvel do devedor, estejam sujeitas a registo obrigatório nesse Estado-membro. Podem ainda requerer que esse registo seja feito em qualquer outro Estado--membro desde que a lei deste último o permita.

A publicação das informações nos registos nos termos do Regulamento produz os efeitos gerais estabelecidos na lei nacional (cfr. art. 24.º, n.º 5, do Regulamento). Existe, de qualquer forma, um único efeito específico: o prazo mínimo para a reclamação de créditos pelos credores estrangeiros é de trinta dias a contar da publicação da abertura do processo no registo do Estado--membro de abertura do processo (cfr. art. 55.º, n.º 6, do Regulamento)[1010].

Diga-se, por fim, que é a presente disciplina que justifica que o legislador tenha aditado, através do DL n.º 79/2017, de 30 de Junho, os n.ºs 9, 10 e 11 à norma do art. 38.º do CIRE.

[1010] Como salientam alguns, isto significa, *a silentio*, que a publicação não é – continua a não ser – condição necessária para o reconhecimento do processo nos outros Estados-membros, como pode confirmar-se pelo considerando 75 do Regulamento (3.ª oração). É esta a opinião de EMMANUELLE INACIO ("Insolvency registers in the recast of the European Insolvency Regulation", in: *Eurofenix – The Journal of Insol Europe*, 2017, 69, pp. 12-13). Em face do novo sistema de registos de insolvência, a autora considera, contudo, estarem criadas as condições para que os processos confidenciais fiquem também sujeitos ao Regulamento, beneficiando das vantagens do reconhecimento automático. No entendimento habitual, se um processo confidencial é aberto num Estado-membro, este não é reconhecido nos Estados-membros em que o devedor tenha estabelecimentos, deixando porta aberta a que um processo principal se inicie noutro Estado-membro; se o primeiro for um processo de reestruturação e o segundo de liquidação, fica prejudicada a finalidade do primeiro. A razão central invocada contra a sujeição dos processos confidenciais ao Regulamento é o respeito pelos direitos dos credores (os credores não podem saber que o processo confidencial foi aberto) mas, segundo a autora, é possível agora conciliar o princípio da confidencialidade com o respeito pelos direitos dos credores. Com os registos de insolvência, a abertura do processo confidencial poderia, finalmente, ter publicidade, ainda que limitada aos tribunais e às autoridades administrativas relevantes. Estas tomariam, assim, conhecimento de quaisquer pedidos de abertura apresentados noutros Estados-membros e poderiam convidar o credor requerente a tomar parte no processo já aberto, evitando-se, posto que este aceitasse, a abertura de outros indesejáveis processos. O principio da confidencialidade não seria violado, uma vez que a decisão só seria notificada às partes.

142.3.2. Informação aos credores e reclamação de créditos

O art. 53.º estabelece que os credores estrangeiros podem reclamar os respectivos créditos no processo de insolvência por qualquer meio de comunicação admitido pela lei do Estado de abertura do processo, não sendo a representação por advogado ou outro profissional forense obrigatória para efeitos exclusivos de reclamação de créditos. Reduzem-se, assim, significativamente os custos de envio, de representação e de tradução.

Com vista a facilitar a reclamação de créditos, o art. 54.º, n.º 1, do Regulamento cria o dever judicial de notificação dos credores estrangeiros conhecidos: logo que num Estado-Membro seja aberto um processo de insolvência, o órgão jurisdicional competente desse Estado ou o administrador da insolvência por ele nomeado informa sem demora os credores estrangeiros conhecidos. O art. 37.º, n.º 4, do CIRE está em linha com esta disposição.

Adquire ainda relevância o disposto no art. 55.º do Regulamento, sobre o procedimento da reclamação de créditos. Assume-se aí, no n.º 1 do art. 55.º do Regulamento, o compromisso de criação de um formulário-tipo para a reclamação de créditos, disponível em todas as línguas oficiais da União Europeia. Não obstante dizer-se que os créditos podem ser reclamados em qualquer língua oficial da União, no n.º 5 da mesma norma, mantém-se, contudo, a possibilidade de o órgão jurisdicional, o administrador da insolvência ou o devedor que se mantenha na administração dos seus bens exigir ao credor uma tradução na língua ou numa das línguas oficiais do Estado de abertura do processo ou noutra língua que este Estado tenha declarado aceitar. Face a isto, pergunta-se: será admissível um credor (um pequeno credor) ser obrigado a apresentar a tradução da sua reclamação de créditos? Não seria mais razoável que ela fosse assegurada pelos órgãos jurisdicionais dos Estados-membros, atendendo a que eles têm presumivelmente mais meios técnicos e maior capacidade para suportar os custos da tradução?

Nos termos do art. 55.º, n.º 6, do Regulamento os créditos são reclamados no prazo fixado na lei do Estado de abertura mas, como se disse, no caso de credores estrangeiros, este prazo não pode ser inferior a trinta dias após a inscrição da decisão de abertura do processo no registo de insolvências do Estado de abertura. Antevê-se, portanto, a necessidade de uma interpretação correctiva do art. 36.º, n.º 1, al. j), do CIRE, sempre que o processo envolva credores estrangeiros: onde se lê "[d]esigna prazo, até trinta dias, para a reclamação de créditos" deve ler-se "[d]esigna prazo, não inferior a trinta dias a contar da publicação da abertura do processo no registo, para a reclamação de créditos".

A INSOLVÊNCIA TRANSFRONTEIRIÇA

142.4. O caso particular dos grupos de sociedades

Com as normas dos arts. 56.º a 77.º, o Regulamento passa, por fim, a disponibilizar algum tratamento aos processos de insolvência relativos a membros de grupos de sociedades[1011]. O propósito é o de "garantir uma gestão eficiente dos processos de insolvência respeitantes a diferentes sociedades que façam parte de um grupo" (cfr. considerando 51 do Regulamento).

Antes de mais, diga-se que, para os efeitos do Regulamento, os grupos de sociedades são compostos de uma empresa-mãe e de todas as suas empresas filiais [cfr. art. 2.º, 13) do Regulamento]. Por sua vez, empresa-mãe é uma empresa que controla, directa ou indirectamente, uma ou mais empresas filiais, sendo considerada empresa-mãe a empresa que elabora demonstrações financeiras consolidadas nos termos da Directiva 2013/34/UE do Parlamento Europeu e do Conselho[1012] [cfr. art. 2.º, 14) do Regulamento].

A necessidade – mas também as dificuldades – de regulação da matéria dispensam explicações. Estão em causa tanto as situações em que uma sociedade tem os seus bens (ou parte deles) dispersos por outras sociedades do grupo como aquelas em que a actividade desenvolvida por ela está indissociavelmente ligada às outras, tornando-se conveniente uma abordagem integrada[1013].

[1011] Cfr., em Portugal, sobre a matéria dos grupos de sociedades, por todos, JOSÉ ENGRÁCIA ANTUNES, *Os grupos de sociedades – Estrutura e organização jurídica da empresa plurissocietária*, Coimbra, Almedina, 2002 (2.ª edição).

[1012] Trata-se da Directiva 2013/34/UE do Parlamento Europeu e do Conselho, de 26 de Junho de 2013, relativa às demonstrações financeiras anuais, às demonstrações financeiras consolidadas e aos relatórios conexos de certas formas de empresas, que altera a Directiva 2006/43/ CE do Parlamento Europeu e do Conselho e revoga as Directivas 78/660/CEE e 83/349/CEE do Conselho.

[1013] Para um aprofundamento do tema da insolvência nos grupos de sociedades cfr. a obra colectiva de BOB WESSELS/PAUL OMAR (Ed.), *Insolvency and Groups of Companies – Papers from the INSOL Europe Academic Forum Annual Conference, Vienna, Austria, 13-14 October 2010*, Nottingham, 2011. Cfr. ainda, em especial, a extensa obra de IRIT MEVORACH, como, por exemplo: "The road to a suitable and comprehensive global approach to insolvencies within multinational corporate groups", 2005 (disponível em http://www.iiiglobal.org/component/ jdownloads/viewdownload/362/4091.html), "Centralising insolvencies of pan-european corporate groups: a creditor's dream or nightmare", in: *Journal of Business Law*, 2006, pp. 468 e s., "Appropriate Treatment of Corporate Groups in Insolvency: A Universal View", in: *European Business Organization Law Review*, 2007, 8, pp. 179 e s., e "INSOL Europe's proposals on groups of companies (in cross-border insolvency): a critical appraisal", 2012 (disponível em http://

LIÇÕES DE DIREITO DA INSOLVÊNCIA

Compreensivelmente, as medidas adoptadas pelo Regulamento não são muito ousadas, tendo-se optado por conservar o tradicional princípio do tratamento individual (*entity approach*) , do tipo "sociedade a sociedade" (*on an entity by entity basis*), que obriga a que sejam abertos processos separados para cada um dos membros do grupo e que estes sejam considerados independentes uns dos outros[1014].

Não foi, assim, mais uma vez, acolhido o modelo que atribui relevância máxima à realidade global do grupo ou da empresa plurissocietária (*entreprise-based approach*). Não foi acolhido o princípio, desenvolvido nos Estados Unidos e discutido nos ordenamentos da Europa continental, da consolidação substantiva (*substantive consolidation*), nem para os casos em que se mostra impossível distinguir e tratar separadamente os patrimónios de cada uma das sociedades (de "confusão patrimonial")[1015].

eprints.nottingham.ac.uk/1721/1/IIR_2012_Mevorach__proposals_on_groups__pre_proofs. pdf).

[1014] Para uma descrição breve e uma avaliação crítica das novidades do Regulamento neste ponto ANA PERESTRELO DE OLIVEIRA, "O novo regime dos grupos de sociedades no Regulamento europeu sobre insolvência transfronteiriça: primeira avaliação", in: CATARINA SERRA (coord.), *IV Congresso de Direito da Insolvência*, Coimbra, Almedina, 2017, pp. 203 e s.

[1015] A consolidação substantiva (não meramente processual) significa a consolidação das massas insolventes e das responsabilidades das sociedades agrupadas, unificando-se os activos e os passivos de cada uma delas numa massa comum. Implica, mais precisamente, que se possa liquidar conjuntamente os patrimónios das várias sociedades integrantes de um grupo. Sobre a insolvência nos grupos de sociedades e a favor da tese da consolidação substantiva cfr., em Portugal, ANA PERESTRELO DE OLIVEIRA, "A insolvência nos grupos de sociedades: notas sobre a consolidação patrimonial e a subordinação de créditos intragrupo", in: *Revista de Direito de Sociedades*, 2009, n.º 4, pp. 995 e s., ANA PERESTRELO DE OLIVEIRA, "Ainda sobre a liquidação conjunta das sociedades em relação de domínio total e os poderes do administrador da insolvência: a jurisprudência recente dos tribunais nacionais", in: *Revista de Direito de Sociedades*, 2011, n.º 3, pp. 713 e s., e ANA PERESTRELO DE OLIVEIRA, "Insolvência nas sociedades em relação de grupo: de novo pela consolidação substantiva das massas patrimoniais", in: CATARINA SERRA (coord.), *I Congresso de Direito da Insolvência* Coimbra, Almedina, 2013, pp. 290 e s. Para uma crítica à tese da consolidação substantiva cfr. LUÍS CARVALHO FERNANDES/ JOÃO LABAREDA, "De volta à temática da apensação de processos de insolvência (em especial, a situação das sociedades em relação de domínio ou de grupo)", in: *Direito das Sociedades em Revista*, 2012, vol. 7, pp. 133 e s. Recorde-se que, neste contexto, o Código da Insolvência e da Recuperação de Empresas representa um recuo relativamente ao Código dos Processos Especiais de Recuperação da Empresa e de Falência, uma vez que não existe já a possibilidade de coligação processual nos casos de grupos de sociedades mas tão-só a possibilidade de apensação dos processos (cfr. art. 86.º, n.ºs 2 e 3). Para uma breve visão da situação das

A INSOLVÊNCIA TRANSFRONTEIRIÇA

Contrariando as sugestões e as expectativas de alguns, tão-pouco se acolheram soluções intermédias como a consagração do CIP do grupo[1016], tornando possível a abertura de um processo único para sociedades integradas na mesma estrutura de propriedade ou de controlo, conforme sugerido por uns[1017], ou do administrador da insolvência do grupo, conforme sugerido por outros[1018].

Em abono de soluções moderadas, a verdade é que, numa das intervenções legislativas sobre a matéria – a lei alemã para a facilitação do tratamento da insolvência nos grupos de sociedades (*Gesetz zur Erleichterung der Bewältigung von Konzerninsolvenzen*, de 13 de Abril de 2017[1019]) –, se recusou tanto a consolidação substantiva (*materielle Konsolidierung*) como a consolidação processual (*verfahrensmäßig Konsolidierung*), mantendo-se a fidelidade ao princípio da separação (*Trennungsprinzip*)[1020]. A posição do legislador alemão

---

sociedades em relação de grupo no quadro do Código dos Processos Especiais de Recuperação da Empresa e de Falência e a defesa, *de iure condendo* e em certos termos, de um regime de consolidação substantiva cfr. Catarina Serra, *Falências derivadas e âmbito subjectivo da falência*, cit., pp. 173-178.

[1016] Como se viu, de acordo com o art. 3.º, o tribunal competente para a abertura do processo de insolvência é o tribunal onde se localiza o CIP do devedor. Assim sendo, a possibilidade de um órgão jurisdicional abrir o processo de insolvência relativamente a várias sociedades pertencentes ao mesmo grupo numa única jurisdição passa por fixar um "CIP do grupo", o que, estando em causa sociedades pertencentes a diversos Estados-membros, comporta singulares dificuldades.

[1017] Cfr., por exemplo, Kon M. Asimacopoulos, "The Insolvency and Restructuring of Corporate Groups", *Paper presented at the Conference The Future of the European Insolvency Regulation* (disponível em http://www.eir-reform.eu/presentations).

[1018] Cfr., por exemplo, Nicolaes W.A. Tollenaar, "Proposals for Reform: Improving the Ability under the European Insolvency Regulation to Rescue Multinational Enterprises", *Paper presented at the Conference The Future of the European Insolvency Regulation* (disponível em http://www.eir-reform.eu/presentations).

[1019] Com vigência a partir de 21 de Abril de 2018.

[1020] Nas palavras de Marta Flores Segura ("La Propuesta de Reforma de la *Insolvenzordnung* en materia de concursos de sociedades pertenecientes al mismo grupo", in: *Anuario de Derecho Concursal*, 2013, 29, p. 458), diferentemente do legislador espanhol, o legislador alemão mantém uma atitude conservadora no tocante à consolidação das massas das distintas sociedades. Em contrapartida, entre as propostas da INSOL Europe, constava a introdução de uma norma sobre consolidação substantiva para os casos de "confusão patrimonial". A solução seria, contudo, inaplicável quando o tratamento em separado fosse mais benéfico (por exemplo, representasse menos custos). Cfr. *Revision of the European Insolvency Regulation – Proposals by INSOL Europe*, cit., pp. 98-100. Para uma apreciação crítica das propostas da INSOL Europe no domí

LIÇÕES DE DIREITO DA INSOLVÊNCIA

era conhecida desde 2013 (altura da apresentação do projecto de lei) e com certeza contribuiu para a posição final do legislador europeu[1021].

À imagem da Lei-Modelo da CNUDCI, a disciplina contida no Regulamento centra-se na coordenação dos processos relativos aos membros do mesmo grupo. Trata-se, mais precisamente, da sujeição dos administradores da insolvência e dos órgãos jurisdicionais ao dever recíproco de cooperação e comunicação (cfr. arts. 56.º, 57.º e 58.º e considerando 52 do Regulamento), um pouco como sucede no contexto dos processos principais e secundários[1022]. O objectivo é o de, por um lado, não comprometer, à partida, a possi-

nio dos grupos de sociedades cfr. IRIT MEVORACH, "INSOL Europe's proposals on groups of companies (in cross-border insolvency): a critical appraisal", cit.

[1021] Atente-se, porém, no considerando 53 do Regulamento. Adverte-se aí que a introdução de regras sobre o processo de insolvência de grupos de sociedades não deverá limitar a possibilidade de um órgão jurisdicional abrir o processo de insolvência relativamente a várias sociedades pertencentes ao mesmo grupo numa única jurisdição, se considerar que o CIP destas sociedades se situa num único Estado-membro. Nesses casos, o órgão jurisdicional deverá também poder nomear, se necessário, o mesmo administrador da insolvência em todos os processos, desde que tal não seja incompatível com as regras que lhes são aplicáveis. Na realidade, a advertência nada traz de novo: quando, de acordo com o critério do CIP, é competente uma única jurisdicção, a hipótese de concentração destas competências depende, evidentemente, do disposto na lei nacional. Veja-se, por exemplo, que a lei alemã admite, no § 56b da InsO, que seja designado um administrador único para os vários processos (*eine Person zum Insolvenzverwalter zu bestellen*). A designação deste administrador único depende do reconhecimento de que ele tem capacidade para desempenhar o cargo com a necessária independência e de que os conflitos de interesses que eventualmente surjam são susceptíveis de ser resolvidos por via da designação de um ou mais administradores especiais (*Sonderinsolvenzverwaltern*). Prevê-se, além disso, no § 3a da InsO, a possibilidade de um foro judicial único, competente para conhecer de todos os processos de insolvência dos membros do grupo – foro do grupo (*Gruppen-Gerichtsstand*). O requerimento para abertura do foro do grupo (*Antrag auf Begründung des Gruppen-Gerichtsstands*) só pode ser apresentado pelo devedor e o seu conteúdo deverá respeitar o disposto no § 13a da InsO. Será procedente apenas se a abertura de um processo de insolvência for validamente requerida, a concentração da competência judicial for benéfica para o conjunto dos credores e a sociedade requerente não for um membro pouco importante ou pouco significativo do grupo.

[1022] Esta era também uma proposta da INSOL Europe. Cfr. *Revision of the European Insolvency Regulation – Proposals by INSOL Europe*, cit., pp. 13 e 93. Diga-se que, entre outros estudos, existe, desde 2007, um conjunto de princípios elaborados sob a égide da INSOL Europe sobre comunicação e cooperação no âmbito da insolvência transfronteiriça. Cfr. BOB WESSELS/ MIGUEL VIRGÓS, *European Communication & Cooperation Guidelines for Cross-border Insolvency*, Nottingham, 2007. Sobre a cooperação entre os órgãos jurisdicionais cfr. HEINZ VALLENDER, "Judicial Cooperation within the EU Insolvency Regulation", *Paper presented at the Conference*

A INSOLVÊNCIA TRANSFRONTEIRIÇA

bilidade de reestruturação do grupo como um todo e, por outro lado, sempre que os bens dos membros estejam fortemente interligados, o de evitar a sua venda em separado e a perda de valor que isso representa.

A medida mais merecedora de destaque é a atribuição ao administrador da insolvência de instrumentos processuais para solicitar a suspensão de qualquer medida relativa à liquidação dos bens nos processos abertos relativamente a quaisquer outros membros do mesmo grupo [cfr. art. 60.º, n.º 1, al. *b*), do Regulamento] e, sobretudo, a faculdade de requerer a abertura de um processo (voluntário) de coordenação do grupo [cfr. art. 60.º, n.º 1, al. *c*), do Regulamento], assentando em três factores/elementos: um tribunal coordenador (cfr. art. 66.º), um coordenador (cfr. arts. 71.º e s. do Regulamento) e um plano de coordenação [cfr. art. 70.º e art. 72.º, n.º 1, al. *b*), do Regulamento]. Com isto abre-se definitivamente a possibilidade de concepção de um plano coordenado para as sociedades do grupo sempre que a reestruturação ou recuperação das sociedades em causa o exija ou aconselhe.

Ao que tudo indica, não se trata da admissibilidade de um plano único ou comum para todas as sociedades[1023]-[1024], pois tal seria incompatível com a independência e a autonomia dos processos. Trata-se, mais singelamente, de um plano de coordenação[1025], que deverá funcionar como uma referência para os planos a adoptar em cada um dos processos.

Além disso, vigora, por um lado, um modelo de *opt-out*, o que permite ao administrador da insolvência nomeado para o processo de qualquer membro

---

"*The Future of the European Insolvency Regulation* (disponível em http://www.eir-reform.eu/ presentations).

[1023] Advogava, em 2003, a admissibilidade de um plano único de recuperação, considerando dispensável, para este efeito, o acolhimento de uma regra geral de consolidação substantiva, ROBERT VAN GALEN ["The European Insolvency Regulation and Groups of Companies" (disponível em www.insol-europe.org/download/file/575)].

[1024] Nas suas propostas, a INSOL Europe chegava a prever um Plano de Recuperação Europeu (*European Rescue Plan*). O objectivo era disponibilizar um regime que, sem prejuízo dos regimes previstos no ordenamento de cada Estado-membro, pudesse funcionar como um instrumento adicional para a resolução das insolvências transfronteiriças no seio de grupos de sociedades. O regime era composto de regras sobre o requerimento de abertura, classificação de créditos, deveres de informação, o conteúdo do plano, reclamação de créditos, aprovação do plano e homologação. Cfr. *Revision of the European Insolvency Regulation – Proposals by INSOL Europe*, cit., pp. 101-108.

[1025] Uma espécie de *Koordinationsplan* como o previsto na lei alemã (cfr. §§ 269h e 269i da InsO).

LIÇÕES DE DIREITO DA INSOLVÊNCIA

do grupo levantar objecções à inclusão deste no processo de coordenação no prazo de trinta dias e conseguir a sua não inclusão [cfr. art. 64.º, n.º 1, *a*) e *b*), e art. 65.º, n.º 1, do Regulamento]. Por outro lado, o plano não é obrigatório, sujeitando-se apenas os administradores da insolvência à obrigação de considerarem o plano e, se decidirem não pôr em prática as recomendações do coordenador nem o plano, de comunicar as razões pelas quais não o fizeram (*comply or explain*) (cfr. art. 70.º, n.ºs 1 e 2, do Regulamento)[1026].

Em síntese, mesmo a medida mais arrojada – a possibilidade de um plano coordenado – tem um alcance limitado, sendo de esperar que seja, mais do que a regra, a excepção[1027]. Comparativamente com o Regulamento n.º 1346/2000, a adopção de uma perspectiva de conjunto – de um modelo de coordenação – representa, apesar de tudo, um avanço considerável[1028], reflectindo o reconhecimento da unidade económica da empresa plurissocietária e a consciência de que é conveniente uma gestão articulada dos processos de insolvência envolvidos.

142.5. Reconhecimento das sentenças

O reconhecimento do processo de insolvência e das sentenças proferidas no âmbito deste está regulado nos arts. 19.º a 33.º e, em especial, nos arts. 19.º e 20.º do Regulamento.

Assegura-se aí o reconhecimento automático de decisões relativas à abertura, à tramitação e ao encerramento dos processos de insolvência abrangidos pelo Regulamento, bem como de decisões proferidas em conexão directa com esses processos. Por outras palavras, a regra geral é a de que os efeitos conferidos ao processo pela lei do Estado-membro de abertura do processo se estendem, de imediato e sem quaisquer formalidades, a todos os outros Estados-membros. Segundo o considerando 65 do Regulamento, o reconhecimento das decisões proferidas pelos órgãos jurisdicionais dos

---

[1026] Segundo ANA PERESTRELO DE OLIVEIRA ("O novo regime dos grupos de sociedades no Regulamento europeu sobre insolvência transfronteiriça: primeira avaliação", cit., p. 211), o modelo do *comply or explain*, o *opt-out* e a não vinculatividade do plano são "as críticas verdadeiramente justas ao sistema do Regulamento".

[1027] É este o prognóstico de ANA PERESTRELO DE OLIVEIRA ("O novo regime dos grupos de sociedades no Regulamento europeu sobre insolvência transfronteiriça: primeira avaliação", cit., p. 211).

[1028] ANA PERESTRELO DE OLIVEIRA ("O novo regime dos grupos de sociedades no Regulamento europeu sobre insolvência transfronteiriça: primeira avaliação", cit., p. 212) fala da "grande importância simbólica" do novo regime.

A INSOLVÊNCIA TRANSFRONTEIRIÇA

Estados-membros assenta no princípio da confiança mútua, devendo os casos de não reconhecimento ser reduzidos ao mínimo.

Evidentemente, o reconhecimento automático de um processo de insolvência pode interferir nas normas a que obedece o comércio jurídico nos Estados-membros. Assim, como se afirma no considerando 67 do Regulamento, para proteger as expectativas legítimas e a segurança do comércio jurídico nos Estados-membros impõem-se limites ao reconhecimento. Saliente-se, neste contexto, o disposto no art. 33.º do Regulamento, onde se permite que um Estado-membro recuse o reconhecimento de um processo de insolvência aberto noutro Estado-membro ou a execução de uma decisão proferida no âmbito de um processo dessa natureza, se esse reconhecimento ou execução produzir efeitos manifestamente contrários à ordem pública desse Estado, em especial aos seus princípios fundamentais ou aos direitos e liberdades individuais garantidos pela sua Constituição.

143. A aplicação da disciplina da insolvência transfronteiriça pela jurisprudência portuguesa

Não há ainda conhecimento de casos, na jurisprudência portuguesa, envolvendo o Regulamento 2015/848 e são escassos os que envolvem o Regulamento antecessor. É possível, contudo, identificar as questões mais discutidas.

A maioria dos problemas relaciona-se com a interpretação do art. 3.º do Regulamento, sobre a competência internacional ou, mais precisamente, sobre os critérios para abertura do processo principal e do processo secundário/territorial de insolvência[1029].

Nalgumas decisões, esclarece-se que, para ficar demonstrado que o CIP não está localizado em determinado Estado-membro, não basta o credor ale-

---

[1029] Cfr. o Acórdão do STJ de 30 de Setembro de 2014, Proc. 1020/13.0TBCHV-D.P1.S1 (Relatora: ANA PAULA BOULAROT), o Acórdão do TRP de 24 de Abril de 2014, Proc. 1020/13.0TBCHV-D.P1 (Relator: CARLOS PORTELA), o Acórdão do TRC 21 de Outubro de 2014, Proc. 1523/12.4TBACB-E.C1 (Relator: MOREIRA DO CARMO), o Acórdão do TRG de 23 de Novembro de 2017, Proc. 2892/17.5T8VNF-A.G1 (Relator: AFONSO CABRAL DE ANDRADE), o Acórdão do TRG de 22 de Maio de 2014, Proc. 2304/13.3TBVCT-A.G1 (Relator: HEITOR GONÇALVES), o Acórdão do TRG de 24 de Abril de 2014, Proc. 2303/13.5TBVC-A.G1 (Relator: JORGE TEIXEIRA), o Acórdão do TRE de 10 de Março de 2016, Proc. 15/15.4T8FAL.E1 (Relatora: CONCEIÇÃO FERREIRA), o Acórdão do TRE de 23 de Fevereiro de 2016, Proc. 16/15.2T8FAL.E1 (Relator: MANUEL BARGADO), e o Acórdão do TRE de 31 de Março de 2009, Proc. 1112/08.8TBOLH-C.E1 (Relator: ACÁCIO NEVES).

LIÇÕES DE DIREITO DA INSOLVÊNCIA

gar que não tem conhecimento de actividades prosseguidas noutro Estado--membro. É preciso a prova de factos objectivos como, por exemplo, de que os lucros da empresa são tributados noutro Estado-membro ou de que a empresa não prossegue qualquer actividade no local da sede estatutária. Quando tal prova não é produzida, não pode considerar-se ilidida a presunção de que o CIP é o local da sede estatutária.

Outras questões (pontualmente) discutidas na jurisprudência portuguesa prendem-se com os efeitos da abertura do processo de insolvência sobre os processos pendentes (cfr. art. 15.º do Regulamento 1346/2000/art. 18.º do Regulamento 2015/848)[1030], as entidades excluídas do âmbito de aplicação do Regulamento (cfr. art. 1.º, n.º 2, e considerando 9 do Regulamento 1346/2000/art. 1.º, n.º 2, e considerando 19 do Regulamento 2015/848)[1031], o reconhecimento do processo de insolvência nos outros Estados-membros (cfr. art. 16.º do Regulamento 1346/2000/art. 19.º do Regulamento 2015/848)[1032] e o dever de informar os credores estrangeiros da abertura do processo (cfr. art. 40.º do Regulamento 1346/2000/art. 54.º do Regulamento 2015/848)[1033].

[1030] Cfr. o Acórdão do TRL de 12 de Abril de 2016, Proc. 23953/13.4T2SNT.L1-1 (Relator: AFONSO HENRIQUE), o Acórdão do TRC de 17 de Dezembro de 2014, Proc. 624/10.8TBCBR. C1 (Relator: BARATEIRO MARTINS), o Acórdão do TRG de 9 de Junho de 2016, Proc. 4085/15.7T8GMR-A.G1 (Relatora: FRANCISCA MENDES), e o Acórdão do TRE de 14 de Maio de 2015, Proc. 326-C/2002.E1 (Relatora: CRISTINA CERDEIRA). Resulta claro de algumas das sentenças que os efeitos do processo de insolvência sobre os processos pendentes respeitantes a bens ou direitos que integrem a massa insolvente são regulados exclusivamente pela lei do Estado-membro em que os processos estão pendentes.

[1031] Cfr. o Acórdão do TRL, de 28 de Março de 2017, Proc. 11256/16.7T8LSB.L1-7 (Relatora: MARIA AMÉLIA RIBEIRO). Neste aresto rejeitou-se o pedido de reenvio prejudicial com fundamento na inaplicabilidade do Regulamento (os processos de insolvência relativos a seguros, instituições de crédito e empresas de investimento detentoras de fundos ou títulos por conta de terceiros e as empresas colectivas de investimento estão excluídas do seu âmbito de aplicação).

[1032] Cfr. o Acórdão do TRL de 16 de Junho de 2016, Proc. 13004-15.0T8LSB-A.L1-2 (Relator: MARIA JOSÉ MOURO). Salientou-se neste acórdão que a decisão de abertura do processo de insolvência deve ser imediatamente reconhecida em todos os outros Estados-membros.

[1033] Cfr. o Acórdão do TRC de 19 de Dezembro de 2012, Proc. 3327/12.5TBLRA-B.C1 (Relatora: MARIA INÊS MOURA). Esclareceu-se nesta decisão que o dever específico de informar os credores estrangeiros só se aplica a credores conhecidos, devendo os restantes ser informados nos termos gerais da lei do Estado-membro de abertura do processo.

BIBLIOGRAFIA

DIREITO PORTUGUÊS[1034]

– *Manuais*

EPIFÂNIO, MARIA DO ROSÁRIO,
– *Manual de Direito da Insolvência*, Coimbra, Almedina, 2014 (6.ª edição).

LEITÃO, LUÍS MANUEL TELES DE MENEZES,
– *Direito da Insolvência*, Coimbra, Almedina, 2017 (7.ª edição).

MARTINS, ALEXANDRE DE SOVERAL,
– *Um Curso de Direito da Insolvência*, Coimbra, Almedina, 2016 (2.ª edição).

– *Comentários à legislação*

PRATA, ANA/CARVALHO, JORGE MORAIS/SIMÕES, RUI,
– *Código da Insolvência e da Recuperação de Empresas*, Coimbra, Almedina, 2013.

FERNANDES, LUÍS CARVALHO/LABAREDA, JOÃO,
– *Código da Insolvência e da Recuperação de Empresas Anotado. Sistema de Recuperação de Empresas por Via Extrajudicial (SIREVE) Anotado. Legislação Complementar*, Lisboa, Quid Juris, 2015 (3.ª edição).

LEITÃO, LUÍS MANUEL TELES DE MENEZES,
– *Código da Insolvência e da Recuperação de Empresas Anotado*, Coimbra, Almedina, 2017 (9.ª edição).

[1034] São elencadas nesta lista, de forma tendencialmente exaustiva, as obras de carácter científico ou, pelo menos, não exclusivamente práticas (manuais, monografias, artigos em periódicos e outros) que têm directa relevância para o tema do Direito da Insolvência português. Procurou-se incluir todas obras que fossem de autores portugueses, mesmo que não redigidas em língua portuguesa. Atendendo às necessidades dos destinatários, deu-se especial atenção às obras publicadas após o Código da Insolvência e da Recuperação de Empresas.

LIÇÕES DE DIREITO DA INSOLVÊNCIA

– Relatórios académicos sobre o ensino do Direito da Insolvência
LEITÃO, ADELAIDE MENEZES,
– *Direito da Insolvência*, Lisboa, AAFDL, 2017.

– Monografias e estudos vários
AA. VV.,
– *Código da Insolvência e da Recuperação de Empresas – Comunicações sobre o Anteprojecto de Código*, Ministério da Justiça, Gabinete de Política Legislativa e Planeamento, Coimbra, Coimbra Editora, 2004.
– *Código da Insolvência e da Recuperação de Empresas Anotado*, Porto, Vida Económica, 2004 (1.ª edição) – 2015 (4.ª edição).
– *Themis*, Edição Especial – *Novo Direito da Insolvência*, 2005.
– *Código da Insolvência e da Recuperação de Empresas Anotado*, PLMJ – Sociedade de Advogados, Coimbra, Coimbra Editora, 2012.
– *Insolvência e consequências da sua declaração*, Lisboa, Centro de Estudos Judiciários, Colecção Acções de Formação, 2013 (disponível em http://www.cej.mj.pt/cej/recursos/ebook_civil.php).
– *Processo de insolvência e acções conexas*, Lisboa, Centro de Estudos Judiciários, 2014 (disponível em http://www.cej.mj.pt/cej/recursos/ebook_civil.php).
ABRANTES, JOSÉ JOÃO,
– "Efeitos da insolvência do empregador no contrato de trabalho", in: AA. VV., *Estudos em homenagem ao Prof. Doutor José Lebre de Freitas*, vol. II, Coimbra, Coimbra Editora, 2013, pp. 577 e s., in: AA. VV., *O contrato de trabalho no contexto da empresa, do Direito Comercial e do Direito das Sociedades Comerciais*, Lisboa, Centro de Estudos Judiciários, Colecção Formação Inicial, 2014, pp. 17 e s. (disponível em http://www.cej.mj.pt/cej/recursos/ebook_trabalho.php), e in: AA. VV., *Processo de insolvência e acções conexas*, Lisboa, Centro de Estudos Judiciários, 2014, pp. 214 e s. (disponível em http://www.cej.mj.pt/cej/recursos/ebook_civil.php).
– "O Fundo de Garantia Salarial nos processos de insolvência e de revitalização", in: CATARINA SERRA (coord.), *III Congresso de Direito da Insolvência*, Coimbra, Almedina, 2015, pp. 409 e s.
ABREU, JORGE MANUEL COUTINHO DE,
– *Curso de Direito Comercial*, volume I (*Introdução, actos de comércio, comerciantes, empresas, sinais distintivos*), Coimbra, Almedina, 1998 (1.ª edição) – 2016 (10.ª edição).
– "Recuperação de empresas em processo de insolvência", in: AA. VV., *Ars Iudicandi – Estudos em Homenagem ao Prof. Doutor Castanheira Neves*, vol. II, Coimbra, Coimbra Editora, 2009, pp. 9 e s.

BIBLIOGRAFIA

– "Direito das Sociedades e Direito da Insolvência: interacções", in: CATARINA SERRA (coord.), *IV Congresso de Direito da Insolvência*, Coimbra, Almedina, 2017, pp. 181 e s.

AGUIAR, FILIPA AFONSO,

– "Incidente de restituição e separação de bens – regime jurídico e análise jurisprudencial", in: *Julgar*, 2017, 31, pp. 123 e s.

ALBUQUERQUE, PEDRO DE,

– "Novos créditos", in: AA. VV., *Estudos de Direito Comercial*, volume I (*Das Falências*), Coimbra, Almedina, 1989, pp. 87 e s.

– "Falência por cessação de pagamentos", in: AA. VV., *Estudos de Direito Comercial*, volume I (*Das Falências*), Coimbra, Almedina, 1989, pp. 181 e s.

– "Declaração da situação de insolvência", in: *O Direito*, 2005, III, pp. 507 e s.

– *Responsabilidade processual por litigância de má fé, abuso de direito e responsabilidade civil em virtude de actos praticados no processo – A responsabilidade por pedido infundado de declaração da situação de insolvência ou indevida apresentação por parte do devedor*, Coimbra, Almedina, 2006.

– "A declaração da situação de insolvência (alguns aspectos do seu processo)", in: AA. VV., *Estudos em memória do Professor Doutor José Dias Marques*, Coimbra, Almedina, 2007, pp. 773 e s.

ALBUQUERQUE, RUY DE/BELEZA, MARIA DOS PRAZERES,

– "Considerações sobre a conversão da execução em falência", in: AA. VV., *Estudos de Direito Comercial*, volume I (*Das Falências*), Coimbra, Almedina, 1989, pp. 69 e s.

ALEXANDRE, ISABEL,

– "O processo de insolvência: pressupostos processuais, tramitação, medidas cautelares e impugnação da sentença", in: AA. VV., *Themis*, Edição Especial – *Novo Direito da Insolvência*, 2005, pp. 43 e s.

– "Efeitos processuais da abertura do processo de revitalização", in: CATARINA SERRA (coord.), *II Congresso de Direito da Insolvência*, Coimbra, Almedina, 2014, pp. 235 e s.

ALMEIDA, ANA DUARTE,

– "Efeitos da insolvência na execução fiscal", in: *Ab Instantia – Revista do Instituto do Conhecimento*, 2014, n.º 4, pp. 265 e s.

ALMEIDA, ANTÓNIO PEREIRA DE,

– "Efeitos do processo de insolvência nas acções declarativas", in: *Revista de Direito Comercial*, 2017, pp. 137 e s. (disponível em: https://static1.squarespace.com/static/58596f8a29687fe710cf45cd/t/591cb75dd1758eee40a3daf7/1495054177022/2017-06.pdf).

LIÇÕES DE DIREITO DA INSOLVÊNCIA

ALMEIDA, CARLOS FERREIRA DE,
– "O âmbito de aplicação dos processos de recuperação da empresa e de falência: pressupostos objectivos e subjectivos", in: *Revista da Faculdade de Direito da Universidade de Lisboa*, 1995, volume XXXVI, pp. 383 e s.

ALVES, LURDES DIAS,
– "Pedido de declaração de insolvência por outro legitimado: exercício do direito de acção ou abuso do direito de acção", in: *Atas do VI Congresso Internacional de Ciências Jurídico-Empresariais – A insolvência e as Empresas*, Instituto Politécnico de Leiria, Escola Superior de Tecnologia e Gestão, 2015, pp. 116 e s. (disponível em http://cicje.ipleiria.pt/pt/atas/).

ALVES, NATÁLIA GARCIA/MARQUES, VERA SANTOS,
– "Hipoteca sobre imóvel e direito de retenção em processo de insolvência – Acórdão do Supremo Tribunal de Justiça (Uniformização de Jurisprudência), 30 de Maio de 2013", in: *Ab Instantia – Revista do Instituto do Conhecimento*, 2013, n.º 2, pp. 225 e s.
– "Direito de retenção em insolvência – Nova posição do STJ Acórdão do Supremo Tribunal de Justiça (Uniformização de Jurisprudência) n.º 4/2014, de 20 de Março de 2014", in: *Ab Instantia – Revista do Instituto do Conhecimento*, 2014, n.º 3, pp. 157 e s.

ALVES, NATÁLIA GARCIA/SANTOS, FILIPA MONTEIRO,
– "A posição do credor hipotecário e o adquirente em venda executiva face às vicissitudes processuais de uma eventual declaração de insolvência do devedor", in: *Instituto do Conhecimento AB – Colecção Estudos*, 2015, n.º 4, pp. 645 e s.

ALVES, PATRÍCIA,
– "'*Forum shopping*' no direito da insolvência – Em especial no campo da responsabilidade dos gerentes ou administradores das sociedades comerciais pela situação de insolvência", in: *Julgar*, 2017, 31, pp. 135 e s.

AMORIM, JOÃO PACHECO DE,
– "Da putativa posição de privilégio dos credores públicos no processo especial de recuperação da empresa", in: *Lusíada – Revista de Ciência e Cultura*, 1998, n.º 2, pp. 435 e s.

ANDRADE, MARGARIDA COSTA/PRATÃO, AFONSO,
– "A posição jurídica do beneficiário da promessa de alienação no caso de insolvência do promitente-vendedor – Comentário ao Acórdão de Uniformização de Jurisprudência n.º 4/2014, de 19 de Maio", in: *Julgar online*, Setembro de 2016, pp. 1 e s.

ANDRADE, ROBIN DE,
– "Reestruturação financeira e gestão controlada como providências de recuperação", in: *Revista da Banca*, 1993, n.º 27, pp. 77 e s.

BIBLIOGRAFIA

ANTUNES, JOSÉ ENGRÁCIA,
– "O âmbito subjetivo do incidente de qualificação da insolvência", in: *Revista de Direito da Insolvência*, 2017, n.º 1, pp. 77 e s.

ARAÚJO, ANTÓNIO PEIXOTO/MACHADO, MARIA JOÃO PIMENTEL FELGUEIRAS,
– "A responsabilidade tributária do administrador judicial", in: *Atas do VI Congresso Internacional de Ciências Jurídico-Empresariais – A insolvência e as Empresas*, Instituto Politécnico de Leiria, Escola Superior de Tecnologia e Gestão, 2015, pp. 55 e s. (disponível em http://cicje.ipleiria.pt/files/2014/09/atas_VI_CICJE.pdf).

ARAÚJO, NUNO,
– *A equidade na nomeação do administrador judicial*, Associação Portuguesa dos Administradores Judiciais, 2015.

AREIAS, MARIA JOÃO,
– "Penhora e apreensão de bens comuns na execução e na insolvência movidas contra um só dos cônjuges; regimes substantivo e processual", in: *Actas da Conferência "Acção Executiva e Insolvência: as Reformas em Discussão"*, Centro de Investigação em Estudos Jurídicos do Instituto Politécnico de Leiria, 2016, pp. 27 e s. (disponível em https://iconline.ipleiria.pt/handle/10400.8/2222).
– "Insolvência de pessoa casada num dos regimes de comunhão – sua articulação com o regime da responsabilidade por dívidas dos cônjuges", in: *Revista de Direito da Insolvência*, 2017, n.º 1, pp. 106 e s.

ARSÉNIO, MANUEL SILVA,
– "Recuperação de empresas por via judicial e extrajudicial", in: *Revista de Direito da Insolvência*, 2016, n.º 0, pp. 169 e s.

ASCENSÃO, JOSÉ DE OLIVEIRA,
– *Direito Comercial*, volume I (Parte geral), Lisboa, 1988.
– "Acção executiva e pressupostos da falência", in: AA. VV., *Estudos de Direito Comercial*, volume I (*Das Falências*), Coimbra, Almedina, 1989, pp. 43 e s.
– "Efeitos da falência sobre a pessoa e negócios do falido", Separata da *Revista da Faculdade de Direito da Universidade de Lisboa*, 1995, volume XXXVI, pp. 319 e s., e in: *Revista da Ordem dos Advogados*, 1995, III, pp. 641 e s.
– "Insolvência: efeitos sobre os negócios em curso", Separata da *Themis*, Edição Especial – *Novo Direito da Insolvência*, 2005, pp. 105 e s., in: *Direito e Justiça*, 2005, volume XIX, tomo 2, pp. 233 e s., in: *Revista da Ordem dos Advogados*, 2005, II, pp. 281 e s., e in: AA. VV., *Estudos jurídicos e económicos em homenagem ao Professor Doutor Sousa Franco*, volume II, Coimbra, Coimbra Editora, 2007, pp. 281 e s.

Ascensão, José de Oliveira/França, Maria Augusta,
– "As repercussões da declaração de falência sobre a situação dos credores hipotecários", in: AA. VV., *Estudos de Direito Comercial*, volume I (*Das Falências*), Coimbra, Almedina, 1989, pp. 55 e s.

Assunção, Elisabete,
– "Impugnação e decisão da impugnação da lista provisória de créditos, no âmbito do Processo Especial de Revitalização", in: *Julgar*, 2017, 31, pp. 49 e s.

Azevedo, Pedro Costa (coord.),
– *Insolvência – Volume especial*, Nova Causa, 2012.

Baldaia, João/Loureiro, Miguel Almeida,
– "A capitalização de empresas pela via da insolvência", in: Maria de Deus Botelho (coord.), *Capitalização de empresas*, Coimbra, Almedina, 2017, pp. 51 e s.

Barbosa, Mafalda Miranda,
– "Da igualdade ou do tratamento igualitário entre credores – breves considerações", in: *Boletim da Faculdade de Direito*, 2016, 92, pp. 367 e s.

Bettencourt, Pedro Ortins de,
– "Da liquidação em processo de insolvência: uma perspectiva prática", in: *Julgar*, 2017, 31, pp. 87 e s.

Botelho, João,
– *Código da Insolvência e da Recuperação de Empresas – Notas de jurisprudência*, Nova Causa, Petrony, 2007 (1.ª edição) – 2014 (3.ª edição).
– *Viaticum para o PER*, Nova Causa, 2016.

Boularot, Ana Paula,
– "Processo de insolvência e ações conexas – resenha jurisprudencial do STJ 2016", in: *Revista de Direito da Insolvência*, 2017, n.º 1, pp. 223 e s.
– "Apontamentos sobre os efeitos do Processo Especial de Recuperação", in: *Julgar*, 2017, 31, pp. 11 e s.

Branco, José Manuel,
– "Novas questões na qualificação da insolvência", in: AA. VV., *Processo de insolvência e acções conexas*, Lisboa, Centro de Estudos Judiciários, 2014, pp. 297 e s. (disponível em http://www.cej.mj.pt/cej/recursos/ebook_civil.php).
– "A qualificação da insolvência (análise do instituto em paralelo com outros de tutela dos credores e enquadramento no regime dos deveres dos administradores)", in: AA. VV., *Processo de insolvência e acções conexas*, Lisboa, Centro de Estudos Judiciários, 2014, pp. 349 e s. (disponível em http://www.cej.mj.pt/cej/recursos/ebook_civil.php).
– *Responsabilidade patrimonial e insolvência culposa (Da falência punitiva à insolvência reconstitutiva)*, Coimbra, Almedina, 2015.

BIBLIOGRAFIA

– "Qualificação da insolvência (evolução da figura)", in: *Revista de Direito da Insolvência*, 2016, n.º 0, pp. 13 e s.
– "Plano de pagamentos. O instituto perdido", in: *Revista de Direito da Insolvência*, 2016, n.º 0, pp. 231 e s.
– "Uma abordagem estatística ao fenómeno da insolvência: evolução e tendências. Quem a pede e que respostas recebe do sistema judicial", in: *Revista de Direito da Insolvência*, 2017, n.º 1, pp. 245 e s.

BRANDÃO, MANUEL CAVALEIRO,
– "Algumas notas (interrogações) em torno da cessação dos contratos de trabalho em caso de 'encerramento da empresa' e de 'insolvência e recuperação da empresa'", in: *Prontuário do Direito do Trabalho*, 2011, n.º 87, pp. 203 e s., e in: AA. VV., *O contrato de trabalho no contexto da empresa, do Direito Comercial e do Direito das Sociedades Comerciais*, Lisboa, Centro de Estudos Judiciários, Colecção Formação Inicial, 2014, pp. 143 e s. (disponível em http://www.cej.mj.pt/cej/recursos/ebook_trabalho.php).

BRITO, MARIA HELENA,
– "Falências internacionais. Algumas considerações a propósito do Código da Insolvência e da Recuperação de Empresas", in: AA. VV., *Themis*, Edição Especial – *Novo Direito da Insolvência*, 2005, pp. 183 e s.
– "Falências internacionais", in: AA. VV., *Estudos em memória do Professor Doutor José Dias Marques*, Coimbra, Almedina, 2007, pp. 625 e s.

CABRAL, RITA AMARAL,
– "Dos pressupostos materiais da falência", in: AA. VV., *Estudos de Direito Comercial*, volume I (*Das Falências*), Coimbra, Almedina, 1989, pp. 141 e s.

CAEIRO, PEDRO,
– *Sobre a natureza dos crimes falenciais (o património, a falência, a sua incriminação e a reforma dela)*, Coimbra, Coimbra Editora, 1996.
– "Comentário ao Artigo 227.º", in: J. FIGUEIREDO DIAS (dirigido por), *Comentário Conimbricense do Código Penal*, tomo II – *Parte Especial – Artigos 202.º a 307.º*, Coimbra, Coimbra Editora, 2012 (2.ª edição).
– "Comentário ao Artigo 228.º", in: J. FIGUEIREDO DIAS (dirigido por), *Comentário Conimbricense do Código Penal*, tomo II – *Parte Especial – Artigos 202.º a 307.º*, Coimbra, Coimbra Editora, 2012 (2.ª edição).
– "Comentário ao Artigo 229.º", in: J. FIGUEIREDO DIAS (dirigido por), *Comentário Conimbricense do Código Penal*, tomo II – *Parte Especial – Artigos 202.º a 307.º*, Coimbra, Coimbra Editora, 2012 (2.ª edição).

LIÇÕES DE DIREITO DA INSOLVÊNCIA

CAEIRO, PEDRO/VASCONCELOS, LUÍS MIGUEL PESTANA DE,
– "As dimensões jurídico-privada e jurídico-penal da insolvência", in: VVAA, *Infrac-ções económicas e financeiras. Estudos de Criminologia e Direito*, Coimbra, Coimbra Editora, 2013, pp. 529 e s.

CADETE, DUARTE,
– "A não homologação do plano de pagamentos na insolvência singular: um caso", in: *Atas do VI Congresso Internacional de Ciências Jurídico-Empresariais – A insolvência e as Empresas*, Instituto Politécnico de Leiria, Escola Superior de Tecnologia e Gestão, 2015, pp. 189 e s. (disponível em http://cicje.ipleiria.pt/pt/atas/).

CALVETE, JORGE,
– "O papel do administrador judicial provisório no Processo Especial de Revitaliza-ção", in: CATARINA SERRA (coord.), *I Colóquio do Direito da Insolvência de Santo Tirso*, Coimbra, Almedina, 2014, pp. 59 e s.

CÂMARA, PAULO,
– "Crédito bancário e prevenção do risco de incumprimento; uma avaliação crítica do novo Procedimento Extrajudicial de Regularização de Situações de Incumpri-mento (PERSI)", in: CATARINA SERRA (coord.), *II Congresso de Direito da Insolvência*, Coimbra, Almedina, 2014, pp. 313 e s.

CAMPOS, ANTÓNIO DE,
– "Linhas gerais do processo de recuperação da empresa", in: *Revista da Banca*, 1993, n.º 27, pp. 107 e s.
– "Projecto do novo diploma regulador dos 'Processos Especiais de Recuperação da Empresa e de Falência'", in: *Revista da Banca*, 1992, n.º 22, pp. 73 e s.
– "Sistema bancário e a recuperação de empresas", in: *Revista da Banca*, 1990, n.º 13, pp. 57 e s.

CAMPOS, EDUARDO DE SOUSA,
– *A Legitimidade do detentor de um crédito litigioso como requerente na insolvência*, Porto, Nuno Cerejeira Namora, Pedro Marinho Falcão & Associados, 2012.

CAMPOS, ISABEL MENÉRES,
– "O concurso de credores e a fase de pagamento no novo regime da acção execu-tiva", in: *Scientia Ivridica*, 2004, n.º 298, pp. 129 e s.
– "A posição dos garantes no âmbito de um plano especial de revitalização – Ano-tação ao Ac. do TRG de 5.12.2013, Proc. 2088/12", in: *Cadernos de Direito Privado*, 2014, 46, pp. 57 e s.

CAPELO, MARIA JOSÉ,
– "A fase prévia à declaração de insolvência: algumas questões processuais", in: CATARINA SERRA (coord.), *I Congresso de Direito da Insolvência*, Coimbra, Almedina, 2013, pp.187 e s.

BIBLIOGRAFIA

CARDOSO, PAULO/VALENTIM, CARLOS,
- "A responsabilização dos administradores de insolvência pelas dívidas tributárias de sociedades insolventes", in: *Cadernos de Justiça Tributária*, 2014, n.º 5, pp. 54 e s.

CARLOS, ADELINO DA PALMA,
- *Declaração da falência por apresentação do comerciante*, Lisboa, Livraria Moraes, 1935.

CARNEIRO, JOSÉ GUADALBERTO DE SÁ,
- "Notas ao projecto do Código de Falências", in: *Revista dos Tribunais*, 1933, n.º 1218, pp. 274 e s., n.º 1219, pp. 290 e s., n.º 1220, pp. 306 e s., n.º 1221, pp. 322 e s., n.º 1222, pp. 338 e s., n.º 1223, pp. 354 e s., n.º 1224, pp. 370 e s.

CARVALHO, ANTÓNIO NUNES DE,
- "Reflexos laborais do Código dos Processos Especiais de Recuperação da Empresa e de Falência", in: *Revista de Direito e de Estudos Sociais*, 1995, n.ºs 1-2-3, pp. 55 e s., e n.º 4, pp. 319 e s.

CARVALHO, JORGE MORAIS DE/JERÓNIMO, MARIA,
- "As garantias dos novos financiamentos", in: CATARINA SERRA (coord.), *IV Congresso de Direito da Insolvência*, Coimbra, Almedina, 2017, pp. 269 e s.

CARVALHO, LILIANA MARINA PINTO,
- "Responsabilidade dos administradores perante os credores resultante da qualificação da insolvência como culposa", in: *Revista de Direito das Sociedades*, 2013, n.º 4, pp. 875 e s.

CARDOSO, SORAIA FILIPA PEREIRA,
- *Processo Especial de Revitalização – O Efeito de Standstill*, Coimbra, Almedina, 2016.

CASANOVA, NUNO SALAZAR/DINIS, DAVID SEQUEIRA,
- *O processo especial de revitalização – Comentários aos artigos 17.º-a a 17.º-I do Código da Insolvência e da Recuperação de Empresas*, Coimbra, Coimbra Editora, 2014.

CASTRO, CARLOS ALBERTO FARRACHA DE,
- "A crise da empresa. Um diálogo entre Brasil e Portugal", in: *Revista de Direito da Insolvência*, 2017, n.º 1, pp. 124 e s.

CASTRO, CARLOS OSÓRIO DE,
- "Preâmbulo não publicado do Decreto-Lei que aprova o Código", in: AA. VV., *Código da Insolvência e da Recuperação de Empresas – Comunicações sobre o Anteprojecto de Código*, Ministério da Justiça, Gabinete de Política Legislativa e Planeamento, Coimbra, Coimbra Editora, 2004, pp. 197 e s.

CASTRO, GONÇALO ANDRADE E,
- "Efeitos da declaração de insolvência sobre os créditos", in: *Direito e Justiça*, 2005, volume XIX, tomo 2, pp. 263 e s.

LIÇÕES DE DIREITO DA INSOLVÊNCIA

CEBOLA, CÁTIA/CONCEIÇÃO, ANA FILIPA,
– "Mediation in bankruptcy: the better model for a reasonable solution", in: AA. VV., *Global Business and Technology Association – Sixteenth Annual International Conference*, Reading Books, 2014, pp. 42 e s. (disponível em http://gbata.org/wp-content/uploads/2014/08/GBATA2014-Readings-Book.pdf).

CÉSAR, GISELA,
– *Os efeitos da insolvência sobre o contrato-promessa em curso – Em particular o contrato-promessa sinalizado no caso de insolvência do promitente-vendedor*, Coimbra, Almedina, 2015 (1.ª edição) – 2017 (2.ª edição).

COELHO, JOSÉ GABRIEL PINTO,
– "Efeitos da falência sobre a capacidade do falido, segundo o novo Código de Processo Civil", in: AA. VV., *Estudos de Direito Comercial*, volume I *(Das Falências)*, Coimbra, Almedina, 1989, pp. 11 e s.

CONCEIÇÃO, ANA FILIPA,
– *La insolvencia de los consumidores en el derecho positivo español y portugués: retrato de una reforma inacabada*, Tesis doctoral presentada en la Universidad de Salamanca, 2011 (disponível em http://gredos.usal.es/jspui/handle/10366/115562).
– "Sobre-endividamento ou insolvência? – Breve estudo sobre os modos de tratamento no Direito português e brasileiro", in: *Revista Luso-Brasileira de Direito do Consumo*, 2011, n.º 4, pp. 73 e s.
– "A noção de insolvência iminente: breve análise da sua aplicação à insolvência de consumidores em Espanha e Portugal", in: *Revista de Ciências Empresariais e Jurídicas*, 2013, n.º 23, pp. 27 e s.
– "Disposições específicas da insolvência de pessoas singulares no Código da Insolvência e Recuperação de Empresas", in: CATARINA SERRA (coord.), *I Congresso de Direito da Insolvência*, Coimbra, Almedina, 2013, pp. 29 e s.
– "A jurisprudência portuguesa dos tribunais superiores sobre exoneração do passivo restante – breves notas sobre a admissão da exoneração e a cessão de rendimentos em particular", in: *Julgar online*, Junho de 2016, pp. 1 e s.
v. CEBOLA, CÁTIA.
v. FRADE, CATARINA.

CORDEIRO, A. BARRETO MENEZES,
– "Resposta à consulta pública relativa ao projeto de proposta de lei que estabelece o Estatuto do Mediador de Recuperação de Empresa", in: AA. VV., "Consulta Pública Programa Capitalizar – Resposta do Centro de Investigação em Direito Privado", in: *Revista de Direito das Sociedades*, 2017, n.º 1, pp. 157 e s.

658

BIBLIOGRAFIA

Cordeiro, António Menezes,
- "Saneamento financeiro: os deveres de viabilização das empresas e a autonomia privada", in: AA. VV., *Novas perspectivas do Direito Comercial*, Coimbra, Almedina, 1988, pp. 57 e s.
- "Da conversão da execução em falência", in: AA. VV., *Estudos de Direito Comercial*, volume I (*Das Falências*), Coimbra, Almedina, 1989, pp. 105 e s.
- "Da falência e das benfeitorias e incorporações feitas por terceiros", in: AA. VV., *Estudos de Direito Comercial*, volume I (*Das Falências*), Coimbra, Almedina, 1989, pp. 117 e s.
- "A 'impossibilidade moral': do tratamento igualitário no cumprimento das obrigações", in: *Estudos de Direito Civil*, volume I, Coimbra, Almedina, 1991, pp. 97 e s.
- *Direito Comercial*, Coimbra, Almedina, 2001 (1.ª edição) – 2016 (4.ª edição).
- "Introdução ao Direito da Insolvência", in: *O Direito*, 2005, III, pp. 465 e s.
- *Litigância de má fé, abuso do direito de acção e culpa "in agendo"*, Coimbra, Almedina, 2006 (1.ª edição) – 2014 (3.ª edição).
- "Perspectivas evolutivas do Direito da Insolvência", in: *Revista de Direito das Sociedades*, 2012, n.º 3, pp. 551 e s.
- "O princípio da boa-fé e o dever de renegociação em contextos de 'situação económica difícil'", in: Catarina Serra (coord.), *II Congresso de Direito da Insolvência*, Coimbra, Almedina, 2014, pp. 11 e s., e in: *Revista de Direito das Sociedades*, 2013, n.º 3, pp. 487 e s.

Correia, António Ferrer,
- *Lições de Direito Comercial*, volume I, Coimbra, Universidade de Coimbra, 1968.

Costa, Ana Ribeiro,
- "Os créditos laborais no processo especial de revitalização", in: *Atas do VI Congresso Internacional de Ciências Jurídico-Empresariais – A insolvência e as Empresas*, Instituto Politécnico de Leiria, Escola Superior de Tecnologia e Gestão, 2015, pp. 66 e s. (disponível em http://cicje.ipleiria.pt/pt/atas/).

Correia, Francisco Mendes,
- "Resposta à consulta pública relativa ao projeto de proposta de lei que aprova o Regime Extrajudicial de Recuperação de Empresa – Comentário aos artigos 18.º a 30.º do projeto: negociações do acordo de reestruturação", in: AA. VV., "Consulta Pública Programa Capitalizar – Resposta do Centro de Investigação em Direito Privado", in: *Revista de Direito das Sociedades*, 2017, n.º 1, pp. 186 e s.

Correia, Mafalda Bravo,
- "Critérios de fixação do rendimento indisponível no âmbito do procedimento de exoneração do passivo restante na jurisprudência e sua conjugação com o dever de prestar alimentos", in: *Julgar*, 2017, 31, pp. 109 e s.

LIÇÕES DE DIREITO DA INSOLVÊNCIA

CORREIA, MIGUEL PUPO,
- "Inabilitação do insolvente culposo", in: *Lusíada – Revista de Ciência e Cultura*, 2011, n.ºs 8-9, pp. 237 e s.

COSTA, ARY DE ALMEIDA ELIAS DA,
- *Das falências – Seu estado e seu processo*, Vila do Conde, E.D.A., 1971 (2.ª edição).

COSTA, LETÍCIA MARQUES,
- "O regime especial da insolvência de pessoas singulares", in: *Revista da Faculdade de Direito e Ciência Política da Universidade Lusófona*, 2013, n.º 2, pp. 135 e s. (disponível em http://revistas.ulusofona.pt/index.php/rfdulp/article/view/3260).
- "*O fresh money*: como tornar o financiamento do devedor atrativo?", in: *Revista da Faculdade de Direito e Ciência Política da Universidade Lusófona*, 2017, n.º 9, pp. 141 e s. (disponível em http://revistas.ulusofona.pt/index.php/rfdulp/article/view/5963).

COSTA, MARIA OLÍMPIA,
- *Dever de apresentação à insolvência*, Coimbra, Almedina, 2016.

COSTA, REINALDO MÂNCIO DA,
- "Os requisitos do plano de recuperação", in: CATARINA SERRA (coord.), *III Congresso de Direito da Insolvência*, Coimbra, Almedina, 2015, pp. 229 e s.

COSTA, SALVADOR DA,
- *O concurso de credores – Sobre as várias espécies de concurso de credores e de garantias creditícias*, Coimbra, Almedina, 1998 (1.ª edição) – 2015 (5.ª edição).
- "O concurso de credores no processo de insolvência", in: *Revista do Centro de Estudos Judiciários*, 2006, n.º 4, pp. 91 e s.
- "Questões sobre custas nos processos de insolvência", in: CATARINA SERRA (coord.), *I Colóquio do Direito da Insolvência de Santo Tirso*, Coimbra, Almedina, 2014, pp. 273 e s.

COSTA, TERESA NOGUEIRA DA,
- "A responsabilidade pelo pedido infundado ou apresentação indevida ao processo de insolvência prevista no artigo 22.º do CIRE", in: MARIA DO ROSÁRIO EPIFÂNIO (coord.), *Estudos de Direito da Insolvência*, Coimbra, Almedina, 2015, pp. 7 e s.

COSTEIRA, JOANA,
- *Os efeitos da declaração judicial de insolvência no contrato de trabalho – A tutela dos créditos laborais*, Coimbra, Almedina, 2013 (1.ª edição) – 2017 (2.ª edição).
- "A classificação dos créditos laborais", in: CATARINA SERRA (coord.), *I Colóquio do Direito da Insolvência de Santo Tirso*, Coimbra, Almedina, 2014, pp. 159 e s.

COSTEIRA, MARIA JOSÉ,
- "Verificação e graduação de créditos", in: AA. VV., *Código da Insolvência e da Recuperação de Empresas – Comunicações sobre o Anteprojecto de Código*, Ministério da Justiça,

BIBLIOGRAFIA

Gabinete de Política Legislativa e Planeamento, Coimbra, Coimbra Editora, 2004, pp. 69 e s.
- "Novo Direito da Insolvência", in: AA. VV., *Themis*, Edição Especial – *Novo Direito da Insolvência*, 2005, pp. 25 e s.
- "O Código da Insolvência e da Recuperação de Empresas revisitado", in: *Miscelâneas*, n.º 6, Instituto de Direito das Empresas e do Trabalho, Coimbra, Almedina, 2010, pp. 51 e s.
- "A insolvência de pessoas colectivas: efeitos no insolvente e na pessoa dos administradores", in: *Julgar*, 2012, 18, pp. 161 e s.
- "Classificação, verificação e graduação de créditos no Código da Insolvência e da Recuperação de Empresas", in: Catarina Serra (coord.), *I Congresso de Direito da Insolvência*, Coimbra, Almedina, 2013, pp. 241 e s.
- "Questões práticas no domínio das assembleias de credores", in: Catarina Serra (coord.), *II Congresso de Direito da Insolvência*, Coimbra, Almedina, 2014, pp. 101 e s.
- "Assembleia de credores: questões práticas", in: AA. VV., *Processo de insolvência e acções conexas*, Lisboa, Centro de Estudos Judiciários, 2014, pp. 253 e s. (disponível em http://www.cej.mj.pt/cej/recursos/ebook_civil.php).

Costeira, Maria José/Silva, Maria de Fátima Reis,
- "Classificação, verificação e graduação de créditos no CIRE – em especial os créditos laborais", in: *Prontuário de Direito do Trabalho*, 2007, pp. 359 e s.

Coutinho, Miguel Pereira,
- "Dos créditos emergentes do dano ecológico, sua classificação na insolvência: questões basilares para ponderação futura", in: *Ab Instantia – Revista do Instituto do Conhecimento AB*, 2016, n.º 6, pp. 173 e s.

Cristas, Maria de Assunção Oliveira,
- "Exoneração do passivo restante", in: AA. VV., *Themis*, Edição Especial – *Novo Direito da Insolvência*, 2005, pp. 165 e s.

Cruz, Nuno Gundar da,
- *Processo Especial de Revitalização – Estudo sobre os poderes do juiz*, Petrony, 2016.

Cunha, Ana Margarida Vilaverde e,
- "Protecção dos trabalhadores em caso de insolvência do empregador: cálculo das prestações do Fundo de Garantia Salarial – Algumas reflexões acerca da compatibilidade do regime português com o regime comunitário", in: *Questões laborais*, 2011, n.º 38, pp. 197 e s.

Cunha, Carolina,
- "Aval em branco e plano de insolvência", in: *Revista de Legislação e de Jurisprudência*, 2016, n.º 3997, pp. 201 e s.
- *Aval e insolvência*, Coimbra, Almedina, 2017.

CUNHA, MARISA VAZ,

– *Garantia patrimonial e prejudicialidade – Um estudo sobre a resolução em benefício da massa*, Coimbra, Almedina, 2017.

CUNHA, PAULA MARTINS,

– "O processo de insolvência enquanto realidade fiscal", in: *Atas do VI Congresso Internacional de Ciências Jurídico-Empresariais – A insolvência e as Empresas*, Instituto Politécnico de Leiria, Escola Superior de Tecnologia e Gestão, 2015, pp. 29 e s. (disponível em http://cicje.ipleiria.pt/pt/atas/).

CUNHA, PAULO OLAVO,

– "Providências específicas do plano de recuperação de sociedades", in: CATARINA SERRA (coord.), *I Congresso de Direito da Insolvência*, Coimbra, Almedina, 2013, pp. 107 e s.

– "Os deveres dos gestores e dos sócios no contexto da revitalização de sociedades", in: CATARINA SERRA (coord.), *II Congresso de Direito da Insolvência*, Coimbra, Almedina, 2014, pp. 207 e s.

– "Os empréstimos intragrupo no contexto da insolvência; em especial o *cashpooling*", in: CATARINA SERRA (coord.), *III Congresso de Direito da Insolvência*, Coimbra, Almedina, 2015, pp. 345 e s.

– "A recuperação de sociedades no contexto do PER e da insolvência: âmbito e especificidades resultantes da situação de crise da empresa", in: *Revista de Direito da Insolvência*, 2016, n.º 0, pp. 99 e s.

– "Reestruturação de sociedades e direitos dos sócios", in: CATARINA SERRA (coord.), *IV Congresso de Direito da Insolvência*, Coimbra, Almedina, 2017, pp. 341 e s.

DIAS, SARA LUÍS,

– "A afectação do credito tributário no plano de recuperação da empresa insolvente e no plano especial de revitalização", in: *Revista de Direito da Insolvência*, 2016, ano 0, pp. 243 e s.

DINIS, DAVID SEQUEIRA/SACOTO, CONSTANÇA BORGES,

– "Créditos Pré e Pós PER", in: *Revista de Direito da Insolvência*, 2017, n.º 1, pp. 60 e s.

v. CASANOVA, NUNO SALAZAR.

DOMINGOS, MARIA ADELAIDE,

– "Efeitos processuais da declaração de insolvência sobre as acções laborais pendentes", in: AA. VV., *O contrato de trabalho no contexto da empresa, do Direito Comercial e do Direito das Sociedades Comerciais*, Lisboa, Centro de Estudos Judiciários, 2014, pp. 175 e s. (disponível em http://www.cej.mj.pt/cej/recursos/ebook_trabalho.php), e in: AA. VV., *Processo de insolvência e acções conexas*, Lisboa, Centro de Estudos Judiciários, 2014, pp. 223 e s. (disponível em http://www.cej.mj.pt/cej/recursos/ebook_civil.php).

BIBLIOGRAFIA

DOMINGUES, PAULO DE TARSO,
- "O CIRE e a recuperação das sociedades comerciais em crise", in: *Instituto do Conhecimento AB – Colecção Estudos*, 2013, n.º 1, pp. 31 e s.
- "O processo especial de revitalização aplicado às sociedades comerciais", in: CATARINA SERRA (coord.), *I Colóquio do Direito da Insolvência de Santo Tirso*, Coimbra, Almedina, 2014, pp. 13 e s.
- "Limites da autonomia privada nos planos de reorganização das empresas", in: LUÍS MIGUEL PESTANA DE VASCONCELOS (coord.), *Falência, insolvência e recuperação de empresas – 1.º congresso de Direito Comercial das Faculdades de Direito da Universidade do Porto, de S. Paulo e de Macau*, Porto, Faculdade de Direito da Universidade do Porto, 2017, pp. 141 e s. (disponível em https://www.cije.up.pt/download-file/1547).
- "A conversão de suprimentos em capital social (DL n.º 79/2017, de 30 de junho)", in: *Direito das Sociedades em Revista*, 2017, 18, pp. 155 e s.

DUARTE, DIOGO PEREIRA,
- "Resposta à consulta pública relativa ao projeto de proposta de lei que aprova o Regime Extrajudicial de Recuperação de Empresa – Comentário aos artigos 1.º a 5.º e 31.º a 33.º do projeto; aspetos gerais e disposições transitórias", in: AA. VV., "Consulta Pública Programa Capitalizar – Resposta do Centro de Investigação em Direito Privado", in: *Revista de Direito das Sociedades*, 2017, n.º 1, pp. 169 e s.

DUARTE, FILIPE PEREIRA,
- "Como viciar um PER – A importância da decisão judicial sobre as impugnações de créditos", in: *Ab Instantia – Revista do Instituto do Conhecimento*, 2014, n.º 4, pp. 271 e s.

DUARTE, RUI PINTO,
- "Classificação dos créditos sobre a massa insolvente no Projecto de Código da Insolvência e Recuperação de Empresas", in: AA. VV., *Código da Insolvência e da Recuperação de Empresas – Comunicações sobre o Anteprojecto de Código*, Ministério da Justiça, Gabinete de Política Legislativa e Planeamento, Coimbra, Coimbra Editora, 2004, pp. 51 e s.
- "Efeitos da declaração de insolvência quanto à pessoa do devedor", in: AA. VV., *Themis*, Edição Especial – *Novo Direito da Insolvência*, 2005, pp. 131 e s., e in: RUI PINTO DUARTE, *Estudos Jurídicos Vários*, Coimbra, Almedina, 2015, pp. 219 e s.
- "A administração da empresa insolvente: rutura ou continuidade?", in: CATARINA SERRA (coord.), *I Congresso de Direito da Insolvência*, Coimbra, Almedina, 2013, pp. 153 e s., e in: RUI PINTO DUARTE, *Estudos Jurídicos Vários*, Coimbra, Almedina, 2015, pp. 595 e s.
- "Reflexões de política legislativa sobre a recuperação de empresas", in: CATARINA SERRA (coord.), *II Congresso de Direito da Insolvência*, Coimbra, Almedina, 2014, pp.

LIÇÕES DE DIREITO DA INSOLVÊNCIA

313 e s., e in: Rui Pinto Duarte, *Estudos Jurídicos Vários*, Coimbra, Almedina, 2015, pp. 653 e s.

– "Responsabilidade dos administradores: coordenação dos regimes do CSC e do CIRE", in: Catarina Serra (coord.), *III Congresso de Direito da Insolvência*, Coimbra, Almedina, 2015, pp. 151 e s., e in: Rui Pinto Duarte, *Estudos Jurídicos Vários*, Coimbra, Almedina, 2015, pp. 731 e s.

– "A conversão em capital social de suprimentos e de outros créditos – Notas sobre o Dec.-Lei 79/2017, de 30 de junho, e sobre um projeto legislativo relativo à conversão de créditos em capital", in: Catarina Serra (coord.), *IV Congresso de Direito da Insolvência*, Coimbra, Almedina, 2017, pp. 319 e s.

Duarte, Susana Azevedo,

– "A Responsabilidade dos Credores Fortes na Proximidade da Insolvência da Empresa: A Celebração de Acordos Extrajudiciais e a Tutela dos Credores Fracos", in: Maria de Fátima Ribeiro (coord.), *Questões de Tutela de Credores e de Sócios das Sociedades Comerciais*, Coimbra, Almedina, 2013, pp. 183 e s.

Elísio, Manuel,

– "A resolução em benefício da massa insolvente no Código da Insolvência e da Recuperação de Empresas", in: *Revista da Banca*, 2006, n.º 61, pp. 79 e s.

Epifânio, Maria do Rosário,

– *Os efeitos substantivos da falência*, Porto, Universidade Católica Portuguesa, 2000.

– "Efeitos da declaração de insolvência sobre o insolvente no novo Código da Insolvência e da Recuperação de Empresas", in: *Direito e Justiça*, 2005, volume XIX, tomo 2, pp. 191 e s.

– "El nuevo Derecho Concursal portugués", in: *Revista de Derecho Concursal y Paraconcursal*, 2005, 2, pp. 385 e s.

– *Manual de Direito da Insolvência*, Coimbra, Almedina, 2009 (1.ª edição) – 2014 (6.ª edição).

– "Efeitos da declaração de insolvência sobre o insolvente e outras pessoas", in: AA. VV., *Estudos em homenagem ao Prof. Doutor Henrique Mesquita*, vol. I, Coimbra, Coimbra Editora, 2010, pp. 797 e s.

– "O incidente de qualificação de insolvência", in: AA. VV., *Estudos em memória do Professor Doutor J. L. Saldanha Sanches*, vol. II, Coimbra, Coimbra Editora, 2011, pp. 579 e s.

– "O plano de insolvência", in: AA. VV., *Estudos dedicados ao Professor Doutor Luís Alberto Carvalho Fernandes*, *Revista Direito e Justiça – Volume especial*, vol. II, Lisboa, Universidade Católica Portuguesa, 2011, pp. 495 e s.

BIBLIOGRAFIA

- "Efeitos processuais da declaração de insolvência", in: AA. VV., *I Jornadas de Direito Processual Civil "Olhares Transmontanos"*, Valpaços, Câmara Municipal de Valpaços, 2012, pp. 175 e s.
- "O processo especial de revitalização", in: *II Congresso – Direito das Sociedades em Revista*, Coimbra, Almedina, 2012, pp. 257 e s.
- "Os credores e o processo de insolvência", in: AA. VV., *Estudos em homenagem ao Professor Doutor Heinrich Ewald Hörster*, Coimbra, Almedina, 2012, pp. 693 e s.
- "La Reforma del Código de la Insolvencia y de la Recuperación de Empresas (Ley n.º 16/2012, de 20 de abril)", in: *Revista de Derecho Concursal y Paraconcursal*, 2012, pp. 423 e s.
- "El Incidente de Calificación de la Insolvencia, in: *Revista de Derecho Concursal y Paraconcursal*, 2013, pp. 419 e s.
- "A Crise da Empresa no Direito Português", in: AA. VV., *Questões de Direito Comercial no Brasil e em Portugal*, S. Paulo, Saraiva, 2013, pp. 377 e s.
- "Efeitos da declaração de insolvência sobre os negócios em curso", in: AA. VV., *Processo de insolvência e acções conexas*, Lisboa, Centro de Estudos Judiciários, 2014, pp. 154 e s. (disponível em http://www.cej.mj.pt/cej/recursos/ebook_civil.php).
- *O Processo Especial de Revitalização*, Coimbra, Almedina, 2015.
- "Anotação ao Acórdão do STJ de 12 de outubro de 2015 (Pinto de Almeida)", in: *Revista de Direito da Insolvência*, 2017, n.º 1, pp. 179 e s.

EPIFÂNIO, MARIA DO ROSÁRIO (coord.),
- *Estudos de Direito da Insolvência*, Coimbra, Almedina, 2015.

ESTEVES, BERTHA PARENTE,
- "Da aplicação das normas relativas ao plano de insolvência ao plano de recuperação conducente à revitalização", in: CATARINA SERRA (coord.), *II Congresso de Direito da Insolvência*, Coimbra, Almedina, 2014, pp. 267 e s.

FALCÃO, PEDRO MARINHO,
- "Implicações fiscais do novo regime dos processos especiais de recuperação da empresa e de falência", in: AA. VV., *Os processos especiais de recuperação da empresa e de falência – Nova legislação*, Coimbra, Almedina, 1993, pp. 35 e s.

FERNANDES, FRANCISCO,
- *Declaração de falência e seus efeitos*, Coimbra, França Amado Editor, 1897.

FERNANDES, LUÍS CARVALHO,
- "Efeitos substantivos da declaração de falência", in: *Direito e Justiça*, 1995, volume IX, pp. 19 e s.
- "O novo regime da inibição do falido para o exercício do comércio", in: *Direito e Justiça*, 1999, volume XIII, pp. 7 e s.

LIÇÕES DE DIREITO DA INSOLVÊNCIA

– "Efeitos de declaração de insolvência no contrato de trabalho segundo o Código da Insolvência e da Recuperação de Empresas", Separata da *Revista de Direito e de Estudos Sociais*, 2004, n.ᵒs 1, 2 e 3, pp. 5 e s., e in: Luís Carvalho Fernandes/João Labareda, *Colectânea de estudos sobre a insolvência*, Lisboa, Quid Juris, 2009, pp. 215 e s.

– "Profili generali del nuovo regime dell' insolvenza nel Diritto portoghese", in: *Il Diritto Fallimentare e delle Società Commerciali*, 2004, n.ᵒ 6, pp. 1418 e s.

– "A qualificação da insolvência e a administração da massa insolvente pelo devedor", in: AA. VV., *Themis*, Edição Especial – *Novo Direito da Insolvência*, 2005, pp. 81 e s., e in: Luís Carvalho Fernandes/João Labareda, *Colectânea de estudos sobre a insolvência*, Lisboa, Quid Juris, 2009, pp. 247 e s.

– "La exoneración del pasivo restante en la insolvencia de las personas naturales en el Derecho portugués", in: *Revista de Derecho Concursal y Paraconcursal*, 2005, 3, pp. 379 e s.

– "O Código da Insolvência e da Recuperação de Empresas na evolução do regime da falência no Direito português", in: AA. VV., *Estudos em memória do Professor Doutor António Marques dos Santos*, Coimbra, Almedina, 2005, pp. 1183 e s., e in: Luís Carvalho Fernandes/João Labareda, *Colectânea de estudos sobre a insolvência*, Lisboa, Quid Juris, 2009, pp. 41 e s.

– "Sentido geral do novo regime da insolvência no Direito português", in: Luís Carvalho Fernandes/João Labareda, *Colectânea de estudos sobre a insolvência*, Lisboa, Quid Juris, 2009, pp. 83 e s.

– "Órgãos da insolvência", in: Luís Carvalho Fernandes/João Labareda, *Colectânea de estudos sobre a insolvência*, Lisboa, Quid Juris, 2009, pp. 143 e s.

– "Efeitos substantivos privados da declaração de insolvência", in: Luís Carvalho Fernandes/João Labareda, *Colectânea de estudos sobre a insolvência*, Lisboa, Quid Juris, 2009, pp. 179 e s.

– "A exoneração do passivo restante na insolvência das pessoas singulares no Direito português", in: Luís Carvalho Fernandes/João Labareda, *Colectânea de estudos sobre a insolvência*, Lisboa, Quid Juris, 2009, pp. 275 e s.

Fernandes, Luís Carvalho/Labareda, João,

– *Código dos Processos Especiais de Recuperação da Empresa e de Falência Anotado*, Lisboa, Quid Juris, 1993 (1.ª edição) – 1999 (3.ª edição).

– *Insolvências Transfronteiriças – Regulamento (CE) n.ᵒ 1346/2000 do Conselho Anotado*, Lisboa, Quid Juris, 2003.

– *Código da Insolvência e da Recuperação de Empresas Anotado*, volume I (*Arts. 1.ᵒ a 184.ᵒ*) e volume II (arts. 185.ᵒ a 304.ᵒ), Lisboa, Quid Juris, 2005 (1.ª edição).

BIBLIOGRAFIA

– *Código da Insolvência e da Recuperação de Empresas Anotado. Actualizado de acordo com o Decreto-Lei n.º 282/2007. Procedimento de Conciliação Anotado. Legislação Complementar. Índices Ideográfico e Sistemático*, Lisboa, Quid Juris, 2008 (2.ª edição).
– *Código da Insolvência e da Recuperação de Empresas Anotado. Sistema de Recuperação de Empresas por Via Extrajudicial (SIREVE) Anotado. Legislação Complementar*, Lisboa, Quid Juris, 2013 (2.ª versão da 2.ª edição) – 2015 (3.ª edição).
– "Regime particular da insolvência dos cônjuges", Separata dos *Estudos Comemorativos dos 10 anos da Faculdade de Direito da Universidade Nova de Lisboa* – Volume II, Almedina, 2008, pp. 705 e s., e in: Luís CARVALHO FERNANDES/JOÃO LABAREDA, *Colectânea de estudos sobre a insolvência*, Lisboa, Quid Juris, 2009, pp. 311 e s.
– *Colectânea de estudos sobre a insolvência*, Lisboa, Quid Juris, 2009.
– "A reclamação, verificação e graduação de créditos em processo de insolvência", in: *O Direito*, 2011, pp. 1147 e s.
– "De volta à temática da apensação de processos de insolvência (em especial, a situação das sociedades em relação de domínio ou de grupo)", in: *Direito das Sociedades em Revista*, 2012, n.º 7, pp. 133 e s.

FERREIRA, BRUNO,
– "Recuperação de empresas viáveis em dificuldades: prevenção e preservação de valor", in: *Revista de Direito das Sociedades*, 2011, n.º 2, pp. 395 e s.
– "Mecanismos de alerta e prevenção da crise do devedor: em especial a recuperação extrajudicial", in: *I Congresso – Direito das Sociedades em Revista*, Coimbra, Almedina, 2012, pp. 243 e s.

FERREIRA, BRUNO BOM,
– "Insolvências: central ou local – eis a questão...", in: *Julgar online*, Outubro de 2015, pp. 1 e s.

FERREIRA, HUGO,
– "Compensação e insolvência (em particular, na cessão de créditos para titularização)", in: RUI PINTO (coord.), *Direito da Insolvência – Estudos*, Coimbra, Coimbra Editora, 2011, pp. 9 e s.

FERREIRA, JOSÉ GONÇALVES,
– *A exoneração do passivo restante*, Coimbra, Coimbra Editora, 2013.
– "As dívidas da massa insolvente e os negócios ainda não cumpridos: breves notas a propósito do regime legal", in: CATARINA SERRA (coord.), *I Colóquio do Direito da Insolvência de Santo Tirso*, Coimbra, Almedina, 2014, pp. 141 e s.

FERREIRA, MANUEL REQUICHA,
– "Estado de insolvência", in: RUI PINTO (coord.), *Direito da Insolvência – Estudos*, Coimbra, Coimbra Editora, 2011, pp. 131 e s.

LIÇÕES DE DIREITO DA INSOLVÊNCIA

FESTAS, DAVID DE OLIVEIRA,
– "Resposta à consulta pública relativa ao projeto de decreto-lei que altera o Código das Sociedades Comerciais e o Código da Insolvência e da Recuperação de Empresas – Alterações ao Código da Insolvência e da Recuperação de Empresas (artigo 3.º do projeto de decreto-lei) – Alterações a introduzir no Processo Especial de Revitalização (17.º-A a 17.º-I)", in: AA. VV., "Consulta Pública Programa Capitalizar – Resposta do Centro de Investigação em Direito Privado", in: *Revista de Direito das Sociedades*, 2017, n.º 1, pp. 35 e s.

FIALHO, ANTÓNIO JOSÉ,
– "Procedimentos de reestruturação do passivo do devedor insolvente de boa fé", in: *Estudos de Direito do Consumidor*, 2005, n.º 7, pp. 409 e s. (disponível em https://www.fd.uc.pt/cdc/pdfs/rev_7_completo.pdf).

FONSECA, GISELA TEIXEIRA,
– "A natureza jurídica do plano de insolvência", in: RUI PINTO (coord.), *Direito da Insolvência – Estudos*, Coimbra, Coimbra Editora, 2011, pp. 65 e s.

FRADA, MANUEL A. CARNEIRO DA,
– "A responsabilidade dos administradores na insolvência", in: *Revista da Ordem de Advogados*, 2006, II, pp. 653 e s.
– "A responsabilidade dos administradores perante os credores entre o Direito das Sociedades e o Direito da Insolvência", in: CATARINA SERRA (coord.), *IV Congresso de Direito da Insolvência*, Coimbra, Almedina, 2017, pp. 193 e s.

FRADE, CATARINA,
– "Mediação do sobreendividamento: uma solução célere e de proximidade", in: *Themis*, 2005, n.º 11, pp. 201 e s.
– "Código do consumidor e sobreendividamento", in: *Revista Portuguesa de Direito do Consumo*, 2007, 49, pp. 35 e s.
– "Bankruptcy, stigma and rehabilitation", in: *Era Forum – Journal of the Academy of European Law*, 2012, 13 (1), pp. 45 e s.
– "Sobreendividamento e soluções extrajudiciais: a mediação de dívidas", in: CATARINA SERRA (coord.), *I Congresso de Direito da Insolvência*, Coimbra, Almedina, 2013, pp. 9 e s.
– "A literacia financeira na gestão do risco do crédito", in: CATARINA SERRA (coord.), *II Congresso de Direito da Insolvência*, Coimbra, Almedina, 2014, pp. 333 e s.
– "O perdão das dívidas na insolvência das famílias", in: ANA CORDEIRO SANTOS (coord.) *Famílias endividadas: uma abordagem de economia política e comportamental. Causas e consequências*, Coimbra, Almedina, 2015, pp. 133 e s.

BIBLIOGRAFIA

FRADE, CATARINA/CONCEIÇÃO, ANA FILIPA,
- "A reprodução do estigma na insolvência das famílias", in: *Revista Crítica de Ciências Sociais*, 2013, 101, pp. 135 e s.
v. MARQUES, MARIA MANUEL LEITÃO.

FREITAS, JOSÉ LEBRE DE,
- "Apreensão, restituição, separação e venda de bens no processo de falência", in: *Revista da Faculdade de Direito da Universidade de Lisboa*, 1995, volume XXXVI, pp. 371 e s.
- "Pedido de declaração de insolvência", in: AA. VV., *Código da Insolvência e da Recuperação de Empresas – Comunicações sobre o Anteprojecto de Código*, Ministério da Justiça, Gabinete de Política Legislativa e Planeamento, Coimbra, Coimbra Editora, 2004, pp. 11 e s.
- "Pressupostos objectivos e subjectivos da insolvência", in: AA. VV., *Themis*, Edição Especial – *Novo Direito da Insolvência*, 2005, pp. 11 e s.
- "Aplicação do tempo do artigo 164.º-A do Código da Falência – Anotação ao Ac. do STJ de 9.5.2006, Rev. 827/06", in: *Cadernos de Direito Privado*, 2006, n.º 16, pp. 56 e s.
- "Legitimidade do insolvente para fazer valer direitos de crédito não apreendidos para a massa", in: AA. VV., *Estudos em homenagem ao Professor Doutor Carlos Ferreira de Almeida*, volume III, Coimbra, Almedina, 2011, pp. 619 e s.
- "Apreensão, restituição, separação e venda", in: CATARINA SERRA (coord.), *I Congresso de Direito da Insolvência*, Coimbra, Almedina, 2013, pp. 229 e s.

FREITAS, JOSÉ LEBRE DE/SANTOS, CRISTINA MÁXIMO DOS,
- *O processo civil na constituição*, Coimbra, Coimbra Editora, 2008.

FURTADO, J. PINTO,
- "Âmbito subjectivo da falência e índices de revelação do estado de insolvência", in: *Revista da Banca*, 1990, n.º 13, pp. 19 e s.
- "Perspectivas e tendências do moderno direito da falência", in: *Revista da Banca*, 1989, n.º 11, pp. 63 e s.
- "Tópicos para um novo direito falencial português", in: *Tribuna da Justiça*, 1990, n.º 6, pp. 63 e s.

GARRET, JOÃO ANTÓNIO BAHIA DE ALMEIDA,
- "Crónica legislativa: a revisão do regime jurídico da recuperação da empresa e da falência", in: *Revista Jurídica da Universidade Portucalense*, 1999, n.º 2, pp. 183 e s.

GERALDES, ANTÓNIO SANTOS ABRANTES,
- "A recuperação de empresas, a falência e o Direito do Trabalho", in: *Prontuário de Direito do Trabalho*, 1997-1998, n.º 52, pp. 31 e s., e n.º 53, pp. 33 e s.

GOMES, JOSÉ FERREIRA,
– "Alterações ao Código das Sociedades Comerciais (artigo 2.º do projeto de decreto-lei) – Alterações aos artigos 87.º e 88.º do Código das Sociedades Comerciais – Conversão de créditos em capital", in: AA. VV., "Consulta Pública Programa Capitalizar – Resposta do Centro de Investigação em Direito Privado", in: *Revista de Direito das Sociedades*, 2017, n.º 1, pp. 25 e s.

GOMES, JOSÉ FERREIRA/PIRES, CATARINA MONTEIRO,
– "Resposta à consulta pública relativa ao projeto de proposta de lei que aprova o Regime Jurídico de Conversão de Créditos em Capital", in: AA. VV., "Consulta Pública Programa Capitalizar – Resposta do Centro de Investigação em Direito Privado", in: *Revista de Direito das Sociedades*, 2017, n.º 1, pp. 143 e s.

GOMES, JÚLIO VIEIRA,
– *Direito do Trabalho*, volume I – *Relações individuais de trabalho*, Coimbra, Coimbra Editora, 2007.
– "Nótula sobre os efeitos da insolvência do empregador nas relações de trabalho", in: CATARINA SERRA (coord.), *I Congresso de Direito da Insolvência*, Coimbra, Almedina, 2013, pp. 285 e s., in: AA. VV., *O contrato de trabalho no contexto da empresa, do Direito Comercial e do Direito das Sociedades Comerciais*, Lisboa, Centro de Estudos Judiciários, Colecção Formação Inicial, 2014, pp. 161 e s. (disponível em http://www.cej.mj.pt/cej/recursos/ebook_trabalho.php), e in: AA. VV., *Processo de insolvência e acções conexas*, Lisboa, Centro de Estudos Judiciários, 2014, pp. 195 e s. (disponível em http://www.cej.mj.pt/cej/recursos/ebook_civil.php).
– "Nótula sobre a resolução em benefício da massa", in: CATARINA SERRA (coord.), *IV Congresso de Direito da Insolvência*, Coimbra, Almedina, 2017, pp. 107 e s.

GOMES, MANUEL JANUÁRIO DA COSTA,
– "Sobre os poderes dos credores contra os fiadores no âmbito de aplicação do CIRE. Breves notas", in: CATARINA SERRA (coord.), *III Congresso de Direito da Insolvência*, Coimbra, Almedina, 2015, pp. 313 e s.

GONÇALVES, CARLA/VICENTE, SÓNIA,
– "Os efeitos processuais da declaração de insolvência", in: AA. VV, *Insolvência e consequências da sua declaração*, Lisboa, Centro de Estudos Judiciários, Colecção Acções de Formação, 2013, pp. 148 e s. (disponível em http://www.cej.mj.pt/cej/recursos/ebook_civil.php).

GONÇALVES, FILIPA,
– "O processo especial de revitalização", in: MARIA DO ROSÁRIO EPIFÂNIO (coord.), *Estudos de Direito da Insolvência*, Coimbra, Almedina, 2015, pp. 51 e s.

BIBLIOGRAFIA

GONÇALVES, LUÍS A.,
- "A providência de recuperação de empresas e os direitos dos credores relativamente a terceiros coobrigados ou garantes das obrigações respectivas. O art. 63.º do Código da Recuperação e da Falência", in: *Revista de Direito e de Estudos Sociais*, 1996, n.ºs 1-2-3-4, pp. 195 e s.
- "Privilégios creditórios, evolução histórica, regime e sua inserção no tráfico creditício", in: *Boletim da Faculdade de Direito da Universidade de Coimbra*, 1991, volume LXVII, pp. 29 e s.

GONÇALVES, RENATO,
- "Recuperação de empresas: um desígnio continuado", in: CATARINA SERRA (coord.), *IV Congresso de Direito da Insolvência*, Coimbra, Almedina, 2017, pp. 379 e s.

GOUVEIA, MARIANA FRANÇA,
- "Verificação do passivo", in: AA. VV., *Themis*, Edição Especial – *Novo Direito da Insolvência*, 2005, pp. 151 e s.

HENRIQUES, SÉRGIO COIMBRA,
- "Os trabalhadores após a declaração da situação de insolvência do empregador: cessação dos contratos de trabalho e qualificação dos créditos laborais", in: CATARINA SERRA (coord.), *IV Congresso de Direito da Insolvência*, Coimbra, Almedina, 2017, pp. 215 e s.

KALIL, MARCUS VINICIUS ALCÂNTARA,
- "A evolução das falências e insolvências no Direito português", in: *Revista de Direito Comercial*, 2017, pp. 338 e s. (disponível em https://static1.squarespace.com/static/58596f8a29687fe710cf45cd/t/59be4462f14aa175d96f5184/15056 41572416/2017-11.pdf).

LABAREDA, JOÃO,
- "Providências de recuperação das empresas", in: *Direito e Justiça*, 1995, volume IX, tomo 2, pp. 51 e s.
- "O novo Código da Insolvência e da Recuperação de Empresas – Alguns aspectos mais controversos", in: *Miscelâneas*, n.º 2, Instituto de Direito das Empresas e do Trabalho, Coimbra, Almedina, 2004, pp. 7 e s., e in: LUÍS CARVALHO FERNANDES/JOÃO LABAREDA, *Colectânea de estudos sobre a insolvência*, Lisboa, Quid Juris, 2009, pp. 7 e s.
- "Pressupostos subjectivos da insolvência: regime particular das instituições de crédito e sociedades financeiras", in: LUÍS CARVALHO FERNANDES/JOÃO LABAREDA, *Colectânea de estudos sobre a insolvência*, Lisboa, Quid Juris, 2009, pp. 103 e s.
- "Contrato de garantia financeira e insolvência das partes contratantes", in: AA. VV., *Estudos dedicados ao Professor Doutor Luís Alberto Carvalho Fernandes*, *Revista Direito e Justiça – Volume especial*, vol. II, Lisboa, Universidade Católica Portuguesa, 2011, pp. 101 e s.

LIÇÕES DE DIREITO DA INSOLVÊNCIA

– "Sobre o Sistema de Recuperação de Empresas por Via Extrajudicial (SIREVE)", in: CATARINA SERRA (coord.), *I Congresso de Direito da Insolvência*, Coimbra, Almedina, 2013, pp. 63 e s.

– "Reflexões acerca do regime extraordinário de protecção de devedores de créditos à habitação em situação económica muito difícil", in: CATARINA SERRA (coord.), *II Congresso de Direito da Insolvência*, Coimbra, Almedina, 2014, pp. 281 e s.

v. FERNANDES, LUÍS CARVALHO.

LAMEIRA, JOSÉ ANTÓNIO DE SOUSA,

– "A evolução histórica recente do regime do instituto da falência/insolvência", in: LUÍS MIGUEL PESTANA DE VASCONCELOS (coord.), *Falência, insolvência e recuperação de empresas – 1.º congresso de Direito Comercial das Faculdades de Direito da Universidade do Porto, de S. Paulo e de Macau*, Porto, Faculdade de Direito da Universidade do Porto, 2017, pp. 119 e s. (disponível em https://www.cije.up.pt/download-file/1547).

LAMEIRAS, LUÍS FILIPE BRITES,

– "Verificação e graduação de créditos", in: AA. VV., AA. VV., *Processo de insolvência e acções conexas*, Lisboa, Centro de Estudos Judiciários, 2014, pp. 278 e s. (disponível em http://www.cej.mj.pt/cej/recursos/ebook_civil.php).

LEAL, ANA ALVES/TRINDADE, CLÁUDIA,

– "Resposta à consulta pública relativa ao projeto de decreto-lei que altera o Código das Sociedades Comerciais e o Código da Insolvência e da Recuperação de Empresas – Alterações ao Código da Insolvência e da Recuperação de Empresas (artigo 3.º do projeto de decreto-lei) – O processo especial para acordo de pagamento (PEAP): o novo regime pré-insolvencial para devedores não empresários", in: AA. VV., "Consulta Pública Programa Capitalizar – Resposta do Centro de Investigação em Direito Privado", in: *Revista de Direito das Sociedades*, 2017, n.º 1, pp. 68 e s.

LEAL, PAVÃO,

– *Ensaio sobre a falência no Direito Internacional*, Porto, Lello, 1961.

LEITÃO, ADELAIDE MENEZES

– "Pré-condições para a exoneração do passivo restante – Anotação ao Ac. do TRP de 29.9.2010, Proc. 995/09", in: *Cadernos de Direito Privado*, 2011, 35, pp. 65 e s.

– "Insolvência culposa e responsabilidade dos administradores na Lei 16/2012, de 20 de Abril", in: CATARINA SERRA (coord.), *I Congresso de Direito da Insolvência*, Coimbra, Almedina, 2013, pp. 269 e s.

– "Insolvência de pessoas singulares: a exoneração do passivo restante e o plano de pagamentos. As alterações da Lei n.º 16/2012, de 20 de Abril", in: AA. VV., *Estudos em homenagem ao Prof. Doutor José Lebre de Freitas*, vol. II, Coimbra, Coimbra Editora, 2013, pp. 509 e s.

BIBLIOGRAFIA

- "Soluções jurídicas para o sobreendividamento dos consumidores", in: ADELAIDE MENEZES LEITÃO (coord.), *Estudos do Instituto do Direito do Consumo*, vol. IV, Coimbra, Almedina, 2014, pp. 255 e s.
- *Direito da Insolvência*, Lisboa, AAFDL, 2017.
- "Resposta à consulta pública relativa ao projeto de decreto-lei que altera o Código das Sociedades Comerciais e o Código da Insolvência e da Recuperação de Empresas – Alterações ao Código da Insolvência e da Recuperação de Empresas (artigo 3.º do projeto de decreto-lei) – Propostas de alterações do regime de exoneração do passivo restante", in: AA. VV., "Consulta Pública Programa Capitalizar – Resposta do Centro de Investigação em Direito Privado", in: *Revista de Direito das Sociedades*, 2017, n.º 1, pp. 123 e s.
- "Contributos sobre a Proposta de Diretiva do Parlamento Europeu e do Conselho relativa a meios preventivos de reestruturação, segunda oportunidade e medidas de melhoramento da eficiência dos processos de reestruturação. Insolvência e exoneração do passivo restante e à alteração da Diretiva 2012/30/EU", in: *Revista de Direito de Sociedades*, 2016, n.º 4, pp. 1019 e s.

LEITÃO, LUÍS MANUEL TELES DE MENEZES,
- *Código da Insolvência e da Recuperação de Empresas Anotado*, Coimbra, Almedina, 2004 (1.ª edição) – 2017 (9.ª edição).
- "Os efeitos da declaração de insolvência sobre os negócios em curso", in: AA. VV., *Código da Insolvência e da Recuperação de Empresas – Comunicações sobre o Anteprojecto de Código*, Ministério da Justiça, Gabinete de Política Legislativa e Planeamento, Coimbra, Coimbra Editora, 2004, pp. 61 e s.
- "As repercussões da insolvência no contrato de trabalho", in: AA. VV., *Estudos em memória do Professor Doutor José Dias Marques*, Coimbra, Almedina, 2007, pp. 871 e s.
- *Direito da Insolvência*, Coimbra, Almedina, 2009 (1.ª edição) – 2017 (7.ª edição).
- "A natureza dos créditos laborais resultantes de decisão do administrador de insolvência – Anotação ao Ac. do TRC de 14.7.2010, Proc. 562/09", in: *Cadernos de Direito Privado*, 2011, 34, pp. 55 e s.
- "Pressupostos da declaração de insolvência", in: CATARINA SERRA (coord.), *I Congresso de Direito da Insolvência*, Coimbra, Almedina, 2013, pp. 175 e s.
- "A responsabilidade pela abertura indevida de processo especial de revitalização", in: CATARINA SERRA (coord.), *II Congresso de Direito da Insolvência*, Coimbra, Almedina, 2014, pp. 143 e s.
- "A (in)admissibilidade da insolvência como fundamento de resolução dos contratos", in: CATARINA SERRA (coord.), *III Congresso de Direito da Insolvência*, Coimbra, Almedina, 2015, pp. 89 e s.

- "As dívidas da massa insolvente", in: CATARINA SERRA (coord.), *IV Congresso de Direito da Insolvência*, Coimbra, Almedina, 2017, pp. 25 e s.

LIMA, SÉRGIO MOURÃO CORRÊA,

- "Os concursos formal (processual) e material (obrigacional) nos processos de insolvência", in: AA.VV., *Estudos em Homenagem ao Professor Doutor Paulo de Pitta e Cunha*, Volume III – *Direito Privado, Direito Público e Vária*, Coimbra, Almedina, 2010, pp. 379 e s.

LIZARDO, JOÃO,

- "Trabalhar para a 'massa'", in: *Vinte Anos de Questões Laborais*, 42 (número especial), Coimbra, Coimbra Editora, 2013, pp. 207 e s.

LOBO, GONÇALO GAMA,

- "Da exoneração do passivo restante", in: PEDRO COSTA AZEVEDO (coord.), *Insolvência – Volume especial*, Nova Causa, 2012, I e s.
- "Exoneração do passivo restante e causas de indeferimento liminar do despacho inicial", in: CATARINA SERRA (coord.), *I Colóquio do Direito da Insolvência de Santo Tirso*, Coimbra, Almedina, 2014, pp. 257 e s.

LOPES, CIDÁLIA MARIA DA MOTA/DINIS, ANA CRISTINA DOS SANTOS ARROMBA,

- *A Fiscalidade das Sociedades Insolventes*, Coimbra, Almedina, 2015.

LOUREIRO, CLÁUDIA,

- "A exoneração do passivo restante", in: AA. VV., *Processo de insolvência e acções conexas*, Lisboa, Centro de Estudos Judiciários, 2014, pp. 455 e s. (disponível em http://www.cej.mj.pt/cej/recursos/ebook_civil.php).

LOUSA, NUNO FERREIRA,

- "O incumprimento do plano de recuperação e os direitos dos credores", in: CATARINA SERRA (coord.), *I Colóquio do Direito da Insolvência de Santo Tirso*, Coimbra, Almedina, 2014, pp. 119 e s.
- "Os créditos garantidos e a posição dos garantes nos processos recuperatórios de empresas", in: *Revista de Direito da Insolvência*, 2016, n.º 0, pp. 147 e s.
- "Crónica de jurisprudência dos Tribunais da Relação (2015/2016)", in: *Revista de Direito da Insolvência*, 2017, n.º 1, pp. 194 e s.

MACEDO, JOSÉ SOUSA DE,

- "Novos aspectos da concordata e do acordo de credores", in: *Revista da Banca*, 1993, n.º 27, pp. 65 e s.

MACEDO, PEDRO DE SOUSA,

- *Manual de Direito das Falências*, volumes I e II, Coimbra, Almedina, 1964 e 1968.

MACHADO, JOSÉ GONÇALVES,

- *O dever de renegociar no âmbito pré-insolvencial – Estudo comparativo sobre os principais mecanismos de recuperação de empresas*, Coimbra, Almedina, 2016.

v. Serra, Catarina.

Machado, Maria João Pimentel,
– "Algumas considerações sobre a falência em direito internacional privado", Separata da *Revista Jurídica da Universidade Portucalense*, 1999, n.º 3, pp. 77 e s.
– *Da falência em direito internacional privado – Introdução aos seus problemas fundamentais*, Porto, Departamento de Direito, Universidade Portucalense Infante D. Henrique, 2000.

Machado, Sara Monteiro Maia,
– "A insolvência nos grupos de sociedades: o problema da consolidação substantiva", in: *Revista de Direito das Sociedades*, 2013, n.ºs 1/2, pp. 339 e s.

Madaleno, Cláudia,
– "Notas sobre as alterações ao Código da Insolvência e da Recuperação de Empresas. Em especial, a opção pela recuperação do devedor", in: Adelaide Menezes Leitão (coord.), *Estudos do Instituto do Direito do Consumo*, vol. IV, Coimbra, Almedina, 2014, pp. 217 e s.
– "Insolvência, processo especial de revitalização e reclamação de créditos laborais", in: *Instituto do Conhecimento AB – Colecção Estudos*, 2015, n.º 4, pp. 191 e s.

Magalhães, Carla,
– "Incidente de qualificação da insolvência. Uma visão geral", in: Maria do Rosário Epifânio (coord.), *Estudos de Direito da Insolvência*, Coimbra, Almedina, 2015, pp. 99 e s.

Magalhães, J. M. Barbosa de,
– *Código de Falências anotado*, Lisboa, 1901.
– *Código de Processo Comercial anotado*, volume II, Lisboa, 1912.
– "Algumas considerações sobre o novo Código de Falências", in: *GRL*, 1936, ano 49, pp. 321 e s.

Magalhães, Telmo,
– "O confronto, no processo de insolvência, dos direitos do credor hipotecário e do promitente-comprador com *traditio*", in: Pedro Costa Azevedo (coord.), *Insolvência – Volume especial*, Nova Causa, 2012, LXV e s.

Malafaia, Joaquim,
– "A insolvência, a falência e o crime do artigo 228.º do Código Penal", *Separata da Revista Portuguesa de Ciência Criminal*, 2001, Fasc. 2.º, pp. 219 e s.

Marques, Letícia,
– "O regime especial da insolvência das pessoas singulares", in: *Revista da Faculdade de Direito da Universidade Lusófona do Porto*, 2013, vol. 2, n.º 2, pp. 135 e s.

LIÇÕES DE DIREITO DA INSOLVÊNCIA

Marques, Maria Manuel Leitão/Frade, Catarina,
– "Regular o sobreendividamento", in: AA. VV., *Código da Insolvência e da Recuperação de Empresas – Comunicações sobre o Anteprojecto de Código*, Ministério da Justiça, Gabinete de Política Legislativa e Planeamento, Coimbra, Coimbra Editora, 2004, pp. 79 e s.

Marques, Maria Manuel Leitão/Pedroso, João/Santos, António Carlos,
– "Redressement des entreprises en difficulté et concurrence en droit espagnol, italien et portugais", in: *Revue Internacionale de Droit Economique*, 1995, 2, pp. 211 e s.

Martinez, Pedro Romano,
– "Repercussões da falência nas relações laborais", in: *Revista da Faculdade de Direito da Universidade de Lisboa*, 1995, volume XXXVI, pp. 417 e s.

Martins, Alexandre de Soveral,
– "O 'CIP' ('Centro dos Interesses Principais') e as Sociedades: um capítulo europeu", in: *O Direito das Sociedades em Revista*, 2009, n.º 1, pp. 133 e s.
– "Repercussões que os Memorandos da Troika terão no Código da Insolvência", in: *O Memorando da "Troika" e as Empresas*, Colóquios, n.º 5, IDET, Coimbra, Almedina, 2012, pp. 191 e s.
– "O P.E.R. (Processo Especial de Revitalização)", in: *Ab Instantia – Revista do Instituto do Conhecimento*, 2013, n.º 1, pp. 17 e s.
– "Apontamentos sobre os trâmites do processo de insolvência antes da sentença de declaração de insolvência ou de indeferimento do pedido de declaração de insolvência", in: AA. VV., *Para Jorge Leite – Escritos Jurídicos*, volume II, Coimbra, Coimbra Editora, 2014, pp. 319 e s.
– *Um Curso de Direito da Insolvência*, Coimbra, Almedina, 2015 (1.ª edição) – 2016 (2.ª edição).
– "Reclamação, verificação e graduação de créditos no processo de insolvência, in: *Instituto do Conhecimento AB – Colecção Estudos*, 2015, n.º 4, pp. 25 e s.
– "Articulação entre o PER e o processo de insolvência", in: *Revista de Direito da Insolvência*, 2016, n.º 0, pp. 121 e s.
– "O penhor financeiro e a alienação fiduciária em garantia no processo de insolvência", in: *Revista de Direito da Insolvência*, 2017, n.º 1, pp. 8 e s.
– "Votação e aprovação do plano de reestruturação", in: Catarina Serra (coord.), *IV Congresso de Direito da Insolvência*, Coimbra, Almedina, 2017, pp. 215 e s.
– *Estudos de Direito da Insolvência*, Coimbra, Almedina, 2018.
– "As alterações ao CIRE quanto ao PER e ao PEAP", in: *Estudos de Direito da Insolvência*, Coimbra, Almedina, 2018, pp. 7 e s.
– "A reforma do CIRE e as PMEs", in: *Estudos de Direito da Insolvência*, Coimbra, Almedina, 2018, pp. 15 e s.

BIBLIOGRAFIA

– "O Regulamento (UE) 2015/848 relativo aos processos de insolvência", in: *Estudos de Direito da Insolvência*, Coimbra Almedina, pp. 23 e s.
– "O penhor financeiro e a alineação fiduciária em garantia no processo de insolvência", in: *Estudos de Direito da Insolvência*, Coimbra, Almedina, 2018, pp. 79 e s.

MARTINS, CLÁUDIA OLIVEIRA,
– "O procedimento de exoneração do passivo restante – controvérsias jurisprudenciais e alguns aspectos práticos", in: *Revista de Direito da Insolvência*, 2016, ano 0, pp. 213 e s.

MARTINS, LUÍS M.,
– *Processo de Insolvência – Anotado e Comentado*, Coimbra, Almedina, 2009 (1.ª edição) – 2016 (4.ª edição).
– *Recuperação das pessoas singulares*, volume I, Coimbra, Almedina, 2010 (1.ª edição) – 2013 (2.ª edição).
– *Código da Insolvência e da Recuperação de Empresas*, Coimbra, Almedina, 2010 (1.ª edição) – 2017 (5.ª edição).
– "O contrato de trabalho e os créditos dos trabalhadores no processo de insolvência", in: PEDRO COSTA AZEVEDO (coord.), *Insolvência – Volume especial*, Nova Causa, 2012, XXX e s.

MARTINS, SANDRA BASTOS,
– "A (des)crença na administração da massa insolvente pelo devedor", in: MARIA DO ROSÁRIO EPIFÂNIO (coord.), *Estudos de Direito da Insolvência*, Coimbra, Almedina, 2015, pp. 147 e s.

MATIAS, ARMINDO SARAIVA,
– "A insolvência no Direito Bancário", in: *Direito e Justiça*, 2005, volume XIX, tomo 2, pp. 291 e s.

MATOS, FILIPE ALBUQUERQUE,
– "Os efeitos da declaração de insolvência sobre os negócios em curso", in: CATARINA SERRA (coord.), *IV Congresso de Direito da Insolvência*, Coimbra, Almedina, 2017, pp. 35 e s.

MATOS, JOSÉ IGREJA,
– "Poderes do juiz no processo especial de revitalização – Divergindo de edipianas inevitabilidades", in: CATARINA SERRA (coord.), *IV Congresso de Direito da Insolvência*, Coimbra, Almedina, 2017, pp. 293 e s.

MENDES, ARMINDO RIBEIRO,
– "Processo de recuperação de empresas em situação de falência", in: *Revista da Banca*, 1987, n.º 1, pp. 67 e s.
– "A resolução e outros mecanismos de intervenção em instituições de crédito à luz das alterações introduzidas pela Lei n.º 23-A/2015, de 26 de Março", in: CATA-

RINA SERRA (coord.), *III Congresso de Direito da Insolvência*, Coimbra, Almedina, pp. 61 e s.

MONTEIRO, J. SINDE/SANTOS, F. CASSIANO DOS,
– "Carta de patrocínio, relação de grupo e providências de recuperação da empresa", in: *Revista de Legislação e de Jurisprudência*, 2007, n.º 3947, pp. 66 e s.

MONTEIRO, LEONOR PIZARRO,
– *O trabalhador e a insolvência da entidade empregadora*, Coimbra, Almedina, 2016.

MONTEIRO, NUNO LÍBANO,
– "As medidas legais de salvaguarda da solidez das instituições financeiras dos interesses dos depositantes e da estabilidade do sistema", in: CATARINA SERRA (coord.), *II Congresso de Direito da Insolvência*, Coimbra, Almedina, 2014, pp. 123 e s.

MORAIS, FERNANDO DE GRAVATO,
– *Resolução em benefício da massa insolvente*, Coimbra, Almedina, 2008.
– "Promessa obrigacional de compra e venda com tradição da coisa e insolvência do promitente-vendedor", in: *Cadernos de Direito Privado*, 2010, n.º 29, pp. 3 e s.
– "Da tutela do retentor-consumidor em face da insolvência do promitente-vendedor – Anotação ao Ac. de Uniformização de Jurisprudência n.º 4/2014, de 20.03.2014, Proc. 92/05", in: *Cadernos de Direito Privado*, 2014, 46, pp. 32 e s.
– "A motivação da declaração de resolução em benefício da massa insolvente", in: *Revista de Direito e de Estudos Sociais*, 2014, n.ºs 1-4, pp. 161 e s.
– "A insolvência do inquilino: da denúncia do contrato de arrendamento pelo administrador de insolvência à falta de pagamento da renda", in: *Temas de Direito Privado*, n.º 1 – *O Direito privado na contemporaneidade: desafios e perspectivas*, 2015, pp. 93 e s. (disponível em https://issuu.com/elisa377/docs/temas_de_direito_privado_no_1_out_2).

MORAIS, LUÍS,
– "O novo Código dos Processos Especiais de Recuperação da Empresa e de Falência. O conceito de falência saneamento. Aspectos comerciais e processuais", in: *Fisco*, 1993, n.ºs 55/56, pp. 20 e s.

MORAIS, RUI DUARTE,
– "Os credores tributários no processo de insolvência", in: *Direito e Justiça*, 2005, volume XIX, tomo 2, pp. 205 e s.

MORGADO, ABÍLIO,
– "Articulação entre os processos de recuperação da empresa e de falência", in: *Revista da Banca*, 1993, n.º 27, pp. 41 e s.
– "Aspectos mais significativos do projecto de diploma regulador dos processos especiais de recuperação de empresa e de falência", in: *Competir – Informação para a Indústria*, 1992, n.º 2, pp. 13 e s.

- "Processos especiais de recuperação da empresa e de falência – Uma apreciação do novo regime", in: *Ciência e Técnica Fiscal*, 1993, n.º 370, pp. 49 e s.

MORGADO, ANA,
- "Restituição e separação de bens – considerações em torno do art. 141.º do Código da Insolvência e da Recuperação de Empresas", in: *Revista Jurídica da Universidade Portucalense*, 2012, n.º 15, pp. 283 e s.

MOURA, ANTÓNIO GRAÇA,
- "Sobre a posição dos credores em face do projecto de reforma do direito falimentar", in: *Os processos especiais de recuperação da empresa e de falência – Nova legislação*, Coimbra, Almedina, 1993, pp. 69 e s.

MUNIZ, FRANCISCO ARTHUR DE SIQUEIRA,
- "O sobreendividamento por créditos ao consumo e os pressupostos de indeferimento liminar do pedido de exoneração do passivo restante no processo de insolvência", in: *Estudos de Direito do Consumidor*, 2017, n.º 12, pp. 337 e s. (disponível em https://www.fd.uc.pt/cdc/pdfs/rev_12_completo.pdf).

NÁPOLES, PEDRO METELLO DE,
- "Efeitos da Insolvência na Convenção de Arbitragem. Insuficiência Económica das Partes em Processo Arbitral", in *V Congresso do Centro de Arbitragem Comercial*, Coimbra, Almedina, 2012, pp. 139 e s.

OLIVEIRA, ANA PERESTRELO DE,
- "A insolvência nos grupos de sociedades: notas sobre a consolidação patrimonial e a subordinação de créditos intragrupo", in: *Revista de Direito de Sociedades*, 2009, n.º 4, pp. 995 e s.
- "Ainda sobre a liquidação conjunta das sociedades em relação de domínio total e os poderes do administrador da insolvência: a jurisprudência recente dos tribunais nacionais", in: *Revista de Direito de Sociedades*, 2011, n.º 3, pp. 713 e s.
- "Insolvência nas sociedades em relação de grupo: de novo pela consolidação substantiva das massas patrimoniais", in: CATARINA SERRA (coord.), *I Congresso de Direito da Insolvência*, Coimbra, Almedina, 2013, pp. 290 e s.
- "Responsabilidade civil dos auditores perante terceiros: legitimidade processual de terceiro na pendência de processo de insolvência da sociedade auditada", in: *Revista de Direito das Sociedades*, 2014, n.º 2, pp. 391 e s.
- *Manual de grupos de sociedades*, Coimbra, Almedina, 2017.
- "Resposta à consulta pública relativa ao projeto de decreto-lei que altera o Código das Sociedades Comerciais e o Código da Insolvência e da Recuperação de Empresas – Alterações ao Código da Insolvência e da Recuperação de Empresas (artigo 3.º do projeto de decreto-lei) – Propostas de alteração relacionadas com a insolvência de sociedades em relação de domínio ou de grupo", in: AA. VV., "Consulta

LIÇÕES DE DIREITO DA INSOLVÊNCIA

Pública Programa Capitalizar – Resposta do Centro de Investigação em Direito Privado", in: *Revista de Direito das Sociedades*, 2017, n.º 1, pp. 55 e s.

– "O novo regime dos grupos de sociedades no Regulamento europeu sobre insolvência transfronteiriça", in: CATARINA SERRA (coord.), *IV Congresso de Direito da Insolvência*, Coimbra, Almedina, 2017, pp. 203 e s.

OLIVEIRA, ARTUR DIONÍSIO,

– "Os efeitos externos da insolvência", in: *Julgar*, 2009, n.º 9, pp. 173 e s.

– "Efeitos da declaração de insolvência sobre os processos pendentes", in: AA. VV., *Processo de insolvência e acções conexas*, Lisboa, Centro de Estudos Judiciários, 2014, pp. 167 e s. (disponível em http://www.cej.mj.pt/cej/recursos/ebook_civil.php).

– "Os efeitos processuais do PER e os créditos litigiosos", in: CATARINA SERRA (coord.), *III Congresso de Direito da Insolvência*, Coimbra, Almedina, 2015, pp. 199 e s.

– "Os efeitos da declaração de insolvência sobre as acções declarativas", in: *Revista de Direito da Insolvência*, 2016, n.º 0, pp. 75 e s.

OLIVEIRA, JOANA ALBURQUERQUE,

– *Curso de Processo de Insolvência e de Recuperação de Empresas*, Coimbra, Almedina, 2012 (2.ª edição).

OLIVEIRA, MADALENA PERESTRELO DE,

– "O Processo Especial de Revitalização: o novo CIRE", in: *Revista de Direito das Sociedades*, 2012, n.º 3, pp. 707 e s.

– *Limites da Autonomia dos Credores na Recuperação da Empresa Insolvente*, Coimbra, Almedina, 2013.

– "Resposta à consulta pública relativa ao projeto de decreto-lei que altera o Código das Sociedades Comerciais e o Código da Insolvência e da Recuperação de Empresas – Alterações ao Código da Insolvência e da Recuperação de Empresas (artigo 3.º do projeto de decreto-lei) – O Regime de Protecção do 'Dinheiro Novo'", in: AA. VV., "Consulta Pública Programa Capitalizar – Resposta do Centro de Investigação em Direito Privado", in: *Revista de Direito das Sociedades*, 2017, n.º 1, pp. 42 e s.

– "Resposta à consulta pública relativa ao projeto de decreto-lei que altera o Código das Sociedades Comerciais e o Código da Insolvência e da Recuperação de Empresas – Outras sugestões de alteração – Conceito de 'pessoa especialmente relacionada com o devedor' para efeitos de subordinação de créditos", in: AA. VV., "Consulta Pública Programa Capitalizar – Resposta do Centro de Investigação em Direito Privado", in: *Revista de Direito das Sociedades*, 2017, n.º 1, pp. 129 e s.

– "Suprimentos para revitalização societária: entre a subordinação e o privilégio mobiliário creditório geral", in: *Revista de Direito de Sociedades*, 2017, n.º 2, pp. 371 e s.

BIBLIOGRAFIA

– "A concessão de crédito para o saneamento de empresas", in: AA. VV., *Estudos de Direito Bancário I*, Coimbra, Almedina, 2018, pp. 249 e s.

OLIVEIRA, NUNO MANUEL PINTO,

– "'Com mais irreflexão que culpa'? O debate sobre o regime da recusa de cumprimento do contrato-promessa", in: *Cadernos de Direito Privado*, 2011, 36, pp. 3 e s.

– "Entre o Código da Insolvência e os 'Princípios Orientadores': um dever de (re) negociação?", in: *Revista da Ordem dos Advogados*, 2012, n.ºs 3 e 4, pp. 677 e s.

– "Efeitos da declaração de insolvência sobre os negócios em curso: em busca dos princípios perdidos", in: CATARINA SERRA (coord.), *I Congresso de Direito da Insolvência*, Coimbra, Almedina, 2013, pp. 201 e s.

– "Efeitos da declaração de insolvência sobre os contratos em curso", in: *Ab Instantia – Revista do Instituto do Conhecimento*, 2014, n.º 4, pp. 11 e s.

– "Responsabilidade civil dos administradores pela insolvência culposa", in: CATARINA SERRA (coord.), *I Colóquio de Direito da Insolvência de Santo Tirso*, Coimbra, Almedina, 2014, pp. 195 e s.

– "Responsabilidade pela perda de uma chance de revitalização?", in: CATARINA SERRA (coord.), *II Congresso de Direito da Insolvência*, Coimbra, Almedina, 2014, pp. 158 e s.

– "Selling a house under Portuguese Insolvency Law", in: *EuroFenix – The Journal of INSOL Europe*, 2014, 54, pp. 34 e s.

– "A qualificação do crédito resultante da não execução de contrato-promessa", in: CATARINA SERRA (coord.), *III Congresso de Direito da Insolvência*, Coimbra, Almedina, 2015, pp. 115 e s.

– *Responsabilidade civil dos administradores – Entre Direito Civil, Direito das Sociedades e Direito da Insolvência*, Coimbra, Coimbra Editora, 2015.

– "O Direito da Insolvência e a tendencial universalidade do Direito Privado", in: CATARINA SERRA (coord.), *IV Congresso de Direito da Insolvência*, Coimbra, Almedina, 2017, pp. 71 e s.

OLIVEIRA, NUNO MANUEL PINTO/SERRA, CATARINA,

– "Insolvência e contrato-promessa – os efeitos da insolvência sobre o contrato-promessa com eficácia obrigacional", in: *Revista da Ordem dos Advogados*, 2010, I/II, pp. 393 e s.

OLIVEIRA, RUI ESTRELA DE,

– "Uma brevíssima incursão pelos incidentes de qualificação da insolvência", in: *O Direito*, Ano 142.º, 2010 – V, pp. 931 e s., e *Julgar*, 2010, n.º 11, pp. 199 e s.

OLIVENÇA, JAIME,

– "A intervenção do Ministério Público no processo de insolvência: instauração da acção e reclamação de créditos", in: AA. VV., *Processo de insolvência e acções conexas*,

LIÇÕES DE DIREITO DA INSOLVÊNCIA

Lisboa, Centro de Estudos Judiciários, 2014, pp. 505 e s. (disponível em http://www.cej.mj.pt/cej/recursos/ebook_civil.php).

PALMA, MARIA FERNANDA,
– "Aspectos penais da insolvência e da falência", in: *Revista da Faculdade de Direito da Universidade de Lisboa*, 1995, n.º 2, pp. 401 e s.

PALMA, MARLENE,
– *Da tutela dos créditos laborais na insolvência*, Lisboa, Chiado Editora, 2016.

PERALTA, ANA MARIA,
– "Os 'novos créditos' no PER e no SIREVE: conceito e regime", in: CATARINA SERRA (coord.), *III Congresso de Direito da Insolvência*, Coimbra, Almedina, 2015, pp. 279 e s.

PEREIRA, FERNANDO SILVA,
– "Recuperação extrajudicial de empresas", in: LUÍS MIGUEL PESTANA DE VASCON-CELOS (coord.), *Falência, insolvência e recuperação de empresas – 1.º congresso de Direito Comercial das Faculdades de Direito da Universidade do Porto, de S. Paulo e de Macau*, Porto, Faculdade de Direito da Universidade do Porto, 2017, pp. 65 e s. (disponível em https://www.cije.up.pt/download-file/1547).

PEREIRA, FREDERICO GONÇALVES,
– "A declaração de insolvência e o penhor financeiro (em particular a possibilidade de resolução pelo administrador da insolvência)", in: CATARINA SERRA (coord.), *III Congresso de Direito da Insolvência*, Coimbra, Almedina, 2015, pp. 137 e s.

PEREIRA, JOÃO AVEIRO,
– "A revitalização económica dos devedores", in: *O Direito*, 2013, I/II, pp. 9 e s.
– "A revitalização económica dos devedores", in: AA.VV., *Processo de insolvência e acções conexas*, Lisboa, Centro de Estudos Judiciários, 2014, pp. 25 e s. (disponível em http://www.cej.mj.pt/cej/recursos/ebook_civil.php).

PEREIRA, MARIA DE LURDES,
– "Resposta à consulta pública relativa ao projeto de proposta de lei que aprova o Regime Extrajudicial de Recuperação de Empresa – Comentário aos artigos 6.º a 17.º do projeto: conteúdo, forma, depósito, efeitos e incumprimento do acordo de reestruturação", in: AA. VV., "Consulta Pública Programa Capitalizar – Resposta do Centro de Investigação em Direito Privado", in: *Revista de Direito das Sociedades*, 2017, n.º 1, pp. 177 e s.

PEREIRA, MARIA DE LURDES/CORREIA, FRANCISCO MENDES/DUARTE, DIOGO PEREIRA,
– "Resposta à consulta pública relativa ao projeto de proposta de lei que aprova o Regime Extrajudicial de Recuperação de Empresa – Considerações gerais sobre o projeto", in: AA. VV., "Consulta Pública Programa Capitalizar – Resposta do Cen-

BIBLIOGRAFIA

tro de Investigação em Direito Privado", in: *Revista de Direito das Sociedades*, 2017, n.º 1, pp. 167 e s.

PIDWELL, PEDRO,

– *O processo de insolvência e a recuperação da sociedade comercial de responsabilidade limitada*, Coimbra, Coimbra Editora, 2011.

– "A insolvência internacional e a arbitragem", in: *Boletim da Faculdade de Direito*, 2011, volume 87, pp. 765 e s.

– "Insolvência de pessoas singulares. O *"Fresh Start"* – será mesmo começar de novo? O fiduciário. Algumas notas", in: *Revista de Direito da Insolvência*, 2016, n.º 0, pp. 195 e s.

PINHEIRO, JORGE DUARTE,

– "Efeitos pessoais da declaração de insolvência", in: AA. VV., *Estudos em memória do Professor Doutor José Dias Marques*, Coimbra, Almedina, 2007, pp. 207 e s.

PINHEIRO, LUÍS DE LIMA,

– *Direito Internacional Privado* – volume II – *Direito de conflitos* – *Parte Especial*, Coimbra, Almedina, 2016.

– "O Regulamento comunitário sobre insolvência – uma introdução", in: *Revista da Ordem dos Advogados*, 2006, III, pp. 1101 e s.

PINTO, BRUNO OLIVEIRA,

– "A insolvência e a tutela do direito de retenção. Em especial os casos do promitente comprador e do (sub)empreiteiro – Uma perspectiva prática", in: *Jurismat – Revista Jurídica*, 2014, n.º 5, pp. 81 e s. (disponível em: http://recil.grupolusofona. pt/handle/10437/6400).

PINTO, PAULO MOTA,

– "Exoneração do passivo restante: fundamento e constitucionalidade", in: CATARINA SERRA (coord.), *III Congresso de Direito da Insolvência*, Coimbra, Almedina, 2015, pp. 175 e s.

PINTO, RUI,

– "Resposta à consulta pública relativa ao projeto de decreto-lei que altera o Código das Sociedades Comerciais e o Código da Insolvência e da Recuperação de Empresas – Considerações gerais sobre a reforma", in: AA. VV., "Consulta Pública Programa Capitalizar – Resposta do Centro de Investigação em Direito Privado", in: *Revista de Direito das Sociedades*, 2017, n.º 1, pp. 13 e s.

PINTO, RUI (coord.),

– *Direito da Insolvência – Estudos*, Coimbra, Coimbra Editora, 2011.

PIRES, MIGUEL LUCAS,

– *Dos privilégios creditórios: regime jurídico e sua influência no concurso de credores*, Coimbra, Almedina, 2004 (1.ª edição) – 2015 (2.ª edição).

LIÇÕES DE DIREITO DA INSOLVÊNCIA

Prata, Ana/Carvalho, Jorge Morais/Simões, Rui,
– *Código da Insolvência e da Recuperação de Empresas*, Coimbra, Almedina, 2013.

Proença, José Carlos Brandão,
– "Para a necessidade de uma melhor tutela dos promitentes-adquirentes de bens imóveis (*maxime*, com fim habitacional)", in: *Cadernos de Direito Privado*, 2008, n.º 22, pp. 3 e s.

Ramalho, Inês Palma/Sousa, João Serras de,
– "Resposta à consulta pública relativa ao projeto de decreto-lei que altera o Código das Sociedades Comerciais e o Código da Insolvência e da Recuperação de Empresas – Outras sugestões de alteração – O tratamento dos créditos tributários e a concretização das finalidades da reforma", in: AA. VV., "Consulta Pública Programa Capitalizar – Resposta do Centro de Investigação em Direito Privado", in: *Revista de Direito das Sociedades*, 2017, n.º 1, pp. 132 e s.

Ramalho, Maria do Rosário Palma,
– "Aspectos laborais da insolvência. Notas breves sobre as implicações laborais do regime do Código da Insolvência e da Recuperação das Empresas", in: AA. VV., *Estudos em memória do Professor Doutor José Dias Marques*, Coimbra, Almedina, 2007, pp. 687 e s.
– "Os trabalhadores no processo de insolvência", in: Catarina Serra (coord.), *III Congresso de Direito da Insolvência*, Coimbra, Almedina, 2015, pp. 383 e s.
– *Tratado do Direito do Trabalho – Parte II*, Coimbra, Almedina, 2016 (6.ª edição).

Ramalho, Tiago Azevedo,
– "A responsabilidade do administrador da insolvência", in: Luís Miguel Pestana de Vasconcelos (coord.), *Falência, insolvência e recuperação de empresas – 1.º congresso de Direito Comercial das Faculdades de Direito da Universidade do Porto, de S. Paulo e de Macau*, Porto, Faculdade de Direito da Universidade do Porto, 2017, pp. 199 e s. (disponível em https://www.cije.up.pt/download-file/1547).

Ramos, António Fonseca,
– "Os créditos tributários e a homologação do plano de recuperação", in: Catarina Serra (coord.), *III Congresso de Direito da Insolvência*, Coimbra, Almedina, 2015, pp. 361 e s.
– "Os créditos tributários e a homologação do plano de recuperação", in: *Revista de Direito da Insolvência*, 2016, ano 0, pp. 267 e s.

Ramos, Emanuel José de Oliveira,
– "Questões registais e contexto de insolvência", in: *Revista de Direito da Insolvência*, 2016, n.º 0, pp. 91 e s.

684

BIBLIOGRAFIA

RAMOS, MARIA ELISABETE GOMES,

- "A insolvência da sociedade e a responsabilização dos administradores no ordenamento jurídico português", in: *Prim@ Facie, Revista da Pós-Graduação em Ciências Jurídicas da Universidade Federal da Paraíba*, 2005, n.º 7, pp. 5 e s.
- "Insolvência da sociedade e efectivação da responsabilidade civil dos administradores", Separata do *Boletim da Faculdade de Direito*, 2007, vol. LXXXXIII, pp. 449 e s.
- "Código de la Insolvencia portugués y responsabilidad civil de los administradores", in: *Revista de Derecho de Sociedades*, 2008, n.º 30, pp. 279 e s.

RAPOSO, DIANA,

- "Património indiviso após divórcio – apreensão e liquidação em processo de insolvência (com menção à questão da graduação dos créditos hipotecários)", in: *Julgar*, 31, pp. 75 e s.

REBELO, AMÉLIA SOFIA,

- "A aprovação e a homologação do plano de recuperação", in: CATARINA SERRA (coord.), *I Colóquio do Direito da Insolvência de Santo Tirso*, Coimbra, Almedina, 2014, pp. 59 e s.

REI, MARIA RAQUEL,

- "Resposta à consulta pública relativa ao projeto de decreto-lei que altera o Código das Sociedades Comerciais e o Código da Insolvência e da Recuperação de Empresas – Alterações ao Código da Insolvência e da Recuperação de Empresas (artigo 3.º do projeto de decreto-lei) – Alterações a introduzir no artigo 52.º do CIRE", in: AA. VV., "Consulta Pública Programa Capitalizar – Resposta do Centro de Investigação em Direito Privado", in: *Revista de Direito das Sociedades*, 2017, n.º 1, pp. 50 e s.
- "Resposta à consulta pública relativa ao projeto de decreto-lei que altera o Código das Sociedades Comerciais e o Código da Insolvência e da Recuperação de Empresas – Alterações ao Código da Insolvência e da Recuperação de Empresas (artigo 3.º do projeto de decreto-lei) – Alteração a introduzir no artigo 136.º do CIRE", in: AA. VV., "Consulta Pública Programa Capitalizar – Resposta do Centro de Investigação em Direito Privado", in: *Revista de Direito das Sociedades*, 2017, n.º 1, p. 52.
- "Resposta à consulta pública relativa ao projeto de decreto-lei que altera o Código das Sociedades Comerciais e o Código da Insolvência e da Recuperação de Empresas – Alterações ao Código da Insolvência e da Recuperação de Empresas (artigo 3.º do projeto de decreto-lei) – Alteração a introduzir no artigo 154.º do CIRE", in: AA. VV., "Consulta Pública Programa Capitalizar – Resposta do Centro de Investigação em Direito Privado", in: *Revista de Direito das Sociedades*, 2017, n.º 1, p. 54.
- "Resposta à consulta pública relativa ao projeto de decreto-lei que altera o Código das Sociedades Comerciais e o Código da Insolvência e da Recuperação

de Empresas – Outras sugestões de alteração – Articulação entre os artigos 185.º, 82.º e 189.º/2, *e)*", in: AA. VV., "Consulta Pública Programa Capitalizar – Resposta do Centro de Investigação em Direito Privado", in: *Revista de Direito das Sociedades*, 2017, n.º 1, p. 131.

REIS, JOSÉ ALBERTO DOS,
– *Código Comercial actualizado e Código de Falências*, Coimbra, Coimbra Editora, 1936.
– *Código de Processo Civil anotado*, volumes I e III, Coimbra, Coimbra Editora, 1982 e 1981.
– *Código de Processo Civil explicado*, Coimbra, Coimbra Editora, 1939.
– *Comentário ao Código de Processo Civil*, volumes 1.º e 3.º, Coimbra, Coimbra Editora, 1960 e 1946.
– *Processo de execução*, volumes 1.º e 2.º, Coimbra, Coimbra Editora, 1985.
– *Processo ordinário e sumário*, volume 1.º, Coimbra, Coimbra Editora, 1928.
– *Processos especiais*, volumes I e II, Coimbra, Coimbra Editora, 1982.

REIS, JOSÉ ALBERTO DOS/MAGALHÃES, J. M. VILHENA BARBOSA DE,
– *Código de Processo Comercial*, Coimbra, Coimbra Editora, 1929.

RIBEIRO, ANA RAQUEL/DELICADO, GONÇALO,
– "Posição dos avalistas em Processo Especial de Revitalização", in: *Ab Instantia – Revista do Instituto do Conhecimento*, 2013, n.º 2, pp. 273 e s.

RIBEIRO, MARIA DE FÁTIMA,
– "A responsabilidade de gerentes e administradores pela actuação na proximidade da insolvência de sociedade comercial", in: *O Direito*, 2010, I, pp. 81 e s.
– "A responsabilidade dos administradores à crise da empresa societária e os interesses dos credores sociais", in: *I Congresso – Direito das Sociedades em Revista*, Coimbra, Almedina, 2011, pp. 391 e s.
– "Responsabilidade dos administradores pela insolvência: evolução dos direitos português e espanhol", in: *Direito das Sociedades em Revista*, 2015, vol. 14, pp. 68 e s.
– "Riscos dos negócios das sociedades com pessoas especialmente relacionadas com elas, no quadro da insolvência (da resolução em benefício da massa insolvente e da subordinação de créditos)", in: *IV Congresso – Direito das Sociedades em Revista*, Coimbra, Almedina, 2016, pp. 292 e s.
– "Um confronto entre a resolução em benefício da massa e a impugnação pauliana", in: CATARINA SERRA (coord.), *IV Congresso de Direito da Insolvência*, Coimbra, Almedina, 2017, pp. 131 e s.

RITO, ANTÓNIO SILVA,
– Privilégios creditórios na nova legislação sobre recuperação e falência da empresa", in: *Revista da Banca*, 1993, n.º 27, pp. 93 e s.

BIBLIOGRAFIA

Rocha, Joaquim Freitas da,
– "A blindagem dos créditos tributários, o processo de insolvência e a conveniência de um Direito tributário flexível", in: Catarina Serra (coord.), *I Colóquio do Direito da Insolvência de Santo Tirso*, Coimbra, Almedina, 2014, pp. 181 e s.

Rocha, Margarida,
– "Reflexões sobre questões práticas que vão surgindo nos processos de insolvência de pessoas singulares", in: AA. VV., *Processo de insolvência e acções conexas*, Lisboa, Centro de Estudos Judiciários, 2014, pp. 440 e s. (disponível em http://www.cej. mj.pt/cej/recursos/ebook_civil.php).

Rodrigues, Raquel Pinheiro,
– "Crise e reestruturação empresarial – as respostas do Direito das Sociedades Comerciais", in: *Revista de Direito das Sociedades*, 2011, n.º 1, pp. 221 e s.

Russo, Anabela/Silva, Fátima Reis,
– "O Processo Especial de Revitalização no espaço de conexão da jurisprudência dos tribunais comuns e dos tribunais tributários", in: *Revista de Direito da Insolvência*, 2017, n.º 1, pp. 146 e s.

Sabino, Rute,
– "O plano de pagamentos", in: AA. VV., *Processo de insolvência e acções conexas*, Lisboa, Centro de Estudos Judiciários, 2014, pp. 489 e s. (disponível em http://www.cej. mj.pt/cej/recursos/ebook_civil.php).

Salazar, Casanova,
– "Abordagem dos aspectos mais relevantes da marcha processual no novo Código da Insolvência e da Recuperação de Empresas" (antes disponível em http://www. asjp.pt).

Saldanha, Eduardo d'Almeida,
– *Das falências*, I, Porto, Imprensa Portuguesa, 1897.

Salgado, António Mota,
– *Falência e insolvência – Guia prático*, Lisboa, Editorial Notícias, 1982 (1.ª edição) – 1987 (2.ª edição).
– *Código dos Processos Especiais de Recuperação da Empresa e de Falência*, Lisboa, Æquitas, 1993,

Santo, Luís Filipe Espírito (coord.),
– *Contratos comerciais, direito bancário e insolvência* (C.I.R.E.), Lisboa, ColJuris, 2010.

Santos, Filipe Cassiano dos,
– *Direito Comercial português*, vol. I – *Dos actos de comércio às empresas: o regime dos contratos e mecanismos comerciais no Direito português*, Coimbra, Coimbra Editora, 2007.
– "Plano de insolvência e transmissão da empresa", in: Catarina Serra (coord.), *I Congresso de Direito da Insolvência*, Coimbra, Almedina, 2013, pp. 141 e s.

LIÇÕES DE DIREITO DA INSOLVÊNCIA

Santos, Filipe Cassiano dos/Fonseca, Hugo Duarte,
– "Pressupostos para a declaração de insolvência no Código da Insolvência e da Recuperação de Empresas", in: *Cadernos de Direito Privado*, 2010, n.º 29, pp. 13 e s.

Santos, Hugo Luz dos,
– "Os créditos tributários e a criação de normas imperativas, no contexto do Direito da Insolvência: "das Prinzip Verantwortung" ou a ética da (ir)responsabilidade – Estudo realizado a partir da análise da jurisprudência recente dos tribunais superiores", in: *Julgar*, 2014, 23, pp. 67 e s.

Santos, Mário João Coutinho dos,
– "Algumas notas sobre os aspectos económicos da insolvência da empresa", in: *Direito e Justiça*, 2005, volume XIX, tomo 2, pp. 181 e s.

Santos, Pedro Barramba,
– "A pessoa insolvencial no processo de insolvência – um contributo para o enquadramento dogmático do plano de insolvência", in: *Atas do VI Congresso Internacional de Ciências Jurídico-Empresariais – A insolvência e as Empresas*, Instituto Politécnico de Leiria, Escola Superior de Tecnologia e Gestão, 2015, pp. 141 e s. (disponível em http://cicje.ipleiria.pt/pt/atas/).

Santos Júnior, Eduardo,
– "O plano de insolvência: algumas notas", in: AA. VV., *Estudos em memória do Professor Doutor José Dias Marques*, Coimbra, Almedina, 2007, pp. 121 e s.

Serra, Catarina,
– "Efeitos da declaração de falência sobre o falido (após a alteração do DL n.º 315/98, de 20 de Outubro, ao Código dos Processos Especiais de Recuperação da Empresa e de Falência)", in: *Scientia Ivridica*, 1998, n.ºs 274/276, pp. 267 e s.
– "Alguns aspectos da revisão do regime da falência pelo DL n.º 315/98, de 20 de Outubro", in: *Scientia Ivridica*, 1999, n.ºs 277/279, pp. 183 e s.
– *Falências derivadas e âmbito subjectivo da falência*, Coimbra, Coimbra Editora, 1999.
– "A crise da empresa, os trabalhadores e a falência", in: *Revista de Direito e de Estudos Sociais*, 2001, n.ºs 3-4, pp. 419 e s.
– "A extinção de privilégios creditórios no processo de falência é extensível à hipoteca legal? – Anotação ao Ac. do STJ de 18.6.2002, Rec. 1141/02", in: *Cadernos de Direito Privado*, 2003, n.º 2, pp. 68 e s.
– "As novas tendências do Direito português da Insolvência – Comentário ao regime dos efeitos da insolvência sobre o devedor no Projecto de Código da Insolvência", in: António Cândido Oliveira (coord.), *Estudos em comemoração do décimo aniversário da licenciatura em Direito da Universidade do Minho*, Coimbra, Almedina, 2004, pp. 203 e s., e in: AA. VV., *Código da Insolvência e da Recuperação de Empre-*

BIBLIOGRAFIA

sas – Comunicações sobre o Anteprojecto de Código, Ministério da Justiça, Gabinete de Política Legislativa e Planeamento, Coimbra, Coimbra Editora, 2004, pp. 21 e s.

– *O novo regime português da insolvência – Uma introdução*, Coimbra, Almedina, 2004 (1.ª edição) – 2010 (4.ª edição).

– "O Código da Insolvência e da Recuperação de Empresas e o Direito Registal", in: AA. VV., *Nos 20 Anos do Código das Sociedades Comerciais – Homenagem aos Profs. Doutores A. Ferrer Correia, Orlando de Carvalho e Vasco Lobo Xavier*, volume II – *Vária*, Coimbra, Coimbra Editora, 2007, pp. 505 e s.

– "'Decoctor ergo fraudator'? – A insolvência culposa (esclarecimentos sobre um conceito a propósito de umas presunções) – Anotação ao Ac. do TRP de 7.1.2008, Proc. 4886/07", in: *Cadernos de Direito Privado*, 2008, n.º 21, pp. 54 e s.

– *A falência no quadro da tutela jurisdicional dos direitos de crédito – O problema da natureza do processo de liquidação aplicável à insolvência no Direito português*, Coimbra, Coimbra Editora, 2009.

– "¿El concurso sin concurso? El proceso de insolvencia con un único acreedor", in: *Anuario de Derecho Concursal*, 2009, n.º 17, pp. 329 e s.

– "Insolvência e registo predial (a propósito das alterações do DL n.º 116/2008, de 4/7)", in: *Scientia Ivridica*, 2009, n.º 317, pp. 81 e s.

– "Concurso sem concurso (a falência com um único credor)", in: AA. VV., *Estudos em homenagem ao Prof. Doutor Carlos Ferreira de Almeida*, volume III, Coimbra, Almedina, 2011, pp. 727 e s.

– "Nótula sobre o art. 217.º, n.º 4, do CIRE (o direito de o credor agir contra o avalista no contexto de plano de insolvência)", in: AA. VV., *Estudos dedicados ao Professor Doutor Luís Alberto Carvalho Fernandes* – volume I, Universidade Católica, 2011, pp. 377 e s.

– "Portugal under the spotlight: will there be a new Insolvency Act?", in: *EuroFenix – The Journal of INSOL Europe*, 2011, 44, pp. 22 e s.

– "The Portuguese Classification of Insolvency from a Comparative Perspective", in: REBECCA PARRY (Ed.), *The Reform of International Insolvency Rules at European and National Level – Papers from the INSOL Europe Academic Forum/Milan Law School Joint Insolvency Conference, University of Milan Law School, Milan, Italy, 31 March-1 April 2011*, 2011, pp. 3 e s.

– "A contratualização da insolvência: *hybrid procedures* e *pre-packs* (A insolvência entre a lei e a autonomia privada)", in: *II Congresso – Direito das Sociedades em Revista*, Coimbra, Almedina, 2012, pp. 265 e s.

– "A evidência como critério da verdade – estão as cooperativas sujeitas ao regime da insolvência? – Anotação ao Acórdão do Tribunal da Relação do Porto de 16 de Janeiro de 2006", in: *Jurisprudência Cooperativa Comentada – Obra Colectiva de*

LIÇÕES DE DIREITO DA INSOLVÊNCIA

Comentários a Acórdãos da Jurisprudência Portuguesa, Brasileira e Espanhola, Lisboa, Imprensa Nacional Casa da Moeda, 2012, pp. 405 e s.

– "A ineligibilidade do insolvente para os órgãos das autarquias locais: faz sentido mantê-la?", in: *Revista de Administração Local*, 2012, n.º 247, pp. 53 e s.

– "Amendments to the Portuguese Insolvency Act – Much ado about nothing?", in: *EuroFenix – The Journal of INSOL Europe*, 2012, 49, pp. 14 e s.

– "Créditos tributários e princípio da igualdade entre os credores – Dois problemas no contexto da insolvência de sociedades", in: *Direito das Sociedades em Revista*, 2012, n.º 8, pp. 75 e s.

– "Emendas à (lei da insolvência) portuguesa – Primeiras impressões", in: *Direito das Sociedades em Revista*, 2012, n.º 7, pp. 97 e s.

– "Enmiendas a la ley concursal portuguesa: mucho ruido y pocas nueces", in: *Anuario de Derecho Concursal*, 2012, 28, pp. 293 e s.

– *O regime português da insolvência*, Coimbra, Almedina, 2012 (5.ª edição).

– "O valor do registo provisório da aquisição na insolvência do promitente-alienante – Anotação ao Ac. do STJ de 12.5.2011, Proc. 5151/2006", in: *Cadernos de Direito Privado*, 2012, 38, pp. 52 e s.

– "Os efeitos patrimoniais da declaração de insolvência após a alteração da Lei n.º 16/2012 ao Código da Insolvência", in: *Julgar*, 2012, n.º 18, pp. 175 e s.

– "Portugal: New Portuguese Insolvency Act", in: *EuroFenix – The Journal of INSOL Europe*, 2012, 47, p. 40.

– "Processo especial de revitalização – contributos para uma 'rectificação'", in: *Revista da Ordem dos Advogados*, 2012, II/III pp. 715 e s.

– "Sobre a projectada reforma da lei da insolvência", in: AA. VV., *I Jornadas de Direito Processual Civil "Olhares Transmontanos"*, Valpaços, Câmara Municipal de Valpaços, 2012, pp. 193 e s.

– "A privação de administrar e dispor dos bens do devedor, a inabilitação e a administração da massa pelo devedor", in: AA. VV, *Insolvência e consequências da sua declaração*, Lisboa, Centro de Estudos Judiciários, Colecção Acções de Formação, 2013, pp. 128 e s. (disponível em http://www.cej.mj.pt/cej/recursos/ebook_civil.php).

– "In the Eye of the Crisis – A Portuguese Perspective", in: *INSOL World – The Quarterly Journal of INSOL International*, Second Quarter 2013, pp. 24 e s.

– "Insolvência transfronteiriça – Comentários à Proposta de alteração do Regulamento europeu relativo aos processos de insolvência, com especial consideração do Direito português", in: *Direito das Sociedades em Revista*, 2013, vol. 10, pp. 97 e s.

– "O fundamento público do processo de insolvência e a legitimidade do titular de crédito litigioso para requerer a insolvência do devedor", in: *Revista do Ministério Público*, 2013, 133, pp. 107 e s.

BIBLIOGRAFIA

– "Os efeitos patrimoniais da declaração de insolvência – Quem tem medo da administração da massa pelo devedor?", in: AA. VV., *Estudos em homenagem ao Prof. Doutor José Lebre de Freitas*, vol. II, Coimbra, Coimbra Editora, 2013, pp. 539 e s.

– "Para um novo entendimento dos créditos laborais na insolvência e na pré-insolvência da empresa – Um contributo feito de velhas e novas questões", in: *Vinte Anos de Questões Laborais*, 42 (número especial), Coimbra, Coimbra Editora, 2013, pp. 187 e s.

– "Revitalização – A designação e o misterioso objecto designado. O processo homónimo (PER) e as suas ligações com a insolvência (situação e processo) e com o SIREVE", in: Catarina Serra (coord.), *I Congresso de Direito da Insolvência*, Coimbra, Almedina, 2013, pp. 85 e s.

– "The Rescue of Large Corporations – How Suitable is the Portuguese Insolvency Act?", in: Rebecca Parry (Ed.), *Papers from the INSOL Europe Academic Forum/Nottingham Law School Joint International Insolvency Conference, Nottingham Trent University, Nottingham, United Kingdom, 28 & 29 June 2012*, 2013, pp. 97 e s.

– "'Abrindo' o Regulamento europeu sobre insolvência transfronteiriça – Algumas questões sobre o âmbito de aplicação do Regulamento na perspectiva do Direito português", in: AA. VV., *Para Jorge Leite – Escritos Jurídicos*, volume II, Coimbra, Coimbra Editora, 2014, pp. 729 e s.

– "Entre o princípio e os princípios da recuperação de empresas (um *work in progress*)", in: Catarina Serra (coord.), *II Congresso de Direito da Insolvência*, Coimbra, Almedina, 2014, pp. 71 e s.

– "Grupos de sociedades: crise e revitalização", in: Catarina Serra (coord.), *I Colóquio de Direito da Insolvência de Santo Tirso*, Coimbra, Almedina, 2014, pp. 35 e s.

– "Insolvency Courts vs. Tax Administration – Will rescue culture eventually triumph?", in: *EuroFenix – The Journal of INSOL Europe*, 2014, 57, p. 45.

– "La recuperación negociada de empresas bajo la ley portuguesa. Para una lectura sistemática de los acuerdos de recuperación o restructuración de empresas", in: Antonio García-Cruces (Director), *Las Soluciones Negociadas como Respuesta a la Insolvencia Empresarial – Reformas en el Derecho Comparado y Crisis Económica*, Cizur Menor (Navarra), Thomson-Reuters Aranzadi, 2014, pp. 297 e s.

– "Outra vez a insolvência e o contrato-promessa – A interpretação *criadora* do Acórdão de Uniformização de 22 de Maio de 2013 (e do Acórdão de 20 de Março de 2014)", in: AA. VV, *Estudos Comemorativos dos 20 anos da licenciatura em Direito da Escola de Direito da Universidade do Minho*, Coimbra, Coimbra Editora, 2014, pp. 127 e s.

- "Por que estão as associações sujeitas à insolvência (e por que não estariam)? – Anotação ao Acórdão do Tribunal da Relação de Guimarães de 22 de Janeiro de 2013", in: *Cooperativismo e Economía Social*, 2014, n.º 36, pp. 231 e s.
- "Revitalização no âmbito de grupos de sociedades", in: *III Congresso – Direito das Sociedades em Revista*, Coimbra, Almedina, 2014, pp. 467 e s.
- "Tópicos para uma discussão sobre o processo especial de revitalização (com ilustrações jurisprudenciais)", in: *Ab Instantia – Revista do Instituto do Conhecimento*, 2014, n.º 4, pp. 53 e s.
- "Direito da Insolvência e tutela efectiva do crédito – O imperativo regresso às origens (aos fins) do Direito da Insolvência", in: CATARINA SERRA (coord.), *III Congresso de Direito da Insolvência*, Coimbra, Almedina, 2015, pp. 11 e s.
- "Mais umas 'pinceladas' na legislação pré-insolvencial – Uma avaliação geral das alterações do DL n.º 26/2015, de 6 de Fevereiro, ao PER e ao SIREVE (e à luz do Direito da União Europeia)", in: *Direito das Sociedades em Revista*, 2015, 13, pp. 43 e s.
- "¿Qué hay de nuevo en la legislación pre-insolvencial portuguesa? – Una evaluación de la enmienda reciente (también a la luz de la legislación de la Unión Europea)", in: *Anuario de Derecho Concursal*, 2015, 36, pp. 271 e s.
- "The recent amendments to the Portuguese pre-insolvency framework in the light of the European Commission's Recommendation on a new approach to business failure and insolvency", in: *EuroFenix – The Journal of INSOL Europe*, 2015, 59, p. 43.
- O *Processo Especial de Revitalização na Jurisprudência – Questões Jurisprudenciais com Relevo Dogmático*, Coimbra, Almedina, 2016 (1.ª edição) – 2017 (2.ª edição).
- O *Processo Especial de Revitalização – Colectânea de Jurisprudência*, Coimbra, Almedina, 2016 – 2017 (reimpressão).
- "As funções do Direito da Insolvência no âmbito de *life time contracts (breve reflexão)*" in: NUNO MANUEL PINTO OLIVEIRA/BENEDITA McCRORIE (coord.), *Em torno de Life Time Contracts*, Braga, 2016, pp. 95 e s. (disponível em http://issuu.com/direitoprivado/docs/em_torno_de_life_time_contracts), e in: NUNO MANUEL PINTO OLIVEIRA/BENEDITA McCRORIE (coord.), *Pessoa, Direito e direitos*, Braga, Direitos Humanos – Centro de Investigação Interdisciplinar, Escola de Direito da Universidade do Minho, 2016, pp. 133 e s. (disponível em http://www.dh-cii.eu/0_content/Pessoa_Direito_Direitos_web.pdf).
- "The autonomy of insolvency law and pedagogical issues", in: REBECCA PARRY (Ed.), *Designing Insolvency Systems: Papers from the INSOL Europe Tenth Anniversary Academic Forum Conference, 8-9 October 2014, Hilton Hotel, Istanbul, Turkey*, 2016, pp. 135 e s.

BIBLIOGRAFIA

- "Cláusula de '*non-recourse*' e legitimidade do credor para requerer a insolvência", in: ANTÓNIO PINTO MONTEIRO (coord.), *Estudos Seleccionados do Instituto Jurídico Portucalense*, vol. II – *Temas do Direito dos Contratos*, Carcavelos, Rei dos Livros, 2016, pp. 272 e s.
- "Is insolvency law autonomous (and does it matter?)", in: *PoLaR – Portuguese Law Review*, 2016, vol. 0, pp. 1 e s. (disponível em http://www.portugueselawreview.pt/uploads/4/2/1/2/4212615/volume_1___september_2016__no_0.pdf).
- "A proposito di guardiani davanti alla legge – Il professionista certificatore (o la sua assenza) nella procedura di rivitalizzazione del Diritto portoghese", in: *Studi Senesi*, CXXVIII (III Serie, LXV), Fascicolo 1-2, Università degli Studi di Siena, Dipartimento di Giurisprudenza, 2016, pp. 199 e s.
- "O processo especial de revitalização – Balanço das alterações introduzidas em 2012 e 2015", in: *Actas da Conferência "Acção Executiva e Insolvência: as Reformas em Discussão"*, Centro de Investigação em Estudos Jurídicos do Instituto Politécnico de Leiria, 2016, pp. 51 e s. (disponível em https://iconline.ipleiria.pt/handle/10400.8/2222).
- "Investimentos de capital de risco na reestruturação de empresas", in: *IV Congresso – Direito das Sociedades em Revista*, Coimbra, Almedina, 2016, pp. 321 e s.
- "A evolução recente do Direito da Insolvência em Portugal – Enquadramento para uma discussão sobre o tema 'Insolvência e Contencioso tributário'", in: *Insolvência e Contencioso tributário*, Lisboa, Centro de Estudos Judiciários, Colecção Formação Contínua, 2017, pp. 9 e s.
- "Direito da Insolvência em movimento – A reestruturação de empresas entre as coordenadas da legislação nacional e as perpectivas do Direito europeu", in: *Revista de Direito Comercial*, 2017, pp. 94 e s. (disponível em https://static1.squarespace.com/static/58596f8a29687fe710cf45cd/t/590c976fe6f2e13e8407e4fl/1493997428517/2017-05.pdf).
- "O Processo Especial de Revitalização e os trabalhadores – um grupo especial de sujeitos ou apenas mais uns credores?", in: *Julgar*, 2017, 31, pp. 25 e s.
- "The impact of the Directive on shareholders, companies' directors, and workers" in: *EuroFenix – The Journal of INSOL Europe*, 2017, 68, pp. 28 e s.
- "Back to basics – The role of the core principles of Law in the clarification and harmonisation of preventive restructuring frameworks", in: JENNIFER L.L. GANT (Ed.), *Papers from the INSOL Europe Academic Forum Annual Conference, Cascais, Portugal, 21-23 September 2016*, pp. 187 e s.
- "A harmonização do Direito substantivo da Insolvência", in: CATARINA SERRA (coord.), *IV Congresso de Direito da Insolvência*, Coimbra, Almedina, 2017, pp. 15 e s.

LIÇÕES DE DIREITO DA INSOLVÊNCIA

– "Garantia bancária *on first demand* e responsabilidade do banco perante o beneficiário da garantia na hipótese de insolvência do sujeito garantido", in: AA. VV., *Estudos em homenagem ao Professor Doutor António Cândido de Oliveira*, Coimbra, Almedina, 2017, pp. 167 e s.

– "Arbitragem e insolvência – Os efeitos da declaração de insolvência sobre a arbitragem (Direitos português e internacional)", in: *Revista de Direito Comercial*, 2017, pp. 612 e s. (disponível em https://static1.squarespace.com/static/58596f8a29687fe710cf45cd/t/5a200e420d9297c2b9797eeb/1512050246658/2017-19.pdf).

– "Subempreitada, retenção em garantia e insolvência do subempreiteiro", in: AA. VV., *Estudos Comemorativos dos 20 anos da FDUP* – volume I, Coimbra, Almedina, 2017, pp 265 e s.

SERRA, CATARINA/MACHADO, JOSÉ GONÇALVES,

– "Para uma harmonização mínima do Direito da Insolvência – Primeira abordagem à Proposta de Diretiva de 22.11.2016, com especial atenção ao seu impacto no Direito das Sociedades Comerciais", in: *Direito das Sociedades em Revista*, 2017, vol. 17, pp. 135 e s.

SERRA, CATARINA (coord.)

– *I Congresso de Direito da Insolvência*, Coimbra, Almedina, 2013.

– *II Congresso de Direito da Insolvência*, Coimbra, Almedina, 2014.

– *I Colóquio de Direito da Insolvência de Santo Tirso*, Coimbra, Almedina, 2014.

– *III Congresso de Direito da Insolvência*, Coimbra, Almedina, 2015.

v. OLIVEIRA, NUNO MANUEL PINTO.

SOUSA, SUSANA AIRES DE,

– "Os crimes insolvenciais", in: *Revista de Direito da Insolvência*, 2016, n.º 0, pp. 45 e s.

SILVA, ANTÓNIO FERNANDES DA,

– "O 'projecto do Código dos Processos Especiais de Recuperação da Empresa e de Falência' face às actuais tendências do moderno direito de falência – seu enquadramento na evolução histórica do instituto falimentar em Portugal", in: AA. VV., *Os processos especiais de recuperação da empresa e de falência – Nova legislação*, Coimbra, Almedina, 1993, pp. 9 e s.

SILVA, FÁTIMA REIS,

– "Algumas questões processuais no Código da Insolvência e da Recuperação de Empresas – Uma primeira abordagem", in: *Miscelâneas*, n.º 2, Instituto de Direito das Empresas e do Trabalho, Coimbra, Almedina, 2004, pp. 51 e s.

– "Processo de insolvência: os órgãos de insolvência e o plano de insolvência", in: *Revista do Centro de Estudos Judiciários*, 2010, n.º 14, pp. 121 e s.

BIBLIOGRAFIA

- "Dificuldades da recuperação de empresa no Código da Insolvência e da Recuperação de Empresa", in: *Miscelâneas*, n.º 7, Instituto de Direito das Empresas e do Trabalho, Coimbra, Almedina, 2011, pp. 135 e s.
- "Efeitos processuais da declaração de insolvência", in: Catarina Serra (coord.), *I Congresso de Direito da Insolvência*, Coimbra, Almedina, 2013, pp. 255 e s.
- "A verificação de créditos no processo de revitalização", in: Catarina Serra (coord.), *II Congresso de Direito da Insolvência*, Coimbra, Almedina, 2014, pp. 255 e s.
- *Processo Especial de Revitalização – Notas Práticas e Jurisprudência Recente*, Porto, Porto Editora, 2014.
- "Questões processuais relativas ao processo especial de revitalização (arts. 17.º-A a 17.º-I do Código da Insolvência e da Recuperação de Empresas)", in: AA. VV., *Processo de insolvência e acções conexas*, Lisboa, Centro de Estudos Judiciários, 2014, pp. 68 e s. (disponível em http://www.cej.mj.pt/cej/recursos/ebook_civil.php).
- "Paralelismos e diferenças entre o PER e o processo de insolvência – o plano de recuperação", in: *Revista de Direito da Insolvência*, 2016, n.º 0, pp. 135 e s.
- "Efeitos processuais da declaração de insolvência, em especial na ação executiva: e alguns efeitos da pendência e vicissitudes do processo especial de revitalização", in: *Actas da Conferência "Acção Executiva e Insolvência: as Reformas em Discussão"*, Centro de Investigação em Estudos Jurídicos do Instituto Politécnico de Leiria, 2016, pp. 64 e s. (disponível em https://iconline.ipleiria.pt/handle/10400.8/2222).
- "Fase instrutória do processo declarativo de insolvência", in: *Julgar*, 2017, 31, pp. 63 e s.

v. Costeira, Maria José.

Silva, João Calvão da,
- "Dos efeitos da falência sobre garantias de dívidas de terceiro", in: AA. VV., *Ab uno ad omnes – 75 anos da Coimbra Editora*, Coimbra, Coimbra Editora, 1998, pp. 775 e s.
- "L'endettement des particuliers – Rapport portugais", in: AA. VV., *Travaux de l'Association Henri Capitant, Journées Argentines*, Tome XLVI, 1995, pp. 253 e s.

Silva, João Nuno Calvão da,
- "Regulação Profissional dos Administradores Judiciais", in: AA. VV., *Estudos em Homenagem a Mário Esteves de Oliveira*, Coimbra, Almedina, 2017, pp. 1029 e s.

Silva, Manuel Dias da,
- *Processos civis especiaes*, Coimbra, F. França Amado Editor, 1919.

Silva, Nuno Miguel Vieira da,
- *Insolvência e Recuperação de Empresas*, Nova Causa, 2014 (1.ª edição) – 2017 (2.ª edição).

LIÇÕES DE DIREITO DA INSOLVÊNCIA

Silva, Paula Costa e,
– "A liquidação da massa insolvente", in: *Revista da Ordem dos Advogados*, 2005, III, pp. 713 e s.
– "O abuso do direito de acção e o art. 22.º do CIRE", in: AA. VV., *Estudos dedicados ao Professor Doutor Luís Alberto Carvalho Fernandes* – volume III, Universidade Católica, 2011, pp. 157 e s.

Silva, Rui Dias da,
– *O processo especial de revitalização*, Lisboa, Edições Esgotadas, 2012.

Silva, Suzana Tavares da/Santos, Marta Costa,
– "Os créditos fiscais nos processos de insolvência: reflexões críticas e revisão da jurisprudência", 2013, disponível em https://estudogeral.sib.uc.pt/handle/10316/24784.

Simões, Rui,
– "A aquisição de empresas insolventes", in: Paulo Câmara (coord.), *Aquisição de Empresas*, Coimbra, Coimbra Editora, 2011, pp. 371 e s.

Soares, Rita Fabiana da Mota,
– "Sobre o pedido infundado de declaração de insolvência – Ac. do TRP de 22.04.2008, Proc. 7065/07", in: *Cadernos de Direito Privado*, 2010, n.º 32, pp. 71 e s.
– "As consequências da não aprovação do plano de recuperação", in: Catarina Serra (coord.), *I Colóquio de Direito da Insolvência de Santo Tirso*, Coimbra, Almedina, 2014, pp. 91 e s.

Sousa, António Frada de,
– "Exoneração do passivo restante e *forum shopping* na insolvência de pessoas singulares na União Europeia", in: AA. VV., *Estudos em Memória do Prof. Doutor J.L. Saldanha Sanches*, vol. II, Coimbra, 2011, pp. 57 e s.

Sousa, Miguel Teixeira de,
– "A verificação do passivo no processo de falência", in: *Revista da Faculdade de Direito da Universidade de Lisboa*, 1995, volume XXXVI, pp. 353 e s.
– "Resolução em benefício da massa insolvente por contrato celebrado com pessoa especialmente relacionada com o devedor – Anotação ao Ac. de Uniformização de Jurisprudência n.º 15/2014, de 13.11.2014, Proc. 1936/10", in: *Cadernos de Direito Privado*, 2015, n.º 50, pp. 46 e s.
– "Resposta à consulta pública relativa ao projeto de decreto-lei que altera o Código das Sociedades Comerciais e o Código da Insolvência e da Recuperação de Empresas – Alterações ao Código da Insolvência e da Recuperação de Empresas (artigo 3.º do projeto de decreto-lei) – Alterações a introduzir no artigo 7.º/4", in: AA. VV., "Consulta Pública Programa Capitalizar – Resposta do Centro de Investigação em Direito Privado", in: *Revista de Direito das Sociedades*, 2017, n.º 1, pp. 33 e s.

BIBLIOGRAFIA

– "Resposta à consulta pública relativa ao projeto de decreto-lei que altera o Código das Sociedades Comerciais e o Código da Insolvência e da Recuperação de Empresas – Alterações ao Código da Insolvência e da Recuperação de Empresas (artigo 3.º do projeto de decreto-lei) – Alterações a introduzir no artigo 38.º/9 a 11 do CIRE", in: AA. VV., "Consulta Pública Programa Capitalizar – Resposta do Centro de Investigação em Direito Privado", in: *Revista de Direito das Sociedades*, 2017, n.º 1, p. 49.

– "Resposta à consulta pública relativa ao projeto de decreto-lei que altera o Código das Sociedades Comerciais e o Código da Insolvência e da Recuperação de Empresas – Alterações ao Código da Insolvência e da Recuperação de Empresas (artigo 3.º do projeto de decreto-lei) – Alteração a introduzir no artigo 152.º do CIRE", in: AA. VV., "Consulta Pública Programa Capitalizar – Resposta do Centro de Investigação em Direito Privado", in: *Revista de Direito das Sociedades*, 2017, n.º 1, p. 53.

– "Resposta à consulta pública relativa ao projeto de decreto-lei que altera o Código das Sociedades Comerciais e o Código da Insolvência e da Recuperação de Empresas – Alterações ao Código da Insolvência e da Recuperação de Empresas (artigo 3.º do projeto de decreto-lei) – Alteração a introduzir no artigo 86.º/4 do CIRE", in: AA. VV., "Consulta Pública Programa Capitalizar – Resposta do Centro de Investigação em Direito Privado", in: *Revista de Direito das Sociedades*, 2017, n.º 1, p. 63.

– "Resposta à consulta pública relativa ao projeto de decreto-lei que altera o Código das Sociedades Comerciais e o Código da Insolvência e da Recuperação de Empresas – Alterações ao Código da Insolvência e da Recuperação de Empresas (artigo 3.º do projeto de decreto-lei) – Alteração a introduzir no artigo 217.º (com artigo 233.º) do CIRE", in: AA. VV., "Consulta Pública Programa Capitalizar – Resposta do Centro de Investigação em Direito Privado", in: *Revista de Direito das Sociedades*, 2017, n.º 1, p. 64.

– "Resposta à consulta pública relativa ao projeto de decreto-lei que altera o Código das Sociedades Comerciais e o Código da Insolvência e da Recuperação de Empresas – Alterações ao Código da Insolvência e da Recuperação de Empresas (artigo 3.º do projeto de decreto-lei) – Alteração a introduzir no artigo 291.º do CIRE", in: AA. VV., "Consulta Pública Programa Capitalizar – Resposta do Centro de Investigação em Direito Privado", in: *Revista de Direito das Sociedades*, 2017, n.º 1, p. 65.

– "Resposta à consulta pública relativa ao projeto de decreto-lei que altera o Código das Sociedades Comerciais e o Código da Insolvência e da Recuperação de Empresas – Alterações ao Código da Insolvência e da Recuperação de Empresas (artigo 3.º do projeto de decreto-lei) – Alteração a introduzir no artigo 294.º/2 e 3 do CIRE", in: AA. VV., "Consulta Pública Programa Capitalizar – Resposta do Centro

LIÇÕES DE DIREITO DA INSOLVÊNCIA

de Investigação em Direito Privado", in: *Revista de Direito das Sociedades*, 2017, n.º 1, p. 66.

– "Resposta à consulta pública relativa ao projeto de decreto-lei que altera o Código das Sociedades Comerciais e o Código da Insolvência e da Recuperação de Empresas – Alterações ao Código da Insolvência e da Recuperação de Empresas (artigo 3.º do projeto de decreto-lei) – Alteração a introduzir no artigo 296.º/2 e 3 do CIRE", in: AA. VV., "Consulta Pública Programa Capitalizar – Resposta do Centro de Investigação em Direito Privado", in: *Revista de Direito das Sociedades*, 2017, n.º 1, p. 67.

– "Resposta à consulta pública relativa ao projeto de decreto-lei que altera o Código das Sociedades Comerciais e o Código da Insolvência e da Recuperação de Empresas – Alterações ao Código da Insolvência e da Recuperação de Empresas (artigo 3.º do projeto de decreto-lei) – Artigo 5.º da proposta de Decreto-Lei", in: AA. VV., "Consulta Pública Programa Capitalizar – Resposta do Centro de Investigação em Direito Privado", in: *Revista de Direito das Sociedades*, 2017, n.º 1, p. 128.

TAÍNHAS, FERNANDO,

– "Pode uma pessoa singular que não seja empresário ou comerciante submeter-se a processo especial de revitalização? – Sobrevoando uma controvérsia jurisprudencial", in: *Julgar online*, Dezembro de 2015, pp. 1 e s.

TAVARES, GONÇALO GUERRA/PAÇÃO, JORGE,

– "Reflexos da Insolvência na Contratação Pública", in: AA. VV., *Estudos em Homenagem a Mário Esteves de Oliveira*, Coimbra, Almedina, 2017, pp. 873 e s.

TORRES, NUNO MARIA PINHEIRO,

– "O pressuposto objectivo do processo de insolvência", in: *Direito e Justiça*, 2005, volume XIX, tomo 2, pp. 165 e s.

VARELA, JOÃO DE MATOS ANTUNES,

– "A recuperação das empresas economicamente viáveis em situação financeira difícil", in: *Revista de Legislação e de Jurisprudência*, 1990, n.º 3794, pp. 137 e s., n.º 3795, pp. 171 e s., n.ºs 3796 e 3797, pp. 203 e s., n.º 3798, pp. 270 e s., n.º 3800, pp. 323 e s., n.º 3801, pp. 356.

VASCONCELOS, JOANA,

– "Insolvência do empregador e contrato de trabalho", in: AA. VV., *Estudos em homenagem ao Prof. Doutor Manuel Henrique Mesquita*, vol. II, Coimbra, Coimbra Editora, 2009, pp. 1091 e s.

VASCONCELOS, LUÍS MIGUEL PESTANA DE,

– "O novo regime insolvencial da compra e venda", in: *Revista da Faculdade de Direito da Universidade do Porto*, 2006, III, pp. 521 e s.

- *A cessão de créditos em garantia e a insolvência – em particular da posição do cessionário na insolvência do cedente*, Coimbra, Coimbra Editora, 2007.
- "Contrato-promessa e falência/insolvência – Anotação ao Ac. do TRC de 17.4.2007, Agravo 65/03", in: *Cadernos de Direito Privado*, 2008, n.º 24, pp. 43 e s.
- *Direito das garantias*, Coimbra, Almedina, 2010 (1.ª edição) – 2013 (2.ª edição).
- "Direito de retenção, contrato-promessa e insolvência", in: *Cadernos de Direito Privado*, 2011, 33, pp. 3 e s.
- "Insolvência e IVA: A regularização do IVA liquidado no caso de declaração de insolvência do devedor" in: *Revista de Finanças Públicas e Direito Fiscal*, 2011, n.º 3, 199 e s.
- "O depósito com finalidade de cumprimento, o depósito para administração, o depósito em garantia e os seus regimes insolvenciais", in: AA. VV., *Estudos em homenagem ao Professor Doutor Heinrich Ewald Hörster*, Coimbra, Almedina, 2012, pp. 725 e s.
- "Penhor de créditos pecuniários garantidos e insolvência", in: AA. VV., *Estudos em homenagem ao Prof. Doutor Jorge Miranda*, volume VI, Coimbra, Almedina, 2012, pp. 877 e s.
- "Direito de retenção, *par conditio creditorum*, justiça material", in: *Cadernos de Direito Privado*, 2013, n.º 41, pp. 5 e s.
- "Il risanamento preinsolvenziale del debitore nel diritto portoghese: la nuova procedura speciale di rivitalizzazione (PER)", in: *Diritto Fallimentare*, 2013, pp. 714 e s.
- "Modificaciones recientes en el Derecho Concursal portugués", in: *Revista de Derecho Concursal y Paraconcursal*, 2013, n.º 18, pp. 437 e s.
- "A venda de créditos bancários e a insolvência da instituição de crédito. O regime da venda de créditos futuros em especial", in: Luís Miguel Pestana de Vasconcelos (coord.), *I Congresso de Direito Bancário*, Coimbra, Almedina, 2015, pp. 199 e s.
- "O regime insolvencial do contrato-promessa de compra e venda", in: *Revista de Direito da Insolvência*, 2016, n.º 0, pp. 57 e s.
- "A evolução do regime dos créditos tributários na falência/insolvência e na recuperação de empresas", in: Luís Miguel Pestana de Vasconcelos (coord.), *Falência, insolvência e recuperação de empresas – 1.º congresso de Direito Comercial das Faculdades de Direito da Universidade do Porto, de S. Paulo e de Macau*, Porto, Faculdade de Direito da Universidade do Porto, 2017, pp. 130 e s. (disponível em https://www.cije.up.pt/download-file/1547).
- *Recuperação de Empresas: o Processo Especial de Revitalização*, Coimbra, Almedina, 2017.

LIÇÕES DE DIREITO DA INSOLVÊNCIA

– "O contrato de *factoring*: insolvência e penhora de créditos", in: Luís Miguel Pestana de Vasconcelos (coord.), *II Congresso de Direito Bancário*, Coimbra, Almedina, 2017, pp. 237 e s.

Vasconcelos, Luís Miguel Pestana de (coord.),

– *Falência, insolvência e recuperação de empresas – 1.° congresso de Direito Comercial das Faculdades de Direito da Universidade do Porto, de S. Paulo e de Macau*, Porto, Faculdade de Direito da Universidade do Porto, 2017 (disponível em https://www.cije.up.pt/download-file/1547).

v. Caeiro, Pedro.

Vasconcelos, Paulo,

– "A declaração de insolvência por atraso nas contas das sociedades comerciais", in: *Atas do VI Congresso Internacional de Ciências Jurídico-Empresariais – A insolvência e as Empresas*, Instituto Politécnico de Leiria, Escola Superior de Tecnologia e Gestão, 2015, pp. 8 e s. (disponível em http://cicje.ipleiria.pt/pt/atas/).

Vasconcelos, Pedro leitão Pais de,

– *A miragem das piastras – Napoleão, Ouvrard, Récamier e o Code de Commerce de 1807* (edição de autor), 2015.

Vasconcelos, Pedro Pais de,

– "Responsabilidade civil do administrador de insolvência", in: Catarina Serra (coord.), *II Congresso de Direito da Insolvência*, Coimbra, Almedina, 2014, pp. 189 e s.

– "Resolução a favor da massa – atos omissivos", in: Catarina Serra (coord.), *III Congresso de Direito da Insolvência*, Coimbra, Almedina, 2015, pp. 103 e s.

– "Segunda oportunidade para empresários? (o regresso do falido), in: Catarina Serra (coord.), *IV Congresso de Direito da Insolvência*, Coimbra, Almedina, 2017, pp. 363 e s.

Veiga, Vasco Soares da,

– "Falência e insolvência", in: AA. VV., *Direito das empresas*, INA, Maia, 1990, pp. 235 e s.

Vicente, Dário Moura,

– "Insolvência internacional: direito aplicável", in: AA. VV., *Estudos em memória do Professor Doutor José Dias Marques*, Coimbra, Almedina, 2007, pp. 81 e s.

Vieira, José Alberto,

– "Insolvência de não empresários e titulares de pequenas empresas", in: AA. VV., *Estudos em memória do Professor Doutor José Dias Marques*, Coimbra, Almedina, 2007, pp. 252 e s.

BIBLIOGRAFIA

Vieira, Manuel António,
- "A prestação de caução em garantia nos contratos de empreitada, em particular na insolvência do empreiteiro", in: Pedro Costa Azevedo (coord.), *Insolvência – Volume especial*, Nova Causa, 2012, XXXIX e s.

Vieira, Nuno da Costa Silva,
- "Breves notas sobre a tramitação do processo de insolvência", in: Pedro Costa Azevedo (coord.), *Insolvência – Volume especial*, Nova Causa, 2012, LVII e s.
- *Insolvência e processo de revitalização*, Coimbra, Almedina, 2012 (1.ª edição) – 2012 (2.ª edição).

Xavier, Bernardo da Gama Lobo,
- *Manual de Direito do Trabalho* (com a colaboração de P. Furtado Martins, A. Nunes de Carvalho, Joana Vasconcelos, Tatiana Guerra de Almeida), Lisboa, Verbo, 2014 (2.ª edição, revista e actualizada).

Xavier, Vasco Lobo,
- "Falência", in: *Polis – Enciclopédia Verbo da Sociedade e do Estado*, 2, Lisboa, Verbo, 1984, pp. 1363 e s.

DIREITO ESTRANGEIRO[1035]

DIREITO ALEMÃO

– Manuais

Bork, Reinhard,
- *Einführung in das Insolvenzrecht*, Tübingen, Mohr Siebeck, 2017 (6. Auflage).

Becker, Christoph,
- *Insolvenzrecht*, Köln, Berlin, München, Carl Heymanns, 2005.

Buth, Andrea K./Hermanns, Michael (Hrsg.),
- *Restrukturierung, Sanierung, Insolvenz – Handbuch*, München, C.H. Beck, 2014 (4. Auflage).

Häsemeyer, Ludwig,
- *Insolvenzrecht*, Köln, Berlin, Bonn, München, Carl Heymanns, 2003 (3. Auflage).

– Comentários à legislação

[1035] Por razões compreensíveis, são elencadas nesta lista apenas as obras estrangeiras (livros) sobre o Direito da insolvência a que pode aceder-se com certa facilidade em Portugal (através das bibliotecas das universidades portuguesas). Trata-se, não obstante, de alguns dos livros fundamentais e dos autores mais relevantes de cada um dos ordenamentos seleccionados.

LIÇÕES DE DIREITO DA INSOLVÊNCIA

HESS, HARALD (Hrsg.),
– *Insolvenzrecht – Grobkommentar in zwei Bänden*, Band I – *Kommentar §§ 1 – 128 InsO.* Band II – *Kommentar §§ 129 – 359 InsO. Anhang*, München, C.H. Beck, 2013 (2. Auflage).

KIRCHHOF, HANS PETER/STÜRNER, ROLF/EIDENMÜLLER, HÖRST (Hrsg.),
– *Münchener Kommentar zur Insolvenzordnung*, Band 1 – §§ 1 – 79. *Insolvenzrechtliche Vergütungsverordnung (InsVV)*. Band 2 – §§ 80 – 216. Band 3 – §§ 217 – 359 (mit Art. 103a – 110 EGInsO). Konzerninsolvenzrecht. Insolvenzsteuerrecht, München, C.H. Beck, 2013-2014 (3. Auflage).

SCHMIDT, KARSTEN (Hrsg.),
– *Insolvenzordnung – InsO mit EUInsVO*, München, C.H. Beck, 2016 (19. Auflage).

– *Monografias*

DITTMER, JANA,
– *Die Feststellung der Zahlungsunfähigkeit von Gesellschaften mit beschränkter Haftung*, Tübingen, Mohr Siebeck, 2013.

GRÜNEWALD, PHILIPP,
– *Mehrheitsherrschaft und insolvenzrechtliche Vorauswirkung in der Unternehmenssanierung*, Tübingen, Mohr Siebeck, 2015.

HOFFMANN, JAN FELIX,
– *Prioritätsgrundsatz und Gläubigergleichbehandlung*, Tübingen, Mohr Siebeck, 2016.

MADAUS, STEPHAN,
– *Der Insolvenzplan – Von seiner dogmatischen Deutung als Vertrag und seiner Fortenwicklung in eine Bestätigungsinsolvenz*, Tübingen, Mohr Siebeck, 2011.

MAROTZKE, WOLFGANG,
– *Gegenseitige Verträge im neuen Insolvenzrecht*, Neuwied, Kriftel, Berlin, Luchterhand, 2001 (3. Auflage).

THOLE, CHRISTOPH,
– *Gläubigerschutz durch Insolvenzrecht – Anfechtung und verwandte Regelungsinstrumente in der Unternehmensinsolvenz*, Tübingen, Mohr Siebeck, 2010.

DIREITO AUSTRÍACO

– *Manuais*

DELLINGER, MARKUS/OBERHAMMER, PAUL,
– *Insolvenzrecht – Eine Einführung*, Manz, Wien, 2004 (2 Auflage).

WILHELM, GEORG/MOHR, FRANZ (Hrsg.),

– *Insolvenzrecht 2002 – Insolvenzrechts-Novelle 2002. Europäisches Insolvenzverordnung*, Wien, Manz, 2002.

– **Monografias**

HOLZHAMMER, RICHARD/ROTH, MARIANNE,
– *Exekutionsrecht und Konkursrecht – Grundstudium*, Freistadt, Plöch Verlag, 2003 (2. Auflage).

NUNNER-KRAUTGASSER, BETTINA,
– *Schuld, Vermögenshaftung und Insolvenz*, Wien, Manz, 2007.

DIREITO BRASILEIRO

– **Comentários à legislação**

COELHO, FÁBIO ULHOA,
– *Comentários à Lei de Falências e de Recuperação de Empresas*, S. Paulo, Editora Saraiva, 2011 (8.ª edição).

DIREITO ESPANHOL

– **Manuais**

CAMPUZANO, ANA BELÉN/SANJUÁN Y MUÑOZ, ENRIQUE (Directores),
– *El Derecho de la Insolvencia – El concurso de acreedores*, Valencia, Tirant Lo Blanch, 2016 (2.ª ed.).

– **Comentários à legislação**

PULGAR-EZQUERRA, JUANA (Directora)/GUTIÉRREZ GILSANZ, ANDRÉS/ARIES VARONA, FRANCISCO JAVIER/MEGÍAS LOPEZ, JAVIER (Coordinadores),
– *Comentario a la Ley Concursal*, Madrid, La Ley, 2016.

ROJO, ANGEL FERNÁNDEZ RÍO/BELTRÁN SANCHEZ, EMILIO (Directores),
– *Comentario a la Ley Concursal*, tomos I e II, Madrid, Thomson Civitas, 2008 (2.ª ed.).

– **Monografias**

GARCÍA-CRUCES, JOSÉ ANTONIO,
– *La calificación del concurso*, Navarra, Aranzadi, 2004.

GARCÍA-CRUCES, JOSÉ ANTONIO (Director),
– *La liquidación concursal*, Cizur Menor (Navarra), Civitas, 2011.
– *Insolvencia y responsabilidad*, Cizur Menor (Navarra), Civitas, 2012.

GARCÍA-CRUCES, JOSÉ ANTONIO/LÓPEZ SÁNCHEZ, JAVIER,

LIÇÕES DE DIREITO DA INSOLVÊNCIA

– *La reforma de la Ley Concursal – Una primera lectura del Real Decreto-ley 3/2009*, Navarra, Aranzadi, 2009.

García-Cruces, José Antonio/Bonet Navarro, Ignacio/Quintana Carlo, Ignacio (Directores),

– *Las claves de la ley concursal*, Navarra, Aranzadi, 2005.

Pulgar-Ezquerra, Juana,

– *Preconcursualidad y acuerdos de refinanciación. Adaptado a la Ley 38/2011, de 10 de octubre, de reforma de la Ley Concursal*, Madrid, La Ley, 2012.

Machado Plazas, José,

– *El concurso de acreedores culpable – calificación y responsabilidad concursal*, Navarra, Thomson-Civitas, 2006.

DIREITO FRANCÊS

– *Manuais*

Guyon, Yves,

– *Droit des Affaires*, Tome 2 – *Entreprises en difficultés. Redressement judiciaire. Faillite*, Paris, Economica, 2003 (9e Edition).

Jacquemont, André,

– *Droit des Entreprises en difficulté*, Paris, Lexis Nexis Litec, 2007 (5e Edition).

Petel, Philippe,

– *Procédures Collectives*, Paris, Dalloz, 2014 (8e Edtion).

– *Comentários à legislação*

Saint-Alary-Houin, Corinne (sous la direction de),

– *Code des Entreprises en difficultés*, Paris, Lexis Nexis, 2016 (6e Edition).

– *Monografias*

Rizzi, Aldo,

– *La protéction des créanciers à travers l'évolution des procédures collectives*, Paris, Librarie Général de Droit et de Jurisprudence, 2007.

DIREITO INGLÊS

– *Manuais*

Bailey, Edward/Groves, Hugo,

– *Corporate Insolvency – Law and Practice*, London, Burtherworths, 2009.

Dennis, Vernon,

BIBLIOGRAFIA

– *Insolvency Law Handbook*, London, The Law Society, 2007 (Second Edition).

FINCH, VANESSA,
– *Corporate insolvency law – Perspectives and principles*, Cambridge, Cambridge University Press, 2009 (Second Edition).

FLETCHER, IAN F.,
– *The Law of Insolvency*, London, Sweet & Maxwell, 2009 (Fourth Edition).

GOODE, ROY,
– *Principles of Corporate Insolvency Law*, London, Thomson, 2011 (Fourth Edition).

KEAY ANDREW/WALTON, PETER,
– *Insolvency Law – Corporate and Personal*, Bristol, Jordans, 2008 (Second Edition).

MOKAL, RIZWAAN JAMEEL,
– *Corporate Insolvency Law – Theory and Application*, Oxford, Oxford University Press, 2005.

PARRY, REBECCA,
– *Corporate Rescue*, London, Sweet & Maxwell, 2008.

DIREITO ITALIANO

– *Manuais*

BERTACCHINI, ELISABETA/GUALANDI, LAURA/PACCHI, GAETANO/PACCHI, STEFANIA/SCARSELLI GIULIANO,
– *Manuale di Diritto Fallimentare*, Milano, Giuffrè, 2011 (Seconda Edizione).

GUGLIELMUCCI, LINO,
– *Diritto Fallimentare* (a cura di FABIO PADOVINI), Torino, Giappichelli, 2015 (Settima Edizione).

PAJARDI, PIERO,
– *Manuale di Diritto Fallimentare* (a cura di MANUELA BOCCHIOLA/ALIDA PALUCHOWSKI), Milano, Giuffrè, 2008 (Settima Edizione).

– *Comentários à legislação*

FERRO, MASSIMO (a cura di),
– *Legge Fallimentare – Commentario teorico-pratico*, Padova, CEDAM, 2014 (Terza Edizione).

MAFFEI ALBERTI, ALBERTO,
– *Commentario breve alla Legge Fallimentare*, Padova, CEDAM, 2013 (Sesta Edizione).

PAJARDI, PIERO,
– *Codice del Fallimento* (a cura di MANUELA BOCCHIOLA/ALIDA PALUCHOWSKI), Milano, Giuffrè, 2013 (VII Edizione).

LIÇÕES DE DIREITO DA INSOLVÊNCIA

SANTANGELI, FABIO (a cura di),
– *La nuova legge fallimentare dopo da L. N. 132/2015 – Commento sistematico al d.l. n. 83/2015 convertito in legge 6 agosto 2015, n. 132*, Milano, Giuffrè, 2016.

– **Monografias**
PELLEGRINO, GIUSEPPE,
– *Lo stato di insolvenza*, Padova, CEDAM, 1980.

DIREITO NORTE-AMERICANO

– **Monografias**
BAIRD, DOUGLAS G.
– *Elements of Bankruptcy*, St. Paul, Minnesota, Foundation Press, 2014 (Sixth Edition).
JACKSON, THOMAS H.,
– *The Logic and Limits of Bankruptcy Law*, Washington, Beard Books, 2001.
SKEEL JR., DAVID A.,
– *Debt's Dominion – A History of Bankruptcy Law in America*, Princeton, New Jersey, Princeton University Press, 2001.
TABB, CHARLES JORDAN,
– *Law of Bankruptcy*, St. Paul, Minnesota, Hornbook, 2014 (Third Edition).

DIREITO COMPARADO

BACHNER, THOMAS,
– *Creditor Protection in Private Companies – Anglo-American Perspectives for a European Legal Discourse*, Cambridge, Cambrigde University Press, 2009.
GARCÍA-CRUCES, JOSÉ ANTONIO/SARCINA, ANTONIO (a cura di),
– *Il trattamento giuridico della crisi d'impresa – Profili do diritto concorsuale italiano e spagnolo a confronto*, Bari, Cacucci Editore, 2008.
GUERRA, LUIZ,
– *Direito concursal comparado Brasil – Peru. Sistema concursal brasileiro (Lei n.º 11.101)*, Brasília/Brasil-Lima/Peru, Guerra Editora, 2011.
MCCORMACK, GERARD,
– *Corporate Rescue Law – An Anglo-American Perspective*, Cheltenham, UK – Northhampton, MA, USA, Edward Elgar, 2008.

706

DIREITO DA UNIÃO EUROPEIA

BORK, REINHARD/ZWIETEN, KRISTIN VAN,
- *Commentary on the European Insolvency Regulation*, Oxford, Oxford University Press, 2016.

MOSS, GABRIEL/FLETCHER, IAN F./ISAACS, STUART,
- *The EU Regulation on insolvency procedings*, Oxford, Oxford University Press, 2016 (third edition).

ÍNDICE ANALÍTICO[1036]

Acções
- arbitrais: 208 e s., 501, 632
- cautelares: 127 e s., 388 e s., 516, 520 e s.
- de impugnação pauliana: 148, 198, 245, 246, 252 e s., 469 e s., 523 e s.
- de separação e restituição de bens: 288 e s.
- de verificação ulterior de créditos: 288 e s., 323
- declarativas: 198 e s., 388 e s., 504 e s., 520 e s.
- executivas: 215 e s., 388 e s., 503, 504 e s., 520 e s., 571, 619
- para cobrança de dívidas: 198 e s., 385 e s., 393 e s., 458 e s.
- v. apensação
- tributárias: 197
- v. extinção
- v. suspensão

Acordo de reestruturação
- efeitos do depósito: 520 e s.
- medidas: 488, 515
- noção: 486, 494
- sujeitos afectados: 490, 515, 519
- v. aprovação e não aprovação
- v. homologação e não homologação
- v. RERE

[1036] Elaborar um índice deste tipo não é tarefa fácil, principalmente quando a obra tem extensão e variedade temáticas, tornando inviável o uso de critérios formais. Com a consciência da sua imperfeição, apresenta-se, não obstante, este índice analítico. Se algum mérito ele tiver, é o de destacar e associar algumas referências que, por se encontrarem dispersas, poderiam não receber a atenção devida.

Actos de especial relevo
356 e s., 378, 478, 502, 512, 587

Administração da massa pelo devedor
– efeitos: 262 e s.
– regime: 258 e s.
– remuneração do devedor: 264 e s.
– requisitos: 259 e s.

Administrador da insolvência
– destituição: 93 e s.
– dever de apreensão dos bens: 256 e s.
– dever de dar parecer sobre a qualificação da insolvência: 303 e s.
– dever de elaborar o plano de insolvência: 318
– dever de elaborar o relatório sobre a situação do devedor: 258, 289
– dever de liquidação dos bens: 290 e s.
– dever de pagamento aos credores: 292 e s.
– funções: 79 e s., 83 e s.
– nomeação: 80 e s.
– poder de arbitrar o subsídio de alimentos: 152 e s., 193
– poder de fiscalização da execução do plano de recuperação: 322
– poder de propor ou fazer seguir certas acções: 180 e s.
– poder de ratificar certos actos: 148
– poder de recusar o cumprimento dos negócios em curso: 227 e s.
– poder de requerer a abertura do incidente de qualificação de insolvência: 302 e s.
– poder de requerer a apensação de certas acções: 197 e s., 201 e s.
– poder de resolução dos actos em benefício da massa: 249 e s.
– poderes de verificação dos créditos: 268 e s., 273 e s.
– poderes na hipótese de administração pelo devedor: 263 e s.
– remuneração: 85 e s.
– responsabilidade civil: 87 e s.
– responsabilidade disciplinar: 92 e s.
– responsabilidade tributária: 88 e s., 91 e s., 322
– seguro de responsabilidade civil: 88
– v. sociedades de administradores de insolvência

Administrador judicial provisório (PEAP)
587 e s.

Administrador judicial provisório (PER)
– cessação de funções: 479 e s.

ÍNDICE ANALÍTICO

– designação: 354
– dever de dar parecer sobre a situação do devedor: 357 e s., 428 e s.
– dever de orientar e fiscalizar as negociações: 356, 413, 416
– funções: 355 e s.
– nomeação: 354 e s., 481
– poder de autorizar a prática de certos actos: 356 e s., 358, 378
– poderes de verificação dos créditos: 404 e s.
– remuneração: 359 e s.

Administrador judicial provisório (processo de insolvência)
81, 127 e s., 137, 144, 204

Administrador judicial provisório (RJCCC)
533

Administradores de sociedades
– dever de apresentação à insolvência e dever de convocar a assembleia geral: 60 e s.
– dever de apresentação à insolvência: 65, 107 e s.
– efeitos da declaração de insolvência: 140 e s., 144, 149 e s., 153, 157 e s., 176 e s., 299 e s.
– na Proposta de Directiva: 550
– participação na assembleia de credores: 98
– qualificação como pessoas especialmente relacionadas com o devedor: 74
– responsabilidade civil: 180 e s.
– responsabilidade tributária: 91 e s., 322, 457, 524, 576 e s.

Agrupamento complementar de empresas
52, 113, 244

Agrupamento europeu de interesse económico
52, 113

Alimentos (direito a)
145, 152 e s., 193, 257, 574 e s.

Apensação
– de processos ao processo de insolvência: 197 e s., 201 e s., 214, 257, 370 e s.
– de processos de cônjuges: 596 e s., 601 e s.
– de processos de sociedades em relação de grupo: 201 e s., 370 e s.
– do PER ao processo de insolvência: 433

LIÇÕES DE DIREITO DA INSOLVÊNCIA

Apreensão dos bens
256 e s., 266

Apresentação à insolvência
– dever de apresentação: 60 e s., 107 e s., 180 e s., 301 e s., 565 e s.
– efeitos: 123 e s., 134
– fundamento na insolvência iminente: 64
– legitimidade processual: 107 e s.
– pedido infundado: 121 e s.
– requisitos: 120 e s.
– tramitação subsequente: 123 e s.

Aprovação e não aprovação
– do acordo de pagamento: 587 e s.
– do plano de recuperação no PER: 422 e s., 428 e s.
– do plano de recuperação no processo de insolvência: 318 e s.

Assembleia de credores
– cessação de funções: 100 e s.
– composição e funcionamento: 98 e s.
– funções: 98 e s.
– para apreciação do relatório: 49, 289
– para discutir e votar a proposta de plano de insolvência: 319
– poder de deliberar a administração da massa pelo devedor: 261 e s.
– poder de nomear o administrador da insolvência: 82 e s., 86

Associações
50 e s., 113, 161, 495, 594 e s.

Autoridade Tributária
– circulares: 88 e s.
– no RERE: 493, 502, 510, 519, 522

Benefícios fiscais
488, 522

Caducidade
– da proposta de conversão de créditos em capital: 533
– do contrato de trabalho: 190, 278, 281
– do direito ao recebimento da diferença entre o preço e o valor pago dos serviços essenciais: 399, 508

ÍNDICE ANALÍTICO

– dos direitos de crédito: 270
– v. suspensão

Capital social
– entradas de capital diferidas: 183
– v. conversão de créditos em capital
– v. descapitalização
– v. sociedades

Cessão de bens aos credores
65, 114, 116, 257, 317

CIP
626 e s.

Classificação dos créditos
65 e s., 273 e s., 334

Coligação
– de processos de cônjuges: 596 e s., 601 e s.
– de processos de sociedades em relação de grupo: 201 e s., 370 e s.

Comerciantes
17, 20 e s., 52, 54, 108 e s., 132, 172, 300, 307, 496, 563, 629

Comissão de credores
– cessação de funções: 97
– funcionamento: 96 e s.
– funções: 95, 96
– nomeação e composição: 95 e s.
– remuneração: 97
– responsabilidade civil: 97

Comissão de trabalhadores
95, 98, 131, 190 e s., 274, 319

Comissões especiais
50 e s., 113, 495, 594 e s.

Comité de credores
501, 502, 510, 512

LIÇÕES DE DIREITO DA INSOLVÊNCIA

Compensação de créditos
220 e s., 230, 571, 632 e s.

Concurso de credores
42 e s., 139

Condevedores
– v. garantes

Cônjuges
54, 74 e s., 197, 201 e s., 594 e s.

Contabilista certificado
339, 375 e s., 383, 499, 530

Contrato de compra e venda
232 e s.

Contrato-promessa
234 e s.

Convenções arbitrais
208 e s.
– v. acções

Conversão de créditos em capital
317, 530 e s.

Conversão de suprimentos
527 e s.

Cooperativas
50 e s., 161, 594 e s.

Créditos
– comuns: 76, 294
– condicionais: 77, 100, 294 e s., 427, 497
– garantidos: 69, 293
– impugnados: 100, 319 e s., 341, 401, 409, 412, 424, 425, 454
– incobráveis: 135, 296, 321, 453, 522
– laborais: 153 e s., 192 e s., 273 e s., 401 e s., 436 e s., 464 e s., 509, 516, 521, 551 e s.
– litigiosos: 114 e s., 199, 390 e s., 397, 455, 458 e s.

714

- novos créditos: 455, 460, 473 e s., 508 e s., 523 e s., 590 e s.
- privilegiados: 69, 293 e s.
- reclamáveis: 412, 454 e s.
- reconhecidos: 273, 287, 319, 323, 412, 454 e s.
- ressalvados da exoneração: 574 e s.
- subordinados: 70 e s., 99, 294, 334, 428, 522
- tributários: 197, 285 e s., 441 e s., 575 e s.
- v. classificação dos créditos
- v. conversão de créditos em capital
- v. graduação dos créditos
- v. impugnação dos créditos
- v. reclamação dos créditos
- v. verificação dos créditos

Credor(es)
- líder: 492, 501, 503, 510, 512
- v. assembleia de credores
- v. cessão de bens aos credores
- v. comissão de credores
- v. comité de credores
- v. concurso de credores
- v. pagamento aos credores

Crimes insolvenciais
110

Custas
67, 135 e s., 213, 289, 292, 295 e s., 480 e s., 569, 591

Declaração de insolvência
- efeitos: 137 e s.
- função: 130 e s.
- impugnação: 134 e s.
- natureza: 128
- pedido: 103 e s.

Descapitalização
60 e s., 536

Dívidas
- da insolvência: 65 e s., 155, 215, 285, 293 e s., 323, 564, 571, 575 e s.

LIÇÕES DE DIREITO DA INSOLVÊNCIA

– da massa insolvente: 65 e s., 293, 322, 575 e s.
– v. créditos

EIRL
50 e s., 584, 594

Empresa
50 e s., 307 e s.

Encerramento
– do PEAP: 591
– do PER: 479 e s.
– do processo de insolvência: 295 e s.
– por insuficiência da massa insolvente: 135 e s., 145, 164, 296

Excepção de não cumprimento do contrato
156, 226, 506 e s.

Exoneração do passivo restante
– âmbito de aplicação: 564 e s.
– cessação antecipada: 572 e s.
– despacho final: 571 e s.
– despacho inicial: 568 e s.
– efeitos: 155, 571, 574 e s.
– início do período de cessão: 296
– pedido: 564 e s., 572 e s.
– recusa: 572 e s.
– revogação: 572 e s.

Extinção
– das obrigações do insolvente: 155, 571, 574 e s.
– das acções: 198 e s., 216, 386 e s., 458 e s., 504 e s., 520 e s., 533 e s.
– das garantias: 111 e s., 218 e s.

Fiduciário
– funções: 568 e s.
– remuneração: 569

Forum shopping
614 e s.

ÍNDICE ANALÍTICO

Fundo de Garantia Salarial
131, 154 e s., 282, 465

Garantes
446 e s., 504 e s., 518

Gerentes de sociedades
– v. administradores de sociedades

Graduação dos créditos
292

Grupos de sociedades
– apresentação conjunta a PER: 370 e s.
– coligação e apensação de processos: 201 e s., 370 e s.
– no Regulamento sobre insolvência transfronteiriça: 641 e s.
– nomeação de administrador único: 82, 127 e s., 355, 374

Homologação e não homologação
– do acordo de pagamento: 588 e s.
– do plano de recuperação no PER: 433 e s., 474 e s.
– do plano de recuperação no processo de insolvência: 320 e s.

IMT
488, 522

IRC
135, 296, 321, 453, 488, 522

IRS
488, 522

IVA
135, 286, 296, 321, 445, 453, 522

Impugnação dos créditos
287 e s., 406 e s.

Impugnação pauliana
252 e s., 469 e s., 523 e s.

LIÇÕES DE DIREITO DA INSOLVÊNCIA

Incumprimento
– do acordo de pagamento: 591
– do acordo de reestruturação: 524 e s.
– do plano de recuperação do processo de insolvência: 323 e s.
– do plano de recuperação no PER: 482 e s.

Insolvência
– culposa: 150, 156 e s., 300 e s.
– fortuita: 300 e 303 e s.
– iminente: 63 e s., 310
– noção: 55 e s., 308 e s.
– transfronteiriça (noção): 610 e s.
– v. declaração de insolvência
– v. processo de insolvência

Juiz
– v. tribunal

Juros
70 e s., 217 e s., 294

Liquidação da massa
290 e s.

Mediador da recuperação de empresas
360, 501, 503, 510 e s.

Medidas cautelares
127 e s., 144

Ministério Público
48, 104, 119 e s., 131, 303 e s., 485

Pagamento aos credores
292 e s.

Patrimónios autónomos
52 e s., 594 e s.

PEAP
– âmbito de aplicação: 583 e s.

ÍNDICE ANALÍTICO

– efeitos: 587 e s.
– encerramento: 591
– noção: 581 e s.
– pressupostos: 584 e s.
– tramitação: 587 e s.

PER
– âmbito de aplicação: 363 e s.
– características processuais: 333 e s.
– credores participantes: 411 e s.
– efeitos: 385 e s.
– encerramento: 479 e s.
– negociações: 411 e s.
– requisitos: 375 e s.
– qualificação: 339 e s.

Pessoas especialmente relacionadas com o devedor
71 e s., 183 e s., 247 e s.

Plano de insolvência
– v. plano de recuperação (processo de insolvência)

Plano de pagamentos aos credores
– âmbito de aplicação: 318, 578
– procedimento: 578 e s.

Plano de recuperação (PER)
– sujeitos afectados: 341, 454 e s.
– v. aprovação e não aprovação
– v. homologação e não homologação

Plano de recuperação (processo de insolvência)
– âmbito de aplicação: 318
– sujeitos afectados: 321
– v. aprovação e não aprovação
– v. homologação e não homologação

Pré-insolvência
308 e s.

Prescrição
– do direito ao recebimento do preço dos serviços essenciais: 399, 508

LIÇÕES DE DIREITO DA INSOLVÊNCIA

– dos créditos laborais: 437, 456
– dos créditos tributários: 576
– v. suspensão

Prestações acessórias
184

Prestações suplementares
184 e s.

Presunções
– de conhecimento da insolvência: 110
– de culpa grave ou dolo na insolvência: 150, 300 e s.
– de culpa na insuficiência do património social para o cumprimento de obrigações
  tributárias: 92, 322
– de especial relacionamento com o insolvente: 73 e s.
– de insolvência culposa: 150, 300 e s.
– de má fé de terceiro: 247, 469
– de prejudicialidade à massa: 246 e s., 461, 469

Princípio
– da boa fé: 123, 327, 329, 416, 417, 473, 498
– da igualdade dos credores: 66, 90, 137 e s., 196, 215, 220, 227, 234, 253, 281, 284,
  286, 347, 438 e s., 440 e s., 463, 474 e s., 518, 566, 570, 614
– da indisponibilidade dos créditos: 437, 442, 445
– da irredutibilidade da retribuição: 436, 437, 438
– da irrenunciabilidade dos créditos: 437
– da legalidade: 442, 443, 445
– da proporcionalidade: 125, 133, 171
– da recuperabilidade: 340 e s.
– da territorialidade ou pluralidade: 610, 632
– da tutela jurisdicional efectiva: 125, 200 e s., 214, 309, 338 e s., 341, 345 e s., 393,
  396 e s., 458
– da unidade ou da indivisibilidade do património: 53, 139, 194
– da universalidade ou da unidade (vs. territorialidade): 610 e s., 635
– da universalidade: 340 e s., 404 e s., 407, 484
– do inquisitório: 48, 79, 124, 304 e s., 408
– do primado da recuperação: 27 e s., 31, 48 e s., 340 e s., 414 e s., 425, 474, 479

Princípios Orientadores da Recuperação Extrajudicial de Devedores
327 e s., 417, 473, 498

Processo de insolvência
– âmbito de aplicação: 49 e s.
– factos-índice: 120 e s.
– finalidades: 48 e s.
– iniciativa processual: 65, 106 e s.
– pressupostos: 54 e s.
– qualificação: 40 e s.
– tramitação: 103 e s., 253 e s.
– v. declaração de insolvência

Processo especial de depósito
502, 519

Processo especial de registo
519

Protocolo de reestruturação
– conteúdo: 499 e s.
– sujeitos afectados: 490, 499
– efeitos do depósito: 502 e s.
– v. RERE

Qualificação da insolvência
– noção: 299 e s.
– tramitação: 302 e s.
– v. efeitos
– v. presunções

Rateios
69 e s., 77, 89, 199 e s., 216, 293 e s., 295 e s.

Reclamação dos créditos
– no PEAP: 587
– no PER: 400 e s.
– no processo de insolvência: 267 e s.

Recurso
– da decisão confirmatória da deliberação da assembleia de credores: 100
– da decisão sobre a impugnação de créditos no PER: 408 e s.
– da sentença de declaração de insolvência: 134 e s.
– da sentença de indeferimento do pedido de declaração de insolvência: 137

LIÇÕES DE DIREITO DA INSOLVÊNCIA

– da sentença de qualificação da insolvência: 303
– da sentença não homologatória do acordo de pagamento: 581, 590
– da sentença não homologatória do plano de recuperação: 476
– do despacho de nomeação do administrador judicial provisório: 385

RERE
– âmbito de aplicação: 494 e s.
– caracterização: 489 e s.
– noção: 486 e s.
– regime da negociação do acordo de reestruturação: 498 e s.
– regime do acordo de reestruturação: 514 e s.

Resolução
242 e s., 324, 483 e s., 503 e s., 506 e s., 525 e s.

Resolução em benefício da massa
245 e s., 461, 463, 469, 523, 590 e s.

Responsabilidade civil
– da comissão de credores: 97
– do administrador da insolvência: 87 e s.
– dos administradores de sociedades: 180 e s.

Responsabilidade tributária
88 e s., 91 e s., 322, 457, 524, 576 e s.

Responsáveis legais
65, 104, 106, 111, 112 e s., 120, 323, 475, 485, 514

Restituição e separação de bens
288

ROC
– na conversão de créditos em capital: 532 e s.
– na conversão de suprimentos: 530
– na qualificação da insolvência: 141, 157 e s.
– no PER: 339, 375 e s., 383
– no RERE: 488, 499, 517, 522, 523

Segurança Social
– no processo de insolvência: 131
– no RERE: 493, 502, 510

Serviços (públicos) essenciais
397 e s., 473 e s., 488, 498, 500, 506 e s., 514, 582, 587, 591

Situação económica difícil
– noção: 310 e s.

Sociedades
– CIP: 627 e s.
– medidas do acordo de reestruturação: 515, 520
– medidas do plano de recuperação: 317 e s.
– regime da Proposta de Directiva: 550 e s.
– situação patrimonial líquida negativa: 58 e s.
– sujeição ao processo de insolvência: 49 e s.
– v. administradores de sociedades
– v. conversão de créditos em capital
– v. conversão de suprimentos
– v. descapitalização
– v. grupos de sociedades
– v. sócios

Sociedades de administradores de insolvência
84

Sócios
– efeitos da declaração de insolvência: 183 e s.
– na Proposta de Directiva: 550
– no PER: 466 e s., 475
– no RERE: 497, 506, 510
– v. conversão de créditos em capital
– v. conversão de suprimentos
– v. sociedades

Suprimentos
65, 71, 114, 116, 184 e s., 248, 466 e s.
– v. conversão de suprimentos

Suspensão
– das acções em curso: 215 e s., 385 e s., 504 e s.
– dos prazos de caducidade e de prescrição: 395 e s., 397 e s., 582, 587

Trabalhadores
– na Proposta de Directiva: 548, 551 e s.

LIÇÕES DE DIREITO DA INSOLVÊNCIA

– no PER: 393 e s., 401 e s., 436 e s., 464 e s.
– no processo de insolvência: 85, 95 e s., 98, 153 e s., 185 e s., 273 e s.
– no RERE: 493, 497, 502 e s., 509, 510, 516, 518 e s., 521
– v. comissão de trabalhadores

Tribunal
– competente: 77 e s., 353, 373 e s., 626 e s.
– funções: 78 e s., 353

Verificação dos créditos
291 e s., 409 e s.

ÍNDICE

APRESENTAÇÃO	9
PRINCIPAIS ABREVIATURAS	11

INTRODUÇÃO AO DIREITO DA INSOLVÊNCIA	15
1. O Direito da Insolvência como disciplina autónoma	15
2. O regime da insolvência. Génese e evolução geral	20
3. O regime da insolvência (cont.). Evolução em Portugal	26

PARTE I – O PROCESSO DE INSOLVÊNCIA

TÍTULO I – INTRODUÇÃO AO PROCESSO DE INSOLVÊNCIA	37

CAPÍTULO ÚNICO – O PROCESSO DE INSOLVÊNCIA NO CÓDIGO DA INSOLVÊNCIA E DA RECUPERAÇÃO DE EMPRESAS	37
4. Qualificação do processo	40
4.1. O processo de insolvência como execução universal?	41
4.2. O processo de insolvência como execução colectiva e concursual? A insolvência com um único credor	42
4.3. O processo de insolvência como processo especial	47
5. Finalidades. A recuperação como fim prioritário do processo de insolvência?	48
6. Âmbito de aplicação	49
6.1. Os patrimónios autónomos em particular	52
7. Pressupostos. A insolvência como pressuposto (objectivo) único	54
7.1. A insolvência como impossibilidade de cumprir	55
7.2. A insolvência como situação patrimonial líquida manifestamente negativa	58
7.2.1. Situação patrimonial líquida manifestamente negativa e descapitalização da sociedade (ou perda de metade do capital social)	60
7.3. A insolvência iminente	63

725

LIÇÕES DE DIREITO DA INSOLVÊNCIA

8.	Iniciativa processual	65
9.	Classificação dos créditos e dos credores	65
9.1.	Créditos sobre a massa (ou dívidas da massa) e créditos sobre a insolvência (ou dívidas da insolvência)	65
9.2.	Classes de créditos sobre a insolvência	69
	9.2.1. Créditos garantidos e créditos privilegiados	69
	9.2.2. Créditos subordinados	70
	9.2.2.1. O conceito de pessoa especialmente relacionada com o devedor	71
	9.2.3. Créditos comuns	76
9.3.	Créditos condicionais	77
10.	Órgãos processuais	77
10.1.	O tribunal	77
	10.1.1. Competência	77
	10.1.2. O papel do juiz	78
10.2.	O administrador da insolvência	79
	10.2.1. Generalidades	79
	10.2.2. Nomeação	80
	10.2.3. Funções	83
	10.2.4. Formas de exercício das funções	84
	10.2.5. Remuneração	85
	10.2.6. Responsabilidade civil	87
	10.2.7. Seguro de responsabilidade civil	88
	10.2.8. Responsabilidade tributária	88
	10.2.9. Fiscalização e responsabilidade disciplinar	92
	10.2.10. Destituição e outras causas de cessação das funções	93
10.3.	A comissão de credores	95
	10.3.1. Generalidades	95
	10.3.2. Nomeação e composição	95
	10.3.3. Funções	96
	10.3.4. Funcionamento	96
	10.3.5. Gratuitidade das funções e reembolso de despesas	97
	10.3.6. Responsabilidade civil	97
	10.3.7. Cessação de funções	97
10.4.	A assembleia de credores	97
	10.4.1. Generalidades	97
	10.4.2. Competências	98
	10.4.3. Composição	98
	10.4.4. Funcionamento	99
	10.4.5. Impugnação das deliberações	100
	10.4.6. Suspensão dos trabalhos	100
	10.4.7. Cessação de funções	100

ÍNDICE

TÍTULO II – TRAMITAÇÃO DO PROCESSO DE INSOLVÊNCIA — 103

CAPÍTULO I – O PEDIDO DE DECLARAÇÃO DE INSOLVÊNCIA
E A SUA APRECIAÇÃO — 103

11. O pedido de declaração de insolvência como exercício do poder de acção declarativa — 103
12. Sujeitos legitimados — 106
12.1. O devedor — 107
12.2. Outros sujeitos legitimados — 111
    12.2.1. Os responsáveis legais pelas dívidas do devedor — 112
    12.2.2. Os credores — 113
    12.2.2.1. Os titulares de créditos litigiosos — 114
    12.2.3. O Ministério Público — 119
13. Requisitos e prazo para a apresentação do pedido — 120
14. A hipótese de pedido infundado — 121
15. Apreciação liminar — 123
16. Medidas cautelares — 127

CAPÍTULO II – A SENTENÇA DE DECLARAÇÃO DE INSOLVÊNCIA — 128
SECÇÃO I – SOBRE A SENTENÇA DE DECLARAÇÃO DE INSOLVÊNCIA
E A SUA IMPUGNAÇÃO — 128

17. Conceito e natureza — 128
18. Função — 130
19. Conteúdo, notificação e publicidade — 131
20. Impugnação — 134
21. A hipótese de insuficiência da massa insolvente — 135
22. A hipótese de indeferimento do pedido de declaração de insolvência — 136

SECÇÃO II – OS EFEITOS DA DECLARAÇÃO DE INSOLVÊNCIA — 137

23. O princípio *par conditio creditorum* ou da igualdade entre os credores — 137
24. Os efeitos da declaração de insolvência segundo o Código da Insolvência e da Recuperação de Empresa — 139
25. Os efeitos sobre o devedor e os efeitos sobre pessoas distintas do devedor em particular — 140

SUBSECÇÃO I – EFEITOS SOBRE O DEVEDOR — 141

26. Noções introdutórias — 142
27. Efeitos (tendencialmente) necessários — 144
27.1. Privação dos poderes sobre os bens da massa insolvente — 144
27.2. Deveres de conduta processual — 149
28. Efeitos eventuais — 152
28.1. Direito a alimentos à custa dos rendimentos da massa insolvente — 152
28.2. Exoneração do passivo restante (remissão) — 155
28.3. Efeitos da insolvência culposa — 156
    28.3.1. Inibição para a administração de patrimónios de terceiros — 159

LIÇÕES DE DIREITO DA INSOLVÊNCIA

28.3.2. Inibição para o exercício do comércio e para a ocupação
de certos cargos 161

28.3.3. Perda de certos créditos e obrigação de restituir certos bens
ou direitos 164

28.3.4. Obrigação de indemnização dos credores 165

28.3.5. Outros efeitos da insolvência culposa 168

29. Efeitos previstos em legislação extravagante, em particular a (alegada)
inelegibilidade do insolvente para os órgãos das autarquias locais 169

SUBSECÇÃO II – EFEITOS SOBRE OS ADMINISTRADORES 176

30. Noções introdutórias 178

31. Dever de manutenção em funções e perda do direito à remuneração ... 178

32. Obrigação de indemnização pelos prejuízos causados à generalidade
dos credores da insolvência pela diminuição do património integrante
da massa insolvente 180

SUBSECÇÃO III – EFEITOS SOBRE OS SÓCIOS 183

33. Noções introdutórias 183

34. Exigibilidade imediata das entradas de capital diferidas e das
prestações acessórias em dívida 183

35. Sujeição de determinados sócios ao regime dos credores subordinados
e a outras limitações quanto ao reembolso 183

36. Insusceptibilidade de restituição das prestações suplementares 184

SUBSECÇÃO IV – EFEITOS SOBRE OS TRABALHADORES 185

37. Noções introdutórias 186

38. Os trabalhadores como titulares de postos de trabalho 188

39. Os trabalhadores como titulares de direitos de crédito 192

SUBSECÇÃO V – EFEITOS PROCESSUAIS 195

40. Noções introdutórias 196

41. Apreensão dos elementos da contabilidade e dos bens do devedor 197

42. Apensação de certas acções 197

42.1. Acções abrangidas pela norma do art. 85.º, n.º 1. A questão do destino
das acções declarativas não abrangidas 198

42.2. O regime da apensação do art. 86.º. A questão da coligação na hipótese
de grupos de sociedades 201

43. Impossibilidade de instauração de certas acções 208

43.1. As acções arbitrais em particular 208

43.2. As acções executivas em particular 215

44. Suspensão de certas acções 215

SUBSECÇÃO VI – EFEITOS SOBRE OS CRÉDITOS 217

45. Noções introdutórias 217

46. Vencimento imediato de dívidas 217

47. Cálculo especial dos juros de obrigações não vencidas 218

ÍNDICE

48. Extinção de privilégios creditórios e garantias reais do Estado e outras entidades	218
49. Constituição de um privilégio mobiliário geral a favor do credor requerente	220
50. Direito de compensação condicionado	220
SUBSECÇÃO VII – EFEITOS SOBRE OS NEGÓCIOS EM CURSO	221
51. Noções introdutórias. A (indiscutível) complexidade da disciplina	224
52. Regras gerais	225
53. Regras sobre alguns negócios em curso em particular	231
53.1. Prestações indivisíveis	231
53.2. Contrato de compra e venda	232
53.3. Contrato-promessa	234
54. O carácter imperativo da disciplina	242
SUBSECÇÃO VIII – EFEITOS SOBRE OS ACTOS PREJUDICIAIS À MASSA	244
55. Noções introdutórias	245
56. Resolução em benefício da massa insolvente	245
57. Impugnação pauliana	252
CAPÍTULO III – A TRAMITAÇÃO PROCESSUAL SUBSEQUENTE À DECLARAÇÃO DE INSOLVÊNCIA	253
58. Apreensão dos bens	256
59. Administração da massa pelo devedor	258
59.1. Noções introdutórias	258
59.2. Requisitos	259
59.3. Administração concedida pelo juiz e administração concedida pela assembleia de credores	261
59.4. Poderes do devedor (e papel do administrador da insolvência nesse contexto)	262
59.5. Remuneração do devedor	264
59.6. Cessação da administração pelo devedor	265
60. Reclamação de créditos	267
60.1. A reclamação como ónus do credor	267
60.2. A reclamação de créditos como exercício do poder de acção executiva	269
61. Listas de créditos	273
61.1. Dificuldades na classificação de certos créditos	273
61.1.1. Créditos laborais	273
61.1.2. Créditos tributários	285
62. Impugnação da lista de créditos e diligências sucessivas	287
63. Restituição e separação de bens	288
64. Verificação ulterior de créditos e de outros direitos	288
65. Assembleia de credores para apreciação do relatório	289

LIÇÕES DE DIREITO DA INSOLVÊNCIA

66. Liquidação da massa insolvente. A possibilidade de dispensa de liquidação ... 290
67. Sentença de verificação e graduação de créditos ... 291
67.1. Natureza e função da sentença de verificação de créditos ... 291
67.2. Modalidades da sentença de verificação de créditos ... 292
67.3. A graduação em particular ... 292
68. Pagamento aos credores ... 292
69. Encerramento do processo ... 295
CAPÍTULO IV – O INCIDENTE DE QUALIFICAÇÃO DA INSOLVÊNCIA ... 298
70. Noções introdutórias ... 299
71. Tramitação do incidente ... 302

PARTE II – OS INSTRUMENTOS DE RECUPERAÇÃO DE EMPRESAS

TÍTULO I – NOÇÕES GERAIS ... 307
CAPÍTULO I – RECUPERAÇÃO DE EMPRESAS ... 307
72. A indissociável ligação entre recuperação e empresa ... 307
CAPÍTULO II – INSOLVÊNCIA E PRÉ-INSOLVÊNCIA ... 308
73. Insolvência ... 308
74. Pré-insolvência ... 309
74.1. Insolvência iminente ... 310
74.2. Situação económica difícil ... 310

TÍTULO II – OS INSTRUMENTOS DE RECUPERAÇÃO DE EMPRESAS INSOLVENTES ... 313
CAPÍTULO ÚNICO – O PLANO DE INSOLVÊNCIA/DE RECUPERAÇÃO ... 313
75. Noção e finalidades ... 315
76. Modalidades do plano ... 316
77. Providências do plano ... 316
78. Âmbito de aplicação ... 318
79. Procedimento para a aprovação do plano ... 318
80. Homologação do plano ... 320
81. Efeitos da homologação do plano e encerramento do processo ... 321
82. Cumprimento e incumprimento do plano ... 323

TÍTULO III – OS INSTRUMENTOS DE RECUPERAÇÃO DE EMPRESAS PRÉ-INSOLVENTES ... 325
CAPÍTULO I – CONSIDERAÇÕES GERAIS ... 325
83. Os novos instrumentos pré-insolvenciais e o seu contexto ... 326

730

ÍNDICE

CAPÍTULO II – OS PRINCÍPIOS ORIENTADORES DA RECUPERAÇÃO
EXTRAJUDICIAL DE DEVEDORES ... 327
84. Origens, conteúdo e função ... 327
85. A aplicabilidade dos Princípios Orientadores ao Processo Especial
de Revitalização e ao Regime Extrajudicial de Recuperação
de Empresas ... 328
CAPÍTULO III – O PROCESSO ESPECIAL DE REVITALIZAÇÃO ... 330
SECÇÃO I – INTRODUÇÃO AO PROCESSO ESPECIAL DE REVITALIZAÇÃO ... 330
86. Origens e função ... 332
87. Características processuais ... 333
87.1. Voluntariedade ... 333
87.2. Informalidade ... 334
87.3. Consensualidade ... 334
87.4. Estabilidade ... 335
87.5. Transparência ... 335
87.6. Contraditório ... 336
87.7. Celeridade ... 336
88. Qualificação do processo ... 339
88.1. O Processo Especial de Revitalização como processo pré-insolvencial ... 339
88.2. O Processo Especial de Revitalização como processo de recuperação
de empresas ... 340
88.3. O Processo Especial de Revitalização como processo híbrido ... 342
88.3.1. A subordinação ao princípio da tutela jurisdicional efectiva
e a conformação às exigências do "processo adequado" ... 345
88.4. O Processo Especial de Revitalização como processo especial ... 348
89. Direito aplicável ... 349
90. Órgãos processuais ... 353
90.1. Tribunal ... 353
90.2. Administrador judicial provisório ... 353
90.2.1. Designação ... 354
90.2.2. Nomeação ... 354
90.2.3. Funções ... 355
90.2.4. Remuneração ... 359
90.3. Outros intervenientes ... 359
SECÇÃO II – ÂMBITO DE APLICAÇÃO, TRAMITAÇÃO E EFEITOS
DO PROCESSO ESPECIAL DE REVITALIZAÇÃO ... 360
91. Âmbito de aplicação ... 363
92. Apresentação da empresa ... 370
92.1. Casos especiais de apresentação ... 370
92.1.1. A apresentação conjunta na hipótese de grupos de sociedades.
O regime da apensação de processos ... 370

731

LIÇÕES DE DIREITO DA INSOLVÊNCIA

93.	Requisitos da apresentação	375
94.	Despacho de nomeação do administrador judicial provisório (despacho de abertura)	378
94.1.	Casos de recusa do despacho de abertura	379
94.2.	Recorribilidade do despacho	385
94.3.	Efeitos processuais do despacho de abertura. A impossibilidade de propositura e a suspensão das acções para cobrança de dívidas	385
	94.3.1. Efeitos sobre as acções para realização de direitos laborais em particular	393
94.4.	Efeitos substantivos do despacho de abertura. A suspensão dos prazos de prescrição e de caducidade e a impossibilidade de suspensão de certos "serviços públicos essenciais"	397
95.	Reclamação de créditos	400
95.1.	A reclamação de créditos laborais em particular	401
96.	Lista provisória de créditos	404
97.	Impugnação da lista provisória	406
98.	Lista definitiva de créditos	409
99.	Negociações	411
99.1.	A desistência das negociações. Confronto com a desistência do pedido ou da instância	417
100.	Votação e aprovação do plano de recuperação	422
101.	Falta de aprovação do plano de recuperação e parecer do administrador judicial provisório	428
102.	Homologação do plano de recuperação	433
102.1.	A homologação do plano e os créditos laborais	436
102.2.	A homologação do plano e os créditos tributários	441
102.3.	A homologação do plano e as garantias prestadas por terceiro	446
103.	Efeitos da homologação do plano	453
103.1.	Efeito processual da homologação. A extinção das acções pendentes	458
104.	O regime dos "novos créditos"	460
104.1.	Caracterização geral	460
104.2.	Credores abrangidos	462
	104.2.1. Os trabalhadores em particular	464
	104.2.2. Os sócios em particular	466
104.3.	Créditos e garantias abrangidos	468
104.4.	Adequação do regime dos "novos créditos"	469
	104.4.1. Incentivos ao financiamento e garantias	469
	104.4.2. Incentivos ao financiamento e credores preexistentes	472
104.5.	O regime especial dos "novos créditos" por fornecimento de serviços públicos essenciais	473

105.	Recusa de homologação do plano de recuperação. Recurso da sentença não homologatória	474
105.1.	Efeitos da recusa de homologação	477
106.	Encerramento do processo. Cessação das funções do administrador judicial provisório	479
107.	Responsabilidade pelas custas do processo de homologação	480
108.	Homologação de acordos obtidos extrajudicialmente	481
109.	Incumprimento do plano de recuperação	482

CAPÍTULO IV – O REGIME EXTRAJUDICIAL DE RECUPERAÇÃO DE EMPRESAS ... 485

110.	Noções introdutórias. O Regime Extrajudicial de Recuperação de Empresas como ónus	486
111.	Caracterização	489
111.1.	Regime pré-insolvencial	490
111.2.	Finalidade de recuperação/reestruturação de empresas	491
111.3.	Carácter extrajudicial	491
111.4.	Carácter voluntário	491
111.5.	Transparência	492
111.6.	Carácter confidencial	492
112.	Âmbito de aplicação	494
113.	Regras comuns à negociação do acordo de restruturação e ao acordo de reestruturação	497
114.	O regime especial da negociação do acordo de reestruturação	498
114.1.	Requisitos da sujeição ao regime	499
114.2.	Depósito do protocolo da negociação e seus efeitos	502
114.3.	Negociações	510
114.4.	Encerramento das negociações	513
114.5.	Recurso sucessivo ao regime	514
115.	O regime especial do acordo de reestruturação	514
115.1.	Requisitos do acordo de reestruturação	516
115.2.	Depósito do acordo de reestruturação e seus efeitos	519
115.3.	Incumprimento do acordo de reestruturação	524

CAPÍTULO V – MEDIDAS COMPLEMENTARES DE RECUPERAÇÃO DE EMPRESAS. A CONVERSÃO DE CRÉDITOS EM CAPITAL SOCIAL ... 527

116.	O regime simplificado de aumento do capital social por conversão de suprimentos	527
117.	O regime jurídico de conversão de (outros) créditos em capital	530

CAPÍTULO VI – PERSPECTIVAS DE EVOLUÇÃO ... 537

118.	A tendência para a harmonização e a Recomendação da Comissão de 12 de Março de 2014	538
118.1.	Objectivos e conteúdo da Recomendação	539

LIÇÕES DE DIREITO DA INSOLVÊNCIA

118.2. Significado geral da Recomendação — 540
119. A Proposta de Directiva do Parlamento Europeu e do Conselho de 22 de Novembro de 2016 — 545

PARTE III – O REGIME ESPECIAL DAS PESSOAS SINGULARES

CAPÍTULO I – A EXONERAÇÃO DO PASSIVO RESTANTE — 556
SECÇÃO I – INTRODUÇÃO À EXONERAÇÃO DO PASSIVO RESTANTE — 557
120. Origens e fundamentos da exoneração — 557
121. Vantagens e riscos da exoneração — 559
122. Regime da exoneração — 563
SECÇÃO II – ÂMBITO DE APLICAÇÃO, PROCEDIMENTO E EFEITOS
DA EXONERAÇÃO — 564
123. Âmbito de aplicação — 564
124. Pedido de exoneração — 564
124.1. As causas de indeferimento do pedido — 564
125. Despacho inicial de exoneração e abertura do período de cessão — 568
125.1. Os efeitos do despacho inicial de exoneração — 570
126. Despacho final de exoneração — 571
126.1. As causas de não concessão da exoneração. Articulação entre os regimes do indeferimento do pedido, da recusa, da cessação antecipada e da revogação da exoneração — 572
127. Os créditos ressalvados do efeito extintivo — 574
CAPÍTULO II – O PLANO DE PAGAMENTOS AOS CREDORES — 577
128. Origens e função — 577
129. Âmbito de aplicação e procedimento — 578
CAPÍTULO III – CONFRONTO ENTRE A EXONERAÇÃO DO PASSIVO
RESTANTE E O PLANO DE PAGAMENTOS AOS CREDORES — 579
130. As vantagens de cada um dos instrumentos na óptica do devedor — 579
CAPÍTULO IV – O PROCESSO ESPECIAL PARA ACORDO DE PAGAMENTO — 581
131. Origens e função. A flagrante proximidade com o Processo Especial de Revitalização — 581
132. Âmbito de aplicação — 583
133. Pressupostos do processo e requisitos da apresentação — 584
134. Tramitação e efeitos — 587
135. Pedido de plano de pagamentos e de exoneração do passivo restantes nos casos de processo de insolvência subsequente — 591
CAPÍTULO V – A DISCIPLINA ESPECIAL DOS CÔNJUGES — 594
136. O regime especial da insolvência de ambos os cônjuges — 594
136.1. A qualificação jurídica do património comum do casal — 594

ÍNDICE

136.2. A coligação e a apensação dos processos de insolvência dos cônjuges 596
    136.2.1. Coligação 596
    136.2.1.1. Coligação activa 597
    136.2.1.2. Coligação passiva 597
    136.2.1.3. Regime comum às modalidades de coligação 598
    136.2.2. Apensação 600
137. A apresentação conjunta dos cônjuges no Processo Especial para Acordo de Pagamento 601
CAPÍTULO VI – PERSPECTIVAS DE EVOLUÇÃO 602
138. A Recomendação da Comissão de 12 de Março de 2014 603
139. A Proposta de Directiva do Parlamento Europeu e do Conselho de 22 de Novembro de 2016 604

PARTE IV – A INSOLVÊNCIA TRANSFRONTEIRIÇA

CAPÍTULO I – CONSIDERAÇÕES GERAIS 610
140. A insolvência transfronteiriça e a necessidade da sua regulação 610
CAPÍTULO II – A DISCIPLINA DA INSOLVÊNCIA TRANSFRONTEIRIÇA, EM PARTICULAR NO CONTEXTO DA UNIÃO EUROPEIA 612
141. Os antecedentes do Regulamento (UE) 2015/848: o Regulamento (CE) 1346/2000 612
142. O regime estabelecido no Regulamento (UE) 2015/848 616
142.1. Âmbito de aplicação 618
142.2. Tribunal competente e lei aplicável 626
    142.2.1. Tribunal competente. O critério do centro dos interesses principais 626
    142.2.1.1. Articulação das regras de competência com o Direito português 630
    142.2.2. Lei aplicável. Excepções à regra da *lex fori concursus* 631
    142.2.3. Processo principal e processos secundários 633
142.3. Publicidade dos processos e reclamação de créditos 637
    142.3.1. Obrigatoriedade de publicação de informações e criação de registos de insolvência 637
    142.3.2. Informação aos credores e reclamação de créditos 640
142.4. O caso particular dos grupos de sociedades 641
142.5. Reconhecimento das sentenças 646
143. A aplicação da disciplina da insolvência transfronteiriça pela jurisprudência portuguesa 647

BIBLIOGRAFIA 649